2026
에듀윌 주택관리사 기본서

2차 공동주택관리실무 上

김영곤 편저

YES24 24년 11월 1주
주별 베스트셀러 기준
베스트셀러 1위

6년 연속 최고득점자 배출

YES24 수험서 자격증
주택관리사 기본서 베스트셀러 1위
산출근거 후면표기

1,710명 최종 합격생 중
1,103명이 에듀윌! 산출근거 후면표기

eduwill

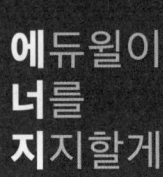

에듀윌이 너를 지지할게
ENERGY

시작하라. 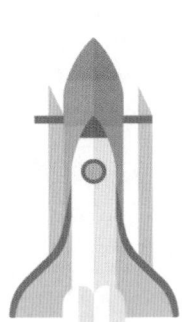 그 자체가 천재성이고,
힘이며, 마력이다.

– 요한 볼프강 폰 괴테(Johann Wolfgang von Goethe)

● **합격할 때까지 책임지는 개정법령 원스톱 서비스!**

기준 및 법령 개정이 잦은 주택관리사 시험,
개정사항을 어떻게 확인해야 할지 막막하고 걱정스러우신가요?
에듀윌에서는 필요한 개정법령만을 빠르게! 한번에! 제공해 드립니다.

에듀윌 도서몰 접속
(book.eduwill.net) ▶ 도서자료실
클릭

개정법령
확인하기

2026
에듀윌 주택관리사

기본서 2차

공동주택관리실무 上

시험 안내

주택관리사, 무슨 일을 하나요?

주택관리사란?　주택관리사(보) 합격증서　+　대통령령으로 정하는 주택 관련 실무 경력　→　주택관리사 자격증 발급

하는 일은?　공동주택, 아파트 등의 관리사무소장은 물론, 주택관리 전문 공무원, 공동주택 또는 건물관리 용역 업체 창업 등 취업의 문이 넓습니다.

주택관리사(보) 시험에서는 어떤 과목을 보나요?

제1차 (매년 6~7월 중 시행)

1교시 (총 100분)	회계원리	세부과목 구분 없이 출제 ※ 회계처리 등과 관련된 시험문제는 한국채택국제회계기준(K-IFRS)을 적용하여 출제
	공동주택 시설개론	목구조 · 특수구조를 제외한 일반건축구조와 철골구조, 홈네트워크를 포함한 건축설비개론 및 장기수선계획 수립 등을 위한 건축적산 포함
2교시 (총 50분)	민법	총칙, 물권, 채권 중 총칙 · 계약총칙 · 매매 · 임대차 · 도급 · 위임 · 부당이득 · 불법행위

▶ 과목별 각 40문항이며, 전 문항 객관식 5지 택일형으로 출제됩니다.

제2차 (매년 9월 중 시행)

1교시 (총 100분)	주택관리 관계법규	다음의 법률 중 주택관리에 관련되는 규정: 「주택법」, 「공동주택관리법」, 「민간임대주택에 관한 특별법」, 「공공주택 특별법」, 「건축법」, 「소방기본법」, 「화재의 예방 및 안전관리에 관한 법률」, 「소방시설 설치 및 관리에 관한 법률」, 「승강기 안전관리법」, 「전기사업법」, 「시설물의 안전 및 유지관리에 관한 특별법」, 「도시 및 주거환경정비법」, 「도시재정비 촉진을 위한 특별법」, 「집합건물의 소유 및 관리에 관한 법률」
	공동주택 관리실무	시설관리, 환경관리, 공동주택회계관리, 입주자관리, 공동주거관리이론, 대외업무, 사무 · 인사관리, 안전 · 방재관리 및 리모델링, 공동주택 하자관리(보수공사를 포함한다) 등

▶ 과목별 각 40문항이며, 객관식 5지 택일형 24문항, 주관식 16문항으로 출제됩니다.

상대평가, 어떻게 시행되나요?

선발예정인원 범위에서 선발!

국가에서 정한 선발예정인원(선발예정인원은 매해 시험 공고에 게재됨) 범위에서 고득점자 순으로 합격자가 결정되며, 2025년 제28회 시험의 선발예정인원은 1,600명입니다.

제1차는 평균 60점 이상 득점한 자, 제2차는 고득점자 순으로 선발!

제1차	매 과목 40점 이상, 전 과목 평균 60점 이상 득점한 사람 중에서 선발합니다.
제2차	매 과목 40점 이상, 전 과목 평균 60점 이상 득점한 사람 중에서 선발하며, 그중 선발예정인원 범위에서 고득점자 순으로 결정합니다. 선발예정인원에 미달하는 경우 전 과목 40점 이상자 중 고득점자 순으로 선발하며, 동점자로 인하여 선발예정인원을 초과하는 경우에는 동점자 모두를 합격자로 결정합니다.

제2차 과목의 주관식 단답형 16문항은 부분점수 적용

괄호가 3개인 경우	3개 정답(2.5점), 2개 정답(1.5점), 1개 정답(0.5점)
괄호가 2개인 경우	2개 정답(2.5점), 1개 정답(1점)
괄호가 1개인 경우	1개 정답(2.5점)

2020년 상대평가 시행 이후 제2차 시험 합격선은?

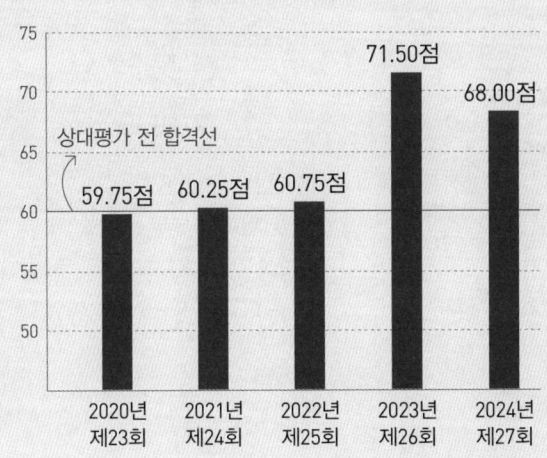

최근 2개년 합격선 평균 69.75점!

상대평가 시행 이후 제25회 시험까지는 합격선이 60점 내외로 형성되었지만, 제26회에는 평균 71.50점, 제27회에는 평균 68.00점에서 합격선이 형성되며 합격에 필요한 점수가 상당히 올라갔습니다. 앞으로도 에듀윌은 변화하는 수험 환경에 맞는 학습 커리큘럼과 교재를 통해 수험자 여러분들을 합격의 길로 이끌겠습니다.

에듀윌 기본서로 합격해야 하는 이유!

여러분이 마주한 합격이라는 산 앞에서,
기본서는 언제든 돌아올 수 있는 든든한 베이스캠프가 되어줄 것입니다.

그래서, 아무 책이나 보시면 안 됩니다!

베스트셀러 1위, 합격생이 인정한 교재!

주부 동차합격생 김○○님

> 기본서 내용을 확실하게 이해해서 넘어가는 학습을 했습니다. 또 중요 용어나 헷갈리는 내용은 따로 기본서 페이지를 정리해 자주자주 찾아봤습니다.

직장인 동차합격생 정○○님

> 교수님들의 강의와 교재는 타의 추종을 불허합니다. 내용 자체가 기출문제로 그대로 나오는 짜릿함을 시험 현장에서 경험했습니다.

* YES24 수험서 자격증 주택관리사 기본서 베스트셀러 1위
  - 회계 2025년 10월 1주, 시설 2025년 10월 2주, 민법 2025년 9월 2주 주별 베스트
  - 법규 2024년 11월 3주, 실무 2024년 11월 1주 주별 베스트

철저한 기출분석 + 시험 필승전략 제공!

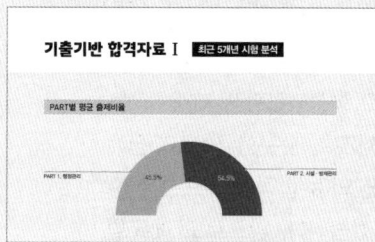

과목별 기출기반 합격자료

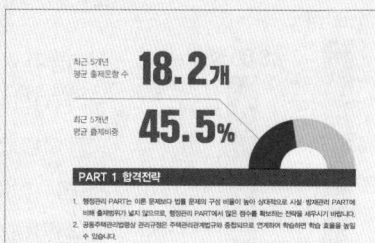

PART별 기출분석 & 전략

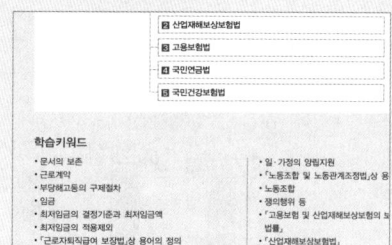

CHAPTER별 학습키워드

기출문제로 검증된 합격이론 수록!

에듀윌 주택관리사 공동주택관리실무 기본서

(4) 주택관리업자에 대한 과징금의 부과 및 납부
① 과징금의 부과대상: 시장·군수·구청장은 주택관리업자가 다음의 어느 하나에 해당하는 경우에는 대통령령(아래 ②)으로 정하는 바에 따라 영업정지를 갈음하여 2천만원 이하의 과징금을 부과할 수 있다(공동주택관리법 제53조 제2항).
  ㉠ 고의 또는 과실로 공동주택을 잘못 관리하여 소유자·사용자에게 재산상의 손해를 입힌 경우
  ㉡ 매년 12월 31일을 기준으로 최근 3년간 공동주택의 관리 실적이 없는 경우
  ㉢ 등록요건에 미달하게 된 경우
  ㉣ 「공동주택관리법」 제52조 제4항에 따른 관리방법 및 업무내용 등을 위반하여 공동주택을 관리한 경우
  ㉤ 공동주택관리에 관한 감독에 따른 보고, 자료의 제출, 조사 또는 검사를 거부·방해 또는 기피하거나 거짓으로 보고를 한 경우
  ㉥ 입주자등의 감사요청에 의한 지방자치단체의 감사를 거부·방해 또는 기피한 경우

주택관리사 공동주택관리실무 기출문제

공동주택관리법령상 주택관리업자에게 영업정지를 갈음하여 과징금을 부과할 수 있는 경우를 모두 고른 것은?

ㄱ. 관리비와 장기수선충당금을 「공동주택관리법」에 따른 용도 외의 목적으로 사용한 경우
ㄴ. 매년 12월 31일을 기준으로 최근 3년간 공동주택의 관리 실적이 없는 경우
ㄷ. 과실로 공동주택을 잘못 관리하여 소유자에게 재산상의 손해를 입힌 경우
ㄹ. 법인인 주택관리업자의 자본금이 2억원에 미달하게 된 경우

지문 일치

➕ PLUS 기본서 학습이 끝난 후에는?

단원별 기출문제집(2종)
주택관리사(보) 최근 기출문제로 약점 극복, 실전 완벽 대비!
(2025년 12월 출간 예정)

출제가능 문제집(5종)
주택관리사(보) 문제 해결능력 확실히 키우기!
(2026년 1~2월 출간 예정)

* 상기 교재의 이미지는 변경될 수 있습니다.

구성과 특징

STEP 1 이론, 꼼꼼하게 파헤치기!

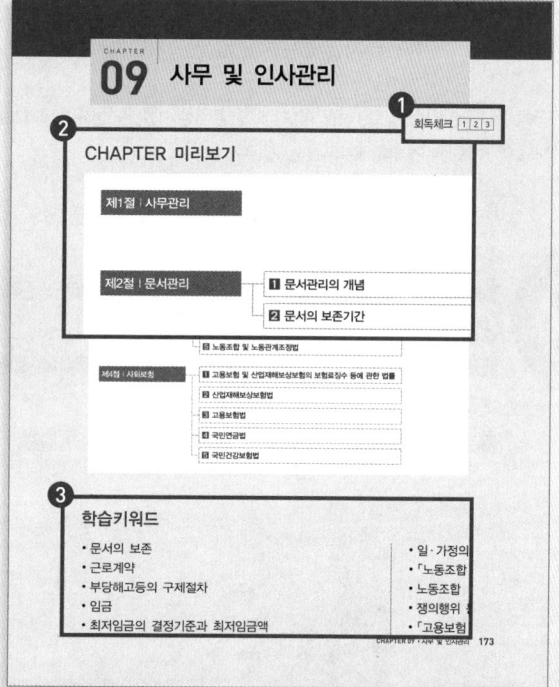

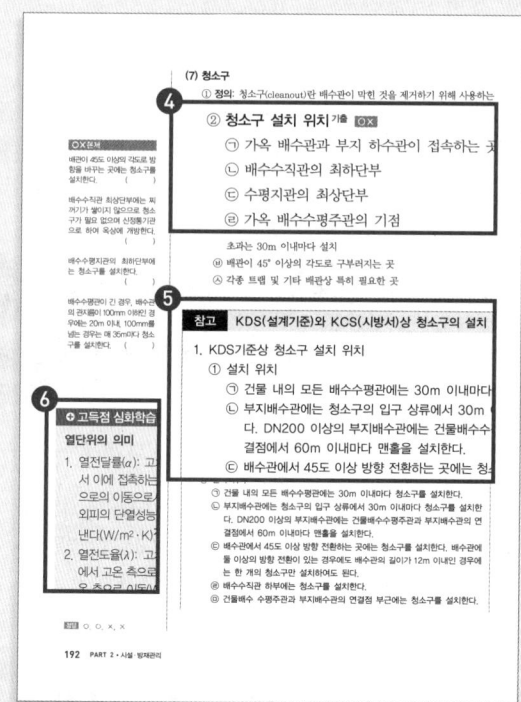

❶ 3회독 체크표
반복 학습을 도와주는 3회독 체크표

❷ CHAPTER 미리보기
방대한 이론, 학습 전 구조 미리보기

❸ 학습키워드
CHAPTER별 키워드로 학습 방향 설정

❹ 기출반영 이론
시험에 꼭 나오는 중요 이론 확인

❺ 참고
이론학습 시 참고가 되는 내용 수록

❻ 고득점 심화학습
고득점을 원한다면, 심화이론으로 깊이 있는 학습

➕ 특별제공

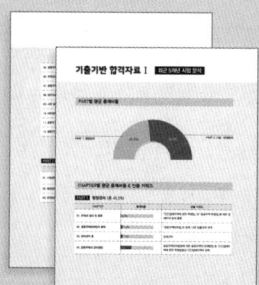

기출기반 합격자료
최근 5개년 출제경향과 2025년 제28회 시험 리포트로 본격적인 학습 시작 전 최신 출제경향을 파악해 보세요.

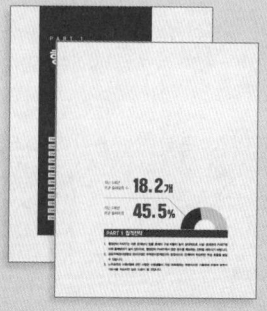

PART별 합격전략
최근 5개년 출제경향을 반영한 PART별 합격전략을 먼저 확인하고 전략적으로 학습해 보세요.

STEP 2 더 가볍게, 더 빠르게 복습하기!

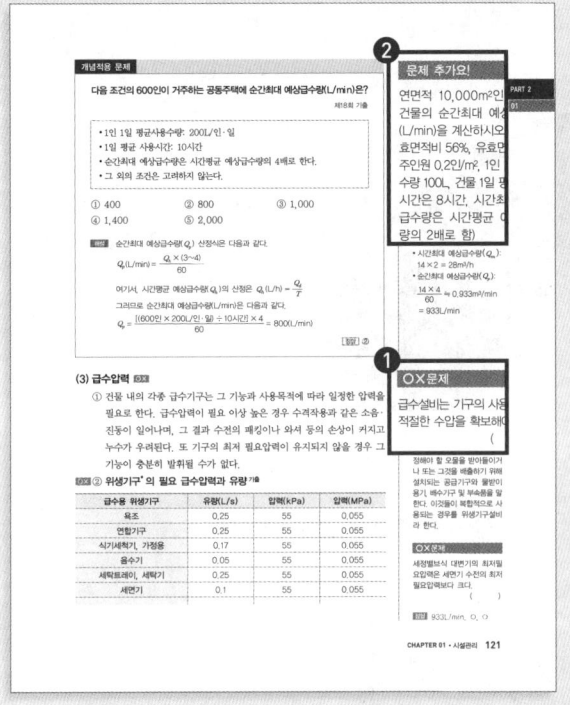

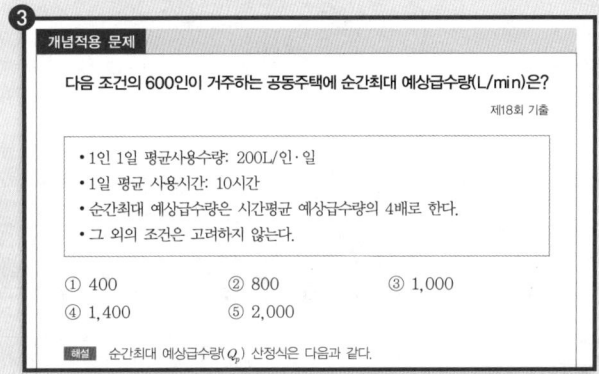

❶ OX문제
기출지문은 OX문제로 빠르게 점검

❷ 문제 추가요!
수식이 적용되는 이론은 계산문제 추가

❸ 개념적용 문제
문제를 풀어보며 이론과 실전의 연결고리 확인

➕ 합격부록

3회독 & 1회독 합격플래너
꼼꼼하게 3회독? 빠르게 1회독 끝장?
나의 학습 스타일에 맞출 수 있는 플래너를 활용해
기본서 학습 계획을 짜 보세요.

기출기반 합격자료 Ⅰ 최근 5개년 시험 분석

PART별 평균 출제비율

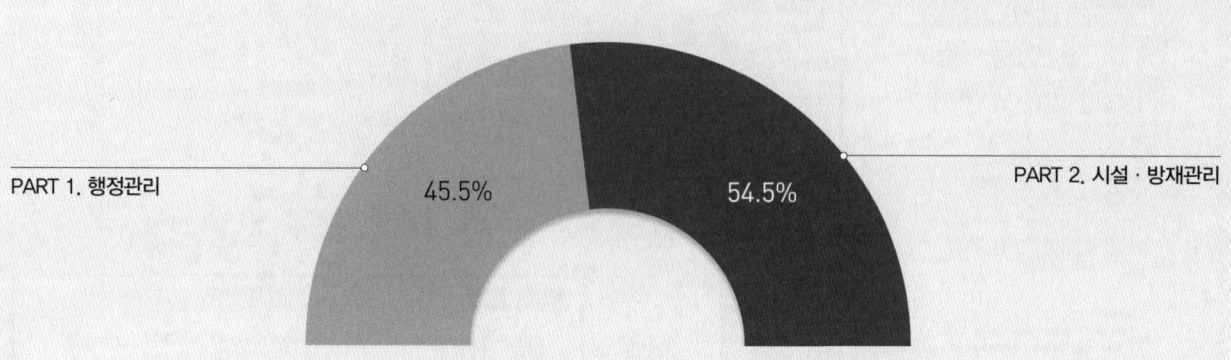

PART 1. 행정관리 — 45.5%
PART 2. 시설·방재관리 — 54.5%

CHAPTER별 평균 출제비율 & 빈출 키워드

PART 1 행정관리 (총 45.5%)

CHAPTER	출제비율	빈출 키워드
01. 주택의 정의 및 종류	0.5%	「민간임대주택에 관한 특별법」 및 「공공주택 특별법」에 따른 임대주택 등의 종류
02. 공동주택관리법의 총칙	1.5%	「공동주택관리법」의 정의, 다른 법률과의 관계
03. 관리규약 등	1.5%	관리규약
04. 공동주택의 관리방법	7%	공동주택관리법령에 의한 공동주택의 관리방법 등, 민간임대주택에 관한 특별법령상 민간임대주택의 관리

CHAPTER	출제비율	빈출 키워드
05. 공동주택의 관리조직	10%	「공동주택관리법」상 관리조직
06. 주택관리사제도	1%	주택관리사등의 자격, 주택관리사등의 행정처분
07. 공동주택관리법상 벌칙사항	0%	–
08. 입주자관리	1.5%	공동주택관리 분쟁조정위원회, 임대주택분쟁조정위원회
09. 사무 및 인사관리	17%	노무관리, 사회보험
10. 대외업무관리 및 리모델링	2.5%	대외업무관리 등, 공동주택의 리모델링
11. 공동주거관리이론	0%	공동주거관리
12. 공동주택회계관리	3%	공동주택관리법령에 의한 관리비 및 회계운영

PART 2 시설·방재관리 (총 54.5%)

CHAPTER	출제비율	빈출 키워드
01. 시설관리	39.5%	공동주택관리법령에 의한 시설관리제도, 주택의 건설기준 등, 건축설비관리
02. 환경관리	11.5%	실내공기질관리 및 수질관리, 소음관리
03. 안전관리	3.5%	「시설물의 안전 및 유지관리에 관한 특별법」에 의한 안전관리

기출기반 합격자료 Ⅱ 2025년 제28회 시험 리포트

PART 1 행정관리_CHAPTER별 출제비율

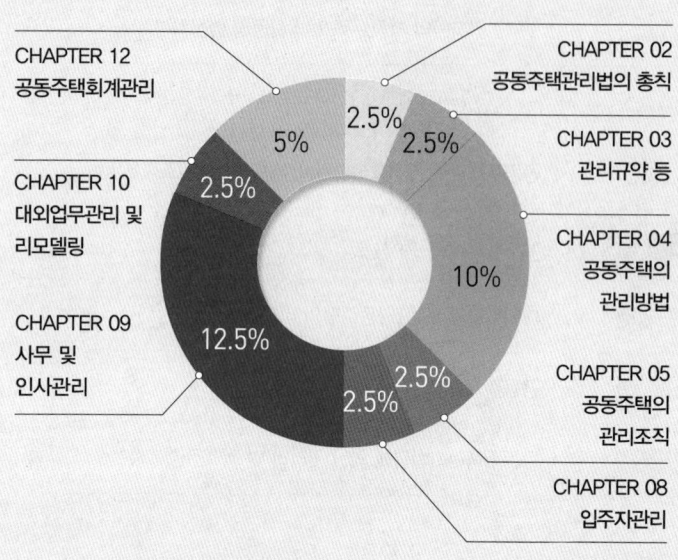

행정관리 파트에서는 총 16문제 중 공동주택관리법령에서 13문제가 출제되어 출제 비율이 가장 높았습니다.

그중 사무 및 인사관리 Chapter에서 5문제가 출제되어 전년도에 비해 2문제가 줄어들었습니다.

사무 및 인사관리 파트에서 출제 비율이 낮아져 수험생이 체감하는 난이도가 낮아졌을 것으로 보입니다.

PART 2 시설·방재관리_CHAPTER별 출제비율

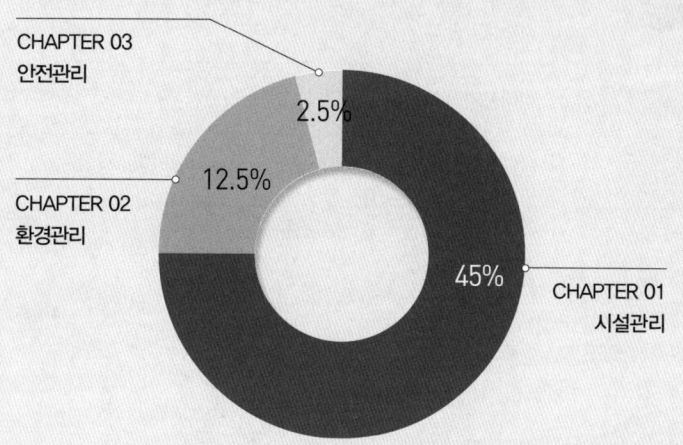

시설·방재관리 파트에서는 이론 문제가 6문제 출제되었으며, 나머지는 법령과 기준에서 출제되었습니다.

시설·방재관리 파트는 당분간 이 비율대로 출제가 될 것으로 예상합니다.

2025년 제28회 시험 총평

제28회 주택관리사(보) 시험에서 공동주택관리실무 과목은 제27회 시험 난이도와 비슷했습니다. 4문제 정도는 지엽적이기도 했지만, 평소 수업시간에 강조한 부분에서 대부분 출제되었습니다. 에듀윌 교재(기본서, 출제가능문제집, 핵심요약집)에서 문제가 100퍼센트 출제되었으며, 에듀윌을 통해 학습하신 분들은 그렇지 않은 분들에 비해 평균적으로 10점 이상 더 많은 점수를 얻었을 것입니다. 실제로 제28회 시험 공동주택관리실무 과목에서 만점을 받은 에듀윌 학습자도 있습니다.

2026년 제29회 시험 수험 전략

제29회 시험은 데이터상 2차 재시생이 약 2,300명으로 역대 가장 많은 인원수이며, 역대 가장 높은 경쟁률이 예상됩니다. 주택관리사 시험에서는 2차 재시생 비율이 높을수록 커트라인 점수가 올라가는 경향이 있습니다. 또한 2차 재시생 비중이 높았던 제26회 시험에서는 2차 재시생의 불합격률이 50%에 달했기 때문에, 시험이 2차 재시생에게 유리한 것만은 아닙니다. 그러므로 제29회 시험에서 1차와 2차를 같이 준비하시는 분들은 1차와 2차를 병행해서 공부해야 합격 가능성이 높아지며, 2차를 재시하는 분들도 합격 가능성을 높이기 위해서는 초반부터 공부를 하셔야 합니다. 에듀윌에는 2차만을 준비하시는 분을 위한 2차 퍼펙트 강의가 있으므로 이것을 통해 고득점을 목표로 공부하시는 것이 유리할 것입니다. 21회부터 28회까지 수석합격자를 배출한 에듀윌 교재와 강의를 통해 공부하시면 제29회 시험에서도 무난히 합격할 것입니다.

에듀윌 수강생들은 고득점이 예상되는 시험
기본서와 문제집 위주의 학습이 중요

차례

| 上 |

PART 1 | 행정관리

CHAPTER 01 | **주택의 정의 및 종류**   20

CHAPTER 02 | **공동주택관리법의 총칙**   34

CHAPTER 03 | **관리규약 등**   40
- 1 관리규약   41
- 2 층간소음의 방지 및 간접흡연의 방지 등   47
- 3 공동체 생활의 활성화 및 전자적 방법을 통한 의사결정사항   49

CHAPTER 04 | **공동주택의 관리방법**   51
- 제1절   공동주택관리법령에 의한 공동주택의 관리방법 등   52
  - 1 공동주택관리법령상 의무관리대상 공동주택   52
  - 2 관리의 이관   55
  - 3 사업주체의 관리   57
  - 4 자치관리   60
  - 5 위탁관리   62
  - 6 공동관리 및 구분관리   72
  - 7 혼합주택단지의 관리   74
  - 8 공동주택관리기구의 구성   75
- 제2절   민간임대주택에 관한 특별법령상 민간임대주택의 관리   76

CHAPTER 05 | **공동주택의 관리조직**   89
- 제1절   공동주택관리법상 관리조직   90
  - 1 입주자대표회의   90
  - 2 관리주체   102
  - 3 관리사무소장   119
- 제2절   민간임대주택에 관한 특별법상 관리조직   131
  - 1 임대사업자   131
  - 2 임차인대표회의   132

CHAPTER 06 | **주택관리사제도**   136
- 1 주택관리사등의 자격   137
- 2 주택관리사등의 결격요건   139
- 3 주택관리사등의 행정처분   139
- 4 주택관리업자등의 교육   142

CHAPTER 07 | **공동주택관리법상 벌칙사항**   144
- 1 행정형벌   145
- 2 과태료   147

CHAPTER 08 | **입주자관리**   154
- 1 공동주택관리 분쟁조정위원회   155
- 2 임대주택분쟁조정위원회   167

| CHAPTER 09 | 사무 및 인사관리 | 173 |

- 제1절 사무관리 174
- 제2절 문서관리 175
  - 1 문서관리의 개념 175
  - 2 문서의 보존기간 175
- 제3절 노무관리 176
  - 1 근로기준법 176
  - 2 최저임금법 207
  - 3 근로자퇴직급여 보장법 213
  - 4 남녀고용평등과 일·가정 양립 지원에 관한 법률 228
  - 5 노동조합 및 노동관계조정법 247
- 제4절 사회보험 262
  - 1 고용보험 및 산업재해보상보험의 보험료징수 등에 관한 법률 262
  - 2 산업재해보상보험법 274
  - 3 고용보험법 291
  - 4 국민연금법 309
  - 5 국민건강보험법 324

| CHAPTER 10 | 대외업무관리 및 리모델링 | 337 |

- 제1절 대외업무관리 등 338
  - 1 대외업무관리 338
  - 2 협회 348
  - 3 공동주택관리법령상 법정교육 349
  - 4 행위허가 등의 기준 등 355
- 제2절 공동주택의 리모델링 365
  - 1 리모델링의 정의 365
  - 2 리모델링주택조합 366
  - 3 리모델링 기본계획 368
  - 4 리모델링의 행위제한 371
  - 5 공동주택 리모델링에 따른 특례 378

| CHAPTER 11 | 공동주거관리이론 | 381 |

- 1 주거의 의미 382
- 2 공동주거관리 382

| CHAPTER 12 | 공동주택회계관리 | 391 |

- 제1절 공동주택관리법령에 의한 관리비 및 회계운영 392
  - 1 관리비 등의 납부 및 공개 392
  - 2 장기수선충당금의 회계관리 403
- 제2절 민간임대주택에 관한 특별법령에 의한 회계관리 407
  - 1 관리비 징수 등 407
  - 2 특별수선충당금 410

| 下 |

PART 2 | 시설·방재관리

CHAPTER 01 | 시설관리   8

제1절 공동주택관리법령에 의한 시설관리제도   9
- 1 장기수선계획   9
- 2 설계도서의 보관 등   15
- 3 하자담보책임 및 하자보수 등   16
- 4 하자보수보증금   28
- 5 하자심사·분쟁조정 및 분쟁재정   34

제2절 공동주택의 보존관리   56
- 1 보존관리의 내용   56
- 2 영선보수공사의 발생원인 및 대책   57
- 3 영선보수공사 시공   65

제3절 주택의 건설기준 등   76
- 1 용어의 정의   76
- 2 주택의 구조   82
- 3 부대시설의 설치기준   87
- 4 복리시설의 설치기준   100
- 5 공동주택성능등급   102
- 6 에너지절약형 친환경주택 등   104

제4절 건축설비관리   106
- 1 건축설비의 개요   106
- 2 물에 관한 일반사항   107
- 3 급수설비   112
- 4 급탕설비   159
- 5 배수·통기설비   175
- 6 위생기구 및 배관재료   198
- 7 오수정화시설   208
- 8 난방설비   216
- 9 냉동설비   228
- 10 배기 및 환기설비   234
- 11 소방시설   246
- 12 가스설비   355
- 13 전기설비   363
- 14 운송설비   416

CHAPTER 02 | 환경관리　447

제1절　감염병의 예방 및 관리에 관한 법률에 의한 위생관리　448

제2절　실내공기질관리 및 수질관리, 소음관리　451

- 1　신에너지 및 재생에너지 개발·이용·보급 촉진법　451
- 2　실내공기질 관리법에 의한 실내공기질 관리　452
- 3　먹는물의 수질기준　460
- 4　소음관리　462
- 5　건축물의 에너지절약설계기준 (국토교통부 고시 제2024-1026호)　474

CHAPTER 03 | 안전관리　490

- 1　공동주택관리법에 의한 안전관리　491
- 2　시설물의 안전 및 유지관리에 관한 특별법에 의한 안전관리　497
- 3　어린이놀이시설 안전관리법에 의한 어린이놀이터시설의 안전관리　518

PART 1

행정관리

CHAPTER 01 주택의 정의 및 종류
CHAPTER 02 공동주택관리법의 총칙
CHAPTER 03 관리규약 등
CHAPTER 04 공동주택의 관리방법
CHAPTER 05 공동주택의 관리조직
CHAPTER 06 주택관리사제도
CHAPTER 07 공동주택관리법상 벌칙사항
CHAPTER 08 입주자관리
CHAPTER 09 사무 및 인사관리
CHAPTER 10 대외업무관리 및 리모델링
CHAPTER 11 공동주거관리이론
CHAPTER 12 공동주택회계관리

최근 5개년
평균 출제문항 수 **18.2개**

최근 5개년
평균 출제비중 **45.5%**

PART 1 합격전략

1. 행정관리 PART는 이론 문제보다 법률 문제의 구성 비율이 높아 상대적으로 시설·방재관리 PART에 비해 출제범위가 넓지 않으므로, 행정관리 PART에서 많은 점수를 확보하는 전략을 세우시기 바랍니다.
2. 공동주택관리법령상 관리규정은 주택관리관계법규와 중첩되므로 연계하여 학습하면 학습 효율을 높일 수 있습니다.
3. 노무관리와 4대보험에 관한 사항은 수험생들이 가장 어려워하는 부분이지만 기출문제 유형에 맞추어 기본서를 학습하면 많은 도움이 될 것입니다.

CHAPTER 01 주택의 정의 및 종류

회독체크 1 2 3

CHAPTER 미리보기

1. 건축법령상 주택의 종류 및 요건
2. 주택법령상 주택 등의 정의 및 종류
3. 「민간임대주택에 관한 특별법」 및 「공공주택 특별법」에 따른 임대주택 등의 종류

학습키워드

- 건축법령상 주택의 종류 및 요건
- 주택법령상 주택 등의 정의 및 종류
- 「민간임대주택에 관한 특별법」 및 「공공주택 특별법」에 따른 임대주택의 종류

※ 본문의 **굵은 글씨**는 주관식 대비에 좋은 강조 지문입니다.

1. 건축법령상 주택의 종류 및 요건

(1) 단독주택

단독주택의 형태를 갖춘 가정어린이집·공동생활가정·지역아동센터·공동육아나눔터(아이돌봄 지원법 제19조에 따른 공동육아나눔터를 말한다. 이하 같다)·작은도서관(도서관법 제4조 제2항 제1호 가목에 따른 작은도서관을 말하며, 해당 주택의 1층에 설치한 경우만 해당한다. 이하 같다) 및 노인복지시설(노인복지주택은 제외한다)을 포함한다(건축법 시행령 제3조의5 별표 1 제1호).

① 단독주택

② **다중주택**: 다음의 요건을 모두 갖춘 주택을 말한다. 기출
  ㉠ 학생 또는 직장인 등 여러 사람이 장기간 거주할 수 있는 구조로 되어 있는 것
  ㉡ 독립된 주거의 형태를 갖추지 **않은 것**(각 실별로 욕실은 설치할 수 있으나, 취사시설은 설치하지 않은 것을 말한다)
  ㉢ 1개 동의 주택으로 쓰이는 **바닥면적**(부설 주차장 면적은 제외한다. 이하 같다)의 합계가 660제곱미터 이하이고 주택으로 쓰는 층수(지하층은 제외한다)가 3개 층 이하일 것. 다만, 1층의 전부 또는 일부를 필로티 구조로 하여 주차장으로 사용하고 나머지 부분을 주택(주거 목적으로 한정한다) 외의 용도로 쓰는 경우에는 해당 층을 주택의 층수에서 제외한다.
  ㉣ 적정한 주거환경을 조성하기 위하여 건축조례로 정하는 실별 최소 면적, 창문의 설치 및 크기 등의 기준에 적합할 것

③ **다가구주택**: 다음의 요건을 모두 갖춘 주택으로서 공동주택에 해당하지 아니하는 것을 말한다.
  ㉠ 주택으로 쓰는 층수(지하층은 제외한다)가 3개 층 이하일 것. 다만, 1층의 전부 또는 일부를 필로티 구조로 하여 주차장으로 사용하고, 나머지 부분을 주택(주거 목적으로 한정한다) 외의 용도로 쓰는 경우에는 해당 층을 주택의 층수에서 제외한다.
  ㉡ 1개 동의 주택으로 쓰이는 **바닥면적의 합계가 660제곱미터 이하일 것**
  ㉢ 19세대(대지 내 동별 세대수를 합한 세대를 말한다) 이하가 거주할 수 있을 것

④ 공관(公館)

OX문제

다중주택은 1개 동의 주택으로 쓰이는 바닥면적의 합계가 330제곱미터 이하이고 주택으로 쓰는 층수(지하층은 제외한다)가 4개 층 이하일 것 (   )

OX문제

다가구주택은 주택으로 쓰는 층수가 3개 층 이하이고, 1개 동의 주택으로 쓰이는 바닥면적의 합계가 330제곱미터 이하일 것 (   )

층수가 3개 층 이하인 주택이라도 주택으로 쓰는 1개 동의 바닥면적의 합계가 660제곱미터를 초과하면 '다가구주택'이 아니다. (   )

정답 ×, ×, ○

(2) 공동주택

공동주택의 형태를 갖춘 가정어린이집·공동생활가정·지역아동센터·공동육아나눔터·작은도서관·노인복지시설(노인복지주택은 제외한다) 및 「주택법 시행령」 제10조 제1항 제1호에 따른 **아파트형 주택**을 포함한다. 다만, ①이나 ②에서 층수를 산정할 때 1층 전부를 **필로티** 구조로 하여 **주차장**으로 사용하는 경우에는 **필로티** 부분을 층수에서 제외하고, ③에서 층수를 산정할 때 1층의 전부 또는 일부를 **필로티** 구조로 하여 **주차장**으로 사용하고 나머지 부분을 주택(주거 목적으로 한정한다) 외의 용도로 쓰는 경우에는 해당 층을 주택의 층수에서 제외하며, ①부터 ④까지의 규정에서 층수를 산정할 때 **지하층을 주택의 층수에서 제외**한다(건축법 시행령 제3조의5 별표 1 제2호).

① **아파트**: 주택으로 쓰는 층수가 **5개 층 이상**인 주택
② **연립주택**: 주택으로 쓰는 1개 동의 **바닥면적**(2개 이상의 동을 지하주차장으로 연결하는 경우에는 각각의 동으로 본다) 합계가 **660제곱미터를 초과**하고, 층수가 **4개 층 이하**인 주택 기출
③ **다세대주택**: 주택으로 쓰는 1개 동의 **바닥면적 합계가 660제곱미터 이하**이고, 층수가 **4개 층 이하**인 주택(2개 이상의 동을 지하주차장으로 연결하는 경우에는 각각의 동으로 본다) 기출
④ **기숙사**: 다음의 어느 하나에 해당하는 건축물로서 공간의 구성과 규모 등에 관하여 국토교통부장관이 정하여 고시하는 기준에 적합한 것. 다만, 구분소유된 개별 실(室)은 제외한다. 기출
  ㉠ **일반기숙사**: 학교 또는 공장 등의 학생 또는 종업원 등을 위하여 사용하는 것으로서 해당 기숙사의 **공동취사시설** 이용 세대수가 전체 세대수(건축물의 일부를 기숙사로 사용하는 경우에는 기숙사로 사용하는 세대수로 한다. 이하 같다)의 **50퍼센트 이상**인 것(교육기본법 제27조 제2항에 따른 **학생복지주택**을 포함한다)
  ㉡ **임대형기숙사**: 「공공주택 특별법」 제4조에 따른 공공주택사업자 또는 「민간임대주택에 관한 특별법」 제2조 제7호에 따른 임대사업자가 임대사업에 사용하는 것으로서 임대 목적으로 제공하는 실이 20실 이상이고 해당 기숙사의 공동취사시설 이용 세대수가 전체 세대 수의 50퍼센트 이상인 것

▶ 주택의 규모 비교

구분	면적	층수
아파트	–	5개 층 이상
연립주택	660m² 초과	4개 층 이하
다세대주택	660m² 이하	4개 층 이하
다가구주택	660m² 이하	3개 층 이하
다중주택	660m² 이하	3개 층 이하
기숙사	공동취사시설 이용 세대수가 전체의 50% 이상	

OX문제

다세대주택은 주택으로 쓰는 1개 동의 바닥면적의 합계가 660제곱미터 이하이고, 층수가 5개 층 이하인 주택을 말한다. ( )

다세대주택은 주택으로 쓰는 1개 동의 바닥면적 합계가 660제곱미터를 초과하고, 층수가 4개 층 이하인 주택을 말한다. ( )

정답 ×, ×

2. 주택법령상 주택 등의 정의 및 종류

(1) 주택 OX

'주택'이란 세대(世帶)의 구성원이 장기간 독립된 주거생활을 할 수 있는 구조로 된 건축물의 전부 또는 일부 및 그 부속토지를 말하며, 단독주택과 공동주택으로 구분한다(주택법 제2조 제1호). 기출

(2) 단독주택

① **정의**: '단독주택'이란 1세대가 하나의 건축물 안에서 독립된 주거생활을 할 수 있는 구조로 된 주택을 말하며, 그 종류와 범위는 대통령령(아래 ②)으로 정한다(주택법 제2조 제2호).

② **종류와 범위**: 위 ①에 따른 단독주택의 종류와 범위는 다음과 같다(주택법 시행령 제2조). 기출

  ㉠ 단독주택
  ㉡ 다중주택
  ㉢ 다가구주택

(3) 공동주택

① **정의**: '공동주택'이란 건축물의 벽·복도·계단이나 그 밖의 설비 등의 전부 또는 일부를 공동으로 사용하는 각 세대가 하나의 건축물 안에서 각각 독립된 주거생활을 할 수 있는 구조로 된 주택을 말하며, 그 종류와 범위는 대통령령(아래 ②)으로 정한다(주택법 제2조 제3호).

② **종류와 범위**: 위 ①에 따른 공동주택의 종류와 범위는 다음과 같다(주택법 시행령 제3조). 기출

  ㉠ 아파트
  ㉡ 연립주택
  ㉢ 다세대주택

(4) 준주택

① **정의**: '준주택'이란 주택 외의 건축물과 그 부속토지로서 주거시설로 이용가능한 시설 등을 말하며, 그 범위와 종류는 대통령령(아래 ②)으로 정한다(주택법 제2조 제4호). 기출

② **종류와 범위**: 위 ①에 따른 준주택의 종류와 범위는 다음과 같다(주택법 시행령 제4조). 기출

  ㉠ 기숙사

OX문제

주택은 건축물의 부속토지를 포함한다. ( )

'주택'이란 세대(世帶)의 구성원이 장기간 독립된 주거생활을 할 수 있는 구조로 된 건축물(그 부속토지는 제외)의 전부 또는 일부를 말한다. ( )

「주택법」상 주택은 단독주택과 복합주택으로 구분한다. ( )

정답 O, ×, ×

ⓒ 제2종 근린생활시설 및 숙박시설의 **다중생활시설**
ⓒ 노유자시설의 노인복지시설 중 「노인복지법」의 **노인복지주택**
ⓔ 업무시설의 **오피스텔**

(5) 국민주택 및 국민주택규모

① **국민주택의 정의**: '국민주택'이란 다음의 어느 하나에 해당하는 주택으로서 국민주택규모 이하인 주택을 말한다(주택법 제2조 제5호).

ⓐ 국가·지방자치단체, 「한국토지주택공사법」에 따른 한국토지주택공사(이하 '한국토지주택공사'라 한다) 또는 「지방공기업법」 제49조에 따라 주택사업을 목적으로 설립된 지방공사(이하 '지방공사'라 한다)가 건설하는 주택

ⓑ 국가·지방자치단체의 재정 또는 「주택도시기금법」에 따른 **주택도시기금**(이하 '주택도시기금'이라 한다)으로부터 자금을 지원받아 건설되거나 개량되는 주택

② **국민주택규모의 정의**: '국민주택규모'란 주거의 용도로만 쓰이는 면적(이하 '주거전용면적'이라 한다)이 1호(戶) 또는 1세대당 **85제곱미터 이하**인 주택(수도권정비계획법 제2조 제1호에 따른 수도권을 제외한 도시지역이 아닌 읍 또는 면 지역은 1호 또는 1세대당 주거전용면적이 100제곱미터 이하인 주택을 말한다)을 말한다. 이 경우 주거전용면적의 산정방법은 국토교통부령(아래 ③)으로 정한다(주택법 제2조 제6호). **기출**

③ **주거전용면적의 산정방법**: 위 ②의 후단에 따른 주거전용면적(주거의 용도로만 쓰이는 면적을 말한다. 이하 같다)의 산정방법은 다음의 기준에 따른다(주택법 시행규칙 제2조).

ⓐ **단독주택의 경우**: 그 바닥면적(건축법 시행령의 규정에 따른 바닥면적을 말한다. 이하 같다)에서 지하실(거실로 사용되는 면적은 제외한다), 본 건축물과 분리된 창고·차고 및 화장실의 면적을 제외한 면적. 다만, 그 주택이 「건축법 시행령」 [별표 1] 제1호 다목의 다가구주택에 해당하는 경우 그 바닥면적에서 본 건축물의 지상층에 있는 부분으로서 복도, 계단, 현관 등 2세대 이상이 공동으로 사용하는 부분의 면적도 제외한다.

ⓑ **공동주택의 경우**: 외벽의 내부선을 기준으로 산정한 면적. 다만, 2세대 이상이 공동으로 사용하는 부분으로서 다음에 해당하는 공용면적은 제외하며, 이 경우 바닥면적에서 주거전용면적을 제외하고 남는 외벽면적은 공용면적에 가산한다.

OX문제

국민주택규모란 주거의 용도로만 쓰이는 면적이 「수도권정비계획법」에 따른 수도권을 제외한 도시지역이 아닌 읍 또는 면 지역은 1호 또는 1세대당 주거전용면적이 85제곱미터 이하인 주택을 말한다.
( )

정답 ✕

ⓐ 복도·계단·현관 등 공동주택의 지상층에 있는 공용면적
ⓑ 위 ⓐ의 공용면적을 제외한 지하층, 관리사무소 등 그 밖의 공용면적

(6) 민영주택

'민영주택'이란 국민주택을 제외한 주택을 말한다(주택법 제2조 제7호).

(7) 임대주택

'임대주택'이란 임대를 목적으로 하는 주택으로서, 「공공주택 특별법」에 따른 공공임대주택과 「민간임대주택에 관한 특별법」에 따른 민간임대주택으로 구분한다(주택법 제2조 제8호).

(8) 토지임대부 분양주택

'토지임대부 분양주택'이란 토지의 소유권은 사업계획의 승인을 받아 토지임대부 분양주택 건설사업을 시행하는 자가 가지고, 건축물 및 복리시설(福利施設) 등에 대한 소유권[건축물의 전유부분(專有部分)에 대한 구분소유권은 이를 분양받은 자가 가지고, 건축물의 공용부분·부속건물 및 복리시설은 분양받은 자들이 공유한다]은 주택을 분양받은 자가 가지는 주택을 말한다(주택법 제2조 제9호).

(9) 세대구분형 공동주택

① **정의**: '세대구분형 공동주택'이란 공동주택의 주택 내부 공간의 일부를 세대별로 구분하여 생활이 가능한 구조로 하되, 그 구분된 공간의 일부를 **구분소유할 수 없는 주택**으로서 대통령령(아래 ②)으로 정하는 건설기준, 설치기준, 면적기준 등에 적합한 주택을 말한다(주택법 제2조 제19호). 기출

② **건설기준 등**: 위 ①에서 '대통령령으로 정하는 건설기준, 설치기준, 면적기준 등에 적합한 주택'이란 다음의 구분에 따른 요건을 충족하는 공동주택을 말한다(주택법 시행령 제9조 제1항).
㉠ 건설기준: 「주택법」 제15조에 따른 사업계획의 승인을 받아 건설하는 공동주택의 경우 다음의 요건을 모두 충족할 것 기출
ⓐ 세대별로 구분된 각각의 공간마다 별도의 **욕실, 부엌과 현관**을 설치할 것
ⓑ 하나의 세대가 통합하여 사용할 수 있도록 세대 간에 **연결문 또는 경량구조의 경계벽** 등을 설치할 것

> **OX문제**
> 세대구분형 공동주택은 주택 내부 공간의 일부를 세대별로 구분하여 생활이 가능한 구조로 하며, 그 구분된 공간의 일부를 구분소유할 수 있는 주택이다. ( )
>
> 정답 ×

ⓒ 세대구분형 공동주택의 세대수가 해당 주택단지 안의 공동주택 전체 세대수의 3분의 1을 넘지 않을 것

OX ⓓ 세대별로 구분된 각각의 공간의 주거전용면적[주거의 용도로만 쓰이는 면적으로서 위 **(5)**의 ③에 따른 방법으로 산정된 것을 말한다] 합계가 해당 주택단지 전체 주거전용면적 합계의 **3분의 1을 넘지 않는** 등 국토교통부장관이 정하여 고시하는 주거전용면적의 비율에 관한 기준을 충족할 것

ⓒ **설치기준**: 「공동주택관리법」 제35조에 따른 행위의 허가를 받거나 신고를 하고 설치하는 공동주택의 경우 다음의 요건을 모두 충족할 것

ⓐ 구분된 공간의 세대수는 기존 세대를 **포함하여 2세대 이하**일 것

ⓑ 세대별로 구분된 각각의 공간마다 별도의 **욕실, 부엌과 구분 출입문**을 설치할 것

ⓒ 세대구분형 공동주택의 세대수가 해당 주택단지 안의 공동주택 **전체 세대수의 10분의 1과 해당 동의 전체 세대수의 3분의 1을 각각 넘지 않을 것**. 다만, 특별자치시장, 특별자치도지사, 시장, 군수 또는 구청장(구청장은 자치구의 구청장을 말하며, 이하 '시장·군수·구청장'이라 한다)이 **부대시설의 규모 등 해당 주택단지의 여건을 고려하여 인정하는 범위에서 세대수의 기준을 넘을 수 있다**.

ⓓ **구조, 화재, 소방 및 피난안전** 등 관계 법령에서 정하는 안전 기준을 충족할 것

③ **세대수 산정방법**: 위 ②에 따라 건설 또는 설치되는 주택과 관련하여 주택건설기준 등을 적용하는 경우 세대구분형 공동주택의 세대수는 그 **구분된 공간의 세대수에 관계없이 하나의 세대로 산정**한다(주택법 시행령 제9조 제2항).

(10) 도시형 생활주택

OX ① **정의**: '도시형 생활주택'이란 300세대 미만의 **국민주택규모**에 해당하는 주택으로서 대통령령(아래 ②)으로 정하는 주택을 말한다(주택법 제2조 제20호). 기출

② **종류**: 위 ①에서 '대통령령으로 정하는 주택'이란 「국토의 계획 및 이용에 관한 법률」에 따른 도시지역에 건설하는 다음의 주택을 말한다(주택법 시행령 제10조 제1항).

OX문제

사업계획의 승인을 받아 건설하는 세대구분형 공동주택은 세대별로 구분된 각각의 공간의 주거전용면적 합계는 해당 주택단지 전체 주거전용면적 합계의 3분의 1을 넘는 등 국토교통부장관이 정하여 고시하는 주거전용면적의 비율에 관한 기준을 충족하여야 한다. ( )

OX문제

도시형 생활주택이란 300세대 이상의 국민주택규모에 해당하는 주택을 말한다. ( )

정답 ×, ×

㉠ **아파트형 주택**: 다음의 요건을 모두 갖춘 **아파트** 기출
  ⓐ 세대별로 독립된 주거가 가능하도록 **욕실** 및 **부엌**을 설치할 것
  ⓑ **지하층**에는 세대를 설치하지 않을 것
㉡ **단지형 연립주택**: 연립주택. 다만, 「건축법」에 따른 건축위원회의 심의를 받은 경우에는 주택으로 쓰는 층수를 **5개 층**까지 건축할 수 있다. 기출
㉢ **단지형 다세대주택**: 다세대주택. 다만, 「건축법」에 따른 건축위원회의 심의를 받은 경우에는 주택으로 쓰는 층수를 5개 층까지 건축할 수 있다.

③ **건축제한**
  ㉠ 하나의 건축물에는 도시형 생활주택과 그 밖의 주택을 함께 건축할 수 **없다**. 다만, 다음의 어느 하나에 해당하는 경우는 예외로 한다(주택법 시행령 제10조 제2항). 기출
    ⓐ **도시형 생활주택**과 주거전용면적이 85제곱미터를 초과하는 주택 1세대를 함께 건축하는 경우
    ⓑ 「국토의 계획 및 이용에 관한 법률 시행령」에 따른 **준주거지역** 또는 **상업지역**에서 아파트형 주택과 **도시형 생활주택 외의 주택**을 함께 건축하는 경우
  ㉡ 하나의 건축물에는 단지형 연립주택 또는 단지형 다세대주택과 아파트형 주택을 함께 건축할 수 **없다**(주택법 시행령 제10조 제3항). 기출

(11) 에너지절약형 친환경주택

① **정의**: '에너지절약형 친환경주택'이란 저에너지 건물 조성기술 등 대통령령(아래 ③)으로 정하는 기술을 이용하여 **에너지 사용량을 절감**하거나 **이산화탄소 배출량을 저감**할 수 있도록 건설된 주택을 말하며, 그 종류와 범위는 대통령령(아래 ②)으로 정한다(주택법 제2조 제21호). 기출

② **위임규정**: 위 ①에 따른 에너지절약형 친환경주택의 종류·범위 및 건설기준은 「주택건설기준 등에 관한 규정」으로 정한다(주택법 시행령 제11조).

OX문제
아파트형 주택은 세대별로 독립된 주거가 가능하도록 욕실, 부엌 및 주차장을 설치하여야 한다. ( )

OX문제
준주거지역에서 하나의 건축물에는 아파트형 주택과 도시형 생활주택 외의 주택을 함께 건축할 수 있다. ( )

상업지역에서 하나의 건축물에는 아파트형 주택과 단지형 다세대주택을 함께 건축할 수 없다. ( )

정답 ×, ○, ○

(12) 건강친화형 주택

OX ① **정의**: '건강친화형 주택'이란 건강하고 쾌적한 실내환경의 조성을 위하여 실내공기의 오염물질 등을 최소화할 수 있도록 대통령령(아래 ②)으로 정하는 기준에 따라 건설된 주택을 말한다(주택법 제2조 제22호). 기출

② **위임규정**: 위 ①에 따른 건강친화형 주택의 건설기준은 「주택건설기준 등에 관한 규정」으로 정한다(주택법 시행령 제12조).

(13) 장수명 주택

'장수명 주택'이란 구조적으로 오랫동안 유지·관리될 수 있는 내구성을 갖추고, 입주자의 필요에 따라 내부 구조를 쉽게 변경할 수 있는 가변성과 수리 용이성 등이 우수한 주택을 말한다(주택법 제2조 제23호). 기출

(14) 주택단지

'주택단지'란 주택건설사업계획 또는 대지조성사업계획의 승인을 받아 주택과 그 부대시설 및 복리시설을 건설하거나 대지를 조성하는 데 사용되는 일단(一團)의 토지를 말한다. 다만, 다음의 시설로 분리된 토지는 각각 별개의 주택단지로 본다(주택법 제2조 제12호). 기출

① 철도·고속도로·자동차전용도로
② 폭 20미터 이상인 일반도로
③ 폭 8미터 이상인 도시계획예정도로
④ 위 ①부터 ③까지의 시설에 준하는 것으로서 대통령령으로 정하는 시설

(15) 부대시설

'부대시설'이란 주택에 딸린 다음의 시설 또는 설비를 말한다(주택법 제2조 제13호). 기출

① 주차장, 관리사무소, 담장 및 주택단지 안의 도로
② 「건축법」에 따른 건축설비
③ 위 ① 및 ②의 시설·설비에 준하는 것으로서 대통령령으로 정하는 시설 또는 설비

(16) 복리시설

'복리시설'이란 주택단지의 입주자등의 생활복리를 위한 다음의 공동시설을 말한다(주택법 제2조 제14호). 기출

① 어린이놀이터, 근린생활시설, 유치원, 주민운동시설 및 경로당
② 그 밖에 입주자등의 생활복리를 위하여 대통령령으로 정하는 공동시설

고득점 심화학습

건강친화형 주택

'건강친화형 주택'이란 오염물질이 적게 방출되는 건축자재를 사용하고 환기 등을 실시하여 새집증후군 문제를 개선함으로써 거주자에게 건강하고 쾌적한 실내환경을 제공할 수 있도록 일정수준 이상의 실내공기질과 환기성능을 확보한 주택으로서 의무기준을 모두 충족하고 권장기준 1호 중 2개 이상, 2호 중 1개 이상의 항목에 적합한 주택을 말한다(건강친화형 주택 건설기준 제2조 제1호). (기출)

OX 문제

건강친화형 주택이란 건강하고 쾌적한 실내환경의 조성을 위하여 이산화탄소 배출량을 저감할 수 있도록 건설된 주택을 말한다. ( )

'건강친화형 주택'은 저에너지 건물 조성기술 등 대통령령으로 정하는 기술을 이용하여 에너지사용량을 절감하도록 건설된 주택을 말한다. ( )

고득점 심화학습

장수명 주택

'장수명 주택'이란 내구성, 가변성, 수리 용이성에 대하여 장수명 주택 성능등급 인증기관의 장이 장수명 주택의 성능을 확인하여 인증한 주택을 말한다(장수명 주택 건설·인증기준 제2조 제1호).

정답 ×, ×

(17) 공구

① **정의**: '공구'란 하나의 주택단지에서 대통령령(아래 ②)으로 정하는 기준에 따라 둘 이상으로 구분되는 일단의 구역으로, 착공신고 및 사용검사를 별도로 수행할 수 있는 구역을 말한다(주택법 제2조 제18호).

② **공구의 구분기준**: 위 ①에서 '대통령령으로 정하는 기준'이란 다음의 요건을 모두 충족하는 것을 말한다(주택법 시행령 제8조).

　㉠ 다음의 어느 하나에 해당하는 시설을 설치하거나 공간을 조성하여 6미터 이상의 너비로 공구 간 경계를 설정할 것
　　ⓐ 「주택건설기준 등에 관한 규정」에 따른 주택단지 안의 도로
　　ⓑ 주택단지 안의 지상에 설치되는 부설주차장
　　ⓒ 주택단지 안의 옹벽 또는 축대
　　ⓓ 식재·조경이 된 녹지
　　ⓔ 그 밖에 어린이놀이터 등 부대시설이나 복리시설로서 사업계획승인권자가 적합하다고 인정하는 시설
　㉡ 공구별 세대수는 300세대 이상으로 할 것

3. 「민간임대주택에 관한 특별법」 및 「공공주택 특별법」에 따른 임대주택 등의 종류

(1) 민간임대주택

① **정의**: '민간임대주택'이란 임대 목적으로 제공하는 주택[토지를 임차하여 건설된 주택 및 오피스텔 등 대통령령(아래 ②)으로 정하는 **준주택**(이하 '준주택'이라 한다) 및 대통령령(아래 ③)으로 정하는 일부만을 임대하는 주택을 포함한다. 이하 같다]으로서 임대사업자가 등록한 주택을 말하며, **민간건설임대주택과 민간매입임대주택**으로 구분한다(민간임대주택에 관한 특별법 제2조 제1호). 기출

② **준주택의 범위**: 위 ①에서 '오피스텔 등 대통령령으로 정하는 준주택'이란 다음의 건축물(이하 '준주택'이라 한다)을 말한다(민간임대주택에 관한 특별법 시행령 제2조).

　㉠ 「주택법」 제2조 제1호에 따른 주택 외의 건축물을 「건축법」에 따라 「주택법 시행령」 제4조 제1호의 기숙사 중 일반기숙사로 리모델링한 건축물
　㉡ 「주택법 시행령」 제4조 제1호의 기숙사 중 임대형기숙사

ⓒ 다음의 요건을 모두 갖춘 「주택법 시행령」 제4조 제4호의 **오피스텔**
  ⓐ 전용면적이 120제곱미터 이하일 것
  ⓑ 상하수도 시설이 갖추어진 전용 입식 부엌, 전용 수세식 화장실 및 목욕시설(전용 수세식 화장실에 목욕시설을 갖춘 경우를 포함한다)을 갖출 것

③ **일부만을 임대하는 주택의 범위**: 위 ①에서 '대통령령으로 정하는 일부만을 임대하는 주택'이란 「건축법 시행령」에 따른 **다가구주택**으로서 임대사업자 본인이 거주하는 실(室)(한 세대가 독립하여 구분 사용할 수 있도록 구획된 부분을 말한다)을 제외한 나머지 실 전부를 임대하는 주택을 말한다(민간임대주택에 관한 특별법 시행령 제2조의2).

(2) 민간건설임대주택

'민간건설임대주택'이란 다음의 어느 하나에 해당하는 민간임대주택을 말한다(민간임대주택에 관한 특별법 제2조 제2호).

① 임대사업자가 임대를 목적으로 건설하여 임대하는 주택 기출
② 「주택법」에 따라 등록한 주택건설사업자가 같은 법에 따라 사업계획승인을 받아 건설한 주택 중 사용검사 때까지 분양되지 아니하여 임대하는 주택

(3) 민간매입임대주택

'민간매입임대주택'이란 임대사업자가 매매 등으로 소유권을 취득하여 임대하는 민간임대주택을 말한다(민간임대주택에 관한 특별법 제2조 제3호).

(4) 공공지원민간임대주택

'**공공지원민간임대주택**'이란 임대사업자가 다음의 어느 하나에 해당하는 민간임대주택을 10년 이상 임대할 목적으로 취득하여 「민간임대주택에 관한 특별법」에 따른 임대료 및 임차인의 자격 제한 등을 받아 임대하는 민간임대주택을 말한다(민간임대주택에 관한 특별법 제2조 제4호).

① 「주택도시기금법」에 따른 주택도시기금(이하 '주택도시기금'이라 한다)의 출자를 받아 건설 또는 매입하는 민간임대주택
② 「주택법」에 따른 공공택지 또는 「민간임대주택에 관한 특별법」 제18조 제2항에 따라 수의계약 등으로 공급되는 토지 및 「혁신도시 조성 및 발전에 관한 특별법」에 따른 종전부동산을 매입 또는 임차하여 건설하는 민간임대주택

③ 「민간임대주택에 관한 특별법」 제21조 제2호에 따라 용적률을 완화받거나 「국토의 계획 및 이용에 관한 법률」에 따라 용도지역 변경을 통하여 용적률을 완화받아 건설하는 민간임대주택
④ 「민간임대주택에 관한 특별법」 제22조에 따라 지정되는 공공지원민간임대주택 공급촉진지구에서 건설하는 민간임대주택
⑤ 그 밖에 국토교통부령으로 정하는 공공지원을 받아 건설 또는 매입하는 민간임대주택

(5) 장기일반민간임대주택

'장기일반민간임대주택'이란 임대사업자가 공공지원민간임대주택이 아닌 주택을 10년 이상 임대할 목적으로 취득하여 임대하는 민간임대주택[아파트(주택법 제2조 제20호의 도시형 생활주택이 아닌 것을 말한다)를 임대하는 민간매입임대주택은 제외한다]을 말한다(민간임대주택에 관한 특별법 제2조 제5호). 기출

(6) 단기민간임대주택

'단기민간임대주택'이란 임대사업자가 6년 이상 임대할 목적으로 취득하여 임대하는 민간임대주택[아파트(「주택법」 제2조 제20호의 도시형 생활주택이 아닌 것을 말한다)는 제외한다]을 말한다(민간임대주택에 관한 특별법 제2조 제6호의2). 기출

(7) 복합지원시설

'복합지원시설'이란 공공지원민간임대주택에 거주하는 임차인 등의 **경제활동**과 **일상생활**을 지원하는 시설로서 대통령령으로 정하는 시설을 말한다(민간임대주택에 관한 특별법 제2조 제15호).

(8) 공공주택

① 정의: '공공주택'이란 공공주택사업자가 국가 또는 지방자치단체의 재정이나 「주택도시기금법」에 따른 주택도시기금을 지원받아 「공공주택 특별법」 또는 다른 법률에 따라 건설, 매입 또는 임차하여 공급하는 다음의 어느 하나에 해당하는 주택을 말한다(공공주택 특별법 제2조 제1호).
  ㉠ 임대 또는 임대한 후 분양전환을 할 목적으로 공급하는 「주택법」에 따른 주택으로서 대통령령(아래 ②)으로 정하는 주택(이하 '공공임대주택'이라 한다)
  ㉡ 분양을 목적으로 공급하는 주택으로서 「주택법」에 따른 국민주택규모 이하의 주택(이하 '공공분양주택'이라 한다)

- **공공주택사업자(공공주택 특별법 제4조)**
① 국토교통부장관은 다음의 자 중에서 공공주택사업자를 지정한다.
  1. 국가 또는 지방자치단체
  2. 한국토지주택공사
  3. 주택사업을 목적으로 설립된 지방공사
  4. 「공공기관의 운영에 관한 법률」 제5조에 따른 공공기관 중 대통령령으로 정하는 기관
  5. 1.부터 4.까지의 규정 중 어느 하나에 해당하는 자가 총지분의 100분의 50을 초과하여 출자·설립한 법인
  6. 주택도시기금 또는 1.부터 4.까지의 규정 중 어느 하나에 해당하는 자가 총지분의 전부(도심 공공주택 복합사업의 경우에는 100분의 50을 초과한 경우를 포함한다)를 출자(공동으로 출자한 경우를 포함한다)하여 「부동산투자회사법」에 따라 설립한 부동산투자회사
② 국토교통부장관은 위 ①의 1.부터 4.까지의 규정 중 어느 하나에 해당하는 자와 「주택법」 제4조에 따른 주택건설사업자를 공동 공공주택사업자로 지정할 수 있다.

② **공공임대주택의 종류**: 위 ①의 ㉠에서 '대통령령으로 정하는 주택'이란 다음의 주택을 말한다(공공주택 특별법 시행령 제2조 제1항).

㉠ **영구임대주택**: 국가나 지방자치단체의 재정을 지원받아 최저소득계층의 주거안정을 위하여 50년 이상 또는 영구적인 임대를 목적으로 공급하는 공공임대주택

㉡ **국민임대주택**: 국가나 지방자치단체의 재정이나 「주택도시기금법」에 따른 주택도시기금(이하 '주택도시기금'이라 한다)의 자금을 지원받아 저소득 서민의 주거안정을 위하여 30년 이상 장기간 임대를 목적으로 공급하는 공공임대주택

㉢ **행복주택**: 국가나 지방자치단체의 재정이나 주택도시기금의 자금을 지원받아 대학생, 사회초년생, 신혼부부 등 젊은 층의 주거안정을 목적으로 공급하는 공공임대주택

㉣ **통합공공임대주택**: 국가나 지방자치단체의 재정이나 주택도시기금의 자금을 지원받아 최저소득 계층, 저소득 서민, 젊은 층 및 장애인·국가유공자 등 사회 취약계층 등의 주거안정을 목적으로 공급하는 공공임대주택

㉤ **장기전세주택**: 국가나 지방자치단체의 재정이나 주택도시기금의 자금을 지원받아 전세계약의 방식으로 공급하는 공공임대주택

㉥ **분양전환공공임대주택**: 일정 기간 임대 후 분양전환할 목적으로 공급하는 공공임대주택

㉦ **기존주택등매입임대주택**: 국가나 지방자치단체의 재정이나 주택도시기금의 자금을 지원받아 다음의 어느 하나에 해당하는 주택 또는 건축물(이하 '기존주택등'이라 한다)을 매입하여 「국민기초생활 보장법」에 따른 수급자 등 저소득층과 청년 및 신혼부부 등에게 공급하는 공공임대주택

ⓐ 「건축법 시행령」 [별표 1] 제1호 가목부터 다목까지에 따른 단독주택, 다중주택 및 다가구주택

ⓑ 「건축법 시행령」 [별표 1] 제2호에 따른 공동주택(주택법 제2조 제6호에 따른 국민주택규모 이하인 것만 해당한다)

ⓒ 「건축법 시행령」 [별표 1] 제3호, 제4호, 제11호, 제12호, 제14호 또는 제15호에 따른 제1종 근린생활시설, 제2종 근린생활시설, 노유자시설, 수련시설, 업무시설 또는 숙박시설의 용도로 사용하는 건축물

◎ **기존주택전세임대주택**: 국가나 지방자치단체의 재정이나 주택도시기금의 자금을 지원받아 기존주택을 임차하여 「국민기초생활 보장법」에 따른 수급자 등 저소득층과 청년 및 신혼부부 등에게 전대(轉貸)하는 공공임대주택

(9) 공공건설임대주택

'공공건설임대주택'이란 공공주택사업자가 직접 건설하여 공급하는 공공임대주택을 말한다(공공주택 특별법 제2조 제1호의2).

(10) 공공매입임대주택

'공공매입임대주택'이란 공공주택사업자가 직접 건설하지 아니하고 매매 등으로 취득하여 공급하는 공공임대주택을 말한다(공공주택 특별법 제2조 제1호의3).

(11) 지분적립형 분양주택

'지분적립형 분양주택'이란 공공주택사업자가 직접 건설하거나 매매 등으로 취득하여 공급하는 공공분양주택으로서 주택을 공급받은 자가 20년 이상 30년 이하의 범위에서 대통령령으로 정하는 기간 동안 공공주택사업자와 주택의 소유권을 공유하면서 대통령령으로 정하는 바에 따라 소유 지분을 적립하여 취득하는 주택을 말한다(공공주택 특별법 제2조 제1호의4).

(12) 이익공유형 분양주택

'이익공유형 분양주택'이란 공공주택사업자가 직접 건설하거나 매매 등으로 취득하여 공급하는 공공분양주택으로서 주택을 공급받은 자가 해당 주택을 처분하려는 경우 공공주택사업자가 환매하되 공공주택사업자와 처분손익을 공유하는 것을 조건으로 분양하는 주택을 말한다(공공주택 특별법 제2조 제1호의5).

CHAPTER 02 공동주택관리법의 총칙

CHAPTER 미리보기

- 1. 「공동주택관리법」의 목적
- 2. 「공동주택관리법」의 정의
- 3. 국가 등의 의무
- 4. 다른 법률과의 관계

학습키워드

- 「공동주택관리법」의 정의
- 공동주택
- 의무관리대상 공동주택
- 혼합주택단지
- 입주자
- 사용자
- 관리주체

1. 「공동주택관리법」의 목적

「공동주택관리법」은 공동주택의 관리에 관한 사항을 정함으로써 공동주택을 투명하고 안전하며 효율적으로 관리할 수 있게 하여 국민의 주거수준 향상에 이바지함을 목적으로 한다(공동주택관리법 제1조).

2. 「공동주택관리법」의 정의

(1) 공동주택 OX

'공동주택'이란 다음의 주택 및 시설을 말한다. 이 경우 **일반인에게 분양되는 복리시설은 제외한다**(공동주택관리법 제2조 제1항 제1호). 기출
① 「주택법」에 따른 공동주택
② 「건축법」에 따른 건축허가를 받아 주택 외의 시설과 주택을 동일 건축물로 건축하는 건축물
③ 「주택법」에 따른 부대시설 및 복리시설

(2) 의무관리대상 공동주택

OX ① **정의**: '의무관리대상 공동주택'이란 해당 공동주택을 전문적으로 관리하는 자를 두고 자치의결기구를 의무적으로 구성하여야 하는 등 일정한 의무가 부과되는 공동주택으로서, 다음 중 어느 하나에 해당하는 공동주택을 말한다(공동주택관리법 제2조 제1항 제2호). 기출
  ㉠ **300세대 이상**의 공동주택
  ㉡ **150세대 이상**으로서 승강기가 설치된 공동주택
  ㉢ **150세대 이상**으로서 중앙집중식 난방방식(지역난방방식을 포함한다)의 공동주택
  ㉣ 「건축법」 제11조에 따른 건축허가를 받아 주택 외의 시설과 주택을 동일 건축물로 건축한 건축물로서 주택이 **150세대 이상**인 건축물
  ㉤ ㉠부터 ㉣까지에 해당하지 아니하는 공동주택 중 입주자등이 대통령령(아래 ②)으로 정하는 기준에 따라 동의하여 정하는 공동주택
② **의무관리대상 공동주택의 범위**: 위 ①의 ㉤에서 '대통령령으로 정하는 기준'이란 전체 입주자등의 **3분의 2 이상**이 서면으로 동의하는 방법을 말한다(공동주택관리법 시행령 제2조).

- **「주택법」상 공동주택**
'공동주택'이란 건축물의 벽·복도·계단이나 그 밖의 설비 등의 전부 또는 일부를 공동으로 사용하는 각 세대가 하나의 건축물 안에서 각각 독립된 주거생활을 할 수 있는 구조로 된 주택을 말하며, 그 종류와 범위는 다음과 같다(주택법 제2조 제3호, 동법 시행령 제3조).
1. 아파트
2. 연립주택
3. 다세대주택

OX문제
일반인에게 분양되는 복리시설은 공동주택관리의 대상인 공동주택에서 제외된다.
( )

OX문제
승강기가 설치되어 있지 않고 지역난방방식을 포함하여 중앙집중식 난방방식이 아닌 150세대 아파트는 의무관리대상 공동주택에 해당한다.
( )

승강기가 설치된 290세대 연립주택은 공동주택관리법령상 의무관리대상 공동주택에 해당한다. ( )

승강기가 설치된 100세대의 공동주택은 공동주택관리법령상 의무관리대상 공동주택에 해당한다. ( )

100세대인 지역난방방식 공동주택은 의무관리대상 공동주택에 해당되지 않는다. ( )

정답 O, X, O, X, O

- 「주택법」상 주택단지
'주택단지'란 주택건설사업계획 또는 대지조성사업계획의 승인을 받아 주택과 그 부대시설 및 복리시설을 건설하거나 대지를 조성하는 데 사용되는 일단(一團)의 토지를 말한다(주택법 제2조 제12호 전단).

OX문제
'혼합주택단지'란 분양을 목적으로 한 공동주택과 단독주택(임대주택은 제외한다)이 함께 있는 공동주택단지를 말한다.
( )

OX문제
'입주자'란 공동주택의 소유자 또는 소유자를 대리하는 배우자 및 직계가족(직계비속은 제외한다)을 말한다.
( )

OX문제
'사용자'란 공동주택을 임차하여 사용하는 사람(임대주택의 임차인은 제외한다) 등을 말한다.
( )

정답 ×, ×, ○

(3) 공동주택단지

'공동주택단지'란 「주택법」 제2조 제12호에 따른 주택단지를 말한다(공동주택관리법 제2조 제1항 제3호).

(4) 혼합주택단지 OX

'혼합주택단지'란 분양을 목적으로 한 공동주택과 임대주택이 함께 있는 공동주택단지를 말한다(공동주택관리법 제2조 제1항 제4호). 기출

(5) 입주자 OX

'입주자'란 공동주택의 소유자 또는 그 소유자를 대리하는 배우자 및 직계존비속(直系尊卑屬)을 말한다(공동주택관리법 제2조 제1항 제5호). 기출

(6) 사용자 OX

'사용자'란 공동주택을 임차하여 사용하는 사람(임대주택의 임차인은 제외한다) 등을 말한다(공동주택관리법 제2조 제1항 제6호). 기출

(7) 입주자등

'입주자등'이란 입주자와 사용자를 말한다(공동주택관리법 제2조 제1항 제7호).

(8) 입주자대표회의

'입주자대표회의'란 공동주택의 입주자등을 대표하여 관리에 관한 주요 사항을 결정하기 위하여 구성하는 자치의결기구를 말한다(공동주택관리법 제2조 제1항 제8호).

(9) 관리규약

'관리규약'이란 공동주택의 입주자등을 보호하고 주거생활의 질서를 유지하기 위하여 입주자등이 정하는 자치규약을 말한다(공동주택관리법 제2조 제1항 제9호).

(10) 관리주체

'관리주체'란 공동주택을 관리하는 다음의 자를 말한다(공동주택관리법 제2조 제1항 제10호). 기출

① 자치관리기구의 대표자인 공동주택의 관리사무소장
② 관리업무를 인계하기 전의 사업주체
③ 주택관리업자
④ 임대사업자

⑤ 「민간임대주택에 관한 특별법」에 따른 **주택임대관리업자**(시설물 유지·보수·개량 및 그 밖의 주택관리업무를 수행하는 경우에 한정한다)

(11) 주택관리사보

'주택관리사보'란 주택관리사보 합격증서를 발급받은 사람을 말한다(공동주택관리법 제2조 제1항 제11호).

(12) 주택관리사

'주택관리사'란 주택관리사 자격증을 발급받은 사람을 말한다(공동주택관리법 제2조 제1항 제12호).

(13) 주택관리사등 OX

'주택관리사등'이란 주택관리사보와 주택관리사를 말한다(공동주택관리법 제2조 제1항 제13호). 기출

(14) 주택관리업

'주택관리업'이란 공동주택을 안전하고 효율적으로 관리하기 위하여 입주자등으로부터 의무관리대상 공동주택의 관리를 위탁받아 관리하는 업(業)을 말한다(공동주택관리법 제2조 제1항 제14호).

(15) 주택관리업자

'주택관리업자'란 주택관리업을 하는 자로서 「공동주택관리법」 제52조 제1항에 따라 등록한 자를 말한다(공동주택관리법 제2조 제1항 제15호).

(16) 장기수선계획

'장기수선계획'이란 공동주택을 오랫동안 안전하고 효율적으로 사용하기 위하여 필요한 주요 시설의 교체 및 보수 등에 관하여 수립하는 장기계획을 말한다(공동주택관리법 제2조 제1항 제18호).

(17) 임대주택 OX

'임대주택'이란 「민간임대주택에 관한 특별법」에 따른 민간임대주택 및 「공공주택 특별법」에 따른 공공임대주택을 말한다(공동주택관리법 제2조 제1항 제19호). 기출

OX문제

'주택관리사등'이란 주택관리사와 주택관리법인을 말한다.
( )

OX문제

'임대주택'이란 「민간임대주택에 관한 특별법」에 따른 민간임대주택을 말하며 「공공주택 특별법」에 따른 공공임대주택은 이에 포함되지 않는다.
( )

정답 ×, ×

(18) 임대사업자

'임대사업자'란 「민간임대주택에 관한 특별법」 제2조 제7호에 따른 임대사업자 및 「공공주택 특별법」 제4조 제1항에 따른 공공주택사업자를 말한다(공동주택관리법 제2조 제1항 제20호).

(19) 임차인대표회의

'임차인대표회의'란 「민간임대주택에 관한 특별법」 제52조에 따른 임차인대표회의 및 「공공주택 특별법」 제50조에 따라 준용되는 임차인대표회의를 말한다(공동주택관리법 제2조 제1항 제21호).

(20) 「공동주택관리법」에서 정하지 아니한 용어의 뜻

「공동주택관리법」에서 따로 정하지 아니한 용어의 뜻은 「주택법」에서 정한 바에 따른다(공동주택관리법 제2조 제2항).

3. 국가 등의 의무

(1) 국가 및 지방자치단체의 의무

국가 및 지방자치단체는 공동주택의 관리에 관한 정책을 수립·시행할 때에는 다음의 사항을 위하여 노력하여야 한다(공동주택관리법 제3조 제1항).
① 공동주택에 거주하는 입주자등이 쾌적하고 살기 좋은 주거생활을 할 수 있도록 할 것
② 공동주택이 투명하고 체계적이며 평온하게 관리될 수 있도록 할 것
③ 공동주택의 관리와 관련한 산업이 건전한 발전을 꾀할 수 있도록 할 것

(2) 관리주체의 의무

관리주체는 공동주택을 효율적이고 안전하게 관리하여야 한다(공동주택관리법 제3조 제2항).

(3) 입주자등의 의무

입주자등은 공동체 생활의 질서가 유지될 수 있도록 이웃을 배려하고 관리주체의 업무에 협조하여야 한다(공동주택관리법 제3조 제3항).

4. 다른 법률과의 관계

(1) 「주택법」과의 관계

공동주택의 관리에 관하여 「공동주택관리법」에서 정하지 아니한 사항에 대하여는 「주택법」을 적용한다(공동주택관리법 제4조 제1항).^{기출}

(2) 「민간임대주택에 관한 특별법」 및 「공공주택 특별법」과의 관계

임대주택의 관리에 관하여 「민간임대주택에 관한 특별법」 또는 「공공주택 특별법」에서 정하지 아니한 사항에 대하여는 「공동주택관리법」을 적용한다(공동주택관리법 제4조 제2항).^{기출}

CHAPTER 03 관리규약 등

CHAPTER 미리보기

학습키워드

- 관리규약의 준칙
- 관리규약의 제정 및 개정
- 관리규약의 효력
- 관리규약의 보관 및 열람방법
- 관리규약 등의 신고

1 관리규약

1. 정의

'관리규약'이란 공동주택의 입주자등을 보호하고 주거생활의 질서를 유지하기 위하여 입주자등이 정하는 **자치규약**을 말한다(공동주택관리법 제2조 제1항 제9호).

2. 관리규약의 준칙

(1) 관리규약의 준칙 제정 OX

특별시장·광역시장·특별자치시장·도지사 또는 특별자치도지사(이하 '시·도지사'라 한다)는 공동주택의 입주자등을 보호하고 주거생활의 질서를 유지하기 위하여 대통령령[아래 **(2)**]으로 정하는 바에 따라 공동주택의 관리 또는 사용에 관하여 준거가 되는 관리규약의 준칙을 정하여야 한다(공동주택관리법 제18조 제1항). 기출

(2) 관리규약의 준칙에 포함되는 사항 OX

위 **(1)**에 따른 관리규약의 준칙(이하 '관리규약준칙'이라 한다)에는 다음의 사항이 포함되어야 한다. 이 경우 **입주자등이 아닌 자의 기본적인 권리를 침해하는 사항이 포함되어서는 안 된다**(공동주택관리법 시행령 제19조 제1항). 기출
① 입주자등의 권리 및 의무(입주자등이 관리주체의 동의를 받아야 하는 의무를 포함한다)
② 입주자대표회의의 구성·운영(회의의 녹음·녹화·중계 및 방청에 관한 사항을 포함한다)과 그 구성원의 의무 및 책임 기출
③ 동별 대표자의 선거구·선출절차와 해임 사유·절차 등에 관한 사항
OX ④ 선거관리위원회의 구성·운영·업무·경비, 위원의 선임·해임 및 임기 등에 관한 사항
⑤ 입주자대표회의의 소집절차, 임원의 해임 사유·절차 등에 관한 사항
⑥ 입주자대표회의 운영경비의 용도 및 사용금액(운영·윤리교육 수강비용을 포함한다)
⑦ **자치관리기구**의 구성·운영 및 관리사무소장과 그 소속 직원의 자격요건·인사·보수·책임 기출
⑧ 입주자대표회의 또는 관리주체가 작성·보관하는 자료의 종류 및 그 열람방법 등에 관한 사항
⑨ 위·수탁관리계약에 관한 사항

OX문제

국토교통부장관은 공동주택의 입주자등의 보호와 주거생활의 질서유지를 위하여 관리규약의 준칙을 정하여야 한다. ( )

시장·군수·구청장은 공동주택의 관리 또는 사용에 관하여 준거가 되는 관리규약의 준칙을 정하여야 한다. ( )

관리규약의 준칙은 입주자등이 정한다. ( )

사업주체는 공동주택의 관리 또는 사용에 관하여 준거가 되는 관리규약의 준칙을 정하여야 한다. ( )

OX문제

관리규약준칙에는 입주자등이 아닌 자의 기본적인 권리를 침해하는 사항이 포함되어서는 안 된다. ( )

OX문제

관리와 관련한 분쟁조정위원회의 구성·운영은 관리규약의 준칙에 포함되는 사항이다. ( )

정답 ×, ×, ×, ×, ○, ×

• 관리비예치금
관리주체는 해당 공동주택의 공용부분의 관리 및 운영 등에 필요한 경비를 공동주택의 소유자로부터 징수할 수 있다(공동주택관리법 제24조 제1항).

OX문제
장기수선충당금의 요율 및 사용절차는 장기수선계획에서 규정하고 있기 때문에 관리규약의 준칙에는 포함되지 않아도 된다. ( )

OX문제
공동생활의 질서를 문란하게 한 자에 대한 조치는 관리규약 준칙에 포함되어야 한다. ( )

OX문제
'시장·군수·구청장이 입주자대표회의가 구성되기 전에 어린이집 임대계약을 체결하려 할 때 입주예정자가 동의하여야 하는 비율'은 관리규약준칙에 포함되는 어린이집 임대계약에 대한 임차인 선정기준에 해당한다. ( )

정답 ×, ○, ×

⑩ 입주자등이 관리주체의 동의를 받아야 하는 행위에 대한 관리주체의 동의기준
⑪ **관리비예치금**의 관리 및 운용방법
⑫ 관리비등의 세대별 부담액 산정방법, 징수, 보관, 예치 및 사용절차
⑬ 관리비등을 납부하지 아니한 자에 대한 조치 및 가산금의 부과 기출
OX ⑭ 장기수선충당금의 **요율** 및 **사용절차** 기출
⑮ 회계관리 및 회계감사에 관한 사항
⑯ 회계관계 임직원의 책임 및 의무(재정보증에 관한 사항을 포함한다) 기출
⑰ 각종 공사 및 용역의 발주와 물품구입의 절차
⑱ 관리 등으로 인하여 발생한 수입의 용도 및 사용절차 기출
⑲ 공동주택의 관리책임 및 비용부담 기출
OX ⑳ 관리규약을 위반한 자 및 공동생활의 질서를 문란하게 한 자에 대한 조치 기출
OX ㉑ 공동주택의 **어린이집 임대계약**(지방자치단체에 무상임대하는 것을 포함한다)에 대한 다음의 임차인 선정기준. 이 경우 그 기준은 「영유아보육법」에 따른 국공립어린이집 위탁체 선정관리기준에 따라야 한다. 기출
  ㉠ 임차인의 **신청자격**
  ㉡ 임차인 선정을 위한 **심사기준**
  ㉢ 어린이집을 이용하는 입주자등 중 어린이집 임대에 동의하여야 하는 비율
  ㉣ 임대료 및 임대기간
  ㉤ 그 밖에 어린이집의 적정한 임대를 위하여 필요한 사항

> **관련법령** 사업주체의 어린이집 등의 임대계약 체결(공동주택관리법 시행령 제29조의3)
>
> ① 시장·군수·구청장은 입주자대표회의가 구성되기 전에 다음 각 호의 주민공동시설의 임대계약 체결이 필요하다고 인정하는 경우에는 사업주체로 하여금 입주예정자 10분의 3 이상의 서면 동의를 받아 해당 시설의 임대계약을 체결하도록 할 수 있다.
> 1. 「영유아보육법」에 따른 어린이집
> 2. 「아동복지법」에 따른 다함께돌봄센터
> 3. 「아이돌봄 지원법」에 따른 공동육아나눔터
> ② 사업주체는 제1항에 따라 임대계약을 체결하려는 경우에는 해당 공동주택단지의 인터넷 홈페이지에 관련 내용을 공고하고 입주예정자에게 개별 통지하여야 한다.
> ③ 사업주체는 제1항에 따라 임대계약을 체결하는 경우에는 관리규약 및 관련 법령의 규정에 따라야 한다. 이 경우 어린이집은 관리규약 중 「공동주택관리법 시행령」 제19조 제1항 제21호 다목(어린이집을 이용하는 입주자등 중 어린이집 임대에 동의하여야 하는 비율)의 사항은 적용하지 않는다.

㉒ 공동주택의 층간소음 및 간접흡연에 관한 사항 기출
㉓ 주민공동시설의 위탁에 따른 방법 또는 절차에 관한 사항
㉔ **주민공동시설을 인근 공동주택단지 입주자등도 이용할 수 있도록 허용하는 경우에 대한 다음의 기준**
　㉠ 입주자등 중 허용에 동의하여야 하는 비율
　㉡ 이용자의 범위
　㉢ 그 밖에 인근 공동주택단지 입주자등의 이용을 위하여 필요한 사항
㉕ 혼합주택단지의 관리에 관한 사항
㉖ 전자투표의 본인확인 방법에 관한 사항
㉗ 공동체 생활의 활성화에 관한 사항
㉘ **공동주택의 주차장 임대계약 등에 대한 다음의 기준**
　㉠ 「도시교통정비 촉진법」에 따른 승용차 공동이용을 위한 주차장 임대계약의 경우
　　ⓐ 입주자등 중 주차장의 임대에 동의하는 비율
　　ⓑ 임대할 수 있는 주차대수 및 위치
　　ⓒ 이용자의 범위
　　ⓓ 그 밖에 주차장의 적정한 임대를 위하여 필요한 사항
　㉡ 지방자치단체와 입주자대표회의 간 체결한 협약에 따라 지방자치단체 또는 「지방공기업법」에 따라 설립된 지방공단이 직접 운영·관리하거나 위탁하여 운영·관리하는 방식으로 입주자등 외의 자에게 공동주택의 주차장을 개방하는 경우
　　ⓐ 입주자등 중 주차장의 개방에 동의하는 비율
　　ⓑ 개방할 수 있는 주차대수 및 위치
　　ⓒ 주차장의 개방시간
　　ⓓ 그 밖에 주차장의 적정한 개방을 위하여 필요한 사항
　㉢ 민간에 위탁하여 운영·관리하는 방식으로 입주자등 외의 자에게 공동주택의 주차장을 개방하는 경우
　　ⓐ 입주자등 중 주차장의 개방에 동의하는 비율
　　ⓑ 개방할 수 있는 주차대수 및 위치
　　ⓒ 주차장의 개방시간
　　ⓓ 주차장 요금의 상한 및 운영수입의 사용 용도
　　ⓔ 그 밖에 주차장의 적정한 개방을 위하여 필요한 사항
㉙ 경비원 등 근로자에 대한 괴롭힘의 금지 및 발생 시 조치에 관한 사항

㉚ 「주택건설기준 등에 관한 규정」 제32조의2에 따른 지능형 홈네트워크 설비(이하 '지능형 홈네트워크 설비'라 한다)의 기본적인 유지·관리에 관한 사항
㉛ 그 밖에 공동주택의 관리에 필요한 사항

3. 관리규약

(1) 관리규약의 제정 OX

입주자등은 위 2.에 따른 관리규약의 준칙을 참조하여 관리규약을 정한다. 이 경우 「주택법」에 따라 공동주택에 설치하는 어린이집의 임대료 등에 관한 사항은 위 2.에 따른 관리규약의 준칙, 어린이집의 안정적 운영, 보육서비스 수준의 향상 등을 고려하여 결정하여야 한다(공동주택관리법 제18조 제2항). 기출

(2) 관리규약의 제정 및 개정방법

① **위임규정**: 입주자등이 관리규약을 제정·개정하는 방법 등에 필요한 사항은 대통령령(아래 ② 및 ③)으로 정한다(공동주택관리법 제18조 제3항).

② **관리규약의 제정**

㉠ 제정안의 제안시기: 사업주체는 **입주예정자와 관리계약을 체결할 때** 관리규약 제정안을 제안해야 한다. 다만, 사업주체가 입주자대표회의가 구성되기 전에 어린이집·다함께돌봄센터·공동육아나눔터의 임대계약을 체결하려는 경우에는 입주개시일 3개월 전부터 관리규약 제정안을 제안할 수 있다(공동주택관리법 시행령 제20조 제1항).

OX ㉡ 제정방법: 위 **(1)**에 따른 공동주택 분양 후 최초의 관리규약은 위 ㉠에 따라 **사업주체가 제안한 내용을** 해당 **입주예정자의 과반수가 서면으로 동의**하는 방법으로 결정한다(공동주택관리법 시행령 제20조 제2항). 기출

㉢ 제안 내용의 공고 및 통지: 위 ㉡의 경우 사업주체는 해당 공동주택단지의 인터넷 홈페이지(인터넷 홈페이지가 없는 경우에는 인터넷 포털을 통해 관리주체가 운영·통제하는 유사한 기능의 웹사이트 또는 관리사무소의 게시판 등을 말한다. 이하 같다)에 제안내용을 공고하고 **입주예정자에게 개별 통지**해야 한다(공동주택관리법 시행령 제20조 제3항).

OX ㉣ 의무관리대상 전환 공동주택의 관리규약 제정안의 제안: 의무관리대상 전환 공동주택의 관리규약 제정안은 의무관리대상 전환 공동주택의 **관리인이** 제안하고, 그 내용을 전체 **입주자등 과반수**의 서면동의로 결정한다. 이 경우 관리규약 제정안을 제안하는 관리인은 위 ㉢의 방법에 따라 공고·통지해야 한다(공동주택관리법 시행령 제20조 제4항).

OX문제

관리규약은 시장·군수·구청장이 정한 관리규약의 준칙을 참조하여 정한다. (　)

입주자등은 관리규약을 참조하여 관리규약의 준칙을 정한다. (　)

입주자등이 정한 관리규약은 관리주체가 정한 관리규약준칙을 따라야 하고, 관리규약준칙에 반하는 관리규약은 효력이 없다. (　)

OX문제

공동주택 분양 후 최초의 관리규약은 사업주체가 제안한 내용을 해당 입주예정자의 과반수가 서면으로 동의하는 방법으로 결정한다. (　)

OX문제

의무관리대상 전환 공동주택의 관리규약 제정안은 의무관리대상 전환 공동주택의 관리인이 제안하고, 그 내용을 전체 입주자등 과반수의 서면동의로 결정한다. (　)

정답 ×, ×, ×, ○, ○

③ **관리규약의 개정**
　㉠ 개정안의 공고 및 통지: 위 ①에 따라 관리규약을 개정하려는 경우에는 다음의 사항을 기재한 개정안을 위 ㉢의 방법에 따른 공고·통지를 거쳐「공동주택관리법 시행령」제3조(아래 ㉡의 방법)의 방법으로 결정한다(공동주택관리법 시행령 제20조 제5항).
　　ⓐ 개정 목적
　　ⓑ 종전의 관리규약과 달라진 내용
　　ⓒ 관리규약준칙과 달라진 내용
　㉡ 개정방법: 관리규약의 개정은 다음의 어느 하나에 해당하는 방법으로 한다(공동주택관리법 시행령 제20조 제5항, 제3조). 기출
　　ⓐ 입주자대표회의의 **의결**로 제안하고 전체 입주자등의 **과반수**가 찬성
　　ⓑ 전체 입주자등의 **10분의 1 이상**이 서면으로 제안하고 전체 입주자등의 **과반수**가 찬성

(3) 관리규약의 효력 OX

관리규약은 입주자등의 지위를 승계한 사람에 대하여도 그 효력이 있다(공동주택관리법 제18조 제4항). 기출

(4) 관리규약의 보관 및 열람방법 OX

공동주택의 관리주체는 관리규약을 보관하여 입주자등이 열람을 청구하거나 자기의 비용으로 복사를 요구하면 응하여야 한다(공동주택관리법 시행령 제20조 제6항). 기출

(5) 관리규약 등의 신고

OX ① **신고사항 및 신고의무**: 입주자대표회의의 회장(관리규약의 제정의 경우에는 사업주체 또는 의무관리대상 전환 공동주택의 관리인을 말한다)은 다음의 사항을 대통령령(아래 ③)으로 정하는 바에 따라 **시장·군수·구청장**에게 신고하여야 하며, 신고한 사항이 변경되는 경우에도 또한 같다. 다만, 의무관리대상 전환 공동주택의 관리인이 관리규약의 제정 신고를 하지 아니하는 경우에는 입주자등의 **10분의 1 이상**이 연서하여 신고할 수 있다(공동주택관리법 제19조 제1항). 기출
　㉠ 관리규약의 제정·개정
　㉡ 입주자대표회의의 구성·변경
　㉢ 그 밖에 필요한 사항으로서 대통령령으로 정하는 사항

OX문제

공동주택 분양 후 최초로 만들어진 관리규약을 개정하는 방법은 공동주택관리방법의 결정과 같은 방법으로 한다. ( )

관리규약의 개정은 전체 입주자등의 10분의 1 이상이 제안하고 투표자의 과반수가 찬성하는 방법에 따른다. ( )

OX문제

관리규약은 입주자등의 지위를 승계한 사람에 대하여 그 효력이 없다. ( )

입주자등의 지위를 승계한 사람이 관리규약에 동의하지 않으면 그 사람에게는 관리규약의 효력이 미치지 않는다. ( )

OX문제

입주자대표회의의 회장은 관리규약을 보관하여야 하고, 입주자등이 열람을 청구하거나 복사를 요구하면 이에 응하여야 한다. ( )

OX문제

입주자대표회의의 회장은 관리규약을 개정한 경우 시장·군수·구청장으로부터 승인을 받아야 한다. ( )

의무관리대상 전환 공동주택의 관리인이 관리규약의 제정 신고를 하지 아니하는 경우에는 입주자등의 10분의 1 이상이 연서하여 신고할 수 있다. ( )

정답 O, ×, ×, ×, ×, ×, O

② **신고수리 여부의 통지 등**
  ㉠ 시장·군수·구청장은 위 ①에 따른 신고를 받은 날부터 **7일 이내**에 신고수리 여부를 신고인에게 통지하여야 한다(공동주택관리법 제19조 제2항).
  ㉡ 시장·군수·구청장이 위 ㉠에서 정한 기간 내에 신고수리 여부 또는 민원 처리 관련 법령에 따른 처리기간의 연장을 신고인에게 통지하지 아니하면 그 기간(민원 처리 관련 법령에 따라 처리기간이 연장 또는 재연장된 경우에는 해당 처리기간을 말한다)이 **끝난 날의 다음 날**에 신고를 수리한 것으로 본다(공동주택관리법 제19조 제3항).

③ **관리규약의 제정 및 개정 등 신고**
  ㉠ 신고기한: 위 ①에 따른 신고를 하려는 입주자대표회의의 회장(관리규약 제정의 경우에는 사업주체 또는 의무관리대상 전환 공동주택의 관리인을 말한다)은 관리규약이 제정·개정되거나 입주자대표회의가 구성·변경된 날부터 **30일 이내**에 신고서를 시장·군수·구청장에게 제출해야 한다(공동주택관리법 시행령 제21조).
  ㉡ 신고방법: 입주자대표회의의 회장(관리규약 제정의 경우에는 사업주체 또는 의무관리대상 전환 공동주택의 관리인을 말한다)은 위 ㉠에 따라 시장·군수·구청장에게 관리규약의 제정 및 개정 등 신고서를 제출할 때에는 다음의 구분에 따른 서류를 첨부해야 한다(공동주택관리법 시행규칙 제6조 제2항). 기출
    ⓐ 관리규약의 제정·개정을 신고하는 경우: 관리규약의 제정·개정 제안서 및 그에 대한 입주자등의 동의서
    ⓑ 입주자대표회의의 구성·변경을 신고하는 경우: 입주자대표회의의 구성현황(임원 및 동별 대표자의 성명·주소·생년월일 및 약력과 그 선출에 관한 증명서류를 포함한다)

OX문제
입주자대표회의의 회장은 관리규약이 개정된 날부터 15일 이내에 신고서를 시장·군수·구청장에게 제출하여야 한다. ( )

OX문제
사업주체는 시장·군수·구청장에게 관리규약의 제정을 신고하는 경우 관리규약의 제정 제안서 및 그에 대한 입주자등의 동의서를 첨부하여야 한다. ( )

OX문제
입주자대표회의의 회장은 해당 공동주택의 입주자대표회의 구성을 신고하는 경우 관리규약의 제정 및 개정 등 신고서에 임원 및 동별 대표자의 성명·주소·생년월일 및 약력과 그 선출에 관한 증명서류를 포함한 입주자대표회의의 구성현황 서류를 첨부하여 시장·군수·구청장에게 제출하여야 한다. ( )

정답 ×, ○, ○

2 층간소음의 방지 및 간접흡연의 방지 등

1. 층간소음의 방지 등

(1) 층간소음의 방지

공동주택의 입주자등(임대주택의 임차인을 포함한다)은 공동주택에서 뛰거나 걷는 동작에서 발생하는 소음이나 음향기기를 사용하는 등의 활동에서 발생하는 소음 등 층간소음[벽간소음 등 인접한 세대 간의 소음(대각선에 위치한 세대 간의 소음을 포함한다)을 포함하며, 이하 '층간소음'이라 한다]으로 인하여 다른 입주자등에게 피해를 주지 아니하도록 노력하여야 한다(공동주택관리법 제20조 제1항). 기출

(2) 소음차단조치의 권고 및 조사

위 (1)에 따른 층간소음으로 피해를 입은 입주자등은 **관리주체**에게 층간소음 발생 사실을 알리고, **관리주체**가 층간소음 피해를 끼친 해당 입주자등에게 층간소음 발생을 중단하거나 소음차단 조치를 권고하도록 요청할 수 있다. 이 경우 **관리주체**는 사실관계 확인을 위하여 세대 내 확인 등 필요한 조사를 할 수 있다(공동주택관리법 제20조 제2항). 기출

(3) 협조

층간소음 피해를 끼친 입주자등은 위 (2)에 따른 관리주체의 조치 및 권고에 협조하여야 한다(공동주택관리법 제20조 제3항). 기출

(4) 조정의 신청

위 (2)에 따른 관리주체의 조치에도 불구하고 층간소음 발생이 계속될 경우에는 층간소음 피해를 입은 입주자등은 **공동주택 층간소음관리위원회**에 조정을 신청할 수 있다(공동주택관리법 제20조 제4항). 기출

(5) 층간소음의 범위와 기준

공동주택 층간소음의 범위와 기준은 **국토교통부**와 **환경부**의 공동부령으로 정한다(공동주택관리법 제20조 제5항). 기출

(6) 교육의 실시

관리주체는 필요한 경우 입주자등을 대상으로 층간소음의 예방, 분쟁의 조정 등을 위한 교육을 실시할 수 있다(공동주택관리법 제20조 제6항). 기출

(7) 조직의 구성 및 운영

입주자등은 층간소음에 따른 분쟁을 예방하고 조정하기 위하여 관리규약으로 정하는 바에 따라 다음의 업무를 수행하는 공동주택 층간소음관리위원회(이하 '층간소음관리위원회'라 한다)를 구성·운영할 수 있다. 다만, 의무관리대상 공동주택 중 대통령령으로 정하는 규모 이상인 경우에는 층간소음관리위원회를 구성하여야 한다(공동주택관리법 제20조 제7항).**기출**

① 층간소음 민원의 청취 및 사실관계 확인
② 분쟁의 자율적인 중재 및 조정
③ 층간소음 예방을 위한 홍보 및 교육
④ 그 밖에 층간소음 분쟁 방지 및 예방을 위하여 관리규약으로 정하는 업무

2. 간접흡연의 방지 등

(1) 간접흡연의 방지

공동주택의 입주자등은 발코니, 화장실 등 세대 내에서의 흡연으로 인하여 다른 입주자등에게 피해를 주지 아니하도록 노력하여야 한다(공동주택관리법 제20조의2 제1항).

(2) 간접흡연의 중단 권고

간접흡연으로 피해를 입은 입주자등은 **관리주체**에게 간접흡연 발생 사실을 알리고, **관리주체**가 간접흡연 피해를 끼친 해당 입주자등에게 일정한 장소에서 흡연을 중단하도록 권고할 것을 요청할 수 있다. 이 경우 **관리주체**는 사실관계 확인을 위하여 세대 내 확인 등 필요한 조사를 할 수 있다(공동주택관리법 제20조의2 제2항).

(3) 협조

간접흡연 피해를 끼친 입주자등은 위 **(2)**에 따른 관리주체의 권고에 협조하여야 한다(공동주택관리법 제20조의2 제3항).

(4) 교육의 실시

관리주체는 필요한 경우 입주자등을 대상으로 간접흡연의 예방, 분쟁의 조정 등을 위한 교육을 실시할 수 있다(공동주택관리법 제20조의2 제4항).

(5) 조직의 구성 및 운영

입주자등은 필요한 경우 간접흡연에 따른 분쟁의 예방, 조정, 교육 등을 위하여 자치적인 조직을 구성하여 운영할 수 있다(공동주택관리법 제20조의2 제5항).

3 공동체 생활의 활성화 및 전자적 방법을 통한 의사결정 사항

1. 공동체 생활의 활성화

(1) 조직의 구성

공동주택의 입주자등은 입주자등의 소통 및 화합 증진 등을 위하여 필요한 활동을 자율적으로 실시할 수 있고, 이를 위하여 필요한 조직을 구성하여 운영할 수 있다(공동주택관리법 제21조 제1항).

(2) 경비의 지원 OX

① **경비의 지원**: 입주자대표회의 또는 관리주체는 공동체 생활의 활성화에 필요한 경비의 일부를 재활용품의 매각 수입 등 공동주택을 관리하면서 부수적으로 발생하는 수입에서 지원할 수 있다(공동주택관리법 제21조 제2항). 기출

② **지원의 결정**: 위 ①에 따른 경비의 지원은 **관리규약으로 정하거나 관리규약에 위배되지 아니하는 범위에서 입주자대표회의의 의결로 정한다**(공동주택관리법 제21조 제3항).

(3) 공동체 생활의 활성화 증진 등

입주자대표회의는 입주자등의 소통 및 화합의 증진을 위하여 그 이사 중 공동체 생활의 활성화에 관한 업무를 담당하는 **이사를 선임할 수 있다**(공동주택관리법 시행령 제12조 제3항).

> **OX문제**
> 공동체 생활의 활성화에 필요한 경비의 일부를 공동주택을 관리하면서 부수적으로 발생하는 수입에서 지원하는 경우, 그 경비의 지원은 관리규약으로 정하거나 관리규약에 위배되지 아니하는 범위에서 입주자대표회의의 의결로 정한다.
> (   )
>
> 정답 ○

2. 전자적 방법을 통한 의사결정사항

(1) 의사결정

① **의사결정 사항 및 방법**: 입주자등은 동별 대표자나 입주자대표회의의 임원을 선출하는 등 공동주택의 관리와 관련하여 의사를 결정하는 경우(서면동의에 의하여 의사를 결정하는 경우를 포함한다) 대통령령[아래 **(2)**]으로 정하는 바에 따라 전자적 방법(전자문서 및 전자거래 기본법 제2조 제2호에 따른 정보처리시스템*을 사용하거나 그 밖에 정보통신기술을 이용하는 방법을 말한다. 이하 같다)을 통하여 그 의사를 결정할 수 있다(공동주택관리법 제22조 제1항).

② **우선적 이용**: 의무관리대상 공동주택의 입주자대표회의, 관리주체 및 선거관리위원회는 입주자등의 참여를 확대하기 위하여 위 ①에 따른 공동주택의 관리와 관련한 의사결정에 대하여 **전자적 방법**을 우선적으로 이용하도록 노력하여야 한다(공동주택관리법 제22조 제2항).

(2) 본인확인방법

입주자등은 위 **(1)**에 따라 전자적 방법으로 의결권을 행사(이하 '전자투표'라 한다)하는 경우에는 다음의 어느 하나에 해당하는 방법으로 본인확인을 거쳐야 한다(공동주택관리법 시행령 제22조 제1항).

① 휴대전화를 통한 본인인증 등 「정보통신망 이용촉진 및 정보보호 등에 관한 법률」 제23조의3에 따른 본인확인기관에서 제공하는 본인확인의 방법
② 「전자서명법」 제2조 제2호에 따른 전자서명 또는 같은 법 제2조 제6호에 따른 인증서를 통한 본인확인의 방법
③ 그 밖에 관리규약에서 「전자문서 및 전자거래 기본법」 제2조 제1호에 따른 전자문서를 제출하는 등 본인확인 절차를 정하는 경우에는 그에 따른 본인확인의 방법

(3) 고지사항

관리주체, 입주자대표회의, 의무관리대상 전환 공동주택의 관리인 또는 선거관리위원회는 위 **(2)**에 따라 전자투표를 실시하려는 경우에는 다음의 사항을 입주자등에게 미리 알려야 한다(공동주택관리법 시행령 제22조 제2항).

① 전자투표를 하는 **방법**
② 전자투표 기간
③ 그 밖에 전자투표의 실시에 필요한 기술적인 사항

• **정보처리시스템**(전자문서 및 전자거래 기본법 제2조 제2호)
전자문서의 작성·변환, 송신·수신 또는 저장을 위하여 이용되는 정보처리능력을 가진 전자적 장치 또는 체계를 말한다.

OX문제
의무관리대상 공동주택의 입주자대표회의는 동별 대표자를 선출하는 등 공동주택의 관리와 관련한 의사결정에 대하여 서면의 방법을 우선적으로 이용하도록 노력하여야 한다. ( )

정답 ×

CHAPTER 04 공동주택의 관리방법

CHAPTER 미리보기

학습키워드

- 공동주택관리법령에 의한 공동주택의 관리방법 등
- 자치관리의 구성 및 운영
- 주택관리업자의 선정 등
- 주택관리업의 등록
- 공동관리 및 구분관리
- 민간임대주택에 관한 특별법령상 민간임대주택의 관리
- 주택임대관리

제1절 공동주택관리법령에 의한 공동주택의 관리방법 등

1 공동주택관리법령상 의무관리대상 공동주택

1. 의무관리대상 공동주택

(1) 정의

'의무관리대상 공동주택'이란 해당 공동주택을 전문적으로 관리하는 자를 두고 자치의결기구를 의무적으로 구성하여야 하는 등 일정한 의무가 부과되는 공동주택으로서, 다음 중 어느 하나에 해당하는 공동주택을 말한다(공동주택관리법 제2조 제1항 제2호). 기출

① 300세대 이상의 공동주택
② 150세대 이상으로서 승강기가 설치된 공동주택
③ 150세대 이상으로서 중앙집중식 난방방식(지역난방방식을 포함한다)의 공동주택
④ 「건축법」 제11조에 따른 건축허가를 받아 주택 외의 시설과 주택을 동일 건축물로 건축한 건축물로서 주택이 150세대 이상인 건축물
⑤ 위 ①부터 ④까지에 해당하지 아니하는 공동주택 중 입주자등이 대통령령[아래 **(2)**]으로 정하는 기준에 따라 동의하여 정하는 공동주택

(2) 의무관리대상 공동주택의 범위

위 **(1)**의 ⑤에서 '대통령령으로 정하는 기준'이란 전체 입주자등의 3분의 2 이상이 서면으로 동의하는 방법을 말한다(공동주택관리법 시행령 제2조).

2. 공동주택의 관리방법

(1) 관리방법 OX

입주자등은 의무관리대상 공동주택을 자치관리하거나 주택관리업자에게 위탁하여 관리하여야 한다(공동주택관리법 제5조 제1항). 기출

(2) 의무관리대상 공동주택 전환 등

OX ① 전환신고
  ㉠ 신고의무: 위 1. **(1)**의 ⑤에 따라 의무관리대상 공동주택으로 전환되는 공동주택(이하 '의무관리대상 전환 공동주택'이라 한다)의 관리인(집합건물의 소유 및 관리에 관한 법률에 따른 관리인을 말하며, 관리단이

관리를 개시하기 전인 경우에는 같은 법 제9조의3 제1항에 따라 공동주택을 관리하고 있는 자를 말한다. 이하 같다)은 대통령령(아래 ⓒ)으로 정하는 바에 따라 관할 특별자치시장·특별자치도지사·시장·군수·구청장(자치구의 구청장을 말하며 이하 같다. 이하 특별자치시장·특별자치도지사·시장·군수·구청장은 '시장·군수·구청장'이라 한다)에게 의무관리대상 공동주택 전환 신고를 하여야 한다. 다만, 관리인이 신고하지 않는 경우에는 입주자등의 10분의 1 이상이 연서하여 신고할 수 있다(공동주택관리법 제10조의2 제1항). **기출**

OX ⓒ **신고서 제출기한**: 위 ㉠에 따라 의무관리대상 공동주택 전환 신고를 하려는 자는 입주자등의 동의를 받은 날부터 **30일 이내**에 관할 **특별자치시장·특별자치도지사·시장·군수·구청장**(구청장은 자치구의 구청장을 말하며, 이하 '시장·군수·구청장'이라 한다)에게 국토교통부령(아래 ⑤)으로 정하는 신고서를 제출해야 한다(공동주택관리법 시행령 제7조의2 제1항). **기출**

OX ② **입주자대표회의 구성 및 관리방법 결정**: 의무관리대상 전환 공동주택의 입주자등은 관리규약의 제정 신고가 수리된 날부터 **3개월 이내**에 입주자대표회의를 구성하여야 하며, 입주자대표회의의 구성 신고가 수리된 날부터 **3개월 이내**에 위 **(1)**에 따른 공동주택의 관리 방법을 결정하여야 한다(공동주택관리법 제10조의2 제2항). **기출**

OX ③ **주택관리업자의 선정**: 의무관리대상 전환 공동주택의 입주자등이 공동주택을 위탁관리할 것을 결정한 경우 입주자대표회의는 입주자대표회의의 구성 신고가 수리된 날부터 **6개월 이내**에 「공동주택관리법」 제7조 제1항의 기준에 따라 주택관리업자를 선정하여야 한다(공동주택관리법 제10조의2 제3항). **기출**

④ **의무관리대상 공동주택 제외 신고**

㉠ **신고의무**: 의무관리대상 전환 공동주택의 입주자등은 위 1. **(1)**의 ⑤의 기준에 따라 해당 공동주택을 의무관리대상에서 제외할 것을 정할 수 있으며, 이 경우 입주자대표회의의 **회장**(직무를 대행하는 경우에는 그 직무를 대행하는 사람을 포함한다. 이하 같다)은 대통령령(아래 ⓒ)으로 정하는 바에 따라 **시장·군수·구청장**에게 의무관리대상 공동주택 제외 신고를 하여야 한다(공동주택관리법 제10조의2 제4항).

OX문제

의무관리대상 공동주택 전환 신고를 하려는 자는 입주자등의 동의를 받은 날부터 15일 이내 시·도지사에게 신고하여야 한다. ( )

의무관리대상 공동주택 전환 신고를 하려는 자는 입주자등의 동의를 받은 날부터 10일 이내에 관할 시장·군수·구청장에게 국토교통부령으로 정하는 신고서를 제출해야 한다. ( )

OX문제

의무관리대상 전환 공동주택의 입주자등은 관리규약 제정 신고가 수리된 날부터 3개월 이내에 입주자대표회의를 구성하여야 한다. ( )

의무관리대상 전환 공동주택의 입주자등은 관리규약 제정 신고가 수리된 날부터 6개월 이내에 입주자대표회의를 구성하여야 한다. ( )

OX문제

의무관리대상 전환 공동주택의 입주자등이 공동주택을 위탁관리할 것을 결정한 경우 입주자대표회의는 입주자대표회의 구성 신고가 수리된 날부터 6개월 이내에 주택관리업자를 선정하여야 한다. ( )

정답 ×, ×, ○, ×, ○

○ **신고기한**: 위 ㉠에 따라 의무관리대상 공동주택 제외 신고를 하려는 입주자대표회의의 회장(직무를 대행하는 경우에는 그 직무를 대행하는 사람을 포함한다. 이하 같다)은 입주자등의 동의를 받은 날부터 **30일 이내**에 시장·군수·구청장에게 국토교통부령(아래 ⑤)으로 정하는 신고서를 제출해야 한다(공동주택관리법 시행령 제7조의2 제2항).

⑤ **의무관리대상 공동주택 전환 등 신고방법**: 위 ①의 ○ 및 ④의 ○에서 '국토교통부령으로 정하는 신고서'란 각각 의무관리대상 공동주택 전환 등 신고서를 말하며, 해당 신고서를 제출할 때에는 다음의 서류를 첨부해야 한다(공동주택관리법 시행규칙 제2조의2).
  ㉠ 제안서 및 제안자 명부
  ㉡ 입주자등의 동의서
  ㉢ 입주자등의 명부

⑥ **신고수리 여부의 통지 등**
  OX ㉠ 시장·군수·구청장은 위 ①의 ㉠ 및 ④의 ㉠에 따른 신고를 받은 날부터 **10일 이내**에 신고수리 여부를 신고인에게 통지하여야 한다(공동주택관리법 제10조의2 제5항). 기출
  ㉡ 시장·군수·구청장이 위 ㉠에서 정한 기간 내에 신고수리 여부 또는 민원 처리 관련 법령에 따른 처리기간의 연장을 신고인에게 통지하지 아니하면 그 기간(민원 처리 관련 법령에 따라 처리기간이 연장 또는 재연장된 경우에는 해당 처리기간을 말한다)이 **끝난 날의 다음 날**에 신고를 수리한 것으로 본다(공동주택관리법 제10조의2 제6항).

(3) 관리방법의 결정 및 변경절차

① **위임규정**: 입주자등이 공동주택의 관리방법을 정하거나 변경하는 경우에는 대통령령(아래 ②)으로 정하는 바에 따른다(공동주택관리법 제5조 제2항).

OX ② **결정방법**: 위 ①에 따른 공동주택 관리방법의 결정 또는 변경은 다음의 어느 하나에 해당하는 방법으로 한다(공동주택관리법 시행령 제3조). 기출
  ㉠ 입주자대표회의의 **의결**로 제안하고 **전체 입주자등의 과반수가 찬성**
  ㉡ **전체 입주자등의 10분의 1 이상**이 서면으로 제안하고 **전체 입주자등의 과반수가 찬성**

OX문제
시장·군수·구청장은 의무관리대상 공동주택 전환 신고를 받은 날부터 7일 이내에 신고수리 여부를 신고인에게 통지하여야 한다. (   )

OX문제
공동주택의 관리방법의 결정은 입주자대표회의의 10분의 1 이상이 제안하고 입주자등의 3분의 1 이상의 찬성이 있어야 한다. (   )

입주자등은 전체 입주자등의 3분의 2 이상이 찬성하는 방법으로 공동주택의 관리방법을 결정하여야 한다. (   )

입주자등이 의무관리대상 공동주택의 관리방법을 변경하는 경우에는 전체 입주자등의 과반수 찬성과 국토교통부장관의 인가를 받아야 한다. (   )

전체 입주자등의 10분의 1 이상이 서면으로 제안하고 전체 입주자등의 과반수가 찬성하면 의무관리대상 공동주택 관리방법을 변경할 수 있다. (   )

의무관리대상 공동주택의 관리방법은 전체 입주자등의 5분의 1 이상이 서면으로 제안하고 전체 입주자등의 3분의 1 이상이 찬성하는 방법으로 결정할 수 있다. (   )

정답 ×, ×, ×, ×, ○, ×

2 관리의 이관

1. 사업주체의 통지

(1) 사업주체의 요구 OX

의무관리대상 공동주택을 건설한 사업주체는 입주예정자의 **과반수가 입주**할 때까지 그 공동주택을 관리하여야 하며, 입주예정자의 **과반수가 입주하였을 때**에는 입주자등에게 대통령령[아래 (2)]으로 정하는 바에 따라 그 사실을 **통지**하고 해당 공동주택을 관리할 것을 **요구하여야 한다**(공동주택관리법 제11조 제1항). 기출

(2) 입주자등에 대한 관리요구의 통지

사업주체는 위 (1)에 따라 입주자등에게 입주예정자의 과반수가 입주한 사실을 통지할 때에는 통지서에 다음의 사항을 기재하여야 한다(공동주택관리법 시행령 제8조 제1항).
① 총 입주예정세대수 및 총 입주세대수
② 동별 입주예정세대수 및 동별 입주세대수
③ 공동주택의 관리방법에 관한 결정의 요구
④ 사업주체의 성명 및 주소(법인인 경우에는 명칭 및 소재지를 말한다)

(3) 임대주택의 관리요구

임대사업자는 다음의 어느 하나에 해당하는 경우에는 위 **(2)**를 준용하여 입주자등에게 통지하여야 한다(공동주택관리법 시행령 제8조 제2항).
① 「민간임대주택에 관한 특별법」에 따른 민간건설임대주택을 임대사업자 외의 자에게 양도하는 경우로서 해당 양도 임대주택 입주예정자의 **과반수가 입주**하였을 때
② 「공공주택 특별법」에 따른 공공건설임대주택에 대하여 분양전환을 하는 경우로서 해당 공공건설임대주택 전체 세대수의 **과반수가 분양전환**된 때

2. 입주자대표회의의 구성

(1) 구성시기 OX

입주자등이 위 1. **(1)**에 따른 요구를 받았을 때에는 그 요구를 받은 날부터 **3개월** 이내에 입주자를 구성원으로 하는 입주자대표회의를 구성하여야 한다(공동주택관리법 제11조 제2항). 기출

OX문제

의무관리대상 공동주택을 건설한 사업주체는 입주예정자의 과반수가 입주하였을 때에는 입주자등의 동의를 얻어서 입주자등에게 해당 공동주택을 관리할 것을 요구할 수 있다.
(　　　)

OX문제

의무관리대상 공동주택의 경우, 입주자등은 사업주체로부터 공동주택의 관리를 요구받았을 때에는 그 요구를 받은 날부터 1개월 이내에 입주자대표회의를 구성하여야 한다.
(　　　)

정답 ×, ×

(2) 협력의무

사업주체 및 위 1. (3)에 따른 임대사업자는 입주자대표회의의 구성에 협력하여야 한다(공동주택관리법 시행령 제8조 제3항). 기출

3. 관리방법 결정 등의 신고

(1) 신고의무 OX

입주자대표회의의 회장은 입주자등이 해당 공동주택의 관리방법을 결정(위탁관리하는 방법을 선택한 경우에는 그 주택관리업자의 선정을 포함한다)한 경우에는 이를 사업주체 또는 의무관리대상 전환 공동주택의 관리인에게 통지하고, 대통령령[아래 (2)]으로 정하는 바에 따라 관할 시장·군수·구청장에게 신고하여야 한다. 신고한 사항이 변경되는 경우에도 또한 같다(공동주택관리법 제11조 제3항). 기출

(2) 신고기한

위 (1)에 따라 입주자대표회의의 회장은 공동주택 관리방법의 결정(위탁관리하는 방법을 선택한 경우에는 그 주택관리업자의 선정을 포함한다) 또는 변경결정에 관한 신고를 하려는 경우에는 그 결정일 또는 변경결정일부터 30일 이내에 신고서를 시장·군수·구청장에게 제출해야 한다(공동주택관리법 시행령 제9조). 기출

(3) 신고방법

입주자대표회의의 회장(직무를 대행하는 경우에는 그 직무를 대행하는 사람을 포함한다)은 시장·군수·구청장에게 관리방법의 결정 및 변경결정 신고서를 제출할 때에는 관리방법의 제안서 및 그에 대한 입주자등의 동의서를 첨부하여야 한다(공동주택관리법 시행규칙 제3조 제2항). 기출

(4) 신고수리 여부의 통지 등

① 시장·군수·구청장은 위 (1)에 따른 신고를 받은 날부터 7일 이내에 신고수리 여부를 신고인에게 통지하여야 한다(공동주택관리법 제11조 제4항).

② 시장·군수·구청장이 위 ①에서 정한 기간 내에 신고수리 여부 또는 민원 처리 관련 법령에 따른 처리기간의 연장을 신고인에게 통지하지 아니하면 그 기간(민원 처리 관련 법령에 따라 처리기간이 연장 또는 재연장된 경우에는 해당 처리기간을 말한다)이 끝난 날의 다음 날에 신고를 수리한 것으로 본다(공동주택관리법 제11조 제5항).

OX문제

입주자대표회의의 회장은 입주자등이 해당 공동주택의 관리방법을 결정한 경우에는 대통령령으로 정하는 바에 따라 관할 시·도지사에게 신고하여야 한다. ( )

정답 ×

3 사업주체의 관리

1. 사업주체의 정의

'사업주체'란 주택건설사업계획 또는 대지조성사업계획의 승인을 받아 그 사업을 시행하는 다음의 자를 말한다(주택법 제2조 제10호).
① 국가·지방자치단체
② 한국토지주택공사 또는 지방공사
③ 「주택법」 제4조에 따라 등록한 주택건설사업자 또는 대지조성사업자
④ 그 밖에 「주택법」에 따라 주택건설사업 또는 대지조성사업을 시행하는 자

2. 사업주체의 관리기간 OX

의무관리대상 공동주택을 건설한 사업주체는 입주예정자의 **과반수가 입주할 때까지** 그 공동주택을 관리하여야 하며, 입주예정자의 과반수가 입주하였을 때에는 입주자등에게 대통령령으로 정하는 바에 따라 **그 사실을 통지**하고 해당 공동주택을 관리할 것을 요구하여야 한다(공동주택관리법 제11조 제1항). 기출

3. 사업주체의 관리상 의무

(1) 관리계약 체결 및 관리비예치금의 징수

사업주체는 위 2.에 따라 입주예정자의 과반수가 입주할 때까지 공동주택을 직접 관리하는 경우에는 입주예정자와 **관리계약**을 체결하여야 하며, 그 **관리계약**에 따라 **관리비예치금**을 징수할 수 있다(공동주택관리법 시행령 제24조). 기출

(2) 사업주체의 어린이집 등의 임대계약 체결

① **임대계약의 체결**: **시장·군수·구청장**은 입주자대표회의가 구성되기 전에 다음의 주민공동시설의 임대계약 체결이 필요하다고 인정하는 경우에는 사업주체로 하여금 입주예정자 10분의 3 이상의 서면 동의를 받아 해당 시설의 임대계약을 체결하도록 할 수 있다(공동주택관리법 시행령 제29조의3 제1항). 기출
    ㉠ 「영유아보육법」에 따른 **어린이집**
    ㉡ 「아동복지법」에 따른 **다함께돌봄센터**
    ㉢ 「아이돌봄 지원법」에 따른 **공동육아나눔터**

OX문제

의무관리대상 공동주택의 경우, 사업주체는 입주자대표회의의 구성 여부와 관계없이 입주가능일로부터 1년간 관리하여야 한다. ( )

의무관리대상 공동주택을 건설한 사업주체가 그 공동주택에 대하여 관리하여야 하는 기간은 입주예정자의 3분의 1이 입주할 때까지이다. ( )

정답 ×, ×

② **공고 및 개별통지**: 사업주체는 위 ①에 따라 임대계약을 체결하려는 경우에는 해당 공동주택단지의 인터넷 홈페이지에 관련 내용을 공고하고 입주예정자에게 개별 통지해야 한다(공동주택관리법 시행령 제29조의3 제2항).

③ **선정기준**: 사업주체는 위 ①에 따라 임대계약을 체결하는 경우에는 관리규약 및 관련 법령의 규정에 따라야 한다. 이 경우 어린이집은 관리규약 중「공동주택관리법 시행령」제19조 제1항 제21호 다목의 사항(어린이집을 이용하는 입주자등 중 어린이집 임대에 동의하여야 하는 비율)은 적용하지 않는다(공동주택관리법 시행령 제29조의3 제3항).

(3) 사업주체의 주택관리업자 선정

사업주체는 입주자대표회의로부터 관리방법 결정에 관한 통지가 없거나 입주자대표회의가 자치관리기구를 구성하지 아니하는 경우에는 주택관리업자를 선정하여야 한다. 이 경우 사업주체는 입주자대표회의 및 관할 시장·군수·구청장에게 그 사실을 알려야 한다(공동주택관리법 제12조). 기출

(4) 관리업무의 인계

① **사업주체의 관리업무 인계**

  ㉠ 관리업무의 인계: 사업주체 또는 의무관리대상 전환 공동주택의 관리인은 다음의 어느 하나에 해당하는 경우에는 대통령령(아래 ㉡)으로 정하는 바에 따라 해당 관리주체에게 공동주택의 관리업무를 인계하여야 한다(공동주택관리법 제13조 제1항). 기출

  ⓐ 입주자대표회의의 회장으로부터 주택관리업자의 선정을 통지받은 경우

  ⓑ 자치관리기구가 구성된 경우

  ⓒ 위 **(3)**에 따라 주택관리업자가 선정된 경우

  ㉡ 관리업무 인계기한: 사업주체 또는 의무관리대상 전환 공동주택의 관리인은 위 ㉠의 어느 하나에 해당하게 된 날부터 **1개월 이내**에 해당 공동주택의 관리주체에게 공동주택의 관리업무를 인계해야 한다(공동주택관리법 시행령 제10조 제1항). 기출

② **관리주체 변경 시 관리업무 인계**

  ㉠ 관리업무의 인계: 공동주택의 관리주체가 변경되는 경우에 기존 관리주체는 새로운 관리주체에게 위 ①의 ㉠을 준용하여 해당 공동주택의 관리업무를 인계하여야 한다(공동주택관리법 제13조 제2항).

ⓒ 관리기구의 구성 및 인계기한: 위 ㉠에 따른 새로운 관리주체는 기존 관리의 종료일까지 공동주택관리기구를 구성하여야 하며, 기존 관리주체는 해당 **관리의 종료일까지** 공동주택의 관리업무를 인계하여야 한다(공동주택관리법 시행령 제10조 제2항).

ⓒ 인계기한의 예외: 위 ⓒ에도 불구하고 기존 관리의 종료일까지 인계·인수가 이루어지지 아니한 경우 기존 관리주체는 기존 관리의 종료일(기존 관리의 종료일까지 새로운 관리주체가 선정되지 못한 경우에는 새로운 관리주체가 선정된 날을 말한다)부터 **1개월 이내**에 새로운 관리주체에게 공동주택의 관리업무를 인계하여야 한다. 이 경우 그 인계기간에 소요되는 기존 관리주체의 인건비 등은 해당 공동주택의 **관리비로 지급할 수 있다**(공동주택관리법 시행령 제10조 제3항).

③ **관리업무 인계·인수서**: 사업주체 또는 의무관리대상 전환 공동주택의 관리인은 위 ①의 ㉠에 따라 공동주택의 관리업무를 해당 관리주체에 인계할 때에는 입주자대표회의의 회장 및 1명 이상의 감사의 참관하에 인계자와 인수자가 인계·인수서에 각각 서명·날인하여 다음의 서류를 인계해야 한다. 기존 관리주체가 위 ②의 ㉠에 따라 새로운 관리주체에게 공동주택의 관리업무를 인계하는 경우에도 또한 같다(공동주택관리법 시행령 제10조 제4항). **기출**

㉠ 설계도서, 장비의 명세, 장기수선계획 및 안전관리계획
ⓒ 관리비·사용료·이용료의 부과·징수현황 및 이에 관한 회계서류
ⓒ **장기수선충당금의 적립현황**
ⓔ **관리비예치금의 명세**
ⓜ 세대 **전유부분을** 입주자에게 인도한 날의 현황
ⓗ 관리규약과 그 밖에 공동주택의 관리업무에 필요한 사항

④ **건설임대주택의 관리업무 인계**: 건설임대주택(민간임대주택에 관한 특별법에 따른 민간건설임대주택 및 공공주택 특별법에 따른 공공건설임대주택을 말한다)을 분양전환(민간임대주택에 관한 특별법에 따른 임대사업자 외의 자에게의 양도 및 공공주택 특별법에 따른 분양전환을 말한다)하는 경우 임대사업자는 위 ①의 ⓒ 및 위 ③을 준용하여 관리주체에게 공동주택의 관리업무를 인계하여야 한다. 이 경우 위 ③의 ⓜ의 '입주자'는 '임차인'으로 본다(공동주택관리법 시행령 제10조 제5항).

OX문제

관리규약은 사업주체가 해당 공동주택의 관리주체에게 인계하여야 할 서류에 해당하지 않는다. ( )

정답 ×

4 자치관리

1. 자치관리의 개념

'자치관리'는 입주자들이 단지를 스스로 관리하는 방식을 말한다. 특히 의무관리대상 공동주택의 경우 자치관리는 입주자등이 자치관리 여부를 결정하면, 입주자등에 의하여 구성된 입주자대표회의가 자치관리기구의 대표자인 관리사무소장을 선임하고, 법정 기술인력 및 장비를 갖춘 자치관리기구를 구성하여 업무를 개시한다.

2. 자치관리기구의 구성 및 운영

(1) 자치관리기구의 구성시기

① **사업주체의 관리요구에 따른 구성시기**: 의무관리대상 공동주택의 입주자등이 공동주택을 자치관리할 것을 정한 경우에는 입주자대표회의는 사업주체로부터 해당 공동주택에 대한 **관리요구가 있는 날**(의무관리대상 공동주택으로 전환되는 경우에는 입주자대표회의의 구성 신고가 수리된 날을 말한다)부터 **6개월 이내**에 공동주택의 관리사무소장을 자치관리기구의 대표자로 선임하고, 대통령령[아래 **(3)**]으로 정하는 기술인력 및 장비를 갖춘 자치관리기구를 구성하여야 한다(공동주택관리법 제6조 제1항). 기출

② **관리방법 변경에 따른 구성시기**: 주택관리업자에게 위탁관리하다가 자치관리로 관리방법을 변경하는 경우 입주자대표회의는 그 위탁관리의 **종료일까지** 위 ①에 따른 자치관리기구를 구성하여야 한다(공동주택관리법 제6조 제2항). 기출

(2) 자치관리기구의 관리사무소장 선임 및 재선임

① **관리사무소장의 선임방법**: 자치관리기구 관리사무소장은 **입주자대표회의**가 입주자대표회의 구성원(관리규약으로 정한 정원을 말하며, 해당 입주자대표회의의 구성원의 3분의 2 이상이 선출되었을 때에는 그 선출된 인원을 말한다. 이하 같다) **과반수의 찬성**으로 선임한다(공동주택관리법 시행령 제4조 제3항). 기출

② **관리사무소장의 재선임 기한**: 입주자대표회의는 위 ①에 따라 선임된 관리사무소장이 해임되거나 그 밖의 사유로 결원이 되었을 때에는 그 사유가 발생한 날부터 30일 이내에 새로운 관리사무소장을 선임하여야 한다(공동주택관리법 시행령 제4조 제4항). 기출

(3) 공동주택관리기구의 기술인력 및 장비기준

위 (1)의 ①에서 '대통령령으로 정하는 기술인력 및 장비'란 다음의 표에 따른 기술인력 및 장비를 말한다(공동주택관리법 시행령 제4조 제1항 별표 1).

구분	기준
기술 인력	다음의 기술인력. 다만, 관리주체가 **입주자대표회의의 동의**를 받아 관리업무의 일부를 해당 법령에서 인정하는 전문용역업체에 용역하는 경우에는 해당 기술인력을 **갖추지 않을 수 있다.** 기출 ① 승강기가 설치된 공동주택인 경우에는 「승강기 안전관리법 시행령」에 따른 승강기자체검사자격을 갖추고 있는 사람 1명 이상 ② 해당 공동주택의 건축설비의 종류 및 규모 등에 따라 「전기안전관리법」·「고압가스 안전관리법」·「액화석유가스의 안전관리 및 사업법」·「도시가스사업법」·「에너지이용 합리화법」·「소방기본법」·「화재의 예방 및 안전관리에 관한 법률」·「소방시설 설치 및 관리에 관한 법률」 및 「대기환경보전법」 등 관계 법령에 따라 갖추어야 할 기준 인원 이상의 기술자
장비	① **비상용 급수펌프**(수중펌프를 말한다) 1대 이상 기출 ② **절연저항계**(누전측정기를 말한다) 1대 이상 기출 ③ 건축물 안전점검의 보유장비: 망원경, 카메라, 돋보기, 콘크리트 균열폭 측정기, 5미터 이상용 줄자 및 누수탐지기 각 1대 이상

[비고]
1. 관리사무소장과 기술인력 상호간에는 **겸직할 수 없다.** OX
2. 기술인력 상호간에는 겸직할 수 없다. 다만, 입주자대표회의가 구성원 과반수의 찬성으로 의결하는 방법으로 다음의 겸직을 허용한 경우에는 그러하지 아니하다.
    ① 해당 법령에서 「국가기술자격법」에 따른 국가기술자격의 취득을 선임요건으로 정하고 있는 기술인력과 국가기술자격을 취득하지 않아도 선임할 수 있는 기술인력의 겸직
    ② 해당 법령에서 국가기술자격을 취득하지 않아도 선임할 수 있는 기술인력 상호간의 겸직

(4) 자치관리기구의 감독 OX

자치관리기구는 입주자대표회의의 감독을 받는다(공동주택관리법 시행령 제4조 제2항). 기출

(5) 자치관리기구 직원의 겸임금지 OX

입주자대표회의 구성원은 자치관리기구의 직원을 **겸할 수 없다**(공동주택관리법 시행령 제4조 제5항). 기출

입주자대표회의의 구성원 10명 중 6명의 찬성으로 자치관리기구의 관리사무소장을 선임한다. (　　)

자치관리기구 관리사무소장은 입주자대표회의가 입주자대표회의 구성원(관리규약으로 정한 정원을 말하며, 해당 입주자대표회의 구성원의 3분의 2 이상이 선출되었을 때에는 그 선출된 인원을 말한다) 과반수 찬성으로 선임한다. (　　)

자치관리기구 관리사무소장은 입주자대표회의가 입주자대표회의의 구성원 3분의 2 이상의 찬성으로 선임한다. (　　)

OX문제

관리사무소장은 자치관리기구가 갖추어야 하는 기술인력을 겸직할 수 있다. (　　)

OX문제

자치관리기구는 입주자대표회의의 감독을 받지 않는다. (　　)

OX문제

입주자인 자치관리기구의 직원은 입주자대표회의의 구성원을 겸할 수 있다. (　　)

정답 ○, ○, ×, ×, ×, ×

5 위탁관리

1. 위탁관리의 개념

'위탁관리'란 공동주택의 관리업무의 전부 또는 일부를 전문업체 등 타인에게 위탁하여 관리하는 방식을 의미한다.

2. 주택관리업 및 주택관리업자의 정의

(1) 주택관리업의 정의

'**주택관리업**'이란 공동주택을 안전하고 효율적으로 관리하기 위하여 입주자등으로부터 의무관리대상 공동주택의 관리를 위탁받아 관리하는 업(業)을 말한다(공동주택관리법 제2조 제1항 제14호).

(2) 주택관리업자의 정의

'주택관리업자'란 주택관리업을 하는 자로서 **등록**한 자를 말한다(공동주택관리법 제2조 제1항 제15호).

3. 주택관리업자의 선정 등

(1) 주택관리업자의 선정기준

① **선정기준**: 의무관리대상 공동주택의 입주자등이 공동주택을 위탁관리할 것을 정한 경우에는 입주자대표회의는 다음의 기준에 따라 **주택관리업자**를 선정하여야 한다(공동주택관리법 제7조 제1항). 기출

㉠ 「전자문서 및 전자거래 기본법」에 따른 정보처리시스템을 통하여 선정(이하 '**전자입찰방식**'이라 한다)할 것. 다만, 선정방법 등이 전자입찰방식을 적용하기 곤란한 경우로서 **국토교통부장관**이 정하여 고시하는 경우에는 전자입찰방식으로 선정하지 아니할 수 있다.

㉡ 다음의 구분에 따른 사항에 대하여 **전체 입주자등의 과반수의 동의**를 얻을 것

ⓐ **경쟁입찰**: 입찰의 종류 및 방법, 낙찰방법, 참가자격 제한 등 입찰과 관련한 중요사항

ⓑ **수의계약**: 계약상대자 선정, 계약 조건 등 계약과 관련한 중요사항

㉢ 그 밖에 입찰의 방법 등 대통령령[아래 **(2)**]으로 정하는 방식을 따를 것

OX문제

입주자등이 위탁관리할 것을 정한 경우, 전체 입주자등의 10분의 1 이상이 서면으로 요구하는 신규업체가 있으면 입주자대표회의는 그 업체를 수의계약의 방법으로 주택관리업자를 선정할 수 있다. ( )

정답 ×

OX ② **세부기준 등의 고시**: 위 ①의 ㉠에 따른 전자입찰방식의 세부기준, 절차 및 방법 등은 **국토교통부장관이** 정하여 고시한다(공동주택관리법 시행령 제5조 제1항).

(2) 선정방식

위 ①의 ㉢에서 '입찰의 방법 등 대통령령으로 정하는 방식'이란 다음에 따른 방식을 말한다(공동주택관리법 시행령 제5조 제2항).

① **경쟁입찰**: 국토교통부장관이 정하여 고시하는 경우 외에는 경쟁입찰로 할 것. 이 경우 다음의 사항은 **국토교통부장관이** 정하여 고시한다.
  ㉠ 입찰의 절차
  ㉡ 입찰 참가자격
  ㉢ 입찰의 효력
  ㉣ 그 밖에 주택관리업자의 적정한 선정을 위하여 필요한 사항
② **입찰과정의 참관**: 입주자대표회의의 감사가 입찰과정 참관을 원하는 경우에는 참관할 수 있도록 할 것 기출

OX ③ **계약기간**: 장기수선계획의 조정주기를 고려하여 정할 것 기출

(3) 기존 주택관리업자의 입찰참가 제한

OX ① **입찰참가 제한의 요구**: 입주자등은 기존 주택관리업자의 관리 서비스가 만족스럽지 못한 경우에는 대통령령(아래 ②)으로 정하는 바에 따라 새로운 주택관리업자 선정을 위한 입찰에서 기존 주택관리업자의 참가를 제한하도록 입주자대표회의에 **요구할 수 있다**. 이 경우 입주자대표회의는 그 요구에 따라야 한다(공동주택관리법 제7조 제2항). 기출

OX ② **입찰참가 제한의 절차**: 위 ①의 전단에 따라 입주자등이 새로운 주택관리업자 선정을 위한 입찰에서 기존 주택관리업자의 참가를 제한하도록 입주자대표회의에 요구하려면 **전체 입주자등 과반수의 서면동의**가 있어야 한다(공동주택관리법 시행령 제5조 제3항). 기출

4. 주택관리업의 등록

(1) 등록의 의무 OX

주택관리업을 하려는 자는 대통령령[아래 (6)]으로 정하는 바에 따라 **시장·군수·구청장에게 등록**하여야 하며, 등록사항이 변경되는 경우에는 국토교통부령[아래 (8)]으로 정하는 바에 따라 **변경신고**를 하여야 한다(공동주택관리법 제52조 제1항). 기출

OX문제
위탁관리의 경우 「공동주택관리법」에 따른 전자입찰방식의 세부기준, 절차 및 방법 등은 의무관리대상 공동주택의 소재지의 시장·군수·구청장이 정하여 고시한다. (　)

OX문제
주택관리업자를 선정하는 경우에는 그 계약기간은 하자담보책임기간을 고려하여야 한다. (　)

OX문제
기존 주택관리업자의 관리 서비스가 만족스럽지 못한 경우라도 기존 주택관리업자의 입찰참가를 제한할 수 없다. (　)

OX문제
새로운 주택관리업자 선정을 위한 입찰에서 기존 주택관리업자의 참가를 제한하도록 요구하려면 입주자대표회의 구성원 과반수의 서면동의가 있어야 한다. (　)

입주자등이 새로운 주택관리업자 선정을 위한 입찰에서 기존 주택관리업자의 참가를 제한하도록 입주자대표회의에 요구하려면 전체 입주자등 3분의 2 이상의 서면동의가 있어야 한다. (　)

OX문제
주택관리업을 하려는 자는 국토교통부장관에게 등록을 하여야 한다. (　)

정답 ×, ×, ×, ×, ×, ×

OX문제
주택관리업자가 그 등록이 말소된 후 3년이 지나지 아니한 때에는 다시 등록할 수 없다. (　　)

OX문제
임원 또는 사원의 3분의 1 이상이 주택관리사인 상사법인은 주택관리업의 등록을 신청할 수 있다. (　　)

주택관리업의 등록을 하려는 자는 자본금(법인이 아닌 경우 자산평가액을 말한다)이 1억원 이상이어야 한다. (　　)

OX문제
주택관리업을 등록하고자 하는 자는 전기분야 기술자로 전기기능사 1명 이상을 반드시 확보해야 한다. (　　)

정답 ×, ○, ×, ×

(2) 주택관리업자의 재등록 제한 OX

위 (1)에 따라 등록을 한 주택관리업자가 그 등록이 말소된 후 2년이 지나지 아니한 때에는 다시 등록할 수 없다(공동주택관리법 제52조 제2항). 기출

(3) 등록의 신청 및 등록요건 OX

위 (1)에 따른 등록은 주택관리사(임원 또는 사원의 3분의 1 이상이 주택관리사인 상사법인을 포함한다)가 신청할 수 있다. 이 경우 주택관리업을 등록하려는 자는 다음의 요건을 갖추어야 한다(공동주택관리법 제52조 제3항). 기출

① 자본금(법인이 아닌 경우 자산평가액을 말한다)이 2억원 이상으로서 대통령령[아래 (4)]으로 정하는 금액 이상일 것
② 대통령령[아래 (5)]으로 정하는 인력·시설 및 장비를 보유할 것

(4) 등록자본금

위 (3)의 ①의 '대통령령으로 정하는 금액'이란 2억원을 말한다(공동주택관리법 시행령 제65조 제3항).

(5) 주택관리업의 등록기준 OX

위 (3)의 ②에 따른 주택관리업 등록기준은 다음의 표와 같다(공동주택관리법 시행령 제65조 제4항 별표 5). 기출

구분		등록기준
자본금		2억원 이상
기술인력	전기분야 기술자	전기산업기사 이상의 기술자 1명 이상
	연료사용기기 취급 관련 기술자	에너지관리산업기사 이상의 기술자 또는 에너지관리기능사 1명 이상
	고압가스 관련 기술자	가스기능사 이상의 자격을 가진 사람 1명 이상
	위험물 취급 관련 기술자	위험물기능사 이상의 기술자 1명 이상
주택관리사		주택관리사 1명 이상
시설·장비		① **5마력** 이상의 양수기 1대 이상 ② **절연저항계**(누전측정기를 말함) 1대 이상 ③ 사무실

[비고]
1. '자본금'이란 법인인 경우에는 주택관리업을 영위하기 위한 출자금을 말한다.
2. 주택관리사와 기술자격(국가기술자격법 시행령 별표 중 해당 분야의 것을 말한다)은 각각 상시 근무하는 사람으로 하며, 「국가기술자격법」에 따라 그 자격이 정지된 사람과 「건설기술 진흥법」에 따라 업무정지처분을 받은 기술인은 제외한다.
3. 사무실은 「건축법」 및 그 밖의 법령에 적합한 건물이어야 한다.

(6) 등록절차

OX ① **등록의 신청**: 위 **(1)**에 따라 주택관리업의 등록을 하려는 자는 국토교통부령(아래 ②)으로 정하는 바에 따라 신청서(전자문서에 의한 신청서를 포함한다)를 시장·군수·구청장에게 제출하여야 한다(공동주택관리법 시행령 제65조 제1항). 기출

② **첨부서류**: 위 **(1)**에 따라 주택관리업의 등록을 하려는 자는 주택관리업 등록신청서를 제출할 때에는 다음의 서류를 첨부하여야 한다(공동주택관리법 시행규칙 제28조 제2항).

OX ㉠ 법인인 경우에는 **납입자본금에 관한 증명서류**, 개인인 경우에는 **자산평가서와 그 증명서류**
    ㉡ 장비보유현황 및 그 증명서류
    ㉢ 기술자의 기술자격 및 주택관리사의 자격에 관한 증명서 사본
    ㉣ 사무실 확보를 증명하는 서류(건물 임대차계약서 사본 등 사용에 관한 권리를 증명하는 서류)

(7) 등록증 교부

시장·군수·구청장은 주택관리업 등록을 한 자에게 등록증을 내주어야 한다(공동주택관리법 시행령 제65조 제2항).

(8) 주택관리업 등록사항 변경신고

위 **(1)**에 따라 등록사항 변경신고를 하려는 자는 변경사유가 발생한 날부터 15일 이내에 주택관리업 등록사항 변경신고서에 변경내용을 증명하는 서류를 첨부하여 시장·군수·구청장에게 제출하여야 한다(공동주택관리법 시행규칙 제28조 제6항).

5. 명칭사용금지 및 지위에 관한 법률 적용 등

(1) 명칭사용금지

주택관리업자가 아닌 자는 주택관리업 또는 이와 유사한 명칭을 사용하지 못한다(공동주택관리법 제52조 제5항).

(2) 지위에 관한 법률 적용 OX

주택관리업자의 지위에 관하여 「공동주택관리법」에 규정이 있는 것 외에는 「민법」 중 위임에 관한 규정을 준용한다(공동주택관리법 제52조 제6항). 기출

OX문제

주택관리업의 등록을 하려는 자는 전자문서에 의한 신청서를 제출할 수 없다. ( )

OX문제

주택관리업의 등록신청을 할 때 그 신청서에 개인인 경우에는 보증보험 가입증명서 및 관련 서류를 첨부하여야 한다. ( )

OX문제

주택관리업자의 지위에 관하여 「공동주택관리법」에 규정이 있는 것 외에는 「민법」 중 사무관리에 관한 규정을 준용한다. ( )

주택관리업자의 지위에 관하여 「공동주택관리법」에 규정이 있는 것 외에는 「상법」을 준용한다. ( )

정답 ×, ×, ×, ×

(3) 부당간섭금지 OX

입주자대표회의는 주택관리업자가 공동주택을 관리하는 경우에는 주택관리업자의 직원인사·노무관리 등의 업무수행에 부당하게 간섭해서는 아니 된다(공동주택관리법 시행령 제14조 제6항). 기출

6. 주택관리업자의 관리상 의무

(1) 주택관리사등의 재배치 OX

주택관리업자는 관리하는 공동주택에 배치된 주택관리사등이 해임 그 밖의 사유로 결원이 된 때에는 그 사유가 발생한 날부터 15일 이내에 새로운 주택관리사등을 배치하여야 한다(공동주택관리법 시행령 제66조 제1항). 기출

(2) 공동주택관리기구의 구성

주택관리업자는 공동주택을 관리할 때에는 [별표 1](공동주택관리기구의 기술인력 및 장비기준)에 따른 기술인력 및 장비를 갖추고 있어야 한다(공동주택관리법 시행령 제66조 제2항).

7. 주택관리업자의 교육의무

주택관리업자(법인인 경우에는 그 대표자를 말한다)와 관리사무소장으로 배치받은 주택관리사등은 국토교통부령으로 정하는 바에 따라 시·도지사로부터 공동주택관리에 관한 교육과 윤리교육을 받아야 한다(공동주택관리법 제70조 제1항 전단). 기출

OX문제

입주자대표회의는 주택관리업자가 공동주택을 관리하는 경우에 주택관리업자의 인사·노무관리에 대하여 공동주택관리규약에서 정한 의결절차만 거치면 인사·노무관리에 적극적으로 개입할 수 있는 권한이 있다. (   )

OX문제

주택관리업자는 배치된 주택관리사등이 해임으로 결원이 생긴 때에는 그 사유가 발생한 날부터 30일 이내에 새로운 주택관리사등을 배치하여야 한다. (   )

정답 ×, ×

8. 주택관리업의 행정처분

(1) 주택관리업의 행정처분 사유 기출

시장·군수·구청장은 주택관리업자가 다음의 어느 하나에 해당하면 그 등록을 말소하거나 1년 이내의 기간을 정하여 영업의 전부 또는 일부의 정지를 명할 수 있다. 다만, ①, ② 또는 ⑨에 해당하는 경우에는 그 등록을 **말소하여야 하고**, ⑦ 또는 ⑧에 해당하는 경우에는 **1년 이내의 기간을 정하여 영업의 전부 또는 일부의 정지를 명하여야 한다**(공동주택관리법 제53조 제1항, 동법 시행령 제67조 제1항).

① 거짓이나 그 밖의 부정한 방법으로 **등록**을 한 경우
② 영업정지기간 중에 주택관리업을 영위한 경우 또는 최근 3년간 2회 이상의 영업정지처분을 받은 자로서 그 정지처분을 받은 기간이 합산하여 **12개월**을 초과한 경우
③ 고의 또는 과실로 공동주택을 잘못 관리하여 소유자 및 사용자에게 재산상의 손해를 입힌 경우
④ 매년 12월 31일을 기준으로 최근 **3년간** 공동주택의 관리 실적이 없는 경우
⑤ 등록요건에 미달하게 된 경우
⑥ 「공동주택관리법」 제52조 제4항에 따른 관리방법 및 업무내용 등을 위반하여 공동주택을 관리한 경우
⑦ 부정하게 재물 또는 재산상의 이익을 취득하거나 제공한 경우
⑧ 관리비·사용료와 장기수선충당금을 「공동주택관리법」에 따른 용도 외의 목적으로 사용한 경우
⑨ 다른 자에게 자기의 성명 또는 상호를 사용하여 「공동주택관리법」에서 정한 사업이나 업무를 수행하게 하거나 그 등록증을 대여한 경우
⑩ 공동주택관리에 관한 감독에 따른 보고, 자료의 제출, 조사 또는 검사를 거부·방해 또는 기피하거나 거짓으로 보고를 한 경우
⑪ 입주자등의 감사요청에 의한 지방자치단체의 감사를 거부·방해 또는 기피한 경우

| 별표 6 | 주택관리업자에 대한 행정처분기준(공동주택관리법 시행령 제67조 제3항 관련) |

1. 일반기준

① 위반행위의 횟수에 따른 행정처분의 기준은 최근 **1년간** 같은 위반행위로 처분을 받은 경우에 적용한다. 이 경우 기준 적용일은 위반행위에 대한 행정처분일과 그 처분 후에 한 위반행위가 다시 적발된 날을 기준으로 한다.

② 위 ①에 따라 가중된 처분을 하는 경우 가중처분의 적용 차수는 그 위반행위 전 처분 차수(①에 따른 기간 내에 처분이 둘 이상 있었던 경우에는 높은 차수를 말한다)의 다음 차수로 한다.

③ 같은 주택관리업자가 둘 이상의 위반행위를 한 경우로서 그에 해당하는 각각의 처분기준이 다른 경우에는 다음의 기준에 따라 처분한다.
  ㉠ 가장 무거운 위반행위에 대한 처분기준이 등록말소인 경우에는 등록말소처분을 한다.
  ㉡ **각 위반행위에 대한 처분기준이 영업정지인 경우에는 가장 중한 처분의 2분의 1까지 가중**할 수 있되, 각 처분기준을 합산한 기간을 초과할 수 없다. 이 경우 그 합산한 영업정지기간이 1년을 초과하는 때에는 1년으로 한다.

④ 시장·군수·구청장은 위반행위의 동기·내용·횟수 및 위반의 정도 등 다음에 해당하는 사유를 고려하여 아래 2.의 개별기준에 따른 행정처분을 가중하거나 감경할 수 있다. 이 경우 그 처분이 영업정지인 경우에는 그 처분기준의 2분의 1의 범위에서 가중(가중한 영업정지기간은 1년을 초과할 수 없다)하거나 감경할 수 있고, 등록말소인 경우(**필요적 등록말소는 제외**한다)에는 **6개월 이상**의 영업정지처분으로 감경할 수 있다.
  ㉠ 가중사유
    ⓐ 위반행위가 고의나 중대한 과실에 따른 것으로 인정되는 경우
    ⓑ 위반의 내용과 정도가 중대하여 입주자등 소비자에게 주는 피해가 크다고 인정되는 경우
  ㉡ 감경사유
    ⓐ 위반행위가 사소한 부주의나 오류에 따른 것으로 인정되는 경우
    ⓑ 위반의 내용과 정도가 경미하여 입주자등 소비자에게 미치는 피해가 적다고 인정되는 경우
    ⓒ 위반행위자가 처음 위반행위를 한 경우로서 **3년 이상** 해당 사업을 모범적으로 해 온 사실이 인정되는 경우
    ⓓ 위반행위자가 해당 위반행위로 검사로부터 기소유예처분을 받거나 법원으로부터 **선고유예의 판결**을 받은 경우
    ⓔ 위반행위자가 해당 사업과 관련 지역사회의 발전 등에 기여한 사실이 인정되는 경우
    ⓕ 등록요건에 미달하게 된 주택관리업자가 「공동주택관리법」에 따른 청문 또는 「행정절차법」에 따른 의견제출기한까지 등록기준을 보완하고 그 증명서류를 제출하는 경우

○✕문제

시장·군수·구청장은 위반행위의 동기·내용·횟수 및 위반의 정도 등을 고려하여 최근 3년간 2회 이상의 영업정지처분을 받은 자로서 그 정지처분을 받은 기간이 합산하여 12개월을 초과한 경우의 등록말소인 경우에는 6개월 이상의 영업정지처분으로 감경할 수 있다. ( )

정답 ✕

2. 개별기준

위반행위	근거 법조문	행정처분기준		
		1차 위반	2차 위반	3차 이상 위반
① 거짓이나 그 밖의 부정한 방법으로 등록을 한 경우	법 제53조 제1항 제1호	등록말소		
② 영업정지기간 중에 주택관리업을 영위한 경우 또는 최근 3년간 2회 이상의 영업정지처분을 받은 자로서 그 정지처분을 받은 기간이 합산하여 12개월을 초과한 경우	법 제53조 제1항 제2호	등록말소		
③ 고의 또는 과실로 공동주택을 잘못 관리하여 소유자 및 사용자에게 재산상의 손해를 입힌 경우	법 제53조 제1항 제3호			
㉠ 고의로 공동주택을 잘못 관리하여 소유자 및 사용자에게 재산상의 손해를 입힌 경우		영업정지 6개월	영업정지 1년	
㉡ 중대한 과실로 공동주택을 잘못 관리하여 소유자 및 사용자에게 재산상의 손해를 입힌 경우		영업정지 2개월	영업정지 3개월	영업정지 3개월
㉢ 경미한 과실로 공동주택을 잘못 관리하여 소유자 및 사용자에게 재산상의 손해를 입힌 경우		경고	영업정지 1개월	영업정지 1개월
④ 최근 3년간 공동주택관리 실적이 없는 경우	법 제53조 제1항 제4호	등록말소		
⑤ 법 제52조 제3항에 따른 등록요건에 미달하게 된 경우	법 제53조 제1항 제5호			
㉠ 등록요건에 미달하게 된 날부터 1개월이 지날 때까지 보완하지 않은 경우		영업정지 3개월	영업정지 6개월	등록말소
㉡ 위 ㉠에 해당되어 영업정지처분을 받은 후 영업정지기간이 끝나는 날까지 보완하지 않은 경우		등록말소		
⑥ 법 제52조 제4항에 따른 관리방법 및 업무내용 등을 위반하여 공동주택을 관리한 경우	법 제53조 제1항 제6호			
㉠ 배치된 주택관리사등의 해임 그 밖의 사유로 결원이 된 때 그 사유가 발생한 날부터 15일 이내에 새로운 주택관리사등을 배치하지 않은 경우		경고	영업정지 3개월	영업정지 6개월
㉡ [별표 1]에 따른 기술인력 및 장비를 갖추지 않고 공동주택을 관리한 경우		경고	영업정지 1개월	영업정지 3개월

⑦ 법 제90조 제2항을 위반하여 부정하게 재물 또는 재산상의 이익을 취득하거나 제공한 경우	법 제53조 제1항 제7호	영업정지 3개월	영업정지 6개월	영업정지 1년
⑧ 법 제90조 제3항을 위반하여 관리비·사용료와 장기수선충당금을 법에 따른 용도 외의 목적으로 사용한 경우	법 제53조 제1항 제8호	영업정지 3개월	영업정지 6개월	영업정지 6개월
⑨ 법 제90조 제4항을 위반하여 다른 자에게 자기의 성명 또는 상호를 사용하여 법에서 정한 사업이나 업무를 수행하게 하거나 그 등록증을 대여한 경우	법 제53조 제1항 제9호	등록말소		
⑩ 법 제93조 제1항에 따른 보고, 자료의 제출, 조사 또는 검사를 거부·방해 또는 기피하거나 거짓으로 보고를 한 경우	법 제53조 제1항 제10호			
㉠ 조사 또는 검사를 거부·방해 또는 기피하거나 거짓으로 보고를 한 경우		경고	영업정지 2개월	영업정지 3개월
㉡ 보고 또는 자료제출 등의 명령을 이행하지 않은 경우		경고	영업정지 1개월	영업정지 2개월
㉢ 공동주택관리에 관한 신고 또는 보고를 게을리한 경우		경고	영업정지 1개월	영업정지 1개월
⑪ 법 제93조 제3항·제4항에 따른 감사를 거부·방해 또는 기피한 경우	법 제53조 제1항 제11호	경고	영업정지 2개월	영업정지 3개월

(2) 통보

① 시장·군수·구청장은 위 **(1)**에 따라 주택관리업자에 대하여 등록말소 또는 영업정지처분을 하려는 때에는 처분일 **1개월 전까지** 해당 주택관리업자가 관리하는 공동주택의 **입주자대표회의**에 그 사실을 통보하여야 한다(공동주택관리법 시행령 제67조 제2항). 기출

② 지방자치단체의 장은 주택관리업자가 위 **(1)**의 어느 하나에 해당하게 된 사실을 발견한 경우에는 그 사실을 지체 없이 그 주택관리업을 등록한 시장·군수·구청장에게 통보해야 한다(공동주택관리법 시행령 제67조 제4항).

(3) 청문 OX

국토교통부장관 또는 지방자치단체의 장은 주택관리업의 등록말소처분을 하려면 **청문**을 하여야 한다(공동주택관리법 제95조 제2호).

OX문제

주택관리업의 등록말소처분을 하려면 청문을 거쳐야 한다. ( )

정답 O

(4) 주택관리업자에 대한 과징금의 부과 및 납부

① **과징금의 부과대상**: 시장·군수·구청장은 주택관리업자가 다음의 어느 하나에 해당하는 경우에는 대통령령(아래 ②)으로 정하는 바에 따라 영업정지를 갈음하여 2천만원 이하의 과징금을 부과할 수 있다(공동주택관리법 제53조 제2항). 기출

㉠ 고의 또는 과실로 공동주택을 잘못 관리하여 소유자 및 사용자에게 재산상의 손해를 입힌 경우

㉡ 매년 12월 31일을 기준으로 최근 3년간 공동주택의 관리 실적이 없는 경우

㉢ 등록요건에 미달하게 된 경우

㉣ 「공동주택관리법」 제52조 제4항에 따른 관리방법 및 업무내용 등을 위반하여 공동주택을 관리한 경우

㉤ 공동주택관리에 관한 감독에 따른 보고, 자료의 제출, 조사 또는 검사를 거부·방해 또는 기피하거나 거짓으로 보고를 한 경우

㉥ 입주자등의 감사요청에 의한 지방자치단체의 감사를 거부·방해 또는 기피한 경우

② **과징금의 부과기준**: 위 ①에 따른 과징금은 영업정지기간 1일당 3만원을 부과하며, 영업정지 1개월은 30일을 기준으로 한다. 이 경우 과징금은 2천만원을 초과할 수 없다(공동주택관리법 시행령 제68조 제1항). 기출

③ **과징금의 부과통지**: 시장·군수·구청장은 위 ①에 따라 과징금을 부과하려는 때에는 그 위반행위의 종류와 과징금의 금액을 명시하여 이를 납부할 것을 서면으로 통지하여야 한다(공동주택관리법 시행령 제68조 제2항).

④ **과징금의 납부기한**: 위 ③에 따라 통지를 받은 자는 통지를 받은 날부터 30일 이내에 과징금을 시장·군수·구청장이 정하는 수납기관에 납부해야 한다(공동주택관리법 시행령 제68조 제3항). 기출

⑤ **영수증 발급**: 위 ④에 따라 과징금의 납부를 받은 수납기관은 그 납부자에게 영수증을 발급하여야 한다(공동주택관리법 시행령 제68조 제4항).

⑥ **통보**: 과징금 수납기관은 위 ④에 따라 과징금을 수납한 때에는 지체 없이 그 사실을 시장·군수·구청장에게 통보하여야 한다(공동주택관리법 시행령 제68조 제5항).

⑦ **과징금의 미납처분**: 시장·군수·구청장은 과징금을 기한까지 내지 아니하면 「지방행정제재·부과금의 징수 등에 관한 법률」에 따라 징수한다(공동주택관리법 제53조 제3항).

OX문제

최근 3년간 2회 이상의 영업정지처분을 받은 주택관리업자로서 그 정지처분을 받은 기간이 합산하여 12개월을 초과한 경우에는 영업정지를 갈음하여 2천만원 이하의 과징금을 부과할 수 있다. (   )

시장·군수·구청장은 주택관리업자가 과실로 공동주택을 잘못 관리하여 소유자 및 사용자에게 재산상의 손해를 입힌 경우에는 영업정지를 갈음하여 2천만원 이하의 과징금을 부과할 수 있다. (   )

OX문제

과징금 납부를 통지받은 자는 통지를 받은 날부터 30일 이내에 과징금을 납부하여야 한다. (   )

정답 ×, ○, ○

6 공동관리 및 구분관리

1. 공동관리 및 구분관리의 실시 OX

입주자대표회의는 해당 공동주택의 관리에 필요하다고 인정하는 경우에는 국토교통부령(아래 2.)으로 정하는 바에 따라 인접한 공동주택단지(임대주택단지를 포함한다)와 공동으로 관리하거나 500세대 이상의 단위로 나누어 관리하게 할 수 있다(공동주택관리법 제8조 제1항). 기출

2. 통지사항 및 서면동의

(1) 통지사항

입주자대표회의는 위 1.에 따라 공동주택을 공동관리하거나 구분관리하려는 경우에는 다음의 사항을 입주자등에게 통지하고 입주자등의 서면동의를 받아야 한다(공동주택관리법 시행규칙 제2조 제1항). 기출

OX ① 공동관리 또는 구분관리의 **필요성**
② 공동관리 또는 구분관리의 **범위**
③ **공동관리 또는 구분관리에 따른 다음의 사항**
　㉠ 입주자대표회의의 구성 및 운영 방안
　㉡ 공동주택 관리기구의 구성 및 운영 방안
　㉢ **장기수선계획**의 조정 및 **장기수선충당금**의 적립 및 관리 방안
OX ㉣ 입주자등이 부담하여야 하는 비용변동의 추정치
　㉤ 그 밖에 공동관리 또는 구분관리에 따라 변경될 수 있는 사항 중 입주자대표회의가 중요하다고 인정하는 사항
④ 그 밖에 관리규약으로 정하는 사항

(2) 서면동의

위 (1)에 따른 서면동의는 다음의 구분에 따라 받아야 한다(공동주택관리법 시행규칙 제2조 제2항).

OX ① **공동관리의 경우**: 단지별로 입주자등 **과반수**의 서면동의 기출
OX ② **구분관리의 경우**: 구분관리 단위별 입주자등 **과반수**의 서면동의. 다만, **관리규약**으로 달리 정한 경우에는 그에 따른다. 기출

OX문제

입주자대표회의는 해당 공동주택의 관리에 필요하다고 인정하는 경우에는 500세대 이상의 단위로 나누어 관리하게 할 수 있다. (　)

입주자대표회의는 해당 공동주택의 관리에 필요하다고 인정하는 경우 공동주택을 300세대 이상 단위로 나누어 관리하게 할 수 있다. (　)

OX문제

입주자등에게 서면동의를 얻을 때에는 공동관리 또는 구분관리의 필요성 등에 대해 통지해야 한다. (　)

OX문제

입주자등에게 서면동의를 얻을 때에는 공동관리 또는 구분관리를 하는 경우의 입주자등이 부담하여야 하는 비용변동의 추정치에 대해 통지해야 한다. (　)

OX문제

공동관리의 경우에는 단지별로 입주자등 과반수의 서면동의를 받아야 한다. (　)

OX문제

구분관리의 경우에는 구분관리 단위별 입주자등 과반수의 서면동의를 받아야 한다. (　)

정답 ○, ×, ○, ○, ○, ○

3. 공동관리의 기준

(1) 위임규정

위 1.에 따른 공동관리는 단지별로 입주자등의 과반수의 서면동의를 받은 경우(임대주택단지의 경우에는 임대사업자와 임차인대표회의의 서면동의를 받은 경우를 말한다)로서 국토교통부령[아래 **(2)**]으로 정하는 기준에 적합한 경우에만 해당한다(공동주택관리법 제8조 제2항).

(2) 공동관리의 기준

위 **(1)**에서 '국토교통부령으로 정하는 기준'이란 다음의 기준을 말한다. 다만, 특별자치시장·특별자치도지사·시장·군수 또는 구청장(구청장은 자치구의 구청장을 말하며, 이하 '시장·군수·구청장'이라 한다)이 지하도, 육교, 횡단보도, 그 밖에 이와 유사한 시설의 설치를 통하여 단지 간 보행자 통행의 편리성 및 안전성이 확보되었다고 인정하는 경우에는 ②의 기준은 적용하지 아니한다(공동주택관리법 시행규칙 제2조 제3항).

① **세대수**: 공동관리하는 총세대수가 1천5백세대 이하일 것. 다만, 의무관리대상 공동주택단지와 인접한 300세대 미만의 공동주택단지를 공동으로 관리하는 경우는 제외한다.

② **제한시설**: 공동주택단지 사이에 「주택법」 제2조 제12호의 어느 하나에 해당하는 시설이 없을 것

4. 관리기구의 설치 OX

입주자대표회의 또는 관리주체는 공동주택을 공동관리하거나 구분관리하는 경우에는 공동관리 또는 구분관리 **단위별**로 공동주택관리기구를 구성하여야 한다(공동주택관리법 시행령 제6조 제2항).

5. 공동관리 및 구분관리의 결정 통보 OX

입주자대표회의는 공동주택을 공동관리하거나 구분관리할 것을 결정한 경우에는 지체 없이 그 내용을 시장·군수·구청장에게 통보하여야 한다(공동주택관리법 시행규칙 제2조 제4항). 기출

+ 고득점 심화학습

주택법 제2조 제12호

'주택단지'란 주택건설사업계획 또는 대지조성사업계획의 승인을 받아 주택과 그 부대시설 및 복리시설을 건설하거나 대지를 조성하는 데 사용되는 일단(一團)의 토지를 말한다. 다만, 다음 각 목의 시설로 분리된 토지는 각각 별개의 주택단지로 본다.
가. 철도·고속도로·자동차전용도로
나. 폭 20미터 이상인 일반도로
다. 폭 8미터 이상인 도시계획예정도로
라. 가목부터 다목까지의 시설에 준하는 것으로서 대통령령으로 정하는 시설

OX문제

입주자대표회의는 공동주택을 공동관리하는 경우에는 공동관리 단위별로 공동주택관리기구를 구성하여야 한다. ( )

OX문제

공동주택을 공동관리하거나 구분관리할 것을 결정한 때에는 지체 없이 그 내용을 사업주체에게 통보하여야 한다. ( )

입주자대표회의는 공동주택을 공동관리할 것을 결정한 때에는 10일 이내에 그 내용을 시·도지사에게 신고해야 한다. ( )

정답 O, X, X

7 혼합주택단지의 관리

1. 관리에 관한 사항의 결정 및 협의

(1) 공동결정

입주자대표회의와 임대사업자는 혼합주택단지의 관리에 관한 사항을 공동으로 결정하여야 한다. 이 경우 임차인대표회의가 구성된 혼합주택단지에서는 임대사업자는 「민간임대주택에 관한 특별법」 제52조 제4항의 사항을 임차인대표회의와 사전에 협의하여야 한다(공동주택관리법 제10조 제1항).

(2) 위임규정

위 (1)의 공동으로 결정할 관리에 관한 사항과 공동결정의 방법 및 절차 등에 필요한 사항은 대통령령(아래 2.)으로 정한다(공동주택관리법 제10조 제2항).

2. 공동결정사항 및 공동결정의 방법

(1) 공동으로 결정할 관리에 관한 사항 OX

위 1.에 따라 혼합주택단지의 입주자대표회의와 임대사업자가 혼합주택단지의 관리에 관하여 공동으로 결정하여야 하는 사항은 다음과 같다(공동주택관리법 시행령 제7조 제1항).

① 관리방법의 결정 및 변경
② 주택관리업자의 선정
③ 장기수선계획의 조정
④ 장기수선충당금 및 특별수선충당금(민간임대주택에 관한 특별법 또는 공공주택 특별법에 따른 특별수선충당금을 말한다)을 사용하는 주요 시설의 교체 및 보수에 관한 사항
⑤ 관리비등을 사용하여 시행하는 각종 공사 및 용역에 관한 사항

(2) 각자 결정사항

위 (1)에도 불구하고 다음의 요건을 모두 갖춘 혼합주택단지에서는 위 (1)의 ④ 또는 ⑤의 사항을 입주자대표회의와 임대사업자가 각자 결정할 수 있다(공동주택관리법 시행령 제7조 제2항). 기출

① 분양을 목적으로 한 공동주택과 임대주택이 별개의 동(棟)으로 배치되는 등의 사유로 구분하여 관리가 가능할 것

OX문제

혼합주택단지의 관리에 관한 사항은 장기수선계획의 조정에 관한 사항을 포함하여 입주자대표회의가 시장·군수·구청장과 협의하여 결정한다.
( )

정답 ×

② 입주자대표회의와 임대사업자가 공동으로 결정하지 아니하고 각자 결정하기로 합의하였을 것

(3) 합의가 이루어지지 않는 경우 관리에 관한 사항의 결정방법

위 **(1)**의 사항을 공동으로 결정하기 위한 입주자대표회의와 임대사업자 간의 합의가 이뤄지지 않는 경우에는 다음의 구분에 따라 혼합주택단지의 관리에 관한 사항을 결정한다(공동주택관리법 시행령 제7조 제3항).

① **관리방법의 결정 및 변경, 주택관리업자의 선정에 관한 사항**: 해당 혼합주택단지 공급면적의 2분의 1을 초과하는 면적을 관리하는 입주자대표회의 또는 임대사업자가 결정
② **장기수선계획의 조정, 장기수선충당금 및 특별수선충당금을 사용하는 주요 시설의 교체 및 보수에 관한 사항, 관리비등을 사용하여 시행하는 각종 공사 및 용역에 관한 사항**: 해당 혼합주택단지 공급면적의 3분의 2 이상을 관리하는 입주자대표회의 또는 임대사업자가 결정. 다만, 다음의 요건에 모두 해당하는 경우에는 해당 혼합주택단지 공급면적의 2분의 1을 초과하는 면적을 관리하는 자가 결정한다.
 ㉠ 해당 혼합주택단지 공급면적의 3분의 2 이상을 관리하는 입주자대표회의 또는 임대사업자가 없을 것
 ㉡ 시설물의 안전관리계획 수립대상 등 안전관리에 관한 사항일 것
 ㉢ 입주자대표회의와 임대사업자 간 2회의 협의에도 불구하고 합의가 이뤄지지 않을 것

(4) 분쟁조정의 신청

입주자대표회의 또는 임대사업자는 위 **(3)**에도 불구하고 혼합주택단지의 관리에 관한 위 **(1)**의 사항에 관한 결정이 이루어지지 아니하는 경우에는 **공동주택관리 분쟁조정위원회**에 분쟁의 조정을 신청할 수 있다(공동주택관리법 시행령 제7조 제4항).

8 공동주택관리기구의 구성 OX

입주자대표회의 또는 관리주체는 공동주택 **공용부분**의 유지·보수 및 관리 등을 위하여 공동주택관리기구(자치관리기구를 포함한다)를 구성하여야 한다(공동주택관리법 제9조 제1항). 기출

> **OX문제**
> 입주자대표회의 또는 관리주체는 공동주택 전유부분과 공용부분의 유지·보수 및 관리 등을 위하여 공동주택관리기구를 구성하여야 한다. ( )
>
> 정답 ×

제2절 민간임대주택에 관한 특별법령상 민간임대주택의 관리

1. 민간임대주택의 관리

(1) 민간임대주택의 의무관리

OX ① **의무관리**: 임대사업자는 민간임대주택이 300세대 이상의 공동주택 등 대통령령(아래 ②)으로 정하는 규모 이상에 해당하면 「공동주택관리법」에 따른 주택관리업자에게 관리를 **위탁하거나 자체관리**하여야 한다(민간임대주택에 관한 특별법 제51조 제2항). **기출**

② **규모**: 위 ①에서 '300세대 이상의 공동주택 등 대통령령으로 정하는 규모'란 민간임대주택단지별로 다음의 어느 하나에 해당하는 규모의 민간임대주택을 말한다(민간임대주택에 관한 특별법 시행령 제41조 제3항).
  ㉠ 300세대 이상의 공동주택
  ㉡ 150세대 이상의 공동주택으로서 승강기가 설치된 공동주택
  ㉢ 150세대 이상의 공동주택으로서 중앙집중식 난방방식 또는 지역난방방식인 공동주택

(2) 민간임대주택의 자체관리

① **자체관리의 인가**: 임대사업자가 민간임대주택을 위 **(1)**의 ①에 따라 자체관리하려면 대통령령(아래 ②)으로 정하는 기술인력 및 장비를 갖추고 국토교통부령(아래 ③)으로 정하는 바에 따라 **시장·군수·구청장의 인가**를 받아야 한다(민간임대주택에 관한 특별법 제51조 제3항). **기출**

② **기술인력 및 장비의 기준**: 위 ①에서 '대통령령으로 정하는 기술인력 및 장비'란 「공동주택관리법 시행령」[별표 1](공동주택관리기구의 기술인력 및 장비기준)의 기준에 따른 기술인력 및 장비를 말한다(민간임대주택에 관한 특별법 시행령 제41조 제4항).

③ **인가신청**: 임대사업자는 위 ①에 따라 민간임대주택을 자체관리하기 위하여 인가를 받으려는 경우에는 자체관리 인가신청서에 다음의 서류를 첨부하여 시장·군수·구청장에게 제출하여야 한다(민간임대주택에 관한 특별법 시행규칙 제21조 제1항).
  ㉠ 위 ②에 따른 기술인력의 인적사항 및 장비의 명세서
  ㉡ 관리인력의 인적사항에 관한 서류
  ㉢ 단지 배치도

OX문제

임대사업자는 민간임대주택이 300세대 이상의 공동주택인 경우에는 「공동주택관리법」에 따른 주택관리업자에게 관리를 위탁하여야 하며, 자체관리할 수 없다. ( )

정답 ×

④ **자체관리인가서의 발급**: 위 ③에 따라 인가신청을 받은 시장·군수·구청장은 인가를 할 때에는 자체관리인가서를 내주어야 한다(민간임대주택에 관한 특별법 시행규칙 제21조 제2항).

(3) 민간임대주택의 공동관리

① **공동관리의 실시**: 임대사업자(둘 이상의 임대사업자를 포함한다)가 동일한 시(특별시·광역시·특별자치시·특별자치도를 포함한다)·군 지역에서 민간임대주택을 관리하는 경우에는 대통령령(아래 ②)으로 정하는 바에 따라 공동으로 관리할 수 있다(민간임대주택에 관한 특별법 제51조 제4항).

② **공동관리의 요건**: 위 ①에 따라 임대사업자가 민간임대주택을 공동으로 관리할 수 있는 경우는 단지별로 **임차인대표회의 또는 임차인 과반수**(임차인대표회의를 구성하지 않은 경우만 해당한다)의 서면동의를 받은 경우로서 둘 이상의 민간임대주택단지를 공동으로 관리하는 것이 합리적이라고 특별시장, 광역시장, 특별자치시장, 특별자치도지사, 시장 또는 군수가 인정하는 경우로 한다(민간임대주택에 관한 특별법 시행령 제41조 제5항). 기출

③ **기술인력 및 장비의 기준**: 위 ②에 따라 공동관리하는 둘 이상의 민간임대주택단지에 위 (2)의 ②에 따른 기술인력 및 장비 기준을 적용할 때에는 둘 이상의 민간임대주택단지를 하나의 민간임대주택단지로 본다. 다만, 특별시장, 광역시장, 특별자치시장, 특별자치도지사, 시장 또는 군수가 민간임대주택단지 간의 거리 및 안전성 등을 고려하여 민간임대주택단지마다 갖출 것을 요구하는 경우에는 그렇지 않다(민간임대주택에 관한 특별법 시행령 제41조 제6항). 기출

(4) 민간임대주택의 관리에 필요한 규정

① **위임규정**: 민간건설임대주택 및 대통령령(아래 ②)으로 정하는 민간매입임대주택의 회계서류 작성, 보관 등 관리에 필요한 사항은 대통령령(아래 ③)으로 정하는 바에 따라 「**공동주택관리법**」을 적용한다(민간임대주택에 관한 특별법 제51조 제1항).

② **관리규정 적용대상 민간매입임대주택**: 위 ①에서 '대통령령으로 정하는 민간매입임대주택'이란 임대사업자가 「주택법」에 따라 사업주체가 건설·공급하는 주택 전체를 매입하여 임대하는 민간매입임대주택을 말한다(민간임대주택에 관한 특별법 시행령 제41조 제1항).

③ **「공동주택관리법」의 적용사항**: 위 ①에 해당하는 민간임대주택의 관리에 대해서는 「공동주택관리법」 및 「공동주택관리법 시행령」 중 다음의 규정만을 적용한다(민간임대주택에 관한 특별법 시행령 제41조 제2항).

㉠ 「공동주택관리법」 제8조에 따른 **구분관리**에 관한 사항

㉡ 「공동주택관리법」 제23조 제4항에 따른 관리비등의 공개에 관한 사항

㉢ 「공동주택관리법」 제27조 제1항 제1호에 따른 회계서류의 작성·보관에 관한 사항

㉣ 「공동주택관리법」 제63조에 따른 관리주체의 업무에 관한 사항

㉤ 「공동주택관리법 시행령」 제19조 제2항에 따른 관리주체의 동의에 관한 사항

㉥ 「공동주택관리법 시행령」 제23조 제4항에 따른 이용료 부과(관리주체는 주민공동시설, 인양기 등 공용시설물의 이용료를 해당 시설의 이용자에게 따로 부과할 수 있다. 이 경우 공동주택관리법 시행령 제29조에 따라 주민공동시설의 운영을 위탁한 경우의 주민공동시설 이용료는 주민공동시설의 위탁에 따른 수수료 및 주민공동시설 관리비용 등의 범위에서 정하여 부과·징수하여야 한다) 및 「공동주택관리법 시행령」 제29조에 따른 주민공동시설의 위탁 운영에 관한 사항

㉦ 「공동주택관리법 시행령」 제25조 제1항 제1호 가목[청소, 경비, 소독, 승강기유지, 지능형 홈네트워크, 수선·유지(냉방·난방시설의 청소를 포함한다)를 위한 용역 및 공사]에 따른 **관리비**의 집행을 위한 사업자 선정에 관한 사항

㉧ 「공동주택관리법 시행령」 제33조에 따른 시설물의 안전관리에 관한 사항

㉨ 「공동주택관리법 시행령」 제34조에 따른 공동주택의 안전점검에 관한 사항

㉩ 「공동주택관리법 시행령」 제35조에 따른 행위허가 등의 기준에 관한 사항

㉪ 「공동주택관리법 시행령」 제36조 및 제44조에 따른 하자보수에 관한 사항

㉫ 「공동주택관리법 시행령」 제69조, 제70조, 제71조 및 제73조에 따른 관리사무소장의 배치와 주택관리사 및 주택관리사보 등에 관한 사항

㉬ 「공동주택관리법 시행령」 제96조에 따른 공동주택관리의 감독에 관한 사항

2. 주택임대관리

(1) 주택임대관리업 및 주택임대관리업자의 정의

① **주택임대관리업의 정의**: '주택임대관리업'이란 주택의 소유자로부터 임대관리를 위탁받아 관리하는 업(業)을 말하며, 다음과 같이 구분한다(민간임대주택에 관한 특별법 제2조 제10호). 기출
  - ⊙ **자기관리형 주택임대관리업**: 주택의 소유자로부터 주택을 임차하여 자기책임으로 전대(轉貸)하는 형태의 업
  - ⓒ **위탁관리형 주택임대관리업**: 주택의 소유자로부터 수수료를 받고 임대료 부과·징수 및 시설물 유지·관리 등을 대행하는 형태의 업

② **주택임대관리업자의 정의**: '주택임대관리업자'란 주택임대관리업을 하기 위하여 등록한 자를 말한다(민간임대주택에 관한 특별법 제2조 제11호).

(2) 주택임대관리업의 등록

① **등록**
  - ⊙ **등록의 의무**: 주택임대관리업을 하려는 자는 시장·군수·구청장에게 등록할 수 있다. 다만, 100호 이상의 범위에서 대통령령(아래 ⓒ)으로 정하는 규모 이상으로 주택임대관리업을 하려는 자(국가, 지방자치단체, 공공기관의 운영에 관한 법률에 따른 공공기관, 지방공기업법에 따라 설립된 지방공사는 제외한다)는 등록하여야 한다(민간임대주택에 관한 특별법 제7조 제1항). 기출
  - ⓒ **등록대상 범위**: 위 ⊙의 단서에서 '대통령령으로 정하는 규모'란 다음의 구분에 따른 규모를 말한다(민간임대주택에 관한 특별법 시행령 제6조 제1항). 기출
    - ⓐ **자기관리형 주택임대관리업의 경우**: 단독주택, 공동주택, 준주택(일반기숙사로 리모델링한 건축물은 제외한다. 이하 ⓑ에서 같다)을 합산하여 100호
    - ⓑ **위탁관리형 주택임대관리업의 경우**: 단독주택, 공동주택, 준주택을 합산하여 300호

② **등록기준**
  - ⊙ **위임규정**: 위 ①에 따라 등록을 하려는 자는 다음의 요건을 갖추어야 한다(민간임대주택에 관한 특별법 제8조).

OX문제

주택임대관리업은 주택의 소유자로부터 주택을 임차하여 자기책임으로 전대하는 형태의 위탁관리형 주택임대관리업과 주택의 소유자로부터 수수료를 받고 임대료 부과·징수 및 시설물 유지·관리 등을 대행하는 형태의 자기관리형 주택임대관리업으로 구분한다. ( )

위탁관리형 주택임대관리업이란 주택의 소유자로부터 주택을 임차하여 자기책임으로 전대(轉貸)하는 형태의 업을 말한다. ( )

위탁관리형 주택임대관리업은 주택의 소유자로부터 임대관리를 위탁받아 관리하지만 주택의 소유자로부터 주택을 임차하여 자기책임으로 전대(轉貸)하는 형태의 업을 말한다. ( )

OX문제

「지방공기업법」에 따라 설립된 지방공사가 주택임대관리업을 하려는 경우 신청서에 대통령령으로 정하는 서류를 첨부하여 시장·군수·구청장에게 제출하여야 한다. ( )

「지방공기업법」상 지방공사가 단독주택 100호 이상으로 자기관리형 주택임대관리업을 할 경우에는 등록하지 않아도 된다. ( )

주택임대관리업의 등록기관은 시장·군수·구청장이다. ( )

정답 ×, ×, ×, ×, ○, ○

ⓐ 자본금(법인이 아닌 경우 자산평가액을 말한다)이 1억원 이상으로서 대통령령(아래 ㉡)으로 정하는 금액 이상일 것
ⓑ 주택관리사 등 대통령령(아래 ㉡)으로 정하는 전문인력을 보유할 것
ⓒ 사무실 등 대통령령(아래 ㉡)으로 정하는 시설을 보유할 것

㉡ 등록기준: 주택임대관리업의 등록기준은 다음과 같다(민간임대주택에 관한 특별법 시행령 제7조 별표 1).기출

구분		자기관리형 주택임대관리업	위탁관리형 주택임대관리업
1. 자본금 ○×		2억원 이상	1억원 이상 기출
2. 전문 인력	① 변호사, 법무사, 공인회계사, 세무사, 감정평가사, 건축사, 공인중개사, 주택관리사 자격을 취득한 후 각각 해당 분야에 2년 이상 종사한 사람	2명 이상	1명 이상
	② 부동산 관련 분야의 석사 이상의 학위를 취득한 후 부동산 관련 업무에 3년 이상 종사한 사람		
	③ 부동산 관련 회사에서 5년 이상 근무한 사람으로서 부동산 관련 업무에 3년 이상 종사한 사람		
3. 시설		사무실	

[비고]
1. '자본금'이란 법인인 경우에는 주택임대관리업을 영위하기 위한 출자금을 말한다.
2. '전문인력'이란 위 표의 2. ①부터 ③까지의 어느 하나에 해당하는 사람으로서 상시 근무하는 사람을 말한다.
3. '부동산 관련 분야'란 경영학, 경제학, 법학, 부동산학, 건축학, 건축공학 및 그 밖에 이에 상당하는 분야를 말한다.
4. '부동산 관련 회사'란 공인중개업, 주택관리업, 부동산개발업을 하는 법인 또는 개인사무소나 부동산투자회사, 자산관리회사 및 그 밖에 이에 준하는 법인·사무소 등을 말한다.
5. '부동산 관련 업무'란 부동산 관련 회사에서 수행하는 부동산의 취득·처분·관리 또는 자문 관련 업무를 말한다.
6. 사무실은 「건축법」 및 그 밖의 건축 관련 법령상의 기준을 충족시키는 건물이어야 한다.

○× ③ **구분등록**: 위 ①에 따라 등록하는 경우에는 자기관리형 주택임대관리업과 위탁관리형 주택임대관리업을 구분하여 등록하여야 한다. 이 경우 자기관리형 주택임대관리업을 등록한 경우에는 위탁관리형 주택임대관리업도 등록한 것으로 본다(민간임대주택에 관한 특별법 제7조 제2항).기출

④ **등록신청서의 제출**: 위 ①의 ㉠에 따라 주택임대관리업을 등록하려는 자는 신청서에 국토교통부령으로 정하는 서류를 첨부하여 시장·군수·구청장에게 제출하여야 한다(민간임대주택에 관한 특별법 시행령 제6조 제2항).

○× 문제

자기관리형 주택임대관리업 등록 시 자본금은 1억 5천만원 이상이어야 한다. ( )

○× 문제

주택임대관리업을 하려는 자가 자기관리형 주택임대관리업을 등록한 경우에는 위탁관리형 주택임대관리업도 등록한 것으로 본다. ( )

위탁관리형 주택임대관리업을 등록한 경우에는 자기관리형 주택임대관리업을 등록한 것으로 본다. ( )

정답 ×, ○, ×

⑤ **등록증 발급**: 시장·군수·구청장은 위 ④에 따른 신청서를 받으면 위 ②의 ㉡에 따른 등록기준에 적합한지를 확인한 후 적합하면 등록대장에 올리고 신청인에게 등록증을 발급하여야 한다(민간임대주택에 관한 특별법 시행령 제6조 제3항).

⑥ **등록사항 변경 및 말소신고**

  ㉠ 신고

   ⓐ **신고의무**: 위 ①에 따라 등록한 자가 등록한 사항을 변경하거나 말소하고자 할 경우 **시장·군수·구청장**에게 신고하여야 한다. 다만, **자본금의 증가 등 국토교통부령**(아래 ⓑ)으로 정하는 경미한 사항은 신고하지 아니하여도 된다(민간임대주택에 관한 특별법 제7조 제3항). 기출

   ⓑ **경미한 사항**: 위 ⓐ에서 '자본금의 증가 등 국토교통부령으로 정하는 경미한 사항'이란 **자본금 또는 전문인력의 수가 증가한 경우**를 말한다(민간임대주택에 관한 특별법 시행규칙 제6조 제4항). 기출

  ㉡ **신고기한**: 주택임대관리업자는 위 ⑤에 따라 등록한 사항이 변경된 경우에는 변경사유가 발생한 날부터 **15일 이내**에 시장·군수·구청장(변경사항이 주택임대관리업자의 주소인 경우에는 전입지의 시장·군수·구청장을 말한다)에게 신고하여야 하며, 주택임대관리업을 폐업하려면 **폐업일 30일 이전**에 시장·군수·구청장에게 말소신고를 하여야 한다(민간임대주택에 관한 특별법 시행령 제6조 제4항).

  ㉢ 신고수리

   ⓐ 시장·군수·구청장은 위 ㉠의 ⓐ에 따른 신고를 받은 날부터 **5일 이내**에 신고수리 여부를 신고인에게 통지하여야 한다(민간임대주택에 관한 특별법 제7조 제4항). 기출

   ⓑ 시장·군수·구청장이 위 ⓐ에서 정한 기간 내에 신고수리 여부 또는 민원 처리 관련 법령에 따른 처리기간의 연장을 신고인에게 통지하지 아니하면 그 기간(민원 처리 관련 법령에 따라 처리기간이 연장 또는 재연장된 경우에는 해당 처리기간을 말한다)이 **끝난 날의 다음 날**에 신고를 수리한 것으로 본다(민간임대주택에 관한 특별법 제7조 제5항).

OX문제
주택임대관리업에 등록한 자는 자본금이 증가된 경우 이를 시장·군수·구청장에게 신고하여야 한다. (   )

OX문제
주택임대관리업자는 등록한 사항이 변경된 경우에는 변경사유가 발생한 날부터 30일 이내에 시장·군수·구청장(변경사항이 주택임대관리업자의 주소인 경우에는 전입지의 시장·군수·구청장을 말한다)에게 신고하여야 하며, 주택임대관리업을 폐업하려면 폐업일 15일 이전에 시장·군수·구청장에게 말소신고를 하여야 한다. (   )

OX문제
주택임대관리업의 등록기관은 등록사항의 변경신고를 받은 때에는 신고를 받은 날부터 10일 이내에 신고수리 여부를 신고인에게 통지하여야 한다. (   )

정답 ×, ×, ×

(3) 주택임대관리업의 결격사유

다음의 어느 하나에 해당하는 자는 주택임대관리업의 등록을 할 수 없다. 법인의 경우 그 임원 중 다음의 어느 하나에 해당하는 사람이 있을 때에도 또한 같다(민간임대주택에 관한 특별법 제9조). ^{기출}

① 파산선고를 받고 복권되지 아니한 자
② 피성년후견인 또는 피한정후견인
③ 주택임대관리업의 등록이 말소된 후 2년이 지나지 아니한 자. 이 경우 등록이 말소된 자가 법인인 경우에는 말소 당시의 원인이 된 행위를 한 사람과 대표자를 포함한다.
④ 「민간임대주택에 관한 특별법」, 「주택법」, 「공공주택 특별법」 또는 「공동주택관리법」을 위반하여 금고 이상의 실형을 선고받고 집행이 종료(집행이 종료된 것으로 보는 경우를 포함한다)되거나 그 집행이 면제된 날부터 3년이 지나지 아니한 사람
⑤ 「민간임대주택에 관한 특별법」, 「주택법」, 「공공주택 특별법」 또는 「공동주택관리법」을 위반하여 형의 집행유예를 선고받고 그 유예기간 중에 있는 사람

(4) 주택임대관리업자의 업무범위

① **수행업무**: 주택임대관리업자는 임대를 목적으로 하는 주택에 대하여 다음의 업무를 수행한다(민간임대주택에 관한 특별법 제11조 제1항). ^{기출}
 ㉠ 임대차계약의 체결·해제·해지·갱신 및 갱신거절 등
 ㉡ 임대료의 부과·징수 등
 ㉢ 임차인의 입주 및 명도·퇴거 등(공인중개사법에 따른 **중개업은 제외**한다)
② **부수적인 수행업무**: 주택임대관리업자는 임대를 목적으로 하는 주택에 대하여 부수적으로 다음의 업무를 수행할 수 있다(민간임대주택에 관한 특별법 제11조 제2항, 동법 시행령 제10조). ^{기출}
 ㉠ 시설물 유지·보수·개량 및 그 밖의 주택관리업무
 ㉡ 임차인이 거주하는 주거공간의 관리
 ㉢ 임차인의 안전 확보에 필요한 업무
 ㉣ 임차인의 입주에 필요한 지원 업무

OX문제

주택임대관리업의 등록이 말소된 후 3년이 지나지 아니한 자는 주택임대관리업의 등록을 할 수 없다. ( )

OX문제

「공동주택관리법」을 위반하여 형의 집행유예를 선고받고 그 유예기간 중에 있는 사람은 주택임대관리업의 등록을 할 수 없다. ( )

OX문제

주택임대관리업자는 임대를 목적으로 하는 주택에 대하여 임대차계약의 체결에 관한 업무를 수행한다. ( )

주택임대관리업자는 「공인중개사법」에 따른 중개업을 수행할 수 있다. ( )

임대 목적 주택에 대한 임대차계약의 갱신 및 갱신거절은 주택임대관리업자의 업무범위에 해당한다. ( )

OX문제

주택임대관리업자는 임대를 목적으로 하는 주택에 대하여 부수적으로 시설물 유지·보수·개량 및 그 밖의 주택관리업무를 수행할 수 있다. ( )

정답 ×, ○, ○, ×, ○, ○

(5) 주택임대관리업자의 현황 신고

OX ① **현황 신고의무**: 주택임대관리업자는 분기마다 그 분기가 끝나는 달의 다음 달 말일까지 자본금, 전문인력, 관리 호수 등 대통령령(아래 ②)으로 정하는 정보를 시장·군수·구청장에게 신고하여야 한다. 이 경우 신고받은 시장·군수·구청장은 **국토교통부장관에게 이를 보고하여야 한다**(민간임대주택에 관한 특별법 제12조 제1항). 기출

② **현황 신고대상 정보**: 위 ①의 전단에서 '자본금, 전문인력, 관리 호수 등 대통령령으로 정하는 정보'란 다음의 정보를 말한다. 다만, 임대사업자로부터 임대관리를 위탁받은 자기관리형 주택임대관리업자가 아래 (8)에 따라 「민간임대주택에 관한 특별법」 제46조 제1항 또는 제2항에 따른 전대차계약 신고 또는 변경신고를 한 경우에는 위 ①의 전단에 따라 ㈆의 사항을 신고한 것으로 본다(민간임대주택에 관한 특별법 시행령 제11조 제1항).

　㉠ 자본금
　㉡ 전문인력
　㉢ 사무실 소재지
　㉣ 위탁받아 관리하는 주택의 호수·세대수 및 소재지

OX ㉤ 보증보험 가입사항[자기관리형 주택임대관리업을 등록한 자(이하 '자기관리형 주택임대관리업자'라 한다)만 해당한다]

　㉥ 계약기간, 관리수수료[위탁관리형 주택임대관리업을 등록한 자(이하 '위탁관리형 주택임대관리업자'라 한다)만 해당한다] 및 임대료(자기관리형 주택임대관리업자만 해당한다) 등 위·수탁 계약조건에 관한 정보

　㈆ 자기관리형 주택임대관리업자가 체결한 전대차(轉貸借) 계약기간, 전대료(轉貸料) 및 전대보증금

③ **신고서 제출**: 위 ①의 전단에 따른 현황 신고를 하려는 주택임대관리업자는 주택임대관리업 현황 신고서를 시장·군수·구청장에게 제출하여야 한다(민간임대주택에 관한 특별법 시행규칙 제8조).

④ **보고기한**: 위 ①에 따라 주택임대관리업자로부터 위 ②의 정보를 신고받은 시장·군수·구청장은 신고받은 날부터 **30일 이내**에 **국토교통부장관**에게 보고하여야 한다(민간임대주택에 관한 특별법 시행령 제11조 제2항).

⑤ **정보공개**
　㉠ 정보공개항목: 국토교통부장관은 다음의 정보를 임대주택정보체계 등 대통령령(아래 ㉡)으로 정하는 방식에 따라 공개할 수 있다(민간임대주택에 관한 특별법 제12조 제3항).

OX문제

주택임대관리업자는 주택임대관리업자의 현황 중 전문인력의 경우 1개월마다 시장·군수·구청장에게 신고하여야 한다. (　)

주택임대관리업자는 반기마다 그 반기가 끝나는 달의 다음 달 말일까지 위탁받아 관리하는 주택의 호수·세대수 및 소재지를 국토교통부장관에게 신고하여야 한다. (　)

OX문제

위탁관리형 주택임대관리업자는 보증보험에 가입사항을 시장·군수·구청장에게 신고하여야 한다. (　)

정답 ×, ×, ×

ⓐ 위 ①의 후단에 따라 보고받은 정보
ⓑ 「민간임대주택에 관한 특별법」 제61조에 따라 보고받은 정보
ⓒ 공개방식: 국토교통부장관은 위 ㉠에 따라 ㉠의 정보를 다음의 어느 하나에 해당하는 방식으로 공개할 수 있다(민간임대주택에 관한 특별법 시행령 제11조 제3항).
ⓐ 임대주택정보체계에의 게시
ⓑ 「건축법」에 따른 전자정보처리시스템에의 게시
ⓒ 국토교통부장관이 정하여 고시하는 「정보통신망 이용촉진 및 정보보호 등에 관한 법률」에 따른 정보통신망에의 게시

(6) 위·수탁계약서 등

① **위·수탁계약서의 교부 및 보관**: 주택임대관리업자는 위 **(4)**의 업무를 위탁받은 경우 위·수탁계약서를 작성하여 주택의 소유자에게 교부하고 그 사본을 보관하여야 한다(민간임대주택에 관한 특별법 제13조 제1항).

② **위·수탁계약서에 포함사항**: 위·수탁계약서에는 계약기간, 주택임대관리업자의 의무 등 다음의 사항이 포함되어야 한다(민간임대주택에 관한 특별법 제13조 제2항, 동법 시행령 제12조). 기출

㉠ 관리수수료(위탁관리형 주택임대관리업자만 해당한다)
㉡ 임대료(자기관리형 주택임대관리업자만 해당한다)
㉢ 전대료(轉貸料) 및 전대보증금(자기관리형 주택임대관리업자만 해당한다)
㉣ 계약기간
㉤ 주택임대관리업자 및 임대인의 권리·의무에 관한 사항
㉥ 그 밖에 위 **(4)**의 ①에 따른 주택임대관리업자의 업무 외에 임대인·임차인의 편의를 위하여 추가적으로 제공하는 업무의 내용

③ **표준위·수탁계약서의 작성 등**: 국토교통부장관은 위 ①에 따른 위·수탁계약의 체결에 필요한 표준위·수탁계약서를 작성하여 보급하고 활용하게 할 수 있다(민간임대주택에 관한 특별법 제13조 제3항).

(7) 보증상품의 가입

① **보증상품의 가입의무**: 자기관리형 주택임대관리업을 하는 주택임대관리업자는 임대인 및 임차인의 권리보호를 위하여 보증상품에 가입하여야 한다(민간임대주택에 관한 특별법 제14조 제1항).

OX문제
자기관리형 주택임대관리업자는 전대료 및 전대보증금을 포함한 위·수탁계약서를 작성하여 주택의 소유자에게 교부하여야 한다. (   )

OX문제
위탁관리형 주택임대관리업을 하는 주택임대관리업자는 임대인 및 임차인의 권리보호를 위하여 보증상품에 가입하여야 한다. (   )

정답 ○, ×

② **보증상품**: 위 ①에 따라 자기관리형 주택임대관리업자는 다음의 보증을 할 수 있는 보증상품에 가입하여야 한다(민간임대주택에 관한 특별법 시행령 제13조 제1항).

 ㉠ 임대인의 권리보호를 위한 보증: 자기관리형 주택임대관리업자가 약정한 임대료를 지급하지 아니하는 경우 약정한 임대료의 3개월분 이상의 지급을 책임지는 보증기출

 ㉡ 임차인의 권리보호를 위한 보증: 자기관리형 주택임대관리업자가 임대보증금의 반환의무를 이행하지 아니하는 경우 임대보증금의 반환을 책임지는 보증

③ **증명서류의 제출**: 자기관리형 주택임대관리업자는 임대인과 주택임대관리계약을 체결하거나 임차인과 주택임대차계약을 체결하는 경우에는 위 ②의 보증상품 가입을 증명하는 보증서를 임대인 또는 임차인에게 내주어야 한다(민간임대주택에 관한 특별법 시행령 제13조 제2항).

④ **보증서의 종류**: 위 ③에 따른 보증서는 다음의 어느 하나에 해당하는 기관이 발행한 것이어야 한다(민간임대주택에 관한 특별법 시행령 제13조 제3항).

 ㉠ 「주택도시기금법」에 따른 주택도시보증공사

 ㉡ 다음의 금융기관 중 국토교통부장관이 지정하여 고시하는 금융기관

  ⓐ 「은행법」에 따른 은행

  ⓑ 「중소기업은행법」에 따른 중소기업은행

  ⓒ 「상호저축은행법」에 따른 상호저축은행

  ⓓ 「보험업법」에 따른 보험회사

  ⓔ 그 밖의 법률에 따라 금융업무를 행하는 기관으로서 국토교통부령으로 정하는 것

⑤ **고지 및 게시**: 자기관리형 주택임대관리업자는 위 ②에 따른 보증상품의 내용을 변경하거나 해지하는 경우에는 그 사실을 임대인 및 임차인에게 알리고, 자기관리형 주택임대관리업자의 사무실 등 임대인 및 임차인이 잘 볼 수 있는 장소에 게시하여야 한다(민간임대주택에 관한 특별법 시행령 제13조 제4항).

(8) 자기관리형 주택임대관리업자의 의무

임대사업자인 임대인이 자기관리형 주택임대관리업자에게 임대관리를 위탁한 경우 주택임대관리업자는 위탁받은 범위에서 「민간임대주택에 관한 특별법」에 따른 임대사업자의 의무를 이행하여야 한다. 이 경우 벌칙(민간임대주택에 관한 특별법 제7장)을 적용할 때에는 주택임대관리업자를 임대사업자로 본다(민간임대주택에 관한 특별법 제15조).

(9) 등록증 대여 등 금지

① **대여 등의 금지**: 주택임대관리업자는 다른 자에게 자기의 명의 또는 상호를 사용하여 「민간임대주택에 관한 특별법」에서 정한 업무를 수행하게 하거나 그 등록증을 대여하여서는 아니 된다(민간임대주택에 관한 특별법 제16조 제1항).

② **명칭사용금지**: 주택임대관리업자가 아닌 자는 주택임대관리업 또는 이와 유사한 명칭을 사용하지 못한다(민간임대주택에 관한 특별법 제16조 제2항).

(10) 주택임대관리업의 행정처분

① **행정처분사유**: 시장·군수·구청장은 주택임대관리업자가 다음의 어느 하나에 해당하면 그 등록을 말소하거나 1년 이내의 기간을 정하여 영업의 전부 또는 일부의 정지를 명할 수 있다. 다만, ㉠, ㉡ 또는 ㉺에 해당하는 경우에는 그 등록을 말소하여야 한다(민간임대주택에 관한 특별법 제10조 제1항). 기출

㉠ 거짓이나 그 밖의 부정한 방법으로 등록을 한 경우

㉡ 영업정지기간 중에 주택임대관리업을 영위한 경우 또는 최근 3년간 2회 이상의 영업정지처분을 받은 자로서 그 정지처분을 받은 기간이 합산하여 12개월을 초과한 경우

㉢ 고의 또는 중대한 과실로 임대를 목적으로 하는 주택을 잘못 관리하여 임대인 및 임차인에게 재산상의 손해를 입힌 경우

㉣ 정당한 사유 없이 최종 위탁계약 종료일의 다음 날부터 1년 이상 위탁계약 실적이 없는 경우

㉤ 등록기준을 갖추지 못한 경우. 다만, 일시적으로 등록기준에 미달하는 등 다음의 경우는 그러하지 아니하다(민간임대주택에 관한 특별법 시행령 제8조).

ⓐ 위 **(2)**의 ② ㉠의 ⓐ에 따른 자본금 기준에 미달하였으나 다음의 어느 하나에 해당하는 경우
　ⅰ) 「채무자 회생 및 파산에 관한 법률」 제49조에 따라 법원이 해당 주택임대관리업자에 대하여 회생절차개시의 결정을 하고 그 절차가 진행 중인 경우
　ⅱ) 회생계획의 수행에 지장이 없다고 인정되는 경우로서 해당 주택임대관리업자가 「채무자 회생 및 파산에 관한 법률」 제283조에 따라 법원으로부터 회생절차종결의 결정을 받고 회생계획을 수행 중인 경우
　ⅲ) 「기업구조조정 촉진법」 제8조에 따라 금융채권자가 금융채권자협의회의 의결을 거쳐 해당 주택임대관리업자에 대한 금융채권자협의회에 의한 공동관리절차를 개시하고 그 절차가 진행 중인 경우
ⓑ 「상법」 제542조의8 제1항 단서의 적용대상인 법인이 직전 사업연도말 현재 자산총액의 감소로 위 **(2)**의 ② ㉠의 ⓐ에 따른 자본금 기준에 미달하게 되었으나 50일 이내에 그 기준을 갖춘 경우
ⓒ 전문인력의 사망·실종 또는 퇴직으로 위 **(2)**의 ② ㉠의 ⓑ에 따른 전문인력 기준에 미달하게 되었으나 50일 이내에 그 기준을 갖춘 경우
㉥ 다른 자에게 자기의 명의 또는 상호를 사용하여 「민간임대주택에 관한 특별법」에서 정한 사업이나 업무를 수행하게 하거나 그 등록증을 대여한 경우
㉦ 국토교통부장관 또는 지방자치단체의 장의 보고, 자료의 제출 또는 검사를 거부·방해 또는 기피하거나 거짓으로 보고한 경우

② **행정처분의 통보**: 시장·군수·구청장은 위 ①에 따른 주택임대관리업 등록의 말소 또는 영업정지처분을 하려면 처분 예정일 **1개월 전**까지 해당 주택임대관리업자가 관리하는 주택의 **임대인** 및 **임차인**에게 그 사실을 통보하여야 한다(민간임대주택에 관한 특별법 시행령 제9조 제1항).

③ **과징금 부과**
㉠ 부과대상: 시장·군수·구청장은 주택임대관리업자가 위 ①의 ㉢부터 ㉤까지 및 ㉦ 중 어느 하나에 해당하는 경우에는 **영업정지**를 갈음하여 **1천만원 이하의 과징금**을 부과할 수 있다(민간임대주택에 관한 특별법 제10조 제2항). **기출**

OX문제

시장·군수·구청장은 주택임대관리업자가 정당한 사유 없이 최종 위탁계약 종료일의 다음 날부터 1년 이상 위탁계약 실적이 없어 영업정지처분을 하여야 할 경우에는 이에 갈음하여 1천만원 이하의 과징금을 부과할 수 있다.
( )

정답 O

ⓛ **부과기준**: 위 ㉠에 따른 과징금은 영업정지기간 1일당 3만원을 부과하되, 영업정지 1개월은 30일을 기준으로 한다. 이 경우 과징금은 1천만원을 초과할 수 없다(민간임대주택에 관한 특별법 시행령 제9조 제3항). 기출

㉢ **서면통지**: 시장·군수·구청장은 위 ㉠에 따라 과징금을 부과하려는 경우에는 그 위반행위의 종별과 과징금의 금액을 명시하여 납부할 것을 서면으로 통지하여야 한다(민간임대주택에 관한 특별법 시행규칙 제7조 제1항).

㉣ **납부기한**: 위 ㉢에 따라 통지를 받은 자는 통지를 받은 날부터 30일 이내에 과징금을 시장·군수·구청장이 정하는 수납기관에 납부해야 한다(민간임대주택에 관한 특별법 시행규칙 제7조 제2항).

㉤ **영수증 교부**: 과징금 수납기관은 과징금을 납부한 자에게 영수증을 교부하여야 한다(민간임대주택에 관한 특별법 시행규칙 제7조 제3항).

㉥ 과징금 수납기관은 과징금을 수납한 때에는 지체 없이 그 사실을 시장·군수·구청장에게 통보하여야 한다(민간임대주택에 관한 특별법 시행규칙 제7조 제4항).

㉦ **체납처분**: 시장·군수·구청장은 주택임대관리업자가 부과받은 과징금을 기한까지 내지 아니하면 「지방행정제재·부과금의 징수 등에 관한 법률」에 따라 징수한다(민간임대주택에 관한 특별법 제10조 제3항).

CHAPTER 05 공동주택의 관리조직

회독체크 1 2 3

CHAPTER 미리보기

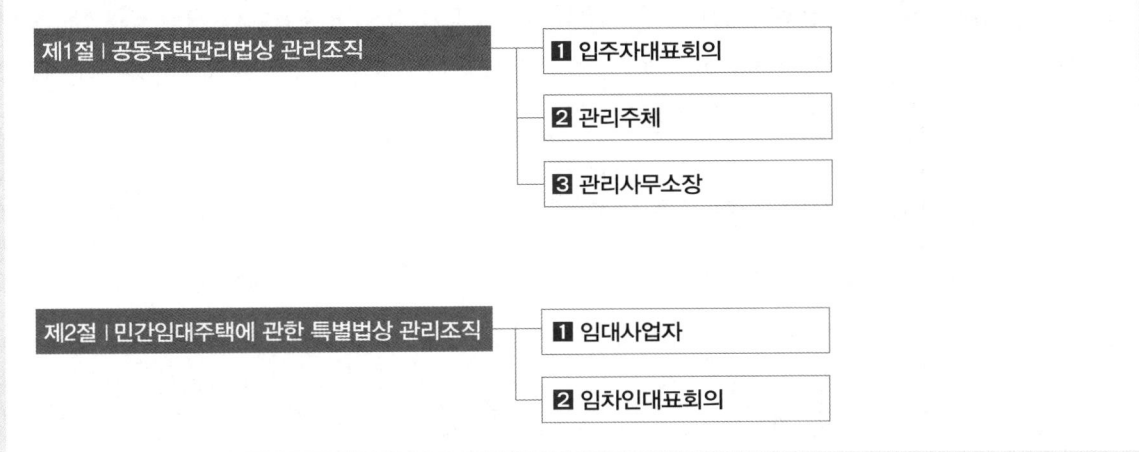

학습키워드

- 「공동주택관리법」상 관리조직
- 입주자대표회의
- 관리주체
- 관리사무소장
- 「민간임대주택에 관한 특별법」상 관리조직
- 임대사업자
- 임차인대표회의

제1절 공동주택관리법상 관리조직

1 입주자대표회의

1. 입주자대표회의의 정의

'입주자대표회의'란 공동주택의 입주자등을 대표하여 관리에 관한 주요 사항을 결정하기 위하여 구성하는 자치의결기구를 말한다(공동주택관리법 제2조 제1항 제8호).

2. 입주자대표회의의 구성 등

(1) 구성시기

입주자등은 사업주체로부터 해당 공동주택을 관리할 것을 요구를 받은 날부터 3개월 이내에 입주자를 구성원으로 하는 입주자대표회의를 구성하여야 한다(공동주택관리법 제11조 제2항). 기출

(2) 입주자대표회의의 구성

OX ① **입주자대표회의의 구성원**: 입주자대표회의는 **4명 이상**으로 구성하되, 동별 세대수에 비례하여 **관리규약**으로 정한 선거구에 따라 선출된 대표자(이하 '동별 대표자'라 한다)로 구성한다. 이 경우 선거구는 **2개 동 이상으로 묶거나 통로나 층별로 구획하여 정할 수 있다**(공동주택관리법 제14조 제1항). 기출

OX ② **순차적 구성**: 하나의 공동주택단지를 여러 개의 공구로 구분하여 순차적으로 건설하는 경우(임대주택은 분양전환된 경우를 말한다) 먼저 입주한 공구의 입주자등은 위 ①에 따라 입주자대표회의를 구성할 수 있다. 다만, 다음 공구의 입주예정자의 **과반수가 입주한 때**에는 다시 입주자대표회의를 구성하여야 한다(공동주택관리법 제14조 제2항). 기출

③ **동별 대표자의 자격요건**

OX ㉠ 피선거권 및 선거권: 동별 대표자는 동별 대표자 선출공고에서 정한 각종 서류 제출 마감일(이하 '서류 제출 마감일'이라 한다)을 기준으로 다음의 요건을 갖춘 **입주자**(입주자가 법인인 경우에는 그 대표자를 말한다) 중에서 대통령령(아래 ④)으로 정하는 바에 따라 선거구 **입주자등의 보통·평등·직접·비밀선거를 통하여 선출한다**. 다만, 입주자인 동별 대표자 후보자가 **없는** 선거구에서는 다음 및 대통령령(아래

OX문제

입주자대표회의는 3명 이상으로 구성하되, 동별 세대수에 비례하여 관리규약으로 정한 선거구에 따라 선출된 대표자로 구성한다. ( )

입주자대표회의는 4명 이상으로 구성하되, 동별 세대수에 비례하여 시장·군수·구청장이 정한 선거구에 따라 선출된 대표자로 구성한다. ( )

300세대인 공동주택의 입주자대표회의는 3명 이상으로 구성하되, 동별 세대수에 비례하여 관리규약으로 정한 선거구에 따라 선출된 대표자로 구성한다. ( )

동별 대표자 선거구는 2개 동이상으로 묶어서 정할 수 있으나, 통로나 층별로 구획하여 정할 수는 없다. ( )

OX문제

하나의 공동주택단지를 여러 개의 공구로 구분하여 순차적으로 건설한 단지에서, 먼저 입주한 공구의 입주자등이 입주자대표회의를 구성하였다가 다음 공구의 입주예정자의 과반수가 입주한 때에는 다시 입주자대표회의를 구성하여야 한다. ( )

OX문제

동별 대표자는 보통·평등·직접·비밀선거를 통하여 선출한다. ( )

정답 ×, ×, ×, ×, ○, ○

ⓒ)으로 정하는 요건을 갖춘 사용자도 동별 대표자로 선출될 수 있다 (공동주택관리법 제14조 제3항, 동법 시행령 제11조 제3항). 기출

OX ⓐ 해당 공동주택단지 안에서 주민등록을 마친 후 계속하여 **3개월 이상 거주하고 있을 것**(최초의 입주자대표회의를 구성하거나 위 ②의 단서에 따른 입주자대표회의를 구성하기 위하여 동별 대표자를 선출하는 경우는 제외한다)

ⓑ 해당 선거구에 주민등록을 마친 후 거주하고 있을 것

OX ⓒ **사용자의 피선거권**: 사용자는 위 ⓒ에 따라 2회의 선출공고(직전 선출공고일부터 2개월 이내에 공고하는 경우만 2회로 계산한다)에도 불구하고 입주자(입주자가 법인인 경우에는 그 대표자를 말한다)인 동별 대표자의 후보자가 없는 선거구에서 직전 선출공고일부터 2개월 이내에 선출공고를 하는 경우로서 위 ⓒ의 ⓐ, ⓑ와 다음의 어느 하나에 해당하는 요건을 모두 갖춘 경우에는 동별 대표자가 될 수 있다. 이 경우 입주자인 후보자가 있으면 사용자는 후보자의 자격을 상실한다 (공동주택관리법 시행령 제11조 제2항).

ⓐ 공동주택을 임차하여 사용하는 사람일 것. 이 경우 법인인 경우에는 그 대표자를 말한다.

ⓑ 위 ⓐ의 전단에 따른 사람의 배우자 또는 직계존비속일 것. 이 경우 위 ⓐ 전단에 따른 사람이 서면으로 위임한 대리권이 있는 경우만 해당한다.

④ **동별 대표자의 선출방법**: 위 ③의 ⓒ에 따라 동별 대표자는 선거구별로 **1명씩 선출**하되, 그 선출방법은 다음의 구분에 따른다(공동주택관리법 시행령 제11조 제1항).

ⓒ 후보자가 2명 이상인 경우: 해당 선거구 전체 입주자등의 **과반수가 투표**하고 후보자 중 최다득표자를 선출

OX ⓒ 후보자가 1명인 경우: 해당 선거구 전체 입주자등의 **과반수가 투표**하고 투표자 **과반수의 찬성으로 선출** 기출

⑤ **동별 대표자 자격의 결격사유 및 자격의 상실사유**: 서류 제출 마감일을 기준으로 다음의 어느 하나에 해당하는 사람은 동별 대표자가 될 수 없으며 그 자격을 상실한다(공동주택관리법 제14조 제4항, 동법 시행령 제11조 제4항). 기출

ⓒ 미성년자, 피성년후견인 및 피한정후견인

OX ⓒ 파산자로서 복권되지 아니한 사람

OX문제

최초 입주자대표회의의 동별 대표자는 주민등록을 마친 후 계속하여 3개월 이상 거주하고 있는 입주자이어야 한다.
( )

최초의 입주자대표회의를 구성하기 위한 동별 대표자를 선출하는 경우, 해당 선거구에 주민등록을 마친 후 계속하여 동별 대표자 선출공고에서 정한 각종 서류 제출 마감일을 기준으로 2개월째 거주하고 있는 공동주택의 소유자는 동별 대표자가 될 수 있다.
( )

OX문제

사용자는 입주자인 동별 대표자 후보자가 있는 선거구라도 해당 공동주택단지 안에서 주민등록을 마친 후 계속하여 3개월 이상 거주하고 있으면 동별 대표자로 선출될 수 있다.
( )

OX문제

동별 대표자를 선출할 때 후보자가 1명인 경우에는 해당 선거구 전체 입주자등의 과반수가 투표하고 투표자 과반수의 찬성으로 선출한다.
( )

OX문제

파산자였으나 동별 대표자 선출공고에서 정한 각종 서류 제출 마감일 기준 1개월 전에 복권된 공동주택의 소유자는 동별 대표자가 될 수 있다.
( )

정답 ×, ○, ×, ○, ○

> **OX문제**
> 서류 제출 마감일을 기준으로 「공동주택관리법」을 위반한 범죄로 금고 8월의 실형을 선고 받고 그 집행이 끝난 날부터 16개월이 지난 사람은 동별 대표자로 선출될 수 있다.
> ( )

> **OX문제**
> 「공동주택관리법」을 위반한 범죄로 50만원의 벌금형을 선고받은 후 7년이 지난 사람은 동별 대표자가 될 수 없다.
> ( )

> **OX문제**
> 공동주택 소유자의 조카(3촌)로서 해당 주택에 거주하고 있으면서 소유자가 서면으로 위임한 대리권이 있는 자는 동별 대표자가 될 수 있다.
> ( )

> **OX문제**
> 해당 공동주택 관리주체의 소속 임직원과 관리주체에 용역을 공급하거나 사업자로 지정된 자의 소속 임원은 동별 대표자가 될 수 없다. ( )

> **OX문제**
> 동별 대표자 임기 중에 관리비를 3개월 이상 연속하여 체납한 경우에는 해당 선거구 전체 입주자등의 과반수의 찬성으로 해임한다. ( )

> 동별 대표자가 임기 중에 동별 대표자의 결격사유에 해당하게 된 경우에는 당연히 퇴임한다. ( )

> **OX문제**
> 공동주택을 임차하여 사용하는 사람의 동별 대표자 결격사유는 그를 대리하는 자에게 미치지 않는다. ( )

> **정답** ×, ×, ×, ○, ×, ○, ×

OX ㉢ 「공동주택관리법」 또는 「주택법」, 「민간임대주택에 관한 특별법」, 「공공주택 특별법」, 「건축법」, 「집합건물의 소유 및 관리에 관한 법률」을 위반한 범죄로 금고 이상의 실형 선고를 받고 그 집행이 끝나거나(집행이 끝난 것으로 보는 경우를 포함한다) 집행이 면제된 날부터 **2년**이 지나지 아니한 사람

㉣ 금고 이상의 형의 집행유예선고를 받고 그 유예기간 중에 있는 사람

OX ㉤ 「공동주택관리법」 또는 「주택법」, 「민간임대주택에 관한 특별법」, 「공공주택 특별법」, 「건축법」, 「집합건물의 소유 및 관리에 관한 법률」을 위반한 범죄로 **벌금형**을 선고받은 후 2년이 지나지 않은 사람

㉥ 선거관리위원회 위원(사퇴하거나 해임 또는 해촉된 사람으로서 그 남은 임기 중에 있는 사람을 포함한다)

OX ㉦ 공동주택의 소유자가 서면으로 위임한 **대리권이 없는 소유자의 배우자나 직계존비속**

OX ㉧ 해당 공동주택 관리주체의 소속 임직원과 해당 공동주택 관리주체에 용역을 공급하거나 사업자로 지정된 자의 소속 임원. 이 경우 관리주체가 주택관리업자인 경우에는 해당 주택관리업자를 기준으로 판단한다.

㉨ 해당 공동주택의 동별 대표자를 사퇴한 날부터 1년(해당 동별 대표자에 대한 해임이 요구된 후 사퇴한 경우에는 2년을 말한다)이 지나지 아니하거나 해임된 날부터 2년이 지나지 아니한 사람

㉩ 관리비등을 최근 **3개월** 이상 연속하여 체납한 사람

㉪ 동별 대표자로서 임기 중에 위 ㉩에 해당하여 아래 ⑥에 따라 퇴임한 사람으로서 그 남은 임기(남은 임기가 1년을 초과하는 경우에는 1년을 말한다) 중에 있는 사람

OX ⑥ **당연퇴임**: 동별 대표자가 임기 중에 위 ③에 따른 자격요건을 충족하지 아니하게 된 경우나 위 ⑤에 따른 결격사유에 해당하게 된 경우에는 당연히 퇴임한다(공동주택관리법 제14조 제5항). 기출

OX ⑦ **대리자 등의 결격사유**: 공동주택 소유자 또는 공동주택을 임차하여 사용하는 사람의 결격사유(위 ⑤에 따른 결격사유를 말한다. 이하 같다)는 그를 **대리하는** 자에게 미치며, 공유(共有)인 공동주택 소유자의 결격사유를 판단할 때에는 지분의 **과반**을 소유한 자의 결격사유를 기준으로 한다(공동주택관리법 시행령 제11조 제5항).

⑧ **위임규정**
　㉠ 동별 대표자의 임기나 그 제한에 관한 사항, 동별 대표자 또는 입주자대표회의의 임원의 선출이나 해임 방법 등 입주자대표회의의 구성 및 운영에 필요한 사항과 입주자대표회의의 의결 방법은 대통령령으로 정한다(공동주택관리법 제14조 제10항). 기출
　㉡ 입주자대표회의의 의결사항은 관리규약, 관리비, 시설의 운영에 관한 사항 등으로 하며, 그 구체적인 내용은 대통령령으로 정한다(공동주택관리법 제14조 제11항). 기출
　㉢ 위 ㉠ 및 ㉡에도 불구하고 입주자대표회의의 구성원 중 사용자인 동별 대표자가 **과반수**인 경우에는 대통령령으로 그 의결방법 및 의결사항을 달리 정할 수 있다(공동주택관리법 제14조 제12항).

⑨ **동별 대표자의 임기 등**
　㉠ 동별 대표자의 임기: 동별 대표자의 임기는 2년으로 한다. 다만, 보궐선거 또는 재선거로 선출된 동별 대표자의 임기는 다음의 구분에 따른다(공동주택관리법 시행령 제13조 제1항). 기출
　　ⓐ 모든 동별 대표자의 임기가 동시에 시작하는 경우: 2년
　　ⓑ 그 밖의 경우: 전임자 임기(재선거의 경우 재선거 전에 실시한 선거에서 선출된 동별 대표자의 임기를 말한다)의 **남은 기간**
　㉡ 임기 횟수: 동별 대표자는 한 번만 **중임**할 수 있다. 이 경우 보궐선거 또는 재선거로 선출된 동별 대표자의 임기가 **6개월 미만**인 경우에는 임기의 횟수에 포함하지 않는다(공동주택관리법 시행령 제13조 제2항). 기출
　㉢ 중임규정의 예외: 위 ⓐ 및 위 ㉡에도 불구하고 2회의 선출공고(직전 선출공고일부터 2개월 이내에 공고하는 경우만 2회로 계산한다)에도 불구하고 동별 대표자의 후보자가 없거나 선출된 사람이 없는 선거구에서 직전 선출공고일부터 **2개월 이내**에 선출공고를 하는 경우에는 동별 대표자를 중임한 사람도 해당 선거구 입주자등의 **과반수**의 찬성으로 다시 동별 대표자로 선출될 수 있다. 이 경우 후보자 중 동별 대표자를 중임하지 않은 사람이 있으면 동별 대표자를 중임한 사람은 후보자의 자격을 상실한다(공동주택관리법 시행령 제13조 제3항).

(3) 입주자대표회의의 임원의 구성
　① **위임규정**: 입주자대표회의에는 대통령령(아래 ③)으로 정하는 바에 따라 회장, 감사 및 이사를 임원으로 둔다(공동주택관리법 제14조 제6항). 기출

OX문제
동별 대표자의 임기나 그 제한에 관한 사항, 동별 대표자 또는 입주자대표회의의 임원의 선출이나 해임 방법 등 입주자대표회의의 구성 및 운영에 필요한 사항과 입주자대표회의의 의결 방법은 대통령령으로 정한다. (　)

「공동주택관리법 시행령」은 동별 대표자의 임기를 관리규약으로 정하도록 규정하고 있다. (　)

OX문제
동별 대표자의 임기는 3년으로 하되, 한 번만 중임할 수 있다. (　)

동별 대표자의 임기는 3년 단임으로 한다. (　)

모든 동별 대표자의 임기가 동시에 시작하는 경우 동별 대표자의 임기는 2년으로 한다. (　)

정답 O, ×, ×, ×, O

OX문제
사용자인 동별 대표자는 회장이 될 수 없으나, 입주자인 동별 대표자 중에서 회장 후보자가 없는 경우로서 선출 전에 전체 입주자등 과반수의 서면동의를 얻은 경우에는 회장이 될 수 있다. (   )

입주자인 동별 대표자 중에서 회장 후보자가 없는 경우로서 선출 전에 전체 입주자 과반수 서면동의를 얻더라도 사용자인 동별 대표자는 회장이 될 수 없다. (   )

OX문제
입주자대표회의에는 회장 1명, 감사 3명 이상, 이사 2명 이상의 임원을 두어야 한다. (   )

OX문제
입주자대표회의의 회장 후보자가 2명 이상인 경우에는 전체 입주자등의 10분의 1 이상이 투표하고 후보자 중 최다득표자를 선출한다. (   )

입주자대표회의의 회장 후보자가 3명인 경우, 전체 입주자등의 10분의 1 이상이 투표하고 후보자 중 최다득표를 한 동별 대표자 1명을 입주자대표회의 회장으로 선출한다. (   )

정답 ×, ×, ×, ○, ○

OX ② **회장 자격의 제한**: 위 ①에도 불구하고 사용자인 동별 대표자는 회장이 될 수 없다. 다만, 입주자인 동별 대표자 중에서 회장 후보자가 없는 경우로서 선출 전에 전체 **입주자 과반수의 서면동의를 얻은 경우**에는 그러하지 아니하다(공동주택관리법 제14조 제7항). 기출

OX ③ **임원의 구성**: 위 ①에 따라 입주자대표회의에는 다음의 임원을 두어야 한다(공동주택관리법 시행령 제12조 제1항). 기출

  ㉠ 회장 1명
  ㉡ 감사 2명 이상
  ㉢ 이사 1명 이상

(4) 입주자대표회의의 임원의 선출

임원은 동별 대표자 중에서 다음의 구분에 따른 방법으로 선출한다(공동주택관리법 시행령 제12조 제2항).

① **회장 선출방법** 기출

  ㉠ 입주자등의 보통·평등·직접·비밀선거를 통하여 선출
  OX ㉡ 후보자가 2명 이상인 경우: 전체 입주자등의 10분의 1 이상이 투표하고 후보자 중 최다득표자를 선출 기출
  ㉢ 후보자가 1명인 경우: 전체 입주자등의 10분의 1 이상이 투표하고 투표자 과반수의 찬성으로 선출
  ㉣ 다음의 경우에는 입주자대표회의 구성원 과반수의 찬성으로 선출하며, 입주자대표회의 구성원 과반수 찬성으로 선출할 수 없는 경우로서 최다득표자가 2인 이상인 경우에는 추첨으로 선출
    ⓐ 후보자가 없거나 위 ㉠부터 ㉢까지의 규정에 따라 선출된 자가 없는 경우
    ⓑ 위 ㉠부터 ㉢까지의 규정에도 불구하고 500세대 미만의 공동주택단지에서 관리규약으로 정하는 경우

② **감사 선출방법**

  ㉠ 입주자등의 보통·평등·직접·비밀선거를 통하여 선출
  ㉡ 후보자가 선출필요인원을 초과하는 경우: 전체 입주자등의 10분의 1 이상이 투표하고 후보자 중 다득표자 순으로 선출
  ㉢ 후보자가 선출필요인원과 같거나 미달하는 경우: 후보자별로 전체 입주자등의 10분의 1 이상이 투표하고 투표자 과반수의 찬성으로 선출

ㄹ 다음의 경우에는 입주자대표회의 구성원 과반수의 찬성으로 선출하며, 입주자대표회의 구성원 과반수 찬성으로 선출할 수 없는 경우로서 최다득표자가 2인 이상인 경우에는 추첨으로 선출

ⓐ 후보자가 없거나 위 ㉠부터 ㉢까지의 규정에 따라 선출된 자가 없는 경우(선출된 자가 선출필요인원에 미달하여 추가선출이 필요한 경우를 포함한다)

ⓑ 위 ㉠부터 ㉢까지의 규정에도 불구하고 500세대 미만의 공동주택단지에서 관리규약으로 정하는 경우

OX ③ **이사 선출방법**

㉠ 후보자가 선출필요인원을 초과하는 경우: 입주자대표회의 구성원의 과반수가 투표하고 후보자 중 다득표자 순으로 선출하며, 순위 내에 득표수가 같은 후보자가 있는 경우로서 그 득표수가 같은 후보자를 모두 선출하면 선출필요인원을 초과하는 경우에는 그 득표수가 같은 후보자들 간에는 추첨으로 선출

㉡ 후보자가 선출필요인원과 같거나 미달하는 경우: 후보자별로 입주자대표회의 구성원의 과반수가 투표하고 투표자 과반수의 찬성으로 선출

㉢ 위 ㉠ 및 ㉡에도 불구하고 관리규약에서 입주자대표회의의 정원과 임원의 정원을 같은 수로 정한 경우에는 회장과 감사가 모두 선출된 후 남은 동별 대표자를 별도의 투표 또는 동의 절차 없이 이사로 선출

OX ④ **공동체 생활의 활성화의 업무담당 이사의 선임**: 입주자대표회의는 입주자등의 소통 및 화합의 증진을 위하여 그 이사 중 공동체 생활의 활성화에 관한 업무를 담당하는 **이사를 선임할 수 있다**(공동주택관리법 시행령 제12조 제3항). 기출

(5) 임원의 업무

① **위임규정**: 입주자대표회의의 임원의 업무범위 등은 국토교통부령(아래 ②)으로 정한다(공동주택관리법 시행령 제12조 제4항).

② **임원의 업무범위**

㉠ 회장의 업무: 입주자대표회의의 회장은 입주자대표회의를 대표하고, 그 회의의 의장이 된다(공동주택관리법 시행규칙 제4조 제1항). 기출

㉡ 이사의 업무: 이사는 회장을 보좌하고, 회장이 사퇴 또는 해임으로 궐위된 경우 및 사고나 그 밖에 부득이한 사유로 그 직무를 수행할 수 없을 때에는 관리규약에서 정하는 바에 따라 그 직무를 대행한다(공동주택관리법 시행규칙 제4조 제2항).

OX문제

입주자대표회의는 입주자등의 소통 및 화합의 증진을 위하여 그 이사 중 공동체 생활의 활성화에 관한 업무를 담당하는 이사를 선임할 수 있다.
( )

정답 O

ⓒ 감사의 업무

　ⓐ **관리주체의 업무에 대한 감사**: 감사는 관리비·사용료 및 장기수선충당금 등의 부과·징수·지출·보관 등 회계 관계 업무와 관리업무 전반에 대하여 관리주체의 업무를 감사한다(공동주택관리법 시행규칙 제4조 제3항).

　ⓑ **감사보고서의 작성과 공개**: 감사는 위 ⓐ에 따른 감사를 한 경우에는 감사보고서를 작성하여 입주자대표회의와 관리주체에게 제출하고 인터넷 홈페이지(인터넷 홈페이지가 없는 경우에는 인터넷 포털을 통해 관리주체가 운영·통제하는 유사한 기능의 웹사이트 또는 관리사무소의 게시판을 말한다) 및 동별 게시판(통로별 게시판이 설치된 경우에는 이를 포함한다)에 공개하여야 한다(공동주택관리법 시행규칙 제4조 제4항). 기출

　ⓒ **의결안건의 재심의요청**: 감사는 입주자대표회의에서 의결한 안건이 관계 법령 및 관리규약에 위반된다고 판단되는 경우에는 입주자대표회의에 재심의를 요청할 수 있다(공동주택관리법 시행규칙 제4조 제5항). 기출

　ⓓ **재심의**: 위 ⓒ에 따라 재심의를 요청받은 입주자대표회의는 지체 없이 해당 안건을 다시 심의하여야 한다(공동주택관리법 시행규칙 제4조 제6항).

(6) 동별 대표자 및 입주자대표회의 임원의 해임절차

동별 대표자 및 입주자대표회의의 임원은 관리규약으로 정한 사유가 있는 경우에 다음의 구분에 따른 방법으로 해임한다(공동주택관리법 시행령 제13조 제4항).

① **동별 대표자**: 해당 선거구 전체 입주자등의 **과반수가 투표**하고 투표자 **과반수의 찬성으로 해임** 기출

② **입주자대표회의 임원**: 다음의 구분에 따른 방법으로 해임
　⊙ **회장 및 감사**: 전체 입주자등의 10분의 1 이상이 **투표**하고 투표자 **과반수의 찬성으로 해임**. 다만, 위 **(4)**의 ① ㉢의 ⓑ 및 **(4)**의 ② ㉢의 ⓑ에 따라 입주자대표회의에서 선출된 회장 및 감사는 관리규약으로 정하는 절차에 따라 해임한다.
　⊙ **이사**: 관리규약으로 정하는 절차에 따라 해임

OX문제

감사는 감사를 한 경우에는 감사보고서를 작성하여 입주자대표회의와 관리주체에게 제출하고 인터넷 홈페이지 및 동별 게시판에 공개해야 한다.
( )

OX문제

감사는 입주자대표회의에서 의결한 안건이 관계 법령 및 관리규약에 위반된다고 판단되는 경우에는 입주자대표회의에 재심의를 요청할 수 있다.
( )

정답 O, O

(7) 동별 대표자 등의 선거관리

① **선거관리위원회의 구성**: 입주자등은 동별 대표자나 입주자대표회의의 임원을 선출하거나 해임하기 위하여 선거관리위원회를 구성한다(공동주택관리법 제15조 제1항).

② **선거관리위원회 위원의 결격사유 및 자격 상실사유**: 다음의 어느 하나에 해당하는 사람은 선거관리위원회 위원이 될 수 없으며, 그 자격을 상실한다(공동주택관리법 제15조 제2항, 동법 시행령 제16조). 기출

  ㉠ 동별 대표자 또는 그 후보자
  ㉡ 위 ㉠에 해당하는 사람의 **배우자 또는 직계존비속**
  ㉢ 미성년자, 피성년후견인 또는 피한정후견인
  ㉣ 동별 대표자를 사퇴하거나 그 지위에서 해임된 사람 또는 위 **(2)**의 ⑥에 따라 퇴임한 사람으로서 그 **남은 임기 중에 있는 사람**
  ㉤ 선거관리위원회 위원을 사퇴하거나 그 지위에서 해임 또는 해촉된 사람으로서 그 **남은 임기 중에 있는 사람**

③ **위임규정**: 선거관리위원회의 구성원 수, 위원장의 선출 방법, 의결의 방법 등 선거관리위원회의 구성 및 운영에 필요한 사항은 대통령령으로 정한다(공동주택관리법 제15조 제3항).

④ **선거관리위원회의 구성원 수**: 위 ①에 따른 선거관리위원회는 입주자등(서면으로 위임된 대리권이 없는 공동주택 소유자의 배우자 및 직계존비속이 그 소유자를 대리하는 경우를 포함한다) 중에서 위원장을 포함하여 다음의 구분에 따른 위원으로 구성한다(공동주택관리법 시행령 제15조 제1항). 기출

  ㉠ **500세대 이상인 공동주택**: 5명 이상 9명 이하
  ㉡ **500세대 미만인 공동주택**: 3명 이상 9명 이하

⑤ **위원장**: 선거관리위원회 위원장은 위원 중에서 **호선**한다(공동주택관리법 시행령 제15조 제2항). 기출

⑥ **위원의 위촉**: 위 ④에도 불구하고 500세대 이상인 공동주택은 「선거관리위원회법」에 따른 선거관리위원회 소속 직원 1명을 **관리규약**으로 정하는 바에 따라 위원으로 **위촉할 수 있다**(공동주택관리법 시행령 제15조 제3항). 기출

⑦ **선거관리위원회의 의사결정**: 선거관리위원회는 그 구성원(관리규약으로 정한 정원을 말한다) **과반수의 찬성**으로 그 의사를 결정한다. 이 경우 「공동주택관리법 시행령」 및 관리규약으로 정하지 아니한 사항은 **선거관리위원회 규정**으로 정할 수 있다(공동주택관리법 시행령 제15조 제4항). 기출

OX문제
동별 대표자 또는 그 후보자는 선거관리위원회의 위원이 될 수 없으나, 그 배우자나 직계존비속은 선거관리위원회의 위원이 될 수 있다. (   )

동별 대표자 및 선거관리위원회 위원을 사퇴하거나 그 지위에서 해임 또는 해촉된 사람으로서 그 남은 임기 중에 있는 사람은 선거관리위원회 위원이 될 수 있다. (   )

OX문제
500세대 이상인 공동주택의 선거관리위원회는 입주자등 중에서 위원장을 포함하여 5명 이상 9명 이하의 위원으로 구성한다. (   )

OX문제
300세대인 공동주택은 「선거관리위원회법」에 따른 선거관리위원회 소속 직원 1명을 위원으로 위촉하여야 한다. (   )

500세대 미만인 공동주택은 「선거관리위원회법」에 따른 선거관리위원회 소속 직원 1명을 관리규약으로 정하는 바에 따라 위원으로 위촉한다. (   )

정답 ×, ×, ○, ×, ×

OX ⑧ **운영 등의 필요사항**: 선거관리위원회의 구성·운영·업무(동별 대표자 결격사유의 확인을 포함한다)·경비, 위원의 선임·해임 및 임기 등에 관한 사항은 **관리규약**으로 정한다(공동주택관리법 시행령 제15조 제5항). 기출

⑨ **선거지원 요청**: 선거관리위원회는 선거관리를 위하여 「선거관리위원회법」에 따라 해당 소재지를 관할하는 구·시·군선거관리위원회에 투표 및 개표 관리 등 선거지원을 요청할 수 있다(공동주택관리법 제15조 제4항).

(8) 동별 대표자 후보자에 대한 범죄경력 조회

OX ① **동별 대표자 후보자 범죄경력의 확인**: 선거관리위원회 위원장(선거관리위원회가 구성되지 아니하였거나 위원장이 사퇴, 해임 등으로 궐위된 경우에는 **입주자대표회의의 회장**을 말하며, 입주자대표회의의 회장도 궐위된 경우에는 **관리사무소장**을 말한다. 이하 같다)은 동별 대표자 후보자에 대하여 위 (2)의 ③에 따른 동별 대표자의 자격요건 충족 여부와 위 (2)의 ⑤에 따른 결격사유 해당 여부를 확인하여야 하며, 결격사유 해당 여부를 확인하는 경우에는 동별 대표자 후보자의 동의를 받아 범죄경력을 관계 기관의 장에게 확인하여야 한다(공동주택관리법 제16조 제1항). 기출

② **동별 대표자 범죄경력의 확인**: 선거관리위원회 위원장은 동별 대표자에 대하여 위 (2)의 ③에 따른 자격요건 충족 여부와 위 (2)의 ⑤에 따른 결격사유 해당 여부를 확인할 수 있으며, 결격사유 해당 여부를 확인하는 경우에는 동별 대표자의 동의를 받아 범죄경력을 관계 기관의 장에게 확인하여야 한다(공동주택관리법 제16조 제2항).

③ **위임규정**: 위 ① 및 ②에 따른 범죄경력 확인의 절차, 방법 등에 필요한 사항은 대통령령(아래 ④)으로 정한다(공동주택관리법 제16조 제3항).

④ **확인 절차**: 위 ① 또는 ②에 따라 선거관리위원회 위원장은 동별 대표자 후보자 또는 동별 대표자에 대한 범죄경력의 확인을 경찰관서의 장에게 요청하여야 한다. 이 경우 동별 대표자 후보자 또는 동별 대표자의 동의서를 첨부하여야 한다(공동주택관리법 시행령 제17조 제1항).

⑤ **회신**: 위 ④에 따른 요청을 받은 경찰관서의 장은 동별 대표자 후보자 또는 동별 대표자가 위 (2)의 ⑤의 ㉢, ㉣, ㉤에 따른 범죄의 경력이 있는지 여부를 확인하여 회신해야 한다(공동주택관리법 시행령 제17조 제2항).

OX ⑥ **고유식별정보의 처리**: 선거관리위원회의 위원장은 동별 대표자의 결격사유 확인에 관한 사무를 수행하기 위하여 불가피한 경우 「개인정보 보호법 시행령」 제19조 제1호에 따른 주민등록번호가 포함된 자료를 처리할 수 있다(공동주택관리법 시행령 제98조 제3항). 기출

OX문제

선거관리위원회의 구성·운영·업무·경비, 위원의 선임·해임 및 임기 등에 관한 사항은 국토교통부령으로 정한다. ( )

OX문제

선거관리위원회 위원장은 동별 대표자 후보자에 대하여 동별 대표자의 자격요건 충족 여부와 결격사유 해당 여부를 확인하여야 한다. ( )

OX문제

선거관리위원회의 위원장은 동별 대표자의 결격사유 확인에 관한 사무를 수행하기 위하여 불가피한 경우 「개인정보 보호법 시행령」에 따른 주민등록번호가 포함된 자료를 처리할 수 있다. ( )

정답 ×, ○, ○

3. 입주자대표회의의 의결방법 및 의결사항 등

(1) 입주자대표회의의 의결방법 OX

입주자대표회의는 입주자대표회의 **구성원 과반수의 찬성**으로 의결한다(공동주택관리법 시행령 제14조 제1항). 기출

(2) 위임규정 OX

입주자대표회의의 의결사항은 관리규약, 관리비, 시설의 운영에 관한 사항 등으로 하며, 그 구체적인 내용은 **대통령령**[아래 (3)]으로 정한다(공동주택관리법 제14조 제11항). 기출

(3) 의결사항 기출 OX

위 **(2)**에 따른 입주자대표회의의 의결사항은 다음과 같다(공동주택관리법 시행령 제14조 제2항).

① 관리규약 **개정안의 제안**(제안서에는 개정안의 취지, 내용, 제안유효기간 및 제안자 등을 포함한다. 이하 같다)
② 관리규약에서 **위임한 사항과 그 시행에 필요한 규정**의 제정·개정 및 폐지
③ 공동주택 관리방법의 **제안**
④ 관리비등의 집행을 위한 사업계획 및 예산의 **승인**(변경승인을 포함한다)
⑤ 공용시설물 이용료 부과기준의 **결정**
⑥ 관리비등의 회계감사의 **요구** 및 회계감사보고서의 **승인**
⑦ 관리비등의 결산의 **승인**
⑧ 단지 안의 전기·도로·상하수도·주차장·가스설비·냉난방설비 및 승강기 등의 유지·운영기준
⑨ 자치관리를 하는 경우 **자치관리기구 직원의 임면에 관한 사항**
⑩ **장기수선계획**에 따른 공동주택 **공용부분**의 보수·교체 및 개량
⑪ 공동주택 **공용부분**의 행위허가 또는 신고행위의 **제안**
⑫ 공동주택 **공용부분**의 담보책임 종료 **확인**
⑬ 「주택건설기준 등에 관한 규정」 제2조 제3호에 따른 주민공동시설(어린이집·다함께돌봄센터·공동육아나눔터는 제외한다) 위탁 운영의 제안
⑭ 인근 공동주택단지 입주자등의 주민공동시설 이용에 대한 허용 제안
⑮ 장기수선계획 및 안전관리계획의 수립 또는 조정(비용지출을 수반하는 경우로 한정한다)

OX문제
입주자대표회의는 입주자대표회의의 구성원 3분의 2의 찬성으로 의결한다. ( )

입주자대표회의는 그 구성원 과반수의 출석과 출석구성원 과반수의 찬성으로 의결한다. ( )

OX문제
입주자대표회의의 의결사항은 관리규약, 관리비, 시설의 운영에 관한 사항 등으로 한다. ( )

OX문제
입주자대표회의는 공동주택관리규약 제정안의 제안은 의결할 수 없다. ( )

동별 대표자의 선출절차를 정한 관리규약의 개정의 확정은 입주자대표회의의 구성원 과반수 찬성으로 의결하는 사항이다. ( )

입주자대표회의는 공동주택관리규약에서 위임한 사항과 그 시행에 필요한 규정의 제정·개정 및 폐지를 그 구성원 3분의 2의 찬성으로 의결한다. ( )

공동주택 관리방법 변경의 확정은 입주자대표회의의 구성원 과반수 찬성으로 의결하는 사항이다. ( )

입주자대표회의는 위탁관리를 하는 경우 위탁관리기구 직원의 임면에 관한 사항을 결정한다. ( )

공동주택의 전유부분의 보수·교체 및 개량은 관리규약으로 따로 정하는 바가 없더라도 입주자대표회의의 의결사항에 포함된다. ( )

어린이집을 포함한 주민공동시설 위탁 운영의 제안은 입주자대표회의의 의결사항이다. ( )

정답 ×, ×, ○, ○, ×, ×, ×, ×, ×, ×

⑯ 입주자등 상호간에 이해가 상반되는 사항의 조정
⑰ 공동체 생활의 활성화 및 질서유지에 관한 사항
⑱ 그 밖에 공동주택의 관리와 관련하여 관리규약으로 정하는 사항

(4) 사용자인 동별 대표자의 의결제한

① **위임규정**: 위 (2)에도 불구하고 입주자대표회의 구성원 중 사용자인 동별 대표자가 과반수인 경우에는 대통령령(아래 ②)으로 그 의결방법 및 의결사항을 달리 정할 수 있다(공동주택관리법 제14조 제12항).

② **제한사항**: 위 (1) 및 (3)에도 불구하고 입주자대표회의 구성원 중 사용자인 동별 대표자가 과반수인 경우에는 위 ①에 따라 위 (3)의 ⑫(공동주택 공용부분의 담보책임 종료 확인)에 관한 사항은 의결사항에서 제외하고, 위 (3)의 ⑮ 중 장기수선계획의 수립 또는 조정에 관한 사항은 전체 입주자 과반수의 서면동의를 받아 그 동의 내용대로 의결한다(공동주택관리법 시행령 제14조 제3항).

(5) 의결의 제한 ox

입주자대표회의는 위 (3)의 사항을 의결할 때에는 입주자등이 아닌 자로서 해당 공동주택의 관리에 이해관계를 가진 자의 권리를 침해해서는 안 된다(공동주택관리법 시행령 제14조 제5항). 기출

(6) 주택관리업자에 대한 부당간섭 금지

입주자대표회의는 주택관리업자가 공동주택을 관리하는 경우에는 주택관리업자의 직원인사·노무관리 등의 업무수행에 부당하게 간섭해서는 아니 된다(공동주택관리법 시행령 제14조 제6항). 기출

(7) 회의소집 ox

입주자대표회의는 관리규약으로 정하는 바에 따라 회장이 그 명의로 소집한다. 다만, 다음의 어느 하나에 해당하는 때에는 회장은 해당일부터 14일 이내에 입주자대표회의를 소집해야 하며, 회장이 회의를 소집하지 않는 경우에는 관리규약으로 정하는 이사가 그 회의를 소집하고 회장의 직무를 대행한다(공동주택관리법 시행령 제14조 제4항). 기출

① 입주자대표회의 구성원 3분의 1 이상이 청구하는 때
② 입주자등의 10분의 1 이상이 요청하는 때
③ 전체 입주자의 10분의 1 이상이 요청하는 때[위 (3)의 ⑮ 중 장기수선계획의 수립 또는 조정에 관한 사항만 해당한다]

OX문제

입주자대표회의가 자치관리기구 직원의 임면에 관한 사항을 의결할 때 공동주택의 입주자등이 아닌 자로서 해당 공동주택의 관리에 이해관계를 가진 자의 권리를 침해해도 된다. ( )

입주자대표회의는 의결사항을 의결할 때 입주자등이 아닌 자로서 해당 공동주택의 관리에 이해관계를 가진 자의 권리를 침해해서는 안 된다. ( )

OX문제

300세대 전체가 입주한 공동주택에서 2013년 8월 10일에 35세대의 입주자가 요청하여 회장이 2013년 9월 9일에 입주자대표회의를 소집하였다. ( )

입주자대표회의 회장은 입주자등의 10분의 1 이상이 요청하는 때에는 해당일부터 7일 이내에 입주자대표회의를 소집해야 한다. ( )

정답 ×, ○, ×, ×

(8) 입주자대표회의 회의록

OX ① **작성 및 보관**: 입주자대표회의는 그 회의를 개최한 때에는 회의록을 작성하여 관리주체에게 보관하게 하여야 한다. 이 경우 입주자대표회의는 관리규약으로 정하는 바에 따라 입주자등에게 회의를 실시간 또는 녹화·녹음 등의 방식으로 중계하거나 방청하게 할 수 있다(공동주택관리법 제14조 제8항). 기출

OX ② **공개**: 300세대 이상인 공동주택의 관리주체는 관리규약으로 정하는 범위·방법 및 절차 등에 따라 회의록을 입주자등에게 공개하여야 하며, 300세대 미만인 공동주택의 관리주체는 관리규약으로 정하는 바에 따라 회의록을 공개할 수 있다. 이 경우 관리주체는 입주자등이 회의록의 열람을 청구하거나 자기의 비용으로 복사를 요구하는 때에는 관리규약으로 정하는 바에 따라 이에 응하여야 한다(공동주택관리법 제14조 제9항). 기출

4. 입주자대표회의의 구성원 교육

(1) 입주자대표회의의 구성원 교육의 실시

시장·군수·구청장은 대통령령으로 정하는 바에 따라 입주자대표회의의 구성원에게 입주자대표회의의 운영과 관련하여 필요한 교육 및 윤리교육을 실시하여야 한다. 이 경우 입주자대표회의의 구성원은 그 교육을 성실히 이수하여야 한다(공동주택관리법 제17조 제1항). 기출

(2) 교육의 내용

위 (1)에 따른 교육 내용에는 다음의 사항을 포함하여야 한다(공동주택관리법 제17조 제2항). 기출

① 공동주택의 관리에 관한 관계 법령 및 관리규약의 준칙에 관한 사항
② 입주자대표회의 구성원의 직무·소양 및 윤리에 관한 사항
③ 공동주택단지 공동체의 활성화에 관한 사항
④ 관리비·사용료 및 장기수선충당금에 관한 사항
⑤ 공동주택 회계처리에 관한 사항
⑥ 층간소음 예방 및 입주민 간 분쟁의 조정에 관한 사항
⑦ 하자보수에 관한 사항
⑧ 그 밖에 입주자대표회의의 운영에 필요한 사항

OX문제

관리주체는 입주자대표회의 회의록을 작성하여 보관한다.
(   )

입주자대표회의는 그 회의를 개최한 때에는 회의록을 작성하여 입주자대표회의 회장에게 보관하게 하여야 한다.
(   )

OX문제

100세대 이상인 공동주택의 관리주체는 관리규약으로 정하는 바에 따라 입주자대표회의의 회의록을 입주자등에게 공개하여야 한다. (   )

정답 ×, ×, ×

2 관리주체

1. 관리주체의 정의 OX

'관리주체'란 공동주택을 관리하는 다음의 자를 말한다(공동주택관리법 제2조 제1항 제10호). 기출

① 자치관리기구의 대표자인 공동주택의 **관리사무소장**
② 관리업무를 인계하기 전의 **사업주체**
③ **주택관리업자**
④ **임대사업자**
⑤ 「민간임대주택에 관한 특별법」에 따른 **주택임대관리업자**(시설물 유지·보수·개량 및 그 밖의 주택관리업무를 수행하는 경우에 한정한다)

2. 관리주체의 업무 등

(1) 관리주체의 의무

관리주체는 공동주택을 효율적이고 안전하게 관리하여야 한다(공동주택관리법 제3조 제2항).

(2) 관리주체의 수행 업무 OX

관리주체는 다음의 업무를 수행한다. 이 경우 관리주체는 필요한 범위에서 공동주택의 **공용부분을 사용**할 수 있다(공동주택관리법 제63조 제1항, 동법 시행규칙 제29조). 기출

① 공동주택의 **공용부분**의 유지·보수 및 안전관리
② 공동주택단지 안의 경비·청소·소독 및 쓰레기 수거
③ **관리비 및 사용료**의 징수와 공과금 등의 납부 대행
④ **장기수선충당금**의 징수·적립 및 관리
⑤ 관리규약으로 정한 사항의 **집행**
⑥ 입주자대표회의에서 의결한 사항의 **집행**
⑦ 공동주택관리업무의 **공개·홍보** 및 공동시설물의 사용방법에 관한 지도·계몽
⑧ 입주자등의 공동사용에 제공되고 있는 공동주택단지 안의 토지·부대시설 및 복리시설에 대한 **무단점유행위의 방지 및 위반행위 시의 조치**
⑨ 공동주택단지 안에서 발생한 안전사고 및 도난사고 등에 대한 **대응조치**
⑩ 하자보수청구 등의 **대행**

OX문제

공동주택의 관리주체는 관리업무를 인계하기 전의 사업주체, 주택관리업자 및 주택조합장 등을 말한다. ( )

임대사업자는 관리주체가 될 수 없다. ( )

OX문제

관리주체는 업무에 필요한 범위 안에서 공동주택의 공용부분을 사용할 수 있다. ( )

공동주택의 전유부분의 유지·보수 및 안전관리는 관리주체의 관리활동내용에 해당한다. ( )

하자보수보증금의 징수·적립은 관리주체의 업무에 해당한다. ( )

관리주체는 입주자대표회의에서 의결한 사항을 집행한다. ( )

입주자등 상호간에 이해가 상반되는 사항의 조정은 관리주체의 업무이다. ( )

입주자대표회의에서 의결한 입주자등 상호간에 이해가 상반되는 사항의 조정의 집행은 관리주체의 업무이다. ( )

관리주체의 업무를 정하고 있는 「공동주택관리법 시행령」은 '지방자치단체의 조례로 정하는 사항'도 그 업무로 규정하고 있다. ( )

정답 ×, ×, ○, ×, ×, ○, ×, ○, ×

(3) 법령준수의무 OX

관리주체는 공동주택을 「공동주택관리법」 또는 「공동주택관리법」에 따른 명령에 따라 관리하여야 한다(공동주택관리법 제63조 제2항). 기출

(4) 문서관리업무

① **입주자대표회의록의 보관 및 공개**

㉠ 작성 및 보관: 입주자대표회의는 그 회의를 개최한 때에는 회의록을 작성하여 관리주체에게 보관하게 하여야 한다. 이 경우 **입주자대표회의**는 **관리규약**으로 정하는 바에 따라 입주자등에게 회의를 실시간 또는 녹화·녹음 등의 방식으로 중계하거나 방청하게 할 수 있다(공동주택관리법 제14조 제8항). 기출

㉡ 공개: **300세대 이상인 공동주택의 관리주체**는 관리규약으로 정하는 범위·방법 및 절차 등에 따라 회의록을 입주자등에게 공개하여야 하며, 300세대 미만인 공동주택의 관리주체는 관리규약으로 정하는 바에 따라 회의록을 공개할 수 있다. 이 경우 **관리주체**는 입주자등이 회의록의 열람을 청구하거나 자기의 비용으로 복사를 요구하는 때에는 관리규약으로 정하는 바에 따라 이에 응하여야 한다(공동주택관리법 제14조 제9항).

② **회계서류 등의 작성·보관 및 공개 등**

㉠ 회계서류 등의 작성 및 보관: 의무관리대상 공동주택의 관리주체는 다음의 구분에 따른 기간 동안 해당 장부 및 증빙서류를 보관하여야 한다. 이 경우 관리주체는 「전자문서 및 전자거래 기본법」 제2조 제2호에 따른 정보처리시스템을 통하여 장부 및 증빙서류를 작성하거나 보관할 수 있다(공동주택관리법 제27조 제1항).

OX ⓐ 관리비등의 징수·보관·예치·집행 등 모든 거래 행위에 관하여 월별로 작성한 장부 및 그 증빙서류: 해당 회계연도 종료일부터 **5년간** 기출

ⓑ 주택관리업자 및 사업자 선정 관련 증빙서류: 해당 계약 체결일부터 5년간

㉡ 필요사항의 고시: **국토교통부장관**은 위 ㉠의 ⓐ에 따른 회계서류에 필요한 사항을 정하여 고시할 수 있다(공동주택관리법 제27조 제2항).

OX문제

입주자대표회의는 관리주체로서 공동주택을 「공동주택관리법」 또는 「공동주택관리법」에 따른 명령에 따라 관리하여야 하며, 이를 위반한 경우에는 5백만원 이하의 과태료를 부과한다. ( )

OX문제

의무관리대상 공동주택의 관리주체는 관리비등 징수·보관·예치·집행 등 모든 거래행위에 관하여 작성한 장부 및 그 증빙서류를 해당 회계연도 종료일부터 3년간 보관하여야 한다. ( )

관리주체는 모든 거래행위에 관하여 월별로 작성한 장부 및 그 증빙서류를 해당 회계연도 종료일부터 3년간 보관하여야 한다. ( )

정답 ×, ×, ×

ⓒ **열람대상 정보의 범위**: 위 ㉠에 따른 관리주체는 입주자등이 위 ㉠에 따른 장부나 증빙서류, 관리비등의 사업계획, 예산안, 사업실적서 및 결산서의 열람을 요구하거나 자기의 비용으로 복사를 요구하는 때에는 **관리규약**으로 정하는 바에 따라 이에 응하여야 한다. 다만, 다음의 정보는 제외하고 요구에 응하여야 한다(공동주택관리법 제27조 제3항, 동법 시행령 제28조 제1항).
  ⓐ 「개인정보 보호법」 제24조에 따른 고유식별정보 등 개인의 사생활의 비밀 또는 자유를 침해할 우려가 있는 정보 기출
  ⓑ 의사결정과정 또는 내부검토과정에 있는 사항 등으로서 공개될 경우 업무의 공정한 수행에 현저한 지장을 초래할 우려가 있는 정보

OX ③ **관리규약의 보관 및 열람방법**: 공동주택의 관리주체는 관리규약을 보관하여 입주자등이 열람을 청구하거나 자기의 비용으로 복사를 요구하면 응하여야 한다(공동주택관리법 시행령 제20조 제6항). 기출

OX ④ **설계도서의 보관 등**
  ㉠ **설계도서 등의 보관**: 의무관리대상 공동주택의 관리주체는 공동주택의 체계적인 유지관리를 위하여 대통령령(아래 ㉡)으로 정하는 바에 따라 공동주택의 설계도서 등을 보관하고, 공동주택 시설의 교체·보수 등의 내용을 기록·보관·유지하여야 한다(공동주택관리법 제31조).
  ㉡ **서류의 기록·보관·유지**: 위 ㉠에 따라 의무관리대상 공동주택의 관리주체는 국토교통부령(아래 ㉢)으로 정하는 서류를 기록·보관·유지하여야 한다(공동주택관리법 시행령 제32조 제1항).
  ㉢ **보관서류**: 위 ㉡에서 '국토교통부령으로 정하는 서류'란 다음의 서류를 말한다(공동주택관리법 시행규칙 제10조 제1항).
    ⓐ 사업주체로부터 인계받은 **설계도서 및 장비의 명세**
    ⓑ **안전점검 결과보고서**
    ⓒ 「주택법」에 따른 감리보고서
    ⓓ 공용부분 시설물의 교체, 유지보수 및 하자보수 등의 이력관리 관련 서류·도면 및 사진

OX ㉣ **이력관리 및 등록**: 위 ㉠에 따라 의무관리대상 공동주택의 관리주체는 공용부분에 관한 시설의 교체, 유지보수 및 하자보수 등을 한 경우에는 그 실적을 시설별로 이력관리하여야 하며, **공동주택관리정보시스템**에도 등록하여야 한다(공동주택관리법 시행령 제32조 제2항).

OX문제
입주자등이 관리주체가 보관하는 관리규약에 대한 열람을 청구하는 행위를 하고자 하는 경우에는 관리주체의 동의를 받아야 한다. ( )

OX문제
의무관리대상 공동주택의 관리주체는 「공동주택관리법」에 따른 안전점검 결과보고서를 기록·보관·유지하여야 한다. ( )

OX문제
관리주체는 공용부분에 관한 시설을 교체한 경우에는 그 실적을 시설별로 이력관리하여야 하며, 공동주택관리정보시스템에도 등록하여야 한다. ( )

• **공동주택관리정보시스템**
국토교통부장관은 공동주택관리의 투명성과 효율성을 제고하기 위하여 공동주택관리에 관한 정보를 종합적으로 관리할 수 있는 공동주택관리정보시스템을 구축·운영할 수 있고, 이에 관한 정보를 관련 기관·단체 등에 제공할 수 있다(공동주택관리법 제88조 제1항).

정답 ✕, ◯, ◯

ⓜ **등록대상 서류**: 의무관리대상 공동주택의 관리주체는 위 ㉣에 따라 공용부분 시설물의 교체, 유지보수 및 하자보수 등을 한 경우에는 다음의 서류를 공동주택관리정보시스템에 등록하여야 한다(공동주택관리법 시행규칙 제10조 제2항).
  ⓐ 이력 명세
  ⓑ 공사 전·후의 평면도 및 단면도 등 주요 도면
  ⓒ 주요 공사 사진

⑤ **하자보수청구 서류 등의 보관 등**
  ㉠ 보관 등
    ⓐ 하자보수청구 등에 관하여 입주자 또는 입주자대표회의를 대행하는 관리주체는 하자보수 이력, 담보책임기간 준수 여부 등의 확인에 필요한 것으로서 하자보수청구 서류 등 대통령령(아래 ⓑ)으로 정하는 서류를 대통령령(아래 ⓒ)으로 정하는 바에 따라 보관하여야 한다(공동주택관리법 제38조의2 제1항).
    ⓑ 위 ⓐ에서 '하자보수청구 서류 등 대통령령으로 정하는 서류'란 다음의 서류를 말한다(공동주택관리법 시행령 제45조의2 제1항).
      ⅰ) 하자보수청구 내용이 적힌 서류
      ⅱ) 사업주체의 하자보수 내용이 적힌 서류
      ⅲ) 하자보수보증금 청구 및 사용 내용이 적힌 서류
      ⅳ) 하자분쟁조정위원회에 제출하거나 하자분쟁조정위원회로부터 받은 서류
      ⅴ) 그 밖에 입주자 또는 입주자대표회의의 하자보수청구 대행을 위하여 관리주체가 입주자 또는 입주자대표회의로부터 제출받은 서류
    ⓒ 입주자 또는 입주자대표회의를 대행하는 관리주체(자치관리기구의 대표자인 공동주택의 관리사무소장, 관리업무를 인계하기 전의 사업주체, 주택관리업자인 관리주체를 말한다)는 위 ⓐ에 따라 위 ⓑ의 서류를 문서 또는 전자문서의 형태로 보관해야 하며, 그 내용을 하자관리정보시스템에 등록해야 한다(공동주택관리법 시행령 제45조의2 제2항).
    ⓓ 위 ⓒ에 따른 문서 또는 전자문서와 하자관리정보시스템에 등록한 내용은 관리주체가 사업주체에게 하자보수를 청구한 날부터 10년간 보관해야 한다(공동주택관리법 시행령 제45조의2 제3항).

ⓒ 서류 등의 제공

ⓐ 위 ㉠의 ⓐ에 따라 하자보수청구 서류 등을 보관하는 관리주체는 입주자 또는 입주자대표회의가 해당 하자보수청구 서류 등의 제공을 요구하는 경우 대통령령(아래 ⓑ)으로 정하는 바에 따라 이를 제공하여야 한다(공동주택관리법 제38조의2 제2항).

ⓑ 입주자 또는 입주자대표회의를 대행하는 관리주체는 위 ⓐ에 따라 위 ㉠에 ⓑ의 서류의 제공을 요구받은 경우 지체 없이 이를 열람하게 하거나 그 사본·복제물을 내주어야 한다(공동주택관리법 시행령 제45조의3 제1항).

ⓒ 관리주체는 위 ⓑ에 따라 서류를 제공하는 경우 그 서류제공을 요구한 자가 입주자나 입주자대표회의의 구성원인지를 확인해야 한다(공동주택관리법 시행령 제45조의3 제2항).

ⓓ 관리주체는 서류의 제공을 요구한 자에게 서류의 제공에 드는 비용을 부담하게 할 수 있다(공동주택관리법 시행령 제45조의3 제3항).

ⓒ 공동주택의 관리주체가 변경되는 경우 기존 관리주체는 새로운 관리주체에게 해당 공동주택의 하자보수청구 서류 등을 인계하여야 한다(공동주택관리법 제38조의2 제3항).

(5) 관리비등의 사업계획 및 예산안 수립 등

OX ① 관리비등의 사업계획 및 예산안

㉠ 의무관리대상 공동주택의 관리주체는 다음 회계연도에 관한 관리비등의 **사업계획 및 예산안**을 매 회계연도 개시 **1개월** 전까지 **입주자대표회의**에 제출하여 승인을 받아야 하며, 승인사항에 변경이 있는 때에는 **변경승인**을 받아야 한다(공동주택관리법 시행령 제26조 제1항). 기출

㉡ 사업주체 또는 의무관리대상 전환 공동주택의 관리인으로부터 공동주택의 관리업무를 인계받은 관리주체는 **지체 없이** 다음 회계연도가 시작되기 전까지의 기간에 대한 사업계획 및 예산안을 수립하여 입주자대표회의의 승인을 받아야 한다. 다만, 다음 회계연도가 시작되기 전까지의 기간이 3개월 미만인 경우로서 **입주자대표회의 의결**이 있는 경우에는 생략할 수 있다(공동주택관리법 시행령 제26조 제2항).

OX ② 관리비등의 사업실적서 및 결산서: 의무관리대상 공동주택의 관리주체는 회계연도마다 사업실적서 및 결산서를 작성하여 회계연도 종료 후 **2개월** 이내에 입주자대표회의에 제출하여야 한다(공동주택관리법 시행령 제26조 제3항). 기출

OX문제

의무관리대상 공동주택의 관리주체는 다음 회계연도에 관한 관리비등의 사업계획 및 예산안을 매 회계연도 개시 2개월 전까지 입주자대표회의에 제출하여 승인을 받아야 한다. ( )

사업주체로부터 공동주택의 관리업무를 인계받은 관리주체는 다음 회계연도가 시작되기 전까지의 기간이 5개월 미만인 경우로서 입주자대표회의 의결이 있는 경우에는 사업계획 및 예산안의 수립을 생략할 수 있다. ( )

OX문제

의무관리대상 공동주택의 관리주체는 회계연도마다 사업실적서 및 결산서를 작성하여 회계연도 종료 후 3개월 이내에 입주자대표회의에 제출하여야 한다. ( )

의무관리대상 공동주택의 관리주체는 회계연도마다 사업실적서 및 결산서를 작성하여 회계연도 종료 후 1개월 이내에 입주자대표회의에 제출하여야 한다. ( )

정답 ×, ×, ×, ×

(6) 관리비등의 집행을 위한 사업자 선정

① **사업자 선정 기준**: 의무관리대상 공동주택의 관리주체 또는 입주자대표회의가 관리비, 사용료 등, 장기수선충당금과 그 적립금액에 해당하는 금전 또는 하자보수보증금과 그 밖에 해당 공동주택단지에서 발생하는 모든 수입에 따른 금전(이하 '관리비등'이라 한다)을 집행하기 위하여 사업자를 선정하려는 경우 다음의 기준을 따라야 한다(공동주택관리법 제25조).

  ㉠ 전자입찰방식으로 사업자를 선정할 것. 다만, 선정방법 등이 전자입찰방식을 적용하기 곤란한 경우로서 국토교통부장관이 정하여 고시하는 경우에는 전자입찰방식으로 선정하지 아니할 수 있다.

  ㉡ 그 밖에 입찰의 방법 등 대통령령(아래 ③)으로 정하는 방식을 따를 것

② **전자입찰방식의 세부기준**: 위 ①의 ㉠에 따른 전자입찰방식의 세부기준, 절차 및 방법 등은 **국토교통부장관**이 정하여 고시한다(공동주택관리법 시행령 제25조 제2항, 제5조 제1항).

③ **입찰의 방법**: 위 ①의 ㉡에서 '입찰의 방법 등 대통령령으로 정하는 방식'이란 다음에 따른 방식을 말한다(공동주택관리법 시행령 제25조 제3항).

  ㉠ **경쟁입찰**: 국토교통부장관이 정하여 고시하는 경우 외에는 경쟁입찰로 할 것. 이 경우 다음의 사항은 **국토교통부장관**이 정하여 고시한다. 기출

   ⓐ 입찰의 절차
   ⓑ 입찰 참가자격
   ⓒ 입찰의 효력
   ⓓ 그 밖에 사업자의 적정한 선정을 위하여 필요한 사항

  ㉡ **참관**: 입주자대표회의의 감사가 입찰과정 참관을 원하는 경우에는 **참관할 수 있도록 할 것** 기출

④ **사업자 선정방법**: 위 ①에 따라 관리주체 또는 입주자대표회의는 다음의 구분에 따라 사업자를 선정(계약의 체결을 포함한다. 이하 같다)하고 집행해야 한다(공동주택관리법 시행령 제25조 제1항). 기출

  ㉠ 관리주체가 사업자를 선정하고 집행하는 다음의 사항
   ⓐ 청소, 경비, 소독, 승강기유지, 지능형 홈네트워크, 수선·유지(냉방·난방시설의 청소를 포함한다)를 위한 용역 및 공사

OX문제

관리주체는 청소를 위한 용역 및 공사를 시·도지사가 고시하는 경쟁입찰의 방법으로 사업자를 선정하고 집행하여야 한다. ( )

관리주체는 청소, 경비, 소독, 승강기유지, 지능형 홈네트워크, 수선·유지를 위한 용역 및 공사 사업자를 선정하는 경우에 입주자대표회의의 감사는 입찰과정에 참관하여야 한다. ( )

정답 ×, ×

|OX| ⓑ 주민공동시설의 위탁, 물품의 구입과 매각, 잡수입의 취득(어린이집·다함께돌봄센터·공동육아나눔터의 임대에 따른 잡수입의 취득은 제외한다), 보험계약 등 국토교통부장관이 정하여 고시하는 사항

ⓛ 입주자대표회의가 사업자를 선정하고 집행하는 다음의 사항

|OX| ⓐ 하자보수보증금을 사용하여 보수하는 공사

ⓑ 사업주체로부터 지급받은 공동주택 공용부분의 하자보수비용을 사용하여 보수하는 공사

ⓒ 입주자대표회의가 사업자를 선정하고 관리주체가 집행하는 다음의 사항

ⓐ 장기수선충당금을 사용하는 공사

ⓑ 전기안전관리(전기안전관리법에 따라 전기설비의 안전관리에 관한 업무를 위탁 또는 대행하게 하는 경우를 말한다)를 위한 용역

⑤ **기존 사업자의 입찰참가 제한**: 입주자등은 기존 사업자(용역 사업자만 해당한다)의 서비스가 만족스럽지 못한 경우에는 **전체 입주자등의 과반수의 서면동의**로 새로운 사업자의 선정을 위한 입찰에서 기존 사업자의 참가를 제한하도록 관리주체 또는 입주자대표회의에 요구할 수 있다. 이 경우 관리주체 또는 입주자대표회의는 그 요구에 따라야 한다(공동주택관리법 시행령 제25조 제4항).

(7) 계약서의 공개

의무관리대상 공동주택의 **관리주체 또는 입주자대표회의**는 선정한 주택관리업자 또는 공사, 용역 등을 수행하는 사업자와 계약을 체결하는 경우 계약 체결일부터 1개월 이내에 그 계약서를 해당 공동주택단지의 인터넷 홈페이지 및 동별 게시판에 공개하여야 한다. 이 경우 「개인정보 보호법」 제24조에 따른 고유식별정보 등 개인의 사생활의 비밀 또는 자유를 침해할 우려가 있는 정보는 제외하고 공개하여야 한다(공동주택관리법 제28조). 기출

(8) 관리비등 내역의 공개업무

|OX| ① **공개내역**: 관리주체는 다음의 내역(항목별 산출내역을 말하며, 세대별 부과내역은 제외한다)을 대통령령(아래 ③)으로 정하는 바에 따라 해당 공동주택단지의 인터넷 홈페이지(인터넷 홈페이지가 없는 경우에는 인터넷 포털을 통하여 관리주체가 운영·통제하는 유사한 기능의 웹사이트 또는 관리사무소의 게시판을 말한다. 이하 같다) 및 동별 게시판(통로별 게시판이 설치된 경우에는 이를 포함한다. 이하 같다)과 국토교통부장관이 구축·운영하는 공

OX문제

입주자대표회의는 주민공동시설의 위탁, 물품의 구입과 매각, 잡수입의 취득에 대한 사업자를 선정하고, 관리주체가 이를 집행하여야 한다. ( )

OX문제

하자보수보증금을 사용하여 직접 보수하는 공사는 관리주체가 사업자를 선정하고 집행하는 사항이다. ( )

OX문제

관리비를 납부받은 관리주체는 관리비와 사용료 등의 세대별 부과내역을 해당 공동주택단지의 인터넷 홈페이지에 공개하여야 한다. ( )

정답 ×, ×, ×

동주택관리정보시스템에 공개하여야 한다. 다만, 공동주택관리정보시스템에 공개하기 곤란한 경우로서 대통령령으로 정하는 경우에는 해당 공동주택단지의 인터넷 홈페이지 및 동별 게시판에만 공개할 수 있다(공동주택관리법 제23조 제4항). 기출

  ㉠ 관리비
  ㉡ 사용료 등
  ㉢ 장기수선충당금과 그 적립금액
  ㉣ 그 밖에 대통령령으로 정하는 사항

② **의무관리대상이 아닌 공동주택의 공개**

OX ㉠ 의무관리대상이 아닌 공동주택으로서 대통령령(아래 ㉡)으로 정하는 세대수 이상인 공동주택의 관리인은 관리비등의 내역을 위 ①의 공개방법에 따라 공개하여야 한다. 이 경우 대통령령으로 정하는 세대수 미만(아래 ③의 ㉡)의 공동주택 관리인은 공동주택관리정보시스템 공개를 생략할 수 있으며, 구체적인 공개 내역·기한 등은 대통령령(아래 ③의 ㉡)으로 정한다(공동주택관리법 제23조 제5항). 기출

㉡ 위 ㉠ 전단의 '대통령령으로 정하는 세대수'란 50세대(주택 외의 시설과 주택을 동일 건축물로 건축한 건축물의 경우 주택을 기준으로 한다)를 말한다(공동주택관리법 시행령 제23조 제9항).

③ **공개방법**

OX ㉠ 관리비등을 입주자등에게 부과한 관리주체는 위 ①에 따라 그 명세[난방비·급탕비·전기료(공동으로 사용하는 시설의 전기료를 포함한다)·수도료(공동으로 사용하는 수도료를 포함한다)·가스사용료·지역난방방식인 공동주택의 난방비와 급탕비는 사용량을, 장기수선충당금은 그 적립요율 및 사용한 금액을 각각 포함한다]를 **다음 달 말일까지** 해당 공동주택단지의 인터넷 홈페이지 및 동별 게시판(통로별 게시판이 설치된 경우에는 이를 포함한다)과 공동주택관리정보시스템에 공개해야 한다. 잡수입(재활용품의 매각 수입, 복리시설의 이용료 등 공동주택을 관리하면서 부수적으로 발생하는 수입을 말한다. 이하 같다)**의 경우에도 동일한 방법으로 공개해야 한다**(공동주택관리법 시행령 제23조 제8항). 기출

㉡ 위 ②의 ㉠에 따른 공동주택의 관리인은 다음의 관리비등을 위 ㉠의 방법에 따라 다음 달 말일까지 공개해야 한다. 다만, 100세대(주택 외의 시설과 주택을 동일 건축물로 건축한 건축물의 경우 주택을 기준으로 한다) 미만인 공동주택의 관리인은 위 ②의 ㉠ 후단에 따라 공동주택관리정보시스템 공개를 생략할 수 있다(공동주택관리법 시행령 제23조 제10항).

> **OX문제**
> 의무관리대상이 아닌 공동주택으로서 100세대 미만인 공동주택의 관리인이 관리비 등의 내역을 공개하는 경우, 공동주택관리정보시스템 공개는 생략할 수 있다. (   )

> **OX문제**
> 관리비등을 입주자등에게 부과한 관리주체는 그 관리비등을 다음 달 말일까지 해당 공동주택단지의 인터넷 홈페이지 및 동별 게시판과 공동주택관리정보시스템에 공개해야 하지만 잡수입의 경우에는 공개하지 않아도 된다. (   )

정답 O, ×

ⓐ 「공동주택관리법 시행령」 제23조 제1항 제1호부터 제10호까지 (관리비)의 비목별 월별 합계액

ⓑ 장기수선충당금

ⓒ 「공동주택관리법 시행령」 제23조 제3항에 따른 각각의 사용료등 (세대수가 50세대 이상 100세대 미만인 공동주택의 경우에는 각각의 사용료등의 합계액을 말한다)

ⓓ 잡수입

④ **지방자치단체의 장의 적정성 확인 등**

㉠ 적정성 확인: 지방자치단체의 장은 위 ①에 따라 공동주택관리정보시스템에 공개된 관리비 등의 적정성을 확인하기 위하여 필요한 경우 관리비 등의 내역에 대한 점검을 대통령령(아래 ㉡)으로 정하는 기관 또는 법인으로 하여금 수행하게 할 수 있다(공동주택관리법 제23조 제6항).

㉡ 점검기관 등: 위 ㉠에서 '대통령령으로 정하는 기관 또는 법인'이란 다음의 어느 하나에 해당하는 기관 또는 법인을 말한다(공동주택관리법 시행령 제23조 제11항).

ⓐ 공동주택관리 지원기구

ⓑ 지역공동주택관리지원센터

ⓒ 공동주택관리정보시스템의 구축·운영 업무를 위탁받은 「한국부동산원법」에 따른 한국부동산원

ⓓ 그 밖에 관리비 등 내역의 점검을 수행하는 데 필요한 전문인력과 전담조직을 갖추었다고 지방자치단체의 장이 인정하는 기관 또는 법인

㉢ 개선권고: 지방자치단체의 장은 위 ㉠에 따른 점검 결과에 따라 관리비 등의 내역이 부적정하다고 판단되는 경우 공동주택의 입주자대표회의 및 관리주체에게 개선을 권고할 수 있다(공동주택관리법 제23조 제7항).

㉣ 위임규정: 위 ㉠에 따른 점검의 내용·방법·절차 및 위 ㉢에 따른 개선권고 등에 필요한 사항은 국토교통부령(아래 ㉤)으로 정한다(공동주택관리법 제23조 제8항).

㉤ 관리비 점검의 내용: 지방자치단체의 장은 위 ㉠에 따라 관리비 등의 내역을 점검할 때 다음의 사항을 점검해야 한다(공동주택관리법 시행규칙 제6조의3 제1항).

ⓐ 관리비의 공개 및 관리비 변동률에 관한 사항
ⓑ 장기수선충당금의 적립·사용에 관한 사항
ⓒ 「공동주택관리법 시행령」 제25조에 따른 관리비 등의 집행을 위한 사업자 선정에 관한 사항
ⓓ 회계감사에 관한 사항
ⓔ 그 밖에 지방자치단체의 장이 점검이 필요하다고 인정하는 사항
ⓗ **정보활용**: 지방자치단체의 장은 위 ㉠에 따라 관리비 등의 내역을 점검하기 위해 필요한 경우에는 공동주택관리정보시스템의 정보를 활용할 수 있다(공동주택관리법 시행규칙 제6조의3 제2항).
ⓢ **서면명시**: 지방자치단체의 장은 법 위 ㉢에 따라 개선을 권고하는 경우에는 권고사항 및 개선기한 등을 명시한 서면으로 해야 한다(공동주택관리법 시행규칙 제6조의3 제3항).
ⓞ **고시**: 위 ⓗ부터 ⓢ까지에서 규정한 사항 외에 위 ㉠에 따른 관리비 등의 내역에 대한 점검 및 위 ㉢에 따른 개선권고에 필요한 사항은 국토교통부장관이 정하여 고시한다(공동주택관리법 시행규칙 제6조의3 제4항).

(9) 회계감사

① **회계감사**: 의무관리대상 공동주택의 관리주체는 대통령령으로 정하는 바에 따라 「주식회사 등의 외부감사에 관한 법률」 제2조 제7호에 따른 감사인(이하 '감사인'이라 한다)의 회계감사를 **매년 1회 이상** 받아야 한다. 다만, 다음의 구분에 따른 연도에는 그러하지 아니하다(공동주택관리법 제26조 제1항).기출

㉠ **300세대 이상인 공동주택**: 해당 연도에 회계감사를 받지 아니하기로 입주자등의 3분의 2 이상의 서면동의를 받은 경우 그 연도
㉡ **300세대 미만인 공동주택**: 해당 연도에 회계감사를 받지 아니하기로 입주자등의 과반수의 서면동의를 받은 경우 그 연도

② **동의서**

㉠ 관리주체는 위 ①의 단서에 따라 서면동의를 받으려는 경우에는 회계감사를 받지 아니할 사유를 입주자등이 명확히 알 수 있도록 동의서에 기재하여야 한다(공동주택관리법 제26조 제7항).
㉡ 관리주체는 위 ㉠에 따른 동의서를 관리규약으로 정하는 바에 따라 보관하여야 한다(공동주택관리법 제26조 제8항).

○×문제

300세대 이상인 공동주택의 관리주체는 해당 공동주택 입주자 및 사용자의 3분의 1 이상이 서면으로 회계감사를 받지 아니하는 데 동의한 연도에는 회계감사를 받지 아니할 수 있다. ( )

500세대인 공동주택의 관리주체는 해당 공동주택의 입주자등의 2분의 1이 회계감사를 받지 아니하기로 서면동의를 한 연도에는 회계감사를 받지 않을 수 있다. ( )

300세대 이상인 공동주택으로서 해당 연도에 회계감사를 받지 아니하기로 입주자등의 과반수의 서면동의를 받은 경우, 그 연도에는 회계감사를 받지 않아도 된다. ( )

정답 ×, ×, ×

OX문제
회계감사를 받아야 하는 공동주택의 관리주체는 매 회계연도 종료 후 6개월 이내에 회계감사를 받아야 한다. ( )

OX ③ 회계감사의 기한 및 재무제표의 범위: 위 ①에 따라 회계감사를 받아야 하는 공동주택의 관리주체는 매 회계연도 종료 후 9개월 이내에 다음의 재무제표에 대하여 회계감사를 받아야 한다(공동주택관리법 시행령 제27조 제1항). 기출

㉠ 재무상태표
㉡ 운영성과표
㉢ 이익잉여금처분계산서(또는 결손금처리계산서)
㉣ 주석(註釋)

④ **회계처리기준**

OX문제
재무제표를 작성하는 회계처리기준은 기획재정부장관이 정하여 고시한다. ( )

OX ㉠ **회계처리기준**: 위 ③의 재무제표를 작성하는 회계처리기준은 국토교통부장관이 정하여 고시한다(공동주택관리법 시행령 제27조 제2항). 기출

㉡ **업무의 위탁**: 국토교통부장관은 위 ㉠에 따른 회계처리기준의 제정 또는 개정의 업무를 외부 전문기관에 위탁할 수 있다(공동주택관리법 시행령 제27조 제3항).

OX문제
회계감사는 공동주택의 회계의 특수성을 고려하여 제정된 회계감사기준에 따라 실시되어야 한다. ( )

OX ⑤ **회계감사기준**

㉠ **회계감사기준**: 위 ③의 회계감사는 공동주택 회계의 특수성을 고려하여 제정된 회계감사기준에 따라 실시되어야 한다(공동주택관리법 시행령 제27조 제4항). 기출

㉡ **회계감사기준의 승인**: 위 ㉠에 따른 회계감사기준은 「공인회계사법」에 따른 한국공인회계사회가 정하되, 국토교통부장관의 승인을 받아야 한다(공동주택관리법 시행령 제27조 제5항).

⑥ **감사보고서의 제출**

OX문제
감사인은 관리주체가 회계감사를 받은 날부터 1개월 이내에 관리주체에게 감사보고서를 제출하여야 한다. ( )

감사인은 관리주체가 회계감사를 받은 날부터 3개월 이내에 관리주체에게 감사보고서를 제출하여야 한다. ( )

OX ㉠ **관리주체에게 제출**: 위 ①에 따른 감사인은 위 ③에 따라 관리주체가 회계감사를 받은 날부터 1개월 이내에 관리주체에게 감사보고서를 제출해야 한다(공동주택관리법 시행령 제27조 제6항). 기출

㉡ **시장·군수·구청장에게 제출**: 위 ①에 따른 회계감사의 감사인은 회계감사 완료일부터 1개월 이내에 회계감사 결과를 해당 공동주택을 관할하는 시장·군수·구청장에게 제출하고 공동주택관리정보시스템에 공개하여야 한다(공동주택관리법 제26조 제6항).

⑦ **위임규정**: 공동주택 회계감사의 원활한 운영 등을 위하여 필요한 사항은 국토교통부령으로 정한다(공동주택관리법 시행령 제27조 제8항).

정답 ×, ×, ○, ○, ×

⑧ **회계감사결과의 보고 및 공개**: 관리주체는 위 ①에 따라 회계감사를 받은 경우에는 감사보고서 등 회계감사의 결과를 제출받은 날부터 **1개월 이내에 입주자대표회의에 보고하고 해당 공동주택단지의 인터넷 홈페이지 및 동별 게시판에 공개해야 한다**(공동주택관리법 제26조 제3항). 기출

⑨ **설명요청**: 입주자대표회의는 감사인에게 감사보고서에 대한 설명을 하여 줄 것을 요청할 수 있다(공동주택관리법 시행령 제27조 제7항).

⑩ **감사인의 선정**: 위 ①에 따른 회계감사의 감사인은 **입주자대표회의가 선정한다**. 이 경우 입주자대표회의는 시장·군수·구청장 또는 「공인회계사법」에 따른 한국공인회계사회에 감사인의 추천을 의뢰할 수 있으며, 입주자등의 10분의 1 이상이 연서하여 감사인의 추천을 요구하는 경우 입주자대표회의는 감사인의 추천을 의뢰한 후 추천을 받은 자 중에서 감사인을 선정하여야 한다(공동주택관리법 제26조 제4항). 기출

⑪ **관리주체의 금지행위**: 위 ①에 따라 회계감사를 받는 관리주체는 다음의 어느 하나에 해당하는 행위를 하여서는 아니 된다(공동주택관리법 제26조 제5항).
  ㉠ 정당한 사유 없이 감사인의 자료 열람·등사·제출 요구 또는 조사를 거부·방해·기피하는 행위
  ㉡ 감사인에게 거짓 자료를 제출하는 등 부정한 방법으로 회계감사를 방해하는 행위

(10) 관리현황의 공개

관리주체는 다음의 사항(입주자등의 세대별 사용명세 및 연체자의 동·호수 등 기본권 침해의 우려가 있는 것은 제외한다)을 그 공동주택단지의 인터넷 홈페이지 및 동별 게시판에 각각 공개하거나 입주자등에게 개별 통지해야 한다. 이 경우 동별 게시판에는 정보의 주요내용을 요약하여 공개할 수 있다(공동주택관리법 시행령 제28조 제2항). 기출

① 입주자대표회의의 소집 및 그 회의에서 의결한 사항
② 관리비등의 부과명세(관리비, 사용료 및 이용료 등에 대한 항목별 산출명세를 말한다) 및 연체 내용
③ 관리규약 및 장기수선계획·안전관리계획의 현황
④ 입주자등의 건의사항에 대한 조치결과 등 주요 업무의 추진상황
⑤ 동별 대표자의 선출 및 입주자대표회의의 구성원에 관한 사항
⑥ 관리주체 및 공동주택관리기구의 조직에 관한 사항

OX문제
관리주체는 회계감사를 받은 경우에는 회계감사의 결과를 제출받은 날부터 1개월 이내에 입주자대표회의에 보고하여야 한다. ( )

관리주체는 회계감사를 받은 경우에는 감사보고서의 결과를 제출받은 날부터 2개월 이내에 입주자대표회의에 보고하고 해당 공동주택단지 인터넷 홈페이지에 공개해야 한다. ( )

OX문제
관리주체는 회계감사의 감사인을 선정하여야 한다. ( )

정답 O, X, X

(11) 주민공동시설의 위탁운영

① **위탁운영**: 관리주체는 입주자등의 이용을 방해하지 아니하는 한도에서 주민공동시설을 관리주체가 아닌 자에게 위탁하여 운영할 수 있다(공동주택관리법 시행령 제29조 제1항).

② **위탁의 절차**: 관리주체는 위 ①에 따라 주민공동시설을 위탁하려면 다음의 구분에 따른 절차를 거쳐야 한다. 관리주체가 위탁 여부를 변경하는 경우에도 또한 같다(공동주택관리법 시행령 제29조 제2항).

㉠ 「주택법」에 따른 사업계획승인을 받아 건설한 공동주택 중 건설임대주택을 제외한 공동주택의 경우에는 다음의 어느 하나에 해당하는 방법으로 제안하고 입주자등 과반수의 동의를 받을 것
  ⓐ 입주자대표회의의 의결
  ⓑ 입주자등 10분의 1 이상의 요청

㉡ 「주택법」에 따른 사업계획승인을 받아 건설한 건설임대주택의 경우에는 다음의 어느 하나에 해당하는 방법으로 제안하고 임차인 과반수의 동의를 받을 것 기출
  ⓐ 임대사업자의 요청
  ⓑ 임차인 10분의 1 이상의 요청

㉢ 「건축법」에 따른 건축허가를 받아 주택 외의 시설과 주택을 동일 건축물로 건축한 건축물의 경우에는 다음의 어느 하나에 해당하는 방법으로 제안하고 입주자등 과반수의 동의를 받을 것
  ⓐ 입주자대표회의의 의결
  ⓑ 입주자등 10분의 1 이상의 요청

(12) 인근 공동주택단지 입주자등의 주민공동시설 이용의 허용

① **운영**: 관리주체는 입주자등의 이용을 방해하지 아니하는 한도에서 주민공동시설을 인근 공동주택단지 입주자등도 이용할 수 있도록 허용할 수 있다. 이 경우 영리를 목적으로 주민공동시설을 운영해서는 아니 된다(공동주택관리법 시행령 제29조의2 제1항).

② **절차**: 관리주체가 위 ①에 따라 주민공동시설을 인근 공동주택단지 입주자등도 이용할 수 있도록 허용하려면 다음의 구분에 따른 절차를 거쳐야 한다. 관리주체가 허용 여부를 변경하는 경우에도 또한 같다(공동주택관리법 시행령 제29조의2 제2항).

㉠ 「주택법」에 따른 사업계획승인을 받아 건설한 공동주택 중 건설임대주택을 제외한 공동주택의 경우에는 다음의 어느 하나에 해당하는 방법으로 제안하고 과반의 범위에서 관리규약으로 정하는 비율 이상의 입주자등의 동의를 받을 것
  ⓐ 입주자대표회의의 의결
  ⓑ 입주자등 10분의 1 이상의 요청

㉡ 「주택법」에 따른 사업계획승인을 받아 건설한 건설임대주택의 경우에는 다음의 어느 하나에 해당하는 방법으로 제안하고 과반의 범위에서 관리규약으로 정하는 비율 이상의 임차인의 동의를 받을 것
  ⓐ 임대사업자의 요청
  ⓑ 임차인 10분의 1 이상의 요청

㉢ 「건축법」에 따른 건축허가를 받아 주택 외의 시설과 주택을 동일 건축물로 건축한 건축물의 경우에는 다음의 어느 하나에 해당하는 방법으로 제안하고 과반의 범위에서 관리규약으로 정하는 비율 이상의 입주자등의 동의를 받을 것
  ⓐ 입주자대표회의의 의결
  ⓑ 입주자등 10분의 1 이상의 요청

(13) 입주자등의 행위에 대한 동의

① **동의사항**: 입주자등은 다음의 어느 하나에 해당하는 행위를 하려는 경우에는 관리주체의 동의를 받아야 한다(공동주택관리법 시행령 제19조 제2항). 기출

㉠ 「공동주택관리법」 제35조 제1항 제3호에서의 국토교통부령으로 정하는 경미한 행위로서 주택 내부의 구조물과 설비를 교체하는 행위

| 관련법령 | 「공동주택관리법」 제35조 제1항 제3호에서의 '국토교통부령으로 정하는 경미한 행위'(공동주택관리법 시행규칙 제15조 제1항) |

1. 창틀·문틀의 교체
2. 세대 내 천장·벽·바닥의 마감재 교체
3. 급·배수관 등 배관설비의 교체
4. 세대 내 난방설비의 교체(시설물의 파손·철거는 제외한다)
5. 구내통신선로설비, 경비실과 통화가 가능한 구내전화, 지능형 홈네트워크 설비, 방송수신을 위한 공동수신설비 또는 영상정보처리기기의 교체(폐쇄회로 텔레비전과 네트워크 카메라 간의 교체를 포함한다)
6. 보안등, 자전거보관소, 안내표지판, 담장(축대는 제외한다) 또는 보도블록의 교체
7. 폐기물보관시설(재활용품 분류보관시설을 포함한다), 택배보관함 또는 우편함의 교체

OX문제

주택 내부의 구조물을 교체하는 행위로서 입주가가 창틀을 교체하는 행위는 관리주체의 동의를 받아야 한다.
( )

정답 O

8. 조경시설 중 수목의 일부 제거 및 교체
9. 주민운동시설의 교체(다른 운동종목을 위한 시설로 변경하는 것을 말하며, 면적이 변경되는 경우는 제외한다)
10. 부대시설 중 각종 설비나 장비의 수선·유지·보수를 위한 부품의 일부 교체
11. 그 밖에 1.부터 10.까지의 규정에서 정한 사항과 유사한 행위로서 시장·군수·구청장이 인정하는 행위

ⓛ 「소방시설 설치 및 관리에 관한 법률」 제16조 제1항에 위배되지 아니하는 범위에서 공용부분에 물건을 적재하여 통행·피난 및 소방을 방해하는 행위

관련법령 피난시설, 방화구획 및 방화시설의 관리(소방시설 설치 및 관리에 관한 법률 제16조 제1항)

특정소방대상물의 관계인은 「건축법」 제49조에 따른 피난시설, 방화구획 및 방화시설에 대하여 정당한 사유가 없는 한 다음의 행위를 하여서는 아니 된다.
1. 피난시설, 방화구획 및 방화시설을 폐쇄하거나 훼손하는 등의 행위
2. 피난시설, 방화구획 및 방화시설의 주위에 물건을 쌓아두거나 장애물을 설치하는 행위
3. 피난시설, 방화구획 및 방화시설의 용도에 장애를 주거나 「소방기본법」 제16조에 따른 소방활동에 지장을 주는 행위
4. 그 밖에 피난시설, 방화구획 및 방화시설을 변경하는 행위

ⓒ 공동주택에 광고물·표지물 또는 표지를 부착하는 행위
ⓓ 가축(장애인 보조견은 제외한다)을 사육하거나 방송시설 등을 사용함으로써 공동주거생활에 피해를 미치는 행위
ⓜ 공동주택의 발코니 난간 또는 외벽에 돌출물을 설치하는 행위
ⓗ 전기실·기계실·정화조시설 등에 출입하는 행위
ⓢ 「환경친화적 자동차의 개발 및 보급 촉진에 관한 법률」에 따른 전기자동차의 **이동형 충전기**를 이용하기 위한 차량무선인식장치[전자태그(RFID tag)를 말한다]를 콘센트 주위에 부착하는 행위

② **금지행위**: 위 ①의 ⓜ에도 불구하고 「주택건설기준 등에 관한 규정」에 따라 세대 안에 냉방설비의 배기장치를 설치할 수 있는 공간이 마련된 공동주택의 경우 입주자등은 냉방설비의 배기장치를 설치하기 위하여 **돌출물을 설치하는 행위를 해서는 아니 된다**(공동주택관리법 시행령 제19조 제3항). 기출

OX문제

입주자등이 장애인 보조견을 사육함으로써 공동주거생활에 피해를 미치는 행위는 관리주체의 동의를 받아야 한다. ( )

OX문제

공동주택의 입주자등이 「주택건설기준 등에 관한 규정」에 따라 세대 안에 냉방설비의 배기장치를 설치할 수 있는 공간이 마련된 공동주택에서 입주자등이 냉방설비의 배기장치를 설치하기 위하여 공동주택의 발코니 난간에 돌출물을 설치하는 행위를 하려는 경우 관리주체의 동의를 받아야 한다. ( )

정답 ×, ×

(14) 시설관리 및 행위허가

① **장기수선계획의 검토 및 조정**

㉠ 입주자대표회의와 관리주체는 장기수선계획을 3년마다 검토하고, 필요한 경우 이를 국토교통부령으로 정하는 바에 따라 조정하여야 하며, 수립 또는 조정된 장기수선계획에 따라 주요 시설을 교체하거나 보수하여야 한다. 이 경우 입주자대표회의와 관리주체는 장기수선계획에 대한 검토사항을 기록하고 보관하여야 한다(공동주택관리법 제29조 제2항). 기출

㉡ 입주자대표회의와 관리주체는 주요 시설을 신설하는 등 관리 여건상 필요하여 전체 입주자 과반수의 서면동의를 받은 경우, 3년이 지나기 전에 장기수선계획을 조정할 수 있다(공동주택관리법 제29조 제3항). 기출

② **장기수선충당금의 적립**: 관리주체는 장기수선계획에 따라 공동주택의 주요 시설의 교체 및 보수에 필요한 장기수선충당금을 해당 주택의 소유자로부터 징수하여 적립하여야 한다(공동주택관리법 제30조 제1항). 기출

③ **안전관리계획의 수립 및 시행**: 의무관리대상 공동주택의 관리주체는 해당 공동주택의 시설물로 인한 안전사고를 예방하기 위하여 대통령령으로 정하는 바에 따라 안전관리계획을 수립하고, 이에 따라 시설물별로 안전관리자 및 안전관리책임자를 지정하여 이를 시행하여야 한다(공동주택관리법 제32조 제1항). 기출

④ **안전점검의 실시**: 의무관리대상 공동주택의 관리주체는 그 공동주택의 기능유지와 안전성 확보로 입주자등을 재해 및 재난 등으로부터 보호하기 위하여 「시설물의 안전 및 유지관리에 관한 특별법」에 따른 지침에서 정하는 안전점검의 실시 방법 및 절차 등에 따라 공동주택의 안전점검을 실시하여야 한다. 다만, 16층 이상의 공동주택 및 사용연수, 세대수, 안전등급, 층수 등을 고려하여 대통령령으로 정하는 15층 이하의 공동주택에 대하여는 대통령령으로 정하는 자로 하여금 안전점검을 실시하도록 하여야 한다(공동주택관리법 제33조 제1항). 기출

⑤ **행위허가 등**: 공동주택(일반인에게 분양되는 복리시설을 포함한다. 이하 같다)의 입주자등 또는 관리주체가 다음의 어느 하나에 해당하는 행위를 하려는 경우에는 허가 또는 신고와 관련된 면적, 세대수 또는 입주자나 입주자등의 동의 비율에 관하여 대통령령으로 정하는 기준 및 절차 등에 따라 시장·군수·구청장의 허가를 받거나 시장·군수·구청장에게 신고를 하여야 한다(공동주택관리법 제35조 제1항). 기출

㉠ 공동주택을 사업계획에 따른 용도 외의 용도에 사용하는 행위

㉡ 공동주택을 증축·개축·대수선하는 행위(주택법에 따른 리모델링은 제외한다)

㉢ 공동주택을 파손하거나 해당 시설의 전부 또는 일부를 철거하는 행위(국토교통부령으로 정하는 경미한 행위는 제외한다)

㉣ 「주택법」 제2조 제19호에 따른 세대구분형 공동주택을 설치하는 행위

㉤ 그 밖에 공동주택의 효율적 관리에 지장을 주는 행위로서 대통령령으로 정하는 행위

⑥ **지하층의 유지·관리업무**: 공동주택의 지하층은 **주민공동시설**로 활용할 수 있다. 이 경우 관리주체는 **대피시설**로 사용하는 데 지장이 없도록 이를 유지·관리하여야 한다(공동주택관리법 시행령 제35조 제4항). 기출

⑦ **하자보수의 청구**: 사업주체(건설산업기본법 제28조에 따라 하자담보책임이 있는 자로서 공동주택관리법 제36조 제1항에 따른 사업주체로부터 건설공사를 일괄 도급받아 건설공사를 수행한 자가 따로 있는 경우에는 그 자를 말한다. 이하 같다)는 담보책임기간에 하자가 발생한 경우에는 해당 공동주택의 다음 ㉠부터 ㉣까지에 해당하는 자(이하 '입주자대표회의등'이라 한다) 또는 ㉤에 해당하는 자의 청구에 따라 그 하자를 보수하여야 한다. 이 경우 하자보수의 절차 및 종료 등에 필요한 사항은 대통령령으로 정한다(공동주택관리법 제37조 제1항). 기출

㉠ 입주자

㉡ 입주자대표회의

㉢ 관리주체(하자보수청구 등에 관하여 입주자 또는 입주자대표회의를 대행하는 관리주체를 말한다)

㉣ 「집합건물의 소유 및 관리에 관한 법률」에 따른 관리단

㉤ 공공임대주택의 임차인 또는 임차인대표회의(이하 '임차인등'이라 한다)

3 관리사무소장

1. 관리사무소장의 배치

(1) 관리사무소장의 배치의무 OX

① 의무관리대상 공동주택을 관리하는 다음의 어느 하나에 해당하는 자는 주택관리사를 해당 공동주택의 관리사무소장으로 배치하여야 한다. 다만, 대통령령(아래 ②)으로 정하는 세대수 미만의 공동주택에는 주택관리사를 갈음하여 주택관리사보를 해당 공동주택의 관리사무소장으로 배치할 수 있다(공동주택관리법 제64조 제1항). 기출
  ㉠ 입주자대표회의(자치관리의 경우에 한정한다)
  ㉡ 관리업무를 인계하기 전의 사업주체
  ㉢ 주택관리업자
  ㉣ 임대사업자

② 위 ①의 단서에서 '대통령령으로 정하는 세대수'란 500세대를 말한다(공동주택관리법 시행령 제69조 제1항). 기출

(2) 관리사무소장의 보조자

위 (1)의 ①의 ㉠부터 ㉣의 자는 주택관리사등을 관리사무소장의 보조자로 배치할 수 있다(공동주택관리법 시행령 제69조 제2항).

2. 관리사무소장의 업무 등

(1) 관리사무소장의 집행업무

관리사무소장은 공동주택을 안전하고 효율적으로 관리하여 공동주택의 입주자등의 권익을 보호하기 위하여 다음의 업무를 집행한다(공동주택관리법 제64조 제2항, 동법 시행규칙 제30조 제1항). 기출

① **입주자대표회의에서 의결하는 다음의 업무**
  ㉠ 공동주택의 운영·관리·유지·보수·교체·개량
  ㉡ 위 ㉠의 업무를 집행하기 위한 관리비·장기수선충당금이나 그 밖의 경비의 청구·수령·지출 및 그 금액을 관리하는 업무

OX ② 하자의 발견 및 하자보수의 청구, **장기수선계획의 조정**, 시설물 안전관리계획의 수립 및 건축물의 안전점검에 관한 업무. 다만, **비용지출을 수반하는 사항에 대하여는 입주자대표회의의 의결을 거쳐야 한다.**

OX문제

甲 주택관리업자는 700세대인 A아파트의 관리사무소장으로 주택관리사보를 배치할 수 있다. ( )

500세대 미만의 공동주택에는 주택관리사를 갈음하여 주택관리사보를 해당 공동주택의 관리사무소장으로 배치할 수 있다. ( )

500세대 이하의 공동주택에는 주택관리사를 갈음하여 주택관리사보를 관리사무소장으로 배치할 수 있다. ( )

300세대의 공동주택에는 주택관리사를 갈음하여 주택관리사보를 해당 공동주택의 관리사무소장으로 배치할 수 있다. ( )

400세대의 공동주택에는 주택관리사를 갈음하여 주택관리사보를 해당 공동주택의 관리사무소장으로 배치할 수 없다. ( )

OX문제

관리사무소장은 장기수선계획의 수립에 관한 업무를 할 수 있다. ( )

관리사무소장은 비용지출이 수반되는 장기수선계획의 조정, 시설물 안전관리계획의 수립을 입주자대표회의의 의결을 거치지 아니하고 독자적으로 집행할 수 있는 권한이 있다. ( )

관리사무소장은 비용지출을 수반하는 건축물의 안전점검에 관한 업무에 대하여는 입주자대표회의의 의결을 거쳐 집행하여야 한다. ( )

정답 ×, ○, ×, ○, ×, ×, ×, ○

③ 관리사무소 업무의 지휘·총괄

OX ④ 관리주체의 업무(공동주택관리법 제63조 제1항, 동법 시행규칙 제29조)를 지휘·총괄하는 업무

> **관련법령** 관리주체의 업무(공동주택관리법 제63조 제1항, 동법 시행규칙 제29조)
>
> 관리주체는 다음의 업무를 수행한다. 이 경우 관리주체는 필요한 범위에서 공동주택의 공용부분을 사용할 수 있다.
> 1. 공동주택의 공용부분의 유지·보수 및 안전관리
> 2. 공동주택단지 안의 경비·청소·소독 및 쓰레기 수거
> 3. 관리비 및 사용료의 징수와 공과금 등의 납부 대행
> 4. 장기수선충당금의 징수·적립 및 관리
> 5. 관리규약으로 정한 사항의 집행
> 6. 입주자대표회의에서 의결한 사항의 집행
> 7. 공동주택관리업무의 공개·홍보 및 공동시설물의 사용방법에 관한 지도·계몽
> 8. 입주자등의 공동사용에 제공되고 있는 공동주택단지 안의 토지, 부대시설 및 복리시설에 대한 무단점유행위의 방지 및 위반행위 시의 조치
> 9. 공동주택단지 안에서 발생한 안전사고 및 도난사고 등에 대한 대응조치
> 10. 하자보수청구 등의 대행

⑤ 입주자대표회의 및 선거관리위원회의 운영에 필요한 업무 지원 및 사무처리

OX ⑥ 안전관리계획의 조정. 이 경우 3년마다 조정하되, 관리 여건상 필요하여 관리사무소장이 입주자대표회의 구성원 과반수의 서면동의를 받은 경우에는 3년이 지나기 전에 조정할 수 있다.

⑦ 관리비등이 예치된 금융기관으로부터 매월 말일을 기준으로 발급받은 잔고증명서의 금액과 관리비등의 징수·보관·예치·집행 등 모든 거래행위에 관하여 월별로 작성한 장부상 금액이 일치하는지 여부를 관리비등이 부과된 달의 다음 달 10일까지 확인하는 업무

(2) 입주자대표회의의 대리행위 OX

관리사무소장은 위 (1)의 ①의 ㉠ 및 ㉡과 관련하여 입주자대표회의를 대리하여 재판상 또는 재판 외의 행위를 할 수 있다(공동주택관리법 제64조 제3항). 기출

(3) 선량한 관리자의 주의의무

관리사무소장은 선량한 관리자의 주의로 그 직무를 수행하여야 한다(공동주택관리법 제64조 제4항). 기출

OX문제

관리사무소장은 하자의 발견 및 하자보수의 청구, 장기수선계획의 조정, 시설물 안전관리계획의 수립 및 안전점검업무가 비용지출을 수반하는 경우 입주자대표회의의 의결 없이 이를 집행할 수 있다. ( )

OX문제

관리사무소장은 공동주택관리업무의 공개·홍보업무를 지휘·총괄할 수 있다. ( )

관리사무소장이 집행하는 업무에는 공동주택단지 안에서 발생한 도난사고에 대한 대응조치의 지휘·총괄이 포함된다. ( )

OX문제

관리사무소장은 안전관리계획을 5년마다 조정하되, 입주자대표회의 구성원 과반수의 서면동의를 얻은 경우에는 5년이 경과하기 전에 조정할 수 있다. ( )

OX문제

관리사무소장은 공동주택의 운영·관리·유지·보수·교체·개량에 관한 업무와 관련하여 입주자대표회의를 대리하여 재판상 또는 재판 외의 행위를 할 수 없다. ( )

관리사무소장은 입주자대표회의에서 의결하는 공동주택의 유지 업무와 관련하여 입주자대표회의를 대리하여 재판상의 행위를 할 수 없다. ( )

정답 ×, ○, ○, ×, ×, ×

3. 관리사무소장의 배치신고 및 변경신고

(1) 배치 및 변경신고 의무 OX

관리사무소장은 그 배치내용과 업무의 집행에 사용할 직인을 **국토교통부령**[아래 **(2)**]으로 정하는 바에 따라 **시장·군수·구청장**에게 신고하여야 한다. 신고한 배치내용과 직인을 변경할 때에도 또한 같다(공동주택관리법 제64조 제5항). 기출

(2) 배치신고절차 OX

위 **(1)**의 전단에 따라 배치내용과 업무의 집행에 사용할 직인을 신고하려는 관리사무소장은 배치된 날부터 15일 이내에 관리사무소장 배치 및 직인신고서에 다음의 서류를 첨부하여 **주택관리사단체**에 제출하여야 한다(공동주택관리법 시행규칙 제30조 제2항). 기출

① 관리사무소장 교육 또는 주택관리사등의 교육 이수현황(주택관리사단체가 해당 교육 이수현황을 발급하는 경우에는 제출하지 아니할 수 있다) 1부
② **임명장** 사본 1부. 다만, 배치된 공동주택의 전임(前任) 관리사무소장이 아래 **(3)**에 따른 배치종료 신고를 하지 아니한 경우에는 배치를 증명하는 다음의 구분에 따른 서류를 함께 제출하여야 한다.
　㉠ 공동주택의 관리방법이 자치관리인 경우: 근로계약서 사본 1부
　㉡ 공동주택의 관리방법이 위탁관리인 경우: 위·수탁 계약서 사본 1부
③ 주택관리사보자격시험 합격증서 또는 주택관리사 자격증 사본 1부
④ 주택관리사등의 손해배상책임을 보장하기 위한 보증설정을 입증하는 서류 1부

(3) 변경신고절차

위 **(1)**의 후단에 따라 신고한 배치내용과 업무의 집행에 사용하는 직인을 변경하려는 관리사무소장은 변경사유(관리사무소장의 배치가 종료된 경우를 포함한다)가 발생한 날부터 15일 이내에 관리사무소장 배치 및 직인 변경신고서에 변경내용을 증명하는 서류를 첨부하여 **주택관리사단체**에 제출하여야 한다(공동주택관리법 시행규칙 제30조 제3항).

OX문제

관리사무소장은 업무의 집행에 사용할 직인을 시·도지사에게 신고하여야 한다. (　　)

관리사무소장은 그 배치내용과 업무의 집행에 사용할 직인을 조례에서 정하는 바에 따라 시장·군수에게 신고하여야 한다. (　　)

관리사무소장은 업무의 집행에 사용하기 위해 신고한 직인을 변경할 경우 변경신고를 하여야 한다. (　　)

OX문제

관리사무소장은 배치내용과 업무의 집행에 사용할 직인을 시장·군수·구청장에게 신고하여야 하며, 배치된 날부터 30일 이내에 '관리사무소장 배치 및 직인 신고서'를 시장·군수·구청장에게 제출하여야 한다. (　　)

정답 ×, ×, ○, ×

(4) 접수현황의 보고

위 **(2)** 또는 **(3)**에 따른 신고 또는 변경신고를 접수한 주택관리사단체는 관리사무소장의 배치 내용 및 직인 신고(변경신고하는 경우를 포함한다) 접수현황을 **분기별**로 시장·군수·구청장에게 보고하여야 한다(공동주택관리법 시행규칙 제30조 제4항).

(5) 신고증명서 발급

주택관리사단체는 관리사무소장이 배치신고 또는 변경신고에 대한 증명서 발급을 요청하면 즉시 관리사무소장의 배치 및 직인신고증명서(변경신고증명서)를 발급하여야 한다(공동주택관리법 시행규칙 제30조 제5항).

▶ **공동주택관리법 시행규칙(별지 제33호 서식)**

관리사무소장 배치 및 직인 [ ]신고서
[ ]변경신고서

※ 뒤쪽의 작성방법을 읽고 작성하시기 바라며, [ ]에는 해당되는 곳에 V표를 합니다. (앞쪽)

접수번호		접수일		처리기간	즉시	
신고인	성명			생년월일		
	주소			(전화번호:)		
	자격	자격구분	[ ] 주택관리사 [ ] 주택관리사보(제 회 시험 합격)			
		자격번호	제 호(발급 시·도:)			
		취득일	년 월 일			
단지 현황	단지명					
	단지주소		(전화:)			
	세대수		세대	승강기 유무	대 또는 ( )	
	난방방식			사용검사일	년 월 일	
관리 방법	[ ]자치관리	개시일	년 월 일			
	[ ]위탁관리	상 호	주택관리업자 :			
		주 소				
	공동주택 관리기구	기술인력			총 명	
		관리인력				
배치 사항	[ ]신 고	배치시작	년 월 일 (관리사무소장 업무시작일)			
	[ ]변경신고	변경사항	[ ] 신고인 정보 [ ] 단지현황 [ ] 관리방법 [ ] 배치종료			
		변경 전				
		변경 후				
		배치종료	년 월 일 (관리사무소장 업무종료일)			
업무 직인	[ ]신 고	「공동주택관리법」 제64조 제2항 각 호에 따른 관리사무소장의 업무집행에 사용하는 직인입니다.			(인)	
	[ ]변경신고					

「공동주택관리법」 제64조 제5항 및 같은 법 시행규칙 제30조 제2항·제3항에 따라 위와 같이 ([ ]신고
[ ]변경신고)합니다.

년 월 일

신고인 주택관리사(보) (서명 또는 인)

주택관리사단체의 장 귀하

첨부 서류	뒤쪽 참조	수수료 없음

(뒤쪽)

| 첨부 서류 | 1. 신고 시
　가. 「공동주택관리법」 제70조 제1항에 따른 관리사무소장 교육 또는 같은 조 제2항에 따른 주택관리사등의 교육 이수현황(해당하는 경우에만 제출하되, 주택관리사단체가 해당 교육 이수현황을 발급하는 경우에는 제출하지 아니할 수 있습니다) 1부
　나. 임명장 사본 1부. 다만, 배치된 공동주택의 전임 관리사무소장이 배치종료 신고를 하지 않은 경우에는 배치를 증명하는 다음의 구분에 따른 서류를 함께 제출합니다.
　　1) 공동주택의 관리방법이 법 제6조에 따른 자치관리인 경우: 근로계약서 사본 1부
　　2) 공동주택의 관리방법이 법 제7조에 따른 위탁관리인 경우: 위·수탁 계약서 사본 1부
　다. 주택관리사보자격시험 합격증서 또는 주택관리사 자격증 사본 1부
　라. 「공동주택관리법 시행령」 제70조 및 제71조에 따라 주택관리사등의 손해배상책임을 보장하기 위한 보증설정을 입증하는 서류 1부
2. 변경신고 시. 다만, 배치종료를 신고하는 경우에는 첨부하지 않습니다.
　가. 배치내용(신고인 정보, 단지현황, 관리방법) 또는 직인의 변경을 증명하는 서류 1부 | 수수료 없음 |

유의사항

관리사무소장이 그 배치 내용 등을 신고하지 않는 경우에는 「공동주택관리법」 제102조 제3항 제23호에 따라 500만원 이하의 과태료를 부과하게 됩니다.

작성방법

1. 배치사항 변경신고의 변경사항이 '신고인 정보, 단지현황, 관리방법'인 경우에는 변경 전·후 란에 변경내용을 적고, 만약 기재 란이 부족한 경우에는 '별첨으로 적은 후 변경내용을 별도로 첨부합니다.
2. 배치사항 변경신고의 변경사항이 '배치종료'인 경우에는 배치종료 란에 신고인 본인이 배치신고 하였던 공동주택에서 퇴직한 날을 적습니다.
3. 업무직인 란에는 중심원에는 주택관리사등의 성명이, 바깥원에는 주택관리사등의 자격명칭 및 자격번호가 새겨진 지름 2센티미터의 둥근 직인을 날인합니다.
4. 색상이 어두운 란은 신청인이 작성하지 않습니다.

4. 관리사무소장의 업무에 대한 부당간섭 배제 등

(1) 업무에 대한 부당간섭금지

입주자대표회의(구성원을 포함한다) 및 입주자등은 위 2. (1)에 따른 관리사무소장의 업무에 대하여 다음의 어느 하나에 해당하는 행위를 하여서는 아니 된다(공동주택관리법 제65조 제1항).

① 「공동주택관리법」 또는 관계 법령에 위반되는 지시를 하거나 명령을 하는 등 부당하게 간섭하는 행위
② 폭행, 협박 등 위력을 사용하여 정당한 업무를 방해하는 행위

(2) 보고 및 사실조사 의뢰 등 OX

관리사무소장은 입주자대표회의 또는 입주자등이 위 **(1)**을 위반한 경우 입주자대표회의 또는 입주자등에게 그 위반사실을 설명하고 해당 행위를 중단할 것을 요청하거나 부당한 지시 또는 명령의 이행을 거부할 수 있으며, 시장·군수·구청장에게 이를 보고하고, 사실 조사를 의뢰할 수 있다(공동주택관리법 제65조 제2항).

(3) 행정관청의 조사 등

시장·군수·구청장은 위 **(2)**에 따라 사실 조사를 의뢰받은 때에는 지체 없이 조사를 마치고, 위 **(1)**을 위반한 사실이 있다고 인정하는 경우 「공동주택관리법」 제93조(공동주택관리에 관한 감독)에 따라 입주자대표회의 및 입주자등에게 필요한 명령 등의 조치를 하여야 한다. 이 경우 범죄혐의가 있다고 인정될 만한 상당한 이유가 있을 때에는 수사기관에 고발할 수 있다(공동주택관리법 제65조 제3항).

(4) 결과의 통보

시장·군수·구청장은 사실 조사 결과 또는 필요한 명령 등의 조치 결과를 지체 없이 입주자대표회의, 해당 입주자등, 주택관리업자 및 관리사무소장에게 통보하여야 한다(공동주택관리법 제65조 제4항).

(5) 해임 등의 금지

입주자대표회의는 위 **(2)**에 따른 보고나 사실 조사 의뢰 또는 위 **(3)**에 따른 명령 등을 이유로 관리사무소장을 해임하거나 해임하도록 주택관리업자에게 요구하여서는 아니 된다(공동주택관리법 제65조 제5항).

5. 경비원 등 근로자의 업무 등

(1) 종사업무

① **위임규정**: 공동주택에 경비원을 배치한 경비업자(경비업법 제4조 제1항에 따라 허가를 받은 경비업자를 말한다)는 「경비업법」 제7조 제5항에도 불구하고 대통령령(아래 ②)으로 정하는 공동주택관리에 필요한 업무에 경비원을 종사하게 할 수 있다(공동주택관리법 제65조의2 제1항).

○X문제

관리사무소장의 업무에 대하여 입주자등이 관계 법령에 위반되는 지시를 하는 등 부당하게 간섭하는 행위를 한 경우 관리사무소장은 시장·군수·구청장에게 이를 보고하고, 사실 조사를 의뢰할 수 있다.
( )

정답 ○

② 경비원이 예외적으로 종사할 수 있는 업무 등 OX

㉠ 위 ①에서 '대통령령으로 정하는 공동주택관리에 필요한 업무'란 다음의 업무를 말한다(공동주택관리법 시행령 제69조의2 제1항).
  ⓐ 청소와 이에 준하는 미화의 보조
  ⓑ 재활용 가능 자원의 분리배출 감시 및 정리
  ⓒ 안내문의 게시와 우편수취함 투입
㉡ 공동주택 경비원은 공동주택에서의 도난, 화재, 그 밖의 혼잡 등으로 인한 위험발생을 방지하기 위한 범위에서 주차 관리와 택배 물품 보관 업무를 수행할 수 있다(공동주택관리법 시행령 제69조의2 제2항).

(2) 경비원 등 근로자의 처우개선 등

입주자등, 입주자대표회의 및 관리주체 등은 경비원 등 근로자에게 적정한 보수를 지급하고, 처우개선과 인권존중을 위하여 노력하여야 한다(공동주택관리법 제65조의2 제2항).

(3) 명령 등의 금지

입주자등, 입주자대표회의 및 관리주체 등은 경비원 등 근로자에게 다음의 어느 하나에 해당하는 행위를 하여서는 아니 된다(공동주택관리법 제65조의2 제3항).
① 「공동주택관리법」 또는 관계 법령에 위반되는 지시를 하거나 명령을 하는 행위
② 업무 이외에 부당한 지시를 하거나 명령을 하는 행위

(4) 근로 서비스의 제공 OX

경비원 등 근로자는 입주자등에게 수준 높은 근로 서비스를 제공하여야 한다(공동주택관리법 제65조의2 제4항).

6. 주택관리업자에 대한 부당간섭 배제 등

입주자대표회의 및 입주자등은 위 4. (1) 또는 5. (3)의 행위를 할 목적으로 주택관리업자에게 관리사무소장 및 소속 근로자에 대한 해고, 징계 등 불이익 조치를 요구하여서는 아니 된다(공동주택관리법 제65조의3).

7. 관리사무소장의 손해배상책임

(1) 손해배상책임 OX
주택관리사등은 관리사무소장의 업무를 집행하면서 **고의 또는 과실**로 입주자등에게 재산상의 손해를 입힌 경우에는 그 손해를 배상할 책임이 있다(공동주택관리법 제66조 제1항). 기출

(2) 위임규정
위 **(1)**에 따른 손해배상책임을 보장하기 위하여 주택관리사등은 대통령령[아래 **(5)**]으로 정하는 바에 따라 보증보험 또는 공제에 가입하거나 공탁을 하여야 한다(공동주택관리법 제66조 제2항).

(3) 입증서류의 제출 OX
주택관리사등은 위 **(2)**에 따른 손해배상책임을 보장하기 위한 보증보험 또는 공제에 가입하거나 공탁을 한 후 해당 공동주택의 관리사무소장으로 **배치된 날**에 다음의 어느 하나에 해당하는 자에게 보증보험 등에 가입한 사실을 입증하는 서류를 제출하여야 한다(공동주택관리법 제66조 제3항). 기출
① 입주자대표회의의 **회장**
② 임대주택의 경우에는 **임대사업자**
③ 입주자대표회의가 없는 경우에는 **시장·군수·구청장**

(4) 공탁금의 회수금지 OX
위 **(2)**에 따라 공탁한 공탁금은 주택관리사등이 해당 공동주택의 관리사무소장의 직을 사임하거나 그 직에서 해임된 날 또는 사망한 날부터 **3년 이내**에는 회수할 수 없다(공동주택관리법 제66조 제4항). 기출

(5) 손해배상책임의 보장
OX ① **보장방법 및 보장금액**: 관리사무소장으로 배치된 주택관리사등은 위 **(1)**에 따른 손해배상책임을 보장하기 위하여 다음의 구분에 따른 금액을 보장하는 보증보험 또는 공제에 가입하거나 공탁을 하여야 한다(공동주택관리법 시행령 제70조). 기출
㉠ 500세대 미만의 공동주택: **3천만원**
㉡ 500세대 이상의 공동주택: **5천만원**

OX문제

주택관리사등이 관리사무소장의 업무를 집행하면서 입주자등에게 재산상 손해를 입힌 경우에 그 손해를 배상할 책임을 지는 것은 고의 또는 중대한 과실이 있는 경우에 한한다. ( )

관리사무소장은 그 업무를 집행하면서 고의로 입주자에게 재산상의 손해를 입힌 경우에만 그 손해를 배상할 책임이 있다. ( )

OX문제

임대주택의 경우 주택관리사등은 손해배상책임을 보장하기 위한 보증보험 또는 공제에 가입하거나 공탁을 한 후 해당 공동주택의 관리사무소장으로 배치된 날에 임대사업자에게 보증보험 등에 가입한 사실을 입증하는 서류를 제출하여야 한다. ( )

OX문제

손해배상책임을 보장하기 위한 공탁금은 주택관리사등이 해당 공동주택의 관리사무소장의 직책을 사임하거나 그 직에서 해임된 날 또는 사망한 날부터 5년 이내에는 회수할 수 없다. ( )

OX문제

500세대 이상의 공동주택에 관리사무소장으로 배치된 주택관리사는 관리사무소장의 손해배상책임을 보장하기 위하여 5천만원을 보장하는 보증보험 또는 공제에 가입하거나 공탁하여야 한다. ( )

정답 ×, ×, ○, ×, ○

② **보증설정의 변경 등**

OX ㉠ 보증설정의 변경: 위 **(2)**에 따라 관리사무소장의 손해배상책임을 보장하기 위한 보증보험 또는 공제에 가입하거나 공탁을 한 조치(이하 '보증설정'이라 한다)를 이행한 주택관리사등은 그 보증설정을 다른 보증설정으로 변경하려는 경우에는 해당 보증설정의 **효력이 있는 기간 중**에 다른 보증설정을 하여야 한다(공동주택관리법 시행령 제71조 제1항). 기출

OX ㉡ 기간만료에 따른 재설정: 보증보험 또는 공제에 가입한 주택관리사등으로서 보증기간이 만료되어 다시 보증설정을 하려는 자는 그 보증기간이 만료되기 전에 다시 보증설정을 하여야 한다(공동주택관리법 시행령 제71조 제2항). 기출

㉢ 입증서류의 제출: 위 ㉠ 및 ㉡에 따라 보증설정을 한 경우에는 해당 보증설정을 입증하는 서류를 위 **(3)**에 따라 제출하여야 한다(공동주택관리법 시행령 제71조 제3항).

(6) 보증보험금 등의 지급 등

① **손해배상금의 지급청구**: 입주자대표회의는 손해배상금으로 보증보험금·공제금 또는 공탁금을 지급받으려는 경우에는 다음의 어느 하나에 해당하는 서류를 첨부하여 보증보험회사, 공제회사 또는 공탁기관에 손해배상금의 지급을 청구하여야 한다(공동주택관리법 시행령 제72조 제1항).

㉠ 입주자대표회의와 주택관리사등 간의 **손해배상합의서** 또는 **화해조서**

㉡ 확정된 법원의 판결문 사본

㉢ 위 ㉠ 또는 ㉡에 준하는 효력이 있는 서류

OX ② **손해배상에 따른 재설정**: 주택관리사등은 보증보험금·공제금 또는 공탁금으로 손해배상을 한 때에는 **15일 이내**에 보증보험 또는 공제에 다시 가입하거나 공탁금 중 부족하게 된 금액을 보전하여야 한다(공동주택관리법 시행령 제72조 제2항). 기출

OX문제

주택관리사등은 관리사무소장의 손해배상책임을 보장하기 위하여 가입한 보증보험을 공탁으로 변경하려는 경우에는 보증설정의 효력이 소멸한 후에 할 수 있다. ( )

OX문제

공제 또는 보증보험에 가입한 주택관리사등으로서 보증기간이 만료되어 다시 보증설정을 하려는 자는 그 보증기간 만료일 다음 날까지 다시 보증설정을 하여야 한다. ( )

관리사무소장의 손해배상책임을 보장하기 위한 보증보험 또는 공제에 가입한 주택관리사등으로서 보증기간이 만료되어 다시 보증설정을 하려는 자는 그 보증기간이 만료된 후 1개월 내에 다시 보증설정을 하여야 한다. ( )

OX문제

주택관리사등은 보증보험·공제금 또는 공탁금으로 손해배상을 한 때에는 지체 없이 보증보험 또는 공제에 다시 가입하거나 공탁금 중 부족하게 된 금액을 보전하여야 한다. ( )

정답 ×, ×, ×, ×

공제사업(공동주택관리법 제82조, 동법 시행령 제88조·제89조·제90조) OX

1. 주택관리사단체는 관리사무소장의 손해배상책임과 공동주택에서 발생하는 인적·물적 사고, 그 밖에 공동주택관리업무와 관련한 종사자와 사업자의 손해배상책임 등을 보장하기 위하여 공제사업을 할 수 있다.
2. 주택관리사단체는 위 1.에 따른 공제사업을 하려면 공제규정을 제정하여 **국토교통부장관의 승인**을 받아야 한다. 공제규정을 변경하려는 경우에도 또한 같다. ^{기출}
3. 위 2.의 공제규정에는 대통령령(아래 4.)으로 정하는 바에 따라 공제사업의 범위, 공제계약의 내용, 공제금, 공제료, 회계기준 및 책임준비금의 적립비율 등 공제사업의 운용에 필요한 사항이 포함되어야 한다.
4. 공제규정: 위 2.에 따른 공제규정에는 다음의 사항이 포함되어야 한다.
   ① 공제계약의 내용으로서 다음의 사항
      ㉠ 주택관리사단체의 공제책임
      ㉡ 공제금, 공제료(공제사고 발생률 및 보증보험료 등을 종합적으로 고려하여 정한다) 및 공제기간
      ㉢ 공제금의 청구와 지급절차, 구상 및 대위권, 공제계약의 실효
      ㉣ 그 밖에 공제계약에 필요한 사항
   ② 회계기준: 공제사업을 손해배상기금과 복지기금으로 구분하여 각 기금별 목적 및 회계원칙에 부합되는 기준 ^{기출}
   ③ 책임준비금의 적립비율: 공제료 수입액의 100분의 10 이상(공제사고 발생률 및 공제금 지급액 등을 종합적으로 고려하여 정한다) ^{기출}
5. 공제사업의 범위: 위 1.에 따라 주택관리사단체가 할 수 있는 공제사업의 범위는 다음과 같다.
   ① 주택관리사등의 손해배상책임을 보장하기 위한 공제기금의 조성 및 공제금의 지급에 관한 사업
   ② 공제사업의 부대사업으로서 국토교통부장관의 승인을 받은 사업
6. 주택관리사단체는 공제사업을 다른 회계와 **구분하여 별도의 회계로 관리**하여야 하며, 책임준비금을 다른 용도로 사용하려는 경우에는 **국토교통부장관의 승인**을 받아야 한다. ^{기출}
7. 주택관리사단체는 대통령령(아래 8.)으로 정하는 바에 따라 매년도의 공제사업 운용실적을 일간신문 또는 단체의 홍보지 등을 통하여 공제계약자에게 공시하여야 한다.
8. 공제사업 운용실적의 공시: 위 7.에 따라 주택관리사단체는 다음의 사항이 모두 포함된 공제사업 운용실적을 매 회계연도 종료 후 2개월 이내에 **국토교통부장관**에게 보고하고, 일간신문 또는 주택관리사단체의 인터넷 홈페이지 등을 통하여 공시하여야 한다.
   ① 재무상태표, 손익계산서 및 감사보고서
   ② 공제료 수입액, 공제금 지급액, 책임준비금 적립액
   ③ 그 밖에 공제사업의 운용에 관한 사항
9. 국토교통부장관은 주택관리사단체가 「공동주택관리법」 및 공제규정을 지키지 아니하여 공제사업의 건전성을 해칠 우려가 있다고 인정되는 경우에는 시정을 명하여야 한다.
10. 「금융위원회의 설치 등에 관한 법률」에 따른 금융감독원 원장은 **국토교통부장관**이 요청한 경우에는 주택관리사단체의 공제사업에 관하여 검사를 할 수 있다. ^{기출}

OX문제

협회는 공제사업을 하려면 공제규정을 시·도지사의 승인을 받아야 한다. (   )

공제규정에는 공제사고 발생률 및 공제금 지급액 등을 종합적으로 고려하여 정한 공제료 수입액의 100분의 5에 해당하는 책임준비금의 적립비율을 포함하여야 한다. (   )

협회는 공제사업을 다른 회계와 구분하지 않고 동일한 회계로 관리하여야 한다. (   )

「금융위원회의 설치 등에 관한 법률」에 따른 금융감독원 원장은 시장·군수 또는 구청장이 요청한 경우에는 협회의 공제사업에 관하여 검사를 할 수 있다. (   )

정답 ×, ×, ×, ×

8. 부정행위 금지

① 공동주택의 관리와 관련하여 입주자대표회의(구성원을 포함한다)와 관리사무소장은 공모(共謀)하여 부정하게 재물 또는 재산상의 이익을 취득하거나 제공하여서는 아니 된다(공동주택관리법 제90조 제1항).

② 공동주택의 관리(관리사무소장 등 근로자의 채용을 포함한다)와 관련하여 입주자등·관리주체·입주자대표회의·선거관리위원회(위원을 포함한다)는 부정하게 재물 또는 재산상의 이익을 취득하거나 제공하여서는 아니 된다(공동주택관리법 제90조 제2항).

③ 입주자대표회의 및 관리주체는 관리비·사용료와 장기수선충당금을 「공동주택관리법」에 따른 용도 외의 목적으로 사용하여서는 아니 된다(공동주택관리법 제90조 제3항).

④ 주택관리업자 및 주택관리사등은 다른 자에게 자기의 성명 또는 상호를 사용하여 「공동주택관리법」에서 정한 사업이나 업무를 수행하게 하거나 그 등록증 또는 자격증을 빌려주어서는 아니 된다(공동주택관리법 제90조 제4항).

⑤ 누구든지 다른 자의 성명 또는 상호를 사용하여 주택관리업 또는 주택관리사등의 업무를 수행하거나 그 등록증 또는 자격증을 빌려서는 아니 된다(공동주택관리법 제90조 제5항).

⑥ 누구든지 위 ④나 ⑤에서 금지된 행위를 알선하여서는 아니 된다(공동주택관리법 제90조 제6항).

제2절 민간임대주택에 관한 특별법상 관리조직

1 임대사업자

1. 임대사업자의 정의

'임대사업자'란 「공공주택 특별법」에 따른 공공주택사업자가 아닌 자로서 1호 이상의 민간임대주택을 취득하여 임대하는 사업을 할 목적으로 등록한 자를 말한다(민간임대주택에 관한 특별법 제2조 제7호).

2. 임대사업자의 민간임대주택관리

(1) 민간임대주택의 의무관리

① **의무관리**: 임대사업자는 민간임대주택이 300세대 이상의 공동주택 등 대통령령(아래 ②)으로 정하는 규모 이상에 해당하면 「공동주택관리법」에 따른 주택관리업자에게 관리를 **위탁**하거나 **자체관리**하여야 한다(민간임대주택에 관한 특별법 제51조 제2항). 기출

② **범위**: 위 ①에서 '300세대 이상의 공동주택 등 대통령령으로 정하는 규모'란 민간임대주택단지별로 다음의 어느 하나에 해당하는 규모의 민간임대주택을 말한다(민간임대주택에 관한 특별법 시행령 제41조 제3항).
㉠ 300세대 이상의 공동주택
㉡ 150세대 이상의 공동주택으로서 승강기가 설치된 공동주택
㉢ 150세대 이상의 공동주택으로서 중앙집중식 난방방식 또는 지역난방방식인 공동주택

(2) 관리에 필요한 경비의 징수

① **관리비의 징수**: 임대사업자는 국토교통부령으로 정하는 바에 따라 임차인으로부터 민간임대주택을 관리하는 데에 필요한 경비를 받을 수 있다(민간임대주택에 관한 특별법 제51조 제5항). 기출

② **선수관리비의 부담**: 임대사업자는 민간임대주택을 관리하는 데 필요한 경비를 임차인이 최초로 납부하기 전까지 해당 민간임대주택의 유지관리 및 운영에 필요한 경비(이하 '**선수관리비**'라 한다)를 대통령령(아래 ③)으로 정하는 바에 따라 부담할 수 있다(민간임대주택에 관한 특별법 제51조 제6항).

③ **선수관리비의 지급**: 임대사업자는 위 ②에 따라 민간임대주택을 관리하는 데 필요한 경비를 임차인이 최초로 납부하기 전까지 민간임대주택의 유지관리 및 운영에 필요한 경비(이하 '선수관리비'라 한다)를 부담하는 경우에는 해당 임차인의 입주가능일 전까지「공동주택관리법」에 따른 **관리주체**(이하 '관리주체'라 한다)에게 선수관리비를 지급해야 한다(민간임대주택에 관한 특별법 시행령 제41조 제7항).

④ **선수관리비의 반환**: 관리주체는 해당 임차인의 임대기간이 종료되는 경우 위 ③에 따라 지급받은 선수관리비를 임대사업자에게 **반환해야 한다**. 다만, 다른 임차인이 해당 주택에 입주할 예정인 경우 등 임대사업자와 관리주체가 협의하여 정하는 경우에는 선수관리비를 반환하지 않을 수 있다(민간임대주택에 관한 특별법 시행령 제41조 제8항).

⑤ **선수관리비의 금액**: 위 ③에 따라 관리주체에게 지급하는 선수관리비의 금액은 해당 민간임대주택의 유형 및 세대수 등을 고려하여 임대사업자와 관리주체가 협의하여 정한다(민간임대주택에 관한 특별법 시행령 제41조 제9항).

(3) 특별수선충당금의 적립

위 (1)에 따른 민간임대주택의 임대사업자는 주요 시설을 교체하고 보수하는 데에 필요한 **특별수선충당금**을 적립하여야 한다(민간임대주택에 관한 특별법 제53조 제1항). ^{기출}

2 임차인대표회의

1. 임차인대표회의의 구성

(1) 구성범위

① **구성**: 임대사업자가 **20세대 이상**의 범위에서 대통령령(아래 ②의 ㉠)으로 정하는 세대 이상의 민간임대주택을 공급하는 공동주택단지에 입주하는 임차인은 임차인대표회의를 **구성할 수 있다**. 다만, 임대사업자가 **150세대 이상**의 민간임대주택을 공급하는 공동주택단지 중 대통령령(아래 ②의 ㉡)으로 정하는 공동주택단지에 입주하는 임차인은 임차인대표회의를 **구성하여야 한다**(민간임대주택에 관한 특별법 제52조 제1항). ^{기출}

OX문제

임대사업자가 150세대 이상의 민간임대주택을 공급하는 공동주택단지 중 대통령령으로 정하는 공동주택단지에 입주하는 임차인은 임차인대표회의를 구성할 수 있다.
( )

정답 ×

② **구성범위**
　㉠ 임의적 구성 범위: 위 ①에서 '대통령령으로 정하는 세대'란 20세대를 말한다(민간임대주택에 관한 특별법 시행령 제42조 제1항).
　㉡ 의무적 구성 범위: 위 ①의 단서에서 '대통령령으로 정하는 공동주택단지'란 다음의 어느 하나에 해당하는 공동주택단지를 말한다(민간임대주택에 관한 특별법 시행령 제42조 제2항).
　　ⓐ 300세대 이상의 공동주택단지
　　ⓑ 150세대 이상의 공동주택으로서 승강기가 설치된 공동주택단지
　　ⓒ 150세대 이상의 공동주택으로서 중앙집중식 난방방식 또는 지역난방방식인 공동주택단지

(2) 입주현황 등의 통지

임대사업자는 입주예정자의 과반수가 입주한 때에는 과반수가 입주한 날부터 30일 이내에 **입주현황**과 임차인대표회의를 구성할 수 있다는 사실 또는 구성하여야 한다는 사실을 입주한 임차인에게 통지하여야 한다. 다만, 임대사업자가 본문에 따른 통지를 하지 아니하는 경우 시장·군수·구청장이 임차인대표회의를 구성하도록 임차인에게 통지할 수 있다(민간임대주택에 관한 특별법 제52조 제2항). 기출

(3) 지원

① **지원**: 위 (1)의 ①의 단서에 따라 임차인대표회의를 구성하여야 하는 임차인이 임차인대표회의를 구성하지 아니한 경우 임대사업자는 임차인이 임차인대표회의를 구성할 수 있도록 대통령령(아래 ②)으로 정하는 바에 따라 지원하여야 한다(민간임대주택에 관한 특별법 제52조 제3항).
② **통지**: 임대사업자는 위 ①에 따라 위 (1)의 ①의 단서에 따른 임차인이 임차인대표회의를 구성하지 않는 경우에 임차인대표회의를 구성해야 한다는 사실과 아래 2. (1)의 ①에 따른 협의사항 및 임차인대표회의의 구성·운영에 관한 사항을 **반기 1회 이상** 임차인에게 통지해야 한다(민간임대주택에 관한 특별법 시행령 제42조 제3항).

2. 임차인대표회의의 운영 등

(1) 임대사업자와의 협의

① **협의사항**: 임차인대표회의가 구성된 경우에는 임대사업자는 다음의 사항에 관하여 **협의하여야** 한다(민간임대주택에 관한 특별법 제52조 제4항, 동법 시행령 제42조 제4항). ^{기출}

  ㉠ 민간임대주택 **관리규약**의 제정 및 개정
  ㉡ **관리비**
  ㉢ 민간임대주택의 **공용부분**·부대시설 및 복리시설의 유지·보수
  ㉣ **임대료 증감**
  ㉤ 하자보수
  ㉥ 공동주택의 관리에 관하여 임대사업자와 임차인대표회의가 합의한 사항
  ㉦ 임차인 외의 자에게 민간임대주택 주차장을 개방하는 경우 다음의 사항
    ⓐ 개방할 수 있는 주차대수 및 위치
    ⓑ 주차장의 개방시간
    ⓒ 주차료 징수 및 사용에 관한 사항
    ⓓ 그 밖에 주차장의 적정한 개방을 위해 필요한 사항

② **협의 요청**: 임대사업자는 임차인대표회의가 위 ①의 사항에 대하여 협의를 요청하면 성실히 응하여야 한다(민간임대주택에 관한 특별법 시행령 제42조 제5항). ^{기출}

③ **민간임대주택 주차장의 외부개방**: 임대사업자는 위 ①의 ㉦에 따라 임차인대표회의와 협의하여 결정한 사항에 대해 **전체 임차인 과반수의 서면동의**를 받은 경우 지방자치단체와 협약을 체결하여 주차장을 개방할 수 있다. 이 경우 개방하는 민간임대주택 주차장의 운영·관리자는 지방자치단체, 「지방공기업법」 제76조에 따라 설립된 지방공단 또는 지방자치단체의 장이 지정하는 자 중에서 지방자치단체와의 협약에 따라 정한다(민간임대주택에 관한 특별법 시행령 제42조의2).

(2) 임차인대표회의의 구성

① **구성원**: 임차인대표회의는 민간임대주택의 동별 세대수에 비례하여 선출한 대표자(이하 '동별 대표자'라 한다)로 구성한다(민간임대주택에 관한 특별법 시행령 제42조 제6항). ^{기출}

OX문제

임차인대표회의는 민간임대주택의 동별 세대수에 비례하여 선출한 대표자로 구성한다.
( )

정답 ○

OX ② **동별 대표자의 자격**: 동별 대표자가 될 수 있는 사람은 해당 민간임대주택단지에서 6개월 이상 계속 거주하고 있는 임차인으로 한다. 다만, 최초로 임차인대표회의를 구성하는 경우에는 그러하지 아니하다(민간임대주택에 관한 특별법 시행령 제42조 제7항). 기출

OX ③ **임원의 구성**: 임차인대표회의는 회장 1명, 부회장 1명 및 감사 1명을 동별 대표자 중에서 선출하여야 한다(민간임대주택에 관한 특별법 시행령 제42조 제8항). 기출

(3) 임차인대표회의의 회의절차

OX ① **소집절차**: 임차인대표회의를 소집하려는 경우에는 소집일 5일 전까지 회의의 목적·일시 및 장소 등을 임차인에게 알리거나 공고하여야 한다(민간임대주택에 관한 특별법 시행령 제42조 제9항). 기출

OX ② **주요 업무의 추진 상황 공고**: 임차인대표회의는 그 회의에서 의결한 사항, 임대사업자와의 협의결과 등 주요 업무의 추진 상황을 지체 없이 임차인에게 알리거나 공고하여야 한다(민간임대주택에 관한 특별법 시행령 제42조 제10항). 기출

③ **회의록의 작성 및 보관**: 임차인대표회의는 회의를 개최하였을 때에는 회의록을 작성하여 보관하고, 임차인이 회의록의 열람을 청구하거나 자기의 비용으로 복사를 요구할 경우에는 그에 따라야 한다(민간임대주택에 관한 특별법 시행령 제42조 제11항).

OX문제

최초로 임차인대표회의를 구성하는 경우가 아닌 한, 동별 대표자가 될 수 있는 사람은 해당 민간임대주택단지에서 1년 이상 계속 거주하고 있는 임차인으로 한다. ( )

OX문제

임차인대표회의는 회장 1명, 부회장 1명, 감사 1명을 동별 대표자 중에서 선출하여야 한다. ( )

OX문제

임차인대표회의를 소집하려는 경우에는 소집일 5일 전까지 회의의 목적·일시 및 장소 등을 임차인에게 알리거나 공고하여야 한다. ( )

OX문제

임차인대표회의는 그 회의에서 의결한 사항, 임대사업자와의 협의결과 등 주요 업무의 추진 상황을 지체 없이 임차인에게 알리거나 공고하여야 한다. ( )

정답 ×, ○, ○, ○

CHAPTER 06 주택관리사제도

CHAPTER 미리보기

학습키워드

- 주택관리사등의 자격
- 주택관리사등의 결격요건
- 주택관리사등의 행정처분

1 주택관리사등의 자격

1. 주택관리사보

(1) 정의

'주택관리사보'란 아래 **(2)**에 따라 주택관리사보 합격증서를 발급받은 사람을 말한다(공동주택관리법 제2조 제1항 제11호).

(2) 합격증서의 발급

주택관리사보가 되려는 사람은 **국토교통부장관**이 시행하는 자격시험에 합격한 후 시·도지사[지방자치법에 따른 서울특별시·광역시 및 특별자치시를 제외한 인구 50만 이상의 대도시(이하 '대도시'라 한다)의 경우에는 그 시장을 말한다]로부터 합격증서를 발급받아야 한다(공동주택관리법 제67조 제1항).

2. 주택관리사

(1) 정의

'주택관리사'란 아래 **(2)**에 따라 주택관리사 자격증을 발급받은 사람을 말한다(공동주택관리법 제2조 제1항 제12호).

(2) 자격증의 발급

주택관리사는 다음의 요건을 갖추고 시·도지사로부터 주택관리사 자격증을 발급받은 사람으로 한다(공동주택관리법 제67조 제2항).
① 위 1. **(2)**에 따라 주택관리사보 합격증서를 발급받았을 것
② 대통령령[아래 **(3)**]으로 정하는 주택 관련 실무경력이 있을 것

(3) 주택 관련 실무경력

위 **(2)**의 ②에 따라 특별시장·광역시장·특별자치시장·도지사 또는 특별자치도지사(이하 '시·도지사'라 한다)는 주택관리사보 자격시험에 **합격하기 전이나 합격한 후** 다음의 어느 하나에 해당하는 경력을 갖춘 자에 대하여 주택관리사 자격증을 발급한다(공동주택관리법 시행령 제73조 제1항). 기출
① 「주택법」에 따른 사업계획승인을 받아 건설한 50세대 이상 500세대 미만의 공동주택(건축법에 따른 건축허가를 받아 주택과 주택 외의 시설을 동일 건축물로 건축한 건축물 중 주택이 50세대 이상 300세대 미만인 건축물을 포함한다)의 관리사무소장으로 근무한 경력 3년 이상

> **OX문제**
>
> 주택관리사보 중 사업계획승인을 얻어 건설한 50세대 이상 공동주택의 관리사무소의 소독원으로 5년간 종사한 자는 주택관리사 자격증을 교부받을 수 있다. (　　)

② 「주택법」에 따른 사업계획승인을 받아 건설한 50세대 이상의 공동주택(건축법에 따른 건축허가를 받아 주택과 주택 외의 시설을 동일 건축물로 건축한 건축물 중 주택이 50세대 이상 300세대 미만인 건축물을 포함한다)의 관리사무소의 직원(경비원, 청소원 및 소독원은 제외한다) 또는 주택관리업자의 임직원으로 주택관리업무에 종사한 경력 5년 이상

③ 한국토지주택공사 또는 지방공사의 직원으로 주택관리업무에 종사한 경력 5년 이상

> **OX문제**
>
> 주택관리사보가 공무원으로 주택 관련 인·허가 업무에 3년 9개월 종사한 경력이 있다면 주택관리사 자격을 취득할 수 있다. (　　)

④ 공무원으로 주택 관련 지도·감독 및 인·허가 업무 등에 종사한 경력 5년 이상

⑤ 「공동주택관리법」에 따른 주택관리사단체와 국토교통부장관이 정하여 고시하는 공동주택관리와 관련된 단체의 임직원으로 주택 관련 업무에 종사한 경력 5년 이상

⑥ 위 ①부터 ⑤까지의 경력을 합산한 기간 5년 이상

(4) 자격증발급신청서의 제출

① **신청서 제출**: 위 (2)에 따른 주택관리사 자격증을 발급받으려는 자는 자격증발급신청서(전자문서로 된 신청서를 포함한다)에 위 (3)의 실무경력에 대한 증명서류(전자문서를 포함한다) 및 사진을 첨부하여 주택관리사보 자격시험 합격증서를 발급한 시·도지사에게 제출해야 한다(공동주택관리법 시행령 제73조 제2항).

> **OX문제**
>
> 주택관리사보 중 법령에 따라 등록한 주택관리업자의 직원으로서 주택관리업무에 3년간 종사한 후 지방공사의 직원으로서 주택관리업무에 2년간 종사한 자는 주택관리사 자격증을 교부받을 수 있다. (　　)

② **확인 사항**: 시·도지사는 신청서를 받으면 다음의 사항을 확인해야 한다(공동주택관리법 시행규칙 제31조 제3항).
  ㉠ 주택관리사보 자격시험 합격증서
  ㉡ 위 (3)에 따른 다음의 실무경력 증명서류. 이 경우 「전자정부법」 제36조 제1항에 따른 행정정보의 공동이용을 통해 확인해야 하며, 신청인이 확인에 동의하지 않는 경우에는 해당 서류를 제출하도록 해야 한다.
    ⓐ 국민연금가입자 가입증명
    ⓑ 건강보험자격득실확인서

정답 ×, ×, ○

2 주택관리사등의 결격요건

1. 주택관리사등의 정의

'주택관리사등'이란 주택관리사보와 주택관리사를 말한다(공동주택관리법 제2조 제1항 제13호).

2. 결격사유 및 자격상실 사유

다음의 어느 하나에 해당하는 사람은 주택관리사등이 될 수 없으며, 그 자격을 상실한다(공동주택관리법 제67조 제4항). ^{기출}

① 피성년후견인 또는 피한정후견인
② 파산선고를 받은 사람으로서 **복권되지 아니한 사람**
③ 금고 이상의 실형을 선고받고 그 집행이 끝나거나(집행이 끝난 것으로 보는 경우를 포함한다) 집행이 면제된 날부터 **2년**이 지나지 아니한 사람
④ 금고 이상의 형의 집행유예를 선고받고 그 **유예기간 중에 있는 사람**
⑤ 주택관리사등의 자격이 취소된 후 3년이 지나지 아니한 사람(위 ① 및 ②에 해당하여 주택관리사등의 자격이 취소된 경우는 제외한다)

3 주택관리사등의 행정처분

1. 주택관리사등의 행정처분 사유

시·도지사는 주택관리사등이 다음의 어느 하나에 해당하면 그 자격을 취소하거나 1년 이내의 기간을 정하여 그 자격을 정지시킬 수 있다. 다만, 아래 **①·②·③·④·⑦ 중 어느 하나에 해당하는 경우에는 그 자격을 취소하여야 한다**(공동주택관리법 제69조 제1항). ^{기출}

① 거짓이나 그 밖의 부정한 방법으로 자격을 취득한 경우
② 공동주택의 관리업무와 관련하여 **금고 이상의 형**을 선고받은 경우
③ 의무관리대상 공동주택에 취업한 주택관리사등이 다른 공동주택 및 상가·오피스텔 등 주택 외의 시설에 취업한 경우
④ 주택관리사등이 **자격정지기간**에 공동주택관리업무를 수행한 경우
⑤ 고의 또는 중대한 과실로 공동주택을 잘못 관리하여 소유자 및 사용자에게 재산상의 손해를 입힌 경우
⑥ 주택관리사등이 업무와 관련하여 금품수수 등 부당이득을 취한 경우

OX문제
파산선고를 받은 후 복권되어 3년이 지나지 아니한 사람은 주택관리사등이 될 수 있다. ( )

OX문제
금고 이상의 형의 집행유예를 선고받고 그 유예기간이 끝난 날부터 1년 6개월이 지난 사람은 주택관리사가 될 수 없다. ( )

OX문제
공동주택의 관리업무와 관련하여 벌금형을 선고받은 경우에 해당하면 주택관리사의 자격취소에 해당한다. ( )

OX문제
의무관리대상 공동주택에 취업한 주택관리사등이 다른 공동주택 및 상가·오피스텔 등 주택 외의 시설에 취업한 경우, 주택관리사등의 자격취소 사유에 해당한다. ( )

정답 ○, ×, ×, ○

⑦ 주택관리사등이 다른 사람에게 자기의 명의를 사용하여 「공동주택관리법」에서 정한 업무를 수행하게 하거나 자격증을 대여한 경우
⑧ 지방자치단체장의 공동주택관리에 관한 감독에 대한 보고, 자료의 제출, 조사 또는 검사를 거부·방해 또는 기피하거나 거짓으로 보고를 한 경우
⑨ 지방자치단체장의 공동주택관리에 관한 감독에 대한 감사를 거부·방해 또는 기피한 경우

별표 8 주택관리사등에 대한 행정처분기준(공동주택관리법 시행령 제81조 관련)

1. 일반기준

① 위반행위의 횟수에 따른 행정처분의 기준은 최근 **1년간** 같은 위반행위로 처분을 받은 경우에 적용한다. 이 경우 기준 적용일은 위반행위에 대한 행정처분일과 그 처분 후에 한 위반행위가 다시 적발된 날을 기준으로 한다.

② 위 ①에 따라 가중된 처분을 하는 경우 가중처분의 적용 차수는 그 위반행위 전 처분 차수(①에 따른 기간 내에 처분이 둘 이상 있었던 경우에는 높은 차수를 말한다)의 다음 차수로 한다.

③ 같은 주택관리사등이 둘 이상의 위반행위를 한 경우로서 그에 해당하는 각각의 처분기준이 다른 경우에는 다음의 기준에 따라 처분한다.
  ㉠ 가장 무거운 위반행위에 대한 처분기준이 자격취소인 경우에는 자격취소처분을 한다.
  ㉡ **각 위반행위에 대한 처분기준이 자격정지인 경우에는 가장 중한 처분의 2분의 1까지 가중**할 수 있되, 각 처분기준을 합산한 기간을 초과할 수 없다. 이 경우 그 합산한 자격정지기간이 1년을 초과하는 때에는 1년으로 한다. **기출**

④ 시·도지사는 위반행위의 동기·내용·횟수 및 위반의 정도 등 다음에 해당하는 사유를 고려하여 아래 2.의 개별기준에 따른 행정처분을 가중하거나 감경할 수 있다. 이 경우 그 처분이 자격정지인 경우에는 그 처분기준의 2분의 1의 범위에서 가중(가중한 자격정지기간은 1년을 초과할 수 없다)하거나 감경할 수 있고, 자격취소인 경우(**필요적 자격취소에 해당하는 경우는 제외**한다)에는 **6개월 이상**의 자격정지처분으로 감경할 수 있다.
  ㉠ 가중사유
    ⓐ 위반행위가 고의나 중대한 과실에 따른 것으로 인정되는 경우
    ⓑ 위반의 내용과 정도가 중대하여 입주자등 소비자에게 주는 피해가 크다고 인정되는 경우
  ㉡ 감경사유
    ⓐ 위반행위가 사소한 부주의나 오류에 따른 것으로 인정되는 경우
    ⓑ 위반의 내용과 정도가 경미하여 입주자등 소비자에게 미치는 피해가 적다고 인정되는 경우
    ⓒ 위반행위자가 처음 위반행위를 한 경우로서 주택관리사로서 **3년 이상** 관리사무소장을 모범적으로 해 온 사실이 인정되는 경우
    ⓓ 위반행위자가 해당 위반행위로 검사로부터 기소유예처분을 받거나 법원으로부터 **선고유예**의 판결을 받은 경우
    ⓔ **중대한 과실**로 공동주택을 잘못 관리하여 소유자 및 사용자에게 재산상의 손해를 입힌 경우에 따른 자격정지처분을 하려는 경우로써 위반행위자가 「공동주택관리법 시행령」 제70조 각 호에 따른 손해배상책임을 보장하는 금액을 2배 이상 보장하는 보증보험가입·공제가입 또는 공탁을 한 경우

2. 개별기준 기출

위반행위	근거 법조문	행정처분기준		
		1차 위반	2차 위반	3차 위반
① 거짓이나 그 밖의 부정한 방법으로 자격을 취득한 경우	법 제69조 제1항 제1호	자격취소		
② 공동주택의 관리업무와 관련하여 금고 이상의 형을 선고받은 경우	법 제69조 제1항 제2호	자격취소		
③ 의무관리대상 공동주택에 취업한 주택관리사등이 다른 공동주택 및 상가·오피스텔 등 주택 외의 시설에 취업한 경우	법 제69조 제1항 제3호	자격취소		
④ 주택관리사등이 자격정지기간에 공동주택 관리업무를 수행한 경우	법 제69조 제1항 제4호	자격취소		
⑤ 고의 또는 중대한 과실로 공동주택을 잘못 관리하여 소유자 및 사용자에게 재산상의 손해를 입힌 경우	법 제69조 제1항 제5호			
㉠ 고의로 공동주택을 잘못 관리하여 소유자 및 사용자에게 재산상의 손해를 입힌 경우		자격정지 6개월	자격정지 1년	
㉡ 중대한 과실로 공동주택을 잘못 관리하여 소유자 및 사용자에게 재산상의 손해를 입힌 경우		자격정지 3개월	자격정지 6개월	자격정지 6개월
⑥ 주택관리사등이 업무와 관련하여 금품수수 등 부당이득을 취한 경우	법 제69조 제1항 제6호	자격정지 6개월	자격정지 1년	
⑦ 법 제90조 제4항을 위반하여 다른 사람에게 자기의 명의를 사용하여 이 법에서 정한 업무를 수행하게 하거나 자격증을 대여한 경우	법 제69조 제1항 제7호	자격취소		
⑧ 법 제93조 제1항에 따른 보고, 자료의 제출, 조사 또는 검사를 거부·방해 또는 기피하거나 거짓으로 보고를 한 경우	법 제69조 제1항 제8호			
㉠ 조사 또는 검사를 거부·방해 또는 기피하거나 거짓으로 보고를 한 경우		경고	자격정지 2개월	자격정지 3개월
㉡ 보고 또는 자료제출 등의 명령을 이행하지 않은 경우		경고	자격정지 1개월	자격정지 2개월
⑨ 법 제93조 제3항·제4항에 따른 감사를 거부·방해 또는 기피한 경우	법 제69조 제1항 제9호	경고	자격정지 2개월	자격정지 3개월

2. 청문의 실시

시·도지사는 주택관리사등의 자격취소 처분을 하려면 청문을 하여야 한다(공동주택관리법 제95조). 기출

> **관련법령** 청문(공동주택관리법 제95조)
>
> 국토교통부장관 또는 지방자치단체의 장은 다음의 어느 하나에 해당하는 처분을 하려면 청문을 실시하여야 한다.
> 1. 행위허가의 취소
> 2. 주택관리업의 등록말소
> 3. 주택관리사등의 자격취소

4 주택관리업자등의 교육

1. 교육대상자

(1) 배치 및 배치 전 교육

주택관리업자(법인인 경우에는 그 대표자를 말한다)와 관리사무소장으로 **배치받은 주택관리사등**은 국토교통부령(아래 2.)으로 정하는 바에 따라 **시·도지사**로부터 공동주택관리에 관한 교육과 윤리교육을 **받아야 한다**. 이 경우 관리사무소장으로 배치받으려는 주택관리사등은 국토교통부령(아래 2.)으로 정하는 바에 따라 공동주택관리에 관한 교육과 윤리교육을 **받을 수 있고**, 그 교육을 받은 경우에는 관리사무소장의 교육의무를 이행한 것으로 본다(공동주택관리법 제70조 제1항). 기출

(2) 휴면교육

관리사무소장으로 배치받으려는 주택관리사등이 배치예정일부터 직전 **5년 이내**에 관리사무소장·공동주택관리기구의 직원 또는 주택관리업자의 임직원으로서 종사한 경력이 없는 경우에는 국토교통부령(아래 2.)으로 정하는 바에 따라 **시·도지사**가 실시하는 공동주택관리에 관한 교육과 윤리교육을 이수하여야 관리사무소장으로 배치받을 수 있다. 이 경우 공동주택관리에 관한 교육과 윤리교육을 이수하고 관리사무소장으로 배치받은 주택관리사등에 대하여는 위 **(1)**에 따른 관리사무소장의 교육의무를 이행한 것으로 본다(공동주택관리법 제70조 제2항). 기출

(3) 보수교육

공동주택의 관리사무소장으로 배치받아 근무 중인 주택관리사등은 위 **(1)** 또는 **(2)**에 따른 교육을 받은 후 **3년마다** 국토교통부령[아래 2. (3)]으로 정하는 바에 따라 공동주택관리에 관한 교육과 윤리교육을 받아야 한다(공동주택관리법 제70조 제3항).

2. 교육기준

(1) 주택관리업자와 관리사무소장으로 배치받은 주택관리사등의 교육시기

위 1. (1)에 따라 주택관리업자(법인인 경우에는 그 대표자) 또는 관리사무소장으로 배치받은 주택관리사등은 다음의 구분에 따른 시기에 교육업무를 위탁받은 기관 또는 단체(이하 '교육수탁기관')로부터 공동주택관리에 관한 교육과 윤리교육을 받아야 한다. 이 경우 교육수탁기관은 관리사무소장으로 배치받으려는 주택관리사등에 대해서도 공동주택관리에 관한 교육과 윤리교육을 시행할 수 있다(공동주택관리법 시행규칙 제33조 제1항).기출

① **주택관리업자**: 주택관리업의 등록을 한 **날부터 3개월 이내**
② **관리사무소장**: 관리사무소장으로 **배치된 날**(주택관리사보로서 관리사무소장이던 사람이 주택관리사의 자격을 취득한 경우에는 그 자격취득일을 말한다)**부터 3개월 이내**

(2) 교육기간

위 1. (1), (2), (3)의 규정에 따른 교육기간은 3일로 한다. 이 경우 교육은 교육과정의 성격, 교육 여건 등을 고려하여 집합교육 또는 인터넷을 이용한 교육의 방법으로 실시할 수 있다(공동주택관리법 시행규칙 제33조 제4항).기출

(3) 교육에 포함되어야 할 사항

공동주택의 관리사무소장으로 배치받아 근무 중인 주택관리사등이 위 1. (3)에 따라 받는 공동주택관리에 관한 교육과 윤리교육에는 다음의 사항이 포함되어야 한다(공동주택관리법 시행규칙 제33조 제3항).

① 공동주택의 관리 책임자로서 필요한 관계 법령, 소양 및 윤리에 관한 사항
② 공동주택 주요 시설의 교체 및 수리방법 등 주택관리사로서 필요한 전문지식에 관한 사항
③ 공동주택의 하자보수 절차 및 분쟁해결에 관한 교육

(4) 교육실시의 공고 또는 통보

위 1. (1), (2), (3)의 규정에 따른 주택관리에 관한 교육 및 관리사무소장의 직무에 관한 교육에 관한 업무를 위탁받은 기관은 교육실시 10일 전에 교육의 일시·장소·기간·내용·대상자 그 밖에 교육에 관하여 필요한 사항을 공고하거나 관리주체에게 통보하여야 한다(공동주택관리법 시행규칙 제33조 제5항, 제7조 제4항).

CHAPTER 07 공동주택관리법상 벌칙사항

회독체크 1 2 3

CHAPTER 미리보기

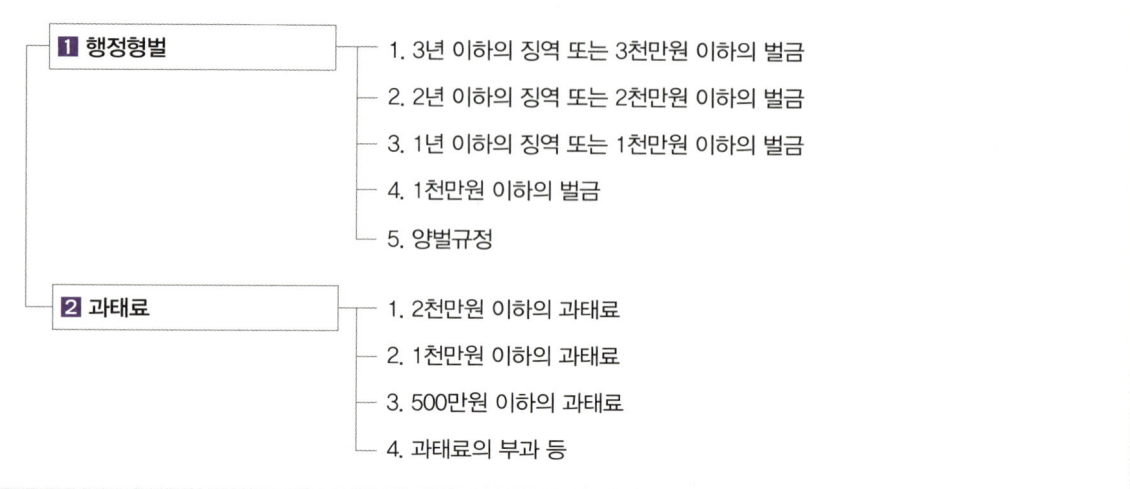

학습키워드

- 행정형벌
- 과태료

1 행정형벌

1. 3년 이하의 징역 또는 3천만원 이하의 벌금

공동주택의 관리와 관련하여 입주자대표회의(구성원을 포함한다)와 관리사무소장이 공모(共謀)하여 부정하게 재물 또는 재산상의 이익을 취득하거나 제공한 경우에는 3년 이하의 징역 또는 3천만원 이하의 벌금에 처한다. 다만, 그 위반행위로 얻은 이익의 100분의 50에 해당하는 금액이 3천만원을 초과하는 자는 3년 이하의 징역 또는 그 이익의 2배에 해당하는 금액 이하의 벌금에 처한다(공동주택관리법 제97조).

2. 2년 이하의 징역 또는 2천만원 이하의 벌금

다음의 어느 하나에 해당하는 자는 2년 이하의 징역 또는 2천만원 이하의 벌금에 처한다. 다만, ②에 해당하는 자로서 그 위반행위로 얻은 이익의 100분의 50에 해당하는 금액이 2천만원을 초과하는 자는 2년 이하의 징역 또는 그 이익의 2배에 해당하는 금액 이하의 벌금에 처한다(공동주택관리법 제98조).
① 등록을 하지 아니하고 주택관리업을 운영한 자 또는 거짓이나 그 밖의 부정한 방법으로 등록한 자 **기출**
② 공동주택의 관리와 관련하여 입주자등·관리주체·입주자대표회의·선거관리위원회(위원을 포함한다)가 부정하게 재물 또는 재산상의 이익을 취득하거나 제공한 자

3. 1년 이하의 징역 또는 1천만원 이하의 벌금

다음의 어느 하나에 해당하는 자는 1년 이하의 징역 또는 1천만원 이하의 벌금에 처한다(공동주택관리법 제99조). **기출**
① 회계감사를 받지 아니하거나 부정한 방법으로 받은 자
② 회계감사를 받는 관리주체로서 정당한 사유 없이 감사인의 자료열람·등사·제출 요구 또는 조사를 거부·방해·기피하는 행위, 감사인에게 거짓 자료를 제출하는 등 부정한 방법으로 회계감사를 방해하는 행위를 한 자
③ 회계장부 및 증빙서류를 작성 또는 보관하지 아니하거나 거짓으로 작성한 자
④ 용도 외 사용 등 행위 **허가기준을 위반**한 자(신고대상 행위를 신고하지 아니하고 행한 자는 제외한다)

⑤ 하자분쟁조정위원회의 위원과 하자분쟁조정위원회의 사무국 직원, 중앙분쟁조정위원회의 위원으로서 직무상 알게 된 비밀을 누설한 자
⑥ 주택관리업의 영업정지기간에 영업을 한 자나 주택관리업의 등록이 말소된 후 영업을 한 자
⑦ 주택관리사등의 자격을 취득하지 아니하고 관리사무소장의 업무를 수행한 자 또는 해당 자격이 없는 자에게 이를 수행하게 한 자
⑧ **다음의 어느 하나에 해당하는 자**
  ㉠ 다른 자에게 자기의 성명 또는 상호를 사용하여「공동주택관리법」에서 정한 사업이나 업무를 수행하게 하거나 자기의 등록증 또는 자격증을 빌려준 자
  ㉡ 다른 자의 성명 또는 상호를 사용하여 주택관리업 또는 주택관리사등의 업무를 수행하거나 다른 자의 등록증 또는 자격증을 빌린 자
  ㉢ 위 ㉠ 또는 ㉡의 행위를 알선한 자
⑨ 국토교통부장관 또는 지방자치단체의 장의 보고·검사나 지방자치단체의 장의 공동주택관리의 효율화와 입주자등의 보호를 위한 감사를 거부·방해 또는 기피한 자
⑩ 공사 중지 등의 명령을 위반한 자

4. 1천만원 이하의 벌금

다음의 어느 하나에 해당하는 자는 1천만원 이하의 벌금에 처한다(공동주택관리법 제100조).
① 관리기구가 갖추어야 할 기술인력 또는 장비를 갖추지 아니하고 관리행위를 한 자
② 주택관리사등을 배치하지 아니한 자 기출

5. 양벌규정

법인의 대표자나 법인 또는 개인의 대리인, 사용인, 그 밖의 종업원이 그 법인 또는 개인의 업무에 관하여 위 1.부터 3.까지의 어느 하나에 해당하는 위반행위를 하면 그 행위자를 벌하는 외에 그 법인 또는 개인에게도 해당 조문의 벌금형을 과(科)한다. 다만, 법인 또는 개인이 그 위반행위를 방지하기 위하여 해당 업무에 관하여 상당한 주의와 감독을 게을리하지 아니한 경우에는 그러하지 아니하다(공동주택관리법 제101조).

OX문제

주택관리사등의 배치규정을 위반하여 주택관리사등을 배치하지 아니한 자는 과태료 부과 대상이다. ( )

정답 ×

2 과태료

1. 2천만원 이하의 과태료 OX

하자보수보증금을 「공동주택관리법」에 따른 용도 외의 목적으로 사용한 자에게는 2천만원 이하의 과태료를 부과한다(공동주택관리법 제102조 제1항). 기출

2. 1천만원 이하의 과태료

다음의 어느 하나에 해당하는 자에게는 1천만원 이하의 과태료를 부과한다(공동주택관리법 제102조 제2항).
① 공동주택의 관리업무를 인계하지 아니한 자
② 수립되거나 조정된 장기수선계획에 따라 주요 시설을 교체하거나 보수하지 아니한 자 기출
③ 하자심사·분쟁조정위원회에서 하자가 있는 것으로 판정받은 하자를 보수하지 아니한 자
④ 주택관리업자가 아닌 자가 주택관리업 또는 이와 유사명칭을 사용한 자
⑤ 지방자치단체의 장의 공동주택관리의 효율화와 입주자등의 보호를 위한 보고 또는 자료 제출 등의 명령을 위반한 자
⑥ 관리사무소장의 업무에 대한 부당간섭 배제를 위반하여 관리사무소장을 해임하거나 해임하도록 주택관리업자에게 요구한 자
OX ⑦ 관리비·사용료와 장기수선충당금을 「공동주택관리법」에 따른 용도 외의 목적으로 사용한 자

3. 500만원 이하의 과태료

다음의 어느 하나에 해당하는 자에게는 500만원 이하의 과태료를 부과한다(공동주택관리법 제102조 제3항).
① 자치관리기구를 구성하지 아니한 자
② 전자입찰방식을 위반하여 주택관리업자 또는 사업자를 선정한 자
③ 의무관리대상 공동주택의 전환 및 제외, 관리방법의 결정 및 변경, 관리규약의 제정 및 개정, 입주자대표회의의 구성 및 변경 등의 신고를 하지 아니한 자

OX문제
하자보수보증금을 「공동주택관리법」에 따른 용도 외의 목적으로 사용한 자에게는 1천만원 이하의 과태료를 부과한다.
( )

OX문제
장기수선충당금을 「공동주택관리법」에 따른 용도 외의 목적으로 사용한 자는 2천만원 이하의 과태료에 처한다.
( )

정답 ×, ×

④ 입주자대표회의 회의록을 작성하여 보관하게 하지 아니한 자
⑤ 회의록의 열람 청구 또는 복사 요구에 응하지 아니한 자
⑥ 관리비등의 내역을 공개하지 아니하거나 거짓으로 공개한 자
⑦ 회계감사의 결과를 보고 또는 공개하지 아니하거나 거짓으로 보고 또는 공개한 관리주체
⑧ 회계감사 결과를 제출 또는 공개하지 아니하거나 거짓으로 제출 또는 공개한 감사인
⑨ 회계장부나 증빙서류 등의 정보에 대한 열람, 복사의 요구에 응하지 아니하거나 거짓으로 응한 자
⑩ 선정한 주택관리업자 또는 공사, 용역 등을 수행하는 사업자와의 계약서를 공개하지 아니하거나 거짓으로 공개한 자 기출
⑪ **장기수선계획을 수립하지 아니하거나 검토하지 아니한 자** 또는 장기수선계획에 대한 검토사항을 기록하고 보관하지 아니한 자
⑫ **장기수선충당금을 적립하지 아니한 자** 기출
⑬ 설계도서 등을 보관하지 아니하거나 시설의 교체 및 보수 등의 내용을 기록·보관·유지하지 아니한 자
⑭ 안전관리계획을 수립 또는 시행하지 아니하거나 교육을 받지 아니한 자
⑮ 안전점검을 실시하지 아니하거나 안전점검의 결과 건축물의 구조·설비의 안전도가 매우 낮아 재해 및 재난 등이 발생할 우려가 있는 경우에 입주자대표회의 또는 시장·군수·구청장에게 통보 또는 보고하지 아니하거나 필요한 조치를 하지 아니한 자
⑯ 용도 외 사용 등 행위를 신고하지 아니하고 행한 자
⑰ 하자보수에 대한 시정명령을 이행하지 아니한 자
⑱ **하자보수보증금의 사용내역 신고를 하지 않거나 거짓으로 신고한 자**
⑲ 하자보수청구 서류 등을 보관하지 아니한 자
⑳ 하자보수청구 서류 등을 제공하지 아니한 자
㉑ 공동주택의 하자보수청구 서류 등을 인계하지 아니한 자
㉒ 하자분쟁조정위원회의 출석요구를 따르지 아니한 안전진단기관 또는 관계 전문가
㉓ 하자분쟁조정위원회로부터 계속하여 2회의 출석 요구를 받고 정당한 사유 없이 출석하지 아니한 자 또는 출석하여 거짓으로 진술하거나 감정한 자

㉔ 하자분쟁조정위원회의 재정 사건을 심리하기 위해 제출을 요구받은 문서 또는 물건을 제출하지 아니하거나 거짓으로 제출한 자

㉕ 조정등에 대한 답변서를 하자분쟁조정위원회에 제출하지 아니한 자 또는 분쟁조정 신청에 대한 답변서를 중앙분쟁조정위원회에 제출하지 아니한 자

㉖ 하자분쟁조정위원회의 조정등에 응하지 아니한 자(입주자 및 임차인은 제외한다) 또는 중앙분쟁조정위원회의 분쟁조정에 응하지 아니한 자

㉗ 하자분쟁조정위원회 사무국 직원의 심사·조정 대상물 관련 자료의 조사·검사 및 열람을 거부하거나 방해한 자

OX ㉘ 주택관리업의 등록사항 변경신고를 하지 아니하거나 거짓으로 신고한 자 기출

㉙ 관리주체는 공동주택을 「공동주택관리법」 또는 「공동주택관리법」에 따른 명령에 따라 관리하여야 한다는 규정을 위반하여 관리한 자 기출

㉚ 관리사무소장의 배치 내용 및 직인의 신고·변경신고를 하지 아니한 자

㉛ 주택관리사등이 보증보험 등에 가입한 사실을 입증하는 서류를 제출하지 아니한 자

㉜ 주택관리업자등의 교육을 받지 아니한 자 기출

㉝ 국토교통부장관 또는 지방자치단체의 장은 필요하다고 인정할 때 「공동주택관리법」에 따라 허가를 받거나 신고·등록 등을 한 자에게 필요한 보고를 하게 하거나, 관계 공무원으로 하여금 사업장에 출입하여 필요한 검사를 하게 할 수 있다. 이 경우 보고 또는 검사의 명령을 위반한 자

㉞ 국토교통부장관 또는 지방자치단체의 장으로부터 통보받은 명령, 조사 또는 검사, 감사 결과 등의 내용을 공개하지 아니하거나 거짓으로 공개한 자 또는 열람, 복사 요구에 따르지 아니하거나 거짓으로 따른 자

> **OX문제**
>
> 주택관리업의 등록사항의 변경신고를 하지 아니한 자는 1년 이하의 징역 또는 1천만원 이하의 벌금형에 해당된다.
> ( )
>
> 정답 ×

4. 과태료의 부과 등

(1) 과태료의 부과

위 1.부터 3.까지의 규정에 따른 과태료는 대통령령[아래 (2)]으로 정하는 바에 따라 국토교통부장관 또는 지방자치단체의 장이 부과한다(공동주택관리법 제102조 제4항).

(2) 과태료의 부과기준

위 (1)에 따른 과태료의 부과기준은 다음 [별표 9]와 같다(공동주택관리법 시행령 제100조).

별표 9 　과태료 부과기준(공동주택관리법 시행령 제100조 관련)

1. 일반기준
   ① 위반행위의 횟수에 따른 과태료의 부과기준은 최근 **1년간** 같은 위반행위로 과태료를 부과처분받은 경우에 적용한다. 이 경우 기간의 계산은 위반행위에 대하여 과태료 부과처분을 받은 날과 그 처분 후 다시 같은 위반행위를 하여 적발된 날을 기준으로 한다.
   ② 위 ①에 따라 가중된 부과처분을 하는 경우 가중처분의 적용 차수는 그 위반행위 전 부과처분 차수(①에 따른 기간 내에 과태료 부과처분이 둘 이상 있었던 경우에는 높은 차수를 말한다)의 다음 차수로 한다.
   ③ 부과권자는 위반행위의 정도, 위반행위의 동기와 그 결과 등을 고려하여 2.에 따른 과태료 금액의 **2분의 1의 범위**에서 그 금액을 늘릴 수 있다. 다만, 과태료를 늘려 부과하는 경우에도 다음의 구분에 따른 금액을 넘을 수 없다.
   　㉠ 법 제102조 제1항 위반의 경우: 2천만원
   　㉡ 법 제102조 제2항 위반의 경우: 1천만원
   　㉢ 법 제102조 제3항 위반의 경우: 500만원
   ④ 부과권자는 다음의 어느 하나에 해당하는 경우에는 2.에 따른 과태료 금액의 **2분의 1의 범위**에서 그 금액을 줄일 수 있다. 다만, 과태료를 체납하고 있는 위반행위자의 경우에는 그 금액을 **줄일 수 없으며**, 감경 사유가 여러 개 있는 경우라도 감경의 범위는 과태료 금액의 2분의 1을 넘을 수 없다.
   　㉠ 위반행위자가 「질서위반행위규제법 시행령」 제2조의2 제1항 각 호의 어느 하나에 해당하는 경우
   　㉡ 위반행위자의 사소한 부주의나 오류 등으로 인한 것으로 인정되는 경우
   　㉢ 위반행위자가 위반행위를 바로 정정하거나 시정하여 해소한 경우
   　㉣ 그 밖에 위반행위의 정도, 위반행위의 동기와 그 결과 등을 고려하여 줄일 필요가 있다고 인정되는 경우

2. 개별기준

(단위: 만원)

위반행위	근거 법조문	과태료 금액		
		1차 위반	2차 위반	3차 이상 위반
① 법 제6조 제1항에 따른 자치관리기구를 구성하지 않은 경우	법 제102조 제3항 제1호	200		
② 법 제7조 제1항 또는 제25조를 위반하여 주택관리업자 또는 사업자를 선정한 경우	법 제102조 제3항 제2호	200	300	500
③ 법 제10조의2 제1항 본문 및 제4항에 따른 의무관리대상 공동주택의 전환 및 제외, 법 제11조 제3항에 따른 관리방법의 결정 및 변경, 법 제19조 제1항에 따른 관리규약의 제정 및 개정, 입주자대표회의 구성 및 변경 등의 신고를 하지 않은 경우	법 제102조 제3항 제3호			
㉠ 지연신고기간이 1개월 미만인 경우		50		
㉡ 지연신고기간이 1개월 이상인 경우		100		

④ 법 제13조를 위반하여 공동주택의 관리업무를 인계하지 않은 경우	법 제102조 제2항 제1호		1,000	
⑤ 법 제14조 제8항을 위반하여 회의록을 작성하여 보관하게 하지 않거나, 열람 청구 또는 복사 요구에 응하지 않은 경우	법 제102조 제3항 제4호	200	300	500
⑥ 법 제23조 제4항 또는 제5항을 위반하여 관리비등의 내역을 공개하지 않거나 거짓으로 공개한 경우	법 제102조 제3항 제5호	150	200	250
⑦ 법 제26조 제3항을 위반하여 회계감사의 결과를 보고 또는 공개하지 않거나 거짓으로 보고 또는 공개한 경우	법 제102조 제3항 제6호		300	
⑧ 법 제26조 제6항을 위반하여 회계감사 결과를 제출 또는 공개하지 않거나 거짓으로 제출 또는 공개한 경우	법 제102조 제3항 제6호의2		300	
⑨ 삭제 〈2019. 10. 22.〉				
⑩ 법 제27조 제3항을 위반하여 장부나 증빙서류 등의 정보에 대한 열람, 복사의 요구에 응하지 않거나 거짓으로 응한 경우	법 제102조 제3항 제8호	200	300	500
⑪ 법 제28조를 위반하여 계약서를 공개하지 않거나 거짓으로 공개한 경우	법 제102조 제3항 제9호	200	300	500
⑫ 법 제29조를 위반하여 장기수선계획을 수립하지 않거나 검토하지 않은 경우 또는 장기수선계획에 대한 검토사항을 기록하고 보관하지 않은 경우	법 제102조 제3항 제10호	200	300	500
⑬ 법 제29조 제2항을 위반하여 수립되거나 조정된 장기수선계획에 따라 주요 시설을 교체하거나 보수하지 않은 경우	법 제102조 제2항 제4호		1,000	
⑭ 법 제30조에 따른 장기수선충당금을 적립하지 않은 경우	법 제102조 제3항 제11호		200	
⑮ 법 제31조에 따라 설계도서 등을 보관하지 않거나 시설의 교체 및 보수 등의 내용을 기록·보관·유지하지 않은 경우	법 제102조 제3항 제12호	200	300	500
⑯ 법 제32조에 따른 안전관리계획을 수립 또는 시행하지 않거나 교육을 받지 않은 경우	법 제102조 제3항 제13호	100	150	150
⑰ 법 제33조 제1항에 따라 안전점검을 실시하지 않거나 같은 조 제2항에 따라 입주자대표회의 또는 시장·군수·구청장에게 통보 또는 보고하지 않거나 필요한 조치를 하지 않은 경우	법 제102조 제3항 제14호	200	300	500
⑱ 법 제35조 제1항 각 호의 행위를 신고하지 않고 한 경우	법 제102조 제3항 제15호	100	200	300
⑲ 법 제37조 제5항에 따른 하자보수에 대한 시정명령을 이행하지 않은 경우	법 제102조 제3항 제15호의2	300	400	500

위반행위	근거 법조문			
⑳ 법 제38조 제2항을 위반하여 하자보수보증금을 법에 따른 용도 외의 목적으로 사용한 경우	법 제102조 제1항	2,000		
㉑ 법 제38조 제2항에 따른 신고를 하지 않거나 거짓으로 신고한 경우	법 제102조 제3항 제16호	500		
㉒ 법 제38조의2 제1항을 위반하여 하자보수청구 서류 등을 보관하지 않은 경우	법 제102조 제3항 제16호의2	200	300	500
㉓ 법 제38조의2 제2항을 위반하여 하자보수청구 서류 등을 제공하지 않은 경우	법 제102조 제3항 제16호의3	200	300	500
㉔ 법 제38조의2 제3항을 위반하여 공동주택의 하자보수청구 서류 등을 인계하지 않은 경우	법 제102조 제3항 제16호의4	500		
㉕ 법 제43조 제3항에 따라 판정받은 하자를 보수하지 않은 경우	법 제102조 제2항 제5호	1,000		
㉖ 법 제43조 제6항을 위반하여 하자분쟁조정위원회의 출석요구에 응하지 않은 경우	법 제102조 제3항 제16호의5	300	400	500
㉗ 법 제44조의2 제3항에 따라 하자분쟁조정위원회로부터 계속하여 2회의 출석 요구를 받고 정당한 사유 없이 출석하지 않은 경우 또는 출석하여 거짓으로 진술하거나 감정한 경우	법 제102조 제3항 제16호의6	300	400	500
㉘ 법 제44조의2 제3항에 따라 제출을 요구 받은 문서 또는 물건을 제출하지 않거나 거짓으로 제출한 경우	법 제102조 제3항 제16호의7	300	400	500
㉙ 법 제46조 제2항에 따른 조정등에 대한 답변서를 하자분쟁조정위원회에 제출하지 않은 경우 또는 법 제75조 제1항에 따른 분쟁조정 신청에 대한 답변서를 중앙분쟁조정위원회에 제출하지 않은 경우	법 제102조 제3항 제17호	300	400	500
㉚ 법 제46조 제3항에 따른 조정등에 응하지 않은 경우 또는 법 제75조 제2항에 따른 분쟁조정에 응하지 않은 경우	법 제102조 제3항 제18호	300	400	500
㉛ 법 제51조 제1항에 따른 조사·검사 및 열람을 거부하거나 방해한 경우	법 제102조 제3항 제18호의2	300	400	500
㉜ 법 제52조 제1항에 따른 주택관리업의 등록사항 변경신고를 하지 않거나 거짓으로 신고한 경우	법 제102조 제3항 제19호			
㉠ 지연신고기간이 1개월 미만인 경우		50		
㉡ 지연신고기간이 1개월 이상인 경우		100		
㉢ 변경신고를 거짓으로 한 경우		150		

㉝ 법 제52조 제5항을 위반하여 유사 명칭을 사용한 경우	법 제102조 제2항 제6호	1,000		
㉞ 법 제63조 제2항을 위반하여 공동주택을 관리한 경우	법 제102조 제3항 제22호	300		
㉟ 법 제64조 제5항에 따른 배치 내용 및 직인의 신고 또는 변경신고를 하지 않은 경우	법 제102조 제3항 제23호			
㉠ 지연신고기간이 1개월 미만인 경우		50		
㉡ 지연신고기간이 1개월 이상인 경우		100		
㊱ 법 제65조 제5항을 위반하여 관리사무소장을 해임하거나 해임하도록 주택관리업자에게 요구한 경우	법 제102조 제2항 제8호	1,000		
㊲ 법 제66조 제3항(이 영 제71조에 따른 경우를 포함)에 따라 보증보험 등에 가입한 사실을 입증하는 서류를 제출하지 않은 경우	법 제102조 제3항 제24호	150		
㊳ 법 제70조에 따른 교육을 받지 않은 경우	법 제102조 제3항 제25호	150		
㊴ 법 제90조 제3항을 위반하여 관리비·사용료와 장기수선충당금을 법에 따른 용도 외의 목적으로 사용한 경우	법 제102조 제2항 제9호	1,000		
㊵ 법 제92조 제1항에 따른 보고 또는 검사의 명령을 위반한 경우	법 제102조 제3항 제26호	100	200	300
㊶ 법 제93조 제1항에 따른 보고 또는 자료제출 등의 명령을 위반한 경우	법 제102조 제2항 제7호	500	700	1,000
㊷ 법 제93조 제8항 또는 제94조 제3항을 위반하여 국토교통부장관 또는 지방자치단체의 장으로부터 통보받은 명령, 조사 또는 검사, 감사 결과 등의 내용을 공개하지 않거나 거짓으로 공개한 자 또는 열람, 복사 요구에 따르지 않거나 거짓으로 따른 자	법 제102조 제3항 제27호	200	300	500

CHAPTER 08 입주자관리

CHAPTER 미리보기

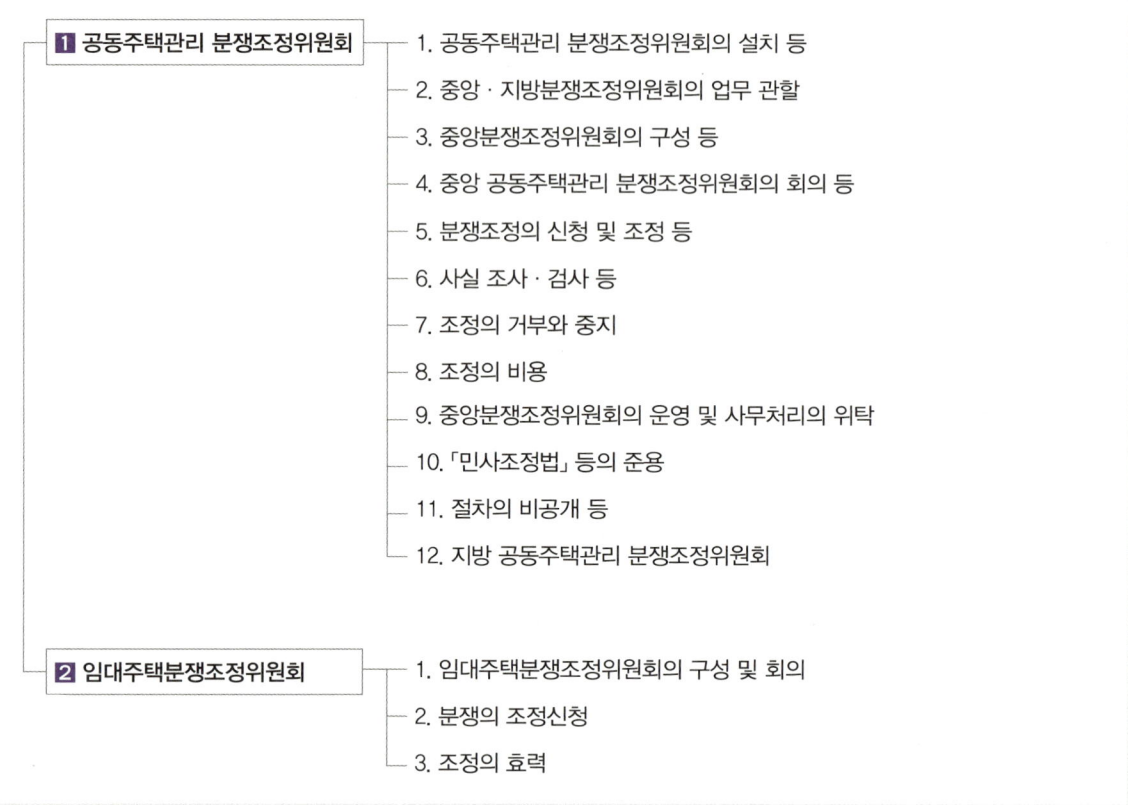

학습키워드
- 공동주택관리 분쟁조정위원회
- 임대주택분쟁조정위원회

1 공동주택관리 분쟁조정위원회

1. 공동주택관리 분쟁조정위원회의 설치 등

(1) 설치 OX

공동주택관리 분쟁(공동주택의 하자담보책임 및 하자보수 등과 관련한 분쟁은 제외한다. 이하 같다)을 조정하기 위하여 **국토교통부**에 중앙 공동주택관리 분쟁조정위원회(이하 '중앙분쟁조정위원회'라 한다)를 두고, **시·군·구**(자치구를 말하며, 이하 같다)에 지방 공동주택관리 분쟁조정위원회(이하 '지방분쟁조정위원회'라 한다)를 둔다. 다만, 공동주택 비율이 낮은 시·군·구로서 국토교통부장관이 인정하는 시·군·구의 경우에는 지방분쟁조정위원회를 두지 아니할 수 있다(공동주택관리법 제71조 제1항). 기출

(2) 심의·조정사항

공동주택관리 분쟁조정위원회는 다음의 사항을 심의·조정한다(공동주택관리법 제71조 제2항). 기출

① 입주자대표회의의 구성·운영 및 동별 대표자의 자격·선임·해임·임기에 관한 사항
② 공동주택관리기구의 구성·운영 등에 관한 사항
OX ③ **관리비·사용료 및 장기수선충당금** 등의 징수·사용 등에 관한 사항
OX ④ 공동주택(**공용부분**만 해당한다)의 유지·보수·개량 등에 관한 사항
OX ⑤ 공동주택의 **리모델링**에 관한 사항
OX ⑥ 공동주택의 **층간소음**에 관한 사항
OX ⑦ **혼합주택단지**에서의 분쟁에 관한 사항
⑧ 다른 법령에서 공동주택관리 분쟁조정위원회가 분쟁을 심의·조정할 수 있도록 한 사항
⑨ 그 밖에 공동주택의 관리와 관련하여 분쟁의 심의·조정이 필요하다고 대통령령 또는 시·군·구의 조례(지방분쟁조정위원회에 한정한다)로 정하는 사항

2. 중앙·지방분쟁조정위원회의 업무 관할

(1) 중앙분쟁조정위원회의 심의·조정사항

중앙분쟁조정위원회는 위 1. **(2)**의 사항 중 다음의 사항을 심의·조정한다(공동주택관리법 제72조 제1항, 동법 시행령 제82조의2).

OX문제

국토교통부에 중앙분쟁조정위원회를 두고, 시·도에 지방분쟁조정위원회를 둔다. ( )

OX문제

관리비·사용료 및 장기수선충당금 등의 징수·사용 등에 관한 사항은 공동주택관리 분쟁조정위원회의 심의·조정사항에 해당된다. ( )

OX문제

공동주택관리 분쟁조정위원회는 공동주택 전유부분의 유지·보수·개량 등에 관한 사항을 심의·조정할 수 있다. ( )

OX문제

공동주택관리 분쟁조정위원회는 공동주택의 리모델링과 재건축에 관한 사항을 심의·조정할 수 있다. ( )

OX문제

공동주택의 층간소음에 관한 사항은 공동주택관리 분쟁조정위원회의 심의사항에 해당하지 않는다. ( )

OX문제

공동주택의 하자담보책임 및 하자보수 등과 관련한 분쟁에 관한 사항은 공동주택관리 분쟁조정위원회의 심의·조정사항이다. ( )

정답 ×, ○, ×, ×, ×, ×

OX문제
둘 이상의 시·군·구의 관할구역에 걸친 분쟁으로서 300세대의 공동주택단지에서 발생한 분쟁은 지방분쟁조정위원회에서 관할한다. (   )

OX문제
분쟁당사자가 쌍방이 합의하여 중앙 공동주택관리 분쟁조정위원회에 조정을 신청하는 분쟁은 중앙 공동주택관리 분쟁조정위원회의 심의·조정사항에 해당된다. (   )

OX문제
300세대인 공동주택단지에서 발생한 분쟁은 중앙분쟁조정위원회에서 관할한다. (   )

OX문제
지방 공동주택관리 분쟁조정위원회는 해당 특별자치시·특별자치도·시·군·자치구의 관할구역에서 발생한 분쟁 중 중앙 공동주택관리 분쟁조정위원회의 심의·조정 대상인 분쟁 외의 분쟁을 심의·조정한다. (   )

OX문제
중앙분쟁조정위원회는 위원장 1명을 제외한 15명 이내의 위원으로 구성한다. (   )

중앙분쟁조정위원회를 구성할 때에는 성별을 고려하여야 한다. (   )

OX문제
중앙분쟁조정위원회에는 공인회계사·세무사·건축사의 자격이 있는 사람으로서 10년 이상 근무한 사람이 3명 이상 포함되어야 한다. (   )

정답 ×, ○, ×, ○, ×, ○, ×

OX ① 둘 이상의 시·군·구의 관할구역에 걸친 분쟁 기출
② 시·군·구에 지방분쟁조정위원회가 설치되지 아니한 경우 해당 시·군·구 관할 분쟁
OX ③ 분쟁당사자가 **쌍방이 합의**하여 중앙분쟁조정위원회에 조정을 신청하는 분쟁 기출
OX ④ 500세대 이상의 공동주택단지에서 발생한 분쟁 기출
⑤ 지방분쟁조정위원회가 스스로 조정하기 곤란하다고 결정하여 중앙분쟁조정위원회에 이송한 분쟁

(2) 지방분쟁조정위원회의 심의·조정사항 OX

지방분쟁조정위원회는 해당 시·군·구의 관할구역에서 발생한 분쟁 중 위 **(1)**에 따른 중앙분쟁조정위원회의 심의·조정 대상인 분쟁 외의 분쟁을 심의·조정한다(공동주택관리법 제72조 제2항). 기출

3. 중앙분쟁조정위원회의 구성 등

(1) 구성원 수 OX

① **구성원 수**: 중앙분쟁조정위원회는 위원장 1명을 포함한 15명 이내의 위원으로 구성한다(공동주택관리법 제73조 제1항). 기출
② **고려사항**: 중앙분쟁조정위원회를 구성할 때에는 **성별을 고려하여야** 한다(공동주택관리법 시행령 제82조 제1항). 기출

(2) 위원의 임명 또는 위촉

중앙분쟁조정위원회의 위원은 공동주택관리에 관한 학식과 경험이 풍부한 사람으로서 다음의 어느 하나에 해당하는 사람 중에서 국토교통부장관이 임명 또는 위촉한다. 이 경우 ③에 **해당하는 사람이 3명 이상** 포함되어야 한다(공동주택관리법 제73조 제2항, 동법 시행령 제82조의3).

① 1급부터 4급까지 상당의 공무원 또는 고위공무원단에 속하는 공무원
② 공인된 대학이나 연구기관에서 **부교수 이상** 또는 이에 상당하는 직에 재직한 사람
③ 판사·검사 또는 변호사의 직에 6년 이상 재직한 사람
OX ④ 공인회계사·세무사·건축사·감정평가사 또는 공인노무사의 자격이 있는 사람으로서 10년 이상 근무한 사람

⑤ 주택관리사로서 공동주택의 관리사무소장으로 10년 이상 근무한 사람
⑥ 「민사조정법」 제10조 제1항에 따른 조정위원으로서 같은 조 제3항에 따른 사무를 3년 이상 수행한 사람
⑦ 국가, 지방자치단체, 「공공기관의 운영에 관한 법률」에 따른 공공기관 및 「비영리민간단체 지원법」에 따른 비영리민간단체에서 공동주택관리 관련 업무에 5년 이상 종사한 사람

(3) 위원장의 임명 등

① **위원장의 임명**: 위원장은 국토교통부장관이 임명한다(공동주택관리법 제73조 제3항, 제40조 제5항).
② **임기**: 위원장과 공무원이 아닌 위원의 임기는 2년으로 하되 **연임**할 수 있으며, 보궐위원의 임기는 전임자의 남은 임기로 한다(공동주택관리법 제73조 제3항, 제40조 제8항).
③ **위원의 해촉**: 중앙분쟁조정위원회의 위원 중 공무원이 아닌 위원은 다음에 해당하는 경우를 제외하고는 본인의 의사에 반하여 해촉되지 아니한다(공동주택관리법 제73조 제3항, 제40조 제9항).
  ㉠ 신체상 또는 정신상의 장애로 직무를 수행할 수 없는 경우
  ㉡ 「국가공무원법」 제33조 각 호의 어느 하나에 해당하는 경우
  ㉢ 그 밖에 직무상의 의무 위반 등 대통령령으로 정하는 해촉 사유에 해당하는 경우

(4) 위원장의 직무 및 직무대행

위원장은 중앙분쟁조정위원회를 대표하고 그 직무를 총괄한다. 다만, 위원장이 부득이한 사유로 직무를 수행할 수 없는 경우에는 위원장이 미리 지명한 위원 순으로 그 직무를 대행한다(공동주택관리법 제73조 제4항, 제40조 제10항).

(5) 위원의 제척 등

① **제척사유**: 중앙분쟁조정위원회의 위원이 다음의 어느 하나에 해당하는 경우에는 그 사건의 조정등에서 **제척**된다(공동주택관리법 제73조 제5항, 제41조 제1항).
  ㉠ 위원 또는 그 배우자나 배우자였던 사람이 해당 사건의 당사자가 되거나 해당 사건에 관하여 공동의 권리자 또는 의무자의 관계에 있는 경우
  ㉡ 위원이 해당 사건의 당사자와 친족관계에 있거나 있었던 경우

OX문제
주택관리사로서 공동주택의 관리사무소장으로 5년 이상 근무한 사람은 중앙분쟁조정위원회의 위원으로 임명 또는 위촉될 수 있다. ( )

고득점 심화학습
「민사조정법」 제10조 제1항·제3항
① 조정위원은 고등법원장, 지방법원장 또는 지방법원지원장이 학식과 덕망이 있는 사람 중에서 미리 위촉한다. 다만, 상임조정위원은 변호사 자격이 있는 사람으로서 대법원규칙으로 정하는 일정한 경력을 가진 사람 중에서 법원행정처장이 위촉한다.
③ 제1항에 따른 조정위원은 다음 각 호의 사무를 수행한다.
1. 조정에 관여하는 일
2. 조정담당판사 또는 조정장의 촉탁(囑託)을 받아 제7조 제6항에서 정한 사무를 수행하는 일

정답 ×

ⓒ 위원이 해당 사건에 관하여 증언을 한 경우
ⓔ 위원이 해당 사건에 관하여 당사자의 대리인으로서 관여하였거나 관여한 경우
ⓜ 위원이 해당 사건의 원인이 된 처분 또는 부작위에 관여한 경우
ⓑ 위원이 최근 3년 이내에 해당 사건의 당사자인 법인 또는 단체의 임원 또는 직원으로 재직하거나 재직하였던 경우
ⓢ 위원이 속한 법인 또는 단체(최근 3년 이내에 속하였던 경우를 포함한다)가 해당 사건에 관하여 설계, 감리, 시공, 자문, 감정 또는 조사를 수행한 경우
ⓞ 위원이 최근 3년 이내에 해당 사건 당사자인 법인 또는 단체가 발주한 설계, 감리, 시공, 감정 또는 조사를 수행한 경우

② **제척결정**: 중앙분쟁조정위원회는 제척의 원인이 있는 경우에는 직권 또는 당사자의 신청에 따라 제척결정을 하여야 한다(공동주택관리법 제73조 제5항, 제41조 제2항).

③ **기피신청**: 당사자는 위원에게 공정한 조정등을 기대하기 어려운 사정이 있는 경우에는 중앙분쟁조정위원회에 기피신청을 할 수 있으며, 중앙분쟁조정위원회는 기피신청이 타당하다고 인정하면 기피결정을 하여야 한다(공동주택관리법 제73조 제5항, 제41조 제3항).

④ **회피**: 위원은 위 ① 또는 ③의 사유에 해당하는 경우에는 스스로 그 사건의 조정등에서 **회피**(回避)하여야 한다(공동주택관리법 제73조 제5항, 제41조 제4항).

⑤ **조정등의 절차의 중지**: 중앙분쟁조정위원회는 위 ③에 따른 기피신청을 받으면 그 신청에 대한 결정을 할 때까지 조정등의 절차를 중지하여야 하고, 기피신청에 대한 결정을 한 경우 지체 없이 당사자에게 통지하여야 한다(공동주택관리법 제73조 제5항, 제41조 제5항).

(6) 개의 및 의결 정족수

중앙분쟁조정위원회의 회의는 재적위원 과반수의 출석으로 개의하고, 출석위원 과반수의 찬성으로 의결한다(공동주택관리법 제73조 제6항).

(7) 소관사무 처리절차

중앙분쟁조정위원회는 위원회의 소관사무 처리절차와 그 밖에 위원회의 운영에 관한 규칙을 정할 수 있다(공동주택관리법 제73조 제7항).

4. 중앙 공동주택관리 분쟁조정위원회의 회의 등

(1) 위임규정

중앙분쟁조정위원회의 구성 및 운영 등에 필요한 사항은 **대통령령**[아래 **(2)**]으로 정한다(공동주택관리법 제73조 제8항).

(2) 중앙 공동주택관리 분쟁조정위원회의 회의 등

① **회의사항의 고지**: 중앙분쟁조정위원회의 위원장은 위원회의 회의를 소집하려면 특별한 사정이 있는 경우를 제외하고는 회의 개최 3일 전까지 회의의 일시·장소 및 심의안건을 각 위원에게 서면(전자우편을 포함한다)으로 알려야 한다(공동주택관리법 시행령 제82조 제2항).

② **사건의 분리 또는 병합**: 중앙분쟁조정위원회는 조정을 효율적으로 하기 위하여 필요하다고 인정하면 해당 사건들을 분리하거나 병합할 수 있다(공동주택관리법 시행령 제82조 제3항). 기출

③ **분리 또는 병합의 고지**: 중앙분쟁조정위원회는 위 ②에 따라 해당 사건들을 분리하거나 병합한 경우에는 조정의 당사자에게 지체 없이 서면으로 그 뜻을 알려야 한다(공동주택관리법 시행령 제82조 제4항). 기출

④ **자료제출의 요청**: 중앙분쟁조정위원회는 조정을 위하여 필요하다고 인정하면 당사자에게 증거서류 등 관련 자료의 제출을 요청할 수 있다(공동주택관리법 시행령 제82조 제5항).

⑤ **출석요청**: 중앙분쟁조정위원회는 당사자나 이해관계인을 중앙분쟁조정위원회에 출석시켜 의견을 들으려면 회의 개최 5일 전까지 서면(전자우편을 포함한다)으로 출석을 요청하여야 한다. 이 경우 출석을 요청받은 사람은 출석할 수 없는 부득이한 사유가 있는 경우에는 미리 서면으로 의견을 제출할 수 있다(공동주택관리법 시행령 제82조 제6항).

⑥ **그 밖의 필요사항**: 위 ①부터 ⑤까지에서 규정한 사항 외에 중앙분쟁조정위원회의 운영 등 필요한 사항은 중앙분쟁조정위원회의 의결을 거쳐 위원장이 정한다(공동주택관리법 시행령 제82조 제7항).

⑦ **중앙분쟁조정시스템**: 국토교통부장관은 분쟁조정 사건을 전자적 방법으로 접수·통지 및 송달하거나, 민원상담 및 홍보 등을 인터넷을 이용하여 처리하기 위하여 **중앙분쟁조정시스템**을 구축·운영할 수 있다(공동주택관리법 시행령 제82조 제8항).

OX문제

중앙분쟁조정위원회는 조정을 효율적으로 하기 위하여 필요하다고 인정하면 해당 사건을 분리하거나 병합할 수 있다. ( )

OX문제

중앙분쟁조정위원회는 해당 사건들을 분리하거나 병합한 경우에는 조정의 당사자로부터 지체 없이 동의를 받아야 한다. ( )

정답 ○, ×

(3) 수당 등

중앙분쟁조정위원회 위원에 대해서는 예산의 범위에서 업무수행에 따른 수당, 여비 및 그 밖에 필요한 경비를 지급할 수 있다. 다만, 공무원인 위원이 소관업무와 직접 관련하여 회의에 출석하는 경우에는 그러하지 아니하다(공동주택관리법 시행령 제86조, 제55조).

5. 분쟁조정의 신청 및 조정 등

(1) 조정의 신청 등

① **조정의 신청**: 위 1. (2)의 사항에 대하여 분쟁이 발생한 때에는 중앙분쟁조정위원회에 조정을 신청할 수 있다(공동주택관리법 제74조 제1항).

② **선정대표자**

  ㉠ **대표자의 선정**: 신청한 조정등의 사건 중에서 여러 사람이 공동으로 조정등의 당사자가 되는 사건(이하 '단체사건'이라 한다)의 경우에는 그중에서 **3명 이하의 사람**을 대표자로 선정할 수 있다(공동주택관리법 시행령 제83조, 제46조 제1항). 기출

  ㉡ **대표자 선정의 권고**: 중앙분쟁조정위원회는 단체사건의 당사자들에게 위 ㉠에 따라 대표자를 선정하도록 **권고할 수 있다**(공동주택관리법 시행령 제83조, 제46조 제2항).

  ㉢ **선정대표자의 권한**: 위 ㉠에 따라 선정된 대표자(이하 '선정대표자'라 한다)는 위 ①에 따라 신청한 조정등에 관한 권한을 갖는다. 다만, **신청을 철회하거나 조정안을 수락하려는 경우에는 서면으로 다른 당사자의 동의를 받아야 한다**(공동주택관리법 시행령 제83조, 제46조 제3항).

  ㉣ **해당 사건에 관한 행위**: 대표자가 선정되었을 때에는 다른 당사자들은 특별한 사유가 없으면 그 선정대표자를 통하여 해당 사건에 관한 행위를 하여야 한다(공동주택관리법 시행령 제83조, 제46조 제4항).

  ㉤ **선정결과의 제출**: 대표자를 선정한 당사자들은 그 선정결과를 국토교통부령(아래 ㉥)으로 정하는 바에 따라 중앙분쟁조정위원회에 제출하여야 한다. 선정대표자를 해임하거나 변경한 경우에도 또한 같다(공동주택관리법 시행령 제83조, 제46조 제5항).

  ㉥ **선정대표자의 선임계**: 분쟁조정 사건에 대하여 대표자를 선정, 해임 또는 변경한 당사자들은 선정대표자 선임(해임·변경)계를 중앙분쟁조정위원회에 제출하여야 한다(공동주택관리법 시행규칙 제36조).

OX문제

분쟁조정위원회는 여러 사람이 공동으로 조정의 당사자가 되는 사건의 당사자들에게 3명 이하의 사람을 대표자로 선정하도록 권고할 수 있다.
( )

정답 ○

③ **분쟁조정신청서의 제출**: 위 ①에 따라 조정을 신청하려는 자는 공동주택관리 분쟁조정 신청서에 다음의 서류를 첨부하여 중앙분쟁조정위원회에 제출해야 한다. 이 경우 전자적 방법으로 필요한 서류를 제출할 수 있다(공동주택관리법 시행규칙 제34조 제1항).
  ㉠ 당사자간 교섭경위서(공동주택관리 분쟁이 발생한 때부터 조정을 신청할 때까지 해당 분쟁사건의 당사자간 일정별 교섭내용과 그 입증자료를 말한다) 1부
  ㉡ 신청인의 신분증 사본(대리인이 신청하는 경우에는 신청인의 위임장 및 인감증명서 또는 본인서명사실 확인 등에 관한 법률 제2조 제3호에 따른 본인서명사실확인서와 대리인의 신분증 사본을 말한다) 각 1부
  ㉢ 입주자대표회의가 신청하는 경우에는 그 구성신고를 증명하는 서류 1부
  ㉣ 관리사무소장이 신청하는 경우에는 관리사무소장 배치 및 직인 신고 증명서 사본 1부
  ㉤ 그 밖에 조정에 참고가 될 수 있는 객관적인 자료

(2) 조정의 개시 등

중앙분쟁조정위원회는 위 **(1)**의 ①에 따라 조정의 신청을 받은 때에는 지체 없이 조정의 절차를 개시하여야 한다. 이 경우 중앙분쟁조정위원회는 필요하다고 인정하면 당사자나 이해관계인을 중앙분쟁조정위원회에 출석하게 하여 의견을 들을 수 있다(공동주택관리법 제74조 제2항).

(3) 분쟁조정 신청에 대한 상대방 통지 의무

① **상대방 통지**: 중앙분쟁조정위원회는 당사자 일방으로부터 조정등의 신청을 받은 때에는 그 신청내용을 상대방에게 통지하여야 한다(공동주택관리법 제75조 제1항, 제46조 제1항).
② **통지방법**: 중앙분쟁조정위원회는 조정의 신청을 받은 때에는 즉시 공동주택관리 분쟁조정 사건 통지서에 다음의 서류를 첨부하여 상대방에게 보내야 한다(공동주택관리법 시행규칙 제34조 제2항).
  ㉠ 신청인이 제출한 공동주택관리 분쟁조정 신청서 사본
  ㉡ 공동주택관리 분쟁조정 사건 답변서 제출 서식

(4) 통지를 받은 상대방의 답변서 제출 의무

① **답변서 제출 기한**: 위 (3)의 ①에 따라 통지를 받은 상대방은 신청내용에 대한 답변서를 특별한 사정이 없으면 10일 이내에 중앙분쟁조정위원회에 제출하여야 한다(공동주택관리법 제75조 제1항, 제46조 제2항).

② **제출방법**: 위 (3)의 ②에 따른 통지를 받은 상대방은 공동주택관리 분쟁조정 사건 답변서를 작성하여 중앙분쟁조정위원회에 제출하여야 한다(공동주택관리법 시행규칙 제34조 제3항).

(5) 분쟁조정에 응할 의무 OX

중앙분쟁조정위원회로부터 분쟁조정 신청에 관한 통지를 받은 입주자대표회의(구성원을 포함한다)와 관리주체는 분쟁조정에 응하여야 한다(공동주택관리법 제75조 제2항). 기출

(6) 조정기간 등

① **조정기간**: 중앙분쟁조정위원회는 위 (2)에 따른 조정절차를 개시한 날부터 30일 이내에 그 절차를 완료한 후 조정안을 작성하여 지체 없이 이를 각 당사자에게 제시하여야 한다. 다만, 부득이한 사정으로 30일 이내에 조정절차를 완료할 수 없는 경우 중앙분쟁조정위원회는 그 기간을 연장할 수 있다. 이 경우 그 사유와 기한을 명시하여 당사자에게 서면으로 통지하여야 한다(공동주택관리법 제74조 제3항).

② **조정안의 기재사항**: 위 ①에 따른 조정안에는 다음의 사항을 기재하여야 한다(공동주택관리법 시행령 제84조 제1항).

  ㉠ 사건번호와 사건명
  ㉡ 당사자, 선정대표자, 대리인의 주소 및 성명(법인인 경우에는 본점의 소재지 및 명칭을 말한다)
  ㉢ 신청취지
  ㉣ 조정일자
  ㉤ 조정이유
  ㉥ 조정결과

(7) 조정안의 수락

OX ① **조정안의 수락기한**: 조정안을 제시받은 당사자는 그 제시를 받은 날부터 30일 이내에 그 수락 여부를 중앙분쟁조정위원회에 서면으로 통보하여야 한다. 이 경우 30일 이내에 의사표시가 없는 때에는 수락한 것으로 본다(공동주택관리법 제74조 제4항). 기출

OX문제

중앙분쟁조정위원회로부터 분쟁조정 신청에 관한 통지를 받은 입주자대표회의와 관리주체는 분쟁조정에 응하여야 한다. (   )

OX문제

조정안을 제시받은 당사자는 그 제시를 받은 날부터 60일 이내에 그 수락 여부를 중앙 공동주택관리 분쟁조정위원회에 서면으로 통보하여야 하며, 60일 이내에 의사표시가 없는 때에는 수락한 것으로 본다. (   )

정답 ○, ×

② **답변서의 제출**: 조정안을 제시받은 당사자는 위 ①에 따라 조정안 수락 여부 답변서를 중앙분쟁조정위원회에 제출하여야 한다(공동주택관리법 시행규칙 제34조 제4항).

(8) 조정서의 작성

① **조정서의 작성**: 당사자가 조정안을 수락하거나 수락한 것으로 보는 경우 중앙분쟁조정위원회는 조정서를 작성하고, 위원장 및 각 당사자가 서명·날인한 후 조정서 **정본**을 지체 없이 각 당사자 또는 그 대리인에게 송달하여야 한다. 다만, 수락한 것으로 보는 경우에는 각 당사자의 서명·날인을 생략할 수 있다(공동주택관리법 제74조 제5항).

② **조정서의 기재사항**: 위 ①에 따른 조정서에 기재할 사항은 다음과 같다(공동주택관리법 시행령 제84조 제2항).
  ㉠ 사건번호와 사건명
  ㉡ 당사자, 선정대표자, 대리인의 주소 및 성명(법인인 경우에는 본점의 소재지 및 명칭을 말한다)
  ㉢ 교부일자
  ㉣ 조정내용
  ㉤ 신청의 표시(신청취지 및 신청원인)

(9) 조정의 효력

당사자가 위 **(8)**의 ①에 따라 조정안을 수락하거나 수락한 것으로 보는 때에는 그 조정서의 내용은 **재판상 화해**와 동일한 효력을 갖는다. 다만, 당사자가 임의로 처분할 수 없는 사항에 관한 것은 그러하지 아니하다(공동주택관리법 제74조 제6항).

6. 사실 조사·검사 등

(1) 조사·검사

중앙분쟁조정위원회는 위원 또는 아래 **9. (2)**에 따른 중앙분쟁조정위원회의 운영 및 사무처리를 위한 조직(이하 '중앙분쟁조정위원회의 사무국'이라 한다)의 직원으로 하여금 해당 공동주택 등에 출입하여 조사·검사 및 열람하게 하거나 참고인의 진술을 들을 수 있도록 할 수 있다. 이 경우 당사자와 이해관계인은 이에 협조하여야 한다(공동주택관리법 제76조 제1항).

(2) 증표 제시

위 (1)에 따라 조사·검사 등을 하는 사람은 그 권한을 나타내는 증표를 지니고 이를 관계인에게 내보여야 한다(공동주택관리법 제76조 제2항).

7. 조정의 거부와 중지

(1) 조정의 거부

중앙분쟁조정위원회는 분쟁의 성질상 분쟁조정위원회에서 조정을 하는 것이 맞지 아니하다고 인정하거나 부정한 목적으로 신청되었다고 인정하면 그 조정을 거부할 수 있다. 이 경우 조정의 거부사유를 신청인에게 알려야 한다(공동주택관리법 제77조 제1항).

(2) 조정의 중지

중앙분쟁조정위원회는 신청된 사건의 처리절차가 진행되는 도중에 한쪽 당사자가 소를 제기한 경우에는 조정의 처리를 중지하고 이를 당사자에게 알려야 한다(공동주택관리법 제77조 제2항).

(3) 합의의 권고

중앙분쟁조정위원회는 분쟁조정 신청을 받으면 조정절차 계속 중에도 당사자에게 합의를 권고할 수 있다. 이 경우 권고는 조정절차의 진행에 영향을 미치지 아니한다(공동주택관리법 제77조 제3항, 제42조 제5항).

8. 조정의 비용

(1) 수수료

중앙분쟁조정위원회에 조정을 신청하는 자는 국토교통부장관이 정하여 고시하는 바에 따라 수수료를 납부하여야 한다(공동주택관리법 제74조 제8항).

(2) 비용 부담

조정등의 진행과정에서 다음의 비용이 발생할 때에는 당사자가 합의한 바에 따라 그 비용을 부담한다. 다만, 당사자가 합의하지 아니하는 경우에는 중앙분쟁조정위원회에서 부담비율을 정한다(공동주택관리법 시행규칙 제35조 제2항, 제24조).

① 조사, 분석 및 검사에 드는 비용
② 증인 또는 증거의 채택에 드는 비용

③ 통역 및 번역 등에 드는 비용
④ 그 밖에 조정등에 드는 비용

9. 중앙분쟁조정위원회의 운영 및 사무처리의 위탁

(1) 운영 및 사무처리의 위탁
국토교통부장관은 중앙분쟁조정위원회의 운영 및 사무처리를 고시로 정하는 기관 또는 단체에 위탁할 수 있다(공동주택관리법 제79조 제1항).

(2) 위임규정
위 **(1)**에 따른 중앙분쟁조정위원회의 운영 및 사무처리를 위한 조직 및 인력 등에 필요한 사항은 대통령령[아래 **(3)**]으로 정한다(공동주택관리법 제79조 제2항).

(3) 운영 및 사무처리
① **사무국의 설치 및 사무처리**: 위 **(1)**에 따른 기관 또는 단체(이하 '운영수탁자'라 한다)에 중앙분쟁조정위원회의 운영 및 사무처리를 위한 사무국을 두며, 사무국은 위원장의 명을 받아 사무를 처리한다(공동주택관리법 시행령 제85조 제1항).
② **조직 및 인력**: 위 **(2)**에 따라 위 ①에 따른 사무국의 조직 및 인력 등은 운영수탁자가 국토교통부장관의 승인을 받아 정한다(공동주택관리법 시행령 제85조 제2항).

(4) 경비의 출연 또는 보조
국토교통부장관은 예산의 범위에서 중앙분쟁조정위원회의 운영 및 사무처리에 필요한 경비를 위 **(1)**에 따른 수탁기관 또는 단체에 출연 또는 보조할 수 있다(공동주택관리법 제79조 제3항).

10. 「민사조정법」 등의 준용

(1) 「민사조정법」의 준용
중앙분쟁조정위원회는 분쟁의 조정등의 절차에 관하여 「공동주택관리법」에서 규정하지 아니한 사항 및 소멸시효의 중단에 관하여는 「민사조정법」을 준용한다(공동주택관리법 제78조, 제47조 제1항).

(2) 「민사소송법」의 준용

조정등에 따른 서류송달에 관하여는 「민사소송법」 제174조부터 제197조까지의 규정을 준용한다(공동주택관리법 제78조, 제47조 제2항).

11. 절차의 비공개 등

(1) 절차의 비공개

중앙분쟁조정위원회가 수행하는 조정등의 절차 및 의사결정과정은 공개하지 아니한다. 다만, 분과위원회 및 소위원회에서 공개할 것을 의결한 경우에는 그러하지 아니하다(공동주택관리법 제78조, 제50조 제1항).

(2) 비밀누설금지

중앙분쟁조정위원회의 위원과 중앙분쟁조정위원회의 사무국 직원으로서 그 업무를 수행하거나 수행하였던 사람은 조정등의 절차에서 직무상 알게 된 비밀을 누설하여서는 아니 된다(공동주택관리법 제78조, 제50조 제2항).

12. 지방 공동주택관리 분쟁조정위원회

(1) 위임규정 OX

지방분쟁조정위원회의 구성에 필요한 사항은 **대통령령**[아래 (3)]으로 정하며, 지방분쟁조정위원회의 회의·운영 등에 필요한 사항은 해당 **시·군·구의 조례**로 정한다(공동주택관리법 제80조 제3항). 기출

(2) 지방 공동주택관리 분쟁조정위원회의 구성

① **구성원 수**: 위 (1)에 따라 지방 공동주택관리 분쟁조정위원회(이하 '지방분쟁조정위원회'라 한다)는 위원장 1명을 포함하여 10명 이내의 위원으로 구성하되, 성별을 고려하여야 한다(공동주택관리법 시행령 제87조 제1항). 기출

② **위원의 위촉 또는 임명**: 지방분쟁조정위원회의 위원은 다음의 어느 하나에 해당하는 사람 중에서 해당 시장·군수·구청장이 위촉하거나 임명한다(공동주택관리법 시행령 제87조 제2항).

㉠ 해당 시·군 또는 구(자치구를 말한다) 소속 공무원

㉡ 법학·경제학·부동산학 등 주택 분야와 관련된 학문을 전공한 사람으로 대학이나 공인된 연구기관에서 조교수 이상 또는 이에 상당하는 직(職)에 있거나 있었던 사람

OX문제

지방분쟁조정위원회의 구성에 필요한 사항은 해당 시·군·구의 조례로 정한다. ( )

정답 ×

ⓒ 변호사·공인회계사·세무사·건축사·공인노무사의 자격이 있는 사람 또는 판사·검사
ⓔ 공동주택 관리사무소장으로 5년 이상 근무한 경력이 있는 주택관리사 기출
ⓜ 그 밖에 공동주택관리 분야에 대한 학식과 경험을 갖춘 사람
③ **위원장**: 지방분쟁조정위원회의 위원장은 위원 중에서 해당 **지방자치단체의 장이 지명**하는 사람이 된다(공동주택관리법 시행령 제87조 제3항).
④ **임기**: 공무원이 아닌 위원의 임기는 **2년**으로 한다. 다만, 보궐위원의 임기는 전임자의 남은 임기로 한다(공동주택관리법 시행령 제87조 제4항). 기출

(3) 준용규정

지방분쟁조정위원회의 위원 중 공무원이 아닌 위원이 본인의 의사에 반하여 해촉되지 아니할 권리, 위원의 제척·기피·회피에 관한 내용은 중앙분쟁조정위원회에 관한 규정을 준용한다(공동주택관리법 제80조 제1항).

(4) 조정의 효력 OX

분쟁당사자가 지방분쟁조정위원회의 조정결과를 수락한 경우에는 당사자 간에 **조정조서(調停調書)와 같은 내용의 합의가 성립된 것으로 본다**(공동주택관리법 제80조 제2항). 기출

> **OX문제**
> 분쟁당사자가 지방분쟁조정위원회의 조정결과를 수락한 경우에는 조정서의 내용은 재판상 화해와 동일한 효력을 갖는다. ( )

2 임대주택분쟁조정위원회

1. 임대주택분쟁조정위원회의 구성 및 회의

(1) 구성 등

① **구성**: 시장·군수·구청장은 임대주택(민간임대주택 및 공공임대주택을 말한다. 이하 같다)에 관한 학식 및 경험이 풍부한 자 등으로 임대주택분쟁조정위원회(이하 '조정위원회'라 한다)를 구성한다(민간임대주택에 관한 특별법 제55조 제1항). 기출

② **구성방법**

OX ⓐ **정원**: 조정위원회는 위원장 1명을 포함하여 **10명 이내**로 구성하되, 조정위원회의 운영, 절차 등에 필요한 사항은 대통령령으로 정한다(민간임대주택에 관한 특별법 제55조 제2항). 기출

> **OX문제**
> 위원회는 위원장 1명을 포함하여 20명 이내로 구성한다. ( )
>
> 임대주택분쟁조정위원회는 위원 중에 호선하는 위원장 1명을 포함하여 10명 이내로 구성한다. ( )
>
> 정답 ×, ×, ×

> **OX문제**
> 위원회의 위원장은 위원 중에서 호선한다. ( )

OX ⓛ **위원장**: 위원장은 해당 **지방자치단체의 장이 된다**(민간임대주택에 관한 특별법 제55조 제3항). 기출

ⓒ **위원**: 위원장을 제외한 위원은 다음의 어느 하나에 해당하는 사람 중에서 해당 시장·군수·구청장이 성별을 고려하여 임명하거나 위촉하되, 다음의 사람이 각각 1명 이상 포함되어야 하고, 공무원이 아닌 위원이 **6명 이상**이 되어야 한다(민간임대주택에 관한 특별법 제55조 제4항).

ⓐ 법학, 경제학이나 부동산학 등 주택 분야와 관련된 학문을 전공한 사람으로서 「고등교육법」 제2조 제1호·제2호 또는 제5호에 따른 학교에서 **조교수 이상**으로 **1년 이상** 재직한 사람

ⓑ 변호사, 공인회계사, 감정평가사 또는 세무사로서 해당 자격과 관련된 업무에 **1년 이상** 종사한 사람

ⓒ 「공동주택관리법」에 따른 주택관리사가 된 후 관련 업무에 **3년 이상** 근무한 사람

ⓓ 국가 또는 다른 지방자치단체에서 민간임대주택 또는 공공임대주택 사업의 인·허가 등 관련 업무를 수행하는 **5급 이상 공무원**으로서 해당 기관의 장이 추천한 사람 또는 해당 지방자치단체에서 민간임대주택 또는 공공임대주택 사업의 인·허가 등 관련 업무를 수행하는 **5급 이상 공무원**

ⓔ 한국토지주택공사 또는 지방공사에서 민간임대주택 또는 공공임대주택 사업 관련 업무에 종사하고 있는 임직원으로서 해당 기관의 장이 추천한 사람

ⓕ 임대주택과 관련된 시민단체 또는 소비자단체가 추천한 사람

ⓓ **부위원장**: 조정위원회의 부위원장은 위원 중에서 **호선**(互選)한다(민간임대주택에 관한 특별법 시행령 제44조 제2항).

OX ⓔ **임기**: 공무원이 아닌 위원의 임기는 **2년**으로 하며 **두 차례만 연임**할 수 있다(민간임대주택에 관한 특별법 제55조 제5항). 기출

③ **위원의 제척·기피·회피**

㉠ **제척 사유**: 조정위원회 위원이 다음의 어느 하나에 해당하는 경우에는 조정위원회의 심의·의결에서 **제척**(除斥)된다(민간임대주택에 관한 특별법 시행령 제44조 제4항, 제28조 제1항).

> **OX문제**
> 공무원이 아닌 위원의 임기는 1년으로 하며 연임할 수 있다. ( )

정답 ×, ×

ⓐ 위원이나 그 배우자 또는 배우자였던 사람이 해당 안건의 당사자(당사자가 법인·단체 등인 경우에는 그 임원을 포함한다. 이하 ⓐ 및 ⓑ에서 같다)이거나 그 안건의 당사자와 공동권리자 또는 공동의무자인 경우

ⓑ 위원이 해당 안건의 당사자와 친족인 경우

ⓒ 위원이 해당 안건에 관하여 증언, 진술, 자문, 연구, 용역 또는 감정(鑑定)을 한 경우

ⓓ 위원이나 위원이 속한 법인·단체 등이 해당 안건의 당사자의 대리인이거나 대리인이었던 경우

ⓒ **기피신청 사유**: 해당 안건의 당사자는 위원에게 공정한 심의·의결을 기대하기 어려운 사정이 있는 경우에는 위원회에 **기피**신청을 할 수 있고, 위원회는 의결로 이를 결정한다. 이 경우 기피신청의 대상인 위원은 그 의결에 참여하지 못한다(민간임대주택에 관한 특별법 시행령 제44조 제4항, 제28조 제2항).

ⓒ **회피 사유**: 위원이 위 ⓒ에 따른 제척 사유에 해당하는 경우에는 스스로 해당 안건의 심의·의결에서 **회피**(回避)하여야 한다(민간임대주택에 관한 특별법 시행령 제44조 제4항, 제28조 제3항).

④ **위원의 해촉**: 지정권자는 위촉위원이 다음의 어느 하나에 해당하는 경우에는 해당 위원을 해촉(解囑)할 수 있다(민간임대주택에 관한 특별법 시행령 제44조 제4항, 제29조).

ⓒ 심신쇠약으로 직무를 수행할 수 없게 된 경우

ⓒ 직무와 관련된 비위사실이 있는 경우

ⓒ 직무태만, 품위손상이나 그 밖의 사유로 인하여 위원으로 적합하지 아니하다고 인정되는 경우

ⓒ 위 ③의 ⓒ(제척 사유)의 어느 하나에 해당하는 데에도 불구하고 회피하지 아니한 경우

ⓒ 위원 스스로 직무를 수행하는 것이 곤란하다고 의사를 밝히는 경우

(2) 회의

① **회의 소집**: 조정위원회의 회의는 위원장이 소집한다(민간임대주택에 관한 특별법 시행령 제45조 제1항).

② **회의 관련 사항의 고지**: 위원장은 회의 개최일 2일 전까지 회의와 관련된 사항을 위원에게 알려야 한다(민간임대주택에 관한 특별법 시행령 제45조 제2항).기출

> **OX문제**
> 위원장은 회의 개최일 3일 전까지 회의와 관련된 사항을 위원에게 알려야 한다.
> ( )
>
> 정답 ×

③ **개의 및 의결 정족수**: 조정위원회의 회의는 재적위원 **과반수**의 출석으로 개의(開議)하고, 출석위원 **과반수**의 찬성으로 의결한다(민간임대주택에 관한 특별법 시행령 제45조 제3항).

④ **간사의 임명**: 위원장은 조정위원회의 사무를 처리하도록 하기 위하여 해당 지방자치단체에서 민간임대주택 또는 공공임대주택 관련 업무를 하는 직원 중 1명을 간사로 임명하여야 한다(민간임대주택에 관한 특별법 시행령 제45조 제4항).

⑤ **회의록**: 간사는 조정위원회의 회의록을 작성하여 「공공기록물 관리에 관한 법률」에 따라 보존하되, 그 회의록에는 다음의 사항이 포함되어야 한다(민간임대주택에 관한 특별법 시행령 제45조 제5항).
  ㉠ 회의 개최 일시와 장소
  ㉡ 출석위원의 서명부
  ㉢ 회의에 상정된 안건 및 회의 결과
  ㉣ 그 밖에 논의된 주요 사항

⑥ **수당 및 여비**: 조정위원회의 회의에 참석한 위원에게는 예산의 범위에서 수당과 여비 등을 지급할 수 있다. 다만, 공무원인 위원이 소관 업무와 직접적으로 관련되어 조정위원회에 출석하는 경우에는 그러하지 아니하다(민간임대주택에 관한 특별법 시행령 제45조 제6항).

⑦ **자료의 요청**: 조정위원회는 해당 민간임대주택 또는 공공임대주택의 분쟁을 조정하기 위하여 필요한 자료를 임대사업자 또는 공공주택사업자에게 요청할 수 있다(민간임대주택에 관한 특별법 시행령 제45조 제7항).

⑧ **운영세칙**: 「민간임대주택에 관한 특별법 시행령」에 규정된 사항 외에 조정위원회의 회의·운영 등에 필요한 사항은 조정위원회의 의결을 거쳐 위원장이 정한다(민간임대주택에 관한 특별법 시행령 제47조).

2. 분쟁의 조정신청

(1) 민간임대주택의 조정신청사항

임대사업자 또는 임차인대표회의는 다음의 어느 하나에 해당하는 분쟁에 관하여 조정위원회에 조정을 신청할 수 있다(민간임대주택에 관한 특별법 제56조 제1항, 동법 시행령 제46조). 기출
OX ① 임대료의 증액
② 민간임대주택의 관리

OX문제
임대료의 증액에 대한 분쟁에 관해서는 조정위원회가 직권으로 조정을 하여야 한다.
( )

정답 ×

③ **다음의 임차인대표회의와 임대사업자 간의 협의사항**
  OX ㉠ 민간임대주택 관리규약의 제정 및 개정
   ㉡ 관리비
   ㉢ 민간임대주택의 공용부분·부대시설 및 복리시설의 유지·보수
   ㉣ 임대료 증감
   ㉤ 하자보수
   ㉥ 공동주택의 관리에 관하여 임대사업자와 임차인대표회의가 합의한 사항
   ㉦ 임차인 외의 자에게 민간임대주택 주차장을 개방하는 경우 다음의 사항
     ⓐ 개방할 수 있는 주차대수 및 위치
     ⓑ 주차장의 개방시간
     ⓒ 주차료 징수 및 사용에 관한 사항
     ⓓ 그 밖에 주차장의 적정한 개방을 위해 필요한 사항

④ **다음의 어느 하나에 해당하는 임대사업자의 민간임대주택에 대한 분양전환, 주택관리, 주택도시기금 융자금의 변제 및 임대보증금 반환 등에 관한 사항**
  ㉠ 발행한 어음 및 수표를 기한까지 결제하지 못하여 어음교환소로부터 거래정지처분을 받은 임대사업자
  ㉡ 「주택도시기금법」에 따른 주택도시기금 융자금에 대한 이자를 6개월을 초과하여 내지 아니한 임대사업자
  ㉢ 임대보증금에 대한 보증에 가입하여야 하는 임대사업자로서 임대보증금에 대한 보증의 가입 또는 재가입이 거절된 이후 6개월이 지난 자
  ㉣ 모회사(상법 제342조의2에 따른 모회사를 말한다)가 위 ㉠의 처분을 받은 경우로서 자기자본 전부가 잠식된 임대사업자

(2) 공공임대주택의 조정신청사항

① 공공주택사업자 또는 임차인대표회의는 다음의 어느 하나에 해당하는 분쟁에 관하여 조정위원회에 조정을 신청할 수 있다(민간임대주택에 관한 특별법 제56조 제2항).
  OX ㉠ 위 **(1)**의 사항
  OX ㉡ 공공임대주택의 분양전환가격. 다만, 분양전환승인에 관한 사항은 제외한다. 기출

OX문제
임대사업자는 민간임대주택 관리규약의 개정에 대한 분쟁에 관하여 임대주택분쟁조정위원회에 조정을 신청할 수 있다. ( )

OX문제
공공주택사업자는 관리비를 둘러싼 분쟁에 관하여 임대주택분쟁조정위원회에 조정을 신청할 수 없다. ( )

OX문제
공공임대주택의 임차인대표회의는 공공주택사업자와 분양전환승인에 관하여 분쟁이 있는 경우 위원회에 조정을 신청할 수 있다. ( )

공공주택사업자 또는 임차인대표회의는 공공임대주택의 분양전환승인에 관한 사항의 분쟁에 관하여 조정위원회에 조정을 신청할 수 없다. ( )

임대사업자는 공공임대주택의 분양전환가격에 관한 분쟁에 대하여 임대주택분쟁조정위원회에 조정을 신청할 수 있다. ( )

정답 O, ×, ×, O, ×

> **OX문제**
> 임차인은 「공공주택 특별법」 제50조의3에 따른 우선 분양전환 자격에 대한 분쟁에 관하여 조정위원회에 조정을 신청할 수 없다. (   )

> **OX문제**
> 임대주택분쟁조정위원회가 제시한 조정안에 대하여 임차인대표회의가 동의하는 경우에는 임대사업자의 이의가 있더라도 조정조서와 같은 내용의 합의가 성립된 것으로 본다. (   )

OX ② 공공주택사업자, 임차인대표회의 또는 임차인은 「공공주택 특별법」에 따른 우선 분양전환 자격에 대한 분쟁에 관하여 조정위원회에 조정을 신청할 수 있다(민간임대주택에 관한 특별법 제56조 제3항). 기출

3. 조정의 효력 OX

임대사업자, 공공주택사업자, 임차인대표회의, 임차인이 조정위원회의 조정안을 받아들이면 당사자간에 **조정조서와 같은 내용의 합의가 성립된 것으로 본다**(민간임대주택에 관한 특별법 제57조). 기출

정답 ×, ×

CHAPTER 09 사무 및 인사관리

회독체크 1 2 3

CHAPTER 미리보기

- 제1절 | 사무관리
- 제2절 | 문서관리
  - 1 문서관리의 개념
  - 2 문서의 보존기간
- 제3절 | 노무관리
  - 1 근로기준법
  - 2 최저임금법
  - 3 근로자퇴직급여 보장법
  - 4 남녀고용평등과 일·가정 양립 지원에 관한 법률
  - 5 노동조합 및 노동관계조정법
- 제4절 | 사회보험
  - 1 고용보험 및 산업재해보상보험의 보험료징수 등에 관한 법률
  - 2 산업재해보상보험법
  - 3 고용보험법
  - 4 국민연금법
  - 5 국민건강보험법

학습키워드

- 문서의 보존
- 근로계약
- 부당해고등의 구제절차
- 임금
- 최저임금의 결정기준과 최저임금액
- 최저임금의 적용제외
- 「근로자퇴직급여 보장법」상 용어의 정의
- 퇴직급여제도의 설정
- 직장 내 성희롱의 금지 및 예방
- 일·가정의 양립지원
- 「노동조합 및 노동관계조정법」상 용어의 정의
- 노동조합
- 쟁의행위 등
- 「고용보험 및 산업재해보상보험의 보험료징수 등에 관한 법률」
- 「산업재해보상보험법」
- 「고용보험법」
- 연금급여

제1절 사무관리

1. 사무관리의 개념

일반적으로 '사무'라 함은 행정기관이나 경제조직 등의 업무 중에서 문서에 관련된 업무 또는 그 업무를 수행하는 행위를 말한다. 즉, 문서를 통한 기록행위를 의미하나, 공동주택의 사무관리는 이러한 문서관리 이외에 관리사무의 조직을 편성하고 그 업무사항을 분담하며, 이에 배치될 관리직원의 선발·채용 및 교육을 하는 인사관리를 포함한 광의의 업무행위를 말한다.

2. 사무관리의 목적

공동주택의 사무관리는 관리주체의 전문적·능률적인 업무수행을 통하여 입주자의 권익을 보호하는 데 있다고 할 수 있다.

공동주택을 관리하는 관리주체는 해당 공동주택단지를 능률적으로 관리하기 위하여 공동주택단지의 규모에 따라 그 실정에 적합하게 업무를 설정하고, 이에 따라 관리사무소의 편제를 적절히 편성하고 관리직원을 적재적소에 배치한다. 또한 업무처리방식 및 사업계획을 작성하여 공동주택관리에 필요한 문서를 정리하여 비치해야 하고 필요에 따라 언제든지 활용할 수 있도록 하여야 한다.

3. 사무관리의 기능

① 관리주체 업무의 계속성과 일관성을 유지한다.
② 관리주체 업무의 전문성과 효율성을 향상시킨다.
③ 관리업무에 대한 감사 및 감독의 근거자료를 확보한다.
④ 회계관리업무 및 회계처리에 대한 증거자료를 제공한다.
⑤ 궁극적으로 관리주체의 업무에 대한 신뢰성을 보장한다.

제2절 문서관리

1 문서관리의 개념

공동주택의 관리활동을 평소에 문서로 기록하고 정리하고 보존함으로써 일상의 관리를 일목요연하게 처리하는 활동을 문서관리라 한다. 이 문서는 사무활동의 중요한 매체가 되기 때문에 매우 긴요하며, 언제나 활용할 수 있도록 정리되어 있어야 한다.

2 문서의 보존기간 기출 OX

보존기간	문서의 종류
10년 보존	하자보수청구 서류 등(공동주택관리법) ① 하자보수청구 내용이 적힌 서류 ② 사업주체의 하자보수 내용이 적힌 서류 ③ 하자보수보증금 청구 및 사용 내용이 적힌 서류 ④ 하자분쟁조정위원회에 제출하거나 하자분쟁조정위원회로부터 받은 서류 ⑤ 그 밖에 입주자 또는 입주자대표회의의 하자보수청구 대행을 위하여 관리주체가 입주자 또는 입주자대표회의로부터 제출받은 서류
5년 보존	① 관리비등의 징수·보관·예치·집행 등 모든 거래행위에 관한 장부 및 증빙서류, 주택관리업자 및 사업자 선정 관련 증빙서류(**공동주택관리법**) ② 퇴직금의 중간정산지급 관련 증명서류(근로자퇴직급여 보장법)
3년 보존	① 근로자 명부 및 근로계약에 관한 중요한 서류(근로기준법) ② 노동조합의 회의록 및 재정에 관한 장부와 서류(노동조합 및 노동관계조정법) ③ 모집과 채용, 임금, 임금 외의 금품 등, 교육·배치 및 승진, 정년·퇴직 및 해고에 관한 서류, 직장 내 성희롱 예방 교육을 하였음을 확인할 수 있는 서류, 직장 내 성희롱 행위자에 대한 징계 등 조치에 관한 서류, 배우자 출산휴가의 고지 및 허용에 관한 서류, 육아휴직의 신청 및 허용에 관한 서류, 육아기 근로시간 단축의 신청 및 허용에 관한 서류, 허용하지 아니한 경우 그 사유의 통보 및 협의 서류, 육아기 근로시간 단축 중의 근로조건에 관한 서류(남녀고용평등과 일·가정 양립 지원에 관한 법률) ④ 급수관 세척·갱생·교체 등의 조치를 하였을 때 그와 관련된 자료(수도법) ⑤ 빗물사용량, 누수 및 정상가동 점검결과, 청소일시 등에 관한 자료(물의 재이용 촉진 및 지원에 관한 법률) ⑥ 개인하수처리시설의 방류수 수질 자가측정결과기록부(하수도법) ⑦ 어린이놀이시설의 안전점검실시대장 및 안전진단실시대장(어린이놀이시설 안전관리법)

OX문제

공동주택관리법령상 의무관리대상 공동주택 관리주체의 관리비등의 징수·보관·예치·집행 등 모든 거래행위에 관한 장부 및 그 증빙서류는 해당 회계연도 종료일부터 3년간 보관하여야 한다. (   )

근로기준법령상 근로자 명부는 해고되거나 퇴직 또는 사망한 날부터 2년간 보관하여야 한다. (   )

「남녀고용평등과 일·가정 양립 지원에 관한 법률」에 의하면 직장 내 성희롱 예방 교육을 실시해야 하는 사업주는 직장 내 성희롱 예방 교육을 실시하였음을 확인할 수 있는 서류를 1년간 보관하여야 한다. (   )

어린이놀이시설 안전관리법령상 어린이놀이시설의 안전점검실시대장은 최종 기재일부터 3년간 보관하여야 한다. (   )

수도법령상 저수조의 수질검사기록은 6개월간 보관하여야 한다. (   )

「공동주택관리법 시행규칙」에 의하면 공동주택단지에 설치된 영상정보처리기기의 촬영된 자료는 20일 이상 보관하여야 한다. (   )

정답 ×, ×, ×, ○, ×, ×

2년 보존	① 저수조 청소·위생점검·수질검사 및 조치결과의 기록(수도법) ② 소방시설등 자체점검 실시결과 보고서(소방시설등 점검표를 포함)(소방시설 설치 및 관리에 관한 법률) ③ 소방안전관리업무 수행에 관한 기록, 자위소방대 및 초기대응체계 교육·훈련실시 결과 기록부, 소방훈련·교육실시결과 기록부(화재의 예방 및 안전관리에 관한 법률) ④ 소독실시대장(감염병의 예방 및 관리에 관한 법률)
6개월	대기오염배출시설의 오염물질 자가측정기록·여과지·시료채취기록지(대기환경보전법)
1개월 이상	주차장에 설치된 폐쇄회로 텔레비전(네트워크 카메라 포함)의 촬영자료(주차장법)
30일 이상	공동주택에 설치된 영상정보처리기기의 촬영된 자료(공동주택관리법)
기타	「근로기준법」상 재해보상에 관한 중요서류: 재해보상이 끝나지 아니하거나 재해보상청구권이 시효로 소멸되기 전에 폐기하여서는 아니 된다.

제3절 노무관리

1 근로기준법

1. 「근로기준법」의 개념과 목적

(1) 「근로기준법」의 개념

① 개별적 근로관계에서 근로자의 보호를 목적으로 하는 법이다.
② 「근로기준법」상 개개의 근로자의 보호는 근로조건의 최저한도의 기준을 정함으로써 개개의 근로계약의 내용을 법정의 최저기준 이상의 범위에 한정하는 방법에 의한다.

(2) 「근로기준법」의 목적

「근로기준법」은 헌법에 따라 근로조건의 기준을 정함으로써 근로자의 기본적 생활을 보장, 향상시키며 균형 있는 국민경제의 발전을 꾀하는 것을 목적으로 한다(근로기준법 제1조).

2. 「근로기준법」의 적용범위

(1) 적용원칙 OX

「근로기준법」은 상시 5명 이상의 근로자를 사용하는 모든 사업 또는 사업

OX문제

동거하는 친족만을 사용하는 사업에도 「근로기준법」이 적용된다. (   )

정답 ×

장에 적용한다. 다만, 동거하는 친족만을 사용하는 사업 또는 사업장과 가사(家事) 사용인에 대하여는 적용하지 아니한다(근로기준법 제11조 제1항).

(2) 일부적용

상시 4명 이하의 근로자를 사용하는 사업 또는 사업장에 대하여는 대통령령(아래 별표 1)으로 정하는 바에 따라 「근로기준법」의 일부 규정을 적용할 수 있다(근로기준법 제11조 제2항).

별표 1	상시 4명 이하의 근로자를 사용하는 사업 또는 사업장에 적용하는 법 규정 (근로기준법 시행령 제7조 관련)
구분	적용 법규정
제1장 총칙	제1조(목적), 제2조(정의), 제3조(근로조건의 기준), 제4조(근로조건의 결정), 제5조(근로조건의 준수), 제6조(균등한 처우), 제7조(강제 근로의 금지), 제8조(폭행의 금지), 제9조(중간착취의 배제), 제10조(공민권 행사의 보장), 제11조(적용 범위), 제12조(적용 범위), 제13조(보고, 출석의 의무)
제2장 근로계약	제15조(이 법을 위반한 근로계약), 제17조(근로조건의 명시), 제18조(단시간근로자의 근로조건), 제19조(근로조건의 위반) 제1항, 제20조(위약 예정의 금지), 제21조(전차금 상계의 금지), 제22조(강제 저금의 금지), 제23조(해고 등의 제한) 제2항, 제26조(해고의 예고), 제36조(금품 청산), 제37조(미지급 임금에 대한 지연이자), 제38조(임금채권의 우선변제), 제39조(사용증명서), 제40조(취업 방해의 금지), 제41조(근로자의 명부), 제42조(계약 서류의 보존)
제3장 임금	제43조(임금 지급), 제43조의2(체불사업주 명단 공개), 제43조의3(임금등 체불자료의 제공), 제44조(도급 사업에 대한 임금 지급), 제44조의2(건설업에서의 임금 지급 연대책임), 제44조의3(건설업의 공사도급에 있어서의 임금에 관한 특례), 제45조(비상시 지급), 제47조(도급 근로자), 제48조(임금대장 및 임금명세서), 제49조(임금의 시효)
제4장 근로시간과 휴식	제54조(휴게), 제55조(휴일) 제1항, 제63조(적용의 제외)
제5장 여성과 소년	제64조(최저 연령과 취직인허증), 제65조(사용금지) 제1항·제3항(임산부와 18세 미만인 자로 한정한다), 제66조(연소자 증명서), 제67조(근로계약), 제68조(임금의 청구), 제69조(근로시간), 제70조(야간근로와 휴일근로의 제한) 제2항·제3항, 제71조(시간외 근로), 제72조(갱내근로의 금지), 제74조(임산부의 보호)
제6장 안전과 보건	제76조(안전과 보건)
제8장 재해보상	제78조(요양보상), 제79조(휴업보상), 제80조(장해보상), 제81조(휴업보상과 장해보상의 예외), 제82조(유족보상), 제83조(장례비), 제84조(일시보상), 제85조(분할보상), 제86조(보상 청구권), 제87조(다른 손해배상과의 관계), 제88조(고용노동부장관의 심사와 중재), 제89조(노동위원회의 심사와 중재), 제90조(도급사업에 대한 예외), 제91조(서류의 보존), 제92조(시효)

제11장 근로감독관 등	제101조(감독 기관), 제102조(근로감독관의 권한), 제103조(근로감독관의 의무), 제104조(감독 기관에 대한 신고), 제105조(사법경찰권 행사자의 제한), 제106조(권한의 위임)
제12장 벌칙	제107조부터 제116조까지의 규정(제1장부터 제6장까지, 제8장, 제11장의 규정 중 상시 4명 이하 근로자를 사용하는 사업 또는 사업장에 적용되는 규정을 위반한 경우로 한정한다)

3. 정의

(1) 근로자 OX

'근로자'란 직업의 종류와 관계없이 임금을 목적으로 사업이나 사업장에 근로를 제공하는 사람을 말한다(근로기준법 제2조 제1항 제1호).

(2) 사용자

'사용자'란 사업주 또는 사업 경영 담당자, 그 밖에 근로자에 관한 사항에 대하여 사업주를 위하여 행위하는 자를 말한다(근로기준법 제2조 제1항 제2호).

(3) 근로

'근로'란 정신노동과 육체노동을 말한다(근로기준법 제2조 제1항 제3호).

(4) 근로계약

'근로계약'이란 근로자가 사용자에게 근로를 제공하고 사용자는 이에 대하여 임금을 지급하는 것을 목적으로 체결된 계약을 말한다(근로기준법 제2조 제1항 제4호).

(5) 임금

'임금'이란 사용자가 근로의 대가로 근로자에게 임금, 봉급, 그 밖에 어떠한 명칭으로든지 지급하는 모든 금품을 말한다(근로기준법 제2조 제1항 제5호).

(6) 평균임금 OX

'평균임금'이란 이를 산정하여야 할 사유가 발생한 날 이전 3개월 동안에 그 근로자에게 지급된 임금의 총액을 그 기간의 총일수로 나눈 금액을 말한다. 근로자가 취업한 후 3개월 미만인 경우도 이에 준하며(근로기준법 제2조 제1항 제6호), 이와 같이 산출된 금액이 그 근로자의 통상임금보다 적으면 그 통상임금액을 평균임금으로 한다(동법 제2조 제2항). 기출

OX문제

「근로기준법」상 근로자란 직업의 종류를 불문하고 임금·급료, 기타 이에 준하는 수입에 의하여 생활하는 자를 말한다.
( )

• **노동법령상 근로자의 정의**
1. 「남녀고용평등과 일·가정 양립 지원에 관한 법률」제2조 제4호: '근로자'란 사업주에게 고용된 사람과 취업할 의사를 가진 사람을 말한다.
2. 「노동조합 및 노동관계조정법」제2조 제1호: '근로자'란 직업의 종류를 불문하고 임금·급료 기타 이에 준하는 수입에 의하여 생활하는 자를 말한다.

OX문제

평균임금이란 이를 산정할 사유가 발생한 날 이전 3개월 동안에 전체 근로자에게 지급된 임금의 총액을 그 기간의 총일수로 나눈 금액을 말한다.
( )

정답 ×, ×

(7) 통상임금

'통상임금'이란 근로자에게 **정기적**이고 **일률적**으로 소정근로 또는 총근로에 대하여 지급하기로 정한 시간급 금액, 일급 금액, 주급 금액, 월급 금액 또는 도급 금액을 말한다(근로기준법 시행령 제6조 제1항). 기출

(8) 1주

'1주'란 휴일을 포함한 **7일**을 말한다(근로기준법 제2조 제1항 제7호).

(9) 소정근로시간

'소정(所定)근로시간'이란 「근로기준법」 제50조, 동법 제69조 본문 또는 「산업안전보건법」 제139조 제1항에 따른 근로시간의 범위에서 근로자와 사용자 사이에 정한 근로시간을 말한다(근로기준법 제2조 제1항 제8호).

(10) 단시간근로자 OX

'단시간근로자'란 **1주** 동안의 소정근로시간이 그 사업장에서 같은 종류의 업무에 종사하는 통상 근로자의 **1주** 동안의 소정근로시간에 비하여 짧은 근로자를 말한다(근로기준법 제2조 제1항 제9호). 기출

4. 「근로기준법」상의 기본원칙

(1) 근로조건의 기준·결정·준수

① **근로조건의 기준**: 「근로기준법」에서 정하는 근로조건은 최저기준이므로 근로 관계 당사자는 이 기준을 이유로 근로조건을 **낮출 수 없다**(근로기준법 제3조).

② **근로조건의 결정**: 근로조건은 근로자와 사용자가 동등한 지위에서 자유의사에 따라 **결정하여야 한다**(근로기준법 제4조).

③ **근로조건의 준수**: 근로자와 사용자는 각자가 단체협약, 취업규칙과 근로계약을 지키고 성실하게 이행할 의무가 있다(근로기준법 제5조).

(2) 균등한 처우와 강제 근로 및 폭행 금지

① **균등한 처우**: 사용자는 근로자에 대하여 남녀의 성(性)을 이유로 차별적 대우를 하지 못하고, 국적·신앙 또는 사회적 신분을 이유로 근로조건에 대한 차별적 처우를 하지 못한다(근로기준법 제6조).

② **강제 근로의 금지**: 사용자는 폭행, 협박, 감금, 그 밖에 정신상 또는 신체상의 자유를 부당하게 구속하는 수단으로써 근로자의 자유의사에 어긋나는 근로를 강요하지 못한다(근로기준법 제7조).

OX문제

단시간근로자란 4주 동안의 총근로시간이 그 사업장에서 같은 종류의 업무에 종사하는 통상 근로자의 4주 동안의 총근로시간에 비하여 짧은 근로자를 말한다. (   )

정답 ×

③ **폭행의 금지**: 사용자는 사고의 발생이나 그 밖의 어떠한 이유로도 근로자에게 폭행을 하지 못한다(근로기준법 제8조).

(3) 중간착취의 배제

누구든지 법률에 따르지 아니하고는 영리로 다른 사람의 취업에 개입하거나 중간인으로서 이익을 취득하지 못한다(근로기준법 제9조).

(4) 공민권 행사의 보장

사용자는 근로자가 근로시간 중에 선거권, 그 밖의 공민권 행사 또는 공(公)의 직무를 집행하기 위하여 필요한 시간을 청구하면 거부하지 못한다. 다만, 그 권리행사나 공(公)의 직무를 수행하는 데에 지장이 없으면 청구한 시간을 변경할 수 있다(근로기준법 제10조).

5. 근로계약

(1) 근로조건의 명시

① **근로조건의 명시사항**: 사용자는 근로계약을 체결할 때에 근로자에게 다음의 사항을 명시하여야 한다. 근로계약 체결 후 다음의 사항을 변경하는 경우에도 또한 같다(근로기준법 제17조 제1항, 동법 시행령 제8조).

㉠ 임금
㉡ 소정근로시간
㉢ 휴일
㉣ 연차 유급휴가
㉤ 취업의 장소와 종사하여야 할 업무에 관한 사항
㉥ 업무의 시작과 종료 시각, 휴게시간, 휴일, 휴가 및 교대 근로에 관한 사항
㉦ 임금의 결정·계산·지급 방법, 임금의 산정기간·지급시기 및 승급(昇給)에 관한 사항
㉧ 가족수당의 계산·지급 방법에 관한 사항
㉨ 퇴직에 관한 사항
㉩ 「근로자퇴직급여 보장법」에 따라 설정된 퇴직급여, 상여 및 최저임금에 관한 사항
㉪ 근로자의 식비, 작업 용품 등의 부담에 관한 사항
㉫ 근로자를 위한 교육시설에 관한 사항

OX문제

「근로기준법」에 따른 연차 유급휴가는 사용자가 근로계약을 체결할 때에 근로자에게 명시하여야 할 사항에 해당한다. ( )

정답 O

ⓟ 출산전후휴가·육아휴직 등 근로자의 모성 보호 및 일·가정 양립 지원에 관한 사항

ⓗ 안전과 보건에 관한 사항

㉮ 근로자의 성별·연령 또는 신체적 조건 등의 특성에 따른 사업장 환경의 개선에 관한 사항

㉯ 업무상과 업무 외의 재해부조(災害扶助)에 관한 사항

㉰ 직장 내 괴롭힘의 예방 및 발생 시 조치 등에 관한 사항

㉱ 표창과 제재에 관한 사항

㉲ 사업장의 부속 기숙사에 근로자를 기숙하게 하는 경우에는 기숙사 규칙에서 정한 사항

② **근로조건의 서면명시 사항**: 사용자는 임금의 구성항목·계산방법·지급방법, 소정근로시간, 휴일, 연차 유급휴가에 관한 사항이 명시된 서면(전자문서 및 전자거래 기본법에 따른 전자문서를 포함한다)을 근로자에게 교부하여야 한다. 다만, 본문에 따른 사항이 단체협약 또는 취업규칙의 변경 등 대통령령으로 정하는 사유로 인하여 변경되는 경우에는 근로자의 요구가 있으면 그 근로자에게 교부하여야 한다(근로기준법 제17조 제2항).

③ **연소자의 근로계약**

㉠ 친권자나 후견인은 미성년자의 근로계약을 대리할 수 없다(근로기준법 제67조 제1항).

㉡ 친권자, 후견인 또는 고용노동부장관은 근로계약이 미성년자에게 불리하다고 인정하는 경우에는 이를 해지할 수 있다(근로기준법 제67조 제2항).

㉢ 사용자는 18세 미만인 사람과 근로계약을 체결하는 경우에는 위 ①에 따른 근로조건을 서면(전자문서 및 전자거래 기본법 제2조 제1호에 따른 전자문서를 포함한다)으로 명시하여 교부하여야 한다(근로기준법 제67조 제3항).

(2) 단시간근로자의 근로조건

① **근로조건의 결정**: 단시간근로자의 근로조건은 그 사업장의 같은 종류의 업무에 종사하는 통상 근로자의 근로시간을 기준으로 산정한 비율에 따라 결정되어야 한다(근로기준법 제18조 제1항).

OX문제

단체협약 또는 취업규칙의 변경으로 서면으로 명시해야 되는 사항이 변경되는 경우에는 근로자의 요구가 없더라도 서면명시 사항을 근로자에게 교부하여야 한다. (   )

OX문제

친권자는 미성년자의 근로계약을 대리할 수 있다.
(   )

정답 ×, ×

OX문제

4주 동안을 평균하여 1주 동안의 소정근로시간이 15시간 미만인 근로자의 경우 사용자는 통상 근로자의 근로시간을 기준으로 산정한 비율에 따라 연차 유급휴가를 주어야 한다.
( )

4주 동안을 평균하여 1주 동안의 소정근로시간이 15시간 이상인 근로자에 대하여는 「근로기준법」 제55조에 따른 휴일을 적용하지 아니한다.
( )

OX ② **초단시간근로자에 대한 근로조건의 적용제외**: 4주 동안(4주 미만으로 근로하는 경우에는 그 기간)을 평균하여 1주 동안의 소정근로시간이 **15시간 미만**인 근로자에 대하여는 **휴일과 연차 유급휴가를 적용하지 아니한다**(근로기준법 제18조 제3항).

③ **단시간근로자의 취업규칙**: 사용자는 단시간근로자에게 적용되는 취업규칙을 통상 근로자에게 적용되는 취업규칙과 **별도로 작성할 수 있다**(근로기준법 시행령 제9조 제1항 별표 2 제5호 가목).

(3) 근로조건의 위반

① **손해배상청구 및 계약의 해제**: 명시된 근로조건이 사실과 다를 경우에 근로자는 근로조건 위반을 이유로 손해의 배상을 청구할 수 있으며, 즉시 근로계약을 해제할 수 있다(근로기준법 제19조 제1항).

② **여비지급 등**: 위 ①에 따라 근로자가 손해배상을 청구할 경우에는 **노동위원회**에 신청할 수 있으며, 근로계약이 해제되었을 경우에는 사용자는 **취업**을 목적으로 거주를 변경하는 근로자에게 귀향 여비를 지급하여야 한다(근로기준법 제19조 제2항).

(4) 금지되는 근로조건

① **위약 예정의 금지**: 사용자는 근로계약 불이행에 대한 위약금 또는 손해배상액을 예정하는 계약을 **체결하지 못한다**(근로기준법 제20조).

OX ② **전차금 상계의 금지**: 사용자는 전차금(前借金)이나 그 밖에 근로할 것을 조건으로 하는 전대(前貸)채권과 임금을 **상계하지 못한다**(근로기준법 제21조).

③ **강제 저금의 금지**

㉠ 사용자는 근로계약에 덧붙여 강제 저축 또는 저축금의 관리를 규정하는 계약을 **체결하지 못한다**(근로기준법 제22조 제1항).

㉡ 사용자가 **근로자의 위탁**으로 저축을 관리하는 경우에는 다음의 사항을 지켜야 한다(근로기준법 제22조 제2항).

ⓐ 저축의 종류·기간 및 금융기관을 근로자가 결정하고, 근로자 본인의 이름으로 저축할 것

ⓑ 근로자가 저축증서 등 관련 자료의 열람 또는 반환을 요구할 때에는 즉시 이에 따를 것

OX문제

사용자는 전차금(前借金)이나 그 밖에 근로할 것을 조건으로 하는 전대(前貸)채권과 임금을 상계할 수 있다.
( )

정답 ×, ×, ×

(5) 근로계약의 효력

OX ① 「근로기준법」을 위반한 근로계약

　㉠ 「근로기준법」에서 정하는 기준에 미치지 못하는 근로조건을 정한 근로계약은 그 **부분에 한정하여 무효**로 한다(근로기준법 제15조 제1항).

　㉡ 위 ㉠에 따라 무효로 된 부분은 「근로기준법」에서 정한 기준에 따른다(근로기준법 제15조 제2항).

OX ② 취업규칙과의 관계: 취업규칙에서 정한 기준에 미달하는 근로조건을 정한 근로계약은 그 **부분에 관하여는 무효**로 한다. 이 경우 무효로 된 부분은 취업규칙에 정한 기준에 따른다(근로기준법 제97조).

(6) 근로계약종료에 따른 의무

① **금품 청산**: 사용자는 근로자가 사망 또는 퇴직한 경우에는 그 지급 사유가 발생한 때부터 14일 이내에 임금, 보상금, 그 밖의 모든 금품을 지급하여야 한다. 다만, 특별한 사정이 있을 경우에는 **당사자 사이의 합의**에 의하여 기일을 연장할 수 있다(근로기준법 제36조).

② **임금채권의 우선변제**

　㉠ 우선변제: 임금, 재해보상금, 그 밖에 근로관계로 인한 채권은 사용자의 총재산에 대하여 질권·저당권 또는 「동산·채권 등의 담보에 관한 법률」에 따른 담보권에 따라 담보된 채권 외에는 조세·공과금 및 다른 채권에 우선하여 변제되어야 한다. 다만, 질권·저당권 또는 「동산·채권 등의 담보에 관한 법률」에 따른 담보권에 우선하는 조세·공과금에 대하여는 그러하지 아니하다(근로기준법 제38조 제1항).

　㉡ 최우선변제: 위 ㉠에도 불구하고 다음의 어느 하나에 해당하는 채권은 사용자의 총재산에 대하여 질권·저당권 또는 「동산·채권 등의 담보에 관한 법률」에 따른 담보권에 따라 담보된 채권, 조세·공과금 및 다른 채권에 우선하여 변제되어야 한다(근로기준법 제38조 제2항).

　　ⓐ 최종 3개월분의 임금

　　ⓑ 재해보상금

OX ③ 사용증명서

　㉠ 사용증명서의 교부: 사용자는 근로자가 퇴직한 후라도 사용 기간, 업무 종류, 지위와 임금, 그 밖에 필요한 사항에 관한 증명서를 청구하면 사실대로 적은 증명서를 즉시 내주어야 한다(근로기준법 제39조 제1항).

OX문제

근로계약의 근로조건 중 일부가 「근로기준법」에서 정한 기준에 미치지 못하는 경우 그 근로계약은 전부가 무효가 된다. (　)

「근로기준법」에서 정하는 기준에 미치지 못하는 근로조건을 정한 근로계약은 그 계약 전부를 무효로 한다. (　)

OX문제

취업규칙에서 정한 기준보다 유리한 내용의 근로조건을 정한 근로계약은 그 부분에 관하여는 무효로 한다. (　)

• **임금채권의 최우선변제 순위**
1. 최종 3개월분의 임금과 재해보상금
2. 질권·저당권 또는 「동산·채권 등의 담보에 관한 법률」에 따른 담보권에 따라 담보된 채권에 우선하는 조세·공과금
3. 질권·저당권 또는 「동산·채권 등의 담보에 관한 법률」에 따른 담보권에 따라 담보된 채권
4. 임금채권(위 1.을 제외함)
5. 조세·공과금
6. 일반채권

OX문제

사용자는 근로자가 퇴직 후에도 사용증명서를 청구한 때에는 즉시 교부하여야 하며, 근로자가 요구하지 않는 사항일지라도 사실대로 정확하게 기입하여야 한다. (　)

정답 ×, ×, ×, ×

ⓒ **기재사항**: 사용증명서에는 근로자가 요구한 사항만을 적어야 한다(근로기준법 제39조 제2항).
　　　ⓒ **청구권자**: 사용증명서를 청구할 수 있는 자는 계속하여 30일 이상 근무한 근로자로 하되, 청구할 수 있는 기한은 퇴직 후 3년 이내로 한다(근로기준법 시행령 제19조).
　　④ **취업 방해의 금지**: 누구든지 근로자의 취업을 방해할 목적으로 비밀 기호 또는 명부를 작성·사용하거나 통신을 하여서는 아니 된다(근로기준법 제40조).

(7) 근로자 명부

　① **근로자 명부의 작성**
　　　㉠ **근로자 명부의 작성**: 사용자는 각 사업장별로 근로자 명부를 작성하고 근로자의 성명, 생년월일, 이력, 그 밖에 대통령령으로 정하는 사항을 적어야 한다. 다만, 대통령령(아래 ②)으로 정하는 일용근로자에 대해서는 근로자 명부를 작성하지 아니할 수 있다(근로기준법 제41조 제1항).
　　　㉡ **근로자 명부의 정정**: 근로자 명부에 적을 사항이 변경된 경우에는 지체 없이 정정하여야 한다(근로기준법 제41조 제2항).
　② **근로자 명부 작성의 예외**: 사용기간이 30일 미만인 일용근로자에 대하여는 근로자 명부를 작성하지 아니할 수 있다(근로기준법 시행령 제21조).
　③ **근로자 명부의 보존기간**: 사용자는 근로자 명부와 다음의 근로계약에 관한 중요한 서류를 3년간 보존하여야 한다(근로기준법 제42조, 동법 시행령 제22조 제1항).
　　　㉠ 근로계약서
　　　㉡ 임금대장
　　　㉢ 임금의 결정·지급방법과 임금계산의 기초에 관한 서류
　　　㉣ 고용·해고·퇴직에 관한 서류
　　　㉤ 승급·감급에 관한 서류
　　　㉥ 휴가에 관한 서류
　　　㉦ 탄력적 근로시간제(근로기준법 제51조 제2항, 제51조의2 제1항·제2항 단서·제5항 단서), 선택적 근로시간제(근로기준법 제52조 제1항·제2항 제1호 단서), 연장 근로의 제한(근로기준법 제53조 제3항), 휴일(근로기준법 제55조 제2항 단서), 보상 휴가제(근로기준법 제57조), 근로시간

OX문제

근로기준법령상 근로자 명부는 해고되거나 퇴직 또는 사망한 날부터 2년간 보존하여야 한다. (　　)

근로기준법령상 근로계약서는 근로관계가 끝난 날부터 3년간 보존하여야 한다. (　　)

사용자는 근로자 명부와 임금대장을 5년간 보존하여야 한다. (　　)

정답 ×, ○, ×

계산의 특례(근로기준법 제58조 제2항·제3항), 근로시간 및 휴게시간의 특례(근로기준법 제59조 제1항), 유급휴가의 대체(근로기준법 제62조)에 따른 서면 합의 서류
   ⓘ 연소자의 증명에 관한 서류

6. 해고

(1) 해고등의 제한

① **부당해고등의 금지**: 사용자는 근로자에게 정당한 이유 없이 해고, 휴직, 정직, 전직, 감봉, 그 밖의 징벌(이하 '부당해고등'이라 한다)을 하지 못한다(근로기준법 제23조 제1항).

② **해고시기의 제한**: 사용자는 근로자가 업무상 부상 또는 질병의 요양을 위하여 휴업한 기간과 그 후 30일 동안 또는 산전(産前)·산후(産後)의 여성이 「근로기준법」에 따라 휴업한 기간과 그 후 30일 동안은 해고하지 못한다. 다만, 사용자가 일시보상을 하였을 경우 또는 사업을 계속할 수 없게 된 경우에는 그러하지 아니하다(근로기준법 제23조 제2항).

(2) 경영상 이유에 의한 해고(정리해고)의 제한

① **경영상 이유에 의한 해고의 요건**

   OX ㉠ **긴박한 경영상의 필요**: 사용자가 경영상 이유에 의하여 근로자를 해고하려면 긴박한 경영상의 필요가 있어야 한다. 이 경우 **경영악화를 방지하기 위한 사업의 양도·인수·합병은 긴박한 경영상의 필요가 있는 것으로 본다**(근로기준법 제24조 제1항). 기출

   ㉡ **해고회피 노력**: 사용자는 해고를 피하기 위한 노력을 다하여야 하며, 합리적이고 공정한 해고의 기준을 정하고 이에 따라 그 대상자를 선정하여야 한다. 이 경우 남녀의 성(性)을 이유로 차별하여서는 아니 된다(근로기준법 제24조 제2항).

   ㉢ **근로자대표와의 협의**: 사용자는 해고를 피하기 위한 방법과 해고의 기준 등에 관하여 그 사업 또는 사업장에 근로자의 과반수로 조직된 노동조합이 있는 경우에는 그 노동조합(근로자의 과반수로 조직된 노동조합이 없는 경우에는 근로자의 과반수를 대표하는 자를 말한다. 이하 '근로자대표'라 한다)에 해고를 하려는 날의 50일 전까지 통보하고 성실하게 협의하여야 한다(근로기준법 제24조 제3항).

OX문제

사용자가 경영상 이유에 의하여 근로자를 해고하려면 긴박한 경영상의 필요가 있어야 한다. ( )

▶ 근로자대표

근로기준법	근로자퇴직급여 보장법
근로자의 과반수로 조직된 노동조합	
근로자의 과반수로 조직된 노동조합이 없는 경우에는 근로자의 과반수를 대표하는 자	근로자의 과반수로 조직된 노동조합이 없는 경우에는 근로자의 과반수

정답 O

ㄹ. **해고의 신고**: 사용자는 대통령령(아래 ㅁ)으로 정하는 일정한 규모 이상의 인원을 해고하려면 대통령령(아래 ㅁ·ㅂ으로 정하는 바에 따라 **고용노동부장관**에게 신고하여야 한다(근로기준법 제24조 제4항).

ㅁ. **경영상의 이유에 의한 해고 계획의 신고**: 위 ㄹ에 따라 사용자는 1개월 동안에 다음의 어느 하나에 해당하는 인원을 해고하려면 최초로 해고하려는 날의 30일 전까지 **고용노동부장관**에게 신고하여야 한다(근로기준법 시행령 제10조 제1항).

  ⓐ 상시근로자 수가 99명 이하인 사업 또는 사업장: 10명 이상
  ⓑ 상시근로자 수가 100명 이상 999명 이하인 사업 또는 사업장: 상시근로자 수의 10퍼센트 이상
  ⓒ 상시근로자 수가 1,000명 이상인 사업 또는 사업장: 100명 이상

ㅂ. **신고 시 포함사항**: 위 ㅁ에 따른 신고를 할 때에는 다음의 사항을 포함하여야 한다(근로기준법 시행령 제10조 제2항).

  ⓐ 해고 사유
  ⓑ 해고 예정 인원
  ⓒ 근로자대표와 협의한 내용
  ⓓ 해고 일정

② **요건을 갖춘 해고의 효력**: 사용자가 위 ①의 ㄱ부터 ㄷ까지의 규정에 따른 요건을 갖추어 근로자를 해고한 경우에는 정당한 이유가 있는 해고를 한 것으로 본다(근로기준법 제24조 제5항).

③ **우선 재고용 등**

ㄱ. 경영상 이유에 의하여 근로자를 해고한 사용자는 근로자를 해고한 날부터 **3년** 이내에 해고된 근로자가 해고 당시 담당하였던 업무와 같은 업무를 할 근로자를 채용하려고 할 경우 해고된 근로자가 원하면 그 근로자를 우선적으로 **고용하여야 한다**(근로기준법 제25조 제1항).

ㄴ. **정부**는 경영상 이유에 의해 해고된 근로자에 대하여 생계안정, 재취업, 직업훈련 등 필요한 조치를 우선적으로 취하여야 한다(근로기준법 제25조 제2항). 기출

(3) 해고의 예고 OX

사용자는 근로자를 해고(경영상 이유에 의한 해고를 포함한다)하려면 적어도 **30일 전**에 예고를 하여야 하고, 30일 전에 예고를 하지 아니하였을 때에는 **30일분 이상**의 **통상임금**을 지급하여야 한다. 다만, 다음의 어느 하나에 해당하는 경우에는 그러하지 아니하다(근로기준법 제26조). 기출

OX문제

사용자는 근로자를 해고한 날부터 3년 이내에 해고된 근로자가 해고 당시 담당하였던 업무와 같은 업무를 할 근로자를 채용하려고 할 경우 해고된 근로자가 원하면 그 근로자를 우선적으로 고용하도록 노력하여야 한다. ( )

정부는 경영상 이유에 의해 해고된 근로자에 대하여 생계안정, 재취업, 직업훈련 등 필요한 조치를 우선적으로 취하여야 한다. ( )

OX문제

해고예고수당은 30일분 이상의 평균임금을 지급하여야 한다. ( )

사용자는 근로자를 해고하려면 적어도 20일 전에 예고를 하여야 한다. ( )

사용자는 계속 근로한 기간이 3개월 미만인 근로자를 경영상의 이유에 의해 해고하려면 적어도 15일 전에 예고를 하여야 한다. ( )

정답 ×, O, ×, ×, ×

① 근로자가 계속 근로한 기간이 3개월 미만인 경우
② 천재·사변, 그 밖의 부득이한 사유로 사업을 계속하는 것이 불가능한 경우
③ 근로자가 **고의**로 사업에 막대한 지장을 초래하거나 재산상 손해를 끼친 경우로서 고용노동부령으로 정하는 사유에 해당하는 경우

(4) 해고사유 등의 서면통지

① 사용자는 근로자를 해고하려면 **해고사유와 해고시기를 서면으로** 통지하여야 한다(근로기준법 제27조 제1항). 기출
② 근로자에 대한 해고는 **서면으로** 통지하여야 효력이 있다(근로기준법 제27조 제2항). 기출
③ 사용자가 위 (3)에 따른 해고의 예고를 해고사유와 해고시기를 명시하여 서면으로 한 경우에는 위 ①에 따른 통지를 한 것으로 본다(근로기준법 제27조 제3항).

7. 부당해고등의 구제절차

(1) 구제신청

① **구제신청**: 사용자가 근로자에게 부당해고등을 하면 근로자는 노동위원회에 구제를 신청할 수 있다(근로기준법 제28조 제1항). 기출
② **구제신청기간**: 구제신청은 부당해고등이 있었던 날부터 **3개월** 이내에 하여야 한다(근로기준법 제28조 제2항). 기출

(2) 조사 등

① **조사 및 심문**: 노동위원회는 구제신청을 받으면 지체 없이 필요한 조사를 하여야 하며 관계 당사자를 심문하여야 한다(근로기준법 제29조 제1항).
② **증인 출석**: 노동위원회는 심문을 할 때에는 관계 **당사자의 신청이나 직권**으로 증인을 출석하게 하여 필요한 사항을 질문할 수 있다(근로기준법 제29조 제2항). 기출
③ **기회보장**: 노동위원회는 심문을 할 때에는 관계 당사자에게 증거 제출과 증인에 대한 반대심문을 할 수 있는 충분한 기회를 주어야 한다(근로기준법 제29조 제3항).

OX문제
사용자는 근로자를 해고하려면 해고사유와 해고시기를 서면으로 통지하여야 한다. ( )

OX문제
근로자에 대한 해고는 해고사유와 해고시기를 밝히면 서면이 아닌 유선으로 통지하여도 효력이 있다. ( )

OX문제
부당해고등의 구제신청은 해고된 근로자가 할 수 있고 노동조합은 할 수 없다. ( )

사용자가 근로자에게 부당해고를 하면 노동조합은 부당해고가 있었던 날부터 3개월 이내에 노동위원회에 구제를 신청할 수 있다. ( )

사용자가 근로자에게 부당해고등을 하면 근로자 및 노동조합은 노동위원회에 구제를 신청할 수 있다. ( )

부당해고 구제신청은 부당해고가 있었던 날부터 6개월 이내에 하여야 한다. ( )

OX문제
노동위원회는 부당해고 구제신청에 대한 심문을 할 때에 직권으로 증인을 출석하게 하여 필요한 사항을 질문할 수는 없다. ( )

정답 O, X, O, X, X, X, X

(3) 구제명령 등

① **구제명령 및 기각**: 노동위원회는 심문을 끝내고 부당해고등이 성립한다고 판정하면 사용자에게 구제명령을 하여야 하며, 부당해고등이 성립하지 아니한다고 판정하면 구제신청을 기각하는 결정을 하여야 한다(근로기준법 제30조 제1항). 기출

② **구제명령의 이행기한**: 노동위원회는 사용자에게 구제명령을 하는 때에는 이행기한을 정하여야 하며, 이 경우 이행기한은 사용자가 구제명령을 서면으로 통지받은 날부터 30일 이내로 한다(근로기준법 시행령 제11조). 기출

③ **구제명령 등의 통지**: 위 ①에 따른 판정, 구제명령 및 기각결정은 사용자와 근로자에게 각각 서면으로 통지하여야 한다(근로기준법 제30조 제2항).

④ **근로관계의 청산**: 노동위원회는 구제명령(해고에 대한 구제명령만을 말한다)을 할 때에 근로자가 원직복직(原職復職)을 원하지 아니하면 원직복직을 명하는 대신 근로자가 해고기간 동안 근로를 제공하였더라면 받을 수 있었던 임금 상당액 이상의 금품을 근로자에게 지급하도록 명할 수 있다(근로기준법 제30조 제3항).

⑤ **근로계약기간의 만료 등에 따른 구제명령 등**: 노동위원회는 근로계약기간의 만료, 정년의 도래 등으로 근로자가 원직복직(해고 이외의 경우는 원상회복을 말한다)이 불가능한 경우에도 위 ①에 따른 **구제명령이나 기각결정을 하여야 한다**. 이 경우 노동위원회는 부당해고등이 성립한다고 판정하면 근로자가 해고기간 동안 근로를 제공하였더라면 받을 수 있었던 임금 상당액에 해당하는 금품(해고 이외의 경우에는 원상회복에 준하는 금품을 말한다)을 사업주가 근로자에게 지급하도록 명할 수 있다(근로기준법 제30조 제4항). 기출

(4) 구제명령 등의 확정

① **재심신청**: 지방노동위원회의 구제명령이나 기각결정에 불복하는 사용자나 근로자는 구제명령서나 기각결정서를 **통지받은 날부터 10일 이내**에 **중앙노동위원회에 재심을 신청**할 수 있다(근로기준법 제31조 제1항). 기출

② **행정소송의 제기**: 중앙노동위원회의 재심판정에 대하여 사용자나 근로자는 재심판정서를 송달받은 날부터 **15일 이내**에 「행정소송법」의 규정에 따라 소(訴)를 제기할 수 있다(근로기준법 제31조 제2항). 기출

③ **구제명령 등의 확정**: 위 ①과 ②에 따른 기간 이내에 재심을 신청하지 아니하거나 행정소송을 제기하지 아니하면 그 구제명령, 기각결정 또는 재심판정은 확정된다(근로기준법 제31조 제3항).

OX문제

노동위원회가 사용자에게 구제명령을 하는 경우 이행기간을 정하여 하며, 그 이행기한은 사용자가 구제명령을 서면으로 통지받은 날부터 30일 이내로 한다. ( )

OX문제

노동위원회는 부당해고가 성립한다고 판정하면 정년의 도래로 근로자가 원직복직이 불가능한 경우에도 사용자에게 구제명령을 하여야 한다. ( )

OX문제

중앙노동위원회에의 재심신청은 지방노동위원회의 결정이 있는 날부터 10일 이내에 하여야 한다. ( )

OX문제

중앙노동위원회의 재심판정에 대하여 근로자는 재심판정서를 송달받은 날부터 20일 이내에 행정소송을 제기할 수 있다. ( )

정답 O, O, X, X

OX ④ **벌칙**: 위 ③에 따라 확정되거나 행정소송을 제기하여 확정된 구제명령 또는 구제명령을 내용으로 하는 재심판정을 이행하지 아니한 자는 **1년 이하의 징역 또는 1천만원 이하의 벌금**에 처한다(근로기준법 제111조). 기출

(5) 구제명령 등의 효력 OX

노동위원회의 구제명령, 기각결정 또는 재심판정은 중앙노동위원회에 대한 재심신청이나 행정소송 제기에 의하여 그 **효력이 정지되지 아니한다**(근로기준법 제32조). 기출

(6) 이행강제금

OX ① **이행강제금의 부과**: 노동위원회는 구제명령(구제명령을 내용으로 하는 재심판정을 포함한다)을 받은 후 이행기한까지 구제명령을 이행하지 아니한 사용자에게 **3천만원 이하**의 이행강제금을 부과한다(근로기준법 제33조 제1항).

② **이행강제금의 계고 등**

OX ㉠ **계고**: 노동위원회는 이행강제금을 부과하기 **30일 전**까지 이행강제금을 부과·징수한다는 뜻을 사용자에게 미리 문서로써 알려주어야 한다(근로기준법 제33조 제2항). 기출

㉡ **의견제출**: 위 ㉠에 따라 이행강제금을 부과·징수한다는 뜻을 사용자에게 미리 문서로써 알려줄 때에는 **10일 이상**의 기간을 정하여 구술 또는 서면(전자문서를 포함한다)으로 의견을 진술할 수 있는 기회를 주어야 한다. 이 경우 지정된 기일까지 의견진술이 없는 때에는 의견이 없는 것으로 본다(근로기준법 시행령 제12조 제3항).

③ **이행강제금 부과방법**: 이행강제금을 부과할 때에는 이행강제금의 액수, 부과사유, 납부기한, 수납기관, 이의제기 방법 및 이의제기 기관 등을 명시한 문서로써 하여야 한다(근로기준법 제33조 제3항).

OX ④ **이행강제금의 부과·징수절차**

㉠ 노동위원회는 최초의 구제명령을 한 날을 기준으로 **매년 2회의 범위**에서 구제명령이 이행될 때까지 반복하여 이행강제금을 부과·징수할 수 있다. 이 경우 이행강제금은 **2년을 초과**하여 부과·징수하지 못한다(근로기준법 제33조 제5항). 기출

㉡ 노동위원회는 구제명령을 받은 자가 구제명령을 이행하면 새로운 이행강제금을 부과하지 아니하되, 구제명령을 이행하기 전에 이미 부과된 이행강제금은 **징수하여야 한다**(근로기준법 제33조 제6항). 기출

OX문제
행정소송을 제기하여 확정된 구제명령 또는 구제명령을 내용으로 하는 재심판정을 이행하지 아니한 자는 1년 이하의 징역 또는 1천만원 이하의 벌금에 처한다. ( )

OX문제
부당해고 구제명령은 중앙노동위원회에 대한 재심신청으로 그 효력이 정지된다. ( )

지방노동위원회의 해고에 대한 구제명령은 행정소송 제기가 있으면 그 효력이 정지된다. ( )

OX문제
노동위원회는 구제명령을 받은 후 이행기한까지 구제명령을 이행하지 아니한 사용자에게 3천만원 이하의 이행강제금을 부과한다. ( )

OX문제
노동위원회는 이행강제금을 부과하기 40일 전까지 이행강제금을 부과·징수한다는 뜻을 사용자에게 미리 문서로써 알려주어야 한다. ( )

OX문제
노동위원회는 최초의 구제명령을 한 날을 기준으로 매년 3회의 범위에서 구제명령이 이행될 때까지 반복하여 이행강제금을 부과·징수할 수 있다. ( )

구제명령을 받은 자가 구제명령을 이행하면 이미 부과된 이행강제금은 징수하지 아니한다. ( )

노동위원회는 구제명령을 받은 자가 구제명령을 이행하면 구제명령을 이행하기 전에 이미 부과된 이행강제금을 징수할 수 없다. ( )

정답 O, X, X, O, X, X, X, X

> **OX문제**
> 노동위원회는 법원의 확정판결에 따라 노동위원회의 구제명령이 취소되는 경우에도 이미 징수한 이행강제금은 반환하지 아니한다. ( )

⑤ **이행강제금의 반환**

- ㉠ 노동위원회는 중앙노동위원회의 재심판정이나 법원의 확정판결에 따라 노동위원회의 구제명령이 취소되면 직권 또는 사용자의 신청에 따라 이행강제금의 부과·징수를 즉시 중지하고 이미 징수한 이행강제금을 **반환하여야 한다**(근로기준법 시행령 제15조 제1항).
- ㉡ 노동위원회가 위 ㉠에 따라 이행강제금을 반환하는 때에는 이행강제금을 납부한 날부터 반환하는 날까지의 기간에 대하여 고용노동부령으로 정하는 이율을 곱한 금액을 가산하여 반환하여야 한다(근로기준법 시행령 제15조 제2항).

⑥ **이행강제금의 납부기한**: 노동위원회는 위 ①에 따라 이행강제금을 부과하는 때에는 이행강제금의 부과통지를 받은 날부터 15일 이내의 납부기한을 정하여야 한다(근로기준법 시행령 제12조 제1항).

⑦ **이행강제금 미납 시 처분**: 노동위원회는 이행강제금 납부의무자가 납부기한까지 이행강제금을 내지 아니하면 **기간을 정하여 독촉을 하고 지정된 기간에 이행강제금을 내지 아니하면 국세 체납처분의 예에 따라 징수**할 수 있다(근로기준법 제33조 제7항).

⑧ **구제명령의 미이행통보**: 근로자는 구제명령을 받은 사용자가 이행기한까지 구제명령을 이행하지 아니하면 이행기한이 지난 때부터 **15일 이내**에 그 사실을 노동위원회에 알려줄 수 있다(근로기준법 제33조 제8항). 기출

> **OX문제**
> 근로자는 구제명령을 받은 사용자가 이행기한까지 구제명령을 이행하지 아니하면 이행기한이 지난 때부터 15일 이내에 그 사실을 노동위원회에 알려줄 수 있다. ( )

> • **취업규칙의 개념**
> '취업규칙'이란 근로계약관계에 적용되는 근로조건이나 복무규율 등에 대하여 사용자가 일방적으로 작성하여 자신의 근로자들에게 공통적으로 적용하는 규칙을 의미하는데, 복무규율과 임금 등 근로조건에 관한 준칙의 내용을 담고 있으면 그 명칭을 불문한다.

8. 취업규칙

(1) 취업규칙의 작성·신고 OX

상시 10명 이상의 근로자를 사용하는 사용자는 다음의 사항에 관한 취업규칙을 작성하여 **고용노동부장관**에게 신고하여야 한다. 이를 변경하는 경우에도 또한 같다(근로기준법 제93조).

① 업무의 시작과 종료시각, 휴게시간, 휴일, 휴가 및 교대 근로에 관한 사항
② 임금의 결정·계산·지급 방법, 임금의 산정기간·지급시기 및 승급(昇給)에 관한 사항
③ 가족수당의 계산·지급 방법에 관한 사항
④ 퇴직에 관한 사항

> **OX문제**
> 사업의 규모와 관계없이 모든 사용자는 취업규칙을 작성하여야 한다. ( )

> 정답 ×, ○, ×

⑤ 「근로자퇴직급여 보장법」에 따라 설정된 퇴직급여, 상여 및 최저임금에 관한 사항
⑥ 근로자의 식비, 작업용품 등의 부담에 관한 사항
⑦ 근로자를 위한 교육시설에 관한 사항
⑧ 출산전후휴가·육아휴직 등 근로자의 모성 보호 및 일·가정 양립 지원에 관한 사항
⑨ 안전과 보건에 관한 사항
⑩ 근로자의 성별·연령 또는 신체적 조건 등의 특성에 따른 사업장 환경의 개선에 관한 사항
⑪ 업무상과 업무 외의 재해부조(災害扶助)에 관한 사항
⑫ 직장 내 괴롭힘의 예방 및 발생 시 조치 등에 관한 사항
⑬ 표창과 제재에 관한 사항
⑭ 그 밖에 해당 사업 또는 사업장의 근로자 전체에 적용될 사항

(2) 취업규칙의 작성 및 변경 절차

① 사용자는 취업규칙의 작성 또는 변경에 관하여 해당 사업 또는 사업장에 근로자의 과반수로 조직된 노동조합이 있는 경우에는 그 노동조합, 근로자의 과반수로 조직된 노동조합이 없는 경우에는 근로자의 과반수의 **의견을 들어야 한다**. 다만, 취업규칙을 근로자에게 불리하게 변경하는 경우에는 그 **동의를 받아야 한다**(근로기준법 제94조 제1항).

② 사용자는 취업규칙을 신고할 때에는 노동조합 또는 근로자 과반수의 의견을 적은 서면을 첨부하여야 한다(근로기준법 제94조 제2항).

(3) 제재규정의 제한 OX

취업규칙에서 근로자에 대하여 감급(減給)의 제재를 정할 경우에 그 감액은 1회의 금액이 **평균임금의 1일분의 2분의 1**을, 총액이 1임금지급기의 임금 총액의 10분의 1을 초과하지 못한다(근로기준법 제95조).

(4) 단체협약의 준수

① 취업규칙은 법령이나 해당 사업 또는 사업장에 대하여 적용되는 **단체협약**과 어긋나서는 아니 된다(근로기준법 제96조 제1항).
② **고용노동부장관**은 근로기준법령이나 **단체협약**에 어긋나는 취업규칙의 **변경을 명할 수 있다**(근로기준법 제96조 제2항).

OX문제
취업규칙이 근로자에게 불리하게 변경되는 경우 근로자대표의 동의를 얻어야 한다. ( )

OX문제
취업규칙에서 근로자에 대하여 감급(減給)의 제재를 정할 경우에 그 감액은 1회의 금액이 통상임금의 1일분의 2분의 1을, 총액이 1임금지급기의 임금 총액의 10분의 1을 초과하지 못한다. ( )

정답 ×, ×

OX문제
취업규칙에서 정한 기준에 미달하는 근로조건을 정한 근로계약은 전부 무효로 한다. ( )

(5) 위반의 효력 OX

취업규칙에서 정한 기준에 미달하는 근로조건을 정한 근로계약은 그 부분에 관하여는 무효로 한다. 이 경우 무효로 된 부분은 취업규칙에 정한 기준에 따른다(근로기준법 제97조).

(6) 취업규칙의 게시

① 사용자는 취업규칙을 근로자가 자유롭게 열람할 수 있는 장소에 항상 게시하거나 갖추어 두어 근로자에게 널리 알려야 한다(근로기준법 제14조 제1항).
② 취업규칙의 게시·비치 의무를 위반하는 자는 500만원 이하의 과태료를 부과한다(근로기준법 제116조 제2항 제2호).

9. 임금

(1) 임금, 평균임금, 통상임금의 정의

① **임금의 정의**: '임금'이란 사용자가 근로의 대가로 근로자에게 임금, 봉급, 그 밖에 어떠한 명칭으로든지 지급하는 모든 금품을 말한다(근로기준법 제2조 제1항 제5호).

② **평균임금**

OX문제
평균임금이란 이를 산정하여야 할 사유가 발생한 날 이전 3개월 동안에 그 근로자에게 지급된 임금의 총액을 말한다. ( )

- 평균임금을 기초임금으로 하는 경우
  1. 퇴직금: 계속근로기간 1년에 대하여 30일분 이상의 평균임금
  2. 휴업수당: 평균임금의 100분의 70 이상(예외: 통상임금을 지급할 수 있음)
  3. 연차 유급휴가수당: 취업규칙이나 그 밖에 정하는 바에 따라 평균임금 또는 통상임금을 지급
  4. 감급의 제재 제한액: 감급의 제재 1회 금액은 평균임금 1일분의 2분의 1을 초과할 수 없음
  5. 재해보상금: 휴업보상, 장해보상, 유족보상, 장례비, 일시보상
  6. 산재보험법상의 보험급여: 휴업급여, 장해급여, 유족급여, 상병보상연금, 장례비
  7. 「고용보험법」상의 구직급여: 구직급여일액 = 기초일액의 60%(기초일액 = 평균임금)

OX ㉠ 평균임금의 정의: '평균임금'이란 이를 산정하여야 할 사유가 발생한 날 이전 3개월 동안에 그 근로자에게 지급된 임금의 총액을 그 기간의 총일수로 나눈 금액을 말한다. 근로자가 취업한 후 3개월 미만인 경우도 이에 준하며(근로기준법 제2조 제1항 제6호), 이와 같이 산출된 금액이 그 근로자의 통상임금보다 적으면 그 통상임금액을 평균임금으로 한다(동법 제2조 제2항). 기출

㉡ 평균임금의 계산에서 제외되는 기간과 임금: 평균임금 산정기간 중에 다음의 어느 하나에 해당하는 기간이 있는 경우에는 그 기간과 그 기간 중에 지급된 임금은 평균임금 산정기준이 되는 기간과 임금의 총액에서 각각 뺀다(근로기준법 시행령 제2조 제1항).

ⓐ 근로계약을 체결하고 수습 중에 있는 근로자가 수습을 시작한 날부터 3개월 이내의 기간
ⓑ 사용자의 귀책사유로 휴업한 기간
ⓒ 출산전후휴가 및 유산·사산 휴가기간
ⓓ 업무상 부상 또는 질병으로 요양하기 위하여 휴업한 기간

정답 ×, ×

ⓔ 육아휴직기간

ⓕ 쟁의행위기간

ⓖ 「병역법」·「예비군법」 또는 「민방위기본법」에 따른 의무를 이행하기 위하여 휴직하거나 근로하지 못한 기간. 다만, 그 기간 중 임금을 지급받은 경우에는 그러하지 아니하다.

ⓗ 업무 외 부상이나 질병, 그 밖의 사유로 사용자의 승인을 받아 휴업한 기간

ⓒ **일용근로자의 평균임금**: 일용근로자의 **평균임금**은 고용노동부장관이 사업이나 직업에 따라 정하는 금액으로 한다(근로기준법 시행령 제3조).

③ **통상임금의 정의**: '통상임금'이란 근로자에게 **정기적이고 일률적으로** 소정근로 또는 총근로에 대하여 지급하기로 정한 시간급 금액, 일급 금액, 주급 금액, 월급 금액 또는 도급 금액을 말한다(근로기준법 시행령 제6조 제1항). 기출

(2) 임금 지급의 원칙

OX ① 임금은 **통화**(通貨)로 직접 근로자에게 그 **전액**을 지급하여야 한다. 다만, **법령 또는 단체협약**에 특별한 규정이 있는 경우에는 임금의 **일부를 공제**하거나 통화 이외의 것으로 지급할 수 있다(근로기준법 제43조 제1항).

② 임금은 **매월 1회 이상 일정한 날짜**를 정하여 지급하여야 한다. 다만, 임시로 지급하는 임금, 수당, 그 밖에 이에 준하는 것 또는 다음의 임금에 대하여는 그러하지 아니하다(근로기준법 제43조 제2항, 동법 시행령 제23조).

㉠ 1개월을 초과하는 기간의 출근 성적에 따라 지급하는 정근수당

㉡ 1개월을 초과하는 일정 기간을 계속하여 근무한 경우에 지급되는 근속수당

㉢ 1개월을 초과하는 기간에 걸친 사유에 따라 산정되는 장려금, 능률수당 또는 상여금

㉣ 그 밖에 부정기적으로 지급되는 모든 수당

(3) 체불사업주 명단 공개

① **명단 공개 대상**: 고용노동부장관은 「근로기준법」 제36조(금품청산), 제43조(임금 지급), 제51조의3(근로한 기간이 단위기간보다 짧은 경우의 임금 정산), 제52조 제2항 제2호(선택적 근로시간에서 1개월을 초과하는 경우 가산임금), 제56조(연장·야간 및 휴일 근로)에 따른 임금, 보상금, 수당, 「근로자퇴직급여 보장법」 제12조 제1항에 따른 퇴직급여등, 그 밖의 모든

• **통상임금을 기초임금으로 하는 경우**
1. 평균임금: 산출된 평균임금이 해당 근로자의 통상임금보다 적은 경우에는 그 통상임금액을 평균임금으로 함
2. 해고예고수당: 30일분 이상의 통상임금
3. 휴업수당: 평균임금의 100분의 70에 상당하는 금액이 통상임금을 초과하는 경우에는 통상임금을 휴업수당으로 지급
4. 가산임금: 연장근로수당, 야간근로수당은 통상임금의 50%를 가산, 휴일근로수당은 8시간 이내의 휴일근로의 경우 통상임금의 50%, 8시간을 초과하는 휴일근로의 경우는 통상임금의 100%를 가산
5. 연차 유급휴가수당: 취업규칙이나 그 밖에 정하는 바에 따라 평균임금 또는 통상임금을 지급
6. 「고용보험법」상 육아휴직급여: 월 통상임금의 100분의 80
7. 「고용보험법」상 출산전후휴가급여: 통상임금을 지급

OX문제

법령 또는 단체협약에 특별한 규정이 있는 경우에는 임금의 일부를 공제할 수 있다.
( )

임금은 단체협약에 특별한 규정이 있는 경우에는 근로자에게 직접 지급하지 않을 수 있다.
( )

정답 ○, ×

금품(이하 '임금등'이라 한다)을 지급하지 아니한 사업주(법인인 경우에는 그 대표자를 포함한다. 이하 '체불사업주'라 한다)가 명단 공개 기준일 이전 3년 이내 임금등을 체불하여 **2회 이상** 유죄가 확정된 자로서 명단 공개 기준일 이전 1년 이내 임금등의 체불총액이 **3천만원** 이상인 경우에는 그 인적사항 등을 공개할 수 있다. 다만, 체불사업주의 사망·폐업으로 명단 공개의 실효성이 없는 경우 등 대통령령으로 정하는 사유가 있는 경우에는 그러하지 아니하다(근로기준법 제43조의2 제1항).

② **소명 기회**: 고용노동부장관은 위 ①에 따라 명단 공개를 할 경우에 체불사업주에게 3개월 이상의 기간을 정하여 소명 기회를 주어야 한다(근로기준법 제43조의2 제2항).

③ **임금체불정보심의위원회의 설치**: 체불사업주의 인적사항 등에 대한 공개 여부 및 상습체불사업주에 관한 사항을 심의하기 위하여 **고용노동부**에 임금체불정보심의위원회(이하 '위원회'라 한다)를 둔다. 이 경우 위원회의 구성·운영 등 필요한 사항은 고용노동부령으로 정한다(근로기준법 제43조의2 제3항).

④ **공개기간**: 공개는 관보에 싣거나 인터넷 홈페이지, 관할 지방고용노동관서 게시판 또는 그 밖에 열람이 가능한 공공장소에 **3년간** 게시하는 방법으로 한다(근로기준법 시행령 제23조의3 제2항).

(4) 비상시 지급

① 사용자는 근로자가 출산, 질병, 재해, 그 밖에 대통령령(아래 ②)으로 정하는 비상(非常)한 경우의 비용에 충당하기 위하여 임금 지급을 청구하면 지급기일 전이라도 **이미 제공한 근로에 대한 임금을 지급하여야 한다**(근로기준법 제45조).

② **지급기일 전의 임금 지급**: 위 ①에서 '그 밖에 대통령령으로 정한 비상(非常)한 경우'란 **근로자나 그의 수입으로 생계를 유지하는 자**가 다음의 어느 하나에 해당하게 되는 경우를 말한다(근로기준법 시행령 제25조).
  ⊙ **출산**하거나 **질병**에 걸리거나 **재해**를 당한 경우
  ⓒ **혼인** 또는 **사망**한 경우
  ⓒ 부득이한 사유로 1주 이상 **귀향**하게 되는 경우

(5) 휴업수당

① **지급금액**: 사용자의 귀책사유로 휴업하는 경우에 사용자는 휴업기간 동안 그 근로자에게 **평균임금의 100분의 70 이상**의 수당을 지급하여야

OX문제

사용자는 근로자가 출산(근로자의 수입으로 생계를 유지하는 자의 출산은 제외한다)으로 그 비용에 충당하기 위하여 임금 지급을 청구하면 지급기일 전이라도 이미 제공한 근로에 대한 임금을 지급하여야 한다. ( )

OX문제

사용자는 평균임금의 100분의 70에 해당하는 금액이 통상임금을 초과하는 경우 통상임금을 휴업수당으로 지급할 수 있다. ( )

정답 ×, ○

한다. 다만, **평균임금의 100분의 70**에 해당하는 금액이 통상임금을 초과하는 경우에는 통상임금을 휴업수당으로 지급할 수 있다(근로기준법 제46조 제1항).^{기출}

② **기준에 못 미치는 휴업수당 지급**: 위 ①에도 불구하고 부득이한 사유로 사업을 계속하는 것이 불가능하여 **노동위원회의 승인**을 받은 경우에는 위 ①의 기준에 못 미치는 휴업수당을 지급할 수 있다(근로기준법 제46조 제2항).

(6) 임금대장 및 임금명세서

① **임금대장**: 사용자는 각 사업장별로 임금대장을 작성하고 임금과 가족수당 계산의 기초가 되는 사항, 임금액, 그 밖에 대통령령으로 정하는 사항을 임금을 지급할 때마다 적어야 한다(근로기준법 제48조 제1항).

② **임금명세서**: 사용자는 임금을 지급하는 때에는 근로자에게 임금의 구성항목·계산방법, 위 **(2)**의 ①의 단서에 따라 임금의 일부를 공제한 경우의 내역 등 대통령령으로 정하는 사항을 적은 임금명세서를 서면(전자문서 및 전자거래 기본법 제2조 제1호에 따른 전자문서를 포함한다)으로 교부하여야 한다(근로기준법 제48조 제2항).

(7) 임금의 시효 OX

「근로기준법」에 따른 임금채권은 **3년간** 행사하지 아니하면 시효로 소멸한다(근로기준법 제49조).^{기출}

> **OX문제**
> 임금채권은 1년간 행사하지 아니하면 시효로 소멸한다.
> ( )

10. 근로시간

(1) 법정기준 근로시간

① **1주 근로시간의 제한**: 1주간의 근로시간은 휴게시간을 제외하고 **40시간**을 초과할 수 없다(근로기준법 제50조 제1항).

② **1일 근로시간의 제한**: 1일의 근로시간은 휴게시간을 제외하고 **8시간**을 초과할 수 없다(근로기준법 제50조 제2항).

③ **대기시간**: 위 ① 및 ②에 따라 근로시간을 산정하는 경우 작업을 위하여 근로자가 사용자의 지휘·감독 아래에 있는 대기시간 등은 **근로시간으로 본다**(근로기준법 제50조 제3항).

④ **연소자의 근로시간**: 15세 이상 18세 미만인 사람의 근로시간은 1일에 7시간, 1주에 35시간을 초과하지 못한다. 다만, 당사자 사이의 합의에 따라 1일에 1시간, 1주에 5시간을 한도로 연장할 수 있다(근로기준법 제69조).

▶ 법정기준 근로시간

구분	1일	1주
18세 이상 근로자	8시간	40시간
연소자인 근로자	7시간	35시간

정답 ×

(2) 소정근로시간

'소정(所定)근로시간'이란 「근로기준법」 제50조(근로시간), 동법 제69조(연소자의 근로시간) 본문 또는 「산업안전보건법」 제139조(유해·위험작업에 대한 근로시간 제한 등) 제1항에 따른 근로시간의 범위에서 근로자와 사용자 사이에 정한 근로시간을 말한다(근로기준법 제2조 제1항 제8호).

(3) 탄력적 근로시간제

① **2주 이내의 탄력적 근로시간제**: 사용자는 취업규칙(취업규칙에 준하는 것을 포함한다)에서 정하는 바에 따라 2주 이내의 일정한 단위기간을 평균하여 1주간의 근로시간이 40시간을 초과하지 아니하는 범위에서 특정한 주에 40시간을, 특정한 날에 8시간을 초과하여 근로하게 할 수 있다. 다만, 특정한 주의 근로시간은 48시간을 초과할 수 없다(근로기준법 제51조 제1항).

② **3개월 이내의 탄력적 근로시간제**: 사용자는 근로자대표와의 서면 합의에 따라 다음의 사항을 정하면 3개월 이내의 단위기간을 평균하여 1주간의 근로시간이 40시간을 초과하지 아니하는 범위에서 특정한 주에 40시간을, 특정한 날에 8시간을 초과하여 근로하게 할 수 있다. 다만, 특정한 주의 근로시간은 52시간을, 특정한 날의 근로시간은 12시간을 초과할 수 없다(근로기준법 제51조 제2항, 동법 시행령 제28조 제1항).

㉠ 대상 근로자의 범위
㉡ 단위기간(3개월 이내의 일정한 기간으로 정하여야 한다)
㉢ 단위기간의 근로일과 그 근로일별 근로시간
㉣ 서면 합의의 유효기간

③ **적용제외 근로자**: 위 ①과 ②는 15세 이상 18세 미만의 근로자와 임신 중인 여성 근로자에 대하여는 적용하지 아니한다(근로기준법 제51조 제3항).

④ **임금보전방안의 강구**: 사용자는 위 ① 및 ②에 따라 근로자를 근로시킬 경우에는 기존의 임금 수준이 낮아지지 아니하도록 임금보전방안(賃金補塡方案)을 강구하여야 한다(근로기준법 제51조 제4항).

⑤ **3개월을 초과하는 탄력적 근로시간제**

㉠ 사용자는 근로자대표와의 서면 합의에 따라 다음의 사항을 정하면 3개월을 초과하고 6개월 이내의 단위기간을 평균하여 1주간의 근로시간이 40시간을 초과하지 아니하는 범위에서 특정한 주에 40시간을, 특정한 날에 8시간을 초과하여 근로하게 할 수 있다. 다만, 특정

OX문제

사용자가 2주 이내의 탄력적 근로시간제를 시행하려면 근로자대표와 서면 합의에 의해 미리 정하여야 한다. ( )

2주 이내의 탄력적 근로시간제를 실시하는 경우 특정한 날의 근로시간은 명시규정에 의하여 12시간으로 제한된다. ( )

OX문제

3개월 이내 탄력적 근로시간제에서 특정한 주의 근로시간의 한도는 56시간이다. ( )

▶ 탄력적 근로시간제의 비교

구분	2주 단위	3개월 단위
결정 방법	취업규칙	근로자대표와의 서면 합의
최장 근로	1일 무제한, 1주 48시간	1일 12시간, 1주 52시간
공통점	• 연소자 및 임신 중인 근로자 제외 • 연장근로 가능 • 임금보전방안 강구	

정답 ×, ×, ×

한 주의 근로시간은 52시간을, 특정한 날의 근로시간은 12시간을 초과할 수 없다(근로기준법 제51조의2 제1항).

ⓐ 대상 근로자의 범위
ⓑ 단위기간(3개월을 초과하고 6개월 이내의 일정한 기간으로 정하여야 한다)
ⓒ 단위기간의 주별 근로시간
ⓓ 서면 합의의 유효기간

ⓒ 사용자는 위 ㉠에 따라 근로자를 근로시킬 경우에는 근로일 종료 후 다음 근로일 개시 전까지 근로자에게 연속하여 11시간 이상의 휴식시간을 주어야 한다. 다만, 천재지변 등 대통령령으로 정하는 불가피한 경우에는 근로자대표와의 서면 합의가 있으면 이에 따른다(근로기준법 제51조의2 제2항).

ⓒ 사용자는 위 ㉠의 ⓒ에 따른 각 주의 근로일이 시작되기 2주 전까지 근로자에게 해당 주의 근로일별 근로시간을 통보하여야 한다(근로기준법 제51조의2 제3항).

㉣ 사용자는 위 ㉠에 따라 근로자를 근로시킬 경우에는 기존의 임금 수준이 낮아지지 아니하도록 임금항목을 조정 또는 신설하거나 가산임금 지급 등의 임금보전방안을 마련하여 고용노동부장관에게 신고하여야 한다. 다만, 근로자대표와의 서면합의로 임금보전방안을 마련한 경우에는 그러하지 아니하다(근로기준법 제51조의2 제5항).

㉤ 위 ㉠부터 ㉣까지의 규정은 15세 이상 18세 미만의 근로자와 임신 중인 여성 근로자에 대해서는 적용하지 아니한다(근로기준법 제51조의2 제6항).

(4) 선택적 근로시간제

사용자는 취업규칙(취업규칙에 준하는 것을 포함한다)에 따라 업무의 시작 및 종료 시각을 근로자의 결정에 맡기기로 한 근로자에 대하여 **근로자대표와의 서면 합의**에 따라 다음의 사항을 정하면 **1개월**(신상품 또는 신기술의 연구개발 업무의 경우에는 3개월로 한다) 이내의 정산기간을 평균하여 1주간의 근로시간이 40시간을 초과하지 아니하는 범위에서 1주간에 40시간을, 1일에 8시간을 초과하여 근로하게 할 수 있다(근로기준법 제52조 제1항, 동법 시행령 제29조 제1항).

OX문제

18세 이상의 임신 중인 여성 근로자에 대하여는 선택적 근로시간제를 적용할 수 있다.
( )

OX ① 대상 근로자의 범위(15세 이상 18세 미만의 근로자는 제외한다)
② 정산기간
③ 정산기간의 총근로시간
④ 반드시 근로하여야 할 시간대를 정하는 경우에는 그 시작 및 종료 시각
⑤ 근로자가 그의 결정에 따라 근로할 수 있는 시간대를 정하는 경우에는 그 시작 및 종료 시각
⑥ 표준근로시간(유급휴가 등의 계산 기준으로 사용자와 근로자대표가 합의하여 정한 1일의 근로시간)

▶ **탄력적 근로시간제와 선택적 근로시간제 비교**

구분	탄력적 근로시간제	선택적 근로시간제
내용	근로일과 근로시간대가 정해지면 모든 근로자들이 일률적으로 근로	의무시간대에만 일률적으로 근로하며, 나머지 근로시간대는 개개의 근로자가 자율적으로 근로
목적	사용자의 경영편리	전문직 근로자, 연구직 근로자, 주부 근로자 등 근로자 측의 편의나 능률 향상을 고려하여 도입
방법	• 2주 단위: 취업규칙 • 3개월 이내 단위: 근로자대표와의 서면 합의 • 3개월 초과 단위: 근로자대표와의 서면 합의	취업규칙으로 정한 근로자에 대하여 근로자대표와의 서면 합의로 1개월(3개월) 이내의 단위로 실시
최장근로	• 2주 단위: 1일 무제한, 1주 48시간 • 3개월 이내 단위: 1일 12시간, 1주 52시간 • 3개월 초과 단위: 1일 12시간, 1주 52시간	최장근로시간에 대한 제한 없음
적용제외	• 15세 이상 18세 미만의 근로자 • 임신 중인 여성 근로자	15세 이상 18세 미만의 근로자
임금보전방안	사용자에게 의무 있음	의무 없음
공통점	• 단위시간(정산기간) 동안 평균기준근로시간 내 특정일 또는 특정주에 기준 근로시간을 초과하여 근로시킬 수 있음 • 사용자의 가산임금 지급의무가 없음	

(5) 연장근로의 제한

① **합의연장근로**: 당사자간에 합의하면 1주간에 12시간을 한도로 근로시간을 연장할 수 있다(근로기준법 제53조 제1항).

정답 O

② **탄력적·선택적 근로시간의 연장근로**: 탄력적 근로시간제하에서도 당사자간에 합의하면 1주간에 12시간을 한도로 **근로시간을 연장할 수 있고**, 선택적 근로시간제하에서도 정산기간을 평균하여 1주간에 12시간을 초과하지 아니하는 범위에서 근로시간을 연장할 수 있다(근로기준법 제53조 제2항).

③ **인가연장근로**: 사용자는 특별한 사정이 있으면 **고용노동부장관의 인가와 근로자의 동의를 받아** 위 ①과 ②의 근로시간을 연장할 수 있다. 다만, 사태가 급박하여 고용노동부장관의 인가를 받을 시간이 없는 경우에는 사후에 지체 없이 승인을 받아야 한다(근로기준법 제53조 제4항).

④ **대휴명령**: 고용노동부장관은 인가연장근로에 의한 근로시간의 연장이 부적당하다고 인정하면 그 후 연장시간에 상당하는 휴게시간이나 휴일을 줄 것을 명할 수 있다(근로기준법 제53조 제5항).

(6) 연장·야간 및 휴일근로

① **연장근로에 대한 가산임금**: 사용자는 연장근로에 대하여는 **통상임금의 100분의 50 이상을 가산하여** 근로자에게 지급하여야 한다(근로기준법 제56조 제1항).

② **휴일근로에 대한 가산임금**: 위 ①에도 불구하고 사용자는 휴일근로에 대하여는 다음의 기준에 따른 금액 이상을 가산하여 근로자에게 지급하여야 한다(근로기준법 제56조 제2항).
  ㉠ 8시간 이내의 휴일근로: 통상임금의 100분의 50
  ㉡ 8시간을 초과한 휴일근로: 통상임금의 100분의 100

③ **야간근로에 대한 가산임금**: 사용자는 야간근로(오후 10시부터 다음 날 오전 6시 사이의 근로를 말한다)에 대하여는 **통상임금의 100분의 50 이상을** 가산하여 근로자에게 지급하여야 한다(근로기준법 제56조 제3항). 기출

(7) 보상휴가제 OX

사용자는 근로자대표와의 서면 합의에 따라 연장근로·야간근로 및 휴일근로 등에 대하여 임금을 지급하는 것을 갈음하여 휴가를 줄 수 있다(근로기준법 제57조).

(8) 야간근로와 휴일근로의 제한

① 사용자는 18세 이상의 여성을 오후 10시부터 오전 6시까지의 시간 및 휴일에 근로시키려면 그 근로자의 동의를 받아야 한다(근로기준법 제70조 제1항).

OX문제
사용자는 연장근로에 대하여는 평균임금의 100분의 50 이상을 가산하여 지급하여야 한다. (　　)

OX문제
사용자는 근로자의 동의와 고용노동부장관의 승인을 받아 연장근로에 대하여 임금을 지급하는 대신에 휴가를 줄 수 있다. (　　)

정답 ×, ×

② 사용자는 임산부와 18세 미만자를 오후 10시부터 오전 6시까지의 시간 및 휴일에 근로시키지 못한다. 다만, 다음의 어느 하나에 해당하는 경우로서 **고용노동부장관의 인가**를 받으면 그러하지 아니하다(근로기준법 제70조 제2항).
  ㉠ 18세 미만자의 동의가 있는 경우
  ㉡ 산후 1년이 지나지 아니한 여성의 동의가 있는 경우
  ㉢ 임신 중의 여성이 명시적으로 청구하는 경우
③ 사용자는 위 ②의 경우 고용노동부장관의 인가를 받기 전에 근로자의 건강 및 모성 보호를 위하여 그 시행 여부와 방법 등에 관하여 그 사업 또는 사업장의 근로자대표와 성실하게 협의하여야 한다(근로기준법 제70조 제3항).

(9) 시간외근로의 제한 OX

사용자는 산후 1년이 지나지 아니한 여성에 대하여는 **단체협약**이 있는 경우라도 1일에 2시간, 1주에 6시간, 1년에 150시간을 초과하는 시간외근로를 시키지 못한다(근로기준법 제71조). 기출

11. 휴게시간

(1) 휴게시간의 개념

휴게시간은 근로자가 자유로이 활용할 수 있는 시간으로서, 실제 근로시간에 포함되지 않고 임금도 지급되지 않으며 근로시간에서 제외된다.

(2) 법정휴게시간

① **휴게시간**: 사용자는 근로시간이 4시간인 경우에는 30분 이상, 8시간인 경우에는 1시간 이상의 휴게시간을 근로시간 도중에 주어야 한다(근로기준법 제54조 제1항).
② **휴게시간의 이용**: 휴게시간은 근로자가 자유롭게 이용할 수 있다(근로기준법 제54조 제2항).

12. 휴일

(1) 휴일의 개념

① 휴일은 계속적인 근로관계에서 법이나 단체협약 또는 취업규칙이 정하는 바에 따라 근로제공의무가 없는 날을 말한다.

OX문제

사용자는 산후 1년이 지나지 아니한 여성에 대하여는 단체협약이 있는 경우에는 1일에 2시간, 1주에 6시간, 1년에 150시간을 초과하는 시간외근로를 시킬 수 있다.
( )

정답 ✕

② 휴일에는 노동법에서 정하고 있는 법정휴일과 단체협약이나 취업규칙, 근로계약에서 정하고 있는 약정휴일이 있다.

(2) 휴일(법정휴일) OX

① 사용자는 근로자에게 1주에 평균 1회 이상의 유급휴일을 보장하여야 한다(근로기준법 제55조 제1항).
② 위 ①에 따른 유급휴일은 1주 동안의 소정근로일을 개근한 자에게 주어야 한다(근로기준법 시행령 제30조 제1항).
③ 사용자는 근로자에게 대통령령(아래 ④)으로 정하는 휴일을 유급으로 보장하여야 한다. 다만, **근로자대표와 서면으로 합의한 경우 특정한 근로일로 대체**할 수 있다(근로기준법 제55조 제2항).
④ 위 ③의 본문에서 '대통령령으로 정하는 휴일'이란 「관공서의 공휴일에 관한 규정」 제2조 각 호(제1호는 제외한다)에 따른 공휴일 및 같은 영 제3조에 따른 대체공휴일을 말한다(근로기준법 시행령 제30조 제2항).

> **OX문제**
> 사용자는 근로자에게 1주에 평균 1회 이상의 유급휴일을 일요일에 부여하여야 한다.
> (　　)

13. 휴가

(1) 연차 유급휴가

OX ① **연차 휴가일수**
　㉠ 사용자는 1년간 80퍼센트 이상 출근한 근로자에게 15일의 유급휴가를 주어야 한다(근로기준법 제60조 제1항).
　㉡ 사용자는 계속하여 근로한 기간이 **1년 미만인 근로자** 또는 1년간 **80퍼센트 미만 출근한 근로자에게 1개월 개근 시 1일의 유급휴가**를 주어야 한다(근로기준법 제60조 제2항).
　㉢ **가산휴가**: 사용자는 3년 이상 계속하여 근로한 근로자에게는 15일의 유급휴가에 최초 1년을 초과하는 계속 근로 연수 매 2년에 대하여 1일을 가산한 유급휴가를 주어야 한다. 이 경우 가산휴가를 포함한 총휴가일수는 25일을 한도로 한다(근로기준법 제60조 제4항). 기출

② **연차 휴가 시기지정과 시기변경**: 사용자는 연차 휴가를 근로자가 청구한 시기에 주어야 하고, 그 기간에 대하여는 취업규칙 등에서 정하는 **통상임금 또는 평균임금**을 지급하여야 한다. 다만, 근로자가 청구한 시기에 휴가를 주는 것이 사업운영에 막대한 지장이 있는 경우에는 그 시기를 **변경할 수 있다**(근로기준법 제60조 제5항).

> **OX문제**
> 사용자는 계속하여 근로한 기간이 2년 미만인 근로자 또는 1년간 80% 미만 출근한 근로자에게 1개월 개근 시 1일의 유급휴가를 주어야 한다.
> (　　)
>
> 연차 유급휴가일수는 어떠한 경우에도 20일을 초과할 수 없다.
> (　　)

> 정답 ×, ×, ×

③ **출근기간의 인정**: 연차 휴가 산정을 위한 출근율 판단에서 다음에 해당하는 기간은 출근한 것으로 본다(근로기준법 제60조 제6항).
  ㉠ 근로자가 업무상의 부상 또는 질병으로 휴업한 기간
  ㉡ 임신 중의 여성이 출산전후휴가와 유산·사산휴가로 휴업한 기간
  ㉢ 「남녀고용평등과 일·가정 양립 지원에 관한 법률」 제19조 제1항에 따른 육아휴직으로 휴업한 기간
  ㉣ 「남녀고용평등과 일·가정 양립 지원에 관한 법률」 제19조의2 제1항에 따른 육아기 근로시간 단축을 사용하여 단축된 근로시간
  ㉤ 아래 **(3)**의 ㉠에 따른 임신기 근로시간 단축을 사용하여 단축된 근로시간

④ **연차 휴가청구권의 소멸시효**: 위 ①에 따른 휴가는 1년간(계속하여 근로한 기간이 1년 미만인 근로자의 위 ①의 ㉡에 따른 유급휴가는 최초 1년의 근로가 끝날 때까지의 기간을 말한다) 행사하지 아니하면 소멸된다. 다만, 사용자의 귀책사유로 사용하지 못한 경우에는 그러하지 아니하다(근로기준법 제60조 제7항).

⑤ **연차 유급휴가의 사용 촉진**
  ㉠ 사용자가 위 ①에 따른 유급휴가(계속하여 근로한 기간이 1년 미만인 근로자의 위 ①의 ㉡에 따른 유급휴가는 제외한다)의 사용을 촉진하기 위하여 다음의 조치를 하였음에도 불구하고 근로자가 휴가를 사용하지 아니하여 시효로 소멸된 경우에는 사용자는 그 사용하지 아니한 휴가에 대하여 보상할 의무가 없고, 소멸시효 중단사유인 사용자의 귀책사유에 해당하지 아니하는 것으로 본다(근로기준법 제61조 제1항).
    ⓐ 휴가청구권의 소멸시효기간이 끝나기 **6개월 전**을 기준으로 **10일 이내**에 사용자가 근로자별로 사용하지 아니한 휴가 일수를 알려주고, 근로자가 그 사용 시기를 정하여 사용자에게 통보하도록 서면으로 촉구할 것
    ⓑ 위 ⓐ에 따른 촉구에도 불구하고 근로자가 촉구를 받은 때부터 **10일 이내**에 사용하지 아니한 휴가의 전부 또는 일부의 사용 시기를 정하여 사용자에게 통보하지 아니하면 휴가청구권의 소멸시효기간이 끝나기 **2개월 전**까지 사용자가 사용하지 아니한 휴가의 사용 시기를 정하여 근로자에게 서면으로 통보할 것

OX문제

사용자의 귀책사유로 유급휴가를 1년간 사용하지 못한 경우 연차 휴가권은 소멸하지만, 미사용휴가에 대하여는 보상해야 한다. ( )

정답 ✕

ⓒ 사용자가 계속하여 근로한 기간이 1년 미만인 근로자의 위 ①의 ⓒ에 따른 유급휴가의 사용을 촉진하기 위하여 다음의 조치를 하였음에도 불구하고 근로자가 휴가를 사용하지 아니하여 시효로 소멸된 경우에는 사용자는 그 사용하지 아니한 휴가에 대하여 보상할 의무가 없고, 소멸시효 중단사유인 사용자의 귀책사유에 해당하지 아니하는 것으로 본다(근로기준법 제61조 제2항).

ⓐ 최초 1년의 근로기간이 끝나기 3개월 전을 기준으로 10일 이내에 사용자가 근로자별로 사용하지 아니한 휴가 일수를 알려주고, 근로자가 그 사용 시기를 정하여 사용자에게 통보하도록 서면으로 촉구할 것. 다만, 사용자가 서면 촉구한 후 발생한 휴가에 대해서는 최초 1년의 근로기간이 끝나기 1개월 전을 기준으로 5일 이내에 촉구하여야 한다.

ⓑ 위 ⓐ에 따른 촉구에도 불구하고 근로자가 촉구를 받은 때부터 10일 이내에 사용하지 아니한 휴가의 전부 또는 일부의 사용 시기를 정하여 사용자에게 통보하지 아니하면 최초 1년의 근로기간이 끝나기 1개월 전까지 사용자가 사용하지 아니한 휴가의 사용 시기를 정하여 근로자에게 서면으로 통보할 것. 다만, 위 ⓐ의 단서에 따라 촉구한 휴가에 대해서는 최초 1년의 근로기간이 끝나기 10일 전까지 서면으로 통보하여야 한다.

⑥ **유급휴가의 대체**: 사용자는 근로자대표와의 서면 합의에 따라 연차 유급휴가일을 갈음하여 특정한 근로일에 근로자를 휴무시킬 수 있다(근로기준법 제62조).

(2) 생리휴가

사용자는 **여성 근로자가 청구**하면 월 1일의 생리휴가를 주어야 한다(근로기준법 제73조).

(3) 출산전후휴가

① **출산전후휴가일수**: 사용자는 임신 중의 여성에게 출산 전과 출산 후를 통하여 90일(미숙아를 출산한 경우에는 100일, 한 번에 둘 이상 자녀를 임신한 경우에는 120일)의 출산전후휴가를 주어야 한다. 이 경우 휴가기간의 배정은 출산 후에 45일(한 번에 둘 이상 자녀를 임신한 경우에는 60일) 이상이 되어야 하고, 미숙아의 범위, 휴가 부여 절차 등에 필요한 사항은 고용노동부령으로 정한다(근로기준법 제74조 제1항).

> **OX문제**
> 사용자는 임신 중의 여성에게 「근로기준법」 제74조 제1항에 따른 출산전후휴가를 주는 경우 휴가기간의 배정은 출산 전에 45일 이상이 되어야 한다. ( )
>
> 정답 ✕

② **출산전후휴가의 분할사용**: 사용자는 임신 중인 여성 근로자가 유산의 경험 등 다음의 사유로 위 ①의 휴가를 청구하는 경우 출산 전 어느 때라도 휴가를 나누어 사용할 수 있도록 하여야 한다. 이 경우 출산 후의 휴가기간은 연속하여 45일(한 번에 둘 이상 자녀를 임신한 경우에는 60일) 이상이 되어야 한다(근로기준법 제74조 제2항, 동법 시행령 제43조 제1항).
  ㉠ 임신한 근로자에게 유산·사산의 경험이 있는 경우
  ㉡ 임신한 근로자가 출산전후휴가를 청구할 당시 연령이 만 40세 이상인 경우
  ㉢ 임신한 근로자가 유산·사산의 위험이 있다는 의료기관의 진단서를 제출한 경우

③ **유산·사산휴가**: 사용자는 임신 중인 여성이 유산 또는 사산한 경우로서 그 근로자가 청구하면 대통령령으로 정하는 바에 따라 유산·사산휴가를 주어야 한다. 다만, 인공 임신중절 수술(모자보건법 제14조 제1항에 따른 경우는 제외한다)에 따른 유산의 경우는 그러하지 아니하다(근로기준법 제74조 제3항).

④ **유급일수**: 위 ①부터 ③의 규정에 따른 휴가 중 최초 60일(한 번에 둘 이상 자녀를 임신한 경우에는 75일)은 유급으로 한다. 다만, 「남녀고용평등과 일·가정 양립 지원에 관한 법률」에 따라 출산전후휴가급여 등이 지급된 경우에는 그 금액의 한도에서 지급의 책임을 면한다(근로기준법 제74조 제4항).

⑤ **시간외근로의 제한**: 사용자는 임신 중의 여성 근로자에게 시간외근로를 하게 하여서는 아니 되며, 그 근로자의 요구가 있는 경우에는 쉬운 종류의 근로로 전환하여야 한다(근로기준법 제74조 제5항).

⑥ **직무복귀**: 사업주는 출산전후휴가 종료 후에는 휴가 전과 동일한 업무 또는 동등한 수준의 임금을 지급하는 직무에 복귀시켜야 한다(근로기준법 제74조 제6항).

⑦ **임신기간 근로시간 단축**: 사용자는 임신 후 12주 이내 또는 32주 이후에 있는 여성 근로자(고용노동부령으로 정하는 유산, 조산 등 위험이 있는 여성 근로자의 경우 임신 전 기간)가 1일 **2시간**의 근로시간 단축을 신청하는 경우 이를 허용하여야 한다. 다만, 1일 근로시간이 8시간 미만인 근로자에 대하여는 1일 근로시간이 **6시간**이 되도록 근로시간 단축을 허용할 수 있다(근로기준법 제74조 제7항).

OX문제

사용자가 한 번에 둘 이상 자녀를 임신한 여성에게 출산전후휴가를 부여할 경우 최초 90일은 유급으로 한다.
( )

정답 ×

(4) 육아시간 OX

생후 1년 미만의 유아를 가진 여성 근로자가 청구하면 1일 2회 각각 30분 이상의 유급 수유시간을 주어야 한다(근로기준법 제75조).

14. 안전과 보건

(1) 직장 내 괴롭힘의 금지

사용자 또는 근로자는 직장에서의 지위 또는 관계 등의 우위를 이용하여 업무상 적정범위를 넘어 다른 근로자에게 신체적·정신적 고통을 주거나 근무환경을 악화시키는 행위(이하 '직장 내 괴롭힘'이라 한다)를 하여서는 아니 된다(근로기준법 제76조의2).

(2) 직장 내 괴롭힘 발생 시 조치

① 누구든지 직장 내 괴롭힘 발생 사실을 알게 된 경우 그 사실을 사용자에게 신고할 수 있다(근로기준법 제76조의3 제1항).

② 사용자는 위 ①에 따른 신고를 접수하거나 직장 내 괴롭힘 발생 사실을 인지한 경우에는 지체 없이 당사자 등을 대상으로 그 사실 확인을 위하여 객관적으로 조사를 실시하여야 한다(근로기준법 제76조의3 제2항).

③ 사용자는 위 ②에 따른 조사 기간 동안 직장 내 괴롭힘과 관련하여 피해를 입은 근로자 또는 피해를 입었다고 주장하는 근로자(이하 '피해근로자 등'이라 한다)를 보호하기 위하여 필요한 경우 해당 피해근로자등에 대하여 근무장소의 변경, **유급휴가** 명령 등 적절한 **조치를 하여야 한다**. 이 경우 사용자는 피해근로자등의 의사에 반하는 조치를 하여서는 아니 된다(근로기준법 제76조의3 제3항). 기출

④ 사용자는 위 ②에 따른 조사 결과 직장 내 괴롭힘 발생 사실이 확인된 때에는 **피해근로자가 요청**하면 근무장소의 변경, 배치전환, 유급휴가 명령 등 적절한 **조치를 하여야 한다**(근로기준법 제76조의3 제4항).

⑤ 사용자는 위 ②에 따른 조사 결과 직장 내 괴롭힘 발생 사실이 확인된 때에는 지체 없이 행위자에 대하여 징계, 근무장소의 변경 등 필요한 **조치를 하여야 한다**. 이 경우 사용자는 징계 등의 조치를 하기 전에 그 조치에 대하여 피해근로자의 의견을 들어야 한다(근로기준법 제76조의3 제5항).

> **OX문제**
> 사용자는 생후 1년 미만의 유아를 가진 여성 근로자가 청구하면 1일 2회 각각 1시간 이상의 유급 수유시간을 주어야 한다.
> ( )
>
> 정답 ×

⑥ 사용자는 직장 내 괴롭힘 발생 사실을 신고한 근로자 및 피해근로자등에게 해고나 그 밖의 불리한 처우를 하여서는 아니 된다(근로기준법 제76조의3 제6항).

⑦ 위 ②에 따라 직장 내 괴롭힘 발생 사실을 조사한 사람, 조사 내용을 보고받은 사람 및 그 밖에 조사 과정에 참여한 사람은 해당 조사 과정에서 알게 된 비밀을 피해근로자등의 의사에 반하여 다른 사람에게 누설하여서는 아니 된다. 다만, **조사와 관련된 내용을 사용자에게 보고하거나 관계 기관의 요청에 따라 필요한 정보를 제공하는 경우는 제외**한다(근로기준법 제76조의3 제7항).

15. 적용의 제외

근로시간, 휴게와 휴일에 관한 규정은 다음에 해당하는 근로자에 대하여는 적용하지 아니한다(근로기준법 제63조, 동법 시행령 제34조).

① 토지의 경작·개간, 식물의 식재(植栽)·재배·채취 사업, 그 밖의 농림 사업

② 동물의 사육, 수산 동식물의 채취·포획·양식 사업, 그 밖의 축산, 양잠, 수산 사업

③ **감시**(監視) 또는 **단속적**(斷續的)으로 근로에 종사하는 사람으로서 사용자가 고용노동부장관의 승인을 받은 사람 기출

> **참고** 근로시간 등의 적용제외 승인신청 등(근로기준법 시행규칙 제10조)
> 1. 사용자는 감시 또는 단속적으로 근로에 종사하는 자에 대한 근로시간 등의 적용제외 승인을 받으려면 감시적 또는 단속적 근로종사자에 대한 적용제외 승인신청서를 관할 지방고용노동관서의 장에게 제출하여야 한다.
> 2. 승인대상이 되는 감시적 근로에 종사하는 자는 감시업무를 주 업무로 하며 상태적으로 정신적·육체적 피로가 적은 업무에 종사하는 자로 한다.
> 3. 승인대상이 되는 단속적으로 근로에 종사하는 자는 근로가 간헐적·단속적으로 이루어져 휴게시간이나 대기시간이 많은 업무에 종사하는 자로 한다.
> 4. 관할 지방고용노동관서의 장은 승인신청에 대하여 승인을 할 경우에는 감시적 또는 단속적 근로종사자에 대한 적용제외 승인서를 내주어야 한다.

④ 사업의 종류에 관계없이 관리·감독 업무 또는 기밀을 취급하는 업무에 종사하는 근로자

OX문제

근로기준법령상 단속적(斷續的) 근로자로 고용노동부장관의 승인을 받은 보일러실 근무직원의 오후 10시부터 오전 6시까지 야간근로에 대해 「근로기준법」에 의거 통상임금의 100분의 50을 가산하여 임금을 산정하였다. (   )

사용자가 근로자대표와 서면합의를 한 경우 단속적으로 근로에 종사하는 자에게는 휴일에 관한 규정을 적용하지 아니한다. (   )

정답 O, X

2 최저임금법

1. 목적

「최저임금법」은 근로자에 대하여 임금의 최저수준을 보장하여 근로자의 생활안정과 노동력의 질적 향상을 꾀함으로써 국민경제의 건전한 발전에 이바지하는 것을 목적으로 한다(최저임금법 제1조).

2. 정의

「최저임금법」에서 '근로자', '사용자' 및 '임금'이란 「근로기준법」 제2조에 따른 근로자, 사용자 및 임금을 말한다(최저임금법 제2조). 기출

3. 적용범위

(1) 적용원칙

「최저임금법」은 근로자를 사용하는 모든 사업 또는 사업장에 적용한다(최저임금법 제3조 제1항 본문).

(2) 적용제외

① 동거하는 친족만을 사용하는 사업과 가사 사용인에게는 적용하지 아니한다(최저임금법 제3조 제1항 단서). 기출

② 「최저임금법」은 「선원법」의 적용을 받는 선원과 선원을 사용하는 선박의 소유자에게는 적용하지 아니한다(최저임금법 제3조 제2항). 기출

4. 최저임금의 결정기준과 구분

(1) 최저임금의 결정기준 OX

최저임금은 근로자의 **생계비**, 유사 근로자의 임금, **노동생산성 및 소득분배율** 등을 고려하여 정한다. 이 경우 사업의 종류별로 구분하여 정할 수 있다(최저임금법 제4조 제1항). 기출

(2) 사업의 종류별 구분 OX

위 (1)에 따른 사업의 종류별 구분은 **최저임금위원회**의 심의를 거쳐 **고용노동부장관**이 정한다(최저임금법 제4조 제2항). 기출

OX문제
「최저임금법」은 「선원법」의 적용을 받는 선원에게도 적용된다.
( )

OX문제
최저임금은 사업의 종류별로 구분하여 정할 수 있다.
( )

OX문제
최저임금의 사업 종류별 구분은 최저임금위원회가 정한다.
( )

정답 ×, ○, ×

5. 최저임금액

(1) 최저임금액의 결정 OX

최저임금액(최저임금으로 정한 금액을 말한다. 이하 같다)은 시간·일·주 또는 월을 단위로 하여 정한다. 이 경우 일·주 또는 월을 단위로 하여 최저임금액을 정할 때에는 시간급으로도 표시하여야 한다(최저임금법 제5조 제1항). 기출

(2) 수습 중에 있는 근로자의 최저임금액

OX ① **대상 근로자**: 1년 이상의 기간을 정하여 근로계약을 체결하고 수습 중에 있는 근로자로서 수습을 시작한 날부터 3개월 이내인 사람에 대하여는 대통령령(아래 ②)으로 정하는 바에 따라 위 **(1)**에 따른 최저임금액과 다른 금액으로 최저임금액을 정할 수 있다. 다만, 단순노무업무로 고용노동부장관이 정하여 고시한 직종에 종사하는 근로자는 제외한다(최저임금법 제5조 제2항). 기출

② **수습 중에 있는 근로자에 대한 최저임금액**: 위 ①의 본문에 따라 1년 이상의 기간을 정하여 근로계약을 체결하고 수습 중에 있는 근로자로서 수습을 시작한 날부터 3개월 이내인 사람에 대해서는 위 **(1)**의 후단에 따른 시간급 최저임금액(최저임금으로 정한 금액을 말한다)에서 100분의 10을 뺀 금액을 그 근로자의 시간급 최저임금액으로 한다(최저임금법 시행령 제3조). 기출

(3) 도급제 등의 경우 최저임금액 결정

임금이 통상적으로 도급제나 그 밖에 이와 비슷한 형태로 정하여져 있는 경우로서 위 **(1)**에 따라 최저임금액을 정하는 것이 적당하지 아니하다고 인정되면 대통령령(보조단)으로 정하는 바에 따라 최저임금액을 따로 정할 수 있다(최저임금법 제5조 제3항).

6. 최저임금의 효력

(1) 최저임금액 이상의 임금지급의무

사용자는 최저임금의 적용을 받는 근로자에게 최저임금액 이상의 임금을 지급하여야 한다(최저임금법 제6조 제1항).

(2) 기존 임금수준 감액 금지 OX

사용자는 「최저임금법」에 따른 최저임금을 이유로 종전의 임금수준을 낮추어서는 아니 된다(최저임금법 제6조 제2항). 기출

(3) 최저임금액 미만의 임금

최저임금의 적용을 받는 근로자와 사용자 사이의 근로계약 중 최저임금액에 미치지 못하는 금액을 임금으로 정한 부분은 **무효**로 하며, 이 경우 **무효**로 된 부분은 「최저임금법」으로 정한 **최저임금액과 동일한 임금을 지급**하기로 한 것으로 본다(최저임금법 제6조 제3항). 기출

(4) 최저임금의 지급의무면제 OX

위 (1)과 (3)은 다음의 어느 하나에 해당하는 사유로 근로하지 아니한 시간 또는 일에 대하여 사용자가 임금을 지급할 것을 강제하는 것은 아니다(최저임금법 제6조 제6항). 기출
① 근로자가 자기의 사정으로 소정근로시간 또는 소정의 근로일의 근로를 하지 아니한 경우
② 사용자가 정당한 이유로 근로자에게 소정근로시간 또는 소정의 근로일의 근로를 시키지 아니한 경우

(5) 도급인의 연대책임

도급으로 사업을 행하는 경우 도급인이 책임져야 할 사유로 수급인이 근로자에게 최저임금액에 미치지 못하는 임금을 지급한 경우 도급인은 해당 수급인과 연대(連帶)하여 책임을 진다(최저임금법 제6조 제7항). 기출

7. 최저임금의 적용제외

다음의 어느 하나에 해당하는 사람으로서 사용자가 대통령령으로 정하는 바에 따라 고용노동부장관의 인가를 받은 사람에 대하여는 최저임금의 효력에 관한 규정(위 6.)을 적용하지 아니한다(최저임금법 제7조).
① 정신장애나 신체장애로 근로능력이 현저히 낮은 사람 기출
② 그 밖에 최저임금을 적용하는 것이 적당하지 아니하다고 인정되는 사람

8. 최저임금의 결정 등

(1) 최저임금의 결정

OX ① **결정**: 고용노동부장관은 매년 8월 5일까지 최저임금을 결정하여야 한다. 이 경우 고용노동부장관은 대통령령(보조단)으로 정하는 바에 따라 최저임금위원회에 심의를 요청하고, 최저임금위원회가 심의하여 의결한 최저임금안에 따라 최저임금을 결정하여야 한다(최저임금법 제8조 제1항). 기출

OX문제

최저임금의 적용을 받는 근로자가 자기의 사정으로 소정의 근로일의 근로를 하지 아니한 경우 근로하지 아니한 일에 대하여 사용자는 최저임금액의 2분의 1에 해당하는 임금을 지급하여야 한다. ( )

OX문제

최저임금위원회는 매년 8월 5일까지 최저임금을 결정하고 이를 지체 없이 고시하여야 한다. ( )

➕ 고득점 심화학습

최저임금위원회에의 심의 요청

고용노동부장관은 본문 (1)의 ①에 따라 매년 3월 31일까지 최저임금위원회에 최저임금에 관한 심의를 요청하여야 한다(최저임금법 시행령 제7조).

정답 ×, ×

② **최저임금안의 제출**: 위원회는 위 ①의 후단에 따라 고용노동부장관으로부터 최저임금에 관한 심의 요청을 받은 경우 이를 심의하여 최저임금안을 의결하고 심의 요청을 받은 날부터 **90일 이내**에 고용노동부장관에게 제출하여야 한다(최저임금법 제8조 제2항).

③ **재심의 요청**: 고용노동부장관은 위 ②에 따라 위원회가 심의하여 제출한 최저임금안에 따라 최저임금을 결정하기가 어렵다고 인정되면 **20일 이내**에 그 이유를 밝혀 위원회에 **10일 이상**의 기간을 정하여 재심의를 요청할 수 있다(최저임금법 제8조 제3항).

④ **재심의 결과 제출**: 위원회는 위 ③에 따라 재심의 요청을 받은 때에는 그 기간 내에 재심의하여 그 결과를 고용노동부장관에게 제출하여야 한다(최저임금법 제8조 제4항).

⑤ **재의결**: 고용노동부장관은 위원회가 위 ④에 따른 재심의에서 재적위원 과반수의 출석과 출석위원 **3분의 2 이상**의 찬성으로 위 ②에 따른 당초의 최저임금안을 재의결한 경우에는 그에 따라 최저임금을 결정하여야 한다(최저임금법 제8조 제5항).

(2) 최저임금안에 대한 이의 제기

① **최저임금안의 고시**: 고용노동부장관은 위 **(1)**의 ②에 따라 위원회로부터 최저임금안을 제출받은 때에는 대통령령(보조단)으로 정하는 바에 따라 최저임금안을 고시하여야 한다(최저임금법 제9조 제1항).

② **이의제기**: 근로자를 대표하는 자나 사용자를 대표하는 자는 위 ①에 따라 고시된 최저임금안에 대하여 이의가 있으면 고시된 날부터 10일 이내에 대통령령으로 정하는 바에 따라 고용노동부장관에게 이의를 제기할 수 있다. 이 경우 근로자를 대표하는 자나 사용자를 대표하는 자의 범위는 대통령령으로 정한다(최저임금법 제9조 제2항). 기출

③ **재심의 요청**: 고용노동부장관은 위 ②에 따른 이의가 이유 있다고 인정되면 그 내용을 밝혀 위 **(1)**의 ③에 따라 위원회에 최저임금안의 재심의를 요청하여야 한다(최저임금법 제9조 제3항).

④ **결정시기**: 고용노동부장관은 위 ③에 따라 재심의를 요청한 최저임금안에 대해 위 **(1)**의 ④에 따라 위원회가 재심의하여 의결한 최저임금안이 제출될 때까지는 최저임금을 결정해서는 안 된다(최저임금법 제9조 제4항).

(3) 최저임금의 고시

고용노동부장관은 최저임금을 결정한 때에는 지체 없이 그 내용을 고시하여야 한다(최저임금법 제10조 제1항).

고득점 심화학습

최저임금안의 고시

고용노동부장관은 본문 **(1)**의 ②에 따라 위원회로부터 최저임금안을 제출받았을 때에는 본문 **(2)**의 ①에 따라 지체 없이 사업 또는 사업장의 종류별 최저임금안 및 적용 사업의 범위를 고시하여야 한다(최저임금법 시행령 제8조).

OX문제

사용자를 대표하는 자는 고시된 최저임금안에 대하여 이의를 제기할 수 없다.
( )

정답 ×

| 참고 | 2026년 적용 최저임금(고용노동부 고시 제2025-47호) |

1. 최저임금액

업종 \ 결정단위	시간급
모든 산업	10,320원

월 환산액 2,156,880원: 주 소정근로 40시간을 근무할 경우, 월 환산 기준시간 수 209시간 (주당 유급주휴 8시간 포함) 기준

2. 최저임금의 사업의 종류별 구분 여부: 사업의 종류별 구분 없이 모든 사업장에 동일하게 적용
3. 최저임금 적용 기간: 2026. 1. 1. ~ 2026. 12. 31.

(4) 최저임금의 효력발생 OX

위 **(3)**에 따라 고시된 최저임금은 **다음 연도 1월 1일부터 효력**이 발생한다. 다만, 고용노동부장관은 사업의 종류별로 임금교섭시기 등을 고려하여 필요하다고 인정하면 효력발생시기를 따로 정할 수 있다(최저임금법 제10조 제2항). 기출

9. 주지 의무

(1) 주지 의무

최저임금의 적용을 받는 사용자는 대통령령[아래 **(2)**]으로 정하는 바에 따라 해당 최저임금을 그 사업의 근로자가 쉽게 볼 수 있는 장소에 게시하거나 그 외의 적당한 방법으로 근로자에게 널리 알려야 한다(최저임금법 제11조). 기출

(2) 주지시켜야 할 최저임금의 내용

① 위 **(1)**에 따라 사용자가 근로자에게 주지시켜야 할 최저임금의 내용은 다음과 같다(최저임금법 시행령 제11조 제1항).
  ㉠ 적용을 받는 근로자의 최저임금액
  ㉡ 「최저임금법」 제6조 제4항에 따라 최저임금에 산입하지 아니하는 임금
  ㉢ 「최저임금법」 제7조에 따라 해당 사업에서 최저임금의 적용을 제외할 근로자의 범위
  ㉣ 최저임금의 효력발생 연월일
② 사용자는 위 ①에 따른 최저임금의 내용을 위 **8. (4)**에 따른 최저임금의 효력발생일 전날까지 근로자에게 주지시켜야 한다(최저임금법 시행령 제11조 제2항).

OX문제

고용노동부장관이 고시한 최저임금은 해당 연도 1월 1일부터 효력이 발생한다.
( )

고시된 최저임금은 다음 연도 3월 1일부터 효력이 발생하나, 고용노동부장관은 사업의 종류별로 임금교섭시기 등을 고려하여 필요하다고 인정하면 효력발생시기를 따로 정할 수 있다.
( )

정답 ×, ×

> **OX문제**
>
> 최저임금에 관한 심의와 그 밖에 최저임금에 관한 중요사항을 심의하기 위하여 고용노동부에 근로감독위원회를 둔다.
> (   )
>
> 정답 ×

10. 최저임금위원회의 설치 OX

최저임금에 관한 심의와 그 밖에 최저임금에 관한 중요사항을 심의하기 위하여 고용노동부에 **최저임금위원회를 둔다**(최저임금법 제12조). 기출

11. 생계비 및 임금실태 등의 조사

고용노동부장관은 근로자의 생계비와 임금실태 등을 매년 조사하여야 한다(최저임금법 제23조).

12. 벌칙

(1) 3년 이하의 징역 또는 2천만원 이하의 벌금

최저임금액보다 적은 임금을 지급하거나 최저임금을 이유로 종전의 임금을 낮춘 자는 3년 이하의 징역 또는 2천만원 이하의 벌금에 처한다. 이 경우 징역과 벌금은 병과(倂科)할 수 있다(최저임금법 제28조 제1항).

(2) 2년 이하의 징역 또는 1천만원 이하의 벌금

도급인에게 연대책임이 발생하여 근로감독관이 그 연대책임을 이행하도록 시정지시하였음에도 불구하고 도급인이 시정기한 내에 이를 이행하지 아니한 경우 2년 이하의 징역 또는 1천만원 이하의 벌금에 처한다(최저임금법 제28조 제2항).

(3) 500만원 이하의 벌금

사용자가 최저임금에 매월 1회 이상 정기적으로 지급하는 임금을 포함시키기 위하여 1개월을 초과하는 주기로 지급하는 임금을 총액의 변동 없이 매월 지급하는 것으로 취업규칙을 변경하면서 해당 사업 또는 사업장에 근로자의 과반수로 조직된 노동조합이 있는 경우에는 그 노동조합, 근로자의 과반수로 조직된 노동조합이 없는 경우에는 근로자의 과반수의 의견을 듣지 아니한 자는 500만원 이하의 벌금에 처한다(최저임금법 제28조 제3항). 기출

(4) 100만원 이하의 과태료

다음의 어느 하나에 해당하는 자에게는 100만원 이하의 과태료를 부과한다(최저임금법 제31조).

OX ① 주지 의무를 위반하여 근로자에게 해당 최저임금을 널리 알리지 아니한 자 기출
② 고용노동부장관이 임금에 관한 사항의 보고를 하게 하였으나 보고를 하지 아니하거나 거짓 보고를 한 자 기출
③ 근로감독관의 장부제출 요구 또는 그 밖의 물건에 대한 검사를 거부·방해 또는 기피하거나 질문에 대하여 거짓 진술을 한 자 기출

> OX문제
> 최저임금의 적용을 받는 사용자는 대통령령으로 정하는 바에 따라 해당 최저임금을 그 사업의 근로자가 쉽게 볼 수 있는 장소에 게시하거나 그 외의 적당한 방법으로 근로자에게 널리 알려야 한다. 이 규정을 위반할 경우에는 500만원의 과태료에 처한다.
> ( )

3 근로자퇴직급여 보장법

1. 목적

「근로자퇴직급여 보장법」은 근로자퇴직급여제도의 설정 및 운영에 필요한 사항을 정함으로써 근로자의 안정적인 노후생활 보장에 이바지함을 목적으로 한다(근로자퇴직급여 보장법 제1조).

2. 용어의 정의

「근로자퇴직급여 보장법」에서 사용하는 용어의 뜻은 다음과 같다(근로자퇴직급여 보장법 제2조).
① **근로자**: 「근로기준법」에 따른 근로자를 말한다.
② **사용자**: 「근로기준법」에 따른 사용자를 말한다.
③ **임금**: 「근로기준법」에 따른 임금을 말한다.
④ **평균임금**: 「근로기준법」에 따른 평균임금을 말한다.
OX ⑤ **급여**: 퇴직급여제도나 개인형 퇴직연금제도에 의하여 근로자에게 지급되는 연금 또는 일시금을 말한다. 기출
⑥ **퇴직급여제도**: 확정급여형 퇴직연금제도, 확정기여형 퇴직연금제도, 중소기업퇴직연금기금제도 및 퇴직금제도를 말한다.
⑦ **퇴직연금제도**: 확정급여형 퇴직연금제도, 확정기여형 퇴직연금제도 및 개인형 퇴직연금제도를 말한다.
OX ⑧ **확정급여형 퇴직연금제도**: 근로자가 받을 급여의 수준이 사전에 결정되어 있는 퇴직연금제도를 말한다. 기출
OX ⑨ **확정기여형 퇴직연금제도**: 급여의 지급을 위하여 사용자가 부담하여야 할 부담금의 수준이 사전에 결정되어 있는 퇴직연금제도를 말한다. 기출

> OX문제
> '급여'란 퇴직급여제도나 개인형 퇴직연금제도에 의하여 근로자에게 지급되는 연금을 말하며, 일시금은 포함되지 않는다. ( )

> OX문제
> 확정급여형 퇴직연금제도란 급여의 지급을 위하여 사용자가 부담하여야 할 부담금의 수준이 사전에 결정되어 있는 퇴직연금제도를 말한다. ( )

> OX문제
> 확정기여형 퇴직연금제도란 근로자가 지급받을 급여의 수준이 사전에 결정되어 있는 퇴직연금제도를 말한다. ( )

정답 ×, ×, ×, ×

⑩ **개인형 퇴직연금제도**: 가입자의 선택에 따라 가입자가 납입한 일시금이나 사용자 또는 가입자가 납입한 부담금을 적립·운용하기 위하여 설정한 퇴직연금제도로서, **급여의 수준이나 부담금의 수준이 확정되지 아니한 퇴직연금제도**를 말한다. 기출

⑪ **가입자**: 퇴직연금제도 또는 중소기업퇴직연금기금제도에 가입한 사람을 말한다. 기출

⑫ **적립금**: 가입자의 퇴직 등 지급사유가 발생할 때에 급여를 지급하기 위하여 사용자 또는 가입자가 납입한 부담금으로 적립된 자금을 말한다.

⑬ **퇴직연금사업자**: 퇴직연금제도의 운용관리업무 및 자산관리업무를 수행하기 위하여 등록한 자를 말한다.

⑭ **중소기업퇴직연금기금제도**: 중소기업(상시 30명 이하의 근로자를 사용하는 사업에 한정한다) 근로자의 안정적인 노후생활 보장을 지원하기 위하여 둘 이상의 중소기업 사용자 및 근로자가 납입한 부담금 등으로 공동의 기금을 조성·운영하여 근로자에게 급여를 지급하는 제도를 말한다.

⑮ **사전지정운용제도**: 가입자가 적립금의 운용방법을 스스로 선정하지 아니한 경우 사전에 지정한 운용방법으로 적립금을 운용하는 제도를 말한다.

⑯ **사전지정운용방법**: 사전지정운용제도에 따라 적립금을 운용하기 위하여 「근로자퇴직급여 보장법」 제21조의2 제1항에 따라 승인을 받은 운용방법을 말한다.

3. 적용범위

「근로자퇴직급여 보장법」은 근로자를 사용하는 모든 사업 또는 사업장(이하 '사업'이라 한다)에 적용한다. 다만, **동거하는 친족만을 사용하는 사업 및 가구 내 고용활동에는 적용하지 아니한다**(근로자퇴직급여 보장법 제3조).

4. 퇴직급여제도의 설정

(1) 퇴직급여제도의 설정

① **퇴직급여제도의 설정**: 사용자는 퇴직하는 근로자에게 급여를 지급하기 위하여 퇴직급여제도 중 하나 이상의 제도를 설정하여야 한다. 다만, 계속근로기간이 1년 미만인 근로자, 4주간을 평균하여 1주간의 소정근로시간이 15시간 미만인 근로자에 대하여는 그러하지 아니하다(근로자퇴직급여 보장법 제4조 제1항). 기출

OX문제

'가입자'라 함은 퇴직연금제도 또는 중소기업퇴직연금기금제도에 가입한 근로자를 말하며, 개인형 퇴직연금제도에 가입한 근로자는 포함되지 않는다. ( )

OX문제

「근로자퇴직급여 보장법」은 동거하는 친족만을 사용하는 사업 및 가구 내 고용활동에는 적용하지 아니한다. ( )

OX문제

사용자는 4주간을 평균하여 1주간의 소정근로시간이 15시간 미만인 근로자에 대하여도 퇴직급여제도를 설정하여야 한다. ( )

정답 ×, ○, ×

② **퇴직급여제도의 차등 금지**: 퇴직급여제도를 설정하는 경우에 하나의 사업에서 급여 및 부담금 산정방법의 적용 등에 관하여 **차등을 두어서는 아니 된다**(근로자퇴직급여 보장법 제4조 제2항).

OX ③ **퇴직급여제도의 설정절차**: 사용자가 퇴직급여제도를 설정하거나 설정된 퇴직급여제도를 다른 종류의 퇴직급여제도로 변경하려는 경우에는 근로자의 과반수가 가입한 노동조합이 있는 경우에는 그 노동조합, 근로자의 과반수가 가입한 노동조합이 없는 경우에는 근로자 과반수(이하 '근로자대표'라 한다)의 **동의를 받아야 한다**(근로자퇴직급여 보장법 제4조 제3항). 기출

④ **퇴직급여제도의 내용 변경절차**: 사용자가 설정되거나 변경된 퇴직급여제도의 내용을 변경하려는 경우에는 근로자대표의 **의견을 들어야 한다**. 다만, 근로자에게 불리하게 변경하려는 경우에는 근로자대표의 **동의를 받아야 한다**(근로자퇴직급여 보장법 제4조 제4항).

(2) 새로 성립된 사업의 퇴직급여제도

법률 제10967호「근로자퇴직급여 보장법」전부개정법률 시행일(2012. 7. 26.) 이후 새로 성립(합병·분할된 경우는 제외한다)된 사업의 사용자는 **근로자대표의 의견을 들어** 사업의 성립 후 1년 이내에 확정급여형 퇴직연금제도나 확정기여형 퇴직연금제도를 설정하여야 한다(근로자퇴직급여 보장법 제5조).

(3) 수급권의 보호

① **수급권의 보호**: 퇴직연금제도(중소기업퇴직연금기금제도를 포함한다)의 급여를 받을 권리는 양도 또는 압류하거나 담보로 제공할 수 없다(근로자퇴직급여 보장법 제7조 제1항).

OX ② **예외**: 위 ①에도 불구하고 가입자는 **주택구입 등 대통령령**(아래 ③)으로 **정하는 사유와 요건을 갖춘 경우**에는 대통령령(아래 ③)으로 정하는 한도에서 퇴직연금제도의 급여를 받을 권리를 **담보로 제공할 수 있다**. 이 경우 퇴직연금사업자[중소기업퇴직연금기금제도의 경우 산업재해보상보험법에 따른 근로복지공단(이하 '공단'이라 한다)을 말한다]는 제공된 급여를 담보로 한 대출이 이루어지도록 협조하여야 한다(근로자퇴직급여 보장법 제7조 제2항).

③ **퇴직연금수급권의 담보제공 사유와 요건 및 한도**: 위 ②의 전단에서 '주택구입 등 대통령령이 정하는 사유와 요건을 갖춘 경우' 및 '대통령령으로 정하는 한도'란 다음과 같다(근로자퇴직급여 보장법 시행령 제2조).

OX문제

사용자가 설정된 퇴직급여제도를 다른 종류의 퇴직급여제도로 변경하려면 근로자의 과반수가 가입한 노동조합이 있는 경우에는 그 노동조합의 동의를 받아야 한다. ( )

OX문제

퇴직연금제도의 급여를 받을 권리는 무주택자인 가입자가 본인 명의로 주택을 구입하는 경우에 대통령령으로 정하는 한도에서 담보로 제공할 수 있다.
( )

정답 ◯, ◯

담보제공 사유와 요건	담보제공 한도

㉠ 무주택자인 가입자가 본인 명의로 **주택을 구입**하는 경우 ^{기출}
㉡ 무주택자인 가입자가 주거를 목적으로 「민법」 제303조에 따른 **전세금** 또는 「주택임대차보호법」 제3조의2에 따른 **보증금**을 부담하는 경우. 이 경우 가입자가 하나의 사업 또는 사업장에 근로하는 동안 1회로 한정한다.
㉢ 가입자가 **6개월 이상 요양**을 필요로 하는 다음의 어느 하나에 해당하는 사람의 질병이나 부상에 대한 의료비(소득세법 시행령 제118조의5 제1항 및 제2항에 따른 의료비를 말한다. 이하 같다)를 부담하는 경우
   ⓐ 가입자 본인
   ⓑ 가입자의 배우자
   ⓒ 가입자 또는 그 배우자의 부양가족(소득세법 제50조 제1항 제3호에 따른 부양가족을 말한다. 이하 같다)
㉣ 담보를 제공하는 날부터 거꾸로 계산하여 **5년 이내**에 가입자가 「채무자 회생 및 파산에 관한 법률」에 따라 **파산선고**를 받은 경우
㉤ 담보를 제공하는 날부터 거꾸로 계산하여 **5년 이내**에 가입자가 「채무자 회생 및 파산에 관한 법률」에 따라 **개인회생절차개시** 결정을 받은 경우
㉥ 다음의 어느 하나에 해당하는 사람의 **대학등록금, 혼례비** 또는 **장례비**를 가입자가 부담하는 경우
   ⓐ 가입자 본인
   ⓑ 가입자의 배우자
   ⓒ 가입자 또는 그 배우자의 부양가족
	가입자별 적립금의 100분의 50

㉦ 사업주의 **휴업 실시로 근로자의 임금이 감소**하거나 재난(재난 및 안전관리 기본법 제3조 제1호에 따른 재난을 말한다. 이하 같다)으로 피해를 입은 경우로서 고용노동부장관이 정하여 고시하는 사유와 요건에 해당하는 경우	임금 감소 또는 재난으로 입은 가입자의 피해 정도 등을 고려하여 고용노동부장관이 정하여 고시하는 한도

(4) 퇴직금제도의 설정 등

① 퇴직금제도의 설정: 퇴직금제도를 설정하려는 사용자는 계속근로기간 1년에 대하여 30일분 이상의 **평균임금**을 퇴직금으로 퇴직 근로자에게 지급할 수 있는 제도를 설정하여야 한다(근로자퇴직급여 보장법 제8조 제1항). ^{기출}

② 퇴직금의 중간정산: 위 ①에도 불구하고 사용자는 주택구입 등 대통령령(아래 ③)으로 정하는 사유로 근로자가 요구하는 경우에는 근로자가 퇴직하기 전에 해당 근로자의 계속근로기간에 대한 퇴직금을 미리 정산하여 지급할 수 있다. 이 경우 미리 정산하여 지급한 후의 퇴직금 산정

OX문제

사용자는 계속근로기간 1년에 대하여 30일분 이상의 통상임금을 퇴직하는 근로자에게 퇴직금으로 지급할 수 있는 제도를 설정하여야 한다. ( )

OX문제

퇴직금의 중간정산지급 후의 퇴직금 산정을 위한 계속근로기간은 정산시점부터 새로 계산한다. ( )

정답 ×, ○

을 위한 계속근로기간은 정산시점부터 새로 계산한다(근로자퇴직급여 보장법 제8조 제2항). 기출

③ **퇴직금의 중간정산 사유**: 위 ②의 전단에서 '주택구입 등 대통령령으로 정하는 사유'란 다음의 경우를 말한다(근로자퇴직급여 보장법 시행령 제3조 제1항).

㉠ 무주택자인 근로자가 본인 명의로 **주택을 구입**하는 경우

㉡ 무주택자인 근로자가 주거를 목적으로 「민법」 제303조에 따른 전세금 또는 「주택임대차보호법」 제3조의2에 따른 **보증금을 부담**하는 경우. 이 경우 근로자가 하나의 사업에 근로하는 동안 1회로 한정한다.

㉢ 근로자가 **6개월 이상 요양**을 필요로 하는 다음의 어느 하나에 해당하는 사람의 질병이나 부상에 대한 의료비를 해당 근로자가 본인 연간 임금총액의 1천분의 125를 초과하여 부담하는 경우
　ⓐ 근로자 본인
　ⓑ 근로자의 배우자
　ⓒ 근로자 또는 그 배우자의 부양가족

㉣ 퇴직금 중간정산을 신청하는 날부터 거꾸로 계산하여 5년 이내에 근로자가 「채무자 회생 및 파산에 관한 법률」에 따라 파산선고를 받은 경우

㉤ 퇴직금 중간정산을 신청하는 날부터 거꾸로 계산하여 5년 이내에 근로자가 「채무자 회생 및 파산에 관한 법률」에 따라 개인회생절차개시 결정을 받은 경우

㉥ 사용자가 기존의 정년을 연장하거나 보장하는 조건으로 단체협약 및 취업규칙 등을 통하여 일정 나이, 근속시점 또는 임금액을 기준으로 임금을 줄이는 제도를 시행하는 경우

㉦ 사용자가 근로자와의 합의에 따라 소정근로시간을 1일 1시간 또는 1주 5시간 이상 단축함으로써 단축된 소정근로시간에 따라 근로자가 3개월 이상 계속 근로하기로 한 경우

㉧ 법률 제15513호 「근로기준법」 일부개정법률의 시행에 따른 **근로시간의 단축**으로 근로자의 **퇴직금이 감소**되는 경우

㉨ 재난으로 피해를 입은 경우로서 고용노동부장관이 정하여 고시하는 사유에 해당하는 경우

OX문제

사용자가 퇴직금을 미리 정산하여 지급한 경우에는 근로자의 퇴직금청구권이 소멸시효가 완성되는 날까지 관련 증명서류를 보존하여야 한다. ( )

OX문제

사용자는 근로자가 퇴직한 경우에는 그 지급사유가 발생한 날부터 14일 이내에 퇴직금을 지급하여야 하며, 특별한 사정이 있는 경우에도 당사자간의 합의로 그 지급기일을 연장할 수 없다. ( )

OX문제

「근로자퇴직급여 보장법」에 따른 퇴직금을 받을 권리는 1년간 행사하지 아니하면 시효로 인하여 소멸한다. ( )

정답 ×, ×, ×

OX ④ **중간정산 관련 증명서류 보존**: 사용자는 퇴직금을 미리 정산하여 지급한 경우 근로자가 퇴직한 후 **5년**이 되는 날까지 관련 증명서류를 보존하여야 한다(근로자퇴직급여 보장법 시행령 제3조 제2항). 기출

OX ⑤ **퇴직금의 지급**

㉠ 사용자는 근로자가 퇴직한 경우에는 그 지급사유가 발생한 날부터 14일 이내에 퇴직금을 지급하여야 한다. 다만, 특별한 사정이 있는 경우에는 당사자간의 **합의에 따라 지급기일을 연장할 수 있다**(근로자퇴직급여 보장법 제9조 제1항). 기출

㉡ 위 ㉠에 따른 퇴직금은 근로자가 지정한 개인형 퇴직연금제도의 계정 또는 중소기업퇴직연금기금제도 가입자부담금 계정(이하 '개인형 퇴직연금제도의 계정등'이라 한다)으로 이전하는 방법으로 지급하여야 한다. 다만, 근로자가 **55세 이후**에 퇴직하여 급여를 받는 경우 등 대통령령으로 정하는 사유가 있는 경우에는 그러하지 아니하다(근로자퇴직급여 보장법 제9조 제2항).

㉢ 근로자가 위 ㉡에 따라 개인형 퇴직연금제도의 계정등을 지정하지 아니한 경우에는 근로자 명의의 개인형 퇴직연금제도의 계정으로 이전한다(근로자퇴직급여 보장법 제9조 제3항).

OX ⑥ **퇴직금의 시효**: 퇴직금을 받을 권리는 **3년간** 행사하지 아니하면 시효로 인하여 소멸한다(근로자퇴직급여 보장법 제10조). 기출

(5) 퇴직급여제도의 미설정에 따른 처리

사용자가 퇴직급여제도나 개인형 퇴직연금제도를 설정하지 아니한 경우에는 **퇴직금제도를 설정한 것으로 본다**(근로자퇴직급여 보장법 제11조).

(6) 퇴직급여등의 우선변제

① **우선변제**: 사용자에게 지급의무가 있는 퇴직금, 확정급여형 퇴직연금제도의 급여, 확정기여형 퇴직연금제도의 부담금 중 미납입 부담금 및 미납입 부담금에 대한 지연이자, 중소기업퇴직연금기금제도의 부담금 중 미납입 부담금 및 미납입 부담금에 대한 지연이자, 개인형 퇴직연금제도의 부담금 중 미납입 부담금 및 미납입 부담금에 대한 지연이자(이하 '퇴직급여등'이라 한다)는 사용자의 총재산에 대하여 질권 또는 저당권에 의하여 담보된 채권을 제외하고는 조세·공과금 및 다른 채권에 우선하여 변제되어야 한다. 다만, 질권 또는 저당권에 우선하는 조세·공과금에 대하여는 그러하지 아니하다(근로자퇴직급여 보장법 제12조 제1항).

② **최우선변제**: 위 ①에도 불구하고 불구하고 최종 3년간의 **퇴직급여등**은 사용자의 총재산에 대하여 질권 또는 저당권에 의하여 담보된 채권, 조세·공과금 및 다른 채권에 우선하여 변제되어야 한다(근로자퇴직급여 보장법 제12조 제2항). 기출

5. 확정급여형 퇴직연금제도

(1) 확정급여형 퇴직연금제도의 설정 OX

확정급여형 퇴직연금제도를 설정하려는 사용자는 「근로자퇴직급여 보장법」 제4조 제3항(퇴직급여제도를 설정하거나 설정된 퇴직급여제도를 다른 종류의 퇴직급여제도로 변경) 또는 제5조(새로 성립된 사업의 퇴직급여제도)에 따라 근로자대표의 동의를 얻거나 의견을 들어 확정급여형 퇴직연금규약을 작성하여 **고용노동부장관**에게 **신고**하여야 한다(근로자퇴직급여 보장법 제13조). 기출

(2) 가입기간

① 가입기간은 퇴직연금제도의 설정 이후 해당 사업에서 근로를 제공하는 기간으로 한다(근로자퇴직급여 보장법 제14조 제1항).

OX ② 해당 퇴직연금제도의 설정 전에 해당 사업에서 제공한 근로기간에 대하여도 가입기간으로 할 수 있다. 이 경우 **퇴직금을 미리 정산한 기간은 제외**한다(근로자퇴직급여 보장법 제14조 제2항). 기출

(3) 급여수준 OX

급여수준은 가입자의 퇴직일을 기준으로 산정한 일시금이 계속근로기간 1년에 대하여 30일분 이상의 **평균임금**이 되도록 하여야 한다(근로자퇴직급여 보장법 제15조). 기출

(4) 급여 지급능력 확보

확정급여형 퇴직연금제도를 설정한 사용자는 급여 지급능력을 확보하기 위하여 매 사업연도 말 다음에 해당하는 금액 중 더 큰 금액(이하 '기준책임준비금'이라 한다)에 100분의 60 이상으로 대통령령으로 정하는 비율을 곱하여 산출한 금액(이하 '최소적립금'이라 한다) 이상을 적립금으로 적립하여야 한다. 다만, 해당 퇴직연금제도 설정 이전에 해당 사업에서 근로한 기간을 가입기간에 포함시키는 경우 대통령령으로 정하는 비율에 따른다(근로자퇴직급여 보장법 제16조 제1항).

• 확정급여형 퇴직연금규약의 포함사항 기출

1. 퇴직연금사업자 선정에 관한 사항
2. 가입자에 관한 사항
3. 가입기간에 관한 사항
4. 급여수준에 관한 사항
5. 급여 지급능력 확보에 관한 사항
6. 급여의 종류 및 수급요건 등에 관한 사항
7. 「근로자퇴직급여 보장법」 제28조에 따른 운용관리업무 및 동법 제29조에 따른 자산관리업무의 수행을 내용으로 하는 계약의 체결 및 해지와 해지에 따른 계약의 이전(移轉)에 관한 사항
8. 운용현황의 통지에 관한 사항
9. 가입자의 퇴직 등 급여 지급 사유 발생과 급여의 지급절차에 관한 사항
10. 퇴직연금제도의 폐지·중단 사유 및 절차 등에 관한 사항
11. 부담금의 산정 및 납입에 관한 사항
12. 그 밖에 확정급여형 퇴직연금제도의 운영을 위하여 대통령령으로 정하는 사항

OX문제

확정급여형 퇴직연금제도를 설정하려는 사용자는 근로자대표의 동의를 얻어 확정급여형 퇴직연금규약을 작성하여 고용노동부장관의 허가를 받아야 한다. (   )

OX문제

확정급여형 퇴직연금제도의 설정 전에 해당 사업에서 제공한 근로기간에 대하여도 퇴직금을 미리 정산한 기간을 포함하여 가입기간으로 할 수 있다. (   )

OX문제

급여수준은 가입자의 퇴직일을 기준으로 산정한 일시금이 계속근로기간 1년에 대하여 30일분 이상의 평균임금이 되도록 하여야 한다. (   )

정답 ×, ×, ○

① 매 사업연도 말일 현재를 기준으로 산정한 가입자의 예상 퇴직시점까지의 가입기간에 대한 급여에 드는 비용 예상액의 현재가치에서 장래 근무기간분에 대하여 발생하는 부담금 수입 예상액의 현재가치를 뺀 금액으로서 고용노동부령으로 정하는 방법에 따라 산정한 금액
② 가입자와 가입자였던 사람의 해당 사업연도 말일까지의 가입기간에 대한 급여에 드는 비용 예상액을 고용노동부령으로 정하는 방법에 따라 산정한 금액

(5) 급여의 종류 및 수급요건

확정급여형 퇴직연금제도의 급여 종류는 연금 또는 일시금으로 하되, 수급요건은 다음과 같다(근로자퇴직급여 보장법 제17조 제1항).

① 연금은 55세 이상으로서 가입기간이 10년 이상인 가입자에게 지급할 것. 이 경우 연금의 지급기간은 5년 이상이어야 한다. ^{기출}
② 일시금은 연금 수급요건을 갖추지 못하거나 일시금 수급을 원하는 가입자에게 지급할 것

(6) 운용현황의 통지 OX

퇴직연금사업자는 매년 1회 이상 적립금액 및 운용수익률 등을 고용노동부령으로 정하는 바에 따라 가입자에게 알려야 한다(근로자퇴직급여 보장법 제18조). ^{기출}

6. 확정기여형 퇴직연금제도

(1) 확정기여형 퇴직연금제도의 설정

확정기여형 퇴직연금제도를 설정하려는 사용자는 「근로자퇴직급여 보장법」 제4조 제3항(퇴직급여제도를 설정하거나 설정된 퇴직급여제도를 다른 종류의 퇴직급여제도로 변경) 또는 제5조(새로 성립된 사업의 퇴직급여제도)에 따라 근로자대표의 동의를 얻거나 의견을 들어 확정기여형 퇴직연금규약을 작성하여 **고용노동부장관**에게 신고해야 한다(근로자퇴직급여 보장법 제19조 제1항).

(2) 가입기간 등의 준용

확정기여형 퇴직연금제도를 설정하는 경우 가입기간에 관하여는 위 5. (2)를, 급여의 종류, 수급요건과 급여 지급의 절차·방법에 관하여는 5. (5)를, 운용현황의 통지에 관하여는 5. (6)을 준용한다. 이 경우 '확정급여형 퇴직연금제도'는 '확정기여형 퇴직연금제도'로 본다(근로자퇴직급여 보장법 제19조 제2항).

OX문제
급여 종류를 연금으로 하는 경우 연금의 지급기간은 5년 이상이어야 한다. (   )

OX문제
퇴직연금사업자는 매년 1회 이상 적립금액 및 운용수익률 등을 고용노동부령으로 정하는 바에 따라 가입자에게 알려야 한다. (   )

- **확정기여형 퇴직연금규약의 포함사항**
1. 부담금의 부담에 관한 사항
2. 부담금의 산정 및 납입에 관한 사항
3. 적립금의 운용에 관한 사항
4. 적립금의 운용방법 및 정보의 제공 등에 관한 사항
5. 사전지정운용제도에 관한 사항
6. 적립금의 중도인출에 관한 사항
7. 퇴직연금사업자 선정에 관한 사항
8. 가입자에 관한 사항
9. 가입기간에 관한 사항
10. 급여의 종류 및 수급요건 등에 관한 사항
11. 「근로자퇴직급여 보장법」 제28조에 따른 운용관리업무 및 동법 제29조에 따른 자산관리업무의 수행을 내용으로 하는 계약의 체결 및 해지와 해지에 따른 계약의 이전(移轉)에 관한 사항
12. 운용현황의 통지에 관한 사항
13. 가입자의 퇴직 등 급여 지급 사유 발생과 급여의 지급절차에 관한 사항
14. 퇴직연금제도의 폐지·중단 사유 및 절차 등에 관한 사항
15. 그 밖에 확정기여형 퇴직연금제도의 운영에 필요한 사항으로서 대통령령으로 정하는 사항

정답 O, O

(3) 부담금의 부담수준 및 납입 등

① **부담금의 부담수준**: 확정기여형 퇴직연금제도를 설정한 사용자는 가입자의 연간 임금총액의 12분의 1 이상에 해당하는 부담금을 현금으로 가입자의 확정기여형 퇴직연금제도 계정에 납입하여야 한다(근로자퇴직급여 보장법 제20조 제1항).

② **추가부담금**: 가입자는 위 ①에 따라 사용자가 부담하는 부담금 외에 스스로 부담하는 추가부담금을 가입자의 확정기여형 퇴직연금 계정에 납입할 수 있다(근로자퇴직급여 보장법 제20조 제2항).

③ **납입방법**: 사용자는 매년 1회 이상 정기적으로 위 ①에 따른 부담금을 가입자의 확정기여형 퇴직연금제도 계정에 납입하여야 한다. 이 경우 사용자가 정하여진 기일(확정기여형 퇴직연금규약에서 납입기일을 연장할 수 있도록 한 경우에는 그 연장된 기일)까지 부담금을 납입하지 아니한 경우 그 다음 날부터 부담금을 납입한 날까지 지연 일수에 대하여 연 100분의 40 이내의 범위에서 「은행법」에 따른 은행이 적용하는 연체금리, 경제적 여건 등을 고려하여 대통령령으로 정하는 이율에 따른 지연이자를 납입하여야 한다(근로자퇴직급여 보장법 제20조 제3항).

(4) 적립금 운용방법 및 정보제공

① **운용방법의 선정 및 변경**: 확정기여형 퇴직연금제도의 가입자는 적립금의 운용방법을 스스로 선정할 수 있고, 반기마다 1회 이상 적립금의 운용방법을 변경할 수 있다(근로자퇴직급여 보장법 제21조 제1항). 기출

② **운용방법의 제시**: 퇴직연금사업자는 반기마다 1회 이상 위험과 수익구조가 서로 다른 세 가지 이상의 적립금 운용방법을 제시하여야 한다(근로자퇴직급여 보장법 제21조 제2항).

③ **정보제공**: 퇴직연금사업자는 운용방법별 이익 및 손실의 가능성에 관한 정보 등 가입자가 적립금의 운용방법을 선정하는 데 필요한 정보를 제공하여야 한다(근로자퇴직급여 보장법 제21조 제3항).

(5) 적립금의 중도인출

확정기여형 퇴직연금제도에 가입한 근로자는 주택구입 등 다음의 사유가 발생하면 적립금을 중도인출할 수 있다(근로자퇴직급여 보장법 제22조, 동법 시행령 제14조).

OX문제

확정급여형 퇴직연금제도의 가입자는 적립금의 운용방법을 스스로 선정할 수 있고, 반기마다 1회 이상 적립금의 운용방법을 변경할 수 있다. (   )

▶ 확정급여형 퇴직연금제도와 확정기여형 퇴직연금제도의 비교

구분	확정급여형 퇴직연금제도	확정기여형 퇴직연금제도
담보제공	○	○
중도인출	×	○
추가부담	×	○
운영방법의 선정 및 변경	×	○

정답 ×

① 무주택자인 가입자가 본인 명의로 주택을 구입하는 경우
② 무주택자인 가입자가 주거를 목적으로 「민법」 제303조에 따른 전세금 또는 「주택임대차보호법」 제3조의2에 따른 보증금을 부담하는 경우. 이 경우 가입자가 하나의 사업 또는 사업장(이하 '사업'이라 한다)에 근로하는 동안 1회로 한정한다.
③ **가입자가 6개월 이상 요양을 필요로 하는 다음의 어느 하나에 해당하는 사람의 질병이나 부상에 대한 의료비를 본인 연간 임금총액의 1천분의 125를 초과하여 의료비를 부담하는 경우**
 ㉠ 가입자 본인
 ㉡ 가입자의 배우자
 ㉢ 가입자 또는 그 배우자의 부양가족(소득세법에 따른 부양가족)
④ 재난으로 피해를 입은 경우로서 고용노동부장관이 정하여 고시하는 사유와 요건에 해당하는 경우
⑤ 중도인출을 신청한 날부터 거꾸로 계산하여 5년 이내에 가입자가 「채무자 회생 및 파산에 관한 법률」에 따라 파산선고를 받은 경우 기출
⑥ 중도인출을 신청한 날부터 거꾸로 계산하여 5년 이내에 가입자가 「채무자 회생 및 파산에 관한 법률」에 따라 개인회생절차개시 결정을 받은 경우
⑦ 퇴직연금제도의 급여를 받을 권리를 담보로 제공하고 대출을 받은 가입자가 그 대출 원리금을 상환하기 위한 경우로서 고용노동부장관이 정하여 고시하는 사유에 해당하는 경우

7. 중소기업퇴직연금기금제도

(1) 중소기업퇴직연금기금제도의 운영

① **운영**: 중소기업퇴직연금기금제도는 **공단**에서 운영한다(근로자퇴직급여 보장법 제23조의2 제1항).
② **운영위원회의 설치**: 중소기업퇴직연금기금제도 운영과 관련한 주요 사항을 심의·의결하기 위하여 **공단**에 중소기업퇴직연금기금제도운영위원회(이하 '운영위원회'라 한다)를 둔다(근로자퇴직급여 보장법 제23조의2 제2항).
③ **위원장**: 운영위원회의 위원장은 공단 이사장으로 한다(근로자퇴직급여 보장법 제23조의2 제3항).
④ **심의·의결사항**: 운영위원회는 다음의 사항을 심의·의결한다(근로자퇴직급여 보장법 제23조의2 제6항).

OX문제

확정기여형 퇴직연금제도에 가입한 근로자는 중도인출을 신청한 날부터 거꾸로 계산하여 5년 이내에 「채무자 회생 및 파산에 관한 법률」에 따라 파산선고를 받은 경우 적립금을 중도인출할 수 있다.
( )

정답 O

㉠ 중소기업퇴직연금기금 운용계획 및 지침에 관한 사항
㉡ 중소기업퇴직연금기금표준계약서의 작성 및 변경에 관한 사항
㉢ 수수료 수준에 관한 사항
㉣ 그 밖에 위원장이 중소기업퇴직연금기금제도 운영과 관련한 주요 사항에 관하여 운영위원회의 회의에 부치는 사항

(2) 중소기업퇴직연금기금의 관리 및 운용

① **관리·운용**: 공단은 중소기업퇴직연금기금의 안정적 운용 및 수익성 증대를 위하여 대통령령으로 정하는 방법에 따라 중소기업퇴직연금기금을 관리·운용하여야 한다(근로자퇴직급여 보장법 제23조의3 제1항).

② **회계의 구분**: 공단은 중소기업퇴직연금기금을 공단의 다른 회계와 구분하여야 한다(근로자퇴직급여 보장법 제23조의3 제2항).

(3) 중소기업퇴직연금기금제도의 설정

① **설정**: 중소기업의 사용자는 중소기업퇴직연금기금표준계약서에서 정하고 있는 사항에 관하여 근로자대표의 동의를 얻거나 의견을 들어 공단과 계약을 체결함으로써 중소기업퇴직연금기금제도를 설정할 수 있다(근로자퇴직급여 보장법 제23조의6 제1항).

② **수수료의 부과**: 공단은 수수료를 사용자 및 가입자에게 부과할 수 있다(근로자퇴직급여 보장법 제23조의6 제2항).

(4) 부담금의 부담수준 및 납입

중소기업퇴직연금기금제도를 설정한 사용자는 매년 1회 이상 정기적으로 가입자의 연간 임금총액의 **12분의 1 이상**에 해당하는 부담금(이하 '사용자부담금'이라 한다)을 **현금**으로 가입자의 중소기업퇴직연금기금제도 계정(이하 '기금제도사용자부담금계정'이라 한다)에 납입하여야 한다. 이 경우 사용자가 정하여진 기일(중소기업퇴직연금기금표준계약서에서 납입 기일을 연장할 수 있도록 한 경우에는 그 연장된 기일을 말한다)까지 부담금을 납입하지 아니한 경우에는 그 다음 날부터 부담금을 납입한 날까지 지연 일수에 대하여 위 6. (3)의 ③ 후단에 따라 대통령령으로 정하는 이율에 따른 지연이자를 납입하여야 한다(근로자퇴직급여 보장법 제23조의7 제1항).

8. 개인형 퇴직연금제도

(1) 개인형 퇴직연금제도의 설정 및 운영 등

① **개인형 퇴직연금제도의 운영**: 퇴직연금사업자는 개인형 퇴직연금제도를 운영할 수 있다(근로자퇴직급여 보장법 제24조 제1항).

② **개인형 퇴직연금제도의 설정**: 다음의 어느 하나에 해당하는 사람은 개인형 퇴직연금제도를 설정할 수 있다(근로자퇴직급여 보장법 제24조 제2항). 기출

   ㉠ 퇴직급여제도의 일시금을 수령한 사람

   ㉡ 확정급여형 퇴직연금제도, 확정기여형 퇴직연금제도 또는 중소기업 퇴직연금기금제도의 가입자로서 자기의 부담으로 개인형 퇴직연금제도를 추가로 설정하려는 사람

   ㉢ 자영업자 등 안정적인 노후소득 확보가 필요한 사람으로서 대통령령으로 정하는 다음의 사람

   ⓐ 자영업자

   ⓑ 「근로자퇴직급여 보장법」 제4조 제1항 단서에 따라 퇴직급여제도가 설정되어 있지 아니한 다음의 어느 하나에 해당하는 근로자

   ⅰ) 계속근로기간이 1년 미만인 근로자

   ⅱ) 4주간을 평균하여 1주간의 소정근로시간이 15시간 미만인 근로자

   ⓒ 「근로자퇴직급여 보장법」 제8조 제1항에 따른 퇴직금제도를 적용받고 있는 근로자

   ⓓ 「공무원연금법」의 적용을 받는 공무원

   ⓔ 「군인연금법」의 적용을 받는 군인

   ⓕ 「사립학교교직원 연금법」의 적용을 받는 교직원

   ⓖ 「별정우체국법」의 적용을 받는 별정우체국 직원

③ **부담금의 납입**: 개인형 퇴직연금제도를 설정한 사람은 자기의 부담으로 개인형 퇴직연금제도의 부담금을 납입한다. 다만, 대통령령으로 정하는 한도를 초과하여 부담금을 납입할 수 없다(근로자퇴직급여 보장법 제24조 제3항).

④ **적립금의 운용방법 등**: 개인형 퇴직연금제도 적립금의 운용방법 및 운용에 관한 정보제공에 관하여는 위 6. (4)를 준용한다. 이 경우 '확정기여형 퇴직연금제도'는 '개인형 퇴직연금제도'로 본다(근로자퇴직급여 보장법 제24조 제4항).

OX문제

퇴직급여제도의 일시금을 수령한 사람은 개인형 퇴직연금제도를 설정할 수 없다.
( )

정답 ×

⑤ **개인형 퇴직연금제도의 급여 종류별 수급요건**: 개인형 퇴직연금제도의 급여 종류별 수급요건은 다음의 구분과 같다(근로자퇴직급여 보장법 시행령 제18조 제1항).
　㉠ **연금**: 55세 이상인 가입자에게 지급. 이 경우 연금 지급기간은 5년 이상이어야 한다.
　㉡ **일시금**: 55세 이상으로서 일시금 수급을 원하는 가입자에게 지급
⑥ **중도인출**: 가입자가 위 6. (5)의 어느 하나에 해당하는 경우 개인형 퇴직연금제도의 적립금을 중도인출할 수 있다(근로자퇴직급여 보장법 시행령 제18조 제2항).

(2) 10명 미만을 사용하는 사업에 대한 특례 OX

상시 10명 미만의 근로자를 사용하는 사업의 경우 사용자가 개별 근로자의 동의를 받거나 근로자의 요구에 따라 개인형 퇴직연금제도를 설정하는 경우에는 해당 근로자에 대하여 **퇴직급여제도를 설정한 것으로 본다**(근로자퇴직급여 보장법 제25조 제1항). 기출

9. 사용자의 책무

(1) 퇴직연금제도 운영 상황 교육

확정급여형 퇴직연금제도 또는 확정기여형 퇴직연금제도를 설정한 사용자는 **매년 1회 이상** 가입자에게 해당 사업의 퇴직연금제도 운영 상황 등 대통령령으로 정하는 사항에 관한 교육을 하여야 한다. 이 경우 사용자는 퇴직연금사업자 또는 대통령령으로 정하는 요건을 갖춘 전문기관에 그 교육의 실시를 위탁할 수 있다(근로자퇴직급여 보장법 제32조 제2항).

(2) 사용자의 금지행위

퇴직연금제도를 설정한 사용자는 다음의 어느 하나에 해당하는 행위를 하여서는 아니 된다(근로자퇴직급여 보장법 제32조 제4항).
① 자기 또는 제3자의 이익을 도모할 목적으로 운용관리업무 및 자산관리업무의 수행계약을 체결하는 행위
② 그 밖에 퇴직연금제도의 적절한 운영을 방해하는 행위로서 대통령령으로 정하는 행위

OX문제

상시 10명 미만의 근로자를 사용하는 사업의 경우 사용자가 근로자대표의 동의를 받아 개인형 퇴직연금제도를 설정하는 경우에는 해당 근로자에 대하여 퇴직급여제도를 설정한 것으로 본다. (　　)

고득점 심화학습

개인형 퇴직연금제도 설정 시 준수사항

본문 8. (2)에 따라 개인형 퇴직연금제도를 설정하는 경우에는 다음의 사항은 준수되어야 한다(근로자퇴직급여 보장법 제25조 제2항).
1. 사용자가 퇴직연금사업자를 선정하는 경우에 개별 근로자의 동의를 받을 것. 다만, 근로자가 요구하는 경우에는 스스로 퇴직연금사업자를 선정할 수 있다.
2. 사용자는 가입자별로 연간 임금총액의 12분의 1 이상에 해당하는 부담금을 현금으로 가입자의 개인형 퇴직연금제도 계정에 납입할 것
3. 사용자가 부담하는 부담금 외에 가입자의 부담으로 추가 부담금을 납입할 수 있을 것
4. 사용자는 매년 1회 이상 정기적으로 위 2.에 따른 부담금을 가입자의 개인형 퇴직연금제도 계정에 납입할 것. 이 경우 납입이 지연된 부담금에 대한 지연이자의 납입에 관하여는 본문 6. (3)의 ③ 후단을 준용한다.
5. 그 밖에 근로자의 급여 수급권의 안정적인 보호를 위하여 대통령령으로 정하는 사항

정답 ×

에듀윌이 너를 지지할게

ENERGY

겨울이 오면, 봄이 멀 수 있으랴!

— 퍼시 비시 셸리(Percy Bysshe Shelley), '서풍에 부치는 노래'

4 남녀고용평등과 일·가정 양립 지원에 관한 법률

1. 목적

「남녀고용평등과 일·가정 양립 지원에 관한 법률」은 「대한민국헌법」의 평등이념에 따라 고용에서 남녀의 평등한 기회와 대우를 보장하고 모성 보호와 여성 고용을 촉진하여 남녀고용평등을 실현함과 아울러 근로자의 일과 가정의 양립을 지원함으로써 모든 국민의 삶의 질 향상에 이바지하는 것을 목적으로 한다(남녀고용평등과 일·가정 양립 지원에 관한 법률 제1조).

2. 정의

「남녀고용평등과 일·가정 양립 지원에 관한 법률」에서 사용하는 용어의 뜻은 다음과 같다(남녀고용평등과 일·가정 양립 지원에 관한 법률 제2조).

① **차별**: 사업주가 근로자에게 성별, 혼인, 가족 안에서의 지위, 임신 또는 출산 등의 사유로 합리적인 이유 없이 채용 또는 근로의 조건을 다르게 하거나 그 밖의 불리한 조치를 하는 경우[사업주가 채용조건이나 근로조건은 동일하게 적용하더라도 그 조건을 충족할 수 있는 남성 또는 여성이 다른 한 성(性)에 비하여 현저히 적고 그에 따라 특정 성에게 불리한 결과를 초래하며 그 조건이 정당한 것임을 증명할 수 없는 경우를 포함한다]를 말한다. 다만, 다음의 어느 하나에 해당하는 경우는 제외한다.
  ㉠ 직무의 성격에 비추어 특정 성이 불가피하게 요구되는 경우
  ㉡ 여성 근로자의 임신·출산·수유 등 모성 보호를 위한 조치를 하는 경우
  ㉢ 그 밖에 「남녀고용평등과 일·가정 양립 지원에 관한 법률」 또는 다른 법률에 따라 적극적 **고용개선조치**를 하는 경우

② **직장 내 성희롱**: 사업주·상급자 또는 근로자가 직장 내의 지위를 이용하거나 업무와 관련하여 다른 근로자에게 성적 언동 등으로 성적 굴욕감 또는 혐오감을 느끼게 하거나 성적 언동 또는 그 밖의 요구 등에 따르지 아니하였다는 이유로 근로조건 및 고용에서 불이익을 주는 것을 말한다.

③ **적극적 고용개선조치**: 현존하는 남녀 간의 고용차별을 없애거나 고용평등을 촉진하기 위하여 잠정적으로 특정 성을 우대하는 조치를 말한다.

④ **근로자**: 사업주에게 고용된 사람과 취업할 의사를 가진 사람을 말한다.

3. 적용범위

「남녀고용평등과 일·가정 양립 지원에 관한 법률」은 근로자를 사용하는 모든 사업 또는 사업장(이하 '사업'이라 한다)에 적용한다. 다만, 대통령령(보조단)으로 정하는 사업에 대하여는 「남녀고용평등과 일·가정 양립 지원에 관한 법률」의 전부 또는 일부를 적용하지 아니할 수 있다(남녀고용평등과 일·가정 양립 지원에 관한 법률 제3조 제1항).

> **고득점 심화학습**
>
> **적용제외**
>
> 본문 3. 단서에 따라 동거하는 친족만으로 이루어지는 사업 또는 사업장과 가사사용인에 대하여는 「남녀고용평등과 일·가정 양립 지원에 관한 법률」의 전부를 적용하지 아니한다(남녀고용평등과 일·가정 양립 지원에 관한 법률 시행령 제2조 제1항).

4. 고용에 있어서 남녀의 평등한 기회보장 및 대우 등

(1) 모집과 채용

① 사업주는 근로자를 모집하거나 채용할 때 남녀를 차별하여서는 아니 된다(남녀고용평등과 일·가정 양립 지원에 관한 법률 제7조 제1항). 기출

② 사업주는 근로자를 모집·채용할 때 그 직무의 수행에 필요하지 아니한 용모·키·체중 등의 신체적 조건, 미혼 조건, 그 밖에 고용노동부령으로 정하는 조건을 제시하거나 요구하여서는 아니 된다(남녀고용평등과 일·가정 양립 지원에 관한 법률 제7조 제2항). 기출

(2) 임금 OX

① 사업주는 동일한 사업 내의 동일 가치 노동에 대하여는 동일한 임금을 지급하여야 한다(남녀고용평등과 일·가정 양립 지원에 관한 법률 제8조 제1항). 기출

② 동일 가치 노동의 기준은 직무수행에서 요구되는 기술, 노력, 책임 및 작업 조건 등으로 하고, 사업주가 그 기준을 정할 때에는 노사협의회의 근로자를 대표하는 위원의 의견을 들어야 한다(남녀고용평등과 일·가정 양립 지원에 관한 법률 제8조 제2항).

③ 사업주가 임금차별을 목적으로 설립한 별개의 사업은 동일한 사업으로 본다(남녀고용평등과 일·가정 양립 지원에 관한 법률 제8조 제3항). 기출

> **OX문제**
>
> 사업주는 동일한 사업 내의 동일한 가치의 노동에 대하여는 동일한 임금을 지급하여야 하며, 사업주가 임금차별을 목적으로 설립한 별개의 사업은 동일한 사업으로 보지 않는다. ( )

(3) 임금 외의 금품 등 OX

사업주는 임금 외에 근로자의 생활을 보조하기 위한 금품의 지급 또는 자금의 융자 등 복리후생에서 남녀를 차별하여서는 아니 된다(남녀고용평등과 일·가정 양립 지원에 관한 법률 제9조). 기출

(4) 교육·배치 및 승진

사업주는 근로자의 교육·배치 및 승진에서 남녀를 차별하여서는 아니 된다(남녀고용평등과 일·가정 양립 지원에 관한 법률 제10조). 기출

> **OX문제**
>
> 사업주는 임금 외에 근로자의 생활을 보조하기 위한 금품의 지급 또는 자금의 융자 등 복리후생에서 남녀를 차별하여서는 아니 된다. ( )
>
> 정답 ×, ○

(5) 정년·퇴직 및 해고

① 사업주는 근로자의 정년·퇴직 및 해고에서 남녀를 차별하여서는 아니 된다(남녀고용평등과 일·가정 양립 지원에 관한 법률 제11조 제1항).

② 사업주는 여성 근로자의 혼인, 임신 또는 출산을 퇴직 사유로 예정하는 근로계약을 체결하여서는 **아니 된다**(남녀고용평등과 일·가정 양립 지원에 관한 법률 제11조 제2항).

5. 직장 내 성희롱의 금지 및 예방

(1) 직장 내 성희롱의 금지

사업주, 상급자 또는 근로자는 직장 내 성희롱을 하여서는 아니 된다(남녀고용평등과 일·가정 양립 지원에 관한 법률 제12조).

(2) 직장 내 성희롱 예방 교육

① **교육의 실시**: 사업주는 직장 내 성희롱을 예방하고 근로자가 안전한 근로환경에서 일할 수 있는 여건을 조성하기 위하여 직장 내 성희롱의 예방을 위한 교육(이하 '성희롱 예방 교육'이라 한다)을 **매년** 실시하여야 한다(남녀고용평등과 일·가정 양립 지원에 관한 법률 제13조 제1항).

② **교육의 의무**: 사업주 및 근로자는 위 ①에 따른 성희롱 예방 교육을 받아야 한다(남녀고용평등과 일·가정 양립 지원에 관한 법률 제13조 제2항).

③ **교육내용의 열람 등**: 사업주는 성희롱 예방 교육의 내용을 근로자가 자유롭게 열람할 수 있는 장소에 항상 게시하거나 갖추어 두어 근로자에게 널리 알려야 한다(남녀고용평등과 일·가정 양립 지원에 관한 법률 제13조 제3항). 기출

④ **사업주의 조치**

㉠ 사업주는 고용노동부령(아래 ㉡)으로 정하는 기준에 따라 직장 내 성희롱 예방 및 금지를 위한 조치를 하여야 한다(남녀고용평등과 일·가정 양립 지원에 관한 법률 제13조 제4항).

㉡ 사업주는 위 ㉠에 따라 직장 내 성희롱 예방 및 금지를 위하여 성희롱 예방지침을 마련하고 사업장 내 근로자가 자유롭게 열람할 수 있는 장소에 항상 게시하거나 갖추어 두어야 한다(남녀고용평등과 일·가정 양립 지원에 관한 법률 시행규칙 제5조의2 제1항).

㉢ 위 ㉡에 따른 성희롱 예방지침에는 다음의 사항이 포함되어야 한다.

ⓐ 직장 내 성희롱 관련 상담 및 고충 처리에 필요한 사항

OX ⓑ 직장 내 성희롱 조사절차 기출
　　　 ⓒ 직장 내 성희롱 발생 시 피해자 보호절차
　　　 ⓓ 직장 내 성희롱 행위자 징계 절차 및 징계 수준
　　　 ⓔ 그 밖에 직장 내 성희롱 예방 및 금지를 위하여 필요한 사항
⑤ **위임규정**: 위 ① 및 ②에 따른 성희롱 예방 교육의 내용·방법 및 횟수 등에 관하여 필요한 사항은 대통령령(아래 ⑥)으로 정한다(남녀고용평등과 일·가정 양립 지원에 관한 법률 제13조 제5항).

⑥ **직장 내 성희롱 예방 교육**

OX ㉠ **교육횟수**: 사업주는 직장 내 성희롱 예방을 위한 교육을 연 1회 이상 하여야 한다(남녀고용평등과 일·가정 양립 지원에 관한 법률 시행령 제3조 제1항). 기출

㉡ **교육내용**: 성희롱 예방 교육에는 다음의 내용이 포함되어야 한다(남녀고용평등과 일·가정 양립 지원에 관한 법률 시행령 제3조 제2항). 기출

　　OX ⓐ 직장 내 성희롱에 관한 법령
　　　 ⓑ 해당 사업장의 직장 내 성희롱 발생 시의 처리 절차와 조치 기준
　　　 ⓒ 해당 사업장의 직장 내 성희롱 피해 근로자의 고충상담 및 구제 절차
　　　 ⓓ 그 밖에 직장 내 성희롱 예방에 필요한 사항

OX ㉢ **교육방법**: 성희롱 예방 교육은 사업의 규모나 특성 등을 고려하여 직원연수·조회·회의, 인터넷 등 정보통신망을 이용한 사이버 교육 등을 통하여 실시할 수 있다. 다만, 단순히 교육자료 등을 배포·게시하거나 전자우편을 보내거나 게시판에 공지하는 데 그치는 등 근로자에게 교육 내용이 제대로 전달되었는지 확인하기 곤란한 경우에는 예방 교육을 한 것으로 보지 아니한다(남녀고용평등과 일·가정 양립 지원에 관한 법률 시행령 제3조 제3항). 기출

㉣ **교육내용 및 방법의 적용 예외 사업**: 위 ㉡ 및 ㉢에도 불구하고 다음의 어느 하나에 해당하는 사업의 사업주는 성희롱 예방 교육의 내용을 근로자가 알 수 있도록 교육자료 또는 홍보물을 게시하거나 배포하는 방법으로 직장 내 성희롱 예방 교육을 할 수 있다(남녀고용평등과 일·가정 양립 지원에 관한 법률 시행령 제3조 제4항).

　　ⓐ 상시 10명 미만의 근로자를 고용하는 사업 기출
　OX ⓑ 사업주 및 근로자 모두가 남성 또는 여성 중 어느 한 성(性)으로 구성된 사업 기출

OX문제
사업주가 마련해야 하는 성희롱 예방지침에는 직장 내 성희롱 조사절차가 포함되어야 한다. (　)

OX문제
사업주는 직장 내 성희롱 예방을 위한 교육을 연 1회 이상 하여야 한다. (　)

OX문제
사업주가 해야 하는 직장 내 성희롱 예방을 위한 교육에는 직장 내 성희롱에 관한 법령이 포함되어야 한다. (　)

OX문제
성희롱 예방 교육은 사업의 규모나 특성 등을 고려하여 직원연수·조회·회의·인터넷 등 정보통신망을 이용한 사이버 교육 등을 통하여 실시할 수 있다. (　)

OX문제
사업주 및 근로자 모두가 남성 또는 여성 중 어느 한 성(性)으로 구성된 사업의 사업주는 성희롱 교육자료의 내용을 근로자가 알 수 있도록 홍보물을 게시하거나 배포하는 방법으로 직장 내 성희롱 예방 교육을 할 수 있다. (　)

정답 ○, ○, ○, ○, ○

(3) 성희롱 예방 교육의 위탁

① **성희롱 예방 교육의 위탁기관 지정**: 사업주는 성희롱 예방 교육을 고용노동부장관이 지정하는 기관(이하 '성희롱 예방 교육기관'이라 한다)에 위탁하여 실시할 수 있다(남녀고용평등과 일·가정 양립 지원에 관한 법률 제13조의2 제1항). 기출

② **교육기관에 대한 고지**: 사업주가 성희롱 예방 교육기관에 위탁하여 성희롱 예방 교육을 하려는 경우에는 위 (2)의 ⑤에 따라 대통령령[위 (2)의 ⑥의 ㉡]으로 정하는 내용을 성희롱 예방 교육기관에 미리 알려 그 사항이 포함되도록 하여야 한다(남녀고용평등과 일·가정 양립 지원에 관한 법률 제13조의2 제2항).

③ **강사**: 성희롱 예방 교육기관은 고용노동부령으로 정하는 기관 중에서 지정하되, 고용노동부령으로 정하는 강사를 1명 이상 두어야 한다(남녀고용평등과 일·가정 양립 지원에 관한 법률 제13조의2 제3항). 기출

④ **지정취소**: 고용노동부장관은 성희롱 예방 교육기관이 다음의 어느 하나에 해당하면 그 지정을 취소할 수 있다(남녀고용평등과 일·가정 양립 지원에 관한 법률 제13조의2 제5항).
㉠ 거짓이나 그 밖의 부정한 방법으로 지정을 받은 경우
㉡ 정당한 사유 없이 위 ③에 따른 강사를 3개월 이상 계속하여 두지 아니한 경우 기출
㉢ 2년 동안 직장 내 성희롱 예방 교육 실적이 없는 경우

(4) 직장 내 성희롱 발생 시 조치

① **신고**: 누구든지 직장 내 성희롱 발생 사실을 알게 된 경우 그 사실을 해당 사업주에게 신고할 수 있다(남녀고용평등과 일·가정 양립 지원에 관한 법률 제14조 제1항).

② **조사 등**: 사업주는 위 ①에 따른 신고를 받거나 직장 내 성희롱 발생 사실을 알게 된 경우에는 지체 없이 그 사실 확인을 위한 조사를 하여야 한다. 이 경우 사업주는 직장 내 성희롱과 관련하여 피해를 입은 근로자 또는 피해를 입었다고 주장하는 근로자(이하 '피해근로자등'이라 한다)가 조사 과정에서 성적 수치심 등을 느끼지 아니하도록 하여야 한다(남녀고용평등과 일·가정 양립 지원에 관한 법률 제14조 제2항).

③ **피해근로자등의 보호**: 사업주는 위 ②에 따른 조사 기간 동안 피해근로자등을 보호하기 위하여 필요한 경우 해당 피해근로자등에 대하여 근무

장소의 변경, 유급휴가 명령 등 적절한 조치를 하여야 한다. 이 경우 사업주는 피해근로자등의 의사에 반하는 조치를 하여서는 아니 된다(남녀고용평등과 일·가정 양립 지원에 관한 법률 제14조 제3항).

④ **피해근로자 요청에 따른 조치**: 사업주는 위 ②에 따른 조사 결과 직장 내 성희롱 발생 사실이 확인된 때에는 피해근로자가 요청하면 근무장소의 변경, 배치전환, 유급휴가 명령 등 적절한 조치를 하여야 한다(남녀고용평등과 일·가정 양립 지원에 관한 법률 제14조 제4항).

⑤ **성희롱 행위자에 대한 조치**: 사업주는 위 ②에 따른 조사 결과 직장 내 성희롱 발생 사실이 확인된 때에는 지체 없이 직장 내 성희롱 행위를 한 사람에 대하여 징계, 근무장소의 변경 등 필요한 **조치를 하여야 한다**. 이 경우 사업주는 징계 등의 조치를 하기 전에 그 조치에 대하여 직장 내 성희롱 피해를 입은 근로자의 의견을 들어야 한다(남녀고용평등과 일·가정 양립 지원에 관한 법률 제14조 제5항).

⑥ **신고자 등에 대한 불리한 처우 금지**: 사업주는 성희롱 발생 사실을 신고한 근로자 및 피해근로자등에게 다음의 어느 하나에 해당하는 불리한 처우를 하여서는 아니 된다(남녀고용평등과 일·가정 양립 지원에 관한 법률 제14조 제6항).
  ㉠ 파면, 해임, 해고, 그 밖에 신분상실에 해당하는 불이익 조치
  ㉡ 징계, 정직, 감봉, 강등, 승진 제한 등 부당한 인사조치
  ㉢ 직무 미부여, 직무 재배치, 그 밖에 본인의 의사에 반하는 인사조치
  ㉣ 성과평가 또는 동료평가 등에서 차별이나 그에 따른 임금 또는 상여금 등의 차별 지급
  ㉤ 직업능력 개발 및 향상을 위한 교육훈련 기회의 제한
  ㉥ 집단 따돌림, 폭행 또는 폭언 등 정신적·신체적 손상을 가져오는 행위를 하거나 그 행위의 발생을 방치하는 행위
  ㉦ 그 밖에 신고를 한 근로자 및 피해근로자 등의 의사에 반하는 불리한 처우

⑦ **비밀누설 금지**: 위 ②에 따라 직장 내 성희롱 발생 사실을 조사한 사람, 조사 내용을 보고받은 사람 또는 그 밖에 조사 과정에 참여한 사람은 해당 조사 과정에서 알게 된 비밀을 피해근로자 등의 의사에 반하여 다른 사람에게 누설하여서는 아니 된다. 다만, 조사와 관련된 내용을 사업주에게 보고하거나 관계 기관의 요청에 따라 필요한 정보를 제공하는 경우는 제외한다(남녀고용평등과 일·가정 양립 지원에 관한 법률 제14조 제7항). 기출

OX문제

직장 내 성희롱 발생 사실을 조사한 사람은 해당 조사와 관련된 내용을 사업주에게 보고해서는 아니 된다. (   )

정답 ×

(5) 고객 등에 의한 성희롱 방지

① **고충 해소**: 사업주는 고객 등 업무와 밀접한 관련이 있는 사람이 업무수행 과정에서 성적인 언동 등을 통하여 근로자에게 성적 굴욕감 또는 혐오감 등을 느끼게 하여 해당 근로자가 그로 인한 고충 해소를 요청할 경우 근무장소 변경, 배치전환, 유급휴가의 명령 등 적절한 **조치를 하여야 한다**(남녀고용평등과 일·가정 양립 지원에 관한 법률 제14조의2 제1항).

② **피해자에 대한 조치**: 사업주는 근로자가 고객 등에 의한 성희롱 피해를 주장하거나 고객 등으로부터의 성적 요구 등에 따르지 아니하였다는 것을 이유로 해고나 그 밖의 불이익한 조치를 하여서는 아니 된다(남녀고용평등과 일·가정 양립 지원에 관한 법률 제14조의2 제2항).

6. 모성 보호

(1) 출산전후휴가에 대한 지원

① **국가의 지원**: 국가는 배우자 출산휴가, 난임치료휴가, 「근로기준법」에 따른 출산전후휴가 또는 유산·사산휴가를 사용한 근로자 중 일정한 요건에 해당하는 사람에게 그 휴가기간에 대하여 통상임금에 상당하는 금액(이하 '출산전후휴가급여 등'이라 한다)을 지급할 수 있다. 지급된 출산전후휴가급여 등은 그 금액의 한도에서 배우자 출산휴가 또는 「근로기준법」 제74조 제4항에 따라 사업주가 지급한 것으로 본다(남녀고용평등과 일·가정 양립 지원에 관한 법률 제18조 제1항·제2항).

② **급여의 분담**: 출산전후휴가급여 등을 지급하기 위하여 필요한 비용은 국가재정이나 「사회보장기본법」에 따른 사회보험에서 분담할 수 있다(남녀고용평등과 일·가정 양립 지원에 관한 법률 제18조 제3항).

③ **사업주의 협력**: 근로자가 출산전후휴가급여 등을 받으려는 경우 사업주는 관계 서류의 작성·확인 등 모든 절차에 적극 협력하여야 한다(남녀고용평등과 일·가정 양립 지원에 관한 법률 제18조 제4항).

④ **지급요건 등**: 출산전후휴가급여 등의 지급요건, 지급기간 및 절차 등에 관하여 필요한 사항은 따로 법률로 정한다(남녀고용평등과 일·가정 양립 지원에 관한 법률 제18조 제5항).

(2) 배우자 출산휴가

① **휴가기간**: 사업주는 근로자가 배우자의 출산을 이유로 휴가(이하 '배우자 출산휴가'라 한다)를 고지하는 경우에 20일의 휴가를 주어야 한다. 이 경우 **사용한 휴가기간은 유급으로 한다**(남녀고용평등과 일·가정 양립 지원에 관한 법률 제18조의2 제1항). 기출

② **지급책임의 면제**: 위 ①의 후단에도 불구하고 출산전후휴가급여 등이 지급된 경우에는 그 금액의 한도에서 **지급의 책임을 면한다**(남녀고용평등과 일·가정 양립 지원에 관한 법률 제18조의2 제2항).

③ **청구기한**: 배우자 출산휴가는 근로자의 배우자가 출산한 날부터 120일이 지나면 사용할 수 없다(남녀고용평등과 일·가정 양립 지원에 관한 법률 제18조의2 제3항).

④ **분할사용**: 배우자 출산휴가는 3회에 한정하여 나누어 사용할 수 있다(남녀고용평등과 일·가정 양립 지원에 관한 법률 제18조의2 제4항).

⑤ **불리한 처우의 금지**: 사업주는 배우자 출산휴가를 이유로 근로자를 해고하거나 그 밖의 불리한 처우를 하여서는 아니 된다(남녀고용평등과 일·가정 양립 지원에 관한 법률 제18조의2 제5항).

(3) 난임치료휴가

① **휴가기간**: 사업주는 근로자가 인공수정 또는 체외수정 등 **난임치료**를 받기 위하여 휴가(이하 '난임치료휴가'라 한다)를 청구하는 경우에 연간 6일 이내의 휴가를 주어야 하며, 이 경우 최초 2일은 유급으로 한다. 다만, 근로자가 청구한 시기에 휴가를 주는 것이 정상적인 사업 운영에 중대한 지장을 초래하는 경우에는 근로자와 협의하여 그 시기를 변경할 수 있다(남녀고용평등과 일·가정 양립 지원에 관한 법률 제18조의3 제1항). 기출

② **불리한 처우금지**: 사업주는 난임치료휴가를 이유로 해고, 징계 등 불리한 처우를 하여서는 아니 된다(남녀고용평등과 일·가정 양립 지원에 관한 법률 제18조의3 제2항).

③ **비밀누설 금지**: 사업주는 위 ①에 따라 난임치료휴가의 청구 업무를 처리하는 과정에서 알게 된 사실을 난임치료휴가를 신청한 근로자의 의사에 반하여 다른 사람에게 누설하여서는 아니된다(남녀고용평등과 일·가정 양립 지원에 관한 법률 제18조의3 제3항).

OX문제

사업주는 근로자가 배우자의 출산을 이유로 휴가를 청구하는 경우에 5일의 유급휴가를 주어야 한다. ( )

정답 ×

7. 일·가정의 양립 지원

(1) 육아휴직

① **육아휴직의 허용 대상**: 사업주는 임신 중인 여성 근로자가 모성을 보호하거나 근로자가 만 8세 이하 또는 초등학교 2학년 이하의 자녀(입양한 자녀를 포함한다. 이하 같다)를 양육하기 위하여 휴직(이하 '육아휴직')을 신청하는 경우에 이를 허용하여야 한다. 다만, 육아휴직을 시작하려는 날(이하 '휴직개시예정일')의 전날까지 해당 사업에서 계속 근로한 기간이 6개월 미만인 근로자가 신청한 경우에는 그러하지 아니하다(남녀고용평등과 일·가정 양립 지원에 관한 법률 제19조 제1항, 동법 시행령 제10조). 기출

② **육아휴직기간**: 육아휴직의 기간은 1년 이내로 한다. 다만, 다음의 어느 하나에 해당하는 근로자의 경우 6개월 이내에서 추가로 육아휴직을 사용할 수 있다(남녀고용평등과 일·가정 양립 지원에 관한 법률 제19조 제2항). 기출

   ㉠ 같은 자녀를 대상으로 부모가 모두 육아휴직을 각각 3개월 이상 사용한 경우의 부 또는 모
   ㉡ 「한부모가족지원법」 제4조 제1호의 부 또는 모
   ㉢ 고용노동부령으로 정하는 장애아동의 부 또는 모

③ **해고 등의 금지**: 사업주는 육아휴직을 이유로 해고나 그 밖의 불리한 처우를 하여서는 아니 되며, 육아휴직기간에는 근로자를 해고하지 못한다. 다만, 사업을 계속할 수 없는 경우에는 그러하지 아니하다(남녀고용평등과 일·가정 양립 지원에 관한 법률 제19조 제3항). 기출

④ **직무의 복귀**: 사업주는 육아휴직을 마친 후에는 휴직 전과 같은 업무 또는 같은 수준의 임금을 지급하는 직무에 복귀시켜야 한다. 또한 육아휴직기간은 근속기간에 포함한다(남녀고용평등과 일·가정 양립 지원에 관한 법률 제19조 제4항). 기출

⑤ **기간제근로자 등의 보호**: 기간제근로자 또는 파견근로자의 육아휴직기간은 「기간제 및 단시간근로자 보호 등에 관한 법률」에 따른 사용기간 또는 「파견근로자보호 등에 관한 법률」에 따른 근로자파견기간에서 **제외한다**(남녀고용평등과 일·가정 양립 지원에 관한 법률 제19조 제5항). 기출

⑥ **육아휴직의 신청방법 및 절차**

   ㉠ 육아휴직을 신청하려는 근로자는 휴직개시예정일의 30일 전까지 신청서에 다음의 사항을 적어 사업주에게 제출해야 한다. 이 경우 ㉢의 사항에 대해서는 신청서에 해당 사실을 증명하는 서류를 첨부해야 한다(남녀고용평등과 일·가정 양립 지원에 관한 법률 시행령 제11조 제1항).

OX문제

사업주는 육아휴직을 시작하려는 전날까지 해당 사업에서 계속 근로한 기간이 5개월인 근로자가 육아휴직을 신청한 경우에 이를 허용하여야 한다. ( )

OX문제

사업주는 사업을 계속할 수 없는 경우를 제외하고 육아휴직을 이유로 해고나 그 밖의 불리한 처우를 하여서는 아니 되며, 육아휴직기간에는 그 근로자를 해고하지 못한다. ( )

OX문제

기간제근로자 또는 파견근로자의 육아휴직기간은 「기간제 및 단시간근로자 보호 등에 관한 법률」에 따른 사용기간 또는 「파견근로자보호 등에 관한 법률」에 따른 근로자파견기간에 산입한다. ( )

정답 ×, ○, ×

ⓐ 신청인의 성명, 생년월일 등 인적사항
ⓑ 육아휴직 대상인 영유아의 성명·생년월일(임신 중인 여성근로자가 육아휴직을 신청하는 경우에는 영유아의 성명을 적지 않으며, 생년월일 대신 출산 예정일을 적어야 한다)
ⓒ 휴직개시예정일
ⓓ 육아휴직을 종료하려는 날(이하 '휴직종료예정일'이라 한다)
ⓔ 육아휴직 신청 연월일
ⓕ 위 ②의 어느 하나에 해당하는 경우에는 그에 해당한다는 사실

ⓒ 근로자는 자녀 출생 후 18개월 이내에 육아휴직을 시작하려는 경우에는 「근로기준법」에 따른 출산전후휴가를 청구하거나 위 6. (2)에 따른 배우자 출산휴가를 고지할 때 위 ㉠의 본문에 따라 육아휴직을 함께 신청할 수 있다. 이 경우 근로자는 육아휴직 신청서에 위 ㉠의 사항 및 출산전후휴가 또는 배우자 출산휴가의 개시·종료예정일을 적어 사업주에게 제출해야 하며, 육아휴직의 신청은 육아휴직개시예정일 30일 전까지 해야 한다(남녀고용평등과 일·가정 양립 지원에 관한 법률 시행령 제11조 제2항).

ⓒ 위 ㉠ 및 ㉡에도 불구하고 다음의 어느 하나에 해당하는 경우에는 휴직개시예정일 7일 전까지 육아휴직을 신청할 수 있다(남녀고용평등과 일·가정 양립 지원에 관한 법률 시행령 제11조 제3항).
ⓐ 임신 중인 여성 근로자에게 유산 또는 사산의 위험이 있는 경우
ⓑ 출산 예정일 이전에 자녀가 출생한 경우
ⓒ 배우자의 사망, 부상, 질병 또는 신체적·정신적 장애나 배우자와의 이혼 등으로 해당 영유아를 양육하기 곤란한 경우

ⓔ 사업주는 근로자가 위 ㉠부터 ㉢까지의 규정에 따라 육아휴직을 신청하는 경우에는 육아휴직을 허용해야 한다. 이 경우 위 ㉠ 및 ㉡에 따라 육아휴직을 신청하는 근로자에게는 그 신청일부터 14일 이내에, 위 ㉢에 따라 육아휴직을 신청하는 근로자에게는 그 신청일부터 3일 이내에 육아휴직을 허용한 사실을 서면 또는 전자적 방식으로 알려야 한다(남녀고용평등과 일·가정 양립 지원에 관한 법률 시행령 제11조 제4항).

⑦ **육아휴직 신청의 철회**: 육아휴직을 신청한 근로자는 휴직개시예정일의 7일 전까지 사유를 밝혀 그 신청을 철회할 수 있다(남녀고용평등과 일·가정 양립 지원에 관한 법률 시행령 제13조 제1항).

⑧ **육아휴직의 종료** 기출

㉠ 육아휴직 중인 근로자는 다음의 구분에 따른 사유가 발생하면 그 사유가 발생한 날부터 7일 이내에 그 사실을 사업주에게 알려야 한다(남녀고용평등과 일·가정 양립 지원에 관한 법률 시행령 제14조 제1항).

ⓐ 임신 중인 여성 근로자가 육아휴직 중인 경우: 유산 또는 사산
ⓑ 위 ⓐ 외의 근로자가 육아휴직 중인 경우
　ⅰ) 해당 영유아의 사망
　ⅱ) 해당 영유아와 동거하지 않고 영유아의 양육에도 기여하지 않게 된 경우

㉡ 사업주는 위 ㉠에 따라 육아휴직 중인 근로자로부터 영유아의 사망 등에 대한 사실을 통지받은 경우에는 통지받은 날부터 30일 이내로 근무개시일을 지정하여 그 근로자에게 알려야 한다(남녀고용평등과 일·가정 양립 지원에 관한 법률 시행령 제14조 제2항).

(2) 육아기 근로시간 단축

① **육아기 근로시간 단축의 허용 대상**: 사업주는 근로자가 만 8세 이하 또는 초등학교 2학년 이하의 자녀를 양육하기 위하여 근로시간의 단축(이하 '육아기 근로시간 단축'이라 한다)을 신청하는 경우에 이를 **허용하여야 한다**. 다만, **대체인력 채용이 불가능한 경우, 정상적인 사업 운영에 중대한 지장을 초래하는 경우** 등 대통령령으로 정하는 경우에는 그러하지 아니하다(남녀고용평등과 일·가정 양립 지원에 관한 법률 제19조의2 제1항).

② **협의**: 위 ①의 단서에 따라 사업주가 육아기 근로시간 단축을 허용하지 아니하는 경우에는 해당 근로자에게 그 사유를 서면으로 통보하고 육아휴직을 사용하게 하거나 출근 및 퇴근 시간 조정 등 다른 조치를 통하여 지원할 수 있는지를 해당 근로자와 협의하여야 한다(남녀고용평등과 일·가정 양립 지원에 관한 법률 제19조의2 제2항).

③ **육아기 근로시간 단축 후 근로시간**: 사업주가 해당 근로자에게 육아기 근로시간 단축을 허용하는 경우 단축 후 근로시간은 주당 **15시간 이상**이어야 하고 **35시간을 넘어서는 아니 된다**(남녀고용평등과 일·가정 양립 지원에 관한 법률 제19조의2 제3항). 기출

④ **근로시간 단축의 기간**: 육아기 근로시간 단축의 기간은 1년 이내로 한다. 다만, 근로자가 위 **(1)**의 ②의 본문에 따른 육아휴직 기간 중 사용하지 아니한 기간이 있으면 그 기간의 두 배를 가산한 기간 이내로 한다(남녀고용평등과 일·가정 양립 지원에 관한 법률 제19조의2 제4항).

OX문제

사업주가 근로자에게 육아기 근로시간 단축을 허용하는 경우 단축 후 근로시간은 주당 15시간 이상이어야 하고 30시간을 넘어서는 아니 된다.
(　　)

정답 ×

⑤ **해고 등의 금지**: 사업주는 육아기 근로시간 단축을 이유로 해당 근로자에게 해고나 그 밖의 불리한 처우를 하여서는 아니 된다(남녀고용평등과 일·가정 양립 지원에 관한 법률 제19조의2 제5항).

⑥ **직무복귀**: 사업주는 근로자의 육아기 근로시간 단축기간이 끝난 후에 그 근로자를 육아기 근로시간 단축 전과 같은 업무 또는 같은 수준의 임금을 지급하는 직무에 복귀시켜야 한다(남녀고용평등과 일·가정 양립 지원에 관한 법률 제19조의2 제6항).

(3) 육아기 근로시간 단축 중 근로조건 등

① **근로조건**: 사업주는 육아기 근로시간 단축을 하고 있는 근로자에 대하여 근로시간에 비례하여 적용하는 경우 외에는 육아기 근로시간 단축을 이유로 그 근로조건을 불리하게 하여서는 아니 된다(남녀고용평등과 일·가정 양립 지원에 관한 법률 제19조의3 제1항).

② **근로조건의 결정**: 육아기 근로시간 단축을 한 근로자의 근로조건(육아기 근로시간 단축 후 근로시간을 포함한다)은 사업주와 그 근로자 간에 서면으로 정한다(남녀고용평등과 일·가정 양립 지원에 관한 법률 제19조의3 제2항).

OX ③ **연장근로의 제한**: 사업주는 육아기 근로시간 단축을 하고 있는 근로자에게 단축된 근로시간 외에 연장근로를 **요구할 수 없다**. 다만, 그 근로자가 **명시적으로 청구**하는 경우에는 사업주는 주 **12시간 이내**에서 연장근로를 시킬 수 있다(남녀고용평등과 일·가정 양립 지원에 관한 법률 제19조의3 제3항). 기출

④ **평균임금 산정기간에서 제외**: 육아기 근로시간 단축을 한 근로자에 대하여 평균임금을 산정하는 경우에는 그 근로자의 육아기 근로시간 단축 기간을 평균임금 산정기간에서 제외한다(남녀고용평등과 일·가정 양립 지원에 관한 법률 제19조의3 제4항).

(4) 육아휴직과 육아기 근로시간 단축의 사용형태

① **육아휴직의 사용형태**: 근로자는 육아휴직을 3회에 한정하여 나누어 사용할 수 있다. 이 경우 임신 중인 여성 근로자가 모성보호를 위하여 육아휴직을 사용한 횟수는 육아휴직을 나누어 사용한 횟수에 포함하지 아니한다(남녀고용평등과 일·가정 양립 지원에 관한 법률 제19조의4 제1항).

O X 문제

사업주는 육아기 근로시간 단축을 하고 있는 근로자에게 단축된 근로시간 외에 연장근로를 요구할 수 없다.
( )

사업주는 육아기 근로시간 단축을 하고 있는 근로자가 단축된 근로시간 외에 연장근로를 명시적으로 청구하는 경우 주 15시간 이내에서 연장근로를 시킬 수 있다. ( )

정답 O, X

② **육아기 근로시간 단축의 사용형태**: 근로자는 육아기 근로시간 단축을 나누어 사용할 수 있다. 이 경우 나누어 사용하는 1회의 기간은 1개월(근로계약기간의 만료로 1개월 이상 근로시간 단축을 사용할 수 없는 기간제근로자에 대해서는 남은 근로계약기간을 말한다) **이상**이 되어야 한다(남녀고용평등과 일·가정 양립 지원에 관한 법률 제19조의4 제2항).

(5) 근로자의 가족돌봄 등을 위한 지원

① **가족돌봄휴직의 신청**: 사업주는 근로자가 조부모, 부모, 배우자, 배우자의 부모, 자녀 또는 손자녀(이하 '가족'이라 한다)의 질병, 사고, 노령으로 인하여 그 가족을 돌보기 위한 휴직(이하 '가족돌봄휴직'이라 한다)을 신청하는 경우 이를 허용하여야 한다. 다만, 대체인력 채용이 불가능한 경우, 정상적인 사업 운영에 중대한 지장을 초래하는 경우, 본인 외에도 조부모의 직계비속 또는 손자녀의 직계존속이 있는 경우 등 대통령령으로 정하는 경우에는 그러하지 아니하다(남녀고용평등과 일·가정 양립 지원에 관한 법률 제22조의2 제1항).

② **가족돌봄휴가의 신청**: 사업주는 근로자가 가족(조부모 또는 손자녀의 경우 근로자 본인 외에도 직계비속 또는 직계존속이 있는 등 대통령령으로 정하는 경우는 제외한다)의 질병, 사고, 노령 또는 자녀의 양육으로 인하여 긴급하게 그 가족을 돌보기 위한 휴가(이하 '가족돌봄휴가'라 한다)를 신청하는 경우 이를 허용하여야 한다. 다만, 근로자가 청구한 시기에 가족돌봄휴가를 주는 것이 정상적인 사업 운영에 중대한 지장을 초래하는 경우에는 근로자와 협의하여 그 시기를 변경할 수 있다(남녀고용평등과 일·가정 양립 지원에 관한 법률 제22조의2 제2항).

③ **가족돌봄휴직 및 가족돌봄휴가의 사용기간 등**: 가족돌봄휴직 및 가족돌봄휴가의 사용기간과 분할횟수 등은 다음에 따른다(남녀고용평등과 일·가정 양립 지원에 관한 법률 제22조의2 제4항).

㉠ 가족돌봄휴직기간은 연간 최장 **90일**로 하며, 이를 나누어 사용할 수 있을 것. 이 경우 나누어 사용하는 1회의 기간은 **30일 이상**이 되어야 한다. 기출

㉡ 가족돌봄휴가기간은 연간 최장 10일[아래 ㉢에 따라 가족돌봄휴가기간이 연장되는 경우 20일(한부모가족지원법 제4조 제1호의 모 또는 부에 해당하는 근로자의 경우 25일) 이내]로 하며, 일단위로 사용할 수 있을 것. 다만, 가족돌봄휴가기간은 가족돌봄휴직기간에 포함된다.

OX문제

가족돌봄휴직기간은 연간 최장 180일로 하며, 이를 나누어 사용할 수 있다. (   )

가족돌봄휴직기간은 연간 최장 120일로 하며, 이를 나누어 사용할 경우 그 1회의 기간은 30일 이상이 되어야 한다. (   )

정답 ×, ×

ⓒ 고용노동부장관은 감염병의 확산 등을 원인으로 「재난 및 안전관리 기본법」 제38조에 따른 심각단계의 위기경보가 발령되거나, 이에 준하는 대규모 재난이 발생한 경우로서 근로자에게 가족을 돌보기 위한 특별한 조치가 필요하다고 인정되는 경우 「고용정책 기본법」 제10조에 따른 고용정책심의회의 심의를 거쳐 가족돌봄휴가기간을 연간 10일(한부모가족지원법 제4조 제1호에 따른 모 또는 부에 해당하는 근로자의 경우 15일)의 범위에서 연장할 수 있을 것. 이 경우 고용노동부장관은 지체 없이 기간 및 사유 등을 고시하여야 한다.

④ **불이익 처우의 금지**: 사업주는 가족돌봄휴직 또는 가족돌봄휴가를 이유로 해당 근로자를 해고하거나 근로조건을 악화시키는 등 불리한 처우를 하여서는 아니 된다(남녀고용평등과 일·가정 양립 지원에 관한 법률 제22조의2 제6항).

⑤ **근로조건**: 가족돌봄휴직 및 가족돌봄휴가기간은 **근속기간에 포함한다**. 다만, 「근로기준법」에 따른 **평균임금 산정기간에서는 제외한다**(남녀고용평등과 일·가정 양립 지원에 관한 법률 제22조의2 제7항). 기출

(6) 가족돌봄 등을 위한 근로시간 단축

① **신청의 사유**: 사업주는 근로자가 다음의 어느 하나에 해당하는 사유로 근로시간의 단축을 신청하는 경우에 이를 허용하여야 한다. 다만, 대체인력 채용이 불가능한 경우, 정상적인 사업 운영에 중대한 지장을 초래하는 경우 등 대통령령으로 정하는 경우에는 그러하지 아니하다(남녀고용평등과 일·가정 양립 지원에 관한 법률 제22조의3 제1항).

㉠ 근로자가 가족의 질병, 사고, 노령으로 인하여 그 가족을 돌보기 위한 경우

㉡ 근로자 자신의 질병이나 사고로 인한 부상 등의 사유로 자신의 건강을 돌보기 위한 경우

㉢ 55세 이상의 근로자가 은퇴를 준비하기 위한 경우

㉣ 근로자의 학업을 위한 경우

② **협의**: 위 ①의 단서에 따라 사업주가 근로시간 단축을 허용하지 아니하는 경우에는 해당 근로자에게 그 사유를 서면으로 통보하고 휴직을 사용하게 하거나 그 밖의 조치를 통하여 지원할 수 있는지를 해당 근로자와 협의하여야 한다(남녀고용평등과 일·가정 양립 지원에 관한 법률 제22조의3 제2항).

OX문제

가족돌봄휴가기간은 근속기간에 포함하지만, 「근로기준법」에 따른 평균임금 산정기간에서는 제외한다. ( )

정답 O

③ **단축 후 근로시간**: 사업주가 위 ①에 따라 해당 근로자에게 근로시간 단축을 허용하는 경우 단축 후 근로시간은 주당 **15시간 이상**이어야 하고 30시간을 넘어서는 아니 된다(남녀고용평등과 일·가정 양립 지원에 관한 법률 제22조의3 제3항).

④ **근로시간 단축의 기간**: 근로시간 단축의 기간은 1년 이내로 한다. 다만, 위 ①의 ㉠부터 ㉢까지의 어느 하나에 해당하는 근로자는 합리적 이유가 있는 경우에 추가로 2년의 범위 안에서 근로시간 단축의 기간을 연장할 수 있다(남녀고용평등과 일·가정 양립 지원에 관한 법률 제22조의3 제4항).

⑤ **불리한 처우의 금지**: 사업주는 근로시간 단축을 이유로 해당 근로자에게 해고나 그 밖의 불리한 처우를 하여서는 아니 된다(남녀고용평등과 일·가정 양립 지원에 관한 법률 제22조의3 제5항).

⑥ **직무의 복귀**: 사업주는 근로자의 근로시간 단축기간이 끝난 후에 그 근로자를 근로시간 단축 전과 같은 업무 또는 같은 수준의 임금을 지급하는 직무에 복귀시켜야 한다(남녀고용평등과 일·가정 양립 지원에 관한 법률 제22조의3 제6항).

⑦ **신청의 철회**: 가족돌봄 등 근로시간 단축을 신청한 근로자는 가족돌봄 등 단축 개시예정일의 7일 전까지 사유를 밝혀 그 신청을 철회할 수 있다(남녀고용평등과 일·가정 양립 지원에 관한 법률 시행령 제16조의10 제1항).

(7) 가족돌봄 등을 위한 근로시간 단축 중 근로조건 등

① 사업주는 위 **(6)**에 따라 근로시간 단축을 하고 있는 근로자에게 근로시간에 비례하여 적용하는 경우 외에는 가족돌봄 등을 위한 근로시간 단축을 이유로 그 근로조건을 불리하게 하여서는 아니 된다(남녀고용평등과 일·가정 양립 지원에 관한 법률 제22조의4 제1항).

② 위 **(6)**에 따라 근로시간 단축을 한 근로자의 근로조건(근로시간 단축 후 근로시간을 포함한다)은 사업주와 그 근로자 간에 서면으로 정한다(남녀고용평등과 일·가정 양립 지원에 관한 법률 제22조의4 제2항).

③ 사업주는 위 **(6)**에 따라 근로시간 단축을 하고 있는 근로자에게 단축된 근로시간 외에 **연장근로를 요구할 수 없다**. 다만, 그 근로자가 명시적으로 청구하는 경우에는 사업주는 주 12시간 이내에서 연장근로를 시킬 수 있다(남녀고용평등과 일·가정 양립 지원에 관한 법률 제22조의4 제3항).

④ 근로시간 단축을 한 근로자에 대하여 「근로기준법」에 따른 평균임금을 산정하는 경우, 그 근로자의 근로시간 단축기간을 **평균임금 산정기간에서 제외한다**(남녀고용평등과 일·가정 양립 지원에 관한 법률 제22조의4 제4항).

8. 분쟁의 예방과 해결

(1) 명예고용평등감독관의 위촉

고용노동부장관은 사업장의 남녀고용평등 이행을 촉진하기 위하여 그 사업장 소속 근로자 중 노사가 추천하는 사람을 **명예고용평등감독관**(이하 '명예감독관'이라 한다)으로 위촉할 수 있다(남녀고용평등과 일·가정 양립 지원에 관한 법률 제24조 제1항).

(2) 차별적 처우등의 시정신청

① **시정신청 등**

㉠ 시정신청: 근로자는 사업주로부터 다음의 어느 하나에 해당하는 차별적 처우 등(이하 '차별적 처우등'이라 한다)을 받은 경우「노동위원회법」에 따른 노동위원회(이하 '노동위원회'라 한다)에 그 시정을 신청할 수 있다. 다만, 차별적 처우등을 받은 날(ⓐ 및 ⓒ에 따른 차별적 처우등이 계속되는 경우에는 그 종료일)부터 **6개월**이 지난 때에는 그러하지 아니하다(남녀고용평등과 일·가정 양립 지원에 관한 법률 제26조 제1항).

ⓐ 위 **4.** 중 어느 하나를 위반한 행위(이하 '차별적 처우'라 한다)

ⓑ 위 **5. (4)**의 ④ 또는 **(5)**의 ①에 따른 적절한 조치를 하지 아니한 행위

ⓒ 위 **5. (4)**의 ⑥을 위반한 불리한 처우 또는 **(5)**의 ②를 위반한 해고나 그 밖의 불이익한 조치

㉡ 내용의 명시: 근로자가 위 ㉠에 따른 시정신청을 하는 경우에는 차별적 처우등의 내용을 구체적으로 명시하여야 한다(남녀고용평등과 일·가정 양립 지원에 관한 법률 제26조 제2항).

㉢ 위임규정: 위 ㉠ 및 ㉡에 따른 시정신청의 절차·방법 등에 관하여 필요한 사항은「노동위원회법」에 따른 **중앙노동위원회**가 따로 정하여 고시한다(남녀고용평등과 일·가정 양립 지원에 관한 법률 제26조 제3항).

② **조사·심문 등**

㉠ 노동위원회는 위 ①에 따른 시정신청을 받은 때에는 **지체 없이** 필요한 조사와 관계 당사자에 대한 심문을 하여야 한다(남녀고용평등과 일·가정 양립 지원에 관한 법률 제27조 제1항).

㉡ 노동위원회는 위 ㉠에 따른 심문을 하는 때에는 관계 **당사자의 신청 또는 직권**으로 증인을 출석하게 하여 필요한 사항을 질문할 수 있다(남녀고용평등과 일·가정 양립 지원에 관한 법률 제27조 제2항).

ⓒ 노동위원회는 위 ㉠ 및 ㉡에 따른 심문을 할 때에는 관계 당사자에게 증거의 제출과 증인에 대한 반대심문을 할 수 있는 충분한 기회를 주어야 한다(남녀고용평등과 일·가정 양립 지원에 관한 법률 제27조 제3항).

③ **조정·중재**

㉠ 노동위원회는 위 ②에 따른 심문 과정에서 **관계 당사자 쌍방 또는 일방의 신청이나 직권**으로 조정(調停)절차를 개시할 수 있고, 관계 당사자가 미리 노동위원회의 중재(仲裁)결정에 따르기로 합의하여 중재를 신청한 경우에는 중재를 할 수 있다(남녀고용평등과 일·가정 양립 지원에 관한 법률 제28조 제1항).

㉡ 위 ㉠에 따른 조정 또는 중재의 신청은 위 ①에 따른 시정신청을 한 날부터 14일 이내에 하여야 한다. 다만, 노동위원회가 정당한 사유로 그 기간에 신청할 수 없었다고 인정하는 경우에는 14일 후에도 신청할 수 있다(남녀고용평등과 일·가정 양립 지원에 관한 법률 제28조 제2항).

㉢ 노동위원회는 조정 또는 중재를 하는 경우 관계 당사자의 의견을 충분히 들어야 한다(남녀고용평등과 일·가정 양립 지원에 관한 법률 제28조 제3항).

㉣ 노동위원회는 특별한 사유가 없으면 조정절차를 개시하거나 중재신청을 받은 날부터 60일 이내에 조정안을 제시하거나 중재결정을 하여야 한다(남녀고용평등과 일·가정 양립 지원에 관한 법률 제28조 제4항).

㉤ 노동위원회는 관계 당사자 쌍방이 조정안을 받아들이기로 한 경우에는 조정조서를 작성하여야 하고, 중재결정을 한 경우에는 중재결정서를 작성하여야 한다(남녀고용평등과 일·가정 양립 지원에 관한 법률 제28조 제5항).

㉥ 조정조서에는 관계 당사자와 조정에 관여한 위원 전원이 서명 또는 날인을 하여야 하고, 중재결정서에는 관여한 위원 전원이 서명 또는 날인을 하여야 한다(남녀고용평등과 일·가정 양립 지원에 관한 법률 제28조 제6항).

㉦ 위 ㉤ 및 ㉥에 따른 조정 또는 중재결정은 「민사소송법」에 따른 **재판상 화해와 동일한 효력**을 갖는다(남녀고용평등과 일·가정 양립 지원에 관한 법률 제28조 제7항).

④ **시정명령 등**

㉠ 노동위원회는 위 ②에 따른 조사·심문을 끝내고 차별적 처우등에 해당된다고 판정한 때에는 해당 사업주에게 시정명령을 하여야 하고, 차별적 처우등에 해당하지 아니한다고 판정한 때에는 그 시정신청을

기각하는 결정을 하여야 한다(남녀고용평등과 일·가정 양립 지원에 관한 법률 제29조 제1항).
ⓒ 위 ㉠에 따른 판정, 시정명령 또는 기각결정은 서면으로 하되, 그 이유를 구체적으로 명시하여 관계 당사자에게 각각 통보하여야 한다. 이 경우 시정명령을 하는 때에는 시정명령의 내용 및 이행기한 등을 구체적으로 적어야 한다(남녀고용평등과 일·가정 양립 지원에 관한 법률 제29조 제2항).

⑤ **조정·중재 또는 시정명령의 내용**
  ㉠ 위 ③에 따른 조정·중재 또는 위 ④에 따른 시정명령의 내용에는 차별적 처우등의 중지, 임금 등 근로조건의 개선(취업규칙, 단체협약 등의 제도개선 명령을 포함한다) 또는 적절한 배상 등의 시정조치 등을 포함할 수 있다(남녀고용평등과 일·가정 양립 지원에 관한 법률 제29조의2 제1항).
  ㉡ 위 ㉠에 따라 배상을 하도록 한 경우 그 배상액은 차별적 처우등으로 근로자에게 발생한 손해액을 기준으로 정한다. 다만, 노동위원회는 사업주의 차별적 처우등에 명백한 고의가 인정되거나 차별적 처우등이 반복되는 경우에는 그 손해액을 기준으로 3배를 넘지 아니하는 범위에서 배상을 명령할 수 있다(남녀고용평등과 일·가정 양립 지원에 관한 법률 제29조의2 제2항).

⑥ **시정명령 등의 확정**
  ㉠ 재심신청: 「노동위원회법」에 따른 지방노동위원회의 시정명령 또는 기각결정에 불복하는 관계 당사자는 시정명령서 또는 기각결정서를 송달받은 날부터 10일 이내에 중앙노동위원회에 재심을 신청할 수 있다(남녀고용평등과 일·가정 양립 지원에 관한 법률 제29조의3 제1항).
  ㉡ 행정소송의 제기: 위 ㉠에 따른 중앙노동위원회의 재심결정에 불복하는 관계 당사자는 재심결정서를 송달받은 날부터 15일 이내에 행정소송을 제기할 수 있다(남녀고용평등과 일·가정 양립 지원에 관한 법률 제29조의3 제2항).
  ㉢ 확정: 위 ㉠에 따른 기간에 재심을 신청하지 아니하거나 ㉡에 따른 기간에 행정소송을 제기하지 아니한 때에는 그 시정명령, 기각결정 또는 재심결정은 확정된다(남녀고용평등과 일·가정 양립 지원에 관한 법률 제29조의3 제3항).

⑦ **시정명령 이행상황의 제출요구 등**
  ㉠ 고용노동부장관은 확정된 시정명령에 대하여 사업주에게 이행상황을 제출할 것을 요구할 수 있다(남녀고용평등과 일·가정 양립 지원에 관한 법률 제29조의4 제1항).
  ㉡ 시정신청을 한 근로자는 사업주가 확정된 시정명령을 이행하지 아니하는 경우 이를 고용노동부장관에게 신고할 수 있다(남녀고용평등과 일·가정 양립 지원에 관한 법률 제29조의4 제2항).
⑧ **고용노동부장관의 차별적 처우 시정요구**: 고용노동부장관은 사업주가 차별적 처우를 한 경우에는 그 시정을 요구할 수 있다(남녀고용평등과 일·가정 양립 지원에 관한 법률 제29조의5 제1항).
⑨ **차별적 처우등의 시정신청 등으로 인한 불리한 처우의 금지**: 사업주는 근로자가 다음의 어느 하나에 해당하는 행위를 한 것을 이유로 해고나 그 밖의 불리한 처우를 하지 못한다(남녀고용평등과 일·가정 양립 지원에 관한 법률 제29조의7).
  ㉠ 위 ①에 따른 차별적 처우등의 시정신청, ②에 따른 노동위원회에의 참석 및 진술, ⑥에 따른 재심신청 또는 행정소송의 제기
  ㉡ 위 ⑦의 ㉡에 따른 시정명령 불이행의 신고

(3) 입증책임 OX

「남녀고용평등과 일·가정 양립 지원에 관한 법률」과 관련한 분쟁해결[위 **(2)**의 ①부터 ⑨까지를 포함한다]에서 입증책임은 **사업주가 부담한다**(남녀고용평등과 일·가정 양립 지원에 관한 법률 제30조).

9. 관계서류의 보존 OX

사업주는 「남녀고용평등과 일·가정 양립 지원에 관한 법률」의 규정에 따른 사항에 관하여 다음의 서류를 3년간 보존하여야 한다. 이 경우 다음의 서류는 「전자문서 및 전자거래 기본법」에 따른 전자문서로 작성·보존할 수 있다(남녀고용평등과 일·가정 양립 지원에 관한 법률 제33조, 동법 시행령 제19조). **기출**
① 모집과 채용, 임금, 임금 외의 금품 등, 교육·배치 및 승진, 정년·퇴직 및 해고에 관한 서류
② 직장 내 성희롱 예방 교육을 하였음을 확인할 수 있는 서류 **기출**
③ 직장 내 성희롱 행위자에 대한 징계 등 조치에 관한 서류
④ 배우자 출산휴가의 고지 및 허용에 관한 서류
⑤ 육아휴직의 신청 및 허용에 관한 서류

OX문제

직장 내 성희롱과 관련된 분쟁해결에서 입증책임은 사업주가 부담한다. ( )

OX문제

남녀고용평등과 일·가정 양립 지원에 관한 법령상 직장 내 성희롱 예방 교육을 하였음을 확인할 수 있는 서류는 2년간 보존하여야 한다. ( )

「남녀고용평등과 일·가정 양립 지원에 관한 법률」에 의하면 직장 내 성희롱 예방 교육을 실시해야 하는 사업주는 직장 내 성희롱 예방 교육을 실시하였음을 확인할 수 있는 서류를 1년간 보관하여야 한다. ( )

정답 ○, ×, ×

⑥ 육아기 근로시간 단축의 신청 및 허용에 관한 서류, 허용하지 아니한 경우 그 사유의 통보 및 협의 서류, 육아기 근로시간 단축 중의 근로조건에 관한 서류

5 노동조합 및 노동관계조정법

1. 목적

「노동조합 및 노동관계조정법」은 헌법에 의한 근로자의 단결권·단체교섭권 및 단체행동권을 보장하여 근로조건의 유지·개선과 근로자의 경제적·사회적 지위의 향상을 도모하고, 노동관계를 공정하게 조정하여 노동쟁의를 예방·해결함으로써 산업평화의 유지와 국민경제의 발전에 이바지함을 목적으로 한다(노동조합 및 노동관계조정법 제1조).

2. 정의

① **근로자**: 직업의 종류를 불문하고 임금·급료 기타 이에 준하는 수입에 의하여 생활하는 자를 말한다(노동조합 및 노동관계조정법 제2조 제1호).
② **사용자**: 사업주, 사업의 경영담당자 또는 그 사업의 근로자에 관한 사항에 대하여 사업주를 위하여 행동하는 자를 말한다. 이 경우 근로계약 체결 당사자가 아니더라도 근로자의 근로조건에 대하여 실질적이고 구체적으로 지배·결정할 수 있는 지위에 있는 자도 그 범위에 있어서는 사용자로 본다(노동조합 및 노동관계조정법 제2조 제2호).
③ **사용자단체**: 노동관계에 관하여 그 구성원인 사용자에 대하여 조정 또는 규제할 수 있는 권한을 가진 사용자의 단체를 말한다(노동조합 및 노동관계조정법 제2조 제3호).
④ **노동조합**: 근로자가 주체가 되어 자주적으로 단결하여 근로조건의 유지·개선 기타 근로자의 경제적·사회적 지위의 향상을 도모함을 목적으로 조직하는 단체 또는 그 연합단체를 말한다(적극적 요건). 다만, 다음에 해당하는 경우(소극적 요건)에는 노동조합으로 보지 아니한다(노동조합 및 노동관계조정법 제2조 제4호).
  ㉠ 사용자 또는 항상 그의 이익을 대표하여 행동하는 자의 참가를 허용하는 경우
  ㉡ 경비의 **주된 부분**을 **사용자**로부터 원조받는 경우
  ㉢ 공제·수양 기타 **복리사업**만을 목적으로 하는 경우
  ㉣ 주로 **정치운동**을 목적으로 하는 경우

• 노동법령상 근로자의 정의
  1. 「근로기준법」 제2조 제1항 제1호: '근로자'란 직업의 종류와 관계없이 임금을 목적으로 사업이나 사업장에 근로를 제공하는 자를 말한다.
  2. 「남녀고용평등과 일·가정 양립 지원에 관한 법률」 제2조 제4호: '근로자'란 사업주에게 고용된 자와 취업할 의사를 가진 자를 말한다.

▶ **노동조합의 결격요건**

노동조합의 결격요건	결격요건이 아닌 것
사용자 또는 항상 그의 이익을 대표하여 행동하는 자의 참가를 허용하는 경우	–
경비의 주된 부분을 사용자로부터 원조받는 경우	• 경비의 일부분을 사용자로부터 원조받는 경우 • 경비의 주된 부분을 상급단체로부터 원조받는 경우
공제·수양 기타 복리사업만을 목적으로 하는 경우	복리사업을 목적으로 하는 경우
주로 정치운동을 목적으로 하는 경우	정치운동을 하는 것은 무방

OX ⑤ **노동쟁의**: 노동조합과 사용자 또는 사용자단체(이하 '노동관계 당사자'라 한다) 간에 임금·근로시간·복지·해고 기타 대우 등 근로조건의 결정에 관한 주장의 불일치로 인하여 발생한 분쟁상태를 말한다. 이 경우 **주장의 불일치**라 함은 당사자간에 합의를 위한 노력을 계속하여도 더 이상 자주적 교섭에 의한 합의의 여지가 없는 경우를 말한다(노동조합 및 노동관계조정법 제2조 제5호).

OX ⑥ **쟁의행위**: 파업·태업·직장폐쇄 기타 노동관계 당사자가 그 주장을 관철할 목적으로 행하는 행위와 이에 대항하는 행위로서 업무의 정상적인 운영을 저해하는 행위를 말한다(노동조합 및 노동관계조정법 제2조 제6호).

3. 노동조합

(1) 노동조합의 조직·가입·활동

OX ① **조직 및 가입**: 근로자는 자유로이 노동조합을 조직하거나 이에 가입할 수 있다. 다만, 공무원과 교원에 대하여는 따로 법률로 정한다(노동조합 및 노동관계조정법 제5조 제1항). 기출

② **활동**: 사업 또는 사업장에 종사하는 근로자(이하 '종사근로자'라 한다)가 아닌 노동조합의 조합원은 사용자의 효율적인 사업 운영에 지장을 주지 아니하는 범위에서 사업 또는 사업장 내에서 노동조합 활동을 할 수 있다(노동조합 및 노동관계조정법 제5조 제2항).

③ **종사근로자의 의제**: 종사근로자인 조합원이 해고되어 노동위원회에 부당노동행위의 구제신청을 한 경우에는 중앙노동위원회의 재심판정이 있을 때까지는 종사근로자로 본다(노동조합 및 노동관계조정법 제5조 제3항).

OX문제

'노동쟁의'라 함은 파업·태업·직장폐쇄 기타 노동관계 당사자가 그 주장을 관철할 목적으로 행하는 행위와 이에 대항하는 행위로서 업무의 정상적인 운영을 저해하는 행위를 말한다. ( )

OX문제

'쟁의행위'라 함은 근로자와 사용자 또는 사용자단체 간에 임금·근로시간·복지·해고 기타 대우 등 근로조건의 결정에 관한 주장의 불일치로 인하여 발생한 분쟁상태를 말한다. ( )

OX문제

근로자는 원칙적으로 자유로이 노동조합을 조직하고 가입할 수 있다. ( )

정답 ×, ×, ○

(2) 법인격의 취득

① **법인**: 노동조합은 그 규약이 정하는 바에 의하여 법인으로 할 수 있다(노동조합 및 노동관계조정법 제6조 제1항).

② **법인등기**: 노동조합은 당해 노동조합을 법인으로 하고자 할 경우에는 대통령령이 정하는 바에 의하여 등기를 하여야 한다(노동조합 및 노동관계조정법 제6조 제2항).

③ **규정의 적용**: 법인인 노동조합에 대하여는 「노동조합 및 노동관계조정법」에 규정된 것을 제외하고는 「민법」 중 **사단법인에 관한 규정을 적용**한다(노동조합 및 노동관계조정법 제6조 제3항).

(3) 노동조합의 보호요건

① **구제신청**: 「노동조합 및 노동관계조정법」에 의하여 설립된 노동조합이 아니면 노동위원회에 노동쟁의의 조정 및 부당노동행위의 구제를 신청할 수 없다(노동조합 및 노동관계조정법 제7조 제1항).

② **명칭사용**: 「노동조합 및 노동관계조정법」에 의하여 설립된 노동조합이 아니면 노동조합이라는 **명칭을 사용할 수 없다**(노동조합 및 노동관계조정법 제7조 제3항).

(4) 조세의 면제

노동조합에 대하여는 그 **사업체를 제외하고는** 세법이 정하는 바에 따라 조세를 부과하지 아니한다(노동조합 및 노동관계조정법 제8조).

(5) 차별대우의 금지

노동조합의 조합원은 어떠한 경우에도 인종, 종교, 성별, 연령, 신체적 조건, 고용형태, 정당 또는 신분에 의하여 차별대우를 받지 아니한다(노동조합 및 노동관계조정법 제9조).

(6) 노동조합의 설립

OX ① **설립의 신고**: 노동조합을 설립하고자 하는 자는 다음의 사항을 기재한 신고서에 규약*을 첨부하여 연합단체인 노동조합과 2 이상의 특별시·광역시·특별자치시·도·특별자치도에 걸치는 단위노동조합은 **고용노동부장관**에게, 2 이상의 시·군·구에 걸치는 단위노동조합은 **특별시장·광역시장·도지사**에게, 그 외의 노동조합은 **특별자치시장·특별자치도지사·시장·군수·구청장**에게 제출하여야 한다(노동조합 및 노동관계조정법 제10조 제1항). 기출

• **규약**

노동조합은 그 조직의 자주적·민주적 운영을 보장하기 위하여 당해 노동조합의 규약에 다음의 사항을 기재하여야 한다(노동조합 및 노동관계조정법 제11조).
1. 명칭
2. 목적과 사업
3. 주된 사무소의 소재지
4. 조합원에 관한 사항(연합단체인 노동조합에 있어서는 그 구성단체에 관한 사항)
5. 소속된 연합단체가 있는 경우에는 그 명칭
6. 대의원회를 두는 경우에는 대의원회에 관한 사항
7. 회의에 관한 사항
8. 대표자와 임원에 관한 사항
9. 조합비 기타 회계에 관한 사항
10. 규약변경에 관한 사항
11. 해산에 관한 사항
12. 쟁의행위와 관련된 찬반투표 결과의 공개, 투표자 명부 및 투표용지 등의 보존·열람에 관한 사항
13. 대표자와 임원의 규약위반에 대한 탄핵에 관한 사항
14. 임원 및 대의원의 선거절차에 관한 사항
15. 규율과 통제에 관한 사항

OX문제

2 이상의 시·군·구에 걸치는 단위노동조합은 규약을 첨부한 신고서를 고용노동부장관에게 제출하여야 한다.
( )

정답 ×

㉠ 명칭

㉡ 주된 사무소의 소재지

㉢ 조합원 수

㉣ 임원의 성명과 주소

㉤ 소속된 연합단체가 있는 경우에는 그 명칭

㉥ 연합단체인 노동조합에 있어서는 그 구성노동단체의 명칭, 조합원 수, 주된 사무소의 소재지 및 임원의 성명·주소

② **연합단체인 노동조합**: 연합단체인 노동조합은 동종 산업의 단위노동조합을 구성원으로 하는 산업별 연합단체와 산업별 연합단체 또는 전국규모의 산업별 단위노동조합을 구성원으로 하는 총연합단체를 말한다(노동조합 및 노동관계조정법 제10조 제2항).

③ **신고증의 교부**

㉠ 신고증 교부시기: 고용노동부장관, 특별시장·광역시장·특별자치시장·도지사·특별자치도지사 또는 시장·군수·구청장(이하 '행정관청'이라 한다)은 설립신고서를 접수한 때에는 보완요구 및 반려처분을 하는 경우를 제외하고는 3일 이내에 신고증을 교부하여야 한다(노동조합 및 노동관계조정법 제12조 제1항).

㉡ 설립신고서 등의 보완요구기간: 행정관청은 설립신고서 또는 규약이 기재사항의 누락 등으로 보완이 필요한 경우에는 대통령령(보조단)이 정하는 바에 따라 **20일 이내**의 기간을 정하여 보완을 요구하여야 한다. 이 경우 보완된 설립신고서 또는 규약을 접수한 때에는 **3일 이내**에 신고증을 교부하여야 한다(노동조합 및 노동관계조정법 제12조 제2항).

㉢ 설립신고서의 반려처분: 행정관청은 설립하고자 하는 노동조합이 다음에 해당하는 경우에는 설립신고서를 **반려하여야 한다**(노동조합 및 노동관계조정법 제12조 제3항).

ⓐ 노동조합의 **결격요건**에 해당하는 경우

ⓑ 보완을 요구하였음에도 불구하고 그 기간 내에 보완을 하지 아니하는 경우

㉣ 시정요구: 노동조합이 설립신고증을 교부받은 후 위 ㉢의 ⓐ에 해당하는 설립신고서의 반려사유가 발생한 경우에는 행정관청은 30일의 기간을 정하여 시정을 요구할 수 있다(노동조합 및 노동관계조정법 시행령 제9조 제2항).

➕ 고득점 심화학습

설립신고서의 보완요구 등

고용노동부장관, 특별시장·광역시장·도지사·특별자치치지사, 시장·군수 또는 자치구의 구청장은 본문 ③의 ㉡에 따라 노동조합의 설립신고가 다음의 어느 하나에 해당하는 경우에는 보완을 요구하여야 한다(노동조합 및 노동관계조정법 시행령 제9조 제1항).

1. 설립신고서에 규약이 첨부되어 있지 아니하거나 설립신고서 또는 규약의 기재사항 중 누락 또는 허위사실이 있는 경우
2. 임원의 선거 또는 규약의 제정절차가 법령에 위반되는 경우

ⓜ **노동조합의 설립인정 시기**: 노동조합이 신고증을 교부받은 경우에는 설립신고서가 접수된 때에 설립된 것으로 본다(노동조합 및 노동관계조정법 제12조 제4항).

④ **변경사항의 신고**: 노동조합은 설립신고된 사항 중 다음에 해당하는 사항에 변경이 있는 때에는 그날부터 **30일 이내**에 행정관청에게 변경신고를 하여야 한다(노동조합 및 노동관계조정법 제13조 제1항).
  ㉠ 명칭
  ㉡ 주된 사무소의 소재지
  ㉢ 대표자의 성명
  ㉣ 소속된 연합단체의 명칭

(7) 노동조합의 관리

① **서류비치 및 보존**: 노동조합은 조합설립일부터 30일 이내에 다음의 서류를 작성하여 그 주된 사무소에 비치하여야 하며, ㉣ 및 ㉤의 서류는 **3년간** 보존하여야 한다(노동조합 및 노동관계조정법 제14조).
  ㉠ 조합원 명부(연합단체인 노동조합에 있어서는 그 구성단체의 명칭)
  ㉡ 규약
  ㉢ 임원의 성명·주소록
  ㉣ 회의록
  ㉤ 재정에 관한 장부와 서류

② **총회의 개최**: 노동조합은 **매년 1회 이상** 총회를 개최하여야 하며, 노동조합의 대표자는 총회의 의장이 된다(노동조합 및 노동관계조정법 제15조). 기출

③ **총회의 의결**
  ㉠ **총회의 의결사항**: 다음의 사항은 총회의 의결을 거쳐야 한다(노동조합 및 노동관계조정법 제16조 제1항).
    ⓐ 규약의 제정과 변경에 관한 사항
    ⓑ 임원의 선거와 해임에 관한 사항
    ⓒ 단체협약에 관한 사항
    ⓓ 예산·결산에 관한 사항
    ⓔ 기금의 설치·관리 또는 처분에 관한 사항
    ⓕ 연합단체의 설립·가입 또는 탈퇴에 관한 사항
    ⓖ 합병·분할 또는 해산에 관한 사항

OX문제

노동조합의 회의록, 재정에 관한 장부와 서류는 2년간 보존하여야 한다. (   )

OX문제

노동조합은 매년 2회 이상 총회를 개최하여야 한다. (   )

정답 X, X

ⓗ 조직형태의 변경에 관한 사항
ⓘ 기타 중요한 사항
ⓒ 의결정족수
ⓐ **일반정족수**: 총회는 재적조합원 과반수의 출석과 출석조합원 과반수의 찬성으로 의결한다(노동조합 및 노동관계조정법 제16조 제2항 본문).
OX ⓑ **특별정족수**: 규약의 제정·변경, 임원의 해임, 합병·분할·해산 및 조직형태의 변경에 관한 사항은 **재적조합원 과반수의 출석과 출석조합원 3분의 2 이상의 찬성**이 있어야 한다(노동조합 및 노동관계조정법 제16조 제2항 단서).
OX ⓒ **임원선거의 특례**: 임원의 선거에 있어서 **출석조합원 과반수의 찬성**을 얻은 자가 없는 경우에는 규약이 정하는 바에 따라 결선투표를 실시하여 다수의 찬성을 얻은 자를 임원으로 선출할 수 있다(노동조합 및 노동관계조정법 제16조 제3항).
ⓒ **직접·비밀·무기명투표**: 규약의 제정·변경과 임원의 선거·해임에 관한 사항은 조합원의 직접·비밀·무기명투표에 의하여야 한다(노동조합 및 노동관계조정법 제16조 제4항).

④ **대의원회의 설치**: 노동조합은 규약으로 총회에 갈음할 대의원회를 둘 수 있다(노동조합 및 노동관계조정법 제17조 제1항).

⑤ **임시총회의 소집**
㉠ 노동조합의 대표자는 필요하다고 인정할 때에는 임시총회 또는 임시대의원회를 소집할 수 있다(노동조합 및 노동관계조정법 제18조 제1항).
OX ㉡ 노동조합의 대표자는 조합원 또는 대의원의 **3분의 1 이상**(연합단체인 노동조합에 있어서는 그 구성단체의 3분의 1 이상)이 회의에 부의할 사항을 제시하고 회의의 소집을 요구한 때에는 지체 없이 임시총회 또는 임시대의원회를 소집하여야 한다(노동조합 및 노동관계조정법 제18조 제2항).

⑥ **소집의 절차**: 총회 또는 대의원회는 회의개최일 7일 전까지 그 회의에 부의할 사항을 공고하고 규약에 정한 방법에 의하여 소집하여야 한다. 다만, 노동조합이 동일한 사업장 내의 근로자로 구성된 경우에는 그 규약으로 공고기간을 단축할 수 있다(노동조합 및 노동관계조정법 제19조).

OX ⑦ **표결권의 특례**: 노동조합이 특정 조합원에 관한 사항을 의결할 경우에는 그 조합원은 표결권이 없다(노동조합 및 노동관계조정법 제20조).

OX문제
규약의 변경에 관한 총회의 의결은 재적조합원 과반수의 출석과 출석조합원 과반수의 찬성이 있어야 한다.( )

OX문제
임원의 선거에 있어서 재적조합원 과반수의 찬성을 얻은 자가 없는 경우에는 결선투표에서 다수의 찬성을 얻은 자를 임원으로 선출할 수 있다. ( )

OX문제
노동조합의 대표자는 조합원의 4분의 1 이상이 회의의 소집을 요구한 때에는 지체 없이 임시총회를 소집하여야 한다. ( )

OX문제
노동조합이 특정 조합원에 관한 사항을 의결할 경우에는 그 조합원은 표결권이 없다. ( )

정답 ×, ×, ×, ○

⑧ **규약의 시정명령**: 행정관청은 노동조합의 규약이 노동관계법령에 위반한 경우에는 노동위원회의 의결을 얻어 그 시정을 명할 수 있다(노동조합 및 노동관계조정법 제21조 제1항).

⑨ **조합원의 권리와 의무**: 노동조합의 조합원은 균등하게 그 노동조합의 모든 문제에 참여할 권리와 의무를 가진다. 다만, 노동조합은 그 규약으로 조합비를 납부하지 아니하는 조합원의 권리를 제한할 수 있다(노동조합 및 노동관계조정법 제22조). 기출

⑩ **임원의 자격 등**
  ㉠ **자격**: 노동조합의 임원 자격은 규약으로 정한다. 이 경우 하나의 사업 또는 사업장을 대상으로 조직된 노동조합의 임원은 그 사업 또는 사업장에 종사하는 조합원 중에서 선출하도록 정한다(노동조합 및 노동관계조정법 제23조 제1항).
  ㉡ **임기**: 임원의 임기는 규약으로 정하되 3년을 초과할 수 없다(노동조합 및 노동관계조정법 제23조 제2항).

⑪ **근로시간의 면제**: 근로자는 단체협약으로 정하거나 사용자의 동의가 있는 경우에는 사용자 또는 노동조합으로부터 급여를 지급받으면서 근로계약 소정의 근로를 제공하지 아니하고 노동조합의 업무에 종사할 수 있다(노동조합 및 노동관계조정법 제24조 제1항).

⑫ **회계감사**
  ㉠ 노동조합의 대표자는 그 회계감사원으로 하여금 6월에 1회 이상 당해 노동조합의 모든 재원 및 용도, 주요한 기부자의 성명, 현재의 경리 상황 등에 대한 회계감사를 실시하게 하고 그 내용과 감사결과를 **전체 조합원에게 공개하여야 한다**(노동조합 및 노동관계조정법 제25조 제1항).
  ㉡ 노동조합의 회계감사원은 필요하다고 인정할 경우에는 당해 노동조합의 회계감사를 실시하고 그 결과를 공개할 수 있다(노동조합 및 노동관계조정법 제25조 제2항).

(8) 노동조합의 해산

① **해산사유**: 노동조합은 다음의 하나에 해당하는 경우에는 해산한다(노동조합 및 노동관계조정법 제28조 제1항).
  ㉠ 규약에서 정한 해산사유가 발생한 경우
  ㉡ 합병 또는 분할로 소멸한 경우

OX문제

노동조합은 조합비를 납부하지 아니한 경우에도 규약으로 그 조합원의 권리를 제한할 수 없다. ( )

정답 ✕

ⓒ 총회 또는 대의원회의 해산결의가 있는 경우

ⓓ 노동조합의 임원이 없고 노동조합으로서의 활동을 1년 이상 하지 아니한 것으로 인정되는 경우로서 행정관청이 노동위원회의 의결을 얻은 경우

② **해산신고**: 위 ①의 ⓐ, ⓑ, ⓒ의 사유로 노동조합이 해산한 때에는 그 대표자는 해산한 날부터 **15일 이내**에 행정관청에게 이를 신고하여야 한다(노동조합 및 노동관계조정법 제28조 제2항). 기출

4. 단체협약

(1) 단체협약의 작성 등

① **작성방식**: 단체협약은 서면으로 작성하여 당사자 쌍방이 서명 또는 날인하여야 한다(노동조합 및 노동관계조정법 제31조 제1항).

② **단체협약의 신고**: 단체협약의 당사자는 단체협약의 체결일부터 **15일 이내**에 이를 **행정관청**에게 신고하여야 한다(노동조합 및 노동관계조정법 제31조 제2항). 기출

③ **시정명령**: 행정관청은 단체협약 중 위법한 내용이 있는 경우에는 노동위원회의 의결을 얻어 그 **시정을 명할 수 있다**(노동조합 및 노동관계조정법 제31조 제3항). 기출

(2) 단체협약 유효기간의 상한

① **유효기간**

ⓐ 단체협약의 유효기간은 3년을 초과하지 않는 범위에서 노사가 합의하여 정할 수 있다(노동조합 및 노동관계조정법 제32조 제1항). 기출

ⓑ 단체협약에 그 유효기간을 정하지 아니한 경우 또는 위 ⓐ의 기간을 초과하는 유효기간을 정한 경우에 그 유효기간은 **3년**으로 한다(노동조합 및 노동관계조정법 제32조 제2항).

② **법정연장**: 단체협약의 유효기간이 만료되는 때를 전후하여 당사자 쌍방이 새로운 단체협약을 체결하고자 단체교섭을 계속하였음에도 불구하고 새로운 단체협약이 체결되지 아니한 경우에는 별도의 약정이 있는 경우를 제외하고는 종전의 단체협약은 그 효력만료일부터 **3월**까지 계속 효력을 갖는다(노동조합 및 노동관계조정법 제32조 제3항 본문). 기출

③ **자동연장협정과 해지권**: 단체협약에 그 유효기간이 경과한 후에도 새로운 단체협약이 체결되지 아니한 때에는 새로운 단체협약이 체결될 때

까지 종전 단체협약의 효력을 존속시킨다는 취지의 별도의 약정이 있는 경우에는 그에 따르되, 당사자 일방은 해지하고자 하는 날의 **6월 전**까지 상대방에게 통고함으로써 종전의 단체협약을 해지할 수 있다(노동조합 및 노동관계조정법 제32조 제3항 단서).기출

(3) 기준의 효력

① 단체협약에 정한 근로조건 기타 근로자의 대우에 관한 기준에 위반하는 취업규칙 또는 근로계약의 **부분은 무효로** 한다(노동조합 및 노동관계조정법 제33조 제1항).기출

② 근로계약에 규정되지 아니한 사항 또는 무효로 된 부분은 **단체협약에** 정한 기준에 의한다(노동조합 및 노동관계조정법 제33조 제2항).

(4) 단체협약의 해석

① **해석 등의 요청**: 단체협약의 해석 또는 이행방법에 관하여 관계 당사자간에 의견의 불일치가 있는 때에는 당사자 쌍방 또는 단체협약에 정하는 바에 의하여 어느 일방이 **노동위원회**에 그 해석 또는 이행방법에 관한 견해의 제시를 요청할 수 있다(노동조합 및 노동관계조정법 제34조 제1항).

② **견해의 제시기간**: 노동위원회는 위 ①에 의한 요청을 받은 때에는 그날부터 30일 이내에 명확한 견해를 제시하여야 한다(노동조합 및 노동관계조정법 제34조 제2항).

③ **해석 및 견해의 효력**: 위 ②에 의하여 **노동위원회가** 제시한 해석 또는 이행방법에 관한 견해는 **중재재정과 동일한 효력**을 가진다(노동조합 및 노동관계조정법 제34조 제3항).

(5) 단체협약의 구속력

① **일반적 구속력**: 하나의 사업 또는 사업장에 상시 사용되는 동종의 근로자 **반수 이상**이 하나의 단체협약의 적용을 받게 된 때에는 당해 사업 또는 사업장에 사용되는 다른 동종의 근로자에 대하여도 당해 단체협약이 적용된다(노동조합 및 노동관계조정법 제35조).기출

② **지역적 구속력**: 하나의 지역에 있어서 종업하는 동종의 근로자 **3분의 2 이상**이 하나의 단체협약의 적용을 받게 된 때에는 **행정관청**은 당해 단체협약의 당사자의 쌍방 또는 일방의 **신청에 의하거나** 그 직권으로 노동위원회의 의결을 얻어 당해 지역에서 종업하는 다른 동종의 근로자와 그 사용자에 대하여도 당해 단체협약을 적용한다는 **결정**을 할 수 있다(노동조합 및 노동관계조정법 제36조).

OX문제

취업규칙 또는 근로계약의 일부분이 단체협약에 정한 근로조건 기타 근로자의 대우에 관한 기준에 위반하는 경우 취업규칙 또는 근로계약 전부를 무효로 한다. ( )

OX문제

사업장 단위의 일반적 구속력이 발생하기 위해서는 하나의 사업 또는 사업장에 상시 사용되는 동종의 근로자 과반수가 하나의 단체협약의 적용을 받는 경우이어야 한다. ( )

정답 ×, ×

5. 쟁의행위 등

(1) 쟁의행위의 기본원칙

① 쟁의행위는 그 목적·방법 및 절차에 있어서 법령 기타 사회질서에 위반되어서는 아니 된다(노동조합 및 노동관계조정법 제37조 제1항).
② 조합원은 노동조합에 의하여 주도되지 아니한 쟁의행위를 하여서는 아니 된다(노동조합 및 노동관계조정법 제37조 제2항).
③ 노동조합은 사용자의 점유를 배제하여 조업을 방해하는 형태로 쟁의행위를 해서는 아니 된다(노동조합 및 노동관계조정법 제37조 제3항).

(2) 근로자의 구속제한

근로자는 쟁의행위기간 중에는 **현행범** 외에는 「노동조합 및 노동관계조정법」 위반을 이유로 구속되지 아니한다(노동조합 및 노동관계조정법 제39조). 기출

(3) 쟁의행위의 제한과 금지

① **노동조합의 의결을 거치지 않은 쟁의행위 금지**: 노동조합의 쟁의행위는 그 조합원(교섭대표노동조합이 결정된 경우에는 그 절차에 참여한 노동조합의 전체 조합원)의 직접·비밀·무기명투표에 의한 조합원 **과반수**의 찬성으로 결정하지 아니하면 이를 행할 수 없다. 이 경우 조합원 수 산정은 종사근로자인 조합원을 기준으로 한다(노동조합 및 노동관계조정법 제41조 제1항). 기출
② **폭력행위 등의 금지**: 쟁의행위는 폭력이나 파괴행위 또는 생산 기타 주요 업무에 관련되는 시설과 이에 준하는 시설을 점거하는 형태로 이를 행할 수 없다(노동조합 및 노동관계조정법 제42조 제1항).
③ **안전보호시설의 정상적인 운영방해 금지**: 사업장의 안전보호시설에 대하여 정상적인 유지·운영을 정지·폐지 또는 방해하는 행위는 쟁의행위로서 이를 행할 수 없다(노동조합 및 노동관계조정법 제42조 제2항).
④ **쟁의행위기간 중의 금지사항**
　㉠ 사용자의 채용제한
　　ⓐ 채용·대체 금지: 사용자는 쟁의행위기간 중 그 쟁의행위로 중단된 업무의 수행을 위하여 당해 사업과 관계없는 자를 채용 또는 **대체할 수 없다**(노동조합 및 노동관계조정법 제43조 제1항).
　　ⓑ 도급·하도급 금지: 사용자는 쟁의행위기간 중 그 쟁의행위로 중단된 업무를 도급 또는 하도급 줄 수 없다(노동조합 및 노동관계조정법 제43조 제2항). 기출

ⓛ 쟁의행위기간 중의 임금지급 요구의 금지
  ⓐ 사용자는 쟁의행위에 참가하여 근로를 제공하지 아니한 근로자에 대하여는 그 기간 중의 임금을 지급할 의무가 없다(노동조합 및 노동관계조정법 제44조 제1항). 기출
  ⓑ 노동조합은 쟁의행위기간에 대한 임금의 지급을 요구하여 이를 관철할 목적으로 쟁의행위를 하여서는 아니 된다(노동조합 및 노동관계조정법 제44조 제2항). 기출
⑤ **노동쟁의 발생의 통보**: 노동관계 당사자는 노동쟁의가 발생한 때에는 어느 일방이 이를 상대방에게 서면으로 통보하여야 한다(노동조합 및 노동관계조정법 제45조 제1항).

(4) 직장폐쇄의 요건
① 사용자는 노동조합이 쟁의행위를 개시한 이후에만 직장폐쇄를 할 수 있다(노동조합 및 노동관계조정법 제46조 제1항). 기출
② 사용자는 직장폐쇄를 할 경우에는 미리 행정관청 및 노동위원회에 각각 신고하여야 한다(노동조합 및 노동관계조정법 제46조 제2항).

6. 노동쟁의의 조정

(1) 조정의 개시 및 조정기간
① **조정의 개시**: 노동위원회는 관계 당사자의 일방이 노동쟁의의 조정을 신청한 때에는 지체 없이 조정을 개시하여야 하며 관계 당사자 쌍방은 이에 성실히 임하여야 하고, 노동위원회는 조정신청 전이라도 원활한 조정을 위하여 교섭을 주선하는 등 관계 당사자의 자주적인 분쟁해결을 지원할 수 있다(노동조합 및 노동관계조정법 제53조).
② **조정기간**
  ㉠ 원칙: 조정은 조정의 신청이 있는 날부터 일반사업에 있어서는 10일, 공익사업에 있어서는 15일 이내에 종료하여야 한다(노동조합 및 노동관계조정법 제54조 제1항).
  ㉡ 기간의 연장: 조정기간은 관계 당사자간의 합의로 일반사업에 있어서는 10일, 공익사업에 있어서는 15일 이내에서 연장할 수 있다.
③ **단독조정인**: 노동위원회는 관계 당사자 쌍방의 신청이 있거나 관계 당사자 쌍방의 동의를 얻은 경우에는 조정위원회에 갈음하여 단독조정인에게 조정을 행하게 할 수 있다(노동조합 및 노동관계조정법 제57조 제1항).

OX문제
사용자는 쟁의행위에 참가하여 근로를 제공하지 아니한 근로자에 대하여는 그 기간 중의 임금을 지급할 의무가 없다. ( )

노동조합은 쟁의행위기간에 대한 임금의 지급을 요구하여 이를 관철할 목적으로 쟁의행위를 할 수 있다. ( )

OX문제
사용자는 노동조합의 쟁의행위에 대응하기 위하여 노동조합이 쟁의행위를 개시하기 전에 직장폐쇄를 할 수 있다. ( )

정답 O, X, X

(2) 조정활동

① **주장의 확인**: 조정위원회 또는 단독조정인은 기일을 정하여 관계 당사자 쌍방을 출석하게 하여 주장의 요점을 확인하여야 한다(노동조합 및 노동관계조정법 제58조).

② **조정안의 작성과 수락권고**: 조정위원회 또는 단독조정인은 조정안을 작성하여 이를 관계 당사자에게 제시하고 그 수락을 권고하는 동시에 그 조정안에 이유를 붙여 공표할 수 있으며, 필요한 때에는 신문 또는 방송에 보도 등 협조를 요청할 수 있다(노동조합 및 노동관계조정법 제60조 제1항).

(3) 조정의 효력

① **조정안이 거부된 경우**: 조정위원회 또는 단독조정인은 관계 당사자가 수락을 거부하여 더 이상 조정이 이루어질 여지가 없다고 판단되는 경우에는 조정의 종료를 결정하고 이를 관계 당사자 쌍방에 통보하여야 한다(노동조합 및 노동관계조정법 제60조 제2항).

② **조정안이 수락된 경우**: 조정안이 관계 당사자에 의하여 수락된 때에는 조정위원 전원 또는 단독조정인은 조정서를 작성하고 관계 당사자와 함께 서명 또는 날인하여야 하며, 조정서의 내용은 **단체협약**과 동일한 효력을 가진다(노동조합 및 노동관계조정법 제61조 제1항·제2항).

7. 노동쟁의의 중재

- **중재의 개념**
  '중재'는 공익위원으로 구성된 중재위원회에서 양 당사자에 대하여 구속력 있는 중재재정을 하는 절차로서, 관계 당사자 쌍방의 수용으로 성립되는 조정과는 달리 중재위원회의 일방적 중재에 의하여 성립되기 때문에 노사의 자주적 해결의 원칙과는 거리가 먼 조정제도이다.

(1) 중재의 개시

노동위원회는 다음에 해당하는 때에는 중재를 행한다(노동조합 및 노동관계조정법 제62조).
① 관계 당사자의 **쌍방이 함께** 중재를 신청한 때
② 관계 당사자의 **일방이 단체협약에 의하여** 중재를 신청한 때

(2) 쟁의행위의 금지(중재기간)

노동쟁의가 중재에 회부된 때에는 그날부터 15일간은 쟁의행위를 할 수 없다(노동조합 및 노동관계조정법 제63조).

(3) 중재재정의 작성

중재재정은 서면으로 작성하여 이를 행하며, 그 서면에는 효력발생기일을 명시하여야 한다(노동조합 및 노동관계조정법 제68조 제1항).

(4) 중재재정의 불복

① **재심신청**: 관계 당사자는 지방노동위원회 또는 특별노동위원회의 중재재정이 위법이거나 월권에 의한 것이라고 인정하는 경우에는 그 중재재정서의 송달을 받은 날부터 10일 이내에 중앙노동위원회에 그 재심을 신청할 수 있다(노동조합 및 노동관계조정법 제69조 제1항).

② **행정소송 제기**: 관계 당사자는 중앙노동위원회의 중재재정이나 재심결정이 위법이거나 월권에 의한 것이라고 인정하는 경우에는 중재재정서 또는 재심결정서의 송달을 받은 날부터 15일 이내에 행정소송을 제기할 수 있다(노동조합 및 노동관계조정법 제69조 제2항).

(5) 중재재정의 확정

위 (4)에 규정된 기간 내에 재심을 신청하지 아니하거나 행정소송을 제기하지 아니한 때에는 그 중재재정 또는 재심결정은 확정되며, 중재재정이나 재심결정이 확정된 때에는 관계 당사자는 이에 따라야 한다(노동조합 및 노동관계조정법 제69조 제3항·제4항).

(6) 중재재정의 효력

① 확정된 중재재정의 내용은 **단체협약과 동일한 효력**을 가진다(노동조합 및 노동관계조정법 제70조 제1항).

② 노동위원회의 중재재정 또는 재심결정은 중앙노동위원회에의 재심신청 또는 행정소송의 제기에 의하여 그 **효력이 정지되지 아니한다**(노동조합 및 노동관계조정법 제70조 제2항).

8. 부당노동행위

(1) 법정 부당노동행위

① **부당노동행위 유형**: 사용자는 다음에 해당하는 부당노동행위를 할 수 없으며(노동조합 및 노동관계조정법 제81조 제1항), 이 규정을 위반한 자는 2년 이하의 징역 또는 2천만원 이하의 벌금에 처한다(노동조합 및 노동관계조정법 제90조).

㉠ **불이익 취급**: 근로자가 노동조합에 가입 또는 가입하려고 하였거나 노동조합을 조직하려고 하였거나 기타 노동조합의 업무를 위한 정당한 행위를 한 것을 이유로 그 근로자를 해고하거나 그 근로자에게 불이익을 주는 행위 기출

• **부당노동행위의 개념**
'부당노동행위'란 사용자에 의한 근로자의 노동 3권에 대한 침해행위를 의미한다. 부당노동행위제도는 헌법 조항을 기초로 근로자의 자주적인 단결, 단체교섭 및 단체행동을 보장하고 노사가 대등한 지위에서 근로조건 등을 결정하도록 함으로써 공정한 노사관계를 형성·유지하기 위한 제도이다.

- **부당노동행위의 주체와 요건**
  1. 주체
     부당노동행위의 주체는 사용자이다. 사용자는 사업주, 사업의 경영담당자 또는 사업의 근로자에 관한 사항에 대하여 사업주를 위하여 행동하는 자를 말한다.
  2. 요건
     ① 사용자가 부당노동행위 의사를 가지고 노동조합 또는 조합원에게 불이익 취급, 지배·개입 등의 행위를 하여야 한다.
     ② 사용자의 부당노동행위 의사는 고의·과실의 차원이 아니고, 객관적·외형적 사실로부터 추정되는 의사만으로 충분하다.

ⓛ 황견계약(비열계약): 근로자가 어느 노동조합에 가입하지 아니할 것 또는 탈퇴할 것을 고용조건으로 하거나 특정한 노동조합의 조합원이 될 것을 고용조건으로 하는 행위. 다만, 노동조합이 당해 사업장에 종사하는 근로자의 3분의 2 이상을 대표하고 있을 때에는 근로자가 그 노동조합의 조합원이 될 것을 고용조건으로 하는 단체협약의 체결은 예외로 하며, 이 경우 사용자는 근로자가 그 노동조합에서 제명된 것 또는 그 노동조합을 탈퇴하여 새로 노동조합을 조직하거나 다른 노동조합에 가입한 것을 이유로 근로자에게 신분상 불이익한 행위를 할 수 없다. 기출

ⓒ 단체교섭 거부: 노동조합의 대표자 또는 노동조합으로부터 위임을 받은 자와의 단체협약체결 기타의 단체교섭을 정당한 이유 없이 거부하거나 해태하는 행위 기출

ⓔ 지배·개입 및 경비원조: 근로자가 노동조합을 조직 또는 운영하는 것을 지배하거나 이에 개입하는 행위와 근로시간 면제한도를 초과하여 급여를 지급하거나 노동조합의 운영비를 원조하는 행위. 다만, 근로자가 근로시간 중에 「노동조합 및 노동관계조정법」 제24조 제2항(근로시간면제자의 근로시간 면제 한도를 초과하지 않는 범위에서 건전한 노사관계 발전을 위한 노동조합의 유지·관리업무)에 따른 활동을 하는 것을 사용자가 허용함은 무방하며, 또한 근로자의 후생자금 또는 경제상의 불행 그 밖에 재해의 방지와 구제 등을 위한 기금의 기부와 최소한의 규모의 노동조합사무소의 제공 및 그 밖에 이에 준하여 노동조합의 자주적인 운영 또는 활동을 침해할 위험이 없는 범위에서의 운영비 원조행위는 예외로 한다.

ⓜ 보복적 불이익 취급: 근로자가 정당한 단체행위에 참가한 것을 이유로 하거나 또는 노동위원회에 대하여 사용자의 부당노동행위를 신고하거나 그에 관한 증언을 하거나 기타 행정관청에 증거를 제출한 것을 이유로 그 근로자를 해고하거나 그 근로자에게 불이익을 주는 행위

② **고려사항**: 위 ①의 ⓔ의 단서에 따른 '노동조합의 자주적 운영 또는 활동을 침해할 위험' 여부를 판단할 때에는 다음의 사항을 고려하여야 한다(노동조합 및 노동관계조정법 제81조 제2항).
  ㉠ 운영비 원조의 목적과 경위
  ㉡ 원조된 운영비 횟수와 기간
  ㉢ 원조된 운영비 금액과 원조방법

② 원조된 운영비가 노동조합의 총수입에서 차지하는 비율
⑩ 원조된 운영비의 관리방법 및 사용처 등

(2) 부당노동행위에 대한 구제절차

① **구제신청**
   ㉠ **구제신청**: 사용자의 부당노동행위로 인하여 그 권리를 침해당한 근로자 또는 노동조합은 노동위원회에 그 구제를 신청할 수 있다(노동조합 및 노동관계조정법 제82조 제1항). 기출
   ㉡ **신청기간**: 구제의 신청은 부당노동행위가 있은 날(계속하는 행위는 그 종료일)부터 3월 이내에 이를 행하여야 한다(노동조합 및 노동관계조정법 제82조 제2항). 기출

② **조사 등**
   ㉠ **조사 및 심문**: 노동위원회는 위 ①에 의한 구제신청을 받은 때에는 지체 없이 필요한 조사와 관계 당사자의 심문을 하여야 한다(노동조합 및 노동관계조정법 제83조 제1항).
   ㉡ **증인 출석**: 노동위원회는 위 ㉠에 의한 심문을 할 때에는 관계 당사자의 신청에 의하거나 그 직권으로 증인을 출석하게 하여 필요한 사항을 질문할 수 있다(노동조합 및 노동관계조정법 제83조 제2항).
   ㉢ **기회보장**: 노동위원회는 위 ㉠에 의한 심문을 함에 있어서는 관계 당사자에 대하여 증거의 제출과 증인에 대한 반대심문을 할 수 있는 충분한 기회를 주어야 한다(노동조합 및 노동관계조정법 제83조 제3항).
   ㉣ **절차**: 노동위원회의 조사와 심문에 관한 절차는 중앙노동위원회가 따로 정하는 바에 의한다(노동조합 및 노동관계조정법 제83조 제4항).

③ **구제명령**: 노동위원회는 부당노동행위가 성립한다고 판정한 때에는 사용자에게 구제명령을 발하여야 하며, 부당노동행위가 성립되지 아니한다고 판정한 때에는 그 구제신청을 기각하는 결정을 하여야 한다(노동조합 및 노동관계조정법 제84조 제1항).

④ **재심신청**: 지방노동위원회 또는 특별노동위원회의 구제명령 또는 기각결정에 불복이 있는 관계 당사자는 그 명령서 또는 결정서의 송달을 받은 날부터 10일 이내에 중앙노동위원회에 그 재심을 신청할 수 있다(노동조합 및 노동관계조정법 제85조 제1항).

⑤ **행정소송**: 중앙노동위원회의 재심판정에 대하여 관계 당사자는 그 재심판정서의 송달을 받은 날부터 15일 이내에 「행정소송법」이 정하는 바에 의하여 소를 제기할 수 있다(노동조합 및 노동관계조정법 제85조 제2항).

OX문제

사용자의 부당노동행위로 인하여 그 권리를 침해당한 근로자는 부당노동행위가 있은 날(계속하는 행위는 그 종료일)부터 3월 이내에 공정거래위원회에 구제신청을 하여야 한다. ( )

정답 ×

⑥ **구제명령의 확정**: 위 ④ 및 ⑤의 기간 내에 재심을 신청하지 아니하거나 행정소송을 제기하지 아니한 때에는 그 구제명령·기각결정 또는 재심판정은 확정된다(노동조합 및 노동관계조정법 제85조 제3항).

⑦ **긴급이행명령**: 사용자가 행정소송을 제기한 경우에 **관할법원은 중앙노동위원회**의 신청에 의하여 결정으로써, 판결이 확정될 때까지 중앙노동위원회의 구제명령의 전부 또는 일부를 이행하도록 명할 수 있으며, 당사자의 신청에 의하여 또는 직권으로 그 결정을 취소할 수 있다(노동조합 및 노동관계조정법 제85조 제5항).

⑧ **구제명령 등의 효력**: 노동위원회의 구제명령·기각결정 또는 재심판정은 중앙노동위원회에의 재심신청이나 행정소송의 제기에 의하여 그 **효력이 정지되지 아니한다**(노동조합 및 노동관계조정법 제86조).

⑨ **벌칙**: 확정되거나 행정소송을 제기하여 확정된 구제명령에 위반한 자는 3년 이하의 징역 또는 3천만원 이하의 벌금에 처한다(노동조합 및 노동관계조정법 제89조 제2호).

제4절 사회보험

1 고용보험 및 산업재해보상보험의 보험료징수 등에 관한 법률

1. 목적

「고용보험 및 산업재해보상보험의 보험료징수 등에 관한 법률」은 고용보험과 산업재해보상보험의 보험관계의 성립·소멸, 보험료의 납부·징수 등에 필요한 사항을 규정함으로써 보험사무의 효율성을 높이는 것을 목적으로 한다(고용보험 및 산업재해보상보험의 보험료징수 등에 관한 법률 제1조). 기출

2. 정의

이 법에서 사용하는 용어의 뜻은 다음과 같다(고용보험 및 산업재해보상보험의 보험료징수 등에 관한 법률 제2조).

① **보험**: 「고용보험법」에 따른 고용보험 또는 「산업재해보상보험법」에 따른 산업재해보상보험을 말한다.

OX문제

사용자가 중앙노동위원회 재심판정에 불복하여 행정소송을 제기한 경우에 중앙노동위원회는 법원의 판결이 확정될 때까지 중앙노동위원회의 구제명령의 전부 또는 일부를 이행하도록 명할 수 있다. ( )

OX문제

「산업재해보상보험법」과 「고용보험법」의 보험사업으로서 보험관계의 성립·소멸, 보험료의 납부·징수 등에 관한 사무는 「고용보험 및 산업재해보상보험의 보험료징수에 관한 법률」에서 별도로 정하고 있다. ( )

정답 ×, ○

② **근로자**: 「근로기준법」에 따른 근로자를 말한다.

OX ③ **보수**: 「소득세법」 제20조에 따른 근로소득에서 **대통령령으로 정하는 금품을 뺀** 금액을 말한다. 다만, 고용안정·직업능력개발사업 및 실업급여의 보험료를 징수하는 경우에는 근로자가 휴직이나 그 밖에 이와 비슷한 상태에 있는 기간 중에 사업주 외의 자로부터 지급받는 금품 중 고용노동부장관이 정하여 고시하는 금품은 보수로 본다.

④ **원수급인**: 사업이 여러 차례의 도급에 의하여 행하여지는 경우에 **최초로 사업을 도급받아 행하는 자**를 말한다. 다만, 발주자가 사업의 전부 또는 일부를 직접 하는 경우에는 발주자가 직접 하는 부분(발주자가 직접 하다가 사업의 진행경과에 따라 도급하는 경우에는 발주자가 직접 하는 것으로 본다)에 대하여 발주자를 원수급인으로 본다.

OX ⑤ **하수급인**: 원수급인으로부터 그 사업의 전부 또는 일부를 도급받아 하는 자와 그 자로부터 그 사업의 전부 또는 일부를 도급받아 하는 자를 말한다.

⑥ **정보통신망**: 「정보통신망 이용촉진 및 정보보호 등에 관한 법률」에 따른 정보통신망을 말한다.

⑦ **보험료등**: 보험료, 「고용보험 및 산업재해보상보험의 보험료징수 등에 관한 법률」에 따른 가산금·연체금·체납처분비 및 동법 제26조에 따른 징수금을 말한다.

3. 기준보수

다음의 어느 하나에 해당하는 경우에는 **고용노동부장관이 정하여 고시하는 금액**(이하 '기준보수'라 한다)을 근로자, 「고용보험법」 제77조의2 제1항에 따른 예술인(이하 '예술인'이라 한다)이나 같은 법 제77조의6 제1항에 따른 노무제공자(이하 '노무제공자'라 한다)의 보수 또는 보수액으로 할 수 있다(고용보험 및 산업재해보상보험의 보험료징수 등에 관한 법률 제3조).

① 사업의 폐업·도산 등으로 근로자, 예술인 또는 노무제공자의 보수 또는 보수액을 산정·확인하기 곤란한 경우 등 대통령령으로 정하는 사유가 있는 경우

② 예술인(고용보험법 제77조의2 제2항 제2호 본문에 따른 소득 기준을 충족하는 예술인으로서 대통령령으로 정하는 사람과 같은 호 단서에 따른 단기예술인은 제외한다) 및 노무제공자(같은 법 제77조의6 제2항 제2호 본문에 따른 소득 기준을 충족하는 노무제공자로서 대통령령으로 정하는 사람과 같은 호 단서에 따른 단기노무제공자는 제외한다)의 보수액이 기준보수보다 적은 경우

OX문제

「고용보험 및 산업재해보상보험의 보험료징수 등에 관한 법률」에서 사용하는 '보수'란 「근로기준법」에 따른 임금을 말한다. (   )

고용보험료를 징수하는 경우, 근로자가 휴직기간 중에 사업주 외의 자로부터 지급받는 금품 일체는 보수에서 제외된다. (   )

OX문제

'하수급인'이란 원수급인으로부터 그 사업의 전부 또는 일부를 도급받아 하는 자를 말하고, 그 자로부터 그 사업의 전부 또는 일부를 도급받아 하는 자는 제외한다. (   )

정답 ×, ×, ×

> **OX문제**
> 국민건강보험공단은 고용보험 및 산업재해보상보험사업의 보험료등에 대한 고지·수납·체납관리업무를 근로복지공단으로부터 위탁받아 수행한다. (   )

4. 보험사업의 수행주체 OX

「고용보험법」 및 「산업재해보상보험법」에 따른 보험사업에 관하여 「고용보험 및 산업재해보상보험의 보험료징수 등에 관한 법률」에서 정한 사항은 고용노동부장관으로부터 위탁을 받아 「산업재해보상보험법」에 따른 근로복지공단(이하 '공단'이라 한다)이 수행한다. 다만, 다음에 해당하는 징수업무는 「국민건강보험법」에 따른 국민건강보험공단(이하 '건강보험공단'이라 한다)이 고용노동부장관으로부터 위탁을 받아 수행한다(고용보험 및 산업재해보상보험의 보험료징수 등에 관한 법률 제4조).

① 보험료등[제17조(건설업 등의 개산보험료의 신고와 납부) 및 제19조(건설업 등의 확정보험료의 신고·납부 및 정산)에 따른 개산보험료 및 확정보험료, 제26조(사업주가 보험관계 성립신고를 게을리한 기간 중에 발생한 재해, 사업주가 산재보험료의 납부를 게을리한 기간 중에 발생한 재해)에 따른 징수금은 제외한다]의 고지 및 수납
② 보험료등의 체납관리

5. 보험관계의 성립* 및 소멸

(1) 보험가입자

① **고용보험의 보험가입자**
  ㉠ 당연가입: 「고용보험법」을 적용받는 사업의 사업주와 근로자[고용보험법 제10조 및 제10조의2에 따른 적용제외 근로자는 제외한다. 이하 (1)에서 같다]는 당연히 「고용보험법」에 따른 고용보험의 보험가입자가 된다(고용보험 및 산업재해보상보험의 보험료징수 등에 관한 법률 제5조 제1항).

  OX ㉡ 임의가입: 「고용보험법」을 적용하지 아니하는 사업의 사업주가 근로자의 과반수의 동의를 받아 공단의 승인을 받으면 그 사업의 사업주와 근로자는 고용보험에 가입할 수 있다(고용보험 및 산업재해보상보험의 보험료징수 등에 관한 법률 제5조 제2항).

② **산업재해보상보험의 보험가입자**
  ㉠ 당연가입: 「산업재해보상보험법」을 적용받는 사업의 사업주는 당연히 「산업재해보상보험법」에 따른 산업재해보상보험(이하 '산재보험'이라 한다)의 보험가입자가 된다(고용보험 및 산업재해보상보험의 보험료징수 등에 관한 법률 제5조 제3항). 기출

> • 보험관계 성립의 의의
> 보험관계의 성립이란 「산업재해보상보험법」과 「고용보험법」에 의한 권리·의무관계가 이루어지는 것을 말한다. 즉, 보험관계의 성립으로 사업주는 보험료 신고·납부의무가 발생하고, 보험관장자는 보험급여의 지급의무가 발생하게 되며, 근로자는 재해 및 실직 시 보험급여청구권 등의 제반 권리·의무가 발생하게 된다.

> **OX문제**
> 「고용보험법」에 따라 같은 법을 적용하지 아니하는 사업장의 근로자는 개별적으로 고용보험에 가입할 수 있다. (   )

정답 ×, ×

ㅇx ⓒ **임의가입**: 「산업재해보상보험법」을 적용하지 아니하는 사업의 사업주는 공단의 승인을 받아 산재보험에 가입할 수 있다(고용보험 및 산업재해보상보험의 보험료징수 등에 관한 법률 제5조 제4항). 기출

③ **보험계약의 해지**: 고용보험 또는 산재보험에 임의가입한 사업주가 보험계약을 해지할 때에는 미리 공단의 승인을 받아야 한다. 이 경우 보험계약의 해지는 그 보험계약이 성립한 보험연도가 끝난 후에 하여야 한다(고용보험 및 산업재해보상보험의 보험료징수 등에 관한 법률 제5조 제5항). 기출

④ **고용보험계약 해지절차**: 위 ③에 따른 사업주가 고용보험계약을 해지할 때에는 근로자 과반수의 동의를 받아야 한다(고용보험 및 산업재해보상보험의 보험료징수 등에 관한 법률 제5조 제6항).

ㅇx ⑤ **사업실체가 없는 등에 따른 보험관계 소멸**: 공단은 사업실체가 없는 등의 사유로 계속하여 보험관계를 유지할 수 없다고 인정하는 경우에는 그 보험관계를 소멸시킬 수 있다(고용보험 및 산업재해보상보험의 보험료징수 등에 관한 법률 제5조 제7항). 기출

⑥ **보험의 의제가입**

　㉠ **고용보험의 의제가입**: 사업주 및 근로자가 고용보험의 당연가입자가 되는 사업이 사업규모의 변동 등의 사유로 「고용보험법」에 따른 적용제외 사업에 해당하게 되었을 때에는 그 사업주 및 근로자는 그날부터 위 ①의 ⓒ에 따라 고용보험에 가입한 것으로 본다(고용보험 및 산업재해보상보험의 보험료징수 등에 관한 법률 제6조 제1항).

　㉡ **산재보험의 의제가입**: 사업주가 산재보험의 당연가입자가 되는 사업이 사업규모의 변동 등의 사유로 「산업재해보상보험법」에 따른 적용제외 사업에 해당하게 되었을 때에는 그 사업주는 그날부터 위 ②의 ⓒ에 따라 산재보험에 가입한 것으로 본다(고용보험 및 산업재해보상보험의 보험료징수 등에 관한 법률 제6조 제2항).

　㉢ **1년 범위에서의 의제가입**: 위 ①부터 ②까지의 규정에 따른 사업주가 그 사업을 운영하다가 근로자(고용보험의 경우에는 고용보험법 제10조 및 제10조의2에 따른 적용제외 근로자는 제외한다)를 고용하지 아니하게 되었을 때에는 그날부터 1년의 범위에서 근로자를 사용하지 아니한 기간에도 보험에 가입한 것으로 본다(고용보험 및 산업재해보상보험의 보험료징수 등에 관한 법률 제6조 제3항).

　㉣ **보험계약의 해지**: 위 ㉠ 및 ㉡의 사업주 및 근로자에 대한 보험계약의 해지에 관하여는 위 ③ 및 ④를 준용한다(고용보험 및 산업재해보상보험의 보험료징수 등에 관한 법률 제6조 제4항).

OX문제

「산업재해보상보험법」 적용제외 사업의 사업주는 근로자의 과반수 동의를 받고 근로복지공단의 승인을 받아 산업재해보상보험에 가입할 수 있다.
( )

OX문제

근로복지공단은 사업의 실체가 없는 등의 사유로 계속하여 보험관계를 유지할 수 없다고 인정하는 경우에도 그 보험관계를 소멸시킬 수 없다.
( )

정답 ×, ×

(2) 보험관계의 성립일

보험관계는 다음의 어느 하나에 해당하는 날에 성립한다(고용보험 및 산업재해보상보험의 보험료징수 등에 관한 법률 제7조).

① **고용보험의 당연가입사업**: 사업주 및 근로자가 고용보험의 당연가입자가 되는 사업의 경우에는 그 사업이 **시작된 날**(고용보험법에 따른 적용제외 사업의 사업주 및 근로자가 고용보험의 당연가입자가 되는 사업에 해당하게 된 경우에는 그 해당하게 된 날)

② **산업재해보상보험의 당연가입사업**: 사업주가 산재보험의 당연가입자가 되는 사업의 경우에는 그 사업이 **시작된 날**(산업재해보상보험법에 따른 적용제외 사업의 사업주가 산재보험의 당연가입자가 되는 사업에 해당하게 된 경우에는 그 해당하게 된 날)

③ **임의가입사업**: 임의가입에 따라 보험에 가입한 사업의 경우에는 공단이 그 사업의 사업주로부터 보험가입승인신청서를 **접수한 날의 다음 날**

④ **일괄적용사업**: 일괄적용을 받는 사업의 경우에는 처음 하는 **사업이 시작된 날**

⑤ **도급사업의 일괄적용**: 도급사업의 일괄적용에 따라 보험에 가입한 하수급인의 경우에는 그 하도급공사의 **착공일**

(3) 보험관계의 소멸일

보험관계는 다음의 어느 하나에 해당하는 날에 소멸한다(고용보험 및 산업재해보상보험의 보험료징수 등에 관한 법률 제10조).

① 사업이 폐업되거나 끝난 날의 **다음 날**

② 공단의 승인을 받아 보험계약을 해지하는 경우에는 그 해지에 관하여 공단의 승인을 받은 날의 **다음 날**

③ 공단이 보험관계를 소멸시키는 경우에는 그 소멸을 결정·통지한 날의 **다음 날**

④ 1년의 범위에서 의제가입이 되는 사업주의 경우에는 근로자(고용보험의 경우에는 고용보험법 제10조 및 10조의2에 따른 적용제외 근로자는 제외한다)를 사용하지 아니한 첫날부터 1년이 되는 날의 **다음 날**

(4) 보험관계의 신고 OX

사업주는 당연히 보험가입자가 된 경우에는 그 보험관계가 성립한 날부터 14일 이내에, 사업의 폐업·종료 등으로 인하여 보험관계가 소멸한 경우에

OX문제

보험관계는 임의가입에 따라 보험에 가입한 사업의 경우에는 근로복지공단이 그 사업의 사업주로부터 보험가입승인신청서를 접수한 날이 성립일이다. ( )

OX문제

보험관계는 보험에 가입한 하수급인의 경우에는 그 하도급공사의 착공일의 다음 날이 성립일이다. ( )

OX문제

보험관계는 근로복지공단의 승인을 얻어 가입한 보험계약을 해지하는 경우에는 그 해지에 관하여 근로복지공단의 승인을 받은 날이 소멸일이다. ( )

OX문제

보험관계는 근로복지공단이 계속하여 보험관계를 유지할 수 없다고 인정하여 그 보험관계를 소멸시키는 경우에는 그 소멸을 결정·통지한 날의 다음 날이 소멸일이다. ( )

OX문제

산업재해보상보험 가입자가 된 사업주는 그 보험관계가 성립한 날부터 14일 이내에 근로복지공단에 보험관계의 성립신고를 하여야 한다. ( )

정답 ×, ×, ×, ○, ○

는 그 보험관계가 소멸한 날부터 14일 이내에 공단에 보험관계의 성립 또는 소멸신고를 하여야 한다(고용보험 및 산업재해보상보험의 보험료징수 등에 관한 법률 제11조 제1항 본문). 기출

(5) 보험관계의 변경신고

보험에 가입한 사업주는 그 이름, 사업의 소재지 등 다음의 사항이 변경된 경우에는 그날부터 14일 이내에 그 변경사항을 공단에 신고하여야 한다. 다만, ⑥은 다음 보험연도 첫날부터 14일 이내에 신고하여야 한다(고용보험 및 산업재해보상보험의 보험료징수 등에 관한 법률 제12조, 동법 시행령 제9조).

① 사업주(법인인 경우에는 대표자)의 이름 및 주민등록번호
② 사업의 명칭 및 소재지
③ 사업의 종류
④ 사업자등록번호(법인인 경우에는 법인등록번호를 포함한다)
⑤ 건설공사 또는 벌목업 등 기간의 정함이 있는 사업의 경우 사업의 기간
⑥ 「고용보험법 시행령」 제12조에 따른 우선지원 대상기업(이하 '우선지원 대상기업'이라 한다)의 해당 여부에 변경이 있는 경우 상시근로자 수

6. 보험료

(1) 보험료의 징수항목 OX

보험사업에 드는 비용에 충당하기 위하여 보험가입자로부터 다음의 보험료를 징수한다(고용보험 및 산업재해보상보험의 보험료징수 등에 관한 법률 제13조 제1항).

① 고용안정·직업능력개발사업 및 실업급여의 보험료(이하 '고용보험료'라 한다)
② 산재보험의 보험료(이하 '산재보험료'라 한다)

(2) 보험료의 부담

① **고용보험료**
 ㉠ 고용안정·직업능력개발사업: 사업주 전액 부담
 ㉡ 실업급여: 사업주와 근로자가 보험료의 2분의 1을 각각 부담
OX ② **산재보험료**: 사업주 전액 부담 기출

> **OX문제**
> 근로복지공단은 보험사업에 드는 비용에 충당하기 위하여 보험가입자로부터 고용안정·직업능력개발사업 및 실업급여의 보험료, 육아휴직급여 및 출산전후휴가급여의 보험료, 산재보험의 보험료를 징수한다. ( )

> **OX문제**
> 산업재해보상보험료는 사업주와 근로자가 각각 2분의 1을 부담한다. ( )

> 정답 ×, ×

(3) 보험가입자의 보험료 부담비용 산정

① **고용보험료**

  ㉠ 근로자가 부담하는 고용보험료: 고용보험 가입자인 근로자가 부담하여야 하는 고용보험료는 자기의 보수총액에 실업급여의 보험료율의 2분의 1을 곱한 금액으로 한다(고용보험 및 산업재해보상보험의 보험료징수 등에 관한 법률 제13조 제2항 본문).

  ㉡ 근로자의 고용보험료 면제: 위 ㉠에도 불구하고 「고용보험법」에 따라 65세 이후에 고용(65세 전부터 피보험자격을 유지하던 사람이 65세 이후에 계속하여 고용된 경우는 제외)되거나 자영업을 개시한 자에 대하여는 고용보험료 중 실업급여의 보험료를 징수하지 아니한다(고용보험 및 산업재해보상보험의 보험료징수 등에 관한 법률 제13조 제3항). 기출

  ㉢ 사업주가 부담하는 고용보험료: 사업주가 부담하여야 하는 고용보험료는 그 사업에 종사하는 고용보험 가입자인 근로자의 개인별 보수총액에 다음을 각각 곱하여 산출한 각각의 금액을 합한 금액으로 한다(고용보험 및 산업재해보상보험의 보험료징수 등에 관한 법률 제13조 제4항).
    ⓐ 고용안정·직업능력개발사업의 보험료율
    ⓑ 실업급여의 보험료율의 2분의 1

② **사업주가 부담하는 산재보험료**: 사업주가 부담하여야 하는 산재보험료는 그 사업주가 경영하는 사업에 종사하는 근로자의 개인별 보수총액에 다음에 따른 산재보험료율을 곱한 금액을 합한 금액으로 한다. 다만, 「산업재해보상보험법」 제37조 제4항에 해당하는 경우에는 ㉠에 따른 산재보험료율만을 곱하여 산정한다(고용보험 및 산업재해보상보험의 보험료징수 등에 관한 법률 제13조 제5항).

  ㉠ 아래 **(4)**의 ②에 따라 같은 종류의 사업에 적용되는 산재보험료율
  ㉡ 「고용보험 및 산업재해보상보험의 보험료징수 등에 관한 법률」 제14조 제7항에 따른 산재보험료율

(4) 보험료율의 결정

① **고용보험료율**

  ㉠ 고용보험료율은 보험수지의 동향과 경제상황 등을 고려하여 1,000분의 30의 범위에서 고용안정·직업능력개발사업의 보험료율 및 실업급여의 보험료율로 구분하여 다음과 같이 정한다(고용보험 및 산업재해보상보험의 보험료징수 등에 관한 법률 제14조 제1항, 동법 시행령 제12조 제1항).

OX문제

65세 이후에 고용(65세 전부터 피보험자격을 유지하던 사람이 65세 이후에 계속하여 고용된 경우는 제외한다)되는 자에 대하여는 고용보험료 중 실업급여의 보험료를 징수하지 아니한다. ( )

정답 O

ⓐ 고용안정·직업능력개발사업의 보험료율
　　　　ⅰ) 상시근로자 수가 150명 미만인 사업주의 사업: 1만분의 25
　　　　ⅱ) 상시근로자 수가 150명 이상인 사업주의 사업으로서 우선지원대상기업의 범위에 해당하는 사업: 1만분의 45
　　　　ⅲ) 상시근로자 수가 150명 이상 1천명 미만인 사업주의 사업으로서 ⅱ)에 해당하지 않는 사업: 1만분의 65
　　　　ⅳ) 상시근로자 수가 1천명 이상인 사업주의 사업으로서 ⅱ)에 해당하지 않는 사업 및 국가·지방자치단체가 직접 하는 사업: 1만분의 85
　　　ⓑ 실업급여의 보험료율: 1천분의 18
　　ⓒ 위 ㉠의 고용보험료율을 결정하거나 변경하려면 「고용보험법」에 따른 고용보험위원회의 심의를 거쳐야 한다(고용보험 및 산업재해보상보험의 보험료징수 등에 관한 법률 제14조 제2항).

② **산재보험료율**

㉠ 산재보험료율은 매년 6월 30일 현재 과거 3년 동안의 보수총액에 대한 산재보험급여총액의 비율을 기초로 하여, 「산업재해보상보험법」에 따른 연금 등 산재보험급여에 드는 금액, 재해예방 및 재해근로자의 복지증진에 드는 비용 등을 고려하여 사업의 종류별로 구분하여 고용노동부령으로 정한다. 이 경우 「산업재해보상보험법」 제37조 제1항 제3호 나목(통상적인 경로와 방법으로 출퇴근하는 중 발생한 사고)에 따른 업무상의 재해를 이유로 지급된 보험급여액은 산재보험급여총액에 포함시키지 아니한다(고용보험 및 산업재해보상보험의 보험료징수 등에 관한 법률 제14조 제3항). 기출

㉡ 산재보험의 보험관계가 성립한 후 3년이 지나지 아니한 사업에 대한 산재보험료율은 위 ㉠에도 불구하고 고용노동부령으로 정하는 바에 따라 「산업재해보상보험법」에 따른 산업재해보상보험및예방심의위원회의 심의를 거쳐 고용노동부장관이 사업의 종류별로 따로 정한다(고용보험 및 산업재해보상보험의 보험료징수 등에 관한 법률 제14조 제4항).

㉢ 고용노동부장관은 산재보험료율을 정하는 경우에는 특정 사업 종류의 산재보험료율이 전체 사업의 평균 산재보험료율의 20배를 초과하지 아니하도록 하여야 한다(고용보험 및 산업재해보상보험의 보험료징수 등에 관한 법률 제14조 제5항). 기출

○×문제

산재보험료율은 매년 6월 30일 현재 과거 2년 동안의 보수총액에 대한 산재보험급여총액의 비율을 기초로 하여 정한다.
(　　)

○×문제

고용노동부장관은 특정 사업 종류의 산재보험료율이 전체 사업의 평균 산재보험료율의 10배를 초과하지 아니하도록 하여야 한다. (　　)

정답 ×, ×

㉣ 고용노동부장관은 특정 사업 종류의 산재보험료율이 인상되거나 인하되는 경우에는 직전 보험연도 산재보험료율의 100분의 30의 **범위에서 조정하여야 한다**(고용보험 및 산업재해보상보험의 보험료징수 등에 관한 법률 제14조 제6항).

(5) 고용보험료의 원천공제

① **원천공제**: 사업주는 고용보험 가입자인 근로자가 부담하는 고용보험료에 상당하는 금액을 대통령령으로 정하는 바에 따라 그 근로자의 보수에서 원천공제할 수 있다(고용보험 및 산업재해보상보험의 보험료징수 등에 관한 법률 제16조 제1항).

② **공제계산서 발급**: 사업주는 고용보험료에 상당하는 금액을 원천공제하였으면 공제계산서를 그 근로자에게 발급하여야 한다(고용보험 및 산업재해보상보험의 보험료징수 등에 관한 법률 제16조 제2항).

(6) 보험료의 부과·징수

① **월별 부과·징수**: 보험료는 공단이 매월 부과하고, 건강보험공단이 이를 징수한다(고용보험 및 산업재해보상보험의 보험료징수 등에 관한 법률 제16조의2 제1항).

② **월별 부과·징수 제외대상 사업**: 건설업(건설장비운영업 제외), 임업 중 벌목업의 경우에는 「고용보험 및 산업재해보상보험의 보험료징수 등에 관한 법률」 제17조(건설업 등의 개산보험료의 신고와 납부) 및 동법 제19조(건설업 등의 확정보험료의 신고·납부 및 정산)에 따른다(고용보험 및 산업재해보상보험의 보험료징수 등에 관한 법률 제16조의2 제2항, 동법 시행령 제19조의2).

(7) 월 중간 고용관계 변동 등에 따른 월별보험료 산정

다음의 어느 하나에 해당하는 경우 월별보험료는 해당 월의 다음 달부터 산정한다. 다만, 매월 1일에 다음의 어느 하나에 해당하는 경우에는 그달부터 산정한다(고용보험 및 산업재해보상보험의 보험료징수 등에 관한 법률 제16조의4).

① 근로자가 월의 중간에 새로이 고용된 경우
② 근로자가 월의 중간에 동일한 사업주의 하나의 사업장에서 다른 사업장으로 전근되는 경우
③ 근로자의 휴직 등 대통령령으로 정하는 사유가 월의 중간에 종료된 경우

(8) 월별보험료의 납부기한
① 사업주는 그달의 월별보험료를 **다음 달 10일**까지 납부하여야 한다(고용보험 및 산업재해보상보험의 보험료징수 등에 관한 법률 제16조의7 제1항).
② 공단의 조사 등에 따라 산정된 보험료는 건강보험공단이 정하여 고지한 기한까지 납부하여야 한다(고용보험 및 산업재해보상보험의 보험료징수 등에 관한 법률 제16조의7 제2항).

(9) 월별보험료의 고지
① **납입고지**: 건강보험공단은 사업주에게 다음의 사항을 적은 문서로써 납부기한 10일 전까지 월별보험료의 납입을 고지하여야 한다(고용보험 및 산업재해보상보험의 보험료징수 등에 관한 법률 제16조의8 제1항).
　㉠ 징수하고자 하는 보험료 등의 종류
　㉡ 납부하여야 할 보험료 등의 금액
　㉢ 납부기한 및 장소
② **전자문서의 고지**: 건강보험공단은 납입의 고지를 하는 경우에는 사업주가 신청한 때에는 전자문서교환방식 등에 의하여 전자문서로 고지할 수 있다(고용보험 및 산업재해보상보험의 보험료징수 등에 관한 법률 제16조의8 제2항).

(10) 보수총액 등의 신고
① **전년도 보수총액의 신고**: 사업주는 전년도에 근로자, 예술인 또는 노무제공자에게 지급한 보수총액 등을 매년 **3월 15일**까지 공단에 신고하여야 한다. 이 경우 「고용보험 및 산업재해보상보험의 보험료징수 등에 관한 법률」 제48조의2 제6항 또는 동법 제48조의4 제3항에 따른 보험료납부자가 사업주, 예술인 또는 노무제공자의 보험료를 원천공제하여 납부한 경우는 제외한다(고용보험 및 산업재해보상보험의 보험료징수 등에 관한 법률 제16조의10 제1항).
② **보험관계 소멸에 따른 보수총액의 신고**: 사업주는 사업의 폐지·종료 등으로 보험관계가 소멸한 때에는 그 보험관계가 소멸한 날부터 14일 이내에 근로자, 예술인 또는 노무제공자에게 지급한 보수총액 등을 공단에 신고하여야 한다(고용보험 및 산업재해보상보험의 보험료징수 등에 관한 법률 제16조의10 제2항).

OX문제

사업주는 전년도에 근로자에게 지급한 보수총액 등을 매년 3월 31일까지 근로복지공단에 문서로 신고하여야 한다. ( )

정답 ×

③ **신규고용에 따른 신고**: 사업주는 다음의 어느 하나에 해당하는 때에는 그 근로자·예술인·노무제공자의 성명 및 주소지 등을 해당 근로자를 고용한 날 또는 해당 예술인·노무제공자의 노무제공 개시일이 속하는 달의 다음 달 15일까지 공단에 신고하여야 한다. 다만, 1개월 동안 소정근로시간이 60시간 미만인 사람 등 대통령령으로 정하는 근로자에 대해서는 신고하지 아니할 수 있다(고용보험 및 산업재해보상보험의 보험료징수 등에 관한 법률 제16조의10 제3항).

㉠ 근로자를 새로 고용한 때

㉡ 「고용보험법」 제77조의2 제1항에 따른 문화예술용역 관련 계약(이하 '문화예술용역 관련 계약'이라 한다)을 체결한 때

㉢ 「고용보험법」 제77조의6 제1항에 따른 노무제공계약(이하 '노무제공계약'이라 한다)을 체결한 때

④ **고용관계 종료에 따른 신고**: 사업주는 다음의 어느 하나에 해당하는 때에는 그 근로자·예술인·노무제공자에게 지급한 보수총액, 고용관계 또는 문화예술용역 관련 계약·노무제공계약의 종료일 등을 해당 고용관계 또는 계약이 종료된 날이 속하는 달의 다음 달 15일까지 공단에 신고하여야 한다(고용보험 및 산업재해보상보험의 보험료징수 등에 관한 법률 제16조의10 제4항).

㉠ 근로자와 고용관계를 종료한 때

㉡ 예술인과 문화예술용역 관련 계약을 종료한 때

㉢ 노무제공자와 노무제공계약을 종료한 때

⑤ **휴직 등에 따른 신고**: 사업주는 근로자, 예술인 또는 노무제공자가 휴직하거나 다른 사업장으로 전보되는 등 대통령령으로 정하는 사유가 발생한 때에는 그 사유 발생일부터 14일 이내에 그 사실을 공단에 신고하여야 한다(고용보험 및 산업재해보상보험의 보험료징수 등에 관한 법률 제16조의10 제5항).

⑥ **신고의 생략**: 사업주 또는 발주자·원수급인이 「고용보험법」 제15조(피보험자격에 관한 신고 등), 제77조의2(예술인인 피보험자에 대한 적용) 제3항, 제77조의5(준용) 제1항, 제77조의10(준용) 제1항에 따라 위 ③부터 ⑤까지의 사항을 고용노동부장관에게 신고한 경우에는 위 ③부터 ⑤까지에 따른 신고를 생략할 수 있다(고용보험 및 산업재해보상보험의 보험료징수 등에 관한 법률 제16조의10 제7항).

⑦ **신고방법**: 위 ①부터 ⑤까지의 사항을 신고하여야 하는 사업주는 해당 신고를 정보통신망을 이용하거나 콤팩트디스크(Compact Disc) 등 전

자적 기록매체로 제출하는 방식으로 하여야 한다. 다만, 대통령령으로 정하는 규모에 해당하는 사업주는 해당 신고를 문서로 할 수 있다(고용보험 및 산업재해보상보험의 보험료징수 등에 관한 법률 제16조의10 제8항).

(11) 보험료율의 인상 또는 인하 등에 따른 조치

공단은 보험료율이 인상 또는 인하된 때에는 월별보험료 및 개산보험료를 증액 또는 감액 조정하고, 월별보험료가 증액된 때에는 건강보험공단이, 개산보험료가 증액된 때에는 공단이 각각 징수한다. 이 경우 사업주에 대한 통지, 납부기한 등 필요한 사항은 대통령령으로 정한다(고용보험 및 산업재해보상보험의 보험료징수 등에 관한 법률 제18조 제1항).

(12) 보험료 납부방법의 변경시기

사업종류의 변경으로 보험료 납부방법이 변경되는 경우에는 사업종류의 변경일 전일을 변경 전 사업 폐지일로, 사업종류의 변경일을 새로운 사업 성립일로 본다(고용보험 및 산업재해보상보험의 보험료징수 등에 관한 법률 제19조의2).

(13) 연대납부의무

공동사업에 관계되는 보험료, 「고용보험 및 산업재해보상보험의 보험료징수 등에 관한 법률」에 따른 그 밖의 징수금과 체납처분비는 공동사업자가 연대하여 낼 의무를 진다(고용보험 및 산업재해보상보험의 보험료징수 등에 관한 법률 제28조의4 제1항).

(14) 고액·상습 체납자의 인적사항 공개

건강보험공단은 「고용보험 및 산업재해보상보험의 보험료징수 등에 관한 법률」에 따른 납부기한의 다음 날부터 1년이 지난 보험료와 「고용보험 및 산업재해보상보험의 보험료징수 등에 관한 법률」에 따른 그 밖의 징수금과 체납처분비(결손처분한 보험료 및 이 법에 따른 그 밖의 징수금과 체납처분비로서 징수권 소멸시효가 완성되지 아니한 것을 포함한다)의 총액이 5천만원 이상인 체납자가 납부능력이 있음에도 불구하고 체납한 경우에는 그 인적사항 및 체납액 등을 공개할 수 있다. 다만, 체납된 보험료, 「고용보험 및 산업재해보상보험의 보험료징수 등에 관한 법률」에 따른 그 밖의 징수금과 체납처분비와 관련하여 행정심판 또는 행정소송이 계류 중인 경우, 그 밖에 체납된 금액의 일부 납부 등 대통령령으로 정하는 사유가 있을 때에는 그러하지 아니하다(고용보험 및 산업재해보상보험의 보험료징수 등에 관한 법률 제28조의6 제1항).

> **고득점 심화학습**
>
> **보험료율의 변동에 따른 보험료의 조정**
>
> 공단은 본문 **(11)**에 따라 보험료를 감액 조정한 경우에는 보험료율의 인하를 결정한 날부터 20일 이내에 그 감액 조정 사실을 사업주에게 알려야 한다(고용보험 및 산업재해보상보험의 보험료징수 등에 관한 법률 시행령 제24조 제1항).

(15) 징수금의 결손처분

건강보험공단은 다음의 어느 하나에 해당하는 사유가 있을 때에는 **고용노동부장관**의 승인을 받아 보험료와 「고용보험 및 산업재해보상보험의 보험료징수 등에 관한 법률」에 따른 그 밖의 징수금을 결손처분할 수 있다(고용보험 및 산업재해보상보험의 보험료징수 등에 관한 법률 제29조 제1항, 동법 시행령 제41조 제1항).

① 체납처분이 끝나고 체납액에 충당된 배분금액이 그 체납액보다 적은 경우
② 소멸시효가 완성된 경우
③ 체납자의 행방이 분명하지 않은 경우
④ 체납자의 재산이 없거나 체납처분의 목적물인 총재산의 견적가격이 체납처분비에 충당하고 나면 나머지가 생길 여지가 없음이 확인된 경우
⑤ 체납처분의 목적물인 총재산이 보험료, 그 밖의 징수금보다 우선하는 국세·지방세 등의 채권 변제에 충당하고 나면 나머지가 생길 여지가 없음이 확인된 경우
⑥ 「채무자 회생 및 파산에 관한 법률」에 따라 체납회사가 보험료 등의 납부책임을 지지 않게 된 경우

7. 시효 OX

보험료, 「고용보험 및 산업재해보상보험의 보험료징수 등에 관한 법률」에 따른 그 밖의 징수금을 징수하거나 그 반환을 받을 수 있는 권리는 **3년간** 행사하지 아니하면 시효로 인하여 소멸한다(고용보험 및 산업재해보상보험의 보험료징수 등에 관한 법률 제41조 제1항).

---

2 산업재해보상보험법

1. 「산업재해보상보험법」의 목적

「산업재해보상보험법」은 산업재해보상보험 사업을 시행하여 근로자의 업무상의 재해를 신속하고 공정하게 보상하며, 재해근로자의 재활 및 사회복귀를 촉진하기 위하여 이에 필요한 보험시설을 설치·운영하고, 재해 예방과 그 밖에 근로자의 복지 증진을 위한 사업을 시행하여 근로자 보호에 이바지하는 것을 목적으로 한다(산업재해보상보험법 제1조).

OX문제
보험료를 반환받을 수 있는 권리는 1년간 행사하지 아니하면 시효로 인하여 소멸한다. ( )

정답 ×

• **산업재해보상보험의 개념**
산업재해로부터 근로자를 보호하기 위하여 1964년에 도입된 우리나라 최초의 사회보험제도로서, 국가가 사업주로부터 소정의 보험료를 징수하여 그 기금으로 사업주를 대신하여 산업재해를 입은 근로자에게 보상해 주는 제도이다.

2. 보험의 관장 및 위탁

(1) 보험의 관장 OX
「산업재해보상보험법」에 따른 산업재해보상보험사업은 **고용노동부장관**이 관장한다(산업재해보상보험법 제2조 제1항). 기출

(2) 보험의 위탁
고용노동부장관의 위탁을 받아 산업재해보상보험의 목적을 달성하기 위한 사업을 효율적으로 수행하기 위하여 **근로복지공단**(이하 '공단'이라 한다)을 설립한다(산업재해보상보험법 제10조). 기출

3. 정의

「산업재해보상보험법」에서 사용하는 용어의 뜻은 다음과 같다(산업재해보상보험법 제5조).

OX ① **업무상의 재해**: 업무상의 사유에 따른 근로자의 부상·질병·장해 또는 사망을 말한다. 기출

② **근로자·임금·평균임금·통상임금**: 각각 「근로기준법」에 따른 근로자·임금·평균임금·통상임금을 말한다. 다만, 「근로기준법」에 따라 '임금' 또는 '평균임금'을 결정하기 어렵다고 인정되면 고용노동부장관이 정하여 고시하는 금액을 해당 '임금' 또는 '평균임금'으로 한다. 기출

OX ③ **유족**: 사망한 사람의 배우자(사실상 혼인관계에 있는 사람을 포함한다. 이하 같다)·자녀·부모·손자녀·조부모 또는 형제자매를 말한다. 기출

④ **치유**: 부상 또는 질병이 완치되거나 치료의 효과를 더 이상 기대할 수 없고 그 증상이 고정된 상태에 이르게 된 것을 말한다. 기출

OX ⑤ **장해**: 부상 또는 질병이 치유되었으나 정신적 또는 육체적 훼손으로 인하여 노동능력이 상실되거나 감소된 상태를 말한다.

⑥ **중증요양상태**: 업무상의 부상 또는 질병에 따른 정신적 또는 육체적 훼손으로 노동능력이 상실되거나 감소된 상태로서 그 부상 또는 질병이 치유되지 아니한 상태를 말한다. 기출

⑦ **진폐**: 분진을 흡입하여 폐에 생기는 섬유증식성(纖維增殖性) 변화를 주된 증상으로 하는 질병을 말한다.

OX ⑧ **출퇴근**: 취업과 관련하여 주거와 취업장소 사이의 이동 또는 한 취업장소에서 다른 취업장소로의 이동을 말한다. 기출

OX문제

산업재해보상보험사업은 근로복지공단 이사장이 관장한다. ( )

OX문제

'업무상의 사고'란 업무상의 사유에 따른 근로자의 부상·질병·장해 또는 사망을 말한다. ( )

OX문제

「산업재해보상보험법」상 유족이란 사망한 사람의 배우자(사실상 혼인관계에 있는 사람을 제외한다)·자녀·부모·손자녀·조부모 또는 형제자매를 말한다. ( )

OX문제

'장해'란 부상 또는 질병이 완치되거나 치료의 효과를 더 이상 기대할 수 없고 그 증상이 고정된 상태에 이르게 된 것을 말한다. ( )

OX문제

취업과 관련하여 한 취업장소에서 다른 취업장소에서 다른 취업장소로의 이동은 '출퇴근'에 해당하지 않는다. ( )

정답 ×, ×, ×, ×, ×

4. 적용범위

「산업재해보상보험법」은 근로자를 사용하는 모든 사업 또는 사업장에 적용한다. 다만, 위험률·규모 및 장소 등을 고려하여 다음의 사업에 대하여는 적용하지 아니한다(산업재해보상보험법 제6조, 동법 시행령 제2조 제1항). 기출

① 「공무원 재해보상법」 또는 「군인 재해보상법」에 따라 재해보상이 되는 사업. 다만, 「공무원 재해보상법」에 따라 순직유족급여 또는 위험직무순직유족급여에 관한 규정을 적용받는 경우는 제외한다.
② 「선원법」, 「어선원 및 어선 재해보상보험법」 또는 「사립학교교직원 연금법」에 따라 재해보상이 되는 사업
③ 가구 내 고용활동
④ 농업, 임업(벌목업은 제외한다), 어업 및 수렵업 중 법인이 아닌 자의 사업으로서 상시근로자 수가 5명 미만인 사업

5. 산업재해보상보험및예방심의위원회

산업재해보상보험 및 예방에 관한 중요사항을 심의하게 하기 위하여 고용노동부에 산업재해보상보험및예방심의위원회(이하 '위원회'라 한다)를 둔다(산업재해보상보험법 제8조 제1항).

6. 보험급여

(1) 보험급여의 종류와 산정기준 등

① **보험급여의 종류**: 보험급여의 종류는 다음과 같다. 다만, 진폐에 따른 보험급여의 종류는 요양급여, 간병급여, 장례비, 직업재활급여, 진폐보상연금 및 진폐유족연금으로 하고, 건강손상자녀에 대한 보험급여의 종류는 요양급여, 장해급여, 간병급여, 장례비, 직업재활급여로 한다(산업재해보상보험법 제36조 제1항).

㉠ 요양급여
㉡ 휴업급여
㉢ 장해급여
㉣ 간병급여
㉤ 유족급여
㉥ 상병(傷病)보상연금
㉦ 장례비

OX문제

상병보상연금은 「산업재해보상보험법」상 보험급여에 해당되지 않는다. (   )

직업재활급여는 보험급여의 종류에 해당하지 아니한다. (   )

정답 ×, ×

ⓔ 직업재활급여 기출

▶ **산재보험급여와 진폐에 따른 보험급여의 비교**

- 산재보험급여: 요양급여, 휴업급여, 장해급여, 간병급여, 유족급여, 상병보상연금, 장례비, 직업재활급여
- 진폐에 따른 보험급여: 요양급여, 간병급여, 장례비, 직업재활급여, 진폐보상연금, 진폐유족연금

② **보험급여의 지급**: 보험급여는 보험급여를 받을 수 있는 사람(이하 '수급권자'라 한다)의 청구에 따라 지급한다(산업재해보상보험법 제36조 제2항).

③ **보험급여의 증감**: 보험급여를 산정하는 경우 해당 근로자의 평균임금을 산정하여야 할 사유가 발생한 날부터 1년이 지난 이후에는 매년 전체 근로자의 임금 평균액의 증감률에 따라 평균임금을 증감하되, 그 근로자의 연령이 60세에 도달한 이후에는 소비자물가변동률에 따라 평균임금을 증감한다(산업재해보상보험법 제36조 제3항 본문). 기출

④ **보험급여의 산정**: 보험급여(장례비는 제외)를 산정할 때 그 근로자의 평균임금 또는 위 ③에 따라 보험급여의 산정 기준이 되는 평균임금이 「고용정책 기본법」 제17조의 고용구조 및 인력수요 등에 관한 통계에 따른 상용근로자 5명 이상 사업체의 전체 근로자의 임금 평균액의 1.8배(이하 '최고 보상기준 금액'이라 한다)를 초과하거나, 2분의 1(이하 '최저 보상기준 금액'이라 한다)보다 적으면 그 최고 보상기준 금액이나 최저 보상기준 금액을 각각 그 근로자의 평균임금으로 하되, 최저 보상기준 금액이 「최저임금법」 제5조 제1항에 따른 시간급 최저임금액에 8을 곱한 금액(이하 '최저임금액'이라 한다)보다 적으면 그 최저임금액을 최저 보상기준 금액으로 한다. 다만, 휴업급여 및 상병보상연금을 산정할 때에는 최저 보상기준 금액을 적용하지 아니한다(산업재해보상보험법 제36조 제7항).

(2) 업무상 재해의 인정기준

① **업무상 재해의 인정사유**: 근로자가 다음의 어느 하나에 해당하는 사유로 부상·질병 또는 장해가 발생하거나 사망하면 업무상의 재해로 본다. 다만, 업무와 재해 사이에 상당인과관계가 없는 경우에는 그러하지 아니하다(산업재해보상보험법 제37조 제1항).

㉠ 업무상 사고

ⓐ 근로자가 근로계약에 따른 업무나 그에 따르는 행위를 하던 중 발생한 사고

- ⓑ 사업주가 제공한 시설물 등을 이용하던 중 그 시설물 등의 결함이나 관리소홀로 발생한 사고
- ⓒ 사업주가 주관하거나 사업주의 지시에 따라 참여한 행사나 행사준비 중에 발생한 사고
- ⓓ 휴게시간 중 사업주의 지배관리하에 있다고 볼 수 있는 행위로 발생한 사고
- ⓔ 그 밖에 업무와 관련하여 발생한 사고

ⓒ 업무상 질병
- ⓐ 업무수행 과정에서 물리적 인자(因子), 화학물질, 분진, 병원체, 신체에 부담을 주는 업무 등 근로자의 건강에 장해를 일으킬 수 있는 요인을 취급하거나 그에 노출되어 발생한 질병
- ⓑ 업무상 부상이 원인이 되어 발생한 질병
- ⓒ 「근로기준법」 제76조의2에 따른 직장 내 괴롭힘, 고객의 폭언 등으로 인한 업무상 정신적 스트레스가 원인이 되어 발생한 질병
- ⓓ 그 밖에 업무와 관련하여 발생한 질병

ⓒ 출퇴근 재해
- ⓐ 사업주가 제공한 교통수단이나 그에 준하는 교통수단을 이용하는 등 사업주의 지배관리하에서 출퇴근하는 중 발생한 사고
- ⓑ 그 밖에 통상적인 경로와 방법으로 출퇴근하는 중 발생한 사고

② **고의 등에 따른 업무상 재해의 인정기준**: 근로자의 고의·자해행위나 범죄행위 또는 그것이 원인이 되어 발생한 부상·질병·장해 또는 사망은 업무상의 재해로 보지 아니한다. 다만, 그 부상·질병·장해 또는 사망이 정상적인 인식능력 등이 뚜렷하게 낮아진 상태에서 한 행위로 발생한 경우로서 대통령령으로 정하는 사유가 있으면 업무상의 재해로 본다(산업재해보상보험법 제37조 제2항).

③ **출퇴근 경로 일탈 등**: 위 ①의 ⓒ의 ⓑ의 사고 중에서 출퇴근 경로 일탈 또는 중단이 있는 경우에는 해당 일탈 또는 중단 중의 사고 및 그 후의 이동 중의 사고에 대하여는 출퇴근 재해로 보지 아니한다. 다만, 일탈 또는 중단이 일상생활에 필요한 행위로서 대통령령으로 정하는 사유가 있는 경우에는 출퇴근 재해로 본다(산업재해보상보험법 제37조 제3항).

④ **출퇴근 경로와 방법이 일정하지 아니한 직종**: 출퇴근 경로와 방법이 일정하지 아니한 직종으로 대통령령으로 정하는 경우에는 위 ①의 ⓒ의 ⓑ에 따른 출퇴근 재해를 적용하지 아니한다(산업재해보상보험법 제37조 제4항).

(3) 요양급여

① 지급사유

㉠ **요양급여**는 근로자가 업무상의 사유로 부상을 당하거나 질병에 걸린 경우에 그 근로자에게 지급한다(산업재해보상보험법 제40조 제1항). 기출

㉡ 부상 또는 질병이 3일 이내의 요양으로 치유될 수 있으면 요양급여를 지급하지 아니한다(산업재해보상보험법 제40조 제3항). 기출

② 지급방법
요양급여는 산재보험 의료기관에서 요양을 하게 한다(현물급여). 다만, 부득이한 경우에는 요양을 갈음하여 **요양비**를 지급(현금급여)할 수 있다(산업재해보상보험법 제40조 제2항). 기출

③ 요양급여의 범위
요양급여의 범위는 다음과 같다(산업재해보상보험법 제40조 제4항).

㉠ 진찰 및 검사
㉡ 약제 또는 진료재료와 의지(義肢) 그 밖의 보조기의 지급
㉢ 처치, 수술, 그 밖의 치료
㉣ 재활치료 기출
㉤ 입원
㉥ 간호 및 간병 기출
㉦ 이송
㉧ 그 밖에 고용노동부령으로 정하는 사항

④ 요양급여 신청의 대행
근로자를 진료한 산재보험 의료기관은 그 근로자의 재해가 업무상의 재해로 판단되면 그 근로자의 **동의를 받아** 요양급여의 신청을 **대행할 수 있다**(산업재해보상보험법 제41조 제2항). 기출

⑤ 건강보험의 우선 적용
요양급여의 신청을 한 사람은 공단이 「산업재해보상보험법」에 따른 요양급여에 관한 결정을 하기 전에는 「국민건강보험법」에 따른 요양급여 또는 「의료급여법」에 따른 의료급여(이하 '건강보험 요양급여등'이라 한다)를 **받을 수 있다**(산업재해보상보험법 제42조 제1항). 기출

⑥ 추가상병 요양급여의 신청
업무상의 재해로 요양 중인 근로자는 다음의 어느 하나에 해당하는 경우에는 그 부상 또는 질병(이하 '추가상병'이라 한다)에 대한 요양급여를 신청할 수 있다(산업재해보상보험법 제49조).

㉠ 그 업무상의 재해로 이미 발생한 부상이나 질병이 추가로 발견되어 요양이 필요한 경우

OX문제

업무상 사유로 인한 부상 또는 질병이 3일 이내의 요양으로 치유될 수 있으면 근로자에게 요양급여를 지급하지 아니한다. ( )

OX문제

근로자가 업무상의 사유로 부상을 당하거나 질병에 걸린 경우에는 현금으로 요양비를 지급하여야 한다. 다만, 부득이한 경우에는 요양비에 갈음하여 법령에서 정하는 산재보험 의료기관에서 요양을 하게 할 수 있다. ( )

OX문제

간호 및 간병, 재활치료도 요양급여의 범위에 포함된다. ( )

OX문제

근로자를 진료한 산재보험 의료기관은 그 근로자의 재해가 업무상의 재해로 판단되면 그 근로자의 동의 없이 요양급여의 신청을 대행할 수 있다. ( )

OX문제

요양급여의 신청을 한 자는 근로복지공단이 요양급여에 관한 결정을 하기 전에 「국민건강보험법」에 따른 요양급여 또는 「의료급여법」에 따른 의료급여를 받을 수 있다. ( )

정답 O, X, O, X, O

○ 그 업무상의 재해로 발생한 부상이나 질병이 원인이 되어 새로운 질병이 발생하여 요양이 필요한 경우

⑦ **재요양**: 요양급여를 받은 사람이 치유 후 요양의 대상이 되었던 업무상의 부상 또는 질병이 재발하거나 치유 당시보다 상태가 악화되어 이를 치유하기 위한 적극적인 치료가 필요하다는 의학적 소견이 있으면 다시 요양급여(이하 '재요양'이라 한다)를 받을 수 있다(산업재해보상보험법 제51조 제1항). 기출

(4) 휴업급여

① **휴업급여**: 휴업급여는 업무상 사유로 부상을 당하거나 질병에 걸린 근로자에게 요양으로 취업하지 못한 기간에 대하여 지급하되, 1일당 지급액은 평균임금의 100분의 70에 상당하는 금액으로 한다. 다만, 취업하지 못한 기간이 3일 이내이면 지급하지 아니한다(산업재해보상보험법 제52조). 기출

② **부분휴업급여**: 요양 또는 재요양을 받고 있는 근로자가 그 요양기간 중 일정기간 또는 단시간 취업을 하는 경우에는 그 취업한 날에 해당하는 그 근로자의 평균임금에서 그 취업한 날에 대한 임금을 뺀 금액의 100분의 80에 상당하는 금액을 지급할 수 있다(산업재해보상보험법 제53조 제1항).

③ **고령자의 휴업급여**: 휴업급여를 받는 근로자가 61세가 되면 그 이후의 휴업급여는 [별표 1](고령자의 휴업급여 지급기준)에 따라 산정한 금액을 지급한다. 다만, 61세 이후에 취업 중인 사람이 업무상의 재해로 요양하거나 61세 전에 업무상 질병으로 장해급여를 받은 사람이 61세 이후에 그 업무상 질병으로 최초로 요양하는 경우 대통령령으로 정하는 기간에는 [별표 1]을 적용하지 아니한다(산업재해보상보험법 제55조).

④ **재요양기간 중의 휴업급여**
  ○ 재요양을 받는 사람에 대하여는 재요양 당시의 임금을 기준으로 산정한 평균임금의 100분의 70에 상당하는 금액을 1일당 휴업급여 지급액으로 한다. 이 경우 평균임금 산정사유 발생일은 대통령령으로 정한다(산업재해보상보험법 제56조 제1항).
  ○ 위 ○에 따라 산정한 1일당 휴업급여 지급액이 최저임금액보다 적거나 재요양 당시 평균임금 산정의 대상이 되는 임금이 없으면 최저임금액을 1일당 휴업급여 지급액으로 한다(산업재해보상보험법 제56조 제2항).

OX문제

요양급여를 받은 자가 치유 후 요양의 대상이 되었던 업무상의 부상 또는 질병이 재발하거나 치유 당시보다 상태가 악화되어 이를 치유하기 위한 적극적인 치료가 필요하다는 의학적 소견이 있으면 다시 요양급여를 받을 수 있다. ( )

OX문제

휴업급여는 통상임금의 100분의 50에 상당하는 금액으로 한다. ( )

정답 ○, ×

(5) 장해급여

① **지급사유**: 장해급여는 근로자가 업무상의 사유로 부상을 당하거나 질병에 걸려 치유된 후 신체 등에 장해가 있는 경우에 그 근로자에게 지급한다(산업재해보상보험법 제57조 제1항). 기출

② **지급방법**

　㉠ 장해급여는 장해등급에 따라 장해보상연금 또는 장해보상일시금으로 하되, 그 장해등급의 기준은 대통령령으로 정한다(산업재해보상보험법 제57조 제2항). 기출

　㉡ 장해보상연금 또는 장해보상일시금은 수급권자의 선택에 따라 지급한다. 다만, 대통령령(보조단)으로 정하는 노동력을 완전히 상실한 장해등급의 근로자에게는 장해보상연금을 지급하고, 장해급여 청구사유 발생 당시 대한민국 국민이 아닌 사람으로서 외국에서 거주하고 있는 근로자에게는 장해보상일시금을 지급한다(산업재해보상보험법 제57조 제3항).

　㉢ 장해보상연금은 수급권자가 신청하면 그 연금의 최초 1년분 또는 2년분(위 ㉡의 단서에 따른 근로자에게는 그 연금의 최초 1년분부터 4년분까지)의 2분의 1에 상당하는 금액을 미리 지급할 수 있다. 이 경우 미리 지급하는 금액에 대하여는 100분의 5의 비율 범위에서 대통령령으로 정하는 바에 따라 이자를 공제할 수 있다(산업재해보상보험법 제57조 제4항).

③ **장해보상연금 등의 수급권의 소멸**: 장해보상연금 또는 진폐보상연금의 수급권자가 다음의 어느 하나에 해당하면 그 수급권이 소멸한다(산업재해보상보험법 제58조).

　㉠ 사망한 경우

　㉡ 대한민국 국민이었던 수급권자가 국적을 상실하고 외국에서 거주하고 있거나 외국에서 거주하기 위하여 출국하는 경우

　㉢ 대한민국 국민이 아닌 수급권자가 외국에서 거주하기 위하여 출국하는 경우

　㉣ 장해등급 또는 진폐장해등급이 변경되어 장해보상연금 또는 진폐보상연금의 지급대상에서 제외되는 경우

OX문제

장해급여는 근로자가 업무상의 사유에 의하여 부상을 당하거나 질병에 걸린 경우 그 근로자에게 지급한다. (　　)

고득점 심화학습

장해등급의 기준 등

본문 ②의 ㉡의 단서에서 '대통령령으로 정하는 노동력을 완전히 상실한 장해등급'이란 [별표 6]의 제1급부터 제3급까지의 장해등급을 말한다(산업재해보상보험법 시행령 제53조 제5항).

OX문제

장해보상연금 또는 진폐보상연금의 수급권자가 사망한 경우 그 수급권이 소멸한다. (　　)

정답 ×, ○

④ **장해등급등의 재판정**
  ㉠ 공단은 장해보상연금 또는 진폐보상연금 수급권자 중 그 장해상태가 호전되거나 악화되어 이미 결정된 장해등급 또는 진폐장해등급(이하 '장해등급등'이라 한다)이 변경될 가능성이 있는 사람에 대하여는 그 수급권자의 신청 또는 직권으로 장해등급등을 재판정할 수 있다(산업재해보상보험법 제59조 제1항).
  ㉡ 장해등급등의 재판정 결과 장해등급등이 변경되면 그 변경된 장해등급등에 따라 장해급여 또는 진폐보상연금을 지급한다(산업재해보상보험법 제59조 제2항).
  ㉢ 장해등급등 재판정은 1회 실시하되, 그 대상자·시기 및 재판정 결과에 따른 장해급여 또는 진폐보상연금의 지급방법은 대통령령으로 정한다(산업재해보상보험법 제59조 제3항).
  ㉣ 장해등급등의 재판정 시기: 장해등급등의 재판정은 장해보상연금 또는 진폐보상연금의 지급결정을 한 날을 기준으로 2년이 지난 날부터 1년 이내에 하여야 한다(산업재해보상보험법 시행령 제56조 제1항).
⑤ **재요양에 따른 장해급여**: 장해보상연금의 수급권자가 재요양을 받는 경우에도 그 연금의 지급을 **정지하지 아니한다**(산업재해보상보험법 제60조 제1항).

(6) 간병급여

① **지급**: 간병급여는 요양급여를 받은 사람 중 치유 후 의학적으로 상시 또는 수시로 간병이 필요하여 실제로 **간병을 받는 사람에게** 지급한다(산업재해보상보험법 제61조 제1항). 기출
② **지급제한**: 간병급여 수급권자가 재요양을 받는 경우 그 재요양 기간 중에는 간병급여를 지급하지 않는다(산업재해보상보험법 시행령 제59조 제5항).

(7) 유족급여

① **지급사유**: 유족급여는 근로자가 업무상의 사유로 사망한 경우에 유족에게 지급한다(산업재해보상보험법 제62조 제1항). 기출
② **지급방법**: 유족급여는 다음 표에 따른 유족보상연금이나 유족보상일시금으로 하되, 유족보상일시금은 근로자가 사망할 당시 유족보상연금을 받을 수 있는 자격이 있는 사람이 없는 경우에 지급한다(산업재해보상보험법 제62조 제2항 별표 3).

OX문제
장해보상연금의 수급권자가 재요양을 받는 경우에도 그 연금의 지급을 정지하지 아니한다.
( )

정답 O

유족급여의 종류	유족급여의 금액
유족보상연금	유족보상연금액은 다음의 기본금액과 가산금액을 합한 금액으로 한다. ㉠ 기본금액: 급여기초연액(평균임금에 365를 곱하여 얻은 금액)의 **100분의 47**에 상당하는 금액 ㉡ 가산금액: 유족보상연금 수급권자 및 근로자가 사망할 당시 그 근로자와 생계를 같이하고 있던 유족보상연금 수급자격자 1인당 급여기초연액의 **100분의 5**에 상당하는 금액의 합산액. 다만, 그 합산금액이 급여기초연액의 **100분의 20**을 넘을 때에는 급여기초연액의 **100분의 20**에 상당하는 금액으로 한다.
유족보상일시금	평균임금의 **1,300일분**

③ 유족보상연금 수급자격자의 범위

㉠ 유족보상연금을 받을 수 있는 자격이 있는 사람(이하 '유족보상연금 수급자격자'라 한다)은 근로자가 사망할 당시 그 근로자와 생계를 같이 하고 있던 유족(그 근로자가 사망할 당시 대한민국 국민이 아닌 사람으로서 외국에서 거주하고 있던 유족은 제외한다) 중 배우자와 다음의 어느 하나에 해당하는 사람으로 한다. 이 경우 근로자와 생계를 같이하고 있던 유족의 판단기준은 대통령령으로 정한다(산업재해보상보험법 제63조 제1항).

ⓐ 부모 또는 조부모로서 각각 60세 이상인 사람

ⓑ 자녀로서 25세 미만인 사람

ⓒ 손자녀로서 25세 미만인 사람

ⓓ 형제자매로서 19세 미만이거나 60세 이상인 사람

ⓔ 위 ⓐ부터 ⓓ까지의 규정 중 어느 하나에 해당하지 아니하는 자녀·부모·손자녀·조부모 또는 형제자매로서 「장애인복지법」 제2조에 따른 장애인 중 고용노동부령으로 정한 장애 정도에 해당하는 사람

㉡ 위 ㉠을 적용할 때 근로자가 사망할 당시 태아(胎兒)였던 자녀가 출생한 경우에는 출생한 때부터 장래에 향하여 근로자가 사망할 당시 그 근로자와 생계를 같이하고 있던 유족으로 본다(산업재해보상보험법 제63조 제2항).

㉢ 유족보상연금 수급자격자 중 유족보상연금을 받을 권리의 순위는 배우자·자녀·부모·손자녀·조부모 및 형제자매의 순서로 한다(산업재해보상보험법 제63조 제3항).

OX문제

근로자가 사망할 당시 그 근로자와 생계를 같이 하고 있던 유족 중 25세 미만인 자녀는 유족보상연금 수급자격자에 해당한다. ( )

정답 O

OX문제

유족보상연금 수급자격자인 손자녀가 25세가 된 때에도 그 자격을 잃지 아니한다.
( )

유족보상연금 수급자격자인 유족이 사망한 근로자와의 친족관계가 끝난 경우 그 자격을 잃는다. ( )

OX ④ **유족보상연금 수급자격자의 자격 상실과 지급 정지 등**

㉠ 수급자격자의 자격 상실사유: 유족보상연금 수급자격자인 유족이 다음의 어느 하나에 해당하면 그 자격을 잃는다(산업재해보상보험법 제64조 제1항).

ⓐ 사망한 경우

ⓑ 재혼한 때(사망한 근로자의 배우자만 해당하며, 재혼에는 사실상 혼인관계에 있는 경우를 포함한다)

ⓒ 사망한 근로자와의 친족관계가 끝난 경우 기출

ⓓ 자녀가 25세가 된 때

ⓔ 손자녀가 25세가 된 때 기출

ⓕ 형제자매가 19세가 된 때

ⓖ 위 ③의 ㉠의 ⓔ에 따른 장애인이었던 사람으로서 그 장애 상태가 해소된 경우

ⓗ 근로자가 사망할 당시 대한민국 국민이었던 유족보상연금 수급자격자가 국적을 상실하고 외국에서 거주하고 있거나 외국에서 거주하기 위하여 출국하는 경우

ⓘ 대한민국 국민이 아닌 유족보상연금 수급자격자가 외국에서 거주하기 위하여 출국하는 경우

㉡ 유족보상연금을 받을 권리가 있는 유족보상연금 수급자격자(이하 '유족보상연금 수급권자'라 한다)가 그 자격을 잃은 경우에 유족보상연금을 받을 권리는 같은 순위자가 있으면 같은 순위자에게, 같은 순위자가 없으면 다음 순위자에게 이전된다(산업재해보상보험법 제64조 제2항).

㉢ 유족보상연금의 지급 정지사유: 유족보상연금 수급권자가 3개월 이상 행방불명이면 대통령령으로 정하는 바에 따라 연금 지급을 정지하고, 같은 순위자가 있으면 같은 순위자에게, 같은 순위자가 없으면 다음 순위자에게 유족보상연금을 지급한다(산업재해보상보험법 제64조 제3항).

(8) 상병보상연금의 지급 및 요건

요양급여를 받는 근로자가 요양을 시작한 지 2년이 지난 날 이후에 다음의 요건 모두에 해당하는 상태가 계속되면 휴업급여 대신 상병보상연금을 그 근로자에게 지급한다(산업재해보상보험법 제66조 제1항). 기출

정답 ×, ○

① 그 부상이나 질병이 치유되지 아니한 상태일 것
② 그 부상이나 질병에 따른 중증요양상태의 정도가 대통령령으로 정하는 중증요양상태등급 기준에 해당할 것
③ 요양으로 인하여 취업하지 못하였을 것

(9) 장례비 OX

장례비는 근로자가 업무상의 사유로 사망한 경우에 지급하되, 평균임금의 120일분에 상당하는 금액을 그 장례를 지낸 유족에게 지급한다. 다만, 장례를 지낼 유족이 없거나 그 밖에 부득이한 사유로 유족이 아닌 사람이 장례를 지낸 경우에는 평균임금의 120일분에 상당하는 금액의 범위에서 실제 드는 비용을 그 장례를 지낸 사람에게 지급한다(산업재해보상보험법 제71조 제1항). 기출

(10) 직업재활급여

직업재활급여의 종류는 다음과 같다(산업재해보상보험법 제72조 제1항).
① **직업훈련비용·직업훈련수당**: 장해급여 또는 진폐보상연금을 받은 사람이나 장해급여를 받을 것이 명백한 사람으로서 대통령령으로 정하는 자(이하 '장해급여자'라 한다) 중 취업을 위하여 직업훈련이 필요한 사람(이하 '훈련대상자'라 한다)에 대하여 실시하는 직업훈련에 드는 비용 및 직업훈련수당을 말한다.
② **직장복귀지원금·직장적응훈련비·재활운동비**: 업무상의 재해가 발생할 당시의 사업에 복귀한 장해급여자에 대하여 사업주가 고용을 유지하거나 직장적응훈련 또는 재활운동을 실시하는 경우(직장적응훈련의 경우에는 직장 복귀 전에 실시한 경우도 포함한다)에 각각 지급하는 직장복귀지원금, 직장적응훈련비 및 재활운동비를 말한다.

(11) 연금의 지급기간 및 지급시기

OX ① 장해보상연금, 유족보상연금, 진폐보상연금 또는 진폐유족연금의 지급은 그 지급사유가 발생한 달의 다음 달 첫날부터 시작되며, 그 지급받을 권리가 소멸한 달의 말일에 끝난다(산업재해보상보험법 제70조 제1항). 기출
② 장해보상연금, 유족보상연금, 진폐보상연금 또는 진폐유족연금은 그 지급을 정지할 사유가 발생한 때에는 그 사유가 발생한 달의 다음 달 첫날부터 그 사유가 소멸한 달의 말일까지 지급하지 아니한다(산업재해보상보험법 제70조 제2항).

+ 고득점 심화학습

재요양 기간 중의 상병보상연금

재요양을 시작한 지 2년이 지난 후에 부상·질병 상태가 「산업재해보상보험법」 제66조 제1항 각 호의 요건 모두에 해당하는 사람에게는 휴업급여 대신 [별표 4]에 따른 중증요양상태등급에 따라 상병보상연금을 지급한다. 이 경우 상병보상연금을 산정할 때에는 재요양 기간 중의 휴업급여 산정에 적용되는 평균임금을 적용하되, 그 평균임금이 최저임금액에 70분의 100을 곱한 금액보다 적거나 재요양 당시 평균임금 산정의 대상이 되는 임금이 없을 때에는 최저임금액의 70분의 100에 해당하는 금액을 그 근로자의 평균임금으로 보아 산정한다(산업재해보상보험법 제69조 제1항).

OX문제

장례비는 유족이 아닌 사람이 장례를 지낸 경우에는 평균임금의 120일분을 그 장례를 지낸 사람에게 지급한다. (   )

OX문제

장해보상연금, 유족보상연금, 진폐보상연금 또는 진폐유족연금의 지급은 그 지급사유가 발생한 달의 다음 달 첫날부터 시작되며, 그 지급받을 권리가 소멸한 달의 말일에 끝난다. (   )

정답 ×, ○

③ 장해보상연금, 유족보상연금, 진폐보상연금 또는 진폐유족연금은 매년 이를 12등분하여 **매달 25일**에 그달치의 금액을 지급하되, 지급일이 토요일이거나 공휴일이면 **그 전날에 지급한다**(산업재해보상보험법 제70조 제3항).

④ 장해보상연금, 유족보상연금, 진폐보상연금 또는 진폐유족연금을 받을 권리가 소멸한 경우에는 위 ③에 따른 지급일 전이라도 지급할 수 있다(산업재해보상보험법 제70조 제4항).

(12) 다른 보상이나 배상과의 관계

① 수급권자가 「산업재해보상보험법」에 따라 보험급여를 받았거나 받을 수 있으면 보험가입자는 동일한 사유에 대하여 「근로기준법」에 따른 재해보상책임이 면제된다(산업재해보상보험법 제80조 제1항). 기출

② 수급권자가 동일한 사유에 대하여 「산업재해보상보험법」에 따른 보험급여를 받으면 보험가입자는 그 금액의 한도 안에서 「민법」이나 그 밖의 법령에 따른 손해배상의 책임이 면제된다. 이 경우 장해보상연금 또는 유족보상연금을 받고 있는 사람은 장해보상일시금 또는 유족보상일시금을 받은 것으로 본다(산업재해보상보험법 제80조 제2항).

(13) 미지급의 보험급여

보험급여의 수급권자가 사망한 경우에 그 수급권자에게 지급하여야 할 보험급여로서 아직 지급되지 아니한 보험급여가 있으면 그 수급권자의 **유족**(유족급여의 경우에는 그 유족급여를 받을 수 있는 다른 유족)의 **청구**에 따라 그 보험급여를 지급한다(산업재해보상보험법 제81조 제1항).

(14) 보험급여의 지급

보험급여는 지급 결정일부터 **14일 이내**에 지급하여야 한다(산업재해보상보험법 제82조 제1항). 기출

(15) 보험급여 지급의 제한

공단은 근로자가 다음의 어느 하나에 해당되면 보험급여의 전부 또는 일부를 지급하지 **아니할 수 있다**(산업재해보상보험법 제83조).

① 요양 중인 근로자가 정당한 사유 없이 요양에 관한 지시를 위반하여 부상·질병 또는 장해 상태를 악화시키거나 치유를 방해한 경우

② 장해보상연금 또는 진폐보상연금 수급권자가 장해등급 또는 진폐장해 등급 재판정 전에 자해(自害) 등 고의로 장해 상태를 악화시킨 경우

(16) 부당이득의 징수 OX

공단은 보험급여를 받은 사람이 다음의 어느 하나에 해당하면 그 급여액에 해당하는 금액(①의 경우에는 그 급여액의 2배에 해당하는 금액)을 징수하여야 한다. 이 경우 공단이 국민건강보험공단등에 청구하여 받은 금액은 징수할 금액에서 제외한다(산업재해보상보험법 제84조 제1항).

① 거짓이나 그 밖의 부정한 방법으로 보험급여를 받은 경우 기출
② 수급권자 또는 수급권이 있었던 사람이 신고의무를 이행하지 아니하여 부당하게 보험급여를 지급받은 경우
③ 그 밖에 잘못 지급된 보험급여가 있는 경우

(17) 보험급여의 일시 중지

공단은 보험급여를 받고자 하는 사람이 다음의 하나에 해당되면 보험급여의 지급을 일시 중지할 수 있다(산업재해보상보험법 제120조 제1항).

① 요양 중인 근로자가 공단의 의료기관 변경 요양 지시를 정당한 사유 없이 따르지 아니하는 경우
② 공단이 직권으로 실시하는 장해등급 또는 진폐장해등급 재판정 요구에 따르지 아니하는 경우
③ 보고·서류제출 또는 신고를 하지 아니하는 경우
④ 질문이나 조사에 따르지 아니하는 경우
⑤ 진찰 요구에 따르지 아니하는 경우

(18) 제3자에 대한 구상권 OX

공단은 제3자의 행위에 따른 재해로 보험급여를 지급한 경우에는 그 급여액의 한도 안에서 급여를 받은 사람의 제3자에 대한 손해배상청구권을 **대위한다**. 다만, 보험가입자인 둘 이상의 사업주가 같은 장소에서 하나의 사업을 분할하여 각각 행하다가 그중 사업주를 달리하는 근로자의 행위로 재해가 발생하면 그러하지 아니하다(산업재해보상보험법 제87조 제1항). 기출

(19) 요양급여 비용의 정산

공단이 수급권자에게 요양급여를 지급한 후 그 지급결정이 취소된 경우로서 그 지급한 요양급여가 「국민건강보험법」 또는 「의료급여법」에 따라 지급할 수 있는 건강보험 요양급여등에 상당한 것으로 인정되면 공단은 그 건강보험 요양급여등에 해당하는 금액을 국민건강보험공단등에 청구할 수 있다(산업재해보상보험법 제90조 제2항).

OX문제

근로복지공단은 보험급여를 받은 자가 거짓이나 그 밖의 부정한 방법으로 보험급여를 받은 경우 그 급여액에 해당하는 금액을 징수한다.
( )

OX문제

제3자의 행위에 따른 재해로 보험급여를 지급한 경우에는 그 급여액의 한도 안에서 급여를 받은 사람의 제3자에 대한 손해배상청구권을 대위(代位)할 수 있는 것이 원칙이다.
( )

정답 ✕, ○

(20) 수급권의 보호 OX

근로자의 보험급여를 받을 권리는 퇴직하여도 소멸되지 아니하며, 보험급여를 받을 권리는 양도 또는 압류하거나 담보로 제공할 수 없다(산업재해보상보험법 제88조 제1항·제2항). 기출

(21) 공과금의 면제 OX

보험급여로서 지급된 금품에 대하여는 국가나 지방자치단체의 공과금을 부과하지 아니한다(산업재해보상보험법 제91조). 기출

7. 심사 청구 및 재심사 청구

(1) 심사 청구의 제기

OX ① **심사 청구**: 다음의 어느 하나에 해당하는 공단의 결정 등(이하 '보험급여 결정등'이라 한다)에 불복하는 자는 공단에 심사 청구를 할 수 있다(산업재해보상보험법 제103조 제1항). 기출
  ㉠ 보험급여에 관한 결정
  ㉡ 진료비에 관한 결정
  ㉢ 약제비에 관한 결정
  ㉣ 진료계획 변경 조치 등
  ㉤ 보험급여의 일시지급에 관한 결정
  ㉥ 합병증 등 예방관리에 관한 조치
  ㉦ 부당이득의 징수에 관한 결정
  ㉧ 수급권의 대위에 관한 결정

② 심사 청구는 그 보험급여 결정등을 한 공단의 소속 기관을 거쳐 공단에 제기하여야 한다(산업재해보상보험법 제103조 제2항). 기출

③ 심사 청구는 보험급여 결정등이 있음을 안 날부터 90일 이내에 하여야 한다(산업재해보상보험법 제103조 제3항). 기출

OX ④ 심사 청구서를 받은 공단의 소속 기관은 5일 이내에 의견서를 첨부하여 공단에 보내야 한다(산업재해보상보험법 제103조 제4항). 기출

OX ⑤ 보험급여 결정등에 대하여는 「행정심판법」에 따른 행정심판을 제기할 수 없다(산업재해보상보험법 제103조 제5항). 기출

OX문제

근로자의 보험급여를 받을 권리는 퇴직하여도 소멸되지 않으며, 양도할 수 없음이 원칙이다. ( )

OX문제

보험급여로서 지급된 금품에 대하여는 국가나 지방자치단체의 공과금을 부과하지 아니한다. ( )

OX문제

보험급여에 관한 결정에 불복하는 자는 산업재해보상보험심사위원회에 심사 청구를 할 수 있다. ( )

OX문제

심사 청구서를 받은 근로복지공단의 소속 기관은 10일 이내에 의견서를 첨부하여 근로복지공단에 보내야 한다. ( )

OX문제

보험급여 결정등에 대하여는 「행정심판법」에 따른 행정심판을 제기할 수 있다. ( )

정답 O, O, ×, ×, ×

(2) 산업재해보상보험심사위원회

① **심사위원회의 설치**: 심사 청구를 심의하기 위하여 공단에 관계 전문가 등으로 구성되는 산업재해보상보험심사위원회(이하 '심사위원회'라 한다)를 둔다(산업재해보상보험법 제104조 제1항). 기출

② **구성**: 위 ①에 따른 산업재해보상보험심사위원회는 위원장 1명을 포함하여 150명 이내의 위원으로 구성하되, 위원 중 2명은 상임으로 한다(산업재해보상보험법 시행령 제99조 제1항). 기출

③ **위원의 제척·기피·회피**: 심사위원회 위원의 제척·기피·회피에 관하여는 아래 **(5)**의 ②를 준용한다(산업재해보상보험법 제104조 제2항).

(3) 심사 청구에 대한 심리·결정

① 공단은 심사 청구서를 받은 날부터 60일 이내에 심사위원회의 심의를 거쳐 심사 청구에 대한 결정을 해야 한다. 다만, 부득이한 사유로 그 기간 이내에 결정을 할 수 없으면 한 차례만 20일을 넘지 않는 범위에서 그 기간을 연장할 수 있다(산업재해보상보험법 제105조 제1항). 기출

② 위 ①의 본문에도 불구하고 심사 청구기간이 지난 후에 제기된 심사 청구 등 대통령령으로 정하는 사유에 해당하는 경우에는 심사위원회의 심의를 거치지 아니할 수 있다(산업재해보상보험법 제105조 제2항). 기출

③ 위 ①의 단서에 따라 결정기간을 연장할 때에는 최초의 결정기간이 끝나기 7일 전까지 심사 청구인 및 보험급여 결정등을 한 공단의 소속 기관에 알려야 한다(산업재해보상보험법 제105조 제3항). 기출

(4) 재심사 청구의 제기

① 심사 청구에 대한 결정에 불복하는 자는 산업재해보상보험재심사위원회에 재심사 청구를 할 수 있다. 다만, 업무상질병판정위원회의 심의를 거친 보험급여에 관한 결정에 불복하는 자는 심사 청구를 하지 아니하고 재심사 청구를 할 수 있다(산업재해보상보험법 제106조 제1항). 기출

② 재심사 청구는 그 보험급여 결정등을 한 근로복지공단의 소속 기관을 거쳐 산업재해보상보험재심사위원회에 제기하여야 한다(산업재해보상보험법 제106조 제2항).

③ 재심사 청구는 심사 청구에 대한 결정이 있음을 안 날부터 90일 이내에 제기하여야 한다. 다만, 심사 청구를 거치지 아니하고 재심사 청구를 하는 경우에는 보험급여에 관한 결정이 있음을 안 날부터 90일 이내에 제기하여야 한다(산업재해보상보험법 제106조 제3항).

OX문제

산업재해보상보험심사위원회는 위원장 1명을 포함하여 150명 이내의 위원으로 구성하되, 위원 중 2명은 상임으로 한다. ( )

OX문제

근로복지공단은 심사 청구서를 받은 날부터 90일 이내에 산업재해보상보험심사위원회의 심의를 거쳐 심사 청구에 대한 결정을 하여야 한다. ( )

OX문제

근로복지공단이 심사 청구에 대한 결정을 연장할 때에는 최초의 결정기간이 끝나기 7일 전까지 심사 청구인 및 보험급여 결정등을 한 근로복지공단의 소속 기관에 알려야 한다. ( )

OX문제

업무상질병판정위원회의 심의를 거친 보험급여에 관한 결정에 불복하는 자는 심사 청구를 하지 아니하고 재심사 청구를 할 수 있다. ( )

정답 O, X, O, O

④ **재결**: 재심사위원회의 재결은 공단을 기속(羈束)한다(산업재해보상보험법 제109조 제2항).

(5) 산업재해보상보험재심사위원회

① **재심사위원회의 설치**: 재심사 청구를 심리·재결하기 위하여 **고용노동부**에 **산업재해보상보험재심사위원회**(이하 '재심사위원회'라 한다)를 둔다(산업재해보상보험법 제107조 제1항).

② **위원의 제척·기피·회피**

　㉠ 제척: 재심사위원회의 위원은 다음의 어느 하나에 해당하는 경우에는 그 사건의 심리(審理)·재결(裁決)에서 **제척**(除斥)된다(산업재해보상보험법 제108조 제1항).

　　ⓐ 위원 또는 그 배우자나 배우자였던 사람이 그 사건의 당사자가 되거나 그 사건에 관하여 공동권리자 또는 의무자의 관계에 있는 경우

　　ⓑ 위원이 그 사건의 당사자와 「민법」에 따른 친족이거나 친족이었던 경우

　　ⓒ 위원이 그 사건에 관하여 증언이나 감정을 한 경우

　　ⓓ 위원이 그 사건에 관하여 당사자의 대리인으로서 관여하거나 관여하였던 경우

　　ⓔ 위원이 그 사건의 대상이 된 보험급여 결정등에 관여한 경우

　㉡ 기피: 당사자는 위원에게 심리·재결의 공정을 기대하기 어려운 사정이 있는 경우에는 **기피신청**을 할 수 있다(산업재해보상보험법 제108조 제2항).

　㉢ 회피: 위원은 제척이나 기피사유에 해당하면 스스로 그 사건의 심리·재결을 **회피**할 수 있다(산업재해보상보험법 제108조 제3항).

(6) 다른 법률과의 관계

① 심사 청구 및 재심사 청구의 제기는 시효의 중단에 관하여 「민법」에 따른 **재판상의 청구로 본다**(산업재해보상보험법 제111조 제1항).

② 심사 청구 및 재심사 청구에 관하여 「산업재해보상보험법」에서 정하고 있지 아니한 사항에 대하여는 **「행정심판법」**에 따른다(산업재해보상보험법 제111조 제3항).

8. 보칙

(1) 소멸시효

다음의 권리는 **3년간** 행사하지 아니하면 시효로 말미암아 소멸한다. 다만, ①의 보험급여 중 장해급여, 유족급여, 장례비, 진폐보상연금 및 진폐유족연금을 받을 권리는 **5년간** 행사하지 아니하면 시효의 완성으로 소멸한다(산업재해보상보험법 제112조 제1항).

① 「산업재해보상보험법」 제36조 제1항에 따른 보험급여를 받을 권리
② 「산업재해보상보험법」 제45조에 따른 산재보험 의료기관의 권리
③ 「산업재해보상보험법」 제46조에 따른 약국의 권리
④ 「산업재해보상보험법」 제89조에 따른 보험가입자의 권리
⑤ 「산업재해보상보험법」 제90조 제1항에 따른 국민건강보험공단 등의 권리

(2) 사업주의 조력

보험급여를 받을 사람이 사고로 보험급여의 청구 등의 절차를 행하기 곤란하면 사업주는 이를 도와야 한다(산업재해보상보험법 제116조 제1항). **기출**

3 고용보험법

1. 「고용보험법」의 목적

「고용보험법」은 고용보험의 시행을 통하여 실업의 예방, 고용의 촉진 및 근로자 등의 직업능력의 개발과 향상을 꾀하고, 국가의 직업지도와 직업소개 기능을 강화하며, 근로자 등이 실업한 경우에 생활에 필요한 급여를 실시하여 근로자 등의 생활안정과 구직 활동을 촉진함으로써 경제·사회 발전에 이바지하는 것을 목적으로 한다(고용보험법 제1조).

2. 보험의 관장 및 업무분담체계

(1) 보험의 관장 OX

고용보험은 **고용노동부장관**이 관장한다(고용보험법 제3조). **기출**

(2) 고용보험 업무분담 체계

① **고용노동부 고용센터**: 고용보험 피보험자 관리, 고용안정·직업능력개발사업, 실업급여 지급을 담당한다.

• **고용보험의 개념**
고용보험은 실직근로자에게 실업급여를 지급하는 전통적 의미의 실업보험사업 외에 산업구조조정의 촉진, 실업예방, 고용촉진, 근로자의 생애 직업능력개발 등을 위한 고용안정·직업능력개발사업을 상호 연계하여 실시하는 사회보장제도임과 동시에 국가가 고용정책을 수행하기 위하여 보험의 원리와 방식을 도입하여 법률에 의하여 보험의 가입과 보험료의 납부가 강제되고 실업이라는 보험사고에 대하여 근로자와 사업주를 지원하는 공적인 사회보험제도이다.

OX문제
고용보험은 고용노동부장관이 관장하여, 고용보험공단에 위탁하여 처리하고 있다.
( )

정답 ×

② **근로복지공단 및 건강보험공단**: 고용보험 적용·보험료 징수업무를 담당한다.

3. 용어의 정의

「고용보험법」에서 사용하는 용어의 뜻은 다음과 같다(고용보험법 제2조).

① **피보험자**: 다음에 해당하는 사람을 말한다.

 ㉠ 「고용보험 및 산업재해보상보험의 보험료징수 등에 관한 법률」(이하 '고용산재보험료징수법'이라 한다)에 따라 보험에 가입되거나 가입된 것으로 보는 근로자, 예술인 또는 노무제공자 기출

 ㉡ 고용산재보험료징수법에 따라 고용보험에 가입하거나 가입된 것으로 보는 자영업자(이하 '자영업자인 피보험자'라 한다)

② **이직**: 피보험자와 사업주 사이의 고용관계가 끝나게 되는 것(예술인 및 노무제공자의 경우에는 문화예술용역 관련 계약 또는 노무제공계약이 끝나는 것을 말한다)을 말한다.

③ **실업**: 근로의 의사와 능력이 있음에도 불구하고 취업하지 못한 상태에 있는 것을 말한다.

④ **실업의 인정**: 직업안정기관의 장이 수급자격자가 실업한 상태에서 적극적으로 직업을 구하기 위하여 노력하고 있다고 인정하는 것을 말한다. 기출

⑤ **보수**: 「소득세법」에 따른 근로소득에서 대통령령으로 정하는 금품을 뺀 금액을 말한다. 다만, 휴직이나 그 밖에 이와 비슷한 상태에 있는 기간 중에 사업주 외의 자로부터 지급받는 금품 중 고용노동부장관이 정하여 고시하는 금품은 보수로 본다.

⑥ **일용근로자**: 1개월 미만 동안 고용되는 사람을 말한다. 기출

4. 적용범위

「고용보험법」은 근로자를 사용하는 모든 사업 또는 사업장에 적용한다. 다만, 산업별 특성 및 규모 등을 고려하여 다음의 사업에 대해서는 적용하지 아니한다(고용보험법 제8조 제1항, 동법 시행령 제2조 제1항).

① 다음의 어느 하나에 해당하는 공사. 다만, 「건설산업기본법」에 따른 건설업자, 「주택법」에 따른 주택건설사업자, 「전기공사업법」에 따른 공사업자, 「정보통신공사업법」에 따른 정보통신공사업자, 「소방시설공사업법」에 따른 소방시설업자, 「국가유산수리 등에 관한 법률」에 따른 국가유산수리업자가 시공하는 공사는 제외한다.

OX문제

「고용보험 및 산업재해보상보험의 보험료징수 등에 관한 법률」에 따라 보험에 가입되거나 가입된 것으로 보는 근로자는 피보험자에 해당된다.
( )

OX문제

이직(離職)이란 피보험자가 사업주와의 고용관계를 종료한 후, 신규사업주와 근로계약을 체결하는 것을 말한다.
( )

OX문제

일용근로자란 1일 단위로 근로계약이 체결되는 근로자를 말한다. ( )

일용근로자란 3개월 미만 동안 고용되는 사람을 말한다.
( )

정답 O, ×, ×, ×

㉠ 「고용보험 및 산업재해보상보험의 보험료징수 등에 관한 법률 시행령」에 따른 총공사금액이 2천만원 미만인 공사
㉡ 연면적이 100제곱미터 이하인 건축물의 건축 또는 연면적이 200제곱미터 이하인 건축물의 대수선에 관한 공사
㉢ 가구 내 고용활동 및 달리 분류되지 아니한 자가소비 생산활동

5. 적용제외

① 다음의 어느 하나에 해당하는 사람에게는 「고용보험법」을 적용하지 아니한다(고용보험법 제10조 제1항, 동법 시행령 제3조).
  ㉠ 해당 사업에서 1개월간 소정(所定)근로시간이 60시간 미만이거나 1주간의 소정근로시간이 15시간 미만인 근로자 기출
  ㉡ 위 ㉠에도 불구하고 다음의 어느 하나에 해당하는 근로자는 「고용보험법」 적용 대상으로 한다.
    ⓐ 해당 사업에서 3개월 이상 계속하여 근로를 제공하는 근로자
    ⓑ 일용근로자 기출
  ㉢ 「국가공무원법」과 「지방공무원법」에 따른 공무원. 다만, 대통령령으로 정하는 바에 따라 별정직 공무원, 임기제 공무원의 경우는 본인의 의사에 따라 고용보험(실업급여에 한정한다)에 가입할 수 있다.
  ㉣ 「사립학교교직원 연금법」의 적용을 받는 사람 기출
  ㉤ 그 밖에 대통령령으로 정하는 다음의 사람 기출
    ⓐ 「별정우체국법」에 따른 별정우체국 직원
    ⓑ 농업·임업 및 어업 중 법인이 아닌 자가 상시 4명 이하의 근로자를 사용하는 사업에 종사하는 근로자. 다만, 본인의 의사로 고용노동부령으로 정하는 바에 따라 고용보험에 가입을 신청하는 사람은 고용보험에 가입할 수 있다.
② 65세 이후에 고용(65세 전부터 피보험 자격을 유지하던 사람이 65세 이후에 계속하여 고용된 경우는 제외한다)되거나 자영업을 개시한 사람에게는 제4장(실업급여) 및 제5장(육아휴직급여 등)을 적용하지 아니한다(고용보험법 제10조 제2항).
③ **외국인근로자에 대한 적용:** 「외국인근로자의 고용 등에 관한 법률」의 적용을 받는 외국인근로자에게는 「고용보험법」을 적용한다. 다만, 제4장(실업급여) 및 제5장(육아휴직급여 등)은 고용노동부령으로 정하는 바에 따른 신청이 있는 경우에만 적용한다(고용보험법 제10조의2 제1항).

OX문제

3개월 이상 계속하여 근로를 제공하는 자와 1개월 미만 동안 고용되는 일용근로자는 「고용보험법」의 적용을 받을 수 없다. ( )

1주간의 소정근로시간이 15시간 미만인 일용근로자는 「고용보험법」의 적용제외 대상자에 해당한다. ( )

정답 ×, ×

6. 피보험자의 관리

(1) 피보험자격의 취득일

근로자인 피보험자는 「고용보험법」이 적용되는 사업에 고용된 날에 피보험자격을 취득한다. 다만, 다음의 경우에는 각각 그 해당되는 날에 피보험자격을 취득한 것으로 본다(고용보험법 제13조 제1항).

① 적용제외 근로자였던 사람이 「고용보험법」의 적용을 받게 된 경우에는 그 **적용을 받게 된 날** 기출

② 고용산재보험료징수법에 따른 보험관계 성립일 전에 고용된 근로자의 경우에는 그 **보험관계가 성립한 날**

(2) 피보험자격의 상실일

근로자인 피보험자는 다음에 해당하는 날에 각각 그 피보험자격을 상실한다(고용보험법 제14조 제1항).

① 근로자인 피보험자가 적용제외 근로자에 해당하게 된 경우에는 그 **적용제외 대상자가 된 날**

② 고용산재보험료징수법에 따라 보험관계가 소멸한 경우에는 그 **보험관계가 소멸한 날** 기출

③ 근로자인 피보험자가 이직한 경우에는 **이직한 날의 다음 날** 기출

④ 근로자인 피보험자가 사망한 경우에는 **사망한 날의 다음 날**

(3) 피보험자격에 관한 신고 등

① **취득 및 상실신고**

㉠ 사업주에 의한 신고: 사업주는 그 사업에 고용된 근로자의 피보험자격의 취득 및 상실 등에 관한 사항을 대통령령(아래 ②)으로 정하는 바에 따라 **고용노동부장관에게 신고**하여야 한다(고용보험법 제15조 제1항). 기출

㉡ 근로자에 의한 신고

ⓐ 사업주가 위 ㉠에 따른 피보험자격에 관한 사항을 신고하지 아니하면 대통령령(아래 ⓑ)으로 정하는 바에 따라 **근로자가 신고**할 수 있다(고용보험법 제15조 제3항).

ⓑ 위 ⓐ에 따라 근로자가 피보험자격의 취득 및 상실 등에 관한 사항을 신고할 때에는 근로계약서 등 고용관계를 증명할 수 있는 서류를 제출하여야 한다(고용보험법 시행령 제8조).

OX문제

「고용보험법」에서 적용제외 근로자였던 자가 「고용보험법」의 적용을 받게 된 경우에는 그 적용을 받게 된 날의 다음 날에 피보험자격을 취득한 것으로 행정처리한다. ( )

OX문제

「고용보험 및 산업재해보상보험의 보험료징수 등에 관한 법률」 제10조의 규정에 의하여 보험관계가 소멸한 경우에는 그 보험관계가 소멸한 날의 다음 날에 피보험자격을 상실한 것으로 행정처리한다. ( )

OX문제

피보험자가 이직한 경우에는 이직한 날에 피보험자격을 상실한 것으로 행정처리한다. ( )

정답 ×, ×, ×

ⓒ **자영업자**: 위 ㉠에도 불구하고 자영업자인 피보험자는 피보험자격의 취득 및 상실에 관한 신고를 하지 아니한다(고용보험법 제15조 제7항).

② **신고기간**: 사업주나 하수급인(下受給人)은 위 ①에 따라 고용노동부장관에게 그 사업에 고용된 근로자의 피보험자격 취득 및 상실에 관한 사항을 신고하려는 경우에는 그 사유가 발생한 날이 속하는 달의 **다음 달 15일까지**(근로자가 그 기일 이전에 신고하거나 제출할 것을 요구하는 경우에는 지체 없이) 신고해야 한다. 이 경우 사업주나 하수급인이 해당하는 달에 고용한 일용근로자의 근로일수, 임금 등이 적힌 근로내용 확인신고서를 그 사유가 발생한 날의 **다음 달 15일까지** 고용노동부장관에게 제출한 경우에는 피보험자격의 취득 및 상실을 신고한 것으로 본다(고용보험법 시행령 제7조 제1항).

(4) 피보험자격의 확인 청구

피보험자 또는 피보험자였던 사람은 **언제든지** 고용노동부장관에게 피보험자격의 취득 또는 상실에 관한 확인을 **청구할 수 있다**(고용보험법 제17조 제1항).

(5) 피보험자격의 취득기준 OX

근로자가 보험관계가 성립되어 있는 둘 이상의 사업에 동시에 고용되어 있는 경우에는 대통령령으로 정하는 바에 따라 그중 **한 사업의 피보험자격을 취득한다**(고용보험법 제18조 제1항). 기출

7. 고용보험사업

고용보험은 「고용보험법」 제1조의 목적을 이루기 위하여 고용보험사업으로 고용안정·직업능력개발사업, 실업급여, 육아휴직급여 및 출산전후휴가급여 등을 실시한다(고용보험법 제4조 제1항).

(1) 고용안정·직업능력개발사업

고용노동부장관은 피보험자 및 피보험자였던 사람, 그 밖에 취업할 의사를 가진 사람(이하 '피보험자 등'이라 한다)에 대한 실업의 예방, 취업의 촉진, 고용기회의 확대, 직업능력개발·향상의 기회 제공 및 지원, 그 밖에 고용안정과 사업주에 대한 인력 확보를 지원하기 위하여 고용안정·직업능력개발사업을 실시한다(고용보험법 제19조 제1항).

OX문제

근로자가 보험관계가 성립되어 있는 둘 이상의 사업에 동시에 고용되어 있는 경우에는 각 사업의 근로자로서의 피보험자격을 모두 취득한다.
( )

정답 ×

고득점 심화학습

고용안정·직업능력개발사업의 내용

1. 고용창출의 지원
2. 고용조정의 지원
3. 지역 고용의 촉진
4. 고령자등 고용촉진의 지원
5. 건설근로자 등의 고용안정 지원
6. 고용안정 및 취업 촉진
7. 고용촉진 시설에 대한 지원
8. 사업주에 대한 직업능력개발훈련의 지원
9. 피보험자등에 대한 직업능력개발 지원
10. 직업능력개발 훈련 시설에 대한 지원
11. 직업능력개발의 촉진
12. 건설근로자 등의 직업능력개발 지원
13. 고용정보의 제공 및 고용지원 기반의 구축 등
14. 지방자치단체 등에 대한 지원

(2) 실업급여

① 실업급여의 종류

㉠ **실업급여의 구분**: 실업급여는 구직급여와 취업촉진 수당으로 구분한다(고용보험법 제37조 제1항). 기출

㉡ **취업촉진 수당의 종류**: 취업촉진 수당의 종류는 다음과 같다(고용보험법 제37조 제2항). 기출
  ⓐ 조기 재취업 수당
  ⓑ 직업능력개발 수당
  ⓒ 광역 구직활동비
  ⓓ 이주비

② 실업급여수급계좌

㉠ 직업안정기관의 장은 수급자격자의 신청이 있는 경우에는 실업급여를 수급자격자 명의의 지정된 계좌(이하 '실업급여수급계좌'라 한다)로 입금하여야 한다. 다만, 정보통신장애나 그 밖에 대통령령으로 정하는 불가피한 사유로 실업급여를 실업급여수급계좌로 이체할 수 없을 때에는 현금 지급 등 대통령령으로 정하는 바에 따라 실업급여를 지급할 수 있다(고용보험법 제37조의2 제1항).

㉡ 실업급여수급계좌의 해당 금융기관은 「고용보험법」에 따른 실업급여만이 실업급여수급계좌에 입금되도록 관리하여야 한다(고용보험법 제37조의2 제2항). 기출

③ 수급권의 보호

㉠ **수급권의 보호**: 실업급여를 받을 권리는 양도 또는 압류하거나 담보로 제공할 수 없다(고용보험법 제38조 제1항). 기출

㉡ **위임규정**: 위 ②의 ㉠에 따라 지정된 실업급여수급계좌의 예금 중 대통령령(아래 ㉢)으로 정하는 액수 이하의 금액에 관한 채권은 압류할 수 없다(고용보험법 제38조 제2항).

㉢ **압류금지 실업급여 액수**: 위 ㉡에서 '대통령령으로 정하는 액수'란 실업급여수급계좌에 입금된 금액 전액을 말한다(고용보험법 시행령 제58조의3).

④ 공과금의 면제
실업급여로서 지급된 금품에 대하여는 국가나 지방자치단체의 공과금(국세기본법 제2조 제8호 또는 지방세기본법 제2조 제1항 제26호에 따른 공과금을 말한다)을 **부과하지 아니한다**(고용보험법 제38조의2). 기출

OX문제

구직급여는 실업급여에 포함된다. ( )

취업촉진 수당에는 이주비는 포함되지만 조기 재취업 수당은 포함되지 않는다. ( )

이주비는 구직급여의 종류에 해당한다. ( )

OX문제

실업급여수급계좌의 해당 금융기관은 「고용보험법」에 따른 실업급여만이 실업급여수급계좌에 입금되도록 관리하여야 한다. ( )

OX문제

실업급여를 받을 권리는 양도할 수 없다. ( )

실업급여를 받을 권리는 양도할 수 없지만 담보로 제공할 수는 있다. ( )

OX문제

실업급여로서 지급된 금품에 대하여는 국가나 지방자치단체의 공과금(국세기본법 또는 지방세기본법에 따른 공과금을 말한다)을 부과하지 아니한다. ( )

정답 O, ×, ×, O, O, ×, O

⑤ **구직급여**
- ㉠ 구직급여의 수급요건: 구직급여는 이직한 근로자인 피보험자가 다음의 요건을 모두 갖춘 경우에 지급한다. 다만, ⓔ와 ⓕ는 최종 이직 당시 일용근로자였던 사람만 해당한다(고용보험법 제40조 제1항).
    - ⓐ 아래 ㉡에 따른 기준기간 동안의 피보험 단위기간(아래 ㉢에 따른 피보험 단위기간을 말한다. 이하 같다)이 합산하여 180일 이상일 것
    - ⓑ 근로의 의사와 능력이 있음에도 불구하고 취업(영리를 목적으로 사업을 영위하는 경우를 포함한다)하지 못한 상태에 있을 것
    - ⓒ 이직사유가 수급자격의 제한사유에 해당하지 아니할 것
    - ⓓ 재취업을 위한 노력을 적극적으로 할 것
    - ⓔ 다음의 어느 하나에 해당할 것
        - ⅰ) 수급자격 인정신청일이 속한 달의 직전 달 초일부터 수급자격 인정신청일까지의 근로일 수의 합이 같은 기간 동안의 총 일수의 3분의 1 미만일 것
        - ⅱ) 건설일용근로자(일용근로자로서 이직 당시에 통계법 제22조 제1항에 따라 통계청장이 고시하는 한국표준산업분류의 대분류상 건설업에 종사한 사람을 말한다. 이하 같다)로서 수급자격 인정신청일 이전 14일간 연속하여 근로내역이 없을 것
    - ⓕ 최종 이직 당시의 기준기간 동안의 피보험 단위기간 중 다른 사업에서 「고용보험법」 제58조에 따른 수급자격의 제한 사유에 해당하는 사유로 이직한 사실이 있는 경우에는 그 피보험 단위기간 중 90일 이상을 일용근로자로 근로하였을 것
- ㉡ 기준기간: 기준기간은 이직일 이전 18개월로 하되, 근로자인 피보험자가 다음의 어느 하나에 해당하는 경우에는 다음 구분에 따른 기간을 기준기간으로 한다(고용보험법 제40조 제2항).
    - ⓐ 이직일 이전 18개월 동안에 질병·부상, 그 밖에 대통령령으로 정하는 사유로 계속하여 30일 이상 보수의 지급을 받을 수 없었던 경우: 18개월에 그 사유로 보수를 지급받을 수 없었던 일수를 가산한 기간(3년을 초과할 때에는 3년으로 한다)
    - ⓑ 다음의 요건에 모두 해당하는 경우: 이직일 이전 24개월
        - ⅰ) 이직 당시 1주 소정근로시간이 15시간 미만이고, 1주 소정근로일수가 2일 이하인 근로자로 근로하였을 것
        - ⅱ) 이직일 이전 24개월 동안의 피보험 단위기간 중 90일 이상을 위 ⅰ)의 요건에 해당하는 근로자로 근로하였을 것

ⓒ 피보험 단위기간
  ⓐ 근로자의 피보험 단위기간은 피보험기간 중 보수 지급의 기초가 된 날을 합하여 계산한다. 다만, 자영업자인 피보험자의 피보험 단위기간은 「고용보험법」 제50조 제3항 단서 및 제4항에 따른 피보험기간으로 한다(고용보험법 제41조 제1항).
  ⓑ 위 ⓐ에 따라 피보험 단위기간을 계산할 때에는 최후로 피보험자격을 취득한 날 이전에 구직급여를 받은 사실이 있는 경우에는 그 구직급여와 관련된 피보험자격 상실일 이전의 피보험 단위기간은 **넣지 아니한다**(고용보험법 제41조 제2항).

ⓔ 실업의 신고
  ⓐ **실업의 신고**: 구직급여를 지급받으려는 사람은 이직 후 **지체 없이** 직업안정기관에 출석하여 실업을 신고하여야 한다. 다만, 「재난 및 안전관리 기본법」 제3조 제1호의 재난으로 출석하기 어려운 경우 등 고용노동부령으로 정하는 사유가 있는 경우에는 「고용정책 기본법」 제15조의2에 따른 고용정보시스템을 통하여 신고할 수 있다(고용보험법 제42조 제1항).
  ⓑ **구직신청 등**: 위 ⓐ에 따른 실업의 신고에는 구직 신청과 아래 ⓜ에 따른 수급자격의 인정신청을 포함하여야 한다(고용보험법 제42조 제2항).
  ⓒ **이직확인서**: 위 ⓐ에 따라 구직급여를 지급받기 위하여 실업을 신고하려는 사람은 이직하기 전 사업의 사업주에게 피보험 단위기간, 이직 전 1일 소정근로시간 등을 확인할 수 있는 자료(이하 '이직확인서'라 한다)의 발급을 요청할 수 있다. 이 경우 요청을 받은 사업주는 고용노동부령으로 정하는 바에 따라 이직확인서를 발급하여 주어야 한다(고용보험법 제42조 제3항). ^{기출}

ⓜ 수급자격의 인정
  ⓐ **수급자격의 인정의 신청**: 구직급여를 지급받으려는 사람은 직업안정기관의 장에게 위 ㉠의 구직급여의 수급요건(ⓓ 제외)을 갖추었다는 사실(이하 '수급자격'이라 한다)을 인정하여 줄 것을 신청하여야 한다(고용보험법 제43조 제1항).
  ⓑ 직업안정기관의 장은 위 ⓐ에 따른 수급자격의 인정신청을 받으면 그 신청인에 대한 수급자격의 인정 여부를 결정하고, 대통령령(아래 ⓒ)으로 정하는 바에 따라 신청인에게 그 결과를 알려야 한다(고용보험법 제43조 제2항).

ⓒ **고지**: 직업안정기관의 장은 수급자격 인정신청서를 제출한 사람이 위 ⓐ에 따른 구직급여의 수급자격이 인정되지 않는 경우 그 신청인에게 해당 사실을 알려야 한다(고용보험법 시행령 제62조 제2항).

ⓗ **실업의 인정**: 구직급여는 수급자격자가 실업한 상태에 있는 날 중에서 직업안정기관의 장으로부터 실업의 인정을 받은 날에 대하여 지급하며, 실업의 인정을 받으려는 수급자격자는 실업의 신고를 한 날부터 계산하기 시작하여 1주부터 4주의 범위에서 직업안정기관의 장이 지정한 날(이하 '실업인정일'이라 한다)에 출석하여 재취업을 위한 노력을 하였음을 신고하여야 하고, 직업안정기관의 장은 직전 실업인정일의 다음 날부터 그 실업인정일까지의 각각의 날에 대하여 실업의 인정을 한다(고용보험법 제44조 제1항·제2항 본문). 기출

ⓢ **증명서의 제출**: 위 ⓗ에도 불구하고 수급자격자가 다음의 어느 하나에 해당하면 직업안정기관에 출석할 수 없었던 사유를 적은 증명서를 제출하여 실업의 인정을 받을 수 있다(고용보험법 제44조 제3항).

ⓐ 질병이나 부상으로 직업안정기관에 출석할 수 없었던 경우로서 그 기간이 계속하여 **7일 미만**인 경우

ⓑ 직업안정기관의 직업소개에 따른 구인자와의 면접 등으로 직업안정기관에 출석할 수 없었던 경우

ⓒ 직업안정기관의 장이 지시한 직업능력개발 훈련 등을 받기 위하여 직업안정기관에 출석할 수 없었던 경우

ⓓ 천재지변이나 그 밖의 부득이한 사유로 직업안정기관에 출석할 수 없었던 경우

ⓞ **급여의 기초가 되는 임금일액**

ⓐ **기초일액**: 구직급여의 산정 기초가 되는 임금일액(이하 '기초일액'이라 한다)은 수급자격의 인정과 관련된 마지막 이직 당시「근로기준법」에 따라 산정된 **평균임금**으로 한다. 다만, 마지막 이직일 이전 3개월 이내에 피보험자격을 취득한 사실이 2회 이상인 경우에는 마지막 이직일 이전 3개월간(일용근로자의 경우에는 마지막 이직일 이전 4개월 중 최종 1개월을 제외한 기간)에 그 근로자에게 지급된 임금 총액을 그 산정의 기준이 되는 3개월의 총일수로 나눈 금액을 기초일액으로 한다(고용보험법 제45조 제1항). 기출

OX문제

직업안정기관의 장은 수급자격 인정신청서를 제출한 사람이 구직급여의 수급자격이 인정되지 아니하는 경우에는 그 신청인과 사업주에게 해당 사실을 알려야 한다.( )

OX문제

실업의 인정을 받으려는 수급자격자는「고용보험법」에 따라 실업의 신고를 한 날부터 계산하기 시작하여 1주부터 4주의 범위에서 직업안정기관의 장이 지정한 날에 출석하여 재취업을 위한 노력을 하였음을 신고하여야 한다.
( )

OX문제

구직급여의 산정 기초가 되는 임금일액은 수급자격자의 인정과 관련된 마지막 이직 당시「근로기준법」에 따라 산정된 통상임금으로 한다.
( )

정답 ×, ○, ×

ⓑ 통상임금보다 적은 경우: 위 ⓐ에 따라 산정된 금액이 「근로기준법」에 따른 그 근로자의 통상임금보다 적을 경우에는 그 통상임금액을 기초일액으로 한다. 다만, 마지막 사업에서 이직 당시 일용근로자였던 사람의 경우에는 그러하지 아니하다(고용보험법 제45조 제2항).

ⓒ 최저기초일액: 기초일액이 그 수급자격자의 이직 전 1일 소정근로시간에 이직일 당시 적용되던 「최저임금법」에 따른 시간단위에 해당하는 최저임금액을 곱한 금액(이하 '최저기초일액'이라 한다)보다 낮은 경우에는 최저기초일액을 기초일액으로 한다(고용보험법 제45조 제4항).

ⓓ 기초일액의 상한액: 구직급여의 산정 기초가 되는 임금일액이 11만원을 초과하는 경우에는 11만원을 해당 임금일액으로 한다(고용보험법 시행령 제68조 제1항).

ⓩ 구직급여일액: 구직급여일액은 다음의 구분에 따른 금액으로 한다(고용보험법 제46조 제1항).

　ⓐ 구직급여일액: 위 ⓞ의 ⓐ·ⓑ·ⓓ의 경우 수급자격자의 기초일액에 100분의 60을 곱한 금액

　ⓑ 최저구직급여일액: 위 ⓞ의 ⓒ의 경우 수급자격자의 기초일액에 100분의 80을 곱한 금액

ⓩ 구직급여일액의 하한액: 위 ⓩ의 ⓐ에 따라 산정된 구직급여일액이 최저구직급여일액보다 낮은 경우에는 최저구직급여일액을 그 수급자격자의 구직급여일액으로 한다(고용보험법 제46조 제2항).

㉠ 실업인정대상기간 중의 취업 등의 신고

　ⓐ 수급자격자는 실업의 인정을 받으려 하는 기간(이하 '실업인정대상기간'이라 한다) 중에 고용노동부령으로 정하는 기준에 해당하는 취업을 한 경우에는 그 사실을 직업안정기관의 장에게 신고하여야 한다(고용보험법 제47조 제1항).

　ⓑ 직업안정기관의 장은 필요하다고 인정하면 수급자격자의 실업인정대상기간 중의 취업 사실에 대하여 조사할 수 있다(고용보험법 제47조 제2항).

㉡ 수급기간 및 수급일수

　ⓐ 구직급여는 「고용보험법」에 따로 규정이 있는 경우 외에는 그 구직급여의 수급자격과 관련된 이직일의 다음 날부터 계산하기 시

작하여 12개월 내에 아래 ⓗ의 ⓐ에 따른 소정급여일수를 한도로 하여 지급한다(고용보험법 제48조 제1항). 기출

ⓑ 위 ⓐ에 따른 12개월의 기간 중 임신·출산·육아, 그 밖에 대통령령으로 정하는 사유로 취업할 수 없는 사람이 그 사실을 수급기간에 직업안정기관에 신고한 경우에는 12개월의 기간에 그 취업할 수 없는 기간을 가산한 기간(4년을 넘을 때에는 4년)에 아래 ⓗ의 ⓐ에 따른 소정급여일수를 한도로 하여 구직급여를 지급한다(고용보험법 제48조 제2항).

ⓟ 대기기간: 실업의 신고일부터 계산하기 시작하여 7일간은 대기기간으로 보아 구직급여를 지급하지 아니한다. 다만, 최종 이직 당시 건설일용근로자였던 사람에 대해서는 실업의 신고일부터 계산하여 구직급여를 지급한다(고용보험법 제49조 제1항). 기출

ⓗ 소정급여일수

ⓐ 하나의 수급자격에 따라 구직급여를 지급받을 수 있는 날(이하 '소정급여일수'라 한다)은 대기기간이 끝난 다음 날부터 계산하기 시작하여 피보험기간과 연령에 따라 다음 표에서 정한 일수가 되는 날까지로 한다(고용보험법 제50조 제1항 별표 1). 기출

구분		피보험기간				
		1년 미만	1년 이상 3년 미만	3년 이상 5년 미만	5년 이상 10년 미만	10년 이상
이직일 현재 연령	50세 미만	120일	150일	180일	210일	240일
	50세 이상	120일	180일	210일	240일	270일

[비고]
「장애인고용촉진 및 직업재활법」 제2조 제1호에 따른 장애인은 50세 이상인 것으로 보아 위 표를 적용한다.

ⓑ 유예지급: 수급자격자가 소정급여일수 내에 임신·출산·육아, 그 밖에 대통령령으로 정하는 사유로 수급기간을 연장한 경우에는 그 기간만큼 구직급여를 유예하여 지급한다(고용보험법 제50조 제2항). 기출

⑥ **부정행위에 따른 급여의 지급 제한**: 거짓이나 그 밖의 부정한 방법으로 실업급여를 받았거나 받으려 한 사람에게는 그 급여를 받은 날 또는 받으려 한 날부터의 구직급여를 지급하지 아니한다. 다만, 그 급여와 관련된 이직 이후에 새로 수급자격을 취득한 경우 그 새로운 수급자격에 따른 구직급여에 대하여는 그러하지 아니하다(고용보험법 제61조 제1항).

OX문제

수급자격자가 소정급여일수 내에 임신·출산·육아의 사유로 수급기간을 연장한 경우에는 그 기간만큼 구직급여를 유예하여 지급한다. (   )

정답 O

OX문제

직업안정기관의 장은 거짓으로 구직급여를 지급받은 사람에게 지급받은 전체 구직급여의 전부 또는 일부의 반환을 명할 수 있다. ( )

OX ⑦ **반환명령**: 직업안정기관의 장은 거짓이나 그 밖의 부정한 방법으로 구직급여를 지급받은 사람에게 고용노동부령으로 정하는 바에 따라 지급받은 구직급여의 전부 또는 일부의 반환을 명할 수 있다(고용보험법 제62조 제1항). 기출

⑧ **조기재취업 수당**

　㉠ **지급**: 조기재취업 수당은 수급자격자(외국인근로자의 고용 등에 관한 법률 제2조에 따른 외국인 근로자는 제외한다)가 안정된 직업에 재취직하거나 스스로 영리를 목적으로 하는 사업을 영위하는 경우로서 대통령령(아래 ㉡)으로 정하는 기준에 해당하면 지급한다(고용보험법 제64조 제1항).

　㉡ **지급기준**: 위 ㉠에서 '대통령령으로 정하는 기준'이란 실업의 신고일부터 14일이 지난 후 재취업한 수급자격자가 재취업한 날의 전날을 기준으로 **소정급여일수를 2분의 1 이상** 남기고 **재취업한 경우**로서 다음의 어느 하나에 해당하는 경우를 말한다(고용보험법 시행령 제84조 제1항).

　　ⓐ 12개월 이상 계속하여 고용된 경우이거나 이직일 당시 65세 이상인 사람(65세 전부터 65세가 될 때까지 피보험자격을 유지한 사람만 해당한다)으로서 6개월 이상 계속하여 고용될 것으로 고용노동부장관이 정하는 바에 따라 직업안정기관의 장이 인정하는 경우. 다만, 수급자격자가 다음의 어느 하나에 해당하는 경우는 제외한다.

　　　ⅰ) 최후에 이직한 사업의 사업주나 그와 관련된 사업주로서 고용노동부령으로 정하는 사업주에게 재고용된 경우

　　　ⅱ) 실업의 신고일 이전에 채용을 약속한 사업주에게 고용된 경우

　　　ⅲ) 「국가공무원법」 또는 「지방공무원법」에 따른 공무원으로 채용된 경우. 다만, 가입대상 공무원으로 채용된 경우는 제외한다.

　　　ⅳ) 조기재취업 수당 제도의 취지 및 근로자 평균 근로소득 등을 고려하여 고용노동부장관이 정하여 고시하는 임금액 이상을 받는 경우

　　　ⅴ) 「병역법」 제2조 제1항 제9호, 제16호 또는 제17호에 따른 승선근무예비역, 전문연구요원 또는 산업기능요원으로 근무 또는 복무하는 경우

　　ⓑ 12개월 이상 계속하여 사업을 영위한 경우이거나 이직일 당시 65

정답 ○

세 이상인 사람으로서 6개월 이상 계속하여 사업을 영위할 것으로 고용노동부장관이 정하는 바에 따라 직업안정기관의 장이 인정하는 경우

ⓒ **조기재취업 수당의 금액**: 조기재취업 수당의 금액은 구직급여의 소정급여일수 중 미지급일수의 비율에 따라 대통령령(아래 ⓓ)으로 정하는 기준에 따라 산정한 금액으로 한다(고용보험법 제64조 제3항).

OX ⓓ **조기재취업 수당의 금액의 비율산정**: 위 ⓒ에 따른 조기재취업 수당의 금액은 구직급여일액에 미지급일수의 2분의 1을 곱한 금액으로 한다(고용보험법 시행령 제85조 제1항). 기출

(3) 육아휴직급여 등

① **육아휴직급여의 지급요건**: 고용노동부장관은 「남녀고용평등과 일·가정 양립 지원에 관한 법률」 제19조에 따른 육아휴직을 30일(근로기준법에 따른 출산전후휴가기간과 중복되는 기간은 제외한다) 이상 부여받은 피보험자 중 육아휴직을 시작한 날 이전에 피보험 단위기간이 합산하여 180일 이상인 피보험자에게 육아휴직급여를 지급한다(고용보험법 제70조 제1항).

OX ② **급여의 신청기간 및 신청기간의 연장사유**: 육아휴직급여를 지급받으려는 사람은 육아휴직을 시작한 날 이후 1개월부터 육아휴직이 끝난 날 이후 12개월 이내에 신청하여야 한다. 다만, 해당 기간에 다음의 사유로 육아휴직급여를 신청할 수 없었던 사람은 그 사유가 끝난 후 30일 이내에 신청하여야 한다(고용보험법 제70조 제2항, 동법 시행령 제94조). 기출

ⓐ 천재지변
ⓑ 본인이나 배우자의 질병·부상
ⓒ 본인이나 배우자의 직계존속 및 직계비속의 질병·부상
ⓓ 「병역법」에 따른 의무복무
ⓔ 범죄혐의로 인한 구속이나 형의 집행

③ **이직이나 취업한 사실의 기재**: 피보험자가 위 ②에 따라 육아휴직급여 지급신청을 하는 경우 육아휴직기간 중에 이직하거나 고용노동부령으로 정하는 기준에 해당하는 취업을 한 사실이 있는 경우에는 해당 신청서에 그 사실을 기재하여야 한다(고용보험법 제70조 제3항).

④ **육아휴직급여**

ⓐ **월별 지급액**: 위 ①에 따른 육아휴직급여는 다음의 구분에 따른 금액을 월별 지급액으로 한다(고용보험법 시행령 제95조 제1항).

OX문제

조기재취업 수당의 금액은 구직급여의 소정급여일수 중 미지급일수의 비율에 따라 구직급여일액에 미지급일수의 2분의 1을 곱한 금액으로 한다. ( )

OX문제

본인이나 배우자의 직계존속 및 직계비속의 사망은 육아휴직급여의 신청기간을 연장할 수 있다. ( )

배우자의 직계존속이 사망한 경우는 육아휴직급여 신청기간의 연장사유에 해당하지 않는다. ( )

정답 ○, ×, ○

ⓐ 육아휴직 시작일부터 3개월까지: 육아휴직 시작일을 기준으로 한 월 통상임금에 해당하는 금액. 다만, 해당 금액이 250만원을 넘는 경우에는 250만원으로 하고, 해당 금액이 70만원보다 적은 경우에는 70만원으로 한다.

ⓑ 육아휴직 4개월째부터 6개월째까지: 육아휴직 시작일을 기준으로 한 월 통상임금에 해당하는 금액. 다만, 해당 금액이 200만원을 넘는 경우에는 200만원으로 하고, 해당 금액이 70만원보다 적은 경우에는 70만원으로 한다.

ⓒ 육아휴직 7개월째부터 종료일까지: 육아휴직 시작일을 기준으로 한 월 통상임금의 100분의 80에 해당하는 금액. 다만, 해당 금액이 160만원을 넘는 경우에는 160만원으로 하고, 해당 금액이 70만원보다 적은 경우에는 70만원으로 한다.

ⓛ **일할계산**: 육아휴직급여의 지급대상 기간이 1개월을 채우지 못하는 경우에는 위 ㉠에 따른 월별 지급액을 해당 월에 휴직한 일수에 비례하여 계산한 금액을 지급액으로 한다(고용보험법 시행령 제95조 제3항).

⑤ **육아휴직급여의 지급 제한 등**

㉠ **이직에 따른 지급 제한**: 피보험자가 육아휴직기간 중에 그 사업에서 이직한 경우에는 그 이직하였을 때부터 육아휴직급여를 지급하지 아니한다(고용보험법 제73조 제1항).

㉡ **취업에 따른 지급제한**: 피보험자가 육아휴직기간 중에 위 ③에 따른 취업을 한 경우에는 그 취업한 기간에 대해서는 육아휴직급여를 지급하지 아니한다(고용보험법 제73조 제2항).

㉢ **금품수령에 따른 감액 지급**: 피보험자가 사업주로부터 육아휴직을 이유로 금품을 지급받은 경우 대통령령으로 정하는 바에 따라 급여를 감액하여 지급할 수 있다(고용보험법 제73조 제3항).

㉣ **부정행위에 따른 제한**: 거짓이나 그 밖의 부정한 방법으로 육아휴직급여를 받았거나 받으려 한 사람에게는 그 급여를 받은 날 또는 받으려 한 날부터의 육아휴직급여를 지급하지 아니한다. 다만, 그 급여와 관련된 육아휴직 이후에 새로 육아휴직급여 요건을 갖춘 경우 그 새로운 요건에 따른 육아휴직급여는 그러하지 아니하다(고용보험법 제73조 제4항).

⑥ **육아휴직급여의 사무의 위탁**: 직업안정기관의 장은 피보험자의 신청에 따라 필요하다고 인정하면 그 자에게 행하는 육아휴직급여에 관한 사무

를 다른 직업안정기관의 장에게 위탁하여 처리할 수 있다(고용보험법 시행령 제99조).

⑦ **육아기 근로시간 단축 급여**

㉠ 급여의 지급요건: 고용노동부장관은 「남녀고용평등과 일·가정 양립 지원에 관한 법률」 제19조의2에 따른 육아기 근로시간 단축(이하 '육아기 근로시간 단축'이라 한다)을 30일(근로기준법에 따른 출산전후휴가기간과 중복되는 기간은 제외한다) 이상 실시한 피보험자 중 육아기 근로시간 단축을 시작한 날 이전에 피보험 단위기간이 합산하여 180일 이상인 피보험자에게 육아기 근로시간 단축 급여를 지급한다(고용보험법 제73조의2 제1항).

㉡ 급여의 신청: 육아기 근로시간 단축 급여를 지급받으려는 사람은 육아기 근로시간 단축을 시작한 날 이후 1개월부터 끝난 날 이후 12개월 이내에 신청하여야 한다. 다만, 해당 기간에 대통령령으로 정하는 사유로 육아기 근로시간 단축 급여를 신청할 수 없었던 사람은 그 사유가 끝난 후 30일 이내에 신청하여야 한다(고용보험법 제73조의2 제2항).

(4) 출산전후휴가급여 등

① **급여의 지급요건**: 고용노동부장관은 「남녀고용평등과 일·가정 양립 지원에 관한 법률」에 따라 피보험자가 「근로기준법」에 따른 출산전후휴가 또는 유산·사산휴가를 받은 경우와 「남녀고용평등과 일·가정 양립 지원에 관한 법률」에 따른 배우자 출산휴가 또는 난임치료휴가를 받은 경우로서 다음의 요건을 모두 갖춘 경우에 출산전후휴가급여 등을 지급한다(고용보험법 제75조, 동법 시행령 제100조).

㉠ 휴가가 끝난 날 이전에 피보험 단위기간이 합산하여 180일 이상일 것

㉡ 휴가를 시작한 날[출산전후휴가 또는 유산·사산휴가를 받은 피보험자가 속한 사업장이 우선지원 대상기업이 아닌 경우에는 휴가 시작 후 60일(한 번에 둘 이상의 자녀를 임신한 경우에는 75일)이 지난 날로 본다] 이후 1개월부터 휴가가 끝난 날 이후 12개월 이내에 신청할 것. 다만, 그 기간에 다음의 사유로 출산전후휴가급여 등을 신청할 수 없었던 사람은 그 사유가 끝난 후 30일 이내에 신청하여야 한다.

ⓐ 천재지변
ⓑ 본인이나 배우자의 질병·부상
ⓒ 본인이나 배우자의 직계존속 및 직계비속의 질병·부상
ⓓ 「병역법」에 따른 의무복무

ⓔ 범죄혐의로 인한 구속이나 형의 집행
② **지급기간 등**: 위 ①에 따른 출산전후휴가급여 등은 다음의 휴가기간에 대하여 「근로기준법」의 **통상임금**(휴가를 시작한 날을 기준으로 산정한다)에 해당하는 금액을 지급한다(고용보험법 제76조).
  ㉠ 「근로기준법」에 따른 출산전후휴가 또는 유산·사산휴가기간. 다만, 우선지원 대상기업이 아닌 경우에는 휴가기간 중 60일(한 번에 둘 이상의 자녀를 임신한 경우에는 75일)을 초과한 일수(30일을 한도로 하되, 미숙아를 출산한 경우에는 40일을 한도로 하고, 한 번에 둘 이상의 자녀를 임신한 경우에는 45일을 한도로 한다)로 한정한다.
  ㉡ 「남녀고용평등과 일·가정 양립 지원에 관한 법률」에 따른 배우자 출산휴가기간. 다만, 피보험자가 속한 사업장이 우선지원 대상기업인 경우로 한정한다.

8. 심사 및 재심사 청구

(1) 심사와 재심사

① **심사와 재심사**: 피보험자격의 취득·상실에 대한 확인, 실업급여 및 육아휴직급여와 출산전후휴가급여 등에 관한 처분[이하 '원처분(原處分)등'이라 한다]에 이의가 있는 자는 **심사관**에게 심사를 청구할 수 있고, 그 결정에 이의가 있는 자는 **심사위원회**에 재심사를 청구할 수 있다(고용보험법 제87조 제1항).
② **청구기간**: 위 ①에 따른 심사의 청구는 확인 또는 처분이 있음을 안 날부터 **90일 이내**에, 재심사의 청구는 심사 청구에 대한 결정이 있음을 안 날부터 **90일 이내**에 각각 제기하여야 한다(고용보험법 제87조 제2항).
③ **시효중단**: 위 ①에 따른 심사 및 재심사의 청구는 시효중단에 관하여 재판상의 청구로 본다(고용보험법 제87조 제3항).

(2) 대리인의 선임

심사 청구인 또는 재심사 청구인은 법정대리인 외에 다음의 어느 하나에 해당하는 자를 대리인으로 선임할 수 있다(고용보험법 제88조).
① 청구인의 배우자, 직계존속·비속 또는 **형제자매**
② 청구인인 법인의 임원 또는 직원
③ 변호사나 공인노무사
④ 고용보험심사위원회의 허가를 받은 자

(3) 고용보험심사관

① **고용보험심사관**: 위 **(1)**에 따른 심사를 행하게 하기 위하여 고용보험심사관(이하 '심사관'이라 한다)을 둔다(고용보험법 제89조 제1항).

② **심사 청구의 결정기간**: 심사관은 심사 청구를 받으면 30일 이내에 그 심사 청구에 대한 결정을 하여야 한다. 다만, 부득이한 사정으로 그 기간에 결정할 수 없을 때에는 한 차례만 10일을 넘지 아니하는 범위에서 그 기간을 연장할 수 있다(고용보험법 제89조 제2항).

③ **기피신청**: 당사자는 심사관에게 심리·결정의 공정을 기대하기 어려운 사정이 있으면 그 심사관에 대한 **기피신청**을 **고용노동부장관**에게 할 수 있다(고용보험법 제89조 제4항).

(4) 심사의 청구 등

① 심사를 청구하는 경우 피보험자격의 취득·상실 확인에 대한 심사의 청구는 「산업재해보상보험법」에 따른 **근로복지공단**을, 실업급여 및 육아휴직급여와 출산전후휴가급여 등에 관한 처분에 대한 심사의 청구는 직업**안정기관의 장**을 거쳐 심사관에게 하여야 한다(고용보험법 제90조 제1항).

② 직업안정기관 또는 근로복지공단은 심사 청구서를 받은 날부터 5일 이내에 의견서를 첨부하여 심사 청구서를 심사관에게 보내야 한다(고용보험법 제90조 제2항).

(5) 청구방식

심사의 청구는 대통령령으로 정하는 바에 따라 **문서**로 하여야 한다(고용보험법 제91조).

(6) 보정 및 각하

① 심사의 청구가 위 **(1)**의 ②에 따른 기간이 지났거나 법령으로 정한 방식을 위반하여 보정(補正)하지 못할 것인 경우에 심사관은 그 심사의 청구를 결정으로 각하(却下)하여야 한다(고용보험법 제92조 제1항).

② 심사의 청구가 법령으로 정한 방식을 어긴 것이라도 보정할 수 있는 것인 경우에 심사관은 상당한 기간을 정하여 심사 청구인에게 심사의 청구를 보정하도록 명할 수 있다. 다만, 보정할 사항이 경미한 경우에는 심사관이 직권으로 보정할 수 있다(고용보험법 제92조 제2항).

③ 심사관은 심사 청구인이 위 ②의 기간에 그 보정을 하지 아니하면 결정으로써 그 심사 청구를 각하하여야 한다(고용보험법 제92조 제3항).

(7) 원처분등의 집행 정지

심사의 청구는 원처분등의 집행을 정지시키지 아니한다. 다만, 심사관은 원처분등의 집행에 의하여 발생하는 중대한 위해(危害)를 피하기 위하여 긴급한 필요가 있다고 인정하면 직권으로 그 집행을 정지시킬 수 있다(고용보험법 제93조 제1항).

(8) 결정 및 결정의 방법

① 심사관은 심사의 청구에 대한 심리(審理)를 마쳤을 때에는 원처분등의 전부 또는 일부를 취소하거나 심사 청구의 전부 또는 일부를 기각한다(고용보험법 제96조).
② 심사 청구의 결정은 대통령령으로 정하는 바에 따라 문서로 하여야 한다(고용보험법 제97조 제1항).
③ 심사관은 결정을 하면 심사 청구인 및 원처분 등을 한 직업안정기관의 장 또는 근로복지공단에 각각 결정서의 정본(正本)을 보내야 한다(고용보험법 제97조 제2항).

(9) 결정의 효력

① 결정은 심사청구인 및 직업안정기관의 장 또는 근로복지공단에 결정서의 정본을 보낸 날부터 효력이 발생한다(고용보험법 제98조 제1항).
② 결정은 원처분등을 행한 직업안정기관의 장 또는 근로복지공단을 기속(羈束)한다(고용보험법 제98조 제2항).

(10) 고용보험심사위원회

위 (1)에 따른 재심사를 하게 하기 위하여 고용노동부에 고용보험심사위원회(이하 '심사위원회'라 한다)를 둔다(고용보험법 제99조 제1항).

(11) 재심사의 상대방

재심사의 청구는 원처분등을 행한 직업안정기관의 장 또는 근로복지공단을 상대방으로 한다(고용보험법 제100조).

(12) 심리

① 심사위원회는 재심사의 청구를 받으면 그 청구에 대한 심리 기일(審理期日) 및 장소를 정하여 심리 기일 3일 전까지 당사자 및 그 사건을 심사한 심사관에게 알려야 한다(고용보험법 제101조 제1항).
② 당사자는 심사위원회에 문서나 구두로 그 의견을 진술할 수 있다(고용보험법 제101조 제2항).

③ 심사위원회의 재심사 청구에 대한 심리는 공개한다. 다만, 당사자의 양쪽 또는 어느 한 쪽이 신청한 경우에는 공개하지 아니할 수 있다(고용보험법 제101조 제3항).
④ 심사위원회는 심리조서를 작성하여야 한다(고용보험법 제101조 제4항).
⑤ 당사자나 관계인은 위 ④의 심리조서의 열람을 신청할 수 있다(고용보험법 제101조 제5항).

9. 소멸시효

다음의 어느 하나에 해당하는 권리는 3년간 행사하지 아니하면 시효로 소멸한다(고용보험법 제107조 제1항).
① 지원금을 지급받거나 반환받을 권리
② 취업촉진 수당을 지급받거나 반환받을 권리
③ 구직급여를 반환받을 권리
④ 육아휴직급여, 육아기 근로시간 단축 급여 및 출산전후휴가급여 등을 반환받을 권리

4 국민연금법

1. 목적

「국민연금법」은 국민의 노령, 장애 또는 사망에 대하여 연금급여를 실시함으로써 국민의 생활안정과 복지증진에 이바지하는 것을 목적으로 한다(국민연금법 제1조).

2. 국민연금의 주관 및 보험의 위탁 OX

(1) 주관

「국민연금법」에 따른 국민연금사업은 보건복지부장관이 맡아 주관한다(국민연금법 제2조).

(2) 보험의 위탁

① 보건복지부장관의 위탁을 받아 「국민연금법」 제1조의 목적을 달성하기 위한 사업을 효율적으로 수행하기 위하여 국민연금공단(이하 '공단'이라 한다)을 설립한다(국민연금법 제24조).

> **OX문제**
> 국민연금사업의 주무관청은 보건복지부장관이고 국민연금공단 및 건강보험공단에서 위탁받아 수행한다. (   )
>
> 정답 O

② 보건복지부장관은 국민연금사업 중 연금보험료의 징수에 관하여 「국민연금법」에서 정하는 사항을 건강보험공단에 위탁한다(국민연금법 제88조 제1항).

3. 정의 등

① **용어의 뜻**: 「국민연금법」에서 사용하는 용어의 뜻은 다음과 같다(국민연금법 제3조 제1항).

  ㉠ **근로자**: 직업의 종류가 무엇이든 사업장에서 노무를 제공하고 그 대가로 임금을 받아 생활하는 자(법인의 이사와 그 밖의 임원을 포함한다)를 말한다. 다만, 대통령령으로 정하는 자는 제외한다.

▶ **근로자에서 제외되는 사람(국민연금법 시행령 제2조)**

1. 일용근로자나 1개월 미만의 기한을 정하여 근로를 제공하는 사람. 다만, 1개월 이상 계속하여 근로를 제공하는 사람으로서 다음의 어느 하나에 해당하는 사람은 근로자에 포함된다.
    ① 「건설산업기본법」 제2조 제4호 각 목 외의 부분 본문에 따른 건설공사의 사업장 등 보건복지부장관이 정하여 고시하는 사업장에서 근로를 제공하는 경우: 1개월 동안의 근로일수가 8일 이상이거나 1개월 동안의 소득(국민연금법 시행령 제3조 제1항 제2호에 따른 소득만 해당한다. 이하 같다)이 보건복지부장관이 정하여 고시하는 금액 이상인 사람
    ② 위 ① 외의 사업장에서 근로를 제공하는 경우: 1개월 동안의 근로일수가 8일 이상 또는 1개월 동안의 근로시간이 60시간 이상이거나 1개월 동안의 소득이 보건복지부장관이 정하여 고시하는 금액 이상인 사람
2. 소재지가 일정하지 아니한 사업장에 종사하는 근로자
3. 법인의 이사 중 소득이 없는 사람
4. 1개월 동안의 소정근로시간이 60시간 미만인 단시간근로자. 다만, 해당 단시간근로자 중 다음의 어느 하나에 해당하는 사람은 근로자에 포함된다.
    ① 3개월 이상 계속하여 근로를 제공하는 사람으로서 「고등교육법」 제14조 제2항에 따른 강사
    ② 3개월 이상 계속하여 근로를 제공하는 사람으로서 사용자의 동의를 받아 근로자로 적용되기를 희망하는 사람
    ③ 둘 이상 사업장에 근로를 제공하면서 각 사업장의 1개월 소정근로시간의 합이 60시간 이상인 사람으로서 1개월 소정근로시간이 60시간 미만인 사업장에서 근로자로 적용되기를 희망하는 사람
    ④ 1개월 이상 계속하여 근로를 제공하는 사람으로서 1개월 동안의 소득이 보건복지부장관이 정하여 고시하는 금액 이상인 사람

  ㉡ **사용자**(使用者): 해당 근로자가 소속되어 있는 사업장의 사업주를 말한다.

ⓒ **소득**: 일정한 기간 근로를 제공하여 얻은 수입에서 대통령령으로 정하는 비과세소득을 제외한 금액 또는 사업 및 자산을 운영하여 얻는 수입에서 필요경비를 제외한 금액을 말한다.
　　ⓔ **평균소득월액**: 매년 사업장가입자 및 지역가입자 전원의 기준소득월액을 평균한 금액을 말한다.
　　ⓜ **기준소득월액**: 연금보험료와 급여를 산정하기 위하여 국민연금가입자의 소득월액을 기준으로 하여 정하는 금액을 말한다.
　　ⓗ **사업장가입자**: 사업장에 고용된 근로자 및 사용자로서 「국민연금법」 제8조에 따라 국민연금에 가입된 자를 말한다.
　　ⓢ **지역가입자**: 사업장가입자가 아닌 자로서 「국민연금법」 제9조에 따라 국민연금에 가입된 자를 말한다.
　　ⓞ **임의가입자**: 사업장가입자 및 지역가입자 외의 자로서 「국민연금법」 제10조에 따라 국민연금에 가입된 자를 말한다.
　　ⓩ **임의계속가입자**: 국민연금가입자 또는 가입자였던 자가 「국민연금법」 제13조 제1항에 따라 가입자로 된 자를 말한다.
　　ⓒ **연금보험료**: 국민연금사업에 필요한 비용으로서 사업장가입자의 경우에는 부담금 및 기여금의 합계액을, 지역가입자·임의가입자 및 임의계속가입자의 경우에는 본인이 내는 금액을 말한다.
　　ⓚ **부담금**: 사업장가입자의 사용자가 부담하는 금액을 말한다.
　　ⓣ **기여금**: 사업장가입자가 부담하는 금액을 말한다.
　　ⓟ **사업장**: 근로자를 사용하는 사업소 및 사무소를 말한다.
② 「국민연금법」을 적용할 때 배우자, 남편 또는 아내에는 **사실상의 혼인 관계에 있는 자를 포함한다**(국민연금법 제3조 제2항).
③ 수급권을 취득할 당시 가입자 또는 가입자였던 자의 태아가 출생하면 그 자녀는 가입자 또는 가입자였던 자에 의하여 **생계를 유지하고 있던 자녀로 본다**(국민연금법 제3조 제3항).

4. 국민연금가입자

(1) 가입대상

국내에 거주하는 국민으로서 18세 이상 60세 미만인 자는 국민연금 가입대상이 된다. 다만, 「공무원연금법」, 「군인연금법」 및 「사립학교교직원 연금법」 및 「별정우체국법」을 적용받는 공무원, 군인, 교직원 및 별정우체국 직원, 그 밖에 대통령령으로 정하는 자는 제외한다(국민연금법 제6조).

(2) 가입자의 종류

가입자는 사업장가입자, 지역가입자, 임의가입자 및 임의계속가입자로 구분한다(국민연금법 제7조).

(3) 사업장가입자

① **당연적용사업장**: 당연적용사업장은 다음에 해당하는 사업장으로 한다(국민연금법 시행령 제19조 제1항).
 ㉠ 1명 이상의 근로자를 사용하는 사업장
 ㉡ 주한 외국기관으로서 1명 이상의 대한민국 국민인 근로자를 사용하는 사업장

② **사업장가입자**
 ㉠ 사업의 종류, 근로자 수 등을 고려하여 대통령령(위 ①)으로 정하는 사업장(이하 '당연적용사업장'이라 한다)의 18세 이상 60세 미만인 근로자와 사용자는 당연히 사업장가입자가 된다. 다만, 「공무원연금법」, 「공무원 재해보상법」, 「사립학교교직원 연금법」, 「별정우체국법」에 따른 퇴직연금, 장해연금, 퇴직연금일시금이나 「군인연금법」에 따른 퇴역연금, 퇴역연금일시금, 「군인 재해보상법」에 따른 상이연금을 받을 권리를 얻은 자(이하 '퇴직연금등수급권자'라 한다)는 제외한다. 다만, 퇴직연금등수급권자가 「국민연금과 직역연금의 연계에 관한 법률」에 따라 연계 신청을 한 경우에는 그러하지 아니하다(국민연금법 제8조 제1항). 기출
 ㉡ **18세 미만 근로자의 가입**: 위 ㉠ 및 **(1)**에도 불구하고 국민연금에 가입된 사업장에 종사하는 18세 미만 근로자는 사업장가입자가 되는 것으로 본다. 다만, 본인이 원하지 아니하면 사업장가입자가 되지 아니할 수 있다(국민연금법 제8조 제2항).

(4) 가입자 자격취득 및 상실

① **사업장가입자의 자격취득 및 상실 시기**
 ㉠ **자격의 취득 시기**: 사업장가입자는 다음에 해당하게 된 날에 그 자격을 취득한다(국민연금법 제11조 제1항).
  ⓐ 당연적용사업장에 고용된 때 또는 그 사업장의 사용자가 된 때
  ⓑ 당연적용사업장으로 된 때

OX문제

사업의 종류, 근로자의 수 등을 고려하여 당연적용사업장의 18세 이상 60세 미만인 근로자와 사용자는 예외 없이 「국민연금법」상 사업장가입자가 된다. ( )

정답 ×

ⓛ **자격의 상실 사유 및 시기**: 사업장가입자는 다음에 해당하게 된 날의 다음 날에 자격을 상실한다. 다만, ⓔ의 경우에는 그에 해당하게 된 날에 자격을 상실한다(국민연금법 제12조 제1항). 기출
    ⓐ 사망한 때
    ⓑ 국적을 상실하거나 국외로 이주한 때
    ⓒ 사용관계가 끝난 때
    ⓓ 60세가 된 때
    ⓔ 국민연금 가입대상 제외자(공무원연금법, 군인연금법, 사립학교교직원 연금법 및 별정우체국법을 적용받는 공무원, 군인, 교직원 및 별정우체국 직원 등)에 해당하게 된 때

② **임의계속가입자의 자격 취득 및 상실 시기**
  ⓘ **임의계속가입자 및 자격의 취득 시기**: 다음의 어느 하나에 해당하는 자는 위 (1)에도 불구하고 65세가 될 때까지 보건복지부령으로 정하는 바에 따라 국민연금공단에 가입을 신청하면 임의계속가입자가 될 수 있다. 이 경우 가입 신청이 수리된 날에 그 자격을 취득한다(국민연금법 제13조 제1항).
    ⓐ 국민연금가입자 또는 가입자였던 자로서 60세가 된 자(원칙)
    ⓑ 전체 국민연금 가입기간의 5분의 3 이상을 대통령령으로 정하는 직종의 근로자로 국민연금에 가입하거나 가입하였던 사람(이하 '특수직종근로자'라 한다)으로서 다음의 어느 하나에 해당하는 사람 중 노령연금급여를 지급받지 않는 사람
      ⅰ) 「국민연금법」 제61조 제1항에 따라 노령연금 수급권을 취득한 사람
      ⅱ) 법률 제3902호 국민복지연금법 개정법률 부칙 제5조에 따라 특례노령연금 수급권을 취득한 사람
  ⓛ **자격의 상실 사유 및 시기**: 임의계속가입자는 다음의 어느 하나에 해당하게 된 날의 다음 날에 그 자격을 상실한다. 다만, ⓒ의 경우 임의계속가입자가 납부한 마지막 연금보험료에 해당하는 달의 말일이 탈퇴 신청이 수리된 날보다 같거나 빠르고 임의계속가입자가 희망하는 경우에는 임의계속가입자가 납부한 마지막 연금보험료에 해당하는 달의 말일에 그 자격을 상실한다(국민연금법 제13조 제3항, 동법 시행령 제21조).
    ⓐ 사망한 때

O X 문제
「국민연금법」상 사업장가입자는 국민연금 가입대상 제외자에 해당하게 된 때의 다음 날에 자격을 상실한다. (   )

정답 ×

ⓑ 국적을 상실하거나 국외로 이주한 때
ⓒ 임의계속가입자의 탈퇴 신청이 수리된 때
ⓓ 6개월 이상 계속하여 연금보험료를 체납한 때

(5) 국민연금 가입기간의 계산

① **가입기간**
  ㉠ 국민연금 가입기간(이하 '가입기간'이라 한다)은 월 단위로 계산하되, 가입자의 자격을 취득한 날이 속하는 달의 다음 달부터 자격을 상실한 날의 전날이 속하는 달까지로 한다(국민연금법 제17조 제1항).
  ㉡ 다음의 어느 하나에 해당하는 경우 자격을 취득한 날이 속하는 달은 가입기간에 산입하되, 가입자가 그 자격을 상실한 날의 전날이 속하는 달에 자격을 다시 취득하면 다시 취득한 달을 중복하여 가입기간에 산입하지 아니한다(국민연금법 제17조 제1항 단서).
    ⓐ 가입자가 자격을 취득한 날이 그 속하는 달의 초일인 경우(자격취득일이 속하는 달에 다시 그 자격을 상실하는 경우는 제외한다)
    ⓑ 임의계속가입자의 자격을 취득한 경우
    ⓒ 가입자가 희망하는 경우

② **연금보험료 미납에 따른 가입기간**: 가입기간을 계산할 때 연금보험료를 내지 아니한 기간은 가입기간에 산입하지 아니한다. 다만, 사용자가 근로자의 임금에서 기여금을 공제하고 연금보험료를 내지 아니한 경우에는 그 내지 아니한 기간의 2분의 1에 해당하는 기간을 근로자의 가입기간으로 산입한다. 이 경우 1개월 미만의 기간은 1개월로 한다(국민연금법 제17조 제2항).

③ 「국민건강보험법」에 따른 국민건강보험공단(이하 '건강보험공단'이라 한다)이 근로자에게 그 사업장의 체납 사실을 통지한 경우에는 위 ②의 단서에도 불구하고 통지된 체납월(滯納月)의 다음 달부터 체납기간은 가입기간에 산입하지 아니한다. 이 경우 그 근로자는 가입기간에 산입되지 아니한 체납기간에 해당하는 기여금 및 부담금을 건강보험공단에 낼 수 있으며, 다음에 따른 기간을 가입기간에 산입한다(국민연금법 제17조 제3항).
  ㉠ 기여금 납부: 체납기간의 2분의 1에 해당하는 기간. 이 경우 1개월 미만의 기간은 1개월로 한다.
  ㉡ 기여금과 부담금 납부: 체납기간에 해당하는 기간

④ 지급받은 반환일시금이 부당이득에 해당되어 환수할 급여에 해당하는 경우 이를 반납하지 아니하는 때에는 그에 상응하는 기간을 가입기간에 산입하지 아니한다(국민연금법 제17조 제6항).

(6) 가입기간의 합산

① 가입자의 자격을 상실한 후 다시 그 자격을 취득한 자에 대하여는 전후(前後)의 가입기간을 합산한다(국민연금법 제20조 제1항).

② 가입자의 가입 종류가 변동되면 그 가입자의 가입기간은 각 종류별 가입기간을 합산한 기간으로 한다(국민연금법 제20조 제2항).

(7) 가입자 자격 및 소득 등에 관한 신고

① **사업장가입자의 신고사항**: 사업장가입자의 사용자는 보건복지부령(아래 ②)으로 정하는 바에 따라 당연적용사업장에 해당된 사실, 사업장의 내용 변경 및 휴업·폐업 등에 관한 사항과 가입자 자격의 취득·상실, 가입자의 소득월액 등에 관한 사항을 국민연금공단에 신고하여야 한다(국민연금법 제21조 제1항).

② **사업장가입자의 자격 취득·상실의 신고서 제출기간**: 사용자는 해당 사업장의 근로자나 사용자 본인이 사업장가입자의 자격을 취득하거나 사업장가입자의 자격을 상실하면 그 사유가 발생한 날이 속하는 달의 다음 달 15일까지 사업장가입자의 자격을 취득한 경우에는 사업장가입자 자격취득신고서를, 사업장가입자의 자격을 상실한 경우에는 사업장가입자 자격상실신고서를 국민연금공단에 제출하여야 한다(국민연금법 시행규칙 제6조 제1항).

5. 연금급여

(1) 급여의 종류 OX

「국민연금법」에 따른 급여의 종류는 다음과 같다(국민연금법 제49조). 기출

① 노령연금
② 장애연금
③ 유족연금
④ 반환일시금

OX문제

「국민연금법」상 급여의 종류는 노령연금, 장애연금, 유족연금의 3가지로 구분한다.
( )

정답 ×

(2) 급여 지급

① 급여는 수급권자의 청구에 따라 공단이 지급한다(국민연금법 제50조 제1항). 기출

② 연금액은 지급사유에 따라 기본연금액과 부양가족연금액을 기초로 산정한다(국민연금법 제50조 제2항). 기출

③ **부양가족연금액 및 유족연금 지급 대상의 장애 인정기준**: 부양가족연금액, 유족연금 지급 대상의 장애상태란 다음의 어느 하나에 해당하는 상태를 말한다(국민연금법 제52조의2).
  ㉠ 장애등급 1급 또는 2급에 해당하는 상태
  ㉡ 「장애인복지법」제2조에 따른 장애인 중 장애의 정도가 심한 장애인으로서 대통령령으로 정하는 장애 정도에 해당하는 상태

④ **부양가족연금액**: 부양가족연금액은 수급권자(유족연금의 경우에는 사망한 가입자 또는 가입자였던 자를 말한다)를 기준으로 하는 다음의 자로서 수급권자에 의하여 생계를 유지하고 있는 자에 대하여 규정된 각각의 금액으로 한다. 이 경우 생계유지에 관한 대상자별 인정기준은 대통령령으로 정한다(국민연금법 제52조).
  ㉠ 배우자: 연 15만원
  ㉡ 19세 미만이거나 ③에 따른 장애상태에 있는 자녀(배우자가 혼인 전에 얻은 자녀를 포함한다): 연 10만원
  ㉢ 60세 이상이거나 ③에 따른 장애상태에 있는 부모(부 또는 모의 배우자, 배우자의 부모를 포함한다): 연 10만원

(3) 연금 지급기간 및 지급시기

① **지급기간**: 연금은 지급하여야 할 사유가 생긴 날이 속하는 달의 다음 달부터 수급권이 소멸한 날이 속하는 달까지 지급한다(국민연금법 제54조 제1항). 기출

② **지급시기**: 연금은 매월 25일에 그달의 금액을 지급하되, 지급일이 토요일이나 공휴일이면 그 전날에 지급한다. 다만, 수급권이 소멸하거나 연금 지급이 정지된 경우에는 그 지급일 전에 지급할 수 있다(국민연금법 제54조 제2항).

③ **지급정지기간**: 연금은 지급을 정지하여야 할 사유가 생기면 그 사유가 생긴 날이 속하는 달의 다음 달부터 그 사유가 소멸한 날이 속하는 달까지는 지급하지 아니한다(국민연금법 제54조 제3항).

(4) 급여의 환수

① **환수사유**: 공단은 급여를 받은 사람이 다음의 어느 하나에 해당하는 경우에는 대통령령으로 정하는 바에 따라 그 금액을 환수해야 한다. 다만, 공단은 환수금이 대통령령으로 정하는 금액 미만인 경우에는 환수하지 아니한다(국민연금법 제57조 제1항).
  ㉠ 거짓이나 그 밖의 부정한 방법으로 급여를 받은 경우
  ㉡ 「국민연금법」 제121조의 신고 의무자가 같은 조에 따른 신고 사항을 공단에 신고하지 아니하거나 늦게 신고하여 급여를 잘못 지급받은 경우
  ㉢ 가입자 또는 가입자였던 자가 사망한 것으로 추정되어 유족연금 등의 급여가 지급된 후 해당 가입자 또는 가입자였던 자의 생존이 확인된 경우
  ㉣ 그 밖의 사유로 급여가 잘못 지급된 경우

② **이자가산**: 공단은 위 ㉠ 및 ㉡의 경우에는 대통령령으로 정하는 이자를 가산하여 환수한다. 다만, 납부의무자의 귀책사유가 없는 경우에는 이자를 가산하지 아니한다(국민연금법 제57조 제2항). 기출

(5) 수급권의 보호 등

① 수급권은 양도·압류하거나 담보로 제공할 수 없다(국민연금법 제58조 제1항).
② 수급권자에게 지급된 급여로서 대통령령으로 정하는 금액 이하의 급여는 압류할 수 없다(국민연금법 제58조 제2항).
③ 급여수급전용계좌에 입금된 급여와 이에 관한 채권은 **압류할 수 없다**(국민연금법 제58조 제3항).
④ 「국민연금법」에 따른 급여로 지급된 금액에 대하여는 「조세특례제한법」이나 그 밖의 법률 또는 지방자치단체가 조례로 정하는 바에 따라 조세, 그 밖에 국가 또는 지방자치단체의 공과금을 감면한다(국민연금법 제60조).

(6) 노령연금의 수급권자

① **노령연금**: 가입기간이 10년 이상인 가입자 또는 가입자였던 자에 대하여는 60세(특수직종근로자는 55세)가 된 때부터 그가 생존하는 동안 노령연금을 지급한다(국민연금법 제61조 제1항).

OX문제

국민연금공단은 수급권이 소멸 또는 정지된 급여를 받은 자에 대하여 지급한 금액에 대통령령으로 정하는 이자를 더하여 환수하여야 한다.
( )

정답 ✕

② **조기노령연금**: 가입기간이 10년 이상인 가입자 또는 가입자였던 자로서 55세 이상인 자가 소득이 있는 업무에 종사하지 아니하는 경우 본인이 희망하면 60세가 되기 전이라도 본인이 청구한 때부터 그가 생존하는 동안 일정한 금액의 연금(이하 '조기노령연금'이라 한다)을 받을 수 있다(국민연금법 제61조 제2항).

(7) 장애연금

① **장애연금의 수급권자**: 가입자 또는 가입자였던 자가 질병이나 부상으로 신체상 또는 정신상의 장애가 있고 다음의 요건을 모두 충족하는 경우에는 장애 정도를 결정하는 기준이 되는 날(이하 '장애결정 기준일'이라 한다)부터 그 장애가 계속되는 기간 동안 장애 정도에 따라 장애연금을 지급한다(국민연금법 제67조 제1항). 기출

㉠ 해당 질병 또는 부상의 초진일 당시 연령이 18세(18세 전에 가입한 경우에는 가입자가 된 날) 이상이고 노령연금의 지급 연령 미만일 것

㉡ 다음의 어느 하나에 해당할 것

ⓐ 해당 질병 또는 부상의 초진일 당시 연금보험료를 낸 기간이 가입대상기간의 3분의 1 이상일 것

ⓑ 해당 질병 또는 부상의 초진일 5년 전부터 초진일까지의 기간 중 연금보험료를 낸 기간이 3년 이상일 것. 다만, 가입대상기간 중 체납기간이 3년 이상인 경우는 제외한다.

ⓒ 해당 질병 또는 부상의 초진일 당시 가입기간이 10년 이상일 것

② **장애등급**: 장애 정도에 관한 장애등급은 1급, 2급, 3급 및 4급으로 구분한다(국민연금법 제67조 제4항 전단).

③ **장애연금액의 변경**: 공단은 장애연금 수급권자의 장애 정도를 심사하여 장애등급이 다르게 되면 그 등급에 따라 **장애연금액을 변경**하고, 장애등급에 해당되지 아니하면 **장애연금 수급권을 소멸시킨다**(국민연금법 제70조 제1항).

(8) 유족연금

① **유족연금의 수급권자**

㉠ 수급권자: 다음의 어느 하나에 해당하는 사람이 사망하면 그 유족에게 유족연금을 지급한다(국민연금법 제72조 제1항).

ⓐ 노령연금 수급권자

ⓑ 가입기간이 10년 이상인 가입자 또는 가입자였던 자

OX문제

가입 중에 생긴 질병이나 부상으로 완치된 후에도 신체상 또는 정신상의 장애가 있는 자에 대하여는 그 장애가 계속되는 동안 장애 정도에 따라 장애연금을 지급한다. (   )

정답 O

ⓒ 연금보험료를 낸 기간이 가입대상기간의 3분의 1 이상인 가입자 또는 가입자였던 자
　　　ⓓ 사망일 5년 전부터 사망일까지의 기간 중 연금보험료를 낸 기간이 3년 이상인 가입자 또는 가입자였던 자. 다만, 가입대상기간 중 체납기간이 3년 이상인 사람은 제외한다.
　　　ⓔ 장애등급이 2급 이상인 장애연금 수급권자
　　ⓛ **지급제한**: 위 ㉠에도 불구하고 위 ㉠의 ⓒ 또는 ⓓ에 해당하는 사람이 다음의 기간 중 사망하는 경우에는 유족연금을 지급하지 아니한다(국민연금법 제72조 제2항).
　　　ⓐ 가입대상에서 제외되는 기간
　　　ⓑ 국외이주·국적상실 기간
② **유족의 범위와 지급순위**
　　ⓗ **유족의 범위**: 유족연금을 지급받을 수 있는 유족은 위 ①의 ㉠의 사람이 사망할 당시(민법 제27조 제1항에 따른 실종선고를 받은 경우에는 실종기간의 개시 당시를, 같은 조 제2항에 따른 실종선고를 받은 경우에는 사망의 원인이 된 위난 발생 당시를 말한다) 그에 의하여 생계를 유지하고 있던 다음의 자로 한다. 이 경우 가입자 또는 가입자였던 자에 의하여 생계를 유지하고 있던 자에 관한 인정기준은 대통령령으로 정한다(국민연금법 제73조 제1항).
　　　ⓐ 배우자
　　　ⓑ 자녀. 다만, 25세 미만이거나 위 **(2)**의 ③에 따른 장애상태에 있는 사람만 해당한다.
　　　ⓒ 부모(배우자의 부모를 포함한다. 이하 같다). 다만, 60세 이상이거나 위 **(2)**의 ③에 따른 장애상태에 있는 사람만 해당한다.
　　　ⓓ 손자녀. 다만, 19세 미만이거나 위 **(2)**의 ③에 따른 장애상태에 있는 사람만 해당한다.
　　　ⓔ 조부모(배우자의 조부모를 포함한다. 이하 같다). 다만, 60세 이상이거나 위 **(2)**의 ③에 따른 장애상태에 있는 사람만 해당한다.
　　ⓛ **유족연금의 지급순위**: 유족연금은 위 ㉠의 순위에 따라 최우선 순위자에게만 지급한다. 다만, 위 ㉠의 ⓐ에 따른 유족의 수급권이 소멸되거나 정지되면 위 ㉠의 ⓑ에 따른 유족에게 지급한다(국민연금법 제73조 제2항).

ⓒ 위 ⓛ의 경우 같은 순위의 유족이 2명 이상이면 그 유족연금액을 똑같이 나누어 지급하되, 지급 방법은 대통령령으로 정한다(국민연금법 제73조 제3항).

③ **유족연금 수급권의 소멸**
  ㉠ 수급권의 소멸사유: 유족연금 수급권자가 다음의 어느 하나에 해당하게 되면 그 수급권은 소멸한다(국민연금법 제75조 제1항).
    ⓐ 수급권자가 사망한 때
    ⓑ 배우자인 수급권자가 재혼한 때
    ⓒ 자녀나 손자녀인 수급권자가 파양된 때
    ⓓ 위 **(2)**의 ③에 따른 장애상태에 해당하지 아니한 자녀인 수급권자가 25세가 된 때 또는 위 **(2)**의 ③에 따른 장애상태에 해당하지 아니한 손자녀인 수급권자가 19세가 된 때
  ㉡ 출생에 따른 수급권의 소멸: 부모, 손자녀 또는 조부모인 유족의 유족연금 수급권은 가입자 또는 가입자였던 사람의 사망 당시의 태아가 출생하여 수급권을 갖게 되면 소멸한다(국민연금법 제75조 제2항).

④ **유족연금의 지급 정지**
  ㉠ 유족연금의 수급권자인 배우자에 대하여는 수급권이 발생한 때부터 3년 동안 유족연금을 지급한 후 55세가 될 때까지 지급을 정지한다. 다만, 그 수급권자가 다음의 어느 하나에 해당하면 지급을 정지하지 아니한다(국민연금법 제76조 제1항).
    ⓐ 위 **(2)**의 ③에 따른 장애상태인 경우
    ⓑ 가입자 또는 가입자였던 자의 25세 미만인 자녀 또는 위 **(2)**의 ③에 따른 장애상태인 자녀의 생계를 유지한 경우
    ⓒ 대통령령으로 정하는 소득이 있는 업무에 종사하지 아니하는 경우
  ㉡ 자녀나 손자녀인 수급권자가 다른 사람에게 입양된 때에는 그에 해당하게 된 때부터 유족연금의 지급을 정지한다(국민연금법 제76조 제5항).
  ㉢ 장애로 수급권을 취득한 자가 위 **(2)**의 ③에 따른 장애상태에 해당하지 아니하게 된 때에는 그에 해당하게 된 때부터 유족연금의 지급을 정지한다(국민연금법 제76조 제7항).

(9) 반환일시금 및 사망일시금

① **반환일시금**: 가입자 또는 가입자였던 자가 다음의 어느 하나에 해당하게 되면 본인이나 그 유족의 청구에 의하여 반환일시금을 지급받을 수 있다(국민연금법 제77조 제1항).

➕ 고득점 심화학습

연금의 중복급여의 조정

장애연금 또는 유족연금의 수급권자가 「국민연금법」에 따른 장애연금 또는 유족연금의 지급 사유와 같은 사유로 다음의 어느 하나에 해당하는 급여를 받을 수 있는 경우에는 장애연금액이나 유족연금액은 그 2분의 1에 해당하는 금액을 지급한다(국민연금법 제113조).
1. 「근로기준법」에 따른 장해보상, 유족보상 또는 일시보상
2. 「산업재해보상보험법」에 따른 장해급여, 유족급여, 진폐보상연금 또는 진폐유족연금
3. 「선원법」에 따른 장해보상, 일시보상 또는 유족보상
4. 「어선원 및 어선 재해보상보험법」에 따른 장해급여, 일시보상급여 또는 유족급여

㉠ 가입기간이 10년 미만인 자가 60세가 된 때
㉡ 가입자 또는 가입자였던 자가 사망한 때. 다만, 위 **(8)**의 ①에 따라 유족연금이 지급되는 경우에는 그러하지 아니하다.
㉢ 국적을 상실하거나 국외로 이주한 때

④ **사망일시금**: 다음의 어느 하나에 해당하는 사람이 사망한 때에 위 **(8)**의 ②에 따른 유족이 없으면 그 배우자·자녀·부모·손자녀·조부모·형제자매 또는 4촌 이내 방계혈족에게 사망일시금을 지급한다. 다만, 가출·실종 등 대통령령으로 정하는 경우에 해당하는 사람에게는 지급하지 아니하며, 4촌 이내 방계혈족의 경우 대통령령으로 정하는 바에 따라 다음의 어느 하나에 해당하는 사람의 사망 당시(민법 제27조 제1항에 따른 실종선고를 받은 경우에는 실종기간의 개시 당시를, 같은 조 제2항에 따른 실종선고를 받은 경우에는 사망의 원인이 된 위난 발생 당시를 말한다) 그 사람에 의하여 생계를 유지하고 있던 사람에게만 지급한다(국민연금법 제80조 제1항).
㉠ 가입자 또는 가입자였던 사람
㉡ 노령연금 수급권자
㉢ 장애등급이 3급 이상인 장애연금 수급권자

6. 급여의 제한 및 지급정지

(1) 급여의 제한

① 가입자 또는 가입자였던 자가 고의로 질병·부상 또는 그 원인이 되는 사고를 일으켜 그로 인하여 장애를 입은 경우에는 그 장애를 지급 사유로 하는 장애연금을 지급하지 아니할 수 있다(국민연금법 제82조 제1항). 기출

② 가입자 또는 가입자였던 자가 고의나 중대한 과실로 요양 지시에 따르지 아니하거나 정당한 사유 없이 요양 지시에 따르지 아니하여 다음의 어느 하나에 해당하게 되면 대통령령으로 정하는 바에 따라 이를 원인으로 하는 급여의 전부 또는 일부를 지급하지 아니할 수 있다(국민연금법 제82조 제2항).
㉠ 장애를 입거나 사망한 경우
㉡ 장애나 사망의 원인이 되는 사고를 일으킨 경우
㉢ 장애를 악화시키거나 회복을 방해한 경우

③ 다음의 어느 하나에 해당하는 사람에게는 사망에 따라 발생되는 유족연금, 미지급 급여, 반환일시금 및 사망일시금(이하 '유족연금등'이라 한다)을 지급하지 아니한다(국민연금법 제82조 제3항).

OX문제

가입자 또는 가입자였던 자가 고의로 질병·부상 또는 그 원인이 되는 사고를 일으켜 그로 인하여 장애를 입은 경우에는 그 장애를 지급 사유로 하는 장애연금을 지급하지 아니할 수 있다. ( )

정답 ○

○X문제

유족연금등의 수급권자가 될 수 있는 자를 고의로 사망하게 한 유족에게는 사망에 따라 발생되는 유족연금의 일부를 지급하지 아니할 수 있다.
(   )

○X문제

장애연금의 수급권자가 정당한 사유 없이 「국민연금법」에 따른 공단의 진단 요구에 응하지 아니한 때에는 급여의 전부의 지급을 정지한다.
(   )

정답 ×, ×

㉠ 가입자 또는 가입자였던 자를 고의로 사망하게 한 유족
OX ㉡ 유족연금등의 수급권자가 될 수 있는 자를 고의로 사망하게 한 유족 기출
㉢ 다른 유족연금등의 수급권자를 고의로 사망하게 한 유족연금등의 수급권자

(2) 지급의 정지 등

수급권자가 다음의 어느 하나에 해당하면 급여의 **전부 또는 일부의 지급을 정지할 수 있다**(국민연금법 제86조 제1항).

① 수급권자가 정당한 사유 없이 공단의 서류, 그 밖의 자료 제출 요구에 응하지 아니한 때
OX ② 장애연금 또는 유족연금의 수급권자가 정당한 사유 없이 공단의 진단 요구 또는 확인에 응하지 아니한 때 기출
③ 장애연금 수급권자가 고의나 중대한 과실로 요양 지시에 따르지 아니하거나 정당한 사유 없이 요양 지시에 따르지 아니하여 회복을 방해한 때
④ 수급권자가 정당한 사유 없이 수급권의 발생·변경·소멸·정지 및 급여액의 산정·지급 등에 관련된 사항으로서 보건복지부령으로 정하는 사항을 공단에 신고를 하지 아니한 때

7. 연금보험료

(1) 연금보험료의 부과·징수

공단은 국민연금사업에 드는 비용에 충당하기 위하여 가입자와 사용자에게 가입기간 동안 매월 연금보험료를 부과하고, **건강보험공단이 이를 징수**한다(국민연금법 제88조 제2항).

(2) 사업장가입자의 보험료 부담 및 산정

사업장가입자의 연금보험료 중 기여금은 사업장가입자 본인이, 부담금은 사용자가 각각 부담하되, 그 금액은 **각각 기준소득월액의 1천분의 65에 해당하는 금액**으로 한다(국민연금법 제88조 제3항). 기출

(3) 연금보험료의 납부기한

연금보험료는 납부의무자가 **다음 달 10일까지** 내야 한다(국민연금법 제89조 제1항 본문).

(4) 연금보험료의 원천공제 납부 등

① 사용자는 사업장가입자가 부담할 기여금을 그에게 지급할 매달의 임금에서 공제하여 내야 한다(국민연금법 제90조 제1항 전단).
② 사용자는 임금에서 기여금을 공제하면 공제계산서를 작성하여 사업장가입자에게 내주어야 한다. 이 경우 기여금 공제내용을 알 수 있는 급여명세서 등은 공제계산서로 본다(국민연금법 제90조 제2항).

(5) 고액·상습 체납자의 인적사항 공개

건강보험공단은 「국민연금법」에 따른 납부기한의 다음 날부터 1년이 지난 연금보험료, 연체금 및 체납처분비(이하 '연금보험료등'이라 한다)의 총액이 2천만원 이상인 체납자(사업장가입자에 한한다)가 납부능력이 있음에도 불구하고 체납한 경우 체납자의 인적사항(사용자의 인적사항을 말한다) 및 체납액 등(이하 '인적사항등'이라 한다)을 공개할 수 있다. 다만, 체납된 연금보험료등과 관련하여 행정심판 또는 행정소송이 계류 중인 경우나 그 밖에 체납된 금액의 일부 납부 등 대통령령으로 정하는 사유가 있는 경우에는 그러하지 아니하다(국민연금법 제97조의2 제1항).

8. 심사 청구와 재심사 청구

(1) 심사 청구

① **청구대상 및 청구기관**: 가입자의 자격, 기준소득월액, 연금보험료, 그 밖의 「국민연금법」에 따른 징수금과 급여에 관한 공단 또는 건강보험공단의 처분에 이의가 있는 자는 그 처분을 한 공단 또는 건강보험공단에 심사 청구를 할 수 있다(국민연금법 제108조 제1항).
② **청구시기**: 심사 청구는 그 처분이 있음을 안 날부터 90일 이내에 문서(전자정부법에 따른 전자문서를 포함한다)로 하여야 하며, 처분이 있은 날부터 180일을 경과하면 이를 제기하지 못한다. 다만, 정당한 사유로 그 기간에 심사 청구를 할 수 없었음을 증명하면 그 기간이 지난 후에도 심사 청구를 할 수 있다(국민연금법 제108조 제2항).
③ **국민연금심사위원회 및 징수심사위원회의 설치**: 위 ①, ②에 따른 심사 청구 사항을 심사하기 위하여 공단에 국민연금심사위원회(이하 '심사위원회'라 한다)를 두고, 건강보험공단에 징수심사위원회를 둔다(국민연금법 제109조 제1항). 기출

> **OX문제**
> 심사 청구에 대한 결정에 불복하는 자는 그 결정통지를 받은 날부터 90일 이내에 국민연금재심사위원회에 재심사를 청구할 수 있다. (   )

(2) 재심사 청구 OX

심사 청구에 대한 결정에 불복하는 자는 그 결정통지를 받은 날부터 90일 이내에 **국민연금재심사위원회**에 재심사를 청구할 수 있다(국민연금법 제110조). 기출

> **OX문제**
> 급여를 받거나 과오납금을 반환받을 수급권자 또는 가입자 등의 권리는 3년간 행사하지 아니하면 소멸시효가 완성된다. (   )

9. 시효 OX

연금보험료, 환수금, 그 밖의 「국민연금법」에 따른 징수금을 징수하거나 환수할 권리는 **3년간**, 급여[위 5. (9)의 ①의 ㉠에 따른 반환일시금은 제외한다]를 받거나 과오납금을 반환받을 수급권자 또는 가입자 등의 권리는 **5년간**, 위 5. (9)의 ①의 ㉠에 따른 반환일시금을 지급받을 권리는 **10년간** 행사하지 아니하면 각각 소멸시효가 완성된다(국민연금법 제115조 제1항).

5 국민건강보험법

1. 목적

「국민건강보험법」은 국민의 질병·부상에 대한 예방·진단·치료·재활과 출산·사망 및 건강증진에 대하여 보험급여를 실시함으로써 국민보건 향상과 사회보장 증진에 이바지함을 목적으로 한다(국민건강보험법 제1조).

2. 국민건강보험의 관장 및 보험자 OX

(1) 관장

「국민건강보험법」에 따른 건강보험사업은 **보건복지부장관**이 맡아 주관한다(국민건강보험법 제2조).

> **OX문제**
> 국민건강보험은 보건복지부장관이 관장하며, 보험사업의 주체로서 보험을 인수한 자, 즉 보험자는 국민건강보험공단으로 한다. (   )

(2) 보험자

건강보험의 보험자는 **국민건강보험공단**(이하 '공단'이라 한다)으로 한다(국민건강보험법 제13조).

3. 용어의 정의

「국민건강보험법」에서 사용하는 용어의 뜻은 다음과 같다(국민건강보험법 제3조).

> **정답** O, ×, O

① **근로자**: 직업의 종류와 관계없이 근로의 대가로 보수를 받아 생활하는 사람(법인의 이사와 그 밖의 임원을 포함한다)으로서 공무원과 교직원을 제외한 사람을 말한다.
② **사용자**: 다음의 어느 하나에 해당하는 자를 말한다.
  ㉠ 근로자가 소속되어 있는 사업장의 사업주
  ㉡ 공무원이 소속되어 있는 기관의 장으로서 대통령령으로 정하는 사람
  ㉢ 교직원이 소속되어 있는 사립학교를 설립·운영하는 자
③ **사업장**: 사업소나 사무소를 말한다.
④ **공무원**: 국가나 지방자치단체에서 상시 공무에 종사하는 사람을 말한다.
⑤ **교직원**: 사립학교나 사립학교의 경영기관에서 근무하는 교원과 직원을 말한다.

4. 가입자

(1) 적용대상 등

① 국내에 거주하는 국민은 건강보험의 가입자 또는 피부양자가 된다. 다만, 다음의 어느 하나에 해당하는 사람은 제외한다(국민건강보험법 제5조 제1항).
  ㉠ 「의료급여법」에 따라 의료급여를 받는 사람(이하 '수급권자'라 한다)
  ㉡ 「독립유공자예우에 관한 법률」 및 「국가유공자 등 예우 및 지원에 관한 법률」에 따라 의료보호를 받는 사람(이하 '유공자등 의료보호대상자'라 한다). 다만, 다음의 어느 하나에 해당하는 사람은 가입자 또는 피부양자가 된다.
    ⓐ 유공자등 의료보호대상자 중 건강보험의 적용을 보험자에게 신청한 사람
    ⓑ 건강보험을 적용받고 있던 사람이 유공자등 의료보호대상자로 되었으나 건강보험의 적용배제신청을 보험자에게 하지 아니한 사람
② 피부양자는 다음의 어느 하나에 해당하는 사람 중 직장가입자에게 주로 생계를 의존하는 사람으로서 소득 및 재산이 보건복지부령으로 정하는 기준 이하에 해당하는 사람을 말한다(국민건강보험법 제5조 제2항). 기출
  ㉠ 직장가입자의 배우자
  ㉡ 직장가입자의 직계존속(배우자의 직계존속을 포함한다)
  ㉢ 직장가입자의 직계비속(배우자의 직계비속을 포함한다)과 그 배우자
  ㉣ 직장가입자의 형제·자매

OX문제

직장가입자의 형제의 배우자는 피부양자가 될 수 있다.
( )

직장가입자의 형제·자매의 직계비속은 피부양자가 될 수 있다.
( )

정답 ×, ×

③ **피부양자 자격의 상실시기**: 피부양자는 다음의 어느 하나에 해당하게 된 날에 그 자격을 상실한다(국민건강보험법 시행규칙 제2조 제3항).
㉠ 사망한 날의 다음 날
㉡ 대한민국의 국적을 잃은 날의 다음 날
㉢ 국내에 거주하지 아니하게 된 날의 다음 날
㉣ 직장가입자가 자격을 상실한 날
㉤ 위 ①의 ㉠에 따른 수급권자가 된 날
㉥ 위 ①의 ㉡에 따른 유공자등 의료보호대상자인 피부양자가 공단에 건강보험의 적용배제 신청을 한 날의 다음 날
㉦ 직장가입자 또는 다른 직장가입자의 피부양자 자격을 취득한 경우에는 그 자격을 취득한 날
㉧ 피부양자 자격을 취득한 사람이 본인의 신고에 따라 피부양자 자격 상실 신고를 한 경우에는 신고한 날의 다음 날
㉨ 피부양자 자격의 인정기준에 따른 요건을 충족하지 아니하는 경우에는 공단이 그 요건을 충족하지 아니한다고 확인한 날의 다음 날
㉩ 위 ㉨에도 불구하고「국민건강보험법 시행령」(이하 '영'이라 한다) 제41조의2 제3항에 따라 영 제41조 제1항 제3호 및 제4호의 소득(이하 '사업소득등'이라 한다)의 발생 사실과 그 금액을 신고하여 공단이 제1항 제2호에 따른 소득요건을 충족하지 않는다고 확인한 경우에는 그 사업소득등이 발생한 날이 속하는 달의 다음 달 말일
㉪ 위 ㉨에도 불구하고 영 제41조의2 제3항에 따라 사업소득등의 발생 사실과 그 금액을 신고하지 않았으나 공단이 제1항 제2호에 따른 소득요건을 충족하지 않음을 확인한 경우에는 그 사업소득등이 발생한 날이 속하는 달의 말일
㉫ 위 ㉨부터 ㉪까지의 규정에도 불구하고 거짓이나 그 밖의 부정한 방법으로 영 제41조의2 제1항에 따른 소득월액의 조정 신청 또는 이 규칙에 따른 피부양자 자격 취득 신고를 하여 피부양자 자격을 취득한 것을 공단이 확인한 경우에는 그 자격을 취득한 날

(2) 가입자의 종류

가입자는 직장가입자와 지역가입자로 구분한다(국민건강보험법 제6조 제1항).

① **직장가입자**: 모든 사업장의 근로자 및 사용자와 공무원 및 교직원은 직장가입자가 된다. 다만, 다음의 어느 하나에 해당하는 사람은 제외한다(국민건강보험법 제6조 제2항, 동법 시행령 제9조).

OX문제

고용기간이 3개월 미만인 일용근로자나「병역법」에 따른 현역병(지원에 의하지 아니하고 임용된 하사를 포함한다), 전환복무된 사람 및 군간부후보생은 직장가입자에서 제외된다. (　　)

정답 ×

- OX ㉠ 고용기간이 1개월 미만인 일용근로자 기출
- OX ㉡ 「병역법」에 따른 현역병(지원에 의하지 아니하고 임용된 하사를 포함한다), 전환복무된 사람 및 **군간부후보생** 기출
- ㉢ 선거에 당선되어 취임하는 공무원으로서 매월 보수 또는 보수에 준하는 급료를 받지 아니하는 사람
- OX ㉣ 비상근 근로자 또는 1개월 동안의 소정(所定)근로시간이 60시간 미만인 단시간근로자 기출
- ㉤ 비상근 교직원 또는 1개월 동안의 소정근로시간이 60시간 미만인 시간제공무원 및 교직원
- ㉥ 소재지가 일정하지 아니한 사업장의 근로자 및 사용자
- OX ㉦ 근로자가 없거나 비상근 근로자 또는 1개월 동안의 소정근로시간이 60시간 미만인 단시간근로자만을 고용하고 있는 사업장의 사업주
- ② **지역가입자**: 직장가입자와 그 피부양자를 제외한 가입자를 말한다(국민건강보험법 제6조 제3항).

(3) 사업장의 신고

사업장의 사용자는 다음의 어느 하나에 해당하게 되면 그때부터 14일 이내에 보건복지부령으로 정하는 바에 따라 보험자에게 신고하여야 한다. 아래 ①에 해당되어 보험자에게 신고한 내용이 변경된 경우에도 또한 같다(국민건강보험법 제7조).
- ① 직장가입자가 되는 근로자·공무원 및 교직원을 사용하는 사업장(이하 '적용대상사업장'이라 한다)이 된 경우
- ② 휴업·폐업 등 보건복지부령으로 정하는 사유가 발생한 경우

(4) 자격의 취득시기 등

① **취득시기**: 가입자는 국내에 거주하게 된 날에 직장가입자 또는 지역가입자의 자격을 얻는다. 다만, 다음의 어느 하나에 해당하는 사람은 그 해당되는 날에 각각 자격을 얻는다(국민건강보험법 제8조 제1항).
- ㉠ 수급권자이었던 사람은 그 대상자에서 제외된 날
- ㉡ 직장가입자의 피부양자이었던 사람은 그 자격을 잃은 날
- OX ㉢ 유공자등 의료보호대상자이었던 사람은 그 대상자에서 제외된 날
- ㉣ 보험자에게 건강보험의 적용을 신청한 유공자등 의료보호대상자는 그 신청한 날

OX문제
고용 기간이 1개월인 일용근로자는 직장가입자가 될 수 있다. ( )

OX문제
「병역법」에 따른 현역병은 직장가입자에서 제외된다. ( )

OX문제
비상근 근로자 등 사업장에서 상시 근로에 종사할 목적으로 고용되지 아니한 근로자는 국민건강보험의 직장가입자에서 제외된다. ( )

OX문제
1개월 동안의 소정근로시간이 50시간인 단시간근로자는 직장가입자가 될 수 있다. ( )

OX문제
유공자등 의료보호대상자이었던 사람은 그 대상자에서 제외된 날에 직장가입자 또는 지역가입자의 자격을 얻는다. ( )

정답 ○, ○, ○, ×, ○

② **자격의 취득신고**: 자격을 얻은 경우 그 직장가입자의 사용자 및 지역가입자의 세대주는 그 명세를 보건복지부령으로 정하는 바에 따라 자격을 취득한 날부터 14일 이내에 보험자에게 신고하여야 한다(국민건강보험법 제8조 제2항).

(5) 자격의 변동시기 등

① **변동시기**: 가입자는 다음의 어느 하나에 해당하게 된 날에 그 자격이 변동된다(국민건강보험법 제9조 제1항).
  ㉠ 지역가입자가 적용대상사업장의 사용자로 되거나, 근로자·공무원 또는 교직원(이하 '근로자등'이라 한다)으로 사용된 날
  ㉡ 직장가입자가 다른 적용대상사업장의 사용자로 되거나 근로자등으로 사용된 날
  ㉢ 직장가입자인 근로자등이 그 사용관계가 끝난 날의 다음 날
  ㉣ 적용대상사업장에 휴업·폐업 등 보건복지부령으로 정하는 사유가 발생한 날의 다음 날
  ㉤ 지역가입자가 다른 세대로 전입한 날

② **자격의 변동신고**: 자격이 변동된 경우 직장가입자의 사용자와 지역가입자의 세대주는 다음의 구분에 따라 그 명세를 보건복지부령으로 정하는 바에 따라 자격이 변동된 날부터 14일 이내에 보험자에게 신고하여야 한다(국민건강보험법 제9조 제2항). 기출
  ㉠ 위 ①의 ㉠ 및 ㉡에 따라 자격이 변동된 경우: 직장가입자의 사용자
  ㉡ 위 ①의 ㉢부터 ㉤까지의 규정에 따라 자격이 변동된 경우: 지역가입자의 세대주

(6) 자격의 상실시기 등

① **상실시기**: 가입자는 다음의 어느 하나에 해당하게 된 날에 그 자격을 잃는다(국민건강보험법 제10조 제1항). 기출
  ㉠ 사망한 날의 다음 날
  ㉡ 국적을 잃은 날의 다음 날
  ㉢ 국내에 거주하지 아니하게 된 날의 다음 날
  ㉣ 직장가입자의 피부양자가 된 날
  ㉤ 수급권자가 된 날
  ㉥ 건강보험을 적용받고 있던 사람이 유공자등 의료보호대상자가 되어 건강보험의 적용배제신청을 한 날

OX ② **자격의 상실신고**: 자격을 잃은 경우 직장가입자의 사용자와 지역가입자의 세대주는 그 명세를 보건복지부령으로 정하는 바에 따라 자격을 잃은 날부터 14일 이내에 보험자에게 신고하여야 한다(국민건강보험법 제10조 제2항). 기출

> OX문제
> 직장가입자의 자격을 잃은 경우 직장가입자의 사용자는 그 명세를 자격을 잃은 날이 속하는 달의 다음 달 15일까지 보험자에게 신고하여야 한다.
> ( )

5. 보험급여

(1) 요양급여

가입자와 피부양자의 질병, 부상, 출산 등에 대하여 다음의 요양급여를 실시한다(국민건강보험법 제41조 제1항).

① 진찰·검사
② 약제·치료재료의 지급
③ 처치·수술 및 그 밖의 치료
④ 예방·재활
⑤ 입원
⑥ 간호
⑦ 이송(移送)

(2) 요양비

공단은 가입자나 피부양자가 보건복지부령으로 정하는 긴급하거나 그 밖의 부득이한 사유로 요양기관과 비슷한 기능을 하는 기관으로서 보건복지부령으로 정하는 기관(업무정지기간 중인 요양기관을 포함한다. 이하 '준요양기관'이라 한다)에서 질병·부상·출산 등에 대하여 요양을 받거나 요양기관이 아닌 장소에서 출산한 경우에는 그 요양급여에 상당하는 금액을 보건복지부령으로 정하는 바에 따라 가입자나 피부양자에게 요양비로 지급한다(국민건강보험법 제49조 제1항).

(3) 부가급여

공단은 「국민건강보험법」에서 정한 요양급여 외에 대통령령으로 정하는 바에 따라 임신·출산 진료비, 장제비·상병수당 그 밖의 급여를 실시할 수 있다(국민건강보험법 제50조).

(4) 장애인에 대한 특례

공단은 「장애인복지법」에 따라 등록한 장애인인 가입자 및 피부양자에게는 「장애인·노인 등을 위한 보조기기 지원 및 활용촉진에 관한 법률」에 따른 보조기기에 대하여 보험급여를 할 수 있다(국민건강보험법 제51조 제1항).

정답 ×

(5) 건강검진

① **건강검진의 실시**: 공단은 가입자와 피부양자에 대하여 질병의 조기 발견과 그에 따른 요양급여를 하기 위하여 건강검진을 실시한다(국민건강보험법 제52조 제1항).

② **건강검진의 종류와 대상자**: 위 ①에 따른 건강검진의 종류 및 대상은 다음과 같다(국민건강보험법 제52조 제2항).
  ㉠ 일반건강검진: 직장가입자, 세대주인 지역가입자, 20세 이상인 지역가입자 및 20세 이상인 피부양자
  ㉡ 암검진: 「암관리법」에 따른 암의 종류별 검진주기와 연령 기준 등에 해당하는 사람
  ㉢ 영유아건강검진: 6세 미만의 가입자 및 피부양자

③ **건강검진의 실시시기**: 건강검진은 2년마다 1회 이상 실시하되, 사무직에 종사하지 않는 직장가입자에 대해서는 1년에 1회 실시한다. 다만, 암검진은 「암관리법 시행령」에서 정한 바에 따르며, 영유아건강검진은 영유아의 나이 등을 고려하여 보건복지부장관이 정하여 고시하는 바에 따라 검진주기와 검진횟수를 다르게 할 수 있다(국민건강보험법 시행령 제25조 제1항).

(6) 급여의 제한

① **급여의 제한 사유**: 공단은 보험급여를 받을 수 있는 사람이 다음의 어느 하나에 해당하면 보험급여를 하지 아니한다(국민건강보험법 제53조 제1항).
  ㉠ 고의 또는 중대한 과실로 인한 범죄행위에 그 원인이 있거나 고의로 사고를 일으킨 경우
  ㉡ 고의 또는 중대한 과실로 공단이나 요양기관의 요양에 관한 지시에 따르지 아니한 경우
  ㉢ 고의 또는 중대한 과실로 아래 **(8)**에 따른 문서와 그 밖의 물건의 제출을 거부하거나 질문 또는 진단을 기피한 경우
  ㉣ 업무 또는 공무로 생긴 질병·부상·재해로 다른 법령에 따른 보험급여나 보상(報償) 또는 보상(補償)을 받게 되는 경우

② **다른 법령과의 관계에 따른 급여의 제한**: 공단은 보험급여를 받을 수 있는 사람이 다른 법령에 따라 국가나 지방자치단체로부터 보험급여에 상당하는 급여를 받거나 보험급여에 상당하는 비용을 지급받게 되는 경우에는 그 한도에서 보험급여를 하지 아니한다(국민건강보험법 제53조 제2항).

③ **보험료 체납에 따른 급여의 제한**: 공단은 가입자가 1개월 이상 다음의 보험료를 체납한 경우 그 체납한 보험료를 완납할 때까지 그 가입자 및 피부양자에 대하여 보험급여를 실시하지 아니할 수 있다. 다만, 월별 보험료의 총체납횟수(이미 납부된 체납보험료는 총체납횟수에서 제외하며, 보험료의 체납기간은 고려하지 아니한다)가 6회 미만이거나 가입자 및 피부양자의 소득·재산 등이 대통령령으로 정하는 기준 미만인 경우에는 그러하지 아니하다(국민건강보험법 제53조 제3항, 동법 시행령 제26조).
㉠ 「국민건강보험법」 제69조 제4항 제2호에 따른 보수 외 소득월액보험료
㉡ 「국민건강보험법」 제69조 제5항에 따른 세대단위의 보험료

(7) 급여의 정지

보험급여를 받을 수 있는 사람이 다음의 어느 하나에 해당하면 그 기간에는 보험급여를 하지 아니한다. 다만, ② 및 ③의 경우에는 「국민건강보험법」 제60조에 따른 요양급여를 실시한다(국민건강보험법 제54조).
① 국외에 체류하는 경우
② 「병역법」에 따른 현역병(지원에 의하지 아니하고 임용된 하사를 포함한다), 전환복무된 사람 및 군간부후보생에 해당하게 된 경우
③ 교도소, 그 밖에 이에 준하는 시설에 수용되어 있는 경우

(8) 급여의 확인

공단은 보험급여를 할 때 필요하다고 인정되면 보험급여를 받는 사람에게 문서와 그 밖의 물건을 제출하도록 요구하거나 관계인을 시켜 질문 또는 진단하게 할 수 있다(국민건강보험법 제55조).

(9) 부당이득의 징수

공단은 속임수나 그 밖의 부당한 방법으로 보험급여를 받은 사람·준요양기관 및 보조기기 판매업자나 보험급여 비용을 받은 요양기관에 대하여 그 보험급여나 보험급여 비용에 상당하는 금액을 징수한다(국민건강보험법 제57조 제1항).

(10) 구상권

① 공단은 제3자의 행위로 보험급여사유가 생겨 가입자 또는 피부양자에게 보험급여를 한 경우에는 그 급여에 들어간 비용 한도에서 그 제3자에게 손해배상을 청구할 권리를 얻는다(국민건강보험법 제58조 제1항).

② 위 ①에 따라 보험급여를 받은 사람이 제3자로부터 이미 손해배상을 받은 경우에는 공단은 그 배상액 한도에서 보험급여를 하지 아니한다(국민건강보험법 제58조 제2항).

(11) 수급권의 보호

보험급여를 받을 권리는 양도하거나 압류할 수 없다(국민건강보험법 제59조 제1항).

6. 보험료

(1) 보험료의 징수

① 공단은 건강보험사업에 드는 비용에 충당하기 위하여 보험료의 납부의무자로부터 보험료를 징수한다(국민건강보험법 제69조 제1항).

② 보험료는 가입자의 자격을 취득한 날이 속하는 달의 다음 달부터 가입자의 자격을 잃은 날의 전날이 속하는 달까지 징수한다. 다만, 가입자의 자격을 매월 1일에 취득한 경우 또는 유공자등 의료보호대상자 중 건강보험 적용 신청으로 가입자의 자격을 취득하는 경우에는 그달부터 징수한다(국민건강보험법 제69조 제2항). 기출

③ 위 ① 및 ②에 따라 보험료를 징수할 때 가입자의 자격이 변동된 경우에는 변동된 날이 속하는 달의 보험료는 변동되기 전의 자격을 기준으로 징수한다. 다만, 가입자의 자격이 매월 1일에 변동된 경우에는 변동된 자격을 기준으로 징수한다(국민건강보험법 제69조 제3항).

(2) 직장가입자의 월별 보험료액

직장가입자의 월별 보험료액은 다음에 따라 산정한 금액으로 한다(국민건강보험법 제69조 제4항).

① **보수월액보험료**: 아래 **(3)**에 따라 산정한 보수월액에 보험료율을 곱하여 얻은 금액

② **보수 외 소득월액보험료**: 아래 **(4)**에 따라 산정한 보수 외 소득월액에 보험료율을 곱하여 얻은 금액

(3) 보수월액

① 위 **(2)**의 ①에 따른 직장가입자의 보수월액은 직장가입자가 지급받는 보수를 기준으로 하여 산정한다(국민건강보험법 제70조 제1항).

OX문제

국민건강보험료는 가입자의 자격을 취득한 날이 속하는 달의 다음 달부터 가입자의 자격을 잃은 날의 전날이 속하는 달까지 징수하며, 가입자의 자격을 매월 1일에 취득한 경우에는 그달부터 징수한다.
( )

정답 O

② 휴직이나 그 밖의 사유로 보수의 전부 또는 일부가 지급되지 아니하는 가입자(이하 '휴직자등'이라 한다)의 보수월액보험료는 해당 사유가 생기기 전 달의 보수월액을 기준으로 산정한다(국민건강보험법 제70조 제2항).

③ 위 ①에 따른 보수는 근로자등이 근로를 제공하고 사용자·국가 또는 지방자치단체로부터 지급받는 금품(실비변상적인 성격을 갖는 금품은 제외한다)으로서 대통령령(아래 ④)으로 정하는 것을 말한다. 이 경우 보수 관련 자료가 없거나 불명확한 경우 등 대통령령으로 정하는 사유에 해당하면 보건복지부장관이 정하여 고시하는 금액을 보수로 본다(국민건강보험법 제70조 제3항).

④ **보수에 포함되는 금품**: 위 ③의 전단에서 '대통령령으로 정하는 것'이란 근로의 대가로 받은 봉급, 급료, 보수, 세비(歲費), 임금, 상여, 수당, 그 밖에 이와 유사한 성질의 금품으로서 다음의 것을 제외한 것을 말한다(국민건강보험법 시행령 제33조 제1항).

㉠ 퇴직금

㉡ 현상금, 번역료 및 원고료

㉢ 「소득세법」에 따른 비과세근로소득. 다만, 「소득세법」 제12조 제3호 차목·파목 및 거목에 따라 비과세되는 소득은 제외한다.

⑤ 보수의 전부 또는 일부가 현물(現物)로 지급되는 경우에는 그 지역의 시가(時價)를 기준으로 공단이 정하는 가액(價額)을 그에 해당하는 보수로 본다(국민건강보험법 시행령 제33조 제3항).

(4) 소득월액

직장가입자의 보수 외 소득월액은 위 **(3)**에 따른 보수월액의 산정에 포함된 보수를 제외한 직장가입자의 소득(이하 '보수 외 소득'이라 한다)이 대통령령으로 정하는 금액(연간 2천만원)을 초과하는 경우 다음의 계산식에 따른 값을 보건복지부령으로 정하는 바에 따라 평가하여 산정한다(국민건강보험법 제71조 제1항, 동법 시행령 제41조 제4항).

$$[연간\ 보수\ 외\ 소득 - 대통령령으로\ 정하는\ 금액(연간\ 2천만원)] \times 1/12$$

(5) 보험료율

직장가입자의 보험료율은 1천분의 80의 범위에서 심의위원회의 의결을 거쳐 대통령령(직장가입자의 보험료율 및 지역가입자의 보험료율은 1만분의 709)으로 정한다(국민건강보험법 제73조 제1항, 동법 시행령 제44조 제1항).^{기출}

> **OX문제**
>
> 국내에 거주하는 피부양자가 있는 직장가입자가 국외에서 업무에 종사하고 있는 경우에는 보험료를 면제한다.
> ( )

(6) 보험료의 면제 OX

공단은 직장가입자가 다음의 어느 하나에 해당하는 경우[①에 해당하는 경우에는 1개월 이상의 기간으로서 대통령령으로 정하는 기간(3개월을 말한다. 다만, 업무에 종사하기 위해 국외에 체류하는 경우라고 공단이 인정하는 경우에는 1개월을 말한다) 이상 국외에 체류하는 경우에 한정한다] 그 가입자의 보험료를 면제한다. 다만, ①에 해당하는 직장가입자의 경우에는 국내에 거주하는 피부양자가 없을 때에만 보험료를 면제한다(국민건강보험법 제74조 제1항).

① 국외에 체류하는 경우 기출
② 「병역법」에 따른 현역병(지원에 의하지 아니하고 임용된 하사를 포함한다), 전환복무된 사람 및 군간부후보생에 해당하게 된 경우
③ 교도소, 그 밖에 이에 준하는 시설에 수용되어 있는 경우

(7) 보험료의 경감 등

다음의 어느 하나에 해당하는 가입자 중 보건복지부령으로 정하는 가입자에 대하여는 그 가입자 또는 그 가입자가 속한 세대의 보험료의 일부를 경감할 수 있다(국민건강보험법 제75조 제1항).

① 섬·벽지(僻地)·농어촌 등 대통령령으로 정하는 지역에 거주하는 사람
② 65세 이상인 사람
③ 「장애인복지법」에 따라 등록한 장애인
④ 「국가유공자 등 예우 및 지원에 관한 법률」에 따른 국가유공자
⑤ 휴직자
⑥ 그 밖에 생활이 어렵거나 천재지변 등의 사유로 보험료를 경감할 필요가 있다고 보건복지부장관이 정하여 고시하는 사람

(8) 보험료의 부담

① **보수월액보험료의 부담**: 직장가입자의 보수월액보험료는 직장가입자와 다음의 구분에 따른 자가 각각 보험료액의 100분의 50씩 부담한다. 다만, 직장가입자가 교직원으로서 사립학교에 근무하는 교원이면 보험료액은 그 직장가입자가 100분의 50을, 교직원이 소속되어 있는 사립학교를 설립·운영하는 자에 해당하는 사용자가 100분의 30을, 국가가 100분의 20을 각각 부담한다(국민건강보험법 제76조 제1항).

㉠ 직장가입자가 근로자인 경우에는 근로자가 소속되어 있는 사업장의 사업주

정답 ×

ⓛ 직장가입자가 공무원인 경우에는 그 공무원이 소속되어 있는 국가 또는 지방자치단체
ⓒ 직장가입자가 교직원(사립학교에 근무하는 교원은 제외한다)인 경우에는 교직원이 소속되어 있는 사립학교를 설립·운영하는 자에 해당하는 사용자
② **보수 외 소득월액보험료의 부담**: 직장가입자의 보수 외 소득월액보험료는 직장가입자가 부담한다(국민건강보험법 제76조 제2항).

(9) 보험료의 납부의무
① **납부의무자**: 직장가입자의 보험료는 다음의 구분에 따라 각각에서 정한 자가 납부한다(국민건강보험법 제77조 제1항).
  ㉠ 보수월액보험료: 사용자. 이 경우 사업장의 사용자가 2명 이상인 때에는 그 사업장의 사용자는 해당 직장가입자의 보험료를 연대하여 납부한다.
  ㉡ 보수 외 소득월액보험료: 직장가입자
② **원천공제**: 사용자는 보수월액보험료 중 직장가입자가 부담하여야 하는 그달의 보험료액을 그 보수에서 공제하여 납부하여야 한다. 이 경우 직장가입자에게 공제액을 알려야 한다(국민건강보험법 제77조 제3항).
③ **보험료 납부기한**: 보험료 납부의무가 있는 자는 가입자에 대한 그달의 보험료를 그 다음 달 10일까지 납부하여야 한다. 다만, 직장가입자의 보수 외 소득월액보험료 및 지역가입자의 보험료는 보건복지부령으로 정하는 바에 따라 분기별로 납부할 수 있다(국민건강보험법 제78조 제1항). 기출

(10) 고액·상습체납자의 인적사항 공개
공단은 「국민건강보험법」에 따른 납부기한의 다음 날부터 1년이 경과한 보험료, 연체금과 체납처분비(결손처분한 보험료, 연체금과 체납처분비로서 징수권 소멸시효가 완성되지 아니한 것을 포함한다)의 총액이 1천만원 이상인 체납자가 납부능력이 있음에도 불구하고 체납한 경우 그 인적사항·체납액 등(이하 '인적사항 등'이라 한다)을 공개할 수 있다(국민건강보험법 제83조 제1항 본문).

○X문제
직장가입자의 보수월액보험료는 직장가입자가 납부한다. ( )

정답 ×

7. 이의신청 및 심판 청구 등

(1) 이의신청

① **신청사유**
㉠ 가입자 및 피부양자의 자격, 보험료 등, 보험급여, 보험급여 비용에 관한 공단의 처분에 이의가 있는 자는 공단에 이의신청을 할 수 있다(국민건강보험법 제87조 제1항).
㉡ 요양급여비용 및 요양급여의 적정성 평가 등에 관한 심사평가원의 처분에 이의가 있는 공단, 요양기관 또는 그 밖의 자는 심사평가원에 이의신청을 할 수 있다(국민건강보험법 제87조 제2항).

② **신청기간**: 이의신청은 처분이 있음을 안 날부터 90일 이내에 문서(전자문서를 포함한다)로 하여야 하며, 처분이 있은 날부터 180일을 지나면 제기하지 못한다. 다만, 정당한 사유로 그 기간에 이의신청을 할 수 없었음을 소명한 경우에는 그러하지 아니하다(국민건강보험법 제87조 제3항).

(2) 심판 청구

이의신청에 대한 결정에 불복하는 자는 건강보험분쟁조정위원회에 심판청구를 할 수 있다. 이 경우 심판 청구는 처분이 있음을 안 날부터 90일 이내에 문서로 이를 하여야 하며, 처분이 있은 날부터 180일을 지나면 제기하지 못한다(국민건강보험법 제88조 제1항, 제87조 제3항).

(3) 행정소송

공단 또는 심사평가원의 처분에 이의가 있는 자와 이의신청 또는 심판 청구에 대한 결정에 불복하는 자는 「행정소송법」에서 정하는 바에 따라 행정소송을 제기할 수 있다(국민건강보험법 제90조).

8. 시효

다음의 권리는 3년 동안 행사하지 아니하면 소멸시효가 완성된다(국민건강보험법 제91조 제1항). 기출
① 보험료, 연체금 및 가산금을 징수할 권리
② 보험료, 연체금 및 가산금으로 과오납부한 금액을 환급받을 권리
③ 보험급여를 받을 권리
④ 보험급여 비용을 받을 권리
⑤ 과다납부된 본인일부부담금을 돌려받을 권리
⑥ 근로복지공단의 권리

OX문제
이의신청은 처분이 있음을 안 날부터 60일 이내, 처분이 있은 날부터 180일 이내에 하여야 한다. ( )

OX문제
과다납부된 본인일부부담금을 돌려받을 권리는 5년 동안 행사하지 아니하면 시효로 소멸한다. ( )

정답 ×, ×

CHAPTER 10 대외업무관리 및 리모델링

회독체크 1 2 3

CHAPTER 미리보기

학습키워드

- 공동주택관리에 관한 감독
- 공동주택 관리비리 신고센터의 설치 등
- 공동주택관리법령상 법정교육
- 행위허가 등의 기준
- 리모델링의 정의
- 리모델링 기본계획
- 리모델링의 행위제한

제1절 대외업무관리 등

1 대외업무관리

1. 관리비용의 지원

(1) 관리에 필요한 비용의 지원

지방자치단체의 장은 그 지방자치단체의 **조례**로 정하는 바에 따라 공동주택의 관리, 층간소음 개선을 위한 층간소음의 측정·진단에 필요한 비용(경비원 등 근로자의 근무환경 개선에 필요한 냉난방 및 안전시설 등의 설치·운영 비용을 포함한다)의 일부를 지원할 수 있다(공동주택관리법 제85조 제1항).

(2) 관리에 필요한 비용의 융자

국가는 공동주택의 보수·개량, 층간소음 저감재 설치 등에 필요한 비용의 일부를 **주택도시기금**에서 융자할 수 있다(공동주택관리법 제85조 제2항).

2. 공동주택관리 지원기구 및 지역공동주택관리지원센터

(1) 공동주택관리 지원기구

① **지정**: 국토교통부장관은 다음의 업무를 수행할 기관 또는 단체를 공동주택관리 지원기구(이하 '공동주택관리 지원기구'라 한다)로 지정하여 고시할 수 있다(공동주택관리법 제86조 제1항, 동법 시행령 제92조).
　㉠ 공동주택관리와 관련한 민원 상담 및 교육
　㉡ 관리규약 제정·개정의 지원
　㉢ 입주자대표회의 구성 및 운영과 관련한 지원
　㉣ 장기수선계획의 수립·조정 지원 또는 공사·용역의 타당성 자문 등 기술지원
　㉤ 공동주택 관리상태 진단 및 지원
　㉥ 공동주택 입주자등의 공동체 활성화 지원
　㉦ 공동주택의 조사·검사 및 분쟁조정의 지원
　㉧ 공동주택 관리실태 조사·연구
　㉨ 국토교통부장관 또는 지방자치단체의 장이 의뢰하거나 위탁하는 업무
　㉩ 그 밖에 공동주택 입주자등의 권익보호와 공동주택관리의 투명화 및 효율화를 위하여 대통령령으로 정하는 업무

㋓ 혼합주택단지의 분쟁조정 상담 지원
　　　㋔ 층간소음의 방지 등에 대하여 필요한 조사 또는 상담 지원
　　　㋕ 공동주택의 안전관리 업무 지원
　② **경비의 출연 등**: 국토교통부장관은 예산의 범위에서 공동주택관리 지원기구의 운영 및 사무처리에 필요한 경비를 출연 또는 보조할 수 있다(공동주택관리법 제86조 제2항).
　③ 공동주택관리 지원기구는 위 ①의 업무를 수행하는 데 필요한 경비의 전부 또는 일부를 관리주체 또는 입주자대표회의로부터 받을 수 있다(공동주택관리법 제86조 제3항).

(2) 지역공동주택관리지원센터

　① **지정**: 지방자치단체의 장은 관할 지역 내 공동주택의 효율적인 관리에 필요한 지원 및 시책을 수행하기 위하여 공동주택관리에 전문성을 가진 기관 또는 단체를 지역공동주택관리지원센터(이하 '지역센터'라 한다)로 지정할 수 있다(공동주택관리법 제86조의2 제1항).
　② **수행업무**: 지역센터는 다음의 업무를 수행한다(공동주택관리법 제86조의2 제2항).
　　　㉠ 위 **(1)**의 ①에 따른 업무
　　　㉡ 소규모 공동주택에 대한 관리 지원
　　　㉢ 그 밖에 지역 내 공동주택의 효율적인 관리를 위하여 지방자치단체의 조례로 정하는 업무
　③ **예산**: 지방자치단체는 지역센터의 운영 및 사무처리에 필요한 비용을 예산의 범위에서 출연 또는 보조할 수 있다(공동주택관리법 제86조의2 제3항).
　④ **위임규정**: 지역센터의 지정 및 운영 등에 필요한 사항은 지방자치단체의 조례로 정한다(공동주택관리법 제86조의2 제4항).

3. 공동주택 우수관리단지 선정

(1) 공동주택 모범관리단지의 선정

　① **공동주택 모범관리단지의 선정**: 시·도지사는 공동주택단지를 모범적으로 관리하도록 장려하기 위하여 매년 공동주택 모범관리단지를 선정할 수 있다(공동주택관리법 제87조 제1항).

② 시·도지사는 위 ①에 따라 모범관리단지를 선정하는 경우 층간소음 예방 및 분쟁 조정 활동을 모범적으로 수행한 단지를 별도로 선정할 수 있다(공동주택관리법 제87조 제2항).

(2) 공동주택 우수관리단지의 선정

국토교통부장관은 위 (1)의 ① 및 ②에 따라 시·도지사가 선정한 공동주택 모범관리단지 중에서 공동주택 우수관리단지를 선정하여 표창하거나 상금을 지급할 수 있고, 그 밖에 필요한 지원을 할 수 있다(공동주택관리법 제87조 제3항).

(3) 지원

공동주택 모범관리단지와 공동주택 우수관리단지의 선정, 표창 및 상금 지급 등에 필요한 사항은 국토교통부장관이 정하여 고시한다(공동주택관리법 제87조 제4항).

4. 공동주택관리정보시스템의 구축·운영 등

(1) 구축·운영

국토교통부장관은 공동주택관리의 투명성과 효율성을 제고하기 위하여 공동주택관리에 관한 정보를 종합적으로 관리할 수 있는 공동주택관리정보시스템을 구축·운영할 수 있고, 이에 관한 정보를 관련 기관·단체 등에 제공할 수 있다(공동주택관리법 제88조 제1항).

(2) 필요한 자료의 요청

국토교통부장관은 위 (1)에 따른 공동주택관리정보시스템을 구축·운영하기 위하여 필요한 자료를 관련 기관·단체 등에 요청할 수 있다. 이 경우 기관·단체 등은 특별한 사유가 없으면 그 요청에 따라야 한다(공동주택관리법 제88조 제2항).

(3) 정보의 종합적 관리

시·도지사는 공동주택관리에 관한 정보를 종합적으로 관리할 수 있고, 이에 관한 정보를 관련 기관·단체 등에 제공하거나 요청할 수 있다. 이 경우 기관·단체 등은 특별한 사유가 없으면 그 요청에 따라야 한다(공동주택관리법 제88조 제3항).

5. 체납된 장기수선충당금 등의 강제징수

국가 또는 지방자치단체인 관리주체가 관리하는 공동주택의 장기수선충당금 또는 관리비가 체납된 경우 국가 또는 지방자치단체는 국세 또는 지방세 체납처분의 예에 따라 해당 장기수선충당금 또는 관리비를 강제징수할 수 있다(공동주택관리법 제91조). 기출

6. 보고·검사 등

(1) 보고·검사

국토교통부장관 또는 지방자치단체의 장은 필요하다고 인정할 때에는 「공동주택관리법」에 따라 허가를 받거나 신고·등록 등을 한 자에게 필요한 보고를 하게 하거나, 관계 공무원으로 하여금 사업장에 출입하여 필요한 검사를 하게 할 수 있다(공동주택관리법 제92조 제1항).

(2) 검사 등에 관한 사항의 고지

위 (1)에 따른 검사를 할 때에는 검사 7일 전까지 검사 일시, 검사 이유 및 검사 내용 등 검사계획을 검사를 받을 자에게 알려야 한다. 다만, 긴급한 경우나 사전에 통지하면 증거인멸 등으로 검사 목적을 달성할 수 없다고 인정하는 경우에는 그러하지 아니하다(공동주택관리법 제92조 제2항).

(3) 증표의 제시

위 (1)에 따라 검사를 하는 공무원은 그 권한을 나타내는 증표를 지니고 이를 관계인에게 내보여야 한다(공동주택관리법 제92조 제3항).

7. 공동주택관리에 관한 감독

(1) 감독 사항

지방자치단체의 장은 공동주택관리의 효율화와 입주자등의 보호를 위하여 다음의 어느 하나에 해당하는 경우 입주자등, 입주자대표회의나 그 구성원, 관리주체(의무관리대상 공동주택이 아닌 경우에는 관리인을 말한다. 이하 같다), 관리사무소장 또는 선거관리위원회나 그 위원 등에게 관리비등의 사용 내역 등 대통령령[아래 (2)]으로 정하는 업무에 관한 사항을 보고하게 하거나 자료의 제출이나 그 밖에 필요한 명령을 할 수 있으며, 소속 공무원으로 하여금 영업소·관리사무소 등에 출입하여 공동주택의 시설·장부·서류 등을 조사 또는 검사하게 할 수 있다. 이 경우 출입·검사 등을 하는 공무원은

그 권한을 나타내는 증표를 지니고 이를 관계인에게 내보여야 한다(공동주택관리법 제93조 제1항).

① 아래 **(4)** 또는 **(5)**에 따른 감사에 필요한 경우
② 「공동주택관리법」 또는 「공동주택관리법」에 따른 명령이나 처분을 위반하여 조치가 필요한 경우
③ 공동주택단지 내 분쟁의 조정이 필요한 경우
④ 공동주택 시설물의 안전관리를 위하여 필요한 경우
⑤ 입주자대표회의 등이 공동주택 관리규약을 위반한 경우
⑥ 그 밖에 공동주택관리에 관한 감독을 위하여 필요한 경우

(2) 감독대상 업무

위 **(1)**에서 '대통령령으로 정하는 업무'란 다음의 업무를 말한다(공동주택관리법 시행령 제96조 제1항).

① 입주자대표회의의 구성 및 의결
② 관리주체 및 관리사무소장의 업무
③ 자치관리기구의 구성 및 운영
④ 관리규약의 제정·개정
⑤ 시설물의 안전관리
⑥ 공동주택의 안전점검
⑦ 장기수선계획 및 장기수선충당금 관련업무
⑧ 행위허가 또는 신고
⑨ 그 밖에 공동주택의 관리에 관한 업무

(3) 입주자등의 감사 요청 O×

공동주택의 입주자등은 위 **(1)**의 ②, ③ 또는 ⑤에 해당하는 경우 전체 입주자등의 10분의 2 이상의 동의를 받아 지방자치단체의 장에게 입주자대표회의나 그 구성원, 관리주체, 관리사무소장 또는 선거관리위원회나 그 위원 등의 업무에 대하여 감사를 요청할 수 있다. 이 경우 감사 요청은 그 사유를 소명하고 이를 뒷받침할 수 있는 자료를 첨부하여 서면으로 하여야 한다(공동주택관리법 제93조 제2항). 기출

(4) 감사결과의 통보 O×

지방자치단체의 장은 위 **(3)**에 따른 감사 요청이 이유가 있다고 인정하는 경우에는 감사를 실시한 후 감사를 요청한 입주자등에게 그 결과를 통보하여야 한다(공동주택관리법 제93조 제3항).

O×문제

감사 대상이 되는 업무는 입주자대표회의나 그 구성원, 관리주체, 관리사무소장 또는 선거관리위원회나 그 위원 등의 업무이다. ( )

입주자대표회의가 공동주택 관리규약을 위반한 경우 공동주택의 관리주체는 전체 입주자등의 10분의 2 이상의 동의를 받아 지방자치단체의 장에게 감사를 요청할 수 있다. ( )

공동주택단지 내 분쟁의 조정이 필요한 경우 공동주택의 입주자등은 지방자치단체의 장에게 감사를 요청할 수 있다. ( )

공동주택의 입주자등이 감사를 요청하려면 전체 입주자등의 과반수의 동의를 받아야 한다. ( )

O×문제

지방자치단체의 장은 감사 요청이 이유가 있다고 인정하는 경우에는 감사를 요청한 입주자등에게 그 결과를 통보하여야 한다. ( )

정답 O, ×, O, ×, O

(5) 감사 요청이 없는 경우의 감사 OX

지방자치단체의 장은 위 (3)에 따른 감사 요청이 없더라도 공동주택관리의 효율화와 입주자등의 보호를 위하여 필요하다고 인정하는 경우 감사대상이 되는 업무에 대하여 감사를 실시할 수 있다(공동주택관리법 제93조 제4항).

(6) 자문 및 조사

지방자치단체의 장은 위 (4) 또는 (5)에 따라 감사를 실시할 경우 변호사·공인회계사 등의 전문가에게 자문하거나 해당 전문가와 함께 영업소·관리사무소 등을 조사할 수 있다(공동주택관리법 제93조 제5항).

(7) 조례로 정하는 사항

위 (3)부터 (6)까지의 감사 요청 및 감사 실시에 필요한 사항은 지방자치단체의 조례로 정한다(공동주택관리법 제93조 제6항).

(8) 결과 등의 통보

지방자치단체의 장은 위 (1)부터 (5)까지의 규정에 따라 명령, 조사 또는 검사, 감사의 결과 등을 통보하는 경우 그 내용을 해당 공동주택의 입주자대표회의 및 관리주체에게도 통보하여야 한다(공동주택관리법 제93조 제7항).

(9) 공개 및 열람 등

① **공개 등**: 관리주체는 위 (8)에 따라 통보받은 내용을 대통령령(아래 ②)으로 정하는 바에 따라 해당 공동주택단지의 인터넷 홈페이지 및 동별 게시판에 공개하고 입주자등의 열람, 복사 요구에 따라야 한다(공동주택관리법 제93조 제8항).

② **공개시기 및 기간**: 위 (8)에 따른 통보를 받은 관리주체는 위 ①에 따라 통보를 받은 날부터 10일 이내에 그 내용을 공동주택단지의 인터넷 홈페이지 및 동별 게시판에 7일 이상 공개해야 한다. 이 경우 동별 게시판에는 통보받은 일자, 통보한 기관 및 관계 부서, 주요 내용 및 조치사항 등을 요약하여 공개할 수 있다(공동주택관리법 시행령 제96조 제2항).

③ **공개제한 사항**: 관리주체는 위 ②에 따라 공개하는 내용에서 「개인정보 보호법 시행령」에 따른 고유식별정보 등 개인의 사생활의 비밀 또는 자유를 침해할 우려가 있는 정보는 제외해야 한다(공동주택관리법 시행령 제96조 제3항).

OX문제

지방자치단체의 장은 공동주택의 입주자등의 감사 요청이 없더라도 공동주택관리의 효율화와 입주자등의 보호를 위하여 필요하다고 인정하는 경우에는 감사를 실시할 수 있다. ( )

정답 O

8. 공동주택 관리비리 신고센터의 설치 등

(1) 설치·운영·구성

① **설치·운영**: 국토교통부장관은 공동주택 관리비리와 관련된 불법행위 신고의 접수·처리 등에 관한 업무를 효율적으로 수행하기 위하여 공동주택 관리비리 신고센터(이하 '신고센터'라 한다)를 설치·운영할 수 있다(공동주택관리법 제93조의2 제1항).

② **설치**: 국토교통부장관은 위 ①에 따라 국토교통부에 공동주택 관리비리 신고센터를 설치한다(공동주택관리법 시행령 제96조의2 제1항).

③ **신고센터의 장**: 신고센터의 장은 국토교통부의 **공동주택관리업무를 총괄하는 부서의 장**으로 하고, 구성원은 공동주택관리와 관련된 업무를 담당하는 공무원으로 한다(공동주택관리법 시행령 제96조의2 제2항).

④ **파견 요청 등**: 국토교통부장관은 신고센터의 운영을 위하여 필요한 경우 지방자치단체의 장에게 소속 직원의 파견을 요청할 수 있다. 이 경우 국토교통부장관은 공동주택 관리비리 신고 및 처리 건수 등을 고려하여 관계 지방자치단체의 장과 협의를 거쳐 인력지원의 규모, 기간 및 방법 등을 조정할 수 있다(공동주택관리법 시행령 제96조의2 제3항).

⑤ **지방자치단체의 장의 조치**: 위 ④에 따라 국토교통부장관으로부터 소속 직원의 파견을 요청받은 지방자치단체의 장은 특별한 사유가 없으면 파견에 필요한 조치를 하여야 한다(공동주택관리법 시행령 제96조의2 제4항).

(2) 수행업무

신고센터는 다음의 업무를 수행한다(공동주택관리법 제93조의2 제2항).

① 공동주택관리의 불법행위와 관련된 신고의 상담 및 접수

② 해당 지방자치단체의 장에게 해당 신고사항에 대한 조사 및 조치 요구

③ 신고인에게 조사 및 조치 결과의 요지 등 통보

(3) 신고 및 확인

① **신고**: 공동주택관리와 관련하여 불법행위를 인지한 자는 신고센터에 그 사실을 신고할 수 있다. 이 경우 신고를 하려는 자는 자신의 인적사항과 신고의 취지·이유·내용을 적고 서명한 문서와 함께 신고 대상 및 증거 등을 제출하여야 한다(공동주택관리법 제93조의2 제3항).

② **신고서 제출**: 위 ①에 따라 신고를 하려는 자는 다음의 사항을 포함한 신고서(전자문서를 포함한다)를 신고센터에 제출하여야 한다(공동주택관리법 시행령 제96조의3 제1항).

㉠ 신고자의 성명, 주소, 연락처 등 인적사항
　　　㉡ 신고대상자의 성명, 주소, 연락처 및 근무기관 등 인적사항
　　　㉢ 신고자와 신고대상자의 관계
　　　㉣ 신고의 경위 및 이유
　　　㉤ 신고 대상 비리행위의 발생일시·장소 및 그 내용
　　　㉥ 신고내용을 증명할 수 있는 참고인의 인적사항 또는 증거자료
　③ **확인**: 위 ②에 따른 신고서를 받은 신고센터는 다음의 사항을 확인할 수 있다(공동주택관리법 시행령 제96조의3 제2항).
　　　㉠ 신고자 및 신고대상자의 인적사항
　　　㉡ 신고내용을 증명할 수 있는 참고인 또는 증거자료의 확보 여부
　　　㉢ 신고자가 신고내용의 조사·처리 등에서 신고센터 및 해당 지방자치단체의 담당 공무원 외의 자에게 그 신분을 밝히거나 암시하는 것(이하 '신분공개'라 한다)에 동의하는지 여부
　④ **설명**: 신고센터는 위 ③의 ㉢에 따라 신분공개의 동의 여부를 확인하는 경우에는 신고내용의 처리절차 및 신분공개의 절차 등에 관하여 설명하여야 한다(공동주택관리법 시행령 제96조의3 제3항).
　⑤ **보완기간**: 신고센터는 위 ③에 따른 확인 결과 신고서가 신고자의 인적사항이나 신고내용의 특정에 필요한 사항을 갖추지 못한 경우에는 신고자로 하여금 15일 이내의 기간을 정하여 이를 보완하게 할 수 있다. 다만, 15일 이내에 자료를 보완하기 곤란한 사유가 있다고 인정되는 경우에는 신고자와 협의하여 보완기간을 따로 정할 수 있다(공동주택관리법 시행령 제96조의3 제4항).
　⑥ **자료제출 요구 등**: 신고센터 및 해당 지방자치단체의 장은 신고내용의 확인을 위하여 신고자로부터 진술을 듣거나 신고자 또는 신고대상자에게 필요한 자료의 제출을 요구할 수 있다(공동주택관리법 시행령 제96조의3 제5항).

(4) 공동주택 관리비리 신고의 종결처리

신고센터는 다음의 어느 하나에 해당하는 경우 위 (3)의 ①에 따라 접수된 신고를 종결할 수 있다. 이 경우 종결 사실과 그 사유를 신고자에게 통보하여야 한다(공동주택관리법 시행령 제96조의4).
① 신고내용이 명백히 거짓인 경우
② 신고자가 위 (3)의 ⑤에 따른 보완요구를 받고도 보완기간 내 보완하지 아니한 경우

> **OX문제**
> 공동주택 관리비리 신고센터는 공동주택 관리비리 신고를 확인한 결과 신고서가 신고내용의 특정에 필요한 사항을 갖추지 못한 경우에는 접수된 신고를 종결한다. (　　)
>
> 정답 ×

③ 신고에 대한 처리결과를 통보받은 사항에 대하여 정당한 사유 없이 다시 신고한 경우로서 새로운 증거자료 또는 참고인이 없는 경우

④ 그 밖에 비리행위를 확인할 수 없는 등 조사가 필요하지 아니하다고 신고센터의 장이 인정하는 경우

(5) 조사 등

위 (2)의 ②에 따른 요구를 받은 지방자치단체의 장은 신속하게 해당 요구에 따른 조사 및 조치를 완료하고 완료한 날부터 10일 이내에 그 결과를 국토교통부장관에게 통보하여야 하며, 국토교통부장관은 통보를 받은 경우 즉시 신고자에게 그 결과의 요지를 알려야 한다(공동주택관리법 제93조의2 제4항).

(6) 공동주택 관리비리 신고의 처리

① **통보**: 신고센터는 위 (3)의 ②에 따른 신고서를 받은 날부터 10일 이내(보완기간은 제외한다)에 해당 지방자치단체의 장에게 신고사항에 대한 조사 및 조치를 요구하고, 그 사실을 신고자에게 통보하여야 한다(공동주택관리법 시행령 제96조의5 제1항).

② **완료기간**: 위 ①에 따라 신고사항에 대한 조사 및 조치를 요구받은 지방자치단체의 장은 요구를 받은 날부터 60일 이내에 조사 및 조치를 완료하고, 조사 및 조치를 완료한 날부터 10일 이내에 국토교통부장관에게 통보하여야 한다. 다만, 60일 이내에 처리가 곤란한 경우에는 한 차례만 30일 이내의 범위에서 그 기간을 연장할 수 있다(공동주택관리법 시행령 제96조의5 제2항).

③ **연장기간의 통보**: 위 ②의 단서에 따라 조사 및 조치 기간을 연장하려는 지방자치단체의 장은 그 사유와 연장기간을 신고센터에 통보하여야 한다(공동주택관리법 시행령 제96조의5 제3항).

9. 공사의 중지 등

(1) 공사의 중지 등의 명령

국토교통부장관 또는 지방자치단체의 장은 사업주체등 및 공동주택의 입주자등, 관리주체, 입주자대표회의나 그 구성원이 「공동주택관리법」 또는 「공동주택관리법」에 따른 명령이나 처분을 위반한 경우에는 공사의 중지, 원상복구, 하자보수 이행 또는 그 밖에 필요한 조치를 명할 수 있다(공동주택관리법 제94조 제1항).

OX문제

공동주택관리법령에 따라 신고사항에 대한 조사 및 조치를 요구받은 지방자치단체의 장은 요구를 받은 날부터 60일 이내에 조사 및 조치를 완료하여야 한다. 다만, 60일 이내에 처리가 곤란한 경우에는 한 차례만 30일 이내의 범위에서 그 기간을 연장할 수 있다. ( )

정답 O

(2) 통보

국토교통부장관 또는 지방자치단체의 장은 위 **(1)**에 따라 공사의 중지 등 필요한 조치를 명하는 경우 그 내용을 해당 공동주택의 입주자대표회의 및 관리주체에게도 통보하여야 한다(공동주택관리법 제94조 제2항).

(3) 공개 및 열람 등

관리주체는 위 **(2)**에 따라 통보받은 내용을 대통령령으로 정하는 바에 따라 해당 공동주택단지의 인터넷 홈페이지 및 동별 게시판에 공개하고 입주자등의 열람, 복사 요구에 따라야 한다(공동주택관리법 제94조 제3항).

(4) 관리주체 등에 대한 감독

① **통보**: 지방자치단체의 장은 위 **(1)**에 따라 관리주체 등에 대하여 공사의 중지, 원상복구 또는 그 밖에 필요한 조치를 명한 때에는 즉시 국토교통부장관에게 통보해야 한다(공동주택관리법 시행령 제97조 제1항).

② **공개 등**: 위 **(2)**에 따른 통보를 받은 관리주체는 위 **(3)**에 따라 통보를 받은 날부터 10일 이내에 그 내용을 공동주택단지의 인터넷 홈페이지 및 동별 게시판에 7일 이상 공개해야 한다. 이 경우 동별 게시판에는 통보받은 일자, 통보한 기관 및 관계 부서, 주요 내용 및 조치사항 등을 요약하여 공개할 수 있다(공동주택관리법 시행령 제97조 제2항). 기출

③ **제한사항**: 관리주체는 위 ②에 따라 공개하는 내용에서 「개인정보 보호법 시행령」에 따른 고유식별정보 등 개인의 사생활의 비밀 또는 자유를 침해할 우려가 있는 정보는 제외해야 한다(공동주택관리법 시행령 제97조 제3항).

10. 청문

국토교통부장관 또는 지방자치단체의 장은 다음의 어느 하나에 해당하는 처분을 하려면 청문을 하여야 한다(공동주택관리법 제95조). 기출

① 행위허가의 취소
② 주택관리업의 등록말소
③ 주택관리사등의 자격취소

2 협회

1. 협회의 설립 등

(1) 주택관리사단체의 설립
주택관리사등은 공동주택관리에 관한 기술·행정 및 법률 문제에 관한 연구와 그 업무를 효율적으로 수행하기 위하여 주택관리사단체를 설립할 수 있다(공동주택관리법 제81조 제1항).

(2) 법인
위 (1)의 단체(이하 '협회'라 한다)는 법인으로 한다(공동주택관리법 제81조 제3항).

(3) 협회의 성립요건
협회는 그 주된 사무소의 소재지에서 설립등기를 함으로써 성립한다(공동주택관리법 제81조 제4항).

(4) 권리 등의 제한 및 자격의 상실
「공동주택관리법」에 따라 국토교통부장관, 시·도지사 또는 대도시 시장으로부터 영업 및 자격의 정지처분을 받은 협회 회원의 권리·의무는 그 영업 및 자격의 정지기간 중에는 정지되며, 주택관리사등의 자격이 취소된 때에는 협회의 회원자격을 상실한다(공동주택관리법 제81조 제5항).

(5) 인가요건
협회를 설립하려면 주택관리사단체는 공동주택의 관리사무소장으로 배치된 자의 5분의 1 이상을 발기인으로 하여 정관을 마련한 후 창립총회의 의결을 거쳐 국토교통부장관의 인가를 받아야 한다. 인가받은 정관을 변경하는 경우에도 또한 같다(공동주택관리법 제81조 제6항).

(6) 공고
국토교통부장관은 (5)에 따른 인가를 하였을 때에는 이를 지체 없이 공고하여야 한다(공동주택관리법 제81조 제7항).

2. 협회에 대한 지도·감독
국토교통부장관은 협회를 지도·감독한다(공동주택관리법 제83조).

3. 「민법」의 준용

협회에 관하여 「공동주택관리법」에서 규정한 것 외에는 「민법」 중 사단법인에 관한 규정을 준용한다(공동주택관리법 제84조).

3 공동주택관리법령상 법정교육

1. 장기수선계획의 조정교육

(1) 교육의 실시 및 대상자 OX

관리주체는 장기수선계획을 검토하기 전에 해당 공동주택의 관리사무소장으로 하여금 국토교통부령으로 정하는 바에 따라 시·도지사가 실시하는 장기수선계획의 비용산출 및 공사방법 등에 관한 교육을 받게 할 수 있다(공동주택관리법 제29조 제4항). 기출

(2) 업무의 위탁 OX

시·도지사는 장기수선계획의 조정교육의 업무를 주택관리에 관한 전문기관 또는 단체를 지정하여 위탁한다(공동주택관리법 제89조 제2항 제2호, 동법 시행령 제95조 제3항 제1호). 기출

(3) 교육실시의 공고 또는 통보

위 (1)에 따른 장기수선계획의 조정교육에 관한 업무를 위 (2)에 따라 위탁받은 기관은 교육 실시 10일 전에 교육의 일시·장소·기간·내용·대상자 및 그 밖에 교육에 필요한 사항을 공고하거나 관리주체에게 통보하여야 한다(공동주택관리법 시행규칙 제7조 제4항). 기출

(4) 조정교육수탁기관의 이행사항

특별시장·광역시장·특별자치시장·도지사 또는 특별자치도지사(이하 '시·도지사'라 한다)는 위 (3)에 따른 수탁기관으로 하여금 다음의 사항을 이행하도록 하여야 한다(공동주택관리법 시행규칙 제7조 제5항).

① **교육계획서의 작성 및 승인:** 매년 11월 30일까지 다음의 내용이 포함된 다음 연도의 교육계획서를 작성하여 시·도지사의 승인을 받을 것 기출
㉠ 교육일시·장소 및 교육시간
㉡ 교육예정인원
㉢ 강사의 성명·주소 및 교육과목별 이수시간

OX문제

입주자대표회의는 장기수선계획을 조정하기 전에 해당 공동주택의 관리사무소장으로 하여금 장기수선계획의 비용산출 및 공사방법에 관한 교육을 받게 할 수 있다.
( )

관리주체는 장기수선계획을 조정하기 전에 해당 공동주택의 입주자대표회의의 회장으로 하여금 장기수선계획의 비용산출 및 공사방법에 관한 교육을 받게 할 수 있다.
( )

OX문제

장기수선계획을 조정하기 전에 받아야 하는 교육의 교육기관은 공동주택 사용검사권자인 시장·군수·구청장이 지정하는 교육수탁기관이다.
( )

정답 ×, ×, ×

㉣ 교육과목 및 내용

㉤ 그 밖에 교육시행과 관련하여 시·도지사가 요구하는 사항

② **교육결과보고서의 작성 및 보고**: 해당 연도의 교육 종료 후 1개월 이내에 다음의 내용이 포함된 교육결과보고서를 작성하여 시·도지사에게 보고할 것 기출

㉠ 교육대상자 및 이수자명단

㉡ 교육계획의 주요 내용이 변경된 경우에는 그 변경내용과 사유

㉢ 그 밖에 교육시행과 관련하여 시·도지사가 요구하는 사항

2. 주택관리업자 등의 교육

(1) 교육대상자

OX 문제
주택관리업자와 관리사무소장으로 배치받은 주택관리사 등은 시장·군수 또는 구청장이 실시하는 주택관리에 관한 교육을 받아야 한다.
( )

OX ① **배치교육 및 배치전교육**: 주택관리업자(법인인 경우에는 그 대표자를 말한다)와 관리사무소장으로 배치받은 주택관리사등은 국토교통부령[아래 (3)]으로 정하는 바에 따라 시·도지사로부터 공동주택관리에 관한 교육과 윤리교육을 **받아야 한다**. 이 경우 관리사무소장으로 **배치받으려는** 주택관리사등은 국토교통부령[아래 (3)]으로 정하는 바에 따라 공동주택관리에 관한 교육과 윤리교육을 받을 수 있고, 그 교육을 받은 경우에는 관리사무소장의 교육 의무를 이행한 것으로 본다(공동주택관리법 제70조 제1항). 기출

② **휴면교육**: 관리사무소장으로 배치받으려는 주택관리사등이 배치예정일부터 직전 5년 이내에 관리사무소장·공동주택관리기구의 직원 또는 주택관리업자의 임직원으로서 종사한 경력이 없는 경우에는 국토교통부령[아래 (3)]으로 정하는 바에 따라 시·도지사가 실시하는 공동주택관리에 관한 교육과 윤리교육을 이수하여야 관리사무소장으로 배치받을 수 있다. 이 경우 공동주택관리에 관한 교육과 윤리교육을 이수하고 관리사무소장으로 배치받은 주택관리사등에 대하여는 위 ①에 따른 관리사무소장의 교육의무를 이행한 것으로 본다(공동주택관리법 제70조 제2항). 기출

③ **보수교육**: 공동주택의 관리사무소장으로 배치받아 근무 중인 주택관리사등은 위 ① 또는 ②에 따른 교육을 받은 후 3년마다 국토교통부령[아래 (3)]으로 정하는 바에 따라 공동주택관리에 관한 교육과 윤리교육을 받아야 한다(공동주택관리법 제70조 제3항). 기출

정답 ×

(2) 업무의 위탁

시·도지사는 주택관리업자 및 관리사무소장에 대한 교육의 업무를 주택관리에 관한 전문기관 또는 단체를 지정하여 위탁한다(공동주택관리법 제89조 제2항 제7호, 동법 시행령 제95조 제3항 제2호).

(3) 교육기준

① **배치교육 기한**: 위 **(1)**의 ①에 따라 주택관리업자(법인인 경우에는 그 대표자를 말한다) 또는 관리사무소장으로 배치받은 주택관리사등은 다음의 구분에 따른 시기에 위 **(2)**에 따라 교육업무를 위탁받은 기관 또는 단체(이하 '교육수탁기관'이라 한다)로부터 공동주택관리에 관한 교육과 윤리교육을 받아야 한다. 이 경우 교육수탁기관은 관리사무소장으로 배치받으려는 주택관리사등에 대해서도 공동주택 관리에 관한 교육과 윤리교육을 시행할 수 있다(공동주택관리법 시행규칙 제33조 제1항).

　㉠ 주택관리업자: 주택관리업의 등록을 한 날부터 3개월 이내
　㉡ 관리사무소장: 관리사무소장으로 배치된 날(주택관리사보로서 관리사무소장이던 사람이 주택관리사의 자격을 취득한 경우에는 그 자격취득일을 말한다)부터 **3개월 이내** 기출

② **구분실시**: 위 **(1)**의 ②에 따른 교육은 주택관리사와 주택관리사보로 구분하여 실시한다(공동주택관리법 시행규칙 제33조 제2항). 기출

③ **교육내용**: 공동주택의 관리사무소장으로 배치받아 근무 중인 주택관리사등이 위 **(1)**의 ③에 따라 받는 공동주택관리에 관한 교육과 윤리교육에는 다음의 사항이 포함되어야 한다(공동주택관리법 시행규칙 제33조 제3항).

　㉠ 공동주택의 관리책임자로서 필요한 관계 법령, 소양 및 윤리에 관한 사항
　㉡ 공동주택 주요 시설의 교체 및 수리방법 등 주택관리사로서 필요한 전문지식에 관한 사항
　㉢ 공동주택의 하자보수 절차 및 분쟁해결에 관한 교육

④ **교육기간 및 방법**: 위 ①부터 ③까지의 규정에 따른 교육기간은 3일로 한다. 이 경우 교육은 교육과정의 성격, 교육여건 등을 고려하여 **집합교육 또는 인터넷을 이용한 교육**의 방법으로 실시할 수 있다(공동주택관리법 시행규칙 제33조 제4항). 기출

OX문제

B아파트의 관리사무소장은 관리사무소장으로 배치된 날의 그 다음 달에 공동주택관리에 관한 업무를 위탁받은 기관에서 시행한 교육을 3일간 받았다. ( )

관리사무소장으로 배치받은 주택관리사는 배치받은 날부터 2년 이내에 국토교통부령으로 정하는 바에 따라 시·도지사로부터 주택관리에 관한 교육을 받아야 한다. ( )

OX문제

관리교육의 교육기간은 1주일로 한다. ( )

정답 ○, ×, ×

⑤ **교육실시의 공고 또는 통보**: 위 **(1)**의 ①부터 ③까지의 규정에 따른 주택관리에 관한 교육 및 관리사무소장의 직무에 관한 교육에 관한 업무를 위탁받은 기관(이하 '교육수탁기관')은 교육실시 **10일 전**에 교육의 일시·장소·기간·내용·대상자 그 밖에 교육에 관하여 필요한 사항을 공고하거나 관리주체에게 통보해야 한다(공동주택관리법 시행규칙 제7조 제4항).

⑥ **교육수탁기관의 이행사항**: 위 **(1)**의 규정에 따른 교육에 관해서는 위 1. **(4)**를 준용한다(공동주택관리법 시행규칙 제33조 제5항).

(4) 교육지침

국토교통부장관은 위 **(1)**에 따라 시·도지사가 실시하는 교육의 전국적 균형을 유지하기 위하여 교육수준 및 교육방법 등에 필요한 지침을 마련하여 시행할 수 있다(공동주택관리법 제70조 제4항).

3. 입주자대표회의 구성원 등 교육

(1) 입주자대표회의 구성원 교육 OX

시장·군수·구청장은 대통령령[아래 **(6)**]으로 정하는 바에 따라 입주자대표회의 구성원에게 입주자대표회의의 운영과 관련하여 필요한 교육 및 윤리교육을 **실시하여야 한다**. 이 경우 입주자대표회의 구성원은 그 교육을 성실히 이수하여야 한다(공동주택관리법 제17조 제1항). 기출

(2) 교육의 내용

위 **(1)**에 따른 교육 내용에는 다음의 사항을 포함하여야 한다(공동주택관리법 제17조 제2항). 기출

① 공동주택의 관리에 관한 법령 및 관리규약의 준칙에 관한 사항
② 입주자대표회의 구성원의 직무·소양 및 윤리에 관한 사항
③ 공동주택단지 공동체의 활성화에 관한 사항
④ 관리비·사용료 및 장기수선충당금에 관한 사항
⑤ 공동주택 회계처리에 관한 사항
⑥ 층간소음 예방 및 입주민 간 분쟁의 조정에 관한 사항
⑦ 하자보수에 관한 사항
⑧ 그 밖에 입주자대표회의의 운영에 필요한 사항

(3) 입주자등 교육

시장·군수·구청장은 관리주체·입주자등이 희망하는 경우에는 위 **(1)**의

OX문제

관리사무소장은 입주자대표회의의 구성원에게 입주자대표회의의 운영과 관련하여 필요한 교육을 실시할 수 있다. ( )

정답 ×

교육을 관리주체·입주자등에게 실시할 수 있다(공동주택관리법 제17조 제3항).

(4) 업무의 위탁
시장·군수·구청장은 입주자대표회의의 구성원 교육을 공동주택관리 지원기구에 위탁한다(공동주택관리법 제89조 제2항 제1호, 동법 시행령 제95조 제4항).

(5) 위임규정
위 (1)에 따른 교육의 시기·방법, 비용 부담 등에 필요한 사항은 대통령령[아래 (6)]으로 정한다(공동주택관리법 제17조 제4항).

(6) 교육기준
① **교육의 공고 또는 고지**: 위 (1) 또는 (3)에 따라 시장·군수·구청장은 입주자대표회의의 구성원 또는 입주자등에 대하여 입주자대표회의의 운영과 관련하여 필요한 교육 및 윤리교육(이하 '운영·윤리교육'이라 한다)을 하려면 다음의 사항을 교육 10일 전까지 공고하거나 교육대상자에게 알려야 한다(공동주택관리법 시행령 제18조 제1항). 기출
   ㉠ 교육일시, 교육기간 및 교육장소
   ㉡ 교육내용
   ㉢ 교육대상자
   ㉣ 그 밖에 교육에 관하여 필요한 사항

② **교육시간**: 입주자대표회의의 구성원은 매년 4시간의 운영·윤리교육을 이수하여야 한다(공동주택관리법 시행령 제18조 제2항). 기출

③ **교육방법**: 운영·윤리교육은 집합교육의 방법으로 한다. 다만, 교육 참여현황의 관리가 가능한 경우에는 그 전부 또는 일부를 온라인교육으로 할 수 있다(공동주택관리법 시행령 제18조 제3항).

④ **수료증의 수여**: 시장·군수·구청장은 운영·윤리교육을 이수한 사람에게 수료증을 내주어야 한다. 다만, 교육수료사실을 입주자대표회의의 구성원이 소속된 입주자대표회의에 문서로 통보함으로써 수료증의 수여를 갈음할 수 있다(공동주택관리법 시행령 제18조 제4항).

⑤ **비용부담**: 입주자대표회의의 구성원에 대한 운영·윤리교육의 수강비용은 입주자대표회의의 운영경비에서 부담하며, 입주자등에 대한 운영·윤리교육의 수강비용은 수강생 본인이 부담한다. 다만, 시장·군수·구청장은 필요하다고 인정하는 경우에는 그 비용의 전부 또는 일부를 지원할 수 있다(공동주택관리법 시행령 제18조 제5항). 기출

OX문제
甲 구청장은 2023년 10월 15일에 실시할 운영 및 윤리교육에 관한 교육일시, 교육장소 등을 2023년 10월 10일에 공고하기로 하였다. (　　)

OX문제
甲 구청장은 2021년 10월 15일에 실시할 운영 및 윤리교육의 다음 교육은 2023년 10월 15일에 실시하기로 하였다. (　　)

甲 구청장은 2023년 10월 15일에 실시할 운영 및 윤리교육 시간을 오후 1시부터 오후 5시까지로 확정하여 실시하기로 하였다. (　　)

OX문제
甲 구청장은 운영 및 윤리교육에 드는 비용을 필요하다고 인정하여 그 비용의 전부를 지원하기로 하였다. (　　)

정답 ×, ×, ○, ○

⑥ **참여현황의 관리**: 시장·군수·구청장은 입주자대표회의 구성원의 운영·윤리교육 참여현황을 엄격히 관리하여야 하며, 운영·윤리교육을 이수하지 아니한 입주자대표회의 구성원에 대해서는 「공동주택관리법」 제93조 제1항(공동주택관리에 관한 감독)에 따라 필요한 조치를 하여야 한다(공동주택관리법 시행령 제18조 제6항).

4. 방범 및 안전교육

(1) 교육의 실시

다음의 사람은 국토교통부령[아래 **(2)**]으로 정하는 바에 따라 공동주택단지의 각종 안전사고의 예방과 방범을 위하여 시장·군수·구청장이 실시하는 방범교육 및 안전교육을 받아야 한다(공동주택관리법 제32조 제2항).
① 경비업무에 종사하는 사람
② 안전관리계획에 따라 시설물 안전관리자 및 안전관리책임자로 선정된 사람

(2) 교육기준

위 **(1)**에 따른 방범교육 및 안전교육은 다음의 기준에 따른다(공동주택관리법 시행규칙 제12조 제1항).

① **이수의무 교육시간**: 연 2회 이내에서 시장·군수·구청장이 실시하는 횟수, 매회별 4시간 기출
② **대상자**
  ㉠ 방범교육: 경비책임자 기출
  ㉡ 소방에 관한 안전교육: 시설물 안전관리책임자 및 경비책임자
  ㉢ 시설물에 관한 안전교육: 시설물 안전관리책임자
③ **교육내용**
  ㉠ 방범교육: 강도, 절도 등의 예방 및 대응
  ㉡ 소방에 관한 안전교육: 소화, 연소 및 화재예방 등 소방안전에 관한 사항
  ㉢ 시설물에 관한 안전교육: 시설물 안전사고의 예방 및 대응 기출

(3) 교육의 위임 등

① **교육의 위임 또는 위탁**: 시장·군수·구청장은 위 **(1)**에 따른 방범교육 및 안전교육을 국토교통부령으로 정하는 바에 따라 다음의 구분에 따른 기관 또는 법인에 위임하거나 위탁하여 실시할 수 있다(공동주택관리법 제32조 제3항, 동법 시행령 제95조 제5항·제6항·제7항).

OX문제

방범교육 및 안전교육의 교육시간은 연 2회 이상, 매회별로 2시간이다. (   )

정답 ×

㉠ **방범교육**: 관할 경찰서장 또는 공동주택관리 지원기구(공동주택관리법 제89조 제2항에 따라 인정받은 법인)

㉡ **소방에 관한 안전교육**: 관할 소방서장 또는 공동주택관리 지원기구(공동주택관리법 제89조 제2항에 따라 인정받은 법인)

㉢ **시설물에 관한 안전교육**: 공동주택관리 지원기구 또는 주택관리사단체(공동주택관리법 제89조 제2항에 따라 인정받은 법인)

㉣ **업무의 위탁**: 시장·군수·구청장은 방범교육을 관할 경찰서장 또는 공동주택관리 지원기구를 지정하여 위탁한다(공동주택관리법 제89조 제2항 제3호, 동법 시행령 제95조 제5항). 기출

(4) 소방에 관한 안전교육의 인정

「화재의 예방 및 안전관리에 관한 법률」에 따른 소방안전관리자 실무교육 또는 소방안전교육을 이수한 사람은 소방에 관한 안전교육을 이수한 것으로 본다(공동주택관리법 시행규칙 제12조 제2항). 기출

(5) 교육실시의 통보 또는 공고

시설물에 관한 안전교육의 업무를 위탁받은 기관은 교육실시 **10일 전**에 교육의 일시·장소·기간·내용·대상자 및 그 밖에 교육에 필요한 사항을 공고하거나 관리주체에게 통보하여야 한다(공동주택관리법 시행규칙 제12조 제3항, 제7조 제4항).

(6) 교육수탁기관의 이행사항

시설물에 관한 안전교육에 관해서는 위 1. (4)를 준용한다(공동주택관리법 시행규칙 제12조 제3항).

4 행위허가 등의 기준 등

1. 행위의 제한

(1) 허가신청 및 신고대상 행위

공동주택(일반인에게 분양되는 복리시설을 포함한다. 이하 같다)의 입주자등 또는 관리주체가 다음의 어느 하나에 해당하는 행위를 하려는 경우에는 허가 또는 신고와 관련된 면적, 세대수 또는 입주자나 입주자등의 동의 비율에 관하여 대통령령(아래 2.)으로 정하는 기준 및 절차 등에 따라 시장·군

수·구청장의 허가를 받거나 시장·군수·구청장에게 신고를 하여야 한다(공동주택관리법 제35조 제1항, 동법 시행령 제35조 제2항, 동법 시행규칙 제15조 제1항). 기출

① 공동주택을 사업계획에 따른 용도 외의 용도에 사용하는 행위
② 공동주택을 증축·개축·대수선하는 행위(주택법에 따른 리모델링은 제외한다)
③ 공동주택을 파손하거나 해당 시설의 전부 또는 일부를 철거하는 행위. 다만, 국토교통부령으로 정하는 경미한 행위는 제외한다.

▶ **경미한 행위(공동주택관리법 시행규칙 제15조 제1항)** OX

> 1. 창틀·문틀의 교체
> 2. 세대 내 천장·벽·바닥의 마감재 교체
> 3. 급·배수관 등 배관설비의 교체
> 4. 세대 내 난방설비의 교체(시설물의 파손·철거는 제외한다)
> 5. 구내통신선로설비, 경비실과 통화가 가능한 구내전화, 지능형 홈네트워크 설비, 방송수신을 위한 공동수신설비 또는 영상정보처리기기의 교체(폐쇄회로 텔레비전과 네트워크 카메라 간의 교체를 포함한다)
> 6. 보안등, 자전거보관소, 안내표지판, 담장(축대는 제외한다) 또는 보도블록의 교체
> 7. 폐기물보관시설(재활용품 분류보관시설을 포함한다), 택배보관함 또는 우편함의 교체
> 8. 조경시설 중 수목(樹木)의 일부 제거 및 교체
> 9. 주민운동시설의 교체(다른 운동종목을 위한 시설로 변경하는 것을 말하며, 면적이 변경되는 경우는 제외한다)
> 10. 부대시설 중 각종 설비나 장비의 수선·유지·보수를 위한 부품의 일부 교체
> 11. 그 밖에 1.부터 10.까지의 규정에서 정한 사항과 유사한 행위로서 시장·군수·구청장이 인정하는 행위

④ 「주택법」에 따른 세대구분형 공동주택을 설치하는 행위
⑤ 공동주택의 용도폐지
OX ⑥ 공동주택의 재축·증설 및 비내력벽의 철거(입주자 공유가 아닌 복리시설의 비내력벽 철거는 제외한다)

(2) 신고의 수리

① 시장·군수·구청장은 위 (1)에 따른 신고를 받은 경우 그 내용을 검토하여 「공동주택관리법」에 적합하면 신고를 수리하여야 한다(공동주택관리법 제35조 제2항).
② 위 ①에 따른 행위에 관하여 시장·군수·구청장이 관계 행정기관의 장과 협의하여 허가를 하거나 신고의 수리를 한 사항에 관하여는 「주택법」 제19조(다른 법률에 따른 인가·허가 등의 의제 등)를 준용하며, 「건축법」 제19조에 따른 신고의 수리를 한 것으로 본다(공동주택관리법 제35조 제3항).

OX문제

창틀·문틀을 교체하는 경우 허가 또는 신고를 요하지 아니한다. ( )

급·배수관 등 배관설비를 교체하는 경우 허가 또는 신고를 요한다. ( )

OX문제

입주자 공유가 아닌 복리시설의 비내력벽 철거는 시장·군수·구청장의 허가를 받거나 시장·군수·구청장에게 신고하여야 하는 행위이다. ( )

정답 O, ×, ×

(3) 시공 또는 감리자의 의무

공동주택의 시공 또는 감리 업무를 수행하는 자는 공동주택의 입주자등 또는 관리주체가 허가를 받거나 신고를 하지 아니하고 위 **(1)**의 어느 하나에 해당하는 행위를 하는 경우 그 행위에 협조하여 공동주택의 시공 또는 감리 업무를 수행하여서는 아니 된다. 이 경우 공동주택의 시공 또는 감리 업무를 수행하는 자는 입주자등 또는 관리주체가 허가를 받거나 신고를 하였는지를 사전에 확인하여야 한다(공동주택관리법 제35조 제4항).

(4) 사용검사 등

① **사용검사**: 공동주택의 입주자등 또는 관리주체가 위 **(1)**에 따른 행위에 관하여 시장·군수·구청장의 허가를 받거나 신고를 한 후 그 공사를 완료하였을 때에는 시장·군수·구청장의 사용검사를 받아야 하며, 사용검사에 관하여는 「주택법」 제49조를 준용한다(공동주택관리법 제35조 제5항).

② **사용검사신청서의 제출**: 입주자등 또는 관리주체는 위 ①에 따라 사용검사를 받으려는 경우에는 사용검사신청서에 다음의 서류를 첨부하여 시장·군수·구청장에게 제출하여야 한다(공동주택관리법 시행규칙 제15조 제8항).

　㉠ 감리자의 감리의견서(건축법에 따른 감리대상인 경우만 해당한다)
　㉡ 시공자의 공사확인서

③ **사용검사필증의 교부**: 시장·군수·구청장은 위 ②에 따른 신청서를 받은 경우에는 사용검사의 대상이 허가 또는 신고된 내용에 적합한지를 확인한 후 사용검사필증을 발급하여야 한다(공동주택관리법 시행규칙 제15조 제9항).

(5) 행위허가 등의 취소

시장·군수·구청장은 위 **(1)**에 해당하는 자가 거짓이나 그 밖의 부정한 방법으로 허가를 받거나 신고를 한 경우에는 그 허가나 신고의 수리를 취소할 수 있다(공동주택관리법 제35조 제6항).

2. 행위허가 또는 신고의 기준

위 1. **(1)**의 행위에 대한 허가 또는 신고의 기준은 다음 표와 같다(공동주택관리법 시행령 제35조 제1항 관련 별표 3). 기출

구분		허가기준	신고기준
1. 용도변경	① 공동주택	법령의 개정이나 여건 변동 등으로 인하여 「주택건설기준 등에 관한 규정」에 따른 주택의 건설기준에 부적합하게 된 공동주택의 전유부분을 같은 영에 적합한 시설로 용도를 변경하는 경우로서 전체 입주자 3분의 2 이상의 동의를 받은 경우	
	② 입주자 공유가 아닌 복리시설		「주택건설기준 등에 관한 규정」에 따른 설치기준에 적합한 범위에서 부대시설이나 입주자 공유가 아닌 복리시설로 용도를 변경하는 경우. 다만, 다음의 어느 하나에 해당하는 경우는 「건축법」 등 관계 법령에 따른다. ㉠ 「주택법 시행령」 제7조 제1호 또는 제2호에 해당하는 시설 간에 용도를 변경하는 경우 ㉡ 시·군·구 건축위원회의 심의를 거쳐 용도를 변경하는 경우
	③ 부대시설 및 입주자 공유인 복리시설	전체 입주자 3분의 2 이상의 동의를 얻어 주민운동시설, 주택단지 안의 도로 및 어린이놀이터를 각각 전체 면적의 4분의 3 범위에서 주차장 용도로 변경하는 경우[2013년 12월 17일 이전에 종전의 주택건설촉진법(법률 제6916호 주택건설촉진법개정법률로 개정되기 전의 것을 말한다) 제33조 및 종전의 주택법(법률 제13805호 주택법 전부개정법률로 개정되기 전의 것을 말한다) 제16조에 따른 사업계획승인을 신청하거나 건축법 제11조에 따른 건축허가를 받아 건축한 20세대 이상의 공동주택으로 한정한다]로서 그 용도변경의 필요성을 시장·군수·구청장이 인정하는 경우	㉠ 「주택건설기준 등에 관한 규정」에 따른 설치기준에 적합한 범위에서 다음의 구분에 따른 동의요건을 충족하여 부대시설이나 주민공동시설로 용도변경을 하는 경우(영리를 목적으로 하지 않는 경우로 한정한다). 이 경우 필수시설(경로당은 제외하며, 어린이집은 주택법 제49조에 따른 사용검사일 또는 건축법 제22조에 따른 사용승인일부터 1년 동안 영유아보육법 제13조에 따른 인가신청이 없는 경우이거나 영유아보육법 제43조에 따른 폐지신고일부터 6개월이 지난 경우만 해당한다)은 시·군·구 건축위원회 심의를 거쳐 그 전부를 다른 용도로 변경할 수 있다. ⓐ 필수시설이나 경비원 등 근로자 휴게시설로 용도변경을 하는 경우: 전체 입주자 등 2분의 1 이상의 동의 ⓑ 그 밖의 경우: 전체 입주자 등 3분의 2 이상의 동의

				ⓒ 2013년 12월 17일 이전에 종전의 「주택법」(법률 제13805호 주택법 전부개정법률로 개정되기 전의 것을 말한다) 제16조에 따른 사업계획승인을 신청하여 설치한 주민공동시설의 설치면적이 「주택건설기준 등에 관한 규정」 제55조의2 제1항 각 호에 따라 산정한 면적기준에 적합하지 않은 경우로서 다음의 구분에 따른 동의요건을 충족하여 주민공동시설을 다른 용도의 주민공동시설로 용도변경을 하는 경우. 이 경우 필수시설(경로당은 제외하며, 어린이집은 주택법 제49조에 따른 사용검사일 또는 건축법 제22조에 따른 사용승인일부터 1년 동안 영유아보육법 제13조에 따른 인가신청이 없는 경우이거나 영유아보육법 제43조에 따른 폐지신고일부터 6개월이 지난 경우만 해당한다)은 시·군·구 건축위원회 심의를 거쳐 그 전부를 다른 용도로 변경할 수 있다. ⓐ 필수시설로 용도변경을 하는 경우: 전체 입주자등 2분의 1 이상의 동의 ⓑ 그 밖의 경우: 전체 입주자등 3분의 2 이상의 동의
2. 개축·재축·대수선	① 공동주택	해당 동(棟) 입주자 3분의 2 이상의 동의를 받은 경우. 다만, 내력벽에 배관설비를 설치하는 경우에는 해당 동에 거주하는 입주자등 2분의 1 이상의 동의를 받아야 한다.		
	② 부대시설 및 입주자 공유인 복리시설	전체 입주자 3분의 2 이상의 동의를 받은 경우. 다만, 내력벽에 배관설비를 설치하는 경우에는 전체 입주자등 2분의 1 이상의 동의를 받아야 한다.		

3. 파손·철거	① 공동주택	㉠ 시설물 또는 설비의 철거로 구조안전에 이상이 없다고 시장·군수·구청장이 인정하는 경우로서 다음의 구분에 따른 동의요건을 충족하는 경우 　ⓐ 전유부분의 경우: 해당 동에 거주하는 입주자등 2분의 1 이상의 동의 　ⓑ 공용부분의 경우: 해당 동 입주자등 3분의 2 이상의 동의. 다만, 비내력벽 또는 태양광설비를 철거하는 경우에는 해당 동에 거주하는 입주자등 2분의 1 이상의 동의를 받아야 한다. ㉡ 위해의 방지를 위하여 시장·군수·구청장이 부득이하다고 인정하는 경우로서 해당 동에 거주하는 입주자등 2분의 1 이상의 동의를 받은 경우	㉠ 노약자나 장애인의 편리를 위한 계단의 단층 철거 등 경미한 행위로서 입주자대표회의의 동의를 받은 경우 ㉡ 「방송통신설비의 기술기준에 관한 규정」 제3조 제1항 제15호의 이동통신구내중계설비(이하 '이동통신구내중계설비'라 한다)를 철거하는 경우로서 입주자대표회의의 동의를 받은 경우 ㉢ 물막이설비를 철거하는 경우로서 입주자대표회의의 동의를 받은 경우
	② 부대시설 및 입주자 공유인 복리시설	㉠ 건축물인 부대시설 또는 복리시설을 전부 철거하는 경우로서 전체 입주자 3분의 2 이상의 동의를 받은 경우 ㉡ 시설물 또는 설비의 철거로 구조안전에 이상이 없다고 시장·군수·구청장이 인정하는 경우로서 다음의 구분에 따른 동의요건을 충족하는 경우 　ⓐ 건축물 내부인 경우: 전체 입주자등 2분의 1 이상의 동의 　ⓑ 그 밖의 경우: 전체 입주자등 3분의 2 이상의 동의. 다만, 태양광설비를 철거하는 경우에는 전체 입주자등 2분의 1 이상의 동의를 받아야 한다. ㉢ 위해의 방지를 위하여 시설물 또는 설비를 철거하는 경우에는 시장·군수·구청장이 부득이하다고 인정하는 경우로서 전체 입주자등 2분의 1 이상의 동의를 받은 경우	㉠ 노약자나 장애인의 편리를 위한 계단의 단층 철거 등 경미한 행위로서 입주자대표회의의 동의를 받은 경우 ㉡ 이동통신구내중계설비를 철거하는 경우로서 입주자대표회의의 동의를 받은 경우 ㉢ 물막이설비를 철거하는 경우로서 입주자대표회의의 동의를 받은 경우 ㉣ 국토교통부령으로 정하는 경미한 사항으로서 입주자대표회의의 동의를 받은 경우

4. 세대구분형 공동주택의 설치		「주택법 시행령」 제9조 제1항 제2호의 요건을 충족하는 경우로서 다음의 구분에 따른 요건을 충족하는 경우
		① 대수선이 포함된 경우
		   ㉠ 내력벽에 배관설비를 설치하는 경우: 해당 동에 거주하는 입주자등 2분의 1 이상의 동의를 받은 경우
		   ㉡ 그 밖의 경우: 해당 동 입주자 3분의 2 이상의 동의를 받은 경우
		② 그 밖의 경우: 시장·군수·구청장이 구조안전에 이상이 없다고 인정하는 경우로서 해당 동에 거주하는 입주자등 2분의 1 이상의 동의를 받은 경우	

5. 용도 폐지	① 공동주택	㉠ 위해의 방지를 위하여 시장·군수·구청장이 부득이하다고 인정하는 경우로서 해당 동 입주자 3분의 2 이상의 동의를 받은 경우 ㉡ 「주택법」 제54조에 따라 공급했으나 전체 세대가 분양되지 않은 경우로서 시장·군수·구청장이 인정하는 경우	
	② 입주자 공유가 아닌 복리시설	위해의 방지를 위하여 시장·군수·구청장이 부득이하다고 인정하는 경우	
	③ 부대시설 및 입주자 공유인 복리시설	위해의 방지를 위하여 시장·군수·구청장이 부득이하다고 인정하는 경우로서 전체 입주자 3분의 2 이상의 동의를 받은 경우	

6. 증축·증설	① 공동주택 및 입주자 공유가 아닌 복리시설	㉠ 다음의 어느 하나에 해당하는 증축의 경우
		   ⓐ 증축하려는 건축물의 위치·규모 및 용도가 「주택법」 제15조에 따른 사업계획승인을 받은 범위에 해당하는 경우
		   ⓑ 시·군·구 건축위원회의 심의를 거쳐 건축물을 증축하는 경우
			㉠ 「주택법」 제49조에 따른 사용검사를 받은 면적의 10퍼센트의 범위에서 유치원을 증축(주택건설기준 등에 관한 규정에 따른 설치기준에 적합한 경우로 한정한다)하거나 「장애인·노인·임산부 등의 편의증진보장에 관한 법률」 제2조 제2호의 편의시설을 설치하려는 경우

6. 증축·증설	① 공동주택 및 입주자 공유가 아닌 복리시설	ⓒ 공동주택의 필로티 부분을 전체 입주자 3분의 2 이상 및 해당 동 입주자 3분의 2 이상의 동의를 받아 국토교통부령으로 정하는 범위에서 주민공동시설 또는 「주택건설기준 등에 관한 규정」 제28조 제1항 제2호의 경비원 등 공동주택 관리 업무에 종사하는 근로자를 위한 휴게시설로 증축하는 경우로서 통행, 안전 및 소음 등에 지장이 없다고 시장·군수·구청장이 인정하는 경우 ⓒ 구조안전에 이상이 없다고 시장·군수·구청장이 인정하는 증설로서 다음의 구분에 따른 동의요건을 충족하는 경우 ⓐ 공동주택의 전유부분인 경우: 해당 동에 거주하는 입주자 등 2분의 1 이상의 동의 ⓑ 공동주택의 공용부분인 경우: 해당 동 입주자등 3분의 2 이상의 동의. 다만, 태양광설비를 설치하는 경우에는 해당 동 입주자등 2분의 1 이상의 동의를 받아야 한다.	ⓒ 이동통신구내중계설비를 설치하는 경우로서 입주자대표회의 동의를 받은 경우 ⓒ 물막이설비를 설치하는 경우로서 입주자대표회의의 동의를 받은 경우
	② 부대시설 및 입주자 공유인 복리시설	ⓒ 전체 입주자 3분의 2 이상의 동의를 받아 증축하는 경우 ⓒ 구조안전에 이상이 없다고 시장·군수·구청장이 인정하는 증설로서 다음의 구분에 따른 동의요건을 충족하는 경우 ⓐ 건축물 내부의 경우: 전체 입주자등 2분의 1 이상의 동의 ⓑ 그 밖의 경우: 전체 입주자 등 3분의 2 이상의 동의	ⓒ 국토교통부령으로 정하는 경미한 사항으로서 입주자대표회의의 동의를 받은 경우 ⓒ 주차장에 「환경친화적 자동차의 개발 및 보급 촉진에 관한 법률」 제2조 제3호의 전기자동차의 고정형 충전기 및 충전 전용 주차구획을 설치하는 행위(충전기를 교체하는 행위를 포함한다)로서 입주자대표회의의 동의를 받은 경우 ⓒ 이동통신구내중계설비를 설치하는 경우로서 입주자대표회의 동의를 받은 경우 ⓒ 물막이설비를 설치하는 경우로서 입주자대표회의의 동의를 받은 경우

[비고]
1. '공동주택'이란 「공동주택관리법」 제2조 제1항 제1호 가목의 공동주택을 말한다.
2. '시·군·구 건축위원회'란 「건축법 시행령」 제5조의5 제1항에 따라 시·군·자치구에 두는 건축위원회를 말한다.
3. '필수시설'이란 「주택건설기준 등에 관한 규정」 제55조의2 제3항 각 호 구분에 따라 설치해야 하는 주민공동시설을 말한다.
4. 「건축법」 제11조에 따른 건축허가를 받아 분양을 목적으로 건축한 공동주택 및 같은 조에 따른 건축허가를 받아 주택 외의 시설과 주택을 동일 건축물로 건축한 건축물에 대해서는 위 표 제1호 ③의 허가기준만 적용하고, 그 외의 개축·재축·대수선 등은 「건축법」 등 관계 법령에 따른다.
5. '시설물'이란 다음의 어느 하나에 해당하는 것을 말한다.
   ① 비내력벽 등 건축물의 주요구조부가 아닌 구성요소
   ② 건축물 내·외부에 설치되는 건축물이 아닌 공작물(工作物)
6. '증설'이란 증축에 해당하지 않는 것으로서 시설물 또는 설비를 늘리는 것을 말한다.
7. '물막이설비'란 빗물 등의 유입으로 건축물이 침수되지 않도록 해당 건축물의 지하층 및 1층의 출입구(주차장의 출입구를 포함한다)에 설치하는 물막이판 등 해당 건축물의 침수를 방지할 수 있는 설비를 말한다.
8. 입주자 공유가 아닌 복리시설의 개축·재축·대수선, 파손·철거 및 증설은 「건축법」 등 관계 법령에 따른다.
9. 시장·군수·구청장은 위 표에 따른 행위가 「건축법」 제48조 제2항에 따라 구조의 안전을 확인해야 하는 사항인 경우 같은 항에 따라 구조의 안전을 확인했는지 여부를 확인해야 한다.
10. 시장·군수·구청장은 위 표에 따른 행위가 「건축물관리법」 제2조 제7호의 해체에 해당하는 경우 같은 법 제30조를 준수했는지 여부를 확인해야 한다.
11. 위 표의 제3호(파손·철거)의 ②의 신고기준란 ⓔ 및 제6호(증축·증설)의 ②의 신고기준란 ㉠에서 '국토교통부령으로 정하는 경미한 사항'이란 각각 「주택건설기준 등에 관한 규정」에 적합한 범위에서 다음의 시설을 사용검사를 받은 면적 또는 규모의 10퍼센트 범위에서 파손·철거 또는 증축·증설하는 경우를 말한다(공동주택관리법 시행규칙 제15조 제2항). (기출)
    ① 주차장, 조경시설, 어린이놀이터, 관리사무소, 경비원 등 근로자 휴게시설, 경비실, 경로당 또는 입주자집회소
    ② 대문, 담장 또는 공중화장실
    ③ 경비실과 통화가 가능한 구내전화 또는 영상정보처리기기
    ④ 보안등, 자전거보관소 또는 안내표지판
    ⑤ 옹벽, 축대[문주(문기둥)를 포함한다] 또는 주택단지 안의 도로
    ⑥ 폐기물보관시설(재활용품 분류보관시설을 포함한다), 택배보관함 또는 우편함
    ⑦ 주민운동시설(**실외에 설치된 시설로 한정한다**)
12. 위 표의 제6호(증축·증설)의 ① 허가기준란 ㉠의 ⓒ에서 '국토교통부령으로 정하는 범위'란 다음의 기준을 모두 갖춘 경우를 말한다(공동주택관리법 시행규칙 제15조 제3항).
    ① 「주택건설기준 등에 관한 규정」 제2조 제3호의 **도서실**(정보문화시설과 도서관법 제2조 제4호 가목에 따른 작은도서관을 포함한다), **주민교육시설**(영리를 목적으로 하지 아니하고 공동주택의 거주자를 위한 교육장소를 말한다), **주민휴게시설, 독서실, 입주자집회소** 또는 같은 영 제28조 제1항 제2호의 경비원 등 공동주택 관리 업무에 종사하는 근로자를 위한 휴게시설일 것
    ② 위 ①의 시설로 증축하려는 필로티 부분의 면적 합계가 해당 주택단지 내의 필로티 부분 총면적의 **100분의 30 이내**일 것 (기출)
    ③ 위 ②에 따른시설의 증축 면적을 해당 공동주택의 바닥면적에 산입하는 경우 **용적률**이 관계 법령에 따른 건축기준에 위반되지 않을 것 (기출)

3. 허가 등의 신청

(1) 허가신청서 등의 제출

위 1. (1)에 따라 허가를 받거나 신고를 하려는 자는 허가신청서 또는 신고서에 국토교통부령[아래 (2)]으로 정하는 서류를 첨부하여 시장·군수·구청장에게 제출하여야 한다(공동주택관리법 시행령 제35조 제3항).

(2) 첨부서류

위 (1)에서 '국토교통부령으로 정하는 서류'란 다음의 구분에 따른 서류를 말한다. 이 경우 허가신청 또는 신고대상인 행위가 다음의 구분에 따라 입주자등의 동의를 얻어야 하는 행위로서 소음을 유발하는 행위일 때에는 공사기간 및 공사방법 등을 동의서에 적어야 한다(공동주택관리법 시행규칙 제15조 제5항).

① **용도변경의 경우**
  ㉠ 용도를 변경하려는 층의 변경 전과 변경 후의 평면도
  ㉡ 공동주택단지의 배치도
  ㉢ 위 2.에 따라 입주자의 동의를 받아야 하는 경우에는 그 동의서

② **개축·재축·대수선 또는 세대구분형 공동주택의 설치의 경우**
  ㉠ 개축·재축·대수선을 하거나 세대구분형 공동주택을 설치하려는 건축물의 종별에 따른 「건축법 시행규칙」 제6조 제1항 각 호의 서류 및 도서. 이 경우 「건축법 시행규칙」 제6조 제1항 제1호의2 나목의 서류는 입주자 공유가 아닌 복리시설만 해당한다.
  ㉡ 위 2.에 따라 입주자의 동의를 받아야 하는 경우에는 그 동의서

③ **파손·철거**(비내력벽 철거는 제외한다) **또는 용도폐지의 경우**
  ㉠ 공동주택단지의 배치도
  ㉡ 위 2.에 따라 입주자의 동의를 받아야 하는 경우에는 그 동의서

④ **비내력벽 철거의 경우**
  ㉠ 해당 건축물에서 철거하려는 벽이 비내력벽임을 증명할 수 있는 도면 및 사진
  ㉡ 위 2.에 따라 입주자의 동의를 받아야 하는 경우에는 그 동의서

⑤ **증축의 경우**
  ㉠ 건축물의 종별에 따른 「건축법 시행규칙」 제6조 제1항의 서류 및 도서. 이 경우 「건축법 시행규칙」 제6조 제1항 제1호의2 나목의 서류는 입주자 공유가 아닌 복리시설만 해당한다.

ⓒ 위 **2.**에 따라 입주자의 동의를 받아야 하는 경우에는 그 동의서
⑥ **증설의 경우**
  ㉠ 건축물의 종별에 따른 「건축법 시행규칙」 제6조 제1항 제1호 및 제1호의2의 서류. 이 경우 「건축법 시행규칙」 제6조 제1항 제1호의2 나목의 서류는 입주자 공유가 아닌 복리시설만 해당한다.
  ㉡ 위 **2.**에 따라 입주자의 동의를 받아야 하는 경우에는 그 동의서

(3) 증명서의 교부 등

① **증명서의 교부**: 시장·군수·구청장은 위 **(1)**에 따른 허가신청 또는 신고가 위 **2.**에 따른 기준에 적합한 경우에는 각각 행위허가증명서 또는 행위신고증명서를 발급하여야 한다(공동주택관리법 시행규칙 제15조 제6항).
② **관리대장**: 시장·군수·구청장은 세대구분형 공동주택의 허가 증명서를 발급한 경우에는 세대구분형 공동주택 관리대장에 그 내용을 적고 관리해야 한다(공동주택관리법 시행규칙 제15조 제7항).

제2절 공동주택의 리모델링

1 리모델링의 정의 OX

'리모델링'이란 건축물의 노후화 억제 또는 기능 향상 등을 위한 다음의 어느 하나에 해당하는 행위를 말한다(주택법 제2조 제25호). **기출**

(1) 대수선(大修繕)

(2) 사용검사일(주택단지 안의 공동주택 전부에 대하여 임시사용승인을 받은 경우에는 그 임시사용승인일을 말한다) 또는 「건축법」에 따른 사용승인일부터 **15년**[15년 이상 20년 미만의 연수 중 특별시·광역시·특별자치시·도 또는 특별자치도(이하 '시·도'라 한다)의 조례로 정하는 경우에는 그 연수로 한다]이 지난 공동주택을 각 세대의 주거전용면적(건축법에 따른 건축물대장 중 집합건축물대장의 전유부분의 면적을 말한다)의 **30퍼센트 이내**(세대의 주거전용면적이 **85제곱미터 미만**인 경우에는 **40퍼센트** 이내)에서 증축하는 행위. 이 경우 공동주택의 기능 향상 등을 위하여 공용부분에 대하여도 별도로 증축할 수 있다.

• **건축법령상 리모델링의 정의**
'리모델링'이란 건축물의 노후화를 억제하거나 기능 향상 등을 위하여 대수선하거나 건축물의 일부를 증축 또는 개축하는 행위를 말한다(건축법 제2조 제1항 제10호).

OX문제

건축물의 노후화 억제 또는 기능 향상 등을 위한 대수선은 리모델링에 해당한다.
( )

사용검사를 받은 후 15년 미만의 기간이 지난 공동주택에 대하여는 리모델링 시에 증축하는 행위를 할 수 없다.
( )

리모델링에는 주택건설산업 완료일부터 15년이 지난 공동주택을 각 세대의 주거전용면적의 30퍼센트 이내에서 증축하는 행위도 포함된다.
( )

사용검사를 받은 후 10년 된 공동주택은 리모델링의 증축이 가능하다. ( )

'수직증축형 리모델링'이란 건축물의 노후화 억제 또는 기능 향상을 위해 수직으로 증축하는 행위를 말한다. ( )

정답 ○, ○, ×, ×, ○

(3) 위 (2)에 따른 각 세대의 증축 가능 면적을 합산한 면적의 범위에서 기존 세대수의 **15퍼센트** 이내에서 세대수를 증가하는 증축행위(이하 '세대수 증가형 리모델링'이라 한다). 다만, 수직으로 증축하는 행위(이하 '수직증축형 리모델링'이라 한다)는 다음 요건을 모두 충족하는 경우로 한정한다.

① **수직증축 허용 범위**(주택법 시행령 제13조 제1항)
  ㉠ 수직증축형 리모델링의 대상이 되는 기존 건축물의 층수가 **15층 이상**인 경우: 3개 층
  ㉡ 수직증축형 리모델링의 대상이 되는 기존 건축물의 층수가 **14층 이하**인 경우: **2개 층**
② 수직증축형 리모델링 대상이 되는 기존 건축물의 신축 당시의 **구조도**를 보유하고 있을 것(주택법 시행령 제13조 제2항)

2 리모델링주택조합

1. 리모델링주택조합의 정의

'리모델링주택조합'이란 공동주택의 소유자가 그 주택을 리모델링하기 위하여 설립한 조합을 말한다(주택법 제2조 제11호 다목).

2. 리모델링주택조합의 설립 OX

주택을 리모델링하기 위하여 주택조합을 설립하려는 경우에는 다음의 구분에 따른 구분소유자(집합건물의 소유 및 관리에 관한 법률에 따른 구분소유자를 말한다. 이하 같다)와 의결권(집합건물의 소유 및 관리에 관한 법률에 따른 의결권을 말한다. 이하 같다)의 결의를 증명하는 서류를 첨부하여 관할 **시장·군수·구청장의 인가**를 받아야 한다(주택법 제11조 제3항). 기출

① 주택단지 전체를 리모델링하고자 하는 경우에는 주택단지 전체의 구분소유자와 의결권의 각 **3분의 2 이상**의 결의 및 각 동의 구분소유자와 의결권의 각 **과반수**의 결의

② 동을 리모델링하고자 하는 경우에는 그 동의 구분소유자 및 의결권의 각 **3분의 2 이상**의 결의

OX문제

세대별로 주거전용면적이 85제곱미터 미만인 12층의 기존 건축물을 리모델링주택조합을 설립하여 수직증축형 리모델링을 하는 경우, 3개 층까지 리모델링을 할 수 있다. ( )

OX문제

수직증축형이 아닌 세대수 증가형 리모델링의 경우 리모델링의 대상이 되는 건축물의 신축 당시 구조도를 보유하고 있어야 한다. ( )

OX문제

국민주택에 대한 리모델링을 위하여 리모델링주택조합을 설립하려는 자는 관할 시장·군수·구청장에게 신고하여야 한다. ( )

OX문제

동(棟)을 리모델링하기 위하여 리모델링주택조합을 설립하려는 경우에는 그 동의 구분소유자 및 의결권의 각 과반수의 결의를 얻어야 한다. ( )

정답 ×, ×, ×, ×

3. 리모델링주택조합의 설립인가 등

(1) 설립인가

위 2.에 따라 리모델링주택조합의 설립·변경 또는 해산의 인가를 받으려는 자는 인가신청서에 다음의 구분에 따른 서류를 첨부하여 해당 주택의 소재지를 관할하는 시장·군수·구청장에게 제출해야 한다(주택법 시행령 제20조 제1항 제1호 나목).

① 창립총회 회의록
② 조합장선출동의서
③ 조합원 전원이 자필로 연명(連名)한 조합규약
④ 조합원 명부
⑤ 사업계획서
⑥ 위 2.의 결의를 증명하는 서류. 이 경우 결의서에는 리모델링 설계의 개요, 공사비, 조합원의 비용분담 명세의 사항이 기재되어야 한다.
⑦ 「건축법」 제5조에 따라 건축기준의 완화 적용이 결정된 경우에는 그 증명서류
⑧ 해당 주택이 사용검사일(주택단지 안의 공동주택 전부에 대하여 임시사용승인을 받은 경우에는 그 임시사용승인일을 말한다) 또는 사용승인일부터 다음의 구분에 따른 기간이 지났음을 증명하는 서류 기출
  ㉠ 대수선인 리모델링: 10년
  ㉡ 증축인 리모델링: 15년(15년 이상 20년 미만의 연수 중 특별시·광역시·특별자치시·도 또는 특별자치도의 조례로 정하는 경우에는 그 연수로 한다)

(2) 변경인가신청

변경의 내용을 증명하는 서류(주택법 시행령 제20조 제1항 제2호)

(3) 해산인가신청

조합해산의 결의를 위한 총회의 의결정족수에 해당하는 조합원의 동의를 받은 정산서(주택법 시행령 제20조 제1항 제3호)

4. 설립동의자로부터 건축물 취득

리모델링주택조합 설립에 동의한 자로부터 건축물을 취득한 자는 리모델링주택조합 설립에 동의한 것으로 본다(주택법 시행령 제20조 제8항).

OX문제

리모델링주택조합이 대수선인 리모델링을 하려면 해당 주택이 「주택법」에 따른 사용검사일 또는 「건축법」에 따른 사용승인일부터 15년 이상이 경과하여야 한다. (   )

정답 ×

5. 매도청구

리모델링의 허가를 신청하기 위한 동의율을 확보한 경우 리모델링 결의를 한 리모델링주택조합은 그 리모델링 결의에 찬성하지 아니하는 자의 주택 및 토지에 대하여 **매도청구**를 할 수 있다(주택법 제22조 제2항).

6. 주택조합의 사업계획승인신청 등

주택조합은 설립인가를 받은 날부터 **2년 이내**에 「주택법」에 따른 사업계획승인(30세대 이상 세대수가 증가하지 아니하는 리모델링의 경우에는 주택법 제66조 제2항에 따른 허가를 말한다)을 신청하여야 한다(주택법 시행령 제23조 제1항).

3 리모델링 기본계획

1. 리모델링 기본계획의 정의 OX

'리모델링 기본계획'이란 세대수 증가형 리모델링으로 인한 **도시과밀, 이주수요 집중** 등을 체계적으로 관리하기 위하여 수립하는 계획을 말한다(주택법 제2조 제26호). 기출

2. 리모델링 기본계획의 수립권자 및 대상지역 등

(1) 수립권자 및 대상지역 OX

특별시장·광역시장 및 대도시의 시장은 관할구역에 대하여 다음의 사항을 포함한 리모델링 기본계획을 **10년** 단위로 수립하여야 한다. 다만, 세대수 증가형 리모델링에 따른 도시과밀의 우려가 적은 경우 등 대통령령[아래 **(2)**]으로 정하는 경우에는 리모델링 기본계획을 수립하지 아니할 수 있다(주택법 제71조 제1항, 동법 시행령 제80조 제2항). 기출

① 계획의 목표 및 기본방향
② 도시기본계획 등 관련 계획 검토
③ 리모델링 대상 공동주택 현황 및 세대수 증가형 리모델링 수요 예측
④ 세대수 증가에 따른 기반시설의 영향 검토
⑤ 일시집중 방지 등을 위한 단계별 리모델링 시행방안
OX ⑥ 도시과밀 방지 등을 위한 계획적 관리와 리모델링의 원활한 추진을 지원하기 위한 사항으로서 특별시·광역시 또는 대도시의 조례로 정하는 사항

OX문제

'주택종합관리계획'이란 세대수 증가형 리모델링으로 인한 도시과밀, 이주수요 집중 등을 체계적으로 관리하기 위하여 수립하는 계획을 말한다. ( )

OX문제

특별시장·광역시장 및 대도시의 시장은 관할구역에 대하여 리모델링 기본계획을 수립하여야 한다. ( )

리모델링 기본계획은 5년 단위로 수립하여야 한다. ( )

OX문제

리모델링 기본계획에는 도시과밀 방지 등을 위한 계획적 관리와 리모델링의 원활한 추진을 지원하기 위한 사항으로서 특별시·광역시 또는 대도시의 조례로 정하는 사항이 포함되어야 한다. ( )

정답 ×, ○, ×, ○

(2) 수립의 예외

위 **(1)**에서 '세대수 증가형 리모델링에 따른 도시과밀의 우려가 적은 경우 등 대통령령으로 정하는 경우'란 다음의 구분에 따른 경우를 말한다(주택법 시행령 제80조 제1항).

① **특별시·광역시**: 세대수 증가형 리모델링(세대수를 증가하는 증축행위를 말한다. 이하 같다)에 따른 도시과밀이나 이주수요의 일시집중 우려가 적은 경우로서 특별시장·광역시장이 「국토의 계획 및 이용에 관한 법률」에 따른 시·도도시계획위원회의 심의를 거쳐 리모델링 기본계획을 수립할 필요가 없다고 인정하는 경우

② **대도시**(지방자치법 제198조 제1항에 따른 대도시를 말한다. 이하 같다): 세대수 증가형 리모델링에 따른 도시과밀이나 이주수요의 일시집중 우려가 적은 경우로서 대도시 시장의 요청으로 도지사가 시·도도시계획위원회의 심의를 거쳐 리모델링 기본계획을 수립할 필요가 없다고 인정하는 경우

(3) 대도시가 아닌 시의 리모델링 기본계획의 수립

대도시가 아닌 시의 시장은 세대수 증가형 리모델링에 따른 도시과밀이나 일시집중 등이 우려되어 도지사가 리모델링 기본계획의 수립이 필요하다고 인정한 경우 리모델링 기본계획을 수립하여야 한다(주택법 제71조 제2항).

(4) 작성기준 및 방법

리모델링 기본계획의 작성기준 및 작성방법 등은 국토교통부장관이 정한다(주택법 제71조 제3항).

3. 리모델링 기본계획 수립절차

(1) 공람 및 의견제시

특별시장·광역시장 및 대도시의 시장(대도시가 아닌 시의 시장을 포함한다. 이하 같다)은 리모델링 기본계획을 수립하거나 변경하려면 14일 이상 주민에게 공람하고, 지방의회의 의견을 들어야 한다. 이 경우 지방의회는 의견제시를 요청받은 날부터 30일 이내에 의견을 제시하여야 하며, 30일 이내에 의견을 제시하지 아니하는 경우에는 이의가 없는 것으로 본다. 다만, 대통령령[아래 **(2)**]으로 정하는 경미한 변경인 경우에는 주민공람 및 지방의회 의견청취 절차를 거치지 아니할 수 있다(주택법 제72조 제1항).

(2) 경미한 변경

위 (1)의 단서에서 '대통령령으로 정하는 경미한 변경인 경우'란 다음의 어느 하나에 해당하는 경우를 말한다(주택법 시행령 제80조 제3항).

① 세대수 증가형 리모델링 수요 예측 결과에 따른 세대수 증가형 리모델링 수요(세대수 증가형 리모델링을 하려는 주택의 총세대수를 말한다)가 감소하거나 **10퍼센트** 범위에서 증가하는 경우
② 세대수 증가형 리모델링 수요의 변동으로 기반시설의 영향 검토나 단계별 리모델링 시행방안이 변경되는 경우
③ 「국토의 계획 및 이용에 관한 법률」에 따른 도시·군기본계획 등 관련 계획의 변경에 따라 리모델링 기본계획이 변경되는 경우

(3) 협의 및 심의

특별시장·광역시장 및 대도시의 시장은 리모델링 기본계획을 수립하거나 변경하려면 관계 행정기관의 장과 **협의한 후**「국토의 계획 및 이용에 관한 법률」에 따라 설치된 시·도도시계획위원회(이하 '시·도도시계획위원회'라 한다) 또는 시·군·구도시계획위원회의 **심의를 거쳐야 한다**(주택법 제72조 제2항).

(4) 협의요청에 따른 의견제시기간 OX

위 **(3)**에 따라 협의를 요청받은 관계 행정기관의 장은 특별한 사유가 없으면 그 요청을 받은 날부터 30일 이내에 의견을 제시하여야 한다(주택법 제72조 제3항).

(5) 도지사의 승인 및 심의

대도시의 시장은 리모델링 기본계획을 수립하거나 변경하려면 도지사의 승인을 받아야 하며, 도지사는 리모델링 기본계획을 승인하려면 시·도도시계획위원회의 심의를 거쳐야 한다(주택법 제72조 제4항).

4. 리모델링 기본계획의 고시 등

(1) 고시

특별시장·광역시장 및 대도시의 시장은 리모델링 기본계획을 수립하거나 변경한 때에는 이를 지체 없이 해당 지방자치단체의 공보에 고시하여야 한다(주택법 제73조 제1항).

OX문제

시장·군수·구청장으로부터 리모델링 기본계획과 관련하여 협의를 요청받은 관계 행정기관의 장은 특별한 사유가 없으면 그 요청을 받은 날부터 20일 이내에 의견을 제시하여야 한다. ( )

정답 ×

(2) 타당성 여부의 검토 반영

특별시장·광역시장 및 대도시의 시장은 5년마다 리모델링 기본계획의 타당성 여부를 검토하여 그 결과를 리모델링 기본계획에 반영하여야 한다(주택법 제73조 제2항).

5. 허가범위

리모델링 기본계획 수립 대상지역에서 세대수 증가형 리모델링을 허가하려는 시장·군수·구청장은 해당 리모델링 기본계획에 부합하는 범위에서 허가하여야 한다(주택법 제66조 제9항).

4 리모델링의 행위제한

1. 리모델링의 심의 OX

시장·군수·구청장이 세대수 증가형 리모델링(50세대 이상으로 세대수가 증가하는 경우로 한정한다)을 허가하려는 경우에는 기반시설에의 영향이나 도시·군관리계획과의 부합 여부 등에 대하여 「국토의 계획 및 이용에 관한 법률」에 따라 설치된 시·군·구도시계획위원회의 심의를 거쳐야 한다(주택법 제66조 제6항, 동법 시행령 제76조 제2항). 기출

> **OX문제**
> 30세대 이상으로 세대수가 증가하는 리모델링을 허가하려는 경우에는 「국토의 계획 및 이용에 관한 법률」에 따라 설치된 시·군·구도시계획위원회의 심의를 거쳐야 한다. ( )

2. 권리변동계획

(1) 수립 및 내용 OX

세대수가 증가되는 리모델링을 하는 경우에는 기존 주택의 권리변동, 비용분담 등 다음의 사항에 대한 계획(이하 '권리변동계획'이라 한다)을 수립하여 사업계획승인 또는 행위허가를 받아야 한다(주택법 제67조, 동법 시행령 제77조 제1항). 기출

① 리모델링 전후의 대지 및 건축물의 권리변동 명세
② 조합원의 비용분담
③ 사업비
④ 조합원 외의 자에 대한 분양계획
⑤ 그 밖에 리모델링과 관련한 권리 등에 대하여 해당 시·도 또는 시·군의 조례로 정하는 사항

> **OX문제**
> 세대수가 증가되는 리모델링을 하는 경우에는 권리변동계획을 수립하여 사업계획승인 또는 행위허가를 받아야 한다. ( )

정답 ×, ○

(2) 권리변동 명세 작성 및 조합원의 비용분담금액의 산정

위 (1)의 ① 및 ②에 따라 대지 및 건축물의 권리변동 명세를 작성하거나 조합원의 비용분담 금액을 산정하는 경우에는 「감정평가 및 감정평가사에 관한 법률」에 따른 감정평가법인등이 리모델링 전후의 재산 또는 권리에 대하여 평가한 금액을 기준으로 할 수 있다(주택법 시행령 제77조 제2항).

3. 증축형 리모델링의 안전진단

(1) 안전진단의 요청 및 실시 OX

면적 및 세대수 증가를 위하여 증축하는 리모델링(이하 '증축형 리모델링'이라 한다)을 하려는 자는 시장·군수·구청장에게 안전진단을 요청하여야 하며, 안전진단을 요청받은 시장·군수·구청장은 해당 건축물의 증축 가능 여부의 확인 등을 위하여 안전진단을 실시하여야 한다(주택법 제68조 제1항). 기출

(2) 증축형 리모델링의 안전진단 의뢰 및 의뢰기관

시장·군수·구청장은 위 (1)에 따라 안전진단을 실시하는 경우에는 다음의 기관에 안전진단을 의뢰하여야 하며, 안전진단을 의뢰받은 기관은 리모델링을 하려는 자가 추천한 건축구조기술사(구조설계를 담당할 자를 말한다)와 함께 안전진단을 실시하여야 한다(주택법 제68조 제2항, 동법 시행령 제78조 제1항).
① 「시설물의 안전 및 유지관리에 관한 특별법」 제28조에 따라 등록한 안전진단전문기관
② 「국토안전관리원법」에 따른 국토안전관리원
③ 「과학기술분야 정부출연연구기관 등의 설립·운영 및 육성에 관한 법률」 제8조에 따른 한국건설기술연구원

(3) 증축형 리모델링의 제한

시장·군수·구청장이 위 (1)에 따른 안전진단으로 건축물 구조의 안전에 위험이 있다고 평가하여 「도시 및 주거환경정비법」에 따른 재건축사업 및 「빈집 및 소규모주택 정비에 관한 특례법」에 따른 소규모재건축사업의 시행이 필요하다고 결정한 건축물은 증축형 리모델링을 하여서는 아니 된다 (주택법 제68조 제3항). 기출

OX문제

증축형 리모델링을 하려는 자는 시장·군수·구청장에게 안전진단을 요청하여야 하며, 안전진단을 요청받은 시장·군수·구청장은 해당 건축물의 증축 가능 여부의 확인을 위하여 안전진단을 실시하여야 한다. ( )

정답 O

(4) 수직증축형 리모델링을 허가한 후의 안전진단 실시

시장·군수·구청장은 수직증축형 리모델링을 허가한 후에 해당 건축물의 구조안전성 등에 대한 상세 확인을 위하여 안전진단을 실시하여야 한다. 이 경우 안전진단을 의뢰받은 기관은 위 (2)에 따른 건축구조기술사와 함께 안전진단을 실시하여야 하며, 리모델링을 하려는 자는 안전진단 후 구조설계의 변경 등이 필요한 경우에는 건축구조기술사로 하여금 이를 보완하도록 하여야 한다(주택법 제68조 제4항).

(5) 수직증축형 리모델링을 허가한 후의 안전진단 실시기관

시장·군수·구청장은 위 (2)에 따른 안전진단을 실시한 기관에는 위 (4)에 따른 안전진단을 의뢰해서는 아니 된다. 다만, 다음의 어느 하나에 해당하는 경우에는 그러하지 아니하다(주택법 시행령 제78조 제2항).
① 증축형 리모델링에 대한 안전진단을 실시한 기관이 국토안전관리원 또는 한국건설기술연구원인 경우
② 수직증축형 리모델링을 허가한 후에 실시하는 안전진단 의뢰(2회 이상 지방자치단체를 당사자로 하는 계약에 관한 법률에 따라 입찰에 부치거나 수의계약을 시도하는 경우로 한정한다)에 응하는 기관이 없는 경우

(6) 안전진단 결과보고서의 작성 및 제출

위 (2) 및 (4)에 따라 안전진단을 의뢰받은 기관은 국토교통부장관이 정하여 고시하는 기준에 따라 안전진단을 실시하고, 국토교통부령[아래 (7)]으로 정하는 방법 및 절차에 따라 안전진단 결과보고서를 작성하여 안전진단을 요청한 자와 시장·군수·구청장에게 제출하여야 한다(주택법 제68조 제5항).

(7) 적정성 검토

위 (6)에 따라 안전진단전문기관으로부터 안전진단 결과보고서를 제출받은 시장·군수·구청장은 필요하다고 인정하는 경우에는 제출받은 날부터 7일 이내에 국토안전관리원 또는 한국건설기술연구원에 안전진단 결과보고서의 적정성에 대한 검토를 의뢰할 수 있다(주택법 시행령 제78조 제3항).

(8) 증축 가능 여부의 통보

시장·군수·구청장은 위 (1)에 따른 안전진단을 한 경우에는 위 (6)에 따라 제출받은 안전진단 결과보고서, 위 (7)에 따른 적정성 검토 결과 및 리모델링 기본계획을 고려하여 안전진단을 요청한 자에게 증축 가능 여부를 통보하여야 한다(주택법 시행령 제78조 제4항).

4. 전문기관의 안전성 검토 등

(1) 구조계획상 증축범위의 적정성에 대한 안정성 검토 의뢰 OX

시장·군수·구청장은 수직증축형 리모델링을 하려는 자가 「건축법」에 따른 건축위원회의 심의를 요청하는 경우 구조계획상 증축범위의 적정성 등에 대하여 대통령령으로 정하는 전문기관(국토안전관리원, 한국건설기술연구원)에 안전성 검토를 의뢰하여야 한다(주택법 제69조 제1항, 동법 시행령 제79조 제1항).

(2) 설계도서상 구조안전의 적정성 여부에 대한 안전성 검토 의뢰

시장·군수·구청장은 수직증축형 리모델링을 하려는 자의 허가 신청이 있거나 수직증축형 리모델링의 허가 후에 실시하는 안전진단 결과 국토교통부장관이 정하여 고시하는 설계도서의 변경이 있는 경우 제출된 설계도서상 구조안전의 적정성 여부 등에 대하여 위 (1)에 따라 검토를 수행한 전문기관에 안전성 검토를 의뢰하여야 한다(주택법 제69조 제2항).

(3) 검토결과의 제출 및 반영

① **제출**: 위 (1) 및 (2)에 따라 검토의뢰를 받은 전문기관은 국토교통부장관이 정하여 고시하는 검토기준에 따라 검토한 결과를 대통령령(아래 ②)으로 정하는 기간 이내에 시장·군수·구청장에게 제출하여야 하며, 시장·군수·구청장은 특별한 사유가 없는 경우 「주택법」 및 관계 법률에 따른 위원회의 심의 또는 허가 시 제출받은 안전성 검토결과를 반영하여야 한다(주택법 제69조 제3항).

② **제출기간**: 위 ①에서 '대통령령으로 정하는 기간'이란 위 (1) 또는 (2)에 따라 안전성 검토(이하 '검토'라 한다)를 의뢰받은 날부터 30일을 말한다. 다만, 검토 의뢰를 받은 전문기관이 부득이하게 검토기간의 연장이 필요하다고 인정하여 20일의 범위에서 그 기간을 연장(한 차례로 한정한다)한 경우에는 그 연장된 기간을 포함한 기간을 말한다(주택법 시행령 제79조 제2항).

5. 수직증축형 리모델링의 구조기준 OX

수직증축형 리모델링의 설계자는 국토교통부장관이 정하여 고시하는 구조기준에 맞게 **구조설계도서를 작성하여야 한다**(주택법 제70조).

6. 세대수 증가형 리모델링의 시기 조정

(1) 국토교통부장관의 변경 요청

국토교통부장관은 세대수 증가형 리모델링의 시행으로 주변 지역에 현저한 주택부족이나 주택시장의 불안정 등이 발생될 우려가 있는 때에는 주거정책심의위원회의 심의를 거쳐 특별시장, 광역시장, 대도시의 시장에게 리모델링 기본계획을 변경하도록 요청하거나, 시장·군수·구청장에게 세대수 증가형 리모델링의 사업계획 승인 또는 허가의 시기를 조정하도록 요청할 수 있으며, 요청을 받은 특별시장, 광역시장, 대도시의 시장 또는 시장·군수·구청장은 특별한 사유가 없으면 그 요청에 따라야 한다(주택법 제74조 제1항).

(2) 시·도지사의 변경 요청

시·도지사는 세대수 증가형 리모델링의 시행으로 주변 지역에 현저한 주택부족이나 주택시장의 불안정 등이 발생될 우려가 있는 때에는 시·도 주거정책심의위원회의 심의를 거쳐 대도시의 시장에게 리모델링 기본계획을 변경하도록 요청하거나, 시장·군수·구청장에게 세대수 증가형 리모델링의 사업계획 승인 또는 허가의 시기를 조정하도록 요청할 수 있으며, 요청을 받은 대도시의 시장 또는 시장·군수·구청장은 특별한 사유가 없으면 그 요청에 따라야 한다(주택법 제74조 제2항).

7. 리모델링 지원센터

(1) 설치 및 운영

시장·군수·구청장은 리모델링의 원활한 추진을 지원하기 위하여 **리모델링 지원센터**를 설치하여 운영할 수 있다(주택법 제75조 제1항).

(2) 수행 업무

리모델링 지원센터는 다음의 업무를 수행할 수 있다(주택법 제75조 제2항). 기출
① **리모델링주택조합** 설립을 위한 업무 지원
② **설계자 및 시공자** 선정 등에 대한 지원
③ **권리변동계획** 수립에 관한 지원
④ 그 밖에 지방자치단체의 조례로 정하는 사항

8. 입주자·사용자 또는 관리주체의 리모델링

(1) 리모델링 행위의 제한

공동주택(부대시설과 복리시설을 포함한다)의 입주자·사용자 또는 관리주체가 공동주택을 리모델링하려고 하는 경우에는 허가와 관련된 면적, 세대수 또는 입주자 등의 동의 비율에 관하여 대통령령[아래 **(2)**]으로 정하는 기준 및 절차 등에 따라 시장·군수·구청장의 허가를 받아야 한다(주택법 제66조 제1항).

(2) 리모델링 허가기준(주택법 시행령 제75조 제1항 관련 별표 4) OX

구분	세부기준
1. 동의비율	① 입주자·사용자 또는 관리주체의 경우 ^{기출} 공사기간, 공사방법 등이 적혀 있는 동의서에 입주자 전체의 동의를 받아야 한다. ② 리모델링주택조합의 경우 ^{기출} 다음의 사항이 적혀 있는 결의서에 주택단지 전체를 리모델링하는 경우에는 주택단지 전체 구분소유자 및 의결권의 각 **75퍼센트 이상**의 동의와 각 동별 구분소유자 및 의결권의 각 **50퍼센트 이상**의 동의를 받아야 하며(리모델링을 하지 않는 별동의 건축물로 입주자 공유가 아닌 복리시설 등의 소유자는 권리변동이 없는 경우에 한정하여 동의비율 산정에서 제외한다), 동을 리모델링하는 경우에는 그 동의 구분소유자 및 의결권의 각 **75퍼센트 이상**의 동의를 받아야 한다. ㉠ 리모델링 설계의 개요 ㉡ 공사비 ㉢ 조합원의 비용분담 명세 ③ 입주자대표회의 경우 ^{기출} 다음의 사항이 적혀 있는 결의서에 주택단지의 소유자 **전원**의 동의를 받아야 한다. ㉠ 리모델링 설계의 개요 ㉡ 공사비 ㉢ 소유자의 비용분담 명세
2. 허용행위	① 공동주택 ㉠ 리모델링은 주택단지별 또는 동별로 한다. ^{기출} ㉡ 복리시설을 분양하기 위한 것이 아니어야 한다. 다만, 1층을 필로티 구조로 전용하여 세대의 일부 또는 전부를 부대시설 및 복리시설 등으로 이용하는 경우에는 그렇지 않다. ^{기출} ㉢ 위 ㉡에 따라 1층을 필로티 구조로 전용하는 경우 「주택법 시행령」 제13조에 따른 수직증축 허용범위를 초과하여 증축하는 것이 아니어야 한다. ㉣ **내력벽의 철거**에 의하여 세대를 합치는 행위가 아니어야 한다. ^{기출}

OX문제

공동주택의 관리주체가 리모델링을 하려는 경우 공사기간, 공사방법 등이 적혀 있는 동의서에 입주자 전체의 동의를 받아야 한다. ( )

리모델링주택조합이 주택단지 전체를 리모델링하는 경우에는 주택단지 전체 구분소유자 및 의결권 전체의 동의를 받아야 한다. ( )

주택의 소유자 3분의 2 이상의 동의를 받은 경우 「공동주택관리법」에 따른 입주자대표회의는 리모델링을 할 수 있다. ( )

리모델링주택조합이 동을 리모델링하는 경우 리모델링 설계의 개요, 공사비, 조합원의 비용분담 명세가 적혀 있는 결의서에 그 동의 구분소유자 및 의결권의 각 50퍼센트 이상의 동의를 받아야 한다. ( )

주택단지 소유자가 100명인 경우, 입주자대표회의(공동주택관리법 제2조 제1항 제8호에 따른 입주자대표회의를 말한다)가 주택법령에 따라 공동주택 리모델링을 하려면 소유자의 비용분담 명세 등이 적혀 있는 결의서에 주택단지 소유자 100명의 동의를 받아야 한다. ( )

리모델링 시에 구조안전에 이상이 없다고 판단될 때, 내력벽을 철거하여 세대를 합칠 수 있다. ( )

입주자 공유가 아닌 복리시설 리모델링의 경우 사용검사를 받은 후 10년 이상 지난 복리시설로 공동주택과 동시에 리모델링하는 경우로서 시장·군수·구청장이 구조안전에 지장이 없다고 인정하는 경우로 한정한다. ( )

정답 O, ×, ×, ×, O, ×, O

② 입주자 공유가 아닌 복리시설 등
  ㉠ 사용검사를 받은 후 10년 이상 지난 복리시설로서 공동주택과 동시에 리모델링하는 경우로서 시장·군수·구청장이 구조안전에 지장이 없다고 인정하는 경우로 한정한다.^{기출}
  ㉡ 증축은 기존 건축물 연면적 합계의 10분의 1 이내여야 하고, 증축 범위는 「건축법 시행령」 제6조 제2항 제2호 나목에 따른다. 다만, 주택과 주택 외의 시설이 동일 건축물로 건축된 경우는 주택의 증축 면적비율의 범위 안에서 증축할 수 있다.

9. 리모델링주택조합·입주자대표회의의 리모델링

(1) 리모델링 행위의 규제

OX ① **리모델링주택조합과 입주자대표회의의 리모델링**: 위 8. **(1)**에도 불구하고 대통령령으로 정하는 기준 및 절차 등에 따라 리모델링 결의를 한 리모델링주택조합이나 소유자 전원의 동의를 받은 입주자대표회의(공동주택관리법에 따른 입주자대표회의를 말하며, 이하 '입주자대표회의'라 한다)가 시장·군수·구청장의 허가를 받아 리모델링을 할 수 있다(주택법 제66조 제2항).^{기출}

OX ② **리모델링의 동의의 철회**: 위 ①에 따라 리모델링에 동의한 소유자는 리모델링주택조합 또는 입주자대표회의가 시장·군수·구청장에게 허가 신청서를 제출하기 전까지 서면으로 그 동의를 철회할 수 있다(주택법 시행령 제75조 제3항).

(2) 리모델링 시공자 선정

① **시공자 선정의무**: 위 **(1)**의 ①에 따라 리모델링을 하는 경우 설립인가를 받은 리모델링주택조합의 총회 또는 소유자 전원의 동의를 받은 입주자대표회의에서 「건설산업기본법」에 따른 건설업자 또는 건설업자로 보는 등록사업자를 시공자로 선정하여야 한다(주택법 제66조 제3항).

② **시공자 선정방법**: 위 ①에 따른 시공자를 선정하는 경우에는 국토교통부장관이 정하는 경쟁입찰의 방법으로 하여야 한다. 다만, 경쟁입찰의 방법으로 시공자를 선정하는 것이 곤란하다고 인정되는 경우 등 대통령령(아래 ③)으로 정하는 경우에는 그러하지 아니하다(주택법 제66조 제4항).

OX문제
리모델링주택조합이 리모델링을 하려면 관할 시장·군수·구청장의 허가를 받아야 한다. ( )

OX문제
리모델링에 동의한 소유자는 리모델링주택조합 또는 입주자대표회의가 허가신청서를 제출하기 전까지 서면으로 동의를 철회할 수 있다. ( )

정답 ○, ○

③ **시공자 선정방법의 예외**: 위 ②의 단서에서 '경쟁입찰의 방법으로 시공자를 선정하는 것이 곤란하다고 인정되는 경우 등 대통령령으로 정하는 경우'란 시공자 선정을 위하여 위 ②에 따라 국토교통부장관이 정하는 경쟁입찰의 방법으로 2회 이상 경쟁입찰을 하였으나 입찰자의 수가 해당 경쟁입찰의 방법에서 정하는 최저 입찰자 수에 미달하여 경쟁입찰의 방법으로 시공자를 선정할 수 없게 된 경우를 말한다(주택법 시행령 제76조 제1항).

10. 리모델링의 사용검사 및 허가취소

(1) 리모델링의 사용검사 OX

공동주택의 입주자·사용자·관리주체·입주자대표회의 또는 리모델링주택조합이 리모델링에 관하여 시장·군수·구청장의 허가를 받은 후 그 공사를 완료하였을 때에는 시장·군수·구청장의 사용검사를 받아야 하며, 사용검사에 관하여는 「주택법」 제49조의 규정을 준용한다(주택법 제66조 제7항).

(2) 리모델링의 허가취소

시장·군수·구청장은 위 **(1)**에 해당하는 자가 거짓이나 그 밖의 부정한 방법으로 리모델링 허가를 받은 경우에는 행위허가를 취소할 수 있다(주택법 제66조 제8항).

5 공동주택 리모델링에 따른 특례

1. 대지사용권에 대한 특례

공동주택의 소유자가 리모델링에 의하여 전유부분(집합건물의 소유 및 관리에 관한 법률 제2조 제3호에 따른 전유부분을 말한다)의 면적이 늘거나 줄어드는 경우에는 「집합건물의 소유 및 관리에 관한 법률」 제12조 및 제20조 제1항에도 불구하고 **대지사용권**은 변하지 아니하는 것으로 본다. 다만, 세대수 증가를 수반하는 리모델링의 경우에는 **권리변동계획**에 따른다(주택법 제76조 제1항). 기출

OX문제

증축형 리모델링이 아닌 경우에는 허가받은 리모델링 공사를 완료하였을 때 따로 사용검사를 받지 않아도 된다.
( )

정답 ×

2. 공용부분의 면적에 대한 특례 OX

공동주택의 소유자가 리모델링에 의하여 일부 공용부분(집합건물의 소유 및 관리에 관한 법률 제2조 제4호에 따른 공용부분을 말한다)의 면적을 전유부분의 면적으로 변경한 경우에는 「집합건물의 소유 및 관리에 관한 법률」 제12조(공유자의 지분권)에도 불구하고 그 소유자의 나머지 공용부분의 면적은 변하지 아니하는 것으로 본다(주택법 제76조 제2항).

3. 「집합건물의 소유 및 관리에 관한 법률」과의 관계

위 1.의 대지사용권 및 2.의 공용부분의 면적에 관하여는 위 1.과 2.에도 불구하고 소유자가 「집합건물의 소유 및 관리에 관한 법률」 제28조에 따른 규약으로 달리 정한 경우에는 그 규약에 따른다(주택법 제76조 제3항).

4. 임대차계약과의 관계

임대차계약 당시 다음의 어느 하나에 해당하여 그 사실을 임차인에게 고지한 경우로서 리모델링 허가를 받은 경우에는 해당 리모델링 건축물에 관한 임대차계약에 대하여 「주택임대차보호법」 제4조 제1항 및 「상가건물 임대차보호법」 제9조 제1항을 적용하지 아니한다(주택법 제76조 제4항).
① 임대차계약 당시 해당 건축물의 소유자들(입주자대표회의를 포함한다)이 리모델링주택조합 설립인가를 받은 경우
② 임대차계약 당시 해당 건축물의 입주자대표회의가 직접 리모델링을 실시하기 위하여 관할 시장·군수·구청장에게 안전진단을 요청한 경우

5. 건축법령상 리모델링에 대한 특례 등

(1) 특례사항

리모델링이 쉬운 구조의 **공동주택**의 건축을 촉진하기 위하여 **공동주택**을 대통령령[아래 **(2)**]으로 정하는 구조로 하여 건축허가를 신청하면 「건축법」 제56조(건축물의 용적률), 제60조(건축물의 높이제한) 및 제61조(일조 등의 확보를 위한 건축물의 높이제한)에 따른 기준을 100분의 120의 범위에서 대통령령[아래 **(3)**]으로 정하는 비율로 완화하여 적용할 수 있다(건축법 제8조).

> **OX문제**
> 공동주택의 소유자가 리모델링에 의하여 일부 공용부분(집합건물의 소유 및 관리에 관한 법률에 따른 공용부분을 말한다)의 면적을 전유부분의 면적으로 변경한 경우에는 규약으로 달리 정하지 않는 한 그 소유자의 나머지 공용부분의 면적은 변하지 아니하는 것으로 본다. ( )

정답 O

(2) 리모델링이 쉬운 구조 등

위 (1)의 '대통령령으로 정하는 구조'란 다음의 요건에 적합한 구조를 말한다. 이 경우 다음의 요건에 적합한지에 관한 세부적인 판단기준은 국토교통부장관이 정하여 고시한다(건축법 시행령 제6조의5 제1항).

① 각 세대는 인접한 세대와 수직 또는 수평방향으로 통합하거나 분할할 수 있을 것
② 구조체에서 건축설비, 내부 마감재료 및 외부 마감재료를 분리할 수 있을 것
③ 개별 세대 안에서 구획된 실(室)의 크기, 개수 또는 위치 등을 변경할 수 있을 것

(3) 완화비율

위 (1)의 대통령령으로 정하는 비율이란 100분의 120을 말한다. 다만, 건축조례에서 지역별 특성 등을 고려하여 그 비율을 강화한 경우에는 건축조례로 정하는 기준에 따른다(건축법 시행령 제6조의5 제2항).

CHAPTER 11 공동주거관리이론

회독체크 1 2 3

CHAPTER 미리보기

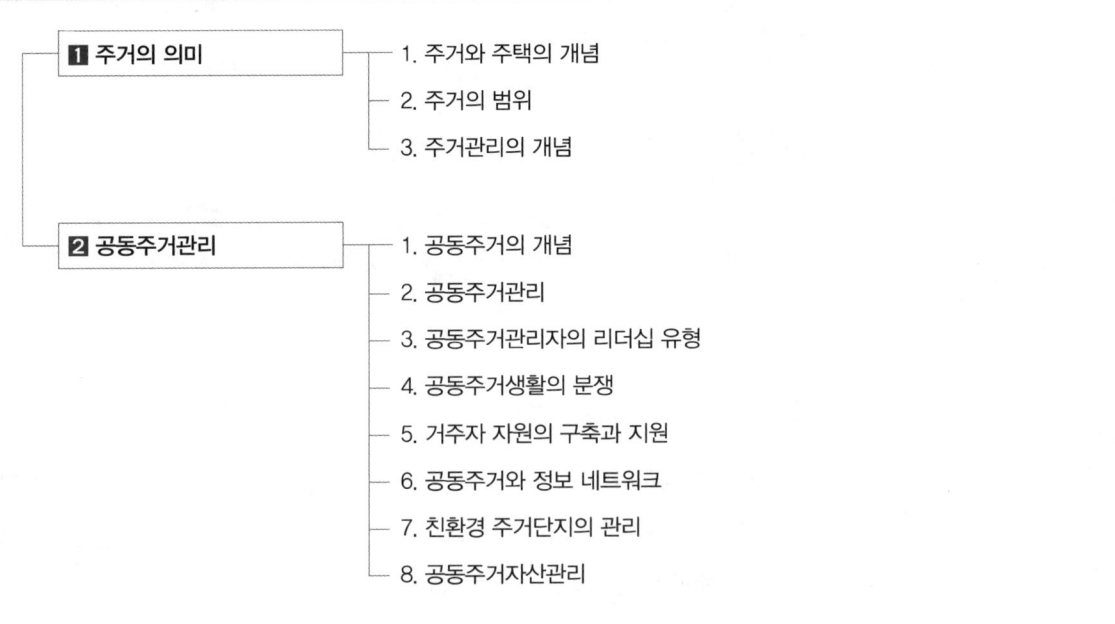

- **1 주거의 의미**
  - 1. 주거와 주택의 개념
  - 2. 주거의 범위
  - 3. 주거관리의 개념

- **2 공동주거관리**
  - 1. 공동주거의 개념
  - 2. 공동주거관리
  - 3. 공동주거관리자의 리더십 유형
  - 4. 공동주거생활의 분쟁
  - 5. 거주자 자원의 구축과 지원
  - 6. 공동주거와 정보 네트워크
  - 7. 친환경 주거단지의 관리
  - 8. 공동주거자산관리

학습키워드

- 주거의 의미
- 공동주거관리
- 공동주거생활의 분쟁
- 공동주거자산관리

1 주거의 의미

1. 주거와 주택의 개념 OX

주거는 인간이 주체가 되어 생활을 수용하고 영위하는 장소로서 인간의 정서적인 내면과 함께 물리적 객체인 공간 사이에서 맺어진 심리적·문화적인 측면도 같이 포함되는 것을 말하며, **주택**은 물리적 객체로서 공간 그 자체를 의미한다. 기출

2. 주거의 범위 OX

주거의 범위는 인간의 개인생활은 물론 가족 공동생활, 이웃생활, 지역생활 등의 공동체로서의 사회생활까지 포함되어 이들을 풍요롭게 하는 장소이다. 기출

3. 주거관리의 개념 OX

주거관리는 관리주체가 주택을 관리대상으로 전개하는 관리적 측면의 총체적 행위로, 주택의 기능을 유지하고 유용성을 발휘할 수 있도록 하며 나아가 이웃과의 관계까지 개선하는 행위이다. 기출

2 공동주거관리

1. 공동주거의 개념

공동주거의 개념은 물리적 객체로서의 공동주택과는 의미를 달리한다. 공동주택은 물리적 집합체로서의 하드웨어라 할 수 있다. 반면, 공동주거란 포괄적인 개념으로 물리적 하드웨어인 공동주택을 기반으로 인간이 주체가 되어 커뮤니케이션과 네트워크가 형성됨으로써 공동체 삶과 문화라는 소프트웨어가 만들어지는 장소라고 정의할 수 있다.

2. 공동주거관리

(1) 공동주거관리의 개념과 내용

OX ① **공동주거관리의 개념**: 오늘날의 공동주거관리는 건물의 유지관리는 물론 거주자들의 다양한 생활변화와 욕구에 대응하여 공간을 개선하거나

주민의 삶의 질을 높이기 위한 적극적인 관리가 요구되고 있으며, 공동주거관리는 주택이 가지고 있는 물리적 조건을 유지·보전시키며, 쾌적하게 주거생활을 영위할 수 있도록 인적·사회적·경제적 관리를 해 나가는 일련의 행위라고 볼 수 있다. 또한 공동주거관리는 주민들의 삶에 대한 사고의 전환을 기반으로 관리주체, 민간기업, 지방자치단체, 정부와의 네트워크를 체계적으로 활용하는 관리개념이다. 기출

② **공동주거관리의 방향**

㉠ **휴먼웨어의 네트워크관리**: 공동체 주거문화 향상을 위하여 거주자는 주거관리에 대한 관심과 인식을 제고하고, 관리자는 자질과 능력을 향상시켜 리더십을 발휘함으로써 주민은 물론 관리회사, 지방자치단체와의 상호 협력체제가 원만하게 이루어지도록 하는 휴먼웨어의 네트워크관리가 필요하다. 기출

㉡ **하드웨어관리**: 공동주택의 물리적 성능 노후화를 지연시키고 계획적인 수선계획을 통해 건물의 자산가치를 유지시키는 하드웨어관리에는 자산관리라는 적극적인 개념 도입, 공동주택의 관리를 배려한 디자인 계획이 필수적이며 지속 가능한 유지관리기술 도입과 정보네트워크를 적극적으로 활용한 관리가 요구된다.

㉢ **소프트웨어관리**: 주민들이 참여하고 협조하는 공동체 규범을 효율적으로 관리하고 공동체 의식 고취를 위해서 커뮤니케이션 능력이 강화되어야 하며, 커뮤니티 활성화 프로그램 개발과 운영 등의 소프트웨어관리가 적극적으로 이루어져야 한다.

(2) 공동주거관리의 필요성

① **자원낭비로부터의 환경보호**: 지속가능한 주거환경을 정착시키기 위해서는 재건축으로 인한 단절보다는 주택의 수명을 연장시키고 오랫동안 이용하고 거주할 수 있는 관리방식이 요구되고 있다. 특히 공동주택은 건설 시에 대량의 자원과 에너지를 소비하게 되고 제거 시에도 대량의 폐기물이 발생되어 환경부하를 주기 때문에 주택의 수명연장은 필수적이다. 따라서 건설 초기부터 질 높고 견고한 공동주택의 건설과 함께 적절한 유지관리가 무엇보다도 필요하다. 기출

② **양질의 사회적 자산 형성**: 주택은 양적으로나 질적으로 공동사회적 자산가치를 가지므로 생활환경에 대응하면서 쾌적하게 오랫동안 살 수 있는 주택 스톡˙ 대책으로 공동주택의 적절한 유지관리는 필수적이다. 기출

• **주택 스톡(Housing Stock)**
우리가 일상생활에서 흔히 '집' 또는 '주택'이라고 부르는 주거용 건물을 말한다.

OX문제
자연재해로부터의 안전성 확보 측면에서 주민들이 생활변화에 대응하면서 쾌적하게 오랫동안 살 수 있는 주택 스톡(stock) 대책으로 공동주택이 적절히 유지관리되어야 한다.
( )

정답 ✕

③ **자연재해로부터의 안전성**: 적절한 시기에 점검과 수선 등을 통해 주택의 안전성을 확보하여 지진 등의 재해로부터 피해를 주는 일이 없도록 예방해야 할 것이다. 기출

④ **지속적인 커뮤니티로부터의 주거문화 계승**: 주거문화는 물리적 공간인 주택과 물리적 공간 내외부에서 일어나는 인간들의 삶의 이야기와 지속적인 커뮤니티라 할 수 있으므로 주거문화의 계승은 주거관리 행위가 바람직하게 지속적으로 이루어질 때 형성된다. 기출

(3) 공동주거관리 시 입주자 간의 분쟁해결 OX

입주자 간의 분쟁은 대체로 입주민들이 감정적으로 사태에 대응하기 때문에 혼란은 더욱 커질 뿐 아니라 법적인 판결이 난다 하더라도 손상된 공동체를 회복하는 것이 쉽지 않다. 이 때문에 입주민 간 또는 동별 대표자 간 분쟁이 발생했을 경우에는 무엇보다도 관리규약에 의거한 충분한 의사소통과 **합의의 노력을 최우선**으로 해야 한다. 기출

> **OX문제**
> 공동주거관리자는 입주민 간 또는 동별 대표자 간 분쟁이 발생하였을 때 무엇보다도 법적 분쟁절차에 의해 해결하는 것을 최우선으로 하여야 한다.
> ( )
>
> 정답 ×

(4) 공동주거관리에 대한 사회구성주의 이론

① **구조적 맥락**: 주거에 영향을 미치는 문화적 배경, 사회적 가치, 신념, 시스템 등의 사회적인 수준을 의미한다.

② **제도적 맥락**: 공동주거와 관련이 있는 정책과 법령을 만들고 해석하고 수행하는 기관과 에이전트의 활동방향을 결정하는 관련제도의 수준이다.

③ **조직적 맥락**: 관련된 조직의 역사와 역할이 어떠했으며, 그 영향력이 어떻게 전달되는가에 관한 것이다.

④ **작업적 맥락**: 작업적 맥락에서 고려되는 점은 최일선에서 일하고 있는 관리자들이 어떠한 상황에서 업무를 수행하는가 하는 점이다.

⑤ **상호주관적 맥락**: 상호주관적 맥락에서는 관리 서비스가 전달되는 방법과 수행되는 기능의 범위에 주목하고 있다.

3. 공동주거관리자의 리더십 유형

(1) 바람직한 리더십

① **전망제시형 리더십**: 관리업무종사자에게 보다 더 큰 목적을 추구하도록 책무를 상기시키고 의욕을 고취하며 평범한 일상의 일에 큰 의미를 부여하는 리더십으로 가장 중요한 것은 관리업무종사자들의 관점을 이해하며 그들에게 전망을 제시하는 감정이입능력을 갖추어야 한다. 기출

② **민주형 리더십**: 대화나 면담을 통해 관리업무종사자의 의견을 경청하고 참여와 위임을 통해 반발의 여지를 해소시켜 참여자의 사기를 높일 수 있는 리더십이다. 기출

(2) 바람직하지 않은 리더십

① **지시형 리더십**: 관리업무종사자에게 상세하게 설명하기를 꺼리고 고압적인 자세를 유지하는 리더십으로 거의 모든 상황에서 가장 효과가 나쁜 유형으로 이해되고 있다. 기출

② **선도형 리더십**: 관리업무종사자에게 권한을 넘기지 않고 관리사무소장이 세세한 모든 일에 간섭하며 일이 지체되는 경우에는 직접 나서서 일처리를 하는 리더십이다. 기출

4. 공동주거생활의 분쟁

(1) 자주 발생하는 분쟁의 유형

① **관리업무 관련 분쟁**: 공동주택시설이나 건물관리와 관련해 자주 발생하는 갈등과 분쟁은 안전사고에 대한 책임·배상, 주민에 대한 관리자의 서비스 문제, 하자보수 등이 주를 이루고 있다.

② **인사·노무, 계약 관련 분쟁**: 관리사무소 인력이나 위탁관리 계약체결 등과 관련해 자주 야기되는 분쟁은 임금, 부당해고, 고용승계, 고령자고용촉진장려금 등에 관한 것으로 소송으로 이어지기도 한다. 노무와 인사 등과 관련된 법적 분쟁은 대체로 계약에 의한 관계성립을 기반으로 하기 때문에 법원이 판결을 내리는 데 있어서 이에 관한 절차의 합리성을 중요하게 보는 편이다. 기출

③ **입주자 간의 분쟁**: 소음, 주차문제, 애완동물 문제 등 다양하다.

(2) 분쟁에 대한 예방과 대처법

① 관리업무와 관련된 모든 사항을 기록하여 문서로 남겨야 한다. 정해진 관리규약 외에 주민회의에서 결정된 사항들도 기록으로 남겨 문제가 생기면 이를 근거로 조정해야 한다. 기출

② 분쟁을 줄이려면 주민 모두가 관리규약을 준수하도록 노력해야 한다. 문서화된 관리규약 이외에도 주민회의에서 결정된 사항들은 입주자들에게 홍보하여 주지시켜야 한다. 기출

OX문제

노무·인사 등과 관련된 법적 분쟁은 대체로 계약에 의한 관계성립을 기반으로 하기 때문에 법원이 판결을 내리는 데 있어서 이에 관한 절차의 합리성을 중요하게 보는 편이다. (   )

OX문제

정해진 관리규약 이외에 주민회의에서 결정된 사항들도 기록으로 남겨서 문제가 생겼을 때 이를 근거로 조정해야 분쟁을 줄일 수 있다. (   )

OX문제

분쟁을 줄이기 위해서는 주민 모두가 관리규약을 준수하도록 노력하여야 한다. (   )

정답 O, O, O

③ 조직 내에서 구성원 간 분쟁을 최소화하려면 의사소통이 원활하게 이루어져야 한다. 기출

OX ④ 조직 내의 분쟁해결을 위한 **법적 소송은 공동체가 겪게 되는 각종 분쟁의 최후의 해결방법임**을 인식하고 그 이전에 구성원들 간에 효율적인 의사소통을 통하여 모든 문제를 해결하는 것이 가장 바람직하다. 기출

5. 거주자 자원의 구축과 지원

(1) 주민참여

주민자치는 정치적 의미의 자치행정이며, 주민의 자치능력을 중요시하는 민주적이고 지방분권적인 지방제도이다. 또 주민자치는 지방주민이 주체가 되어 지방의 공공사무를 결정하고 처리하는 주민참여에 중점을 두는 제도를 말한다. 아파트와 같은 공동주거관리가 삶의 질 향상이라는 궁극적인 목표를 달성하기 위해, 거주자들의 자발적인 참여와 주민자치활동이 필연적으로 요구된다.

(2) 주민참여의 의의와 기능

공동주거 주민참여는 정부행정 과정에서 나타나는 시민참여와 같은 맥락에서 이해될 수 있다. 공동주거에서 주민참여의 기능을 정리하면 다음과 같다.

① **정보(情報) 기능**: 단지 내 주요 안건의 처리와 행정적 결정에 있어 주민이 직접 참여함으로써 입주자대표회의 및 관리주체의 의결과 집행계획을 주민에게 보다 정확하게 전달할 수 있는 기회를 부여한다. 관리운영에 있어 정보를 공유하지 않음으로 인해 발생할 수 있는 주민의 불만과 저항을 줄이는 데 중요한 기능이라 할 수 있다.

② **신뢰증진의 기능**: 콜(Cole)과 같은 학자는, 행정에 참여한 주민은 그렇지 않은 일반주민보다 행정기관에 대한 신뢰도가 높다고 설명하고 있다. 공동주거관리의 경우도 행정기관과 다르지 않으며, 관리사안 결정 및 수행에 주민의 참여가 이루어질 때, 입주자대표회의와 관리주체의 업무처리에 대한 이해를 구할 수 있고, 신뢰 구축에도 긍정적인 영향을 미친다. 기출

OX문제

공동주거를 관리함에 있어 발생한 분쟁은 구성원들 간의 효율적인 의사소통을 통하여 합의로 해결하기보다는 법적 소송이 최선의 방법임을 인식하는 것이 바람직하다. ( )

분쟁해결을 위한 법적 소송은 공동체가 겪게 되는 각종 분쟁의 선행적 해결방법임을 인식하고 모든 문제를 합의로 해결하는 방법보다 먼저 활용되어야 한다. ( )

정답 ×, ×

③ **통제의 기능**: 공동주거의 단지 규모가 커지고, 시설 및 설비 등이 복잡해지며, 관리해야 하는 자산의 규모가 큰 만큼 관리의 전문화와 회계처리, 각종 입찰 등 입주자대표회의와 관리주체의 역할과 중요성은 점점 더 커지고 있다. 주민참여는 이들 주체에 대한 통제의 효과를 가져다 줄 수 있다. 의결결정권자인 입주자대표회의를 감독하고, 관리업무수행의 주체인 관리주체에 대하여 견제할 수 있다. 기출

④ **이해조정의 기능**: 주민참여는 주민들 간의 이해관계가 보다 쉽게 조정될 수 있는 기회를 부여하기도 한다. 공동생활로 인한 주민 간의 마찰은 더욱 깊어지고 있으나, 행정적·법적 규제를 통해 해결하기에는 어려운 점이 많다. 주민들이 직접 관리규약과 관리사안 결정 등에 참여함으로써 스스로 해결점을 찾고, 조정의 방법을 강구하도록 할 수 있다. 기출

(3) 주민참여의 역기능

물론 주민참여는 순기능뿐 아니라 역기능도 있음을 간과할 수 없다. 참여가 잘못된 방향으로 이루어지는 경우 다음과 같은 문제가 발생할 수 있다.

OX ① 모든 관리사안 결정에 주민이 참여하는 경우 그 처리가 늦어질 수 있다. 즉, 운영상에 있어 비효율성이 초래될 수 있는 것이다. 기출

② 주민집단 간의 의견이 조정되지 못하는 경우, 주민 간 갈등을 해결하기보다는 오히려 갈등이 심화될 수도 있다.

OX ③ 주민의 개인적 견해와 자기중심적인 이해가 지나치게 반영될 경우, 주민 전체의 이익과 객관성에 문제가 생길 수 있다. 특히 소수의 참여자가 강한 영향력을 행사하는 경우 이러한 가능성은 더욱 높아진다. 기출

(4) 주민참여의 효과

주민참여의 역기능이 존재함에도 불구하고, 주민이 참여함으로써 기대할 수 있는 관리상의 장점과 효과는 매우 크다. 관리과정에서 발생하는 각종 비리와 회계사고, 주민 간 불화, 관리소홀 등의 근본적인 문제는 주민의 무관심에 있다. 주민이 단지 운영에 대해 관심을 갖고 참여함으로써 관리업무의 투명성을 증진시킬 수 있다.

OX문제

모든 관리사안 결정에 주민이 참여하는 경우에는 운영과정상의 효율성이 증대된다.
( )

OX문제

주민의 개인적 견해와 자기중심적인 이해가 지나치게 반영될 경우, 주민 전체의 이익과 객관성에 문제가 생길 수 있다.
( )

정답 ×, ○

6. 공동주거와 정보 네트워크

(1) 공동주거와 정보 네트워크의 발전

공동주택은 양적 팽창과 더불어 시설·설비 등 질적 측면의 발달과 함께 병행되었다.

예 컴퓨터와 인터넷을 이용한 공동주거의 정보 네트워크화

(2) 초고속 정보통신 건물 인증제도

① **의의**: 초고속 정보통신 건물 인증제도는 일정기준 이상의 구내 정보통신 설비를 갖춘 건물에 대해 국가가 직접 인증을 부여해 줌으로써 건축업계가 신축건물에 대해 구내 통신망의 고도화에 적극적으로 참여하도록 유도하는 제도이다. 기출

② **목적**: 초고속 정보통신 건물인증을 획득한 공동주택은 이를 홍보함으로써 분양을 촉진할 수 있다. 기출

③ **인증대상**: 「건축법」에 의한 공동주택 중 20세대 이상 건축물 또는 업무시설 중 연면적이 3,300제곱미터 이상인 건축물은 초고속 정보통신 건물 인증대상이다. 기출

(3) 홈네트워크

① **의의**: 홈네트워크는 가정에서 유·무선 인터넷 등을 통해 주요 가전제품을 제어하고 기기 간에 콘텐츠를 공유할 수 있는 물리적 네트워크 기술이다. 기출

② **홈네트워크 건물 인증제도**: 홈네트워크 서비스의 보급을 촉진시켜 공동주택 거주자들의 정보격차를 줄이고, 홈네트워크 서비스 제공을 위한 배관·배선, 장치 설치공간 등의 설치기준을 제시하기 위해 기존의 초고속 정보통신 건물 인증제도와 연계하여 홈네트워크 건물 인증제도를 시행하고 있다.

7. 친환경 주거단지의 관리

친환경 주거단지의 지속적인 유지관리를 위해서는 다음과 같은 사항을 고려하여야 한다.

① 설계 시부터 관리에 대한 배려를 하여야 하고, 관리자를 위한 운영·유지관리 매뉴얼 및 지침이 제공되어야 한다.

OX문제

「건축법」에 의한 공동주택 중 10세대로 구성된 건축물 또는 업무시설 중 연면적 3,000제곱미터인 건축물은 초고속 정보통신 건물 인증대상이다. (   )

정답 ×

② 입주자에게 입주 전부터 친환경 아파트를 충분히 홍보하여 친환경 설비나 기술 등이 입주자에게도 전달되어 생활 속에서 정착될 수 있도록 한다. 기출
③ 입주자들이 협조하고 참여하는 관리 내용들이 적혀 있는 관리 매뉴얼을 배부하고 홍보하여야 한다.

8. 공동주거자산관리

(1) 공동주거자산관리의 개념 OX

공동주거자산관리란 공동주택 소유자의 자산적 목표가 달성되도록 대상 공동주택의 관리기능을 수행하는 것을 말한다.

(2) 공동주거자산관리의 필요성

최근 주거용 부동산이 자산으로서 차지하는 부분이 점차 커짐에 따라 주택의 임대와 같은 이용활동을 통하여 그 유용성을 증대시키며 개량활동을 통하여 주택의 물리적·경제적 가치를 향상시키는 주거자산관리의 필요성이 부각되고 있다. 더구나 공동주택은 소유자와 임차인의 입장에 따라 원하는 관리적 요구가 다를 수 있기 때문에 자산관리적 측면에 있어 상당한 수준의 금융 및 법률적 지식과 전문적인 경험뿐만 아니라 입주자 및 관련된 사람들을 설득하고 이끌어 줄 수 있는 신뢰를 바탕으로 한 리더십이 필요하다. 또한 공동주거자산관리자는 타인의 자산을 맡아 관리·유지하고 있으므로 무엇보다 윤리의식이 투철하여야 한다.

(3) 공동주거자산관리의 분류

① **시설관리**: 공동주거자산관리에 있어 시설관리는 공동주택시설을 운영하여 유지하는 것으로서 그 업무는 설비운전 및 보수, 외주관리, 에너지관리, 환경안전관리 등이다. 기출
② **부동산자산관리**: 부동산자산관리는 주택이라는 자산으로부터 획득하고자 하는 수익목표를 설정하고 이에 맞추어 자본적·수익적 지출계획과 연간예산을 수립하는 것과 주택의 임대차를 유치 및 유지하며 발생하는 비용을 통제하는 것을 주요 내용으로 한다. 또한 인력관리, 회계업무, 임대료 책정을 위한 적절한 기준과 계획, 보험 및 세금에 대한 업무도 포함된다. 기출

OX문제

공동주거자산관리란 공동주택 소유자의 자산적 목표가 달성되도록 대상 공동주택의 관리기능을 수행하는 것을 말한다.
( )

정답 O

OX문제

공동주거자산관리에 있어 입주자관리는 공동주택시설을 운영하여 유지하는 것으로서 그 업무는 설비운전 및 보수, 외주관리, 에너지관리, 환경안전관리 등이다. (   )

공동주거자산관리에 있어 입주자관리의 업무에는 인력관리, 회계업무, 임대료 책정을 위한 적절한 기준과 계획, 보험 및 세금에 대한 업무 등이다. (   )

OX ③ **입주자관리**: 입주자관리는 입주자의 생활편익을 증진할 수 있는 다양한 서비스를 준비하여 공동주택에 거주하는 것이 더 매력적이게 만들어 궁극적으로 임대수익을 극대화시킬 수 있는 관리를 말하며, 그 업무는 입주자 지향, 즉각적인 응답, 임대차 서비스, 이사 서비스, 불만사항 처리 등이 있다. 기출

(4) 공동주거자산관리자의 역할

① 공동주거자산관리자는 공동주택을 통한 수익을 극대화하여야 한다.
② 공동주거자산관리자는 일상적인 시설관리자를 감독하며 광고, 마케팅, 임대차 분석, 부동산시장 분석, 비용편익 분석 등 전문적인 일들을 수행할 뿐만 아니라 금융대출자, 변호사, 중개인, 감정평가사 등과의 업무적 제휴관계를 수립하며 문제가 발생할 경우 대처할 준비를 갖추어야 한다.
③ 공동주거자산관리자는 평소 소유자와 긴밀하게 의사소통을 하여야 하며 임차인과도 원만한 관계를 유지하여야 하는 대인 기술을 수반하여야 할 것이다.

정답 ×, ×

CHAPTER 12 공동주택회계관리

회독체크 1 2 3

CHAPTER 미리보기

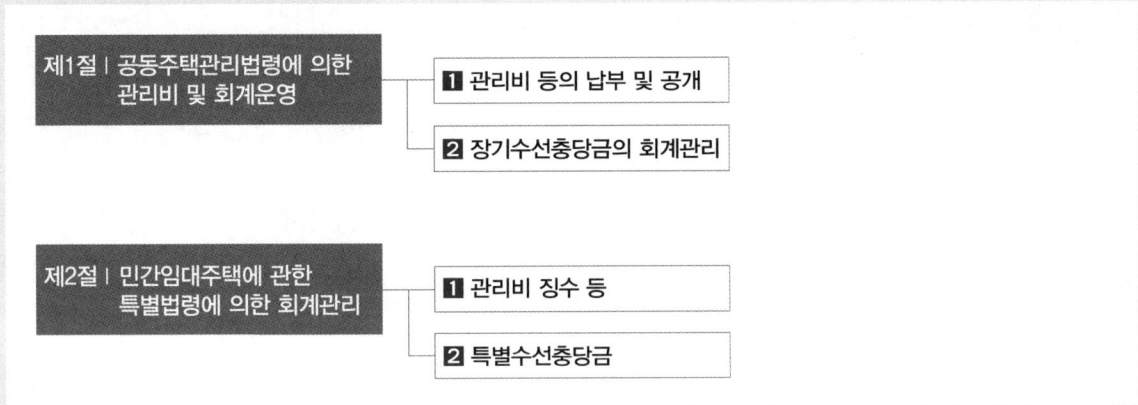

학습키워드

- 관리비 등의 납부 등
- 관리비 이외의 비용 등
- 관리비 등의 회계관리
- 관리비예치금
- 장기수선충당금의 회계관리
- 특별수선충당금

제1절 공동주택관리법령에 의한 관리비 및 회계운영

1 관리비 등의 납부 및 공개

1. 관리비 등의 납부 등

(1) 관리비의 납부 OX

의무관리대상 공동주택의 입주자등은 그 공동주택의 유지관리를 위하여 필요한 **관리비**를 관리주체에게 납부하여야 한다(공동주택관리법 제23조 제1항). 기출

(2) 위임규정

관리비의 내용 등에 필요한 사항은 대통령령[아래 (3)]으로 정한다(공동주택관리법 제23조 제2항).

(3) 관리비의 비목 OX

위 (2)에 따른 관리비는 다음 비목의 월별 금액의 합계액으로 하며, 비목별 세부명세는 아래 표와 같다(공동주택관리법 시행령 제23조 제1항). 기출

① 일반관리비
② 청소비
③ 경비비
④ 소독비
⑤ 승강기유지비
⑥ 지능형 홈네트워크 설비유지비
⑦ 난방비(주택건설기준 등에 관한 규정에 따라 난방열량을 계량하는 계량기 등이 설치된 공동주택의 경우에는 그 계량에 따라 산정한 난방비를 말한다)
⑧ 급탕비
⑨ 수선유지비(냉방·난방시설의 청소비를 포함한다)
⑩ 위탁관리수수료

▶ **관리비의 비목별 세부명세**(공동주택관리법 시행령 제23조 제1항 관련 별표 2) 기출

관리비 항목	구성 명세
1. 일반관리비	① 인건비: 급여, 제 수당, 상여금, 퇴직금, 산재보험료, 고용보험료, 국민연금, 국민건강보험료 및 식대 등 복리후생비 ② 제 사무비: 일반사무용품비, 도서인쇄비, 교통통신비 등 관리사무에 직접 소요되는 비용

OX문제

의무관리대상 공동주택의 입주자등은 그 공동주택의 유지관리를 위하여 필요한 관리비를 관리주체에게 내야 한다. ( )

OX문제

관리비는 관리비 비목의 전년도 금액의 합계액을 12로 나눈 금액을 매월 납부한다. ( )

정답 ○, ×

	③ 제세공과금: **관리기구가 사용한 전기료**, 통신료, 우편료 및 관리기구에 부과되는 세금 등 ④ 피복비 O× ⑤ 교육훈련비 ⑥ 차량유지비: 연료비, 수리비, 보험료 등 차량유지에 직접 소요되는 비용 ⑦ 그 밖의 부대비용: 관리용품구입비, 회계감사비 그 밖에 관리업무에 소요되는 비용
2. 청소비	용역 시에는 용역금액, 직영 시에는 청소원인건비, 피복비 및 청소용품비 등 청소에 직접 소요된 비용
3. 경비비	용역 시에는 용역금액, 직영 시에는 경비원인건비, 피복비 등 경비에 직접 소요된 비용
4. 소독비	용역 시에는 용역금액, 직영 시에는 소독용품비 등 소독에 직접 소요된 비용
5. 승강기유지비	용역 시에는 용역금액, 직영 시에는 제 부대비, 자재비 등. 다만, **전기료는 공동으로 사용되는 시설의 전기료에 포함**한다.
6. 지능형 홈네트워크 설비유지비	용역 시에는 용역금액, 직영 시에는 지능형 홈네트워크 설비 관련 인건비, 자재비 등 지능형 홈네트워크 설비의 유지 및 관리에 직접 소요되는 비용. 다만, **전기료는 공동으로 사용되는 시설의 전기료에 포함**한다.
7. 난방비	난방 및 급탕에 소요된 원가(유류대, 난방비 및 급탕용수비)에서 급탕비를 뺀 금액
8. 급탕비	급탕용 유류대 및 급탕용수비
9. 수선유지비	① 「공동주택관리법」 제29조 제1항에 따른 **장기수선계획에서 제외**되는 공동주택의 공용부분의 수선·보수에 소요되는 비용으로 보수 용역 시에는 용역금액, 직영 시에는 자재 및 인건비 ② 냉난방시설의 청소비, 소화기충약비 등 공동으로 이용하는 시설의 보수유지비 및 제반 검사비 ③ 건축물의 **안전점검비용** ④ 재난 및 재해 등의 예방에 따른 비용
10. 위탁관리수수료	주택관리업자에게 위탁하여 관리하는 경우로서 입주자대표회의와 주택관리업자 간의 계약으로 정한 월간 비용

> O×문제
>
> 피복비는 일반관리비 중 인건비에 해당한다. (   )

2. 관리비 이외의 비용 등

(1) 구분징수비용 O×

관리주체는 다음의 비용에 대해서는 관리비와 구분하여 징수하여야 한다(공동주택관리법 시행령 제23조 제2항). 기출

① 장기수선충당금

> O×문제
>
> 관리주체는 장기수선충당금에 대해서는 관리비와 구분하여 징수하여야 한다. (   )
>
> 정답 ×, ○

② 「공동주택관리법 시행령」 제40조 제2항 단서에 따른 안전진단 실시 비용

(2) 사용료 등 OX

의무관리대상 공동주택의 관리주체는 입주자등이 납부하는 다음의 사용료 등을 입주자등을 대행하여 그 사용료 등을 받을 자에게 납부할 수 있다(공동주택관리법 제23조 제3항, 동법 시행령 제23조 제3항). **기출**

① 전기료(공동으로 사용되는 시설의 전기료를 포함한다)
② 수도료(공동으로 사용하는 수도료를 포함한다)
③ 가스사용료
④ 지역난방방식인 공동주택의 난방비와 급탕비
⑤ 정화조오물수수료
⑥ 생활폐기물수수료
⑦ 공동주택단지 안의 건물 전체를 대상으로 하는 보험료
⑧ 입주자대표회의 운영경비
⑨ 선거관리위원회의 운영경비
⑩ 「방송법」에 따른 텔레비전방송수신료

(3) 이용료 등 OX

① 관리주체는 주민공동시설, 인양기 등 공용시설물의 이용료를 해당 시설의 이용자에게 **따로 부과할 수 있다**. 이 경우 주민공동시설의 운영을 위탁한 경우의 주민공동시설 이용료는 주민공동시설의 위탁에 따른 수수료 및 주민공동시설 관리비용 등의 범위에서 정하여 부과·징수하여야 한다(공동주택관리법 시행령 제23조 제4항). **기출**
② 관리주체는 보수가 필요한 시설(누수되는 시설을 포함한다)이 2세대 이상의 공동사용에 제공되는 것인 경우에는 직접 보수하고 해당 입주자등에게 그 비용을 **따로 부과할 수 있다**(공동주택관리법 시행령 제23조 제5항). **기출**

3. 관리비등의 회계관리

(1) 관리비등의 수입 및 집행내역의 고지

관리주체는 위 1.과 2.의 규정에 따른 관리비등을 통합하여 부과하는 때에는 그 수입 및 집행세부내용을 쉽게 알 수 있도록 정리하여 입주자등에게 알려주어야 한다(공동주택관리법 시행령 제23조 제6항). **기출**

(2) 관리비등의 예치관리 OX

관리주체는 위 1.과 2.의 규정에 따른 관리비등을 다음의 금융기관 중 **입주자대표회의가 지정하는 금융기관**에 예치하여 관리하되, **장기수선충당금은 별도의 계좌**로 예치·관리하여야 한다. 이 경우 계좌는 관리사무소장의 직인 외에 입주자대표회의의 회장 인감을 복수로 등록할 수 있다(공동주택관리법 시행령 제23조 제7항). 기출

① 「은행법」에 따른 은행
② 「중소기업은행법」에 따른 중소기업은행
③ 「상호저축은행법」에 따른 상호저축은행
④ 「보험업법」에 따른 보험회사
⑤ 그 밖의 법률에 따라 금융업무를 하는 기관으로서 국토교통부령(보조단)으로 정하는 기관

(3) 관리비등의 내역 공개

OX ① **공개내역**: 관리주체는 다음의 내역(항목별 산출내역을 말하며, 세대별 부과내역은 제외한다)을 대통령령(아래 ③)으로 정하는 바에 따라 해당 공동주택단지의 인터넷 홈페이지(인터넷 홈페이지가 없는 경우에는 인터넷 포털을 통하여 관리주체가 운영·통제하는 유사한 기능의 웹사이트 또는 관리사무소의 게시판을 말한다. 이하 같다) 및 동별 게시판(통로별 게시판이 설치된 경우에는 이를 포함한다. 이하 같다)과 국토교통부장관이 구축·운영하는 공동주택관리정보시스템(이하 '공동주택관리정보시스템'이라 한다)에 공개하여야 한다. 다만, 공동주택관리정보시스템에 공개하기 곤란한 경우로서 대통령령으로 정하는 경우에는 해당 공동주택단지의 인터넷 홈페이지 및 동별 게시판에만 공개할 수 있다(공동주택관리법 제23조 제4항). 기출

㉠ 관리비
㉡ 사용료 등
㉢ 장기수선충당금과 그 적립금액
㉣ 그 밖에 대통령령으로 정하는 사항

② **의무관리대상이 아닌 공동주택의 공개**

㉠ 의무관리대상이 아닌 공동주택으로서 대통령령(아래 ㉡)으로 정하는 세대수 이상인 공동주택의 관리인은 관리비등의 내역을 위 ①의 공개방법에 따라 공개하여야 한다. 이 경우 대통령령(아래 ③의 ㉡)으로 정하는 세대수 미만의 공동주택 관리인은 공동주택관리정보시스템 공개를 생략할 수 있으며, 구체적인 공개 내역·기한 등은 대통령령(아래 ③의 ㉡)으로 정한다(공동주택관리법 제23조 제5항). 기출

OX문제

관리주체는 관리비, 사용료 및 장기수선충당금을 입주자대표회의가 지정하는 금융기관의 동일한 계좌에 예치하여 관리하여야 한다. ( )

의무관리대상 공동주택의 관리주체는 관리비, 장기수선충당금을 은행, 상호저축은행, 보험회사 중 입주자대표회의가 지정하는 동일한 계좌로 예치·관리하여야 한다. ( )

➕ 고득점 심화학습

관리비등을 예치할 수 있는 금융기관의 범위

본문 (2)의 ⑤의 '그 밖의 법률에 따라 금융업무를 하는 기관으로서 국토교통부령으로 정하는 기관'이란 다음의 기관을 말한다(공동주택관리법 시행규칙 제6조의2).
1. 「농업협동조합법」에 따른 조합, 농업협동조합중앙회 및 농협은행
2. 「수산업협동조합법」에 따른 수산업협동조합 및 수산업협동조합중앙회
3. 「신용협동조합법」에 따른 신용협동조합 및 신용협동조합중앙회
4. 「새마을금고법」에 따른 새마을금고 및 새마을금고중앙회
5. 「산림조합법」에 따른 산림조합 및 산림조합중앙회
6. 「한국주택금융공사법」에 따른 한국주택금융공사
7. 「우체국예금·보험에 관한 법률」에 따른 체신관서

OX문제

관리비를 납부받은 관리주체는 관리비와 사용료 등의 세대별 부과내역을 해당 공동주택단지의 인터넷 홈페이지에 공개하여야 한다. ( )

정답 ✕, ✕, ✕

ⓛ 위 ㉠ 전단에서 '대통령령으로 정하는 세대수'란 50세대(주택 외의 시설과 주택을 동일 건축물로 건축한 건축물의 경우 주택을 기준으로 한다)를 말한다(공동주택관리법 시행령 제23조 제9항).

③ **공개방법**
㉠ 위 1.과 2.의 규정에 따른 관리비등을 입주자등에게 부과한 관리주체는 위 ①에 따라 그 명세[난방비·급탕비·전기료(공동으로 사용하는 시설의 전기료를 포함한다)·수도료(공동으로 사용하는 수도료를 포함한다)·가스사용료·지역난방방식인 공동주택의 난방비와 급탕비는 사용량을, 장기수선충당금은 그 적립요율 및 사용한 금액을 각각 포함한다]를 다음 달 말일까지 해당 공동주택단지의 인터넷 홈페이지와 공동주택관리정보시스템에 공개하여야 한다. 잡수입(재활용품의 매각 수입, 복리시설의 이용료 등 공동주택을 관리하면서 부수적으로 발생하는 수입을 말한다)의 경우에도 동일한 방법으로 공개해야 한다(공동주택관리법 시행령 제23조 제8항). 기출

ⓛ 위 ②의 ㉠에 따른 공동주택의 관리인은 다음의 관리비등을 위 ㉠의 방법에 따라 다음 달 말일까지 공개해야 한다. 다만, 100세대(주택 외의 시설과 주택을 동일 건축물로 건축한 건축물의 경우 주택을 기준으로 한다) 미만인 공동주택의 관리인은 위 ②의 ㉠ 후단에 따라 공동주택관리정보시스템 공개를 생략할 수 있다(공동주택관리법 시행령 제23조 제10항).
  ⓐ 「공동주택관리법 시행령」 제23조 제1항 제1호부터 제10호까지의 비목별 월별 합계액
  ⓑ 장기수선충당금
  ⓒ 「공동주택관리법 시행령」 제23조 제3항 각 호에 따른 각각의 사용료등(세대수가 50세대 이상 100세대 미만인 공동주택의 경우에는 각각의 사용료등의 합계액을 말한다)
  ⓓ 잡수입

④ **지방자치단체의 장의 적정성 확인 등**
㉠ 적정성 확인: 지방자치단체의 장은 위 ①에 따라 공동주택관리정보시스템에 공개된 관리비등의 적정성을 확인하기 위하여 필요한 경우 관리비등의 내역에 대한 점검을 대통령령(아래 ㉡)으로 정하는 기관 또는 법인으로 하여금 수행하게 할 수 있다(공동주택관리법 제23조 제6항).
ⓛ 점검기관 등: 위 ㉠항에서 '대통령령으로 정하는 기관 또는 법인'이란 다음의 어느 하나에 해당하는 기관 또는 법인을 말한다(공동주택관리법 시행령 제23조 제11항).

ⓐ 공동주택관리 지원기구
ⓑ 지역공동주택관리지원센터
ⓒ 공동주택관리정보시스템의 구축·운영 업무를 위탁받은 「한국부동산원법」에 따른 한국부동산원
ⓓ 그 밖에 관리비 등 내역의 점검을 수행하는 데 필요한 전문인력과 전담조직을 갖추었다고 지방자치단체의 장이 인정하는 기관 또는 법인

ⓒ **개선권고**: 지방자치단체의 장은 위 ㉠에 따른 점검 결과에 따라 관리비등의 내역이 부적정하다고 판단되는 경우 공동주택의 입주자대표회의 및 관리주체에게 개선을 권고할 수 있다(공동주택관리법 제23조 제7항).

㉡ **위임규정**: 위 ㉠에 따른 점검의 내용·방법·절차 및 위 ㉢에 따른 개선권고 등에 필요한 사항은 국토교통부령(아래 ㉣)으로 정한다(공동주택관리법 제23조 제8항).

㉣ **관리비 점검의 내용**: 지방자치단체의 장은 위 ㉠에 따라 관리비등의 내역을 점검할 때 다음의 사항을 점검해야 한다(공동주택관리법 시행규칙 제6조의3 제1항).
ⓐ 관리비의 공개 및 관리비 변동률에 관한 사항
ⓑ 장기수선충당금의 적립·사용에 관한 사항
ⓒ 「공동주택관리법 시행령」 제25조에 따른 관리비등의 집행을 위한 사업자 선정에 관한 사항
ⓓ 회계감사에 관한 사항
ⓔ 그 밖에 지방자치단체의 장이 점검이 필요하다고 인정하는 사항

㉤ **정보활용**: 지방자치단체의 장은 위 ㉠에 따라 관리비등의 내역을 점검하기 위해 필요한 경우에는 공동주택관리정보시스템의 정보를 활용할 수 있다(공동주택관리법 시행규칙 제6조의3 제2항).

㉥ **서면명시**: 지방자치단체의 장은 위 ㉢에 따라 개선을 권고하는 경우에는 권고사항 및 개선기한 등을 명시한 서면으로 해야 한다(공동주택관리법 시행규칙 제6조의3 제3항).

㉦ **고시**: 위 ㉣부터 ㉥까지에서 규정한 사항 외에 위 ㉠에 따른 관리비등의 내역에 대한 점검 및 위 ㉢에 따른 개선권고에 필요한 사항은 국토교통부장관이 정하여 고시한다(공동주택관리법 시행규칙 제6조의3 제4항).

(4) 체납된 장기수선충당금 등의 강제징수 OX

국가 또는 지방자치단체인 관리주체가 관리하는 공동주택의 장기수선충당금 또는 관리비가 체납된 경우 국가 또는 지방자치단체는 국세 또는 지방세 체납처분의 예에 따라 해당 장기수선충당금 또는 관리비를 강제징수할 수 있다(공동주택관리법 제91조). 기출

4. 관리비예치금

(1) 관리비예치금의 징수 OX

관리주체는 해당 공동주택의 공용부분의 관리 및 운영 등에 필요한 경비(이하 '관리비예치금'이라 한다)를 공동주택의 소유자로부터 징수할 수 있다(공동주택관리법 제24조 제1항). 기출

(2) 관리비예치금의 반환 및 정산 OX

관리주체는 소유자가 공동주택의 소유권을 상실한 경우에는 위 (1)에 따라 징수한 관리비예치금을 반환하여야 한다. 다만, 소유자가 관리비·사용료 및 장기수선충당금 등을 미납한 때에는 관리비예치금에서 정산한 후 그 잔액을 반환할 수 있다(공동주택관리법 제24조 제2항). 기출

(3) 관리비예치금의 징수·관리 및 운영 등에 관하여 필요한 사항

① **위임규정**: 관리비예치금의 징수·관리 및 운영 등에 관하여 필요한 사항은 대통령령(아래 ②)으로 정한다(공동주택관리법 제24조 제3항).
② **사업주체의 관리비예치금의 징수**: 사업주체는 입주예정자의 과반수가 입주할 때까지 공동주택을 직접 관리하는 경우에는 입주예정자와 관리계약을 체결하여야 하며, 그 관리계약에 따라 위 (1)에 따른 관리비예치금을 징수할 수 있다(공동주택관리법 시행령 제24조). 기출

5. 관리비등의 회계운영

(1) 관리비등의 집행을 위한 사업자 선정

① **사업자 선정기준**: 의무관리대상 공동주택의 관리주체 또는 입주자대표회의가 관리비, 사용료 등, 장기수선충당금과 그 적립금액에 해당하는 금전 또는 하자보수보증금과 그 밖에 해당 공동주택단지에서 발생하는 모든 수입에 따른 금전(이하 '관리비등'이라 한다)을 집행하기 위하여 사업자를 선정하려는 경우 다음의 기준을 따라야 한다(공동주택관리법 제25조).

OX문제

지방자치단체인 관리주체가 관리하는 공동주택의 관리비가 체납된 경우 지방자치단체는 지방세 체납처분의 예에 따라 강제징수할 수 있다. ( )

OX문제

공동주택의 입주 초기에 관리주체가 관리계약에 의하여 공동주택 공용부분의 관리 및 운영에 필요하여 징수하는 금액을 관리비예치금으로 계상하고 있다. ( )

관리주체는 해당 공동주택의 공용부분의 관리 및 운영 등에 필요한 경비(관리비예치금)를 공동주택의 사용자로부터 징수한다. ( )

OX문제

관리주체는 공동주택의 소유권을 상실한 소유자가 관리비·사용료 및 장기수선충당금 등을 미납한 때에는 관리비예치금에서 정산한 후 그 잔액을 반환할 수 있다. ( )

관리주체는 관리비예치금을 납부한 소유자가 공동주택의 소유권을 상실하면 미납한 관리비·사용료가 있더라도 징수한 관리비예치금 전액을 반환하여야 한다. ( )

정답 O, O, X, O, X

㉠ 전자입찰방식으로 사업자를 선정할 것. 다만, 선정방법 등이 전자입찰방식을 적용하기 곤란한 경우로서 국토교통부장관이 정하여 고시하는 경우에는 전자입찰방식으로 선정하지 아니할 수 있다.

㉡ 그 밖에 입찰의 방법 등 대통령령(아래 ④)으로 정하는 방식을 따를 것

② **사업자 선정방법**: 위 ①에 따라 관리주체 또는 입주자대표회의는 다음의 구분에 따라 사업자를 선정(계약의 체결을 포함한다. 이하 같다)하고 집행해야 한다(공동주택관리법 시행령 제25조 제1항).

㉠ 관리주체가 사업자를 선정하고 집행하는 다음의 사항

ⓐ 청소, 경비, 소독, 승강기유지, 지능형 홈네트워크, 수선·유지(냉방·난방시설의 청소를 포함한다)를 위한 용역 및 공사

ⓑ 주민공동시설의 위탁, 물품의 구입과 매각, 잡수입의 취득(어린이집·다함께돌봄센터·공동육아나눔터의 임대에 따른 잡수입의 취득은 제외한다), 보험계약 등 국토교통부장관이 정하여 고시하는 사항

㉡ 입주자대표회의가 사업자를 선정하고 집행하는 다음의 사항

ⓐ 하자보수보증금을 사용하여 보수하는 공사

ⓑ 사업주체로부터 지급받은 공동주택 공용부분의 하자보수비용을 사용하여 보수하는 공사

㉢ 입주자대표회의가 사업자를 선정하고 관리주체가 집행하는 다음의 사항

ⓐ 장기수선충당금을 사용하는 공사

ⓑ 전기안전관리(전기안전관리법에 따라 전기설비의 안전관리에 관한 업무를 위탁 또는 대행하게 하는 경우를 말한다)를 위한 용역

③ **전자입찰방식의 세부기준**: 위 ①의 ㉠에 따른 전자입찰방식의 세부기준, 절차 및 방법 등은 국토교통부장관이 정하여 고시한다(공동주택관리법 시행령 제25조 제2항, 제5조 제1항).

④ **입찰의 방법**: 위 ①의 ㉡에서 '입찰의 방법 등 대통령령으로 정하는 방식'이란 다음에 따른 방식을 말한다(공동주택관리법 시행령 제25조 제3항).

㉠ 경쟁입찰: 국토교통부장관이 정하여 고시하는 경우 외에는 경쟁입찰로 할 것. 이 경우 다음의 사항은 국토교통부장관이 정하여 고시한다.

ⓐ 입찰의 절차

ⓑ 입찰 참가자격

ⓒ 입찰의 효력

ⓓ 그 밖에 사업자의 적정한 선정을 위하여 필요한 사항

ⓒ 참관: 입주자대표회의의 감사가 입찰과정 참관을 원하는 경우에는 참관할 수 있도록 할 것

⑤ **기존 사업자의 입찰참가 제한**: 입주자등은 기존 사업자(용역 사업자만 해당한다)의 서비스가 만족스럽지 못한 경우에는 전체 입주자등의 과반수의 서면동의로 새로운 사업자의 선정을 위한 입찰에서 기존 사업자의 참가를 제한하도록 관리주체 또는 입주자대표회의에 요구할 수 있다. 이 경우 관리주체 또는 입주자대표회의는 그 요구에 따라야 한다(공동주택관리법 시행령 제25조 제4항).

(2) 계약서의 공개

의무관리대상 공동주택의 관리주체 또는 입주자대표회의는 선정한 주택관리업자 또는 공사, 용역 등을 수행하는 사업자와 계약을 체결하는 경우 계약 체결일부터 1개월 이내에 그 계약서를 해당 공동주택단지의 인터넷 홈페이지 및 동별 게시판에 공개하여야 한다. 이 경우 「개인정보 보호법」 제24조에 따른 고유식별정보 등 개인의 사생활의 비밀 또는 자유를 침해할 우려가 있는 정보는 제외하고 공개하여야 한다(공동주택관리법 제28조).

(3) 관리비등의 사업계획 및 예산안 수립 등

① 관리비등의 사업계획 및 예산안 수립

㉠ 의무관리대상 공동주택의 관리주체는 다음 회계연도에 관한 관리비등의 사업계획 및 예산안을 매 회계연도 개시 1개월 전까지 입주자대표회의에 제출하여 승인을 받아야 하며, 승인사항에 변경이 있는 때에는 변경승인을 받아야 한다(공동주택관리법 시행령 제26조 제1항).

㉡ 사업주체 또는 의무관리대상 전환 공동주택의 관리인으로부터 공동주택의 관리업무를 인계받은 관리주체는 지체 없이 다음 회계연도가 시작되기 전까지의 기간에 대한 사업계획 및 예산안을 수립하여 입주자대표회의의 승인을 받아야 한다. 다만, 다음 회계연도가 시작되기 전까지의 기간이 3개월 미만인 경우로서 입주자대표회의 의결이 있는 경우에는 생략할 수 있다(공동주택관리법 시행령 제26조 제2항).

② **관리비등의 사업실적서 및 결산서**: 의무관리대상 공동주택의 관리주체는 회계연도마다 사업실적서 및 결산서를 작성하여 회계연도 종료 후 2개월 이내에 입주자대표회의에 제출하여야 한다(공동주택관리법 시행령 제26조 제3항).

(4) 회계감사

① **회계감사**: 의무관리대상 공동주택의 관리주체는 대통령령으로 정하는 바에 따라 「주식회사 등의 외부감사에 관한 법률」 제2조 제7호에 따른 감사인(이하 이 조에서 '감사인'이라 한다)의 회계감사를 매년 1회 이상 받아야 한다. 다만, 다음의 구분에 따른 연도에는 그러하지 아니하다(공동주택관리법 제26조 제1항).

　㉠ **300세대 이상인 공동주택**: 해당 연도에 회계감사를 받지 아니하기로 입주자등의 3분의 2 이상의 서면동의를 받은 경우 그 연도

　㉡ **300세대 미만인 공동주택**: 해당 연도에 회계감사를 받지 아니하기로 입주자등의 과반수의 서면동의를 받은 경우 그 연도

② **동의서**

　㉠ 관리주체는 위 ①의 단서에 따라 서면동의를 받으려는 경우에는 회계감사를 받지 아니할 사유를 입주자등이 명확히 알 수 있도록 동의서에 기재하여야 한다(공동주택관리법 제26조 제7항).

　㉡ 관리주체는 위 ㉠에 따른 동의서를 관리규약으로 정하는 바에 따라 보관하여야 한다(공동주택관리법 제26조 제8항).

③ **회계감사의 기한 및 재무제표의 범위**: 위 ①에 따라 회계감사를 받아야 하는 공동주택의 관리주체는 매 회계연도 종료 후 9개월 이내에 다음의 재무제표에 대하여 회계감사를 받아야 한다(공동주택관리법 시행령 제27조 제1항).

　㉠ 재무상태표

　㉡ 운영성과표

　㉢ 이익잉여금처분계산서(또는 결손금처리계산서)

　㉣ 주석(註釋)

④ **회계처리기준**

　㉠ **회계처리기준**: 위 ③의 재무제표를 작성하는 회계처리기준은 국토교통부장관이 정하여 고시한다(공동주택관리법 시행령 제27조 제2항).

　㉡ **업무의 위탁**: 국토교통부장관은 위 ㉠에 따른 회계처리기준의 제정 또는 개정의 업무를 외부 전문기관에 위탁할 수 있다(공동주택관리법 시행령 제27조 제3항).

⑤ **회계감사기준**

　㉠ **회계감사기준**: 위 ③에 따른 회계감사는 공동주택 회계의 특수성을 감안하여 제정된 회계감사기준에 따라 실시되어야 한다(공동주택관리법 시행령 제27조 제4항).

ⓒ **회계감사기준의 승인**: 위 ㉠에 따른 회계감사기준은 「공인회계사법」에 따른 한국공인회계사회가 정하되, 국토교통부장관의 승인을 받아야 한다(공동주택관리법 시행령 제27조 제5항).

⑥ **감사보고서의 제출**: 위 ①에 따른 감사인은 위 ③에 따라 관리주체가 회계감사를 받은 날부터 1개월 이내에 관리주체에게 감사보고서를 제출해야 한다(공동주택관리법 시행령 제27조 제6항).

⑦ **설명요청**: 입주자대표회의는 감사인에게 감사보고서에 대한 설명을 하여 줄 것을 요청할 수 있다(공동주택관리법 시행령 제27조 제7항).

⑧ **위임규정**: 공동주택 회계감사의 원활한 운영 등을 위하여 필요한 사항은 국토교통부령으로 정한다(공동주택관리법 시행령 제27조 제8항).

⑨ **회계감사결과의 보고 및 공개**: 관리주체는 위 ①에 따라 회계감사를 받은 경우에는 감사보고서 등 회계감사의 결과를 제출받은 날부터 1개월 이내에 입주자대표회의에 보고하고 해당 공동주택단지의 인터넷 홈페이지 및 동별 게시판에 공개하여야 한다(공동주택관리법 제26조 제3항).

⑩ **감사인의 선정**: 위 ①에 따른 회계감사의 감사인은 입주자대표회의가 선정한다. 이 경우 입주자대표회의는 시장·군수·구청장 또는 「공인회계사법」에 따른 한국공인회계사회에 감사인의 추천을 의뢰할 수 있으며, 입주자등의 10분의 1 이상이 연서하여 감사인의 추천을 요구하는 경우 입주자대표회의는 감사인의 추천을 의뢰한 후 추천을 받은 자 중에서 감사인을 선정하여야 한다(공동주택관리법 제26조 제4항).

⑪ **관리주체의 금지행위**: 위 ①에 따라 회계감사를 받는 관리주체는 다음의 어느 하나에 해당하는 행위를 하여서는 아니 된다(공동주택관리법 제26조 제5항).

  ㉠ 정당한 사유 없이 감사인의 자료 열람·등사·제출 요구 또는 조사를 거부·방해·기피하는 행위
  ㉡ 감사인에게 거짓 자료를 제출하는 등 부정한 방법으로 회계감사를 방해하는 행위

⑫ **행정관청에 제출**: 위 ①에 따른 회계감사의 감사인은 회계감사 완료일부터 1개월 이내에 회계감사 결과를 해당 공동주택을 관할하는 시장·군수·구청장에게 제출하고 공동주택관리정보시스템에 공개하여야 한다(공동주택관리법 제26조 제6항).

(5) 회계서류의 작성·보관 및 공개 등

① **회계서류 등의 작성 및 보관**: 의무관리대상 공동주택의 관리주체는 다음의 구분에 따른 기간 동안 해당 장부 및 증빙서류를 보관하여야 한다. 이 경우 관리주체는 「전자문서 및 전자거래 기본법」 제2조 제2호에 따른 정보처리시스템을 통하여 장부 및 증빙서류를 작성하거나 보관할 수 있다(공동주택관리법 제27조 제1항).

   ㉠ 관리비등의 징수·보관·예치·집행 등 모든 거래 행위에 관하여 월별로 작성한 장부 및 그 증빙서류: 해당 회계연도 종료일부터 5년간

   ㉡ 주택관리업자 및 사업자 선정 관련 증빙서류: 해당 계약 체결일부터 5년간

② **필요사항의 고시**: 국토교통부장관은 위 ①의 ㉠에 따른 회계서류에 필요한 사항을 정하여 고시할 수 있다(공동주택관리법 제27조 제2항).

③ **열람대상 정보의 범위**: 위 ①에 따른 관리주체는 입주자등이 위 ①에 따른 장부나 증빙서류, 관리비등의 사업계획, 예산안, 사업실적서 및 결산서의 열람을 요구하거나 자기의 비용으로 복사를 요구하는 때에는 관리규약으로 정하는 바에 따라 이에 응하여야 한다. 다만, 다음의 정보는 제외하고 요구에 응하여야 한다(공동주택관리법 제27조 제3항, 동법 시행령 제28조 제1항).

   ㉠ 「개인정보 보호법」 제24조에 따른 고유식별정보 등 개인의 사생활의 비밀 또는 자유를 침해할 우려가 있는 정보

   ㉡ 의사결정과정 또는 내부검토과정에 있는 사항 등으로서 공개될 경우 업무의 공정한 수행에 현저한 지장을 초래할 우려가 있는 정보

2 장기수선충당금의 회계관리

1. 장기수선충당금의 적립대상 공동주택

장기수선충당금을 적립하여야 할 대상은 장기수선계획을 수립하여야 할 공동주택으로서 다음과 같다(공동주택관리법 제29조 제1항).

① 300세대 이상의 공동주택

② 승강기가 설치된 공동주택

③ 중앙집중식 난방방식 또는 지역난방방식의 공동주택

④ 「건축법」 제11조에 따른 건축허가를 받아 주택 외의 시설과 주택을 동일 건축물로 건축한 건축물

2. 장기수선충당금의 적립 및 사용

(1) 적립 및 부담 OX

① **징수·적립 및 부담**: 관리주체는 장기수선계획에 따라 공동주택의 주요 시설의 교체 및 보수에 필요한 장기수선충당금을 해당 주택의 소유자로부터 징수하여 적립하여야 한다(공동주택관리법 제30조 제1항). 기출

② **분양되지 아니한 세대의 부담**: 공동주택 중 분양되지 아니한 세대의 장기수선충당금은 사업주체가 부담한다(공동주택관리법 시행령 제31조 제7항). 기출

(2) 장기수선충당금의 사용 OX

장기수선충당금의 사용은 장기수선계획에 따른다. 다만, 해당 공동주택의 입주자 과반수의 서면동의가 있는 경우에는 다음의 용도로 사용할 수 있다(공동주택관리법 제30조 제2항). 기출

① 하자심사·분쟁조정에 따른 조정등의 비용
② 하자진단 및 감정에 드는 비용
③ 위 ① 또는 ②의 비용을 청구하는 데 드는 비용

(3) 위임규정 OX

① 위 **(1)**의 ①에 따른 주요 시설의 범위, 교체·보수의 시기 및 방법 등에 필요한 사항은 국토교통부령으로 정한다(공동주택관리법 제30조 제3항). 기출

② 장기수선충당금의 요율·산정방법·적립방법 및 사용절차와 사후관리 등에 관하여 필요한 사항은 대통령령(아래 **3.**)으로 정한다(공동주택관리법 제30조 제4항). 기출

3. 장기수선충당금의 적립 등에 필요한 사항

(1) 장기수선충당금의 요율 OX

① **요율의 결정**: 위 **(3)**의 ②에 따라 장기수선충당금의 요율은 해당 공동주택의 공용부분의 내구연한 등을 고려하여 관리규약으로 정한다(공동주택관리법 시행령 제31조 제1항). 기출

② **건설임대주택의 분양전환 이후의 요율**: 위 ①에도 불구하고 건설임대주택을 분양전환한 이후 관리업무를 인계하기 전까지의 장기수선충당금 요율은 「민간임대주택에 관한 특별법 시행령」 또는 「공공주택 특별법 시행령」에 따른 특별수선충당금 적립요율에 따른다(공동주택관리법 시행령 제31조 제2항).

(2) 장기수선충당금의 계산식 OX

장기수선충당금은 다음의 계산식에 따라 산정한다(공동주택관리법 시행령 제31조 제3항). 기출

$$\text{월간 세대별 장기수선충당금} = \frac{\text{장기수선계획기간 중의 수선비 총액}}{\text{총공급면적} \times 12 \times \text{계획기간(년)}} \times \text{세대당 주택공급면적}$$

개념적용 문제

다음과 같은 조건에서 아파트 공급면적이 200m²인 세대의 월간 세대별 장기수선충당금을 구하시오.   제15회·제17회 기출

- 총세대수: 총 400세대(공급면적 100m² 200세대, 200m² 200세대)
- 총공급면적: 60,000m²
- 장기수선계획기간 중의 연간 수선비: 72,000,000원
- 계획기간: 10년(단, 연간 수선비는 매년 일정하다고 가정함)

해설 $\dfrac{72,000,000원 \times 10년}{60,000m^2 \times 12개월 \times 10년} \times 200m^2 = 20,000원$

정답 20,000원

(3) 장기수선충당금의 적립금액

장기수선충당금의 적립금액은 **장기수선계획**으로 정한다. 이 경우 **국토교통부장관**이 주요 시설의 계획적인 교체 및 보수를 위하여 최소 적립금액의 기준을 정하여 고시하는 경우에는 그에 맞아야 한다(공동주택관리법 시행령 제31조 제4항). 기출

OX문제

월간 세대별 장기수선충당금은 총공급면적에 반비례한다.
( )

월간 세대별 장기수선충당금은 장기수선계획기간 중의 수선비 총액에 비례한다.
( )

월간 세대별 장기수선충당금은 하자발생의 총량에 비례한다.
( )

정답 ○, ○, ×

(4) 장기수선충당금 사용계획서 OX

장기수선충당금은 관리주체가 다음의 사항이 포함된 장기수선충당금 사용계획서를 **장기수선계획**에 따라 작성하고 **입주자대표회의의 의결**을 거쳐 사용한다(공동주택관리법 시행령 제31조 제5항). 기출

① 수선공사(공동주택의 공용부분의 보수·교체 및 개량을 말한다. 이하 같다)의 명칭과 공사내용
② 수선공사 대상시설의 위치 및 부위
③ 수선공사의 설계도면 등
④ 공사기간 및 공사방법
⑤ 수선공사의 범위 및 예정공사금액
⑥ 공사발주 방법 및 절차 등

(5) 적립시기 OX

장기수선충당금은 해당 공동주택에 대한 다음의 구분에 따른 날부터 **1년이 경과한 날이 속하는 달부터 매달** 적립한다. 다만, 건설임대주택에서 분양전환된 공동주택의 경우에는 임대사업자가 관리주체에게 공동주택의 **관리업무를 인계한 날이 속하는 달부터** 적립한다(공동주택관리법 시행령 제31조 제6항). 기출

① 「주택법」 제49조에 따른 사용검사(공동주택단지 안의 공동주택 전부에 대하여 같은 조에 따른 임시사용승인을 받은 경우에는 임시사용승인을 말한다)를 받은 날
② 「건축법」 제22조에 따른 사용승인(공동주택단지 안의 공동주택 전부에 대하여 같은 조에 따른 임시사용승인을 받은 경우에는 임시사용승인을 말한다)을 받은 날

(6) 소유자의 장기수선충당금 반환 등

OX ① **반환의무**: 공동주택의 소유자는 장기수선충당금을 사용자가 대신하여 납부한 경우에는 그 금액을 반환하여야 한다(공동주택관리법 시행령 제31조 제8항). 기출

OX ② **확인서의 발급**: 관리주체는 공동주택의 사용자가 장기수선충당금의 납부 확인을 요구하는 경우에는 지체 없이 확인서를 발급해 주어야 한다(공동주택관리법 시행령 제31조 제9항).

제2절 민간임대주택에 관한 특별법령에 의한 회계관리

1 관리비 징수 등

1. 관리비

(1) 관리비의 징수

① **관리비의 징수** : 임대사업자는 국토교통부령[아래 **(2)**]으로 정하는 바에 따라 임차인으로부터 민간임대주택을 관리하는 데에 필요한 **경비를 받을 수 있다**(민간임대주택에 관한 특별법 제51조 제5항). 기출

② **선수관리비의 부담** : 임대사업자는 민간임대주택을 관리하는 데 필요한 경비를 임차인이 최초로 납부하기 전까지 해당 민간임대주택의 유지관리 및 운영에 필요한 경비(이하 '선수관리비'라 한다)를 대통령령으로 정하는 바에 따라 부담할 수 있다(민간임대주택에 관한 특별법 제51조 제6항).

③ **선수관리비의 지급**: 임대사업자는 위 ②에 따라 민간임대주택을 관리하는 데 필요한 경비를 임차인이 최초로 납부하기 전까지 민간임대주택의 유지관리 및 운영에 필요한 경비(이하 '선수관리비'라 한다)를 부담하는 경우에는 해당 임차인의 입주가능일 전까지 「공동주택관리법」에 따른 **관리주체**(이하 '관리주체'라 한다)에게 선수관리비를 지급해야 한다(민간임대주택에 관한 특별법 시행령 제41조 제7항).

④ **선수관리비의 반환**: 관리주체는 해당 임차인의 임대기간이 종료되는 경우 위 ③에 따라 지급받은 선수관리비를 임대사업자에게 **반환해야 한다.** 다만, 다른 임차인이 해당 주택에 입주할 예정인 경우 등 임대사업자와 관리주체가 협의하여 정하는 경우에는 선수관리비를 반환하지 않을 수 있다(민간임대주택에 관한 특별법 시행령 제41조 제8항).

⑤ **선수관리비의 금액**: 위 ③에 따라 관리주체에게 지급하는 선수관리비의 금액은 해당 민간임대주택의 유형 및 세대수 등을 고려하여 임대사업자와 관리주체가 협의하여 정한다(민간임대주택에 관한 특별법 시행령 제41조 제9항).

(2) 관리비 항목

위 **(1)**에 따라 임대사업자가 임차인으로부터 받을 수 있는 관리에 필요한 경비(이하 '관리비'라 한다)는 다음의 항목에 대한 월별 비용의 합계액으로 하며, 다음의 항목별 구성 명세는 아래 표와 같다(민간임대주택에 관한 특별법 시행규칙 제22조 제1항). 기출

OX문제

임대사업자는 임차인으로부터 민간임대주택을 관리하는 데에 필요한 경비를 받을 수 없다. ( )

정답 ×

① 일반관리비
② 청소비
③ 경비비
④ 소독비
⑤ 승강기유지비
⑥ 난방비
⑦ 급탕비
⑧ 수선유지비
⑨ 지능형 홈네트워크 설비가 설치된 임대주택의 경우에는 지능형 홈네트워크 설비 유지비

▶ **관리비 항목의 구성 명세**(민간임대주택에 관한 특별법 시행규칙 제22조 제1항 관련 별표 3)

관리비 항목	구성 내역
1. 일반관리비	① 인건비: 급여, 제 수당, 상여금, 퇴직금, 산재보험료, 고용보험료, 국민연금, 국민건강보험료 및 식대 등 복리후생비 ② 제 사무비: 일반사무용품비, 도서인쇄비, 교통통신비 등 관리사무에 직접 드는 비용 ③ 제세공과금: 관리기구가 사용한 전기료, 통신료, 우편료 및 관리기구에 부과되는 세금 등 ④ 피복비 ⑤ 교육훈련비 ⑥ 차량유지비: 연료비, 수리비 및 보험료 등 차량유지에 직접 드는 비용 ⑦ 그 밖의 부대비용: 관리용품구입비 및 그 밖에 관리업무에 드는 비용
2. 청소비	① 용역인 경우: 용역금액 ② 직영인 경우: 청소원인건비, 피복비 및 청소용품비 등 청소에 직접 드는 비용
3. 경비비	① 용역인 경우: 용역금액 ② 직영인 경우: 경비원인건비, 피복비 등 경비에 직접 드는 비용
4. 소독비	① 용역인 경우: 용역금액 ② 직영인 경우: 소독용품비 등 소독에 직접 드는 비용
5. 승강기유지비	① 용역인 경우: 용역금액 ② 직영인 경우: 제 부대비, 자재비 등. 다만, 전기료는 공공용으로 사용되는 시설의 전기료에 포함한다.
6. 난방비	난방 및 급탕에 소요된 원가(유류대, 난방 및 급탕용수비)에서 급탕비를 뺀 금액
7. 급탕비	급탕용 유류대 및 급탕용수비

8. 수선유지비	① 보수용역인 경우: 용역금액
	② 직영인 경우: 자재 및 인건비
	③ 냉난방시설의 청소비, 소화기충약비 등 임차인의 주거생활의 편익을 위하여 제공되는 비용으로서 소모적 지출에 해당하는 비용
9. 지능형 홈네트워크 설비유지비	① 용역인 경우: 용역금액
	② 직영인 경우: 지능형 홈네트워크 설비 관련 인건비, 자재비 등 지능형 홈네트워크 설비의 유지 및 관리에 직접 드는 비용. 다만, 전기료는 공동으로 사용되는 시설의 전기료에 포함한다.

(3) 관리비의 산정방법

위 (2)의 항목에 따른 비용의 세대별 부담액 산정방법은 사용자 부담과 공평한 부담의 원칙에 따라야 한다(민간임대주택에 관한 특별법 시행규칙 제22조 제2항).

(4) 관리비 외의 징수금지

임대사업자는 위 (2)의 관리비 외에 어떠한 명목으로도 관리비를 징수할 수 없다(민간임대주택에 관한 특별법 시행규칙 제22조 제3항).

2. 관리비 이외의 비용

(1) 사용료의 납부대행

임대사업자는 임차인이 내야 하는 다음의 사용료 등을 임차인을 대행하여 그 사용료 등을 받을 자에게 낼 수 있다(민간임대주택에 관한 특별법 시행규칙 제22조 제4항).

① 전기료(공동으로 사용되는 시설의 전기료를 포함한다)
② 수도료(공동으로 사용하는 수도료를 포함한다)
③ 가스 사용료
④ 지역난방방식인 공동주택의 난방비와 급탕비 기출
⑤ 정화조오물수수료
⑥ 생활폐기물수수료
⑦ 임차인대표회의 운영비

(2) 시설 사용료

임대사업자는 인양기 등의 사용료를 해당 시설의 사용자에게 따로 부과할 수 있다(민간임대주택에 관한 특별법 시행규칙 제22조 제5항).

3. 회계관리

(1) 회계장부의 작성과 보관

임대사업자는 위 1. (2) 및 2. (1)에 따라 산정·징수한 관리비와 사용료 등의 징수 및 그 사용명세에 관한 장부를 따로 작성하고 증명자료와 함께 보관하여 임차인 또는 임차인대표회의가 열람할 수 있게 해야 한다(민간임대주택에 관한 특별법 시행규칙 제22조 제6항).

(2) 관리비와 사용료에 대한 회계감사

① **회계감사의 요구**: 위 1. (2) 및 2. (1)에 따라 산정·징수한 관리비와 사용료 등의 징수 및 그 사용명세에 대하여 임대사업자와 임차인 간의 다툼이 있을 때에는 임차인(임차인 과반수 이상의 결의가 있는 경우만 해당한다) 또는 임차인대표회의는 임대사업자로 하여금 「공인회계사법」에 따라 등록한 공인회계사 또는 같은 법에 따라 설립한 회계법인(이하 '공인회계사등'이라 한다)으로부터 회계감사를 받고, 그 감사결과와 감사보고서를 열람할 수 있도록 갖춰 둘 것을 요구할 수 있다(민간임대주택에 관한 특별법 시행규칙 제22조 제7항).

② **공인회계사등의 선정의뢰**: 임차인 또는 임차인대표회의는 시장·군수·구청장에게 공인회계사등의 선정을 의뢰할 수 있다(민간임대주택에 관한 특별법 시행규칙 제22조 제8항).

③ **비용부담**: 위 ①에 따른 회계감사 비용은 임차인 또는 임차인대표회의가 부담한다(민간임대주택에 관한 특별법 시행규칙 제22조 제9항). 기출

> **OX문제**
> 임차인 또는 임차인대표회의는 시장·군수·구청장에게 공인회계사등의 선정을 의뢰할 수 있고, 회계감사 비용도 시장·군수·구청장이 부담한다. ( )
>
> 정답 ×

2 특별수선충당금

1. 민간임대주택에 관한 특별법령상 특별수선충당금

(1) 특별수선충당금의 적립 등

① **특별수선충당금의 적립대상 및 적립의무**: 다음에 해당하는 민간임대주택의 임대사업자는 주요 시설을 교체하고 보수하는 데에 필요한 **특별수선충당금**(이하 '특별수선충당금'이라 한다)을 적립하여야 한다(민간임대주택에 관한 특별법 제53조 제1항). 기출

㉠ 300세대 이상의 공동주택

㉡ 150세대 이상의 공동주택으로서 승강기가 설치된 공동주택

ⓒ 150세대 이상의 공동주택으로서 중앙집중식 난방방식 또는 지역난방방식인 공동주택

② **특별수선충당금의 인계**: 임대사업자가 민간임대주택을 양도하는 경우에는 특별수선충당금을 「공동주택관리법」에 따라 최초로 구성되는 **입주자대표회의**에 넘겨주어야 한다(민간임대주택에 관한 특별법 제53조 제2항). 기출

(2) 특별수선충당금의 요율 등

① **위임규정**: 특별수선충당금의 요율, 사용절차, 사후관리와 적립방법 등에 필요한 사항은 대통령령(아래 ②)으로 정한다(민간임대주택에 관한 특별법 제53조 제3항).

② **특별수선충당금의 요율, 사용절차, 사후관리와 적립방법 등에 필요한 사항**

㉠ **적립시기 및 적립요율**: 장기수선계획을 수립하여야 하는 민간임대주택의 임대사업자는 특별수선충당금을 사용검사일 또는 임시사용승인일부터 1년이 지난 날이 속하는 달부터 「주택법」에 따른 사업계획승인 당시 표준건축비의 1만분의 1의 요율로 매달 적립하여야 한다(민간임대주택에 관한 특별법 시행령 제43조 제3항).

㉡ **특별수선충당금의 예치 및 관리**: 특별수선충당금은 임대사업자와 해당 민간임대주택의 소재지를 관할하는 시장·군수·구청장의 공동 명의로 금융회사 등에 예치하여 따로 관리하여야 한다(민간임대주택에 관한 특별법 시행령 제43조 제4항). 기출

㉢ 특별수선충당금의 사용절차 등

ⓐ **사용절차**: 임대사업자는 특별수선충당금을 사용하려면 미리 해당 민간임대주택의 소재지를 관할하는 시장·군수·구청장과 협의하여야 한다(민간임대주택에 관한 특별법 시행령 제43조 제5항). 기출

ⓑ **적립 여부 등의 보고**: 시장·군수·구청장은 국토교통부령(아래 ⓒ)으로 정하는 방법에 따라 임대사업자의 특별수선충당금 적립 여부, 적립금액 등을 관할 시·도지사에게 보고하여야 하며, 시·도지사는 시장·군수·구청장의 보고를 종합하여 국토교통부장관에게 보고하여야 한다(민간임대주택에 관한 특별법 시행령 제43조 제6항). 기출

ⓒ **보고시기**: 시장·군수·구청장은 위 ⓑ에 따라 특별수선충당금 적립 현황 보고서를 매년 1월 31일과 7월 31일까지 관할 특별시장·광역시장·특별자치시장·도지사 또는 특별자치도지사(이하

OX문제

임대사업자가 민간임대주택을 양도하는 경우에는 특별수선충당금을 「공동주택관리법」에 따라 최초로 구성되는 관리사무소장에게 넘겨주어야 한다. (   )

OX문제

특별수선충당금은 임대사업자와 해당 민간임대주택의 소재지를 관할하는 시장·군수·구청장의 공동 명의로 금융회사 등에 예치하여 따로 관리하여야 한다. (   )

OX문제

임대사업자는 특별수선충당금을 사용하려면 미리 임차인대표회의와 협의하여야 한다. (   )

임대사업자는 특별수선충당금을 사용하려면 미리 해당 민간임대주택이 있는 곳을 관할하는 시장·군수·구청장의 승인을 받아야 한다. (   )

OX문제

임대사업자는 특별수선충당금 적립 여부, 적립금액 등을 관할 시·도지사에게 보고하여야 한다. (   )

OX문제

관리사무소장은 특별수선충당금 적립 현황 보고서를 매 1년 단위로 연 1회 적립기간 종료 후 다음 달 말일까지 시·도지사에게 제출하여야 한다. (   )

정답 ×, ○, ×, ×, ×, ×

'시·도지사'라 한다)에게 제출하여야 하며, 시·도지사는 이를 종합하여 매년 2월 15일과 8월 15일까지 국토교통부장관에게 보고하여야 한다(민간임대주택에 관한 특별법 시행규칙 제25조). 기출

ㄹ. **사용방법 및 세부사용절차**: 위 ㄱ부터 ㄷ까지에서 규정한 사항 외에 특별수선충당금의 사용방법, 세부사용절차, 그 밖에 필요한 사항은 장기수선계획으로 정한다(민간임대주택에 관한 특별법 시행령 제43조 제7항).

2. 공공주택 특별법령상 특별수선충당금

(1) 특별수선충당금의 적립 등

① **특별수선충당금의 적립의무**: 대통령령(아래 ②)으로 정하는 규모에 해당하는 공공임대주택의 공공주택사업자는 주요 시설을 교체하고 보수하는 데에 필요한 특별수선충당금을 적립하여야 한다(공공주택 특별법 제50조의4 제1항). 기출

② **적립대상 공공임대주택**: 위 ①에서 '대통령령으로 정하는 규모에 해당하는 공공임대주택'이란 공공임대주택 단지별로 다음의 어느 하나에 해당하는 공공임대주택을 말한다. 다만, 1997년 3월 1일 전에 주택건설사업계획의 승인을 받은 공공임대주택은 제외한다(공공주택 특별법 시행령 제57조 제1항).

ㄱ. 300세대 이상의 공동주택
ㄴ. 승강기가 설치된 공동주택
ㄷ. 중앙집중식 난방방식의 공동주택

③ **특별수선충당금의 인계**: 공공주택사업자가 임대의무기간이 지난 공공건설임대주택을 분양전환하는 경우에는 특별수선충당금을 「공동주택관리법」에 따라 최초로 구성되는 입주자대표회의에 넘겨주어야 한다(공공주택 특별법 제50조의4 제2항). 기출

(2) 특별수선충당금의 요율 등

① **위임규정**: 특별수선충당금의 요율, 사용절차 및 사후관리 등에 필요한 사항은 대통령령(아래 ②)으로 정한다(공공주택 특별법 제50조의4 제3항).

② **특별수선충당금의 요율, 사용절차 및 사후관리 등에 필요한 사항**

ㄱ. **적립시기 및 적립요율**: 공공주택사업자는 특별수선충당금을 사용검사일(임시 사용승인을 받은 경우에는 임시 사용승인일을 말한다)부터

1년이 지난 날이 속하는 달부터 매달 적립하되, 적립요율은 다음의 비율에 따른다. 다만, 다음의 주택이 「공동주택관리법」에 따른 혼합주택단지 안에 있는 경우(혼합주택단지의 입주자대표회의와 공공주택사업자가 장기수선충당금 및 특별수선충당금을 사용하는 주요시설의 교체 및 보수에 관한 사항을 각자 결정하는 경우는 제외한다) 해당 주택에 대한 특별수선충당금의 적립요율에 관하여는 같은 법 시행령 제31조 제1항에 따라 관리규약으로 정하는 장기수선충당금의 요율을 준용한다(공공주택 특별법 시행령 제57조 제5항).

  ⓐ 영구임대주택, 국민임대주택, 행복주택, 통합공공임대주택 및 장기전세주택: 국토교통부장관이 고시하는 표준건축비의 1만분의 4

  ⓑ 위 ⓐ에 해당하지 아니하는 공공임대주택: 「주택법」에 따른 사업계획승인 당시 표준건축비의 1만분의 1

 ⓒ **예치 및 관리**: 공공주택사업자는 특별수선충당금을 금융회사 등에 예치하여 따로 관리하여야 한다(공공주택 특별법 시행령 제57조 제6항).

 ⓒ **사용절차**: 공공주택사업자는 특별수선충당금을 사용하려면 미리 해당 공공임대주택의 주소지를 관할하는 시장·군수 또는 구청장과 협의하여야 한다. 다만, 다음의 어느 하나에 해당하는 경우에는 그렇지 않다(공공주택 특별법 시행령 제57조 제7항).

  ⓐ 「주택법 시행령」에 따른 중대한 하자가 발생한 경우

  ⓑ 천재지변이나 그 밖의 재해로 장기수선계획 수립 대상물이 파손되거나 멸실되어 긴급하게 교체·보수가 필요한 경우

 ⓔ **통보**: 공공주택사업자는 위 ⓒ의 단서에 따라 특별수선충당금을 사용한 경우에는 그 사유를 사용일부터 30일 이내에 관할 시장·군수 또는 구청장에게 통보해야 한다(공공주택 특별법 시행령 제57조 제8항).

 ⓜ **적립 여부 등의 보고**: 시장·군수 또는 구청장은 국토교통부령으로 정하는 방법에 따라 공공주택사업자의 특별수선충당금 적립 여부, 적립금액 등을 관할 시·도지사에게 보고하여야 하며, 시·도지사는 시장·군수 또는 구청장의 보고를 받으면 이를 국토교통부장관에게 보고하여야 한다(공공주택 특별법 시행령 제57조 제9항).

 ⓗ **그 밖에 필요한 사항**: 위 ㉠부터 ㉲까지에서 규정한 사항 외에 특별수선충당금의 사용방법, 세부사용절차, 그 밖에 필요한 사항은 장기수선계획으로 정한다(공공주택 특별법 시행령 제57조 제10항).

에듀윌이 너를 지지할게

ENERGY

끝이 좋아야 시작이 빛난다.

– 마리아노 리베라(Mariano Rivera)

memo

memo

꿈을 현실로 만드는
에듀윌

DREAM

공무원 교육
- 선호도 1위, 신뢰도 1위! 브랜드만족도 1위!
- 합격자 수 2,100% 폭등시킨 독한 커리큘럼

자격증 교육
- 9년간 아무도 깨지 못한 기록 합격자 수 1위
- 가장 많은 합격자를 배출한 최고의 합격 시스템

직영학원
- 검증된 합격 프로그램과 강의
- 1:1 밀착 관리 및 컨설팅
- 호텔 수준의 학습 환경

종합출판
- 온라인서점 베스트셀러 1위!
- 출제위원급 전문 교수진이 직접 집필한 합격 교재

어학 교육
- 토익 베스트셀러 1위
- 토익 동영상 강의 무료 제공

콘텐츠 제휴·B2B 교육
- 고객 맞춤형 위탁 교육 서비스 제공
- 기업, 기관, 대학 등 각 단체에 최적화된 고객 맞춤형 교육 및 제휴 서비스

부동산 아카데미
- 부동산 실무 교육 1위!
- 상위 1% 고소득 창업/취업 비법
- 부동산 실전 재테크 성공 비법

학점은행제
- 99%의 과목이수율
- 17년 연속 교육부 평가 인정 기관 선정

대학 편입
- 편입 교육 1위!
- 최대 200% 환급 상품 서비스

국비무료 교육
- '5년우수훈련기관' 선정
- K-디지털, 산대특 등 특화 훈련과정
- 원격국비교육원 오픈

에듀윌 교육서비스 **AI 교육** AI 프롬프트 연구소/AI CLASS (ChatGPT/AICE/노션 AI/중개업 AI 등) **공무원 교육** 9급공무원/소방공무원/계리직공무원 **자격증 교육** 공인중개사/주택관리사/손해평가사/감정평가사/노무사/전기기사/경비지도사/검정고시/소방설비기사/소방시설관리사/사회복지사1급/대기환경기사/수질환경기사/건축기사/토목기사/직업상담사/청소년상담사/전기기능사/산업안전기사/산업위생관리기사/건설안전기사/위험물산업기사/위험물기능사/설비보전기사/에너지관리기사/유통관리사/물류관리사/행정사/한국사능력검정/한경TESAT/매경TEST/KBS한국어능력시험·실용글쓰기/국제무역사/무역영어 **어학 교육** 토익 교재/토익 동영상 강의 **금융/IT/비즈니스** 전산세무회계/ERP정보관리사/재경관리사/정보처리기사/컴퓨터활용능력/SQLD/ADsP **대학 편입** 편입영어·수학/연고대/의약대/경찰대/논술/면접 **직영학원** 공무원학원/소방학원/공인중개사 학원/주택관리사 학원/전기기사 학원/편입학원 **종합출판** 공무원·자격증 수험교재 및 단행본 **학점은행제** 교육부평가인정기관 원격평생교육원(사회복지사2급/경영학/CPA) **콘텐츠 제휴·B2B 교육** 교육 콘텐츠 제휴/기업 맞춤 자격증 교육/대학취업역량 강화 교육 **부동산 아카데미** 부동산 창업CEO/부동산 경매마스터/부동산 컨설팅 **주택취업센터** 실무 특강/실무 아카데미 **국비무료 교육(국비교육원)** 전기기능사/전기(산업)기사/소방설비(산업)기사/IT(빅데이터/자바프로그램/파이썬)/게임그래픽/3D프린터/실내건축디자인/웹퍼블리셔/그래픽디자인/영상편집(유튜브) 디자인/온라인 쇼핑몰광고 및 제작(쿠팡, 스마트스토어)/전산세무회계/컴퓨터활용능력/ITQ/GTQ/직업상담사

교육문의 1600-6700 www.eduwill.net

· 2022 소비자가 선택한 최고의 브랜드 공무원·자격증 교육 1위 (조선일보) · 2023 대한민국 브랜드만족도 공무원·자격증·취업·학원·편입·부동산 실무 교육 1위 (한경비즈니스) · 2017/2022 에듀윌 공무원 과정 최종 환급자 수 기준 · 2023년 성인 자격증, 공무원 직영학원 기준 · YES24 공인중개사 부문, 2025 에듀윌 공인중개사 오시훈 필살키 부동산 공법 (2025년 8월 월별 베스트) 그 외 다수 · YES24 한국산업인력공단 부문, 2025 에듀윌 산업안전기사 필기 한권끝장 (2025년 7월 월별 베스트) 그 외 다수 · 교보문고 취업/수험서 부문, 2025 에듀윌 공기업 코레일 한국철도공사 실전모의고사 9+2+4회(2025년 2월 1일~2월 28일, 인터넷 월간 베스트) 그 외 다수 · 알라딘 시사/상식 부문, 2025 최신판 에듀윌 취업 공기업 기출 일반상식 (2025년 6월 5주 주별 베스트) 그 외 다수 · YES24 컴퓨터활용능력 부문, 2024 컴퓨터활용능력 1급 필기 초단기끝장(2023년 10월 3~4주 주별 베스트) 그 외 다수 · YES24 신규자격증 부문, 2025 에듀윌 SQL 개발자 SQLD 2주끝장+무료특강(2025년 7월 월별 베스트) 그 외 다수 · 인터파크 자격서/수험서 부문, 에듀윌 한국사능력검정시험 2주끝장 심화(1, 2, 3급) (2020년 6~8월 월간 베스트) 그 외 다수 · YES24 국어 외국어사전영어 토익/TOEIC 기출문제/모의고사 분야 베스트셀러 1위 (에듀윌 토익 READING RC 4주끝장 리딩 종합서, 2022년 9월 4주 무별 베스트) · 에듀윌 토익 교재 입문~실전 인강 무료 제공 (2022년 최신 강좌 기준/1092강) · 2024년 종강반 중 모든 평가항목 정상 참여자 기준, 99% (평생교육원 기준) · 2008년~2024년까지 234만 누적수강학점으로 과목 운영 (평생교육원 기준) · 에듀윌 국비교육원 구로센터 고용노동부 지정 '5년우수훈련기관' 선정 (2023~2027) · KRI 한국기록원 2016, 2017, 2019년 공인중개사 최다 합격자 배출 공식 인증 (2025년 현재까지 업계 최고 기록)

에듀윌 **직영학원**에서 합격을 수강하세요

에듀윌 직영학원 대표전화

공인중개사 학원 02)815-0600	공무원 학원 02)6328-0600	편입 학원 02)6419-0600
주택관리사 학원 02)815-3388	소방 학원 02)6337-0600	부동산아카데미 02)6736-0600
전기기사 학원 02)6268-1400		

주택관리사 학원 바로가기

에듀윌과 함께 시작하면,
당신도 합격할 수 있습니다!

이 일 저 일 전전하다 관리자가 되려고 시작해
최고득점으로 동차 합격한 퇴직자

4살 된 딸아이가 어린이집에 있는 동안 공부해
고득점으로 합격한 전업주부

밤에는 대리운전, 낮에는 독서실에서 공부하며
에듀윌의 도움으로 거머쥔 주택관리사 합격증

누구나 합격할 수 있습니다.
시작하겠다는 '다짐' 하나면 충분합니다.

마지막 페이지를 덮으면,

에듀윌과 함께
주택관리사 합격이 시작됩니다.

주택관리사 1위

16년간
베스트셀러 1위

기초서

기본서

기출문제집

핵심요약집

문제집

네컷회계

주택관리사 교재 보기

베스트셀러 1위 교재로
따라만 하면 합격하는 커리큘럼

STEP 1	STEP 2	STEP 3	STEP 4
기초 이론	이론 완성 1 이론 완성 2	핵심 이론 문제 풀이	마무리 특강 동형 모의고사
시작에 필요한 기초 개념 확인	기본서 반복으로 탄탄한 이론 완성	빈출이론&문제 한 번에 정리	다양한 실전 연습으로 쉬운 합격 완성

* 커리큘럼의 명칭 및 내용은 변경될 수 있습니다.

* 2023 대한민국 브랜드만족도 주택관리사 교육 1위 (한경비즈니스)
* YES24 수험서 자격증 주택관리사 베스트셀러 1위 (2010년 12월, 2011년 3월, 9월, 12월, 2012년 1월, 3월~12월, 2013년 1월~5월, 8월~11월, 2014년 2월~8월, 10월~12월, 2015년 1월~5월, 7월~12월, 2016년 1월~12월, 2017년 1월~12월, 2018년 1월~12월, 2019년 1월~12월, 2020년 1월~7월, 9월~12월, 2021년 1월~12월, 2022년 1월~12월, 2023년 1월~11월, 2024년 1월~2월, 4월~12월, 2025년 1월~9월 월별 베스트)

에듀윌 주택관리사

업계 유일 3년 연속 전국 수석, 6년 연속 최고득점자 배출

에듀윌 주택관리사의 우수성, 2024년에도 입증했습니다!

2024 최고득점자 & 수석합격

제27회 시험 최고득점자&수석합격

문O호 합격생

에듀윌 주택관리사를 공부하면서 좋았던 부분은 체계적인 커리큘럼과 실전 대비 시스템입니다. 강의가 단계적으로 구성되어 초보자도 쉽게 따라갈 수 있었고, 중요한 내용을 반복 학습할 수 있는 구조가 시험 준비에 큰 도움이 되었다고 생각합니다. 또한 다양한 문제 풀이와 모의고사를 통해 실전에 대한 자신감을 키울 수 있었던 점이 좋았습니다. 주택관리사 시험을 준비하는 여러분들, 많이 힘들고 불안한 마음이 들겠지만 "한 발짝 더 나아가는 용기와 꾸준함이 합격을 만드는 것 같습니다." 포기하지 않고 끝까지 달려간다면 반드시 좋은 결과를 얻을 수 있습니다. 마지막까지 최선을 다하는 여러분을 진심으로 응원합니다.

* 2024년, 2023년, 2022년 전국수석합격 및 공동주택관리실무 최고득점
2021년, 2020년 주택관리관계법규, 공동주택관리실무 과목별 최고득점
2019년 주택관리관계법규 최고득점

주택관리사 1위

주택관리사, 에듀윌을 선택해야 하는 이유

오직 에듀윌에서만 가능한 합격 신화
3년 연속 전국 수석 배출

2024 최고득점자 & 수석합격

합격을 위한 최강 라인업
주택관리사 명품 교수진

주택관리사

합격부터 취업까지!
에듀윌 주택취업지원센터 운영

합격생들이 가장 많이 선택한 교재
16년간 베스트셀러 1위

1위

---

* 2023 대한민국 브랜드만족도 주택관리사 교육 1위 (한경비즈니스)
2024년, 2023년, 2022년 전국수석합격 및 공동주택관리실무 최고득점 / 2021년, 2020년 주택관리관계법규, 공동주택관리실무 과목별 최고득점 / 2019년 주택관리관계법규 최고득점
* YES24 수험서 자격증 주택관리사 베스트셀러 1위 (2010년 12월, 2011년 3월, 9월, 12월, 2012년 1월, 3월~12월, 2013년 1월~5월, 8월~11월, 2014년 2월~8월, 10월~12월, 2015년 1월~5월, 7월~12월, 2016년 1월~12월, 2017년 1월~12월, 2018년 1월~12월, 2019년 1월~12월, 2020년 1월~7월, 9월~12월, 2021년 1월~12월, 2022년 1월~12월, 2023년 1월~11월, 2024년 1월~2월, 4월~12월, 2025년 1월~9월 월별 베스트)

시간을 두고 꼼꼼히 공부하고 싶다면?

공동주택관리실무 3회독 합격플래너

나의 3회독 PLAN 1회독 ___월___일~___월___일 | 2회독 ___월___일~___월___일 | 3회독 ___월___일~___월___일

단원		학습기간			회독체크		
PART	CHAPTER	1회독	2회독	3회독	1회독	2회독	3회독
1. 행정관리	01. 주택의 정의 및 종류				✓	☐	☐
	02. 공동주택관리법의 총칙				☐	☐	☐
	03. 관리규약 등				☐	☐	☐
	04. 공동주택의 관리방법 ★				☐	☐	☐
	05. 공동주택의 관리조직 ★				☐	☐	☐
	06. 주택관리사제도				☐	☐	☐
	07. 공동주택관리법상 벌칙사항				☐	☐	☐
	08. 입주자관리				☐	☐	☐
	09. 사무 및 인사관리 ★				☐	☐	☐
	10. 대외업무관리 및 리모델링				☐	☐	☐
	11. 공동주거관리이론				☐	☐	☐
	12. 공동주택회계관리				☐	☐	☐
2. 시설·방재관리	01. 시설관리 ★				☐	☐	☐
	02. 환경관리				☐	☐	☐
	03. 안전관리				☐	☐	☐
총 학습기간					☐	☐	☐

* 에듀윌 이론강의 커리큘럼에 따라 3회독 셀프 플랜을 짜 보세요.
  이론강의에 대한 자세한 내용은 에듀윌 홈페이지(house.eduwill.net)에서 확인하세요.
* 최근 5개년 출제빈도가 높았던 단원에는 ★표시를 하였습니다. 더 주의 깊게 학습하세요.

짧은 기간 안에 확실히 공부하고 싶다면?

공동주택관리실무 1회독 합격플래너

단원		학습기간	학습할 날짜	학습여부
PART	CHAPTER			
1. 행정관리	01. 주택의 정의 및 종류		/ ~ /	○ △ ×
	02. 공동주택관리법의 총칙		/ ~ /	○ △ ×
	03. 관리규약 등		/ ~ /	○ △ ×
	04. 공동주택의 관리방법 ★		/ ~ /	○ △ ×
	05. 공동주택의 관리조직 ★		/ ~ /	○ △ ×
	06. 주택관리사제도		/ ~ /	○ △ ×
	07. 공동주택관리법상 벌칙사항		/ ~ /	○ △ ×
	08. 입주자관리		/ ~ /	○ △ ×
	09. 사무 및 인사관리 ★		/ ~ /	○ △ ×
	10. 대외업무관리 및 리모델링		/ ~ /	○ △ ×
	11. 공동주거관리이론		/ ~ /	○ △ ×
	12. 공동주택회계관리		/ ~ /	○ △ ×
2. 시설·방재관리	01. 시설관리 ★		/ ~ /	○ △ ×
	02. 환경관리		/ ~ /	○ △ ×
	03. 안전관리		/ ~ /	○ △ ×
총 학습기간			/ ~ /	○ △ ×

➕ 기본서 외에 꼭 필요한 공부가 있다면?

기본서로 이론학습을 한 후에는 반드시 문제풀이를 해야 합니다. 내가 공부한 이론이 실제로 어떻게 문제에 적용되는지를 연습해야 제대로 시험을 준비할 수 있어요. 문제 중에서도 가장 베스트는 기출문제라는 사실! 기출문제와 예상문제를 많이 풀어보세요!

1위 에듀윌만의
체계적인 합격 커리큘럼

원하는 시간과 장소에서, 1:1 관리까지 한번에
온라인 강의

① 전 과목 최신 교재 제공
② 업계 최강 교수진의 전 강의 수강 가능
③ 교수진이 직접 답변하는 1:1 Q&A 서비스

쉽고 빠른 합격의 첫걸음 **기초용어집** 무료 신청

최고의 학습 환경과 빈틈 없는 학습 관리
직영 학원

① 현장 강의와 온라인 강의를 한번에
② 합격할 때까지 온라인 강의 평생 무제한 수강
③ 강의실, 자습실 등 프리미엄 호텔급 학원 시설

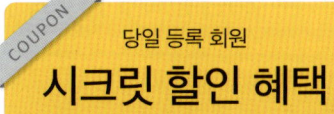 

설명회 참석 당일 등록 시 **특별 수강 할인권** 제공

친구 추천 이벤트

" **친구 추천**하고 한 달 만에
920만원 받았어요 "

친구 1명 추천할 때마다 현금 10만원 제공
추천 참여 횟수 무제한 반복 가능

※ *a*o*h**** 회원의 2021년 2월 실제 리워드 금액 기준
※ 해당 이벤트는 예고 없이 변경되거나 종료될 수 있습니다.

친구 추천 이벤트 바로가기

* 2023 대한민국 브랜드만족도 주택관리사 교육 1위 (한경비즈니스)

12,800여 건의 생생한 후기

한○수 합격생

에듀윌로 합격과 취업 모두 성공

저는 1년 정도 에듀윌에서 공부하여 합격하였습니다. 수많은 주택관리사 합격생을 배출해 낸 1위 기업이라는 점 때문에 에듀윌을 선택하였고, 선택은 틀리지 않았습니다. 에듀윌에서 제시하는 커리큘럼은 상대평가에 최적화되어 있으며, 나에게 맞는 교수님을 선택할 수 있었기 때문에 만족하며 공부를 할 수 있었습니다. 또한 합격 후에는 에듀윌 취업지원센터의 도움을 통해 취업까지 성공할 수 있었습니다. 에듀윌만 믿고 따라간다면 합격과 취업 모두 문제가 없을 것입니다.

박○현 합격생

20년 군복무 끝내고 주택관리사로 새 출발

육군 소령 전역을 앞두고 70세까지 전문직으로 할 수 있는 제2의 직업이 뭘까 고민하다가 주택관리사 시험에 도전하게 됐습니다. 주택관리사를 검색하면 에듀윌이 가장 먼저 올라오고, 취업까지 연결해 주는 프로그램이 잘 되어 있어서 에듀윌을 선택하였습니다. 특히, 언제 어디서나 지원되는 동영상 강의와 시험을 앞두고 진행되는 특강, 모의고사가 많은 도움이 되었습니다. 거기에 오답노트를 만들어서 틈틈이 공부했던 것까지가 제 합격의 비법인 것 같습니다.

이○준 합격생

에듀윌에서 공인중개사, 주택관리사 준비해 모두 합격

에듀윌에서 준비해 제27회 공인중개사 시험에 합격한 후, 취업 전망을 기대하고 주택관리사에도 도전하게 됐습니다. 높은 합격률, 차별화된 학습 커리큘럼, 훌륭한 교수진, 취업지원센터를 통한 취업 연계 등 여러 가지 이유로 다시 에듀윌을 선택했습니다. 에듀윌 학원은 체계적으로 학습 관리를 해 주고, 공부할 수 있는 공간이 많아서 좋았습니다. 교수님과 자기 자신을 믿고, 에듀윌에서 시작하면 반드시 합격할 수 있습니다.

다음 합격의 주인공은 당신입니다!

* 에듀윌 홈페이지 게시 건수 기준 (2025년 9월 기준)

더 많은 합격 비법

2026

에듀윌 주택관리사 기본서

2차 공동주택관리실무 下

김영곤 편저

합격자 수가 선택의 기준!

YES24 24년 11월 1주
주별 베스트셀러 기준
베스트셀러
1위

6년 연속
**최고득점자
배출**

YES24 수험서 자격증
주택관리사 기본서 베스트셀러 1위
산출근거 후면표기

1,710명 최종 합격생 중
1,103명이 에듀윌! 산출근거 후면표기

eduwill

2026
에듀윌 주택관리사

기본서 **2차**

공동주택관리실무 下

차례

下

PART 2 | 시설·방재관리

CHAPTER 01 | 시설관리   8

- 제1절   공동주택관리법령에 의한 시설관리제도   9
  1. 장기수선계획   9
  2. 설계도서의 보관 등   15
  3. 하자담보책임 및 하자보수 등   16
  4. 하자보수보증금   28
  5. 하자심사·분쟁조정 및 분쟁재정   34

- 제2절   공동주택의 보존관리   56
  1. 보존관리의 내용   56
  2. 영선보수공사의 발생원인 및 대책   57
  3. 영선보수공사 시공   65

- 제3절   주택의 건설기준 등   76
  1. 용어의 정의   76
  2. 주택의 구조   82
  3. 부대시설의 설치기준   87
  4. 복리시설의 설치기준   100
  5. 공동주택성능등급   102
  6. 에너지절약형 친환경주택 등   104

- 제4절   건축설비관리   106
  1. 건축설비의 개요   106
  2. 물에 관한 일반사항   107
  3. 급수설비   112
  4. 급탕설비   159
  5. 배수·통기설비   175
  6. 위생기구 및 배관재료   198
  7. 오수정화시설   208
  8. 난방설비   216
  9. 냉동설비   228
  10. 배기 및 환기설비   234
  11. 소방시설   246
  12. 가스설비   355
  13. 전기설비   363
  14. 운송설비   416

| CHAPTER 02 | 환경관리 | 447 |

제1절 감염병의 예방 및 관리에 관한 법률에 의한 위생관리 … 448

제2절 실내공기질관리 및 수질관리, 소음관리 … 451
1. 신에너지 및 재생에너지 개발·이용·보급 촉진법 … 451
2. 실내공기질 관리법에 의한 실내공기질 관리 … 452
3. 먹는물의 수질기준 … 460
4. 소음관리 … 462
5. 건축물의 에너지절약설계기준 (국토교통부 고시 제2024-1026호) … 474

| CHAPTER 03 | 안전관리 | 490 |

1. 공동주택관리법에 의한 안전관리 … 491
2. 시설물의 안전 및 유지관리에 관한 특별법에 의한 안전관리 … 497
3. 어린이놀이시설 안전관리법에 의한 어린이놀이터시설의 안전관리 … 518

PART 2

시설·방재관리

CHAPTER 01　시설관리
CHAPTER 02　환경관리
CHAPTER 03　안전관리

최근 5개년
평균 출제문항 수 **21.8개**

최근 5개년
평균 출제비중 **54.5%**

PART 2 합격전략

1. 최근 시설·방재관리 PART에서 출제되고 있는 이론 문제는 제1차 공동주택시설개론 과목에서 출제되는 문제보다 난도가 높고 전문인 시험에 출제되었던 문제가 응용되어 출제되고 있습니다. 따라서 제1차 공동주택시설개론을 학습하며 기본기를 튼튼히 다진 후 공동주택관리실무 학습을 한다면 학습 효율이 높아질 것입니다.
2. 시설관리 CHAPTER에서 최소 16문항(40%) 이상 출제되고 있으므로 시설관리를 집중해서 학습하시는 것이 좋습니다.
3. 시설관리의 법령 문제는 제2차 주택관리관계법규 과목과 중첩되어 출제되므로 연계하여 학습하면 학습량을 줄일 수 있습니다.

CHAPTER 01 시설관리

회독체크 1 2 3

CHAPTER 미리보기

학습키워드

- 장기수선계획
- 하자담보책임 및 하자보수 등
- 공동주택의 보존관리
- 결로
- 방수공사
- 단열공사
- 물에 관한 일반사항
- 급수설비
- 급탕설비
- 배수·통기설비
- 위생기구 및 배관재료
- 오수정화시설
- 난방설비
- 냉동설비
- 배기 및 환기설비
- 소방설비
- 가스설비
- 전기설비

※ 본문의 **굵은 글씨**는 주관식 대비에 좋은 강조 지문입니다.

제1절 공동주택관리법령에 의한 시설관리제도

1 장기수선계획

1. 공동주택관리법령상 장기수선계획

(1) 정의

'장기수선계획'이란 공동주택을 오랫동안 안전하고 효율적으로 사용하기 위하여 필요한 주요 시설의 교체 및 보수 등에 관하여 수립하는 장기계획을 말한다(공동주택관리법 제2조 제1항 제18호).

(2) 장기수선계획의 수립 등

OX ① **장기수선계획의 수립**: 다음의 어느 하나에 해당하는 공동주택을 건설·공급하는 사업주체(건축법 제11조에 따른 건축허가를 받아 주택 외의 시설과 주택을 동일 건축물로 건축하는 건축주를 포함한다. 이하 같다) 또는 「주택법」에 따라 리모델링을 하는 자는 대통령령(아래 ②의 ㉠)으로 정하는 바에 따라 그 공동주택의 공용부분에 대한 장기수선계획을 수립하여 「주택법」에 따른 사용검사(㉣의 경우에는 건축법에 따른 사용승인을 말한다. 이하 같다)를 신청할 때에 사용검사권자에게 제출하고, 사용검사권자는 이를 그 공동주택의 관리주체에게 인계하여야 한다. 이 경우 사용검사권자는 사업주체 또는 리모델링을 하는 자에게 장기수선계획의 보완을 요구할 수 있다(공동주택관리법 제29조 제1항). 기출

㉠ 300세대 이상의 공동주택
㉡ 승강기가 설치된 공동주택
㉢ 중앙집중식 난방방식 또는 지역난방방식의 공동주택
㉣ 「건축법」에 따른 건축허가를 받아 주택 외의 시설과 주택을 동일 건축물로 건축한 건축물

OX ② **장기수선계획의 수립기준 등**

㉠ **위임규정**: 위 ①에 따라 장기수선계획을 수립하는 자는 국토교통부령(아래 ㉡)으로 정하는 기준에 따라 장기수선계획을 수립하여야 한다. 이 경우 해당 공동주택의 건설비용을 고려하여야 한다(공동주택관리법 시행령 제30조). 기출

OX문제

200세대의 지역난방방식의 공동주택을 건설·공급하는 사업주체 또는 리모델링을 하는 자는 그 공동주택의 공용부분에 대한 장기수선계획을 수립하여야 한다. ( )

300세대 이상의 공동주택을 리모델링하는 자는 그 공동주택의 공용부분에 대한 장기수선계획을 수립하여, 사용검사를 신청할 때 사용검사권자에게 제출하여야 한다. ( )

사업주체는 장기수선계획을 수립하여 해당 공동주택의 관리주체에게 인계하여야 한다. ( )

OX문제

장기수선계획을 수립하는 자는 국토교통부령으로 정하는 기준에 따라 장기수선계획을 수립하여야 한다. 이 경우 해당 공동주택의 건설비용을 고려하여야 한다. ( )

정답 ○, ○, ×, ○

ⓒ 수립기준: 위 ⓐ의 전단에서 '국토교통부령으로 정하는 기준'이란 다음의 표에 따른 기준을 말한다(공동주택관리법 시행규칙 제7조 제1항).

▶ **장기수선계획의 수립기준**(공동주택관리법 시행규칙 제7조 제1항, 제9조 관련 별표 1)^{기출}

1. 건물외부

구분		공사종별	수선방법	수선주기 (년)	수선율 (%)	비고
① 지붕		㉠ 방수	전면수리	15	100	
		㉡ 금속기와 잇기	부분수리	5	10	
			전면교체	20	100	
		㉢ 아스팔트 싱글 잇기	부분수리	5	10	
			전면교체	20	100	
② 외부		㉠ 돌 붙이기	부분수리	25	5	
		㉡ 페인트칠	전면도장	8	100	
③ 외부 창·문		출입문(자동문)	전면교체	15	100	

2. 건물내부

구분	공사종별	수선방법	수선주기 (년)	수선율 (%)	비고
① 내부	페인트칠	전면도장	8	100	
② 바닥	지하주차장(바닥)	부분수리	5	10	
		전면교체	15	100	

3. 전기·소화·승강기 및 지능형 홈네트워크 설비

구분		공사종별	수선방법	수선주기 (년)	수선율 (%)	비고
① 예비전원 (자가발전) 설비		㉠ 발전기	부분수선	10	10	
			전면교체	30	100	
		㉡ 배전반	부분교체	10	10	
			전면교체	20	100	
② 변전설비		㉠ 변압기	전면교체	25	100	고효율 에너지 기자재 적용
		㉡ 수전반	전면교체	20	100	
		㉢ 배전반	전면교체	20	100	
③ 자동화재 감지설비		㉠ 감지기	전면교체	20	100	
		㉡ 수신반	전면교체	20	100	
④ 소화설비		㉠ 소화펌프	전면교체	20	100	
		㉡ 스프링클러 헤드	전면교체	25	100	
		㉢ 소화수관(강관)	전면교체	25	100	
⑤ 승강기 및 인양기		㉠ 기계장치	전면교체	15	100	
		㉡ 와이어로프, 쉬브(도르레)	전면교체	5	100	
		㉢ 제어반	전면교체	15	100	
		㉣ 조속기(과속조절기)	전면교체	15	100	
		㉤ 도어개폐장치	전면교체	15	100	

⑥ 피뢰설비 및 옥외전등	㉠ 피뢰설비 ㉡ 보안등	부분수선 전면교체	10 25	30 100	고휘도방전램프[휘도(광원의 단위 면적당 밝기의 정도)가 높은 방전램프] 또는 엘이디(LED) 보안등 적용
⑦ 통신 및 방송설비	㉠ 엠프 및 스피커 ㉡ 방송수신 공동설비	전면교체 전면교체	15 15	100 100	
⑧ 보일러실 및 기계실	동력반	전면교체	20	100	
⑨ 보안·방범 시설	㉠ 감시반(모니터형) ㉡ 녹화장치 ㉢ 영상정보처리기기 및 침입탐지시설	전면교체 전면교체 전면교체	5 5 5	100 100 100	
⑩ 지능형 홈네트워크 설비	㉠ 홈네트워크기기 ㉡ 단지공용시스템 장비	전면교체 전면교체	10 20	100 100	

4. 급수·가스·배수 및 환기설비

구분	공사종별	수선방법	수선주기 (년)	수선율 (%)	비고
① 급수설비	㉠ 급수펌프 ㉡ 저수조[스테인레스(STS), 합성수지] ㉢ 급수관(강관)	전면교체 전면교체 전면교체	10 25 15	100 100 100	고효율 에너지 기자재 적용 (전동기 포함)
② 가스설비	㉠ 배관 ㉡ 밸브	부분수선 부분수선	10 10	10 30	
③ 배수설비	㉠ 펌프 ㉡ 오배수관(주철) ㉢ 오배수관[폴리염화비닐(PVC)]	전면교체 부분수선 부분수선	10 10 10	100 10 10	
④ 환기설비	환기팬	전면교체	10	100	사무소, 주민공동시설 또는 화장실 등에 설치되는 소형 환풍기는 제외

5. 난방 및 급탕설비

구분	공사종별	수선방법	수선주기 (년)	수선율 (%)	비고
① 난방설비	㉠ 보일러	전면교체	15	100	고효율 에너지 기자재 적용 (전동기 포함)
	㉡ 급수탱크	전면교체	15	100	
	㉢ 순환펌프	전면교체	10	100	
	㉣ 난방관(강관)	전면교체	15	100	
	㉤ 자동제어기기	전체교체	20	100	
	㉥ 열교환기	전면교체	15	100	
② 급탕설비	㉠ 순환펌프	전면교체	10	100	고효율 에너지 기자재 적용 (전동기 포함)
	㉡ 급탕탱크	전면교체	15	100	
	㉢ 급탕관(강관)	전면교체	10	100	

6. 옥외 부대시설 및 옥외 복리시설

구분	공사종별	수선방법	수선주기 (년)	수선율 (%)	비고
옥외 부대시설 및 옥외 복리시설	㉠ 아스팔트포장	부분수리	5	10	
		전면수리	15	100	
	㉡ 울타리	전면교체	20	100	
	㉢ 어린이놀이시설	부분수리	5	10	
		전면교체	15	100	
	㉣ 보도블록	부분수리	5	10	
		전면교체	15	100	
	㉤ 정화조	부분수리	5	15	
	㉥ 배수로 및 맨홀	부분수리	10	10	
	㉦ 현관입구·지하주차장 진입로 지붕	전면교체	15	100	
	㉧ 자전거보관소	전면교체	15	100	
	㉨ 주차차단기	전면교체	10	100	
	㉩ 조경시설물	부분수선	10	10	
	㉪ 안내표지판	부분수선	10	30	
	㉫ 전기자동차의 고정형 충전기	부분수선	5	10	공동주택에서 직접 설치하여 운영·관리하는 경우만 해당
		전면교체	10	100	

7. 피난시설

구분	공사종별	수선방법	수선주기 (년)	수선율 (%)	비고
피난시설	㉠ 방화문	전면교체	15	100	공용부분에 설치되는 경우만 해당
	㉡ 옥상 비상문 자동개폐장치	전면수선	5	30	
		전면교체	15	100	

(3) 장기수선계획의 검토 및 조정등

OX ① **검토 및 조정 주기**: 입주자대표회의와 관리주체는 장기수선계획을 3년마다 검토하고, 필요한 경우 이를 국토교통부령(아래 ③)으로 정하는 바에 따라 조정하여야 하며, 수립 또는 조정된 장기수선계획에 따라 주요 시설을 교체하거나 보수하여야 한다. 이 경우 입주자대표회의와 관리주체는 장기수선계획에 대한 검토사항을 기록하고 보관하여야 한다(공동주택관리법 제29조 제2항). 기출

OX ② **사전조정**(수시조정): 입주자대표회의와 관리주체는 주요 시설을 신설하는 등 관리 여건상 필요하여 전체 입주자 과반수의 서면동의를 받은 경우에는 3년이 지나기 전에 장기수선계획을 조정할 수 있다(공동주택관리법 제29조 제3항). 기출

OX ③ **조정절차**: 위 ①에 따른 장기수선계획 조정은 관리주체가 조정안을 작성하고, 입주자대표회의가 의결하는 방법으로 한다(공동주택관리법 시행규칙 제7조 제2항).

④ **온실가스 감소를 위한 시설의 개선**: 입주자대표회의와 관리주체는 위 ① 및 ②에 따라 장기수선계획을 조정하려는 경우에는 「에너지이용 합리화법」에 따라 산업통상자원부장관에게 등록한 에너지절약전문기업이 제시하는 에너지절약을 통한 주택의 온실가스 감소를 위한 시설 개선 방법을 반영할 수 있다(공동주택관리법 시행규칙 제7조 제3항). 기출

2. 장기수선계획의 조정교육

(1) 교육의 실시 및 대상자

관리주체는 장기수선계획을 검토하기 전에 해당 공동주택의 관리사무소장으로 하여금 국토교통부령으로 정하는 바에 따라 시·도지사가 실시하는 장기수선계획의 비용산출 및 공사방법 등에 관한 교육을 받게 할 수 있다(공동주택관리법 제29조 제4항). 기출

(2) 업무의 위탁

시·도지사는 장기수선계획의 조정교육의 업무를 주택관리에 관한 전문기관 또는 단체를 지정하여 위탁한다(공동주택관리법 제89조 제2항 제2호, 동법 시행령 제95조 제3항 제1호). 기출

OX문제
장기수선계획은 5년마다 검토하고 필요한 경우 조정하여야 한다. ( )

OX문제
사업주체는 장기수선계획을 3년마다 검토하고 필요한 경우 이를 국토교통부령으로 정하는 바에 따라 조정하여야 하며, 주요 시설을 신설하는 등 관리 여건상 필요하여 입주자대표회의의 의결을 얻은 경우에는 3년이 지나기 전에 장기수선계획을 검토하여 이를 조정할 수 있다. ( )

입주자대표회의와 관리주체는 주요 시설을 신설하는 등 관리 여건상 필요하여 전체 입주자 3분의 1 이상의 서면동의를 받은 경우에는 장기수선계획을 조정할 수 있다. ( )

관리주체는 전체 입주자 3분의 1 이상의 서면동의를 받은 경우에는 3년이 지나기 전에 장기수선계획을 조정할 수 있다. ( )

OX문제
장기수선계획의 조정은 관리주체가 조정안을 작성하고, 입주자대표회의가 의결하는 방법으로 한다. ( )

정답 ×, ×, ×, ×, ○

(3) 교육실시의 공고 또는 통보

위 (1)에 따른 장기수선계획의 조정교육에 관한 업무를 위 (2)에 따라 위탁받은 기관은 교육 실시 10일 전에 교육의 일시·장소·기간·내용·대상자 및 그 밖에 교육에 필요한 사항을 공고하거나 관리주체에게 통보하여야 한다(공동주택관리법 시행규칙 제7조 제4항). 기출

▶ **민간임대주택 및 공공임대주택의 장기수선계획**

1. 민간임대주택
   ① 장기수선계획의 수립: 다음에 해당하는 민간임대주택의 임대사업자는 해당 민간임대주택의 공용부분, 부대시설 및 복리시설(분양된 시설은 제외한다)에 대한 장기수선계획(공동주택관리법 제29조에 따른 장기수선계획을 말한다. 이하 같다)을 수립하여 「주택법」 제49조에 따른 사용검사 신청 시 함께 제출하여야 하며, 임대기간 중 해당 민간임대주택단지에 있는 관리사무소에 장기수선계획을 갖춰 놓아야 한다(민간임대주택에 관한 특별법 시행령 제43조 제1항). 기출
      ㉠ 300세대 이상의 공동주택
      ㉡ 150세대 이상의 공동주택으로서 승강기가 설치된 공동주택
      ㉢ 150세대 이상의 공동주택으로서 중앙집중식 난방방식 또는 지역난방방식인 공동주택
   ② 장기수선계획의 수립기준
      ㉠ 위임규정: 위 ①에 따른 장기수선계획은 국토교통부령(아래 ㉡)으로 정하는 기준에 따라야 한다(민간임대주택에 관한 특별법 시행령 제43조 제2항).
      ㉡ 수립기준: 위 ㉠에서 '국토교통부령으로 정하는 기준'이란 「공동주택관리법 시행규칙」 [별표 1]에 따른 수립기준을 말한다(민간임대주택에 관한 특별법 시행규칙 제24조).
2. 공공임대주택
   ① 장기수선계획의 수립: 다음의 어느 하나에 해당하는 공공임대주택을 건설한 공공주택사업자는 해당 공공임대주택의 공용부분, 부대시설 및 복리시설(분양된 시설은 제외한다)에 대하여 「공동주택관리법」에 따른 장기수선계획을 수립하여 「주택법」에 따른 사용검사를 신청할 때 사용검사신청서와 함께 제출하여야 하며, 임대기간 중 해당 임대주택단지에 있는 관리사무소에 장기수선계획을 갖춰 놓아야 한다(공공주택 특별법 시행령 제57조 제2항).
      ㉠ 300세대 이상의 공동주택
      ㉡ 승강기가 설치된 공동주택
      ㉢ 중앙집중식 난방방식의 공동주택
   ② 수립기준: 위 ①에 따른 장기수선계획은 국토교통부령으로 정하는 기준에 따라야 한다(공공주택 특별법 시행령 제57조 제3항).
   ③ 조정: 공공주택사업자는 장기수선계획을 수립한 후 이를 조정할 필요가 있는 경우에는 임차인대표회의의 구성원(임차인대표회의가 구성되지 않은 경우에는 전체 임차인) 과반수의 서면동의를 받아 장기수선계획을 조정할 수 있다(공공주택 특별법 시행령 제57조 제4항).

2 설계도서의 보관 등

(1) 설계도서 등의 보관
의무관리대상 공동주택의 관리주체는 공동주택의 체계적인 유지관리를 위하여 대통령령[아래 (2)]으로 정하는 바에 따라 공동주택의 설계도서 등을 보관하고, 공동주택 시설의 교체·보수 등의 내용을 기록·보관·유지하여야 한다(공동주택관리법 제31조).

(2) 서류의 기록 및 등록 등
① **서류의 기록·보관·유지**: 위 (1)에 따라 의무관리대상 공동주택의 관리주체는 국토교통부령(아래 ②)으로 정하는 서류를 기록·보관·유지하여야 한다(공동주택관리법 시행령 제32조 제1항).
② **보관서류**: 위 ①에서 '국토교통부령으로 정하는 서류'란 다음의 서류를 말한다(공동주택관리법 시행규칙 제10조 제1항).
  ㉠ 사업주체로부터 인계받은 **설계도서** 및 **장비**의 명세
  ㉡ **안전점검** 결과보고서
  ㉢ 「주택법」에 따른 **감리보고서**
  ㉣ 공용부분 시설물의 교체, 유지보수 및 하자보수 등의 이력관리 관련 서류·도면 및 사진
③ **이력관리 및 등록**: 위 (1)에 따라 의무관리대상 공동주택의 관리주체는 공용부분에 관한 시설의 교체, 유지보수 및 하자보수 등을 한 경우에는 그 실적을 시설별로 **이력관리**하여야 하며, **공동주택관리정보시스템**에도 등록하여야 한다(공동주택관리법 시행령 제32조 제2항).
④ **등록대상 서류**: 의무관리대상 공동주택의 관리주체는 위 ③에 따라 공용부분 시설물의 교체, 유지보수 및 하자보수 등을 한 경우에는 다음의 서류를 **공동주택관리정보시스템**에 등록하여야 한다(공동주택관리법 시행규칙 제10조 제2항).
  ㉠ 이력 명세
  ㉡ 공사 전·후의 **평면도** 및 **단면도** 등 주요 도면
  ㉢ 주요 공사 사진

> **OX문제**
> 의무관리대상 공동주택의 관리주체는 「공동주택관리법」에 따른 안전점검 결과보고서를 기록·보관·유지하여야 한다. ( )
>
> 정답 O

3 하자담보책임 및 하자보수 등

1. 하자담보책임

(1) 하자담보책임자

① **사업주체의 담보책임**: 다음의 사업주체는 공동주택의 하자에 대하여 분양에 따른 담보책임(ⓒ 및 ⓔ의 시공자는 수급인의 담보책임을 말한다)을 진다(공동주택관리법 제36조 제1항).

　㉠ 「주택법」 제2조 제10호에 따른 다음의 자
　　ⓐ 국가·지방자치단체
　　ⓑ 한국토지주택공사 또는 지방공사
　　ⓒ 등록한 주택건설사업자 또는 대지조성사업자
　　ⓓ 그 밖에 「주택법」에 따라 주택건설사업 또는 대지조성사업을 시행하는 자

　㉡ 「건축법」에 따른 건축허가를 받아 분양을 목적으로 하는 공동주택을 건축한 건축주 **기출**

　㉢ 공동주택을 증축·개축·대수선하는 행위를 한 시공자

　㉣ 「주택법」에 따른 리모델링을 수행한 시공자

② **공공임대주택의 담보책임**: 위 ①에도 불구하고 「공공주택 특별법」에 따라 임대한 후 분양전환을 할 목적으로 공급하는 공동주택(이하 '공공임대주택'이라 한다)을 공급한 위 ①의 ㉠의 사업주체는 **분양전환이 되기 전까지**는 임차인에 대하여 하자보수에 대한 담보책임[아래 **2.의 (4)**의 손해배상책임은 제외한다]을 진다(공동주택관리법 제36조 제2항).

(2) 담보책임기간

① **담보책임기간의 범위 및 기산**: 위 **(1)**에 따른 담보책임의 기간(이하 '담보책임기간'이라 한다)은 하자의 중대성, 시설물의 사용 가능 햇수 및 교체 가능성 등을 고려하여 공동주택의 **내력구조부별** 및 **시설공사별로 10년**의 범위에서 대통령령(아래 ②)으로 정한다. 이 경우 담보책임기간은 다음의 날부터 기산한다(공동주택관리법 제36조 제3항). **기출**

　㉠ **전유부분**: 입주자[위 **(1)**의 ②에 따른 담보책임의 경우에는 임차인]에게 **인도한 날**

　㉡ **공용부분**: 「주택법」에 따른 **사용검사일**(공동주택의 전부에 대하여 임시사용승인을 받은 경우에는 그 임시사용승인일을 말하고, 분할 사용검사

나 동별 사용검사를 받은 경우에는 그 분할 사용검사일 또는 동별 사용검사일을 말한다) 또는 「건축법」에 따른 공동주택의 사용승인일

OX ② **담보책임기간**: 위 ①에 따른 공동주택의 내력구조부별 및 시설공사별 담보책임기간(이하 '담보책임기간'이라 한다)은 다음과 같다(공동주택관리법 시행령 제36조 제1항). 기출

  ㉠ 내력구조부별[건축법에 따른 건물의 주요구조부(내력벽, 기둥, 바닥, 보, 지붕틀 및 주계단)를 말한다] 하자에 대한 담보책임기간: 10년
  ㉡ 시설공사별 하자에 대한 담보책임기간: 다음 표에 따른 기간

> **OX문제**
> 내력구조부별(건축법 제2조 제1항 7호에 따른 건물의 주요구조부) 하자에 대한 담보책임기간은 5년이다. (   )

별표 4 시설공사별 담보책임기간(공동주택관리법 시행령 제36조 제1항 제2호 관련) 기출

구분		기간
시설공사	세부공종	
1. 마감공사	① 미장공사 ② 수장공사(건축물 내부 마무리 공사) ③ 도장공사 ④ 도배공사 ⑤ 타일공사 ⑥ 석공사(건물내부 공사) ⑦ 옥내가구공사 ⑧ 주방기구공사 ⑨ 가전제품	2년
2. 옥외급수·위생 관련 공사	① 공동구공사 ② 저수조(물탱크)공사 ③ 옥외위생(정화조) 관련 공사 ④ 옥외 급수 관련 공사	3년
3. 난방·냉방·환기, 공기조화 설비공사	① 열원기기설비공사 ② 공기조화기기설비공사 ③ 닥트설비공사 ④ 배관설비공사 ⑤ 보온공사 ⑥ 자동제어설비공사 ⑦ 온돌공사(세대매립배관 포함) ⑧ 냉방설비공사	
4. 급·배수 및 위생설비공사	① 급수설비공사 ② 온수공급설비공사 ③ 배수·통기설비공사 ④ 위생기구설비공사 ⑤ 철 및 보온공사 ⑥ 특수설비공사	
5. 가스설비공사	① 가스설비공사 ② 가스저장시설공사	

정답 ×

공사구분	세부공종	기간
6. 목공사	① 구조체 또는 바탕재공사 ② 수장목공사	
7. 창호공사	① 창문틀 및 문짝공사 ② 창호철물공사 ③ 창호유리공사 ④ 커튼월공사	
8. 조경공사	① 식재공사 ② 조경시설물공사 ③ 관수 및 배수공사 ④ 조경포장공사 ⑤ 조경부대시설공사 ⑥ 잔디심기공사 ⑦ 조형물공사	
9. 전기 및 전력설비공사	① 배관·배선공사 ② 피뢰침공사 ③ 동력설비공사 ④ 수·변전설비공사 ⑤ 수·배전공사 ⑥ 전기기기공사 ⑦ 발전설비공사 ⑧ 승강기설비공사 ⑨ 인양기설비공사 ⑩ 조명설비공사	3년
10. 신재생 에너지 설비공사 OX	① 태양열설비공사 ② 태양광설비공사 ③ 지열설비공사 ④ 풍력설비공사	
11. 정보통신공사	① 통신·신호설비공사 ② TV공청설비공사 ③ 감시제어설비공사 ④ 가정자동화설비공사 ⑤ 정보통신설비공사	
12. 지능형 홈네트워크 설비 공사	① 홈네트워크망공사 ② 홈네트워크기기공사 ③ 단지공용시스템공사	
13. 소방시설공사 OX	① 소화설비공사 ② 제연설비공사 ③ 방재설비공사 ④ 자동화재탐지설비공사	
14. 단열공사	벽체, 천장 및 바닥의 단열공사	
15. 잡공사	① 옥내설비공사(우편함, 무인택배시스템 등) ② 옥외설비공사(담장, 울타리, 안내시설물 등), 금속공사	

OX문제

태양광설비공사 등 신재생 에너지 설비공사의 담보책임기간은 1년이다. (　　)

OX문제

소방시설공사 중 자동화재탐지설비공사의 하자담보책임기간은 2년이다. (　　)

정답 ×, ×

16. 대지조성공사	① 토공사 ② 석축공사 ③ 옹벽공사(토목옹벽) ④ 배수공사 ⑤ 포장공사	5년
17. 철근콘크리트공사	① 일반철근콘크리트공사 ② 특수콘크리트공사 ③ 프리캐스트콘크리트공사 ④ 옹벽공사(건축옹벽) ⑤ 콘크리트공사	
18. 철골공사	① 일반철골공사 ② 철골부대공사 ③ 경량철골공사	
19. 조적공사	① 일반벽돌공사 ② 점토벽돌공사 ③ 블록공사 ④ 석공사(건물외부 공사)	
20. 지붕공사 OX	① 지붕공사 ② 홈통 및 우수관공사	
21. 방수공사	방수공사	

[비고]
기초공사·지정공사 등 「집합건물의 소유 및 관리에 관한 법률」 제9조의2 제1항 제1호에 따른 지반공사의 경우 담보책임기간은 10년

③ **주택인도증서**: 사업주체(건축법에 따른 건축허가를 받아 분양을 목적으로 하는 공동주택을 건축한 건축주를 포함한다. 이하 같다)는 해당 공동주택의 전유부분을 입주자에게 인도한 때에는 국토교통부령으로 정하는 바에 따라 **주택인도증서**를 작성하여 **관리주체**(의무관리대상 공동주택이 아닌 경우에는 집합건물의 소유 및 관리에 관한 법률에 따른 **관리인**을 말한다. 이하 같다)에게 인계하여야 한다. 이 경우 관리주체는 30일 이내에 **공동주택관리정보시스템**에 전유부분의 인도일을 공개하여야 한다(공동주택관리법 시행령 제36조 제2항).

④ **공공임대주택의 주택인도증서**: 사업주체가 해당 공동주택의 전유부분을 위 **(1)**의 ②에 따른 공공임대주택(이하 '공공임대주택'이라 한다)의 임차인에게 인도한 때에는 **주택인도증서**를 작성하여 분양전환하기 전까지 보관하여야 한다. 이 경우 사업주체는 주택인도증서를 작성한 날부터 **30일 이내**에 **공동주택관리정보시스템**에 전유부분의 인도일을 공개하여야 한다(공동주택관리법 시행령 제36조 제3항).

> **OX문제**
> 우수관공사의 하자담보책임기간은 3년이다. (   )
>
> 정답 ×

⑤ **미분양 세대의 인도일의 현황**: 사업주체는 주택의 미분양(未分讓) 등으로 인하여 인계·인수서에 인도일의 현황이 누락된 세대가 있는 경우에는 주택의 인도일부터 15일 이내에 인도일의 현황을 관리주체에게 인계하여야 한다(공동주택관리법 시행령 제36조 제4항).

(3) 하자의 범위

① **위임규정**: 위 (1)의 ①의 하자는 공사상 잘못으로 인하여 균열·침하(沈下)·파손·들뜸·누수 등이 발생하여 건축물 또는 시설물의 안전상·기능상 또는 미관상의 지장을 초래할 정도의 결함을 말하며, 그 구체적인 범위는 대통령령(아래 ②)으로 정한다(공동주택관리법 제36조 제4항).

② **하자의 범위**: 위 ①에 따른 하자의 범위는 다음의 구분에 따른다(공동주택관리법 시행령 제37조).

㉠ 내력구조부별 하자: 다음의 어느 하나에 해당하는 경우 기출
  ⓐ 공동주택 구조체의 일부 또는 전부가 붕괴된 경우
  ⓑ 공동주택의 구조안전상 위험을 초래하거나 그 위험을 초래할 우려가 있는 정도의 균열·침하(沈下) 등의 결함이 발생한 경우

㉡ 시설공사별 하자: 공사상의 잘못으로 인한 균열·처짐·비틀림·들뜸·침하·파손·붕괴·누수·누출·탈락, 작동 또는 기능불량, 부착·접지 또는 전선 연결 불량, 고사(枯死) 및 입상(서 있는 상태) 불량 등이 발생하여 건축물 또는 시설물의 안전상·기능상 또는 미관상의 지장을 초래할 정도의 결함이 발생한 경우

2. 하자보수 등

(1) 하자보수의 청구 및 하자보수 OX

사업주체(건설산업기본법 제28조에 따라 하자담보책임이 있는 자로서 위 1. (1)의 ①에 따른 사업주체로부터 건설공사를 일괄 도급받아 건설공사를 수행한 자가 따로 있는 경우에는 그 자를 말한다)는 담보책임기간에 하자가 발생한 경우에는 해당 공동주택의 다음의 ①부터 ④까지에 해당하는 자(이하 '입주자대표회의등'이라 한다) 또는 ⑤에 해당하는 자의 청구에 따라 그 하자를 보수하여야 한다. 이 경우 하자보수의 절차 및 종료 등에 필요한 사항은 대통령령[아래 (2)]으로 정한다(공동주택관리법 제37조 제1항). 기출

① 입주자
② 입주자대표회의

OX문제

내력구조부의 하자는 공동주택의 구조안전상 위험을 초래하거나 그 위험을 초래할 우려가 있는 정도의 균열·침하(沈下) 등의 결함이 발생한 경우이다. ( )

OX문제

하자담보책임기간 내에 하자가 발생한 때에는 입주자, 입주자대표회의, 관리주체는 사업주체에 대하여 하자의 보수를 요구할 수 있다. ( )

사업주체에 대한 하자보수 청구는 입주자 단독으로는 할 수 없으며 입주자대표회의를 통하여야 한다. ( )

정답 O, O, ×

③ 관리주체(하자보수청구 등에 관하여 입주자 또는 입주자대표회의를 대행하는 관리주체를 말한다)
④ 「집합건물의 소유 및 관리에 관한 법률」에 따른 관리단
⑤ 공공임대주택의 임차인 또는 임차인대표회의(이하 '임차인등'이라 한다)

(2) 하자보수절차

① **하자보수청구기한**: 위 **(1)**의 후단에 따라 입주자대표회의등 또는 임차인등은 공동주택에 하자가 발생한 경우에는 담보책임기간 내에 사업주체에게 하자보수를 청구하여야 한다(공동주택관리법 시행령 제38조 제1항). 기출

② **하자보수의 청구**: 위 ①에 따른 하자보수의 청구는 다음의 구분에 따른 자가 하여야 한다. 이 경우 입주자는 전유부분에 대한 청구를 아래 ⓒ의 ⓑ에 따른 관리주체가 대행하도록 할 수 있으며, 공용부분에 대한 하자보수의 청구를 아래 ⓒ의 어느 하나에 해당하는 자에게 요청할 수 있다(공동주택관리법 시행령 제38조 제2항). 기출

  ⊙ **전유부분**: 입주자 또는 공공임대주택의 임차인

  OX ⓒ **공용부분**: 다음의 어느 하나에 해당하는 자
   ⓐ 입주자대표회의 또는 공공임대주택의 임차인대표회의
   ⓑ 관리주체(하자보수청구 등에 관하여 입주자 또는 입주자대표회의를 대행하는 관리주체를 말한다)
   ⓒ 「집합건물의 소유 및 관리에 관한 법률」에 따른 관리단

 OX ③ **하자보수 이행기간**: 사업주체는 위 ①에 따라 하자보수를 청구받은 날(하자진단결과를 통보받은 때에는 그 통보받은 날을 말한다)부터 15일 이내에 그 하자를 보수하거나 다음의 사항을 명시한 하자보수계획을 입주자대표회의등 또는 임차인등에 서면(전자문서 및 전자거래 기본법에 따른 정보처리시스템을 사용한 전자문서를 포함한다)으로 통보하고 그 계획에 따라 하자를 보수하여야 한다. 다만, 하자가 아니라고 판단되는 사항에 대해서는 그 이유를 서면으로 통보하여야 한다(공동주택관리법 시행령 제38조 제3항). 기출

  ⊙ 하자부위, 보수방법 및 보수에 필요한 상당한 기간(동일한 하자가 2세대 이상에서 발생한 경우 세대별 보수 일정을 포함한다)
  ⓒ 담당자 성명 및 연락처
  ⓒ 그 밖에 보수에 필요한 사항

> **OX문제**
> 공공임대주택의 임차인대표회의는 전유부분의 하자에 대해 하자보수의 청구를 할 수 있다. ( )
>
> 하자보수청구 등에 관하여 입주자대표회의를 대행하는 관리주체는 공용부분의 하자에 대해 하자보수의 청구를 할 수 있다. ( )
>
> **OX문제**
> 사업주체는 하자보수를 청구받은 날부터 7일 이내에 하자보수를 하거나 하자보수계획을 입주자대표회의등에게 서면으로 통보하여야 한다. ( )
>
> 정답 ×, ○, ×

> **OX문제**
> 하자보수를 실시한 사업주체는 하자보수가 완료되면 즉시 그 보수결과를 하자보수를 청구한 입주자대표회의등 또는 임차인등에 통보하여야 한다.
> (   )
>
> 정답 ○

OX ④ **하자보수결과의 통보**: 위 ③에 따라 하자보수를 실시한 사업주체는 하자보수가 완료되면 즉시 그 보수결과를 하자보수를 청구한 입주자대표회의등 또는 임차인등에 통보하여야 한다(공동주택관리법 시행령 제38조 제4항).

⑤ **하자보수청구 서류 등의 보관 등**

㉠ 보관 등

ⓐ 하자보수청구 등에 관하여 입주자 또는 입주자대표회의를 대행하는 관리주체는 하자보수 이력, 담보책임기간 준수 여부 등의 확인에 필요한 것으로서 하자보수청구 서류 등 대통령령(아래 ⓑ)으로 정하는 서류를 대통령령(아래 ⓒ)으로 정하는 바에 따라 보관하여야 한다(공동주택관리법 제38조의2 제1항).

ⓑ 위 ⓐ에서 '하자보수청구 서류 등 대통령령으로 정하는 서류'란 다음의 서류를 말한다(공동주택관리법 시행령 제45조의2 제1항).

　ⅰ) 하자보수청구 내용이 적힌 서류

　ⅱ) 사업주체의 하자보수 내용이 적힌 서류

　ⅲ) 하자보수보증금 청구 및 사용 내용이 적힌 서류

　ⅳ) 하자분쟁조정위원회에 제출하거나 하자분쟁조정위원회로부터 받은 서류

　ⅴ) 그 밖에 입주자 또는 입주자대표회의의 하자보수청구 대행을 위하여 관리주체가 입주자 또는 입주자대표회의로부터 제출받은 서류

ⓒ 입주자 또는 입주자대표회의를 대행하는 관리주체(자치관리기구의 대표자인 공동주택의 관리사무소장, 관리업무를 인계하기 전의 사업주체, 주택관리업자인 관리주체를 말한다)는 위 ⓐ에 따라 위 ⓑ의 서류를 문서 또는 **전자문서**의 형태로 보관해야 하며, 그 내용을 **하자관리정보시스템**에 등록해야 한다(공동주택관리법 시행령 제45조의2 제2항).

ⓓ 위 ⓒ에 따른 문서 또는 **전자문서와 하자관리정보시스템**에 등록한 내용은 관리주체가 사업주체에게 하자보수를 청구한 날부터 **10년간** 보관해야 한다(공동주택관리법 시행령 제45조의2 제3항).

㉡ 서류 등의 제공

ⓐ 위 ㉠의 ⓐ에 따라 하자보수청구 서류 등을 보관하는 관리주체는 입주자 또는 입주자대표회의가 해당 하자보수청구 서류 등의 제

공을 요구하는 경우 대통령령(아래 ⓑ)으로 정하는 바에 따라 이를 제공하여야 한다(공동주택관리법 제38조의2 제2항).

ⓑ 입주자 또는 입주자대표회의를 대행하는 관리주체는 위 ⓐ에 따라 위 ㉠에 ⓑ의 서류의 제공을 요구받은 경우 지체 없이 이를 열람하게 하거나 그 사본·복제물을 내주어야 한다(공동주택관리법 시행령 제45조의3 제1항).

ⓒ 관리주체는 위 ⓑ에 따라 서류를 제공하는 경우 그 서류제공을 요구한 자가 입주자나 입주자대표회의의 구성원인지를 확인해야 한다(공동주택관리법 시행령 제45조의3 제2항).

ⓓ 관리주체는 서류의 제공을 요구한 자에게 서류의 제공에 드는 비용을 부담하게 할 수 있다(공동주택관리법 시행령 제45조의3 제3항).

㉢ 공동주택의 관리주체가 변경되는 경우 기존 관리주체는 새로운 관리주체에게 해당 공동주택의 하자보수청구 서류 등을 인계하여야 한다(공동주택관리법 제38조의2 제3항).

(3) 담보책임의 종료

① **하자담보책임기간 만료예정일의 통보**: 사업주체는 담보책임기간이 만료되기 30일 전까지 그 만료예정일을 해당 공동주택의 입주자대표회의(의무관리대상 공동주택이 아닌 경우에는 집합건물의 소유 및 관리에 관한 법률에 따른 관리단을 말한다) 또는 해당 공공임대주택의 임차인대표회의에 서면으로 통보하여야 한다. 이 경우 사업주체는 다음의 사항을 함께 알려야 한다(공동주택관리법 시행령 제39조 제1항).

㉠ 위 **(2)**의 ①부터 ④에 따라 입주자대표회의등 또는 임차인등이 하자보수를 청구한 경우에는 하자보수를 완료한 내용

㉡ 담보책임기간 내에 하자보수를 신청하지 아니하면 하자보수를 청구할 수 있는 권리가 없어진다는 사실

② **입주자대표회의의 조치**: 위 ①에 따른 통보를 받은 입주자대표회의 또는 공공임대주택의 임차인대표회의는 다음의 구분에 따른 조치를 하여야 한다(공동주택관리법 시행령 제39조 제2항).

㉠ **전유부분에 대한 조치**: 담보책임기간이 만료되는 날까지 하자보수를 청구하도록 입주자 또는 공공임대주택의 임차인에게 개별통지하고 공동주택단지 안의 잘 보이는 게시판에 **20일 이상** 게시

㉡ **공용부분에 대한 조치**: 담보책임기간이 만료되는 날까지 하자보수 청구

> **OX문제**
> 의무관리대상 공동주택의 사업주체는 담보책임기간이 만료되기 30일 전까지 그 만료예정일을 해당 의무관리대상 공동주택의 입주자대표회의에 서면으로 통보하여야 한다. ( )
>
> 정답 O

③ **하자보수 및 통보**: 사업주체는 위 ②에 따라 하자보수 청구를 받은 사항에 대하여 지체 없이 보수하고 그 보수결과를 서면으로 입주자대표회의등 또는 임차인등에 통보해야 한다. 다만, 하자가 아니라고 판단한 사항에 대해서는 그 이유를 명확히 기재하여 서면으로 통보해야 한다(공동주택관리법 시행령 제39조 제3항).

④ **이의제기**: 위 ③의 본문에 따라 보수결과를 통보받은 입주자대표회의등 또는 임차인등은 통보받은 날부터 30일 이내에 이유를 명확히 기재한 서면으로 사업주체에게 이의를 제기할 수 있다. 이 경우 사업주체는 이의제기 내용이 타당하면 지체 없이 하자를 보수하여야 한다(공동주택관리법 시행령 제39조 제4항).

⑤ **하자담보책임 종료확인서의 작성**: 사업주체와 다음의 구분에 따른 자는 하자보수가 끝난 때에는 공동으로 담보책임 종료확인서를 작성해야 한다. 이 경우 담보책임기간이 만료되기 전에 담보책임 종료확인서를 작성해서는 안 된다(공동주택관리법 시행령 제39조 제5항). 기출

　㉠ **전유부분**: 입주자

　㉡ **공용부분**: 입주자대표회의의 회장(의무관리대상 공동주택이 아닌 경우에는 집합건물의 소유 및 관리에 관한 법률에 따른 관리인을 말한다) 또는 5분의 4 이상의 입주자(입주자대표회의의 구성원 중 사용자인 동별 대표자가 과반수인 경우만 해당한다)

⑥ **공용부분의 담보책임 종료확인서 작성절차**: 입주자대표회의의 회장은 위 ⑤에 따라 공용부분의 담보책임 종료확인서를 작성하려면 다음의 절차를 차례대로 거쳐야 한다. 이 경우 전체 입주자의 5분의 1 이상이 서면으로 반대하면 입주자대표회의는 ㉡에 따른 의결을 할 수 없다(공동주택관리법 시행령 제39조 제6항).

　㉠ 의견청취를 위하여 입주자에게 다음의 사항을 서면으로 개별통지하고 공동주택단지 안의 게시판에 20일 이상 게시할 것

　　ⓐ 담보책임기간이 만료된 사실

　　ⓑ 완료된 하자보수의 내용

　　ⓒ 담보책임 종료확인에 대하여 반대의견을 제출할 수 있다는 사실, 의견제출기간 및 의견제출서

　㉡ 입주자대표회의 의결

⑦ **통보 및 게시**: 사업주체는 위 ⑤의 ㉡에 따라 입주자와 공용부분의 담보책임 종료확인서를 작성하려면 입주자대표회의의 회장에게 위 ⑥의 ㉠에 따른 통지 및 게시를 요청해야 하고, 전체 입주자의 5분의 4 이상

OX문제
전유부분에 대한 하자보수가 끝난 때에는 사업주체와 입주자는 담보책임기간이 만료되기 전에 공동으로 담보책임 종료확인서를 작성할 수 있다.
(　　)

정답 ×

과 담보책임 종료확인서를 작성한 경우에는 그 결과를 입주자대표회의 등에 통보해야 한다(공동주택관리법 시행령 제39조 제7항).

(4) 사업주체의 손해배상책임 OX

사업주체는 담보책임기간에 공동주택에 하자가 발생한 경우에는 하자 발생으로 인한 손해를 배상할 책임이 있다. 이 경우 손해배상책임에 관하여는 「민법」 제667조(수급인의 담보책임)를 준용한다(공동주택관리법 제37조 제2항). 기출

> **관련법령** 수급인의 담보책임(민법 제667조)
>
> ① 완성된 목적물 또는 완성 전의 성취된 부분에 하자가 있는 때에는 도급인은 수급인에 대하여 상당한 기간을 정하여 그 하자의 보수를 청구할 수 있다. 그러나 하자가 중요하지 아니한 경우에 그 보수에 과다한 비용을 요할 때에는 그러하지 아니하다.
> ② 도급인은 하자의 보수에 갈음하여 또는 보수와 함께 손해배상을 청구할 수 있다.

(5) 내력구조부의 안전진단

OX ① **안전진단의 의뢰**: 시장·군수·구청장은 담보책임기간에 공동주택의 구조안전에 중대한 하자가 있다고 인정하는 경우에는 안전진단기관에 의뢰하여 안전진단을 할 수 있다. 이 경우 안전진단의 대상·절차 및 비용부담에 관한 사항과 안전진단 실시기관의 범위 등에 필요한 사항은 대통령령(아래 ②)으로 정한다(공동주택관리법 제37조 제4항). 기출

② **안전진단의 대상·절차 및 비용부담 등**

OX ㉠ 안전진단의 대상·절차 및 실시기관의 범위: 위 ①에 따라 시장·군수·구청장은 공동주택의 구조안전에 중대한 하자가 있다고 인정하는 경우에는 다음의 어느 하나에 해당하는 기관 또는 단체에 해당 공동주택의 안전진단을 의뢰할 수 있다(공동주택관리법 시행령 제40조 제1항).

ⓐ 「과학기술분야 정부출연연구기관 등의 설립·운영 및 육성에 관한 법률」에 따른 한국건설기술연구원

ⓑ 「국토안전관리원법」에 따른 국토안전관리원

ⓒ 「건축사법」에 따라 설립한 대한건축사협회

ⓓ 「고등교육법」의 대학 및 산업대학의 부설연구기관(상설기관으로 한정한다)

ⓔ 「시설물의 안전 및 유지관리에 관한 특별법 시행령」에 따른 건축분야 안전진단전문기관

OX문제

사업주체는 담보책임기간에 공동주택에 하자가 발생한 경우에는 하자담보책임 이외에 하자 발생으로 인한 손해를 배상할 책임이 있다. (　　)

OX문제

시장·군수·구청장은 담보책임기간에 공동주택의 구조안전에 중대한 하자가 있다고 인정하는 경우에는 안전진단기관에 의뢰하여 안전진단을 할 수 있다. (　　)

OX문제

공동주택의 구조안전에 중대한 하자가 있다고 인정하는 경우에 관리주체는 안전진단을 의뢰할 수 있다. (　　)

정답 O, O, ×

> **OX문제**
> 내력구조부의 하자에 대한 안전진단실시비용은 사업주체가 부담하는 것이 원칙이다.
> ( )
>
> **정답** ○

OX ⓒ **비용부담**: 위 ㉠에 따른 안전진단에 드는 비용은 사업주체가 부담한다. 다만, 하자의 원인이 사업주체 외의 자에게 있는 경우에는 그 자가 부담한다(공동주택관리법 시행령 제40조 제2항). 기출

(6) 시정명령

시장·군수·구청장은 위 (1)에 따라 입주자대표회의등 및 임차인등이 하자보수를 청구한 사항에 대하여 사업주체가 정당한 사유 없이 따르지 아니할 때에는 시정을 명할 수 있다(공동주택관리법 제37조 제5항).

(7) 하자진단 및 감정

① **하자진단**

㉠ **하자진단의뢰**: 사업주체등은 입주자대표회의등 또는 임차인등의 하자보수 청구에 이의가 있는 경우, 입주자대표회의등 또는 임차인등과 협의하여 대통령령(아래 ㉡)으로 정하는 안전진단기관에 보수책임이 있는 하자범위에 해당하는지 여부 등 하자진단을 의뢰할 수 있다. 이 경우 하자진단을 의뢰받은 안전진단기관은 지체 없이 하자진단을 실시하여 그 결과를 사업주체등과 입주자대표회의등 또는 임차인등에게 통보하여야 한다(공동주택관리법 제48조 제1항).

㉡ **하자진단의뢰 기관**: 위 ㉠의 전단에서 '대통령령으로 정하는 안전진단기관'이란 다음의 자를 말한다(공동주택관리법 시행령 제62조 제1항). 기출

ⓐ 국토안전관리원
ⓑ 한국건설기술연구원
ⓒ 「엔지니어링산업 진흥법」에 따라 신고한 해당 분야의 엔지니어링사업자
ⓓ 「기술사법」에 따라 등록한 해당 분야의 기술사
ⓔ 「건축사법」에 따라 신고한 건축사
ⓕ 건축 분야 안전진단전문기관

② **하자감정**

㉠ **감정의 요청**: 하자분쟁조정위원회는 다음의 어느 하나에 해당하는 사건의 경우에는 대통령령(아래 ㉡)으로 정하는 안전진단기관에 그에 따른 감정을 요청할 수 있다(공동주택관리법 제48조 제2항).

ⓐ 하자진단 결과에 대하여 다투는 사건
ⓑ 당사자 쌍방 또는 일방이 하자감정을 요청하는 사건
ⓒ 하자원인이 불분명한 사건

        ⓓ 그 밖에 하자분쟁조정위원회에서 하자감정이 필요하다고 결정하는 사건
    ⓛ **감정요청기관**: 위 ㉠에서 '대통령령으로 정하는 안전진단기관'이란 다음의 자를 말한다. 다만, 위 ①에 따른 안전진단기관은 같은 사건의 조정등 대상시설에 대해서는 위 ㉠에 따라 감정을 하는 안전진단기관이 될 수 없다(공동주택관리법 시행령 제62조 제2항).
        ⓐ **국토안전관리원**
        ⓑ **한국건설기술연구원**
        ⓒ 국립 또는 공립의 **주택 관련 시험·검사기관**
        ⓓ 「고등교육법」에 따른 대학 및 산업대학의 주택 관련 **부설 연구기관**(상설기관으로 한정한다)
        ⓔ 「엔지니어링산업 진흥법」에 따라 신고한 해당 분야의 **엔지니어링사업자**, 「기술사법」에 따라 등록한 해당 분야의 기술사, 「건축사법」에 따라 신고한 **건축사, 건축 분야 안전진단전문기관**. 이 경우 분과위원회(소위원회에서 의결하는 사건은 소위원회를 말한다)에서 해당 하자감정을 위한 시설 및 장비를 갖추었다고 인정하고 당사자 쌍방이 합의한 자로 한정한다.
③ **하자진단결과의 제출**: 위 ①의 ㉡에 따른 안전진단기관은 하자진단을 의뢰받은 날부터 **20일 이내**에 그 결과를 사업주체등과 입주자대표회의 등에 제출하여야 한다. 다만, 당사자 사이에 달리 약정한 경우에는 그에 따른다(공동주택관리법 시행령 제62조 제3항).
④ **하자감정결과의 제출**: 위 ②의 ㉡에 따른 안전진단기관은 하자감정을 의뢰받은 날부터 **20일 이내**에 그 결과를 하자분쟁조정위원회에 제출하여야 한다. 다만, 하자분쟁조정위원회가 인정하는 부득이한 사유가 있는 때에는 그 기간을 연장할 수 있다(공동주택관리법 시행령 제62조 제4항).
⑤ **하자진단 및 하자감정의 비용**
    ㉠ **위임규정**: 하자진단에 드는 비용과 감정에 드는 비용은 국토교통부령(아래 ㉡)으로 정하는 바에 따라 당사자가 부담한다(공동주택관리법 제48조 제3항).
    ㉡ **비용의 부담**: 위 ㉠에 따른 하자진단 및 하자감정에 드는 비용은 다음의 구분에 따라 부담한다(공동주택관리법 시행규칙 제26조).
        ⓐ **하자진단에 드는 비용**: 당사자 사이에 합의한 바에 따라 부담

ⓑ 하자감정에 드는 비용: 다음에 따라 부담. 이 경우 하자분쟁조정위원회에서 정한 기한 내에 안전진단기관에 납부해야 한다.
  ⅰ) 당사자가 합의한 바에 따라 부담
  ⅱ) 당사자간 합의가 이루어지지 않을 경우에는 하자감정을 신청하는 당사자 일방 또는 쌍방이 미리 하자감정비용을 부담한 후 조정등의 결과에 따라 하자분쟁조정위원회에서 정하는 비율에 따라 부담

4 하자보수보증금

1. 하자보수보증금의 예치의무 OX

사업주체는 대통령령[아래 2. (2)]으로 정하는 바에 따라 하자보수를 보장하기 위하여 하자보수보증금을 담보책임기간(보증기간은 공용부분을 기준으로 기산한다) 동안 예치하여야 한다. 다만, **국가·지방자치단체·한국토지주택공사 및 지방공사인 사업주체의 경우에는 그러하지 아니하다**(공동주택관리법 제38조 제1항). 기출

2. 하자보수보증금의 예치 및 보관

(1) 위임규정

「공동주택관리법」 제38조 제1항부터 제3항까지에서 규정한 사항 외에 하자보수보증금의 예치금액·증서의 보관, 청구요건, 지급시기·기준 및 반환 등에 필요한 사항은 대통령령으로 정한다(공동주택관리법 제38조 제6항).

(2) 하자보수보증금의 예치

위 1.에 따라 사업주체(건설임대주택을 분양전환하려는 경우에는 그 임대사업자를 말한다)는 하자보수보증금을 은행(은행법에 따른 은행을 말한다)에 현금으로 예치하거나 다음의 어느 하나에 해당하는 자가 취급하는 보증으로서 하자보수보증금 지급을 보장하는 보증에 가입하여야 한다. 이 경우 그 예치명의 또는 가입명의는 **사용검사권자**(주택법에 따른 사용검사권자 또는 건축법에 따른 사용승인권자를 말한다)로 하여야 한다(공동주택관리법 시행령 제41조 제1항). 기출

① 「주택도시기금법」에 따른 **주택도시보증공사**

OX문제

지방공사인 사업주체는 대통령령으로 정하는 바에 따라 하자보수를 보장하기 위하여 하자보수보증금을 담보책임기간 동안 예치하여야 한다. ( )

한국토지주택공사가 사업주체인 경우에도 하자보수보증금을 담보책임기간 동안 「은행법」에 따른 은행에 현금으로 예치하여야 한다. ( )

정답 ×, ×

② 「건설산업기본법」에 따른 건설 관련 공제조합
③ 「보험업법」에 따른 보증보험업을 영위하는 자
④ **다음의 금융기관**
  ㉠ 「은행법」에 따른 은행
  ㉡ 「중소기업은행법」에 따른 중소기업은행
  ㉢ 「상호저축은행법」에 따른 상호저축은행
  ㉣ 「보험업법」에 따른 보험회사
  ㉤ 그 밖의 법률에 따라 금융업무를 하는 기관으로서 국토교통부령으로 정하는 기관

(3) 보증서 등의 제출

사업주체는 다음의 어느 하나에 해당하는 신청서를 사용검사권자에게 제출할 때에 위 (2)에 따른 현금 예치증서 또는 보증서를 함께 제출하여야 한다(공동주택관리법 시행령 제41조 제2항).

① 「주택법」에 따른 사용검사 신청서(공동주택단지 안의 공동주택 전부에 대하여 임시사용승인을 신청하는 경우에는 임시사용승인 신청서)
② 「건축법」에 따른 사용승인 신청서(공동주택단지 안의 공동주택 전부에 대하여 임시사용승인을 신청하는 경우에는 임시사용승인 신청서)
③ 「민간임대주택에 관한 특별법」에 따른 양도신고서, 양도허가신청서 또는 「공공주택 특별법」에 따른 분양전환 승인신청서, 분양전환 허가신청서, 분양전환신고서

(4) 명의 변경

사용검사권자는 입주자대표회의가 구성된 때에는 지체 없이 위 (2)에 따른 예치명의 또는 가입명의를 해당 입주자대표회의로 변경하고 입주자대표회의에 현금 예치증서 또는 보증서를 인계하여야 한다(공동주택관리법 시행령 제41조 제3항). 기출

(5) 보증서 등의 보관

입주자대표회의는 위 (4)에 따라 인계받은 현금 예치증서 또는 보증서를 해당 공동주택의 관리주체(의무관리대상 공동주택이 아닌 경우에는 집합건물의 소유 및 관리에 관한 법률에 따른 관리인을 말한다)로 하여금 보관하게 하여야 한다(공동주택관리법 시행령 제41조 제4항).

OX문제

사업주체는 하자보수보증금을 「은행법」에 따른 은행에 현금으로 예치할 수 있다.
( )

정답 O

(6) 하자보수보증금의 범위

① **예치금액**: 위 1.에 따라 예치하여야 하는 하자보수보증금은 다음의 구분에 따른 금액으로 한다(공동주택관리법 시행령 제42조 제1항).

㉠ 「주택법」에 따른 대지조성사업계획과 주택사업계획승인을 함께 받아 대지조성과 함께 공동주택을 건설하는 경우: ⓐ의 비용에서 ⓑ의 가격을 뺀 금액의 100분의 3

　ⓐ 사업계획승인서에 기재된 해당 공동주택의 총사업비[간접비(설계비, 감리비, 분담금, 부담금, 보상비 및 일반분양시설경비를 말한다)는 제외한다. 이하 같다]

　ⓑ 해당 공동주택을 건설하는 대지의 조성 전 가격

㉡ 「주택법」에 따른 주택사업계획승인만을 받아 대지조성 없이 공동주택을 건설하는 경우: 사업계획승인서에 기재된 해당 공동주택의 총사업비에서 대지가격을 뺀 금액의 100분의 3

㉢ 공동주택을 증축·개축·대수선하는 경우 또는 「주택법」에 따른 리모델링을 하는 경우: 허가신청서 또는 신고서에 기재된 해당 공동주택 총사업비의 100분의 3

㉣ 「건축법」에 따른 건축허가를 받아 분양을 목적으로 공동주택을 건설하는 경우: 사용승인을 신청할 당시의 「공공주택 특별법 시행령」에 따른 공공건설임대주택 분양전환가격의 산정기준에 따른 표준건축비를 적용하여 산출한 건축비의 100분의 3

② **예외규정**: 위 ①에도 불구하고 건설임대주택이 분양전환되는 경우의 하자보수보증금은 위 ①의 ㉠ 또는 ㉡에 따른 금액에 건설임대주택 세대 중 분양전환을 하는 세대의 비율을 곱한 금액으로 한다(공동주택관리법 시행령 제42조 제2항).

3. 하자보수보증금의 사용

(1) 위임규정 ox

입주자대표회의등은 위 1.에 따른 하자보수보증금을 하자심사·분쟁조정위원회의 하자 여부 판정 등에 따른 하자보수비용 등 대통령령[아래 **(2)**]으로 정하는 용도로만 사용하여야 하며, 의무관리대상 공동주택의 경우에는 하자보수보증금의 사용 후 30일 이내에 그 사용내역을 국토교통부령[아래 **(3)**]으로 정하는 바에 따라 시장·군수·구청장에게 신고하여야 한다(공동주택관리법 제38조 제2항). 기출

OX문제

입주자대표회의등은 하자보수보증금을 하자심사·분쟁조정위원회의 하자 여부 판정 등에 따른 하자보수비용 등 대통령령으로 정하는 용도로만 사용하여야 한다. (　　)

정답 O

(2) 하자보수보증금의 용도

위 (1)에서 '하자심사·분쟁조정위원회의 하자 여부 판정 등에 따른 하자보수비용 등 대통령령으로 정하는 용도'란 입주자대표회의가 직접 보수하거나 제3자에게 보수하게 하는 데 필요한 용도로서 하자보수와 관련된 다음의 용도를 말한다(공동주택관리법 시행령 제43조).

① 송달된 하자 여부 판정서(재심의 결정서를 포함한다) 정본에 따라 하자로 판정된 시설공사 등에 대한 하자보수비용
② 하자분쟁조정위원회(하자심사·분쟁조정위원회를 말한다)가 송달한 조정서 정본에 따른 하자보수비용
③ 재판상 화해와 동일한 효력이 있는 재정에 따른 하자보수비용
④ 법원의 재판 결과에 따른 하자보수비용
⑤ 하자진단의 결과에 따른 하자보수비용

(3) 하자보수보증금의 사용내역 신고 OX

위 (1)에 따라 하자보수보증금의 사용내역을 신고하려는 자는 하자보수보증금 사용내역 신고서에 다음의 서류를 첨부하여 시장·군수·구청장에게 제출하여야 한다(공동주택관리법 시행규칙 제18조). 기출

① 하자보수보증금의 금융기관 거래명세표(입·출금 명세 전부가 기재된 것을 말한다)
② 하자보수보증금의 세부 사용명세

4. 하자보수보증금의 청구 및 관리

(1) 하자보수보증금의 지급청구

입주자대표회의는 사업주체가 하자보수를 이행하지 아니하는 경우에는 하자보수보증서 발급기관에 하자보수보증금의 지급을 청구할 수 있다. 이 경우 다음의 서류를 첨부하여야 한다(공동주택관리법 시행령 제44조 제1항).

① 위 3.의 (2)의 어느 하나에 해당하는 서류(④의 경우에는 판결서를 말하며, ⑤의 경우에는 하자진단 결과통보서를 말한다)
② 하자의 조사 및 보수비용 산정, 하자의 판정기준 및 하자의 발생부분 판단기준을 적용하여 산출한 하자보수비용 및 그 산출명세서[위 3.의 (2)의 절차에서 하자보수비용이 결정되지 아니한 경우만 해당한다]

○X문제

입주자대표회의등이 하자보수보증금의 사용내역을 신고하려는 경우에는 하자보수보증금 사용내역 신고서에 하자보수보증금의 금융기관 거래명세표 및 하자보수보증금의 세부 사용명세를 첨부하여 시장·군수·구청장에게 제출하여야 한다. (   )

정답 ○

(2) 하자보수보증금의 지급시기

위 **(1)**에 따른 청구를 받은 하자보수보증서 발급기관은 청구일부터 30일 이내에 하자보수보증금을 지급해야 한다. 다만, 위 3. **(2)**의 ① 및 ⑤의 경우 하자보수보증서 발급기관이 청구를 받은 금액에 이의가 있으면 하자분쟁조정위원회에 분쟁조정이나 분쟁재정을 신청한 후 그 결과에 따라 지급해야 한다(공동주택관리법 시행령 제44조 제2항).

(3) 지급방법

하자보수보증서 발급기관은 위 **(2)**에 따라 하자보수보증금을 지급할 때에는 다음의 구분에 따른 금융계좌로 이체하는 방법으로 지급하여야 하며, 입주자대표회의는 그 금융계좌로 해당 하자보수보증금을 관리하여야 한다(공동주택관리법 시행령 제44조 제3항).

① **의무관리대상 공동주택**: 입주자대표회의의 회장의 인감과 관리사무소장의 직인을 복수로 등록한 금융계좌

② **의무관리대상이 아닌 공동주택**: 「집합건물의 소유 및 관리에 관한 법률」에 따른 관리인의 인감을 등록한 금융계좌(같은 법에 따른 관리위원회가 구성되어 있는 경우에는 그 위원회를 대표하는 자 1명과 관리인의 인감을 복수로 등록한 계좌)

(4) 지급내역의 통보

① **지급기한**: 하자보수보증금을 예치받은 자(이하 '하자보수보증금의 보증서 발급기관'이라 한다)는 하자보수보증금을 의무관리대상 공동주택의 입주자대표회의에 지급한 날부터 30일 이내에 지급내역을 국토교통부령(아래 ②)으로 정하는 바에 따라 관할 시장·군수·구청장에게 통보하여야 한다(공동주택관리법 제38조 제3항).

② **하자보수보증금의 지급내역서의 제출**: 위 ①에 따른 하자보수보증금의 보증서 발급기관은 하자보수보증금 지급내역서(이하 '지급내역서'라 한다)에 하자보수보증금을 사용할 시설공사별 하자내역을 첨부하여 관할 시장·군수·구청장에게 제출하여야 한다(공동주택관리법 시행규칙 제18조의2 제1항).

③ **지급내역서의 작성방법**: 지급내역서는 담보책임기간별로 구분하여 작성하여야 한다(공동주택관리법 시행규칙 제18조의2 제2항).

(5) 사업자 선정의 제한 OX

입주자대표회의는 위 (3)에 따라 하자보수보증금을 지급받기 전에 미리 하자보수를 하는 사업자를 선정해서는 아니 된다(공동주택관리법 시행령 제44조 제4항). 기출

(6) 사용명세의 통보 OX

입주자대표회의는 하자보수보증금을 사용한 때에는 그날부터 30일 이내에 그 사용명세를 사업주체에게 통보하여야 한다(공동주택관리법 시행령 제44조 제5항). 기출

(7) 하자보수보증금의 사용내역 및 지급 내역 제공

① 시장·군수·구청장은 위 3. (1)에 따른 하자보수보증금 사용내역과 위 (4)의 ①에 따른 하자보수보증금 지급 내역을 매년 국토교통부령(아래 ②)으로 정하는 바에 따라 국토교통부장관에게 제공하여야 한다(공동주택관리법 제38조 제4항).

② 시장·군수·구청장은 위 ①에 따라 해당 연도에 제출받은 하자보수보증금 사용내역 신고서(첨부서류는 제외한다)와 지급내역서(첨부서류를 포함한다)의 내용을 다음 해 1월 31일까지 국토교통부장관에게 제공해야 한다. 이 경우 제공 방법은 **하자관리정보시스템에 입력하는 방법**으로 한다(공동주택관리법 시행규칙 제18조의3).

5. 하자보수보증금의 반환

(1) 반환비율 OX

입주자대표회의는 사업주체가 예치한 하자보수보증금을 다음의 구분에 따라 순차적으로 사업주체에게 반환하여야 한다(공동주택관리법 시행령 제45조 제1항). 기출

① **다음의 구분에 따른 날**(이하 '사용검사일'이라 한다)**부터 2년이 경과된 때**: 하자보수보증금의 100분의 15
  ㉠ 「주택법」에 따른 사용검사(공동주택단지 안의 공동주택 전부에 대하여 임시사용승인을 받은 경우에는 임시사용승인을 말한다)를 받은 날
  ㉡ 「건축법」에 따른 사용승인(공동주택단지 안의 공동주택 전부에 대하여 임시사용승인을 받은 경우에는 임시사용승인을 말한다)을 받은 날

OX문제

입주자대표회의는 하자보수보증서 발급기관으로부터 하자보수보증금을 지급받기 전에 미리 하자보수를 하는 사업자를 선정해서는 아니 된다. ( )

OX문제

입주자대표회의는 하자보수보증금을 사용한 때에는 그날부터 30일 이내에 그 사용명세서를 사업주체에게 통보하여야 한다. ( )

OX문제

입주자대표회의는 사업주체가 예치한 하자보수보증금을 사용검사일부터 2년이 경과된 때에는 하자보수보증금의 100분의 15의 비율로 순차적으로 사업주체에게 반환하여야 한다. ( )

입주자대표회의는 사업주체가 예치한 하자보수보증금을 사용검사일부터 3년이 경과된 때에는 하자보수보증금의 100분의 40의 비율로 순차적으로 사업주체에게 반환하여야 한다. ( )

입주자대표회의가 하자보수보증금을 반환할 경우 사용검사일부터 5년이 경과된 때에는 하자보수보증금의 100분의 20의 비율로 계산한다. ( )

입주자대표회의가 사용검사일부터 10년이 경과하면 하자보수보증금을 일시에 반환하여야 한다. ( )

정답 ○, ○, ○, ○, ×, ×

② 사용검사일부터 **3년**이 경과된 때: 하자보수보증금의 100분의 40
③ 사용검사일부터 **5년**이 경과된 때: 하자보수보증금의 100분의 25
④ 사용검사일부터 **10년**이 경과된 때: 하자보수보증금의 100분의 20

(2) 사용한 금액의 계산

위 (1)에 따라 하자보수보증금을 반환할 경우 하자보수보증금을 사용한 경우에는 이를 포함하여 위 (1)의 비율을 계산하되, 이미 사용한 하자보수보증금은 반환하지 아니한다(공동주택관리법 시행령 제45조 제2항).

5 하자심사·분쟁조정 및 분쟁재정

1. 하자심사·분쟁조정위원회 설치 등

(1) 하자분쟁조정위원회의 설치 OX

담보책임 및 하자보수 등과 관련한 아래 (2)의 사무를 관장하기 위하여 **국토교통부**에 하자심사·분쟁조정위원회(이하 '하자분쟁조정위원회'라 한다)를 둔다(공동주택관리법 제39조 제1항). 기출

(2) 하자분쟁조정위원회의 사무

하자분쟁조정위원회의 사무는 다음과 같다(공동주택관리법 제39조 제2항).
OX ① 하자 여부 판정 기출
② 하자담보책임 및 하자보수 등에 대한 사업주체·하자보수보증금의 보증서 발급기관(이하 '사업주체등'이라 한다)과 입주자대표회의등·임차인등 간의 분쟁의 조정 및 재정 기출
③ 하자의 책임범위 등에 대하여 사업주체등·설계자·감리자 및 「건설산업기본법」에 따른 수급인·하수급인 간에 발생하는 분쟁의 조정 및 재정 기출
④ 다른 법령에서 하자분쟁조정위원회의 사무로 규정된 사항

(3) 하자심사·분쟁조정 또는 분쟁재정 신청

① **조정등의 신청**: 하자분쟁조정위원회에 하자심사·분쟁조정 또는 분쟁재정(이하 '조정등'이라 한다)을 신청하려는 자는 국토교통부령(아래 ②, ③ 및 ④)으로 정하는 바에 따라 신청서를 제출하여야 한다(공동주택관리법 제39조 제3항).
② **하자심사신청서의 제출**: 위 ①에 따라 하자심사를 신청하려는 자는 하자심사신청서에 다음의 서류를 첨부하여 하자심사·분쟁조정위원회(이

하 '하자분쟁조정위원회'라 한다)에 제출하여야 한다. 이 경우 피신청인 인원수에 해당하는 부본(副本)과 함께 제출해야 한다(공동주택관리법 시행규칙 제19조 제1항).

㉠ 당사자간 교섭경위서(하자보수를 최초로 청구한 때부터 해당 사건을 하자분쟁조정위원회에 신청할 때까지 당사자간 일정별 청구·답변 내용 또는 협의한 내용과 그 입증자료를 말한다) 1부

㉡ 하자발생사실 증명자료(컬러 사진 및 설명자료 등) 1부

㉢ 하자보수보증금의 보증서 사본(하자보수보증금의 보증서 발급기관이 사건의 당사자인 경우만 해당한다) 1부

㉣ 신청인의 신분증 사본(법인은 인감증명서를 말하되, 전자서명법에 따른 전자서명을 한 전자문서로 신청하는 경우에는 신분증 사본 및 인감증명서를 첨부하지 않는다). 다만, 대리인이 신청하는 경우에는 다음의 서류를 말한다.

ⓐ 신청인의 위임장 및 신분증 사본

ⓑ 대리인의 신분증(변호사는 변호사 신분증을 말한다) 사본

ⓒ 대리인이 법인의 직원인 경우에는 재직증명서

㉤ 입주자대표회의 또는 공공임대주택의 임차인대표회의가 신청하는 경우에는 그 구성 신고를 증명하는 서류 1부

㉥ 관리사무소장이 신청하는 경우에는 관리사무소장 배치 및 직인 신고 증명서 사본 1부

㉦ 「집합건물의 소유 및 관리에 관한 법률」에 따른 관리단이 신청하는 경우에는 그 관리단의 관리인을 선임한 증명서류 1부

③ **하자분쟁조정신청서의 제출**: 위 ①에 따라 분쟁조정을 신청하려는 자는 하자분쟁조정신청서에 다음의 서류를 첨부하여 하자분쟁조정위원회에 제출해야 한다. 이 경우 피신청인 인원수에 해당하는 부본과 함께 제출해야 한다(공동주택관리법 시행규칙 제19조 제2항).

㉠ 위 ②의 서류

㉡ 하자보수비용 산출명세서(하자보수비용을 청구하는 경우만 해당한다) 1부

㉢ 당사자간 계약서 사본[사업주체등(사업주체 및 하자보수보증서 발급기관을 말한다. 이하 같다)·설계자·감리자·수급인 또는 하수급인 사이의 분쟁인 경우만 해당한다] 1부

㉣ 법인 등기사항증명서(사업주체등·설계자·감리자·수급인 또는 하수급인 사이의 분쟁인 경우만 해당한다) 1부

④ **하자분쟁재정신청서의 제출**: 위 ①에 따라 분쟁재정을 신청하려는 자는 하자분쟁재정신청서에 위 ③의 서류를 첨부하여 하자분쟁조정위원회에 제출해야 한다. 이 경우 피신청인 인원수에 해당하는 부본을 함께 제출해야 한다(공동주택관리법 시행규칙 제19조 제3항).

⑤ **집합건물분쟁조정위원회의 하자 여부 판정 요청**: 「집합건물의 소유 및 관리에 관한 법률」에 따라 집합건물분쟁조정위원회가 하자분쟁조정위원회에 하자판정을 요청하는 경우에는 집합건물 하자판정신청서에 다음의 서류를 첨부하여야 한다. 이 경우 집합건물의 하자 판정에 관하여는 「공동주택관리법」 제43조의 하자심사규정을 준용한다(공동주택관리법 시행규칙 제19조 제4항).

  ㉠ 「집합건물의 소유 및 관리에 관한 법률」에 따른 당사자가 집합건물분쟁조정위원회에 제출한 서류
  ㉡ 그 밖에 하자판정에 참고가 될 수 있는 객관적인 자료

(4) 선정대표자

① **단체사건의 대표자 선정**: 위 (3)의 ①에 따라 신청한 하자심사·분쟁조정 또는 분쟁재정(이하 '조정등') 사건 중에서 여러 사람이 공동으로 조정 등의 당사자가 되는 사건(이하 '단체사건')의 경우에는 그중에서 3명 이하의 사람을 대표자로 선정할 수 있다(공동주택관리법 시행령 제46조 제1항).

② **선정의 권고**: 하자분쟁조정위원회는 단체사건의 당사자들에게 위 ①에 따라 대표자를 선정하도록 권고할 수 있다(공동주택관리법 시행령 제46조 제2항).

③ **선정대표자의 권한**: 위 ①에 따라 선정된 대표자(이하 '선정대표자'라 한다)는 위 (3)의 ①에 따라 신청한 조정등에 관한 권한을 갖는다. 다만, 신청을 철회하거나 조정안을 수락하려는 경우에는 서면으로 다른 당사자의 동의를 받아야 한다(공동주택관리법 시행령 제46조 제3항).

④ **행위제한**: 대표자가 선정되었을 때에는 다른 당사자들은 특별한 사유가 없으면 그 선정대표자를 통하여 해당 사건에 관한 행위를 하여야 한다(공동주택관리법 시행령 제46조 제4항).

⑤ **선정대표자의 선임계**

  ㉠ 선임계의 제출: 대표자를 선정한 당사자들은 그 선정결과를 국토교통부령(아래 ㉡)으로 정하는 바에 따라 하자분쟁조정위원회에 제출하여야 한다. 선정대표자를 해임하거나 변경한 경우에도 또한 같다(공동주택관리법 시행령 제46조 제5항).

ⓒ **제출방법**: 하자심사, 분쟁조정 또는 분쟁재정 사건에 대하여 대표자를 선정, 해임 또는 변경한 당사자들은 위 ㉠에 따라 선정대표자 선임(해임·변경)계를 하자분쟁조정위원회에 제출해야 한다(공동주택관리법 시행규칙 제20조).

(5) 하자의 조사방법 등

① **위임규정**: 위 **(3)**의 ①에 따라 신청된 조정등을 위하여 필요한 하자의 조사방법 및 기준, 하자보수비용의 산정방법 등이 포함된 하자판정에 관한 기준은 대통령령으로 정한다(공동주택관리법 제39조 제4항).

② **하자의 조사**: 위 ①에 따른 하자 여부의 조사는 현장실사 등을 통하여 하자가 주장되는 부위와 설계도서를 비교하여 측정하는 등의 방법으로 한다(공동주택관리법 시행령 제47조 제1항). 기출

③ **하자보수비용의 산정방법**: 공동주택의 하자보수비용은 실제 하자보수에 소요되는 공사비용으로 산정하되, 하자보수에 필수적으로 수반되는 부대비용을 추가할 수 있다(공동주택관리법 시행령 제47조 제2항). 기출

④ **세부사항의 고시**: 위 ② 및 ③에 따른 하자의 조사 및 보수비용 산정, 하자의 판정기준 및 하자의 발생부분 판단기준(하자 발생부위가 전유부분인지 공용부분인지에 대한 판단기준) 등에 필요한 세부적인 사항은 국토교통부장관이 정하여 고시한다(공동주택관리법 시행령 제47조 제3항).

2. 하자분쟁조정위원회의 구성 등

(1) 하자분쟁조정위원회의 구성

① **구성 및 구성원 수**: 하자분쟁조정위원회는 위원장 1명을 포함한 60명 이내의 위원으로 구성하며, 위원장은 상임*으로 한다(공동주택관리법 제40조 제1항).

② **위원의 임명 등**: 하자분쟁조정위원회의 위원은 공동주택 하자에 관한 학식과 경험이 풍부한 사람으로서 다음의 어느 하나에 해당하는 사람 중에서 국토교통부장관이 임명 또는 위촉한다. 이 경우 ㉢에 해당하는 사람이 9명 이상 포함되어야 한다(공동주택관리법 제40조 제7항). 기출

㉠ 1급부터 4급까지 상당의 공무원 또는 고위공무원단에 속하는 공무원이거나 이와 같은 직에 재직한 사람

㉡ 공인된 대학이나 연구기관에서 부교수 이상 또는 이에 상당하는 직에 재직한 사람

○×문제

하자 여부의 조사는 현장실사 등을 통하여 하자 부위와 설계도서를 비교하여 측정하는 등의 방법으로 한다. ( )

○×문제

공동주택의 하자보수비용은 실제 하자보수에 소요되는 공사비용으로 산정하되, 하자보수에 필수적으로 수반되는 비용을 추가할 수 있다.
( )

• **상임(常任)**
1. 일정한 일을 계속하여 맡음
2. 늘 계속하여 맡다.

○×문제

하자분쟁조정위원 중에는 공동주택 하자에 관한 학식과 경험이 풍부한 사람으로서 공인된 대학이나 연구기관에서 부교수 이상 또는 이에 상당하는 직에 재직한 사람이 7명 이상 포함되어야 한다. ( )

하자분쟁조정위원회 위원은 공동주택 하자에 관한 학식과 경험이 풍부한 사람으로서 주택관리사로서 공동주택의 관리사무소장으로 10년 이상 근무한 사람 중에서 위촉할 수 있다.
( )

공인된 대학의 조교수로 재직한 사람은 하자심사·분쟁조정위원회 위원이 될 수 있다.
( )

주택관리사로서 공동주택의 관리사무소장으로 12년 근무한 사람은 하자분쟁조정위원회의 위원으로 위촉될 수 없다.
( )

정답 ○, ○, ×, ○, ×, ×

ⓒ 판사·검사 또는 변호사의 직에 6년 이상 재직한 사람
　　　ⓔ 건설공사, 전기공사, 정보통신공사, 소방시설공사, 시설물 정밀안전진단 또는 감정평가에 관한 전문적 지식을 갖추고 그 업무에 10년 이상 종사한 사람
　　　ⓕ 주택관리사로서 공동주택의 관리사무소장으로 10년 이상 근무한 사람
　　　ⓖ 「건축사법」에 따라 신고한 건축사 또는 「기술사법」에 따라 등록한 기술사로서 그 업무에 10년 이상 종사한 사람
　③ **임기**: 위원장과 공무원이 아닌 위원의 임기는 2년으로 하되 연임할 수 있으며, 보궐위원의 임기는 전임자의 남은 임기로 한다(공동주택관리법 제40조 제8항).
　④ **해임 및 해촉사유**: 하자분쟁조정위원회의 위원 중 공무원이 아닌 위원은 다음에 해당하는 경우를 제외하고는 본인의 의사에 반하여 해촉되지 아니한다(공동주택관리법 제40조 제9항, 동법 시행령 제50조).
　　　㉠ 신체상 또는 정신상의 장애로 직무를 수행할 수 없는 경우
　　　㉡ 「국가공무원법」 제33조의 결격사유에 해당하는 경우
　　　㉢ 직무상 의무를 위반한 경우
　　　㉣ 직무태만, 품위손상이나 그 밖의 사유로 위원으로 적합하지 아니하다고 인정되는 경우
　　　㉤ 위원의 제척사유에 해당하는 경우에도 불구하고 회피하지 아니한 경우

(2) 위원장 및 분과위원장의 임명

위원장 및 분과위원회의 위원장(이하 '분과위원장'이라 한다)은 국토교통부장관이 임명한다(공동주택관리법 제40조 제5항).

(3) 위원장의 직무 및 직무대행

위원장은 하자분쟁조정위원회를 대표하고 그 직무를 총괄한다. 다만, 위원장이 부득이한 사유로 직무를 수행할 수 없는 경우에는 위원장이 미리 지명한 분과위원장 순으로 그 직무를 대행한다(공동주택관리법 제40조 제10항).

(4) 분과위원회의 구성 등

　① **구성**: 하자분쟁조정위원회에 하자 여부 판정, 분쟁조정 및 분쟁재정을 전문적으로 다루는 분과위원회를 둔다(공동주택관리법 제40조 제2항).

② **구성원 수**
　㉠ **하자 여부 판정 또는 분쟁조정을 다루는 분과위원회**: 하자 여부 판정 또는 분쟁조정을 다루는 분과위원회는 하자분쟁조정위원회의 위원장(이하 '위원장'이라 한다)이 지명하는 9명 이상 15명 이하의 위원으로 구성한다(공동주택관리법 제40조 제3항).
　㉡ **분쟁재정을 다루는 분과위원회**: 분쟁재정을 다루는 분과위원회는 위원장이 지명하는 5명의 위원으로 구성하되, 위 **(1)**의 ②의 ㉢에 해당하는 사람이 1명 이상 포함되어야 한다(공동주택관리법 제40조 제4항).

③ **분과위원회의 종류별 구성**: 하자분쟁조정위원회에는 시설공사 등에 따른 하자 여부 판정 또는 분쟁의 조정·재정을 위하여 다음의 분과위원회를 하나 이상씩 둔다(공동주택관리법 시행령 제48조 제1항).
　㉠ **하자심사분과위원회**: 하자 여부 판정
　㉡ **분쟁조정분과위원회**: 분쟁의 조정
　㉢ **분쟁재정분과위원회**: 분쟁의 재정
　㉣ **하자재심분과위원회**: 「공동주택관리법」 제43조 제4항에 따른 이의신청 사건에 대한 하자 여부 판정
　㉤ 그 밖에 국토교통부장관이 필요하다고 인정하는 분과위원회

④ **위원의 지명**: 하자분쟁조정위원회의 위원장은 위원의 전문성과 경력 등을 고려하여 각 분과위원회별 위원을 지명하여야 한다(공동주택관리법 시행령 제48조 제2항).

⑤ **분과위원장의 직무대행**: 분과위원회 위원장이 부득이한 사유로 직무를 수행할 수 없을 때에는 해당 분과위원회 위원장이 해당 분과위원 중에서 미리 지명한 위원이 그 직무를 대행한다(공동주택관리법 시행령 제48조 제3항).

(5) 소위원회의 구성 등

① **구성 및 구성원 수**: 위원장은 분과위원회별로 사건의 심리 등을 위하여 전문분야 등을 고려하여 3명 이상 5명 이하의 위원으로 소위원회를 구성할 수 있다. 이 경우 위원장이 해당 분과위원회 위원 중에서 소위원회의 위원장(이하 '소위원장'이라 한다)을 지명한다(공동주택관리법 제40조 제6항).

② **소위원회의 구성 수**: 위 ①에 따라 분과위원회별로 시설공사의 종류 및 전문분야 등을 고려하여 5개 이내의 소위원회를 둘 수 있다(공동주택관리법 시행령 제49조 제1항).

③ **소위원장의 직무대행**: 소위원회 위원장이 부득이한 사유로 직무를 수행할 수 없을 때에는 해당 소위원회 위원장이 해당 소위원회 위원 중에서 미리 지명한 위원이 그 직무를 대행한다(공동주택관리법 시행령 제49조 제2항).

(6) 위원의 제척 등

① **제척사유**: 하자분쟁조정위원회의 위원이 다음의 어느 하나에 해당하는 경우에는 그 사건의 조정등에서 **제척된다**(공동주택관리법 제41조 제1항).
  ㉠ 위원 또는 그 배우자나 배우자였던 사람이 해당 사건의 당사자가 되거나 해당 사건에 관하여 공동의 권리자 또는 의무자의 관계에 있는 경우
  ㉡ 위원이 해당 사건의 당사자와 친족관계에 있거나 있었던 경우
  ㉢ 위원이 해당 사건에 관하여 증언이나 「공동주택관리법」 제48조에 따른 하자진단 또는 하자감정을 한 경우
  ㉣ 위원이 해당 사건에 관하여 당사자의 대리인으로서 관여하였거나 관여한 경우
  ㉤ 위원이 해당 사건의 원인이 된 처분 또는 부작위에 관여한 경우
  ㉥ 위원이 최근 3년 이내에 해당 사건의 당사자인 법인 또는 단체의 임원 또는 직원으로 재직하거나 재직하였던 경우
  ㉦ 위원이 속한 법인 또는 단체(최근 3년 이내에 속하였던 경우를 포함한다)가 해당 사건에 관하여 설계, 감리, 시공, 자문, 감정 또는 조사를 수행한 경우
  ㉧ 위원이 최근 3년 이내에 해당 사건 당사자인 법인 또는 단체가 발주한 설계, 감리, 시공, 감정 또는 조사를 수행한 경우

② **제척의 결정**: 하자분쟁조정위원회는 제척의 원인이 있는 경우에는 직권 또는 당사자의 신청에 따라 제척 결정을 하여야 한다(공동주택관리법 제41조 제2항).

③ **하자분쟁조정위원회 위원의 기피**
  ㉠ 기피신청: 당사자는 위원에게 공정한 조정등을 기대하기 어려운 사정이 있는 경우에는 하자분쟁조정위원회에 기피신청을 할 수 있으며, 하자분쟁조정위원회는 기피신청이 타당하다고 인정하면 기피결정을 하여야 한다(공동주택관리법 제41조 제3항).

ⓛ **자료의 제출**: 당사자는 위 ㉠에 따라 기피신청을 하려는 경우에는 기피신청 사유와 그 사유를 입증할 수 있는 자료를 서면으로 하자분쟁조정위원회에 제출해야 한다(공동주택관리법 시행령 제50조의2 제1항).
   ㉢ **의견서의 제출**: 위 ㉠에 따른 기피신청의 대상이 된 위원은 기피신청에 대한 의견서를 하자분쟁조정위원회에 제출할 수 있다(공동주택관리법 시행령 제50조의2 제2항).
   ㉣ **불복신청**: 기피신청에 대한 하자분쟁조정위원회의 결정에 대해서는 불복신청을 하지 못한다(공동주택관리법 시행령 제50조의2 제3항).
④ **회피**: 위원은 위 제척 또는 기피신청의 사유에 해당하는 경우에는 스스로 그 사건의 조정등에서 **회피(回避)**하여야 한다(공동주택관리법 제41조 제4항).
⑤ **절차의 중지**: 하자분쟁조정위원회는 위 ③의 ㉠에 따른 기피신청을 받으면 그 신청에 대한 결정을 할 때까지 조정등의 절차를 중지하여야 하고, 기피신청에 대한 결정을 한 경우 지체 없이 당사자에게 통지하여야 한다(공동주택관리법 제41조 제5항).
⑥ **준용규정**: 조정등의 절차에 관여하는 하자분쟁조정위원회의 운영 및 사무처리를 위한 조직의 직원에 대하여는 위 ①부터 ⑤까지의 규정을 준용한다(공동주택관리법 제41조 제6항).

3. 하자분쟁조정위원회의 회의 등

(1) 회의의 소집 및 의장

위원장은 전체위원회, 분과위원회 및 소위원회의 회의를 소집하며, 해당 회의의 의장은 다음의 구분에 따른다(공동주택관리법 제42조 제1항, 동법 시행령 제51조).

① **전체위원회**: 위원장
② **분과위원회**: 분과위원장. 다만, 다음의 사항을 심의하는 경우에는 위원장이 의장이 된다.
   ㉠ 하자 여부 판정 결과에 대한 재심의사건
   ㉡ 청구금액이 10억원 이상인 분쟁조정사건
   ㉢ 「공동주택관리법 시행령」 제48조 제1항 제4호에 따른 분과위원회(국토교통부장관이 필요하다고 인정하는 분과위원회)의 안건으로서 하자분쟁조정위원회의 의사 및 운영 등에 관한 사항
③ **소위원회**: 소위원장

(2) 전체위원회의 심의·의결사항 및 정족수

전체위원회는 다음에 해당하는 사항을 심의·의결한다. 이 경우 회의는 재적위원 **과반수의 출석**으로 개의하고, 그 출석위원 **과반수의 찬성**으로 의결한다(공동주택관리법 제42조 제2항).

① 하자분쟁조정위원회 의사에 관한 규칙의 제정·개정 및 폐지에 관한 사항
② 분과위원회에서 전체위원회의 심의·의결이 필요하다고 요구하는 사항
③ 그 밖에 위원장이 필요하다고 인정하는 사항

(3) 분과위원회의 심의·의결사항 및 정족수

분과위원회는 하자 여부 판정, 분쟁조정 및 분쟁재정 사건을 심의·의결하며, 회의는 그 **구성원 과반수**(분쟁재정을 다루는 분과위원회의 회의의 경우에는 그 구성원 전원을 말한다)의 출석으로 개의하고 **출석위원 과반수의 찬성**으로 의결한다. 이 경우 분과위원회에서 의결한 사항은 하자분쟁조정위원회에서 의결한 것으로 본다(공동주택관리법 제42조 제3항).

(4) 소위원회의 심의·의결사항 및 정족수

소위원회는 다음에 해당하는 사항을 심의·의결하거나, 소관 분과위원회의 사건에 대한 심리 등을 수행하며, 회의는 그 **구성원 과반수의 출석**으로 개의하고 **출석위원 전원의 찬성**으로 의결한다. 이 경우 소위원회에서 의결한 사항은 하자분쟁조정위원회에서 의결한 것으로 본다(공동주택관리법 제42조 제4항, 동법 시행령 제52조). 기출

① 1천만원 미만의 소액 사건
② 전문분야 등을 고려하여 분과위원회에서 소위원회가 의결하도록 결정한 사건
③ 아래 9. (2)의 후단(흠이 있는 신청을 일정한 기간 동안 신청인이 바로잡지 아니한 신청)에 따른 조정등의 신청에 대한 각하
④ 당사자 쌍방이 소위원회의 조정안을 수락하기로 합의한 사건
⑤ 하자의 발견 또는 보수가 쉬운 **전유부분**에 관한 하자 중 마감공사 또는 하나의 시설공사에서 발생한 하자와 관련된 심사 및 분쟁조정 사건

(5) 합의의 권고

하자분쟁조정위원회는 분쟁조정 신청을 받으면 조정절차 계속 중에도 당사자에게 하자보수 및 손해배상 등에 관한 합의를 권고할 수 있다. 이 경우

OX문제

하자의 발견 또는 보수가 쉬운 공용부분에 관한 하자 중 조경공사에서 발생한 하자와 관련된 심사 및 분쟁조정 사건은 소위원회의 심의·의결사항에 해당한다. ( )

정답 ×

권고는 조정절차의 진행에 영향을 미치지 아니한다(공동주택관리법 제42조 제5항).

(6) 회의사항의 고지

하자분쟁조정위원회 위원장은 전체위원회, 분과위원회 또는 소위원회 회의를 소집하려면 특별한 사정이 있는 경우를 제외하고는 회의 개최 3일 전까지 회의의 일시·장소 및 안건을 각 위원에게 알려야 한다(공동주택관리법 시행령 제53조 제1항).

(7) 사건의 분리 및 병합

하자분쟁조정위원회는 조정등을 효율적으로 하기 위하여 필요하다고 인정하면 해당 사건들을 분리하거나 병합할 수 있다(공동주택관리법 시행령 제53조 제2항).

(8) 분리 및 병합에 대한 결과의 고지

하자분쟁조정위원회는 위 (7)에 따라 해당 사건들을 분리하거나 병합한 경우에는 조정등의 당사자에게 지체 없이 그 결과를 알려야 한다(공동주택관리법 시행령 제53조 제3항).

(9) 그 밖에 필요한 사항

「공동주택관리법」 및 「공동주택관리법 시행령」에서 규정한 사항 외의 하자분쟁조정위원회의 운영 등에 필요한 사항은 국토교통부장관이 정한다(공동주택관리법 시행령 제53조 제4항).

(10) 하자관리정보시스템

국토교통부장관은 다음의 사항을 인터넷을 이용하여 처리하기 위하여 **하자관리정보시스템을 구축·운영할 수 있다**(공동주택관리법 시행령 제53조 제5항).

① 조정등 사건의 접수·통지와 송달
② 공동주택의 하자와 관련된 민원상담과 홍보
③ 하자보수보증금 사용내역과 지급내역의 관리
④ 「공동주택관리법」 제43조 제3항에 따른 하자보수 결과의 통보
⑤ 「공동주택관리법」 제43조 제9항에 따른 시장·군수·구청장에 대한 통보
⑥ 「공동주택관리법 시행령」 제45조의2 제1항의 서류의 보관 및 관리
⑦ 그 밖에 다른 법령에서 하자관리정보시스템으로 처리하도록 규정한 사항

(11) 사건접수현황의 확인

시장·군수·구청장은 위 (10)에 따른 하자관리정보시스템을 통해 관할 지역 내 조정등 사건의 접수 현황을 확인할 수 있다(공동주택관리법 시행령 제53조 제6항).

(12) 위원의 수당 및 여비

하자분쟁조정위원회 위원에 대하여는 예산의 범위에서 업무수행에 따른 수당, 여비 및 그 밖에 필요한 경비를 지급할 수 있다. 다만, 공무원인 위원이 소관업무와 직접 관련하여 회의에 출석하는 경우에는 그러하지 아니하다(공동주택관리법 시행령 제55조).

4. 조정등의 각하

(1) 위임규정

하자분쟁조정위원회의 의사 및 운영, 조정등의 각하 등에 필요한 사항은 대통령령[아래 (2)]으로 정한다(공동주택관리법 제42조 제6항).

(2) 조정등의 각하

① 위 (1)에 따라 하자분쟁조정위원회는 분쟁의 성질상 하자분쟁조정위원회에서 조정등을 하는 것이 맞지 아니하다고 인정하거나 부정한 목적으로 신청되었다고 인정되면 그 조정등의 신청을 **각하**할 수 있다(공동주택관리법 시행령 제54조 제1항).

② 하자분쟁조정위원회는 조정등의 사건의 처리 절차가 진행되는 도중에 한쪽 당사자가 법원에 소송(訴訟)을 제기한 경우에는 조정등의 신청을 **각하**한다. 조정등을 신청하기 전에 이미 소송을 제기한 사건으로 확인된 경우에도 또한 같다(공동주택관리법 시행령 제54조 제2항).

③ **각하사유의 고지**: 하자분쟁조정위원회는 위 ① 및 ②에 따라 각하를 한 때에는 그 사유를 당사자에게 알려야 한다(공동주택관리법 시행령 제54조 제3항).

5. 대리인

(1) 대리인 선임

위 1. (3)의 ①에 따라 조정등을 신청하는 자와 그 상대방은 다음의 어느 하나에 해당하는 사람을 대리인으로 선임할 수 있다(공동주택관리법 제42조의2 제1항).

① 변호사
② 「집합건물의 소유 및 관리에 관한 법률」에 따른 관리단의 관리인
③ 의무관리대상 공동주택의 관리사무소장
④ 당사자의 배우자 또는 4촌 이내의 친족
⑤ 주택(전유부분에 한정한다)의 사용자
⑥ 당사자가 국가 또는 지방자치단체인 경우에는 그 소속 공무원
⑦ 당사자가 법인인 경우에는 그 법인의 임원 또는 직원

(2) 위임행위의 표현

다음의 행위에 대하여는 위임자가 특별히 위임하는 것임을 명확히 표현하여야 대리할 수 있다(공동주택관리법 제42조의2 제2항).
① 신청의 취하
② 조정안(調停案)의 수락
③ 복대리인(復代理人)의 선임

(3) 소명

대리인의 권한은 서면으로 소명(疎明)하여야 한다(공동주택관리법 제42조의2 제3항).

6. 하자심사 등

(1) 하자심사 사건의 분쟁조정 회부 등

① **하자심사 사건의 분쟁조정 회부**: 위 3. (3)에 따라 하자 여부 판정을 하는 분과위원회는 하자의 정도에 비하여 그 보수의 비용이 과다하게 소요되어 사건을 분쟁조정에 회부하는 것이 적합하다고 인정하는 경우에는 신청인의 의견을 들어 대통령령(아래 ②)으로 정하는 바에 따라 분쟁조정을 하는 분과위원회에 송부하여 해당 사건을 조정하게 할 수 있다. 이 경우 하자심사에 소요된 기간은 「공동주택관리법」 제45조 제1항(조정등의 처리기간)에 따른 기간 산정에서 제외한다(공동주택관리법 제43조 제1항).

② **문서 및 물건의 이송 및 통지**: 위 ①에 따라 하자심사분과위원회는 하자심사 사건을 분쟁조정분과위원회에 회부하기로 결정한 때에는 지체 없이 해당 사건에 관한 문서 및 물건을 분쟁조정분과위원회로 이송하고, 그 사실을 국토교통부령으로 정하는 바에 따라 당사자에게 통지하여야 한다(공동주택관리법 시행령 제56조).

(2) 하자 여부의 판정

① **하자 여부 판정서 정본의 송달**: 하자분쟁조정위원회는 하자 여부를 판정한 때에는 대통령령(아래 ②)으로 정하는 사항을 기재하고 위원장이 기명날인한 하자 여부 판정서 정본(正本)을 각 당사자 또는 그 대리인에게 송달하여야 한다(공동주택관리법 제43조 제2항).

② **하자 여부 판정서의 기재사항**: 위 ①에서 '대통령령으로 정하는 사항'이란 다음의 사항을 말한다(공동주택관리법 시행령 제57조 제1항).
  ㉠ 사건번호와 사건명
  ㉡ 하자의 발생 위치
  ㉢ 당사자, 선정대표자, 대리인의 주소 및 성명(법인인 경우에는 본점의 소재지 및 명칭을 말한다)
  ㉣ 신청의 취지(신청인 주장 및 피신청인 답변)
  ㉤ 판정일자
  ㉥ 판정이유
  ㉦ 판정결과
  ㉧ 보수기한

③ **보수기한**: 위 ②의 ㉧ 보수기한은 송달일부터 60일 이내의 범위에서 정하여야 한다(공동주택관리법 시행령 제57조 제2항).

(3) 하자로 판정된 시설물의 보수 등

① **하자보수**: 사업주체는 위 (2)의 ①에 따라 하자 여부 판정서 정본을 송달받은 경우로서 하자가 있는 것으로 판정된 경우(하자 여부 판정 결과가 변경된 경우는 제외한다)에는 하자 여부 판정서에 따라 하자를 보수하고, 그 결과를 지체 없이 대통령령(아래 ②)으로 정하는 바에 따라 하자분쟁조정위원회에 통보하여야 한다(공동주택관리법 제43조 제3항).

② **이행결과의 등록**: 사업주체는 위 ①에 따라 하자 보수 결과를 지체 없이 하자관리정보시스템에 등록하는 방법으로 하자분쟁조정위원회에 통보해야 한다(공동주택관리법 시행령 제57조 제3항).

(4) 하자 여부 판정에 대한 이의신청

① **이의신청**: 위 (2)의 하자 여부 판정 결과에 대하여 이의가 있는 자는 하자 여부 판정서를 송달받은 날부터 30일 이내에 안전진단전문기관 또는 대통령령(아래 ②)으로 정하는 관계 전문가가 작성한 의견서를 첨부하여 국토교통부령으로 정하는 바에 따라 이의신청을 할 수 있다(공동주택관리법 제43조 제4항).

② **관계 전문가**: 위 ①에서 '대통령령으로 정하는 관계 전문가'란 「변호사법」에 따라 등록한 변호사를 말한다(공동주택관리법 시행령 제57조의2).

(5) 이의신청에 대한 재심의

① **재심의**: 하자분쟁조정위원회는 위 (4)의 이의신청이 있는 경우에는 위 (2)의 ①의 하자 여부 판정을 의결한 분과위원회가 아닌 다른 분과위원회에서 해당 사건에 대하여 재심의를 하도록 하여야 한다. 이 경우 처리기간은 아래 9. **(1)** 및 **(3)**을 준용한다(공동주택관리법 제43조 제5항).

② **이의신청 사건의 심리**: 하자분쟁조정위원회는 이의신청 사건을 심리하기 위하여 필요한 경우에는 기일을 정하여 당사자 및 위 **(4)**의 의견서를 작성한 안전진단기관 또는 관계 전문가를 출석시켜 진술하게 하거나 입증자료 등을 제출하게 할 수 있다. 이 경우 안전진단기관 또는 관계 전문가는 이에 따라야 한다(공동주택관리법 제43조 제6항).

③ **하자 여부 판정의 변경**: 위 ①에 따른 재심의를 하는 분과위원회가 당초의 하자 여부 판정을 변경하기 위하여는 재적위원 과반수의 출석으로 개의하고 출석위원 3분의 2 이상의 찬성으로 의결하여야 한다. 이 경우 출석위원 3분의 2 이상이 찬성하지 아니한 경우에는 당초의 판정을 하자분쟁조정위원회의 최종 판정으로 본다(공동주택관리법 제43조 제7항).

④ **재심의 결정서 정본의 송달**: 위 ③에 따라 재심의가 확정된 경우에는 하자분쟁조정위원회는 재심의 결정서 정본을 지체 없이 각 당사자 또는 그 대리인에게 송달하여야 한다(공동주택관리법 제43조 제8항).

⑤ **통보**: 하자분쟁조정위원회는 다음의 사항을 시장·군수·구청장에게 통보할 수 있다(공동주택관리법 제43조 제9항).
  ㉠ 위 **(3)**의 ①에 따라 사업주체가 통보한 하자보수 결과
  ㉡ 위 **(3)**의 ①에 따라 하자보수 결과를 통보하지 아니한 사업주체 현황

7. 분쟁조정

(1) 조정안의 결정 및 제시

하자분쟁조정위원회는 다음에 관한 분쟁의 조정절차를 완료한 때에는 지체 없이 대통령령(보조단)으로 정하는 사항을 기재한 조정안(신청인이 조정신청을 한 후 조정절차 진행 중에 피신청인과 합의를 한 경우에는 합의한 내용을 반영하되, 합의한 내용이 명확하지 아니한 것은 제외한다)을 결정하고, 각 당사자 또는 그 대리인에게 이를 제시하여야 한다(공동주택관리법 제44조 제1항).

> **⊕ 고득점 심화학습**
>
> **조정안의 기재사항**
>
> 본문 **(1)**에서 '대통령령으로 정하는 사항'이란 다음의 사항을 말한다(공동주택관리법 시행령 제58조).
> 1. 사건번호와 사건명
> 2. 하자의 발생 위치
> 3. 당사자, 선정대표자, 대리인의 주소 및 성명(법인인 경우에는 본점의 소재지 및 명칭을 말한다)
> 4. 신청의 취지
> 5. 조정일자
> 6. 조정이유
> 7. 조정결과

① 하자담보책임 및 하자보수 등에 대한 사업주체·하자보수보증금의 보증서 발급기관(이하 '사업주체등'이라 한다)과 입주자대표회의등·임차인등 간의 분쟁의 조정
② 하자의 책임범위 등에 대하여 사업주체등·설계자 및 감리자 및 수급인·하수급인 간에 발생하는 분쟁의 조정

(2) 조정안의 수락

① **수락 여부의 통보기한**: 위 (1)에 따른 조정안을 제시받은 당사자는 그 제시를 받은 날부터 30일 이내에 그 수락 여부를 하자분쟁조정위원회에 통보하여야 한다. 이 경우 수락 여부에 대한 답변이 없는 때에는 그 조정안을 수락한 것으로 본다(공동주택관리법 제44조 제2항).

② **조정안의 수락**: 위 (1)에 따라 하자분쟁조정위원회에서 제시한 조정안을 제시받은 각 당사자 또는 대리인은 아래 ③에 따라 그 조정안을 수락하거나 거부할 때에는 국토교통부령으로 정하는 바에 따라 각 당사자 또는 대리인이 서명 또는 날인한 서면[전자서명법에 따른 전자서명(서명자의 실지명의를 확인할 수 있는 것으로 한정한다)을 한 전자문서를 포함한다]을 하자분쟁조정위원회에 제출하여야 한다(공동주택관리법 시행령 제59조 제1항).

③ **조정서 정본의 송달 등**

㉠ **조정서 정본의 송달**: 하자분쟁조정위원회는 각 당사자 또는 그 대리인이 위 ①에 따라 조정안을 수락(대통령령으로 정하는 바에 따라 서면 또는 전자적 방법으로 수락한 경우를 말한다)하거나 기한까지 답변이 없는 때에는 위원장이 기명날인한 조정서 정본을 지체 없이 각 당사자 또는 그 대리인에게 송달하여야 한다(공동주택관리법 제44조 제3항).

㉡ **조정서의 기재사항**: 위 ㉠에 따른 조정서의 기재사항은 다음과 같다(공동주택관리법 시행령 제59조 제2항).

ⓐ 사건번호와 사건명
ⓑ 하자의 발생 위치
ⓒ 당사자, 선정대표자, 대리인의 주소 및 성명(법인인 경우에는 본점의 소재지 및 명칭을 말한다)
ⓓ 조정서 교부일자
ⓔ 조정내용
ⓕ 신청의 표시(신청취지 및 신청원인)

ⓒ **보수결과의 등록**: 사업주체는 위 ⓛ의 조정서에 따라 하자를 보수하고 그 결과를 지체 없이 하자관리정보시스템에 등록하여야 한다(공동주택관리법 시행령 제59조 제3항).

④ **조정서의 효력**: 조정서의 내용은 재판상 화해와 동일한 효력이 있다. 다만, 당사자가 임의로 처분할 수 없는 사항으로 대통령령(아래 ⑤)으로 정하는 것은 그러하지 아니하다(공동주택관리법 제44조 제4항).

⑤ **당사자가 임의로 처분할 수 없는 사항**: 위 ④의 단서에서 '대통령령으로 정하는 것'이란 다음의 어느 하나에 해당하는 것을 말한다(공동주택관리법 시행령 제60조).

ⓠ 입주자대표회의가 전체 입주자 5분의 4 이상의 동의 없이 공동주택 공용부분의 하자보수를 제외한 담보책임에 관한 분쟁조정을 신청한 사건. 다만, 입주자대표회의와 사업주체등(사업주체 및 하자보수보증서 발급기관을 말한다) 간의 분쟁조정으로서 「공동주택관리법 시행령」 제41조 제3항에 따라 입주자대표회의의 명의로 변경된 하자보수보증금의 반환에 관한 사건은 제외한다.

ⓛ 법령이나 계약 등에 의하여 당사자가 독자적으로 권리를 행사할 수 없는 부분의 담보책임 및 하자보수 등에 관한 분쟁조정을 신청한 사건

8. 분쟁재정

(1) 심문 및 의견진술

① **위임규정**: 하자분쟁조정위원회는 분쟁의 재정을 위하여 심문(審問)의 기일을 정하고 대통령령(아래 ②)으로 정하는 바에 따라 당사자에게 의견을 진술하게 하여야 한다(공동주택관리법 제44조의2 제1항).

② **심문의 방법 및 절차 등**

ⓠ 하자분쟁조정위원회는 위 ①에 따라 심문기일에 당사자를 출석시켜 구두(口頭)로 의견을 진술하게 해야 한다. 다만, 당사자가 질병, 해외체류 등의 사유로 심문기일에 출석하여 의견을 진술하기 어렵다고 인정되는 경우에는 서면으로 진술하게 할 수 있다(공동주택관리법 시행령 제60조의2 제1항).

ⓛ 하자분쟁조정위원회는 위 ⓠ에 따른 심문기일의 7일 전까지 당사자에게 심문기일을 통지해야 한다(공동주택관리법 시행령 제60조의2 제2항).

(2) 심문조서 작성

① **심문조서의 작성**: 위 **(1)**의 ①에 따른 심문에 참여한 하자분쟁조정위원회의 위원과 하자분쟁조정위원회의 운영 및 사무처리를 위한 조직(이하 '하자분쟁조정위원회의 사무국'이라 한다)의 직원은 대통령령(아래 ②)으로 정하는 사항을 기재한 심문조서를 작성하여야 한다(공동주택관리법 제44조의2 제2항).

② **작성사항**: 위 ①에서 '대통령령으로 정하는 사항'이란 다음의 사항을 말한다(공동주택관리법 시행령 제60조의2 제3항).
  ㉠ 사건번호 및 사건명
  ㉡ 심문한 날짜 및 장소
  ㉢ 출석한 당사자 등의 성명
  ㉣ 심문한 내용과 당사자의 진술 내용

③ **기명날인**: 위 ①에 따른 심문조서에는 그 심문에 관여한 위원과 심문조서를 작성한 직원이 기명날인해야 한다(공동주택관리법 시행령 제60조의2 제4항).

(3) 진술 또는 감정 등

하자분쟁조정위원회는 재정 사건을 심리하기 위하여 필요한 경우에는 기일을 정하여 당사자, 참고인 또는 감정인을 출석시켜 대통령령으로 정하는 절차에 따라 진술 또는 감정하게 하거나, 당사자 또는 참고인에게 사건과 관계있는 문서 또는 물건의 제출을 요구할 수 있다(공동주택관리법 제44조의2 제3항).

(4) 재정신청사건의 조정

① **재정신청사건의 조정**: 분쟁재정을 다루는 분과위원회는 재정신청된 사건을 분쟁조정에 회부하는 것이 적합하다고 인정하는 경우에는 대통령령(아래 ②)으로 정하는 바에 따라 분쟁조정을 다루는 분과위원회에 송부하여 조정하게 할 수 있다(공동주택관리법 제44조의2 제4항).

② **분쟁재정 사건의 분쟁조정 회부**: 분쟁재정분과위원회는 위 ①에 따라 재정신청된 사건을 분쟁조정에 회부하기로 결정한 때에는 지체 없이 해당 사건에 관한 서류 및 물건 등을 분쟁조정분과위원회로 송부해야 한다(공동주택관리법 시행령 제60조의3 제1항).

③ **통지**: 분쟁재정분과위원회는 위 ②에 따라 서류 및 물건 등을 송부한 때에는 국토교통부령으로 정하는 바에 따라 그 사실을 당사자에게 통지해야 한다(공동주택관리법 시행령 제60조의3 제2항).

(5) 재정절차

위 (4)에 따라 분쟁조정에 회부된 사건에 관하여 당사자간에 합의가 이루어지지 아니하였을 때에는 재정절차를 계속 진행하고, 합의가 이루어졌을 때에는 재정의 신청은 철회된 것으로 본다(공동주택관리법 제44조의2 제5항).

(6) 재정문서

① **재정문서**: 하자분쟁조정위원회는 재정절차를 완료한 경우에는 대통령령(아래 ②)으로 정하는 사항을 기재하고 재정에 참여한 위원이 기명날인한 재정문서의 정본을 각 당사자 또는 그 대리인에게 송달하여야 한다(공동주택관리법 제44조의2 제6항).

② **재정문서에 포함사항**: 위 ①에서 '대통령령으로 정하는 사항'이란 다음의 사항을 말한다(공동주택관리법 시행령 제60조의4 제1항).

　㉠ 사건번호와 사건명
　㉡ 하자의 발생위치
　㉢ 당사자, 선정대표자 및 대리인의 성명과 주소(법인인 경우에는 명칭과 본점 소재지로 한다)
　㉣ 주문(主文)
　㉤ 신청취지
　㉥ 이유
　㉦ 재정한 날짜

③ **표시**: 하자분쟁조정위원회는 위 ②의 ㉥의 이유를 적을 때 주문의 내용이 정당함을 인정할 수 있는 한도에서 당사자의 주장 등에 대한 판단을 표시해야 한다(공동주택관리법 시행령 제60조의4 제2항).

(7) 재정문서의 효력

① **효력**: 위 (6)에 따른 재정문서는 그 정본이 당사자에게 송달된 날부터 60일 이내에 당사자 양쪽 또는 어느 한쪽이 그 재정의 대상인 공동주택의 하자담보책임을 원인으로 하는 소송을 제기하지 아니하거나 그 소송을 취하한 경우 **재판상 화해와 동일한 효력**이 있다. 다만, 당사자가 임의로 처분할 수 없는 사항으로서 대통령령(아래 ②)으로 정하는 사항은 그러하지 아니하다(공동주택관리법 제44조의2 제7항).

② **당사자가 임의로 처분할 수 없는 분쟁재정 사항**: 위 ①의 단서에서 '대통령령으로 정하는 사항'이란 다음의 사건에 관한 사항을 말한다(공동주택관리법 시행령 제60조의6).

㉠ 입주자대표회의가 전체 입주자 5분의 4 이상의 동의 없이 공동주택 공용부분의 하자보수를 제외한 담보책임에 관한 분쟁재정을 신청한 사건. 다만, 입주자대표회의와 사업주체등 간의 분쟁재정으로서 「공동주택관리법 시행령」 제41조 제3항에 따라 입주자대표회의의 명의로 변경된 하자보수보증금의 반환에 관한 사건은 제외한다.
㉡ 법령이나 계약 등에 의하여 당사자가 독자적으로 권리를 행사할 수 없는 부분의 담보책임 및 하자보수 등에 관한 재정을 신청한 사건
③ **분쟁재정에 따른 이행결과의 등록**: 사업주체는 위 ①의 본문에 따른 재판상 화해와 동일한 효력이 있는 재정에 따라 하자를 보수하고 그 결과를 지체 없이 하자관리정보시스템에 등록해야 한다(공동주택관리법 시행령 제60조의5).

9. 조정등의 처리기간 등

(1) 조정등의 처리기간

하자분쟁조정위원회는 조정등의 신청을 받은 때에는 지체 없이 조정등의 절차를 개시하여야 한다. 이 경우 하자분쟁조정위원회는 그 신청을 받은 날부터 다음의 구분에 따른 기간[아래 **(2)**에 따른 흠결보정기간 및 하자감정기간은 제외한다] 이내에 그 절차를 완료하여야 한다(공동주택관리법 제45조 제1항).기출
① **하자심사 및 분쟁조정**: 60일(공용부분의 경우 90일)
② **분쟁재정**: 150일(공용부분의 경우 180일)

(2) 흠결보정

하자분쟁조정위원회는 신청사건의 내용에 흠이 있는 경우에는 상당한 기간을 정하여 그 흠을 바로잡도록 명할 수 있다. 이 경우 신청인이 흠을 바로잡지 아니하면 하자분쟁조정위원회의 결정으로 조정등의 신청을 각하(却下)한다(공동주택관리법 제45조 제2항).

(3) 조정기간의 연장

위 **(1)**에 따른 기간 이내에 조정등을 완료할 수 없는 경우에는 해당 사건을 담당하는 분과위원회 또는 소위원회의 의결로 그 기간을 한 차례만 연장할 수 있으나, 그 기간은 30일 이내로 한다. 이 경우 그 사유와 기한을 명시하여 각 당사자 또는 대리인에게 서면으로 통지하여야 한다(공동주택관리법 제45조 제3항).기출

(4) 의견청취

하자분쟁조정위원회는 위 **(1)**에 따른 조정등의 절차 개시에 앞서 이해관계인이나 「공동주택관리법」 제48조 제1항에 따라 하자진단을 실시한 안전진단기관 등의 의견을 들을 수 있다(공동주택관리법 제45조 제4항).

(5) 위임규정

조정등의 진행과정에서 조사·검사, 자료 분석 등에 별도의 비용이 발생하는 경우 비용 부담의 주체, 부담 방법 등에 필요한 사항은 국토교통부령(보조단)으로 정한다(공동주택관리법 제45조 제5항).

(6) 수수료의 납부

하자분쟁조정위원회에 조정등을 신청하는 자는 국토교통부장관이 정하여 고시하는 바에 따라 수수료를 납부해야 한다(공동주택관리법 제45조 제6항).

10. 조정등의 신청의 통지 등

(1) 신청내용의 통지 등

① **조정등의 통지**: 하자분쟁조정위원회는 당사자 일방으로부터 조정등의 신청을 받은 때에는 그 신청내용을 상대방에게 통지하여야 한다(공동주택관리법 제46조 제1항).

② **통지방법**: 하자분쟁조정위원회는 조정등의 신청을 받은 때에는 위 ①에 따라 지체 없이 '하자심사/분쟁조정/분쟁재정 사건통지서'를 상대방에게 보내야 한다(공동주택관리법 시행규칙 제25조 제1항).

(2) 답변서의 제출

① **제출기한**: 위 **(1)**의 ①에 따라 통지를 받은 상대방은 신청내용에 대한 답변서를 특별한 사정이 없으면 10일 이내에 하자분쟁조정위원회에 제출하여야 한다(공동주택관리법 제46조 제2항).

② **제출방법**: 위 **(1)**의 ②에 따른 통지를 받은 상대방은 위 ①에 따라 다음의 구분에 따른 답변서를 하자분쟁조정위원회에 제출해야 한다(공동주택관리법 시행규칙 제25조 제2항).
  ㉠ 하자심사사건: 하자심사사건 답변서
  ㉡ 하자심사 이의신청사건: 하자심사 이의신청사건 답변서
  ㉢ 분쟁조정사건: 분쟁조정사건 답변서
  ㉣ 분쟁재정사건: 분쟁재정사건 답변서

⊕ 고득점 심화학습

조정등의 비용부담

조정등의 진행과정에서 다음의 비용이 발생할 때에는 당사자가 합의한 바에 따라 그 비용을 부담한다. 다만, 당사자가 합의하지 아니하는 경우에는 하자분쟁조정위원회에서 부담비율을 정한다(공동주택관리법 시행규칙 제24조).
1. 조사, 분석 및 검사에 드는 비용
2. 증인 또는 증거의 채택에 드는 비용
3. 통역 및 번역 등에 드는 비용
4. 그 밖에 조정등에 드는 비용

(3) 조정에 응할 의무

위 **(1)**의 ①에 따라 하자분쟁조정위원회로부터 조정등의 신청에 관한 통지를 받은 사업주체등, 설계자, 감리자, 입주자대표회의등 및 임차인등은 분쟁조정에 응하여야 한다. 다만, 조정등의 신청에 관한 통지를 받은 입주자(공공임대주택의 경우에는 임차인을 말한다)가 조정기일에 출석하지 아니한 경우에는 하자분쟁조정위원회가 직권으로 조정안을 결정하고, 이를 각 당사자 또는 그 대리인에게 제시할 수 있다(공동주택관리법 제46조 제3항).

(4) 조정기일 출석

① **출석요구서의 송달방법**: 하자분쟁조정위원회는 조정등 사건의 당사자(분쟁재정 사건인 경우에는 참고인 및 감정인을 포함한다)에게 조정등 기일의 통지에 관한 출석요구서를 서면이나 전자적인 방법으로 송달할 수 있다(공동주택관리법 시행령 제61조 제1항).

② **당사자의 출석요구**: 하자분쟁조정위원회는 조정등 사건의 당사자로부터 진술을 들으려는 경우에는 위 ①을 준용하여 출석을 요구할 수 있다(공동주택관리법 시행령 제61조 제2항).

③ **이해관계자의 출석**: 하자분쟁조정위원회는 조정등의 사건에 대한 다음의 이해관계자에게 조정등 기일에 출석하도록 요구할 수 있다(공동주택관리법 시행령 제61조 제3항).

　㉠ 전유부분에 관한 하자의 원인이 공용부분의 하자와 관련된 경우에는 입주자대표회의의 회장, 관리사무소장

　㉡ 신청인 또는 피신청인이 사업주체인 경우로서 하자보수보증금으로 하자를 보수하는 것으로 조정안을 제시하거나 재정하려는 경우에는 하자보수보증서 발급기관

　㉢ 신청인 또는 피신청인이 하자보수보증서 발급기관인 경우에는 하자보수보증금의 주채무자인 사업주체

　㉣ 당사자의 요청이 있는 경우에는 「건설산업기본법」에 따른 하수급인

11. 「민사조정법」 등의 준용

(1) 「민사조정법」의 준용

하자분쟁조정위원회는 분쟁의 조정등의 절차에 관하여 「공동주택관리법」에서 규정하지 아니한 사항 및 소멸시효의 중단에 관하여는 「민사조정법」을 준용한다(공동주택관리법 제47조 제1항).

(2) 「민사소송법」의 준용

조정등에 따른 서류송달에 관하여는 「민사소송법」 제174조부터 제197조까지의 규정을 준용한다(공동주택관리법 제47조 제2항).

12. 하자분쟁조정위원회의 운영 및 사무처리의 위탁

(1) 운영 및 사무처리의 위탁

국토교통부장관은 하자분쟁조정위원회의 운영 및 사무처리를 「국토안전관리원법」에 따른 국토안전관리원에 위탁할 수 있다. 이 경우 하자분쟁조정위원회의 사무국 및 인력 등에 필요한 사항은 대통령령[아래 **(2)**]으로 정한다(공동주택관리법 제49조 제1항).

(2) 사무국 및 인력 등에 필요한 사항

① **사무국의 설치**: 위 **(1)**에 따라 하자분쟁조정위원회의 운영을 지원·보조하는 등 그 사무를 처리하기 위하여 국토안전관리원에 사무국(이하 '사무국'이라 한다)을 둔다(공동주택관리법 시행령 제63조 제1항).

② **사무처리 절차**: 사무국은 위원장의 명을 받아 그 사무를 처리한다(공동주택관리법 시행령 제63조 제2항).

③ **사무국의 조직 및 인력**: 사무국의 조직·인력은 국토안전관리원의 원장이 국토교통부장관의 승인을 받아 정한다(공동주택관리법 시행령 제63조 제3항).

(3) 경비의 출연 또는 보조

국토교통부장관은 예산의 범위에서 하자분쟁조정위원회의 운영 및 사무처리에 필요한 경비를 국토안전관리원에 출연 또는 보조할 수 있다(공동주택관리법 제49조 제2항).

13. 절차의 비공개 등

(1) 절차의 비공개

하자분쟁조정위원회가 수행하는 조정등의 절차 및 의사결정과정은 공개하지 아니한다. 다만, 분과위원회 및 소위원회에서 공개할 것을 의결한 경우에는 그러하지 아니하다(공동주택관리법 제50조 제1항).

(2) 비밀누설금지

하자분쟁조정위원회의 위원과 하자분쟁조정위원회의 사무국 직원으로서 그 업무를 수행하거나 수행하였던 사람은 조정등의 절차에서 직무상 알게 된 비밀을 누설하여서는 아니 된다(공동주택관리법 제50조 제2항).

14. 사실 조사·검사 등

(1) 관련 자료 등의 조사·검사 및 열람

하자분쟁조정위원회가 조정등을 신청받은 때에는 위원장은 하자분쟁조정위원회의 사무국 직원으로 하여금 조정등의 대상물 및 관련 자료를 조사·검사 및 열람하게 하거나 참고인의 진술을 들을 수 있도록 할 수 있다. 이 경우 사업주체등, 입주자대표회의등 및 임차인등은 이에 협조하여야 한다(공동주택관리법 제51조 제1항).

(2) 조사관 증표의 제시

위 (1)에 따라 조사·검사 등을 하는 사람은 그 권한을 나타내는 증표를 지니고 이를 관계인에게 내보여야 한다(공동주택관리법 제51조 제2항).

(3) 관계 공공기관의 협조

하자분쟁조정위원회는 조정등을 위하여 필요한 경우에는 국가기관, 지방자치단체 또는 공공기관(공공기관의 운영에 관한 법률에 따른 공공기관을 말한다) 등에 대하여 자료 또는 의견의 제출, 기술적 지식의 제공, 그 밖에 조정등에 필요한 협조를 요청할 수 있다. 이 경우 요청받은 기관은 특별한 사유가 없으면 협조해야 한다(공동주택관리법 시행령 제64조).

제2절 공동주택의 보존관리

1 보존관리의 내용

건물은 건축 완공 후부터 오랫동안 풍우에 노출되고, 거주자가 사용함으로써 어딘가 결함이 발생하게 마련이다. 그런 결함이 생기지 않았는지 혹은 생길 염려가 없는지 이러한 원인을 미리 제거하는 보수작업을 하고, 원인이 생기면 수선하는 작업관리를 보존관리라 한다.

2 영선보수공사의 발생원인 및 대책

건물부분의 보수가 필요한 원인에는 지진·바람·눈·비 등 외력에 의한 경우와 일광·열·물·공기의 영향에 의한 열화·부식 등이 있으며, 또한 사용방법의 과실이나 설계할 때 예기치 못한 사용방법 등이 있다.

1. 균열

(1) 개요

콘크리트는 일반적으로 압축강도는 크나, 인장강도와 신장능력이 작기 때문에 시공 중 또는 시공 후에 나타나는 체적 변화와 외력의 작용 등에 기인하여 균열이 발생하기 쉽고, 콘크리트 균열은 여러 가지 원인으로 콘크리트 경화 전후에 발생하며, 균열이 표면에 관찰될 때는 이미 콘크리트 내부 조직에는 미세균열로 조직이 상당히 손상되었을 가능성이 있다. 이러한 균열을 그대로 방치할 경우 균열을 통해 이물질이 침투하여 균열이 점차 커지게 되어 콘크리트의 내구성에 문제를 일으킬 소지가 있다. 미세한 균열은 구조물의 내력을 크게 손상시키지 않으나, 과다한 균열은 내력이나 내구성 저하에 영향을 끼치며 콘크리트 구조물이 어떤 원인에 의해 변형되었을 경우 대부분 균열 발생을 수반하게 되므로 콘크리트 구조물 타설 후 지속적인 균열 발생 및 발전 정도의 관찰이 필요하다.

(2) 벽돌벽의 균열 발생원인 기출 OX

계획·설계상 미비로 인한 균열	· 기초의 부동침하 · 벽돌벽의 길이, 높이에 비해 두께가 부족하거나 벽체강도 부족 · 문꼴 크기의 불합리 및 불균형 배치(개구부 크기의 불합리) · 불균형 하중, 과도한 적재하중, 횡력 및 충격 · 건물의 평면·입면의 불균형 및 벽의 불합리한 배치
시공상의 하자로 인한 균열	· 벽돌 및 모르타르의 강도 부족 · 온도 및 습기에 의한 재료의 신축성 · 이질재와의 접합부 불완전 시공 · 콘크리트 보 밑의 모르타르 다져넣기 부족(장막벽의 상부) · 모르타르, 회반죽 바름의 신축 및 들뜨기 · 온도변화와 신축을 고려한 컨트롤 조인트(Control Joint) 설치 미흡

OX문제

벽돌벽의 길이 및 높이에 비해서 두께가 부족한 경우에 균열이 발생한다. (　)

벽돌보다 모르타르의 강도가 강한 경우에 균열이 발생하는 원인이 된다. (　)

벽돌벽에서 벽돌 및 모르타르의 강도 부족으로 균열이 발생한다. (　)

벽돌벽에서 온도 및 습기에 의한 재료의 신축성으로 인한 균열은 계획·설계상 미비로 인한 균열 발생원인이다. (　)

정답 ○, ×, ○, ×

(3) 콘크리트 균열원인과 내구성 저하요인

① 경화 전 균열(초기 균열)

소성수축균열	표면에 급격한 건조 시 발생
소성침하균열	비중 차이로 발생하는 블리딩(Bleeding)이 주된 원인
온도균열 (수화열에 의한 균열)	수화열에 의한 콘크리트 내부 온도상승으로 팽창 수축의 반복으로 발생
시공 중 균열	거푸집 변형, 동바리 침하, 경화 전의 진동, 충격 등이 원인

② 기타 균열원인

하중작용	국부하중, 지진, 과적, 철근량 부족, 부동침하
외적 요인	• 온도: 화재, 동결융해, 온도변화(온습도 차이) • 기계적 작용: 마모, 진동, 충격 • 화학적 작용: 중성화, 염해, 전류작용에 의한 전식(電蝕)
콘크리트의 재료상 원인	• 시멘트의 이상응결과 이상팽창 • 블리딩에 의한 콘크리트 침하 기출 • 철근부식에 의한 팽창(해사, 피복부족, 산·염류침식) • 시멘트의 수화열에 의한 초기균열 • 건조수축(시멘트, 물, 혼화재 등) • 알칼리 골재반응(반응성 골재 사용) • 콘크리트 중성화 • 콘크리트 경화, 건조수축
시공상 원인 기출	• 혼화재의 불균일한 분산(비빔불량) • 장시간 비비기 • 펌프 압송 시의 품질열화(시멘트량, 수량의 증가) • 급속한 타설, 불균일한 타설(곰보, 재료분리), 타설 순서의 실수 • 불충분한 다짐 • 경화 전의 진동과 재하 • 콜드 조인트(Cold Joint)로 처리 불량 • 경화 전의 급격한 건조, 초기 동해 • 거푸집 조기 제거, 동바리 침하, 이동변형, 충격 • 철근배근 이동에 따른 피복두께 부족 • 이음처리의 부정확
화학적 반응균열	알칼리 골재반응, 탄산화, 중성화
철근의 부식	화학작용에 의한 부식과 전류의 작용에 의한 부식으로 발생

③ 콘크리트 균열방지 및 저감대책

　㉠ 단위수량을 감소시킨다.

　㉡ 시멘트 사용량을 줄인다.

　㉢ 슬럼프 값을 작게 한다.

　㉣ 굵은 골재(실적률이 큰 골재)를 사용한다.

ⓜ 세골재율을 작게 한다.
ⓑ 세골재의 입도가 큰 것을 사용한다.
ⓢ 골재는 둥근 입형을 사용한다.
ⓞ 타설 시 콘크리트 온도를 낮춘다.
ⓩ 타설 시 내·외부 온도 차를 줄인다.
ⓒ 발열량이 적은 시멘트와 혼화제를 사용한다.

(4) 균열의 보수·보강공법 기출

① **표면처리공법**
  ㉠ 균열에 따라 콘크리트 표면에 피막을 형성하여 주는 공법이다.
  ㉡ 균열폭이 0.2mm 이하의 경우, 강도 회복을 요하지 않는 경우에 사용한다.
  ㉢ 피막용 도료는 에폭시계 수지 또는 타르 에폭시를 사용한다.
  ㉣ 표면은 와이어 브러시 등으로 이물질 제거, 물청소 후 건조시킨 다음 보수한다.
  ㉤ 콘크리트 표면, 기포 같은 구멍을 퍼티로 채운 다음 시공한다.

② **충진공법**
  ㉠ 균열에 따라 콘크리트 표면을 V·U형으로 커트하여 수지 모르타르, 팽창성 시멘트 모트타르 등을 채워 보수하는 방법이다.
  ㉡ 시공순서: V cut·U cut ⇨ 와이어 브러시 청소 후 프라이머 도포 ⇨ 뒤채움재 충진 ⇨ 경화 후 표면 그라인딩(Grinding) 또는 샌딩(Sanding)하여 마무리

③ **주입공법**
  ㉠ 균열의 표면뿐만 아니라 내부까지 충진하는 공법이다.
  ㉡ 주입재는 저점성 에폭시가 쓰인다.
  ㉢ 주입공법에는 수동식 주입공법, 자동식 저압 주입공법, 기계식 주입공법이 있다.
  ㉣ 시공순서: 균열선에 따라 100~300mm 간격마다 주입용 파이프 설치 ⇨ 다른 부분을 밀봉 ⇨ 처음 공기를 압송하여 먼지 청소 ⇨ 펌프로 수지 주입

④ **강재앵커(Anchor) 공법**: 위험 부각 시 마지막 방법으로서 주로 보강을 목적으로 사용하며, 주로 꺾쇠형 앵커로 균열을 가로질러 설치한다.

⑤ **강판압착 공법**: 콘크리트부재 인장 측에 강판을 에폭시수지로 접착시키는 공법이다.

2. 백화

(1) 개요
① 벽돌, 타일, 미장면의 표면에 생기는 백색 결정체이다.
② 주로 외기에 접하는 면에 발생한다.
③ 건물 외관 손상, 미관에 많은 문제점이 야기된다.

(2) 백화의 발생원인
백화는 주로 시멘트의 가용성 성분이 용해되어 건물의 표면에 올라와 공기 중에 탄산가스 또는 유황 성분과 결합하여 생긴다.
① $Ca(OH)_2 + CO_2 \Rightarrow CaCO_3 + H_2O$
② $Na_2SO_4 + CaCO_3 \Rightarrow Na_2CO_3 + CaSO_4$

(3) 백화의 종류
① **1차 백화**
 ㉠ 바탕재 및 모르타르 재료에 의해 발생한다.
 ㉡ 재료 내부 혼합수 중 용해된 가용성분이 시멘트 경화체의 표면건조에 의해 백화되는 현상이다.
② **2차 백화**
 ㉠ 1차 백화요인에 설계, 시공, 기상, 환경요건에 의해 발생한다.
 ㉡ 건조된 시멘트 경화체에 2차수(우수, 지하수, 양생수)가 침입하여 가용성분을 용해하여 발생되는 백화현상이다.

(4) 발생조건
① **재료**
 ㉠ **시멘트**: 백화의 주공급원으로 시멘트 제품의 재령이 짧은 경우, 시멘트 모르타르에 분말도가 작은 시멘트를 사용하는 경우 발생한다. 기출
 ㉡ **벽돌**: 흡수율이 높거나 소성온도 불량 시 발생한다. 기출
② **기상 조건**
 ㉠ 기온이 낮은 겨울철의 경우 기출
 ㉡ 장마철 등 습도가 높은 경우 기출
 ㉢ 바람에 의한 표면 급강하의 경우
 ㉣ 그늘진 면, 북쪽 면에서 많이 발생

○X문제

백화는 주로 여름철에 많이 발생되며, 기온이 높고 습도가 낮을 때 많이 발생한다.
( )

정답 X

(5) 백화의 방지대책

① 벽돌은 소성이 잘 되고 흡수율이 낮은 것을 사용한다.
② 모르타르에는 방수액을 혼합하고 분말도가 큰 시멘트를 사용한다.
③ 조립률이 큰 모래를 사용한다.
④ 차양, 루버, 돌림띠 등 비막이를 설치한다.
⑤ 표면에 파라핀 도료나 실리콘 뿜칠을 한다.
⑥ 우천 시 시공을 철저히 금지한다.

(6) 백화의 제거방법

① 브러시, 마른 솔로 제거한다.
② 깨끗한 물로 세척한다.
③ **묽은 염산용액 사용**
  ㉠ 세척 전 벽체 일부분에 바른 후 1~2주일 정도 경과한 후 그 효과를 보고 선택하여 백화를 제거한다.
  ㉡ 세척 전 정수로 충분히 살수하여 바탕재 내부에 화학물질 침입을 최소화한다.
  ㉢ 세척 후 반드시 물로 씻어 낸다.
④ **재발방지**: 파라핀계 도료를 발라 물의 침입을 방지한다.

3. 결로(結露)현상

(1) 개요

결로란 공기 중에 함유된 수증기가 온도의 변화에 의해 노점온도 이하로 떨어지면서 액체로 변하여 이슬이 맺히는 현상을 말한다.

(2) 결로의 종류

① 발생 위치에 따른 종류
  ㉠ 표면결로: 실내공기 중 수증기가 내장재 표면에 응결되는 현상이다.
  ㉡ 내부결로: 벽체 등 구성재 내부에 수증기가 침투하여 응결되는 현상이다. 기출

OX문제
백화를 방지하기 위해서는 분말도가 작은 시멘트를 사용하여야 한다. (   )

OX문제
백화를 방지하기 위해서는 조립률이 큰 모래를 사용하여야 한다. (   )

- 노점온도
 (Dew Point Temperature)
 1. 공기의 온도를 내리면 상대습도가 차츰 높아지다가 포화상태에 이르게 되는데 습공기가 포화상태일 때의 온도로 어느 상태의 공기를 식혔을 때 공기 중의 수증기가 결로하기 시작하는 온도 **기출**
 2. 공기 속의 수분이 수증기의 형태로만 존재할 수 없어 이슬로 맺히는 온도

OX문제
건물의 벽체나 천장 등에서 발생하는 결로현상은 내부결로이다. (   )

노점온도는 습공기를 냉각하는 경우 포화상태로 되는 온도이다. (   )

정답 ×, ○, ×, ○

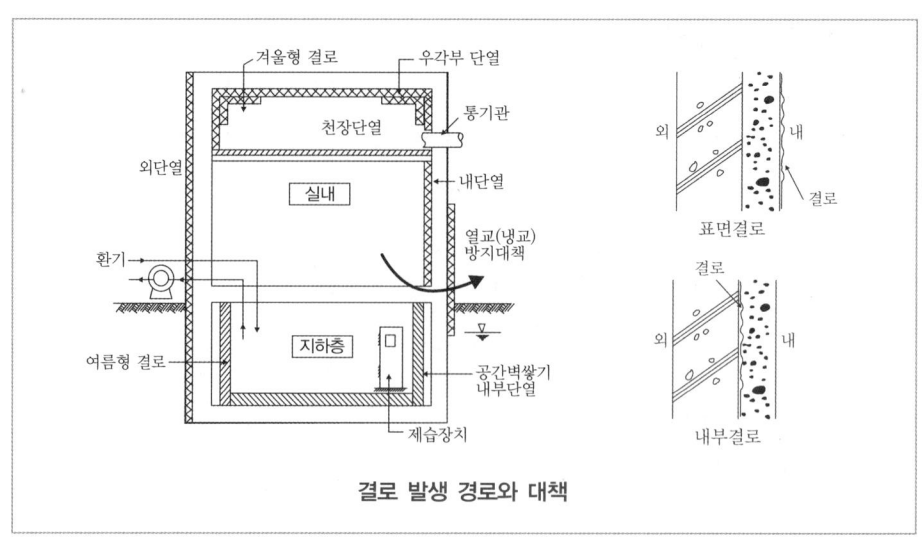

결로 발생 경로와 대책

② 발생 시기에 따른 종류
  ㉠ 겨울형 결로: 외기온이 낮아짐에 따라 실내 측에 발생한다.
  ㉡ 여름형 결로: 외기의 고온다습에 대하여 실내 측 저온으로 실외 측에 발생한다.

(3) 결로의 발생원인 기출
① 실내외의 온도 차가 클 때
② 실내수증기의 과다 발생
③ 생활습관에 의한 환기 부족
④ 구조재의 열적 특성
⑤ 단열재의 시공불량으로 **열관류율이 클 때**(열저항이 작을 때)
⑥ 시공 직후 미건조상태에 따른 결로

(4) 결로의 방지대책
① 실내습기를 방지한다.
② 환기를 잘 시켜야 한다.
③ 난방에 의한 수증기 발생을 제한하여야 한다.
④ 부엌, 욕실에서 발생하는 수증기를 외부로 빼야 한다.
⑤ 가능한 한 실내에 저온부분을 만들지 말아야 한다.

○×문제

겨울철 외벽의 열관류율이 높은 경우 결로가 발생하기 쉽다. ( )

• 상대습도와 절대습도
 1. 상대습도(단위: %)
    어느 상태의 공기 중 수증기 압력과 같은 온도의 포화공기의 수증기 분압의 비를 백분율로 나타낸 것. 일반적으로 말하는 습도는 이것을 말한다.
 2. 절대습도(단위: kg/m³)
    물리학에서 사용하는 수증기량 표시법으로 어느 상태의 공기 중에 포함된 건조공기 중량에 대한 수분의 중량비이다.

정답 ○

(5) 구조체의 결로 발생원인과 대책

① 표면결로

㉠ 발생원인

ⓐ 건물의 표면온도가 접촉하고 있는 공기의 노점온도보다 낮을 경우 그 표면에 발생한다. 기출

ⓑ 실내공기의 수증기압이 그 공기에 접하는 벽의 표면온도에 따른 포화수증기압보다 높을 때 발생한다.

ⓒ 공기의 절대습도가 높을 경우 발생한다.

㉡ 발생하기 쉬운 장소

ⓐ 난방 시 단열이 잘 되지 않는 외벽이나 이곳에 이웃한 내벽, 최하층의 바닥, 외벽의 유리창

ⓑ 공기가 정체하기 쉬운 외벽, 바닥의 모서리 부분

ⓒ 최상층 옥상 슬래브(Slab)

㉢ 방지대책

ⓐ 외벽의 실내 측 표면온도를 실내공기의 노점온도보다 높게 유지한다. 기출

ⓑ 실내 수증기 발생을 억제하여 실내공기의 절대습도를 작게 한다. 기출

ⓒ 단열재를 사용하여 벽체의 열관류저항을 증대시키고 벽면온도의 저하를 방지한다. 기출

ⓓ 유리창의 경우 공기층의 밀폐된 2중 유리(Pair Glass)를 사용한다. 기출

ⓔ 환기를 자주 시키고 비난방실도 환기하며 다습한 외기는 도입하지 않도록 한다.

ⓕ 실내 설계온도를 높인다.

ⓖ 시공 시 틈새의 기밀을 유지한다.

ⓗ 외부에 면한 구조체의 내부표면 부근의 공기는 정체되지 않고 실내로 계속 순환될 수 있도록 한다.

② 내부결로

㉠ 발생원인

ⓐ 벽체 내의 어느 점에서의 온도가 그 부분에 있는 습공기의 노점온도보다 낮으면 그 부분에 결로가 발생한다. 기출

ⓑ 실내 수증기 발생이 많거나 수증기 제거가 부족할 때 등 벽체의 수증기압이 높을 때 발생한다.

OX문제

표면결로는 건물의 표면온도가 공기의 노점온도보다 높을 경우에 발생한다. ( )

OX문제

벽체의 실내 측 표면온도를 실내공기의 노점온도보다 낮게 유지한다. ( )

표면결로를 방지하기 위해서는 공기와의 접촉면을 노점온도 이상으로 유지해야 한다. ( )

실내 수증기 발생을 억제할 경우 표면결로 방지에 효과가 있다. ( )

표면결로를 방지하기 위해서는 실내 측 표면온도를 주변공기의 노점온도보다 낮춘다. ( )

표면결로를 방지하기 위해서는 난방기기를 이용하여 벽체의 실내 측 표면온도를 높인다. ( )

표면결로를 방지하기 위해서는 환기를 통해 실내 절대습도를 낮춘다. ( )

표면결로를 방지하기 위해서는 벽체의 단열강화를 통해 실내 측 표면온도를 높인다. ( )

OX문제

내부결로는 벽체 내부의 온도가 노점온도보다 높을 때 발생한다. ( )

정답 ×, ×, ○, ○, ×, ○, ○, ○, ×

ⓒ 발생하기 쉬운 장소
    ⓐ 내단열이 되어 있는 벽체의 실내 측에서 표면결로는 생기지 않으나, 외측으로 갈수록 온도가 낮아지기 때문에 그 부분에서 내부결로가 발생하기 쉽다.
    ⓑ 단열재의 저온 측
ⓒ 방지대책
    ⓐ 벽체 내부의 온도를 그 부분의 노점온도보다 높게 하여야 한다.
    OX ⓑ 외측단열을 하여 벽체 내부 온도를 일정온도 이상으로 높게 유지한다. 기출
    ⓒ 벽체 내부의 수증기압을 포화수증기압보다 작게 한다.
    OX ⓓ 습기가 구조체에 침투하지 않도록 실내 측 표면(단열재의 고온 쪽) 가까이 방습층을 설치한다. 기출
    ⓔ 수증기 발생을 억제한다. 기출
    ⓕ 환기를 자주하여 수증기를 제거한다.

③ **열교**
ⓐ 정의
    ⓐ 벽이나 바닥, 지붕 등의 건물부위에 단열이 연속되지 않은 부분이 있을 때 열관류율이 국부적으로 커지고 열이동이 심하게 일어난다. 이것을 열교(熱橋, Thermal Bridge) 또는 열의 손실이라는 측면에서 냉교(冷橋, Cold Bridge)라고 한다. 기출
    OX ⓑ 열교현상이 일어나면 구조체의 전체 단열성능이 저하된다. 기출
    OX ⓒ 열교현상이 발생하는 부위는 표면온도가 낮아지며 결로가 발생하므로 쉽게 알 수 있다. 기출
ⓑ 원인
    ⓐ 단열구조의 지지부재들, 중공벽 내의 연결철물이 통과하는 구조체와 지붕 또는 바닥과의 접합부위, 창틀 등에서 일어난다.
    ⓑ 열교현상의 분석은 2차 혹은 3차원적 열교가 복잡한 상태로 나타난다.
ⓒ 방지책
    ⓐ 접합부위의 단열설계 및 단열재가 불연속됨이 없도록 철저한 단열시공이 이루어져야 한다.
    OX ⓑ 콘크리트 라멘조나 조적조의 건물에서는 근본적으로 단열이 연속되기 어려운 점이 있으나, 가능한 한 열저항 값을 증대시키는 외단열과 같은 방법으로 취약부위를 강화시키는 설계 및 시공이 요구된다. 기출

OX문제
겨울철 외벽의 내부결로 방지를 위해서는 내단열보다 외단열이 우수하다. ( )

OX문제
구조체의 내부결로를 방지하기 위해서는 실외 측에 방습층을 설치한다. ( )

OX문제
열교현상이 발생하는 부위는 열관류율 값이 높기 때문에 구조체의 전체 단열성능을 저하시킨다. ( )

OX문제
겨울철에 열교현상이 발생하는 부위는 결로의 발생 가능성이 크다. ( )

OX문제
열교현상이 발생하는 부위에는 열저항 값을 감소시키는 설계 및 시공이 요구된다. ( )

열교현상을 방지하기 위해서는 일반적으로 외단열이 내단열보다 유리하다. ( )

정답 ○, ×, ○, ○, ×, ○

3 영선보수공사 시공

1. 방수공사

(1) 정의
방수공사란 다양한 재료 및 공법을 사용하여 장기간에 걸쳐 물을 통과시키지 않는 방수성능을 가진 층을 형성하여 구조물의 외부에 면하는 지붕·외벽 등을 대상으로 빗물의 침입을 방지하고, 지하실·공동구·피트·터널 등을 대상으로 지하수의 침입을 방지하며, 욕실·수조 등의 누수를 막는 공사를 말한다.

(2) 방수의 분류
① 부위별 방수

지상방수	옥상, 외벽, 내부방수
지하실방수	안방수, 바깥방수

② 공법상 분류

멤브레인 방수 기출	아스팔트방수, 개량 아스팔트방수, 합성고분자 시트방수, 도막방수
침투성 방수	시멘트액체방수, 침투방수
수밀재 붙임	금속판, 타일, 테라조판, 대리석판 붙임법
구조체 방수	수밀 콘크리트
실링방수	실런트, 코킹을 이용한 방수
간접방수	이중벽 쌓기, 드라이 에어리어(Dry Area) 설치

(3) 아스팔트방수 OX
아스팔트와 루핑 등을 교대로 발라서 만드는 방식인데, 중간에 균열방지를 위하여 망상 루핑을 한 층 두는 경우도 있다. 다만, 초벌은 콘크리트에 밀착하게 하기 위해서 프라이머를 칠하고, 밑바탕은 고르게 모르타르로 바르고 물이 잘 흐르게 1/50~1/100의 물매를 둔다. 표면 마무리는 잔자갈 뿌리기 또는 경량 콘크리트 등으로 보호누름층을 형성한다.

① 아스팔트 재료의 품질 시험항목
  ㉠ 침입도
    ⓐ 모체에 아스팔트가 침입해 들어가는 비율로서 25℃에서 100g 추를 5초 동안 누를 때 0.1mm 들어간 것을 침입도 1이라 한다.
    ⓑ 아스팔트 품질판정에 가장 중요한 요소이다.

OX문제

시멘트액체방수는 얇은 막상의 방수층을 형성시키는 멤브레인 방수공법에 속한다.
( )

OX문제

아스팔트방수는 여러 층의 방수재를 적층하여 하자를 감소시킬 수 있다. ( )

아스팔트방수는 아스팔트 펠트 및 루핑 등을 용융아스팔트로 여러 겹 적층하여 방수층을 형성하는 공법이다.
( )

정답 ×, ○, ○

ⓒ 아스팔트의 경도를 나타내며, 시공연도의 기준으로 한다.
ⓛ 감온비: 감온비란 0℃, 200g, 1분의 침입도에 대한 46℃, 50g, 5초의 침입도의 비를 말한다.
ⓒ 연화점
  ⓐ 아스팔트를 가열하여 액상의 점도에 도달했을 때의 온도를 나타낸다.
  ⓑ 일반적으로 연화점과 침입도는 반비례한다.
  ⓒ 추운 지역은 저연화점 재료를, 더운 지역은 고연화점 재료를 사용한다.
ⓔ 인화점: 아스팔트를 가열하여 불을 붙일 때 점화되는 순간의 온도이다.
ⓜ 소결: 일반적으로 침입도가 작은 것은 연화점이 높기 때문에 온난한 지역은 침입도가 작은 것(10~30)을 사용하고, 한랭지는 침입도가 크고(20~30) 연화점이 낮은 것을 사용한다.

② **아스팔트방수 재료**
  ㉠ 아스팔트 프라이머
    ⓐ 블로운 아스팔트 50%와 휘발성용재 50%로 만든 바탕처리재이다.
    ⓑ 콘크리트 등의 모체에 침투가 용이하여 콘크리트와 아스팔트 부착이 잘 되게 가장 먼저 도포한다. 기출
    ⓒ 프라이머는 24시간 이상 충분히 건조한 후 시공해야 한다.
  ㉡ 스트레이트 아스팔트
    ⓐ 400℃ 이하에서 석유 원유 분해 중 남은 윤활유분이 적은 중질유(重質油)를 재분류하여 수증기를 흡입하여 증발성분 제거 후 남은 반고체형의 99% 역청재이다.
    ⓑ 스트레이트 아스팔트는 신축이 좋고 교착력도 우수하지만 연화점, 내구력이 떨어지므로 잘 쓰지 않는다.
    ⓒ 주로 지하실 방수용이나 삼투용으로 사용된다.
  ㉢ 블로운 아스팔트
    ⓐ 중질유에 240~260℃ 가열하면서 다량의 공기를 뿜어 공기 중의 산화결합물로 양질의 아스팔트를 취득한다.
    ⓑ 블로운 아스팔트는 비교적 연화점이 높고 안전하며, 온도에 대해 예민하지 않아서 가장 많이 사용된다.

OX문제

아스팔트 프라이머는 방수층과 바탕면의 부착력을 증대시키는 역할을 한다.
( )

정답 O

ⓒ 아스팔트 컴파운드 및 아스팔트 프라이머의 원료가 된다.

㉣ 아스팔트 컴파운드
ⓐ 블로운 아스팔트 등에 동·식물성 기름을 첨가하고 광물가루를 혼입시킨 고급재로서, 지붕방수용으로 사용한다.
ⓑ 블로운 아스팔트의 성질을 개량한 것이다.
ⓒ 가장 신축성이 크고 최우량품이다.

③ **아스팔트 제품**

㉠ 아스팔트 펠트: 유기성 섬유(양모, 폐지)를 펠트상으로 만든 원지에 스트레이트 아스팔트를 가열 용해해서 흡수시켜 만든다.

㉡ 아스팔트 루핑: 원지에 아스팔트를 침투시킨 다음 그 양면에 컴파운드를 피복하고 광물질 분말을 살포하여 마무리한 것으로 내산, 내염성이 있다.

㉢ 특수 아스팔트 루핑: 마포, 면포 등을 원지 대신 쓴 것으로 망형 루핑이라고도 한다. 또 동망, 유리섬유, 경금속망을 루핑에 삽입한 것도 있다.

㉣ 아스팔트 유제: 스트레이트 아스팔트를 가열하여 액상으로 만들고 유화제를 혼합한 것으로 침투용, 혼합용, 콘크리트 양생용 등이 있고 대부분 도로포장에서 사용되며, 스프레이 건(Spray Gun)으로 뿌려서 도포한다.

㉤ 아스팔트 코킹제: 틈막이나 줄눈 등의 사춤, 방수처리용으로 사용한다.

㉥ 아스팔트 코팅제: 아스팔트, 가솔린, 석면 등을 혼입한 것으로 방수층 치켜올림부에 사용한다.

④ **아스팔트의 시공순서** 기출

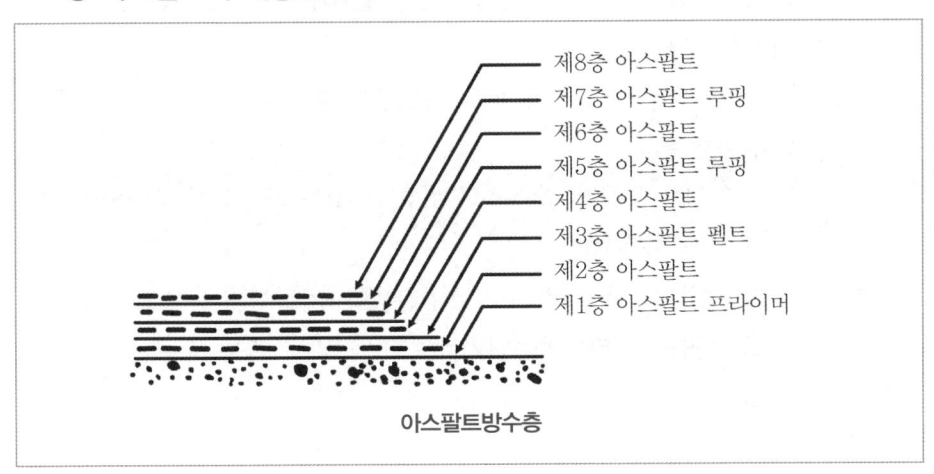

• 아스팔트 시공순서
바탕면 처리 및 청소 ⇨ 아스팔트 프라이머 바르기 ⇨ 아스팔트 바르기 ⇨ 아스팔트 방수지 붙이기 ⇨ 방수층 누름

㉠ 제1층: 아스팔트 프라이머 뿜칠 또는 솔칠
㉡ 제2층: 아스팔트 도포
㉢ 제3층: 아스팔트 펠트 부착
㉣ 제4층: 아스팔트 도포
㉤ 제5층: 아스팔트 루핑 부착
㉥ 제6층: 아스팔트 도포
㉦ 제7층: 아스팔트 루핑 부착
㉧ 제8층: 아스팔트 도포

⑤ **시공상 주의사항**
  ㉠ 시공바탕의 결함부분은 보수하고 평행이 되도록 모르타르 배합 1 : 3으로 1.5cm 정도 바르고, 완전 건조시킨다(함수율 8% 이하).
  ㉡ 배수구 주위를 1/100 정도 물흘림경사를 주고 구석, 모서리 치켜올림 부분은 부착이 잘 되게 둥글게 하여 3~10cm 면접어둔다.
  ㉢ 아스팔트 프라이머 도포 시 PC조인트 양쪽 10cm는 도포하지 않는다.
  ㉣ 펠트 겹침은 상·하·좌·우 모두 10cm 이상으로 한다.
  ㉤ 파라펫 방수층 치켜올림 높이는 30cm 이상으로 한다.
  ㉥ 기온이 0℃ 이하일 때는 작업을 중지한다.
  ㉦ 아스팔트의 가열온도는 180~210℃ 정도 또는 연화점에서 +140℃ 이내, 인화점 +14℃를 초과하지 않도록 한다(180℃ 이하는 부착력 불량).
  ㉧ 아스팔트 펠트, 루핑 등은 얇은 것을 여러 겹 쓰는 것이 좋다.
  ㉨ 신축줄눈의 너비는 20mm 정도, 간격 3m 내외(단, 난간벽, 파라펫, 치켜올림부 면에서 0.6m 내외)로 하며, 깊이는 누름 콘크리트 밑면까지는 도달하도록 설치한다. 기출
  ㉪ 바르는 양: 아스팔트의 각 층은 1.0~2.0kg/m², 최상층은 2.0kg/m² 이상 사용한다.
  ㉫ 옥상방수에는 연화점이 높은 재료를 사용한다. 기출
  ㉬ **방수보호층**
    ⓐ 자갈살포 누름은 방수층의 보호, 보수가 간편하며 보행하지 않는 옥상에 사용된다.
    ⓑ **일반부분**: 경량 콘크리트, 평판블록, 자갈깔기 등으로 보호한다.
    ⓒ **치켜올림 부분**: 벽돌쌓기, 보통콘크리트 또는 모르타르 바르기로 보호한다.

(4) 시멘트액체방수

방수제를 물에 타서 충분히 섞은 다음에 콘크리트 또는 모르타르를 섞어 방수층을 시공하는 공법을 시멘트액체방수라 한다. 방수제의 종류에는 액체방수제, 분말방수제 등이 있다.

① **시공재료**
- ㉠ 충진성: 모르타르나 콘크리트 공간을 메우는 것으로서 소석회, 진흙, 규조토, 규산백토 등이 있다.
- ㉡ 발수성: 모재의 표면에서 물을 튕기는 것으로서 명반, 비누, 수지 등이 있다.
- ㉢ 화학성: 소석회의 유출을 방지하는 것으로 포졸란이 대표적으로 사용된다.

② **시공방법**
- ㉠ 먼저 바탕을 청소하고 바탕이 불량한 부분을 손질한다.
- ㉡ 바탕 콘크리트면에 시멘트 풀을 일정한 두께로 솔칠하여 바른다.
- ㉢ 급경 방수액이나 보통 방수액을 솔칠하여 바른다.
- ㉣ 위와 같이 소정의 횟수를 반복한 후, 그 위에 보호 모르타르를 5cm 이상 평활하게 바른다.
- ㉤ 방수층은 신축성이 없기 때문에 반드시 신축줄눈을 설치하도록 한다.

③ **시공순서**

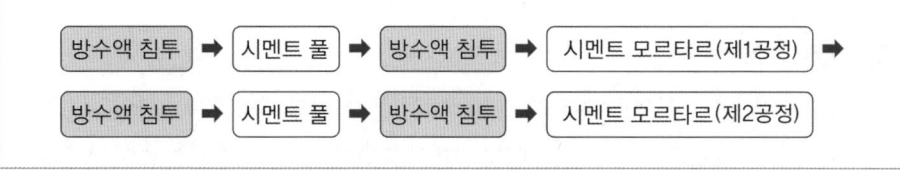

④ **시공 일반사항**
- ㉠ 바탕 처리는 균열이 없이 수밀하고 평탄하게 한다.
- ㉡ 물매 경사는 1/200 정도(배수구 물매: 1/100)로 한다.
- ㉢ 깊이 6mm, 너비 9mm, 간격 1m 내외의 신축줄눈을 설치한다.
- ㉣ 원액을 5~10배 희석한 것을 모체에 1~3회 침투시킨다.
- ㉤ 방수 모르타르 배합비 1 : 2~1 : 3 정도, 매회 바름두께 6~9mm, 2~3회 발라 전체 두께는 10~20mm로 한다.
- ㉥ 공정의 마지막 단계인 시멘트 모르타르를 방수 모르타르 마감으로 하여 보호층의 역할을 겸하게 한다.

○×문제

시멘트액체방수 공사에서 방수 모르타르 바탕면은 최대한 매끄럽게 처리해야 한다.
(   )

시멘트액체방수는 시공이 용이하며 경제적이지만 방수층 자체에 균열이 생기기 쉽기 때문에 건조수축이 심한 노출환경에서는 사용을 피한다.
(   )

아스팔트방수는 누수 시 결함부 발견이 용이하다.
(   )

아스팔트방수층의 부분적 보수를 위해서는 일반적으로 시멘트 모르타르가 사용된다.
(   )

아스팔트방수는 시멘트액체방수에 비해 광범위한 보수가 가능하고 보수비용이 비싸다.
(   )

시멘트액체방수는 모체에 균열이 발생하여도 방수층 손상이 효과적으로 방지된다.
(   )

아스팔트방수는 보호누름이 필요하지 않다. (   )

시멘트액체방수는 결함부의 발견이 어렵다. (   )

정답 ×, ○, ×, ×, ○, ×, ×, ×

▶ 아스팔트방수와 시멘트액체방수의 비교 ○×

구분	아스팔트방수	시멘트액체방수
바탕처리	• 완전 건조, 요철을 없앤다(매끄럽게). • 바탕 모르타르 바름을 한다.	• 보통 건조·보수처리를 철저히 한다. 기출 • 바탕바름은 필요 없다(바탕을 거칠게 처리).
외기에 대한 영향	작다.	크다.
방수층의 신축성	크다.	작다.
균열의 발생 정도	비교적 발생하지 않는다.	잘 발생한다.
방수층의 중량	자체는 적으나 보호누름이 있으므로 총체적으로 크다.	비교적 가볍다.
시공의 용이도	복잡하다.	간단하다.
시공시일	길다.	짧다.
보호누름	절대로 필요하다.	없어도 무방하다.
경제성(공사비)	비싸다.	다소 싸다.
방수 성능 신용도	신뢰도가 높다.	신뢰도가 낮다.
재료 취급, 성능 판단	복잡하지만 명확하다.	간단하지만 신빙성이 적다.
모체 상태	모체가 나빠도 시공이 용이하다.	모체가 나쁘면 시공이 곤란하다.
결함부 발견	어렵다. 기출	쉽다.
보수 범위	광범위하고 보호누름도 재시공한다. 기출	국부적으로 보수할 수 있다.
보수비	비싸다. 기출	싸다.
방수층 끝마무리	불확실하고 난점이 있다.	확실히 할 수 있고 간단하다.

(5) 시트방수

내수성이 있는 시트상(장판지 모양)의 물질을 접착제로 깔아 붙이는 방수방법으로 재료로는 주로 합성수지, 합성고무계 물질이 많이 쓰이며 두께는 0.05~2mm 정도이다.

① **시공순서**

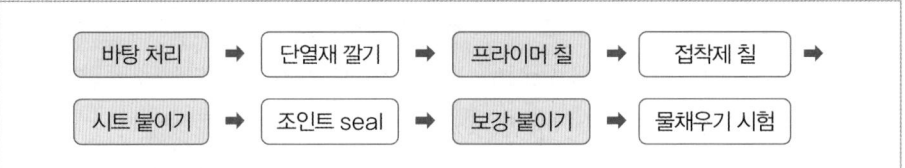

바탕 처리 ➡ 단열재 깔기 ➡ 프라이머 칠 ➡ 접착제 칠 ➡ 시트 붙이기 ➡ 조인트 seal ➡ 보강 붙이기 ➡ 물채우기 시험

② **시트 접착방법**: 온통 접착법(전면 접착법), 줄접착, 점접착, 갓접착(들뜬 접착) 등이 있다.

③ 시트방수의 장단점

장점	단점
• 제품규격화로 두께가 균일하다. • 시공이 신속하여 공기가 단축된다. • 상온 시공이 가능하므로 위험이 없다. • 운반이 용이하다. • **신축성이 있어 균열에 유리**하다. 기출 • **결함 발생 시에는 부분적 교체 및 보수가 가능**하다. 기출	• 바탕면의 평활도가 완전해야 한다. • 복잡한 부위의 시공이 어렵고, 시트이음부의 결함이 크다. • 비교적 **고가**이다. • 부풀어 오름, 접착제의 중독 우려가 있다.

④ 시트방수의 일반사항 및 특징

㉠ 시트재료는 신축성이 좋고 강도가 크며, 바탕의 변동에 대한 적응성을 갖춘 합성고무계 플라스틱 시트를 사용한다.

㉡ 아스팔트와 같이 다층방식의 방수법이 아니고, **시트 1층으로써 방수효과를 내는 공법**이다. 기출

㉢ 접착은 접착제나 같은 재료의 용접봉을 사용하며, 물·알칼리의 영향을 받지 않아야 한다(상온에서 접착제를 도포한 후 20분 경과 후 압착).

㉣ 보행용 방수(콘크리트, 블록, 모르타르, 타일로 보호누름)와 비보행 방수(도장마무리)로 구분한다.

㉤ 상호간의 이음은 겹침이음에서 5cm 이상, 맞댄이음에서는 10cm 이상으로 한다.

㉥ 방수층 치켜올림부는 3~5cm 둥글게 면접어 붙이고, 난간벽의 치켜올림 부분은 30cm 정도로 곡선지게 한다.

㉦ 방수누름층의 신축줄눈 간격: 4m 안팎, 또한 파라펫 및 옥탑 등 모서리와 치켜올림면에서 0.6~1m 높이의 위치에 설치한다.

㉧ 담수시험: 현장시공 후 5cm 깊이로 물을 담고 24시간 동안 누수 여부를 확인한다.

(6) 도막방수

도막방수는 내수성이 있는 물질을 페인트공사 하듯이 구조체에 도막을 형성하는 방수법이다. 재료로는 주로 합성수지, 합성고무계 물질이 많으며, 방수의 부위 및 정도에 따라서 2~3회 정도 도포한다.

① 재료의 분류

㉠ 우레탄 고무계 도막방수

ⓐ 도막의 강도나 방수 기능이 뛰어나며 신축성과 노출에 강해 옥상, 육상트랙, 건물 바닥 등에 사용한다.

OX문제

시트방수는 바탕의 균열에 대한 저항성이 약하다. ( )

시트방수의 결함 발생 시에는 부분적 교체 및 보수가 가능하다. ( )

OX문제

합성고분자 시트방수는 신장력과 내후성, 접착성이 우수하며, 여러 겹 적층하여 방수층을 형성하는 공법이다. ( )

OX문제

도막방수는 도료상의 방수재를 여러 번 발라 방수막을 형성하는 방식이다. ( )

정답 ×, ○, ×, ○

ⓑ 함수상태 10% 이하인 건조된 현장에서 시공하여야 하고, 그 이상의 상태에서 시공 시 수분증발로 인한 압력으로 도막이 뜨는 하자가 발생할 수 있다.
　ⓒ 아크릴 고무계 도막방수(에멀션)
　　　ⓐ 시너, 휘발유, 유성 등이 아닌 수용제 용제를 사용하는 방수시공법으로 이를 에멀션이라고 한다.
　　　ⓑ 시공방법은 우레탄 고무계 방수와 비슷하고 경화하며 피막을 형성하는 방수층을 갖는다.
　　　ⓒ 합성수지계 도막방수와는 다르게 아크릴 고무계 방수액은 수용성이기 때문에 함수율 25% 전후 정도에서도 시공이 가능하며 재료에 포함된 수분이 증발 건조하며 방수층을 형성한다. 기출
　ⓒ 아스팔트 고무계 도막방수
　　　ⓐ 아스팔트와 합성고무가 주원료이며 건조경화, 검정, 주로 비노출에 사용된다.
　　　ⓑ 아크릴 고무계의 도막방수와 비슷하고 도포 후 방수재료에 포함된 수분이 경화하며 방수층을 형성하는 방식이다.

② **도막방수의 적용성**
　㉠ 균열 및 진동이 심한 건축물에서의 적용이 가능하다.
　㉡ 조인트 부분이나 배관이 많은 화장실방수 등에 유효하다.
　OX ㉢ 돌출이 많은 부분에서도 이음매 없이 시공할 수 있어 일체성이 좋다.
　㉣ 바탕재의 습기와 반응하는 재료와 반응하지 않는 재료를 잘 구분하여 사용한다.
　㉤ 구조물의 용도에 따라 방수층의 두께를 임의로 조절할 수 있다.
　㉥ 붓이나 흙손으로 바르기만 하면 시공이 되므로 **작업이 간단하다**(공사기간 단축).
　OX ㉦ 액상의 재료이므로 욕실, 베란다, 발코니 등 작업이 **복잡한 장소에서 시공이 용이하다**. 기출
　㉧ 유지보수가 다른 방수공법보다 간편하다.
　㉨ 보행감이나 색채감이 뛰어나다.

③ **시공상의 문제점**
　OX ㉠ 바탕면의 균일한 방수층 시공이 어렵다. 기출
　㉡ 모재의 균열에 대한 추종성이 저하된다. 기출
　OX ㉢ 단열을 요하는 옥상층에는 불리하다.
　㉣ 내구성 있는 보호층이 필요하다.

OX문제
도막방수공법은 이음매가 있어 일체성이 좋지 않다.
(　　)

OX문제
도막방수는 균일한 방수층 시공이 어려우나 복잡한 형상의 시공에는 유리하다.
(　　)

OX문제
도막방수는 균일시공이 우수하고, 결함부 발견이 어렵다.
(　　)

OX문제
도막방수는 단열을 필요로 하는 옥상층에 유리하고 핀홀이 생길 우려가 없다. (　　)

정답　×, ○, ×, ×

ⓜ 핀홀이 생길 우려가 있고, 신뢰도에 문제가 있다. 기출

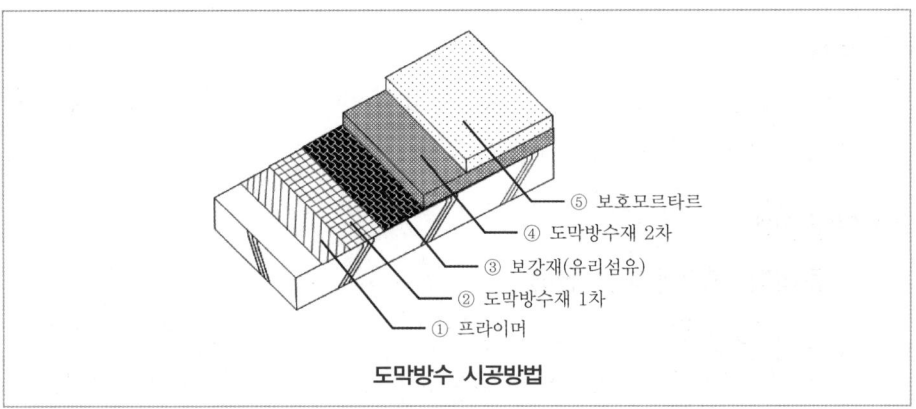

도막방수 시공방법

(7) 실링(Sealing)방수

① 틈이나 구멍 등을 점성이 있는 액상의 합성수지 계통의 재료로 막아 그 부위를 방수하는 것으로 코킹(Caulking)방수라고도 한다.

② 충진용 도구인 코킹건을 이용하여 충진하며, 틈이 깊거나 관통되었을 때에는 백업재(틈을 메우는 대상의 재료)를 사용하며, 틈이 얕을 경우에는 본드 브레이커(테이프 모양의 재료)를 붙이기도 한다.

③ 백업재의 삽입이나 본드 브레이커의 부착은 프라이머 도포 전에 행한다.

④ **실링재의 조건**
　　㉠ 부재와의 접착성이 좋고 수밀성이 있을 것
　　㉡ 조인트 부위의 변형에 추종할 수 있을 것
　　㉢ 불침투성 재료일 것
　　㉣ 내부 응집력 변화에 따른 내부 파괴가 없을 것

(8) 복합방수

① 복합방수공법은 방수성능 향상을 위하여 2가지 이상의 방수재료를 사용하여 방수층을 형성하는 공법을 말한다. 기출

② 주로 시트방수와 도막방수의 취약점을 상호 보완하기 위한 공법이다. 기출

③ 하부는 시트방수를 절연공법으로 부착하고, 시트상부는 도막방수를 시공한다.

④ **복합방수의 특징**
　　㉠ 콘크리트 바탕과 방수층과의 절연성이 우수하다.
　　㉡ 부착성능이 우수하다.
　　㉢ 바탕면 수분 및 균열에 의한 하자가 발생하지 않는다.
　　㉣ 내후성 및 내구성이 향상된다.

○×문제

실링방수는 접합부, 줄눈, 균열부위 등에 적용하는 방식이다. (　　)

○×문제

복합방수는 시트재와 도막재를 복합적으로 사용하여 단일방수재의 단점을 보완하는 공법이다. (　　)

정답 ○, ○

고득점 심화학습

열단위의 의미

1. 열전달률(α): 고체 벽에서 이에 접촉하는 공기층으로의 이동으로서 건물 외피의 단열성능을 나타낸다(W/m²·K) **기출**
2. 열전도율(λ): 고체 내부에서 고온 측으로부터 저온 측으로 이동(W/m·K)
3. 열관류율(K): 고체 벽을 사이에 둔 양 유체 사이의 열 이동. 즉, 전달+전도+전달의 과정(W/m²·K)

$$K = \dfrac{1}{\dfrac{1}{\alpha_o} + \Sigma\dfrac{d}{\lambda} + \dfrac{1}{\alpha_i}}$$

λ: 재료의 열전도율
d: 재료의 두께(m)
α_o, α_i: 외·내표면의 열전달률

4. 열관류저항: 열관류율의 역수값(m²·K/W)

OX문제

열은 매체를 통해 전도나 대류로 전달되지만 진공 중에서도 전달될 수 있다. (　　)

열관류율은 건물 외피의 단열성능을 나타내며, 단위는 W/m²·K 이다. (　　)

OX문제

알루미늄박(Foil)은 저항형 단열재이다. (　　)

OX문제

단열원리상 벽체에는 저항형이 반사형보다 유리하다. (　　)

OX문제

내측단열은 실내에 가까운 부분에 단열재를 장착하는 방법으로, 실내에서 시공하기 때문에 편리하다. (　　)

정답 O, O, X, O, O

2. 단열공사 OX

(1) 개요

단열은 열을 전달하기 힘든 재료(단열재)를 외벽, 지붕(천장), 바닥 등 건축물 각 부위에 넣는 것을 말한다.

(2) 단열공법

① **물리적 구조에 따른 분류**

㉠ 저항형 단열: 건축물에서 가장 일반적으로 사용되는 단열로 분자 간 거리가 멀고 다공질이며 밀도가 낮은 재료로 전도와 대류의 열류를 차단하는 단열공법이다.

ⓐ 무기질 재료의 종류: 미네랄 울, 글라스 울, 질석 펄라이트, 규조토 등이 있다.

ⓑ 유기질 재료: 폴리스티렌, 경질 우레탄폼, 발포 폴리에틸렌과 우레아폼 등이 있다.

OX ㉡ 반사형 단열: 복사열 흡수 및 방사율이 낮은 재료(주로 밝고 빛나는 표면을 가짐, 알루미늄 포일 등)를 가지고 복사열 에너지를 반사해서 단열하는 공법이다.

ⓐ 종류: 알루미늄 블랭킷, 표면 금속 박판 블랭킷 혹은 표면 알루미늄 박판 석고보드와 열반사 코팅 등이 있다. **기출**

ⓑ 특징

ⅰ) 복사형태로 열이동이 이루어지는 공기층에 유효하지만, 전도 대류에 의한 열흐름이 큰 곳에는 효과가 적다.

OX ⅱ) 반사되는 표면이 다른 재료와 접촉될 경우 전도열이 발생하여 단열효과가 저하된다.

ⅲ) 중공벽 내의 중앙에 알루미늄박을 이중으로 설치하면 가장 큰 단열효과를 얻을 수 있다.

㉢ 용량형 단열: 건축물 외피의 축열용량을 이용한 것으로 열전달을 지연시키는 축열 성질을 유도하는 단열공법이다.

② **공법에 따른 분류**

OX ㉠ 내측단열

ⓐ 실내의 가까운 부분에 단열재를 설치하여 보온·보냉하는 방법이다. **기출**

ⓑ 시공이 편리하고, 공사비가 저렴하다. **기출**

ⓒ 내부결로가 발생할 우려가 있다.
ⓓ 고온측에 방습층을 설치하여야 한다.
ⓔ 열교현상에 의한 국부적 열손실이 발생한다.
ⓕ 난방시간이 단시간인 강당·집회장의 간헐난방에 유리하다.
ⓛ **중간단열**(중공벽 단열)
　ⓐ 벽 등의 중간에 단열재를 설치하는 공법이다.
　ⓑ 시공비는 비싼 편이나 벽 등에 결로현상이 발생할 우려가 없다.
　ⓒ 시공성이 좋다. 기출
　ⓓ 조적공사에서 주로 사용한다.
ⓒ **외측단열**
　ⓐ 벽 등에 시공할 경우 실외에 가까운 부분에 단열재를 장착하는 방법으로 결로현상이 발생할 염려가 적다. 기출
　ⓑ 건물 열용량을 실내 측에 유지하며, 지속(연속)난방에 유리하다.
　ⓒ 시공이 어렵고 복잡하다.
　ⓓ 일체화된 시공으로 열교현상이 발생하지 않는다.

(3) 단열의 하자보수방법

건물의 단열상 하자가 발생한 경우 이를 보수하는 방법은 단열재 첨가방법, 전면보수방법, 단열재의 충전·주입방법의 3가지가 있다.

① **단열재 첨가방법**: 건물에 기시공된 단열시설에 새로운 단열재를 첨가·보수하는 방법으로 시공이 간편하나 건물의 외벽·천장·바닥 등이 서로 다른 구조로 되어 있으므로 각 구조에 적합한 시공방법을 택하여 보수하여야 한다. 기출

② **전면보수방법**: 기시공된 단열시설을 전부 들어내고 새로운 단열재를 설치·마감하는 방식이다. 단열상의 하자를 비교적 완벽하게 보수할 수는 있으나 시공이 어렵고 노력과 비용이 많이 든다.

③ **단열재의 충전·주입방법**: 건물의 벽체나 천장 등의 중간이 비어 있는 경우 이 빈 공간에 단열재를 충전·주입하여 단열효과를 얻으려는 방법이다. 단열재를 균등하게 채워넣기가 어렵고, 충전·주입된 단열재가 외부로 스며나와 벽표면 등을 오손시킬 수 있다. 기출

OX문제
중간단열은 단열재를 벽 등의 중간에 시공하는 것으로 시공비가 싸고, 시공성이 나쁘다.
（　　）

OX문제
외측단열은 벽 등에 시공할 경우 실외에 가까운 부분에 단열재를 장착하는 방법으로 결로현상이 발생할 염려가 적다.
（　　）

정답 ×, ○

(4) 단열성능에 영향을 미치는 요인 기출

① 단열재는 열전도율이 낮은 것일수록 단열성능이 높다.
② 일반적으로 재료가 밀실하여 비중이 커지면 열전도율도 커지는 경향이 있다. 그러나 단열재에서는 이와 반대되는 경우도 있으므로 주의하여야 한다. 유리면, 암면 등과 같은 섬유질계 단열재는 겉보기 비중과 섬유량이 작아지면 내부 간극이 많아지므로, 대류가 발생하여 열전도율은 증대한다. 이 때문에 섬유질계 단열재는 겉보기 비중이 클수록 단열성능이 좋아진다.
③ 다공질계 단열재의 경우에는 독립기포가 미세하고 균일하며, 기포막이 얇을수록 열전도율이 작아진다.
④ 단열재의 열저항은 재료의 두께가 두꺼울수록 커진다.
⑤ 단열재는 함수율이 증가할수록 열전도율이 높아진다.

(5) 단열재의 요구조건 OX

① 열전도율이 낮을 것
② 흡습성이 낮을 것
③ 투습성이 적고 내화성이 있을 것
④ 비중이 작고, 상온에서 가공이 좋을 것
⑤ 내후성, 내산성, 내알칼리성 재료로 부패되지 않을 것
⑥ 균일한 품질, 가격이 저렴할 것
⑦ 유독가스 발생이 적고 인체에 유해하지 않을 것

제3절 주택의 건설기준 등

1 용어의 정의

1. 주택단지

① '주택단지'란 「주택법」 제15조에 따른 주택건설사업계획 또는 대지조성사업계획의 승인을 받아 주택과 그 부대시설 및 복리시설을 건설하거나 대지를 조성하는 데 사용되는 일단(一團)의 토지를 말한다. 다만, 다음의 시설로 분리된 토지는 각각 별개의 주택단지로 본다(주택법 제2조 제12호, 동법 시행령 제5조 제1항, 동법 시행규칙 제3조). 기출

OX문제

섬유질계 단열재는 밀도가 큰 것일수록 단열성이 높다. ( )

OX문제

다공질계 단열재는 기포가 미세하고 균일한 것일수록 열전도율이 높다. ( )

OX문제

열전도율이 같으면 밀도 및 흡수성이 작은 재료가 단열효과가 적다. ( )

정답 O, ×, ×

㉠ 철도·고속도로·자동차전용도로
㉡ 폭 20미터 이상인 일반도로
㉢ 폭 8미터 이상인 도시계획예정도로
㉣ 보행자 및 자동차의 통행이 가능한 도로로서 다음의 어느 하나에 해당하는 도로

OX ⓐ 「국토의 계획 및 이용에 관한 법률」에 따른 도시·군계획시설인 도로로서 「도시·군계획시설의 결정·구조 및 설치기준에 관한 규칙」 제9조 제3호에 따른 주간선도로·보조간선도로·집산도로 및 폭 8미터 이상인 국지도로
ⓑ 「도로법」에 따른 일반국도·특별시도·광역시도 또는 지방도
ⓒ 그 밖에 관계 법령에 따라 설치된 도로로서 위 ⓐ 및 ⓑ에 준하는 도로

㉤ 위 ㉣에도 불구하고 사업계획승인권자가 다음의 요건을 모두 충족한다고 인정하여 사업계획을 승인한 도로는 주택단지의 구분기준이 되는 도로에서 제외한다(주택법 시행령 제5조 제2항).
㉠ 인근 주민의 통행권 확보 및 교통편의 제고 등을 위해 기존의 도로를 국토교통부령으로 정하는 기준에 적합하게 유지·변경할 것
㉡ 보행자 통행의 편리성 및 안전성을 확보하기 위한 시설을 국토교통부령으로 정하는 바에 따라 설치할 것

> **OX문제**
> 「국토의 계획 및 이용에 관한 법률」에 의한 도시·군계획시설인 도로로서 폭 4미터 이상인 국지도로에 의해 분리된 토지는 각각 별개의 주택단지로 본다. ( )

2. 부대시설

'부대시설'이란 주택에 딸린 다음의 시설 또는 설비를 말한다(주택법 제2조 제13호, 건축법 제2조 제1항 제4호, 주택법 시행령 제6조). 기출

OX ① 주차장, 관리사무소, 담장 및 주택단지 안의 도로
② **「건축법」에 따른 건축설비**: 건축물에 설치하는 전기·전화 설비, 초고속 정보통신 설비, 지능형 홈네트워크 설비, 가스·급수·배수(配水)·배수(排水)·환기·난방·냉방·소화(消火)·배연(排煙) 및 오물처리의 설비, 굴뚝, 승강기, 피뢰침, 국기 게양대, 공동시청 안테나, 유선방송 수신시설, 우편함, 저수조(貯水槽), 방범시설, 그 밖에 국토교통부령으로 정하는 설비
③ **위 ① 및 ②의 시설·설비에 준하는 다음의 시설 또는 설비**
㉠ 보안등, 대문, 경비실 및 자전거보관소
㉡ 조경시설, 옹벽 및 축대
㉢ 안내표지판 및 공중화장실

> **OX문제**
> 관리사무소는 공동주택 공용부분인 부대시설에 해당된다. ( )
>
> 정답 ×, ○

ⓡ 저수시설, 지하양수시설 및 대피시설
　　ⓜ 쓰레기 수거 및 처리시설, 오수처리시설, 정화조
　　ⓗ 소방시설, 냉난방공급시설(지역난방공급시설은 제외한다) 및 방범설비
　　ⓢ 「환경친화적 자동차의 개발 및 보급 촉진에 관한 법률」에 따른 전기자동차에 전기를 충전하여 공급하는 시설
　　ⓞ 「전기통신사업법」 등 다른 법령에 따라 거주자의 편익을 위해 주택단지에 의무적으로 설치해야 하는 시설로서 사업주체 또는 입주자의 설치 및 관리 의무가 없는 시설
　　ⓩ 그 밖에 위 ㉠부터 ⓞ까지의 시설 또는 설비와 비슷한 것으로서 사업계획승인권자가 주택의 사용 및 관리를 위해 필요하다고 인정하는 시설 또는 설비

• **전기자동차**
전기 공급원으로부터 충전받은 전기에너지를 동력원(動力源)으로 사용하는 자동차를 말한다(환경친화적 자동차의 개발 및 보급 촉진에 관한 법률 제2조 제3호).

3. 복리시설

'복리시설'이란 주택단지의 입주자등의 생활복리를 위한 다음의 공동시설을 말한다(주택법 제2조 제14호, 동법 시행령 제7조). **기출**

① 어린이놀이터, 근린생활시설, 유치원, 주민운동시설 및 경로당
② 그 밖에 입주자등의 생활복리를 위한 다음의 공동시설
　　㉠ 「건축법 시행령」[별표 1] 제3호에 따른 제1종 근린생활시설
　　㉡ 「건축법 시행령」[별표 1] 제4호에 따른 제2종 근린생활시설(총포판매소, 장의사, 다중생활시설, 단란주점 및 안마시술소는 제외한다)
　　㉢ 「건축법 시행령」[별표 1] 제6호에 따른 종교시설
　　㉣ 「건축법 시행령」[별표 1] 제7호에 따른 판매시설 중 소매시장 및 상점
　　㉤ 「건축법 시행령」[별표 1] 제10호에 따른 교육연구시설
　　㉥ 「건축법 시행령」[별표 1] 제11호에 따른 노유자시설
　　㉦ 「건축법 시행령」[별표 1] 제12호에 따른 수련시설
　　㉧ 「건축법 시행령」[별표 1] 제14호에 따른 업무시설 중 금융업소
　　㉨ 「산업집적활성화 및 공장설립에 관한 법률」 제2조 제13호에 따른 지식산업센터
　　㉩ 「사회복지사업법」 제2조 제5호에 따른 사회복지관
　　㉪ 공동작업장
　　㉫ 주민공동시설
　　㉬ 도시·군계획시설인 시장

OX문제

'복리시설'이란 주택단지의 입주자 등의 생활복리를 위한 어린이놀이터, 근린생활시설 주차장, 관리사무소 등을 말한다. (　　)

주택법령상 주택에 딸린 시설로서 경로당은 부대시설에 해당된다. (　　)

정답 ×, ×

ⓗ 그 밖에 ㉠부터 ㉣까지의 시설과 비슷한 시설로서 국토교통부령으로 정하는 공동시설 또는 사업계획승인권자가 거주자의 생활복리 또는 편익을 위하여 필요하다고 인정하는 시설

4. 주민공동시설

'주민공동시설'이란 해당 공동주택의 거주자가 공동으로 사용하거나 거주자의 생활을 지원하는 시설로서 다음의 시설을 말한다(주택건설기준 등에 관한 규정 제2조 제3호).

① 경로당
② 어린이놀이터
③ 어린이집
④ 주민운동시설
⑤ 도서실(정보문화시설과 도서관법에 따른 작은도서관을 포함한다)
⑥ 주민교육시설(영리를 목적으로 하지 아니하고 공동주택의 거주자를 위한 교육장소를 말한다)
⑦ 청소년 수련시설
⑧ 주민휴게시설
⑨ 독서실
⑩ 입주자집회소
⑪ 공용취사장
⑫ 공용세탁실
⑬ 「공공주택 특별법」 제2조에 따른 공공주택의 단지 내에 설치하는 사회복지시설
⑭ 「아동복지법」 제44조의2의 다함께돌봄센터
⑮ 「아이돌봄 지원법」 제19조의 공동육아나눔터
⑯ 그 밖에 위 ①부터 ⑮까지의 시설에 준하는 시설로서 「주택법」에 따른 사업계획의 승인권자가 인정하는 시설

5. 기간시설 OX

'기간시설(基幹施設)'이란 도로·상하수도·전기시설·가스시설·통신시설·지역난방시설 등을 말한다(주택법 제2조 제16호).

OX문제

'간선시설'이란 도로·상하수도·전기시설·가스시설·통신시설·지역난방시설 등을 말한다. ( )

정답 ×

> **OX문제**
>
> 주택단지 안의 기간시설인 가스시설·통신시설 및 지역난방시설은 간선시설에 포함된다.
> ( )

6. 간선시설 OX

'**간선시설**(幹線施設)'이란 도로·상하수도·전기시설·**가스시설**·**통신시설** 및 **지역난방시설** 등 주택단지(둘 이상의 주택단지를 동시에 개발하는 경우에는 각각의 주택단지) 안의 기간시설을 그 주택단지 밖에 있는 같은 종류의 **기간시설**에 연결시키는 시설을 말한다. 다만, 가스시설·통신시설 및 **지역난방시설**의 경우에는 주택단지 안의 기간시설을 포함한다(주택법 제2조 제17호). 기출

7. 건축법령상 용어의 정의 및 방화문의 구분

① '**내수재료**(耐水材料)'란 인조석·콘크리트 등 내수성을 가진 재료로서 국토교통부령으로 정하는 재료를 말한다(건축법 시행령 제2조 제6호).
② '**내화구조**(耐火構造)'란 화재에 견딜 수 있는 성능을 가진 구조로서 국토교통부령으로 정하는 기준에 적합한 구조를 말한다(건축법 시행령 제2조 제7호). 기출

> **+ 고득점 심화학습**
>
> **내수재료**
>
> 본문 ①에서 '국토교통부령으로 정하는 재료'란 벽돌·자연석·인조석·콘크리트·아스팔트·도자기질재료·유리 및 그 밖에 이와 비슷한 내수성 건축재료를 말한다(건축물의 피난·방화구조 등의 기준에 관한 규칙 제2조).

▶ **내화구조**

위 본문 ②에서 '국토교통부령으로 정하는 기준에 적합한 구조'란 다음의 어느 하나에 해당하는 것을 말한다(건축물의 피난·방화구조 등의 기준에 관한 규칙 제3조).
1. 벽의 경우에는 다음의 어느 하나에 해당하는 것
   ① 철근콘크리트조 또는 철골철근콘크리트조로서 두께가 10센티미터 이상인 것
   ② 골구를 철골조로 하고 그 양면을 두께 4센티미터 이상의 철망모르타르(그 바름바탕을 불연재료로 한 것으로 한정한다. 이하 같다) 또는 두께 5센티미터 이상의 콘크리트블록·벽돌 또는 석재로 덮은 것
   ③ 철재로 보강된 콘크리트블록조·벽돌조 또는 석조로서 철재에 덮은 콘크리트블록 등의 두께가 5센티미터 이상인 것
   ④ 벽돌조로서 두께가 19센티미터 이상인 것
   ⑤ 〈생략〉
2. 외벽 중 비내력벽인 경우에는 1.에도 불구하고 다음의 어느 하나에 해당하는 것
   ① 철근콘크리트조 또는 철골철근콘크리트조로서 두께가 7센티미터 이상인 것
   ② 골구를 철골조로 하고 그 양면을 두께 3센티미터 이상의 철망모르타르 또는 두께 4센티미터 이상의 콘크리트블록·벽돌 또는 석재로 덮은 것
   ③ 철재로 보강된 콘크리트블록조·벽돌조 또는 석조로서 철재에 덮은 콘크리트블록 등의 두께가 4센티미터 이상인 것
   ④ 무근콘크리트조·콘크리트블록조·벽돌조 또는 석조로서 그 두께가 7센티미터 이상인 것
3. 기둥의 경우에는 그 작은 지름이 25센티미터 이상인 것으로서 다음의 어느 하나에 해당하는 것. 다만, 고강도 콘크리트(설계기준강도가 50MPa 이상인 콘크리트를 말한다. 이하 같다)를 사용하는 경우에는 국토교통부장관이 정하여 고시하는 고강도 콘크리트 내화성능 관리기준에 적합해야 한다.
   ① 철근콘크리트조 또는 철골철근콘크리트조

정답 ○

② 철골을 두께 6센티미터(경량골재를 사용하는 경우에는 5센티미터) 이상의 철망모르타르 또는 두께 7센티미터 이상의 콘크리트블록·벽돌 또는 석재로 덮은 것
③ 철골을 두께 5센티미터 이상의 콘크리트로 덮은 것
4. 바닥의 경우에는 다음의 어느 하나에 해당하는 것
   ① 철근콘크리트조 또는 철골철근콘크리트조로서 두께가 10센티미터 이상인 것
   ② 철재로 보강된 콘크리트블록조·벽돌조 또는 석조로서 철재에 덮은 콘크리트블록 등의 두께가 5센티미터 이상인 것
   ③ 철재의 양면을 두께 5센티미터 이상의 철망모르타르 또는 콘크리트로 덮은 것
5. 보(지붕틀을 포함한다)의 경우에는 다음의 어느 하나에 해당하는 것. 다만, 고강도 콘크리트를 사용하는 경우에는 국토교통부장관이 정하여 고시하는 고강도 콘크리트 내화성능 관리기준에 적합해야 한다.
   ① 철근콘크리트조 또는 철골철근콘크리트조
   ② 철골을 두께 6센티미터(경량골재를 사용하는 경우에는 5센티미터) 이상의 철망모르타르 또는 두께 5센티미터 이상의 콘크리트로 덮은 것
   ③ 철골조의 지붕틀(바닥으로부터 그 아랫부분까지의 높이가 4미터 이상인 것에 한한다)로서 바로 아래에 반자가 없거나 불연재료로 된 반자가 있는 것
6.~10. 〈생략〉

③ **방화구조(防火構造)**란 화염의 확산을 막을 수 있는 성능을 가진 구조로서 국토교통부령으로 정하는 기준에 적합한 구조를 말한다(건축법 시행령 제2조 제8호). 기출

④ **난연재료**란 불에 잘 타지 아니하는 성능을 가진 재료로서 국토교통부령으로 정하는 기준에 적합한 재료를 말한다(건축법 시행령 제2조 제9호). 기출

⑤ **불연재료(不燃材料)**란 불에 타지 아니하는 성질을 가진 재료로서 국토교통부령으로 정하는 기준에 적합한 재료를 말한다(건축법 시행령 제2조 제10호).

▶ 불연재료

위 본문 ⑤에서 '국토교통부령으로 정하는 기준에 적합한 재료'란 다음의 어느 하나에 해당하는 것을 말한다(건축물의 피난·방화구조 등의 기준에 관한 규칙 제6조).
1. 콘크리트·석재·벽돌·기와·철강·알루미늄·유리·시멘트모르타르 및 회. 이 경우 시멘트모르타르 또는 회 등 미장재료를 사용하는 경우에는 「건설기술 진흥법」에 따라 제정된 건축공사표준시방서에서 정한 두께 이상인 것에 한한다.
2. 한국산업표준에 따라 시험한 결과 질량감소율 등이 국토교통부장관이 정하여 고시하는 불연재료의 성능기준을 충족하는 것
3. 그 밖에 위 1.과 유사한 불연성의 재료로서 국토교통부장관이 인정하는 재료. 다만, 위 1.의 재료와 불연성재료가 아닌 재료가 복합으로 구성된 경우를 제외한다.

⑥ **'준불연재료'**란 불연재료에 준하는 성질을 가진 재료로서 국토교통부령으로 정하는 기준에 적합한 재료를 말한다(건축법 시행령 제2조 제11호).

⊕ 고득점 심화학습

방화구조

본문 ③에서 '국토교통부령으로 정하는 기준에 적합한 구조'란 다음의 어느 하나에 해당하는 것을 말한다(건축물의 피난·방화구조 등의 기준에 관한 규칙 제4조).
1. 철망모르타르로서 그 바름두께가 2센티미터 이상인 것
2. 석고판 위에 시멘트모르타르 또는 회반죽을 바른 것으로서 그 두께의 합계가 2.5센티미터 이상인 것
3. 시멘트모르타르 위에 타일을 붙인 것으로서 그 두께의 합계가 2.5센티미터 이상인 것
4.~7. 〈생략〉

⊕ 고득점 심화학습

난연재료

본문 ④에서 '국토교통부령으로 정하는 기준에 적합한 재료'란 한국산업표준에 따라 시험한 결과 가스 유해성, 열방출량 등이 국토교통부장관이 정하여 고시하는 난연재료의 성능기준을 충족하는 것을 말한다(건축물의 피난·방화구조 등의 기준에 관한 규칙 제5조).

▶ **준불연재료**

위 본문 ⑥에서 '국토교통부령으로 정하는 기준에 적합한 재료'란 한국산업표준에 따라 시험한 결과 가스 유해성, 열방출량 등이 국토교통부장관이 정하여 고시하는 준불연재료의 성능기준을 충족하는 것을 말한다(건축물의 피난·방화구조 등의 기준에 관한 규칙 제7조).

⑦ **방화문의 구분**: 방화문은 다음과 같이 구분한다(건축법 시행령 제64조 제1항).

㉠ **60분+ 방화문**: 연기 및 불꽃을 차단할 수 있는 시간이 **60분 이상**이고, 열을 차단할 수 있는 시간이 **30분 이상**인 방화문

㉡ **60분 방화문**: 연기 및 불꽃을 차단할 수 있는 시간이 **60분 이상**인 방화문

㉢ **30분 방화문**: 연기 및 불꽃을 차단할 수 있는 시간이 **30분 이상 60분 미만**인 방화문

2 주택의 구조

1. 세대 간의 경계벽 등

(1) 반자높이

거실 및 침실의 반자높이(반자를 설치하는 경우만 해당한다)는 **2.2미터 이상**으로 하고 층높이는 **2.4미터 이상**으로 하되, 각각 5센티미터를 단위로 한 것을 기준척도로 한다(주택건설기준 등에 관한 규칙 제3조 제4호).

(2) 세대 간의 경계벽

① **경계벽의 구조**: 공동주택 각 세대 간의 경계벽 및 공동주택과 주택 외의 시설 간의 경계벽은 내화구조로서 다음의 어느 하나에 해당하는 구조로 해야 한다(주택건설기준 등에 관한 규정 제14조 제1항). 기출

㉠ 철근콘크리트조 또는 철골·철근콘크리트조로서 그 두께(시멘트모르타르, 회반죽, 석고플라스터 그 밖에 이와 유사한 재료를 바른 후의 두께를 포함한다)가 **15센티미터 이상**인 것

㉡ 무근콘크리트조·콘크리트블록조·벽돌조 또는 석조로서 그 두께(시멘트모르타르, 회반죽, 석고플라스터, 그 밖에 이와 유사한 재료를 바른 후의 두께를 포함한다)가 **20센티미터 이상**인 것

㉢ 조립식 주택부재인 콘크리트판으로서 그 두께가 **12센티미터 이상**인 것

OX문제
60분+ 방화문: 연기 및 열을 차단할 수 있는 시간이 60분 이상인 방화문 ( )

OX문제
60분 방화문: 연기 및 열을 차단할 수 있는 시간이 60분이고, 불꽃을 차단할 수 있는 시간이 30분인 방화문 ( )

OX문제
공동주택 세대 간 경계벽은 철근콘크리트조 또는 철골·철근콘크리트조일 경우 두께가 12cm 이상으로 해야 한다. ( )

정답 ×, ×, ×

ⓔ 위 ㉠·㉡·㉢ 외에 국토교통부장관이 정하여 고시하는 기준에 따라 한국건설기술연구원장이 차음성능을 인정하여 지정하는 구조인 것
② **경계벽의 설치**: 경계벽은 이를 지붕 밑 또는 바로 윗층 바닥판까지 닿게 하여야 하며, 소리를 차단하는 데 장애가 되는 부분이 없도록 설치하여야 한다. 이 경우 경계벽의 구조가 벽돌조인 경우에는 줄눈 부위에 빈틈이 생기지 아니하도록 시공하여야 한다(주택건설기준 등에 관한 규정 제14조 제2항).
③ **경계벽 구조 및 설치기준의 예외**: 공동주택의 3층 이상인 층의 발코니에 세대 간 경계벽을 설치하는 경우에는 화재 등의 경우에 피난용도로 사용할 수 있는 피난구를 경계벽에 설치하거나 경계벽의 구조를 파괴하기 쉬운 경량구조 등으로 할 수 있다. 다만, 경계벽에 창고 기타 이와 유사한 시설을 설치하는 경우에는 그러하지 아니하다(주택건설기준 등에 관한 규정 제14조 제5항).
④ **표지 등의 부착**: 위 ③에 따라 피난구를 설치하거나 경계벽의 구조를 경량구조 등으로 하는 경우에는 그에 대한 정보를 포함한 표지 등을 식별하기 쉬운 위치에 부착 또는 설치하여야 한다(주택건설기준 등에 관한 규정 제14조 제6항).

(3) 바닥의 구조

공동주택의 세대 내의 층간바닥(화장실의 바닥은 제외한다)은 다음의 기준을 모두 충족하여야 한다(주택건설기준 등에 관한 규정 제14조의2).
① 콘크리트 슬래브 두께는 210밀리미터[라멘구조(보와 기둥을 통해서 내력이 전달되는 구조를 말한다)의 공동주택은 150밀리미터] 이상으로 할 것. 다만, 다음의 어느 하나에 해당하는 주택의 층간바닥은 예외로 한다. 기출
    ㉠ 「주택법」에 따라 인정받은 공업화주택
    ㉡ 목구조(주요 구조부를 목재의 지속가능한 이용에 관한 법률에 따른 목재 또는 목재제품으로 구성하는 구조를 말한다) 공동주택
② 각 층간 바닥은 바닥충격음 차단성능[바닥의 경량충격음(비교적 가볍고 딱딱한 충격에 의한 바닥충격음을 말한다) 및 중량충격음(무겁고 부드러운 충격에 의한 바닥충격음을 말한다)이 각각 49데시벨 이하인 성능을 말한다]을 갖춘 구조일 것. 다만, 다음의 층간바닥은 그렇지 않다. 기출
    ㉠ 라멘구조의 공동주택(주택법에 따라 인정받은 공업화주택은 제외한다)의 층간바닥
    ㉡ 위 ㉠의 공동주택 외의 공동주택 중 발코니, 현관 등 국토교통부령(보조단)으로 정하는 부분의 층간바닥

> **⊕ 고득점 심화학습**
>
> **바닥충격음 성능기준 적용 예외**
>
> 본문 ②의 ㉡에서 '발코니, 현관 등 국토교통부령으로 정하는 부분'이란 다음에 해당하는 부분을 말한다(주택건설기준 등에 관한 규칙 제3조의2).
> 1. 발코니
> 2. 현관
> 3. 세탁실
> 4. 대피공간
> 5. 벽으로 구획된 창고
> 6. 위 1.부터 5.까지에서 해당하는 부분 외에 「주택법」 제15조에 따른 사업계획의 승인권자(이하 '사업계획승인권자'라 한다)가 층간소음으로 인한 피해가능성이 적어 바닥충격음 성능기준 적용이 불필요하다고 인정하는 공간

(4) 벽체 및 창호의 결로방지 성능

500세대 이상의 공동주택을 건설하는 경우 벽체의 접합부위나 난방설비가 설치되는 공간의 창호는 국토교통부장관이 정하여 고시하는 기준에 적합한 결로(結露)방지 성능을 갖추어야 한다(주택건설기준 등에 관한 규정 제14조의3 제1항).

2. 계단 등

(1) 계단의 치수

주택단지 안의 건축물 또는 옥외에 설치하는 계단의 각 부위의 치수는 다음 표의 기준에 적합하여야 한다(주택건설기준 등에 관한 규정 제16조 제1항).

(단위: 센티미터)

계단의 종류	유효폭	단높이	단너비
공동으로 사용하는 계단	120 이상	18 이하	26 이상
건축물의 옥외 계단	90 이상	20 이하	24 이상

(2) 계단의 설치

계단은 다음에 정하는 바에 따라 적합하게 설치하여야 한다(주택건설기준 등에 관한 규정 제16조 제2항).

① **계단참**: 높이 2미터를 넘는 계단(세대 내 계단을 제외한다)에는 2미터(기계실 또는 물탱크실의 계단의 경우에는 3미터) 이내마다 해당 계단의 유효폭 이상의 폭으로 너비 120센티미터 이상인 계단참을 설치할 것. 다만, 각 동 출입구에 설치하는 계단은 1층에 한정하여 높이 2.5미터 이내마다 계단참을 설치할 수 있다.

② **계단의 바닥**: 미끄럼을 방지할 수 있는 구조로 할 것

3. 출입문

① 주택단지 안의 각 동 출입문에 설치하는 유리는 **안전유리**(45킬로그램의 추가 75센티미터 높이에서 낙하하는 충격량에 관통되지 아니하는 유리를 말한다)를 사용하여야 한다(주택건설기준 등에 관한 규정 제16조의2 제1항).

② 주택단지 안의 각 동 지상 출입문, 지하주차장과 각 동의 지하 출입구를 연결하는 출입문에는 **전자출입시스템**(비밀번호나 출입카드 등으로 출입문을 여닫을 수 있는 시스템 등을 말한다)을 갖추어야 한다(주택건설기준 등에 관한 규정 제16조의2 제2항).

③ 주택단지 안의 각 동 옥상 출입문에는 「소방시설 설치 및 관리에 관한 법률」에 따른 성능인증 및 제품검사를 받은 **비상문자동개폐장치**를 설치하여야 한다. 다만, 대피공간이 없는 옥상의 출입문은 제외한다(주택건설기준 등에 관한 규정 제16조의2 제3항).
④ 위 ②에 따라 설치되는 전자출입시스템 및 ③에 따라 설치되는 비상문자동개폐장치는 화재 등 비상시에 소방시스템과 연동되어 잠김 상태가 자동으로 풀려야 한다(주택건설기준 등에 관한 규정 제16조의2 제4항).

4. 복도

복도형인 공동주택의 복도는 다음의 기준에 적합하여야 한다(주택건설기준 등에 관한 규정 제17조 제2항).
① 외기에 개방된 복도에는 배수구를 설치하고, 바닥의 배수에 지장이 없도록 할 것
② 중복도에는 채광 및 통풍이 원활하도록 40미터 이내마다 1개소 이상 외기에 면하는 개구부를 설치할 것
③ 복도의 벽 및 반자의 마감(마감을 위한 바탕을 포함한다)은 불연재료 또는 준불연재료로 할 것

5. 난간

(1) 난간의 재료

주택단지 안의 건축물 또는 옥외에 설치하는 난간의 재료는 철근콘크리트, 파손되는 경우에도 날려 흩어지지 않는 안전유리 또는 강도 및 내구성이 있는 재료(금속제인 경우에는 부식되지 아니하거나 도금 또는 녹막이 등으로 부식방지처리를 한 것만 해당한다)를 사용하여 난간이 안전한 구조로 설치될 수 있게 하여야 한다. 다만, 실내에 설치하는 난간의 재료는 목재로 할 수 있다(주택건설기준 등에 관한 규정 제18조 제1항).

(2) 난간의 치수

난간의 각 부위의 치수는 다음의 기준에 적합하여야 한다(주택건설기준 등에 관한 규정 제18조 제2항).
① **난간의 높이**: 바닥의 마감면으로부터 120센티미터 이상. 다만, 건축물 내부계단에 설치하는 난간, 계단 중간에 설치하는 난간 기타 이와 유사한 것으로 위험이 적은 장소에 설치하는 난간의 경우에는 90센티미터 이상으로 할 수 있다. 기출

② **난간의 간살의 간격**: 안목치수 10센티미터 이하

(3) 주택 창에 설치하는 난간

3층 이상인 주택의 창(바닥의 마감면으로부터 창대 윗면까지의 높이가 110센티미터 이상이거나 창의 바로 아래에 발코니 기타 이와 유사한 것이 있는 경우를 제외한다)에는 위 (1) 및 (2)에 적합한 난간을 설치하여야 한다(주택건설기준 등에 관한 규정 제18조 제3항).

6. 발코니

(1) 정의

'발코니'란 건축물의 내부와 외부를 연결하는 **완충공간**으로서 전망이나 휴식 등의 목적으로 건축물 **외벽**에 접하여 부가적(附加的)으로 설치되는 공간을 말한다. 이 경우 주택에 설치되는 발코니로서 국토교통부장관이 정하는 기준에 적합한 발코니는 필요에 따라 거실·침실·창고 등의 용도로 사용할 수 있다(건축법 시행령 제2조 제14호). 기출

(2) 발코니에 설치하는 대피공간

① **대피공간의 설치**: 공동주택 중 아파트로서 4층 이상인 층의 각 세대가 2개 이상의 직통계단을 사용할 수 없는 경우에는 발코니(발코니의 외부에 접하는 경우를 포함한다)에 인접 세대와 공동으로 또는 각 세대별로 다음의 요건을 모두 갖춘 대피공간을 하나 이상 설치해야 한다. 이 경우 인접 세대와 공동으로 설치하는 대피공간은 인접 세대를 통하여 2개 이상의 직통계단을 쓸 수 있는 위치에 우선 설치되어야 한다(건축법 시행령 제46조 제4항). 기출

　㉠ 대피공간은 **바깥의 공기와 접할** 것
　㉡ 대피공간은 실내의 다른 부분과 방화구획으로 구획될 것
　㉢ 대피공간의 바닥면적은 인접 세대와 공동으로 설치하는 경우에는 **3제곱미터 이상**, 각 세대별로 설치하는 경우에는 **2제곱미터 이상**일 것
　㉣ 대피공간으로 통하는 출입문은 **60분+ 방화문**으로 설치할 것
　㉤ 국토교통부장관이 정하는 기준에 적합할 것

② **대피공간의 설치제외**: 위 ①에도 불구하고 아파트의 4층 이상인 층에서 발코니(㉣의 경우에는 발코니의 외부에 접하는 경우를 포함한다)에 다음의 어느 하나에 해당하는 구조 또는 시설을 갖춘 경우에는 대피공간을 설치하지 않을 수 있다(건축법 시행령 제46조 제5항).

㉠ 발코니와 인접 세대와의 경계벽이 파괴하기 쉬운 경량구조 등인 경우
㉡ 발코니의 경계벽에 피난구를 설치한 경우
㉢ 발코니의 바닥에 국토교통부령으로 정하는 하향식 피난구를 설치한 경우
㉣ 국토교통부장관이 위 ①에 따른 대피공간과 동일하거나 그 이상의 성능이 있다고 인정하여 고시하는 구조 또는 시설(이하 '대체시설'이라 한다)을 갖춘 경우. 이 경우 국토교통부장관은 대체시설의 성능에 대해 미리 「과학기술분야 정부출연연구기관 등의 설립·운영 및 육성에 관한 법률」에 따라 설립된 한국건설기술연구원의 기술검토를 받은 후 고시해야 한다.

▶ **하향식 피난구의 구조(건축물의 피난·방화구조 등의 기준에 관한 규칙 제14조 제4항)**

위 본문 ㉢에 따른 하향식 피난구(덮개, 사다리, 승강식피난기 및 경보시스템을 포함한다)의 구조는 다음의 기준에 적합하게 설치해야 한다.
1. 피난구의 덮개(덮개와 사다리, 승강식피난기 또는 경보시스템이 일체형으로 구성된 경우에는 그 사다리, 승강식피난기 또는 경보시스템을 포함한다)는 품질시험을 실시한 결과 비차열 1시간 이상의 내화성능을 가져야 하며, 피난구의 유효 개구부 규격은 직경 60센티미터 이상일 것
2. 상층·하층 간 피난구의 수평거리는 15센티미터 이상 떨어져 있을 것
3. 아래층에서는 바로 윗층의 피난구를 열 수 없는 구조일 것
4. 사다리는 바로 아래층의 바닥면으로부터 50센티미터 이하까지 내려오는 길이로 할 것
5. 덮개가 개방될 경우에는 건축물관리시스템 등을 통하여 경보음이 울리는 구조일 것
6. 피난구가 있는 곳에는 예비전원에 의한 조명설비를 설치할 것

3 부대시설의 설치기준

1. 도로

(1) 진입도로

① **정의**: '진입도로'란 보행자 및 자동차의 통행이 가능한 도로로서 기간도로부터 주택단지의 출입구에 이르는 도로를 말한다(주택건설기준 등에 관한 규정 제2조 제8호).

② **진입도로의 폭**

OX ㉠ 공동주택을 건설하는 주택단지는 기간도로와 접하거나 기간도로로부터 당해 단지에 이르는 진입도로가 있어야 한다. 이 경우 기간도로와 접하는 폭 및 진입도로의 폭은 다음 표와 같다(주택건설기준 등에 관한 규정 제25조 제1항). 기출

OX문제

주택단지의 총세대수가 300세대 이상 500세대 미만인 경우 기간도로와 접하는 폭 또는 진입도로의 폭은 8m 이상으로 한다. ( )

정답 O

(단위: 미터)

주택단지의 총세대수	기간도로와 접하는 폭 또는 진입도로의 폭
300세대 미만	6 이상
300세대 이상 500세대 미만	8 이상
500세대 이상 1천세대 미만	12 이상
1천세대 이상 2천세대 미만	15 이상
2천세대 이상	20 이상

ⓒ 주택단지가 2 이상이면서 당해 주택단지의 진입도로가 하나인 경우 그 진입도로의 폭은 당해 진입도로를 이용하는 모든 주택단지의 세대수를 합한 총세대수를 기준으로 하여 산정한다(주택건설기준 등에 관한 규정 제25조 제2항). 기출

③ **진입도로가 2 이상인 경우 진입도로의 폭**: 공동주택을 건설하는 주택단지의 진입도로가 2 이상으로서 다음 표의 기준에 적합한 경우에는 위 ②의 ㉠을 적용하지 아니할 수 있다. 이 경우 폭 4미터 이상 6미터 미만인 도로는 기간도로와 통행거리 200미터 이내인 때에 한하여 이를 진입도로로 본다(주택건설기준 등에 관한 규정 제25조 제3항).

주택단지의 총세대수	폭 4m 이상의 진입도로 중 2개의 진입도로 폭의 합계
300세대 미만	10미터 이상
300세대 이상 500세대 미만	12미터 이상
500세대 이상 1천세대 미만	16미터 이상
1천세대 이상 2천세대 미만	20미터 이상
2천세대 이상	25미터 이상

(2) 주택단지 안의 도로

① 단지 안의 도로 폭

OX ㉠ **도로 폭의 원칙**: 공동주택을 건설하는 주택단지에는 폭 1.5미터 이상의 보도를 포함한 폭 7미터 이상의 도로(보행자전용도로, 자전거도로는 제외한다)를 설치하여야 한다(주택건설기준 등에 관한 규정 제26조 제1항). 기출

OX ㉡ **도로 폭의 예외**: 위 ㉠에도 불구하고 다음 어느 하나에 해당하는 경우에는 도로의 폭을 4미터 이상으로 할 수 있다. 이 경우 해당 도로에는 보도를 설치하지 아니할 수 있다(주택건설기준 등에 관한 규정 제26조 제2항). 기출

OX문제

공동주택을 건설하는 주택단지에는 폭 1.5미터 이상의 보도를 포함한 폭 7미터 이상의 도로(보행자전용도로, 자전거도로는 제외한다)를 설치하여야 한다. (   )

OX문제

공동주택을 건설하는 주택단지에 설치하는 도로는 해당 도로를 이용하는 공동주택의 세대수가 100세대 미만이고 막다른 도로인 경우로서 그 길이가 50미터 미만인 경우에는 그 폭을 4미터 이상으로 할 수 있다. (   )

해당 도로를 이용하는 공동주택의 세대수가 100세대 미만이고 해당 도로가 막다른 도로로서 그 길이가 35미터 미만인 경우 도로의 폭을 4미터 이상으로 할 수 있다. (   )

정답 O, ×, O

ⓐ 해당 도로를 이용하는 공동주택의 세대수가 100세대 미만이고 해당 도로가 막다른 도로로서 그 길이가 35미터 미만인 경우

ⓑ 그 밖에 주택단지 내의 막다른 도로 등 사업계획승인권자가 부득이하다고 인정하는 경우

② **설계속도**: 주택단지 안의 도로는 유선형(流線型) 도로로 설계하거나 도로 노면의 요철(凹凸) 포장 또는 과속방지턱의 설치 등을 통하여 도로의 설계속도(도로설계의 기초가 되는 속도를 말한다)가 시속 20킬로미터 이하가 되도록 하여야 한다(주택건설기준 등에 관한 규정 제26조 제3항).

③ **어린이 안전보호구역**: 500세대 이상의 공동주택을 건설하는 주택단지 안의 도로에는 어린이 통학버스의 정차가 가능하도록 국토교통부령으로 정하는 기준에 적합한 **어린이 안전보호구역**을 1개소 이상 설치하여야 한다(주택건설기준 등에 관한 규정 제26조 제4항).

④ **도로의 설치기준**: 주택단지 안에 설치하는 도로의 설치기준은 다음과 같다(주택건설기준 등에 관한 규칙 제6조 제3항).

㉠ **도로의 재료 및 배수**: 주택단지 안의 도로 중 차도는 아스팔트·콘크리트·석재, 그 밖에 이와 유사한 재료로 포장하고, 빗물 등의 배수에 지장이 없도록 설치할 것

㉡ **보도의 기준**: 주택단지 안의 도로 중 보도는 다음의 기준에 적합할 것

ⓐ 보도블록·석재, 그 밖에 이와 유사한 재료로 포장하고, 빗물 등의 배수에 지장이 없도록 설치할 것

ⓑ 보도는 보행자의 안전을 위하여 차도면보다 **10센티미터 이상** 높게 하거나 도로에 화단, 짧은 기둥, 그 밖에 이와 유사한 시설을 설치하여 차도와 구분되도록 설치할 것 기출

ⓒ 보도에 가로수 등 노상시설(路上施設)을 설치하는 경우 보행자의 통행을 방해하지 않도록 설치할 것

㉢ **보도의 경계부분**: 주택단지 안의 보도와 횡단보도의 경계부분, 건축물의 출입구 앞에 있는 보도와 차도의 경계부분은 지체장애인의 통행에 편리한 구조로 설치할 것

⑤ **교통안전시설의 설치기준**: 주택단지 안에 설치하는 교통안전시설의 설치기준은 다음과 같다(주택건설기준 등에 관한 규칙 제6조 제4항).

㉠ **횡단보도의 설치**: 진입도로, 주택단지 안의 교차로, 근린생활시설 및 어린이놀이터 주변의 도로 등 보행자의 안전 확보가 필요한 차도에는 횡단보도를 설치할 것

OX문제

유선형(流線型) 도로로 설계하여 도로의 설계속도(도로설계의 기초가 되는 속도를 말한다)가 시속 20킬로미터 이하가 되도록 하여야 한다. ( )

도로 노면의 요철(凹凸) 포장 또는 과속방지턱의 설치를 통하여 도로의 설계속도가 시속 20킬로미터 이하가 되도록 하여야 한다. ( )

OX문제

300세대 이상의 경우 어린이 통학버스의 정차가 가능하도록 어린이 안전보호구역을 1개소 이상 설치하여야 한다. ( )

정답 O, O, ×

OX ⓒ **과속방지턱의 설치**: 지하주차장의 출입구, 경사형·유선형 차도 등 차량의 속도를 제한할 필요가 있는 곳에는 높이 7.5센티미터 이상 10센티미터 이하, 너비 1미터 이상인 과속방지턱을 설치하고, 운전자에게 그 시설의 위치를 알릴 수 있도록 반사성 도료(塗料)로 도색한 노면표지를 설치할 것 기출

OX ⓒ **교통안전시설의 설치**: 도로통행의 안전을 위하여 필요하다고 인정되는 곳에는 도로반사경, 교통안전표지판, 방호울타리, 속도측정표시판, 조명시설, 그 밖에 필요한 교통안전시설을 설치할 것. 이 경우 교통안전표지판의 설치기준은 「도로교통법 시행규칙」 제8조 제2항 및 [별표 6]을 준용한다. 기출

2. 주차장

(1) 주차장 설치기준

주택단지에는 다음의 기준(소수점 이하의 끝수는 이를 한 대로 본다)에 따라 주차장을 설치해야 한다(주택건설기준 등에 관한 규정 제27조 제1항).

① **주택단지의 주차대수 산정**: 주택단지에는 주택의 전용면적의 합계를 기준으로 하여 다음 표에서 정하는 면적당 대수의 비율로 산정한 주차대수 이상의 주차장을 설치하되, 세대당 주차대수가 1대(세대당 전용면적이 60제곱미터 이하인 경우에는 0.7대) 이상이 되도록 해야 한다. 다만, 지역별 차량보유율 등을 고려하여 설치기준의 5분의 1(세대당 전용면적이 60제곱미터 이하인 경우에는 2분의 1)의 범위에서 특별시·광역시·특별자치시·특별자치도(관할 구역에 지방자치단체인 시·군이 없는 특별자치도를 말한다)·시·군 또는 자치구의 조례로 강화하여 정할 수 있다.

주택규모별 (전용면적: 제곱미터)	주차장 설치기준(대/제곱미터)			
	가. 특별시	나. 광역시·특별자치시 및 수도권 내의 시지역	다. 가목 및 나목 외의 시지역과 수도권 내의 군지역	라. 그 밖의 지역
85 이하	1/75	1/85	1/95	1/110
85 초과	1/65	1/70	1/75	1/85

② **도시형 생활주택의 주차대수 산정**: 도시형 생활주택(단지형 연립주택 또는 단지형 다세대주택 중 주택법 시행령 제10조 제1항 제2호 단서 또는 같은 항 제3호 단서에 따라 주택으로 쓰는 층수를 5개 층까지 건축하는 경우는 제외한다)은 위 ①에도 불구하고 세대당 주차대수가 1대(세대당 전용면적이

OX문제

지하주차장의 출입구, 경사형·유선형 차도 등 차량의 속도를 제한할 필요가 있는 곳에는 높이 7.5센티미터 이상 10센티미터 이하, 너비 1미터 이상인 과속방지턱을 설치하여야 한다. ( )

지하주차장의 출입구, 경사형·유선형 차도 등 차량의 속도를 제한할 필요가 있는 곳에 설치하는 과속방지턱에는 운전자에게 그 시설의 위치를 알릴 수 있도록 반사성 도료로 도색한 노면표지를 설치하여야 한다. ( )

OX문제

주택단지 안의 도로통행의 안전을 위하여 필요하다고 인정되는 곳에는 도로반사경·교통안전표지판·방호울타리·조명시설, 그 밖에 필요한 교통안전시설을 설치하여야 한다. ( )

정답 ○, ○, ○

30제곱미터 이상 60제곱미터 이하인 경우에는 0.6대, 세대당 전용면적이 30제곱미터 미만인 경우에는 0.5대) 이상이 되도록 주차장을 설치해야 한다. 다만, 지역별 차량보유율 등을 고려하여 다음의 구분에 따라 특별시·광역시·특별자치시·특별자치도(관할 구역 안에 지방자치단체인 시·군이 없는 특별자치도를 말한다)·시·군 또는 자치구의 조례로 강화하거나 완화하여 정할 수 있다.

㉠ 「민간임대주택에 관한 특별법」 제2조 제13호 가목(철도의 건설 및 철도시설 유지관리에 관한 법률, 철도산업발전기본법 및 도시철도법에 따라 건설 및 운영되는 철도역) 및 나목(간선급행버스체계의 건설 및 운영에 관한 특별법 제2조 제3호 다목에 따른 환승시설)에 해당하는 시설로부터 통행거리 500미터 이내에 건설하는 도시형 생활택으로서 다음의 요건을 모두 갖춘 경우: 설치기준의 10분의 7 범위에서 완화

ⓐ 「공공주택 특별법」 제2조 제1호 가목의 공공임대주택일 것

ⓑ 임대기간 동안 자동차를 소유하지 않을 것을 임차인 자격요건으로 하여 임대할 것. 다만, 「장애인복지법」 제2조 제2항에 따른 장애인 등에 대해서는 특별시·광역시·특별자치시·도·특별자치도의 조례로 자동차 소유 요건을 달리 정할 수 있다.

ⓒ 세대당 전용면적이 60제곱미터 이하일 것

㉡ 그 밖의 경우: 설치기준의 5분의 1(세대당 전용면적이 60제곱미터 이하인 경우에는 2분의 1) 범위에서 강화 또는 완화

(2) 전기자동차의 전용주차구획

위 (1)에 따른 주차장은 지역의 특성, 전기자동차(환경친화적 자동차의 개발 및 보급 촉진에 관한 법률에 따른 전기자동차를 말한다) 보급 정도 및 주택의 규모 등을 고려하여 그 일부를 전기자동차의 전용주차구획으로 구분 설치하도록 특별시·광역시·특별자치시·특별자치도(관할 구역 안에 지방자치단체인 시·군이 없는 특별자치도를 말한다)·시 또는 군의 조례로 정할 수 있다(주택건설기준 등에 관한 규정 제27조 제3항).

(3) 부설주차장의 설치

주택단지에 건설하는 주택(부대시설 및 주민공동시설을 포함한다) 외의 시설에 대하여는 「주차장법」이 정하는 바에 따라 산정한 부설주차장을 설치하여야 한다(주택건설기준 등에 관한 규정 제27조 제4항).

(4) 주차장의 구조 및 설비의 기준

주차장의 구조 및 설비의 기준은 다음과 같다(주택건설기준 등에 관한 규칙 제6조의2).

① 주차장의 주차단위구획은 「주차장법 시행규칙」 제3조에 따른 기준에 적합할 것

② 「주차장법 시행규칙」 제6조 제1항 제1호부터 제9호까지 및 제11호[아래 **(5)**]를 준용할 것. 다만, 공동주택의 각 동으로 차량 접근이 가능한 지상 주차장의 차로 또는 「주택건설기준 등에 관한 규정」에 따른 주택단지 안의 도로가 설치되지 않은 경우에는 다음의 어느 하나에 해당하는 경우를 제외하고 「주차장법 시행규칙」 제6조 제1항 제5호 가목에도 불구하고 주차장 차로(주차장이 2개 층 이상인 경우로서 지상에서 바로 진입하는 층에서 각 동의 출입구로 접근이 가능한 경우 해당 층의 차로로 한정한다)의 높이를 주차바닥면으로부터 2.7미터 이상으로 해야 한다.

　㉠ 주택건설사업계획과 관련된 「주택법」 제18조 제1항에 따른 심의 등의 결과 주택단지의 배치 및 주택단지 내·외의 도로 여건 등을 고려하여 모든 동에 지상으로 차량 접근이 가능하다고 인정된 경우

　㉡ 「주택법」에 따른 리모델링 또는 「도시 및 주거환경정비법」 제2조 제2호 나목 및 다목에 따른 정비사업으로서 해당 조합이 주차장 차로 높이를 「주차장법 시행규칙」 제6조 제1항 제5호 가목에 따른 높이로 결정한 경우

③ 「주차장법」 제2조 제2호의 기계식 주차장치를 설치하는 경우 「주차장법 시행규칙」 제16조의2(국토의 계획 및 이용에 관한 법률 시행령 제30조에 따른 상업지역 또는 준주거지역에서 주택법 시행령 제10조 제1항에 따른 소형주택과 주택 외의 시설을 동일 건축물로 건축하는 경우에 한정한다)에 따른 기준에 적합할 것

④ **전기자동차의 이동형 충전기**

　㉠ 「환경친화적 자동차의 개발 및 보급 촉진에 관한 법률」 제2조 제3호에 따른 전기자동차의 **이동형 충전기**(이하 '이동형 충전기'라 한다)를 이용할 수 있는 콘센트(각 콘센트별 이동형 충전기의 동시 이용이 가능하며, 사용자에게 요금을 부과하도록 설치된 것을 말한다. 이하 같다)를 「주차장법」 제2조 제7호의 주차단위구획 총수에 10퍼센트를 곱한 수(소수점 이하는 반올림한다) 이상 설치할 것. 다만, 「지역의 전기자동차 보급률 등을 고려하여 필요한 경우에는 다음에 규정된 비율의 5

분의 1의 범위에서 특별자치시·특별자치도·시·군 또는 자치구의 조례로 설치 기준을 강화하거나 완화할 수 있다.

ⓒ 위 ⊙의 본문 또는 단서에 따라 이동형 충전기를 이용할 수 있는 콘센트를 설치하는 경우로서 주차장에「환경친화적 자동차의 개발 및 보급 촉진에 관한 법률 시행령」제18조의7 제1항 제1호 또는 제2호에 따른 급속충전시설 또는 완속충전시설이 설치된 경우에는 같은 수의 콘센트가 설치된 것으로 본다.

▶ 환경친화적 자동차 관련 법령

1. 환경친화적 자동차의 충전시설: 다음의 어느 하나에 해당하는 것으로서 대통령령(아래 2.)으로 정하는 시설의 소유자(해당 시설에 대한 관리의무자가 따로 있는 경우에는 관리자를 말한다)는 대통령령으로 정하는 바에 따라 해당 대상시설에 환경친화적 자동차 충전시설 및 전용주차구역을 설치하여야 한다(환경친화적 자동차의 개발 및 보급 촉진에 관한 법률 제11조의2 제1항).
   ① 공공건물 및 공중이용시설
   ② 공동주택
   ③, ④ 〈생략〉
2. 충전시설 설치대상 시설 등: 위 1.에서 '대통령령으로 정하는 시설'이란 다음에 해당하는 시설로서「주차장법」에 따른 주차단위구획의 총 수(같은 법에 따른 기계식주차장의 주차단위구획의 수는 제외하며, 이하 '총주차대수'라 한다)가 50개 이상인 시설 중 환경친화적 자동차 보급현황·보급계획·운행현황 및 도로 여건 등을 고려하여 특별시·광역시·특별자치시·도·특별자치도(이하 '시·도'라 한다)의 조례로 정하는 시설을 말한다(환경친화적 자동차의 개발 및 보급 촉진에 관한 법률 시행령 제18조의5).
   ① 〈생략〉
   ②「건축법 시행령」제3조의5 및 [별표 1] 제2호에 따른 공동주택 중 다음의 시설
      ⊙ 100세대 이상의 아파트
      ⓒ 기숙사
   ③ 〈생략〉
3. 충전시설의 종류 및 수량: 환경친화적 자동차 충전시설은 충전기에 연결된 케이블로 전류를 공급하여 전기자동차 또는 외부충전식 하이브리드자동차(외부 전기 공급원으로부터 충전되는 전기에너지로 구동 가능한 하이브리드자동차를 말한다. 이하 같다)의 구동축전지를 충전하는 시설로서 구조 및 성능이 산업통상자원부장관이 정하여 고시하는 기준에 적합한 시설이어야 하며, 그 종류는 다음과 같다(환경친화적 자동차의 개발 및 보급 촉진에 관한 법률 시행령 제18조의7 제1항).
   ① 급속충전시설: 충전기의 최대 출력값이 40킬로와트 이상인 시설
   ② 완속충전시설: 충전기의 최대 출력값이 40킬로와트 미만인 시설

- 환경친화적 자동차 전용주차구역의 수
  1. 총주차대수의 100분의 5 이상의 범위에서 시·도조례로 정한다.
  2. 2022년 1월 28일 전에 건축허가(사업계획승인)를 받은 공동주택은 총주차대수의 100분의 2 이상의 범위에서 시·도조례로 정한다. **기출**
  3. 전용주차구역의 설치 수를 산정할 때 소수점 이하는 반올림한다.

(5) 주차장법령상 노외주차장의 구조 및 설비기준

① 노외주차장 내부 공간의 일산화탄소 농도는 주차장을 이용하는 차량이 가장 빈번한 시각의 앞뒤 8시간의 평균치가 50피피엠 이하(실내공기질 관리법에 따른 실내주차장은 25피피엠 이하)로 유지되어야 한다(주차장법 시행규칙 제6조 제1항 제8호). 기출

② 자주식주차장으로서 지하식 또는 건축물식 노외주차장에는 벽면에서부터 50센티미터 이내를 제외한 바닥면의 최소 조도(照度)와 최대 조도를 다음과 같이 한다(주차장법 시행규칙 제6조 제1항 제9호). 기출

  ㉠ 주차구획 및 차로: 최소 조도는 10럭스 이상, 최대 조도는 최소 조도의 10배 이내

  ㉡ 주차장 출구 및 입구: 최소 조도는 300럭스 이상, 최대 조도는 없음

  ㉢ 사람이 출입하는 통로: 최소 조도는 50럭스 이상, 최대 조도는 없음

③ 주차대수 30대를 초과하는 규모의 자주식주차장으로서 지하식 또는 건축물식 노외주차장에는 관리사무소에서 주차장 내부 전체를 볼 수 있는 폐쇄회로 텔레비전(녹화장치를 포함한다) 또는 네트워크 카메라를 포함하는 방범설비를 설치·관리하여야 하되, 다음의 사항을 준수하여야 한다(주차장법 시행규칙 제6조 제1항 제11호). 기출

  ㉠ 방범설비는 주차장의 바닥면으로부터 170센티미터의 높이에 있는 사물을 알아볼 수 있도록 설치하여야 한다.

  ㉡ 폐쇄회로 텔레비전 또는 네트워크 카메라와 녹화장치의 화면 수가 같아야 한다.

  ㉢ 선명한 화질이 유지될 수 있도록 관리하여야 한다.

  ㉣ 촬영된 자료는 컴퓨터보안시스템을 설치하여 1개월 이상 보관하여야 한다.

3. 관리사무소 등

(1) 설치대상 및 설치면적 OX

50세대 이상의 공동주택을 건설하는 주택단지에는 다음의 시설을 모두 설치하되, 그 면적의 합계가 **10제곱미터**에 50세대를 넘는 매 세대마다 **500제곱센티미터**를 더한 면적 이상이 되도록 설치해야 한다. 다만, 그 면적의 합계가 100제곱미터를 초과하는 경우에는 설치면적을 100제곱미터로 할 수 있다(주택건설기준 등에 관한 규정 제28조 제1항). 기출

① 관리사무소
② 경비원 등 공동주택관리 업무에 종사하는 근로자를 위한 휴게시설

> ⊕ 고득점 심화학습
>
> **관리사무소 등의 설치면적 산정 공식**
>
> $10m^2 + (x - 50세대) \times 0.05m^2$
>
> OX문제
>
> 50세대 이상의 공동주택을 건설하는 주택단지에는 20제곱미터에 50세대를 넘는 매 세대마다 0.05제곱미터를 더한 면적 이상의 관리사무소 및 경비원 등 공동주택관리 업무에 종사하는 근로자를 위한 휴게시설을 설치한다. (   )

개념적용 문제

관리사무소 등의 면적 등에 관한 내용이다. 다음 각 경우 관리사무소 및 경비원 등 공동주택관리 업무에 종사하는 근로자를 위한 휴게시설의 법정 면적은 얼마인가?   제8회 기출

㉠ 관리대상 세대가 150세대인 A아파트
㉡ 관리대상 세대가 648세대인 B아파트

	㉠	㉡		㉠	㉡
①	10m²	약 20m²	②	10m²	약 25m²
③	15m²	약 25m²	④	15m²	약 40m²
⑤	20m²	약 50m²			

해설 50세대 이상의 공동주택을 건설하는 주택단지에는 관리사무소 및 경비원 등 공동주택관리 업무에 종사하는 근로자를 위한 휴게시설을 모두 설치하되, 그 면적의 합계가 10제곱미터에 50세대를 넘는 매 세대마다 500제곱센티미터를 더한 면적 이상이 되도록 설치해야 한다. 다만, 그 면적의 합계가 100제곱미터를 초과하는 경우에는 설치면적을 100제곱미터로 할 수 있다.
즉, 산정식은 $10m^2 + (총세대수 - 50) \times 0.05m^2$이다.

정답 ④

(2) 관리사무소의 배치 등

① 관리사무소는 관리업무의 효율성과 입주민의 접근성 등을 고려하여 배치해야 한다(주택건설기준 등에 관한 규정 제28조 제2항).
② 위 **(1)**의 ②에 따른 휴게시설은「산업안전보건법」에 따라 설치해야 한다(주택건설기준 등에 관한 규정 제28조 제3항).

정답 ×

4. 수해방지 등

(1) 옹벽 등과 건축물의 이격거리 OX

주택단지(단지경계선의 주변 외곽부분을 포함한다)에 높이 2미터 이상의 옹벽 또는 축대(이하 '옹벽 등'이라 한다)가 있거나 이를 설치하는 경우에는 그 옹벽 등으로부터 건축물의 외곽부분까지를 당해 옹벽 등의 높이만큼 띄워야 한다. 다만, 다음의 하나에 해당하는 경우에는 그러하지 아니하다(주택건설기준 등에 관한 규정 제30조 제1항). 기출

① 옹벽 등의 기초보다 그 기초가 낮은 건축물. 이 경우 옹벽 등으로부터 건축물 외곽부분까지를 **5미터**(3층 이하인 건축물은 **3미터**) **이상** 띄워야 한다.
② 옹벽 등보다 낮은 쪽에 위치한 건축물의 지하부분 및 땅으로부터 높이 1미터 이하인 건축물 부분

(2) 배수시설의 설치

주택단지에는 **배수구·집수구** 및 **집수정**(물저장고) 등 우수의 배수에 필요한 시설을 설치해야 한다(주택건설기준 등에 관한 규정 제30조 제2항). 기출

(3) 침수우려지역

주택단지가 저지대 등 침수의 우려가 있는 지역인 경우에는 주택단지 안에 설치하는 수전실·전화국선용 단자함 기타 이와 유사한 전기 및 통신설비는 가능한 한 침수가 되지 아니하는 곳에 이를 설치하여야 한다(주택건설기준 등에 관한 규정 제30조 제3항). 기출

(4) 수해방지 등을 위한 조치 OX

주택단지(단지경계선 주변외곽부분을 포함한다)에 비탈면이 있는 경우에는 다음에서 정하는 바에 따라 수해방지 등을 위한 조치를 하여야 한다(주택건설기준 등에 관한 규칙 제7조 제1항).

① 석재·합성수지재 또는 콘크리트를 사용한 배수로를 설치하여 토양의 유실을 막을 수 있게 할 것
② 비탈면의 높이가 3미터를 넘는 경우에는 높이 **3미터 이내**마다 그 비탈면의 면적의 **5분의 1 이상**에 해당하는 면적의 단을 만들 것. 다만, 사업계획승인권자가 그 비탈면의 토질·경사도 등으로 보아 건축물의 안전상 지장이 없다고 인정하는 경우에는 그러하지 아니하다. 기출

OX문제

높이 2미터 이상의 옹벽 또는 축대가 있거나 이를 설치할 경우에는 그 옹벽으로부터 건축물의 외곽부분까지를 당해 옹벽의 높이만큼 띄워야 한다. ( )

옹벽의 기초보다 그 기초가 낮은 건축물인 경우 옹벽 등으로부터 건축물 외곽부분까지를 3층 이하인 건축물은 1미터 이상 띄워야 한다. ( )

옹벽보다 낮은 쪽에 위치한 건축물 지하부분 및 땅으로부터 높이 1미터 이하인 건축물 부분은 그 옹벽으로부터 건축물 외곽부분까지를 당해 옹벽의 높이만큼 띄우지 않아도 된다. ( )

OX문제

토양의 유실을 막기 위하여 석재·합성수지재 또는 콘크리트를 사용한 배수로를 설치하여야 한다. ( )

사업계획승인권자가 건축물의 안전상 지장이 없다고 인정하지 않은 경우, 비탈면의 높이가 3미터를 넘는 경우에는 높이 3미터 이내마다 그 비탈면의 면적의 5분의 1 이상에 해당하는 면적의 단을 만들어야 한다. ( )

비탈면의 안전을 위하여 필요한 경우에는 돌붙이기를 하거나 콘크리트격자블록 기타 비탈면 보호용 구조물을 설치하여야 한다. ( )

정답 O, X, O, O, O, O

③ 비탈면에는 나무심기와 잔디붙이기를 할 것. 다만, 비탈면의 안전을 위하여 필요한 경우에는 돌붙이기를 하거나 콘크리트격자블록 기타 비탈면 보호용 구조물을 설치하여야 한다.

(5) 비탈면과 건축물 등과의 위치관계 OX

비탈면과 건축물 등과의 위치관계는 다음에 적합하여야 한다(주택건설기준 등에 관한 규칙 제7조 제2항).

① 건축물은 그 외곽부분을 비탈면의 윗가장자리 또는 아랫가장자리로부터 당해 비탈면의 높이만큼 띄울 것. 다만, 사업계획승인권자가 그 비탈면의 토질·경사도 등으로 보아 건축물의 안전상 지장이 없다고 인정하는 경우에는 그러하지 아니하다.
② 비탈면 아랫부분에 옹벽 또는 축대가 있는 경우에는 그 옹벽 등과 비탈면 사이에 너비 1미터 이상의 단을 만들 것
③ 비탈면 윗부분에 옹벽 등이 있는 경우에는 그 옹벽 등과 비탈면 사이에 너비 1.5미터 이상으로서 당해 옹벽 등의 높이의 2분의 1 이상에 해당하는 너비 이상의 단을 만들 것

(6) 물막이설비의 설치

다음의 어느 하나에 해당하는 지역에서 건축물을 건축하려는 자는 빗물 등의 유입으로 건축물이 침수되지 않도록 해당 건축물의 지하층 및 1층의 출입구(주차장의 출입구를 포함한다)에 물막이판 등 해당 건축물의 침수를 방지할 수 있는 설비(이하 '물막이설비'라 한다)를 설치해야 한다. 다만, 해당 건축물의 지하층 및 1층의 출입구를 국토교통부장관이 정하여 고시하는 예상 침수 높이 이상으로 설치한 경우에는 물막이설비를 설치한 것으로 본다(건축물의 설비기준 등에 관한 규칙 제17조의2 제1항). 기출

① 「국토의 계획 및 이용에 관한 법률」에 따른 **방재지구**
② 「자연재해대책법 시행령」에 따른 행정안전부장관이 고시하는 지역

5. 안내표지판 등

(1) 안내표지판의 설치

300세대 이상의 주택을 건설하는 주택단지와 그 주변에는 다음의 기준에 따라 안내표지판을 설치하여야 한다. 다만, 아래 ①에 의한 표지판은 해당 사항이 표시된 도로표지판 등이 있는 경우에는 설치하지 아니할 수 있다(주택건설기준 등에 관한 규정 제31조 제1항). 기출

OX문제

비탈면 아랫부분에 옹벽 또는 축대(이하 '옹벽 등'이라 한다)가 있는 경우에는 그 옹벽 등과 비탈면 사이에 너비 1미터 이상의 단을 만들어야 한다.
( )

비탈면 윗부분에 옹벽 등이 있는 경우에는 그 옹벽 등과 비탈면 사이에 너비 1.5미터 이상으로서 당해 옹벽 등의 높이의 3분의 1 이상에 해당하는 너비 이상의 단을 만들어야 한다.
( )

정답 O, X

① 단지의 진입도로변에 단지의 명칭을 표시한 **단지입구표지판**을 설치할 것
② 단지의 주요 출입구마다 단지 안의 건축물·도로 기타 주요 시설의 배치를 표시한 **단지종합안내판**을 설치할 것

(2) 동번호의 표시

주택단지에 2동 이상의 공동주택이 있는 경우에는 각 동 외벽의 보기 쉬운 곳에 동번호를 표시하여야 한다(주택건설기준 등에 관한 규정 제31조 제2항).

(3) 게시판의 설치

관리사무소 또는 그 부근에는 거주자에게 공지사항을 알리기 위한 게시판을 설치하여야 한다(주택건설기준 등에 관한 규정 제31조 제3항).

6. 보안등

① 주택단지 안의 어린이놀이터 및 도로(폭 15미터 이상인 도로의 경우에는 도로의 양측)에는 보안등을 설치하여야 한다. 이 경우 당해 도로에 설치하는 보안등의 간격은 **50미터 이내**로 하여야 한다(주택건설기준 등에 관한 규정 제33조 제1항). 기출
② 보안등에는 외부의 밝기에 따라 자동으로 켜지고 꺼지는 장치 또는 시간을 조절하는 장치를 부착하여야 한다(주택건설기준 등에 관한 규정 제33조 제2항).

7. 영상정보처리기기

(1) 영상정보처리기기의 설치

「공동주택관리법」 제2조 제1항 제2호 가목부터 라목까지의 공동주택(의무관리대상 공동주택)을 건설하는 주택단지에는 국토교통부령[아래 **(2)**]으로 정하는 기준에 따라 보안 및 방범 목적을 위한 「개인정보 보호법 시행령」 제3조 제1항 제1호 또는 제2호에 따른 **영상정보처리기기**를 설치해야 한다(주택건설기준 등에 관한 규정 제39조).

(2) 영상정보처리기기의 설치기준

위 **(1)**에서 '국토교통부령으로 정하는 기준'이란 다음의 기준을 말한다(주택건설기준 등에 관한 규칙 제9조).

OX문제

주택단지 안의 도로에 설치하는 보안등의 간격은 60미터 이내로 하여야 한다.
( )

정답 ×

① **설치장소**: 승강기, 어린이놀이터 및 공동주택 각 동의 출입구마다 「개인정보 보호법 시행령」 제3조 제1호 또는 제2호에 따른 영상정보처리기기(이하 '영상정보처리기기'라 한다)의 카메라를 설치할 것^{기출}
② 영상정보처리기기의 카메라는 전체 또는 주요 부분이 조망되고 잘 식별될 수 있도록 설치하되, 카메라의 해상도는 130만 화소 이상일 것^{기출}
③ 영상정보처리기기의 카메라 수와 녹화장치의 모니터 수가 같도록 설치할 것. 다만, 모니터 화면이 다채널로 분할 가능하고 다음의 요건을 모두 충족하는 경우에는 그렇지 않다.
  ㉠ 다채널의 카메라 신호를 1대의 녹화장치에 연결하여 감시할 경우에 연결된 카메라 신호가 전부 모니터 화면에 표시돼야 하며 1채널의 감시화면의 대각선방향 크기는 최소한 4인치 이상일 것
  ㉡ 다채널 신호를 표시한 모니터 화면은 채널별로 확대감시기능이 있을 것
  ㉢ 녹화된 화면의 재생이 가능하며 재생할 경우에 화면의 크기 조절 기능이 있을 것
④ **네트워크 카메라의 설치 요건**: 「개인정보 보호법 시행령」 제3조 제2호에 따른 네트워크 카메라를 설치하는 경우에는 다음의 요건을 모두 충족할 것
  ㉠ 인터넷 장애가 발생하더라도 영상정보가 끊어지지 않고 지속적으로 저장될 수 있도록 필요한 기술적 조치를 할 것
  ㉡ 서버 및 저장장치 등 주요 설비는 국내에 설치할 것
  ㉢ 「공동주택관리법 시행규칙」[별표 1]의 장기수선계획의 수립기준에 따른 수선주기 이상으로 운영될 수 있도록 설치할 것

(3) 영상정보처리기기의 설치절차 및 관리

① **설치절차**: 공동주택단지에 「개인정보 보호법 시행령」 제3조 제1호 또는 제2호에 따른 영상정보처리기기(이하 '영상정보처리기기'라 한다)를 설치하거나 설치된 영상정보처리기기를 보수 또는 교체하려는 경우에는 장기수선계획에 반영하여야 한다(공동주택관리법 시행규칙 제8조 제1항).
② **관리기준**: 공동주택단지에 설치하는 영상정보처리기기는 다음의 기준에 적합하게 설치 및 관리해야 한다(공동주택관리법 시행규칙 제8조 제2항).
  ㉠ 영상정보처리기기를 설치 또는 교체하는 경우에는 「주택건설기준 등에 관한 규칙」 제9조에 따른 설치 기준을 따를 것

○X문제
「공동주택관리법 시행규칙」에 의하면 공동주택단지에 설치된 영상정보처리기기의 촬영된 자료는 20일 이상 보관하여야 한다. (   )

○X문제
관리주체는 입주자대표회의의 요청이 있는 경우에는 영상정보처리기기의 촬영자료를 타인에게 열람하게 하거나 제공할 수 있다. (   )

ⓒ 선명한 화질이 유지될 수 있도록 관리할 것
ⓒ 촬영된 자료는 컴퓨터보안시스템을 설치하여 30일 이상 보관할 것 기출
ⓔ 영상정보처리기기가 고장 난 경우에는 지체 없이 수리할 것
ⓜ 영상정보처리기기의 안전관리자를 지정하여 관리할 것

(4) 촬영자료 열람·제공 등의 제한 OX

관리주체는 영상정보처리기기의 촬영자료를 보안 및 방범 목적 외의 용도로 활용하거나 타인에게 열람하게 하거나 제공하여서는 아니 된다. 다만, 다음의 어느 하나에 해당하는 경우에는 촬영자료를 열람하게 하거나 제공할 수 있다(공동주택관리법 시행규칙 제8조 제3항). 기출

① **정보주체**에게 열람 또는 제공하는 경우
② **정보주체**의 동의가 있는 경우
③ 범죄의 **수사**와 **공소**의 제기 및 유지에 필요한 경우
④ 범죄에 대한 **재판업무수행**을 위하여 필요한 경우
⑤ 다른 법률에 특별한 규정이 있는 경우

8. 폐기물보관시설

주택단지에는 생활폐기물보관시설 또는 용기를 설치하여야 하며, 그 설치장소는 차량의 출입이 가능하고 주민의 이용에 편리한 곳이어야 한다(주택건설기준 등에 관한 규정 제38조).

4 복리시설의 설치기준

1. 유치원

(1) 설치대상 및 설치의 제외

① **2천세대 이상**의 주택을 건설하는 주택단지에는 유치원을 설치할 수 있는 대지를 확보하여 그 시설의 설치희망자에게 분양하여 건축하게 하거나 유치원을 건축하여 이를 운영하려는 자에게 공급해야 한다(주택건설기준 등에 관한 규정 제52조 제1항 본문). 기출
② 다만, 다음에 해당하는 경우에는 그렇지 않다(주택건설기준 등에 관한 규정 제52조 제1항 단서).
  ㉠ 당해 주택단지로부터 통행거리 **300미터 이내**에 유치원이 있는 경우

정답 ×, ×

ⓒ 당해 주택단지로부터 통행거리 200미터 이내에 「교육환경 보호에 관한 법률」의 시설이 있는 경우

ⓒ 당해 주택단지가 노인주택단지·외국인주택단지 등으로서 유치원의 설치가 불필요하다고 사업계획승인권자가 인정하는 경우

ⓔ 관할 교육감이 해당 주택단지 내 유치원의 설치가 「유아교육법」에 따른 유아배치계획에 적합하지 않다고 인정하는 경우

(2) 유치원의 복합건축

① 유치원을 유치원 외의 용도의 시설과 복합으로 건축하는 경우에는 의료시설·주민운동시설·어린이집·종교집회장 및 근린생활시설(교육환경 보호에 관한 법률에 따른 교육환경보호구역에 설치할 수 있는 시설에 한한다)에 한하여 이를 함께 설치할 수 있다. 이 경우 유치원 용도의 바닥면적의 합계는 당해 건축물 연면적의 2분의 1 이상이어야 한다(주택건설기준 등에 관한 규정 제52조 제2항).

② 복합건축물은 유아교육·보육의 환경이 보호될 수 있도록 유치원의 출입구·계단·복도 및 화장실 등을 다른 용도의 시설(어린이집 및 사회복지사업법의 사회복지관을 제외한다)과 분리된 구조로 하여야 한다(주택건설기준 등에 관한 규정 제52조 제3항).

2. 주민공동시설

(1) 주민공동시설의 면적

100세대 이상의 주택을 건설하는 주택단지에는 다음에 따라 산정한 면적 이상의 주민공동시설을 설치하여야 한다. 다만, 지역 특성, 주택 유형 등을 고려하여 특별시·광역시·특별자치시·특별자치도·시 또는 군의 조례로 주민공동시설의 설치면적을 그 기준의 4분의 1 범위에서 강화하거나 완화하여 정할 수 있다(주택건설기준 등에 관한 규정 제55조의2 제1항).

① **100세대 이상 1,000세대 미만**: 세대당 2.5제곱미터를 더한 면적
② **1,000세대 이상**: 500제곱미터에 세대당 2제곱미터를 더한 면적

(2) 면적산정방법

위 (1)에 따른 면적은 각 시설별로 전용으로 사용되는 면적을 합한 면적으로 산정한다. 다만, 실외에 설치되는 시설의 경우에는 그 시설이 설치되는 부지 면적으로 한다(주택건설기준 등에 관한 규정 제55조의2 제2항).

(3) 주민공동시설에 포함되는 시설

① **세대수별 주민공동시설의 종류**: 위 **(1)**에 따른 주민공동시설을 설치하는 경우 해당 주택단지에는 다음의 구분에 따른 시설이 포함되어야 한다. 다만, 해당 주택단지의 특성, 인근 지역의 시설설치 현황 등을 고려할 때 사업계획승인권자가 설치할 필요가 없다고 인정하는 시설이거나 입주예정자의 과반수가 서면으로 반대하는 다함께돌봄센터는 설치하지 않을 수 있다(주택건설기준 등에 관한 규정 제55조의2 제3항).
  - ⊙ 150세대 이상: **경로당, 어린이놀이터**
  - ⓒ 300세대 이상: **경로당, 어린이놀이터, 어린이집**
  - ⓒ 500세대 이상: **경로당, 어린이놀이터, 어린이집, 주민운동시설, 작은도서관**, 다함께돌봄센터

② **조례**: 위 ①에서 규정한 시설 외에 필수적으로 설치해야 하는 세대수별 주민공동시설의 종류에 대해서는 특별시·광역시·특별자치시·특별자치도·시 또는 군의 지역별 여건 등을 고려하여 조례로 따로 정할 수 있다(주택건설기준 등에 관한 규정 제55조의2 제4항).

3. 근린생활시설 등

하나의 건축물에 설치하는 근린생활시설 및 소매시장·상점을 합한 면적(전용으로 사용되는 면적을 말하며, 같은 용도의 시설이 2개소 이상 있는 경우에는 각 시설의 바닥면적을 합한 면적으로 한다)이 **1천 제곱미터**를 넘는 경우에는 주차 또는 물품의 하역 등에 필요한 공터를 설치하여야 하고, 그 주변에는 소음·악취의 차단과 조경을 위한 식재 기타 필요한 조치를 취하여야 한다(주택건설기준 등에 관한 규정 제50조 제4항).

5 공동주택성능등급

1. 성능등급의 표시

(1) 표시

사업주체가 대통령령[아래 **(2)**]으로 정하는 호수 이상의 공동주택을 공급할 때에는 주택의 성능 및 품질을 입주자가 알 수 있도록 「녹색건축물 조성 지원법」에 따라 다음의 공동주택성능에 대한 등급을 발급받아 국토교통부령으로 정하는 방법으로 입주자 모집공고에 표시하여야 한다(주택법 제39조, 주택건설기준 등에 관한 규정 제58조). **기출**

① 경량충격음·중량충격음·화장실소음·경계소음 등 소음 관련 등급
② 리모델링 등에 대비한 가변성 및 수리 용이성 등 구조 관련 등급
③ 조경·일조확보율·실내공기질·에너지절약 등 환경 관련 등급
④ 커뮤니티시설, 사회적 약자 배려, 홈네트워크, 방범안전 등 생활환경 관련 등급
⑤ 화재·소방·피난안전 등 화재·소방 관련 등급

(2) 공동주택성능등급의 표시

위 (1)에서 '대통령령으로 정하는 호수'란 500세대를 말한다(주택건설기준 등에 관한 규정 제58조).

2. 바닥충격음 성능등급 인정 등

(1) 인정기관의 지정

국토교통부장관은 주택건설기준 중 공동주택 바닥충격음 차단구조의 성능등급을 대통령령[아래 (3)]으로 정하는 기준에 따라 인정하는 기관(이하 '바닥충격음 성능등급 인정기관'이라 한다)을 지정할 수 있다(주택법 제41조 제1항).

(2) 인정제품의 인정취소

바닥충격음 성능등급 인정기관은 성능등급을 인정받은 제품(이하 '인정제품'이라 한다)이 다음의 어느 하나에 해당하면 그 인정을 취소할 수 있다. 다만, 아래 ①에 해당하는 경우에는 그 인정을 취소해야 한다(주택법 제41조 제2항).
① 거짓이나 그 밖의 부정한 방법으로 인정받은 경우
② 인정받은 내용과 다르게 판매·시공한 경우
③ 인정제품이 국토교통부령으로 정한 품질관리기준을 준수하지 않은 경우
④ 인정의 유효기간을 연장하기 위한 시험결과를 제출하지 아니한 경우

(3) 바닥충격음 성능등급 및 기준 등

① 바닥충격음성능등급인정기관이 인정하는 바닥충격음 성능등급 및 기준에 관하여는 국토교통부장관이 정하여 고시한다(주택건설기준 등에 관한 규정 제60조의3 제1항).
② 바닥충격음 차단성능 인정을 받으려는 자는 국토교통부장관이 정하여 고시하는 방법 및 절차 등에 따라 바닥충격음성능등급인정기관으로부터 바닥충격음 차단성능 인정을 받아야 한다(주택건설기준 등에 관한 규정 제60조의3 제2항).

(4) 공동주택 바닥충격음 차단구조의 성능등급 인정의 유효기간 등

① **유효기간**: 공동주택 바닥충격음 차단구조의 성능등급 인정의 유효기간은 그 성능등급 인정을 받은 날부터 **5년**으로 한다(주택건설기준 등에 관한 규정 제60조의7 제1항).

② **유효기간의 연장**: 공동주택 바닥충격음 차단구조의 성능등급 인정을 받은 자는 위 ①에 따른 유효기간이 끝나기 전에 유효기간을 연장할 수 있다. 이 경우 연장되는 유효기간은 연장될 때마다 **3년**을 초과할 수 없다(주택건설기준 등에 관한 규정 제60조의7 제2항).

6 에너지절약형 친환경주택 등

(1) 에너지절약형 친환경주택의 건설기준

「주택법」에 따른 사업계획승인을 받은 공동주택을 건설하는 경우에는 다음의 어느 하나 이상의 기술을 이용하여 주택의 총 에너지사용량 또는 총 이산화탄소배출량을 절감할 수 있는 에너지절약형 친환경주택(이하 '친환경주택'이라 한다)으로 건설하여야 한다(주택건설기준 등에 관한 규정 제64조 제1항). 기출

① 고단열·고기능 외피구조, 기밀설계, 일조확보 및 친환경자재 사용 등 **저에너지 건물 조성기술**

② 고효율 열원설비, 제어설비 및 고효율 환기설비 등 에너지 **고효율 설비기술**

③ 태양열, 태양광, 지열 및 풍력 등 **신·재생에너지 이용기술**

④ 자연지반의 보존, 생태면적률의 확보 및 빗물의 순환 등 생태적 순환기능 확보를 위한 **외부환경 조성기술**

⑤ 건물에너지 정보화 기술, 자동제어장치 및 「지능형전력망의 구축 및 이용촉진에 관한 법률」 제2조 제2호에 따른 지능형전력망 등 에너지 이용효율을 극대화하는 기술

(2) 건강친화형 주택의 건설기준

① **건설기준**: 500세대 이상의 공동주택을 건설하는 경우에는 다음의 사항을 고려하여 세대 내의 실내공기 오염물질 등을 최소화할 수 있는 건강친화형 주택으로 건설하여야 한다(주택건설기준 등에 관한 규정 제65조 제1항).

㉠ 오염물질을 적게 방출하거나 오염물질의 발생을 억제 또는 저감시키는 건축자재(붙박이 가구 및 붙박이 가전제품을 포함한다)의 사용에 관한 사항
㉡ 청정한 실내환경 확보를 위한 마감공사의 시공관리에 관한 사항
㉢ 실내공기의 원활한 환기를 위한 환기설비의 설치, 성능검증 및 유지관리에 관한 사항
㉣ 환기설비 등을 이용하여 신선한 바깥의 공기를 실내에 공급하는 환기의 시행에 관한 사항

② 건강친화형 주택의 건설기준 등에 관하여 필요한 세부적인 사항은 국토교통부장관이 정하여 고시한다(주택건설기준 등에 관한 규정 제65조 제2항).

> **참고** 건강친화형 주택 건설기준(국토교통부 고시 제2020-368호)
>
> 1. 용어의 정의: 이 기준에서 사용하는 용어의 뜻은 다음과 같다. ^{기출}
>   ① '건강친화형 주택'이란 오염물질이 적게 방출되는 건축자재를 사용하고 환기 등을 실시하여 새집증후군 문제를 개선함으로써 거주자에게 건강하고 쾌적한 실내환경을 제공할 수 있도록 일정수준 이상의 실내공기질과 환기성능을 확보한 주택으로서 의무기준을 모두 충족하고 권장기준 1호 중 2개 이상, 2호 중 1개 이상 이상의 항목에 적합한 주택을 말한다.
>   ② '의무기준'이란 사업주체가 건강친화형 주택을 건설할 때 오염물질을 줄이기 위해 필수적으로 적용해야 하는 기준을 말한다.
>   ③ '권장기준'이란 사업주체가 건강친화형 주택을 건설할 때 오염물질을 줄이기 위해 필요한 기준을 말한다.
> 2. 적용대상: 「주택법」 제15조 제1항에 따라 500세대 이상의 주택건설사업을 시행하거나 동법 제66조 제1항에 따라 500세대 이상의 리모델링을 하는 주택에 대하여 적용한다.

(3) 장수명 주택의 건설기준 및 인증제도 등

① **건설기준**: 국토교통부장관은 장수명 주택의 건설기준을 정하여 고시할 수 있다(주택법 제38조 제1항).
② **인증제도의 시행**: 국토교통부장관은 장수명 주택의 공급 활성화를 유도하기 위하여 위 ①의 건설기준에 따라 장수명 주택 인증제도를 시행할 수 있다(주택법 제38조 제2항).
③ **장수명 주택의 인증등급**: 위 ②에 따른 인증제도로 장수명 주택에 대하여 부여하는 등급은 다음과 같이 구분한다(주택건설기준 등에 관한 규정 제65조의2 제1항).
   ㉠ 최우수 등급

• 장수명 주택
'장수명 주택'이란 내구성, 가변성, 수리 용이성에 대하여 장수명 주택 성능등급 인증기관의 장이 장수명 주택의 성능을 확인하여 인증한 주택을 말한다(장수명 주택 건설·인증기준 제2조 제1호).

ⓒ 우수 등급

ⓒ 양호 등급

ⓔ 일반 등급

④ 사업주체가 1,000세대 이상의 주택을 공급하고자 하는 때에는 위 ②의 인증제도에 따라 위 ③의 ⓔ에 따른 일반 등급 이상의 등급을 인정받아야 한다(주택법 제38조 제3항, 주택건설기준 등에 관한 규정 제65조의2 제2항·제3항).

제4절 건축설비관리

1 건축설비의 개요

1. 건축설비의 정의

'건축설비'란 건축물에 설치하는 전기·전화설비, 초고속 정보통신설비, 지능형 홈네트워크 설비, 가스·급수·배수(配水)·배수(排水)·환기·난방·냉방·소화(消火)·배연(排煙) 및 오물처리의 설비, 굴뚝, 승강기, 피뢰침, 국기 게양대, 공동시청 안테나, 유선방송 수신시설, 우편함, 저수조, 방범시설, 그 밖에 국토교통부령으로 정하는 설비를 말한다(건축법 제2조 제1항 제4호).

2. 설비의 생애 도식화

3. 건축설비 설치의 원칙

OX ① 건축설비는 건축물의 **안전·방화**, **위생**, **에너지** 및 **정보통신**의 합리적 이용에 지장이 없도록 설치하여야 하고, **배관피트** 및 **닥트**의 **단면적**과 **수선구**의 크기를 해당 설비의 수선에 지장이 없도록 하는 등 설비의 유지·관리가 쉽게 설치하여야 한다(건축법 시행령 제87조 제1항). 기출

OX문제

배관피트 및 닥트의 단면적과 수선구의 크기를 해당 설비의 수선에 지장이 없도록 하는 등 설비의 유지·관리가 쉽게 설치하여야 한다. (   )

정답 ○

② 건축물에 설치하는 급수·배수·냉방·난방·환기·피뢰 등 건축설비의 설치에 관한 기술적 기준은 **국토교통부령**으로 정하되, 에너지 이용 합리화와 관련한 건축설비의 기술적 기준에 관하여는 **산업통상자원부장관**과 협의하여 정한다(건축법 시행령 제87조 제2항).

③ 건축물에 설치하여야 하는 장애인 관련 시설 및 설비는 「장애인·노인·임산부 등의 편의증진보장에 관한 법률」 제14조에 따라 작성하여 보급하는 편의시설 상세표준도에 따른다(건축법 시행령 제87조 제3항).

④ 해풍이나 염분 등으로 인하여 건축물의 재료 및 기계설비 등에 조기 부식과 같은 피해 발생이 우려되는 지역에서는 해당 지방자치단체는 이를 방지하기 위하여 다음의 사항을 조례로 정할 수 있다(건축법 시행령 제87조 제7항).

㉠ 해풍이나 염분 등에 대한 내구성 설계기준
㉡ 해풍이나 염분 등에 대한 내구성 허용기준
㉢ 그 밖에 해풍이나 염분 등에 따른 피해를 막기 위하여 필요한 사항

2 물에 관한 일반사항

1. 물의 성질

(1) 비체적과 밀도

$$비체적 = \frac{부피(체적)}{질량} \ (m^3/kg)$$

$$밀도 = \frac{질량}{부피(체적)} \ (kg/m^3)$$

(2) 물의 팽창

물은 온도변화에 따라 그 부피가 팽창 또는 수축한다.

① 순수한 물은 0℃에서 얼게 되며, 이때 약 9%의 체적팽창을 한다.

② 순수한 물은 1기압하에서 4℃일 때 밀도가 최대가 되며, 4℃의 물의 밀도는 1(kg/L)이지만 100℃까지 상승하면 0.958634(kg/L)가 되므로 그 사이에 팽창한 체적의 비율은

$$\left(\frac{1}{0.958634} - \frac{1}{1}\right) \times 100 = 4.315\% \text{이다.}$$

OX문제

건축물에 설치하는 급수·배수·냉방·난방·환기·피뢰 등 건축설비의 설치에 관한 기술적 기준은 국토교통부령으로 정하되, 에너지 이용 합리화와 관련한 건축설비의 기술적 기준에 관하여는 산업통상자원부장관과 협의하여 정한다. ( )

OX문제

단위 질량당 체적을 비체적이라 한다. ( )

OX문제

순수한 물은 1기압하에서 4℃일 때 밀도가 가장 작다. ( )

문제 추가요!

4℃의 물 800L를 100℃로 가열하면 체적은 약 몇 L 팽창하는가? (단, 물의 밀도는 4℃일 때 1kg/L, 100℃일 때 0.958634 kg/L임)

해설 $\Delta v = \left(\dfrac{1}{\rho_2} - \dfrac{1}{\rho_1}\right)v$

$= \left(\dfrac{1}{0.958634} - \dfrac{1}{1}\right) \times 800$

$= 34.5L$

정답 ○, ○, ×, 34.5L

• **수압(Flow Pressure)**
수도꼭지나 토출구가 최대로 열린 상태에서 물이 흐르고 있을 때의 수도꼭지나 토출구 직전의 급수관 내의 압력이다.

OX문제

기구로부터 고가수조까지의 높이가 25m일 때, 기구에 발생하는 수압은 2.5MPa이다. ( )

정지해 있는 물에서 임의의 점의 압력은 모든 방향으로 같고 수면으로부터 깊이에 비례한다. ( )

압력의 단위로 Pa이 사용된다. ( )

문제 추가요!

수두가 10m이면 수압은 몇 MPa과 몇 kPa인가? ( )

해설 급수량 계산
- $P = 0.01H$
  $= 0.01 \times 10 = 0.1$MPa
- $P = 10H = 10 \times 10$
  $= 100$kPa

⊕ 고득점 심화학습

1MPa = 10kgf/cm²
     = 100mAq
1MPa = 1,000kPa
     = 1,000,000pa

OX문제

동일한 양의 물이 배관 내를 흐를 때 배관의 단면적이 2배가 되면 물의 속도는 1/4배가 된다. ( )

관경이 달라지는 수평관 속에서 물이 정상 흐름을 할 때, 관경이 클수록 유속이 느려진다. ( )

정답 ×, ○, ○,
0.1MPa(100kPa),
×, ○

③ 100℃의 물이 100℃의 증기로 변하면 약 1,700배의 체적팽창이 일어난다.

$$\Delta v = \left(\frac{1}{\rho_2} - \frac{1}{\rho_1}\right)v$$

Δv: 온수의 팽창량(L)
ρ_1: 온도 변화 전의 물의 밀도(kg/L)
ρ_2: 온도 변화 후의 물의 밀도(kg/L)
v: 장치 내의 전수량(L)

(3) 수압과 수두 기출 OX

수압(P)과 수두(H)와의 관계식은
수압 $1P$(MPa) $= 0.01H$(mAq) 또는 수두 $1H$(mAq) $= 100P$(MPa)이다.
이 식에서 H는 수두(Head) 또는 정수두, 압력수두라고 하며, 기호로는 mAq로 쓴다.

개념적용 문제

지상 20층 공동주택의 급수방식이 고가수조방식인 경우, 지상 5층의 싱크대 수전에 걸리는 정지수압은 얼마인가? (단, 각 층의 높이는 3m, 옥상바닥면에서 고가수조 수면까지의 높이는 7m, 바닥면에서 싱크대 수전까지의 높이는 1m, 단위환산은 10mAq = 1kg/cm² = 0.1MPa)

제13회 기출

① 0.51MPa ② 0.52MPa ③ 0.53MPa
④ 0.54MPa ⑤ 0.55MPa

해설 수압 P(MPa) $= 0.01H = 0.01 \times [(16층 \times 3m) + 7m - 1m] = 0.54$MPa

정답 ④

(4) 유량과 유속 OX

단면적을 A(m²), 유속을 v(m/s), 유량을 Q(m³/s)라 하면
$Q = Av$이다. 또 관지름을 d(m)라 하면 단면적
$A = \dfrac{\pi d^2}{4}$이므로 관지름 d를 구할 수 있다.

$\dfrac{Q}{v} = \dfrac{\pi d^2}{4}$ ∴ $d = \sqrt{\dfrac{4Q}{v\pi}}$(m)

개념적용 문제

01 내경이 50mm인 급수배관에 물이 1.5m/s의 속도로 흐르고 있을 때 체적유량은?

① 0.09m³/min ② 0.18m³/min
③ 0.24m³/min ④ 0.36m³/min

해설 $Q = Av = \dfrac{\pi d^2}{4} \times v = \dfrac{3.14 \times 0.05^2}{4} \times 1.5$
$\fallingdotseq 0.00294[m^3/s] \fallingdotseq 0.18[m^3/min]$

정답 ②

02 직경 100mm의 강관에 2.4m³/min의 물을 통과시킬 때 강관 내의 평균 유속은?

① 2.4m/s ② 4.2m/s ③ 5.1m/s ④ 7.2m/s

해설 $v = \dfrac{Q}{A}$, $A = \dfrac{\pi d^2}{4}$ 이므로

$v = \dfrac{Q}{\dfrac{\pi d^2}{4}} = \dfrac{2.4 \div 60}{\dfrac{3.14 \times 0.1^2}{4}} \fallingdotseq 5.09$

정답 ③

참고 베르누이의 정리 기출 OX

1. 에너지보존의 법칙을 유체의 흐름에 적용한 것으로서 유체가 갖고 있는 운동에너지, 중력에 의한 위치에너지 및 압축에너지의 총합은 흐름 내 어디에서나 일정하다.
2. 점성과 압축성이 없는 이상적인 유체가 규칙적으로 흐르는 경우에 대해 유체가 흐르는 속도와 압력, 높이의 관계를 수량적으로 나타낸 법칙이다.
3. 유체의 위치에너지와 운동에너지의 합이 항상 일정하다는 성질을 이용한 것으로, 완전유체가 규칙적으로 흐르는 경우에 대해 정리한 것이다.

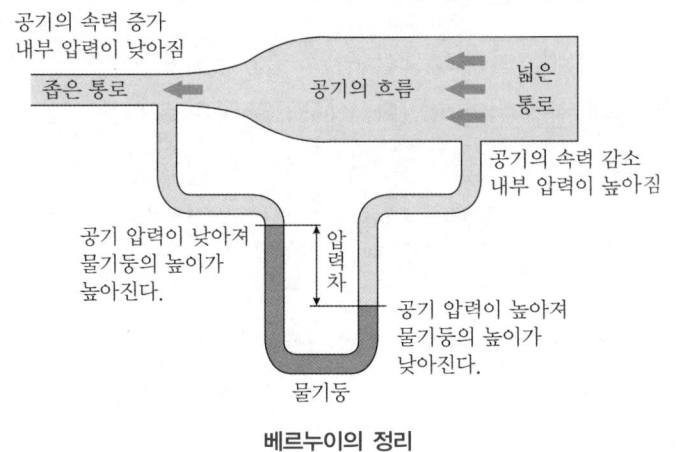

베르누이의 정리

• 레이놀즈 수
1. 레이놀즈 수(Re)
  $= \dfrac{\text{관성력}}{\text{점성력}} = \dfrac{Vd}{v}$
  $= \dfrac{\text{속도} \times \text{관경}}{\text{동점성계수}}$
2. 정의: 유체흐름의 점성력에 대한 관성력의 크기를 나타내며, 유체 흐름의 특성을 규정할 때 사용한다.
  ① 점성력: 유체가 점성으로 흐름에 방해를 주는 힘
  ② 관성력: 유체가 관성을 가지고 흐르려는 힘
3. 유체의 특성: 유체의 흐름은 저속에서는 층류, 고속에서는 난류의 흐름 특성을 가진다.
  ① 층류: 유체가 나란히 흐트러지지 않고 흐르는 것
  ② 난류: 유체가 불규칙하게 뒤섞여 흐르는 것
4. 층류영역에서 난류영역 사이를 천이영역이라고 한다.
5. 층류에서 난류로 천이할 때의 유속을 임계 유속이라고 한다.

OX문제

유체의 운동에너지는 배관 내 어느 지점에서나 일정하다.
( )

정답 ✕

(5) 배관의 마찰손실수두(H_f)와 마찰손실압력(P_f) 기출 OX

$$H_f = f \frac{l \times v^2}{d \times 2g} \text{ (m)} \qquad P_f = f \frac{l \times \rho \times v^2}{d \times 2} \text{ (Pa)}$$

f: 관마찰손실계수　　l: 관의 길이(m)　　v: 유속(m/s)
d: 관경(m)　　g: 중력가속도(9.8m/s²)　　ρ: 물의 밀도(1,000kg/m³)

고득점 심화학습

관내 마찰손실수두(H_f)는 관마찰계수, 관의 길이, 유속의 제곱에 비례하고, 관경과 중력가속도에 반비례한다.

OX문제

배관에 흐르는 유체의 마찰손실수두는 관의 길이에 반비례한다. (　)

배관에 흐르는 유체의 마찰손실수두는 중력가속도에 비례한다. (　)

배관에 흐르는 유체의 마찰손실수두는 관의 마찰(손실)계수가 클수록 작아진다. (　)

배관 속에 흐르는 유체의 마찰저항은 유체의 밀도가 커질수록 작아진다. (　)

배관 내경이 2배 증가하면 마찰저항의 크기는 1/4로 감소한다. (　)

배관 길이가 2배 증가하면 마찰저항의 크기는 1.4배 증가한다. (　)

배관 내 유체 속도가 2배 증가하면 마찰저항의 크기는 4배 증가한다. (　)

배관 마찰손실계수가 2배 증가하면 마찰저항의 크기는 4배 증가한다. (　)

배관 내 유체 밀도가 2배 증가하면 마찰저항의 크기는 1/2로 감소한다. (　)

배관 속에 흐르는 유체의 마찰저항은 유체의 속도가 커질수록 작아진다. (　)

정답 ×, ×, ×, ×, ×, ×, ○, ×, ×, ×

개념적용 문제

01 내경이 30mm, 관길이가 3m인 급수관에 1.5m/s의 속도로 물이 흐를 때 마찰손실수두는? (단, 관마찰계수는 0.02임)

해설　$H_f = f \dfrac{l \times v^2}{d \times 2g}$

$= 0.02 \times \dfrac{3 \times 1.5^2}{0.03 \times 2 \times 9.8} ≒ 0.229\text{m}$

정답 0.229m

02 내경 40mm인 매끈한 관을 통하여 물을 2m/s의 속도로 보내려고 한다. 이때 관마찰계수가 0.03이고, 관의 길이가 200m인 경우, 압력강하는?

해설　$P_f = f \dfrac{l \times \rho \times v^2}{d \times 2}$

$= 0.03 \times \dfrac{200 \times 1,000 \times 2^2}{0.04 \times 2} = 300,000\text{Pa} = 300\text{kPa} = 0.3\text{MPa}$

정답 0.3MPa

2. 상수도의 물의 흐름단계

건축물에 공급되는 물은 양호한 수질, 필요한 수량, 적절한 수압의 3요소가 기술적으로 확보되어야 한다. 상수도의 물의 흐름은 다음의 순서로 이루어진다. 기출

수원 → 취수(집수) → 도수 → 정수 → 송수 → 배수 → 급수(건물의 수전)

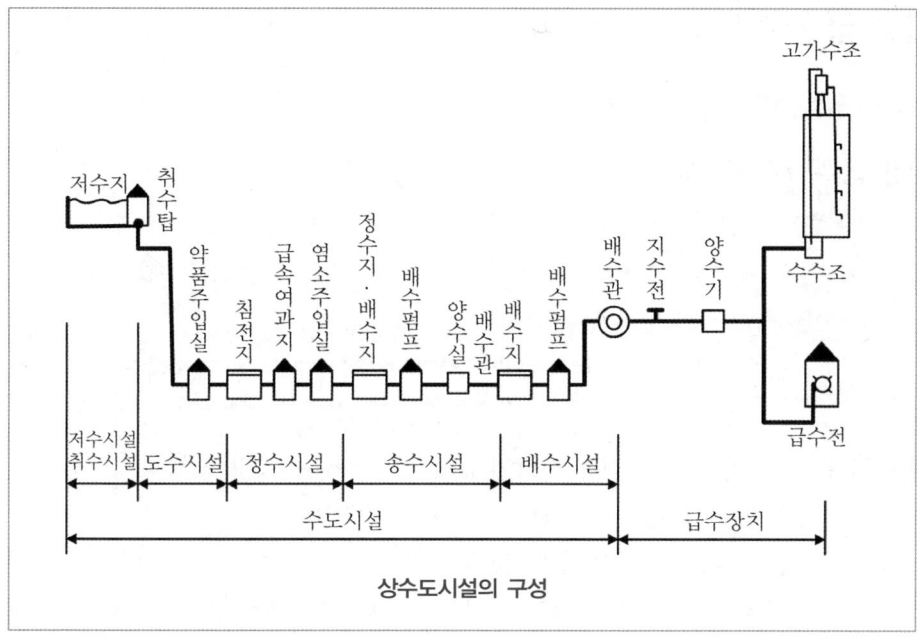

상수도시설의 구성

3. 정수과정

정수는 취수된 물속에 함유되어 있는 불순물을 제거 또는 살균하여 사용목적에 맞는 물로 만드는 방법이다. 정수는 '침전 ⇨ 폭기 ⇨ 여과 ⇨ 살균(멸균)'의 과정을 거친다.

4. 물의 경도

① **경도의 환산**: 물의 경도는 물속에 녹아 있는 칼슘, 마그네슘 등의 염류의 양을 탄산칼슘의 농도로 환산하여 나타낸 것이다.
② **경도의 표시**: 도(度) 또는 ppm
③ **경도의 분류**
  ㉠ 극연수: 0~10ppm, 황동관이나 연관을 부식시킨다.
  ㉡ 연수: 90ppm 이하, 세탁용과 보일러 급수용으로 적당하다. 기출
  ㉢ 경수: 110ppm 이상, 세탁용과 보일러 급수용으로 부적당하다.
  ㉣ 일반적으로 지표수는 연수, 지하수는 경수로 간주하지만, 물이 접하고 있는 지층의 종류에 따라 좌우된다.

배관에 흐르는 유체의 마찰손실수두는 관의 내경이 클수록 커진다. ( )

배관에 흐르는 유체의 마찰손실수두는 유속의 제곱에 비례한다. ( )

• **상수, 음용수(Potable Water)**
음료용 등에 사용하는 것을 목적으로 한 물이나 시설의 급수장치에 의해 공급되는 물로서, 「수도법」에 정한 수질기준에 적합한 물을 말한다. 음용수와 같은 뜻으로서 「수도법」에 의한 수돗물 이외에 우물물 등으로 기준에 적합한 경우를 포함한다.

○×문제

연수는 총경도 120ppm 이상의 물이다. ( )

연수는 경수보다 보일러 용수로 적합하다. ( )

정답 ×, ○, ×, ○

3 급수설비

1. 급수설비의 설치기준

(1) 급수·배수용 배관설비

① 주택에 설치하는 급수·배수용 배관은 콘크리트구조체 안에 매설하여서는 아니 된다. 다만, 다음의 어느 하나에 해당하는 경우에는 그러하지 아니하다(주택건설기준 등에 관한 규정 제43조 제1항).
  ㉠ 급수·배수용 배관이 주택의 바닥면 또는 벽면 등을 직각으로 관통하는 경우
  ㉡ 주택의 구조안전에 지장이 없는 범위에서 콘크리트구조체 안에 **덧관**을 미리 매설하여 배관을 설치하는 경우
  ㉢ 콘크리트구조체의 형태 등에 따라 배관의 매설이 부득이하다고 사업계획승인권자가 인정하는 경우로서 배관의 부식을 방지하고 그 수선 및 교체가 쉽도록 하여 배관을 설치하는 경우

② 주택의 화장실에 설치하는 급수·배수용 배관은 다음의 기준에 적합해야 한다(주택건설기준 등에 관한 규정 제43조 제2항).
  ㉠ 급수용 배관에는 감압밸브 등 수압을 조절하는 장치를 설치하여 각 세대별 수압이 일정하게 유지되도록 할 것
  ㉡ 배수용 배관은 층상배관공법(배관을 해당 층의 바닥 슬래브 위에 설치하는 공법을 말한다) 또는 층하배관공법(배관을 바닥 슬래브 아래에 설치하여 아래층 세대 천장으로 노출시키는 공법을 말한다)으로 설치할 수 있으며, 층하배관공법으로 설치하는 경우에는 일반용 경질(단단한 재질) 염화비닐관을 설치하는 경우보다 같은 측정조건에서 **5데시벨 이상** 소음 차단성능이 있는 저소음형 배관을 사용할 것

(2) 계량기 및 급수전의 설치기준 OX

공동주택에는 세대별 수도계량기 및 세대마다 **2개소 이상**의 급수전을 설치하여야 한다(주택건설기준 등에 관한 규정 제43조 제3항). 기출

(3) 먹는물의 급수조 및 저수조의 설치기준

주택에 설치하는 먹는물의 급수조 및 저수조는 다음의 기준에 적합해야 한다(주택건설기준 등에 관한 규정 제43조 제6항).
① 급수조 및 저수조의 재료는 수질을 오염시키지 아니하는 재료나 위생에 지장이 없는 것으로서 내구성이 있는 도금·녹막이처리 또는 피막처리를 한 재료를 사용할 것

○X문제

공동주택에는 세대별 수도계량기 및 세대마다 최소 3개소 이상의 급수전을 설치하여야 한다. ( )

정답 ×

② 급수조 및 저수조의 구조는 청소 등 관리가 쉬워야 하고, 먹는물 외의 다른 물질이 들어갈 수 없도록 할 것

(4) 배관설비의 설치기준

건축물에 설치하는 급수·배수 등의 용도로 쓰는 배관설비의 설치 및 구조는 다음의 기준에 적합하여야 한다(건축물의 설비기준 등에 관한 규칙 제17조 제1항).

① 배관설비를 콘크리트에 묻는 경우 부식의 우려가 있는 재료는 부식방지 조치를 할 것
② 건축물의 주요 부분을 관통하여 배관하는 경우에는 건축물의 구조내력에 지장이 없도록 할 것
③ 승강기의 승강로 안에는 승강기의 운행에 필요한 배관설비 외의 배관설비를 설치하지 아니할 것
④ 압력탱크 및 급탕설비에는 폭발 등의 위험을 막을 수 있는 시설을 설치할 것

(5) 먹는물용 배관설비

건축물에 설치하는 먹는물용 배관설비의 설치 및 구조는 다음의 기준에 적합해야 한다(건축물의 설비기준 등에 관한 규칙 제18조).

① 위 **(4)**의 기준에 적합할 것
② 먹는물용 배관설비는 다른 용도의 배관설비와 직접 연결하지 아니할 것
③ 급수관 및 수도계량기는 얼어서 깨지지 아니하도록 [별표 3의2]의 규정에 의한 기준에 적합하게 설치할 것
④ 위 ③에서 정한 기준 외에 급수관 및 수도계량기가 얼어서 깨지지 아니하도록 하기 위하여 지역실정에 따라 해당 지방자치단체의 조례로 기준을 정한 경우에는 동 기준에 적합하게 설치할 것
⑤ 급수 및 저수탱크는 아래 **(7)**의 규정에 의한 저수조설치기준에 적합한 구조로 할 것
⑥ 먹는물의 급수관의 지름은 건축물의 용도 및 규모에 적정한 규격 이상으로 할 것. 다만, 주거용 건축물은 해당 배관에 의하여 급수되는 가구 수 또는 바닥면적의 합계에 따라 다음의 기준에 적합한 지름의 관으로 배관해야 한다.

▶ **주거용 건축물 급수관의 지름**

가구 또는 세대수	1	2·3	4·5	6~8	9~16	17 이상
급수관 지름의 최소기준(밀리미터)	15	20	25	32	40	50

[비고]
1. 가구 또는 세대의 구분이 불분명한 건축물에 있어서는 주거에 쓰이는 바닥면적의 합계에 따라 다음과 같이 가구 수를 산정한다.
   ① 바닥면적 85제곱미터 이하: 1가구
   ② 바닥면적 85제곱미터 초과 150제곱미터 이하: 3가구
   ③ 바닥면적 150제곱미터 초과 300제곱미터 이하: 5가구
   ④ **바닥면적 300제곱미터 초과 500제곱미터 이하: 16가구**
   ⑤ **바닥면적 500제곱미터 초과: 17가구**
2. 가압설비 등을 설치하여 급수되는 각 기구에서의 압력이 1센티미터당 0.7킬로그램 이상인 경우에는 위 표의 기준을 적용하지 아니할 수 있다.

⑦ 먹는물용 급수관은 「수도법 시행규칙」 제10조 및 [별표 4]에 따른 위생안전기준에 적합한 수도용 자재 및 제품을 사용할 것

(6) 비상급수시설

공동주택을 건설하는 주택단지에는 「먹는물관리법」에 의한 먹는물의 수질기준에 적합한 비상용수를 공급할 수 있는 지하양수시설 또는 지하저수조시설을 설치하여야 하며, 지하양수시설 및 지하저수조는 다음의 구분에 따른 설치기준을 갖추어야 한다. 다만, 철도부지 활용 공공주택을 건설하는 주택단지의 경우에는 시·군지역의 기준을 적용한다(주택건설기준 등에 관한 규정 제35조).

① **지하양수시설**
   ㉠ 1일에 당해 주택단지의 매 세대당 0.2톤(시·군지역은 0.1톤) 이상의 수량을 양수할 수 있을 것
   ㉡ 양수에 필요한 비상전원과 이에 의하여 가동될 수 있는 펌프를 설치할 것
   ㉢ 당해 양수시설에는 매 세대당 0.3톤 이상을 저수할 수 있는 지하저수조[위 **(3)**에 의한 기준에 적합하여야 한다]를 함께 설치할 것

② **지하저수조** 기출
   ㉠ 고가수조저수량(매 세대당 0.25톤까지 산입한다)을 포함하여 매 세대당 0.5톤(독신자용 주택은 0.25톤) 이상의 수량을 저수할 수 있을 것. 다만, 지역별 상수도 시설용량 및 세대당 수돗물 사용량 등을 고려하여 설치기준의 2분의 1의 범위에서 특별시·광역시·특별자치시·특별자치도·시 또는 군의 조례로 완화 또는 강화하여 정할 수 있다. 기출

ⓒ 50세대(독신자용 주택은 100세대)당 1대 이상의 수동식 펌프를 설치하거나 양수에 필요한 비상전원과 이에 의하여 가동될 수 있는 펌프를 설치할 것
　　　ⓒ 위 (3)에 의한 기준에 적합하게 설치할 것
　　　② 먹는물을 당해 저수조를 거쳐 각 세대에 공급할 수 있도록 설치할 것

(7) 아파트 및 그 복리시설의 저수조의 설치기준

저수조를 설치할 때에는 다음의 기준에 따라야 한다(수도법 제18조 제3항, 동법 시행규칙 제9조의2 별표 3의2).

① 저수조의 맨홀부분은 건축물(천장 및 보 등)로부터 100센티미터 이상 떨어져야 하며, 그 밖의 부분은 60센티미터 이상의 간격을 띄울 것 기출
② 물의 유출구는 유입구의 반대편 밑부분에 설치하되, 바닥의 침전물이 유출되지 않도록 저수조의 바닥에서 띄워서 설치하고, 물칸막이 등을 설치하여 저수조 안의 물이 고이지 않도록 할 것 기출
③ 각 변의 길이가 90센티미터 이상인 사각형 맨홀 또는 지름이 90센티미터 이상인 원형 맨홀을 1개 이상 설치하여 청소를 위한 사람이나 장비의 출입이 원활하도록 하여야 하고, 맨홀을 통하여 먼지나 그 밖의 이물질이 들어가지 않도록 할 것. 다만, 5세제곱미터 이하의 소규모 저수조의 맨홀은 각 변 또는 지름을 60센티미터 이상으로 할 수 있다. 기출
④ 침전찌꺼기의 배출구를 저수조의 맨 밑부분에 설치하고, 저수조의 바닥은 배출구를 향하여 100분의 1 이상의 경사를 두어 설치하는 등 배출이 쉬운 구조로 할 것 기출
⑤ 5세제곱미터를 초과하는 저수조는 청소·위생점검 및 보수 등 유지관리를 위하여 1개의 저수조를 둘 이상의 부분으로 구획하거나 저수조를 2개 이상 설치할 것 기출
⑥ 저수조는 만수 시 최대수압 및 하중 등을 고려하여 충분한 강도를 갖도록 하고, 위 ⑤에 따라 1개의 저수조를 둘 이상의 부분으로 구획하는 경우에는 한쪽의 물을 비웠을 때 수압에 견딜 수 있는 구조일 것
⑦ 저수조의 물이 일정 수준 이상 넘거나 일정 수준 이하로 줄어들 때 울리는 경보장치를 설치하고, 그 수신기는 관리실에 설치할 것
⑧ 건축물 또는 시설 외부의 땅 밑에 저수조를 설치하는 경우에는 분뇨·쓰레기 등의 유해물질로부터 5미터 이상 띄워서 설치하여야 하며, 맨홀 주위에 다른 사람이 함부로 접근하지 못하도록 장치할 것. 다만, 부득이하게 저수조를 유해물질로부터 5미터 이상 띄워서 설치하지 못하는 경우에는 저수조의 주위에 차단벽을 설치하여야 한다. 기출

OX문제
저수조의 맨홀부분은 건축물(천장 및 보 등)로부터 90센티미터 이상 떨어져야 하며, 그 밖의 부분은 60센티미터 이상의 간격을 두어야 한다. (　)

OX문제
물의 유입구는 유출구의 반대편 밑부분에 설치하되, 침전물이 유입되지 않도록 저수조의 바닥에서 띄워서 설치하고, 물칸막이 등을 설치하여 저수조 안의 물이 고이지 않도록 하여야 한다. (　)

OX문제
3세제곱미터인 저수조는 청소·위생점검 및 보수 등 유지관리를 위하여 1개의 저수조를 둘 이상의 부분으로 구획하거나 저수조를 2개 이상 설치하여야 한다. (　)

OX문제
건축물 또는 시설 외부의 땅 밑에 저수조를 설치하는 경우에는 부득이한 경우를 제외하고는 분뇨·쓰레기 등의 유해물질로부터 5미터 이상 띄워서 설치하여야 한다. (　)

정답 ×, ×, ×, ○

⑨ 저수조 및 저수조에 설치하는 사다리, 버팀대, 물과 접촉하는 접합부속 등의 재질은 섬유보강플라스틱·스테인리스스틸·콘크리트 등의 내식성 재료를 사용하여야 하며, 콘크리트 저수조는 수질에 영향을 미치지 아니하는 재질로 마감할 것 기출

⑩ 저수조의 공기정화를 위한 **통기관**과 물의 수위조절을 위한 **월류관(越流管)**을 설치하고, 관에는 벌레 등 오염물질이 들어가지 아니하도록 녹이 슬지 아니하는 재질의 세목(細木) 스크린을 설치할 것 기출

⑪ 저수조의 유입배관에는 단수 후 통수과정에서 들어간 오수나 이물질이 저수조로 들어가는 것을 방지하기 위하여 **배수용(排水用) 밸브**를 설치할 것

⑫ 저수조를 설치하는 곳은 분진 등으로 인한 2차 오염을 방지하기 위하여 **암·석면을 제외한** 다른 적절한 자재를 사용할 것 기출

OX ⑬ 저수조 내부의 높이는 최소 1미터 80센티미터 이상으로 할 것. 다만, 옥상에 설치한 저수조는 제외한다. 기출

⑭ 저수조의 뚜껑은 잠금장치를 하여야 하고, 출입구 부분은 이물질이 들어가지 아니하는 구조여야 하며, 측면에 출입구를 설치할 경우에는 점검 및 유지관리가 쉽도록 안전발판을 설치할 것

⑮ 소화용수가 저수조에 역류되는 것을 방지하기 위한 역류방지장치가 설치되어야 한다.

(8) 절수설비 등의 설치

① **절수설비의 설치대상**: 건축주는 「건축법」에 따른 건축물이나 지방자치단체의 조례로 정하는 시설을 건축하려는 경우에 수돗물의 절약과 효율적 이용을 위하여 절수설비를 설치하여야 한다(수도법 제15조 제1항).

② **절수설비와 절수기기의 종류 및 기준**(수도법 시행규칙 제1조의2 별표 1)
  ㉠ 절수설비 및 절수기기는 다음과 같이 구분한다.
  OX ⓐ **절수설비**: 별도의 부속이나 기기를 추가로 장착하지 아니하고도 일반 제품에 비하여 물을 적게 사용하도록 생산된 수도꼭지 및 변기
  ⓑ **절수기기**: 물사용량을 줄이기 위하여 수도꼭지나 변기에 추가로 장착하는 부속이나 기기. 절수형 샤워헤드를 포함한다.
  ㉡ 건축물 및 시설에 설치해야 하는 절수설비나 절수기기는 다음과 같다.

OX문제
저수조 내부의 높이는 최소 1미터 50센티미터 이상으로 하여야 한다. ( )

OX문제
별도의 부속이나 기기를 추가로 장착하지 아니하고도 일반 제품에 비하여 물을 적게 사용하도록 생산된 수도꼭지 및 변기를 절수설비라고 한다. ( )

정답 ×, ○

ⓐ 수도꼭지
  ⅰ) 공급수압 98kPa에서 최대토수유량이 1분당 6.0리터 이하인 것. 다만, 공중용 화장실에 설치하는 수도꼭지는 1분당 5리터 이하인 것이어야 한다.
  ⅱ) 샤워용은 공급수압 98kPa에서 해당 수도꼭지에 샤워호스(Hose)를 부착한 상태로 측정한 최대토수유량이 1분당 7.5리터 이하인 것

ⓑ 변기
  ⅰ) 대변기는 공급수압 98kPa에서 사용수량이 6리터 이하인 것
  ⅱ) 대·소변 구분형 대변기는 공급수압 98kPa에서 평균사용수량이 6리터 이하인 것
  ⅲ) 소변기는 물을 사용하지 않는 것이거나, 공급수압 98kPa에서 사용수량이 2리터 이하인 것
  ⅳ) 대변기는 물탱크의 내부 벽면 또는 세정밸브의 수량조절용 나사 부분에 사용수량을 표시한 것
  ⅴ) 대변기의 사용수량을 조절하는 부속품은 사용수량이 6리터를 초과할 수 없는 구조로 제작한 것. 다만, 변기 막힘 현상이 지속되어 이를 해소하기 위한 경우는 제외한다.

2. 급수 일반

(1) 급수설비의 정의

'급수설비'란 수도사업자가 일반 수요자에게 원수나 정수를 공급하기 위하여 설치한 배수관으로부터 분기(分岐)하여 설치된 급수관(옥내급수관을 포함한다)·계량기·저수조(貯水槽)·수도꼭지, 그 밖에 급수를 위하여 필요한 기구(器具)를 말한다(수도법 제3조 제26호).

(2) 급수량 산정

① **사용 인원에 의한 방법**

$$Q_d(\text{L/d}) = N \times q$$

N: 급수 대상인원(인)
q: 건물 종류별 1일 1인당 사용수량(L/d·인)

OX문제
절수형 수도꼭지는 공급수압 98kPa에서 최대토수유량이 1분당 6.0리터 이하인 것. 다만, 공중용 화장실에 설치하는 수도꼭지는 1분당 5리터 이하인 것이어야 한다. (　　)

OX문제
절수형 대변기는 공급수압 98kPa에서 사용수량이 8리터 이하인 것이어야 한다. (　　)

OX문제
절수형 소변기는 물을 사용하지 않는 것이거나, 공급수압 98kPa에서 사용수량이 3리터 이하인 것이어야 한다. (　　)

• **급수설비**[Domestic Cold Water Supply System]
건물이나 부지 내의 기구·이음쇠·탱크·기기 등을 사용해서 물을 공급하는 설비의 총칭이다.

• **급수관**(Water Supply Pipe)
상수 또는 정수(지하수)를 공급하는 관을 말한다.

• **급수기기**(Supply Fitting, Supply Fixture)
위생기구 중 특히 급수와 온수를 공급하기 위해서 설치한 수도꼭지나 세정밸브, 볼탭 등의 기구를 말한다. 급수관 말단에서 급수나 온수의 토출을 제어하는 장치로서 수도꼭지에는 지수밸브나 혼합수도꼭지 등이 포함되며 샤워헤드도 급수기기다.

정답 ○, ×, ×

▶ **건물의 종류별 사용 수량**

건물의 종류	1일 1인당 급수량(q) (L/d·인)	1일 평균 사용시간 (h)	사용자	유효면적당 인원 (인/m²)	연면적에 대한 유효면적비 (%)
사무소	100~120	8	재실자 1인당	0.2	55~57 (임대: 60)
관청·은행	100~120	8	직원 1인당	0.2	
병원	고급 1,000 이상 중급 500 이상 기타 250 이상	10	외래 8L 의사, 직원 120L	1병상당 3.5인	45~48
극장	30	5	객석 1인당 입장 인원당	1.0	53~55
영화관	10	3			
백화점	손님 3 종업원 100	3	손님 1인당 종업원 1인당	1.0	55~60
점포	100(상주 160)	7	점원 1인당	0.16	
공중식당	15	7	손님 1인당	1.0	
주택	200~250	8~10	거주자 1인당	0.16	50~53
아파트	200~250	8~10	거주자 1인당	0.16	45~50
기숙사	120	8	거주자 1인당	0.2	
호텔	250~300	10	손님 1인당	0.17	
여관	200	10	손님 1인당	0.24	
초등학교·중학교	40~50	5~6	학생 1인당	0.14~0.25	58~60
고등학교 이상	학생 80 교사 100	6	학생 1인당 교사 1인당	0.1	53~55
도서관	25	6	열람자 1인당	0.4	
공장	60~140 남 180 여 100	8	1교대 1인당	앉은 작업 0.3 선 작업 0.1	

+ **고득점 심화학습**

건물 종류별 사용 수량 순서
병원 ⇨ 호텔 ⇨ 주택·아파트 ⇨ 사무소 ⇨ 학교 ⇨ 극장

• **유효면적**
어느 건물의 연면적에서 화장실, 복도, 계단, 창고, 기계실 등 사람이 거주하지 않는 부분을 제외한 면적으로서 순수하게 그 건물의 용도에 사용되는 부분의 면적을 말한다.

② **면적에 의한 방법**

$$Q_d(\text{L/d}) = A \times k \times n \times q$$

A: 건물의 연면적(m²)
k: 유효면적비
n: 유효면적당 거주인원(인/m²)
q: 건물 종류별 1일 1인당 사용수량(L/d·인)

개념적용 문제

연면적이 2,000m²인 사무소에서 다음과 같은 조건이 있을 때 사무소에 필요한 1일의 급수량(사용수량)(m³/d)은?

> 유효면적비 56%, 거주인원 0.2인/m², 1일 1인당 사용수량은 150L/d로 한다.

해설 Q_d = 2,000 × 0.56 × 0.2 × 150 = 33,600(L/d) = 33.6(m³/d)

정답 33.6(m³/d)

③ **기구 수에 의한 방법**: 기구별 사용수량을 구하여 동시사용률*을 적용하여 1일 급수량(Q_d)*을 구하는 방법

$$Q_d(\text{L/d}) = p \times \sum(q' \times f)$$

p: 동시사용률
$\sum q'$: 기구의 1일 사용수량(L/d)
f: 기구 수(개)

• **동시사용률**
위생기구가 총 100개 설치되어 있을 경우 실제로 동시에 사용되는 기구 수는 설치기구 수의 1/3인 33개임을 뜻한다.

• **1일 급수량**
저수조 용량 산정에 이용

• **세정밸브(Flush Valve)**
위생기구를 일정한 양의 물로 세정하기 위한 기구이며, 수압으로 직접 작동된다. 작동 시 빠른 속도로 기구 내로 직접 흐르게 배관을 개방하여 기구가 적절히 작동할 수 있는 양을 공급한 후, 워터해머 방지와 기구 트랩의 봉수를 위해 서서히 닫히는 밸브를 말한다.

• **세정탱크(Flush Tank)**
위생기구 사용 후 사용 부위를 세정할 목적으로 대변기나 소변기 또는 유사한 기구에 부착되거나 상부에 설치되는 탱크를 말한다.

▶ **각종 건물에 있어서 위생기구 1개당 1일 사용수량(L/d)**

구분	사무소	학교	병원	아파트	공장	회관·은행	극장·영화관
대변기 (세정밸브*)	900	600	750	200	750	600	750
대변기 (세정탱크*)	1,200	800	1,000	240	1,000	800	1,000
소변기 (세정밸브)	400	240	480	150	420	320	480
소변기 (세정탱크)	400	240	480	150	420	320	480
세면기	960	900	400	200	–	640	3,200
욕조	–	–	–	760	–	–	–

▶ **기구의 동시사용률**

기구 수	2	3	4	5	10	15	20	30	50	100
동시사용률(%)	100	80	75	70	53	48	44	40	36	33

> **개념적용 문제**
>
> 어느 사무소 건물에 세정밸브식 대변기와 소변기 및 세면기가 각각 10개씩 설치되어 있을 때 1일 급수량(L/d)은?
>
> **해설** 위생기구가 총 30개이므로 동시사용률은 40%이다.
> ∴ $Q_d = 0.4 \times (900 \times 10 + 400 \times 10 + 960 \times 10) = 9,040$(L/d)
>
> **정답** 9,040(L/d)

④ 시간평균 예상급수량(Q_h) 산정

$$Q_h = \frac{Q_d}{T}$$

T: 건물 평균사용시간(L/h)

- **시간최대급수량**
  옥상탱크 용량 산정에 이용

  ○×문제
  매시 최대 예상급수량은 일반적으로 매시 평균 예상급수량의 1.5~2.0배 정도로 산정한다. ( )

⑤ 시간최대 예상급수량(Q_m) 산정

$$Q_m(\text{L/h}) = Q_h \times 1.5 \sim 2.0 \text{ 기출}$$

⑥ 순간최대 예상급수량(Q_p) 산정 기출

$$Q_p(\text{L/min}) = \frac{Q_h \times (3 \sim 4)}{60}$$

- **순간최대급수량**
  양수펌프의 양수량 산정에 이용

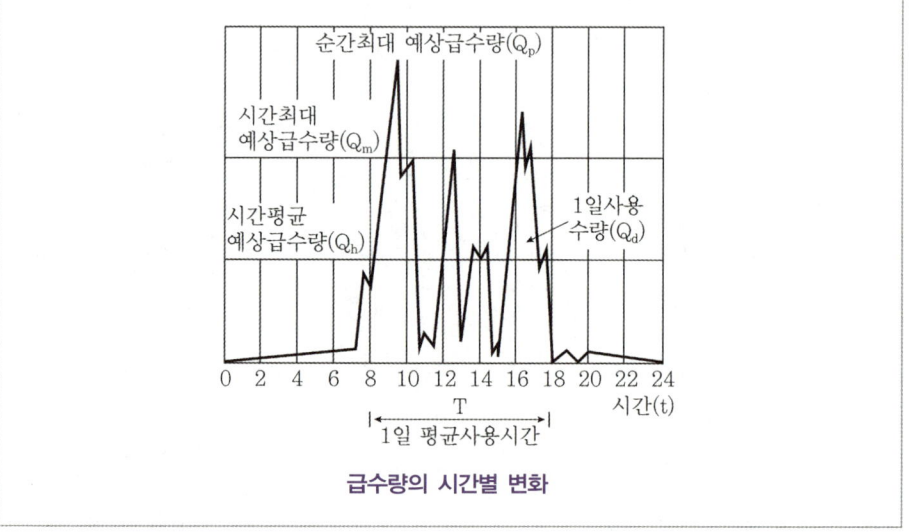

급수량의 시간별 변화

정답 ○

개념적용 문제

다음 조건의 600인이 거주하는 공동주택에 순간최대 예상급수량(L/min)은?

제18회 기출

- 1인 1일 평균사용수량: 200L/인·일
- 1일 평균 사용시간: 10시간
- 순간최대 예상급수량은 시간평균 예상급수량의 4배로 한다.
- 그 외의 조건은 고려하지 않는다.

① 400 ② 800 ③ 1,000
④ 1,400 ⑤ 2,000

해설 순간최대 예상급수량(Q_p) 산정식은 다음과 같다.

$$Q_p(L/min) = \frac{Q_h \times (3\sim4)}{60}$$

여기서, 시간평균 예상급수량(Q_h)의 산정은 $Q_h(L/h) = \dfrac{Q_d}{T}$

그러므로 순간최대 예상급수량(L/min)은 다음과 같다.

$$Q_p = \frac{[(600인 \times 200L/인 \cdot 일) \div 10시간] \times 4}{60} = 800(L/min)$$

정답 ②

(3) 급수압력 OX

① 건물 내의 각종 급수기구는 그 기능과 사용목적에 따라 일정한 압력을 필요로 한다. 급수압력이 필요 이상 높은 경우 수격작용과 같은 소음·진동이 일어나며, 그 결과 수전의 패킹이나 와셔 등의 손상이 커지고 누수가 우려된다. 또 기구의 최저 필요압력이 유지되지 않을 경우 그 기능이 충분히 발휘될 수가 없다.

OX ② 위생기구의 필요 급수압력과 유량 기출

급수용 위생기구	유량(L/s)	압력(kPa)	압력(MPa)
욕조	0.25	55	0.055
연합기구	0.25	55	0.055
식기세척기, 가정용	0.17	55	0.055
음수기	0.05	55	0.055
세탁트레이, 세탁기	0.25	55	0.055
세면기	0.1	55	0.055

문제 추가요!

연면적 10,000m²인 사무소 건물의 순간최대 예상급수량(L/min)을 계산하시오. (단, 유효면적비 56%, 유효면적당 거주인원 0.2인/m², 1인 1일당 급수량 100L, 건물 1일 평균 사용시간은 8시간, 시간최대 예상급수량은 시간평균 예상급수량의 2배로 함)

해설 급수량 계산

- 1일 급수량(Q_d):
  10,000 × 0.56 × 0.2 × 100
  = 112,000L/d = 112m³/d
- 시간평균 예상급수량(Q_h):
  112/8 = 14m³/h
- 시간최대 예상급수량(Q_m):
  14 × 2 = 28m³/h
- 순간최대 예상급수량(Q_p):
  $\dfrac{14 \times 4}{60} ≒ 0.933$m³/min
  = 933L/min

OX문제

급수설비는 기구의 사용목적에 적절한 수압을 확보해야 한다. (　　)

위생기구(Plumbing Fixture, Sanitary Appliance)
물을 공급하거나 액체 또는 세정해야 할 오물을 받아들이거나 또는 그것을 배출하기 위해 설치되는 공급기구와 물받이 용기, 배수기구 및 부속품을 말한다. 이것들이 복합적으로 사용되는 경우를 위생기구설비라 한다.

OX문제

세정밸브식 대변기의 최저필요압력은 세면기 수전의 최저 필요압력보다 크다. (　　)

정답 933L/min, ○, ○

샤워기	0.18	70	0.07
샤워기(압력식, 온도감지 혹은 압력식/온도감지 혼합밸브)	0.18	130	0.13
호스연결용 수도꼭지	0.3	55	0.055
싱크, 가정용	0.15	55	0.055
싱크, 청소용	0.18	55	0.055
소변기, 밸브	0.75	100	0.1
대변기, 세정밸브	1.6	100	0.1
대변기, 세정탱크, 밀결형	0.18	55	0.055

(4) 급수방식

① 수도직결식

㉠ 의의: 도로에 매설된 수도본관 내의 수압을 이용하여 목적의 개소에 급수하는 방식이며, 수도본관의 수압 및 관경에 제약되기 때문에 주택 또는 1, 2층 정도의 소규모 건물에 이용할 수 있다.

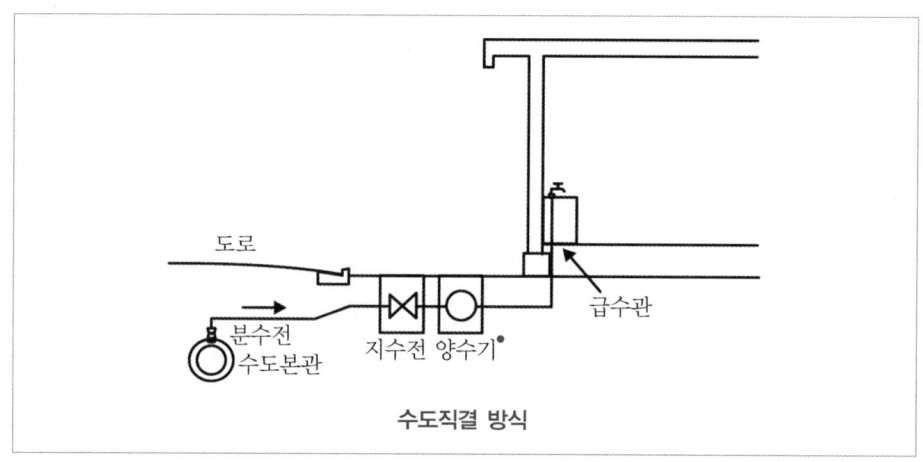

수도직결 방식

㉡ 장단점 기출

장점	단점
• 위생성 및 유지·관리 측면에서 가장 바람직한 방식이다. • 시설비가 저렴하고 기계실이 필요 없다. • 정전 등으로 인한 단수의 염려가 없다.	• 급수압이 한정되어 있어 급수높이가 낮다(상층일수록 급수압이 감소한다). • 저수조가 없으므로 **단수 시 급수할 수 없다.**

ⓒ 수도본관에 필요한 최저 수압은 다음의 식으로 계산한다. 기출

$$P(\text{Mpa}) \geq P_1 + P_2 + 0.01h(\text{m}) \text{ 또는 } P(\text{kpa}) \geq P_1 + P_2 + 10h(\text{m})$$

P: 수도본관의 최저 필요압력
P_1: 기구 최저 필요압력
P_2: 마찰손실수압
h: 수도본관에서 최고층 급수기구까지의 높이(m)

개념적용 문제

01 수도직결식 급수방식에서 2층(높이 7m) 욕실 샤워기까지 급수 시 수도본관에서는 얼마의 수압[MPa(kPa)]이 필요한가? [단, 관내 마찰손실수압은 0.03MPa(30kPa)임]

해설 수도본관의 압력
$P = 0.07 + 0.03 + 0.01 \times 7 = 0.17\text{MPa}$
(샤워기 필요압력: 0.07MPa)
만일 kPa 단위로 계산하면, $P = 70 + 30 + 10 \times 7 = 170\text{kPa}$

정답 0.17MPa(170kPa)

02 수도본관으로부터 10m 높이에 있는 세면기를 수도직결 방식으로 배관하였을 때 수도 본관 연결 부분의 최소 필요압력(MPa)은? [단, 수도본관에서 세면기까지 배관의 총압력손실은 수주(水柱) 높이의 40%, 세면기 최소 필요압력은 3mAq, 수주(水柱) 1mAq는 0.01 MPa로 함]   제20회 기출

① 0.07   ② 0.11
③ 0.17   ④ 0.70
⑤ 1.07

해설 수도본관의 압력
$P = (3 \times 0.01) + (4 \times 0.01) + (10\text{m} \times 0.01) = 0.17\text{MPa}$

정답 ③

② **고가(옥상)탱크 방식**

OX ㉠ 의의: 우물물 또는 수돗물을 일단 지하 저수조에 받아 이것을 양수펌프에 의해 건물 옥상 또는 높은 곳에 가설한 탱크로 양수한 다음, 그 수위를 이용하여 탱크에서 밑으로 세운 급수관에 의해 급수하는 방식이다. 기출

OX문제

고가수조 방식은 저수조에 저장된 물을 펌프로 고가수조에 양수하고, 여기서 급수관을 통해 건물의 필요개소에 급수하는 방식이다. ( )

고가수조 방식은 건물의 옥상이나 높은 곳에 양수하여 하향식으로 급수한다. ( )

정답 ○, ○

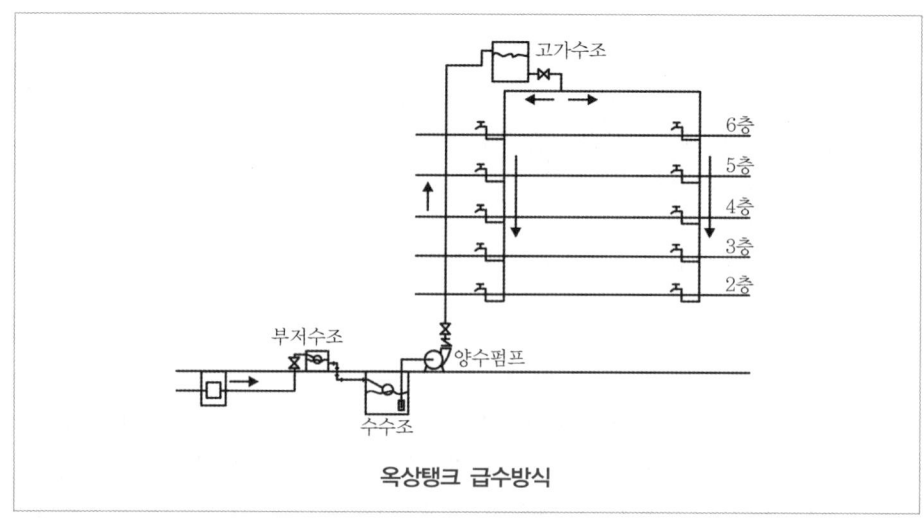

옥상탱크 급수방식

ⓛ 장단점 기출

장점	단점
• 대규모 급수설비에 가장 적합하다(아파트, 사무소 등에 적합). • **항상 일정한 수압을 유지**하여 급수할 수 있다. • 많은 저수량을 확보할 수 있으므로 단수 시에도 물의 공급이 가능하다. • 수압의 과다 등에 따른 밸브류 등 배관 부속품의 파손이 적다.	• **급수오염 가능성이 크다.** • 설비비·경상비가 높다. • 구조물 보강이 필요하다. • 저수시간이 길어지면 수질이 나빠지기 쉽다.

ⓒ 고가(옥상)탱크의 설치 높이 기출

$$H(m) \geq H_1 + H_2 + h$$

H : 고가탱크의 높이(m)
H_1 : 최고층 급수기구에서의 소요 압력에 해당하는 높이(m)
H_2 : 고가탱크에서 최고층의 급수기구에 이르는 사이의 마찰손실수두(m)
h : 지반에서 최고층 급수전까지의 높이(m)

ⓔ **고가(옥상)탱크의 용량**: 정전 시를 고려하면 피크로드의 지속시간을 길게 보아 옥상탱크 용량을 크게 하는 것이 유리하나, 보통 대규모 급수설비에서는 시간 최대사용수량의 1시간분 이상으로, 소규모의 경우에는 2~3시간분으로 하는 것이 보통이다.
  ⓐ **대규모 건물**: 시간최대급수량[(1시간 최대사용수량) × (1시간분) (m^3)]
  ⓑ **소규모 건물**: 시간최대급수량[(1시간 최대사용수량) × (2~3시간분) (m^3)]

OX문제

고가수조 방식은 펌프직송 방식에 비해 수질오염 측면에서 불리하다. (　)

고가수조 방식은 건물 내 모든 층의 위생기구에서 압력이 동일하다. (　)

OX문제

고가수조의 필요높이를 산정할 때는 가장 수압이 높은 지점을 기준으로 최소 필요높이를 산정하여야 한다. (　)

• **피크로드(Peak Load)**
피크 아워(Peak Hour)의 사용수량을 말하며 대략 1일 사용수량(Q_d)의 10~15% 정도이다.

정답 O, ×, ×

ⓜ 지하 저수조의 용량
  ⓐ 단수 등을 고려하면 클수록 좋으나 너무 크게 하면 물속의 잔류염소가 감소되어 부패하기 쉽다.
  ⓑ 상수도 공급사정에 따라 다르나 보통 1일 급수량(Q_d) 이상으로 한다.
  ⓒ 필요에 따라 소화수량과 냉각탑 보급수량을 더한다.
ⓗ 양수펌프의 용량

> 펌프의 양수량 $Q(m^3/h)$ = 옥상탱크 유효용량 × 2

1시간에 옥상탱크를 두 번 채울 수 있을 정도로 하며 대규모 건물의 경우 옥상탱크 용량은 시간최대급수량(Q_m)과 동일하며, 이 시간최대급수량의 2배가 순간최대급수량(Q_p)이므로 순간최대급수량(Q_p)을 그대로 양수량으로 하기도 한다.

+ 고득점 심화학습

펌프의 양수량
= 옥상탱크 유효용량의 2배
= 시간최대급수량(Q_m)의 2배
= 순간최대급수량(Q_p)

개념적용 문제

고가수조 방식으로 급수하는 공동주택에서 최상층세대 샤워기의 적정 수압을 유지하기 위해 추가해야 할 최소 필요수압(kPa)은? (단, 층고 3m, 옥상바닥면에서 고가수조 수면까지 높이 3m, 바닥면에서 샤워기까지의 높이 1.5m, 샤워기의 적정급수압력은 70kPa이고 배관마찰손실은 무시함. 단위환산은 10mAq=1kg/cm²=100kPa)   제16회 기출

① 20   ② 25
③ 30   ④ 35
⑤ 40

해설 $P(kPa) = 10 × H(m)$
$P = 70kPa - [(3 × 10) + (3 × 10) - (1.5 × 10)] = 25kPa$

정답 ②

③ 압력탱크 방식
  ㉠ 의의: 수도본관에서 인입관 등에 의해 일단 저수조에 저수한 다음, 급수펌프로 압력탱크에 보내면 압력탱크에서 공기를 압축 가압하여 그 압력에 의해 물을 건물 내에 필요한 곳으로 급수하는 방식이다.

OX문제

압력탱크 방식은 밀폐용기 내에 펌프로 물을 보내 공기를 압축시켜 압력을 올린 후 그 압력으로 필요 장소에 급수하는 방식이다. (   )

정답 ○

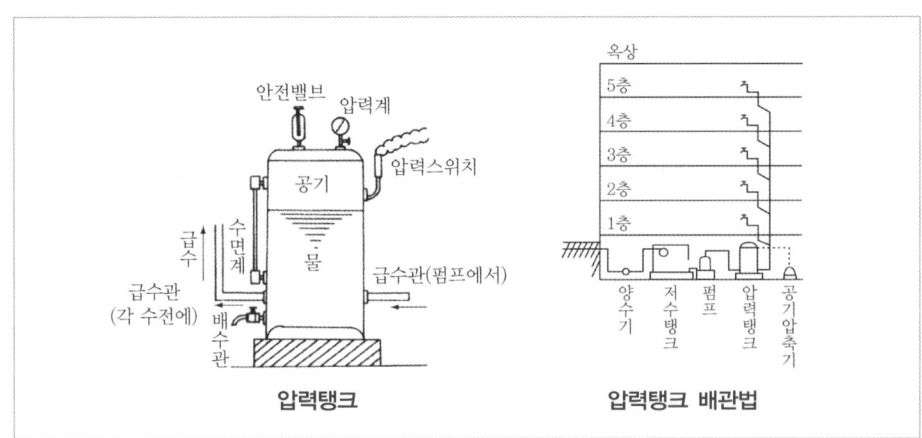

압력탱크   압력탱크 배관법

OX문제

압력탱크 방식은 국부적으로 고압을 필요로 할 때 적합하다. ( )

압력탱크 방식의 압력수조는 압력용기이므로 제작비가 싸다. ( )

압력탱크 방식은 최고·최저의 압력 차가 작아 급수압이 일정하다. ( )

OX ⓛ **장단점** 기출

장점	단점
• 고가(옥상)탱크가 필요 없다. • 고가시설이 없어 미관상 좋다. • 단수 시에도 저수조에 남은 양만큼 급수가 가능하다. • 탱크의 설치위치에 제한을 받지 않는다. • 탱크 중량에 의한 구조물의 구조를 강화시킬 필요가 없다.	• 펌프의 양정이 길어야 하므로 동력비가 비싸다. • 탱크는 압력용기이므로 **제작비가 비싸다**. • 조작상 최고·최저의 압력 차가 크므로 **급수압의 변동이 크다**. • 저수량이 적고 정전 시 급수가 중단된다. • 물속에 공기가 녹기 때문에 컴프레서로 때로 공기를 공급해야 한다. • 취급이 어렵고 고장도 많다.

ⓒ 압력탱크의 압력

ⓐ 최저 필요압력

$$P(\text{MPa}) = P_1 + P_2 + P_3$$

P_1: 압력탱크의 최고층 수전에 해당하는 수압(MPa)
P_2: 기구별 소요압력(MPa)
P_3: 관내마찰손실(MPa)

ⓑ 압력탱크 방식에서의 펌프양정
  i) 실양정 = 허용최고압력에 해당하는 높이 + 흡입양정(m)
  ii) 전양정 = 실양정 × 1.2(m)

정답 ○, ×, ×

> **개념적용 문제**
>
> 압력탱크 내 최고압력이 0.45MPa이고 흡입양정이 5m일 때 전양정은 얼마 이상이어야 하는가?
>
> 해설 전양정=(45+5)×1.2=60m
>
> 정답 60m

④ **탱크 없는 부스터 방식**(펌프직송 방식)

OX ㉠ 의의

ⓐ 저수탱크에 물을 받은 후 펌프에 의하여 수전까지 직송하는 방식으로, 옥상탱크나 압력탱크에 비하여 장소를 적게 차지하는 장점이 있지만, 설비비가 고가이고 고장 시 수리가 어렵다는 단점이 있다. 기출

OX ⓑ 고급 설비로서 보급이 증가하고 있으며 종류는 다음과 같다.

ⅰ) **정속방식**: 여러 대의 펌프를 병렬로 연결시켜 한 대는 계속 가동시키고 토출관의 압력변화에 따라 연결된 펌프가 작동 또는 정지되는 방식이다.

ⅱ) **변속방식**: 변속장치와 정속 전동기를 조합하거나 변속 전동기를 사용하여 토출관의 압력변화에 따라 회전속도를 변화시켜 압력을 조절하는 방식이다.

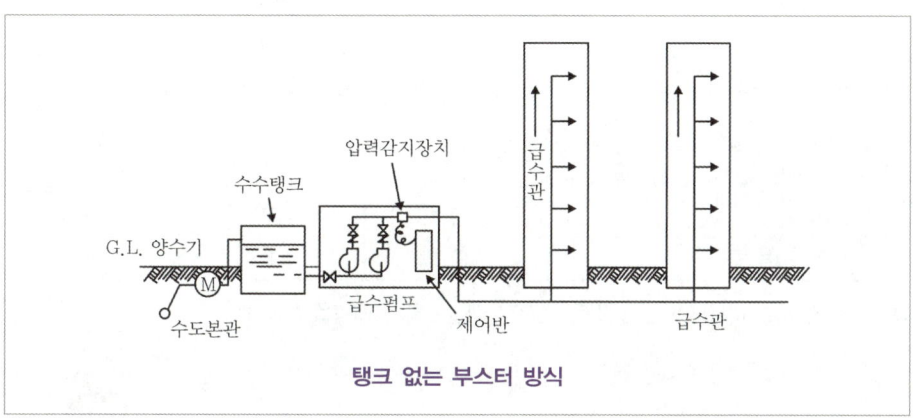

탱크 없는 부스터 방식

OX문제

펌프직송 방식은 주택과 같은 소규모 건물(2~3층 이하)에 주로 이용된다. (   )

펌프직송 방식은 저수조에 저장된 물을 펌프로 고가수조에 양수하고, 여기서 급수관을 통해 건물의 필요개소에 급수하는 방식이다. (   )

펌프직송 방식은 기계실 내 저수조 설치가 필요 없다. (   )

탱크가 없는 부스터 방식은 펌프의 동력을 이용하여 급수하는 방식으로 저수조가 필요 없다. (   )

펌프직송 방식은 급수설비로 인한 옥상층의 하중을 고려할 필요가 없다. (   )

OX문제

펌프직송 방식은 급수관 내의 압력 또는 유량을 탐지하여 펌프의 대수를 제어하는 정속방식과 회전수를 제어하는 변속방식이 있으며, 이를 병용하기도 한다. (   )

펌프직송 방식에서는 펌프의 회전수 제어를 위해서 인버터 제어 방식 등이 이용된다. (   )

펌프를 병렬로 연결하여 운전대수를 변화시켜 양수량 및 토출압력을 조절하는 것을 변속운전 방식이라 한다. (   )

정답 ×, ×, ×, ×, ○, ○, ○, ×

🔵 고득점 심화학습

급수순서

1. 수도직결식: 상수도 ⇨ 위생기구
2. 고가수조 방식: 상수도 ⇨ 저수조 ⇨ (양수)펌프 ⇨ (양수관) ⇨ 고가수조 ⇨ (급수관) ⇨ 위생기구
3. 압력탱크 방식: 상수도 ⇨ 저수조 ⇨ 펌프 ⇨ 압력탱크 ⇨ 위생기구
4. 탱크 없는 부스터 방식 (펌프직송 방식): 상수도 ⇨ 저수조 ⇨ 펌프 ⇨ 위생기구

O×문제

고가수조 방식은 위생성 측면에서 가장 바람직한 방식이다. ( )

펌프직송 방식이 고가수조 방식보다 위생적인 급수가 가능하다. ( )

고가수조 방식은 압력수조 방식에 비해 수압변동이 심하다. ( )

고가수조 급수방식은 압력이 거의 일정하여 관이나 밸브류가 파손될 염려가 상대적으로 적다. ( )

부스터펌프 방식은 압력변동 폭이 적고 수질오염 가능성이 낮다. ( )

수도직결 방식은 해당 주택이 정전이 되었을 때 물 공급이 불가능하다. ( )

펌프직송 방식은 고가수조 방식에 비해 옥상탱크 면적이 크다. ( )

정답 ×, ○, ×, ○, ○, ×, ×

ⓒ **장단점** 기출

장점	단점
• 옥상탱크나 압력탱크가 필요 없다. • 옥상탱크 방식에 비해 **수질오염의 가능성이 적은 편**이다. • 최상층의 수압도 크게 할 수 있다. • 옥상탱크가 없어짐에 따른 건설원가 절감 및 공간활용이 증대된다. • 건축설계가 자유롭다.	• 설비비가 고가이다. • 전력소비가 많다. • 자동제어시스템이어서 **고장 시 수리가 어렵다**. • 20m 이상의 건물에는 전력소모가 커서 비효율적이다. • 압력탱크처럼 고장이나 **정전 시 즉시 급수가 중단**된다.

O× ⑤ **급수방식의 비교** 기출

급수방식 조건	수도직결 방식	고가탱크 방식	압력탱크 방식	탱크 없는 부스터 방식
수질오염의 가능성	1	4	3	2
급수압의 변동	수도본관의 압력에 따라 변화	일정	변동이 큼	거의 일정(펌프의 가동과 정지 시 변동이 있음)
단수 시의 급수	4	1	2	2
	급수 불가능	고가수조에 남아 있는 물을 이용할 수 있음	저수조의 물을 이용할 수 있음	저수조 내의 물을 이용할 수 있음
정전 시의 급수	1	2	3	4
	급수 가능	고가수조에 남아 있는 물을 이용할 수 있음	압력탱크 내의 압력범위 내에서 이용할 수 있음	급수 불가능
기계실 면적	1(불필요)	2	3	4
옥상탱크 면적	불필요	필요	불필요	불필요
설비비	1	3	2	4
유지관리비	1	2	4	3

※ 1, 2, 3, 4로 표시되어 있는 것은 숫자가 작을수록 유리함을 나타낸다.

(5) 초고층 건물의 급수방식

① 개요: 초고층 건물에 있어서는 최상층과 최하층의 수압 차가 커서 물을 사용하기 곤란하다. 과대한 수압은 수격작용을 동반하고 그 결과 소음이나 진동이 일어난다. 그러므로 급수계통을 건물의 상하층으로 구분하여 급수압이 고르게 될 수 있도록 급수조닝을 할 필요가 있다. 기출

② 건축물 용도별 허용 최고수압(MPa) 및 조닝높이(m)

구분	주택, 호텔, 병원	일반건물
최고수압(MPa) 및 조닝높이(m)	0.3~0.4MPa(30~40m) 기출	0.4~0.5MPa(40~50m)

③ 조닝방식

㉠ 중간탱크에 의한 조닝

ⓐ **층별식**(세퍼레이트 방식): 가장 많이 사용되는 방식으로 건물을 몇 개의 존으로 나누어 각 존마다 수조를 설치하여 급수하는 방식이다. 양수펌프의 양정은 각 존마다 다르며, 펌프의 양정은 커야 한다.

ⓑ **중계식**(부스터 방식): 각 존마다 수조를 설치하는 것은 층별식과 같지만 양수펌프를 각 존마다 설치하고 저수조의 물을 차례로 위의 존의 탱크로 중계하여 양수하는 방식이다. 중간탱크가 상층탱크를 위한 수수탱크로서의 용량도 포함해야 하므로 용량이 커야 하며 양수량이 큰 펌프가 필요하다.

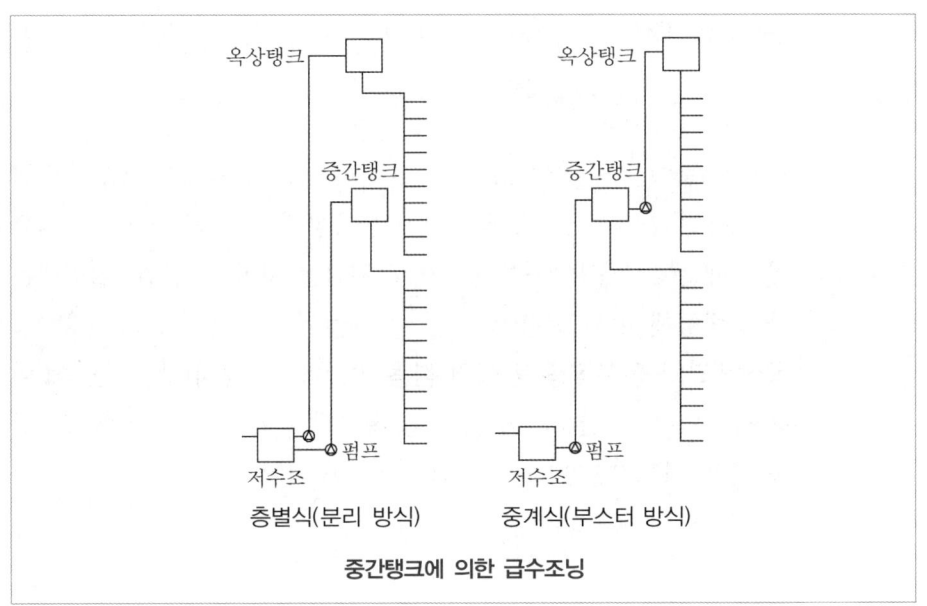

중간탱크에 의한 급수조닝

OX문제

초고층 건물일 경우 급수압 조절 및 소음방지 등을 위해 적절한 급수조닝(Zoning)이 필요하다. ( )

초고층 공동주택의 경우 급수압을 조절하기 위해, 중간수조 방식이나 감압밸브 방식을 사용한다. ( )

고층건물의 급수배관은 단일계통으로 하면 하층부보다 상층부의 급수압력이 높아진다. ( )

OX문제

수압이 0.4MPa을 초과하는 층이나 구간에는 감압밸브를 설치하여 적정압력으로 감압이 이루어지도록 하여야 한다. ( )

정답 ○, ○, ×, ○

ⓒ **감압밸브에 의한 조닝**: 높지 않은 건물에 자주 사용하는 방식으로 건물의 상층 존은 그대로 급수하고 하층 존은 감압밸브에 의해 감압시켜 급수한다. 이 방식은 중간탱크를 설치하지 않기 때문에 설비비는 저렴하지만 옥상탱크 용량은 건물 전체의 급수부하를 담당해야 하기 때문에 훨씬 더 커지고, 중량도 증가하기 때문에 건물의 구조적 강도를 고려할 필요가 있다.

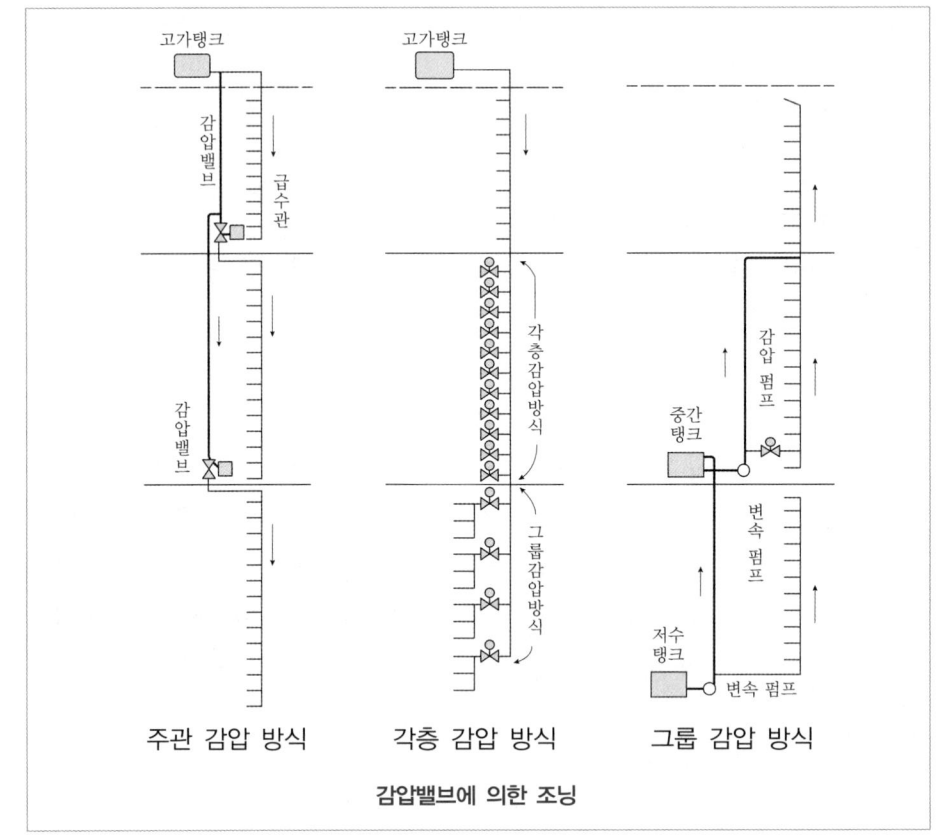

감압밸브에 의한 조닝

ⓒ **펌프직송 방식에 의한 조닝**: 각 존마다 부스터 펌프로 직송하여 급수하는 방식이다. 이 방식의 장점은 옥상탱크 및 중간탱크가 필요 없기 때문에 그 설치공간이 없어도 된다는 것이다. 한편, 설비비는 다른 방식에 비해 고가이다.

ⓔ **옥상탱크와 펌프직송 방식의 겸용**: 이 방식은 높지 않은 건물에 이용되고 있으며, 건물의 상층 존은 옥상탱크 방식으로 급수하고, 하층 존은 펌프직송 방식으로 급수하는 방식이다.

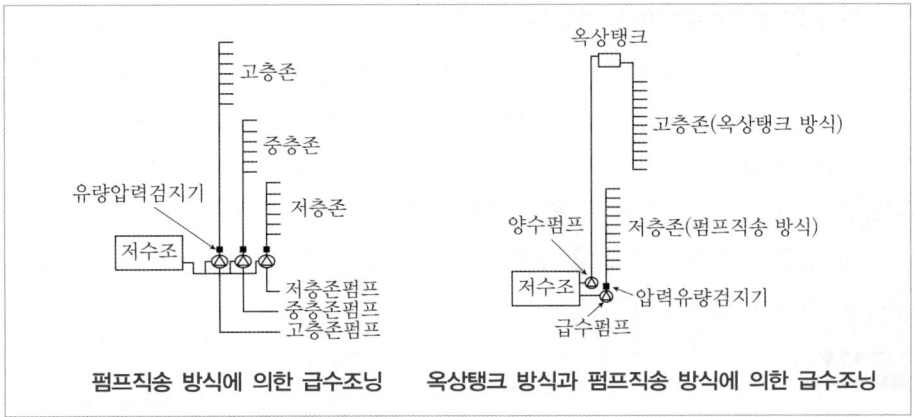

펌프직송 방식에 의한 급수조닝 / 옥상탱크 방식과 펌프직송 방식에 의한 급수조닝

3. 급수설비의 오염방지

급수설비의 오염 원인에는 정체수, 저수탱크에 유해물질 침입, 배수의 급수설비로의 역류, 크로스커넥션, 배관의 부식 등이 있다.

(1) 정체수에 의한 오염방지 OX

물탱크에 물이 오래 있으면 **잔류염소가 감소**하여 오염가능성이 커지므로 적정한 탱크 용량으로 설계하여야 하며, 수조의 급수 유입구와 유출구 사이의 거리는 가능한 한 길게 하여 정체에 의한 오염이 발생하지 않도록 한다. 기출

(2) 저수탱크의 유해물질 침입에 따른 오염방지

① 건축 구조체의 이용을 피한다.
② 음료수 탱크는 완전히 밀폐하고, 맨홀 뚜껑을 통하여 다른 물이나 먼지 등이 들어가지 않도록 한다.
③ 음료수 탱크 내에는 다른 목적의 배관을 하지 않는다.
④ 음료수 탱크에 부착된 오버플로관은 철망을 씌워 벌레 등의 침입을 막는다.
⑤ 콘크리트 제품은 완전한 방수시공을 기대할 수 없으므로 스테인리스강판, FRP 제품 및 강판제품을 사용한다.
⑥ 탱크의 재질, 보강재의 재질 및 사용 도료는 수질에 영향이 없는 것으로 한다.
⑦ 배수 및 우수의 영향을 받지 않도록 설치한다.
⑧ 탱크는 정기적으로 청소할 수 있는 구조로 한다.

> **OX문제**
>
> 물탱크에 물이 오래 있으면 잔류염소가 증가하면서 오염 가능성이 커진다. ( )
>
> 수조의 급수 유입구와 유출구 사이의 거리는 가능한 한 짧게 하여 정체에 의한 오염이 발생하지 않도록 한다. ( )
>
> 정답 ×, ×

(3) 배수의 급수설비로의 역류

① 배수의 역류는 단수 시 급수관 내의 일시적 부압이 형성되거나 변기의 세정밸브에 진공방지기(버큠 브레이커)가 달려 있지 않은 경우 일어나는 현상이다.

② 역사이펀작용이 일어나지 않게 역류방지기를 설치하기도 하고 토수구 공간을 두기도 한다. 토수구 공간을 취할 수 없는 경우는 반드시 역류방지기를 설치하여야 한다.

> **용어**
> - 역류(Backflow): 역류는 일반적으로 정상의 유수방향과 반대방향으로 유체가 흐르는 것, 즉 물이 급수계통에서는 유출 측에서 급수 본관 측으로 흐르거나, 배수계통에서는 하류에서 상류로 흐르는 것을 말한다. 하류 측의 압력이 상류 측의 압력보다 높아지는 현상에 의한 역압역류와, 압력변동으로 어느 부분에 부압이 작용하여 역사이펀 현상이 일어나기 때문에 생기는 역사이펀 역류가 있다.
> - 역사이펀작용: 물받이 용기로 배출된 물이나 사용된 물, 또는 그 외의 액체가 급수관 내에서 생긴 부압에 따른 흡인작용 때문에 급수관 내로 역류하는 것을 말한다. 단수 시나 과유량 시에는 급수관 내에서 부압이 발생하여 토수구에서 역사이펀작용이 생길 수 있다.
> - 역류방지기: 오염된 물이 배압이나 역사이펀작용으로 음용수 계통으로 역류하는 것을 차단하여 급수계통을 오염으로부터 보호해 주는 기구를 말한다. 역류방지밸브와 진공브레이커로 대별된다.
> - 진공방지기(Vacuum Breaker): 물 사용 기기에서 토수한 물이나 사용한 오염된 물이 역사이펀작용에 의해 상수계통으로 역류하는 것을 방지하기 위한 기구로, 급수관 내에 부압이 발생할 때 자동적으로 공기를 흡인하는 구조를 갖는다.
> - 토수구 공간(Air Gap): 수도꼭지나 급수관의 토수구 끝부분과 물넘침선과의 수직거리를 나타낸다. 토수구 공간을 두는 것은 역사이펀작용에 의한 급수계통의 오염을 방지하기 위한 가장 단순하고 확실한 방법이다.

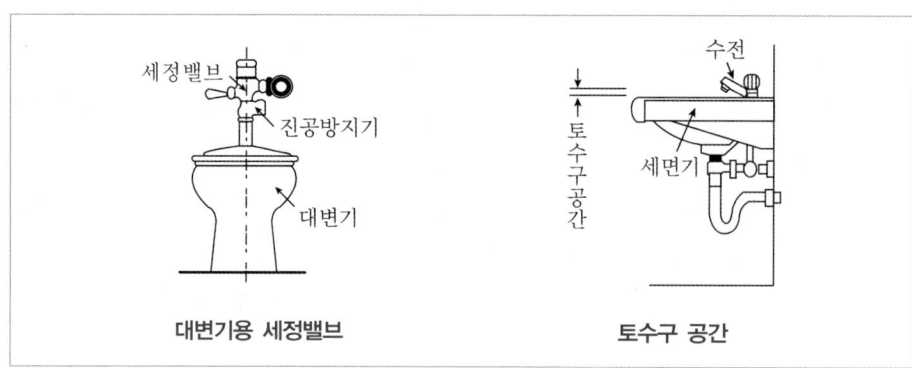

대변기용 세정밸브 · 토수구 공간

OX문제

토수구 공간을 두는 것은 물의 역류를 방지하기 위함이다. ( )

토수구 공간이 확보되지 않을 경우에는 버큠 브레이커를 설치한다. ( )

세정탱크식 대변기에는 역류방지를 위해 진공방지기를 설치해야 한다. ( )

일시적인 부압으로 역류가 발생하지 않도록 세면기에는 토수구 공간을 둔다. ( )

버큠 브레이커의 역할은 이미 사용한 물의 자기사이펀작용에 의해 상수계통(급수관)으로 역류하는 것을 방지하기 위한 기구이다. ( )

플러시밸브의 2차 측(하류 측)에는 버큠 브레이커를 설치한다. ( )

정답 ○, ○, ×, ○, ×, ○

(4) 크로스커넥션(Cross Connection)

① **의의**: 크로스커넥션이란 음용수 배관 계통과 타 배관 계통(안전하지 않을 수 있는 물이나 수증기, 가스 또는 화학계통)이 배관이나 장치와 직접 연결된 것을 말한다. 그래서 두 계통에서 압력 차가 생기면 한 계통에서 다른 계통으로 흐를 수 있다. 기출

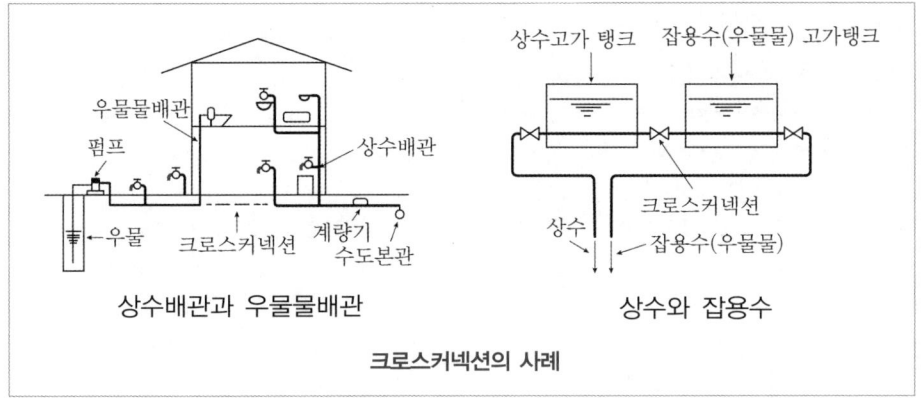

크로스커넥션의 사례

② **대책**: 각 계통별로 배관의 도색을 다르게 한다.

③ **급수배관의 설계**: 크로스커넥션이나 다른 배관의 연결로 비음용 유체나 고체 또는 기체의 위해성 오염물질이 음용수관으로 들어가지 못하도록 음용수 급수배관을 설계한다.

④ **크로스커넥션 제어**: 승인된 방법으로 음용수관을 보호하기 위해 설치한 경우가 아니면 크로스커넥션을 금지하여야 하며, 자가 급수관과 음용 상수도관 사이는 크로스커넥션을 금지한다. 기출

(5) 배관의 부식

배관의 부식은 특히 금속관의 경우에 심하다. 배관의 부식은 관의 재질, 배관 내에 흐르는 유체의 화학적 성질에 따라 차이가 있다.

4. 급수배관의 설계·시공상 주의사항

(1) 급수관의 관경 결정

① **기구급수관의 관경에 의한 결정**: 기구 1개를 담당하는 급수관의 지름은 다음 표의 접속구경으로 한다.

OX문제

급수설비의 오염원인으로 상수와 상수 이외의 물질이 혼합되어 캐비테이션(Cavitation) 현상이 일어난다. (　)

크로스커넥션은 급수, 급탕배관을 함께 묶어 필요에 따라 급수와 급탕을 동시에 공급할 목적으로 하는 배관이다. (　)

크로스커넥션은 급수설비 오염의 원인이 된다. (　)

OX문제

수질오염을 방지하기 위해 크로스커넥션이 되도록 배관구성을 한다. (　)

OX문제

배관설치 공간을 줄이기 위하여 음용수와 음용수 이외의 배관이 크로스커넥션이 되도록 한다. (　)

OX문제

수조 및 배관류와 같은 자재는 내식성 재료를 사용한다. (　)

- **기구급수관**
급수지관이나 급수본관에서 위생기구까지 연결하는 급수관을 말한다.

- **배관호칭지름**
1. DN(Diameter Norminal)
2. DN25 = 25A = 25mm

OX문제

급수관경을 결정할 때 관균등표 또는 유량선도가 일반적으로 이용된다. (　)

정답　×, ×, ○, ×, ×, ○, ○

- **관지름(Pipe Diameter)**
관과 이음쇠에서 특정의 경우 외에는 상업용 호칭지름을 말한다. 각종 관의 실제 치수에 대해서는 관련 표준에 따른다. 관지름에는 실제 관지름과 호칭관지름이 있다. 실제 관지름은 안지름 또는 바깥지름으로 표현되며, 실바깥지름과 실안지름과의 차이는 관두께의 2배와 같다.

○×문제

세정(플러시)밸브식의 대변기에서의 급수관의 관경은 25mm 이상 필요하다. ( )

세정밸브식과 세정탱크식의 대변기에서 급수관의 최소 관경은 15mm로 동일하다. ( )

◀ 세정탱크식 대변기 및 세면기는 10mm 이상으로 설계
◀ 세정밸브식 대변기는 25mm 이상의 급수관으로 설계

- **주관(Main Pipe)**
배관계통에서 지관이 접속하고 있는 계통의 주요 간선을 이루는 부분을 말한다. 급수주관이나 급탕주관 또는 통기주관과 같은 명칭으로 이용되고 있으며 배수수평주관은 건물배수관(Building or House Drain)의 의미에 해당하는 경우가 많다.

- **지관(Branch Pipe)**
기구급수관이나 기구급탕관, 기구배수관 또는 기구통기관과 주관 사이의 관을 말한다.

정답 ○, ×

▶▶ **기구급수관의 최소 관지름** ○×

위생기구	최소 관지름(DN)
욕조	15
비데	10
주방싱크	15
식기세척기, 가정용	15
음수기	10
호스부착용 수도꼭지	15
세탁기	15
세면기	10
샤워기, 단일헤드	15
세정싱크	20
청소 싱크	15
소변기, 세정탱크	15
소변기, 세정밸브	20
대변기, 세정탱크	10
대변기, 세정밸브	25
대변기, 원피스	15

② **균등표에 의한 관경 결정**: 이 방법은 주관˙에서 분기된 분기관 또는 지관˙ 등의 소규모 급수관의 관경 결정에 이용된다. 균등표는 관 내를 동일한 마찰손실로 물이 흐른 경우 큰 구경관 쪽의 유량이 작은 구경관 쪽의 몇 배에 상당하는가를 나타내고 있다. 25A관은 15A관의 3.7배의 유량이 흐르는 것을 나타내고 있는 것이다.

㉠ 각 기구의 접속관경을 결정한다.
㉡ 각 접속관경을 균등표를 이용해서 15A관 상당개수로 환산한다.
㉢ 급수 기구 말단에서부터 15A관 상당개수를 누계한다.
㉣ 위 ㉢에서 구한 15A관 상당개수 누계에 실제 기구 수에 대한 동시사용률을 곱해서 동시사용개수를 구한다(누계 × 동시사용률 = 동시사용개수).
㉤ 동시사용개수를 만족시키는 15A관 상당개수의 관경을 다시 균등표에 의해 구한다.

▶ 급수관의 균등표

관경		수전기구 또는 지관									
		15A	20A	25A	32A	40A	50A	65A	80A	100A	125A	150A
주관	15A	1										
	20A	2	1									
	25A	3.7	1.8	1								
	32A	7.2	3.6	2	1							
	40A	11	5.3	2.9	1.5	1						
	50A	20	10.0	5.5	2.8	1.9	1					
	65A	31	15.5	8.5	4.3	2.9	1.6	1				
	80A	54	27	15	7	5	2.7	1.7	1			
	100A	107	53	29	15	9.9	5.3	3.4	2	1		
	125A	188	93	51	26	17	9.3	6	3.5	1.8	1	
	150A	297	147	80	41	28	15	9.5	5.5	2.8	1.6	1

▶ 기구의 동시사용률

기구 수	동시사용률(%)
2	100
3	80
4	75
5	70
10	53
15	48
20	44
30	40
50	36
100	33

▶ 균등표에 의한 관경 결정

세정밸브식 대소변기가 다음과 같이 설치되어 있을 경우 급수지관 Ⓐ의 관경 결정 방법은 다음과 같다.

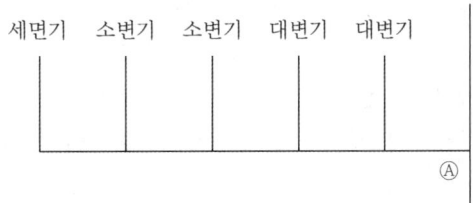

1. 기구연결관경: 세면기 15A, 소변기 20A, 대변기 25A
2. 15A관 상당개수: 세면기 1개, 소변기 2개, 대변기 3.7개
3. 15A관 상당개수 누계: 1(세면기) × 1+2(소변기) × 2+2(대변기) × 3.7=12.4
4. 누계 × 동시사용률=12.4 × 0.7=8.68
5. 8.68은 15A 상당관의 균등표에서 7.2와 11 사이의 값이므로 여유 있는 11을 선택, Ⓐ의 관경은 40A로 한다.

⊕ 고득점 심화학습

급수관의 관경 결정 방법
- 기구연결관의 관경에 의한 방법
- 균등표에 의한 방법
- 마찰저항선도에 의한 방법

OX문제

급수배관의 관경 결정법에는 기구배수부하단위에 의한 방법이 있다. ( )

- **기구급수부하단위(FU)**
  1. 세면기의 1분당 30L의 급수량을 1단위로 하여, 각 기구의 단위를 산출하여 급수량을 정하는 방법으로 주로 급수관의 관경을 구하는 데 적용된다.
  2. 각 위생기구에 대하여 물소비량을 기준으로 부여한 1에서 10까지의 숫자를 나타낸다. 1은 토수량이 가장 적은 기구를, 10은 토수량이 가장 많은 기구를 의미한다. 동시사용유량을 산정하는 데 사용한다.

OX문제

기구급수부하단위는 같은 종류의 기구일 경우 공중용이 개인용보다 크다. ( )

문제 추가요!

옥상탱크식 배수배관에서 25m 아래에 최저 필요압력이 70kPa 인 급수전을 설치하였다. 이 배관의 연장이 75m라면 1m당 허용마찰손실수두(kPa)는 얼마인가?

① 0.93kPa   ② 2.4kPa
③ 3.3kPa   ④ 4.2kPa

[해설] 수두 250kPa이며 급수전의 최저 필요압력이 70kPa 이므로 허용마찰손실은 250−70=180kPa, 배관의 길이가 75m이므로 1m당 허용마찰손실수두는 180kPa ÷ 75m=2.4kPa/m

[정답] ×, ○, ②

개념적용 문제

샤워기 5개가 설치되어 있는 급수배관의 주 배관경은 얼마인가? (단, 샤워기의 접속배관은 20A, 동시사용률은 70%임)

관균등표

관경	15A	20A	25A
15A	1		
20A	2	1	
25A	3.7	1.8	1
32A	7.2	3.6	2
40A	11	5.3	2.9

① 15A   ② 20A
③ 25A   ④ 32A
⑤ 40A

[해설] 20A 기구 수 × 동시사용률 = 5 × 0.7 = 3.5
∴ 3.5는 20A 상당의 균등표(세로줄)에서 3.6에 포함되므로 배관경은 32A가 된다.

[정답] ④

③ **마찰저항선도에 의한 방법**: 대규모 건축물에 있어서 탱크에서의 취출관, 횡주관, 주관의 관경을 결정할 때 사용하며, 이 방법은 급수관 속을 흐르는 유량과 허용마찰을 통해 관경을 구한다.

㉠ 동시사용유량 계산

ⓐ 기구급수부하단위(FU) 산정

▶ **각 기구의 급수단위** 기출 OX

기구명	수전	기구급수부하단위	
		공중용(사무소, 학교)	개인용(아파트, 호텔)
대변기	세정밸브	10	6
	세정탱크	5	3
소변기	세정밸브	5	−
	세정탱크	3	−
세면기	급수전	2	1
욕조	급수전	4	2
주방 싱크	급수전	−	3
샤워기	혼합밸브	4	2

ⓑ 동시사용유량곡선을 이용해 동시사용유량 산정

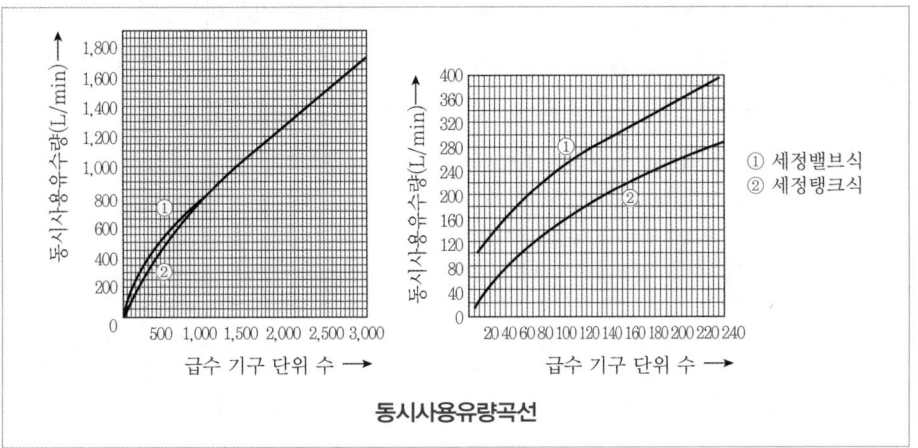

동시사용유량곡선

ⓒ 허용마찰손실(R) 계산

$$R(\text{kPa/m}) = \frac{H_1 - H_2}{l(1+k)} \times 10$$

H_1: 고가탱크에서 각 층의 기구까지의 수직 높이(m)
H_2: 각 층 급수기구의 최저 필요압력에 해당하는 수두(m)
l: 고가탱크에서 가장 먼 거리에 있는 급수기구까지의 거리(m)
k: 직관에 대한 연결 부속품의 국부저항 비율(0.3~0.4)

ⓒ 관경 결정: 위 ㉠, ㉡에서 구한 동시사용유량과 마찰저항을 이용하여 마찰저항선도에서 관경을 구한다.

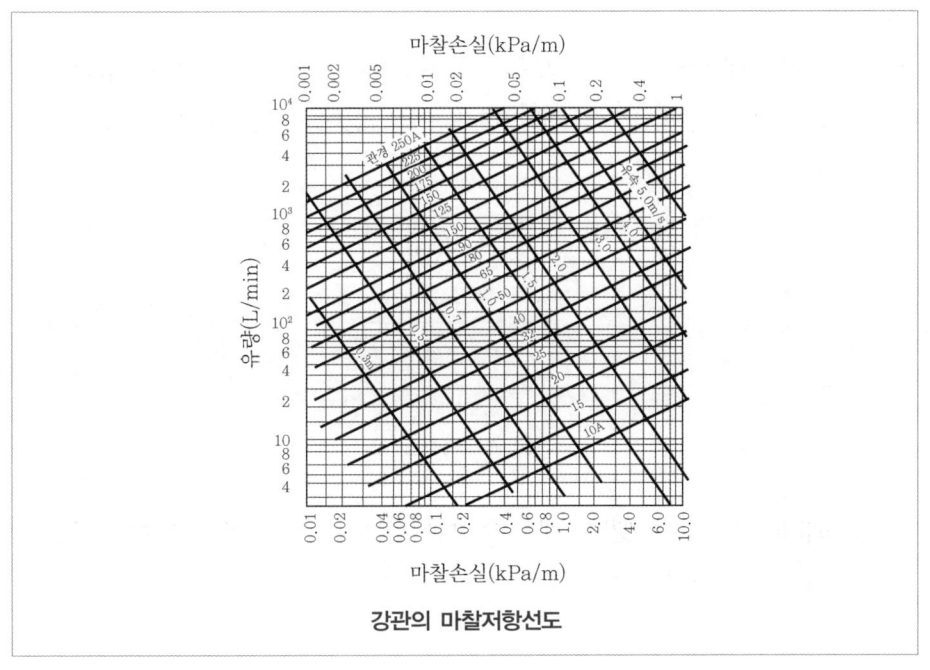

강관의 마찰저항선도

✚ 고득점 심화학습

일반적으로 배관 내 유속은 1.5m/s 이내로 하고, 급수관이나 냉수관의 단위길이(m)당 마찰저항은 약 0.3~0.5kPa로 설계한다. 한편, 급탕관이나 온수관은 마찰저항을 0.2~0.3kPa/m로 설계한다.

(2) 배관구배(물매)

급수관은 수리와 기타 관 속의 물을 완전히 뺄 수 있도록 기울기를 주어야 하고 공기가 모여 있는 곳이 없도록 시공하여야 한다. 급수관의 기울기는 상향 기울기로 한다. 그러나 옥상탱크식에서는 수평주관은 하향 기울기로 한다. 급수관의 모든 기울기는 1/250을 표준으로 한다.

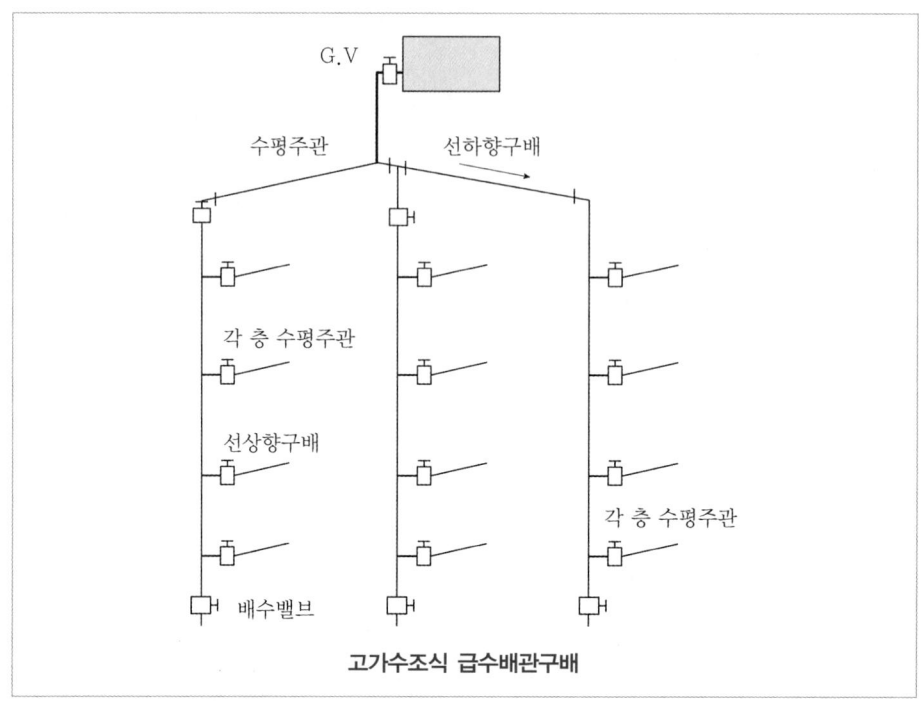

고가수조식 급수배관구배

(3) 밸브

① **공기빼기밸브**(Air Vent Valve): 굴곡 배관이 되어 공기가 차게 되는 부분에 설치하여 공기를 제거하며 이로 인해 물의 흐름을 원활하게 한다. 기출

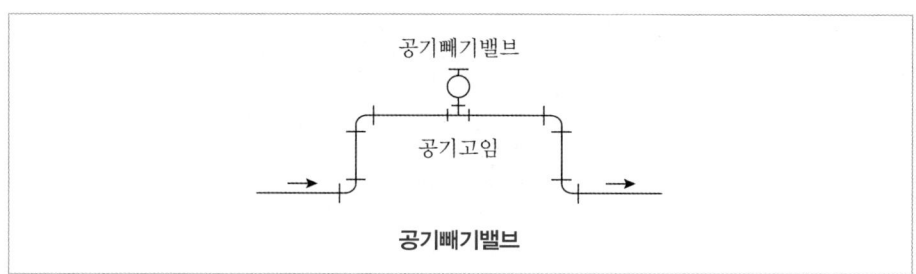

공기빼기밸브

② **배니**(찌꺼기 제거)**밸브**: 배관의 말단 부분인 청소구에 설치하여 침전 물질 등 부유물을 제거한다.

OX문제

배관 현장의 여건상 ㄷ자형의 배관이 되어 공기가 찰 우려가 있는 곳은 공기빼기밸브를 설치한다. (　　)

정답 O

③ **지수밸브**
   ㉠ 설치장소: 수평주관에서의 각 수직관의 분기점, 각 층 수평주관의 분기점, 집단기구에의 분기점
   ㉡ 국부적 단수로 급수 계통의 수량 및 수압 조정을 위해 설치한다.
   ㉢ 사용 밸브는 슬루스밸브(일명 게이트밸브)로 한다.

(4) 유니언과 플랜지
관의 교체나 펌프의 고장 수리 시 사용한다.
① **유니언**: 50mm 미만의 관에 사용한다.
② **플랜지**: 50mm 이상의 관에 사용한다.

(5) 수격작용(Water Hammering) OX
① **정의**: 고층 건물의 저층부에는 높은 수압이 걸린다. 이때 수전을 갑자기 열거나 닫으면 급수배관에 갑작스런 압력상승현상이 발생하며, 물이 관벽 등에 부딪히게 됨으로써 소음 및 진동을 일으키게 된다. 이러한 현상을 수격작용이라 한다. 기출
② **발생원인** 기출
   ㉠ 유속이 빠를수록 일어나기 쉽다.
   ㉡ 관경이 작을수록 일어나기 쉽다.
   ㉢ 플러시밸브나 수전류를 급격히 열고 닫을 때 일어나기 쉽다.
   ㉣ 굴곡 개소가 많을수록 일어나기 쉽다.
   ㉤ 20m 이상 고양정일 때 일어나기 쉽다.
OX ③ **방지대책** 기출
   ㉠ 관 내 유속을 될 수 있는 대로 느리게 하고 관경을 크게 한다.
   ㉡ 수전류 등의 폐쇄하는 시간을 느리게 한다(서서히 잠근다).
   ㉢ 기구류 가까이에 **공기실**(Air Chamber)을 설치한다.
   ㉣ 수격작용방지기(워터해머 흡수기*)를 수격작용의 발생원인이 되는 밸브 근처에 부착시킨다.
   ㉤ 굴곡 배관을 억제하고 될 수 있는 대로 **직선배관**으로 한다.

(6) 슬리브배관 OX
바닥이나 벽을 관통하는 배관의 경우 콘크리트를 타설할 때 미리 철관인 슬리브를 넣고, 이 슬리브 속에 관을 통과시켜 배관을 한다. 배관은 관의 신축과 팽창을 흡수하며 관의 교체 시 편리하다. 기출

OX문제

수격작용이란 급수전이나 밸브 등을 급속히 폐쇄했을 때 순간적으로 급수관 내부에 충격압력이 발생하여 소음이나 충격음, 진동 등이 일어나는 현상을 말한다. ( )

수격작용은 급수설비에서 배관 내의 상용압력이 낮을수록 일어나기 쉽다. ( )

수격작용은 배관 내의 유속의 변동이 심할수록 일어나기 쉽다. ( )

수격작용은 동일 유량인 경우 배관의 지름이 작을수록 일어나기 쉽다. ( )

수격작용은 배관 중에 굴곡지점이 많을수록 일어나기 쉽다. ( )

OX문제

수격작용을 방지하기 위하여 기구류 가까이에 공기실을 설치한다. ( )

수격작용을 방지하기 위하여 통기관을 설치한다. ( )

- **워터해머 흡수기**(Water Hammer Arrester)
워터해머로 발생하는 충격압력을 흡수하여 배관계통에 작용하는 압력을 일정기준 이하로 유지시키며 진동과 소음을 없애주는 기구이다.

OX문제

바닥이나 벽을 관통하는 배관의 경우에는 콘크리트 시공 시 미리 슬리브를 넣고 이 슬리브 속으로 관을 통과시킨다. ( )

정답 ○, ×, ○, ○, ○, ○, ×, ○

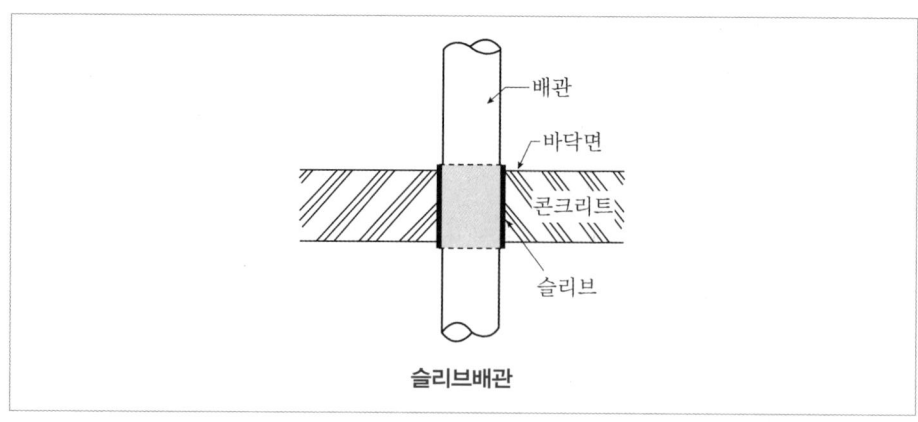

슬리브배관

(7) 방식 피복

① **강관**: 내산 도료로 칠을 한다.

② **연관이나 납땜 이음부분**: 내알칼리성 도장을 하고, 그 위에 아스팔트 주트를 감는다. 기출

③ **피복관**: 보통 페인트로 2~3회 칠을 한다.

(8) 방동·방로 피복

① 여름철 급수배관 내부에 외부보다 찬 급수가 흐르고 배관 외부가 고온 다습할 경우 배관 외부에 결로가 발생하기 쉽다. 또한 겨울철에 급수배관 외부 온도가 영하로 떨어질 때 급수배관계통이 동파하기 쉽다. 이러한 두 가지 현상을 방지하기 위해서는 급수배관에 방로와 방동 목적의 피복을 해야 한다. 기출

② 펠트, 아스베스토스, 마그네시아 등의 보온재로 피복한다.

③ 피복두께는 보통 25mm로 한다.

(9) 수압시험

접합부 및 기타 부분에서의 누수의 유무, 수압에 대한 저항 등 시공의 불량여부를 파악하기 위해 수압시험을 한다.

OX ① **검사시기**

㉠ 배관공사 후 피복하기 전 기출

㉡ 지하 매설관의 매설 전

㉢ 배관의 개구부 말단을 막고 실시(플러그, 캡을 이용)

OX ② 공공 수도직결관의 경우에는 1.0MPa, 탱크 및 급수관의 경우에는 최고 사용압력의 1.5배(최소 0.75MPa)

OX문제

배관공사가 끝나기 전 수압시험을 실시하여 누수의 유무를 파악한다. ( )

OX문제

수도직결 계통의 수압시험은 배관의 최저부에서 최소 7.5kg/cm² 압력으로 실시한다. ( )

정답 ×, ×

5. 급수설비의 위생관리

(1) 위생상의 조치

① **일반수도사업자의 소독등위생조치**: 일반수도사업자는 수도에 관하여 소독 및 수질검사, 그 밖의 위생에 필요한 조치(이하 '소독등위생조치'라 한다)를 하여야 한다(수도법 제33조 제1항).

② **저수조 설치현황 신고**

㉠ 신고: 수돗물을 다량으로 사용하는 건축물 또는 시설로서 대통령령(아래 ㉡)으로 정하는 규모 이상의 건축물 또는 시설의 소유자나 관리자(공동주택관리법에 따른 공동주택에 대해서는 관리사무소장을 건축물이나 시설의 관리자로 본다)가 저수조를 설치한 경우 일반수도사업자에게 대통령령(아래 ㉢)으로 정하는 바에 따라 신고하여야 한다. 다만, 일반수도사업자가 수도시설관리권을 가지는 경우에는 그러하지 아니하다(수도법 제33조 제2항).

㉡ 저수조 설치현황 신고 대상 건축물: 위 ㉠에서 '대통령령으로 정하는 규모 이상의 건축물 또는 시설'이란 다음에 해당하는 건축물이나 시설을 말한다. 다만, 저수조를 거치지 아니하고 수돗물을 공급하는 건축물이나 시설은 제외한다(수도법 시행령 제50조 제1항).

ⓐ ~ ⓗ 〈생략〉

ⓘ 「건축법 시행령」 [별표 1] 제2호 가목에 따른 아파트 및 그 복리시설

ⓙ 〈생략〉

㉢ 신고기한: 위 ㉠의 본문에 따라 저수조 설치현황 신고를 하려는 자는 저수조를 설치한 날부터 30일 이내에 환경부령으로 정하는 저수조 설치현황 신고서에 저수조 시공 도면을 첨부하여 일반수도사업자에게 제출해야 한다(수도법 시행령 제50조 제3항).

③ **소유자나 관리자의 소독등위생조치**

㉠ 소유자등의 위생상 조치: 위 ②에 따른 건축물 또는 시설의 소유자나 관리자는 급수설비(일반수도사업자가 수도시설관리권을 가지는 부분은 제외한다)에 대한 소독등위생조치를 하여야 한다. 이 경우 일반수도사업자는 해당 지방자치단체의 조례로 정하는 바에 따라 수질검사에 필요한 비용의 일부를 지원할 수 있다(수도법 제33조 제3항).

OX문제

아파트의 관리자는 저수조를 6개월마다 1회 이상 청소해야 한다. ( )

아파트의 관리자는 저수조의 위생상태를 월 1회 이상 점검하여야 한다. ( )

OX ⓛ 대형건축물등의 소유자등이 하여야 하는 소독등위생조치 등

ⓐ **청소 및 위생점검**: 위 ㉠ 전단에 따라 위 ②의 ㉡의 건축물 또는 시설(이하 '대형건축물등'이라 한다)의 소유자 또는 관리자(이하 '소유자등'이라 한다)는 **반기 1회 이상** 저수조를 청소해야 하고, **월 1회 이상** 저수조의 위생상태를 점검해야 한다. 다만, 일반수도사업자가 「재난 및 안전관리기본법」에 따른 재난이 발생한 경우 안정적인 물 공급을 위하여 아래 ⓒ의 구분에 따른 기준을 충족하는 것으로 확인되는 저수조에 대하여 환경부장관과 협의하여 해당 반기가 끝나는 날의 다음 날부터 2개월의 범위에서 소유자등에게 저수조 청소 유예를 요청하는 경우에는 그렇지 않다(수도법 시행규칙 제22조의4 제1항). 기출

▶ **저수조 위생점검 기준(수도법 시행규칙 제22조의4 제1항 관련 별표 6의2)**

건축물의 명칭	
소유자(관리자)	
설치장소	
건축물의 용도	공동주택·사무실·상가·학교·공장·병원·여관·기타
위생점검실시일	

	조사사항	점검기준	적부 (○·×)
1	저수조 주위의 상태	청결하며 쓰레기·오물 등이 놓여 있지 아니할 것	
		저수조 주위에 고인 물, 용수 등이 없을 것	
2	저수조 본체의 상태	균열 또는 누수되는 부분이 없을 것	
		출입구나 접합부의 틈으로 빗물 등이 들어가지 아니할 것	
		유출관·배수관 등의 접합부분은 고정되고 방수·밀폐되어 있을 것	
3	저수조 윗부분의 상태	저수조의 윗부분에는 물을 오염시킬 우려가 있는 설비나 기기 등이 놓여 있지 아니할 것	
		저수조의 상부는 물이 고이지 아니하여야 하고 먼지 등 위생에 해로운 것이 쌓이지 아니할 것	
4	저수조 안의 상태	오물, 붉은 녹 등의 침식물, 저수조 내벽 및 내부 구조물의 오염 또는 도장의 떨어짐 등이 없을 것	
		수중 및 수면에 부유물질(浮遊物質)이 없을 것	
		외벽도장이 벗겨져 빛이 투과하는 상태로 되어 있지 아니할 것	

정답 ○, ○

5	맨홀의 상태	뚜껑을 통하여 먼지나 그 밖에 위생에 해로운 부유물질이 들어갈 수 없는 구조일 것	
		점검을 하는 자 외의 자가 쉽게 열고 닫을 수 없도록 잠금장치가 안전할 것	
6	월류관·통기관의 상태	관의 끝부분으로부터 먼지나 그 밖에 위생에 해로운 물질이 들어갈 수 없을 것	
		관 끝부분의 방충망은 훼손되지 아니하고 망눈의 크기는 작은 동물 등의 침입을 막을 수 있을 것	
7	냄새	물에 불쾌한 냄새가 나지 아니할 것	
8	맛	물이 이상한 맛이 나지 아니할 것	
9	색도	물에 이상한 색이 나타나지 아니할 것	
10	탁도	물이 이상한 탁함이 나타나지 아니할 것	

ⓑ 대형건축물등의 소유자등은 저수조가 신축되었거나 1개월 이상 사용이 중단된 경우에는 사용 전에 청소를 하여야 한다(수도법 시행규칙 제22조의4 제2항). 기출

ⓒ 위 ⓐ 및 ⓑ에 따라 청소를 하는 경우, 청소에 사용된 약품으로 인하여 「먹는물 수질기준 및 검사 등에 관한 규칙」[별표 1]에 따른 먹는물의 수질기준이 초과되지 않도록 해야 하며, 청소 후에는 저수조에 물을 채운 다음 아래 기준을 충족하는지 여부를 점검해야 한다(수도법 시행규칙 제22조의4 제3항).

ⅰ) **잔류염소**: 리터당 0.1밀리그램 이상 4.0밀리그램 이하

ⅱ) **수소이온농도**(pH): 5.8 이상 8.5 이하

ⅲ) **탁도**: 0.5NTU(네펠로메트릭 탁도 단위, Nephelometric Turbidity Unit) 이하

ⓓ **수질검사 의뢰**: 대형건축물등의 소유자등은 매년 마지막 검사일부터 1년이 되는 날이 속하는 달의 말일까지의 기간 중에 1회 이상 수돗물의 안전한 위생관리를 위하여 「먹는물관리법 시행규칙」 제35조에 따라 지정된 먹는물 수질검사기관에 의뢰하여 수질검사를 하여야 한다(수도법 시행규칙 제22조의4 제4항). 기출

ⓔ **수질검사의 시료 채취방법 및 검사항목**: 위 ⓓ에 따른 수질검사의 시료 채취방법 및 검사항목은 다음과 같다(수도법 시행규칙 제22조의4 제5항).

ⅰ) **시료 채취방법**: 저수조나 해당 저수조로부터 가장 가까운 수도꼭지에서 채수 기출

OX문제

아파트의 관리자는 저수조가 1개월 이상 사용이 중단된 경우에는 사용 전에 청소를 하여야 한다. ( )

OX문제

아파트의 관리자는 매년 1회 이상 지정된 먹는물 수질검사기관에 의뢰하여 수질검사를 하여야 한다. ( )

OX문제

수질검사의 시료 채취방법은 저수조나 해당 저수조로부터 가장 먼 수도꼭지에서 채수한다. ( )

정답 O, O, ×

ii) 수질검사항목: 탁도, 수소이온농도, 잔류염소, 일반세균, 총대장균군, 분원성대장균군 또는 대장균

ⓕ 대형건축물등의 소유자등은 수질검사 결과를 게시판에 게시하거나 전단을 배포하는 등의 방법으로 해당 건축물이나 시설의 이용자에게 위 ⓓ에 따른 수질검사 결과를 공지하여야 한다(수도법 시행규칙 제22조의4 제6항).

ⓖ 대형건축물등의 소유자등은 수질검사 결과가 수질기준[잔류염소의 경우에는 위 ⓒ의 ⅰ)의 기준을 말한다]에 위반되면 지체 없이 그 원인을 규명하여 배수 또는 저수조의 청소를 하는 등 필요한 조치를 신속하게 해야 한다(수도법 시행규칙 제22조의4 제7항).

ⓒ 청소 및 위생점검의 대행

ⓐ 대형건축물등의 소유자등은 저수조의 청소와 위생상태의 점검을 저수조청소업자에게 대행하게 할 수 있다(수도법 시행규칙 제22조의5 제1항).

ⓑ 저수조청소업자는 청소 등을 대행하는 경우에는 청소감독원을 현장에 배치하여야 한다(수도법 시행규칙 제22조의5 제2항).

OX ⓓ 청소, 위생점검, 수질검사 및 조치결과의 기록·보관: 대형건축물등의 소유자등과 저수조청소업자는 저수조의 청소, 위생점검 또는 수질검사를 하거나 수질기준 위반에 따른 조치를 하면 각각 그 결과를 기록하고, 2년간 보관하여야 한다. 이 경우 청소, 위생점검, 수질검사 및 수질기준 위반에 따른 조치결과를 전산에 의한 방법으로 테이프·디스켓 등에 기록·보관할 수 있다(수도법 시행규칙 제22조의6). ^{기출}

(2) 급수관의 세척등조치

① **세척등조치를 하여야 하는 건축물 또는 시설**: 다음의 어느 하나에 해당하는 건축물 또는 시설로서 대통령령(아래 ②)으로 정하는 규모 이상의 건축물 또는 시설의 소유자나 관리자는 환경부령(아래 ④)으로 정하는 바에 따라 급수관(일반수도사업자가 수도시설관리권을 가지는 부분은 제외한다)을 주기적으로 검사하고, 그 결과에 따라 세척·갱생·교체 등 필요한 조치(이하 '세척등조치'라 한다)를 하여야 한다(수도법 제33조 제4항).

㉠ 「유통산업발전법」 제2조 제3호에 따른 대규모점포

㉡ 「주택법」 제2조 제3호에 따른 공동주택 중 대통령령(아래 ③)으로 정하는 건축물

㉢ 「건축법」 제2조 제2항 제8호에 따른 운수시설

OX문제

수도법령상 저수조의 수질검사 결과기록은 2년간 보관하여야 한다. ( )

정답 ○

ⓛ 「건축법」 제2조 제2항 제9호에 따른 의료시설
　　ⓜ 「건축법」 제2조 제2항 제10호에 따른 교육연구시설 중 대통령령으로 정하는 시설
　　ⓗ 국가나 지방자치단체가 설치하는 「건축법」 제2조 제2항 제11호부터 제13호까지의 규정에 따른 시설 중 대통령령으로 정하는 시설
　　ⓢ 「건축법」 제2조 제2항 제14호에 따른 업무시설
　　ⓞ 국가나 지방자치단체가 설치하는 「건축법」 제2조 제2항 제23호에 따른 교정시설 중 대통령령으로 정하는 시설
　　ⓩ 국가나 지방자치단체가 설치하는 「건축법」 제2조 제2항 제24호에 따른 국방·군사시설 중 대통령령으로 정하는 시설
　　ⓒ 그 밖에 안전한 수돗물의 공급을 위하여 특히 필요하다고 인정하여 조례로 정하는 시설

② **세척등조치를 하여야 하는 건축물 등의 규모**: 위 ①에서 '대통령령으로 정하는 규모 이상의 건축물 또는 시설'이란 다음의 구분에 따른 건축물 또는 시설을 말한다(수도법 시행령 제51조 제1항).

　　㉠ 다음의 어느 하나에 해당하는 건축물 또는 시설로서 연면적 6만 제곱미터 이상인 건축물 또는 시설
　　　　ⓐ 위 ①의 ㉠부터 ㉢까지 및 ㉣에 따른 건축물 또는 시설
　　　　ⓑ 위 ①의 ⓢ에 따른 시설 중 「건축법 시행령」 [별표 1] 제14호 나목에 따른 일반업무시설

　　㉡ 다음의 어느 하나에 해당하는 건축물 또는 시설로서 연면적 5천 제곱미터 이상인 건축물 또는 시설
　　　　ⓐ 위 ①의 ㉣부터 ㉥까지 및 ⓞ부터 ⓒ까지에 따른 시설
　　　　ⓑ 위 ①의 ⓢ에 따른 시설 중 「건축법 시행령」 [별표 1] 제14호 가목에 따른 공공업무시설

③ **세척등조치를 하여야 하는 공동주택의 종류**: 위 ①의 ㉡에서 '대통령령으로 정하는 건축물'이란 「건축법 시행령」 [별표 1] 제2호 가목에 따른 아파트를 말한다(수도법 시행령 제51조 제2항).

④ **급수관의 상태검사 및 조치 등**

　　㉠ 일반검사의 주기: 위 ②에 해당하는 건축물 또는 시설의 소유자등은 위 ①에 따라 [별표 7](아래 ㉥의 ⓐ)에 따른 일반검사를 다음의 구분에 따라 실시하여야 한다(수도법 시행규칙 제23조 제1항).

ⓐ **최초 일반검사**: 해당 건축물 또는 시설의 준공검사(급수관의 갱생·교체 등의 조치를 한 경우를 포함한다)를 실시한 날부터 5년이 경과한 날을 기준으로 6개월 이내에 실시
ⓑ **2회 이후의 일반검사**: 최근 일반검사를 받은 날부터 2년이 되는 날까지 매 2년마다 실시

ⓒ **검사기준을 초과하는 경우의 조치**: 소유자등은 위 ㉠에 따라 일반검사를 실시한 결과 검사항목 중 탁도, 수소이온 농도, 색도 또는 철에 대한 검사기준을 초과하는 경우에는 급수관을 세척(급수관 내부의 이물질이나 미생물막 등을 관에 손상을 주지 아니하면서 물이나 공기를 주입하는 방법 등으로 제거하는 것을 말한다. 이하 같다)하여야 한다. 다만, 급수관이 아연도강관인 경우에는 검사항목 중 검사기준을 초과하는 항목이 한 개 이상 있으면 반드시 이를 갱생하거나 교체하여야 한다(수도법 시행규칙 제23조 제2항).

ⓒ **전문검사**: 소유자등은 위 ㉠에 따른 일반검사 결과가 다음의 어느 하나에 해당하면 [별표 7](아래 ㉥의 ⓑ)에 따른 전문검사를 하고, 급수관을 갱생하여야 한다. 다만, 전문검사 결과 갱생만으로는 내구성을 유지하기 어려울 정도로 노후한 급수관은 새 급수관으로 교체하여야 한다(수도법 시행규칙 제23조 제3항).
ⓐ 일반검사의 검사항목에 대한 검사기준을 2회 연속 초과하는 경우
ⓑ 일반검사의 검사항목 중 납·구리 또는 아연에 대한 검사기준을 초과하는 경우

㉡ **게시 또는 공지**: 소유자등은 위 ㉠에 따른 일반검사 또는 ㉢에 따른 전문검사를 실시한 경우에는 그 결과를 일반수도사업자에게 통보하고, 해당 건축물 또는 시설의 게시판에 게시하거나 전단을 배포하는 등의 방법으로 이용자에게 공지하여야 한다(수도법 시행규칙 제23조 제4항).

㉢ **결과의 보고 및 보존**: 소유자등은 위 ㉡이나 ㉢에 따른 세척·갱생·교체 등의 조치를 하였을 때에는 그 결과를 일반수도사업자에게 보고하고, 그와 관련된 자료를 3년 이상 보존하여야 한다(수도법 시행규칙 제23조 제5항).

ⓗ 급수설비상태검사의 구분 및 방법(수도법 시행규칙 제23조 별표 7)
　ⓐ 일반검사

분류	항목	검사방법
기초조사	준공연도, 배관도면	관련 도면·서류·현지조사 등을 병행한다.
	관 종류, 관경(관지름), 배관길이	관련 도면·서류·현지조사 등을 병행한다.
	문제점 조사	• 출수불량, 녹물 등 수질불량 등을 조사한다.^{기출} • 누수, 밸브 작동 상태 등 조사한다. • 이용 주민으로부터의 탐문조사 등을 활용한다.
급수관 수질검사	시료 채취 방법	건물 내 임의의 냉수 수도꼭지 하나 이상에서 물 **1리터**를 채취한다.^{기출}
	검사 항목 및 기준	• 탁도: **1NTU 이하** • 수소이온농도: **5.8 이상 8.5 이하**^{기출} • 색도: **5도** 이하 • 철: **0.3mg/L** 이하 • 납: **0.01mg/L** 이하 • 구리: **1mg/L** 이하 • 아연: **3mg/L** 이하

　ⓑ 전문검사

분류	항목	검사방법
현장 조사	수압 측정	가장 **높은 층**의 냉수 수도꼭지를 하나 이상 측정(화장실의 수도꼭지를 표본으로 측정한다)하되, 건물이 여러 동일 경우에는 각 동마다 측정한다.
	내시경 관찰	단수시킨 후 지하저수조 급수배관, 입상관(立上管), 건물 내 임의의 냉수 수도꼭지를 하나 이상 분리하여 내시경을 이용하여 진단한다.^{기출}
	초음파 두께 측정	건물 안의 임의의 냉수 수도꼭지 하나 이상에서 스케일 두께를 측정한다.
	유속	건물 안의 가장 **높은 층**의 냉수 수도꼭지 하나 이상에서 유속을 측정한다.
	유량	건물 안의 가장 **높은 층**의 냉수 수도꼭지 하나 이상에서 유량을 측정한다.^{기출}
	외부 부식 관찰	계량기 등에 연결된 급수 및 온수 배관, 밸브류 등의 외부 부식 상태를 관찰하여 검사한다.

[비고]
1. 위 ⓐ의 일반검사 중 급수관 수질검사는 「먹는물 수질기준 및 검사 등에 관한 규칙」 별지 제1호서식의 수질검사신청서를 「먹는물관리법」에 따라 지정된 수질검사기관에 제출하여 실시할 수 있다.
2. 위 ⓐ의 일반검사 중 급수관 수질검사는 건물이 여러 동(棟)으로 구성된 경우 각 동마다 실시하여야 한다. 다만, 일반수도사업자가 소유자등의 신청을 받아 각 동별 급수관의 설치 시점 및 설치 제품이 동일함을 인정한 경우에는 하나의 동에서 측정한 결과를 건물 전체의 급수관 수질검사 결과로 볼 수 있다.
3. 위 ⓑ의 전문검사는 「건설산업기본법」 제8조 제2항에 따라 기계설비공사업으로 등록된 업체 또는 환경부장관이 전문검사를 할 수 있다고 인정하는 업체에 의뢰하여 실시할 수 있다.

6. 펌프

(1) 펌프의 종류

① 펌프의 작동원리별 분류

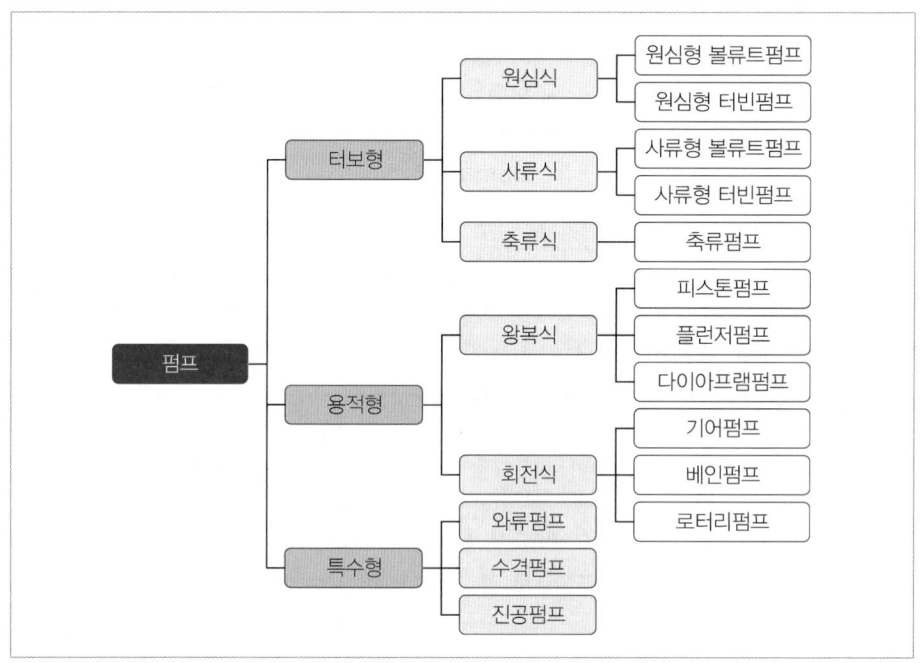

② 펌프의 구조에 따른 분류
  ㉠ 입축과 횡축: 축이 누워있는지 세워져 있는지의 차이
  ㉡ 편흡입과 양흡입: 펌프의 임펠러로 물이 한쪽에서 들어가는지, 양쪽에서 들어가는지의 차이
  ㉢ 윤절형과 수평분할형: 펌프의 케이싱의 분해가 축방향인지, 축에 수직방향인지의 차이
  ㉣ 단단과 다단: 펌프의 임펠러가 1단인지, 여러 단인지의 차이
  ㉤ 고정익과 가동익: 펌프의 임펠러의 각을 조절할 수 있는지 없는지의 차이

OX문제

용적형 펌프에는 볼류트펌프와 터빈펌프가 있다.
( )

정답 ×

(2) 펌프의 종류별 특징

펌프는 흡상과 토출작용으로 유체수송에 이용되는 기계로서 그 구조와 운동방법에 따라 여러 가지 종류가 있으나 왕복펌프, 회전펌프, 기타 특수펌프로 구분할 수 있다.

① **왕복펌프**: 실린더 속에서 피스톤, 플런저, 버킷 등의 왕복운동으로 물을 빨아올려 송출하는 방식이다. 기출

　㉠ 종류

피스톤펌프	수량이 많고 수압이 낮은 곳에 사용된다.
플런저펌프	수량이 적고 수압이 높은 곳에 사용된다.
워싱톤펌프	구조가 간단하고 고장이 적으며, 보일러 보급수용으로 사용된다.

　㉡ 특징
　　ⓐ 송수압의 변동이 심하다.
　　ⓑ 송수압의 변동을 완화하기 위하여 토출구 근처에 공기실을 둔다.
　　ⓒ 양수량이 적고 양정이 클 때 적합하다.

② **원심펌프**

　㉠ 종류 기출

볼류트펌프	축에 날개차(Impeller)가 달려 있어 원심력으로 양수하며, 20m 이하의 저양정에 사용한다. 급탕, 냉온수, 냉각기 등의 양정이 낮은 순환용 펌프로 많이 사용한다.
터빈펌프 (디퓨져펌프)	축과 날개차 외측에 안내날개(Guide Vane)가 달려 있어 물의 흐름을 조절하며, 20m 이상의 고양정에 사용한다. 날개차의 수에 따라 단단 터빈펌프(20m 이하의 저양정에 이용), 다단 터빈펌프(20m 이상의 고양정에 이용)로 구분한다.
라인펌프	강제순환 방식의 급탕·난방설비에 설치하여 온수순환용으로 사용한다.
심정펌프	보어홀 펌프: 날개차와 스트레이너는 물속에 있고 모터는 땅 위에 있어, 지상의 모터와 물속의 날개차를 긴 축으로 연결하여 작동시키며, 깊은 우물의 양수에 사용하는 입형 다단 터빈펌프로 고장이 많고 수리가 어렵다.
	수중 모터펌프: 수직형 터빈펌프 밑에 모터를 직결하여 양수하며 모터와 터빈은 수중에서 작동한다. 완전 방수구조로 되어 있어 설치운반과 조작이 간편하다.
논클로그펌프 (오수펌프)	지하층 등에 설치된 대·소변기에서 사용된 오수, 오물 잔재의 고형물이나 천조각 등이 섞인 물을 배제하는 데 사용되는 펌프이며 특수 회전 펌프이다.

OX문제

워싱톤펌프는 왕복동식 펌프이다. (　　)

OX문제

볼류트 펌프는 원심식 펌프이다. (　　)

터빈펌프는 디퓨져펌프라고도 하며 임펠러 주위에 가이드 베인을 갖고 있다. (　　)

터빈펌프는 임펠러의 외주에 안내날개(Guide Vane)가 달려 있지 않다. (　　)

정답 ○, ○, ○, ×

ⓒ 특징
  ⓐ 회전운동으로 작동한다.
  ⓑ 진동이 적고, 장치가 간단하다.
  ⓒ 고속운전에 적합하다.
  ⓓ 양수량 조절이 용이하고, 송수압의 변동이 적다.
  ⓔ 양수량이 많고, 양정은 고저 모두 이용된다.

③ **기타 펌프**
  ㉠ 마찰펌프: 캐스캐이드(Cascade) 펌프 또는 회사명을 따서 웨스코 펌프라고도 하며, 둘레 가장자리에 많은 홈을 가진 회전자가 고속으로 회전하여 케이싱 주벽과의 마찰에너지에 의해 압력이 생겨 송수하는 펌프이다.
  ㉡ 기어펌프: 기름반송용으로 쓰이는 펌프이다.
  ㉢ 제트펌프: 노즐에서 고압의 증기 또는 물을 고속으로 분사시키면서 노즐의 끝부분의 압력이 낮아져서 물을 흡상하여 송수하는 펌프로서, 와권 펌프와 조합하여 깊은 우물의 양수에 사용된다. 보일러의 급수에 사용되는 증기 인젝터도 제트펌프의 일종이다.
  ㉣ 공기양수 펌프(에어리프트 펌프): 양수관의 하단에 압축공기관을 연결하여 우물 저부에 공기를 불어 넣어 물과 공기를 혼합시켜 물의 비중을 가볍게 하여 기포의 부력으로 양수관 내를 통해서 물을 상승시켜 양수하는 펌프이다.

(3) 펌프의 흡상높이 O×

펌프의 이론상 흡입양정은 대기압 상당하는 수두로서 10.33m이지만 해발이나 수온이 높을수록 작아진다. 기출

(4) 펌프의 용량

① **흡입양정**(H_s): 저수조 흡수면에서 펌프 중심까지의 수직높이
② **토출양정**(H_d): 펌프의 중심에서 토출수면까지의 수직높이
③ **펌프의 실양정**(H_a): 흡수면에서 토출수면까지의 수직높이로 흡입양정과 토출양정의 합이다. O×

> 흡입양정(H_s) + 토출양정(H_d)(m)

O×문제
펌프의 흡상높이는 수온이 높을수록 높아진다. (   )

O×문제
펌프의 실양정은 흡입양정, 토출양정, 배관 손실수두의 합이다. (   )

정답 ×, ×

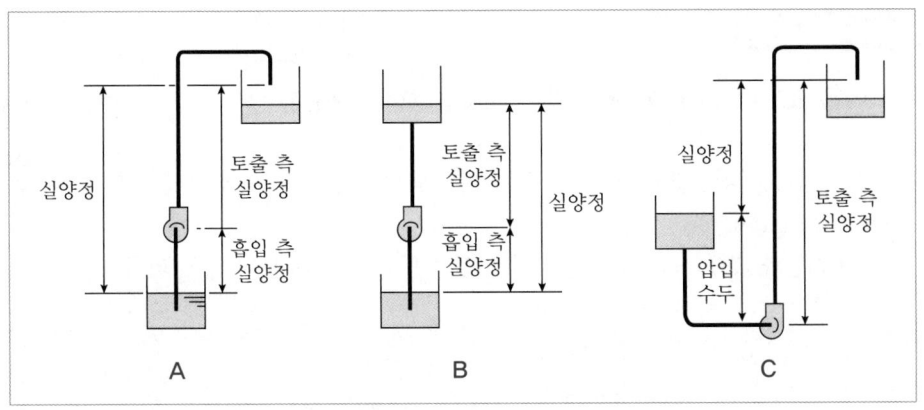

㉠ A형태에서의 실양정은 그림에서와 같이 흡입수면에서 토출배관의 끝까지를 표시하는 것이고 B의 형태에서는 흡입수면에서 토측 측의 대기 개방 상태의 수면까지가 실양정이 된다.

㉡ C의 형태는 흡입양정이 존재하지 않고 가압하는 형태의 압입수두가 존재하므로 양정 계산 시 흡입양정을 빼는(−) 것이 아니라 가압(+)하는 형태로 계산해야 정확한 실양정이 나온다.

④ **펌프의 전양정**(H) 기출

$$\text{흡입양정}(H_s) + \text{토출양정}(H_d) + \text{마찰손실수두}(H_f) + \text{토출구의 속도수두}(\frac{v^2}{2g})(m)$$

※ 일반적으로 펌프의 속도수두는 개방배관에서는 손실 값이 작기 때문에 계산에 반영하지 않고 흡입양정(H_s) + 토출양정(H_d) + 마찰손실수두(H_f)로만 계산을 하는 편이다.

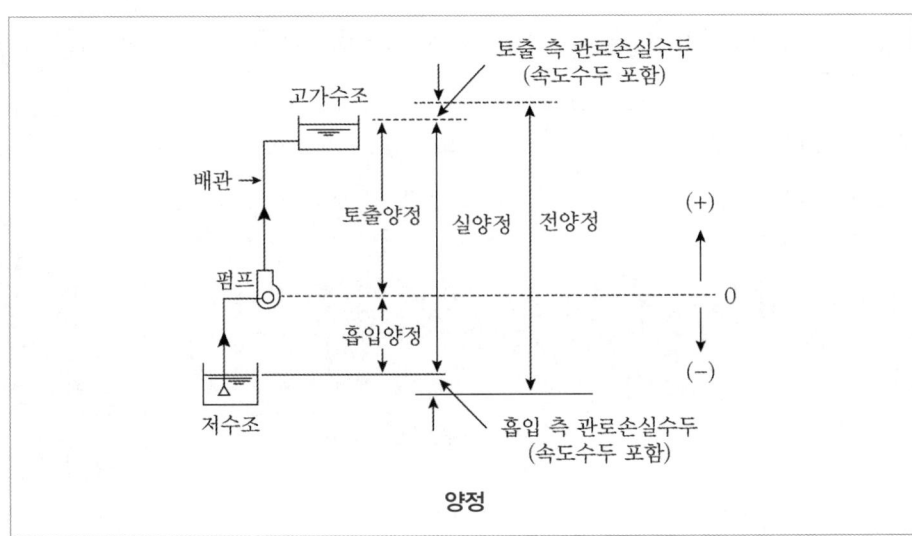

양정

> **개념적용 문제**
>
> **다음 조건에 따라 계산된 급수펌프의 양정(MPa)은?** 제22회 기출
>
> - 부스터 방식이며 펌프(저수조 낮은 수위)에서 최고 수전까지 높이는 30.0mAq
> - 배관과 기타 부속의 소요 양정은 펌프에서 최고 수전까지 높이의 40%
> - 수전 최소 필요 압력은 7.0mAq
> - 수조 1.0mAq는 0.01MPa로 한다.
> - 그 외의 조건은 고려하지 않는다.
>
> ① 0.30   ② 0.37
> ③ 0.49   ④ 0.58
> ⑤ 0.77
>
> **해설** [30m + (30 × 0.4)m + 7m] × 0.01 = 0.49MPa
>
> **정답** ③

- 유량과 유속

  단면적을 $A(m^2)$, 유속을 v (m/s), 유량을 $Q(m^3/s)$라 하면 $Q = Av$, 관경을 $d(m)$라 하면 단면적 $A = \dfrac{\pi d^2}{4}$이다.

  $\therefore Q = Av = \dfrac{\pi d^2}{4} \times v$

⑤ **펌프의 관경** 기출

$$d = 1.13 \times \sqrt{\dfrac{\text{유량}(m^3/s)}{\text{유속}(m/s)}}\,(m) = \sqrt{\dfrac{4Q}{v\pi}}\,(m)$$

> **개념적용 문제**
>
> **유량 280L/min, 유속 3m/sec일 때 관(Pipe)의 규격으로 가장 적합한 것은?** 제15회 기출
>
> ① 20A   ② 25A
> ③ 32A   ④ 50A
> ⑤ 65A
>
> **해설** $d = 1.13 \times \sqrt{\dfrac{\text{유량}(m^3/s)}{\text{유속}(m/s)}} = 1.13 \times \sqrt{\dfrac{0.0047(m^3/s)}{3(m/s)}}$
> ≒ $1.13 \times \sqrt{0.0016} = 1.13 \times 0.04$
> = 0.0452m
> 관경(d) = 45.2mm이므로 배관의 규격은 50mm 이상을 사용한다.
>
> **정답** ④

OX ⑥ **펌프의 축동력**(제동력) 기출

$$펌프의\ 축동력(kW) = \frac{\rho \times Q \times H}{6.120 \times E}$$

ρ: 물의 밀도(1,000kg/m³) Q: 양수량(m³/min)
H: 전양정(m) E: 펌프의 효율(%)

개념적용 문제

유량 360L/min, 전양정 50mAq, 펌프효율 70%인 경우 소요동력(kW)은 약 얼마인가? (단, 여유율은 고려하지 않음)   제15회 기출

① 4.2   ② 5.2
③ 6.2   ④ 7.2
⑤ 8.2

해설 펌프의 축동력(kW) = $\frac{\rho \times Q \times H}{6.120 \times E}$

[ρ: 물의 밀도(1,000kg/m³), Q: 양수량(m³/min), H: 전양정(mAq), E: 펌프의 효율(%)]

펌프의 축동력(kW) = $\frac{1,000 \times 0.36 \times 50}{6.120 \times 0.7}$ = 약 4.2(kW)

정답 ①

⑦ **펌프의 소요동력**(모터동력, 구동동력) 기출

$$소요동력(kW) = 축동력 \times (1 + \alpha)$$

α: 여유율

OX ⑧ **펌프의 유량, 양정, 축동력에 대한 상사법칙** 기출

㉠ 유량은 회전수 변화에 비례한다.
㉡ 양정은 회전수 변화의 제곱에 비례한다.
㉢ 동력은 회전수 변화의 세제곱에 비례한다.

토출량(m³/min)	양정(m)	축동력(kW)
$Q_2 = Q_1\left(\frac{N_2}{N_1}\right)$	$H_2 = H_1\left(\frac{N_2}{N_1}\right)^2$	$L_2 = L_1\left(\frac{N_2}{N_1}\right)^3$

Q_1, H_1, L_1: 회전수 N_1(rpm)일 때의 토출량(m³/min), 양정(m), 축동력(kW)
Q_2, H_2, L_2: 회전수 N_2(rpm)일 때의 토출량(m³/min), 양정(m), 축동력(kW)

OX문제

펌프의 축동력은 펌프의 양정에 비례한다. (   )

펌프의 축동력을 산정하기 위해서는 양정, 양수량, 여유율이 필요하다. (   )

OX문제

펌프의 전양정은 회전수에 반비례한다. (   )

펌프의 양수량은 회전수의 제곱에 비례한다. (   )

펌프의 회전수를 1.2배로 하면 양정은 1.73배가 된다. (   )

펌프의 회전수를 1.2배로 하면 양수량은 1.44배가 된다. (   )

펌프의 회전수를 2배로 하면 펌프의 축동력은 4배가 된다. (   )

펌프의 양수량은 펌프의 회전수에 반비례한다. (   )

정답 ○, ×, ×, ×, ×, ×, ×, ×

개념적용 문제

회전수가 가변인 아래와 같은 펌프에서 회전수를 1,440rpm으로 한 경우 다음을 구하시오.

- 펌프 및 모터의 효율은 일정하다.
- 정격운전 시 펌프의 성능
  ① 회전수: 1,800rpm   ② 토출량: 1,000L/min
  ③ 전양정: 50m   ④ 축동력: 10kW

(1) 토출량(L/min)을 구하시오.
(2) 양정(m)을 구하시오.
(3) 축동력(kW)을 구하시오.

해설 (1) 상사법칙에 의해 유량은 회전수에 비례한다.
$$Q_2 = Q_1\left(\frac{N_2}{N_1}\right) = 1,000 \times \left(\frac{1,440}{1,800}\right) = 800\text{L/min}$$
(2) 양정은 회전수의 제곱에 비례한다.
$$H_2 = H_1\left(\frac{N_2}{N_1}\right)^2 = 50 \times \left(\frac{1,440}{1,800}\right)^2 = 32\text{m}$$
(3) 축동력은 회전수의 세제곱에 비례한다.
$$L_2 = L_1\left(\frac{N_2}{N_1}\right)^3 = 10 \times \left(\frac{1,440}{1,800}\right)^3 = 5.12\text{kW}$$

정답 (1) 800L/min (2) 32m (3) 5.12kW

OX ⑨ **펌프의 운전** 기출

㉠ **직렬운전**: 토출량은 동일하고 **양정이 2배**가 된다. 그러나 실제로는 배관 내 마찰손실로 인해 양정이 2배보다 적게 되며 토출량도 약간 증가하게 된다.

㉡ **병렬운전**: **토출량은 2배**가 되고 양정은 동일하다. 그러나 실제로는 배관 내 마찰손실로 인해 토출량이 2배보다 적게 나오게 되며 양정도 약간 증가하게 된다.

⑩ **펌프의 비속도**: 펌프의 비속도는 펌프의 고유한 특성을 나타내는 수치로, 특정 조건(단위 유량, 단위 양정)에서 펌프가 최적의 효율을 낼 때의 회전수이다. 비속도는 펌프의 형상, 크기, 효율 등을 비교하거나 유사한 펌프의 성능을 예측하는 데 활용되며, 비속도의 크기에 따라 펌프가 고양정 저유량인지, 아니면 대유량 소양정인지를 결정하는 지표가 된다. 이 경우 펌프에서 유량이 많고 양정이 낮은 경우 비속도는 크고, 유량이 적고 양정이 높은 경우 비속도는 작다.

OX문제

2대의 펌프를 직렬운전하면 토출량은 2배가 된다. (　　)

동일 특성을 갖는 펌프를 병렬로 연결하면 양정은 2배로 증가한다. (　　)

동일 성능의 펌프 2대를 직렬운전하면 1대 운전 시보다 양정은 커지나 배관계 저항 때문에 2배가 되지는 않는다. (　　)

정답 ×, ×, ○

⑪ **펌프의 성능곡선**: 펌프의 성능곡선은 일정한 회전수에서 펌프의 유량(Q), 양정(H), 효율(η), 축동력(BHP) 등의 관계를 나타내는 그래프로, 펌프의 성능을 이해하고 최적의 펌프를 선정하며 성능을 평가하는 데 사용된다. 특히, 펌프의 유량(Q)과 양정(H)의 관계를 나타내는 HQ 곡선이 가장 기본적이며, 최고 효율이 발생하는 지점(BEP)을 알 수 있다.

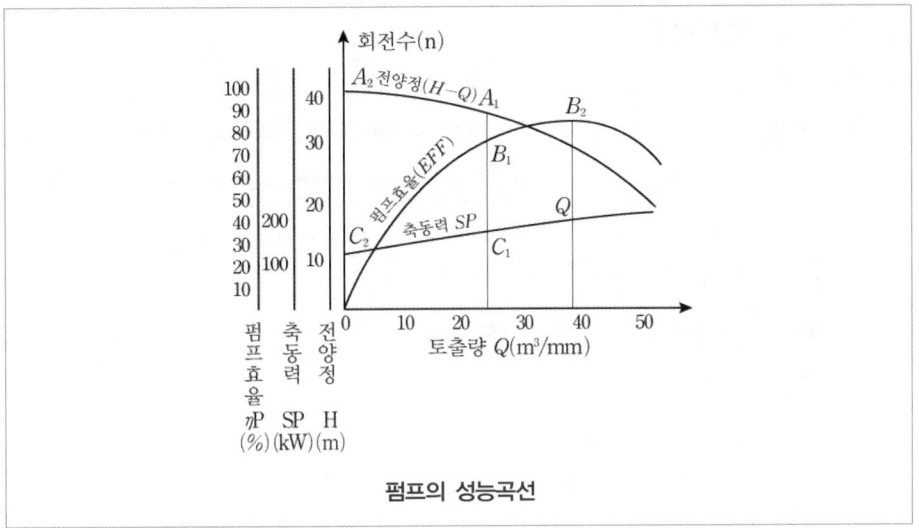

펌프의 성능곡선

㉠ 성능곡선의 주요 요소
　ⓐ **양정(H)(Head)**: 펌프가 유체를 얼마나 높이 밀어 올릴 수 있는지 나타내는 높이이다.
　ⓑ **유량(Q)(Flow Rate)**: 펌프가 단위 시간당 이송할 수 있는 유체의 양이다.
　ⓒ **축동력(BHP)(Brake Horsepower)**: 펌프의 축을 회전시키는 데 필요한 동력을 의미하며, 유량과 양정에 따라 변한다.
　ⓔ **효율(η)(Efficiency)**: 펌프의 축동력 중 실제 유체에 전달되는 동력의 비율로, 펌프의 에너지 소비 효율을 나타낸다.
　ⓕ **유효 흡입수두(NPSHr)**: 펌프의 흡입구에서 발생할 수 있는 증기 발생(캐비테이션)을 방지하기 위해 필요한 최소 흡입 양정을 나타낸다.

㉡ 성능곡선의 특징
　ⓐ **유량-양정(HQ) 곡선**: 펌프의 유량이 증가하면 양정은 감소하며, 펌프의 특성에 따라 기울기가 달라진다.
　ⓑ **최고 효율점(BEP)**: 펌프가 가장 높은 효율로 작동하는 지점으로, 펌프 선정 시 중요하게 고려된다.

OX문제

펌프의 성능곡선은 가로축에 양수량, 세로축에 전양정, 효율, 축동력을 나타낸 것이다. (　　)

펌프의 성능곡선은 양수량, 관경, 유속, 비체적 등의 관계를 나타낸 것이다. (　　)

정답 ○, ×

ⓒ **시스템 곡선**: 펌프 성능곡선과 함께 작용하여 펌프의 실제 운전점(유량 및 양정)을 결정하는, 펌프가 연결된 시스템의 저항 특성을 나타내는 곡선이다.

ⓓ **펌프 성능곡선과 시스템 곡선의 교차점**: 이 지점이 실제로 펌프가 작동하게 되는 유량과 양정, 즉 운전점이 된다.

(5) 펌프의 이상현상

① **공동현상**(Cavitation)

㉠ 정의: 물이 관 속을 유동하고 있을 때 흐르는 물속의 어느 부분의 정압이 그때 물의 온도에 해당하는 증기압 이하로 되면 부분적으로 증기가 발생하는 현상으로서 흡입양정에서 발생한다. 기출

㉡ 공동현상의 발생조건

ⓐ 흡입양정이 클 경우 기출
ⓑ 유체의 온도가 높을 경우
ⓒ 날개차의 원주속도가 클 경우
ⓓ 날개차의 모양이 적당하지 않은 경우

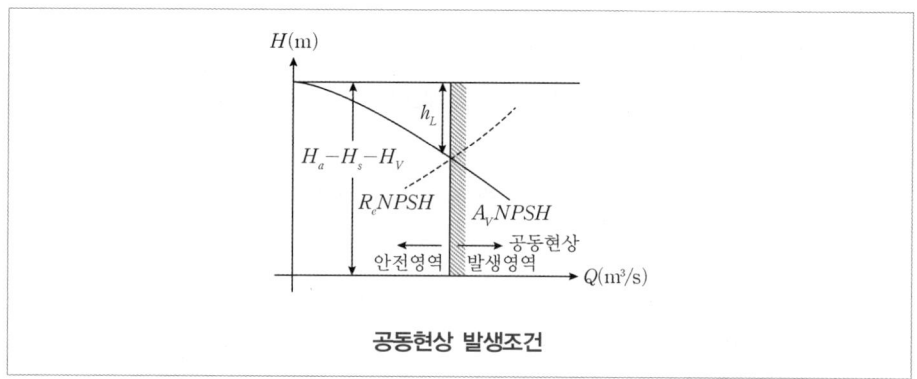

공동현상 발생조건

㉢ 공동현상 발생에 따르는 여러 가지 현상

ⓐ 소음과 진동이 생긴다.
ⓑ 양정 곡선과 효율 곡선의 저하를 가져온다.
ⓒ 깃에 대한 침식이 생긴다.

OX문제

펌프의 흡입양정을 작게 하면 공동현상의 발생가능성이 커진다. ( )

OX문제

배관계 구성이 동일한 경우, 배관 내 물의 온도가 높을수록 캐비테이션의 발생가능성이 커진다. ( )

＋ 고득점 심화학습

공동현상 발생 시 물상의 변화

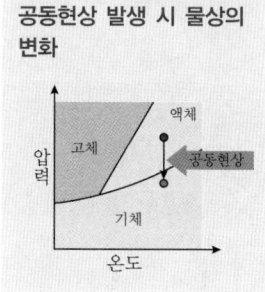

정답 ×, ○

ⓔ 방지법 기출

ⓐ 펌프의 설치 높이를 될 수 있는 대로 낮추어 흡입양정을 짧게 하고, 흡입배관의 마찰손실을 줄여준다.

ⓑ 흡수관을 굵게 하고 동시에 관 내에 공기가 체류하지 않도록 배관한다.

ⓒ 설계상의 펌프 운전범위 내에서 항상 필요 NPSH가 유효 NPSH보다 작게 되도록 배관계획을 한다.

ⓓ 입축펌프를 사용하고, 회전차를 수중에 완전히 잠기게 한다.

ⓔ 흡입조건이 나쁜 경우는 비속도를 작게 하기 위해 회전수가 작은 펌프를 사용한다.

ⓕ 양흡입펌프를 사용한다.

ⓖ 두 대 이상의 펌프를 사용한다.

② **수격작용**(Water Hammering)

㉠ 정의: 관 속을 충만하게 흐르고 있는 액체의 속도를 급격히 변화시키면 액체에 심한 압력의 변화가 생긴다. 이 현상을 수격작용이라고 한다. 기출

㉡ 방지법

ⓐ 관 내의 유속을 낮게 한다(단, 관의 직경을 크게 할 것).

ⓑ 펌프의 플라이휠을 설치하여 펌프의 속도가 급격히 변화하는 것을 막는다.

ⓒ 조압 수조(서지탱크)를 관선에 설치한다.

ⓓ 밸브는 펌프 송출구 가까이에 설치하고, 밸브는 적당히 제어한다.

③ **서징 현상**(Surging, 맥동현상)

㉠ 정의: 펌프, 송풍기 등이 운전 중에 한숨을 쉬는 것과 같은 상태가 되어, 펌프인 경우 입구와 출구의 진공계, 압력계의 침이 흔들리고 동시에 송출유량이 변화하는 현상, 즉 송출압력과 송출유량 사이에 주기적인 변동이 일어나는 현상을 말한다. 기출

㉡ 서징 현상의 발생원인

ⓐ 펌프의 양정 특성곡선이 산형 특성이고, 그 사용범위가 오른쪽으로 증가하는 특성을 갖는 범위에서 사용하는 때

ⓑ 배관 중에 물 탱크나 공기 탱크가 있을 때

ⓒ 토출량을 조절하는 밸브위치가 수조 또는 공기체류하는 곳보다 하류(수조 뒤쪽)에 있을 때

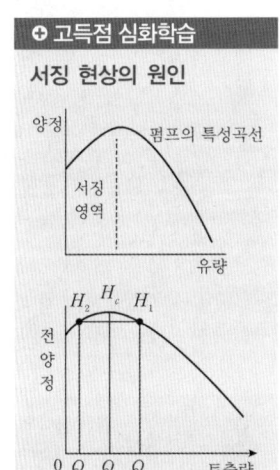

OX문제

펌프의 공동현상(Cavitation)을 방지하기 위해서 펌프를 저수조 수위보다 높게 설치한다. ( )

펌프의 공동현상(Cavitation)을 방지하기 위해 흡입배관의 마찰손실을 줄여준다. ( )

흡입양정을 크게 할수록 공동현상 방지에 유리하다. ( )

• NPSH
캐비테이션이 일어나지 않는 유효 흡입양정을 수두로 표시한 것이다.

고득점 심화학습
서징 현상의 원인

OX문제

서징 현상은 배관 내를 흐르는 유체의 압력이 그 온도에서의 유체의 포화증기압보다 낮아질 경우 그 일부가 증발하여 기포가 발생하는 것이다. ( )

펌프의 흡입양정이 작을수록 서징 현상 방지에 유리하다. ( )

서징 현상을 방지하기 위해 관로에 있는 불필요한 잔류 공기를 제거한다. ( )

정답 ×, ○, ×, ×, ×, ○

④ **펌프의 베이퍼록(Vapor-Rock) 현상**
  ㉠ 정의: 비등점이 낮은 액체 등을 이송할 경우 펌프의 입구 측에서 발생되는 현상으로 일종의 액체의 비등현상을 말한다. 기출
  ㉡ 베이퍼록 발생요인
    ⓐ 액체 자체 또는 흡입배관 외부의 온도가 상승할 경우
    ⓑ 펌프 냉각기가 부작동하거나 설치되지 않은 경우
    ⓒ 흡입관 지름이 작거나 펌프 설치위치가 적당하지 않을 때
    ⓓ 흡입 관로의 막힘, 스케일 부착 등에 의한 저항의 증대
  ㉢ 베이퍼록 발생 방지법
    ⓐ 실린더 라이너의 외부를 냉각시킨다.
    ⓑ 흡입관 지름을 크게 하거나 펌프의 설치위치를 낮춘다.
    ⓒ 흡입배관을 단열처리한다.
    ⓓ 흡입배관 경로를 청소한다.

(6) 펌프장치 설치 시 주의사항

① 펌프는 되도록 흡입양정을 낮추어 설치한다.
② 펌프와 전동기는 일직선상에 배치한다.
③ 흡입구는 동수위면에서 관경의 2배 이상 길이에 잠기게 한다.
④ 18m 이상 양정이 높을 때는 펌프 토출구와 게이트밸브와의 사이에 체크밸브를 설치한다.
⑤ 토출관, 흡입관의 중량이 직접 펌프에 미치지 않도록 한다.
⑥ 펌프의 회전 방향은 원동기 쪽에서 보아 우회전하도록 한다.
⑦ 소화펌프는 화재 시 불의 접근을 막도록 구획한다.

4 급탕 설비

1. 급탕기초

(1) 열량 OX

어떤 물질 1kg을 1K(또는 1℃) 올리는 데 필요한 열량을 비열이라 하며, 물의 비열은 4.2kJ/kg·K이다. 열량 Q는 다음 식에 의해 계산된다. 기출

$$Q(kJ) = m \cdot c \cdot \Delta t$$

m: 물체의 질량(kg)
c: 물체의 비열(kJ/kg·K)
Δt: 온도 차(K 또는 ℃)

> **개념적용 문제**
>
> 급탕설비에서 물 20kg을 15℃에서 65℃로 가열하는 데 필요한 열량(kJ)을 구하시오. (단, 물의 비열은 4.2kJ/kg·K) 제17회 기출
>
> [해설] 20kg × 4.2kJ/kg·K × (65℃ - 15℃) = 4,200(kJ)
>
> [정답] 4,200

(2) 급탕부하

급탕부하란 시간당 필요한 온수를 얻기 위해 소요되는 열량을 말하므로 열량 계산식 $Q = m \cdot c \cdot \Delta t$로 계산하되 질량($m$)은 단위시간당 급탕량(L/h, 즉 kg/h)이 되므로 계산결과의 단위는 시간당 필요한 열량인 kJ/h가 되나 3,600(s/h)으로 나누어 kJ/s, 즉 kW로 나타낸다. 즉, 열량은 kJ로 나타내며 시간개념이 포함된 급탕부하는 kW로 나타낸다. 온도 차(Δt)는 경우에 따라 다르나 보통 급탕온도를 70℃, 급수온도를 10℃로 보아 60℃ 정도가 된다. 기출

$$급탕부하(kW) = \frac{m \cdot c \cdot \Delta t}{3,600(s/h)}$$

m: 급탕량(kg/h)
c: 비열(kJ/kg·K)
Δt: 온도 차(K)

• **급탕**
가스, 경유, 증기, 전기 등을 열원으로 하는 물의 가열장치(보일러 등)를 설치해서 온수를 만들어 필요개소에 공급하는 것을 말한다.

• **급탕설비(Domestic Hot Water Supply System)**
건물이나 부지 내의 기구나 이음쇠, 밸브, 탱크, 가열기 또는 그 외의 기기를 사용하여 온수를 공급하는 설비의 총칭이다.

OX문제
열용량은 어떤 물질 1kg을 1℃ 올리기 위하여 필요한 열량을 의미하며 단위는 kJ/kg·K이다. (　　)

⊕ 고득점 심화학습
단위 해설
• 열량에 대한 SI 단위는 kJ이며 kcal와의 관계는 다음과 같다.
1kJ = 0.2388459kcal
≒ 0.24kcal
1kcal = 4.1868kJ
≒ 4.2kJ
1kW = 1kJ/s
≒ 860kcal/h
• 열량에 대한 SI 기본단위는 K(캘빈온도, 절대온도)이며 ℃(섭씨온도)와 눈금의 크기는 같다. 따라서 온도 차를 나타낼 때는 K = ℃이다.

⊕ 고득점 심화학습
급탕부하 계산식에서 분모인 3,600(s/h)으로 나누는 과정을 생략하면 급탕부하의 단위는 kJ/h가 된다.

[정답] ✕

개념적용 문제

급탕량이 3m³/h이고, 급탕온도 60℃, 급수온도 10℃일 때의 급탕부하는? (단, 물의 비열은 4.2kJ/kg·K, 물 1m³는 1,000kg으로 함)

제20회 기출

① 175kW ② 185kW ③ 195kW
④ 205kW ⑤ 215kW

해설 $\dfrac{3,000(kg/h) \times 4.2(kJ/kg \cdot K) \times (60-10)(K)}{3,600(s/h)} = 175(kW)$

정답 ①

문제 추가요!

시간당 200L의 급탕량을 필요로 하는 건물에서 전기온수기를 사용하여 급탕을 하는 경우 필요전력량은? (단, 물의 비열은 4.2kJ/kg·K, 급수온도 10℃, 급탕온도 60℃, 전기온수기의 가열효율은 95%임)

① 11.1kW ② 11.7kW
③ 12.3kW ④ 13.5kW

해설
$\dfrac{200 \times 4.2 \times (60-10)}{3,600 \times 0.95}$
≒ 12.3kW

정답 ③

(3) 급탕소요전력량 기출

$$급탕소요전력량(kW) = \dfrac{m \cdot c \cdot \Delta t}{3,600(s/h) \times \eta}$$

m: 급탕량(kg/h) c: 비열(kJ/kg·K)
Δt: 온도 차(K) η: 가열장치의 가열효율

개념적용 문제

다음 조건에 따라 계산된 전기급탕가열기의 용량(kW)은?

제22회 기출

- 급수온도 10℃, 급탕온도 50℃, 급탕량 150(L/hr)
- 물의 비중 1(kg/L), 물의 비열 4.2(kJ/kg·K), 가열기효율 80%
- 그 외의 조건은 고려하지 않는다.

① 7.55 ② 7.75 ③ 8.00
④ 8.25 ⑤ 8.75

해설 급탕가열기 용량(kW) = $\dfrac{150(L/hr) \times 4.2(kJ/kg \cdot K) \times (50℃-10℃)}{3,600 \times 0.8} = 8.75$

정답 ⑤

(4) 가스소비량 기출

$$가스소비량(m^3/h) = \frac{m \cdot c \cdot \Delta t}{h \times \eta}$$

m: 급탕량(kg/h)
c: 비열(kJ/kg·K)
Δt: 온도 차(K)
h: 가스 저위발열량(kJ/m³)
η: 가열장치의 가열효율

개념적용 문제

공동주택에서 다음과 같은 조건으로 온수보일러를 가동할 경우 사용되는 가스소비량(m³/h)은? <small>제21회 기출</small>

- 온수생산량: 500kg/h
- 가스 저위발열량: 20,000kJ/m³
- 보일러 효율: 90%
- 급수온도: 20℃
- 온수온도: 80℃
- 물의 비열: 4.2kJ/kg·K

① 2 ② 5
③ 7 ④ 9
⑤ 12

해설 가스소비량 = $\dfrac{500 \times 4.2 \times (80-20)}{20,000 \times 0.9}$ = 7(m³/h)

정답 ③

---

2. 급탕방식

(1) 개별식(국소식) 급탕법 OX

필요한 개소에 탕비기를 설치하여 소요장소에 온수를 공급하는 방법으로 소규모 급탕에 적합하다.

• **급탕방식**
순간온수기와 같이 온수가 필요한 곳에서 바로 만들어 쓰는 개별식과 대형건물에서처럼 온수를 만들어 필요로 하는 곳까지 보내주는 중앙식이 있다. 중앙식은 개별식에 비해 배관도중 열손실이 크다.

OX문제
개별식 급탕방식은 급탕을 필요로 하는 개소마다 가열기를 설치하여 급탕하는 방식이다.
( )

정답 O

OX문제

개별식 급탕방식은 중앙식 급탕방식에 비해 배관의 길이가 길어져 열손실이 크다.
( )

▶ 급탕방식의 비교

개별식	• 순간온수기 • 저탕형 탕비기 • 기수혼합식
중앙식	• 직접가열식 • 간접가열식

OX문제

순간온수기는 벤투리의 압력차에 의한 다이어프램의 구동으로 작동된다. ( )

• 급탕관(Hot Water Supply Pipe)
43℃ 이상의 물로 가열하여 공급하는 관을 말한다.

정답 ×, ○

OX ① 특징 기출

장점	단점
• 급탕개소가 적을 경우에는 **설비비가 싸며 유지관리가 용이**하다. • 필요에 따라 어디에나 설치가 가능하다. • 용도에 따라 필요한 온도의 온수를 간단히 얻는다. • **배관길이가 짧아 열손실이 적다.** 기출 • 건물이 완성된 후에도 급탕개소의 **증설이 비교적 용이**하다. • 주택 등에서는 난방 겸용 온수보일러 등을 사용할 수 있다.	• 규모가 커지면 가열기 설치개수가 많아 유지관리가 불편하다. • **공급개소마다 가열기 설치공간이 필요**하다. • 가스온수기의 경우 건축의장, 구조상으로 제약을 받기 쉽다. • 소형 온수보일러는 수압의 변동이 생겨 사용이 불편하다. • 소형 온수보일러의 경우 수두 10m 이하의 제한을 받는다.

② 종류

OX ㉠ 순간온수기(즉시탕비기)

ⓐ 급탕관*의 일부를 가스나 전기로 가열시켜 직접 온수를 얻는 방법이다.

ⓑ 급탕기구 수가 적고 급탕범위가 좁은 주택의 욕실, 부엌의 싱크, 이발소 등에 적합하다.

ⓒ 급탕온도는 60~70℃까지 올라가지만 처음에는 찬물이 나온다.

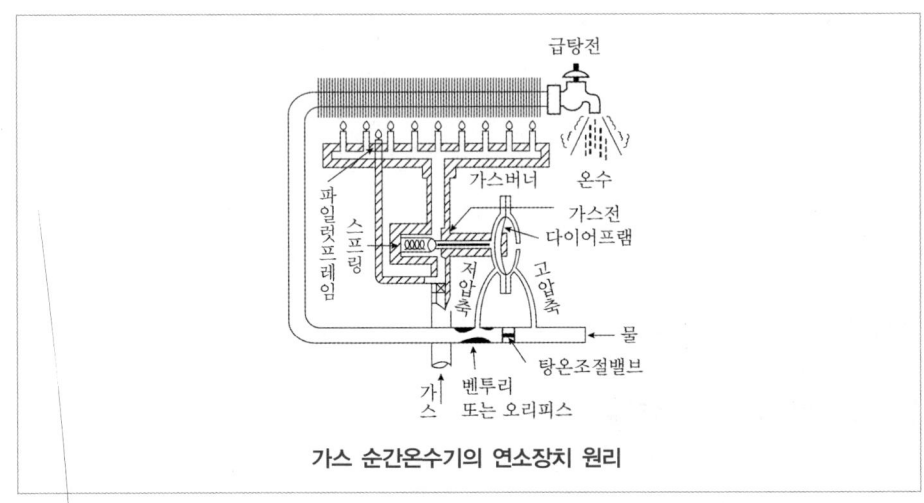

가스 순간온수기의 연소장치 원리

㉡ 저탕형 탕비기

ⓐ 가열된 온수를 저탕기 내에 저장하여 두는 것으로, 탕비기로부터의 열손실이 비교적 많아 다량의 온수를 일시에 필요로 하는 곳에 적당하다.

ⓑ 바이메탈을 이용한 서모스탯(Thermostat, 자동온도조절기)*에 의해 저탕온도를 조절한다.

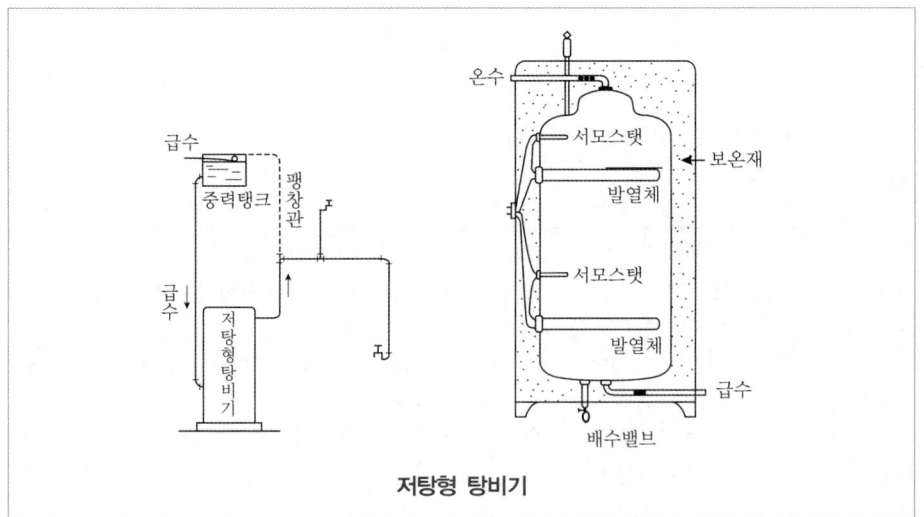

저탕형 탕비기

ⓒ 비등점(100℃)에 가까운 온수를 얻을 수 있다.
ⓓ 용도: 일반용(기숙사·여관), 음료용

ⓒ 기수혼합식 탕비기
ⓐ 보일러에서 생긴 증기를 급탕용의 물속에 직접 불어넣어서 온수를 얻는 방법이다.
ⓑ 열효율은 100%이다.
ⓒ 고압증기의 사용으로 소음이 크며, 소음을 줄이기 위해 스팀 사일렌서*를 사용한다.

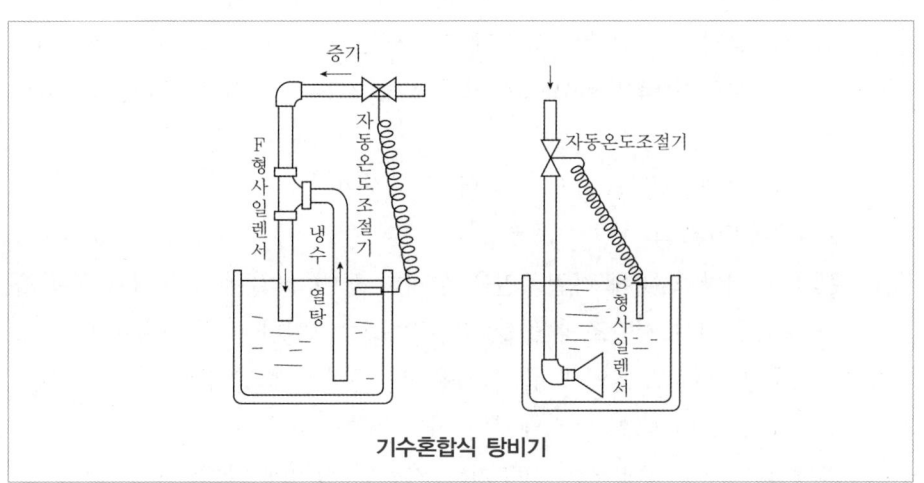

기수혼합식 탕비기

ⓓ 보일러에 항상 새로운 물을 보급해야 하며, 사용장소의 제약을 받는다.

○×문제
자동온도조절기는 저탕탱크에서 온수온도를 적절히 유지하기 위해 사용하는 것이다.
( )

저탕탱크의 온수온도를 설정 온도로 유지하기 위하여 서모스탯을 설치한다. ( )

• 서모스탯(Thermostat, 자동온도조절기)
제어대상의 온도를 검출하여 지정 온도로 유지하기 위하여 신호를 보내는 것으로 바이메탈 또는 벨로즈에 의하여 온도를 조절한다.

○×문제
기수혼합식 탕비기는 소음이 발생하지 않는 장점이 있으나 열효율이 좋지 않다.
( )

기수혼합식은 증기에서 발생하는 소음을 줄이기 위해 스트레이너를 사용한다.
( )

• 스팀 사일렌서(Steam Silencer, 소음제거장치)
S형, F형의 두 종류가 있으며 소음을 줄이기 위해 기수혼합식 탕비기에 설치한다.

정답 ○, ○, ×, ×

ⓔ 용도: 공장·병원 등의 큰 욕조, 수세장 청소용

(2) 중앙식 급탕법

중앙에서 보일러를 가동하여 각 세대로 온수를 공급하는 방식으로 주로 대규모 건축물, 즉 아파트·사무실·호텔 등에서 사용된다. 수도꼭지를 틀면 즉시 온수를 공급받을 수 있다.

① **특징** 기출

장점	단점
• **연료비가 적게 든다.** • 일반적으로 공조설비의 열원장치와 겸용 설치되므로 열원단가가 낮아진다. • 기계실에 다른 설비 기기류와 함께 가열장치 등이 설치되므로 집중관리가 용이하다. • 온수의 공급량이 많아도 대응이 가능하다. • **배관에 의해 필요한 어느 장소에도 공급이 가능하다.**	• 설비규모가 크고 복잡하므로 **초기시설비가 많이 든다.** • 대규모이고 복잡하므로 전문기술자가 필요하다. • 급탕 공급관이 길어 **열손실이 크다.** • 시공 후의 **기구증설에 따른 배관 변경공사를 하기 어렵다.**

② **종류**

ⓛ 직접가열식

ⓐ 온수보일러에서 직접 가열하여 저탕조*를 통하여 수전까지 공급하는 방식이다. 기출

ⓑ 열효율은 경제적이다.

ⓒ 계속적인 급수로 항상 새로운 물이 들어오게 되어 보일러의 신축이 불균일하고 수질에 의해 보일러 내면에 스케일이 생겨서 전열효율이 저하되며 보일러의 수명이 단축된다.

ⓓ 급탕하는 건물의 높이에 해당하는 정수압이 보일러에 작용하여 높은 압력을 필요로 하므로 고층 건물에서 저압보일러는 부적당하다.

ⓔ 주택 또는 소규모 건물에 실용적이다.

ⓛ 간접가열식

ⓐ 저탕조 내에 가열코일을 설치하고 이 코일에 증기 또는 온수를 통해서 저탕조의 물을 간접적으로 가열하는 방식이다. 기출

ⓑ 난방용 보일러의 증기 사용 시 급탕용 보일러가 불필요하다.

ⓒ 보일러 내면에 스케일이 거의 생기지 않는다.

ⓓ 가열코일에 쓰이는 증기는 건물의 높이에 관계없이 저압으로도 충분하기 때문에 고압용 보일러가 불필요하다. 기출

ⓔ 대규모 급탕설비에 적합하다.

OX문제

중앙식 급탕방식은 급탕 개소마다 가열기의 설치 스페이스가 필요하다. ( )

OX문제

중앙식 급탕방식은 가열방법에 따라 직접가열식과 간접가열식으로 구분한다. ( )

• **저탕조**
간접가열식에 사용되는 저탕조는 탕물을 저장함과 동시에 가열의 기능도 하므로 이것을 탱크히터 또는 급탕가열탱크라고도 한다.

OX문제

중앙식 급탕방식에서 직접가열식은 보일러에서 만들어지는 증기나 고온수를 가열코일을 통해서 저탕탱크 내의 물과 열교환하는 방식이다. ( )

중앙식 급탕법에서 간접가열식은 보일러 내에 스케일이 부착될 염려가 크기 때문에 소규모 건물의 급탕설비에 적합하다. ( )

OX문제

중앙식 급탕방식 중 간접가열식은 고층건물에서 직접가열식에 비해 저압의 보일러로 충분하여 고압용 보일러를 설치할 필요가 없다. ( )

정답 ×, ○, ×, ×, ○

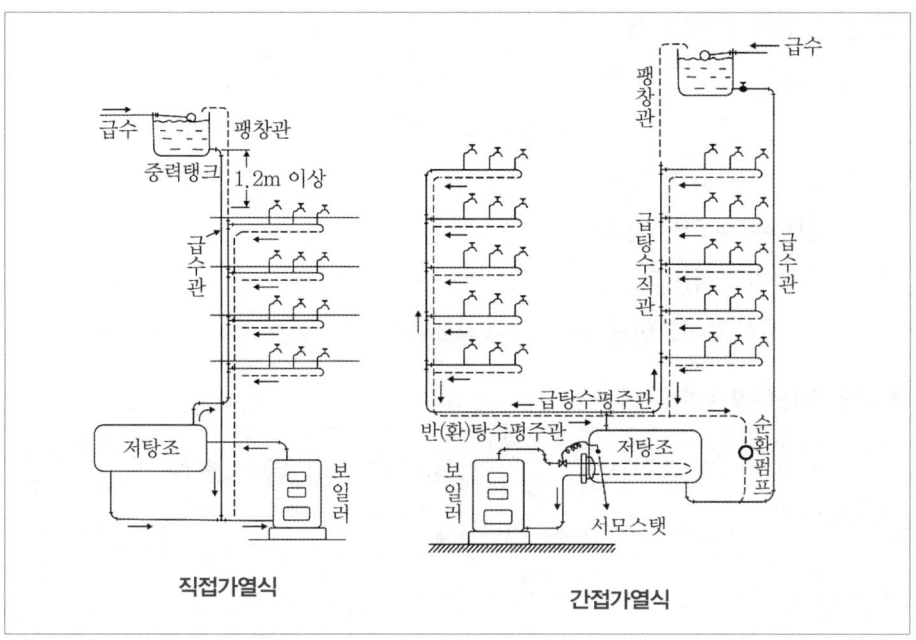

직접가열식 / 간접가열식

▶ 중앙식 급탕법의 비교 OX

구분	직접가열식	간접가열식
보일러	급탕용·난방용 보일러 각각 설치	난방용 보일러로 급탕까지 가능
보일러 내의 스케일	많이 낌	거의 끼지 않음
보일러 내의 압력	고압	저압
규모	중·소규모 건물	대규모 건물
저탕조 내의 가열코일	불필요	필요
열효율	높음	약간 떨어짐
가열장소	온수보일러	저탕조

3. 급탕설계

(1) 용도별 급탕온도

필요한 급탕온도는 용도에 따라 다르나, 보통 60~70℃를 표준으로 한다.

▶ 용도별 사용온도

용도	사용온도(℃)	용도	사용온도(℃)
음료용	50~55	세탁·면 및 모직물	33~37
목욕용	42~45	린넨 및 견직물	49~52
세면·수세용	40~42	수영장용	21~27
주방·일반용	45	세차용	24~30
접시세정 시 헹구기용	70~80	샤워	43

◯X문제

간접가열식은 직접가열식에 비해 저압의 보일러를 적용할 수 있다. (   )

간접가열식은 직접가열식보다 수처리를 더 자주 해야 한다. (   )

직접가열식은 간접가열식보다 대규모 설비에 적합하다. (   )

간접가열식은 직접가열식보다 열효율이 좋다. (   )

⊕ 고득점 심화학습

급탕배관 내의 급탕온도는 레지오넬라균의 서식을 방지하기 위하여 55~60℃로 유지하는 것이 좋다.

정답 ◯, ×, ×, ×

OX문제
급탕량 산정은 건물의 사용 인원수에 의한 방법과 급탕기구 수에 의한 방법이 있다. ( )

문제 추가요!
유효면적이 800m²인 사무용 건물에서 한 사람이 하루에 사용하는 급탕량이 10L인 경우, 이 건물에 필요한 급탕량(m³/d)은? (단, 유효면적당 인원은 0.2인/m²임)

해설
$Q_d = A \times k \times n \times q$(L/d)
A: 건물 연면적(m²)
k: 건물 연면적에 대한 유효 면적의 비율(%)
n: 유효면적당 인원(인/m²)
q: 건물 종류별 1인 1일당 사용 수량(L/d)
$Q_d = 800m² \times 0.2인/m² \times 10$(L/d)
$= 1,600$L/d
$= 1.6$m³/d

(2) 급탕량의 산정 OX

급탕량을 산정하는 데는 사용 인원수에 의한 방법과 기구의 종류와 개수에 의한 방법이 있으나, 일반적으로 인원수에 의한 산정방법이 정확한 값을 얻을 수 있다. 기출

① 인원수에 의한 방법

㉠ 1일 급탕량 Q_d(L/d) $= N \times q_d$ [여기에서 N: 사용 인원수(인)]

㉡ 시간최대급탕량 Q_m(L/h) $= Q_d \times q_h$

▶ **건물의 종류별 급탕량**

건물의 종류	1인 1일당 급탕량 (L/d·c)	1일 사용에 대한 1시간당 최대치 비율	피크로드의 지속시간	1일 사용량에 대한 저탕비율	1일 사용량에 대한 가열 능력 비율
	q_d	q_h	h	v	r
주택, 아파트, 호텔 등	75~150	1/7	4	1/5	1/7
사무실	7.5~11.5	1/5	2	1/5	1/6
공장	20	1/3	1	2/5	1/8

② 기구의 종류 및 개수에 의한 방법

시간최대급탕량 Q_m(L/h) $= P \times \sum(q'' \times f)$
P: 동시사용률(%)
q'': 기구의 시간당 급탕량(L/h)
f: 기구 수(개)

(3) 보일러의 가열능력(H)

$$H(kW) = \frac{Q_d \times r \times C \times (t_h - t_c)}{3,600}$$

Q_d: 1일 급탕량(L/d)
r: 가열능력 비율[위 (2)의 ①의 표]
t_h: 급탕온도(℃)
t_c: 급수온도(℃)
C: 물의 비열(4.2kJ/kg·K)

정답 O, 1.6m³/d

> **개념적용 문제**
>
> 1인 1일 급탕량 100리터(L), 급탕온도 70℃, 급수온도 10℃, 가열능력 비율 1/7, 물의 비열이 4.2kJ/kg·K일 경우 100인이 거주하는 공동주택에서의 급탕가열능력(kW)은? 제19회 기출
>
> **해설** $H(\text{kW}) = \dfrac{Q_d \times r \times C(t_h - t_c)}{3{,}600}$ 에서
>
> 1일 급탕량(Q_d) = 100인 × 100(L/인·d) = 10,000L/d
>
> $H = \dfrac{10{,}000 \times 1/7 \times 4.2 \times (70-10)}{3{,}600} = 100(\text{kW})$
>
> **정답** 100

(4) 저탕조의 용량

$$V(\text{L}) = Q_d \times v$$

Q_d: 1일 급탕량(L/d)
v: 1일 사용량에 대한 저탕비율[위 **(2)**의 ①의 표]

(5) 급탕순환펌프

① **강제순환방식의 사용**: 자연순환 수두가 크지 않은 경우 환탕배관 계통에는 순환펌프로 온수를 순환시키는 강제순환방식을 사용한다. 이때 순환펌프 유량은 환탕배관의 환탕유량으로 하고, 양정은 순환유량이 각 순환관로에 배분된 경우 마찰손실수두가 가장 큰 순환관로의 마찰손실수두로 한다.

② **순환펌프의 수량**

$$W = \dfrac{Q}{60 \cdot C \cdot \Delta t}$$

W: 순환수량(L/min)
Q: 배관과 펌프 및 기타 손실열량(kJ/h)
C: 물의 비열(kJ/kg·K)
Δt: 급탕·반탕의 온도 차(K 또는 ℃)

> **문제 추가요!**
>
> 연면적 3,000m² 사무용 건물에서 조건을 참조하여 급탕 저탕조 용량(L)을 구하시오.
>
> [조건]
> - 유효면적비: 60%
> - 유효면적당 인원: 0.2인/m²
> - 1인 1일 급탕량: 15L
> - 급탕 저탕비율: 1/5
>
> **해설** 저탕비율은 1일 급탕량의 1/5을 저장한다는 의미이므로 저탕조 용량은
> 3,000 × 0.6 × 0.2 × 15 × 1/5 = 1,080L

> **문제 추가요!**
>
> 다음과 같은 조건에서 급탕순환펌프의 순환수량(L/min)은?
>
> [조건]
> - 배관계통의 전열손실량: 4kW
> - 급탕온도: 65℃
> - 환탕온도: 55℃
> - 물의 비열: 4.2kJ/kg·K
>
> **해설**
>
> $W = \dfrac{4 \times 3{,}600}{60 \times 4.2 \times (65-55)}$
>
> ≒ 5.7L/min
>
> **정답** 1,080L, 5.7L/min

(6) 팽창관과 팽창탱크

① **팽창관**(도피관)
   ㉠ 온수 순환 배관 도중에 이상 압력이 생겼을 때 그 압력을 흡수하는 도피구이자 안전장치이다.
   ㉡ 팽창관은 급탕관에서 수직으로 연장시켜 고가탱크 또는 팽창탱크에 개방시킨다. 고가탱크(팽창탱크)의 최고 수위면으로부터의 팽창관의 수직높이 H는 다음과 같이 구한다.

$$H > h\left(\frac{\rho}{\rho'} - 1\right)(m)$$

h: 고가탱크에서의 정수두(m)
ρ: 물의 밀도(kg/L)
ρ': 탕의 밀도(kg/L)

개념적용 문제

다음과 같은 경우, 팽창관의 입상높이 H는 최소 얼마 이상으로 하여야 하는가? (단, 급탕 및 급수온도는 각각 80℃, 6℃이며, 이때의 물의 밀도는 각각 0.9718kg/L, 0.99997kg/L임)

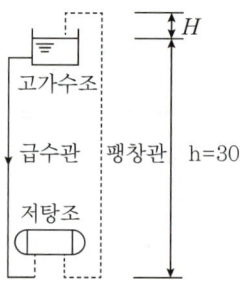

① 0.83m ② 0.87m
③ 0.90m ④ 0.93m

해설 $H = 30 \times \left(\dfrac{0.99997}{0.9718} - 1\right) ≒ 0.87(m)$

정답 ②

OX ⓒ 팽창관은 단독배관으로 하고 밸브를 설치하지 않는다. 기출

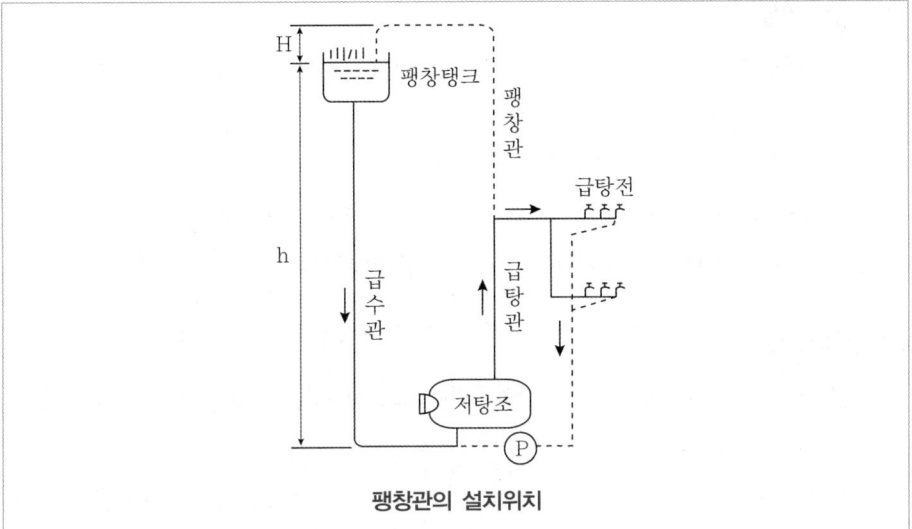

팽창관의 설치위치

OX ② **팽창탱크**

ㄱ) 급탕장치 내 물의 팽창에 의해 팽창관으로 유출하는 수량을 저장하는 탱크로서, 고가수조를 팽창탱크의 겸용으로 사용하는 경우도 있으나, 별도로 설치하는 것이 바람직하다.

ㄴ) 설치높이: 개방식 팽창탱크 설치높이는 탱크의 아래쪽이 최고층 급탕전보다 1.2m 이상 높은 곳에 설치한다.

ㄷ) 용량

$$V_e(\text{m}^3) = \left(\frac{1}{\rho_2} - \frac{1}{\rho_1}\right) \cdot V$$

V: 배관 및 기기 내 급탕량(m³)
ρ_1: 물의 밀도(kg/L)
ρ_2: 급탕의 밀도(kg/L)

(7) 관의 신축과 신축(팽창)량 기출

$$L(\text{mm}) = 1{,}000 \cdot I \cdot C \cdot \Delta t$$

I: 온도변화 전의 관의 길이(m)
C: 관의 선팽창계수
Δt: 온도 차(℃)

OX문제

점검에 대비하여 팽창관에는 게이트밸브를 설치한다.
( )

팽창관 도중에는 밸브를 설치해서는 안 된다. ( )

보일러 내의 온수 체적 팽창과 이상 압력을 흡수하기 위해 설치하는 팽창관에는 안전을 위해 감압밸브와 차단밸브를 설치한다. ( )

OX문제

팽창탱크의 용량은 급탕 계통 내 전체 수량에 대한 팽창량을 기준으로 산정한다. ( )

고득점 심화학습

급수방식에 따른 팽창탱크

1. 급수방식이 고가수조 방식인 경우에는 개방형 팽창탱크를 사용
2. 급수방식이 압력탱크 방식이나 펌프직송 방식인 경우에는 밀폐식 팽창탱크 사용

문제 추가요!

저탕조의 용량이 2m³이고 급탕배관 내의 전체 수량이 1m³일 때 개방형 팽창탱크의 용량(m³)은 얼마인가? (단, 급수의 밀도 1kg/L이고, 탕의 밀도는 0.983kg/L임)

해설

$V_e = \left(\dfrac{1}{0.983} - \dfrac{1}{1}\right) \times 3$

$\approx 0.052\text{m}^3$

문제 추가요!

온도 0℃, 길이 400m의 강관에 60℃의 급탕이 흐를 때 강관의 신축량(m)은? (단, 강관의 선팽창계수는 1.1×10^{-5}/℃임)

해설 $L = 1{,}000 \times 400 \times 1.1 \times 10^{-5} \times (60 - 0)$
$= 264\text{mm} = 0.264\text{m}$

정답 ×, ○, ×, ○, 0.052m³, 0.264m

4. 급탕설비의 기기와 장치

(1) 급탕가열기

① **구조**: 가열장치는 그 구조에 따라 순간식과 저탕식이 있다. 주로 대규모 건물인 경우 저탕식이 쓰인다.
② **보일러**: 주철제보일러와 강판제보일러가 쓰인다.
③ **급탕순환**: 급탕탱크로 순환되는 급탕가열기 연결 방법은 급탕가열기로 급탕이 원활하게 순환되도록 급탕배관을 설치한다.

(2) 급탕탱크(저탕조)

① 급탕탱크와 급탕기기는 내열성과 내식성이 있고 수질에 악영향을 주지 않는 재료를 사용하며 견고하고 수밀성이 있는 구조로 한다.
② 저탕탱크나 팽창탱크, 급탕용 열교환기, 온수헤더 등도 사용온도에 알맞은 내열성 재료를 사용한다.
③ 탱크용량은 열효율을 고려하여 선정한다.

(3) 급탕계통의 부속장치

① **체크밸브**: 급탕탱크의 급수관에는 급탕이 급수관으로 역류하지 않도록 체크밸브를 설치한다.
② **배수밸브**: 급탕탱크 하단에는 배수밸브를 설치한다.
③ **온도제어**: 급탕탱크나 급탕가열기의 급탕온도는 최저에서 최고허용온도까지 의도한 설정온도로 조정이 가능한 자동온도제어장치를 설치한다.
④ **차단밸브**: 급탕탱크나 급탕가열기의 급수관에는 차단밸브를 설치한다.

5. 급탕배관

(1) 배관방식

① **단관식**(1관식): 공급관뿐인 배관방식(온수를 급탕밸브까지 운반하는 배관을 단관식으로만 설치)으로, 순환관이 없어서 배관이 짧고(15m 이내) 간단하여 설비비가 적게 들기 때문에 주택이나 소규모 건물에 많이 이용된다.
  ㉠ 배관길이가 짧아 경제적이다.
  ㉡ 온수가 공급되기 전 처음에는 찬물이 나온다.
  ㉢ 주택 등의 소규모 급탕설비에 이용한다.

OX ② **순환식**(복관식 또는 2관식): 저탕조를 중심으로 회로배관을 형성하고 탕물이 항상 순환하고 있으므로 급탕전을 열면 뜨거운 물이 나오는 장점이 있다. 급탕관의 길이가 길 때 관 내 온수의 냉각을 방지하기 위하여 보일러에서 급탕밸브까지의 순환관을 배관하는 방식으로 대규모 건물에 주로 사용된다.
  ㉠ 시설비가 다소 비싸다.
  ㉡ 온수공급관과 환수관이 분리되어 있다.
  ㉢ 수전을 열면 즉시 온수가 나온다.
  ㉣ 중앙공급식 아파트 등에 이용한다.

③ **관경**
  ㉠ 최소관경 20mm 이상이어야 한다.
  ㉡ 급수관경보다 한 치수 큰 것을 쓴다.
  OX ㉢ 반탕관(최소 20mm 이상)은 **급탕관보다 작은 치수의 것을 사용한다.**
  ㉣ 급탕배관의 관경 결정에서 기구급탕부하단위는 기구급수부하단위의 3/4으로 한다.

▶ **급탕관 및 반탕관의 구경** (단위: mm)

급탕관경	25	32	40	50	65	80
급수관경	20	25	32	40	50	65
반탕관경	20	20	25	32	40	40

④ **배관의 구배**
  ㉠ 배관의 구배는 온수의 순환을 원활하게 하기 위해 될 수 있는 한 급구배로 한다.
    ⓐ 중력순환식: 1/150
    ⓑ 강제순환식: 1/200
  OX ㉡ 상향공급방식 기출
    ⓐ 급탕관: 선상향(앞올림)구배
    ⓑ 반탕관: 선하향(앞내림)구배
  OX ㉢ 하향공급방식 기출
    ⓐ 급탕관: 선하향(앞내림)구배
    ⓑ 반탕관: 선하향(앞내림)구배

● **고득점 심화학습**
1. 대규모 건물인 경우 급탕배관을 순환식으로 하는데, 그 이유는 어느 곳에서든 바로 뜨거운 물을 쓸 수 있도록 하기 위해서이다.
2. 급탕관경은 급수관보다 한 치수 큰 것을 사용하는데, 이는 물이 온도가 높아지면 체적팽창이 되기 때문이다.

OX문제
일반적으로 개별식은 단관식, 중앙식은 복관식으로 배관을 사용한다. ( )

급탕배관을 복관식(2관식)으로 하는 이유는 수전을 열었을 때, 바로 온수가 나오게 하기 위해서이다. ( )

중앙식에서 온수를 빨리 얻기 위해 단관식을 적용한다. ( )

OX문제
일반적으로 급탕관의 관경은 환탕관의 관경보다 크게 한다. ( )

OX문제
상향식 공급방식에서 급탕 수평주관은 선상향구배로 하고, 반탕(복귀)관은 선하향구배로 한다. ( )

OX문제
하향식 공급방식에서 급탕관은 선하향구배로 하고, 반탕(복귀)관은 선상향구배로 한다. ( )

급탕배관에서 하향공급방식은 급탕관과 반탕(복귀)관을 모두 선하향구배로 한다. ( )

정답 ○, ○, ×, ○, ○, ×, ○

➕ 고득점 심화학습
고온배관 기울기의 원칙
고온의 유체를 수송하는 급탕배관은 상향 기울기로 하는 것이 원칙이다.

➕ 고득점 심화학습
배관거리가 30m 이상인 중앙급탕방식에는 배관의 열손실을 보상하여 일정한 급탕온도를 유지할 수 있는 환탕배관과 급탕순환펌프를 설치한다.

➕ 고득점 심화학습
1. 설계 환탕유량으로 균등하게 분배될 수 있도록 역순환방식으로 배관하거나 수동 밸런싱밸브(수동정유량밸브)를 설치한다. (기출)
2. 역환수방식의 목적: 탕의 순환을 촉진, 온수의 온도가 떨어지는 결점 보완, 탕의 배분을 균등하게 한다.

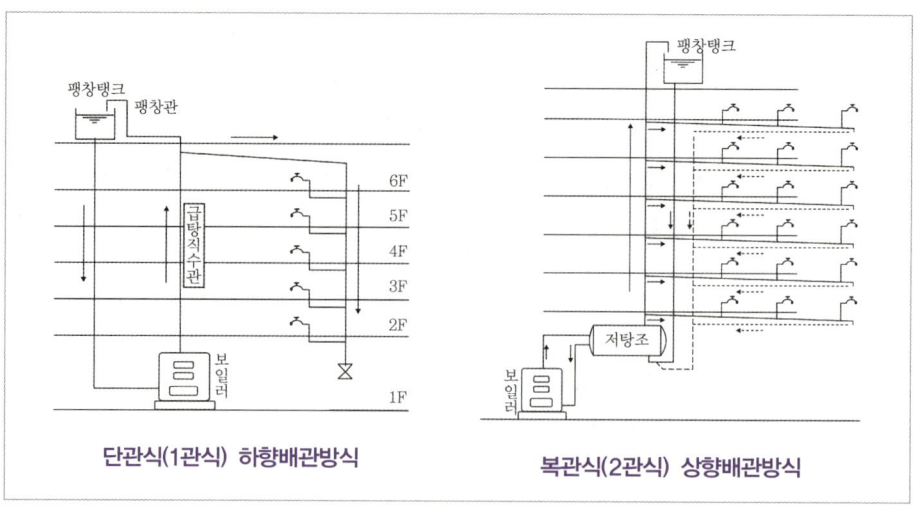

단관식(1관식) 하향배관방식   복관식(2관식) 상향배관방식

(2) 순환방식
① **중력식**: 급탕관과 순환관의 물의 온도 차에 의한 대류작용으로 자연순환되는 방식으로 소규모 건물에 적합하다.
② **강제식**: 순환펌프를 설치하여 이 펌프에 의해서 강제적으로 온수를 순환시키는 방식으로 중규모 이상 건물의 중앙식 급탕법에 적당하다.

(3) 공급방식
① **상향공급방식**: 온수가 위층으로 올라가면서 각 세대에 공급되는 방식으로 온수의 온도가 떨어지는 정도가 적어 널리 이용된다.
② **하향공급방식**: 온수가 옥상부분까지 일단 올라갔다가 내려오면서 공급되는 방식이며, 온수의 온도가 떨어지기 쉽다.
③ **역환수방식**(리버스리턴 방식): 하향식의 배관방식의 경우 **온수의 온도가 떨어지는 결점을 보완하기 위하여 반탕관을 거꾸로 회전시켜 보일러에 공급하는 방식을 말한다.** 기출

○×문제
유량을 균등하게 분배하기 위하여 역환수방식을 사용한다. ( )

급탕배관 계통에서 급탕관과 반탕관의 마찰손실을 같게 하여 균등한 유량이 공급되도록 하는 배관 방식은 직접환수방식이다. ( )

직접환수방식은 역환수방식에 비해 배관설치 비용이 증가한다. ( )

정답 ○, ×, ×

6. 시공상의 주의사항

(1) 공기빼기밸브(에어벤트밸브)

① 배관 시공에서 ㄷ자형 배관은 피하고 부득이 굴곡배관을 할 경우에는 공기빼기밸브를 설치하여 온수의 흐름을 원활하게 한다.
② 배관 도중에는 슬루스밸브를 사용하여 밸브에 공기가 고이지 않도록 한다.

(2) 슬리브 배관

급탕배관이 벽이나 바닥을 관통하는 경우 온수 온도변화에 따른 배관의 신축이 쉽게 이루어지도록 벽(바닥)과 배관 사이에 슬리브를 설치하여 벽(바닥)과 배관을 분리시킨다.

(3) 배관 신축이음

배관에 생기는 팽창량을 흡수하여, 응력에 의한 배관 이음쇠의 파손부분에서 발생하는 누수를 방지하기 위하여 배관 중에 신축이음쇠를 설치한다.

① **신축이음의 종류** 기출

스위블 조인트	• 2개 이상의 엘보를 이용하여 나사부의 회전으로 신축을 흡수한다. • 방열기 주변 배관에 많이 이용한다. • 누수의 염려가 있다.
슬리브형	• 일반적으로 사용되며 신축량이 크고 소요공간이 작다. • 활동부 패킹의 파손 우려가 있어 누수되기 쉽다. • 보수가 용이한 곳에 설치한다(벽, 바닥용의 관통배관).
벨로즈형	• 주름모양의 원형판에서 신축을 흡수한다. • 설치공간은 작은 편이다. • 누수의 염려가 있고 고압에는 부적당하다.
신축곡관	• 파이프를 원형 또는 ㄷ자형으로 밴딩하여 밴딩부에서 신축을 흡수한다. • 고압에 잘 견딘다. • 신축길이가 길며 설치에 넓은 장소가 필요하므로 옥외배관에 적당하다.
볼 조인트	• 최근에 쓰이기 시작한 것으로 내측 케이스와 외측 케이스로 구성되어 있고, 일정 각도 내에서 자유로이 회전한다. • 볼 조인트를 2~3개 사용하여 배관하면 관의 신축을 흡수할 수 있다. • 수직관에서 분기되는 횡지관의 신축이음이나 직각 배관 등에 주로 쓰인다. • 신축곡관에 비해 설치 공간이 작다. • 고온 고압에 잘 견디는 편이나, 가스켓이 열화되는 경우가 있다.

OX문제

ㄷ자형의 배관 시에는 배관 도중에 공기의 정체를 방지하기 위하여 에어챔버를 설치한다. (   )

OX문제

수온변화에 의한 배관의 신축을 흡수하기 위하여 팽창탱크를 설치한다. (   )

급탕배관에는 관의 온도변화에 따른 팽창과 수축을 흡수할 수 있는 장치를 설치하여야 한다. (   )

OX문제

급탕배관의 신축이음에서 벨로즈형은 2개 이상의 엘보를 사용하여 나사 부분의 회전에 의하여 신축을 흡수한다. (   )

2개 이상의 엘보를 이용하여 신축을 흡수하는 이음은 더블 벨로즈형이다. (   )

신축이음의 종류에는 슬리브형, 라인형, 컬러형 등이 있다. (   )

정답 ×, ×, ○, ×, ×, ×

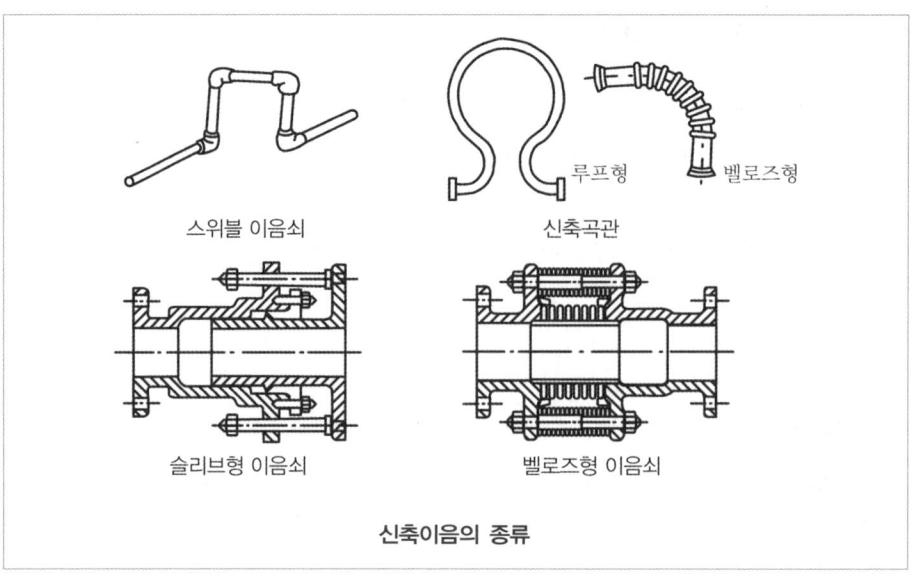

신축이음의 종류

② 신축이음의 설치위치
  ㉠ 동관: 20m마다 신축이음을 설치
  ㉡ 강관: 30m마다 신축이음을 설치

(4) 관의 부식에 대한 고려 OX

부식되기 쉽고 수명이 짧으므로 수리, 교환이 용이하도록 노출 배관으로 한다.

(5) 급탕설비의 고려사항

① **열팽창 제어**: 급탕가열기의 급수배관에 체크밸브나 감압밸브 또는 역류방지밸브를 설치한 경우에는 이 밸브 하류에 열팽창에 의한 압력제어장치를 설치해야 한다.
② **위생기구의 급탕수도꼭지 위치**: 급탕수도꼭지는 위생기구의 왼쪽에 설치한다.
③ **배관보온**: 자동으로 온도를 유지하는 급탕배관은 열전도율 0.038W/(m·K) 이하의 25mm 이상의 단열재로 보온한다.
④ **환탕유량의 균등 분배**: 환탕관에 수동 밸런싱밸브를 설치하여 급탕배관에 설계환탕유량이 균등하게 분배될 수 있도록 하여야 하며, 유량 균등 분배가 가능한 경우에는 역환수 배관방식도 가능하다.

○X문제

동일 재질의 관을 사용하였을 경우 급탕배관은 급수배관보다 관의 부식이 발생하기 쉽다.
( )

고득점 심화학습

반탕관에서의 찬물이 역류하지 않도록 체크밸브를 설치한다.

정답 ○

5 배수·통기설비

1. 배수설비의 정의

'배수설비'란 건물·시설 등에서 발생하는 하수를 공공하수도에 유입시키기 위하여 설치하는 배수관과 그 밖의 배수시설을 말한다(하수도법 제2조 제12호).

2. 배수설비 등의 설치기준

(1) 배수설비의 설치

① **배수설비 설치장소**: 주택의 부엌, 욕실, 화장실 및 다용도실 등 물을 사용하는 곳과 발코니의 바닥에는 배수설비를 하여야 한다. 다만, 급수설비를 설치하지 아니하는 발코니인 경우에는 그러하지 아니하다(주택건설기준 등에 관한 규정 제43조 제4항).

② **배수설비의 구조**: 배수설비에는 악취 및 배수의 역류를 막을 수 있는 시설을 하여야 한다(주택건설기준 등에 관한 규정 제43조 제5항).

③ **배수설비의 연결**: 배수설비는 오수관로에 연결하여야 한다(주택건설기준 등에 관한 규칙 제10조 제1항).

(2) 배수용 배관설비

① **배수용 배관의 매설**: 주택에 설치하는 급수·배수용 배관은 콘크리트구조체 안에 매설하여서는 아니 된다. 다만, 다음의 어느 하나에 해당하는 경우에는 그러하지 아니하다(주택건설기준 등에 관한 규정 제43조 제1항).

㉠ 급수·배수용 배관이 주택의 바닥면 또는 벽면 등을 직각으로 관통하는 경우

㉡ 주택의 구조안전에 지장이 없는 범위에서 콘크리트구조체 안에 덧관을 미리 매설하여 배관을 설치하는 경우

㉢ 콘크리트구조체의 형태 등에 따라 배관의 매설이 부득이하다고 사업계획승인권자가 인정하는 경우로서 배관의 부식을 방지하고 그 수선 및 교체가 쉽도록 하여 배관을 설치하는 경우

② **화장실의 급수·배수용 배관**: 주택의 화장실에 설치하는 급수·배수용 배관은 다음의 기준에 적합하여야 한다(주택건설기준 등에 관한 규정 제43조 제2항). 기출

• 배수·통기설비(Drainage Waste and Vent System, DWV System)
건물이나 부지 내에 있는 기구나 이음쇠, 밸브, 탱크 또는 기기 등을 이용하여 배수하는 설비의 총칭이다. 지상층의 배수계통은 일반적으로 중력식(자연유하 방식)이고 통기관이 부설되기 때문에 이와 같은 총칭을 사용한다.

• 배수관(Drainage Pipe, Waste Pipe, Drain Pipe, Drain)
오수나 잡배수, 우수 등을 각각 단독으로나 합류하여 배출하는 관을 말한다. 오수만을 배출하는 배수관을 오수배수관 또는 오수관, 잡배수만을 배출하는 배수관을 잡배수관, 우수를 배출하는 배수관을 우수관이라 한다.

• 배수(Drain, Drainage, Soil and Waste Water)
건물과 부지 내에서 생기는 오수나 잡배수, 우수, 특수배수 등 버리는 물의 전부 또는 이것을 배출하는 것을 말한다.

㉠ 급수용 배관에는 **감압밸브** 등 수압을 조절하는 장치를 설치하여 각 세대별 수압이 일정하게 유지되도록 할 것

㉡ 배수용 배관은 층상배관공법(배관을 해당 층의 바닥 슬래브 위에 설치하는 공법을 말한다) 또는 층하배관공법(배관을 바닥 슬래브 아래에 설치하여 아래층 세대 천장으로 노출시키는 공법을 말한다)으로 설치할 수 있으며, 층하배관공법으로 설치하는 경우에는 일반용 경질(단단한 재질) 염화비닐관을 설치하는 경우보다 같은 측정조건에서 **5데시벨 이상** 소음 차단성능이 있는 저소음형 배관을 사용할 것

③ **배관설비의 설치 및 구조기준**: 건축물에 설치하는 배수 등의 용도로 쓰는 배관설비의 설치 및 구조는 다음의 기준에 적합하여야 한다(주택건설기준 등에 관한 규칙 제10조 제2항, 건축물의 설비기준 등에 관한 규칙 제17조).

㉠ 배관설비를 콘크리트에 묻는 경우 부식의 우려가 있는 재료는 부식 방지조치를 할 것

㉡ 건축물의 주요 부분을 관통하여 배관하는 경우에는 건축물의 구조내력에 지장이 없도록 할 것

㉢ 승강기의 승강로 안에는 승강기의 운행에 필요한 **배관설비 외의 배관설비를 설치하지 아니할 것**

㉣ 압력탱크 및 급탕설비에는 폭발 등의 위험을 막을 수 있는 시설을 설치할 것

㉤ 배출시키는 빗물 또는 오수의 양 및 수질에 따라 그에 적당한 용량 및 경사를 지게 하거나 그에 적합한 재질을 사용할 것

㉥ 배관설비에는 배수트랩·통기관을 설치하는 등 위생에 지장이 없도록 할 것

㉦ 배관설비의 오수에 접하는 부분은 **내수재료**를 사용할 것

㉧ 지하실 등 공공하수도로 자연배수를 할 수 없는 곳에는 배수용량에 맞는 강제배수시설을 설치할 것

㉨ 우수관과 오수관은 **분리하여 배관할 것**

㉩ 콘크리트구조체에 배관을 매설하거나 배관이 콘크리트구조체를 관통할 경우에는 구조체에 덧관을 미리 매설하는 등 배관의 부식을 방지하고 그 수선 및 교체가 용이하도록 할 것

3. 배수 계통의 분류

(1) 사용목적에 의한 분류
① **오수**: 수세식 화장실로부터의 배수 중 오물을 포함하고 있는 대·소변기, 비데, 변기소독기 등에서의 배수
② **잡배수**: 부엌 싱크, 세면기, 욕실 등에서의 배수
③ **우수배수**: 옥상이나 발코니 등의 루프 드레인에서의 배수
④ **특수배수**: 공장 폐수 등과 같이 유해한 물질이나 병원균·방사능 물질 등을 포함한 물의 배수

(2) 사용개소에 의한 분류
① **옥내배수**: 건물 내의 배수 및 건물의 외벽에서 1.0m까지의 배수
② **옥외배수**: 옥내배수 이외의 배수

(3) 배수방식에 의한 분류
① **중력식 배수**: 자연 유하에 의해서 배수를 배출하는 방식으로, 지대가 공동 하수관보다 높아야 한다.
② **기계식 배수**: 배수펌프에 의해서 양수를 배제하는 방식으로, 지대가 낮은 경우(지하실 등)에 사용한다.

(4) 배수처리방식에 의한 분류
① **합류 배수**: 오수와 잡배수를 한데 모아 하수종말처리장에서 처리한 다음 하천으로 방류한다.
② **분류 배수**: 건물에서의 배수를 오수, 잡배수, 우수로 나누어 각 배출하는 방식으로 오수는 정화조에서 처리한 후 하천으로 방류한다.

(5) 기구 접속 방법에 의한 분류
① **직접배수**: 위생기구의 배수관과 배수 설비를 직접 연결하는 방식
② **간접배수**
  ㉠ **간접배수관**(Indirect Waste Pipe): 배수관을 배수관 계통에 직접 연결하지 않고 일단 배수구 공간을 둔 후 트랩이나 기구, 물받이 용기 또는 포집기 내로 배수하는 배수관을 말한다. 기출
  ㉡ 배관이나 장비에 일정 압력이 걸려 있는 경우 배수로 인해 주변 장치나 배관에 영향을 미칠 수 있는 경우에도 적용한다.

OX문제
기구를 배수관에 직접 연결하지 않고, 도중에 끊어서 대기에 개방시키는 배수방식을 간접배수라 한다. (　　)

• **배수구 공간**(Air Gap For Indirect Waste, Air Break)
배수관 출구와 물받이 용기의 물넘침선 사이의 대기 중의 수직거리이다.

고득점 심화학습
각종 음료용 저수탱크 등의 간접배수관의 배수구 공간은 최소 150mm로 한다.

• **물받이 용기**(Receptacle, Receptor, Vessel)
사용할 물이나 사용한 물을 일시적으로 저류하거나 이것을 배수계통에 보내기 위해 이용하는 기구이다.

정답 O

> **OX문제**
>
> 급수탱크의 배수방식은 간접식보다 직접식으로 해야 한다. ( )
>
> 급수용 저수조의 오버플로(Overflow)관은 간접배수 방식으로 한다. ( )
>
> 저수조 넘침(Over Flow)관은 일반배수계통에 직접 연결한다. ( )

- **트랩(Trap)**
  위생기구나 배수계통 내의 장치로 그 내부에 봉수부를 두고, 배수 흐름에 지장을 주지 않으면서, 배수관 속의 공기가 실내로 유입되는 것을 방지하는 기구이다.

- **통기(Vent)**
  배수를 원활하게 하고, 동시에 배수에 의해 생기는 기압변동으로부터 트랩봉수를 보호할 목적으로 공기를 유통시키는 것, 또는 탱크에서 수위변화에 의해 생기는 기압변동을 조정할 목적으로 공기를 유통시키는 것이다.

- **물넘침선 (Flood Level Rim)**
  위생기구나 그 외의 다른 물 사용기기의 경우는 그 위쪽 가장자리로 하고, 탱크의 경우는 오버플로 출구에서 물이 넘쳐 나오는 부분의 최하단을 말한다.

정답 ×, O, ×

OX ㉢ 간접배수 대상 기기

기기 및 장치의 종류 등	기기 및 장치명
냉장 관련 기기	냉장고, 냉동차, 쇼케이스 등의 식품냉장, 냉동기기
주방 관련 기기	야채껍질 벗기는 기계, 쌀 씻는 기계, 찜기, 스팀테이블, 제빙기, 식품세척기, 소독기, 카운터 설겆이대, 식품세척기, 식품세척용 싱크
세탁 관련 기기	세탁기, 탈수기 등의 세탁용 기기
음수기	음수기, 식료용 냉수기
의료·연구용 기기	증류수 장치, 멸균기, 소독기, 세척장치 등의 의료·연구용 기기
수영용 풀장	풀장 자체의 배수, 주변에 설치된 오버플로의 배수, 주변 보도의 바닥배수 및 여과장치의 역세수 등
분수	분수지 자체 배수 및 오버플로 중에서 여과장치의 역세수 등
배관, 장치의 배수	각종 탱크의 배수, 및 오버플로 입구의 배수, 펌프의 배수, 결로수 등의 배수, 각종 배관계통의 물빼기, 물자켓의 배수, 냉각탑, 공조기 등의 배수, 증기계통 등의 배수^{기출}

㉣ 간접배수관 설치: 간접배수관은 배수구와의 공간을 두어 물받이 용기에 간접배수를 한다. 물받이 용기는 트랩* 및 통기*가 되게 하여 건물배수관에 연결시켜야 한다. 수평 배관길이가 750mm 이상이거나 전체 배관길이가 1,300mm 이상인 모든 **간접배수관은 트랩을 설치한다.** 간접배수관과 물받이 용기의 물넘침선* 사이의 배수구 공간은 간접배수관 유효 개구부의 두 배 이상이어야 한다. 다만, 배수 물받이 용기에 맑은 물 배수만 받고 위생배수관에 직접 연결하지 않는 경우는 물받이 용기에 트랩을 설치할 필요가 없다.

㉤ 배수 물받이: 물받이 용기의 배출구에는 탈착 가능한 스트레이너나 바구니를 설치한다. 물받이 용기는 통풍이 잘 되는 공간에 설치하며, 욕실이나 화장실, 좁은 공간, 다락방, 천장 위와 바닥 아래 사이 공간, 벽장이나 창고 같은 접근하기 어렵거나 환기가 안 되는 곳에는 설치하지 않아야 한다. 또한 물받이 용기는 점검이 쉬워야 한다.

ⓐ 물받이 용기의 크기는 물받이 용기가 담당하는 모든 간접 배수관의 최대 배출량으로 선정한다. 물받이 용기는 물이 비산되거나 넘치지 않도록 설치한다.

ⓑ 물받이는 물이 투과되지 않는 바닥 위로 25mm 이상 연장한 배관 또는 허브형식으로 하고 스트레이너는 설치하지 않는다.

4. 물의 재이용 촉진 및 지원에 관한 법률

(1) 정의

① **물의 재이용**: 빗물, 오수(汚水), 하수처리수, 폐수처리수 및 온배수를 물 재이용시설을 이용하여 처리하고, 그 처리된 물(이하 '처리수'라 한다)을 생활, 공업, 농업, 조경, 하천 유지 등의 용도로 이용하는 것을 말한다(물의 재이용 촉진 및 지원에 관한 법률 제2조 제1호).

② **물 재이용시설**: 빗물이용시설, 중수도, 하·폐수처리수 재이용시설 및 온배수 재이용시설을 말한다(물의 재이용 촉진 및 지원에 관한 법률 제2조 제2호).

③ **빗물이용시설**: 건축물의 지붕면 등에 내린 빗물을 모아 이용할 수 있도록 처리하는 시설을 말한다(물의 재이용 촉진 및 지원에 관한 법률 제2조 제3호).

④ **중수도**: 개별 시설물이나 개발사업 등으로 조성되는 지역에서 발생하는 오수를 공공하수도로 배출하지 아니하고 재이용할 수 있도록 개별적 또는 지역적으로 처리하는 시설을 말한다(물의 재이용 촉진 및 지원에 관한 법률 제2조 제4호).

(2) 물 재이용시설의 설치·관리

① **빗물이용시설의 설치의무**: 대통령령(아래 ②)으로 정하는 종합운동장, 실내체육관, 공공청사, 공동주택, 학교, 골프장 및 「유통산업발전법」에 따른 대규모점포를 신축[대통령령(아래 ③)으로 정하는 규모 이상으로 증축·개축 또는 재축하는 경우를 포함한다]하려는 자는 빗물이용시설을 설치·운영하여야 한다(물의 재이용 촉진 및 지원에 관한 법률 제8조 제1항).

② **신축에 따른 빗물이용시설의 설치대상**: 위 ①에서 '대통령령으로 정하는 종합운동장, 실내체육관, 공공청사, 공동주택, 학교, 골프장 및 「유통산업발전법」에 따른 대규모점포'란 다음의 어느 하나에 해당하는 시설물 등을 말한다(물의 재이용 촉진 및 지원에 관한 법률 시행령 제10조 제1항).

㉠ 다음의 어느 하나에 해당하는 시설물로서 지붕면적이 1천 제곱미터 이상인 시설물

ⓐ 「체육시설의 설치·이용에 관한 법률 시행령」 [별표 1]에 따른 운동장(지붕이 있는 경우로 한정한다) 또는 체육관

ⓑ 「건축법 시행령」 [별표 1] 제14호 가목에 따른 공공업무시설(군사·국방시설은 제외한다)

ⓒ 「공공기관의 운영에 관한 법률」 제4조 제1항에 따른 공공기관의 청사
ⓛ 「건축법 시행령」 [별표 1] 제2호에 따른 아파트, 연립주택, 다세대주택 및 기숙사로서 건축면적이 1만 제곱미터 이상인 공동주택
ⓒ 「건축법 시행령」 [별표 1] 제10호 가목에 따른 초등학교, 중학교, 고등학교, 전문대학, 대학 및 대학교로서 건축면적이 5천 제곱미터 이상인 학교
ⓒ 「체육시설의 설치·이용에 관한 법률 시행령」 [별표 1]에 따른 골프장으로서 부지면적이 10만 제곱미터 이상인 골프장
ⓒ 「유통산업발전법」 제2조 제3호에 따른 대규모점포

③ **증축·개축 또는 재축에 따른 빗물이용시설의 설치대상**: 위 ①에서 '대통령령으로 정하는 규모 이상으로 증축·개축 또는 재축하는 경우'란 다음의 어느 하나에 해당하는 경우를 말한다(물의 재이용 촉진 및 지원에 관한 법률 시행령 제10조 제2항).

㉠ 위 ②의 ㉠의 시설물로서 다음의 어느 하나에 해당하는 경우
  ⓐ 증축으로 누적된 지붕면적이 1천 제곱미터 이상인 경우
  ⓑ 개축·재축한 지붕면적이 1천 제곱미터 이상인 경우
㉡ 위 ②의 ㉡의 시설물로서 다음의 어느 하나에 해당하는 경우
  ⓐ 증축으로 누적된 건축면적이 1만 제곱미터 이상인 경우
  ⓑ 개축·재축한 건축면적이 1만 제곱미터 이상인 경우
㉢ 위 ②의 ㉢의 시설물로서 다음의 어느 하나에 해당하는 경우
  ⓐ 증축으로 누적된 건축면적이 5천 제곱미터 이상인 경우
  ⓑ 개축·재축한 건축면적이 5천 제곱미터 이상인 경우
㉣ 위 ②의 ㉣의 골프장으로서 다음의 어느 하나에 해당하는 경우
  ⓐ 증축으로 누적된 부지면적이 10만 제곱미터 이상인 경우
  ⓑ 개축·재축한 부지면적이 10만 제곱미터 이상인 경우
㉤ 위 ②의 ㉤의 시설물로서 다음의 어느 하나에 해당하는 경우
  ⓐ 증축으로 누적된 매장면적이 3천 제곱미터 이상인 경우
  ⓑ 개축·재축한 매장면적이 3천 제곱미터 이상인 경우

④ **빗물이용시설의 시설기준**: 빗물이용시설에는 다음의 시설을 갖추어야 한다(물의 재이용 촉진 및 지원에 관한 법률 시행규칙 제4조 제1항).

㉠ 지붕(골프장의 경우에는 부지를 말한다)에 떨어지는 빗물을 모을 수 있는 집수시설(集水施設)

ⓒ 처음 내린 빗물을 배제할 수 있는 장치나 빗물에 섞여 있는 이물질을 제거할 수 있는 여과장치 등 처리시설

　ⓒ 위 ⓒ에 따른 처리시설에서 처리한 빗물을 일정 기간 저장할 수 있는 다음의 요건을 갖춘 빗물 저류조(貯溜槽)

　　ⓐ 지붕의 빗물 집수 면적에 0.05미터를 곱한 규모 이상의 용량(골프장의 경우 해당 골프장에 집수된 빗물로 연간 물사용량의 40퍼센트 이상을 사용할 수 있는 용량을 말한다)일 것

　　ⓑ 물이 증발되거나 이물질이 섞이지 아니하고 햇빛을 막을 수 있는 구조일 것

　　ⓒ 내부를 청소하기에 적합한 구조일 것

⑤ **빗물이용시설의 관리기준**: 빗물이용시설의 관리기준은 다음과 같다(물의 재이용 촉진 및 지원에 관한 법률 시행규칙 제4조 제2항).

　㉠ 음용(飮用) 등 다른 용도에 사용되지 아니하도록 배관의 색을 다르게 하는 등 빗물이용시설임을 분명히 표시할 것

　㉡ 연 2회 이상 주기적으로 위 ④의 시설에 대한 위생·안전 상태를 점검하고 이물질을 제거하는 등 청소를 할 것 기출

　㉢ 빗물사용량, 누수 및 정상가동 점검결과, 청소일시 등에 관한 자료를 기록하고 3년간 보존할 것(전자적 방법으로 기록·보존할 수 있다)

⑥ **기준의 준수**: 빗물이용시설의 소유자 또는 관리자는 시설·관리기준 등을 준수하여야 한다(물의 재이용 촉진 및 지원에 관한 법률 제8조 제6항).

⑦ **이행명령**: 시장·군수·구청장등은 위 ①에 따라 시설물을 신축하려는 자가 빗물이용시설을 설치·운영하지 아니하는 경우에는 그 이행을 명할 수 있다(물의 재이용 촉진 및 지원에 관한 법률 제8조 제7항).

⑧ **위반 시 조치명령**: 시장·군수·구청장등은 빗물이용시설의 소유자 또는 관리자가 시설·관리기준 등을 위반한 경우에는 시설의 개선·보수 등 필요한 조치를 할 것을 명할 수 있다(물의 재이용 촉진 및 지원에 관한 법률 제8조 제8항).

OX문제

배수트랩의 역할 중 하나는 배수관 내에서 발생한 악취가 실내로 침입하는 것을 방지하는 것이다. ( )

OX문제

트랩은 자기사이펀작용이 발생하기 쉬운 구조일 것 ( )

트랩은 구조가 간단하며 자기세정작용을 할 수 있을 것 ( )

배수트랩은 봉수가 파괴되지 않는 형태로 한다. ( )

배수관 트랩 봉수의 유효깊이는 주로 50~100cm 정도로 해야 한다. ( )

트랩의 유효 봉수 깊이가 깊으면 유수의 저항이 증가하여 통수능력이 감소된다. ( )

- **트랩의 자정작용**
  배수의 힘으로 트랩의 봉수부에 침적하거나 부착할 수 있는 이물질을 흘러가게 하는 작용이다.

- **봉수(Water Seal)**
  배수관 등에서 취기나 하수가스 또는 해충 등이 실내로 침입하는 것을 방지하기 위하여 트랩에 고이게 한 물을 말한다. 이런 구조의 트랩을 수봉식 트랩이라고 하며, 기구배수의 일부가 수봉을 위한 물이므로 이것을 봉수라고 한다.

- **봉수 깊이**
  트랩 내로 공기가 통과하기 위해 제거되어야 할 트랩 내의 액체 깊이를 말한다. 트랩의 웨어(Weir)와 디프(Dip) 사이의 수직거리이다.

정답 ○, ×, ○, ○, ×, ○

(3) 중수도의 용도

수돗물로서 공급되는 여러 가지 용도 중에서 **음용을 제외한 모든 용도에 대하여 중수도를 도입할 수 있다.** 그러나 입을 통하여 섭취되는 취사 용수 및 피부와의 접촉을 피할 수 없는 목욕 용수, 세수·세면 용수, 세탁 용수 등은 심리적 거부감과 세균, 바이러스 감염 등의 위생적 불안전성 때문에 이러한 용도에 대하여는 중수도에 의한 물 공급이 적당하지 못하다. 따라서 중수도의 용도는 다음과 같은 범위로 한정한다. 기출

① 수세식 화장실 용수 및 조경 용수
② 청소 용수 및 살수 용수
③ 세차 용수 및 소방 용수

(4) 중수도의 원수

일반적으로 중수도의 원수는 대·소변기 이외의 일반하수이다. 즉, 건물 또는 기타 시설물의 잡배수를 우선적으로 생각할 수 있고, 하수처리장에서 처리된 하수처리수를 사용하기도 한다. 이 외에 우수, 지하수, 하천수, 해수 등을 사용한다.

5. 트랩

(1) 개요 OX

트랩의 역할은 하수 본관 및 가옥 배수관 내에서 발생한 하수 유해가스가 위생기구에서 배수가 안 될 때 빈 관 속을 통하여 실내에 침입하는 것을 방지하는 것이다. 배수계통의 요소에는 트랩을 부착하여야 한다. 기출

(2) 트랩의 구비조건 OX

① 구조가 간단할 것
② 기구트랩은 자정작용*이 있을 것 기출
③ 오물이 정체하지 않을 것
④ 트랩이 기구 일체형이거나 내식성 재질이 아니면 기구트랩 내부에는 격판이 없을 것
⑤ 가동부분이 없을 것
⑥ 봉수*가 항상 유지될 수 있는 구조일 것 기출
⑦ 유효 봉수 깊이*(50~100mm)를 유지할 것(점검이 쉬운 기구의 특수 형식은 더 깊게 할 수 있다) 기출

⑧ 재질은 내식성 및 내구성이 우수할 것

(3) 기구트랩 관지름
트랩의 관지름은 연결된 배수관보다 크지 않아야 한다.

(4) 트랩의 종류 OX

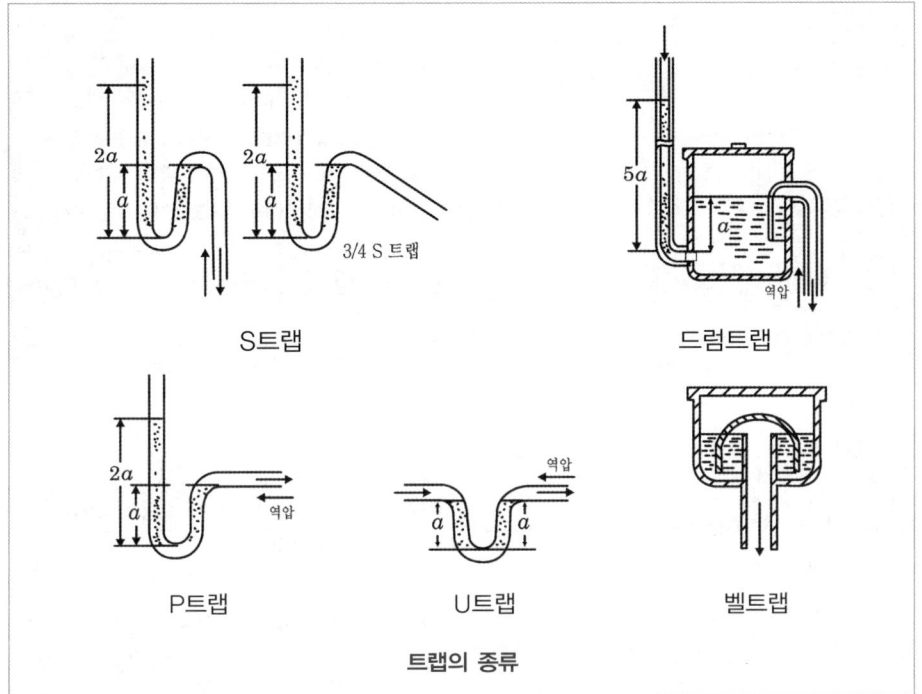

트랩의 종류

구분	종류	사용 장소	특징
사이펀식 트랩 (관트랩)	S트랩	대·소변기, 세면기	자기사이펀작용*이 잘 일어나는 형태로서 수봉이 파괴될 우려가 많아 되도록 사용을 피하는 것이 바람직하다. 바닥 밑의 배수관에 접속하게 되므로 배수관이 바닥면을 관통하게 되는 경우가 많아 공간효율이 나쁘다.
	P트랩	세면기	널리 사용되고 있는 트랩으로서 각개통기관을 설치하면 수봉이 파괴되는 일이 거의 없는 이상적인 트랩이다. 벽체 내의 배수관에 접속하므로, 배수관이 바닥면을 관통하지 않아 공간효율이 좋다.
	U트랩(메인트랩, 가옥트랩)	배수횡주관	우수관을 오수관에 접속하는 개소나 하우스트랩을 설치하는 경우에 수평배관에 사용된다. 이 트랩은 흐름에 장해를 주어 배수가 정체되거나 자정작용이 충분하지 않아 찌꺼기 등이 쌓여 막히기 쉬운 결점이 있기 때문에 특히 필요한 개소 이외에는 사용하지 않는 편이 좋다.

+ 고득점 심화학습

금지 트랩
1. 봉수 유지를 위해 가동 부분이 있는 트랩
2. 격벽에 의한 것
3. 수봉식이 아닌 경우
4. 비닐호스에 의한 것
5. 2중 트랩
6. 정부(頂部)통기트랩(트랩 위어에서 배수관 직경의 2배 이내에 통기관이 접속된 것)
7. 내부치수가 동일한 S트랩

• **사이펀작용(Siphon Effect, Siphonage)**
트랩 봉수가 사이펀 원리로 흐르는 것을 말한다. 기구 자신의 배수에 의해 생기는 자기사이펀작용과 다른 기구의 배수에 의한 부압으로 생기는 유도사이펀작용이 있다.

OX문제

드럼 트랩은 트랩부의 수량(水量)이 많기 때문에 트랩의 봉수는 파괴되기 어렵지만 침전물이 고이기 쉽다. ( )

벨트랩은 관트랩보다 자기사이펀작용에 의해 트랩의 봉수가 파괴되기 쉽다. ( )

배수설비의 트랩 중 기구트랩은 바닥 배수의 용도로 사용한다. ( )

헤어 조집기(Hair Interceptor)는 세탁소 등에 설치하여 실이나 천조각을 제거하는 역할을 한다. ( )

정답 O, ×, ×, ×

고득점 심화학습

1. Interceptor의 기능을 하는 포집기를 예전에는 배수트랩과 같이 트랩으로 호칭하였으나 최근에는 대한설비공학회의 용어사전에 따라 포집기로 호칭한다.
2. 포집기의 정의: 배수 중에 포함된 유해하거나 위험한 물질, 배수관으로 흘려보내서는 안 되는 물질 또는 재이용할 수 있는 물질의 유하를 저지하고 분리·수집하고, 나머지 배수만을 자연유하로 배수될 수 있는 형상과 구조를 가진 기구나 장치이다.

OX문제

역압에 의한 봉수파괴 현상은 상층부 기구에서 자주 발생한다. ( )

가장 높은 층의 주호에서는 부엌의 배수가 한꺼번에 흘러나오면 배수관 내 압력이 높아져 트랩의 봉수가 실내로 뿜어져 나와 파봉하는 경우가 있다. ( )

집을 오랫동안 비워두면 증발작용으로 봉수가 파괴된다. ( )

대규모 설비에서 배수 수직관의 하층부 기구에서는 역압에 의한 분출작용으로 봉수가 파괴되는 현상이 발생한다. ( )

정답 ×, ×, ○, ○

비사이펀식 트랩	드럼트랩 기출	주방싱크 배수	트랩의 외형이 드럼모양으로 되어 있으며 싱크류의 배수용으로 많이 사용된다. 이 트랩은 봉수가 다량으로 고여 있게 되어 봉수의 파괴염려가 없지만 자정작용이 없어 침전물이 정체되기 쉽다. 따라서 점검이나 청소가 용이한 구조라야 한다.
	벨트랩 (플로어트랩) 기출	바닥 배수	벨 모양의 기구를 배수구에 씌운 형태로서 욕실 등의 바닥배수에 흔히 사용된다. 그러나 트랩 내에는 가동부분이 없도록 해야 하는데, 이 트랩은 벨 모양의 기구가 가동부품이기 때문에 청소할 때 등 경우에 따라 벨 부품이 제거된 채로 사용하게 되어, 트랩의 기능을 발휘하지 못하게 되는 경우가 있다. 또한 이 트랩은 막히기 쉬운 구조로 되어 있어 사용하지 않는 편이 바람직하다.
포집기 (조집기·저집기)형 트랩 (트랩 기능과 여과기의 기능)	그리스트랩	주방	주방 등에서 나오는 기름기가 많은 배수로부터 기름기를 분리시키는 장치로, 분리된 기름기를 제거 후 다시 사용한다.
	가솔린트랩	차고, 세차장	가솔린을 트랩 상부에 띄워 휘발시킨다.
	샌드트랩	해안가, 풀장, 주차장	배수 중의 모래, 진흙을 제거한다.
	헤어트랩 기출	이발소, 미장원, 목욕탕	머리카락의 배수관 유입을 막는 것으로 금속망의 트랩을 사용한다.
	플라스터트랩	치과기공실, 정형외과	고형물 조각이나 플라스터를 걸러낸다.
	론더리트랩 기출	세탁소	천·실·단추 등을 걸러낸다.

(5) 트랩의 봉수파괴 원인과 방지대책 기출 OX

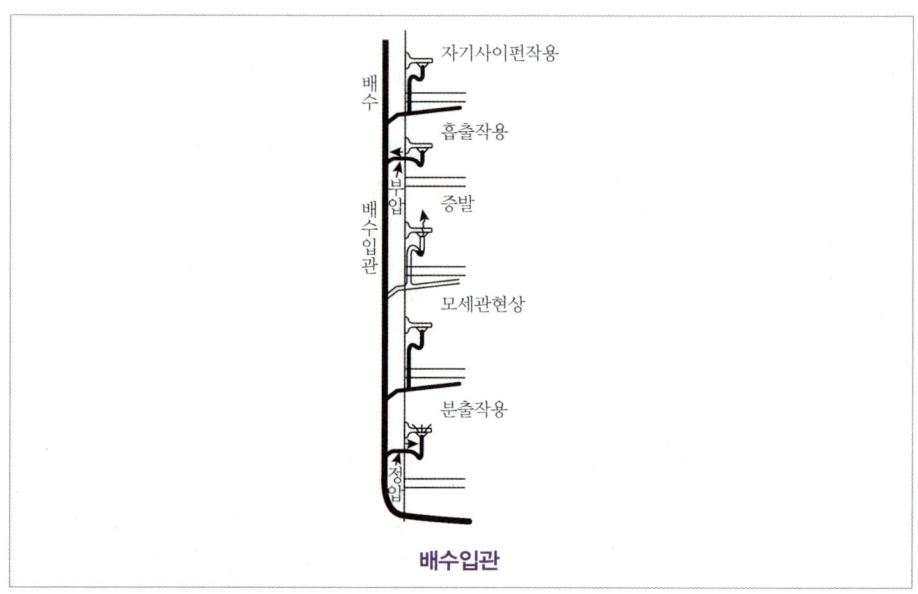

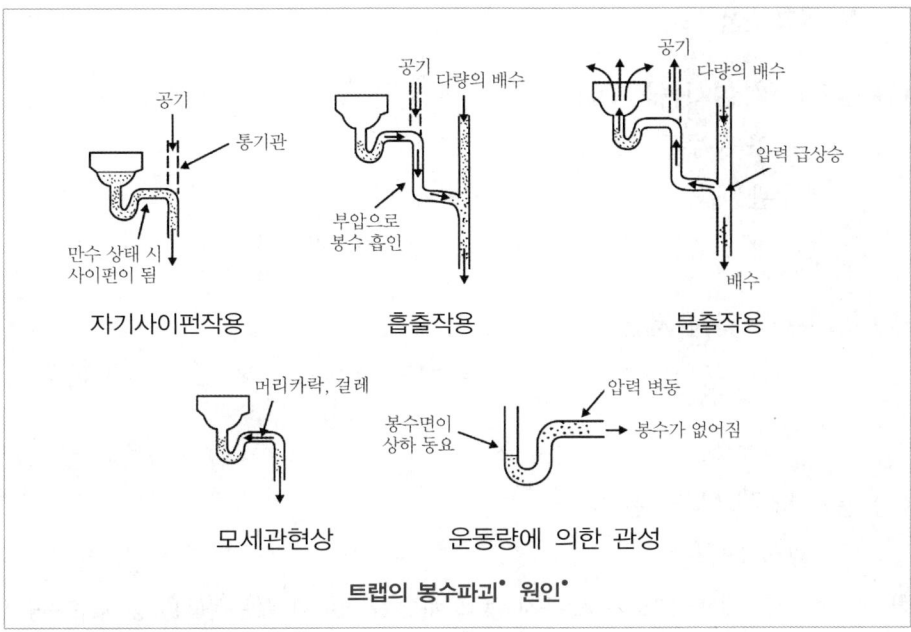

트랩의 봉수파괴 원인

구분	원인	대책
자기사이펀 작용	기구에서 배수할 때 트랩을 통하여 배수가 만수상태로 흐르면, 이때 트랩 유출 측의 수직부분에서 유속이 빨라지므로 흡입작용이 생겨서 봉수가 모두 배수관 쪽으로 빨려나가 버린다.	트랩부분에 통기관 설치
유인사이펀 작용 (흡인작용)	감압에 의한 흡인작용으로 수직관 가까이에 기구가 설치되어 있을 때 수직관 위로부터 일시에 다량의 물이 낙하하면 그 수직관과 수평관의 연결부에 순간적으로 진공이 생기고 그 결과 트랩의 봉수가 흡입 배출된다.	
배압에 의한 분출작용 (토출작용)	트랩에 이어진 기구 배수관이 배수수평지관을 경유 또는 직접 배수수직관에 연결되어 있을 때, 이 수평지관 또는 수직관 내를 일시에 다량의 배수가 흘러내리는 경우 그 물덩어리가 일종의 피스톤 작용을 일으켜 하류 또는 하층 기구의 트랩 속 봉수를 공기의 압력에 의해 역으로 실내 쪽으로 역류시키는 작용	
모세관 작용	트랩의 출구에 머리카락·걸레 등이 걸려 아래로 늘어뜨려져 있으면 모세관 작용으로 봉수가 서서히 흘러 내려 마침내 말라 버리는 현상(액체의 응집력과 고체와 액체 사이의 부착력에 의해서 파괴되는 현상)	원인물질 제거
증발	위생기구를 장시간 사용하지 않거나 바닥배수 설치부분을 난방하게 되면 봉수부의 수면에서 봉수가 증발하여 주봉이 파괴되는 현상	기름 도포, 트랩 보급수 장치 설치
운동량에 의한 관성작용	급격한 배수, 강풍, 지진 등의 원인으로 배관 중에 급격한 압력변화가 생긴 경우에 봉수면이 위·아래로 동요가 일어나 사이펀작용을 일으키지 않고도 봉수가 파괴되는 현상	격자철물 설치

- **봉수파괴(Seal Break)**
  트랩의 봉수가 감소하여 공기가 유통되는 상태를 말한다. 유도사이펀작용으로 봉수가 변동하고 있을 때, 기포 등의 공기가 일시적으로 유출 측이나 유입 측을 통과하는데 이것을 순간 봉수파괴라 한다. 또한 각종의 봉수손실 현상으로 봉수가 감소하고, 봉수면이 최저 수위보다 낮아진 경우는 공기가 상시 통과한다. 이것을 상시 봉수파괴라 한다. 현재 순간 봉수파괴가 문제가 되는 경우는 극히 적어서, 일반적으로 파봉은 상시 봉수파괴를 의미한다.

- **봉수파괴 원인**
  1. 자기사이펀작용: 위생기구로부터 만수상태의 배수가 S트랩으로 유하할 때, 배관 내부의 압력은 감소하며, 트랩 유입 측에는 대기압이 작용하여 봉수가 파괴된다.
  2. 유인사이펀작용: 배수수직관에서 다량으로 유하되는 배수로 인해, S트랩 내부의 압력이 감소하고 대기압의 작용으로 봉수가 파괴된다.
  3. 분출작용(역사이펀작용): 상층과 하층에서 배수가 다량으로 유출되어 해당 층의 배수수직관의 공기가 압축되어 S트랩으로 유입되어 봉수가 파괴된다.
  4. 관성작용: 강풍 또는 기타의 원인으로 배관 중에 급격한 압력변화가 일어난 경우에 봉수면에 상하 동요를 일으켜 봉수가 파괴된다.

- **배압(Back Pressure)**
  트랩의 봉수를 유입 측으로 밀어내는 것과 같이 배수관에 작용하는 압력이다.

- **트랩 프라이머(Primer), 트랩 보급수장치**
  트랩의 봉수를 유지하기 위하여 자동으로 물을 보급하는 기구나 장치이다.

- **통기관(Vent Pipe)**
사이펀 현상이나 배압으로부터 트랩의 봉수를 보호하기 위하여 배수관 내에 공기를 순환, 유출 또는 유입시키기 위해 설치하는 관을 말한다.

OX문제

통기관은 배수의 흐름을 원활하게 하는 동시에 트랩의 봉수를 보호한다. ( )

⊕ 고득점 심화학습

모든 트랩의 봉수에 250Pa 이상의 기압 차가 생기지 않도록 배수관에 통기관을 설치한다.

- **브랜치 간격(Branch Interval)**
배수수직관에 연결된 수평지관 사이의 수직 거리가 2.4m 이상인 간격을 말한다. 측정은 수직관에 연결된 최상층 수평지관으로부터 아래로 한다. 브랜치 간격은 두 개의 배수수평지관 간의 거리를 기준으로 1개 층으로 할 것인지 2개 층으로 할 것인지를 구분하는 것이다.

- **통기밸브 (Air Admittance Valve)**
배수관 내에 부압이 발생할 때 배수관 내로 공기 유입만 가능하게 설계된 밸브를 말한다. 이 밸브는 대기압이나 정압하에서는 중력으로 닫혀 기밀을 유지한다. 통기밸브의 목적은 대기에 개방하는 통기관을 사용하지 않고 배수관 내로 공기 유입은 가능하지만 건물 내로는 하수가스가 방출되지 못하게 하기 위한 것이다.

정답 ○

6. 통기관의 설치

(1) 통기관의 설치목적 OX
① 트랩의 봉수를 보호한다.
② 배수관 내의 배수 흐름을 원활하게 한다.
③ 신선한 공기를 유통시켜 관 내 청결을 유지한다.

(2) 통기관의 사용 제한
위생배관의 통기관은 위생배관의 통기 이외의 다른 목적으로 사용하지 않아야 한다.

(3) 통기 배관방식의 분류
① **1관식 배관법**
   ㉠ 통기관을 별도로 세우지 않고 배수 수직주관 끝부분(최고층 배수수평지관의 접속점)을 옥상으로 연장하여 돌출시켜 통기관으로 사용하는 것을 말하며, 이때의 연결관을 배수통기관 또는 신정통기관이라 한다.
   ㉡ 기구 수가 적고 낮은 건물에 주로 사용한다.
② **2관식 배관법**
   ㉠ 배수관과는 별도로 통기관을 따로 배관하여 통기하는 방식이다.
   ㉡ 기구 수가 많은 고층 건물에 주로 사용되는 통기 배관방식이다.

(4) 통기관의 외부 인출
① **통기관 인출**: 각 건물 배수관의 통기계통은 하나 이상의 통기관을 건물 밖으로 인출한다.
② **통기수직관 설치**
   ㉠ 브랜치 간격의 수가 5개 이상인 모든 배수수직관에는 통기수직관을 설치한다.
   ㉡ 예외: 신정통기관을 설치한 배수수직관
③ **통기구**: 통기수직관이나 신정통기관은 옥외의 대기로 마감하거나 수직관용 통기밸브로 마감한다.
④ **배수수직관 하부의 통기관 연결**: 배수수직관 하부에 통기수직관을 연결하는 경우 최하부 배수수평지관 아래에서 통기수직관을 연결한다. 통기수직관을 배수수평주관에 연결하는 경우 배수수직관에서 하류로 배수수직관 관지름의 10배 이내의 거리에서 연결한다.

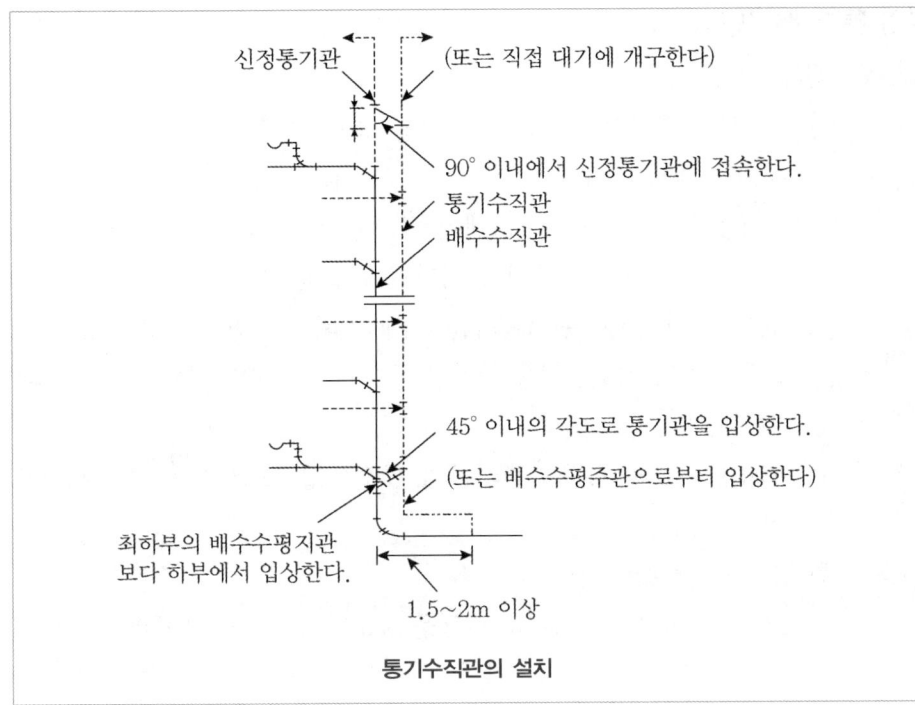

통기수직관의 설치

(5) 통기관 연결과 배관 기울기

① **연결**: 모든 각개통기관과 통기지관* 및 루프통기관은 통기수직관이나 신정통기관 또는 통기밸브에 연결하거나 직접 대기로 인출한다.

② **배관 기울기**: 모든 통기관과 통기지관은 중력으로 배수되게 배관에 기울기를 주어 배수관에 연결한다.

③ **배수관에 통기관 연결**: 수평배수관에 연결하는 각개통기관은 수평배수관의 중심선 위에서 연결한다.

④ **수직통기관**: 모든 건통기관은 가장 높은 트랩이나 통기되는 트랩이 달린 기구의 물넘침선 위로 150mm 이상의 지점에서 수직으로 세워야 한다.

⑤ **기구 통기관의 연결높이**: 통기관과 통기수직관이나 신정통기관의 연결은 통기관이 담당하는 가장 높은 기구의 물넘침선 위 150mm 이상에서 연결한다. 통기지관이나 도피통기관 또는 루프통기관의 수평통기관 높이는 가장 높은 기구의 물넘침선 위로 150mm 이상 되어야 한다. 기출

⑥ **장래 기구 증설용 통기관**: 기구증설을 위해 배수관을 가설치하는 경우, 통기관용 가설치 연결배관을 설치한다. 통기관의 관지름은 담당 가설치 배수관 관지름의 1/2 이상으로 한다. 가설치 통기관은 통기관에 연결한다.

⊕ 고득점 심화학습

1. 통기수직관의 상부는 지름의 축소 없이 그대로 연장하여 단독으로 개구하거나, 제일 높은 곳에 설치한 기구의 물넘침선보다 150mm 이상 높은 위치에서 신정통기관에 접속한다.

2. 통기수직관의 하부도 지름의 축소 없이 최하층 배수수평지관보다 낮은 위치에서 배수수직관에 45° 각도로 접속하거나, 또는 배수수평주관에 접속하여(배수수직관에서 1.5~2m 거리를 두고 접속) 배수수직관의 최하부에서 발생하는 배수계통 중의 높은 압력을 도출시킨다.

• **통기지관(Branch Vent)**
하나 이상의 각개통기관을 통기수직관이나 신정통기관에 연결하는 통기관을 말한다.

OX문제

신정통기관은 가장 높은 곳에 위치한 기구의 물넘침선보다 150mm 이상에서 배수수직관에 연결한다. (   )

통기수평지관은 기구의 물넘침선보다 150mm 이상 높은 위치에서 수직통기관에 연결한다. (   )

통기관은 넘침선까지 올려 세운 다음 배수수직관에 접속한다. (   )

정답 ○, ○, ×

(6) 통기 배관방식

① 각개통기관

㉠ 각 위생기구마다 통기관을 취하며, 설비비가 많이 드나 가장 바람직한 통기 배관방법이다. 기출

㉡ 각개통기관은 되도록 트랩에 접속시켜 기구의 오버플로면보다 15cm 정도 높은 곳에서 통기지관에 접속한다. 기출

㉢ 각개통기관의 배수관 접속점은 기구의 최고 수면과 배수수평지관이 수직관에 접속되는 점을 연결한 동수 구배선보다 상위에 있도록 배관한다. 기출

㉣ 관지름: 담당 배수관 관지름의 1/2 이상으로서 DN32 이상으로 한다.

② 회로통기관(루프통기관)

㉠ 2개 이상 8개 이하까지의 트랩을 보호하기 위하여 기구배수관이 배수수평지관에 접속하는 지점의 바로 하류에서 인출하여, 통기수직관에 연결하는 통기관을 말한다. 기출

㉡ 회로통기로 통기할 수 있는 기구의 수는 2개 이상 8개 이내이다.

㉢ 통기수직관과 최상류 기구까지의 회로통기관의 연장길이는 7.5m 이내이다.

㉣ 관지름: 배수수평지관 또는 통기수직관의 작은 쪽 관지름의 1/2 이상으로서 DN32 이상으로 한다.

③ 도피통기관

㉠ 도피통기관(Relief Vent)은 배수관과 통기관 사이의 공기 순환이 주 기능인 통기관을 말한다.

㉡ 최하류 기구배수관과 배수수직관 사이에 설치한다. 기출

㉢ 상부 수평지관의 오수나 배수를 받는 배수수직관에 4개 이상의 대변기 배수를 받아 연결하여 회로통기를 하는 배수수평지관에는 도피통기관을 설치하여 회로통기관의 통기 능률을 촉진시킨다.

㉣ 브랜치 간격의 수가 11 이상인 건물의 오수와 배수수직관에는 최상부 층에서 시작하여 매 10개의 브랜치 간격마다 도피통기관을 설치한다.

㉤ 관지름: 배수수평지관 관지름의 1/2 이상으로서 DN32 이상으로 한다.

OX문제

50mm 관경의 기구배수관에 접속하는 각개통기관의 관경을 32mm로 한다. ( )

각개통기관은 기구의 넘침선 아래에서 배수수평주관에 접속한다. ( )

각개통기관의 배수관 접속점은 기구의 최고 수면과 배수수평지관이 수직관에 접속되는 점을 연결한 동수 구배선보다 상위에 있도록 배관한다. ( )

각개통기방식은 각 위생기구의 트랩마다 통기관을 설치하기 때문에 안정도가 높은 방식이다. ( )

각개통기관은 자기사이펀 작용의 방지에 효과가 있다. ( )

OX문제

루프통기관은 배수수직관 상부에서 관경을 축소하지 않고 연장하여 대기 중에 개구한 통기관이다. ( )

2개 이상의 트랩을 보호하기 위하여 설치하는 통기관으로, 최상류 기구배수관이 배수수평지관에 접속하는 위치의 직하(直下)에서 입상하여 통기수직관에 접속하는 통기관은 루프통기관이다. ( )

50mm 관경의 배수수평지관과 100mm 관경의 통기수직관에 접속하는 루프통기관의 관경을 50mm로 한다. ( )

OX문제

도피통기관은 루프통기관과 배수수평지관을 연결하여 설치한 것이다. ( )

도피통기관은 배수수평지관의 최하류에서 통기수직관과 연결한다. ( )

75mm 관경의 배수수평지관에 접속하는 도피통기관의 관경을 50mm로 한다. ( )

정답 O, X, O, O, O, X, O, O, O, O, O

④ **습식통기관**(습윤통기관, 습통기관)
  ㉠ 2개 이상의 트랩을 보호하기 위해 기구배수관과 통기관을 겸용한 부분을 말한다.
  ㉡ 배수수평지관 최상류 기구의 바로 아래에서 연결한다.
⑤ **공용통기관**: 맞물림 또는 병렬로 설치한 위생기구의 기구배수관 교차점에 접속하여, 그 양쪽 기구의 트랩 봉수를 보호하는 1개의 통기관을 말한다. 기출
⑥ **결합통기관**
  ㉠ 오배수 수직관 내의 압력변동을 방지하기 위하여 수직관 상향으로 통기수직관에 연결하는 통기관을 말한다. 즉, 배수수직주관과 통기수직주관을 접속하는 통기관을 말한다. 기출
  ㉡ 브랜치 간격 11 이상을 가진 배수수직관은 최상층으로부터 브랜치 10 이내마다 결합통기관을 설치한다.
  ㉢ 관지름: 통기수직주관과 배수수직주관의 작은 쪽 관지름으로 하되, 최소 관지름은 50mm로 한다.

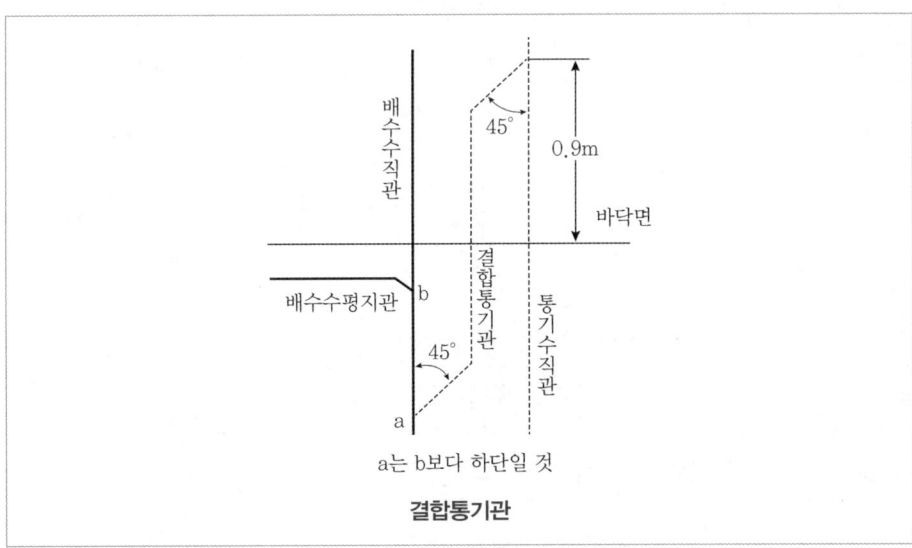

결합통기관

⑦ **신정통기관**
  ㉠ 배수수직관에서 최상부의 배수수평관이 접속한 지점보다 더 상부 방향으로 그 배수수직관을 지붕 위까지 연장하여 이것을 통기관으로 사용하는 관을 말한다. 기출
  ㉡ 관지름: 배수수직관의 관지름 이상으로 한다. 기출
  ㉢ 가장 단순하고 경제적이다.

OX문제
습윤통기관은 통기와 배수 역할을 함께 하는 통기관이다. ( )

OX문제
공용통기관은 최하류 기구 배수관과 배수수직관 사이에 설치한다. ( )

• **기구통기관(Fixture Pipe)**
기구배수관에서 수직선과 45° 이내의 각도로 인출하여 세운 통기관으로서, 이 분기점에서 다른 통기관까지의 관을 말한다. 각개통기관과 공용통기관 등은 여기에 포함된다.

OX문제
100mm 통기수직관과 150mm 배수수직관에 접속하는 결합통기관의 관경을 75mm로 한다. ( )

결합통기관은 배수수직관과 통기수직관을 접속하는 것으로 배수수직관 내의 압력변동을 완화하기 위해 설치한다. ( )

크로스커넥션은 배수수직관과 통기수직관을 연결하여 배수의 흐름을 원활하게 하기 위한 접속법이다. ( )

⊕ 고득점 심화학습
결합통기관과 연결관의 관지름은 배수수직관의 통기수직관에 필요한 최소 크기 이상으로 한다. (KDS 31 30 25)

OX문제
신정통기관의 관지름은 배수수직관의 관지름보다 작게 해서는 안 된다. ( )

100mm 관경의 배수수직관에 접속하는 신정통기관의 관경을 100mm로 한다. ( )

신정통기관은 모든 위생기구마다 설치하는 통기관이다. ( )

정답 O, X, X, O, X, O, O, X

ㄹ. 그 층의 기구가 1~2개이고, 또 기구의 위치가 배수수직관에 가까우면 신정통기관만으로도 통기가 가능하다.

⑧ **반송통기관**: 기구의 통기관을 그 기구의 물넘침선보다 높은 위치에 세운 후 다시 내려서, 그 기구배수관이 다른 배수관과 합류 직전의 수평부에 접속하거나, 또는 바닥 밑을 수평 연장하여 통기수직관에 접속하는 통기관을 말한다.

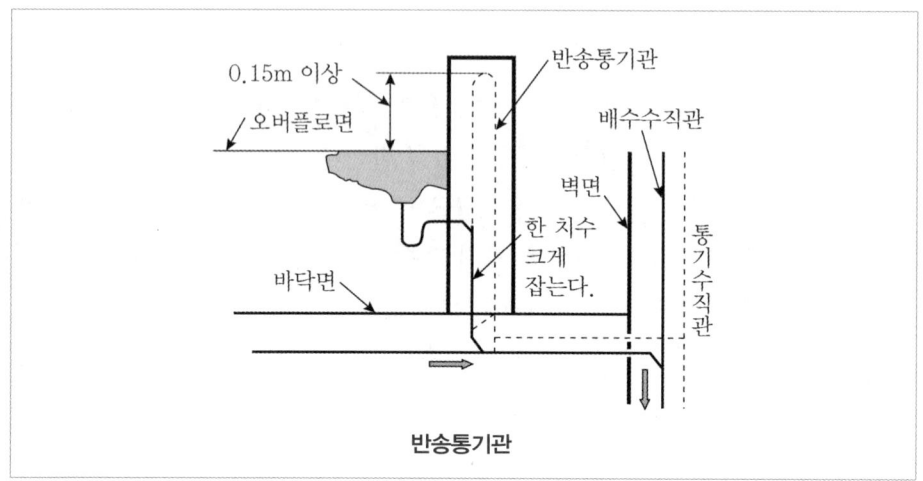

반송통기관

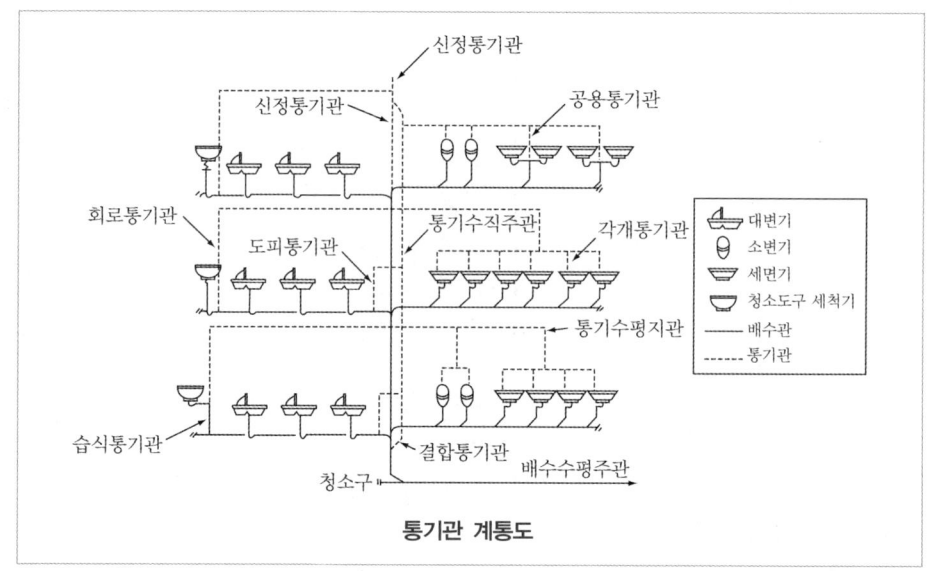

통기관 계통도

⑨ **특수 통기관** 기출

㉠ **소벤트 방식**(Sovent System): 통기관을 따로 설치하지 않고 하나의 배수수직관으로 배수와 통기를 겸하는 시스템으로서, 여기에는 2개의 특수 이음쇠가 사용된다.

○X문제

특수 통기방식의 일종인 소벤트 방식, 섹스티아 방식은 신정통기방식을 변형시킨 것이다. ( )

정답 ○

ⓐ **공기혼합 이음쇠**: 배수수직관과 각 층 배수수평지관의 접속부분에 설치한다. 배수수평지관에서 유입하는 배수와 공기를 수직관 중에서 효과적으로 혼합하여 유하수의 유속을 줄여 수직관 꼭대기에서의 공기흡상 현상을 방지한다.

ⓑ **공기분리 이음쇠**: 배수수직관이 배수수평주관에 접속되기 바로 전에 설치한다. 배수가 수평주관에 원활히 유입하도록 배수와 공기를 분리시킨다.

ⓛ **섹스티아 방식**(Sextia System): 섹스티아 이음쇠와 섹스티아 밴드관을 사용하여 유수에 선회력을 주어 공기 코어를 유지시켜 하나의 관으로 배수와 통기를 겸한다. 이 시스템은 층수의 제한 없이 고층·저층에 모두 사용이 가능하며 신정통기만을 사용하므로 통기 및 배수 계통이 간단하고 배수 관경이 작아도 되며 소음도 작다.

ⓐ **섹스티아**(Sextia) **이음새**: 각 층의 배수수직관과 배수수평지관의 접속부분에 설치한다. 배수수평지관 내의 유수에 선회력을 주어 공기 코어를 유지, 즉 관의 바깥부분으로 물을 흐르게 하고, 안쪽부분으로 공기를 흐르게 한다.

ⓑ **섹스티아**(Sextia) **밴드관**(45도 곡관): 배수수직관과 배수수평주관의 접속부분에 설치한다. 배수수직관 내의 유수에 선회력을 주어 공기 코어를 유지한다.

OX문제

섹스티아 방식에서는 공기혼합이음과 공기분리이음을 사용한다. ( )

섹스티아 통기관에는 배수수평주관에 배수가 원활하게 유입되도록 공기분리 이음쇠가 설치된다. ( )

섹스티아 통기방식은 1개의 배수수직관으로 배수와 통기가 이루어지도록 한다. ( )

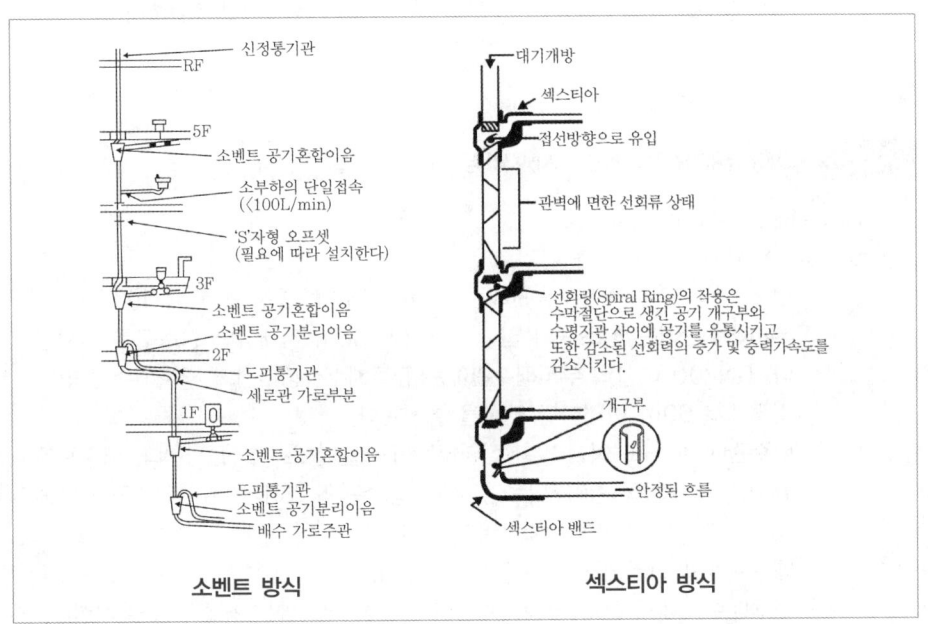

정답 ×, ×, ○

(7) 청소구

① **정의**: 청소구(cleanout)란 배수관이 막힌 것을 제거하기 위해 사용하는 점검 개구부를 말한다. 청소구의 종류로 제거 가능한 플러그나 캡과 제거 가능한 기구 또는 기구트랩이 있다.

② **청소구 설치 위치** 기출 OX

　㉠ 가옥 배수관과 부지 하수관이 접속하는 곳
　㉡ 배수수직관의 최하단부
　㉢ 수평지관의 최상단부
　㉣ 가옥 배수수평주관의 기점
　㉤ 수평관 관경 100mm 이하는 직진거리 15m 이내마다, 관경 100mm 초과는 30m 이내마다 설치
　㉥ 배관이 45° 이상의 각도로 구부러지는 곳
　㉦ 각종 트랩 및 기타 배관상 특히 필요한 곳

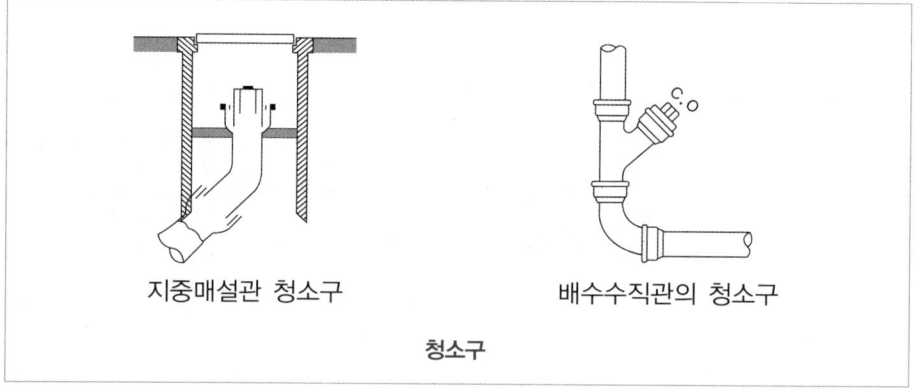

청소구

> **참고** KDS(설계기준)와 KCS(시방서)상 청소구의 설치 위치

1. KDS기준상 청소구 설치 위치
   ① 설치 위치
   　㉠ 건물 내의 모든 배수수평관에는 30m 이내마다 청소구를 설치한다.
   　㉡ 부지배수관에는 청소구의 입구 상류에서 30m 이내마다 청소구를 설치한다. DN200 이상의 부지배수관에는 건물배수수평주관과 부지배수관의 연결점에서 60m 이내마다 맨홀을 설치한다.
   　㉢ 배수관에서 45도 이상 방향 전환하는 곳에는 청소구를 설치한다. 배수관에 둘 이상의 방향 전환이 있는 경우에도 배수관의 길이가 12m 이내인 경우에는 한 개의 청소구만 설치하여도 된다.
   　㉣ 배수수직관 하부에는 청소구를 설치한다.
   　㉤ 건물배수 수평주관과 부지배수관의 연결점 부근에는 청소구를 설치한다.

OX문제

배관이 45도 이상의 각도로 방향을 바꾸는 곳에는 청소구를 설치한다. (　)

배수수직관 최상단부에는 찌꺼기가 쌓이지 않으므로 청소구가 필요 없으며 신정통기관으로 하여 옥상에 개방한다. (　)

배수수평지관의 최하단부에는 청소구를 설치한다. (　)

배수수평관이 긴 경우, 배수관의 관지름이 100mm 이하인 경우에는 20m 이내, 100mm를 넘는 경우는 매 35m마다 청소구를 설치한다. (　)

정답 O, O, X, X

② 은폐배관: 은폐배관이나 바닥 밑 배관 또는 높이나 공간이 0.6m 이하의 좁은 공간에 설치하는 청소구는 마감 벽이나 바닥 또는 지면까지 연장하여 올리거나 건물 외부까지 연장한다.
③ 개구부 방향: 모든 청소구는 배수관의 흐름 방향이나 그 직각방향에서 청소하고 열 수 있게 설치한다.
④ 최소 크기: DN100 이하의 배관에는 관지름과 같은 크기의 청소구를 설치한다. DN125 이상의 배관에는 DN100 이상 크기의 청소구를 설치한다.
⑤ 공간: DN150 이하의 청소구에는 450mm 이상, DN200 이상의 청소구에는 900mm 이상의 청소 작업용 공간을 두어야 한다.
⑥ 점검구: 모든 청소구에는 점검구를 설치한다.

2. KCS기준상 청소구의 설치 위치
① 설치 위치
  ㉠ 배수수평지관 및 배수수평주관의 기점
  ㉡ 배수수평관이 긴 경우, 배수관의 관지름이 100mm 이하인 경우는 15m 이내, 100mm를 넘는 경우는 매 30m마다
  ㉢ 배수관이 45도를 넘는 각도로 방향을 변경한 개소
  ㉣ 배수수직관의 최상부 및 최하부 또는 그 부근
  ㉤ 배수수평주관과 부지 배수관의 접속개소에 가까운 곳
  ㉥ 위 ㉠~㉤ 이외에 필요하다고 판단되는 개소
② 모든 청소구는 배수의 흐름과 반대 또는 직각으로 열 수 있도록 설치한다.
③ 청소구의 크기는 배수관지름이 100mm 이하인 경우에는 배수관지름과 동일한 지름으로 하고 100mm를 초과하는 경우에는 100mm로 한다. 또한 지중매설관*에 대해서는 충분히 청소할 수 있도록 배수 맨홀을 설치하지만 관지름 200mm 이하 배관의 경우에는 청소구로 하여도 된다.

• 지중 매설관
(Underground Pipe)
관 전체나 일부분을 땅속에 부설하는 관을 말한다

(8) 발포 존 OX

발포 존은 배수관의 45도 이상의 꺾임부 상부 측으로, 발포 존에서는 기구배수관이나 배수수평지관을 접속하는 것을 피해야 한다. 아파트와 같은 공동주택 등에서는 세탁기, 주방싱크 등에서 세제를 포함한 배수가 위층에서 배수되면, 아래층의 기구트랩에서 분출작용이 발생하여 트랩의 봉수가 파괴되어 세제 거품이 올라오는 경우가 있다. 위층에서 세제를 포함한 배수는 수직관을 거쳐 유하함에 따라, 물 또는 공기와 혼합하여 거품이 생기고 다른 지관에서의 배수와 합류하면 이 현상은 더욱 심해진다. 물은 거품보다 무겁기 때문에 먼저 흘러내리고 거품은 배수수평주관 혹은 45도 이상의 오셋부의 수평부에 충만하여 오랫동안 없어지지 않는다. 발포 존의 발생을 줄이기 위해서는 배수수평주관의 길이를 짧게 하고, 저층부와 고층부의 배수계통을 별도로 하여야 한다. 기출

OX문제

발포 존에서는 기구배수관이나 배수수평지관을 접속하지 않도록 한다. (   )

배수수평주관의 길이를 길게 하여 발포 존의 발생을 줄일 수 있다. (   )

발포 존의 발생 방지를 위하여 저층부와 고층부의 배수계통을 별도로 한다. (   )

정답 O, X, O

(9) 통기관 설치 시 주의사항

① 바닥 아래의 통기배관은 금지한다.
② 간접 배수통기관은 **단독으로 대기 중에 개구**한다.
③ 정화조의 개구부는 단독으로 대기 중에 개구한다.
④ 통기수직관을 빗물수직관과 **연결해서는 안 된다**(통기수직관과 빗물수직관의 겸용을 금한다).
⑤ 오수 피트나 잡배수 피트는 각개통기관을 설치한다.
⑥ 통기관과 실내환기용 덕트와 연결해서는 안 된다.
OX ⑦ 2중 트랩이 되지 않도록 한다. 기출
OX ⑧ 배수, 통기수직주관은 **파이프 샤프트 내에 배관**한다. 기출

(10) 배수관

① 배수관의 기본사항
   ㉠ 고온 배수관의 연결: 60℃ 이상의 고온 배수는 60℃ 이하로 냉각시켜 건물 배수관에 배수시켜야 한다.
   ㉡ 급식시설의 배수관: 급식시설에서는 오수관이나 배수관을 노출하지 않아야 한다.
OX ② **배수의 순서**: 위생기구에서 공공하수도*에 이르기까지 배수가 거치는 순서는 '기구배수관 ⇨ 배수횡(수평)지관 ⇨ 배수수직관(배수입관) ⇨ 배수횡(수평)주관 ⇨ 공공하수도'이다.

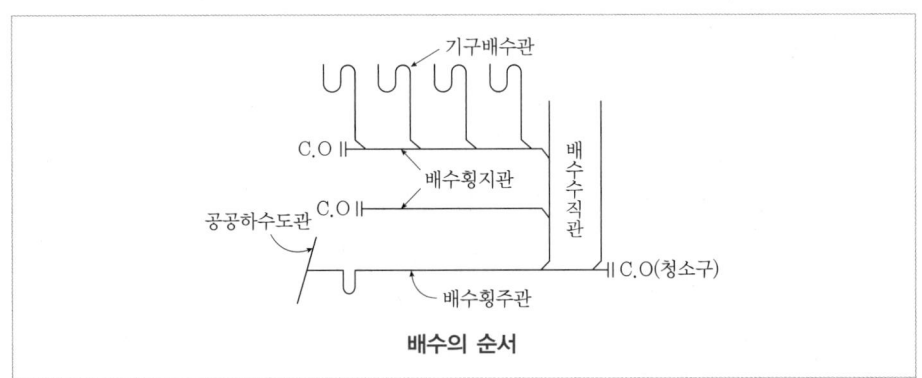

배수의 순서

③ 기구배수관
   ㉠ 위생기구의 트랩 이후에서 배수수평지관 등 다른 배수관으로 접속하기까지의 배수관이다. 즉, 위생기구에 부속하거나 내장된 트랩에 접속하는 배수관이나 트랩에서 다른 배수관까지의 관을 말한다.

ⓒ 배수계통 중 관지름이 가장 작으며, 더욱이 기구에서의 배수가 단시간에 집중하여 유입하므로 거의 만수상태로 선회하면서 가속으로 흐르기 때문에 매우 혼란한 흐름이 된다. 따라서 접속되어 있는 트랩의 봉수나 하류의 관 내 기압에 큰 영향을 준다.

④ **배수수평지관**

  ㉠ 기구배수관의 배수를 배수수직관으로 이끌어 주는 수평관이다.
  ㉡ 접속되는 각 기구에서의 여러 특성상 배수가 불규칙적이고 혼란된 상태로 유입됨으로써 유속이나 유수(流水) 깊이의 변화가 심하다. 따라서 역류나 도수현상(수력도약 현상)이 일어남은 물론 때로는 관 내 공기의 통로를 중단하는 흐름이 생기거나, 기구배수관의 접속개소에서 배수가 일시 체류하거나, 또는 수직관 내의 배수가 일부 역류하거나 하여 관 내 기압변동이 한층 커진다.

⑤ **배수수직관**

  ㉠ 배수수평지관, 기구배수관 및 기기의 배수를 모아 배수수평주관으로 이끌어주는 수직관이다.
  ㉡ 종국유속 및 종국길이
   ⓐ 개요: 배수수직관의 흐름 양상에 있어서 수평지관으로부터 유입 낙하되는 배수의 유속이 증가하여 아래층 배수의 유입에 미치지 않는지 검토하기 위하여 종국유속과 종국길이를 검토한다.
   ⓑ 종국유속: 배수수직관 내부의 낙하수의 유속은 중력가속도로 급격히 증가되지만 무한정 증가하지 않는다. 즉, 배수가 흐르면서 배관 내벽과의 마찰저항과 관 내에서의 정지 또는 상승하려는 공기에 의해 균형되어 일정한 유속을 유지하게 되며, 이때의 유속을 종국유속이라고 한다. 기출
   ⓒ 종국길이: 수직관에 유입되어 종국유속에 이르기까지 낙하한 낙하길이를 종국길이라 한다.

⑥ **배수수평주관**

  ㉠ 배수수직관, 기타 배수관 및 기기에서 배수를 모아 건물 밖의 배수탱크나 부지배수관으로 이끌어주는 배수관이다.
  ㉡ 도수현상(수력도약 현상): 배수수직주관으로부터 배수수평주관으로 배수가 옮겨가는 경우, 굴곡부에서는 원심력에 의해 외측의 배수는 관벽으로 힘이 작용하면서 흐른다. 또한 배수수직주관 내의 유속은 상당히 빠르지만 배수수평주관 내에서는 이 유속이 유지될 수 없기

• **배수관의 명칭**
 1. 기구배수관: 위생기구의 트랩 이후에서 배수수평지관 등 다른 배수관으로 접속하기까지의 배수관이다.
 2. 배수수평지관: 기구배수관의 배수를 배수수직관으로 이끌어주는 수평관이다.
 3. 배수수직관: 배수수평지관, 기구배수관 및 기기의 배수를 모아 배수수평주관으로 이끌어주는 수직관이다.
 4. 배수수평주관: 배수수직관, 기타 배수관 및 기기에서 배수를 모아 건물 밖의 배수탱크나 부지배수관으로 이끌어주는 배수관이다.

OX문제
배수관 내의 유입된 배수가 상층부에서 하층부로 낙하하면서 증가하던 속도가 더 이상 증가하지 않은 때의 속도를 종국유속이라 한다. (   )

OX문제
배수수직관의 관경이 작을수록 종국길이는 짧다.
(   )

정답 ○, ○

때문에 급격히 유속이 떨어지게 되고 뒤이어 흘러내리는 배수가 있을 경우에는 유속이 떨어진 배수의 정체로 인하여 도수현상(수력도약현상)이 발생된다. 이러한 현상이 나타나는 부근에서는 배수관의 연결을 피하고 통기관을 설치하여 배수관 내의 압력변화를 완화시켜야 한다. 기출

⑦ **배수배관의 구배**

㉠ 배수관지름과 구배는 상관관계를 가지며 유속이 적당해야 하므로 과대·과소를 피한다.

㉡ 옥내배수관의 표준구배는 관지름(mm)의 역수보다 크게 한다.

㉢ 배수의 평균 유속은 1.2m/s 정도가 되게 하고, 최소 0.6m/s, 최대 1.4m/s로 한다. 옥내배수관에서는 0.6~1.2m/s로 한다.

OX ㉣ **배수수평관의 기울기**

관지름(mm)	최소 기울기
65 이하	1/50
80~150 기출	1/100
200 이상	1/200

⑧ **배수관의 관지름**

OX ㉠ 배수관의 관지름 결정: 배수관의 관지름 결정은 구경 32mm의 트랩을 갖는 세면기의 배수량을 28.5L/min으로 하고 동시사용률과 사용빈도수 등을 감안하여 기구배수부하단위(DFU)*를 이용하여 결정한다. 기출

㉡ 기구의 기구배수부하단위(DFU)

위생기구	3호 이상의 공동주택	단독주택	최소 트랩 구경(DN)
욕조 또는 샤워부착 욕조(DN40 트랩)	2.0	2.0	40
세탁기(가정용 DN50 배수관)	3.0	3.0	50
접시세척기(가정용, 별도 배수관)	2.0	2.0	40
음수기 또는 냉각기			32
바닥배수구(비상용)			50
가정용 주방싱크(DN40 트랩)		2.0	40
가정용 주방싱크(식기세척기 포함)	3.0	3.0	40
세탁싱크(1~2개 조합, DN40 배수)	2.0	2.0	40
세탁싱크(세탁기 배수 포함)	2.0	2.0	50

+ 고득점 심화학습
배수수평관의 한계유속은 1.5m/s이다.

OX문제
배수수직주관의 관경이 125mm일 경우 원활한 배수를 위한 배관 최소구배는 1/100로 한다. ( )

• **기구배수부하단위(Drainage Fixture Unit; DFU)**
기구배수부하단위법은 기구의 배수특성을 최대배수유량으로 표시하는 것으로 어떤 기구의 최대 배수유량을 표준기구(세면기)의 최대 배수유량으로 나누어 기구배수단위를 구하며 여기에 기구의 동시사용률을 고려하여 배관 각 부분에서 이들의 누계에 의해 유량 부하를 정한다.

OX문제
옥내 배수관의 관경은 기구배수부하단위법 등에 의하여 결정할 수 있다. ( )

기구배수부하단위는 각 기구의 최대 배수유량을 소변기 최대 배수유량으로 나눈 값에 동시사용률 등을 고려하여 결정한다. ( )

기구배수부하단위의 기준이 되는 위생기구는 세면기이다. ( )

정답 ○, ○, ×, ○

세면기(DN32 배수)	1.0	1.0	32
청소싱크(DN80 트랩)			80
샤워부스(DN50 트랩)	2.0	2.0	50
싱크(DN40 트랩)	2.0	2.0	40
싱크(DN50 트랩)	3.0	3.0	50
싱크(DN80 트랩)			80
소변기(4L/회)			40
소변기(4L/회 이상)			50
세정싱크(수도꼭지 1개당)			40
대변기(6L/회, 세정탱크)	3.0	3.0	80
대변기(6L/회, 세정밸브)	3.0	3.0	80
대변기(13L/회, 세정탱크)	4.0	4.0	80
대변기(13L/회, 세정밸브)	4.0	4.0	80
월풀 욕조 또는 샤워 부착 욕조	2.0	2.0	40

[비고] 위생기구 이외의 것을 배수관에 배수하는 경우에는 0.03L/s당 1DFU 적용

ⓒ 기구배수관 또는 트랩의 기구배수부하단위(DFU): 위 ⓑ에 없는 기구는 다음 표에 따른 기구 배수관에 기초한 기구배수부하단위로 한다. 표에 없는 기구의 최소 트랩 크기는 DN32 이상으로 한다.

기구배수관이나 트랩의 크기(DN)	기구배수부하단위 값
32	1
40	2
50	3
65	4
80	5
100	6

ⓓ 배수관의 최소 관지름

ⓐ 배수관의 최소 관지름은 32mm. 단, 지중 혹은 지하층 바닥에 매설하는 배수관은 50mm 이상

ⓑ 기구배수관의 관지름은 이것과 접속하는 기구의 트랩구경 이상 기출

ⓒ 배수수평지관의 관지름은 이것과 접속하는 기구배수관의 최대 관지름 이상 기출

ⓓ 배수수직관의 관지름은 이것과 접속하는 배수수평지관의 최대 관지름 이상 기출

ⓔ 흐름 방향으로 배수관의 관지름을 축소하지 않아야 한다.

OX문제

기구배수관의 관지름은 이것과 접속하는 기구의 트랩구경 이상으로 한다. ( )

배수수평관의 관지름은 이것과 접속하는 기구배수관의 최대 관지름 이상으로 한다. ( )

배수수직관의 관지름은 이것과 접속하는 배수수평관의 최대 관지름 이상으로 한다. ( )

정답 ○, ○, ○

• 옵셋(Offset)
배관을 평행 이동할 목적으로 설치한 엘보나 밴드이음으로 구성된 부분이다.

⑨ **배수수평주관 및 수평 옵셋에 연결**: 배수수평지관을 배수수평주관에 연결할 때는 수직관에서 하류로 수직관 지름의 10배 이상 떨어진 수평주관에 연결한다. 또한 옵셋배관인 경우에도 배수수평지관은 상부 수직관에서 하류로 수직관 지름의 10배 이상 떨어진 수직관의 수평 옵셋에 연결한다.

⑩ **위생기구 증설용 배관**: 장래의 위생기구 증설용 배수관은 캡이나 플러그로 마감한다.

⑪ **배수 역류방지밸브**: 배수가 기구로 역류할 가능성이 있는 배수관에는 역류방지밸브를 설치한다. 역류방지밸브는 점검이 가능한 곳에 설치한다.

(11) 배관의 시험과 검사

① **배관의 시험**: 건물 내의 배수·통기관 시공 후, 보온시공 이전 또는 은폐 이전에 수압시험 또는 기압시험을 하고, 위생기구 등의 설치가 완료된 후에는 모든 트랩을 봉하여 연기시험 또는 박하시험을 한다.

  ㉠ **수압시험**: 모든 개구부를 막고 최고위치의 개구부로 3m 이상의 수두에 해당하는 압력(0.03MPa)을 가하여 30분간 견디면 된다.

  ㉡ **기압시험**: 모든 개구부를 막고 한 개구부로 0.035MPa의 압력이 될 때까지 올려 15분간 압력 변화가 없으면 된다.

  ㉢ **기밀시험**: 연기시험과 박하시험이 있다.

② **배관의 검사**: 배관시험이 끝나고 위생기구가 설치되면 통수시험을 하여 누수를 검사하고 그 후 방로피복 등을 한다.

6 위생기구 및 배관재료

1. 위생기구

(1) 위생기구의 개요

건축물에 있어서 급수, 급탕 및 배수를 필요로 하는 장소에 설치하는 기구를 총칭한다. 위생기구의 재료는 도기·스테인리스강·플라스틱 등이 있고, 위생기구에 부속하여 장치되는 부속품으로는 급수철물·배수철물·급탕철물·트랩 및 부설철물 등이 있다.

(2) 위생기구의 구비조건

OX ① 흡수성이 작고, 내식성, 내마모성이 좋을 것
② 제작이 용이하고 설치가 간단할 것
③ 오염방지를 배려한 구조일 것
④ 외관이 깨끗하고 위생적이며 청소가 용이할 것

(3) 위생기구의 종류

OX ① **대변기**: 각 세정방식의 특징 기출

검토사항	하이탱크식	로탱크식	세정밸브식
수압의 제한	0.055MPa 이상	0.055MPa 이상	있음(0.1MPa 이상)
급수관경의 제한	10mm면 됨	10mm면 됨	있음(구경 25mm 이상)
장소	차지하지 않음	크게 차지함	별로 크지 않음
구조	간단함	간단함	복잡함
수리	곤란함(비쌈)	용이함	곤란함
공사	설치 곤란(비쌈)	설치 용이	설치 용이
소음	상당히 큼	적음	약간 큼
연속사용	할 수 없음	할 수 없음	할 수 있음

OX ② **대변기의 구조에 따른 세정방식**: 세출식, 세락식, 사이펀식, 사이펀제트식, 취출식, 절수식, 블로아웃식 기출

(4) 위생기구의 유닛화

설비를 유닛화하는 것은 현장 작업의 공정을 최소한으로 줄일 수 있음과 동시에 공장 제작의 단순화, 합리화로 공사 전체의 생산성·안전성 등을 향상시킬 수 있다. 현재 설비 유닛으로서 시공되고 실용화되어 있는 것에는 욕조 유닛, 주방 유닛, 설비 코어 유닛 등이 있다.

OX ① **설비 유닛의 목적**
  ㉠ 공사기간 단축
  ㉡ 공정의 단순화 및 합리화
  ㉢ 시공 정도의 향상
  ㉣ 재료 및 인건비의 절약

② **설비 유닛의 필수조건**
  ㉠ 가볍고 운반이 용이할 것
  ㉡ 현장조립이 용이할 것
  ㉢ 가격이 저렴할 것

OX문제
위생기구의 재질은 흡수성이 커야 한다. ( )

위생기구로서 도기는 다른 재질들에 비해 흡수성이 큰 장점을 갖고 있어 가장 많이 사용되고 있다. ( )

OX문제
로탱크식 대변기는 탱크에 물이 저장되는 시간이 불필요하므로 연속사용이 많은 화장실에 주로 사용한다. ( )

세정탱크식 대변기에서 세정 시 소음은 로(Low)탱크식이 하이(High)탱크식보다 크다. ( )

OX문제
블로아웃식 대변기는 사이펀볼텍스식 대변기에 비해 세정 소음이 작아 주택이나 호텔 등에 적합하다. ( )

OX문제
유닛화는 현장 공정이 줄어들면서 공기단축이 가능하다. ( )

정답 ×, ×, ×, ×, ×, ○

ⓔ 제작공정에서 양산이 가능할 것
　　ⓜ 유닛 내의 배관이 단순할 것
　　ⓗ 배관이 방수구를 통과하지 않고 바닥 위에서 처리가 가능할 것

2. 배관재료

(1) 관의 종류

① **주철관**

　㉠ 특징

　　ⓐ 재질은 값이 싸며 부식성이 적고 강도 및 내구성이 특히 우수하다.
　　ⓑ **내압성·내식성은 강하나, 충격·인장강도는 약하다.** 기출

　㉡ 용도: 내경 75mm 이상의 상수도용 급수관, 오수배수관, 가스 공급관, 통신용 케이블 매설관, 화학 공업용 배관 등으로 널리 이용된다.

　㉢ 접합방법: **소켓 접합, 플랜지 접합, 메커니컬(기계적) 접합, 빅토릭 접합, 타이톤(고무링) 접합**

② **강관**

　㉠ 특징

　　ⓐ 배관 공사에서 **가장 많이 사용**하는 관으로, 연관이나 주철관에 비하여 **가볍고 인장강도가 가장 크며**, 주철관에 비하여 부식되기 쉽다. 기출
　　ⓑ 충격에 강하고 굴곡성이 좋다.
　　ⓒ 관의 접합이 비교적 쉽다(시공이 용이).

　㉡ 용도: 1MPa 이하의 증기, 물, 기름, 가스, 공기 등을 사용하는 배관에 쓰인다.

　㉢ 관의 두께: **강관의 두께는 스케줄 번호로 나타내며** 스케줄 번호에는 SCH10, 20, 30, 40, 60, 80 등이 있고, **번호가 클수록 관의 두께가 두꺼워진다.**

　㉣ 접합방법: 나사 접합, 플랜지 접합, 용접 접합

③ **연관**

　㉠ 특징

　　ⓐ 부식성이 적고 굴곡이 용이하며, 점성이 좋아 가공이 쉽다.
　　ⓑ 산에는 강하나 알칼리에 약하므로, 콘크리트 속에 매설 시 방식 피복을 해야 한다.

OX문제

주철관은 내식, 내마모성이 우수하여 급수, 오·배수배관용 등으로 사용된다. (　　)

➕ 고득점 심화학습

백관(아연도금강관)과 흑관

일반용 탄소강관의 표면에 1m²당 400g 이상 아연도금한 것을 백관 또는 아연도금강관이라 하며, 1차 방청도장만 한 것을 흑관이라고 한다.

OX문제

탄소강관은 주철관에 비하여 가볍고 인장강도가 커서 고압용으로 사용된다. (　　)

정답 ○, ○

ⓒ 용도: 가장 오래 전부터 사용되고 있는 급수관이며, 굴곡이 많은 수도 인입관, 기구 배수관, 가스 배관, 화학 공업 배관 등에 쓰인다.
　　ⓒ 접합방법: 플라스턴 접합, 납땜 접합, 용접 접합

OX ④ **동관**
　　㉠ 특징
　　　ⓐ 배관 시공이 용이하다. 기출
　　　ⓑ 염류, 산, 알칼리 등의 수용액이나 유기화합물에 대한 내식성이 높아 부식이 적다.
　　㉡ 용도: 전기 및 열의 전도율이 좋아 전기재료, 열교환기, 급수관 등에 이용되고 있다. 기출
　　㉢ 접합방법: 납땜접합, 플랜지 접합, 플레어 이음, 메커니컬 이음

⑤ **경질염화 비닐관**(PVC Pipe)
　　㉠ 특징
　　　ⓐ 가격이 싸고 내면이 평활해 마찰손실이 적다.
　　　ⓑ 가볍고 부식성이 적으나, 충격과 열에 약하다(열팽창률이 크다).
　　㉡ 용도: 급탕관·증기관으로는 부적당하다.
　　㉢ 접합방법: 냉간접합, 열간접합

OX ⑥ **스테인리스강관**
　　㉠ 특징
　　　ⓐ 내식성이 우수하여 위생적이다. 기출
　　　ⓑ 강관에 비해 기계적 성질이 우수하고 두께가 얇아 운반 및 시공이 쉽다.
　　㉡ 용도: 급수관, 급탕관, 냉온수관
　　㉢ 접합방법: 프레스식 접합, 압축식 접합, 드레셔형 스냅링식 접합, 클립식 접합, 확관식 접합, 신축가동식 접합, 플랜지 접합

⑦ **콘크리트 관**
　　㉠ 내식성이 강해서 해수수송관, 배수관, 모래운반관에 이용된다.
　　㉡ 콘크리트 제품으로 가격이 싸며 배수관에 사용되기도 한다.

OX ⑧ **라이닝 관**
　　㉠ 라이닝이란 관이나 보일러 내부에 플라스틱이나 유리, 에폭시 등을 부착시켜 부식을 방지하는 것을 말한다. 기출
　　㉡ 내약품성이 있는 관에 사용하며, 강관·주철관, 급수, 가스 등에 사용된다.

OX문제
동관은 열전도성이 높고 유연성이 우수하다. (　　)

고득점 심화학습
합성수지관(Plastic Pipe)의 종류
- 경질염화 비닐관(PVC관)
- 폴리에틸렌관(PE관)

OX문제
스테인리스강관은 부식에 강하여 급수, 급탕과 같은 위생설비 배관용 등으로 사용된다. (　　)

OX문제
라이닝 관은 경량이면서 산, 알칼리에 대한 내식성이 낮고 마찰이 커 특수용 배관으로 사용된다. (　　)

정답 O, O, X

(2) 배관 연결 부속기구 기출

① **직관을 접속할 때**: 소켓, 유니언, 플랜지, 니플
② **분기관을 낼 때**: 티, 크로스, 와이(45도, 90도)
③ **구경이 다른 관을 접합할 때**: 이경소켓(리듀서 소켓), 이경엘보(리듀서 엘보), 이경티(리듀서 티), 부싱
④ **배관을 굴곡할 때**: 엘보, 벤드(90도)
⑤ **배관의 말단을 막을 때**: 플러그, 캡

배관 연결 부속기구

(3) 밸브의 종류

① **슬루스밸브**: 일명 게이트밸브라고도 하며, 유체의 마찰손실이 적어 급수·급탕배관에 많이 사용한다. 기출
  ㉠ 밸브가 완전히 개방되면 관 면적에 변화가 없어 유체의 흐름에 따른 관 내 마찰저항손실이 적다.

OX문제
소켓은 같은 관경의 배관을 직선으로 접속할 때 사용한다. ( )

OX문제
부싱은 관경이 동일한 배관을 직선으로 이음하는 데 사용하는 배관의 부속품이다. ( )

OX문제
게이트밸브(Gate Valve)는 유체의 흐름을 직각으로 바꾸는 경우에 사용된다. ( )

게이트밸브는 급수배관의 개폐용으로 주로 사용된다. ( )

게이트 밸브는 주로 유량조절에 사용하며 글로브 밸브에 비해 유체에 대한 저항이 큰 단점을 갖고 있다. ( )

정답 ○, ×, ×, ○, ×

ⓛ 밸브를 반 정도 열고 사용하면 와류가 생겨 유체저항이 커지기 때문에 **유량조절에는 적합하지 않다.**
ⓒ 찌꺼기가 체류해서는 안 되는 난방배관에 적합하다.
ⓒ 핸들 회전력이 글로브 밸브보다 가벼우므로 대형 및 고압 밸브로 사용된다.
ⓜ 원통지름 그대로 열리므로 양정이 크게 되어 개폐에 시간이 걸린다.

슬루스밸브

OX ② **글로브밸브**
㉠ **스톱밸브, 구형밸브**라고도 하며, 밸브의 형식이 구(球) 같아서 붙여진 이름이다. 기출
ⓛ 구조상 유량조절과 흐름의 개폐용으로 사용된다.
ⓒ 유체는 밸브의 아래로부터 유입하여 밸브시트 사이를 통해 흐르므로 유체의 흐름방향이 갑자기 바뀌기 때문에 **저항이 커진다.** 기출
ⓡ 슬루스밸브에 비해 양정이 작아 개방시간이 짧고 누설이 적으며, 제작이 비교적 쉬운 장점이 있다.
ⓜ 유체의 저항손실이 크고, 관 내의 유체를 완전히 배출시키는 경우에도 유체가 잔류하는 단점이 있다.
ⓑ 유체의 흐름과 평행하게 밸브가 개폐된다.
ⓢ 수도 본관에서 유로를 폐쇄하는 경우나 유량조절에 적합하다.

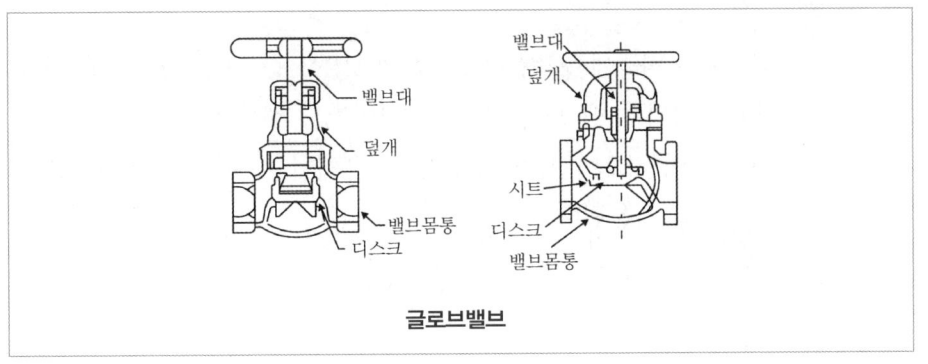

글로브밸브

OX문제

글로브밸브는 스톱밸브라고도 하며, 게이트밸브에 비해 유체에 대항 저항이 크다. ( )

글로브밸브(Globe Valve)는 스톱밸브(Stop Valve)라고도 하며 유체에 대한 저항이 큰 것이 단점이다. ( )

슬루스밸브는 스톱밸브라고도 하며 유체에 대한 저항이 큰 것이 결점이다. ( )

정답 ○, ○, ×

③ **앵글밸브**: 글로브밸브의 일종으로 유체의 흐름을 직각으로 바꾸는 경우에 사용하는 밸브이다. 기출

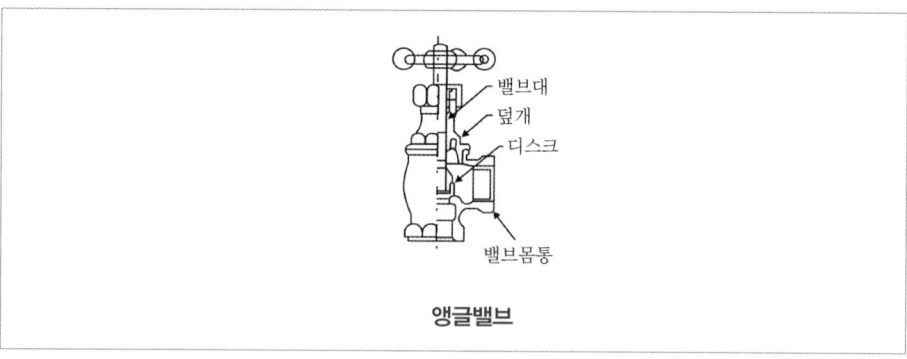

앵글밸브

④ **버터플라이밸브**

OX ㉠ 원통형 몸체 속에서 밸브봉을 축으로 원형판이 회전함으로써 개폐되는 밸브로 나비밸브라고도 한다.
㉡ 볼밸브와 마찬가지로 90도 회전으로 개폐되며, 주로 저압유체의 유량조절 밸브로 사용되고 있다.
㉢ 구조가 단순하고, 밸브 전체의 크기가 작아 설치 면적이 작다.
㉣ 중량이 가볍고 단가가 싸다.
㉤ 완전폐쇄가 곤란한 단점이 있다.

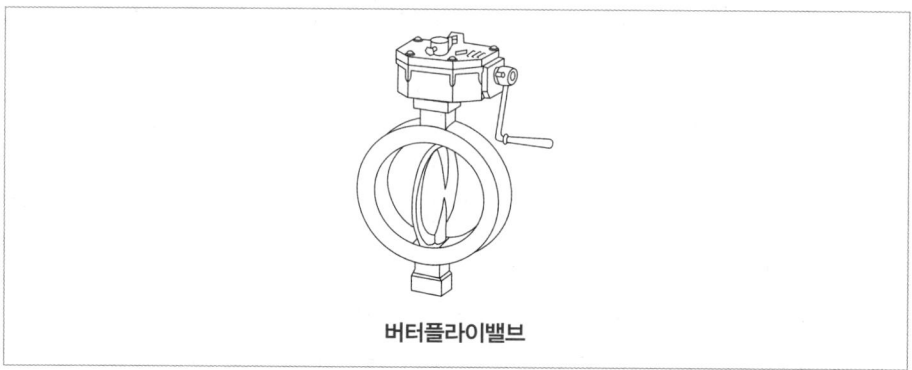

버터플라이밸브

⑤ **콕**
㉠ 원통 또는 원뿔에 구멍을 뚫고 축(밸브봉)을 중심으로 90도 회전함에 따라 개폐되는 밸브로, 플러그밸브라고도 한다.
㉡ 유체저항이 적으며 개폐시간도 짧아 유체의 흐름을 급속하게 개폐하는 경우에 사용된다.
㉢ 글래드 콕, 메인 콕 등이 있다.

OX문제

버터플라이밸브는 밸브 내부에 있는 원판을 회전시킴으로써 유체의 흐름을 조절한다.
( )

정답 O

⑥ **볼밸브**
   ㉠ 볼밸브는 통로가 연결된 파이프와 같은 모양과 단면으로 되어 있는 중간에 둥근 볼의 회전에 의하여 유체의 흐름을 조절하는 밸브이다.
   ㉡ 밸브 몸체가 크기 때문에 넓은 공간이 필요하며, 90도 회전에 의해 완전 개폐작용이 되는 구조이다.
   ㉢ 유체저항이 적고, 밸브의 조작이 간단하다.

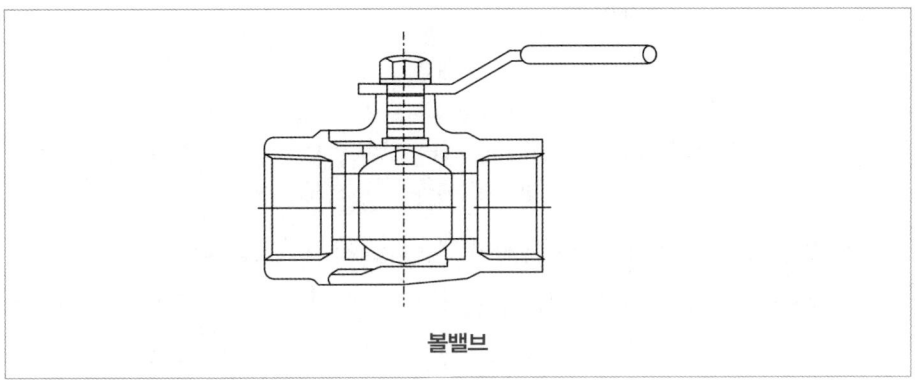
볼밸브

⑦ **볼탭**: 급수관의 끝에 부착된 동제의 부자(浮子)에 의하여 수조 내의 수면이 상승했을 때 자동적으로 수전을 멈추고 수면이 내려가면 부자가 내려가 수전을 여는 장치이다. 기출

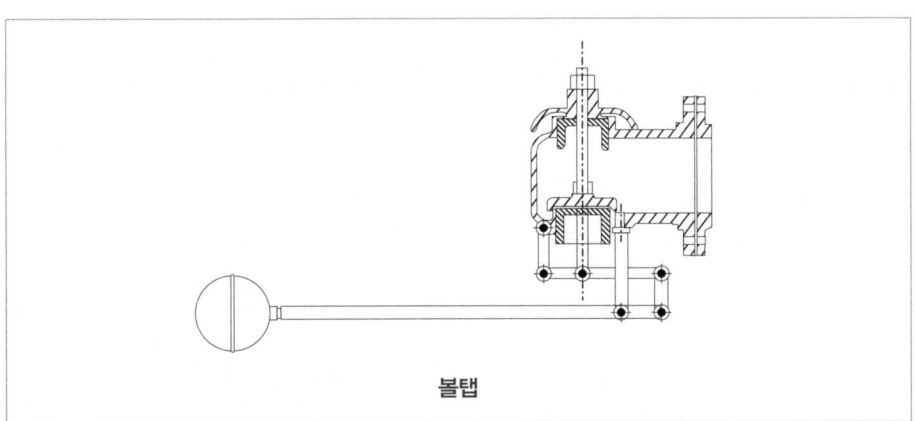
볼탭

⑧ **체크밸브**(역지밸브): 유체를 한 방향으로만 흐르게 하여 역류를 방지하는 밸브로서 유량조절이 불가능하다. 종류로는 리프트형과 스윙형이 있다. 기출
   ㉠ **리프트형**: 수평배관에 사용한다.
   ㉡ **스윙형**: 수직·수평배관에 모두 사용할 수 있다.

OX문제

볼밸브는 핸들을 90도 돌림으로써 밸브가 완전히 열리는 구조로 되어 있다. (   )

OX문제

볼탭밸브는 밸브 중간에 위치한 볼의 회전에 의해 유체의 흐름을 조절한다. (   )

OX문제

체크밸브는 유체의 흐름을 한 방향으로 흐르게 하며, 리프트형 체크밸브는 수평배관에 사용된다. (   )

체크밸브에는 수평·수직 배관에 모두 사용할 수 있는 스윙형과 수평배관에만 사용하는 리프트형이 있다. (   )

정답 O, X, O, O

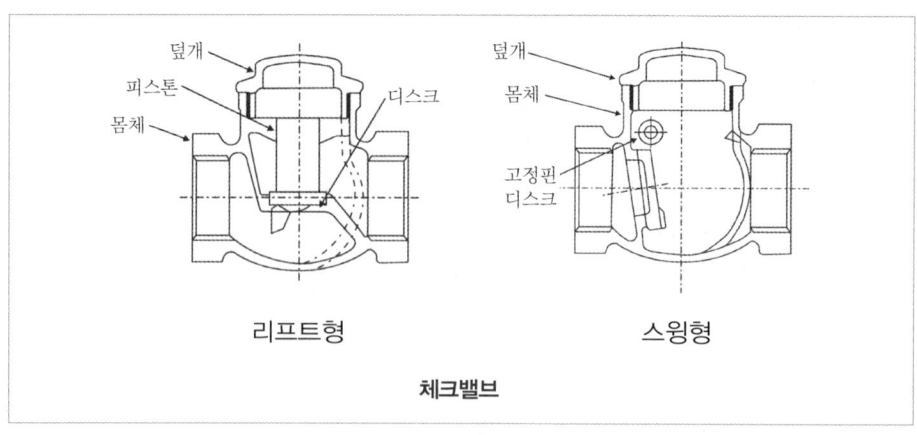

체크밸브

⑨ **온도조절밸브**: 온도의 변화에 따라 벨로즈의 예민한 작용으로 개폐되며, 유량을 자동으로 조절하는 자동 조절밸브이다.

⑩ **정수위조절밸브**(Level Control Valve): 정수위조절밸브란 물탱크의 수위를 조절하는 밸브이다. 물론, 물탱크에 전자식이나 부력식 수위조절 스위치를 설치하고 수위가 정해진 위치까지 도달하면 펌프의 전원을 차단하는 방법도 있지만, 하나의 펌프로 여러 개의 물탱크를 채워야 하는 경우에는 이런 방법을 쓸 수 없으므로 수동으로 유입되는 물을 차단하든지 아니면 정수위조절밸브를 설치하게 된다. 정수위조절밸브는 이름 그대로 수위가 일정위치에 도달하면 강제로 유입되는 관로를 폐쇄하는 밸브이다.

⑪ **스트레이너**(여과기): 조절밸브·유량계·열교환기 등의 기기 앞에 설치하여 배관 속의 먼지, 흙, 모래, 쇠부스러기, 기타 불순물 등을 여과시켜 줌으로써 기기의 성능을 보호하는 기구이다. 모양에 따라 Y형, U형, V형, T형 등이 있다. 기출

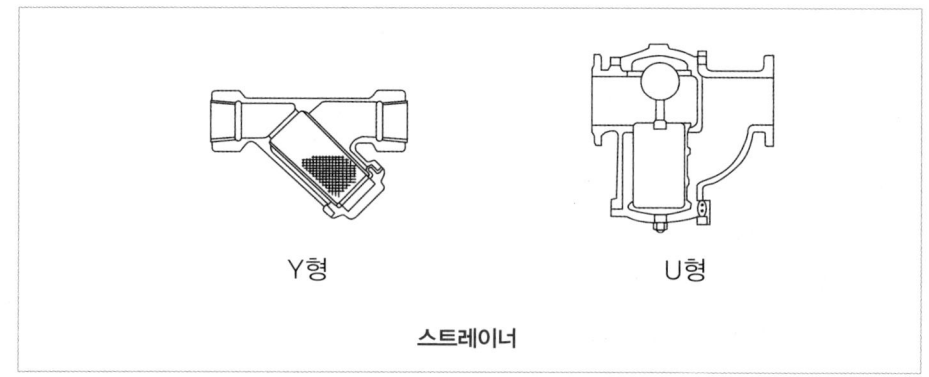

스트레이너

OX문제

배관 중에 먼지 또는 토사·쇠부스러기 등이 들어가면 배관이 막힐 우려가 있으므로 이를 방지하기 위하여 배관에 스트레이너를 부착한다.
( )

체크밸브는 밸브류 앞에 설치하여 배관 내의 흙, 모래 등의 이물질을 제거하기 위한 장치이다. ( )

정답 O, ×

(4) 배관의 지지

배관의 길이가 길어지면 배관 자체의 무게와 열에 의한 신축, 유체의 흐름에서 발생하는 진동이 배관에 작용한다. 이러한 배관의 하중 및 열에 의한 신축, 진동 등이 배관에 접속된 기계 및 계측기의 노즐에도 작용하여 변형을 일으켜 기기의 성능을 저하시킨다. 이것을 방지하기 위하여 배관을 지지하는 장치를 만들어 배관한다. 배관의 지지장치는 화학플랜트를 비롯하여 화력·원자력 발전, 플랜트, 선박, 가스터빈설비 등에 널리 사용되고 있으며 그 용도도 사용조건에 따라 다양하게 구분되어 있다. 기능을 용도별로 구분하면 다음의 표와 같다.

대분류		소분류		비고
명칭	용도	명칭	용도	
서포트(Support) 또는 행거(Hanger)	배관계 중량을 지지하는 목적으로 사용(위에서 달아매는 것을 행거, 밑에서 지지하는 것을 서포트라 함)	리지드 행거(Rigid Hanger)	수직방향 변위가 없는 곳에 사용 기출	
		스프링 행거	배관의 수직 변위가 작은 경우 사용(일반적으로 40mm 이하)	
		콘스탄트 행거	배관의 수직 변위가 크게 발생할 경우 사용(일반적으로 40mm 이상)	
레스트레인트(Restraint)	열팽창에 의한 3차원의 움직임을 구속하거나 제한하는 목적	앵커(Anchor)	완전히 배관계의 일부를 고정하는 장치	
		스톱(Stop)	관의 회전은 되지만 직선운동을 방지하는 장치	
		가이드(Guide)	관이 그 축 주위를 회전하는 것을 방지하기 위한 장치	
브레이스(Brace)	중력 또는 열팽창에 의한 외력 이외의 힘(진동, 충격)에 의해 배관계가 이동하는 것을 제한하는 목적	방진기	주로 진동을 방지하거나 감쇠시키는 장치	기계식 스너버, 유압식 스너버
		완충기	수격작용, 지진, 안전밸브 토출반력 등에 의한 충격을 완화하기 위한 장치	

(5) 색채에 의한 배관의 식별

배관 속을 흐르는 유체의 종류를 알려주기 위해 배관의 표면마감색을 유체 종류별로 다음과 같이 서로 다르게 한다.

종류	식별색	종류	식별색
물	청색	산·알칼리	회자색
증기	진한 적색	기름	진한 황적색
공기	백색	전기	엷은 황적색
가스	황색		

7 오수정화시설

1. 용어의 정의

「하수도법」에서 사용하는 용어의 뜻은 다음과 같다(하수도법 제2조).

(1) 하수 OX

'하수'란 사람의 생활이나 경제활동으로 인하여 액체성 또는 고체성의 물질이 섞이어 오염된 물(이하 '오수'라 한다)과 건물·도로 그 밖의 시설물의 부지로부터 하수도로 유입되는 빗물·지하수를 말한다. 다만, 농작물의 경작으로 인한 것은 제외한다. 기출

(2) 분뇨 OX

'분뇨'란 수거식 화장실에서 수거되는 액체성 또는 고체성의 오염물질(개인하수처리시설의 청소과정에서 발생하는 찌꺼기를 포함한다)을 말한다. 기출

(3) 하수도 OX

'하수도'란 하수와 분뇨를 유출 또는 처리하기 위하여 설치되는 하수관로·공공하수처리시설·간이공공하수처리시설·하수저류시설·분뇨처리시설·배수설비·개인하수처리시설 그 밖의 공작물·시설의 총체를 말한다.

(4) 공공하수도 OX

'공공하수도'란 지방자치단체가 설치 또는 관리하는 하수도를 말한다. 다만, 개인하수도는 제외한다.

(5) 개인하수도

'개인하수도'란 건물·시설 등의 설치자 또는 소유자가 해당 건물·시설 등에서 발생하는 하수를 유출 또는 처리하기 위하여 설치하는 배수설비·개인하수처리시설과 그 부대시설을 말한다.

OX문제

하수란 사람의 생활이나 경제활동으로 인하여 액체성 또는 고체성의 물질이 섞이어 오염된 물(이하 '오수'라 한다)로 건물·도로 그 밖의 시설물의 부지로부터 하수도로 유입되는 빗물·지하수는 제외한다. ( )

OX문제

오수란 수거식 화장실에서 수거되는 액체성 또는 고체성의 오염물질을 말한다. ( )

OX문제

하수도란 하수와 분뇨를 유출 또는 처리하기 위하여 설치되는 하수관로·공공하수처리시설 등 공작물·시설의 총체를 말한다. ( )

OX문제

공공하수도란 지방자치단체가 설치 또는 관리하는 하수도를 말한다. 다만, 개인하수도는 제외한다. ( )

정답 ×, ×, ○, ○

(6) 하수관로

'하수관로'란 하수를 공공하수처리시설·간이공공하수처리시설·하수저류시설로 이송하거나 하천·바다 그 밖의 공유수면으로 유출시키기 위하여 지방자치단체가 설치 또는 관리하는 관로와 그 부속시설을 말한다.

(7) 합류식 하수관로

'합류식 하수관로'란 오수와 하수도로 유입되는 빗물·지하수가 함께 흐르도록 하기 위한 하수관로를 말한다.

(8) 분류식 하수관로 OX

'분류식 하수관로'란 오수와 하수도로 유입되는 빗물·지하수가 각각 구분되어 흐르도록 하기 위한 하수관로를 말한다.

(9) 공공하수처리시설

'공공하수처리시설'이란 하수를 처리하여 하천·바다 그 밖의 공유수면에 방류하기 위하여 지방자치단체가 설치 또는 관리하는 처리시설과 이를 보완하는 시설을 말한다.

(10) 간이공공하수처리시설

'간이공공하수처리시설'이란 강우(降雨)로 인하여 공공하수처리시설에 유입되는 하수가 일시적으로 늘어날 경우 하수를 신속히 처리하여 하천·바다, 그 밖의 공유수면에 방류하기 위하여 지방자치단체가 설치 또는 관리하는 처리시설과 이를 보완하는 시설을 말한다.

(11) 하수저류시설

'하수저류시설'이란 하수관로로 유입된 하수에 포함된 오염물질이 하천·바다, 그 밖의 공유수면으로 방류되는 것을 줄이고 하수가 원활하게 유출될 수 있도록 하수를 일시적으로 저장하거나 오염물질을 제거 또는 감소하게 하는 시설(하천법 제2조 제3호 나목에 따른 시설과 자연재해대책법 제2조 제6호에 따른 우수유출저감시설은 제외한다)을 말한다.

(12) 분뇨처리시설

'분뇨처리시설'이란 분뇨를 침전·분해 등의 방법으로 처리하는 시설을 말한다.

OX문제

분류식 하수관로란 오수와 하수도로 유입되는 빗물·지하수가 각각 구분되어 흐르도록 하기 위한 하수관로를 말한다. ( )

정답 O

> **OX문제**
>
> 배수설비란 건물·시설 등에서 발생하는 하수를 공공하수도에 유입시키기 위하여 설치하는 배수관과 그 밖의 배수시설을 말한다. ( )
>
> **정답** O

(13) 배수설비 OX

'배수설비'란 건물·시설 등에서 발생하는 하수를 공공하수도에 유입시키기 위하여 설치하는 배수관과 그 밖의 배수시설을 말한다.

(14) 개인하수처리시설

'개인하수처리시설'이란 건물·시설 등에서 발생하는 오수를 침전·분해 등의 방법으로 처리하는 시설을 말한다.

(15) 배수구역

'배수구역'이란 공공하수도에 의하여 하수를 유출시킬 수 있는 지역으로서 「하수도법」 제15조의 규정에 따라 공고된 구역을 말한다.

(16) 하수처리구역

'하수처리구역'이란 하수를 공공하수처리시설에 유입하여 처리할 수 있는 지역으로서 「하수도법」 제15조의 규정에 따라 공고된 구역을 말한다.

2. 개인하수처리시설

(1) 개인하수처리시설의 설치

① **개인하수처리시설의 설치**: 오수를 배출하는 건물·시설 등(이하 '건물등'이라 한다)을 설치하는 자는 단독 또는 공동으로 개인하수처리시설을 설치하여야 한다. 다만, 다음의 어느 하나에 해당하는 경우에는 그러하지 아니하다(하수도법 제34조 제1항, 동법 시행규칙 제26조 제1항).

   ㉠ 「물환경보전법」에 따른 공공폐수처리시설로 오수를 유입시켜 처리하는 경우

   ㉡ 오수를 흐르도록 하기 위한 분류식 하수관로로 배수설비를 연결하여 오수를 공공하수처리시설에 유입시켜 처리하는 경우

   ㉢ 공공하수도관리청이 환경부령으로 정하는 기준·절차에 따라 하수관로정비구역으로 공고한 지역에서 합류식 하수관로로 배수설비를 연결하여 공공하수처리시설에 오수를 유입시켜 처리하는 경우

   ㉣ 건물등을 설치하는 자가 오수를 분뇨수집·운반업자에게 위탁하여 공공하수처리시설·공공폐수처리시설 또는 자기의 오수처리시설로 운반하여 처리하는 경우

   ㉤ 건물등을 설치하는 자가 오수를 같은 사업장에 설치된 오수처리시설로 운반하여 처리하는 경우

② **설치신고 및 변경신고**: 개인하수처리시설을 설치하거나 그 시설의 규모·처리방법 등 다음의 중요한 사항을 변경하려는 자는 미리 특별자치시장·특별자치도지사·시장·군수·구청장에게 신고하여야 한다. 개인하수처리시설을 폐쇄하려는 경우에도 또한 같다(하수도법 제34조 제2항).
  ㉠ 개인하수처리시설의 규모 또는 처리용량
  ㉡ 개인하수처리시설의 구조
  ㉢ 개인하수처리시설 본체의 교체
③ **신고의 수리**: 특별자치시장·특별자치도지사·시장·군수·구청장은 위 ②에 따른 설치신고·변경신고 또는 폐쇄신고를 받은 경우 그 내용을 검토하여 「하수도법」에 적합하면 신고를 수리하여야 한다(하수도법 제34조 제3항).
④ **개인하수처리시설의 설치기준**: 개인하수처리시설을 설치하려는 자는 다음의 기준에 적합하게 설치하여야 한다(하수도법 제34조 제4항, 동법 시행령 제24조 제2항).
  ㉠ 하수처리구역 밖
    ⓐ 1일 오수 발생량이 2세제곱미터를 초과하는 건물등을 설치하려는 자는 오수처리시설(개인하수처리시설로서 건물등에서 발생하는 오수를 처리하기 위한 시설을 말한다)을 설치할 것
    ⓑ 1일 오수 발생량이 2세제곱미터 이하인 건물등을 설치하려는 자는 정화조(개인하수처리시설로서 건물등에 설치한 수세식 변기에서 발생하는 오수를 처리하기 위한 시설을 말한다)를 설치할 것
  ㉡ 하수처리구역 안(합류식 하수관로 설치지역만 해당한다): 수세식 변기를 설치하려는 자는 정화조를 설치할 것

(2) 개인하수처리시설의 운영·관리

① **개인하수처리시설의 운영·관리 시 금지행위**: 개인하수처리시설의 소유자 또는 관리자는 개인하수처리시설을 운영·관리할 때에는 다음에 해당하는 행위를 하여서는 아니 된다(하수도법 제39조 제1항).
  ㉠ 건물등에서 발생하는 오수를 개인하수처리시설에 유입시키지 아니하고 배출하거나 개인하수처리시설에 유입시키지 아니하고 배출할 수 있는 시설을 설치하는 행위
  ㉡ 개인하수처리시설에 유입되는 오수를 최종 방류구를 거치지 아니하고 중간배출하거나 중간배출할 수 있는 시설을 설치하는 행위
  ㉢ 건물등에서 발생하는 오수에 물을 섞어 처리하거나 물을 섞어 배출하는 행위

ⓔ 정당한 사유 없이 개인하수처리시설을 정상적으로 가동하지 아니하여 방류수수질기준을 초과하여 배출하는 행위

② **개인하수처리시설의 비정상운영 신고**: 개인하수처리시설의 소유자 또는 관리자는 다음의 부득이한 사유로 방류수수질기준을 초과하여 방류하게 되는 때에는 특별자치시장·특별자치도지사·시장·군수·구청장에게 미리 신고하여야 한다(하수도법 제39조 제3항, 동법 시행령 제26조 제1항).

  ㉠ 개인하수처리시설을 개선, 변경 또는 보수하기 위하여 필요한 경우
  ㉡ 개인하수처리시설의 주요 기계장치 등의 사고로 인하여 정상 운영할 수 없는 경우
  ㉢ 단전이나 단수로 개인하수처리시설을 정상적으로 운영할 수 없는 경우
  ㉣ 기후의 변동 또는 이상물질의 유입 등으로 인하여 개인하수처리시설을 정상 운영할 수 없는 경우
  ㉤ 천재지변, 화재, 그 밖의 부득이한 사유로 인하여 개인하수처리시설을 정상 운영할 수 없는 경우

③ **개인하수처리시설의 관리기준**: 개인하수처리시설의 소유자 또는 관리자는 방류수의 수질자가측정 및 내부청소 등에 관하여 다음의 관리기준에 따라 그 시설을 유지·관리하여야 한다(하수도법 제39조 제2항, 동법 시행규칙 제33조 제1항).

  ㉠ 개인하수처리시설의 관리기준: 개인하수처리시설의 관리기준은 다음과 같다. 다만, 공공하수처리시설 또는 「물환경보전법」에 따른 공공폐수처리시설로 오수를 유입시켜 처리하는 지역에 설치된 개인하수처리시설에는 ⓐ와 ⓓ를 적용하지 아니하고, 해당 지역에 설치된 오수처리시설은 ⓒ에 따른 내부청소를 연 1회 이상 하여야 한다.
    ⓐ 다음의 구분에 따른 기간마다 그 시설로부터 배출되는 방류수의 수질을 자가측정하거나 「환경분야 시험·검사 등에 관한 법률」에 따른 측정대행업자가 측정하게 하고, 그 결과를 기록하여 3년 동안 보관할 것
      ⅰ) **6개월마다 1회 이상**: 1일 처리용량이 200세제곱미터 이상인 오수처리시설과 1일 처리대상인원이 2천 명 이상인 정화조
      ⅱ) **연 1회 이상**: 1일 처리용량이 50세제곱미터 이상 200세제곱미터 미만인 오수처리시설과 1일 처리대상인원이 1천 명 이상 2천 명 미만인 정화조

ⓑ 정화조는 **연 1회 이상** 내부청소를 할 것. 다만, 취수시설로부터 유하거리 4킬로미터 이내인 상류지역, 상수원보호구역, 특별대책지역, 수변구역, 자연공원, 지하수보전구역 등에서 다음에 해당하는 영업을 하는 건물등에 설치된 정화조는 6개월마다 1회 이상 내부청소를 하여야 한다.
　　　　　ⅰ)「관광진흥법」에 따른 관광숙박업 또는 관광객 이용시설업(관광유람선업과 외국인전용 관광기념품판매업은 제외한다)
　　　　　ⅱ)「식품위생법」에 따른 식품접객업[제과점영업과 다방영업(주로 차 종류를 조리 판매하는 영업을 말한다)은 제외한다]
　　　　　ⅲ)「공중위생관리법」에 따른 숙박업
　　　ⓒ 오수처리시설은 그 기능이 정상적으로 유지될 수 있도록 침전 찌꺼기와 부유물질 제거 등 내부청소를 하여야 하며, 청소 과정에서 발생된 찌꺼기를 탈수하여 처리하거나 분뇨수집·운반업자에게 위탁하여 처리할 것
　　　ⓓ 1일 처리대상인원이 500명 이상인 정화조에서 배출되는 방류수는 염소 등으로 소독할 것
　　ⓛ **개인하수처리시설 운영 시 금지행위**: 개인하수처리시설의 소유자나 관리자는 개인하수처리시설을 운영할 때에 다음의 행위를 하여서는 아니 된다(하수도법 시행규칙 제33조 제3항).
　　　ⓐ 정화조의 경우에 수세식 변기에서 나오는 오수가 아닌 그 밖의 오수를 유입시키는 행위
　　　ⓑ 전기설비가 되어 있는 개인하수처리시설의 경우에 전원을 끄는 행위
　④ **개인하수처리시설의 운영기구**
　　ⓞ **운영기구의 설치대상**: 공동으로 이용하기 위하여 설치한 개인하수처리시설에 오수를 유입시키는 건물등으로서 「주택법」에 따른 공동주택의 소유자는 해당 시설의 공동관리·유지에 필요한 운영기구를 설치하고 그 대표자를 지정하여 특별자치시장·특별자치도지사·시장·군수·구청장에게 그 사실을 신고하여야 한다. 운영기구의 대표자를 변경하는 경우에도 또한 같다. 다만, 「공동주택관리법 시행령」 제2조 제1항 제2호에 따른 공동주택 및 소유자가 30명 이하인 공동주택은 제외한다(하수도법 제39조 제7항, 동법 시행령 제26조 제2항).

ⓛ **운영기구의 설치 권고**: 특별자치시장·특별자치도지사·시장·군수·구청장은 위 ㉠의 단서에 해당하는 제외대상 공동주택의 소유자에게 공동으로 이용하기 위하여 설치된 개인하수처리시설의 공동관리·유지에 필요한 운영기구(이하 '운영기구'라 한다)를 설치할 것을 권고할 수 있다(하수도법 시행령 제26조 제3항).

㉢ 운영기구의 대표자는 해당 개인하수처리시설의 소유자 또는 관리자로 본다(하수도법 제39조 제10항).

(3) 개인하수처리시설의 기술관리인

① **기술관리인의 선임**: 대통령령(아래 ②)으로 정하는 규모 이상의 개인하수처리시설을 설치·운영하는 자는 해당 시설의 유지·관리에 관한 기술업무를 담당하게 하기 위하여 기술관리인을 두어야 한다. 다만, 다음의 어느 하나에 해당하는 경우에는 그러하지 아니하다(하수도법 제66조 제1항).
㉠ 처리시설관리업자에게 개인하수처리시설의 관리를 위탁한 경우
㉡ 「물환경보전법」에 따른 환경기술인이 선임된 사업장의 경우

② **기술관리인을 두어야 하는 개인하수처리시설의 규모**: 개인하수처리시설의 유지·관리에 관한 기술업무를 담당할 기술관리인을 두어야 하는 개인하수처리시설의 규모는 다음과 같다. 다만, 공공하수처리시설 또는 「물환경보전법」에 따른 공공폐수처리시설로 오수를 유입·처리하는 지역의 개인하수처리시설에는 기술관리인을 두지 아니할 수 있다(하수도법 시행령 제37조).
㉠ 1일 처리용량이 **50세제곱미터 이상**인 오수처리시설(1개의 건물에 2 이상의 오수처리시설이 설치되어 있는 경우 그 용량의 합계가 50세제곱미터 이상인 것을 포함한다)
㉡ 처리대상인원이 **1천 명 이상**인 정화조(1개의 건물에 2 이상의 정화조가 설치되어 있는 경우 그 처리대상인원의 합계가 1천 명 이상인 것을 포함한다)

③ **기술관리인의 준수사항**(하수도법 시행규칙 제68조 제1항)
㉠ 개인하수처리시설을 정상가동하여야 하며, 방류수수질기준을 초과하는 등 시설의 개선이 필요한 경우에는 지체 없이 시설의 소유자나 관리자에게 개선하도록 조치할 것
㉡ 개인하수처리시설의 운영에 관한 사항을 매일 사실대로 개인하수처리시설 운영관리대장(전자문서를 포함한다)에 기록하고, 기록한 날부터 3년간 이를 보존할 것
㉢ 방류수수질검사를 정확히 하고 이를 사실대로 기록할 것

3. 수질오염의 지표 기출

(1) BOD(Biochemical Oxygen Demand)

생물학적 산소요구량으로 오수 중의 오염물질(유기물)이 미생물에 의하여 분해되어 안정된 물질(무기물, 물, 가스)로 변할 때 얼마만큼 오수 중의 산소량이 소비되는가를 나타내는 값이다. BOD는 ppm으로 표시하고, 20℃에서 5일간에 소비된 산소를 나타내고, 그 값이 클수록 물이 오염되어 있는 것을 나타낸다.

(2) COD(Chemical Oxygen Demand) OX

화학적 산소요구량으로 수중의 산화되기 쉬운 오염물질(유기물)이 화학적으로 안정된 물질(무기물, 물, 가스)로 변화하는 데 필요한 산소량을 ppm으로 나타낸 것이다. 그 값이 클수록 물이 오염되어 있는 것을 나타내고, 측정소요시간은 3시간 이내이다.

(3) DO(Dissolved Oxygen, 용존산소량) OX

오수 중의 **용존산소량**을 ppm으로 나타낸 것이며, DO가 클수록 정화능력이 큰 수질인 것을 표시한다. 용존산소는 주로 공기 중의 산소에 의하여 수면을 통하여 공급된다.

(4) 스컴(Scum)

하수처리를 할 때 수면에 떠오른 유지 또는 고형물질의 집합을 말한다.

(5) SS(부유물질) OX

오수 중에 함유되는 **부유물질**을 ppm으로 나타낸 것이며, 수질의 오염도를 표시한다.

(6) 활성오니(A.S)

폭기조 내에 용해되어 있는 유기물질과 반응하고, 그에 따라 세포가 증식되는 미생물의 덩어리(Flock)를 말한다.

(7) S.V(침전오니량)

정화조 오니 1L에서 가라앉는 침전오니의 양을 말한다.

OX문제

화학적 산소요구량은 오수 중의 산화되기 쉬운 오염물질이 화학적으로 안정된 물질로 변화하는 데 필요한 산소량이다. ( )

OX문제

용존산소량은 오수 중에 포함되어 있는 고형물질로 물에 용해되지 않는 것을 말한다. ( )

DO는 용존산소량으로 DO 값이 작을수록 오수의 정화능력이 우수하다. ( )

OX문제

SS는 오수 중의 용존산소량을 나타낸다. ( )

정답 O, X, X, X

> **OX문제**
>
> BOD 제거율은 오물정화조의 유입수 BOD와 유출수 BOD의 차이를 유출수 BOD로 나눈 값이다. ( )
>
> BOD 제거율이 높을수록 정화조의 성능이 우수하다. ( )

(8) BOD 제거율 OX

$$\frac{유입수\ BOD - 유출수\ BOD}{유입수\ BOD} \times 100(\%)$$

> **개념적용 문제**
>
> 평균 BOD 200ppm인 오수가 1,500m³/d 유입되는 오수정화조의 1일 유입 BOD부하(kg/d)는 얼마인가? 제15회 기출
>
> ① 0.3 ② 3
> ③ 30 ④ 300
> ⑤ 3,000
>
> **해설** $1,500,000(kg/d) \times \dfrac{200}{1,000,000} = 300(kg/d)$
>
> **정답** ④

8 난방설비

1. 난방설비 등의 설치기준

(1) 중앙집중난방방식의 설치대상

6층 이상인 공동주택의 난방설비는 중앙집중난방방식(집단에너지사업법에 의한 지역난방공급방식을 포함한다)으로 하여야 한다. 다만, 「건축법 시행령」에 의한 개별난방설비를 하는 경우에는 그러하지 아니하다(주택건설기준 등에 관한 규정 제37조 제1항).

(2) 난방구획

공동주택의 난방설비를 중앙집중난방방식으로 하는 경우에는 난방열이 각 세대에 균등하게 공급될 수 있도록 4층 이상 10층 이하의 건축물인 경우에는 2개소 이상, 10층을 넘는 건축물인 경우에는 10층을 넘는 5개 층마다 1개소를 더한 수 이상의 난방구획으로 구분하여 각 난방구획마다 따로 난방용 배관을 하여야 한다. 다만, 다음에 해당하는 경우에는 그러하지 아니하다(주택건설기준 등에 관한 규정 제37조 제2항).

① 연구기관 또는 학술단체의 조사 또는 시험에 의하여 난방열을 각 세대에 균등하게 공급할 수 있다고 인정되는 시설 또는 설비를 설치한 경우

정답 ×, ○

② 난방설비를 「집단에너지사업법」에 의한 지역난방공급방식으로 하는 경우로서 산업통상자원부장관이 정하는 바에 따라 각 세대별로 유량조절장치를 설치한 경우

(3) 계량기 및 난방온도조절장치

난방설비를 중앙집중난방방식으로 하는 공동주택의 각 세대에는 산업통상자원부장관이 정하는 바에 따라 난방열량을 계량하는 계량기와 난방온도를 조절하는 장치를 각각 설치하여야 한다(주택건설기준 등에 관한 규정 제37조 제3항).

(4) 옷방 등의 난방설비

공동주택 각 세대에 「건축법 시행령」 제87조 제2항에 따라 온돌방식의 난방설비를 하는 경우에는 침실에 포함되는 옷방 또는 붙박이 가구 설치 공간에도 난방설비를 하여야 한다(주택건설기준 등에 관한 규정 제37조 제4항).

(5) 개별난방설비의 설치기준 기출

① **설치기준**: 공동주택과 오피스텔의 난방설비를 개별난방방식으로 하는 경우에는 다음의 기준에 적합하여야 한다(건축물의 설비기준 등에 관한 규칙 제13조 제1항).

㉠ 보일러는 거실 외의 곳에 설치하되, 보일러를 설치하는 곳과 거실 사이의 경계벽은 출입구를 제외하고는 **내화구조의 벽**으로 구획할 것

㉡ 보일러실의 윗부분에는 그 면적이 0.5제곱미터 이상인 환기창을 설치하고, 보일러실의 윗부분과 아랫부분에는 각각 지름 **10센티미터** 이상의 공기흡입구 및 배기구를 **항상 열려있는 상태**로 바깥공기에 접하도록 설치할 것. 다만, **전기보일러**의 경우에는 그러하지 아니하다.

㉢ 보일러실과 거실 사이의 출입구는 그 출입구가 닫힌 경우에는 보일러가스가 거실에 들어갈 수 없는 구조로 할 것

㉣ 기름보일러를 설치하는 경우에는 기름저장소를 보일러실 외의 다른 곳에 설치할 것

㉤ 오피스텔의 경우에는 난방구획을 방화구획으로 구획할 것

㉥ 보일러의 연도는 **내화구조로서 공동연도**로 설치할 것

OX문제

보일러실의 윗부분에는 그 면적이 0.5㎡ 이상인 환기창을 설치하도록 한다(단, 전기보일러의 경우에는 그러하지 아니하다). ( )

OX문제

기름보일러를 설치하는 경우에는 기름저장소를 보일러실 내에 설치해야 한다. ( )

OX문제

공동주택의 경우에는 난방구획을 방화구획으로 구획할 것 ( )

정답 O, ×, ×

② **가스보일러의 설치기준**: 가스보일러에 의한 난방설비를 설치하고 가스를 중앙집중공급방식으로 공급하는 경우에는 위 ①의 규정에도 불구하고 가스관계법령이 정하는 기준에 의하되, 오피스텔의 경우에는 난방구획을 방화구획으로 구획하여야 한다(건축물의 설비기준 등에 관한 규칙 제13조 제2항).

③ 허가권자는 개별 보일러를 설치하는 건축물의 경우 소방청장이 정하여 고시하는 기준에 따라 일산화탄소 경보기를 설치하도록 권장할 수 있다(건축물의 설비기준 등에 관한 규칙 제13조 제3항).

(6) 온돌의 설치기준

① 건축물에 온돌을 설치하는 경우에는 그 구조상 열에너지가 효율적으로 관리되고 화재의 위험을 방지하기 위하여 다음의 기준에 적합하여야 한다(건축물의 설비기준 등에 관한 규칙 제12조 제1항).

별표 1의7 온돌 설치기준

온수온돌

1. **의의**: 온수온돌이란 보일러 또는 그 밖의 열원으로부터 생성된 온수를 바닥에 설치된 배관을 통하여 흐르게 하여 난방을 하는 방식을 말한다.
2. **구성**: 온수온돌은 바탕층, 단열층, 채움층, 배관층(방열관을 포함한다) 및 마감층 등으로 구성된다.

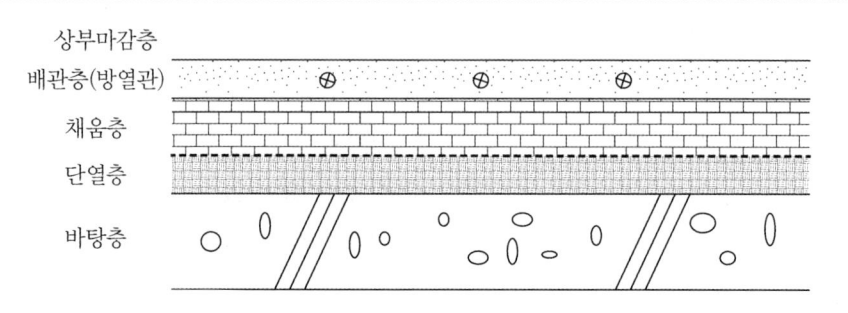

① **바탕층**이란 온돌이 설치되는 건축물의 최하층 또는 중간층의 바닥을 말한다.
② **단열층**이란 온수온돌의 배관층에서 방출되는 열이 바탕층 아래로 손실되는 것을 방지하기 위하여 배관층과 바탕층 사이에 단열재를 설치하는 층을 말한다.
③ **채움층**이란 온돌구조의 높이 조정, 차음성능 향상, 보조적인 단열기능 등을 위하여 배관층과 단열층 사이에 완충재 등을 설치하는 층을 말한다.
④ **배관층**이란 단열층 또는 채움층 위에 방열관을 설치하는 층을 말한다.
⑤ **방열관**이란 열을 발산하는 온수를 순환시키기 위하여 배관층에 설치하는 온수배관을 말한다.
⑥ **마감층**이란 배관층 위에 시멘트, 모르타르, 미장 등을 설치하거나 마루재, 장판 등 최종 마감재를 설치하는 층을 말한다.

3. 온수온돌의 설치기준
　① 단열층은 「녹색건축물 조성 지원법」 제15조 제1항에 따라 국토교통부장관이 고시하는 기준에 적합하여야 하며, 바닥난방을 위한 열이 바탕층 아래 및 측벽으로 손실되는 것을 막을 수 있도록 단열재를 방열관과 바탕층 사이에 설치하여야 한다. 다만, 바탕층의 축열을 직접 이용하는 심야전기이용 온돌(한국전력공사법에 따른 한국전력공사의 심야전력이용기기 승인을 받은 것만 해당하며, 이하 '심야전기이용 온돌'이라 한다)의 경우에는 단열재를 바탕층 아래에 설치할 수 있다.
　② 배관층과 바탕층 사이의 열저항은 「녹색건축물 조성 지원법」 제15조 제1항에 따라 국토교통부장관이 정하여 고시하는 기준에 적합해야 한다.
　③ 단열재는 내열성 및 내구성이 있어야 하며, 단열층 위의 적재하중 및 고정하중에 버틸 수 있는 강도를 가지거나 그러한 구조로 설치되어야 한다.
　④ 바탕층이 지면에 접하는 경우에는 바탕층 아래와 주변 벽면에 높이 **10센티미터 이상**의 **방수처리**를 하여야 하며, 단열재의 윗부분에 **방습처리**를 하여야 한다.
　⑤ 방열관은 잘 부식되지 아니하고 열에 견딜 수 있어야 하며, 바닥의 표면온도가 균일하도록 설치하여야 한다.
　⑥ 배관층은 방열관에서 방출된 열이 마감층 부위로 **최대한 균일**하게 전달될 수 있는 높이와 **구조**를 갖추어야 한다.
　⑦ 마감층은 수평이 되도록 설치하여야 하며, 바닥의 균열을 방지하기 위하여 충분하게 양생하거나 건조시켜 마감재의 뒤틀림이나 변형이 없도록 하여야 한다.
　⑧ 한국산업규격에 따른 조립식 온수온돌판을 사용하여 온수온돌을 시공하는 경우에는 위 ①~⑦의 규정을 적용하지 아니한다.
　⑨ 국토교통부장관은 위 ①~⑦에서 규정한 것 외에 온수온돌의 설치에 관하여 필요한 사항을 정하여 고시할 수 있다.

② 건축물에 온돌을 시공하는 자는 시공을 끝낸 후 온돌 설치확인서를 공사감리자에게 제출하여야 한다. 다만, 건축설비설치확인서를 제출한 경우와 공사감리자가 직접 온돌의 설치를 확인한 경우에는 그러하지 아니하다(건축물의 설비기준 등에 관한 규칙 제12조 제2항).

2. 난방방식의 종류

(1) 증기난방 OX

보일러에서 생산된 증기를 방열기로 보내 증기의 잠열*을 이용하는 난방방식이다. 기출

① **장점**
　㉠ 증발잠열을 이용하기 때문에 열의 **운반능력**이 크다.
　㉡ 예열시간이 온수난방에 비해 짧고 증기의 **순환**이 빠르다.
　㉢ 방열면적을 온수난방보다 작게 할 수 있으며, 관경이 가늘어도 된다.
　㉣ 설비비와 유지비가 적게 든다.

OX문제

바탕층이 지면에 접하는 경우 바탕층 아래와 주변 벽면에 높이 5cm 이상의 방수처리를 하여야 한다. (　)

• **잠열과 현열의 정의** (기출)
　1. 잠열: 물체의 온도를 바꾸지 않고 상태변화에 따라 이동하는 열
　2. 현열: 물체의 온도가 변화하는 것에 의해 출입하는 열

OX문제

증기난방은 증발잠열을 이용하기 때문에 열의 운반능력이 작다. (　)

증기난방은 증기의 잠열을 이용하는 방식이다. (　)

증기난방방식은 온수난방에 비교하여 설비비가 적게 든다. (　)

증기난방은 온수난방보다 열매체의 온도가 높아 열매량 차이에 따른 열량조절이 쉬우므로, 부하변동에 대한 대응이 쉽다. (　)

잠열은 온도변화에 따라 유입 또는 유출되는 열이다. (　)

증기난방은 현열을 이용하므로 온수난방에 비해 열운반능력이 크다. (　)

정답 ×, ×, ○, ○, ×, ×, ×

OX문제
온수난방은 증기난방에 비해 난방부하 변동에 따라 방열량 조절이 어렵고 쾌감도가 낮다. ( )

온수난방은 증기난방에 비해 보일러 취급이 어렵고, 배관에서 소음이 많이 발생한다. ( )

온수난방은 관 내 보유수량 및 열용량이 커서 증기난방보다 예열시간이 길다. ( )

고온수난방은 증기난방에 비해 예열시간이 짧다. ( )

온수난방은 잠열을 이용하는 방식으로 증기난방에 비해 방열기나 배관의 관경이 작아도 된다. ( )

온수난방은 겨울철 난방을 정지하였을 경우에도 동결의 우려가 없다. ( )

• **열용량**
1. 물체의 온도를 1℃ 상승시키는 데 필요한 열량
2. 물체의 비열과 중량의 곱으로부터 구해진다.

OX문제
바닥복사난방은 증기난방과 비교하여 쾌감도가 높다. ( )

바닥복사난방은 증기난방과 비교하여 실내층고가 높은 경우에 상하 온도 차가 작다. ( )

천장고가 높은 공간에는 복사난방이 적합하다. ( )

정답 ×, ×, ○, ×, ×, ×, ○, ○, ○

---

② **단점**
- ㉠ 난방의 쾌감도가 낮다.
- ㉡ 난방부하의 변동에 따라 방열량 조절이 곤란하다.
- ㉢ 소음이 많이 난다.
- ㉣ 보일러 취급에 기술을 요한다.

(2) 온수난방 OX

온수난방은 **현열**을 이용한 난방으로, 보일러에서 가열된 온수를 복관식 또는 단관식의 배관을 통하여 방열기에 공급하므로 난방의 목적을 달성할 수 있다.

① **장점**
- ㉠ 난방부하의 변동에 따라 온수온도와 온수의 순환수량을 쉽게 조절할 수 있다. 기출
- ㉡ 현열을 이용한 난방이므로 증기난방에 비해 **쾌감도가 높다**.
- ㉢ 방열기 표면온도가 낮으므로 표면에 부착한 먼지가 타서 냄새가 나는 일이 적다.
- ㉣ 난방을 정지하여도 난방효과가 지속된다.
- ㉤ 보일러 취급이 용이하고 안전하다.

② **단점**
- ㉠ 예열시간이 길다. 기출
- ㉡ 증기난방에 비해 방열면적과 배관의 관경이 커야 하므로 설비비가 많이 든다.
- ㉢ 열용량*이 크기 때문에 온수순환시간이 길다.
- ㉣ 한랭 시 난방을 정지하였을 경우 동결이 우려된다.

(3) 복사난방(온수온돌난방) 기출 OX

복사난방은 방을 구성하는 바닥, 천장, 벽체에 배관을 매설하고 온수를 공급하여 그 복사열로 난방하는 방식이다.

① **장점**
- ㉠ 대류식 난방에서는 바닥면에 가까울수록 온도가 낮고, 천장면에 가까울수록 온도가 높아지는 데 비해, 복사난방방식은 실내의 온도분포가 균등하고 쾌감도가 높다.
- ㉡ 방열기가 필요하지 않으며 바닥면의 이용도가 높다.

ⓒ 방이 개방된 상태에서도 난방효과가 있으며, 평균온도가 낮기 때문에 동일 방열량에 대해서 손실 열량이 비교적 적다.
ⓓ 대류가 적으므로 바닥면의 먼지가 상승하지 않는다.

② 단점
ⓐ 열용량이 크기 때문에 외기 온도의 급변에 대해서 **방열량 조절이 어렵다.**
ⓑ 가열코일을 매설하는 관계상 시공·수리, 방의 모양을 바꿀 때 불편하며, 건축 벽체의 특수 시공이 필요하므로 설비비가 많이 든다.
ⓒ 회벽 표면에 균열이 생기기 쉽고 매설배관인 관계상 고장이 났을 때 발견하기가 곤란하다.
ⓓ 열손실을 막기 위한 단열층이 필요하다.

(4) 온풍난방
온풍난방은 온풍로에서 가열한 공기를 직접 실내로 공급하는 방식이다. 온풍난방은 예열시간이 짧아 간헐난방에 적합하다.

① 장점
ⓐ 열효율이 높고 연료비가 적게 든다.
ⓑ 설비비가 적게 들고, 설치면적이 작다.
ⓒ 설치가 쉽고 보수관리가 용이하다.
ⓓ 열용량이 작고 예열시간이 짧다.
ⓔ 예열부하가 적고 소형이다.
ⓕ 자동운전이 가능하다.

② 단점
ⓐ 소음이 크다.
ⓑ 쾌감도가 좋지 않다(대류·먼지).
ⓒ 풍량이 작을 때 실내의 상하 온도 분포가 나쁘다.

(5) 개별식 난방법
① **개요**: 열원기기(소형보일러, 난로)를 실내에 직접 설치하여 열의 대류 및 복사에 의해 난방하는 것으로 주택과 같은 소규모 건물의 특정 방만을 난방하는 경우에 적합하다.

OX ② 특징
ⓐ 시설의 초기 투자비용이 적다.
ⓑ 개별제어가 가능하고 온도유지가 편리하다. 기출

동일 방열량에 대하여 바닥복사난방은 대류난방보다 실의 평균온도가 높기 때문에 손실 열량이 많다. ( )

복사난방은 방을 개방한 상태에서도 난방 효과가 있다. ( )

복사난방은 대류난방방식에 비해 실내공기 유동이 적으므로 바닥면 먼지의 상승이 적다. ( )

복사난방은 대류난방방식에 비해 방열면의 열용량이 크기 때문에 난방부하 변동에 대한 대응이 빠르다. ( )

복사난방은 외기 온도 변화에 따른 방열량 조절이 쉽다. ( )

바닥복사난방은 증기난방과 비교하여 열용량이 작아 방열량 조절이 쉽다. ( )

복사난방은 난방배관을 매설하게 되므로 시공·수리, 방의 모양변경이 용이하지 않다. ( )

난방코일이 바닥에 매설되어 있는 바닥복사난방은 균열이나 누수 시 수리가 어렵다. ( )

복사난방은 열손실을 막기 위해 방열면의 배면에 단열층이 필요하다. ( )

복사난방은 대류난방에 비해 열용량이 작아 부하변동에 따른 방열량 조절이 용이하다. ( )

OX문제

개별난방의 경우 보일러실의 설치로 건물의 유효면적이 줄어들고 소음이 발생한다. ( )

개별난방의 경우 유지관리비가 많이 들고, 간헐 운전 시 입주자가 원하는 쾌적한 열환경의 유지가 어렵다.( )

정답 ×, ○, ○, ×, ×, ×, ○, ○, ○, ×, ○, ×

ⓒ 유지관리비가 적고(인건비 절감), 공사비가 저렴하다.
ⓔ 보일러실의 설치로 건물의 **유효면적비가 줄어든다**. 기출
ⓜ 화재위험이 있고 가동 시 약간의 소음이 발생한다. 기출
ⓗ 배기가스가 역류할 위험이 있다.

(6) 중앙식 난방법

① **개요**: 특정 장소에 열원기기를 설치하여 각 방에 온수·증기·온풍 등을 공급하여 난방하는 것으로, 공급관에서 다소 열손실이 있으나 이용이 편리하고 열효율이 높아 대규모 건물에 적합하다.

OX ② **특징**
ⓐ 관리상의 이용이 편리하고 열효율이 높다.
ⓑ 공급하는 장소(세대수)가 많을수록 관리비가 적게 든다.
ⓒ 보일러실이 필요 없어 화재·소음·배기가스의 역류로부터 안전하다.
ⓓ 부분 부하에 대한 대응이 좋고, 보일러 효율을 높일 수 있다.
ⓔ 초기 공사비가 많이 들며, 추후 개보수가 번거롭고, 비용이 많이 든다. 기출
ⓕ 예열시간이 길다. 기출
ⓖ 난방의 경우 유량의 균등 분배가 매우 중요한데, 유량 분배의 불균일의 우려가 있다.
ⓗ **간헐 운전 시 입주자가 원하는 쾌적한 열환경의 유지가 어렵다**. 기출
ⓘ 배관 샤프트 면적이 커지고, 시스템이 복잡하다.
ⓙ 인건비가 증가하고, 유지관리에 따른 민원발생의 소지가 크다(난방비 분담 등).

(7) 지역난방

OX ① **개요**: 지역난방이란 도시 혹은 일정 지역 내에 대규모 고효율의 열원플랜트를 설치하여 여기에서 생산된 열매(증기 또는 온수)를 지역 내의 각 주택, 상가, 사무실, 병원 등 수용가에 공급함으로써 효율적인 에너지 사용을 도모하는 난방방식을 말한다. 기출

② **지역난방의 열매**
ⓐ 증기: 수송에 편리하며 특히 높은 곳에 보낼 경우에 편리하다. 반면에 복수(復水)처리가 불편하며, 이 복수는 수송관을 부식시키고 트랩 관리가 어려워 열 경제적으로는 손해지만 복수를 보일러에 반환시키지 않고 도중에 버릴 경우가 있다.

ⓒ **온수**: 수송에 펌프가 필요하며 팽창수조가 필요하다. 높은 곳에 송수할 경우 기기의 허용압력이 커야 하나 온도제어가 쉽고 열효율도 높아 최근에는 온수를 많이 사용한다. 현재 국내에서는 115℃의 중온수를 공급하여 65℃로 회수하고 있다.

③ **장점**
  ㉠ 폐열을 이용한 에너지 이용률을 증대시킬 수 있다.
  ㉡ 대용량 기기의 사용에 따른 기기효율의 상승으로 에너지 이용효율을 높일 수 있다.
  ㉢ 연소폐기물의 집중화에 의한 대기오염을 줄일 수 있어 **친환경적이다**.
  ㉣ 열원설비를 집중관리하므로 관리인 감소, 연료의 대량구매를 통한 **비용**을 절감할 수 있다.
  ㉤ 연료저장 및 수송의 일원화로 도시재해 방지 및 비용절감 효과가 있다.
  ㉥ 도시미관보호 및 공해방지를 통한 자연보호효과가 있다.
  ㉦ 24시간 난방수 및 급탕을 공급받을 수 있어 실내 **쾌적 열환경**의 유지가 편리하다. 기출
  ㉧ 각 건물의 설비면적을 줄여 **유효면적이** 증대된다.
  ㉨ 각 세대마다 보일러실이 필요 없어 화재, 소음, 배기가스의 위험으로부터 안전하다.

④ **단점**
  ㉠ 건설 초기에 설비투자비용이 많다.
  ㉡ 배관에서 **열손실이** 크다.
  ㉢ 열원기기의 용량제어가 어렵다.
  ㉣ **요금의 분배가** 어렵다.
  ㉤ 난방의 경우 유량의 균등분배가 매우 중요한데, 유량분배의 불균일의 우려가 있다.
  ㉥ 향후 개보수가 번거롭고 비용이 많이 든다.
  ㉦ 고도의 숙련된 기술자가 필요하다.

(8) 열병합발전 설비(Cogeneration System)
  ① **개요**: 열병합발전시스템이란 원래 화력발전소에서 버려져 왔던 막대한 양의 배열을 회수 활용하고, 송전손실을 줄임으로써 전체 에너지 이용률을 높이려는 수단에서 생각된 것이다. 열병합발전은 국내 산업용 및 대규모 아파트단지의 지역난방용 열원으로 그 사용이 증가하고 있다.

○×문제
지역난방의 경우 24시간 난방수의 공급과 실내 쾌적 열환경의 유지가 편리하다.
( )

○×문제
고온수를 사용하는 지역난방 설비는 장치의 열용량이 작으므로 간헐 운전에 유리하다.
( )

정답 ○, ×

② **종합 열효율의 비교**
  ㉠ 화력발전소의 경우: 약 35%
  ㉡ 열병합발전의 경우: 배기가스와 냉각수에서 폐열을 회수하여 약 70~80%로 화력발전의 약 2배 정도

③ **특징**
  ㉠ 발전 시의 폐열 이용에 따른 에너지를 절감할 수 있다.
  ㉡ 사장되었던 설비의 활용으로 투자비를 절감할 수 있다.
  ㉢ 에너지소비량 감소에 따른 환경오염물질의 발생이 감소된다.
  ㉣ 연료의 다원화에 따른 에너지 수급계획의 합리화와 에너지 가격의 절감 효과가 있다.
  ㉤ 화재 등의 위험이 없다.
  ㉥ 24시간 가동하므로 실내 온도에 변화가 없다.
  ㉦ 각 건물의 기계실 면적이 감소되고, 기기소음을 줄일 수 있다.
  ㉧ 초기 투자비가 비싸다.
  ㉨ 열병합발전소 주변지역의 민원이 발생할 수 있다.

3. 보일러

(1) 보일러의 종류 기출

① **주철제보일러**: 주철제로 된 여러 장의 섹션을 난방부하의 크기에 따라 조립하여 사용한다. 따라서 **반입이 쉽고** 재질이 주철이므로 내식성이 강하여 **수명이 길다**. 그러나 재질이 약하고 **고압으로 사용할 수 없고**, 용량도 작아서 비교적 규모가 작은 건물의 난방용으로 많이 사용된다.

② **노통연관보일러**: 노통 내의 파이프 속으로 연소가스를 통과시켜 파이프 밖에 있는 물을 가열 또는 증발시킨다. 장점은 **부하변동에 잘 적응하며, 보유수면이 넓어서 급수용량의 제어가 쉽다**. 단점은 예열시간이 길고 반입 시 분할이 어려우며, 수명이 짧고 주철제에 비해 가격이 비싸다. 따라서 공조 및 급탕을 겸하며 비교적 규모가 큰 건물에 많이 사용된다.

③ **수관보일러**: 드럼과 드럼 간에 여러 개의 수관을 연결하고 관 내에 흐르는 물을 가열하므로 온수 및 증기를 발생시킨다. 장점은 사용압력이 연관식 보다 높고 부하변동에 대한 추종성이 높으며, 예열시간이 짧고 효율이 좋다. 단점은 연관식보다 설치면적이 넓고 초기 투자비가 많이 들며 급수처리가 까다롭다. 따라서 수관보일러는 대형건물 또는 병원이나 호텔 등과 같이 고압증기를 다량 사용하는 곳이나 **지역난방** 등에 사용된다.

OX문제
열병합발전인 경우에 미활용 에너지를 이용할 수 있어 에너지절약 효과가 있다. ( )

OX문제
주철제보일러는 조립식이므로 용량을 쉽게 증가시킬 수 있으며 반입이 용이하고 수명이 길다. ( )

OX문제
노통연관보일러는 부하의 변동에 대해 안전성이 있으며 수면이 넓어 급수 조절이 용이하다. ( )

노통연관 보일러는 증기나 고온수 공급이 가능하다. ( )

OX문제
수관보일러는 가동시간이 짧고 효율이 좋으나 고가이며 급수처리가 복잡하다. ( )

지역난방용으로 수관식 보일러를 주로 사용한다. ( )

수관보일러는 노통연관보일러에 비해 대규모 시설에 적합하다. ( )

정답 O, O, O, O, O, O, O

OX ④ **관류보일러**: 수관보일러와 같이 수관으로 되어 있으나, 드럼(즉, 수실)이 없다. **관류보일러는 하나의 관 내를 흐르는 동안에 예열, 가열, 증발, 과열이 행해져 과열증기를 얻을 수 있으며**, 장점은 보유수량이 적으므로 가열시간이 짧고, 부하변동에 대한 추종성이 좋으며, 경량으로 설치면적이 작다. 그러나 급수처리가 까다롭고 수명이 짧으며, 값이 비싸고 소음이 크다. 따라서 관류보일러는 공조용으로 사용하지만 간단히 고압의 증기를 얻으려 하는 경우에도 많이 사용한다.

OX ⑤ **입형보일러**: 수직으로 세운 드럼 내에 연관 또는 수관이 있는 소규모 **패키지형**으로 되어 있다. 장점은 설치면적이 작고 취급이 용이하며 수처리가 필요없다. 단점은 사용압력이 낮고 용량이 작으며 효율도 낮다. 따라서 입형보일러는 규모가 작은 건물 및 일반 가정용 난방에 사용된다.

⑥ **전기보일러**: 심야전력을 이용하여 가정 급탕용에 사용하면 유리하다. 태양열 이용 난방시스템의 보조열원에 이용되기도 한다.

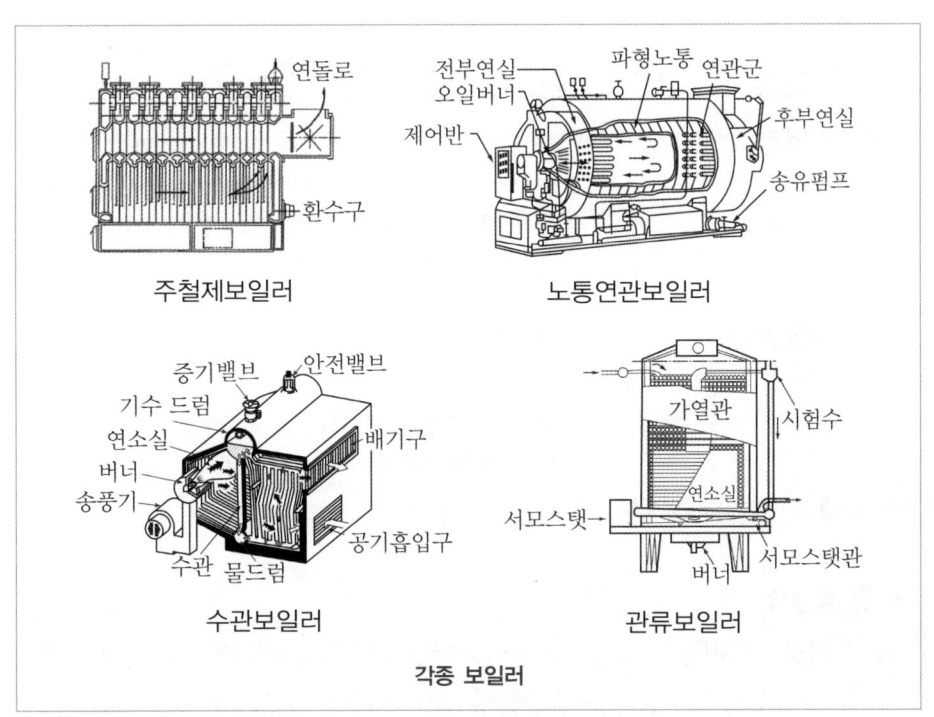

각종 보일러

○X문제

관류보일러는 하나의 관 내를 흐르는 동안에 예열, 가열, 증발, 과열이 행해져 과열증기를 얻을 수 있다. ( )

○X문제

입형보일러는 설치면적이 넓고 취급이 복잡하나 대용량으로 효율이 좋다. ( )

정답 ○, ×

(2) 보일러의 용량 결정 및 방열기의 방열량

OX ① 보일러의 용량 결정: 보일러의 용량은 건물의 난방부하 외에도 급탕부하, 가습부하(공조기 가습을 증기로 하는 경우), 손실부하, 예열부하 등을 고려하여 결정해야 한다. 보통 위의 부하를 전부 고려한 보일러 출력을 정격출력(kW)이라 하며, 상용출력은 정격출력에서 예열부하를 뺀 나머지 부하를 말한다. 일반적으로 배관손실은 난방부하 + 급탕부하 + 가습부하의 15~25% 정도로 보며, 예열부하는 상용출력의 20~25%로 본다.

 ㉠ 정미출력 = 난방부하 + 급탕부하 기출
 ㉡ 상용출력 = 정미출력 + 배관부하(배관손실부하)
 ㉢ 정격출력 = 상용출력 + 예열부하 기출

OX ② 표준방열량: 열매온도와 실내온도가 표준상태일 때 방열기 표면적 1m² 당 1시간 동안의 방열량을 말한다.

열매	표준상태의 온도(℃)		표준온도차 (℃)	표준방열량 (kW/m²)
	열매온도	실내온도		
증기	102	18.5	83.5	0.756
온수 기출	80	18.5	61.5	0.523

OX ③ 상당방열면적(EDR) 기출

$$EDR(m^2) = \frac{\text{방열기의 손실열량(kW)}}{\text{표준방열량(kW/m}^2\text{)}}$$

④ **소요방열기**(section 수) **계산**

$$N = \frac{\text{방열기의 손실열량(kW)}}{\text{표준방열량(kW/m}^2\text{)} \times a}$$

a: 방열기의 섹션당 방열면적(m²)

(3) 팽창탱크

OX ① 개요: 팽창탱크는 온수보일러의 안전장치로서 온수의 온도가 상승하여 온수의 체적이 증가하여 수압의 상승에 의한 보일러의 파열사고를 방지하기 위해 설치한다. 기출

② **설치 목적**

 OX ㉠ 팽창된 물의 배출을 막아 장치의 열손실을 방지한다. 기출
 ㉡ 운전 중 장치 내를 소정의 압력으로 유지시킨다.

OX문제

상용출력 = 난방출력 + 급탕부하 + 축열부하 (   )

정격출력 = 상용출력 + 장치부하 (   )

정격출력 = 상용출력 + 축열부하 (   )

보일러의 정격출력은 난방부하와 급탕부하의 합이다. (   )

정격출력은 난방부하, 급탕부하, 예열부하의 합이다. (   )

보일러의 정격출력은 난방부하 + 급탕부하 + 배관(손실)부하이다. (   )

OX문제

표준상태에서 증기방열기의 표준방열량은 756W/m²이다. (   )

온수방열기의 표준방열량 산정 시 실내온도는 18.5℃를 기준으로 한다. (   )

OX문제

방열기의 상당방열면적은 표준상태에서 전 방열량을 표준방열량으로 나눈 값이다. (   )

OX문제

중앙난방 방식의 온수난방에는 팽창탱크가 필요하다. (   )

OX문제

팽창탱크는 팽창된 물의 배출을 막아 장치의 열취득을 방지한다. (   )

정답 ×, ×, ×, ×, ×, ×, ○, ○, ○, ○, ×

ⓒ 장치 내의 수온상승으로 발생되는 물의 체적팽창과 압력을 흡수한다.
ⓔ 장치 내 물의 누수 등으로 발생되는 공기의 침입을 방지한다.
ⓜ 개방형 팽창탱크의 경우 장치 내의 공기 배출구와 온수보일러의 도피관으로 이용된다.

(4) 스케일(Scale)

① **스케일의 주성분**: 칼슘, 마그네슘의 탄산염, 유산염, 규산염
② **보일러에 미치는 영향**: 스케일의 열전도율이 0.2~2(kcal/mh℃) 정도로서 단열재와 같아서 열전도의 방해로 인한 전열면이 과열되어 각종 부작용이 일어난다.
③ **스케일의 장해**
  ㉠ 전열량이 감소되며 보일러 **효율**이 저하된다.
  ㉡ **연료소비량**이 증대된다.
  ㉢ 배기가스의 온도를 높인다. 기출
  ㉣ 과열로 인한 파열사고를 유발한다.
  ㉤ 보일러수의 순환을 어렵게 하며, 통수공의 차단이 생길 수 있다.
  ㉥ 전열면의 **국부과열현상**이 발생한다.
④ **방지대책**: 보일러 급수용에는 **연수**를 사용한다. 기출

(5) 보일러 가동 중 이상현상 OX

구분	현상 및 원인	대책
수격작용	• 증기 송기 시 증기관 내부에서 생성되는 응결수(드레인)가 고온·고압의 증기의 영향으로 배관을 강하게 치는 현상 • 배관의 손상·파열·부식의 원인이 된다.	• 드레인 밸브를 열어 응결수를 배출시킨다. • 증기배관의 보온을 철저히 한다. • 응결수를 철저히 배출시킨다. • 증기트랩을 설치한다. • 비수나 거품 발생에 유의한다.
캐리오버 현상	• 증기관으로 보내지는 증기에 비수 등 수분이 과다 함유되어 배관 내부에 응결수나 물이 고여서 워터해머링의 원인이 되는 현상 • 증발수 면적이 좁거나 보일러 수위의 고도화, 급격한 부하의 증가, 압력의 급감소 등으로 발생	• 보일러 수위가 정상유지되도록 한다. • 급격한 부하 증가나 압력의 급감소를 방지한다. • 기수분리기, 비수방지관을 설치한다.

OX문제

보일러에서 스케일이 발생하면 연료소비량이 증가한다. ( )

보일러에서 스케일이 발생하면 배기가스 온도가 낮아진다. ( )

OX문제

경수를 사용하면 스케일 발생을 방지할 수 있다. ( )

보일러에 경수를 사용하면 보일러 수명 단축의 원인이 될 수 있다. ( )

OX문제

압궤는 전열면이 과열에 의해 내압을 견디지 못하고 밖으로 부풀어 오르는 현상이다. ( )

팽출은 전열면이 과열에 의해 외압을 견디지 못하고 안쪽으로 오목하게 찌그러지는 현상이다. ( )

정답 O, X, X, O, X, X

가마울림	• 연소 중 연소실이나 연도 내에서 지속적인 울림현상이 나타나는 것 • 연료 중 수분함량이 많은 경우나 연료와 공기혼합 불량 시 발생	• 수분이 적은 연료를 사용한다. • 완전연소를 위해 연소속도를 조절한다.
프라이밍 (Priming)	비수, 관수가 갑자기 끓을 때 물거품이 수면을 벗어나서 증기 속으로 비상하는 현상	관수의 급격한 비등을 방지한다.
포밍 (Foaming)	보일러의 물이 끓을 때 그 속에 함유된 유지분이나 부유물에 의해 거품이 생기는 현상	• 불순물을 제거한다. • 주증기밸브를 천천히 연다. • 정상수위를 유지한다. • 과부하 가동을 피한다.
역화 (Back Fire)	연소 시 화염의 방향이 비정상적인 현상	• 점화 시 공기 공급을 먼저 한 후 연료를 공급한다. • 점화 전 노내 환기를 시킨다. • 연료공급량의 과다공급을 억제한다.
압궤 (Collapse) 기출	전열면이 과열에 의해 외압을 견디지 못해 안쪽으로 오목하게 찌그러지는 현상	과부하 가동을 피한다.
팽출 (Bulge) 기출	전열면이 과열에 의해 내압력을 견디지 못하고 밖으로 부풀어 오르는 현상	지나친 과열을 방지한다.
균열 (Crack)	반복적 가동으로 보일러 내의 재료가 미세하게 금이 가는 현상	• 보일러 구조상의 결함을 수리한다. • 정상온도·압력상태에서 운행한다.

9 냉동설비

1. 냉동원리

(1) 압축식 냉동기

전기에 의한 기계적 에너지로 냉동한다.

① **종류**: 왕복동식, 원심식(터보식), 회전식(스크류식) 등

구분	특징	용도
왕복동식 냉동기	• 냉동능력에 비해 기계가 작고 가격이 싸다. • 높은 압축비를 필요로 하는 경우에 적합하다. • 냉동용량을 조절할 수 있다. • 피스톤의 왕복운동에 의한 진동 및 소음이 크다.	냉동 및 중소규모의 공조, 히트펌프

터보식 (원심식) 냉동기	• 효율이 좋고 가격도 싸다. • 냉매는 고압가스가 아니므로 취급이 용이하다. • 부하가 30% 이하일 때는 운전이 불가능하여 겨울에는 주의를 요한다.	대규모 공조 및 냉동에 적합하며 일반적으로 많이 사용
회전식 (스크류식) 냉동기	• 고가이므로 냉방 전용으로 부적합하다. • 압축비가 높은 경우 적합하다. • 용량 제어성이 좋다. • 왕복운동 부분이 없어 소음 및 진동이 적다.	공기 열원 히트 펌프

② **냉동순환 사이클**: 압축기 ⇨ 응축기 ⇨ 팽창밸브 ⇨ 증발기 기출

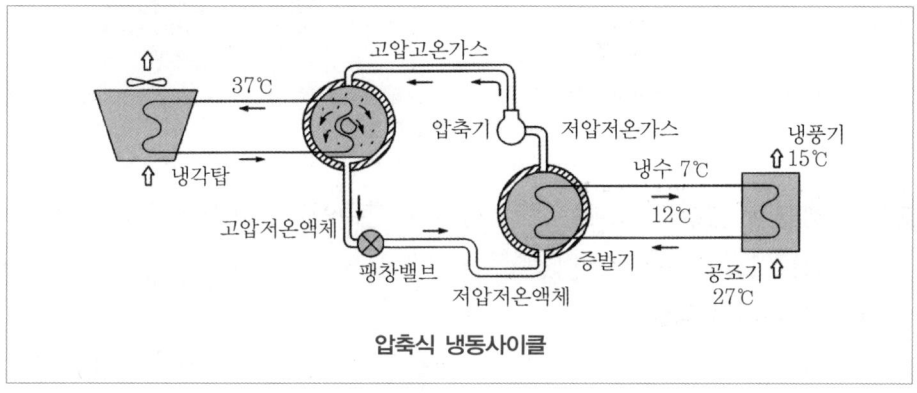

압축식 냉동사이클

③ **각 기기의 역할**

㉠ **압축기**: 냉매가스를 압축하여 고압이 된다.

㉡ **응축기**: 냉매가스를 냉각·액화하며 응축열을 냉각탑이나 실외기를 통하여 외부로 방출한다.

㉢ **팽창밸브**: 냉매를 팽창하여 저압이 되도록 한다.

㉣ **증발기**: 주위로부터 흡열하여 냉매는 가스상태가 되며, 주위는 열을 빼앗기므로 냉동 또는 냉각이 이루어진다. 기출

④ **특징**

㉠ **장점**: 흡수식에 비하여 운전이 용이하고 낮은 온도의 냉수를 얻을 수 있다.

㉡ **단점**: 구동에너지가 전기이기 때문에 전력소비가 많다.

OX문제

응축기와 팽창밸브는 압축식 냉동기의 구성요소에 포함된다. ( )

정답 ○

⊕ 고득점 심화학습

2중효용 흡수식 냉동기 기출

1. 흡수식 냉동기는 발생기의 형식에 따라 단효용식과 2중효용식이 있다.
2. 냉매증기는 수증기이고 증기보일러와 연동하여 구동한다.
3. 2중효용 흡수식은 고온발생기와 저온발생기가 있어 단효용 흡수식에 비해 효율이 높다. OX
4. 저온발생기는 고온발생기보다 압력이 낮다.
5. 단효용 흡수식 냉동기보다 에너지 절약적이고 냉각탑 용량을 줄일 수 있다.

OX문제

1중효용(단효용) 흡수식 냉동기는 2중효용 흡수식 냉동기에 비해 에너지효율이 좋다. ( )

OX문제

흡수식 냉동기의 냉매는 주로 물이 사용된다. ( )

OX문제

흡수식 냉동기는 압축식 냉동기에 비해 소음이 작다. ( )

정답 ×, ○, ○

(2) 흡수식 냉동기

냉매의 증발에 의한 열에너지로 냉동한다.

① **구성**: 증발기, 흡수기, 재생기(발생기), 응축기로 구성된다. 기출

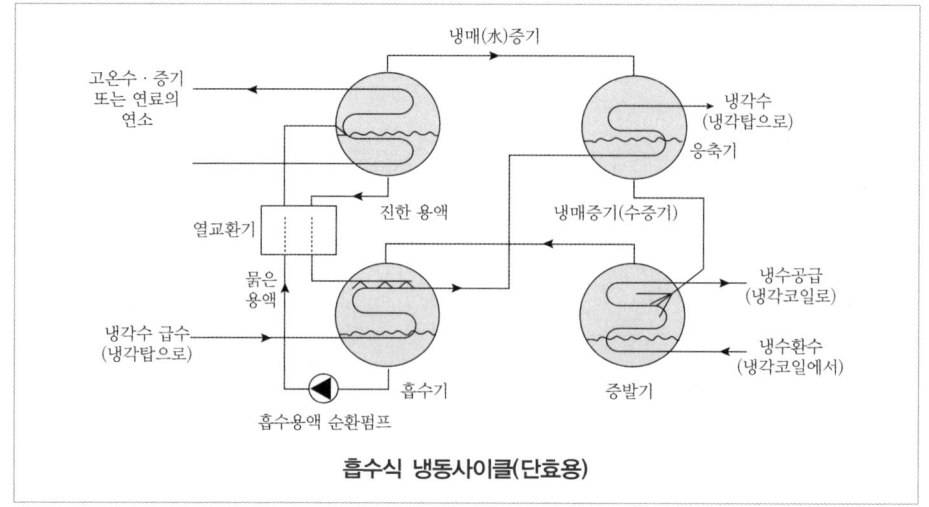

흡수식 냉동사이클(단효용)

OX ② **냉매 및 흡수액**: 냉매는 주로 물이며, 흡수액(수용액)은 브롬화리튬(취화리튬, LiBr) 수용액이다. 기출

③ **각 기기의 역할**

㉠ **증발기**: 6.5mmHg 정도로 낮은 압력인 증발기 내에서 물이 증발하며 냉수코일 내의 물로부터 열을 빼앗으므로 냉수가 얻어진다. 증발된 물, 즉 수증기는 흡수기로 넘어간다.

㉡ **흡수기**: 증발기에서 넘어온 수증기는 흡수기에서 수용액에 흡수되어 수용액은 점점 묽어진다. 묽어진 수용액은 발생기(재생기)로 넘어간다.

㉢ **발생기**(재생기): 흡수기에서 넘어 온 묽은 수용액에 증기 등으로 열을 가하거나 연료를 연소시켜 직접 가열하면 물은 증발하여 수증기로 된 후 응축기로 넘어가고, 나머지 진한 용액은 다시 흡수기로 내려간다.

㉣ **응축기**: 발생기에서 응축기로 넘어온 수증기는 냉각수에 의해 냉각되어 물로 응축된 후 다시 증발기로 넘어간다.

④ **특징**

㉠ **장점**

ⓐ 도시가스를 주연료로 사용하므로 전력소비가 적다.

OX ⓑ 소음·진동이 작다. 기출

ⓒ 단점
  ⓐ 같은 용량의 압축식에 비해 냉각열량이 크므로 냉각탑이 커진다.
  ⓑ 낮은 온도(6℃ 이하)의 냉수를 얻기가 곤란하다.
  ⓒ 흡수식 냉동기일 경우 여름에도 보일러를 가동하여야 한다.

(3) 빙축열 시스템

① **개념**: 야간의 값싼 심야전력을 이용하여 전기에너지를 얼음 형태의 열에너지로 저장했다가 주간의 냉방용으로 사용하는 시스템으로, 주로 얼음의 융해열을 이용한 것이다. 주야간의 전력 불균형을 해소하고 적은 비용으로 쾌적한 환경을 조성할 수 있다.

② **구성**: 냉동기, 빙축열조, 열교환기 등

③ **특징**
  ㉠ 냉동기 및 열원설비 용량을 줄일 수 있다.
  ㉡ 수전설비 용량 축소 및 계약 전력이 감소된다.
  ㉢ 심야전력 이용으로 전력 운전비가 감소한다.
  ㉣ 전력 부하 균형에 기여한다.
  ㉤ 축열로 열공급이 안정적이다.
  ㉥ 열원기기(냉동기)를 고효율로 운전할 수 있다.
  ㉦ 간헐운전이 심한 경우에 적용할 수 있다.

2. 히트펌프(Heat Pump, 열펌프) OX

압축식 냉동사이클을 여름에는 냉방용으로 운전하고 겨울에는 4방밸브에 의해 냉매의 흐름방향을 바꾸어 난방용으로 운전하는 것이다. 냉매의 흐름 방향을 바꾸면 증발기는 응축기로, 응축기는 증발기로 그 기능이 바뀐다. 히트펌프의 특징은 낮은 온도의 열원인 공기, 물, 폐수, 폐열 등으로부터 높은 온도의 열을 얻을 수 있고 냉동만의 사이클보다 성적계수가 1만큼 크다.

① 겨울철 온도가 낮은 실외로부터 온도가 높은 실내로 열을 끌어들인다는 의미에서 열펌프라고도 한다.

② 히트펌프의 성적계수는 히트펌프를 구동하기 위해 투입된 전기에너지와 히트펌프의 동작에 의해 회수된 열에너지의 비율을 말하며, 운전에 소비된 에너지보다 대량의 열에너지가 얻어져 일반적으로 성적계수(COP)는 1 이상이다. 기출

고득점 심화학습

냉동기의 성적계수(COP)
(기출)

$$\frac{냉동효과(증발기가\ 한\ 일량)}{압축일(압축기가\ 한\ 일량)}$$

히트펌프의 성적계수(COP)

$$\frac{압축일 + 냉동효과}{압축일}$$

$$= 1 + \frac{냉동효과}{압축일}$$

$$= 1 + 냉동기의\ 성적계수$$

OX문제

히트펌프의 성적계수(COP)는 냉방 시보다 난방 시가 낮다.
( )

열펌프의 성적계수는 냉동기의 성적계수보다 1 크다.
( )

정답 ×, ○

OX문제

히트펌프는 냉방용 및 난방용으로 사용할 수 있다.
( )

OX ③ 한 대의 기기로 냉방용 또는 난방용으로 사용할 수 있다. 기출
④ 공기열원 히트펌프는 겨울철 난방부하가 큰 날에는 외기온도도 낮으므로 성적계수(COP)가 저하될 우려가 있다.
⑤ 히트펌프의 열원으로는 일반적으로 공기, 물, 지중(땅속)을 많이 이용한다.

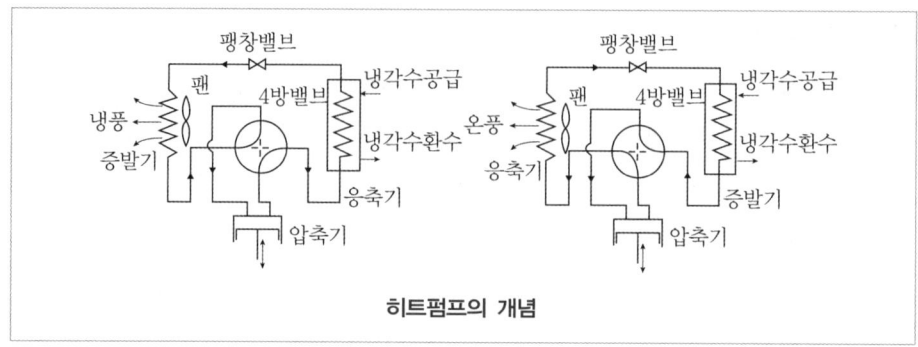

히트펌프의 개념

3. 송풍기

(1) 배출압력에 의한 분류

일반적으로 송풍기는 압력에 따라 저압용 팬(Fan)과 고압용 블로어(Blower)로 구분한다.

송풍기		압축기
팬	블로어	컴프레서
압력이 0.01MPa 미만	압력이 0.01MPa 이상 0.1MPa 미만	압력이 0.1MPa 이상

(2) 날개(Blade)의 형상에 의한 분류 기출

① **원심식**: 후곡형(Turbo형), 익형(Air Foil형, Limit Load Fan), 방사형(Plate Fan), 다익형(전곡형, Sirocco Fan)
② 사류형
③ **축류형**: 프로펠러형, 튜브형, 베인형

정답 O

4. 냉방설비 배기장치 설치공간

(1) 냉방설비의 배기장치 설치공간

공동주택의 각 세대에는 발코니 등 세대 안에 냉방설비의 배기장치를 설치할 수 있는 공간을 마련하여야 한다. 다만, 중앙집중냉방방식의 경우에는 그러하지 아니하다(주택건설기준 등에 관한 규정 제37조 제5항).

(2) 냉방설비 배기장치 설치공간의 기준

① **위임규정**: 위 **(1)**의 본문에 따른 배기장치 설치공간은 냉방설비의 배기장치가 원활하게 작동할 수 있도록 국토교통부령(아래 ②)으로 정하는 기준에 따라 설치해야 한다(주택건설기준 등에 관한 규정 제37조 제6항).

② **설치공간의 기준**: 위 ①에서 '국토교통부령으로 정하는 기준'이란 다음 요건을 모두 갖춘 것을 말한다(주택건설기준 등에 관한 규칙 제8조 제1항).
  ㉠ 냉방설비가 작동할 때 주거환경이 악화되지 않도록 거주자가 일상적으로 생활하는 공간과 구분하여 구획할 것. 다만, 배기장치 설치공간을 외부 공기에 직접 닿는 곳에 마련하는 경우에는 그렇지 않다.
  ㉡ 세대별 주거전용면적에 적정한 용량인 냉방설비의 배기장치 규격에 배기장치의 설치·유지 및 관리에 필요한 여유 공간을 더한 크기로 할 것
  ㉢ 세대별 주거전용면적이 50제곱미터를 초과하는 경우로서 세대 내 거실 또는 침실이 2개 이상인 경우에는 거실을 포함한 최소 2개의 공간에 냉방설비 배기장치 연결배관을 설치할 것기출
  ㉣ 냉방설비 배기장치 설치공간을 외부 공기에 직접 닿는 곳에 마련하는 경우에는 배기장치 설치공간 주변에 「주택건설기준 등에 관한 규정」제18조 제1항 및 제2항에 적합한 난간을 설치할 것

③ **배기장치의 설치·유지 및 관리에 필요한 여유 공간의 크기**: 위 ②의 ㉡에 따른 배기장치의 설치·유지 및 관리에 필요한 여유 공간은 다음의 구분에 따른다(주택건설기준 등에 관한 규칙 제8조 제2항).
  ㉠ 배기장치 설치공간을 외부 공기에 직접 닿는 곳에 마련하는 경우로서 냉방설비 배기장치 설치공간에 출입문을 설치하고, 출입문을 연 상태에서 배기장치를 설치할 수 있는 경우: 가로 0.5미터 이상
  ㉡ 그 밖의 경우: 가로 0.5미터 이상 및 세로 0.7미터 이상

◈ 고득점 심화학습

주택건설기준 등에 관한 규정 제18조 제1항 및 제2항

① 주택단지 안의 건축물 또는 옥외에 설치하는 난간의 재료는 철근콘크리트, 파손되는 경우에도 날려 흩어지지 않는 안전유리 또는 강도 및 내구성이 있는 재료(금속재인 경우에는 부식되지 않거나 도금 또는 녹막이 등으로 부식방지처리를 한 것만 해당한다)를 사용하여 난간이 안전한 구조로 설치될 수 있게 해야 한다. 다만, 실내에 설치하는 난간의 재료는 목재로 할 수 있다.

② 난간의 각 부위의 치수는 다음 각 호의 기준에 적합하여야 한다.
  1. 난간의 높이: 바닥의 마감면으로부터 120센티미터 이상. 다만, 건축물 내부계단에 설치하는 난간, 계단중간에 설치하는 난간 기타 이와 유사한 것으로 위험이 적은 장소에 설치하는 난간의 경우에는 90센티미터 이상으로 할 수 있다.
  2. 난간의 간살의 간격: 안목치수 10센티미터 이하

- **배기**
  실내에서 외부로 연기 또는 오염된 공기를 배출하는 것

- **배기설비**
  화장실, 부엌의 요리용 렌지, 실험실 내의 배기구 등에 있는 송풍기의 압력으로 실내공기를 배출하여 오염된 공기가 건물 내에 확산되는 것을 방지하기 위한 장치

10 배기 및 환기설비

1. 배기설비의 설치기준

(1) 부엌·욕실 및 화장실의 배기설비

주택의 부엌·욕실 및 화장실에는 바깥의 공기에 면하는 창을 설치하거나 다음 기준에 적합한 배기설비를 하여야 한다(주택건설기준 등에 관한 규정 제44조 제1항, 주택건설기준 등에 관한 규칙 제11조).

① 배기구는 반자 또는 반자 아래 80센티미터 이내의 높이에 설치하고, 항상 개방될 수 있는 구조로 할 것 기출

② 배기통 및 배기구는 외기의 기류에 의하여 배기에 지장이 생기지 아니하는 구조로 할 것 기출

③ 배기통에는 그 최상부 및 배기구를 제외하고는 개구부를 두지 아니할 것 기출

④ 배기통의 최상부는 직접 외기에 개방되게 하되, 빗물 등을 막을 수 있는 설비를 할 것

⑤ 부엌에 설치하는 배기구에는 **전동환기설비**를 설치할 것 기출

⑥ **배기통은 연기나 냄새 등이 실내로 역류하는 것을 방지할 수 있도록 다음의 어느 하나에 해당하는 구조로 할 것**

  ㉠ 세대 안의 배기통에 **자동역류방지댐퍼**(세대 안의 배기구가 열리거나 전동환기설비가 가동하는 경우 전기 또는 기계적인 힘에 의하여 자동으로 개폐되는 구조로 된 설비를 말하며, 산업표준화법 제27조에 따른 단체표준에 적합한 성능을 가진 제품이어야 한다) 또는 이와 동일한 기능의 배기설비 장치를 설치할 것 기출

  ㉡ 세대 간 배기통이 서로 연결되지 아니하고 직접 외기에 개방되도록 설치할 것 기출

(2) 옷방 등의 배기설비

공동주택 각 세대의 침실에 밀폐된 옷방 또는 붙박이 가구를 설치하는 경우에는 그 옷방 또는 붙박이 가구에 위 **(1)**에 따른 배기설비 또는 통풍구를 설치해야 한다. 다만, 외벽 및 욕실에서 떨어뜨려 설치하는 옷방 또는 붙박이 가구에는 배기설비 또는 통풍구를 설치하지 않을 수 있다(주택건설기준 등에 관한 규정 제44조 제2항).

OX문제
배기통에는 그 최상부 및 배기구를 제외하고 개구부를 두지 아니한다. ( )

OX문제
세대 간 배기통을 서로 연결하고 직접 외기에 개방되도록 설치하여 연기나 냄새의 역류를 방지한다. ( )

정답 O, ×

2. 배기구 및 배기장치의 설치기준

상업지역 및 주거지역에서 건축물에 설치하는 냉방시설 및 환기시설의 배기구와 배기장치의 설치는 다음의 기준에 모두 적합하여야 한다(건축물의 설비기준 등에 관한 규칙 제23조 제3항).

① 배기구는 도로면으로부터 2미터 이상의 높이에 설치할 것
② 배기장치에서 나오는 열기가 인근 건축물의 거주자나 보행자에게 직접 닿지 아니하도록 할 것
③ **건축물의 외벽에 배기구 또는 배기장치를 설치할 때에는 외벽 또는 다음의 기준에 적합한 지지대 등 보호장치와 분리되지 아니하도록 견고하게 연결하여 배기구 또는 배기장치가 떨어지는 것을 방지할 수 있도록 할 것**
   ㉠ 배기구 또는 배기장치를 지탱할 수 있는 구조일 것
   ㉡ 부식을 방지할 수 있는 자재를 사용하거나 도장(塗裝)할 것

3. 배연설비

(1) 배연설비 설치기준

배연설비를 설치하여야 하는 건축물에는 다음의 기준에 적합하게 배연설비를 설치해야 한다. 다만, 피난층인 경우에는 그렇지 않다(건축물의 설비기준 등에 관한 규칙 제14조 제1항).

① 「건축법 시행령」 제46조 제1항에 따라 건축물이 방화구획으로 구획된 경우에는 그 구획마다 1개소 이상의 배연창을 설치하되, 배연창의 상변과 천장 또는 반자로부터 수직거리가 0.9미터 이내일 것. 다만, 반자높이가 바닥으로부터 3미터 이상인 경우에는 배연창의 하변이 바닥으로부터 2.1미터 이상의 위치에 놓이도록 설치하여야 한다.
② 배연창의 유효면적은 [별표 2]의 산정기준에 의하여 산정된 면적이 1제**곱미터 이상으로서 그 면적의 합계가 당해 건축물의 바닥면적(건축법 시행령 제46조 제1항 또는 제3항의 규정에 의하여 방화구획이 설치된 경우에는 그 구획된 부분의 바닥면적을 말한다)의 100분의 1 이상일 것. 이 경우 바닥면적의 산정에 있어서 거실바닥면적의 20분의 1 이상으로 환기창을 설치한 거실의 면적은 이에 산입하지 아니한다.
③ 배연구는 연기감지기 또는 열감지기에 의하여 자동으로 열 수 있는 구조로 하되, 손으로도 열고 닫을 수 있도록 할 것
④ 배연구는 예비전원에 의하여 열 수 있도록 할 것

• **배연설비**
안전한 피난로를 위해 강제배연에 필요한 방연벽, 배연구, 배연덕트, 배연송풍기, 배연구 개방장치 등의 총칭

⑤ 기계식 배연설비를 하는 경우에는 위 ① 내지 ④의 규정에 불구하고 소방관계법령의 규정에 적합하도록 할 것

(2) 배연설비의 구조기준

특별피난계단 및 비상용 승강기의 승강장에 설치하는 배연설비의 구조는 다음의 기준에 적합하여야 한다(건축물의 설비기준 등에 관한 규칙 제14조 제2항).

① 배연구 및 배연풍도는 **불연재료**로 하고, 화재가 발생한 경우 원활하게 배연시킬 수 있는 규모로서 외기 또는 평상시에 **사용하지 아니하는 굴뚝에 연결**할 것 기출
② 배연구에 설치하는 수동개방장치 또는 자동개방장치(열감지기 또는 연기감지기에 의한 것을 말한다)는 **손으로도 열고 닫을 수 있도록 할 것**
③ 배연구는 평상시에는 **닫힌 상태**를 유지하고, 연 경우에는 배연에 의한 기류로 인하여 닫히지 아니하도록 할 것 기출
④ 배연구가 외기에 접하지 아니하는 경우에는 배연기를 설치할 것
⑤ 배연기는 배연구의 열림에 따라 **자동적으로 작동**하고, 충분한 공기배출 또는 가압능력이 있을 것 기출
⑥ 배연기에는 예비전원을 설치할 것
⑦ 공기유입방식을 급기가압방식 또는 급·배기방식으로 하는 경우에는 위 ① 내지 ⑥의 규정에 불구하고 소방관계법령의 규정에 적합하게 할 것

4. 환기설비

(1) 환기의 정의

'환기'는 실내의 공기정화 또는 온열환경조건의 개선 등의 명확한 환경개선을 목적으로 거주자가 의도적으로 실내·외의 공기를 교체하는 행위를 나타내는 용어이다. 이를 수행하기 위해서는 실내·외를 연결하는 개구부를 설치함과 동시에 두 개의 공간 사이의 압력차를 둘 필요가 있으며, 그것을 기계의 힘에 의할 경우에는 기계환기 또는 강제환기라 한다. 특히 공기조화설비를 가진 건물의 경우, 실내공기질을 개선하기 위한 목적으로 수행하는 환기를 '외기도입', 그 때문에 도입하는 외기를 '도입외기'라 한다. 일반적으로 공조설비에서 실내 공기조화를 행하고 있는 경우에는 에너지 절약을 위하여 공조대상 실내에 100% 도입외기를 하지 않고, 실내로부터의 배기를 도입공기에 일정비율 섞어서 급기하는 방법을 채택하기도 한다. 이 경우에 도입외기와 실내공간으로부터의 배기를 혼합한 것을 '환기'라고 하

고 그 양을 '환기량'이라고 하는 경우가 있기도 하지만, 이는 단순히 '급기량'이라 부른다.

'환기량'이라 할 수 있는 것은 급기량으로부터 재순환공기량을 제외한 순수 '외기도입량' 또는 '도입외기량'이다. 또한, 기계의 힘에 의하지 않고 바람, 실내·외의 온도 차 등 자연적인 힘을 이용하는 경우를 자연환기라고 한다.

(2) 환기횟수의 정의 OX

외부공기에 의해 교체되는 실내공기의 체적 비율을 의미하며, 대상공간에 공급되는 외부공기의 총 체적 풍량(환기량)을 실내 총 체적으로 나눈 값으로 1시간당 실내공기의 교체횟수(회/h)로 표시한다. 기출

(3) 환기방식

① **자연환기** 기출
  ㉠ 창문에 의하여 자연적으로 환기하는 것으로서, 바람에 의한 실내·외의 압력 차로 환기하는 풍력환기와 실내·외의 온도 차에 의해서 환기가 이루어지는 부력환기가 있으며, 환기량이 일정치 않다.
  ㉡ 자연환기설비는 환기에 적합한 공기흡입구와 배기구를 갖추어야 한다.
  ㉢ 개구부를 통한 자연환기량은 개구부 면적 및 유속에 비례하며 실내·외의 압력 차, 공기밀도 차, 온도 차, 개구부 간 수직거리 차의 제곱근에 비례하여 커진다.
  ㉣ 개구부를 주풍향에 직각이 되게 계획하면 환기량이 많아진다.
  OX ㉤ **부력환기(온도 차에 의한 환기)인 경우 실내온도가 외기온도보다 높으면 개구부의 하부에서 외부공기가 유입되고 상부에서 실내공기가 유출**되며, 외기온도가 실내온도보다 높으면 개구부 상부에서 외부공기가 유입되고 하부에서 실내공기가 유출된다. 그리고 바람이 없을 때 실내·외의 온도 차가 클수록 환기량이 많아진다.
  OX ㉥ 고단열, 고기밀 건축물은 열효율면에서는 유리하나, 자연환기에서는 불리하다.

② **기계환기**(강제환기): 원칙적으로 자연환기의 단점은 기계환기에 의해 보완될 수 있다. 기계환기는 요구되는 환기량을 적절히 제공할 수 있고 거주자의 오염물 부하요구에 다양하게 응답할 수 있으며, 기후 변화에 대응하기가 상대적으로 쉽다. 특히 최근 에너지절약 등을 위하여 고기밀화된 건축물에서 매우 효과적으로 적용할 수 있다는 장점이 있다.

OX문제

환기횟수란 창문을 열고 닫는 횟수이다. ( )

환기횟수는 시간당 교체되는 외기량을 실(室)의 체적으로 나눈 값이다. ( )

OX문제

실내온도가 외기온도보다 높으면 개구부의 하부에서 외부공기가 유입된다. ( )

바람이 없을 경우 실내·외의 온도 차가 클수록 환기량은 많아진다. ( )

OX문제

고단열, 고기밀 건축물은 자연환기량의 확보가 용이하고, 에너지도 절약된다. ( )

정답 ×, ○, ○, ○, ×

✚ 고득점 심화학습

거실의 채광 등

1. 「건축법」에 따라 단독주택 및 공동주택의 거실, 교육연구시설 중 학교의 교실, 의료시설의 병실 및 숙박시설의 객실에는 국토교통부령(아래 2.)으로 정하는 기준에 따라 채광 및 환기를 위한 창문 등이나 설비를 설치해야 한다(건축법 시행령 제51조 제1항).
2. 채광 및 환기를 위한 창문 등
   ① 위 1.에 따라 채광을 위하여 거실에 설치하는 창문등의 면적은 그 거실의 바닥면적의 10분의 1 이상이어야 한다. 다만, 거실의 용도에 따라 [별표 1의3]에 따라 조도 이상의 조명장치를 설치하는 경우에는 그러하지 아니하다(건축물의 피난·방화구조 등의 기준에 관한 규칙 제17조 제1항).
   ② 위 1.에 따라 환기를 위하여 거실에 설치하는 창문등의 면적은 그 거실의 바닥면적의 20분의 1 이상이어야 한다. 다만, 기계환기장치 및 중앙관리방식의 공기조화설비를 설치하는 경우에는 그러하지 아니하다(건축물의 피난·방화구조 등의 기준에 관한 규칙 제17조 제2항).

㉠ 송풍기의 위치에 따른 분류
 ⓐ **제1종 환기법**: 급배기 모두 송풍기를 설치하며, 가장 안전한 환기로 기계실, 전기실 등에 사용된다.
 ⓑ **제2종 환기법**: 급기 송풍기만 설치하며, 실내에 정압으로 유지하여 다른 실내에서의 먼지 침입이 없으므로 클린룸 등에 사용된다.
 ⓒ **제3종 환기법**: 배기 송풍기만 설치하며, 실내에 부압으로 유지하고 실내의 냄새나 유해물질을 다른 실로 흘려보내지 않으므로 주방, 화장실, 욕실 등 유해가스 발생장소 등에 사용된다.

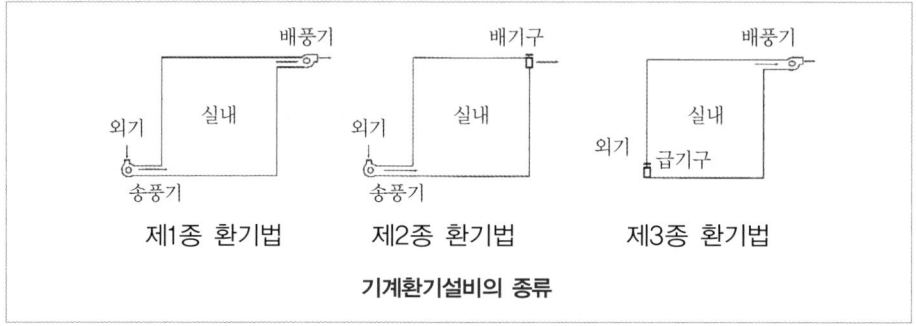

기계환기설비의 종류

㉡ 환기방향에 따른 분류
 ⓐ **상향환기**: 급기구는 방의 하부에 두고 배기구는 방의 상부에 둔 것으로 급기가 바닥의 먼지나 세균을 올라가게 한다. 냉방 시에는 발 밑을 차게 하여 불쾌감을 주므로 잘 쓰이지 않는다.
 ⓑ **하향환기**: 급기구는 방의 상부에 두고 배기구는 방의 하부에 둔 것으로 일반적으로 많이 쓰인다.

(4) 환기시설의 설치기준

① **환기설비의 설치 등**: 사업주체는 공동주택의 실내공기의 원활한 환기를 위하여 대통령령(아래 ②)으로 정하는 기준에 따라 환기시설을 설치하여야 한다(주택법 제40조).
② **환기설비의 설치기준**: 공동주택의 각 세대에 설치하는 환기시설의 설치기준 등은 건축법령(아래 ③)이 정하는 바에 의한다(주택건설기준 등에 관한 규정 제44조 제3항).
③ **공동주택의 환기설비기준 등**
 ㉠ 환기설비의 설치대상 및 환기기준: 신축 또는 리모델링하는 다음의 어느 하나에 해당하는 주택 또는 건축물(이하 '신축공동주택등'이라

한다)은 시간당 0.5회 이상의 환기가 이루어질 수 있도록 자연환기설비 또는 기계환기설비를 설치해야 한다(건축물의 설비기준 등에 관한 규칙 제11조 제1항). 기출

　　ⓐ 30세대 이상의 공동주택
　　ⓑ 주택을 주택 외의 시설과 동일 건축물로 건축하는 경우로서 주택이 30세대 이상인 건축물
　ⓒ 신축공동주택등에 자연환기설비를 설치하는 경우에는 자연환기설비가 위 ㉠에 따른 환기횟수를 충족하는지에 대하여「건축법」에 따른 지방건축위원회의 심의를 받아야 한다. 다만, 신축공동주택등에「산업표준화법」에 따른 한국산업표준의 자연환기설비 환기성능 시험방법(KS F 2921)에 따라 성능시험을 거친 자연환기설비를 [별표 1의3]에 따른 자연환기설비 설치길이 이상으로 설치하는 경우는 제외한다(건축물의 설비기준 등에 관한 규칙 제11조 제2항).
　ⓒ 특별시장·광역시장·특별자치시장·특별자치도지사 또는 시장·군수·구청장(자치구의 구청장을 말하며, 이하 '허가권자'라 한다)은 30세대 미만인 공동주택과 주택을 주택 외의 시설과 동일 건축물로 건축하는 경우로서 주택이 30세대 미만인 건축물 및 단독주택에 대해 시간당 0.5회 이상의 환기가 이루어질 수 있도록 자연환기설비 또는 기계환기설비의 설치를 권장할 수 있다(건축물의 설비기준 등에 관한 규칙 제11조 제4항).
④ **신축공동주택등의 자연환기설비 설치기준**: 신축공동주택등에 설치되는 자연환기설비의 설계·시공 및 성능평가방법은 다음의 기준에 적합하여야 한다(건축물의 설비기준 등에 관한 규칙 제11조 제3항 별표 1의4).
　㉠ 세대에 설치되는 자연환기설비는 세대 내의 모든 실에 바깥공기를 최대한 균일하게 공급할 수 있도록 설치되어야 한다.
　㉡ 세대의 환기량 조절을 위하여 자연환기설비는 환기량을 조절할 수 있는 체계를 갖추어야 하고, 최대개방 상태에서의 환기량을 기준으로 [별표 1의3]에 따른 설치길이 이상으로 설치되어야 한다.
　㉢ 자연환기설비는 순간적인 외부 바람 및 실내·외 압력 차의 증가로 인하여 발생할 수 있는 과도한 바깥공기의 유입 등 바깥공기의 변동에 의한 영향을 최소화할 수 있는 구조와 형태를 갖추어야 한다.

㉣ 자연환기설비의 각 부분의 재료는 충분한 내구성 및 강도를 유지하여 작동되는 동안 구조 및 성능에 변형이 없어야 하며, 표면결로 및 바깥공기의 직접적인 유입으로 인하여 발생할 수 있는 불쾌감(콜드 드래프트 등)을 방지할 수 있는 재료와 구조를 갖추어야 한다.

㉤ 자연환기설비는 다음의 요건을 모두 갖춘 공기여과기를 갖춰야 한다.

ⓐ 도입되는 바깥공기에 포함되어 있는 입자형·가스형 오염물질을 제거 또는 여과하는 성능이 일정 수준 이상일 것

ⓑ 한국산업표준(KS B 6141)에 따른 입자 포집률이 **질량법**으로 측정하여 **70퍼센트 이상**일 것

ⓒ 청소 또는 교환이 쉬운 구조일 것

㉥ 자연환기설비를 구성하는 설비·기기·장치 및 제품 등의 효율과 성능 등을 판정함에 있어「건축물의 설비기준 등에 관한 규칙」에서 정하지 아니한 사항에 대하여는 해당 항목에 대한 한국산업표준에 적합하여야 한다.

㉦ 자연환기설비를 지속적으로 작동시키는 경우에도 대상 공간의 사용에 지장을 주지 아니하는 위치에 설치되어야 한다.

㉧ 자연환기설비는 가능한 한 외부의 오염물질이 유입되지 않는 위치에 설치되어야 하고, 화재 등 유사시 안전에 대비할 수 있는 구조와 성능이 확보되어야 한다.

㉨ 실내로 도입되는 바깥공기를 예열할 수 있는 기능을 갖는 자연환기설비는 최대한 에너지 절약적인 구조와 형태를 가져야 한다.

㉩ 자연환기설비는 주요 부분의 정기적인 점검 및 정비 등 유지관리가 쉬운 체계로 구성하여야 하고, 제품의 사양 및 시방서에 유지관리 관련 내용을 명시하여야 하며, 유지관리 관련 내용이 수록된 사용자 설명서를 제시하여야 한다.

㉪ 자연환기설비는 설치되는 실의 바닥부터 수직으로 1.2미터 이상의 높이에 설치하여야 하며, 2개 이상의 자연환기설비를 상하로 설치하는 경우 1미터 이상의 수직간격을 확보하여야 한다.

⑤ **신축공동주택등의 기계환기설비의 설치기준**: 위 ③의 ㉠에 의한 신축공동주택등의 환기횟수를 확보하기 위하여 설치되는 기계환기설비의 설계·시공 및 성능평가방법은 다음의 기준에 적합하여야 한다(건축물의 설비기준 등에 관한 규칙 제11조 제3항 별표 1의5). 기출

ⓞⓧ ㉠ 기계환기설비의 환기기준은 시간당 실내공기 교환횟수(환기설비에 의한 최종 공기흡입구에서 세대의 실내로 공급되는 시간당 총 체적 풍량을 실내 총 체적으로 나눈 환기횟수를 말한다)로 표시하여야 한다.

ⓞⓧ ㉡ 하나의 기계환기설비로 세대 내 2 이상의 실에 바깥공기를 공급할 경우의 필요 환기량은 각 실에 **필요한 환기량의 합계 이상**이 되도록 하여야 한다.

ⓞⓧ ㉢ 세대의 환기량 조절을 위하여 환기설비의 정격풍량을 최소·적정·최대의 **3단계 또는 그 이상**으로 조절할 수 있는 체계를 갖추어야 하고, **적정** 단계의 필요 환기량은 신축공동주택등의 세대를 시간당 0.5회로 환기할 수 있는 풍량을 확보하여야 한다.

㉣ 공기공급체계 또는 공기배출체계는 부분적 손실 등 모든 압력 손실의 합계를 고려하여 계산한 공기공급능력 또는 공기배출능력이 시간당 0.5회 이상의 환기기준을 확보할 수 있도록 하여야 한다.

㉤ 기계환기설비는 신축공동주택등의 모든 세대가 시간당 0.5회 이상의 환기횟수를 만족시킬 수 있도록 24시간 가동할 수 있어야 한다.

㉥ 기계환기설비의 각 부분의 재료는 충분한 내구성 및 강도를 유지하여 작동되는 동안 구조 및 성능에 변형이 없도록 하여야 한다.

㉦ 기계환기설비는 다음에 해당되는 체계를 갖추어야 한다.
ⓐ 바깥공기를 공급하는 송풍기와 실내공기를 배출하는 송풍기가 결합된 환기체계
ⓑ 바깥공기를 공급하는 송풍기와 실내공기가 배출되는 배기구가 결합된 환기체계
ⓒ 바깥공기가 도입되는 공기흡입구와 실내공기를 배출하는 송풍기가 결합된 환기체계

㉧ 바깥공기를 공급하는 공기공급체계 또는 바깥공기가 도입되는 공기흡입구는 다음의 요건을 모두 갖춘 공기여과기 또는 집진기 등을 갖춰야 한다. 다만, 위 ㉦의 ⓒ에 따른 환기체계를 갖춘 경우에는 위 ④의 ㉤을 따른다.
ⓐ 입자형·가스형 오염물질을 제거 또는 여과하는 성능이 일정 수준 이상일 것
ⓑ 여과장치 등의 청소 및 교환 등 유지관리가 쉬운 구조일 것
ⓒ 공기여과기의 경우 한국산업표준(KS B 6141)에 따른 입자 포집률이 계수법으로 측정하여 60퍼센트 이상일 것

OX문제

기계환기설비의 시간당 실내공기 교환횟수는 환기설비에 의한 최종 공기흡입구에서 세대의 실내로 공급되는 시간당 총 체적 풍량을 실내 총 체적으로 나눈 환기횟수를 말한다. ( )

OX문제

하나의 기계환기설비로 세대 내 2 이상의 실에 바깥공기를 공급할 경우의 필요 환기량은 그중 체적이 가장 큰 실에 필요한 환기량 이상이 되도록 하여야 한다. ( )

하나의 기계환기설비로 세대 내 2 이상의 바깥공기를 공급할 경우의 필요 환기량은 각 실에 필요한 환기량의 평균 이상이 되도록 하여야 한다. ( )

OX문제

세대의 환기량 조절을 위하여 환기설비의 정격풍량을 최소·최대의 2단계 또는 그 이하로 조절할 수 있는 체계를 갖추어야 한다. ( )

정답 O, X, X, X

ⓩ 기계환기설비를 구성하는 설비·기기·장치 및 제품 등의 효율 및 성능 등을 판정함에 있어 「건축물의 설비기준 등에 관한 규칙」에서 정하지 아니한 사항에 대하여는 해당 항목에 대한 한국산업표준에 적합하여야 한다.

ⓧ 기계환기설비는 환기의 효율을 극대화할 수 있는 위치에 설치하여야 하고, 바깥공기의 변동에 의한 영향을 최소화할 수 있도록 공기흡입구 또는 배기구 등에 완충장치 또는 석쇠형 철망 등을 설치하여야 한다.

ⓚ 기계환기설비는 주방 가스대 위의 공기배출장치, 화장실의 공기배출송풍기 등 급속환기설비와 함께 설치할 수 있다.

ⓔ 공기흡입구 및 배기구와 공기공급체계 및 공기배출체계는 기계환기설비를 지속적으로 작동시키는 경우에도 대상 공간의 사용에 지장을 주지 아니하는 위치에 설치되어야 한다.

ⓟ 기계환기설비에서 발생하는 소음의 측정은 한국산업표준(KS B 6361)에 따르는 것을 원칙으로 한다. 측정위치는 대표길이 1미터(수직 또는 수평 하단)에서 측정하여 소음이 40dB 이하가 되어야 하며, 암소음(측정대상인 소음 외에 주변에 존재하는 소음을 말한다)은 보정하여야 한다. 다만, 환기설비 본체(소음원)가 거주공간 외부에 설치될 경우에는 대표길이 1미터(수직 또는 수평 하단)에서 측정하여 50dB 이하가 되거나, 거주공간 내부의 중앙부 바닥으로부터 1.0~1.2미터 높이에서 측정하여 40dB 이하가 되어야 한다.

ⓗ 외부에 면하는 공기흡입구와 배기구는 교차오염을 방지할 수 있도록 1.5미터 이상의 이격거리를 확보하거나, 공기흡입구와 배기구의 방향이 서로 90도 이상 되는 위치에 설치되어야 하고 화재 등 유사시 안전에 대비할 수 있는 구조와 성능이 확보되어야 한다.

OX ㉮ 기계환기설비의 에너지 절약을 위하여 **열회수형 환기장치를 설치**하는 경우에는 한국산업표준(KS B 6879)에 따라 시험한 **열회수형 환기장치의 유효환기량이 표시용량의 90퍼센트 이상**이어야 하고, 열회수형 환기장치의 안과 밖은 물 맺힘이 발생하는 것을 최소화할 수 있는 구조와 성능을 확보하도록 하여야 한다.

㉯ 기계환기설비는 송풍기, 열회수형 환기장치, 공기여과기, 공기가 통하는 관, 공기흡입구 및 배기구, 그 밖의 기기 등 주요 부분의 정기적인 점검 및 정비 등 유지관리가 쉬운 체계로 구성되어야 하고, 제

OX문제

에너지 절약을 위하여 열회수형 환기장치를 설치할 경우, 열회수형 환기장치의 유효환기량이 표시용량의 85퍼센트 이상이어야 한다. (   )

정답 ✕

품의 사양 및 시방서에 유지관리 관련 내용을 명시하여야 하며, 유지관리 관련 내용이 수록된 사용자 설명서를 제시하여야 한다.
ⓒ 실외의 기상조건에 따라 환기용 송풍기 등 기계환기설비를 작동하지 아니하더라도 자연환기와 기계환기가 동시 운용될 수 있는 혼합형 환기설비가 설계도서 등을 근거로 필요 환기량을 확보할 수 있는 것으로 객관적으로 입증되는 경우에는 기계환기설비를 갖춘 것으로 인정할 수 있다. 이 경우, 동시에 운용될 수 있는 자연환기설비와 기계환기설비가 시간당 0.5회 이상의 환기기준을 각각 만족할 수 있어야 한다.
ⓓ 중앙관리방식의 공기조화설비(실내의 온도·습도 및 청정도 등을 적정하게 유지하는 역할을 하는 설비를 말한다)가 설치된 경우에는 다음 기준에도 적합하여야 한다.
　ⓐ 공기조화설비는 24시간 지속적인 환기가 가능한 것일 것. 다만, 주요 환기설비와 분리된 별도의 환기계통을 병행 설치하여 실내에 존재하는 국소 오염원에서 발생하는 오염물질을 신속히 배출할 수 있는 체계로 구성하는 경우에는 그러하지 아니하다.
　ⓑ 중앙관리방식의 공기조화설비의 제어 및 작동상황을 통제할 수 있는 관리실 또는 기능이 있을 것

(5) 환기구의 안전기준

① **환기구의 설치높이**: 환기구[건축물의 환기설비에 부속된 급기(給氣) 및 배기(排氣)를 위한 건축구조물의 개구부(開口部)를 말한다. 이하 같다]는 보행자 및 건축물 이용자의 안전이 확보되도록 바닥으로부터 **2미터 이상**의 높이에 설치해야 한다. 다만, 다음의 어느 하나에 해당하는 경우에는 예외로 한다(건축물의 설비기준 등에 관한 규칙 제11조의2 제1항). 기출
　㉠ 환기구를 벽면에 설치하는 등 사람이 올라설 수 없는 구조로 설치하는 경우. 이 경우 배기를 위한 환기구는 배출되는 공기가 보행자 및 건축물 이용자에게 직접 닿지 아니하도록 설치되어야 한다.
　㉡ 안전울타리 또는 조경 등을 이용하여 접근을 차단하는 구조로 하는 경우
② **추락방지시설의 설치**: 모든 환기구에는 국토교통부장관이 정하여 고시하는 강도(强度) 이상의 덮개와 덮개 걸침턱 등 추락방지시설을 설치하여야 한다(건축물의 설비기준 등에 관한 규칙 제11조의2 제2항).

(6) 환기량 계산

① **실내 발열량에 의한 환기량**(보일러실, 변전실 등에 적용) 기출

$$Q(\text{m}^3/\text{h}) = \frac{H_s}{p \cdot C_p \cdot (t_r - t_o)}$$

H_s: 실내 발열량(kJ/h)
C_p: 공기정압비열(1.01kJ/kg·K)
t_o: 신선공기온도
p: 밀도(1.2kg/m³)
t_r: 실내 허용온도

개념적용 문제

01 바닥면적이 100m²이고 천장고가 4m인 전기실의 발열량이 12kW 일 때, 실내 설정온도를 유지하기 위해 필요한 시간당 환기횟수(회/h)는 얼마인가? (단, 실내 설정온도 30℃, 급기온도 20℃, 공기의 비중량 1.2kg/m³, 공기의 정압비열은 1.01kJ/kg·K로 함)

제16회 기출

① 6.0   ② 7.0   ③ 8.0
④ 9.0   ⑤ 10.0

해설 실내 발열량에 의한 환기량(보일러실, 변전실 등에 적용)

$$Q(\text{환기량}) = \frac{H_s}{p \cdot C_p \cdot (t_r - t_o)} = \frac{12 \times 3{,}600}{1.2 \times 1.01 \times (30-20)} = 약\ 3{,}564\text{m}^3$$

∴ 환기횟수 = 환기량 ÷ 실내체적 = 3,564 ÷ (100 × 4) = 8.91 ≒ 약 9회/h

정답 ④

02 가로 10m, 세로 20m, 천장높이 5m인 기계실에서, 기기의 발열량이 40kW일 때 필요한 최소 환기횟수(회/h)는? (단, 실내 설정온도 28℃, 외기온도 18℃, 공기의 비중 1.2kg/m³, 공기의 비열 1.0kJ/kg·K로 하고 주어진 조건 외의 사항은 고려하지 않음)

제20회 기출

① 10   ② 12
③ 14   ④ 16
⑤ 18

해설 실내 발열량에 의한 환기량(보일러실, 변전실 등에 적용)

$$Q(\text{환기량}) = \frac{H_s}{p \cdot C_p \cdot (t_r - t_o)} = \frac{40 \times 3{,}600}{1.2 \times 1.0 \times (28-18)} = 12{,}000\text{m}^3$$

∴ 환기횟수 = 환기량 ÷ 실내체적 = 12,000 ÷ 1,000 = 12회/h

정답 ②

② CO_2 농도에 의한 환기량(많은 사람이 장시간 체류) 기출

$$Q(m^3/h) = \frac{K}{C_i - C_o}$$

K: 실내 CO_2 발생량(m^3/h)
C_i: 실내 CO_2 허용농도(m^3/m^3)
C_o: 외기(신선) CO_2 농도(m^3/m^3)

개념적용 문제

다음 조건의 경우, 정상상태의 실내 이산화탄소 농도를 1,000ppm 이하로 유지하기 위한 최소 외기도입량(m^3/h)을 구하시오. 제21회 기출

- 총 재실자 수: 5명
- 1인당 이산화탄소 발생량: $0.024m^3/(h \cdot 인)$
- 외기의 이산화탄소 농도: 400ppm
- 기타: 인체에서 발생한 이산화탄소는 즉시 실 전체로 일정하게 확산하며, 틈새바람은 고려하지 않음

해설 $Q = \dfrac{5 \times 0.024}{0.001 - 0.0004} = \dfrac{0.12}{0.0006} = 200m^3/h$

정답 200

개념적용 문제

다음의 조건에서 관리사무소의 환기횟수(회/h)는? (단, 주어진 조건 외는 고려하지 않음) 제26회 기출

- 근무인원: 8명
- 1인당 CO_2 발생량: 15L/h
- 실내의 CO_2 허용농도: 1,000ppm
- 외기 중의 CO_2 농도: 500ppm
- 사무실의 크기: 10m(가로) × 8m(세로) × 3m(높이)

① 0.5
② 0.75
③ 1.0
④ 1.25
⑤ 1.5

해설 $Q = \dfrac{8 \times 15 \div 1,000}{0.001 - 0.0005} = \dfrac{0.12}{0.0005} = 240m^3/h$

환기횟수 $= \dfrac{240}{10 \times 8 \times 3} = 1(회/h)$

정답 ③

③ 수증기 발생이 있는 경우의 환기량

$$Q(\text{m}^3/\text{h}) = \frac{L}{r \cdot (x_i - x_o)}$$

L: 실내 수증기 발생량(kg/h)
r: 공기의 비중량
x_o: 신선공기 절대습도
x_i: 실내허용 절대습도

④ 유해가스에 의한 환기량

$$Q(\text{m}^3/\text{h}) = \frac{M}{p_i - p_o}$$

M: 발생유해가스량(m³/h)
p_i: 실내허용농도
p_o: 신선공기농도

11 소방시설

1. 소방시설의 정의 및 종류

(1) 소방시설의 정의

'소방시설'이란 소화설비·경보설비·피난구조설비·소화용수설비, 그 밖에 **소화활동설비**로서 대통령령[아래 **(2)**]으로 정하는 것을 말한다(소방시설 설치 및 관리에 관한 법률 제2조 제1항 제1호). 기출

(2) 소방시설의 종류 기출

위 **(1)**에서 '대통령령으로 정하는 것'이란 다음의 설비를 말한다(소방시설 설치 및 관리에 관한 법률 시행령 제3조 별표 1).

OX ① **소화설비**: 물 또는 그 밖의 소화약제를 사용하여 소화하는 기계·기구 또는 설비로서 다음의 것
　　㉠ 소화기구
　　　ⓐ 소화기
　　　ⓑ 간이소화용구: 에어로졸식 소화용구, 투척용 소화용구, 소공간용 소화용구 및 소화약제 외의 것을 이용한 간이소화용구
　　　ⓒ 자동확산소화기

OX문제
소화설비로는 옥내소화전설비, 스프링클러설비, 자동화재속보설비, 물분무소화설비 등이 있다. ( )

정답 ×

ⓛ 자동소화장치
　　　　ⓐ 주거용 주방자동소화장치
　　　　ⓑ 상업용 주방자동소화장치
　　　　ⓒ 캐비닛형 자동소화장치
　　　　ⓓ 가스자동소화장치
　　　　ⓔ 분말자동소화장치
　　　　ⓕ 고체에어로졸 자동소화장치
　　ⓒ 옥내소화전설비[호스릴(Hose Reel)옥내소화전설비를 포함한다]
　　ⓔ 스프링클러설비등
　　　　ⓐ 스프링클러설비
　　　　ⓑ 간이스프링클러설비(캐비닛형 간이스프링클러설비를 포함한다)
　　　　ⓒ 화재조기진압용 스프링클러설비
　　ⓜ 물분무등소화설비
　　　　ⓐ 물분무소화설비
　　　　ⓑ 미분무소화설비
　　　　ⓒ 포소화설비
　　　　ⓓ 이산화탄소소화설비
　　　　ⓔ 할론소화설비
　　　　ⓕ 할로겐화합물 및 불활성기체(다른 원소와 화학 반응을 일으키기 어려운 기체를 말한다. 이하 같다) 소화설비
　　　　ⓖ 분말소화설비
　　　　ⓗ 강화액소화설비
　　　　ⓘ 고체에어로졸소화설비
　　ⓑ 옥외소화전설비
② **경보설비**: 화재발생 사실을 통보하는 기계·기구 또는 설비로서 다음의 것
　　㉠ 단독경보형 감지기
　　㉡ 비상경보설비
　　　　ⓐ 비상벨설비
　　　　ⓑ 자동식 사이렌설비
　　㉢ 시각경보기
　　㉣ 자동화재탐지설비
　　㉤ 화재알림설비
　　㉥ 비상방송설비
　　㉦ 자동화재속보설비

> **OX문제**
> 경보설비로는 비상방송설비, 누전경보기, 가스누설경보기 등이 있다. ( )
>
> 정답 O

ⓞ 통합감시시설
ⓩ 누전경보기
ⓧ 가스누설경보기

③ **피난구조설비**: 화재가 발생할 경우 피난하기 위하여 사용하는 기구 또는 설비로서 다음의 것
  ㉠ 피난기구
    ⓐ 피난사다리
    ⓑ 구조대
    ⓒ 완강기
    ⓓ 간이완강기
    ⓔ 그 밖에 화재안전기준으로 정하는 것
  ㉡ 인명구조기구
    ⓐ **방열복**, 방화복(안전모, 보호장갑 및 안전화를 포함한다)
    ⓑ 공기호흡기
    ⓒ 인공소생기
  ㉢ 유도등
    ⓐ 피난유도선
    ⓑ 피난구유도등
    ⓒ 통로유도등
    ⓓ 객석유도등
    ⓔ 유도표지
  ㉣ 비상조명등 및 휴대용 비상조명등

④ **소화용수설비**: 화재를 진압하는 데 필요한 물을 공급하거나 저장하는 설비로서 다음의 것
  ㉠ 상수도소화용수설비
  ㉡ 소화수조·저수조 그 밖의 소화용수설비

⑤ **소화활동설비**: 화재를 진압하거나 인명구조활동을 위하여 사용하는 설비로서 다음의 것
  ㉠ 제연설비
  ㉡ 연결송수관설비
  ㉢ 연결살수설비
  ㉣ 비상콘센트설비
  ㉤ 무선통신보조설비
  ㉥ 연소방지설비

O×문제

피난구조설비로는 피난사다리, 방열복, 공기호흡기, 유도등, 비상조명등 등이 있다. ( )

O×문제

소화용수설비로는 상수도소화용수설비, 소화수조, 저수조 등이 있다. ( )

연결송수관설비, 상수도소화용수설비는 소화용수설비이다. ( )

O×문제

소화활동설비로는 제연설비, 연결살수설비, 연소방지설비, 비상콘센트설비 등이 있다. ( )

소화활동설비에는 제연설비, 옥외소화전설비 등이 있다. ( )

정답 ○, ○, ×, ○, ×

2. 소방시설등의 정의

① '소방시설등'이란 소방시설과 **비상구**(非常口), 그 밖에 소방 관련 시설로서 대통령령(아래 ②)으로 정하는 것을 말한다(소방시설 설치 및 관리에 관한 법률 제2조 제1항 제2호).

② 위 ①에서 '대통령령으로 정하는 것'이란 방화문 및 자동방화셔터를 말한다(소방시설 설치 및 관리에 관한 법률 시행령 제4조).

3. 특정소방대상물의 정의 및 종류

'특정소방대상물'이란 건축물 등의 규모·용도 및 수용인원 등을 고려하여 소방시설을 설치하여야 하는 소방대상물로서 대통령령으로 정하는 것을 말한다(소방시설 설치 및 관리에 관한 법률 제2조 제1항 제3호).

▶ **특정소방대상물**(소방시설 설치 및 관리에 관한 법률 시행령 제5조 관련 별표 2)

> **공동주택**
> 1. 아파트등: 주택으로 쓰는 층수가 5층 이상인 주택
> 2. 연립주택: 주택으로 쓰는 1개 동의 바닥면적(2개 이상의 동을 지하주차장으로 연결하는 경우에는 각각의 동으로 봄) 합계가 660m²를 초과하고, 층수가 4개 층 이하인 주택
> 3. 다세대주택: 주택으로 쓰는 1개 동의 바닥면적(2개 이상의 동을 지하주차장으로 연결하는 경우에는 각각의 동으로 봄) 합계가 660m² 이하이고, 층수가 4개 층 이하인 주택
> 4. 기숙사: 학교 또는 공장 등의 학생 또는 종업원 등을 위하여 쓰는 것으로서 1개 동의 공동취사시설 이용 세대수가 전체의 50퍼센트 이상인 것(교육기본법에 따른 학생복지주택 및 공공주택 특별법에 따른 공공매입임대주택 중 독립된 주거의 형태를 갖추지 않은 것을 포함한다)

4. 그 밖의 정의 및 종류

(1) 화재안전성능의 정의

'화재안전성능'이란 화재를 예방하고 화재발생 시 피해를 최소화하기 위하여 소방대상물의 재료, 공간 및 설비 등에 요구되는 안전성능을 말한다(소방시설 설치 및 관리에 관한 법률 제2조 제1항 제4호).

(2) 성능위주설계의 정의

'성능위주설계'란 건축물 등의 재료, 공간, 이용자, 화재 특성 등을 종합적으로 고려하여 공학적 방법으로 화재 위험성을 평가하고 그 결과에 따라 화재안전성능이 확보될 수 있도록 특정소방대상물을 설계하는 것을 말한다(소방시설 설치 및 관리에 관한 법률 제2조 제1항 제5호).

(3) 화재안전기준의 정의

'화재안전기준'이란 소방시설 설치 및 관리를 위한 다음의 기준을 말한다(소방시설 설치 및 관리에 관한 법률 제2조 제1항 제6호).

① **성능기준**: 화재안전 확보를 위하여 재료, 공간 및 설비 등에 요구되는 안전성능으로서 소방청장이 고시로 정하는 기준
② **기술기준**: 위 ①에 따른 성능기준을 충족하는 상세한 규격, 특정한 수치 및 시험방법 등에 관한 기준으로서 행정안전부령으로 정하는 절차에 따라 소방청장의 승인을 받은 기준

(4) 소방용품의 정의 및 종류

① **정의**: '소방용품'이란 소방시설등을 구성하거나 소방용으로 사용되는 제품 또는 기기로서 대통령령(아래 ②)으로 정하는 것을 말한다(소방시설 설치 및 관리에 관한 법률 제2조 제1항 제7호).
② **종류**: 위 ①에서 '대통령령으로 정하는 것'이란 다음의 제품 또는 기기를 말한다(소방시설 설치 및 관리에 관한 법률 시행령 제6조 별표 3).

　㉠ 소화설비를 구성하는 제품 또는 기기
　　ⓐ 위 1. (2) ①의 ㉠의 소화기구(소화약제 외의 것을 이용한 간이소화용구는 제외한다)
　　ⓑ 위 1. (2) ①의 ㉡의 자동소화장치
　　ⓒ 소화설비를 구성하는 소화전, 관창(菅槍), 소방호스, 스프링클러헤드, 기동용 수압개폐장치, 유수제어밸브 및 가스관선택밸브

　㉡ 경보설비를 구성하는 제품 또는 기기
　　ⓐ 누전경보기 및 가스누설경보기
　　ⓑ 경보설비를 구성하는 발신기, 수신기, 중계기, 감지기 및 음향장치(경종만 해당한다)

　㉢ 피난구조설비를 구성하는 제품 또는 기기
　　ⓐ 피난사다리, 구조대, 완강기(지지대를 포함한다) 및 간이완강기(지지대를 포함한다)
　　ⓑ 공기호흡기(충전기를 포함한다)
　　ⓒ 피난구유도등, 통로유도등, 객석유도등 및 예비전원이 내장된 비상조명등

ⓛ 소화용으로 사용하는 제품 또는 기기
- ⓐ 소화약제[위 1. (2) ①의 ㉡의 ⓑ·ⓒ의 자동소화장치와 ㉤의 ⓒ~ⓘ의 소화설비용만 해당한다]
- ⓑ 방염제(방염액·방염도료 및 방염성물질을 말한다)
- ⓒ 그 밖에 행정안전부령으로 정하는 소방 관련 제품 또는 기기

(5) 무창층

'**무창층**'(無窓層)이란 지상층 중 다음의 요건을 모두 갖춘 개구부(건축물에서 채광·환기·통풍 또는 출입 등을 위하여 만든 창·출입구, 그 밖에 이와 비슷한 것을 말한다)의 면적의 합계가 해당 층의 바닥면적(건축법 시행령 제119조 제1항 제3호에 따라 산정된 면적을 말한다)의 **30분의 1 이하**가 되는 층을 말한다(소방시설 설치 및 관리에 관한 법률 시행령 제2조 제1호).

① 크기는 지름 **50센티미터** 이상의 원이 통과할 수 있을 것
② 해당 층의 바닥면으로부터 개구부 밑부분까지의 높이가 **1.2미터** 이내일 것
③ 도로 또는 차량이 진입할 수 있는 빈터를 향할 것
④ 화재 시 건축물로부터 쉽게 피난할 수 있도록 **창살이나 그 밖의 장애물이 설치되지 않을 것**
⑤ 내부 또는 외부에서 쉽게 부수거나 열 수 있을 것

(6) 피난층

'**피난층**'이란 곧바로 지상으로 갈 수 있는 출입구가 있는 층을 말한다(소방시설 설치 및 관리에 관한 법률 시행령 제2조 제2호).

5. 특정소방대상물에 설치하는 소방시설의 설치·관리 등

(1) 소방시설의 설치·관리 등

① **설치 및 관리**: 특정소방대상물의 관계인은 대통령령(아래 ②)으로 정하는 소방시설을 화재안전기준에 따라 설치·관리하여야 한다. 이 경우 「장애인·노인·임산부 등의 편의증진 보장에 관한 법률」에 따른 장애인 등이 사용하는 소방시설(경보설비 및 피난구조설비를 말한다)은 대통령령으로 정하는 바에 따라 장애인등에 적합하게 설치·관리하여야 한다(소방시설 설치 및 관리에 관한 법률 제12조 제1항).

② **소방시설의 기준**: 위 ①에 따라 특정소방대상물의 관계인이 특정소방대상물에 설치·관리해야 하는 소방시설의 종류는 [별표 4]와 같다(소방시설 설치 및 관리에 관한 법률 시행령 제11조 제1항).

별표 4	특정소방대상물의 관계인이 특정소방대상물에 설치·관리해야 하는 소방시설의 종류 기출

1. 소화설비
   ① 화재안전기준에 따라 소화기구를 설치하여야 하는 특정소방대상물은 다음의 어느 하나와 같다.
      ㉠ 연면적 33m² 이상인 것. 다만, 노유자시설의 경우에는 투척용 소화용구 등을 화재안전기준에 따라 산정된 소화기 수량의 2분의 1 이상으로 설치할 수 있다.
   ② 자동소화장치를 설치하여야 하는 특정소방대상물은 다음의 어느 하나에 해당하는 특정소방대상물 중 후드 및 덕트가 설치되어 있는 주방이 있는 특정소방대상물로 한다. 이 경우 해당 주방에 자동소화장치를 설치해야 한다.
      ㉠ 주거용 주방자동소화장치를 설치하는 것: **아파트등** 및 오피스텔의 모든 층
      ㉡ 캐비닛형 자동소화장치, 가스자동소화장치, 분말자동소화장치 또는 고체에어로졸 자동소화장치를 설치해야 하는 것: 화재안전기준에서 정하는 장소
   ③ 옥내소화전설비를 설치하여야 하는 특정소방대상물은 다음의 어느 하나에 해당하는 것으로 한다. 다만, 위험물저장 및 처리시설 중 가스시설, 지하구 및 업무시설 중 무인변전소(방재실 등에서 스프링클러설비 또는 물분무등소화설비를 원격으로 조정할 수 있는 무인변전소로 한정한다)는 제외한다.
      ㉠ 다음의 어느 하나에 해당하는 경우에는 모든 층
         ⓐ 연면적 3천m² 이상(지하가 중 터널은 제외한다)
         ⓑ 지하층·무창층(축사는 제외한다)으로서 바닥면적이 600m² 이상인 층이 있는 것
         ⓒ 층수가 4층 이상인 것 중 바닥면적이 600m² 이상인 층이 있는 것
   ④ 스프링클러설비를 설치해야 하는 특정소방대상물(위험물저장 및 처리시설 중 가스시설 또는 지하구는 제외한다)은 다음의 어느 하나에 해당하는 것으로 한다.
      ㉠ 층수가 **6층** 이상인 특정소방대상물의 경우에는 모든 층. 다만, 다음의 어느 하나에 해당하는 경우는 제외한다.
         ⓐ 주택 관련 법령에 따라 기존의 아파트등을 리모델링하는 경우로서 건축물의 연면적 및 층높이가 변경되지 않는 경우. 이 경우 해당 아파트등의 사용검사 당시의 소방시설 설치에 관한 대통령령 또는 화재안전기준을 적용한다.
   ⑤ 간이스프링클러설비를 설치해야 하는 특정소방대상물은 다음의 어느 하나에 해당하는 것으로 한다.
      ㉠ 공동주택 중 연립주택 및 다세대주택(연립주택 및 다세대주택에 설치하는 간이스프링클러설비는 화재안전기준에 따른 주택 전용 간이스프링클러를 설치한다)
   ⑥ 물분무등소화설비를 설치해야 하는 특정소방대상물[위험물저장 및 처리시설 중 가스시설, 발전시설의 전기저장시설 중 무정전전원공급장치(UPS)의 시설 및 지하구는 제외한다]은 다음의 어느 하나에 해당하는 것으로 한다.
      ㉠ 건축물 내부에 설치된 차고·주차장으로서 차고 또는 주차의 용도로 사용되는 면적의 합계가 200m² 이상인 경우 해당 부분(50세대 미만 연립주택 및 다세대주택은 제외한다)
      ㉡ 특정소방대상물에 설치된 전기실·발전실·변전실(가연성 절연유를 사용하지 않는 변압기·전류차단기 등의 전기기기와 가연성 피복을 사용하지 않은 전선 및 케이블만을 설치한 전기실·발전실 및 변전실은 제외한다)·축전지실·통신기기실 또는 전산실, 그 밖에 이와 비슷한 것으로서 바닥면적이 300m² 이상인 것[하나의 방화구

획 내에 둘 이상의 실(室)이 설치되어 있는 경우에는 이를 하나의 실로 보아 바닥면적을 산정한다]. 다만, 내화구조로 된 공정제어실 내에 설치된 주조정실로서 양압시설(외부 오염 공기 침투를 차단하고 내부의 나쁜 공기가 자연스럽게 외부로 흐를 수 있도록 한 시설을 말한다)이 설치되고 전기기기에 220볼트 이하인 저전압이 사용되며 종업원이 24시간 상주하는 곳은 제외한다.

⑦ 옥외소화전설비를 설치하여야 하는 특정소방대상물(아파트등, 위험물저장 및 처리시설 중 가스시설, 지하구 및 터널은 제외한다)은 다음의 어느 하나에 해당하는 것으로 한다.
  ㉠ 지상 1층 및 2층의 바닥면적의 합계가 9천m² 이상인 것. 이 경우 같은 구(區) 내의 둘 이상의 특정소방대상물이 행정안전부령으로 정하는 연소(延燒) 우려가 있는 구조인 경우에는 이를 하나의 특정소방대상물로 본다.

2. 경보설비

① 단독경보형 감지기를 설치해야 하는 특정소방대상물은 다음의 어느 하나에 해당하는 것으로 한다. 이 경우 ㉠의 연립주택 및 다세대주택에 설치하는 단독경보형 감지기는 연동형으로 설치해야 한다.
  ㉠ 공동주택 중 연립주택 및 다세대주택
② 비상경보설비를 설치하여야 할 특정소방대상물(모래·석재 등 불연재료 공장 및 창고시설, 위험물저장 및 처리시설 중 가스시설, 사람이 거주하지 않거나 벽이 없는 축사 등 동물 및 식물 관련 시설 및 지하구는 제외한다)은 다음의 어느 하나에 해당하는 것으로 한다.
  ㉠ 연면적 400m² 이상인 것은 모든 층
③ 자동화재탐지설비를 설치해야 하는 특정소방대상물은 다음의 어느 하나에 해당하는 것으로 한다.
  ㉠ 공동주택 중 아파트등·기숙사 및 숙박시설의 경우에는 모든 층
  ㉡ 층수가 6층 이상인 건축물의 경우에는 모든 층
④ 비상방송설비를 설치해야 하는 특정소방대상물(위험물저장 및 처리시설 중 가스시설, 사람이 거주하지 않거나 벽이 없는 축사 등 동물 및 식물 관련 시설, 지하가 중 터널 및 지하구는 제외한다)은 다음의 어느 하나에 해당하는 것으로 한다.
  ㉠ 연면적 3천5백m² 이상인 것은 모든 층
  ㉡ 층수가 11층 이상인 것은 모든 층
  ㉢ 지하층의 층수가 3층 이상인 것은 모든 층
⑤ 누전경보기는 계약전류용량(같은 건축물에 계약 종류가 다른 전기가 공급되는 경우에는 그중 최대계약전류용량을 말한다)이 100암페어를 초과하는 특정소방대상물(내화구조가 아닌 건축물로서 벽·바닥 또는 반자의 전부나 일부를 불연재료 또는 준불연재료가 아닌 재료에 철망을 넣어 만든 것만 해당한다)에 설치해야 한다. 다만, 위험물저장 및 처리시설 중 가스시설, 지하구의 경우에는 그렇지 않다.

3. 피난구조설비

① 피난기구는 특정소방대상물의 모든 층에 화재안전기준에 적합한 것으로 설치해야 한다. 다만, 피난층, 지상 1층, 지상 2층(노유자시설 중 피난층이 아닌 지상 1층과 피난층이 아닌 지상 2층은 제외한다), 층수가 11층 이상인 층과 위험물저장 및 처리시설 중 가스시설, 지하구의 경우에는 그렇지 않다.
② 비상조명등을 설치해야 하는 특정소방대상물(창고시설 중 창고 및 하역장, 위험물저장 및 처리시설 중 가스시설 및 사람이 거주하지 않거나 벽이 없는 축사 등 동물 및 식물 관련 시설은 제외한다)은 다음의 어느 하나에 해당하는 것으로 한다.

㉠ 지하층을 포함하는 층수가 **5층** 이상인 건축물로서 연면적 **3천㎡** 이상인 경우에는 모든 층
㉡ 위 ㉠에 해당하지 않는 특정소방대상물로서 그 지하층 또는 무창층의 바닥면적이 **450㎡** 이상인 경우에는 해당 층

4. 소화용수설비

상수도소화용수설비를 설치해야 하는 특정소방대상물은 다음의 어느 하나에 해당하는 것으로 한다. 다만, 상수도소화용수설비를 설치해야 하는 특정소방대상물의 대지 경계선으로부터 180m 이내에 지름 75mm 이상인 상수도용 배수관이 설치되지 않은 지역의 경우에는 화재안전기준에 따른 소화수조 또는 저수조를 설치해야 한다.

① 연면적 **5천㎡** 이상인 것. 다만, 위험물저장 및 처리시설 중 가스시설, 지하가 중 터널 또는 지하구의 경우에는 제외한다.

5. 소화활동설비

① 제연설비를 설치해야 하는 특정소방대상물은 다음의 어느 하나에 해당하는 것으로 한다.
㉠ 특정소방대상물(갓복도형 아파트등은 제외한다)에 부설된 특별피난계단, 비상용 승강기의 승강장 또는 피난용 승강기의 승강장

② 연결송수관설비를 설치해야 하는 특정소방대상물(위험물저장 및 처리시설 중 가스시설 및 지하구는 제외한다)은 다음의 어느 하나에 해당하는 것으로 한다.
㉠ 층수가 **5층** 이상으로서 연면적 **6천㎡** 이상인 경우에는 모든 층
㉡ 위 ㉠에 해당하지 않는 특정소방대상물로서 지하층을 포함하는 층수가 **7층** 이상인 경우에는 모든 층
㉢ 위 ㉠ 및 ㉡에 해당하지 않는 특정소방대상물로서 지하층의 층수가 **3층** 이상이고 지하층의 바닥면적의 합계가 **1천㎡** 이상인 경우에는 모든 층

③ 연결살수설비를 설치해야 하는 특정소방대상물(지하구는 제외한다)은 다음의 어느 하나에 해당하는 것으로 한다.
㉠ 지하층(피난층으로 주된 출입구가 도로와 접한 경우는 제외한다)으로서 바닥면적의 합계가 150㎡ 이상인 경우에는 지하층의 모든 층. 다만, 「주택법 시행령」 제46조 제1항에 따른 국민주택규모 이하인 아파트등의 지하층(대피시설로 사용하는 것만 해당한다)과 교육연구시설 중 학교의 지하층의 경우에는 700㎡ 이상인 것으로 한다.

④ 비상콘센트설비를 설치해야 하는 특정소방대상물(위험물저장 및 처리시설 중 가스시설 및 지하구는 제외한다)은 다음의 어느 하나에 해당하는 것으로 한다.
㉠ 층수가 11층 이상인 특정소방대상물의 경우에는 11층 이상의 층
㉡ 지하층의 층수가 **3층** 이상이고 지하층의 바닥면적의 합계가 **1천㎡** 이상인 것은 지하층의 모든 층

⑤ 무선통신보조설비를 설치해야 하는 특정소방대상물(위험물저장 및 처리시설 중 가스시설은 제외한다)은 다음의 어느 하나에 해당하는 것으로 한다.
㉠ 지하층의 바닥면적의 합계가 **3천㎡** 이상인 것 또는 지하층의 층수가 **3층** 이상이고 지하층의 바닥면적의 합계가 **1천㎡** 이상인 것은 지하층의 모든 층
㉡ 층수가 **30층** 이상인 것으로서 **16층** 이상 부분의 모든 층

③ **설치·관리규정의 위반 시 조치**: 소방본부장이나 소방서장은 위 ①에 따른 소방시설이 화재안전기준에 따라 설치·관리되고 있지 아니할 때에는 해당 특정소방대상물의 관계인에게 필요한 조치를 명할 수 있다(소방시설 설치 및 관리에 관한 법률 제12조 제2항).

④ **소방시설의 폐쇄 등 금지**: 특정소방대상물의 관계인은 위 ①에 따라 소방시설을 설치·관리하는 경우 화재 시 소방시설의 기능과 성능에 지장을 줄 수 있는 폐쇄(잠금을 포함한다. 이하 같다)·차단 등의 행위를 하여서는 아니 된다. 다만, 소방시설의 점검·정비를 위하여 필요한 경우 폐쇄·차단은 할 수 있다(소방시설 설치 및 관리에 관한 법률 제12조 제3항).

⑤ **지침**: 소방청장은 위 ④의 단서에 따라 특정소방대상물의 관계인이 소방시설의 점검·정비를 위하여 폐쇄·차단을 하는 경우 안전을 확보하기 위하여 필요한 행동요령에 관한 지침을 마련하여 고시하여야 한다(소방시설 설치 및 관리에 관한 법률 제12조 제4항).

⑥ **소방시설정보관리시스템의 구축·운영**: 소방청장, 소방본부장 또는 소방서장은 위 ①에 따른 소방시설의 작동정보 등을 실시간으로 수집·분석할 수 있는 시스템(이하 '소방시설정보관리시스템'이라 한다)을 구축·운영할 수 있다(소방시설 설치 및 관리에 관한 법률 제12조 제5항).

⑦ **통보**: 소방청장, 소방본부장 또는 소방서장은 위 ⑥에 따른 작동정보를 해당 특정소방대상물의 관계인에게 통보하여야 한다(소방시설 설치 및 관리에 관한 법률 제12조 제6항).

⑧ **위임규정**: 소방시설정보관리시스템 구축·운영의 대상은 「화재의 예방 및 안전관리에 관한 법률」 제24조 제1항 전단에 따른 소방안전관리대상물 중 소방안전관리의 취약성 등을 고려하여 대통령령으로 정하고, 그 밖에 운영방법 및 통보 절차 등에 필요한 사항은 행정안전부령으로 정한다(소방시설 설치 및 관리에 관한 법률 제12조 제7항).

(2) 소방시설기준 적용의 특례

① **소방시설의 설치면제**: 소방본부장이나 소방서장은 특정소방대상물에 설치하여야 하는 소방시설 가운데 기능과 성능이 유사한 **스프링클러설비, 물분무등소화설비, 비상경보설비 및 비상방송설비** 등의 소방시설의 경우에는 대통령령으로 정하는 바에 따라 유사한 소방시설의 설치를 면제할 수 있다(소방시설 설치 및 관리에 관한 법률 제13조 제2항).

② **유사한 소방시설의 설치면제의 기준**: 위 ①에 따라 소방본부장 또는 소방서장은 특정소방대상물에 설치해야 하는 소방시설 가운데 기능과 성능이 유사한 소방시설의 설치를 면제하려는 경우에는 다음 표의 기준에 따른다(소방시설 설치 및 관리에 관한 법률 시행령 제14조 별표 5).

설치가 면제되는 소방시설	설치가 면제되는 기준
1. 자동소화장치	자동소화장치(주거용 주방자동소화장치 및 상업용 주방자동소화장치는 제외한다)를 설치해야 하는 특정소방대상물에 물분무등소화설비를 화재안전기준에 적합하게 설치한 경우에는 그 설비의 유효범위(해당 소방시설이 화재를 감지·소화 또는 경보할 수 있는 부분을 말한다. 이하 같다)에서 설치가 면제된다.
2. 옥내소화전설비	소방본부장 또는 소방서장이 옥내소화전설비의 설치가 곤란하다고 인정하는 경우로서 호스릴 방식의 미분무소화설비 또는 옥외소화전설비를 화재안전기준에 적합하게 설치한 경우에는 그 설비의 유효범위에서 설치가 면제된다.
3. 스프링클러설비	① 스프링클러설비를 설치해야 하는 특정소방대상물(발전시설 중 전기저장시설은 제외한다)에 적응성 있는 **자동소화장치 또는 물분무등소화설비**를 화재안전기준에 적합하게 설치한 경우에는 그 설비의 유효범위에서 설치가 면제된다. ② 스프링클러설비를 설치해야 하는 전기저장시설에 소화설비를 소방청장이 정하여 고시하는 방법에 따라 설치한 경우에는 그 설비의 유효범위에서 설치가 면제된다.
4. 간이스프링클러설비	간이스프링클러설비를 설치해야 하는 특정소방대상물에 스프링클러설비, 물분무소화설비 또는 미분무소화설비를 화재안전기준에 적합하게 설치한 경우에는 그 설비의 유효범위에서 설치가 면제된다.
5. 물분무등소화설비	물분무등소화설비를 설치해야 하는 차고·주차장에 **스프링클러설비**를 화재안전기준에 적합하게 설치한 경우에는 그 설비의 유효범위에서 설치가 면제된다.
6. 옥외소화전설비	옥외소화전설비를 설치해야 하는 문화유산인 목조건축물에 상수도소화용수설비를 화재안전기준에서 정하는 방수압력·방수량·옥외소화전함 및 호스의 기준에 적합하게 설치한 경우에는 설치가 면제된다.
7. 비상경보설비	비상경보설비를 설치해야 할 특정소방대상물에 단독경보형 감지기를 2개 이상의 단독경보형 감지기와 연동하여 설치한 경우에는 그 설비의 유효범위에서 설치가 면제된다.
8. 비상경보설비 또는 단독경보형 감지기	비상경보설비 또는 단독경보형 감지기를 설치해야 하는 특정소방대상물에 자동화재탐지설비 또는 화재알림설비를 화재안전기준에 적합하게 설치한 경우에는 그 설비의 유효범위에서 설치가 면제된다.
9. 자동화재탐지설비	자동화재탐지설비의 기능(감지·수신·경보기능을 말한다)과 성능을 가진 화재알림설비, 스프링클러설비 또는 물분무등소화설비를 화재안전기준에 적합하게 설치한 경우에는 그 설비의 유효범위에서 설치가 면제된다.
10. 화재알림설비	화재알림설비를 설치해야 하는 특정소방대상물에 자동화재탐지설비를 화재안전기준에 적합하게 설치한 경우에는 그 설비의 유효범위에서 설치가 면제된다.

11. 비상방송설비	비상방송설비를 설치해야 하는 특정소방대상물에 자동화재탐지설비 또는 비상경보설비와 같은 수준 이상의 음향을 발하는 장치를 부설한 방송설비를 화재안전기준에 적합하게 설치한 경우에는 그 설비의 유효범위에서 설치가 면제된다.	
12. 자동화재속보설비	자동화재속보설비를 설치해야 하는 특정소방대상물에 화재알림설비를 화재안전기준에 적합하게 설치한 경우에는 그 설비의 유효범위에서 설치가 면제된다.	
13. 누전경보기	누전경보기를 설치해야 하는 특정소방대상물 또는 그 부분에 아크경보기(옥내 배전선로의 단선이나 선로 손상 등으로 인하여 발생하는 아크를 감지하고 경보하는 장치를 말한다) 또는 전기 관련 법령에 따른 지락차단장치를 설치한 경우에는 그 설비의 유효범위에서 설치가 면제된다.	
14. 피난구조설비	피난구조설비를 설치해야 하는 특정소방대상물에 그 위치·구조 또는 설비의 상황에 따라 피난상 지장이 없다고 인정되는 경우에는 화재안전기준에서 정하는 바에 따라 설치가 면제된다.	
15. 비상조명등	비상조명등을 설치해야 하는 특정소방대상물에 피난구유도등 또는 통로유도등을 화재안전기준에 적합하게 설치한 경우에는 그 유도등의 유효범위에서 설치가 면제된다.	
16. 상수도소화용수설비	① 상수도소화용수설비를 설치해야 하는 특정소방대상물의 각 부분으로부터 수평거리 140m 이내에 공공의 소방을 위한 소화전이 화재안전기준에 적합하게 설치되어 있는 경우에는 설치가 면제된다. ② 소방본부장 또는 소방서장이 상수도소화용수설비의 설치가 곤란하다고 인정하는 경우로서 화재안전기준에 적합한 소화수조 또는 저수조가 설치되어 있거나 이를 설치하는 경우에는 그 설비의 유효범위에서 설치가 면제된다.	
17. 제연설비	① 제연설비를 설치해야 하는 특정소방대상물[별표 4 제5호 가목 6)은 제외한다]에 다음의 어느 하나에 해당하는 설비를 설치한 경우에는 설치가 면제된다. 　㉠ 공기조화설비를 화재안전기준의 제연설비기준에 적합하게 설치하고 공기조화설비가 화재 시 제연설비기능으로 자동전환되는 구조로 설치되어 있는 경우 　㉡ 직접 외부 공기와 통하는 배출구의 면적의 합계가 해당 제연구역[제연경계(제연설비의 일부인 천장을 포함한다)에 의하여 구획된 건축물 내의 공간을 말한다] 바닥면적의 100분의 1 이상이고, 배출구부터 각 부분까지의 수평거리가 30m 이내이며, 공기유입구가 화재안전기준에 적합하게(외부 공기를 직접 자연 유입할 경우에 유입구의 크기는 배출구의 크기 이상이어야 한다) 설치되어 있는 경우 ② [별표 4] 제5호 가목 7)에 따라 제연설비를 설치해야 하는 특정소방대상물 중 노대(露臺)와 연결된 특별피난계단, 노대가 설치된 비상용 승강기의 승강장 또는 「건축법 시행령」 제91조 제5호의 기준에 따라 배연설비가 설치된 피난용 승강기의 승강장에는 설치가 면제된다.	

18. 연결송수관설비	연결송수관설비를 설치해야 하는 소방대상물에 옥외에 연결송수구 및 옥내에 방수구가 부설된 **옥내소화전설비, 스프링클러설비, 간이스프링클러설비 또는 연결살수설비**를 화재안전기준에 적합하게 설치한 경우에는 그 설비의 유효범위에서 설치가 면제된다. 다만, 지표면에서 최상층 방수구의 높이가 70m 이상인 경우에는 설치해야 한다.
19. 연결살수설비	① 연결살수설비를 설치해야 하는 특정소방대상물에 송수구를 부설한 스프링클러설비, 간이스프링클러설비, 물분무소화설비 또는 미분무소화설비를 화재안전기준에 적합하게 설치한 경우에는 그 설비의 유효범위에서 설치가 면제된다. ② 가스 관계 법령에 따라 설치되는 물분무장치 등에 소방대가 사용할 수 있는 연결송수구가 설치되거나 물분무장치 등에 6시간 이상 공급할 수 있는 수원(水源)이 확보된 경우에는 설치가 면제된다.
20. 무선통신보조설비	무선통신보조설비를 설치해야 하는 특정소방대상물에 이동통신 구내 중계기 선로설비 또는 무선이동중계기(전파법 제58조의2에 따른 적합성평가를 받은 제품만 해당한다) 등을 화재안전기준의 무선통신보조설비기준에 적합하게 설치한 경우에는 설치가 면제된다.
21. 연소방지설비	연소방지설비를 설치해야 하는 특정소방대상물에 스프링클러설비, 물분무소화설비 또는 미분무소화설비를 화재안전기준에 적합하게 설치한 경우에는 그 설비의 유효범위에서 설치가 면제된다.

(3) 피난시설, 방화구획 및 방화시설의 관리

① **금지행위**: 특정소방대상물의 관계인은 「건축법」에 따른 피난시설, 방화구획 및 방화시설에 대하여 정당한 사유가 없는 한 다음의 행위를 하여서는 아니 된다(소방시설 설치 및 관리에 관한 법률 제16조 제1항).

㉠ 피난시설, 방화구획 및 방화시설을 폐쇄하거나 훼손하는 등의 행위

㉡ 피난시설, 방화구획 및 방화시설의 주위에 물건을 쌓아두거나 장애물을 설치하는 행위

㉢ 피난시설, 방화구획 및 방화시설의 용도에 장애를 주거나 「소방기본법」 제16조에 따른 소방활동에 지장을 주는 행위

㉣ 그 밖에 피난시설, 방화구획 및 방화시설을 변경하는 행위

② **조치명령**: 소방본부장이나 소방서장은 특정소방대상물의 관계인이 위 ①의 어느 하나에 해당하는 행위를 한 경우에는 피난시설, 방화구획 및 방화시설의 관리를 위하여 필요한 조치를 명할 수 있다(소방시설 설치 및 관리에 관한 법률 제16조 제2항).

(4) 소방용품의 내용연수 등

① **위임규정**: 특정소방대상물의 관계인은 내용연수가 경과한 소방용품을 교체하여야 한다. 이 경우 내용연수를 설정하여야 하는 소방용품의 종류 및 그 내용연수 연한에 필요한 사항은 대통령령(아래 ②)으로 정한다(소방시설 설치 및 관리에 관한 법률 제17조 제1항).

② **내용연수 설정대상 소방용품**
  ㉠ 설정대상: 위 ①의 후단에 따라 내용연수를 설정해야 하는 소방용품은 분말형태의 소화약제를 사용하는 소화기로 한다(소방시설 설치 및 관리에 관한 법률 시행령 제19조 제1항).
  ㉡ 내용연수: 위 ㉠에 따른 소방용품의 내용연수는 10년으로 한다(소방시설 설치 및 관리에 관한 법률 시행령 제19조 제2항).

6. 소방시설등의 자체점검 등

(1) 자체점검의 실시

① **자체점검의 실시**: 특정소방대상물의 관계인은 그 대상물에 설치되어 있는 소방시설등이 「소방시설 설치 및 관리에 관한 법률」이나 「소방시설 설치 및 관리에 관한 법률」에 따른 명령 등에 적합하게 설치·관리되고 있는지에 대하여 다음의 구분에 따른 기간 내에 스스로 점검하거나 점검능력 평가를 받은 관리업자 또는 행정안전부령(아래 ②)으로 정하는 기술자격자(이하 '관리업자등'이라 한다)로 하여금 정기적으로 점검(이하 '자체점검'이라 한다)하게 하여야 한다. 이 경우 관리업자등이 점검한 경우에는 그 점검 결과를 행정안전부령으로 정하는 바에 따라 관계인에게 제출하여야 한다(소방시설 설치 및 관리에 관한 법률 제22조 제1항).
  ㉠ 해당 특정소방대상물의 소방시설등이 신설된 경우: 「건축법」 제22조에 따라 건축물을 사용할 수 있게 된 날부터 60일
  ㉡ 위 ㉠ 외의 경우: 행정안전부령으로 정하는 기간

② **자체점검 기술자격자의 범위**: 위 ①에서 '행정안전부령으로 정하는 기술자격자'란 소방안전관리자로 선임된 소방시설관리사 및 소방기술사를 말한다(소방시설 설치 및 관리에 관한 법률 시행규칙 제19조).

(2) 자체점검의 구분 및 대상 등

① **위임규정**: 자체점검의 구분 및 대상, 점검인력의 배치기준, 점검자의 자격, 점검 장비, 점검 방법 및 횟수 등 자체점검 시 준수하여야 할 사항은 행정안전부령으로 정한다(소방시설 설치 및 관리에 관한 법률 제22조 제2항).

② **소방시설등 자체점검의 구분 및 대상**: 자체점검의 구분 및 대상, 점검자의 자격, 점검 장비, 점검 방법 및 횟수 등 자체점검 시 준수해야 할 사항은 [별표 3]과 같다(소방시설 설치 및 관리에 관한 법률 시행규칙 제20조 제1항 전단).

별표 3	소방시설등 자체점검의 구분 및 대상, 점검자의 자격, 점검 장비, 점검 방법 및 횟수 등 자체점검 시 준수해야 할 사항 기출

1. 소방시설등에 대한 자체점검은 다음과 같이 구분한다.
   ① **작동점검**: 소방시설등을 인위적으로 조작하여 정상적으로 작동하는지를 소방청장이 정하여 고시하는 소방시설등 작동점검표에 따라 점검하는 것을 말한다.
   ② **종합점검**: 소방시설등의 작동점검을 포함하여 소방시설등의 설비별 주요 구성 부품의 구조기준이 화재안전기준과 「건축법」 등 관련 법령에서 정하는 기준에 적합한지 여부를 소방청장이 정하여 고시하는 소방시설등 종합점검표에 따라 점검하는 것을 말하며, 다음과 같이 구분한다.
      ㉠ 최초점검: 「소방시설 설치 및 관리에 관한 법률」 제22조 제1항 제1호에 따라 소방시설이 신설된 경우 「건축법」 제22조에 따라 건축물을 사용할 수 있게 된 날부터 60일 이내 점검하는 것을 말한다.
      ㉡ 그 밖의 종합점검: 최초점검을 제외한 종합점검을 말한다.
2. 작동점검은 다음의 구분에 따라 실시한다.
   ① 작동점검은 특정소방대상물을 대상으로 한다. 다만, 다음의 어느 하나에 해당하는 특정소방대상물은 제외한다.
      ㉠ 특정소방대상물 중 「화재의 예방 및 안전관리에 관한 법률」 제24조 제1항에 해당하지 않는 특정소방대상물(소방안전관리자를 선임하지 않는 대상을 말한다)
      ㉡ 「위험물안전관리법」 제2조 제6호에 따른 제조소등(이하 '제조소등'이라 한다)
      ㉢ 「화재의 예방 및 안전관리에 관한 법률 시행령」 [별표 4] 제1호 가목의 특급소방안전관리대상물
   ② 작동점검은 다음의 분류에 따른 기술인력이 점검할 수 있다. 이 경우 [별표 4]에 따른 점검인력 배치기준을 준수해야 한다.
      ㉠ 간이스프링클러설비(주택전용 간이스프링클러설비는 제외한다) 또는 자동화재탐지설비가 설치된 특정소방대상물
         ⓐ 관계인
         ⓑ 관리업에 등록된 기술인력 중 소방시설관리사
         ⓒ 「소방시설공사업법 시행규칙」 [별표 4의2]에 따른 특급점검자
         ⓓ 소방안전관리자로 선임된 소방시설관리사 및 소방기술사
      ㉡ ㉠에 해당하지 않는 특정소방대상물
         ⓐ 관리업에 등록된 소방시설관리사
         ⓑ 소방안전관리자로 선임된 소방시설관리사 및 소방기술사
   ③ 작동점검은 **연 1회 이상** 실시한다.
   ④ 작동점검의 점검시기는 다음과 같다.
      ㉠ 종합점검대상은 종합점검(최초점검을 제외한다)을 받은 달부터 6개월이 되는 달에 실시한다.
      ㉡ ㉠에 해당하지 않는 특정소방대상물은 특정소방대상물의 사용승인일(건축물의 경우에는 건축물관리대장 또는 건물 등기사항증명서에 기재되어 있는 날, 시설물의 경우에는 「시설물의 안전 및 유지관리에 관한 특별법」 제55조 제1항에 따른 시설물

통합정보관리체계에 저장·관리되고 있는 날을 말하며, 건축물관리대장, 건물 등기사항증명서 및 시설물통합정보관리체계를 통해 확인되지 않는 경우에는 소방시설 완공검사증명서에 기재된 날을 말한다)이 속하는 달의 말일까지 실시한다. 다만, 건축물관리대장 또는 건물 등기사항증명서 등에 기입된 날이 서로 다른 경우에는 건축물관리대장에 기재되어 있는 날을 기준으로 점검한다.

3. 종합점검은 다음의 구분에 따라 실시한다.
   ① 종합점검은 다음의 어느 하나에 해당하는 특정소방대상물을 대상으로 한다.
      ㉠ 「소방시설 설치 및 관리에 관한 법률」 제22조 제1항 제1호에 해당하는 특정소방대상물
      ㉡ **스프링클러설비**가 설치된 특정소방대상물
      ㉢ 물분무등소화설비[호스릴(Hose Reel) 방식의 물분무등소화설비만을 설치한 경우는 제외한다]가 설치된 연면적 **5,000m² 이상**인 특정소방대상물(제조소등은 제외한다)
      ㉣ 「다중이용업소의 안전관리에 관한 특별법 시행령」 제2조 제1호 나목, 같은 조 제2호(비디오물소극장업은 제외한다)·제6호·제7호·제7호의2 및 제7호의5의 다중이용업의 영업장이 설치된 특정소방대상물로서 연면적이 2,000m² 이상인 것
      ㉤ 제연설비가 설치된 터널
      ㉥ 「공공기관의 소방안전관리에 관한 규정」 제2조에 따른 공공기관 중 연면적(터널·지하구의 경우 그 길이와 평균 폭을 곱하여 계산된 값을 말한다)이 1,000m² 이상인 것으로서 옥내소화전설비 또는 자동화재탐지설비가 설치된 것. 다만, 「소방기본법」 제2조 제5호에 따른 소방대가 근무하는 공공기관은 제외한다.
   ② 종합점검은 다음 어느 하나에 해당하는 기술인력이 점검할 수 있다. 이 경우 [별표 4]에 따른 점검인력 배치기준을 준수해야 한다.
      ㉠ 관리업에 등록된 **소방시설관리사**
      ㉡ 소방안전관리자로 선임된 **소방시설관리사 및 소방기술사**
   ③ 종합점검의 점검 횟수는 다음과 같다.
      ㉠ **연 1회 이상**(화재의 예방 및 안전에 관한 법률 시행령 별표 4 제1호 가목의 특급 소방안전관리대상물은 **반기에 1회 이상**) 실시한다.
      ㉡ ㉠에도 불구하고 소방본부장 또는 소방서장은 소방청장이 소방안전관리가 우수하다고 인정한 특정소방대상물에 대해서는 3년의 범위에서 소방청장이 고시하거나 정한 기간 동안 종합점검을 면제할 수 있다. 다만, 면제기간 중 화재가 발생한 경우는 제외한다.
   ④ 종합점검의 점검 시기는 다음과 같다.
      ㉠ ①의 ㉠에 해당하는 특정소방대상물은 「건축법」 제22조에 따라 건축물을 사용할 수 있게 된 날부터 60일 이내 실시한다.
      ㉡ ㉠을 제외한 특정소방대상물은 건축물의 사용승인일이 속하는 달에 실시한다. 다만, 「공공기관의 안전관리에 관한 규정」 제2조 제2호 또는 제5호에 따른 학교의 경우에는 해당 건축물의 사용승인일이 1월에서 6월 사이에 있는 경우에는 6월 30일까지 실시할 수 있다.
      ㉢ 건축물 사용승인일 이후 ①의 ㉣에 따라 종합점검 대상에 해당하게 된 경우에는 그 다음 해부터 실시한다.
      ㉣ 하나의 대지경계선 안에 2개 이상의 자체점검 대상 건축물 등이 있는 경우에는 그 건축물 중 사용승인일이 가장 빠른 연도의 건축물의 사용승인일을 기준으로 점검할 수 있다.

4. 공동주택(아파트등으로 한정한다) 세대별 점검방법은 다음과 같다.
   ㉠ 관리자(관리소장, 입주자대표회의 및 소방안전관리자를 포함한다. 이하 같다) 및 입주민(세대 거주자를 말한다)은 **2년 주기**로 모든 세대에 대하여 점검을 해야 한다.

OX문제

소방시설관리사는 작동점검은 할 수 있으나, 종합점검은 할 수 없다. (   )

정답 ×

ⓒ ㉠에도 불구하고 아날로그감지기 등 특수감지기가 설치되어 있는 경우에는 수신기에서 원격 점검할 수 있으며, 점검할 때마다 모든 세대를 점검해야 한다. 다만, 자동화재탐지설비의 선로 단선이 확인되는 때에는 단선이 난 세대 또는 그 경계구역에 대하여 현장점검을 해야 한다.

ⓒ 관리자는 수신기에서 원격 점검이 불가능한 경우 매년 작동점검만 실시하는 공동주택은 1회 점검 시마다 전체 세대수의 **50퍼센트 이상**, 종합점검을 실시하는 공동주택은 1회 점검 시마다 전체 세대수의 **30퍼센트 이상** 점검하도록 자체점검 계획을 수립·시행해야 한다. ^{기출}

㉣ 관리자 또는 해당 공동주택을 점검하는 관리업자는 입주민이 세대 내에 설치된 소방시설 등을 스스로 점검할 수 있도록 소방청 또는 사단법인 한국소방시설관리협회의 홈페이지에 게시되어 있는 공동주택 세대별 점검 동영상을 입주민이 시청할 수 있도록 안내하고, 점검서식(별지 제36호서식 소방시설 외관점검표를 말한다)을 사전에 배부해야 한다.

㉤ 입주민은 점검서식에 따라 스스로 점검하거나 관리자 또는 관리업자로 하여금 대신 점검하게 할 수 있다. 입주민이 스스로 점검한 경우에는 그 점검 결과를 관리자에게 제출하고 관리자는 그 결과를 관리업자에게 알려주어야 한다.

ⓑ 관리자는 관리업자로 하여금 세대별 점검을 하고자 하는 경우에는 사전에 점검 일정을 입주민에게 사전에 공지하고 세대별 점검 일자를 파악하여 관리업자에게 알려주어야 한다. 관리업자는 사전 파악된 일정에 따라 세대별 점검을 한 후 관리자에게 점검 현황을 제출해야 한다.

ⓢ 관리자는 관리업자가 점검하기로 한 세대에 대하여 입주민의 사정으로 점검을 하지 못한 경우 입주민이 스스로 점검할 수 있도록 다시 안내해야 한다. 이 경우 입주민이 관리업자로 하여금 다시 점검받기를 원하는 경우 관리업자로 하여금 추가로 점검하게 할 수 있다.

ⓞ 관리자는 세대별 점검현황(입주민 부재 등 불가피한 사유로 점검을 하지 못한 세대 현황을 포함한다)을 작성하여 자체점검이 끝난 날부터 **2년간** 자체 보관해야 한다.

5. 자체점검은 다음의 점검 장비를 이용하여 점검해야 한다.

소방시설	점검 장비	규격
모든 소방시설	방수압력측정계, 절연저항계(절연저항측정기), 전류전압측정계	
소화기구	저울	
옥내소화전설비, 옥외소화전설비	소화전밸브압력계	
스프링클러설비, 포소화설비	헤드결합렌치(볼트, 너트, 나사 등을 죄거나 푸는 공구)	
이산화탄소소화설비, 분말소화설비, 할론소화설비, 할로겐화합물 및 불활성기체 소화설비	검량계, 기동관누설시험기, 그 밖에 소화약제의 저장량을 측정할 수 있는 점검기구	
자동화재탐지설비, 시각경보기	열감지기시험기, 연(煙)감지기시험기, 공기주입시험기, 감지기시험기연결막대, 음량계	
누전경보기	누전계	누전전류 측정용

무선통신보조설비	무전기	통화시험용
제연설비	풍속풍압계, 폐쇄력측정기, 차압계(압력차 측정기)	
통로유도등, 비상조명등	조도계(밝기 측정기)	최소눈금이 0.1럭스 이하인 것

[비고]
1. 신축·증축·개축·재축·이전·용도변경 또는 대수선 등으로 소방시설이 새로 설치된 경우에는 해당 특정소방대상물의 소방시설 전체에 대하여 실시한다.
2. 작동점검 및 종합점검(최초점검은 제외한다)은 건축물 사용승인 후 그 다음 해부터 실시한다.
3. 특정소방대상물이 증축·용도변경 또는 대수선 등으로 사용승인일이 달라지는 경우 사용승인일이 빠른 날을 기준으로 자체점검을 실시한다.

(3) 소방시설등의 자체점검 결과의 조치 등

① **중대한 위반사항의 조치**: 특정소방대상물의 관계인은 위 **(1)**의 ①에 따른 자체점검 결과 소화펌프 고장 등 대통령령으로 정하는 중대위반사항이 발견된 경우에는 지체 없이 수리 등 필요한 조치를 하여야 한다(소방시설 설치 및 관리에 관한 법률 제23조 제1항).

② **고지**: 관리업자등은 자체점검 결과 중대위반사항을 발견한 경우 즉시 관계인에게 알려야 한다. 이 경우 관계인은 지체 없이 수리 등 필요한 조치를 하여야 한다(소방시설 설치 및 관리에 관한 법률 제23조 제2항).

③ **자체점검의 결과보고**

㉠ 특정소방대상물의 관계인은 위 **(1)**의 ①에 따라 자체점검을 한 경우에는 그 점검 결과를 행정안전부령으로 정하는 바에 따라 소방시설등에 대한 수리·교체·정비에 관한 이행계획(중대위반사항에 대한 조치사항을 포함한다. 이하 같다)을 첨부하여 소방본부장 또는 소방서장에게 보고하여야 한다. 이 경우 소방본부장 또는 소방서장은 점검결과 및 이행계획이 적합하지 아니하다고 인정되는 경우에는 관계인에게 보완을 요구할 수 있다(소방시설 설치 및 관리에 관한 법률 제23조 제3항).

㉡ 자체점검 실시결과 보고서를 제출받거나 스스로 자체점검을 실시한 관계인은 자체점검이 끝난 날부터 15일 이내에 소방시설등 자체점검 실시결과 보고서(전자문서로 된 보고서를 포함한다)에 다음의 서류를 첨부하여 소방본부장 또는 소방서장에게 서면이나 소방청장이 지정하는 전산망을 통하여 보고해야 한다(소방시설 설치 및 관리에 관한 법률 시행규칙 제23조 제2항).

ⓐ 점검인력 배치확인서(관리업자가 점검한 경우만 해당한다)
ⓑ 소방시설등의 자체점검 결과 이행계획서

ⓒ 위 ㉡에 따라 소방본부장 또는 소방서장에게 자체점검 실시결과 보고를 마친 관계인은 소방시설등 자체점검 실시결과 보고서(소방시설등점검표를 포함한다)를 점검이 끝난 날부터 2년간 자체 보관해야 한다(소방시설 설치 및 관리에 관한 법률 시행규칙 제23조 제4항).

④ **이행계획의 완료**

㉠ 특정소방대상물의 관계인은 위 ③의 ㉠에 따른 이행계획을 행정안전부령으로 정하는 바에 따라 기간 내에 완료하고, 소방본부장 또는 소방서장에게 이행계획 완료 결과를 보고하여야 한다. 이 경우 소방본부장 또는 소방서장은 이행계획 완료 결과가 거짓 또는 허위로 작성되었다고 판단되는 경우에는 해당 특정소방대상물을 방문하여 그 이행계획 완료 여부를 확인할 수 있다(소방시설 설치 및 관리에 관한 법률 제23조 제4항).

㉡ 위 ③의 ㉡에 따라 소방시설등의 자체점검 결과 이행계획서를 보고받은 소방본부장 또는 소방서장은 다음의 구분에 따라 이행계획의 완료 기간을 정하여 관계인에게 통보해야 한다. 다만, 소방시설등에 대한 수리·교체·정비의 규모 또는 절차가 복잡하여 다음의 기간 내에 이행을 완료하기가 어려운 경우에는 그 기간을 달리 정할 수 있다(소방시설 설치 및 관리에 관한 법률 시행규칙 제23조 제5항).

ⓐ 소방시설등을 구성하고 있는 기계·기구를 수리하거나 정비하는 경우: 보고일부터 10일 이내
ⓑ 소방시설등의 전부 또는 일부를 철거하고 새로 교체하는 경우: 보고일부터 20일 이내

㉢ 위 ㉡에 따른 완료기간 내에 이행계획을 완료한 관계인은 이행을 완료한 날부터 10일 이내에 소방시설등의 자체점검 결과 이행완료 보고서(전자문서로 된 보고서를 포함한다)에 다음의 서류(전자문서를 포함한다)를 첨부하여 소방본부장 또는 소방서장에게 보고해야 한다(소방시설 설치 및 관리에 관한 법률 시행규칙 제23조 제6항).

ⓐ 이행계획 건별 전·후 사진 증명자료
ⓑ 소방시설공사 계약서

⑤ **이행명령**: 소방본부장 또는 소방서장은 관계인이 위 ④에 따라 이행계획을 완료하지 아니한 경우에는 필요한 조치의 이행을 명할 수 있고,

관계인은 이에 따라야 한다(소방시설 설치 및 관리에 관한 법률 제23조 제6항).

7. 화재안전기술기준

(1) 소화기구 및 자동소화장치의 화재안전기술기준(NFTC 101)

① **정의**: 「소화기구 및 자동소화장치의 화재안전기술기준(NFTC 101)」에서 사용하는 용어의 정의는 다음과 같다.

㉠ **소화약제**: 소화기구 및 자동소화장치에 사용되는 소화성능이 있는 고체·액체 및 기체의 물질을 말한다.

㉡ **소화기**: 소화약제를 압력에 따라 방사하는 기구로서 사람이 수동으로 조작하여 소화하는 다음의 소화기를 말한다.

ⓐ '**소형소화기**'란 능력단위가 1단위 이상이고, 대형소화기의 능력단위 미만인 소화기를 말한다. 기출

ⓑ '**대형소화기**'란 화재 시 사람이 운반할 수 있도록 운반대와 바퀴가 설치되어 있고, 능력단위가 A급 10단위 이상, B급 20단위 이상인 소화기를 말한다. 기출

㉢ **자동확산소화기**: 화재를 감지하여 자동으로 소화약제를 방출 확산시켜 국소적으로 소화하는 소화기를 말한다.

㉣ **자동소화장치**: 소화약제를 자동으로 방사하는 고정된 소화장치로서 형식승인이나 성능인증을 받은 유효설치범위(설계방호체적, 최대설치높이, 방호면적 등을 말한다) 이내에 설치하여 소화하는 다음의 것을 말한다.

ⓐ **주거용 주방자동소화장치**: 주거용 주방에 설치된 열발생 조리기구의 사용으로 인한 화재 발생 시 열원(전기 또는 가스)을 자동으로 차단하며 소화약제를 방출하는 소화장치를 말한다. 기출

ⓑ **상업용 주방자동소화장치**: 상업용 주방에 설치된 열발생 조리기구의 사용으로 인한 화재 발생 시 열원(전기 또는 가스)을 자동으로 차단하며 소화약제를 방출하는 소화장치를 말한다.

ⓒ **캐비닛형 자동소화장치**: 열, 연기 또는 불꽃 등을 감지하여 소화약제를 방사하여 소화하는 캐비닛 형태의 소화장치를 말한다.

ⓓ **가스자동소화장치**: 열, 연기 또는 불꽃 등을 감지하여 가스계 소화약제를 방사하여 소화하는 소화장치를 말한다. 기출

○✕문제

소형소화기란 능력단위가 1단위 이상이고 대형소화기의 능력단위 미만인 소화기를 말한다. ( )

○✕문제

'주거용 주방자동소화장치'란 주거용 주방에 설치된 열발생 조리기구의 사용으로 인한 화재 발생 시 열원(전기 또는 가스)을 자동으로 차단하며 소화약제를 방출하는 소화장치를 말한다. ( )

정답 ○, ○

ⓔ **분말자동소화장치**: 열, 연기 또는 불꽃 등을 감지하여 분말의 소화약제를 방사하여 소화하는 소화장치를 말한다.
ⓕ **고체에어로졸 자동소화장치**: 열, 연기 또는 불꽃 등을 감지하여 에어로졸의 소화약제를 방사하여 소화하는 소화장치를 말한다.
ⓜ **거실**: 거주·집무·작업·집회·오락 그 밖에 이와 유사한 목적을 위하여 사용하는 방을 말한다.
ⓗ **능력단위**: 소화기 및 소화약제에 따른 간이소화용구에 있어서는 형식승인된 수치를 말하며, 소화약제 외의 것을 이용한 간이소화용구에 있어서는 다음 표에 따른 수치를 말한다.

▶ **소화약제 외의 것을 이용한 간이소화용구의 능력단위**

간이소화용구		능력단위
1. 마른 모래	삽을 상비한 50L 이상의 것 1포	0.5 단위
2. 팽창질석 또는 팽창진주암	삽을 상비한 80L 이상의 것 1포	

ⓢ **일반화재(A급 화재)**: 나무, 섬유, 종이, 고무, 플라스틱류와 같은 일반 가연물이 타고 나서 재가 남는 화재를 말한다. 일반화재에 대한 소화기의 적응 화재별 표시는 'A'로 표시한다. 기출
ⓞ **유류화재(B급 화재)**: 인화성 액체, 가연성 액체, 석유 그리스, 타르, 오일, 유성도료, 솔벤트, 래커, 알코올 및 인화성 가스와 같은 유류가 타고 나서 재가 남지 않는 화재를 말한다. 유류화재에 대한 소화기의 적응 화재별 표시는 'B'로 표시한다.
ⓩ **전기화재(C급 화재)**: 전류가 흐르고 있는 전기기기, 배선과 관련된 화재를 말한다. 전기화재에 대한 소화기의 적응 화재별 표시는 'C'로 표시한다.
ⓒ **주방화재(K급 화재)**: 주방에서 동식물유를 취급하는 조리기구에서 일어나는 화재를 말한다. 주방화재에 대한 소화기의 화재별 표시는 'K'로 표시한다.
ⓚ **금속화재(D급 화재)**: 마그네슘 합금 등 가연성 금속에서 일어나는 화재를 말한다. 금속화재에 대한 소화기의 적응 화재별 표시는 'D'로 표시한다.

② **기술기준**
  ㉠ **소화기구의 소화약제별 적응성**: 특정소방대상물의 설치장소에 따라 다음 표에 적합한 종류의 것으로 할 것

OX문제

'일반화재(A급 화재)'란 나무, 섬유, 종이, 고무, 플라스틱류와 같은 일반 가연물이 타고 나서 재가 남는 화재를 말한다. 일반화재에 대한 소화기의 적응 화재별 표시는 'A'로 표시한다. ( )

OX문제

'주방화재(C급 화재)'란 주방에서 동식물유를 취급하는 조리기구에서 일어나는 화재를 말한다. 주방화재에 대한 소화기의 화재별 표시는 'C'로 표시한다. ( )

정답 O, ×

소화약제 구분		적응대상	일반화재 (A급 화재)	유류화재 (B급 화재)	전기화재 (C급 화재)	주방화재 (K급 화재)	금속화재 (D급 화재)
가스		이산화탄소소화약제	-	○	○	-	-
		할론소화약제	○	○	○	-	-
		할로겐화합물 및 불활성기체소화약제	○	○	○	-	-
분말		인산염류소화약제	○	○	○	-	-
		중탄산염류소화약제	-	○	○	*	*
액체		산알칼리소화약제	○	○	*	-	-
		강화액소화약제	○	○	*	*	-
		포소화약제	○	○	*	*	-
		물·침윤소화약제	○	○	*	*	-
기타		고체에어로졸화합물	○	○	○	-	-
		마른 모래	○	○	-	-	○
		팽창질석·팽창진주암	○	○	-	-	○
		그 밖의 것	-	-	-	*	*

[비고]
'*'의 소화약제별 적응성은 「소방시설 설치 및 관리에 관한 법률」 제37조에 의한 형식승인 및 제품검사의 기술기준에 따라 화재 종류별 적응성에 적합한 것으로 인정되는 경우에 한한다.

ⓛ 특정소방대상물별 소화기구의 능력단위기준

특정소방대상물	소화기구의 능력단위
근린생활시설·판매시설·운수시설·숙박시설·노유자시설·전시장·공동주택·업무시설·방송통신시설·공장·창고시설·항공기 및 자동차 관련 시설 및 관광휴게시설	해당 용도의 바닥면적 100m²마다 능력단위 1단위 이상

[비고]
소화기구의 능력단위를 산출함에 있어서 건축물의 주요구조부가 내화구조이고, 벽 및 반자의 실내에 면하는 부분이 불연재료·준불연재료 또는 난연재료로 된 특정소방대상물에 있어서는 위 표의 바닥면적의 2배를 해당 특정소방대상물의 기준면적으로 한다.

ⓒ 소화기의 설치기준

ⓐ 특정소방대상물의 각 층마다 설치하되, 각 층이 2 이상의 거실로 구획된 경우에는 각 층마다 설치하는 것 외에 바닥면적이 33m² 이상으로 구획된 각 거실에도 배치할 것

ⓑ 특정소방대상물의 각 부분으로부터 1개의 소화기까지의 보행거리가 소형소화기의 경우에는 20m 이내, 대형소화기의 경우에는 30m 이내가 되도록 배치할 것. 다만, 가연성물질이 없는 작업장의 경우에는 작업장의 실정에 맞게 보행거리를 완화하여 배치할 수 있다. 기출

OX문제

특정소방대상물의 각 부분으로부터 1개의 소화기까지의 보행거리가 소형소화기의 경우에는 20m 이내, 대형소화기의 경우에는 30m 이내가 되도록 배치할 것 (   )

정답 ○

OX문제

자동확산소화기를 제외한 소화기구는 거주자 등이 손쉽게 사용할 수 있는 장소에 바닥으로부터 높이 1.5m 이하의 곳에 비치한다. ( )

소화기구(자동확산소화기를 제외한다)는 거주자 등이 손쉽게 사용할 수 있는 장소에 바닥으로부터 높이 1.6m 이하의 곳에 비치한다. ( )

ㄹ. **능력단위**: 능력단위가 2단위 이상이 되도록 소화기를 설치해야 할 특정소방대상물 또는 그 부분에 있어서는 간이소화용구의 능력단위가 전체 능력단위의 2분의 1을 초과하지 않게 할 것. 다만, 노유자시설의 경우에는 그렇지 않다.

ㅁ. **소화기구의 설치높이**: 소화기구(자동확산소화기를 제외한다)는 거주자 등이 손쉽게 사용할 수 있는 장소에 바닥으로부터 높이 1.5m 이하의 곳에 비치하고, 소화기에 있어서는 '소화기', 투척용 소화용구에 있어서는 '투척용 소화용구', 마른 모래에 있어서는 '소화용 모래', 팽창질석 및 팽창진주암에 있어서는 '소화질석'이라고 표시한 표지를 보기 쉬운 곳에 부착할 것. 다만, 소화기 및 투척용 소화용구의 표지는 「축광표지의 성능인증 및 제품검사의 기술기준」에 적합한 축광식 표지로 설치하고, 주차장의 경우 표지를 바닥으로부터 1.5m 이상의 높이에 설치할 것 기출

ㅂ. **주거용 주방자동소화장치의 설치기준**: 주거용 주방자동소화장치는 다음의 기준에 따라 설치할 것 기출

ⓐ 소화약제 방출구는 환기구(주방에서 발생하는 열기류 등을 밖으로 배출하는 장치를 말한다)의 청소부분과 분리되어 있어야 하며, 형식승인받은 유효설치 높이 및 방호면적에 따라 설치할 것

ⓑ **감지부**는 형식승인받은 유효한 높이 및 위치에 설치할 것

ⓒ 차단장치(전기 또는 가스)는 상시 확인 및 점검이 가능하도록 설치할 것

ⓓ 가스용 주방자동소화장치를 사용하는 경우 **탐지부**는 수신부와 분리하여 설치하되, 공기보다 가벼운 가스를 사용하는 경우에는 천장 면으로부터 30cm 이하의 위치에 설치하고, 공기보다 무거운 가스를 사용하는 장소에는 바닥 면으로부터 30cm 이하의 위치에 설치할 것

ⓔ 수신부는 주위의 열기류 또는 습기 등과 주위온도에 영향을 받지 아니하고 사용자가 상시 볼 수 있는 장소에 설치할 것

소화기구 및 자동소화장치의 화재안전성능기준(NFPC 101)

주거용 주방자동소화장치는 다음의 기준에 따라 설치할 것
1. 소화약제 방출구는 환기구의 청소부분과 분리되어 있어야 하며, 형식승인받은 유효 설치 높이 및 방호면적에 따라 설치할 것
2. 감지부는 형식승인받은 유효한 높이 및 위치에 설치할 것

정답 ○, ×

3. 차단장치(전기 또는 가스)는 상시 확인 및 점검이 가능하도록 설치할 것
4. 가스용 주방자동소화장치를 사용하는 경우 탐지부는 수신부와 분리하여 설치하되, 공기와 비교한 가연성 가스의 무거운 정도를 고려하여 적합한 위치에 설치할 것
5. 수신부는 주위의 열기류 또는 습기 등과 주위온도에 영향을 받지 않고 사용자가 상시 볼 수 있는 장소에 설치할 것

③ **설치금지장소**: 이산화탄소 또는 할로겐화합물을 방사하는 소화기구(자동확산소화기를 제외한다)는 지하층이나 무창층 또는 밀폐된 거실로서 그 바닥면적이 20m² 미만의 장소에는 설치할 수 없다. 다만, 배기를 위한 유효한 개구부가 있는 장소인 경우에는 그렇지 않다.

(2) 옥내소화전설비의 화재안전기술기준(NFTC 102)

① **정의**: 「옥내소화전설비의 화재안전기술기준(NFTC 102)」에서 사용하는 용어의 정의는 다음과 같다.

㉠ **고가수조**: 구조물 또는 지형지물 등에 설치하여 자연낙차의 압력으로 급수하는 수조를 말한다.

㉡ **압력수조**: 소화용수와 공기를 채우고 일정압력 이상으로 가압하여 그 압력으로 급수하는 수조를 말한다.

㉢ **충압펌프**: 배관 내 압력손실에 따른 주펌프의 빈번한 기동을 방지하기 위하여 **충압역할**을 하는 펌프를 말한다.

㉣ **정격토출량**: 펌프의 정격부하운전 시 토출량으로서 정격토출압력에서의 펌프의 토출량을 말한다.

㉤ **정격토출압력**: 펌프의 정격부하운전 시 토출압력으로서 정격토출량에서의 펌프의 토출 측 압력을 말한다.

㉥ **진공계**: 대기압 이하의 압력을 측정하는 계측기를 말한다.

㉦ **연성계**: 대기압 이상의 압력과 대기압 이하의 압력을 측정할 수 있는 계측기를 말한다.

㉧ **체절운전**: 펌프의 성능시험을 목적으로 펌프토출 측의 **개폐밸브를 닫은 상태**에서 펌프를 운전하는 것을 말한다. 기출

㉨ **기동용 수압개폐장치**: 소화설비의 배관 내 압력변동을 검지하여 자동적으로 펌프를 기동 및 정지시키는 것으로서 압력챔버 또는 기동용 압력스위치 등을 말한다.

㉩ **급수배관**: 수원 또는 송수구 등으로부터 소화설비에 급수하는 배관을 말한다.

OX문제

고가수조란 소화용수와 공기를 채우고 일정압력 이상으로 가압하여 그 압력으로 급수하는 수조를 말한다.
( )

OX문제

압력수조란 구조물 또는 지형지물 등에 설치하여 자연낙차 압력으로 급수하는 수조를 말한다. ( )

OX문제

진공계란 대기압 이상의 압력과 대기압 이하의 압력을 측정할 수 있는 계측기를 말한다.
( )

OX문제

체절운전이란 펌프의 성능시험을 목적으로 펌프토출 측의 개폐밸브를 개방한 상태에서 펌프를 운전하는 것을 말한다.
( )

정답 ×, ×, ×, ×

ⓚ **분기배관**: 배관 측면에 구멍을 뚫어 둘 이상의 관로가 생기도록 가공한 배관으로서 다음의 분기배관을 말한다.
  ⓐ **확관형 분기배관**: 배관의 측면에 조그만 구멍을 뚫고 소성가공으로 확관시켜 배관 용접이음자리를 만들거나 배관 용접이음자리에 배관이음쇠를 용접 이음한 배관을 말한다.
  ⓑ **비확관형 분기배관**: 배관의 측면에 분기호칭내경 이상의 구멍을 뚫고 배관이음쇠를 용접 이음한 배관을 말한다.
ⓔ **개폐표시형 밸브**: 밸브의 개폐 여부를 외부에서 식별이 가능한 밸브를 말한다.
ⓟ **가압수조**: 가압원인 압축공기 또는 불연성 고압기체에 따라 소방용수를 가압하여 그 압력으로 급수하는 수조를 말한다.
ⓗ **주펌프**: 구동장치의 회전 또는 왕복운동으로 소화용수를 가압하여 그 압력으로 급수하는 주된 펌프를 말한다.
㉠ **예비펌프**: 주펌프와 동등 이상의 성능이 있는 별도의 펌프를 말한다.

② **수원**
  ㉠ **수원의 확보**: 옥내소화전설비의 수원은 그 저수량이 옥내소화전의 설치개수가 가장 많은 층의 설치개수(2개 이상 설치된 경우에는 2개)에 $2.6m^3$(호스릴옥내소화전설비를 포함한다)를 곱한 양 이상이 되도록 하여야 한다.

Q = 옥내소화전 1개의 방수량 × 20(min) × N(개)
　 = 130(L/min) × 20(min) × N개
　 = 2.6(m^3) × N개

Q: 수원의 유효수량(m^3)
N: 옥내소화전의 설치개수가 가장 많은 층의 설치개수(2개 이상 설치된 경우에는 2개)

  ㉡ **옥상수조**: 옥내소화전설비의 수원은 위 ㉠에 따라 계산하여 나온 유효수량 외에 유효수량의 3분의 1 이상을 옥상(옥내소화전설비가 설치된 건축물의 주된 옥상을 말한다)에 설치해야 한다. 다만, 다음의 어느 하나에 해당하는 경우에는 그렇지 않다.
    ⓐ 지하층만 있는 건축물
    ⓑ 고가수조를 가압송수장치로 설치한 경우
    ⓒ 수원이 건축물의 최상층에 설치된 방수구보다 높은 위치에 설치된 경우
    ⓓ 건축물의 높이가 지표면으로부터 10m 이하인 경우

ⓔ 주펌프와 동등 이상의 성능이 있는 별도의 펌프로서 내연기관의 기동과 연동하여 작동되거나 비상전원을 연결하여 설치한 경우
ⓕ 학교·공장·창고시설로서 동결의 우려가 있는 장소에 기동스위치에 보호판을 부착하여 옥내소화전함 내에 설치하는 경우
ⓖ 가압수조를 가압송수장치로 설치한 경우

ⓒ **전용수조의 설치**: 옥내소화전설비의 수원을 수조로 설치하는 경우에는 소방설비의 전용수조로 하여야 한다. 다만, 다음의 어느 하나에 해당하는 경우에는 그렇지 않다.
ⓐ 옥내소화전펌프의 풋밸브 또는 흡수배관의 흡수구(수직회전축펌프의 흡수구를 포함한다. 이하 같다)를 다른 설비(소화용 설비 외의 것을 말한다. 이하 같다)의 풋밸브 또는 흡수구보다 낮은 위치에 설치한 때
ⓑ 고가수조로부터 옥내소화전설비의 수직배관에 물을 공급하는 급수구를 다른 설비의 급수구보다 낮은 위치에 설치한 때

ⓓ **수조의 설치기준**: 옥내소화전설비용 수조는 다음의 기준에 따라 설치해야 한다.
ⓐ 점검에 편리한 곳에 설치할 것
ⓑ 동결방지조치를 하거나 동결의 우려가 없는 장소에 설치할 것
ⓒ 수조의 **외측**에 수위계를 설치할 것. 다만, 구조상 불가피한 경우에는 수조의 맨홀 등을 통하여 수조 안의 물의 양을 쉽게 확인할 수 있도록 해야 한다.
ⓓ 수조의 상단이 바닥보다 높은 때에는 수조의 외측에 고정식 사다리를 설치할 것
ⓔ 수조가 실내에 설치된 때에는 그 실내에 조명설비를 설치할 것
ⓕ 수조의 **밑부분**에는 청소용 배수밸브 또는 배수관을 설치할 것
ⓖ 수조 외측의 보기 쉬운 곳에 '옥내소화전소화설비용 수조'라고 표시한 표지를 할 것. 이 경우 그 수조를 다른 설비와 겸용하는 때에는 그 겸용되는 설비의 이름을 표시한 표지를 함께 해야 한다.
ⓗ 소화설비용 펌프의 흡수배관 또는 소화설비의 수직배관과 수조의 접속부분에는 '옥내소화전소화설비용 배관'이라고 표시한 표지를 할 것. 다만, 수조와 가까운 장소에 소화설비용 펌프가 설치되고 해당 펌프에 아래 ③의 ㉮의 규정에 따른 표지를 설치한 때에는 그렇지 않다.

> **옥내소화전설비의 화재안전성능기준(NFPC 102)**
> 옥내소화전설비용 수조는 다음의 기준에 따라 설치해야 한다.
> 1. 점검에 편리한 곳에 설치할 것
> 2. 동결방지조치를 하거나 동결의 우려가 없는 장소에 설치할 것
> 3. 수조에는 수위계, 고정식 사다리, 청소용 배수밸브(또는 배수관), 표지 및 실내 조명 등 수조의 유지관리에 필요한 설비를 설치할 것

③ **가압송수장치**: 전동기 또는 내연기관에 따른 펌프를 이용하는 가압송수장치는 다음의 기준에 따라 설치해야 한다. 다만, 가압송수장치의 주펌프는 전동기에 따른 펌프로 설치해야 한다.

㉠ 쉽게 접근할 수 있고 점검하기에 충분한 공간이 있는 장소로서 화재 및 침수 등의 재해로 인한 피해를 받을 우려가 없는 곳에 설치할 것

㉡ 동결방지조치를 하거나 동결의 우려가 없는 장소에 설치할 것

㉢ **노즐선단의 방수압력 및 방수량**: 특정소방대상물의 어느 층에 있어서도 해당 층의 옥내소화전(2개 이상 설치된 경우에는 2개의 옥내소화전)을 동시에 사용할 경우 각 소화전의 노즐선단에서의 방수압력이 0.17MPa(호스릴옥내소화전설비를 포함한다) 이상이고, 방수량이 130L/min(호스릴옥내소화전설비를 포함한다) 이상이 되는 성능의 것으로 할 것. 다만, 하나의 옥내소화전을 사용하는 노즐선단에서의 방수압력이 0.7MPa을 초과할 경우에는 호스접결구의 인입 측에 감압장치를 설치해야 한다. 기출

㉣ **펌프의 토출량**: 옥내소화전이 가장 많이 설치된 층의 설치개수(옥내소화전이 2개 이상 설치된 경우에는 2개)에 130L/min를 곱한 양 이상이 되도록 할 것 기출

㉤ **전용펌프의 설치**: 펌프는 전용으로 할 것. 다만, 다른 소화설비와 겸용하는 경우 각각의 소화설비의 성능에 지장이 없을 때에는 그렇지 않다. 기출

㉥ **압력계 및 연성계 또는 진공계의 설치**: 펌프의 토출 측에는 **압력계**를 체크밸브 이전에 펌프토출 측 플랜지에서 가까운 곳에 설치하고, 흡입 측에는 **연성계 또는 진공계**를 설치할 것. 다만, 수원의 수위가 펌프의 위치보다 높거나 수직회전축 펌프의 경우에는 연성계 또는 진공계를 설치하지 않을 수 있다.

㉦ **체절운전**: 펌프의 성능은 체절운전 시 정격토출압력의 140%를 초과하지 않고, 정격토출량의 150%로 운전 시 정격토출압력의 65% 이상

OX문제

옥내소화전설비의 각 노즐선단에서의 방수압력은 0.12MPa 이상으로 한다. ( )

OX문제

펌프의 토출량은 옥내소화전이 가장 많이 설치된 층의 설치개수(옥내소화전이 2개 이상 설치된 경우에는 2개)에 130L/min를 곱한 양 이상이 되도록 한다. ( )

OX문제

펌프는 전기에너지를 절약하기 위하여 성능에 관계없이 급수용과 겸용으로 한다. ( )

정답 ×, ○, ×

이 되어야 하며, 펌프의 성능을 시험할 수 있는 성능시험배관을 설치할 것. 다만, 충압펌프의 경우에는 그렇지 않다.

ⓞ **순환배관 설치**: 가압송수장치에는 체절운전 시 수온의 상승을 방지하기 위한 순환배관을 설치할 것. 다만, **충압펌프**의 경우에는 그렇지 않다.

ⓩ **기동장치**: 기동용 수압개폐장치 또는 이와 동등 이상의 성능이 있는 것을 설치할 것. 다만, 학교·공장·창고시설(옥상수조를 설치한 대상은 제외한다)로서 동결의 우려가 있는 장소에 있어서는 기동스위치에 보호판을 부착하여 옥내소화전함 내에 설치할 수 있다.

ⓨ 위 ⓩ의 단서의 경우에는 주펌프와 동등 이상의 성능이 있는 별도의 펌프로서 내연기관의 기동과 연동하여 작동되거나 비상전원을 연결한 펌프를 추가 설치할 것. 다만, 다음의 경우는 제외한다.
ⓐ 지하층만 있는 건축물
ⓑ 고가수조를 가압송수장치로 설치한 경우
ⓒ 수원이 건축물의 최상층에 설치된 방수구보다 높은 위치에 설치된 경우
ⓓ 건축물의 높이가 지표면으로부터 10m 이하인 경우
ⓔ 가압수조를 가압송수장치로 설치한 경우

OX ⓚ 기동용 수압개폐장치 중 압력챔버를 사용할 경우 그 용적은 100L 이상의 것으로 할 것 기출

ⓣ **물올림장치의 설치**: 수원의 수위가 펌프보다 낮은 위치에 있는 가압송수장치에는 다음의 기준에 따른 물올림장치를 설치할 것
ⓐ 물올림장치에는 전용의 수조를 설치할 것
ⓑ 수조의 유효수량은 100L 이상으로 하되, 구경 15mm 이상의 급수배관에 따라 해당 수조에 물이 계속 보급되도록 할 것

ⓟ 기동용 수압개폐장치를 기동장치로 사용할 경우에는 다음의 기준에 따른 충압펌프를 설치할 것
ⓐ 펌프의 토출압력은 그 설비의 최고위 호스접결구의 자연압보다 적어도 0.2MPa이 더 크도록 하거나 가압송수장치의 정격토출압력과 같게 할 것
ⓑ 펌프의 정격토출량은 정상적인 누설량보다 적어서는 안 되며, 옥내소화전설비가 자동적으로 작동할 수 있도록 충분한 토출량을 유지할 것

OX문제

기동용 수압개폐장치(압력챔버)를 사용할 경우 그 용적은 100L 이상으로 하여야 한다.
( )

정답 ○

ⓗ 내연기관을 사용하는 경우에는 다음의 기준에 적합한 것으로 할 것
  ⓐ 내연기관의 기동은 기동장치를 설치하거나 또는 소화전함의 위치에서 원격조작이 가능하고 기동을 명시하는 적색등을 설치할 것
  ⓑ 제어반에 따라 내연기관의 자동기동 및 수동기동이 가능하고, 상시 충전되어 있는 축전지설비를 갖출 것
  ⓒ 내연기관의 연료량은 펌프를 20분(층수가 30층 이상 49층 이하는 40분, 50층 이상은 60분) 이상 운전할 수 있는 용량일 것
㉮ 가압송수장치에는 '옥내소화전소화펌프'라고 표시한 표지를 할 것. 이 경우 그 가압송수장치를 다른 설비와 겸용하는 때에는 그 겸용되는 설비의 이름을 표시한 표지를 함께 해야 한다.
㉯ 가압송수장치가 기동이 된 경우에는 자동으로 정지되지 않도록 할 것. 다만, 충압펌프의 경우에는 그렇지 않다.

④ **배관**
  ㉠ 배관의 재질: 배관과 배관이음쇠는 다음의 어느 하나에 해당하는 것 또는 동등 이상의 강도·내식성 및 내열성 등을 국내·외 공인기관으로부터 인정받은 것을 사용해야 하고, 배관용 스테인리스강관(KS D 3576)의 이음을 용접으로 할 경우에는 텅스텐 불활성 가스 아크 용접(Tungsten Inertgas Arc Welding) 방식에 따른다. 다만, 「옥내소화전설비의 화재안전기준(NFTC 102)에서 정하지 않은 사항은 「건설기술 진흥법」 제44조 제1항의 규정에 따른 건설기준에 따른다.
    ⓐ 배관 내 사용압력이 1.2MPa 미만일 경우에는 다음의 어느 하나에 해당하는 것
      ⅰ) 배관용 탄소강관(KS D 3507)
      ⅱ) 이음매 없는 구리 및 구리합금관(KS D 5301). 다만, 습식의 배관에 한한다.
      ⅲ) 배관용 스테인리스강관(KS D 3576) 또는 일반배관용 스테인리스강관(KS D 3595)
      ⅳ) 덕타일 주철관(KS D 4311)
    ⓑ 배관 내 사용압력이 1.2MPa 이상일 경우에는 다음의 어느 하나에 해당하는 것
      ⅰ) **압력배관용** 탄소강관(KS D 3562)
      ⅱ) **배관용 아크용접** 탄소강 강관(KS D 3583)

ⓛ 위 ㉠에도 불구하고 다음의 어느 하나에 해당하는 장소에는 소방청장이 정하여 고시한 「소방용합성수지배관의 성능인증 및 제품검사의 기술기준」에 적합한 소방용 합성수지배관으로 설치할 수 있다.
  ⓐ 배관을 지하에 매설하는 경우
  ⓑ 다른 부분과 내화구조로 구획된 덕트 또는 피트의 내부에 설치하는 경우
  ⓒ 천장(상층이 있는 경우에는 상층바닥의 하단을 포함한다. 이하 같다)과 반자를 불연재료 또는 준불연재료로 설치하고 소화배관 내부에 항상 소화수가 채워진 상태로 설치하는 경우

㉢ 급수배관은 전용으로 해야 한다. 다만, 옥내소화전의 기동장치의 조작과 동시에 다른 설비의 용도에 사용하는 배관의 송수를 차단할 수 있거나, 옥내소화전설비의 성능에 지장이 없는 경우에는 다른 설비와 겸용할 수 있다.

㉣ 펌프의 흡입 측 배관은 다음의 기준에 따라 설치하여야 한다.
  ⓐ 공기고임이 생기지 아니하는 구조로 하고 여과장치를 설치할 것
  ⓑ 수조가 펌프보다 낮게 설치된 경우에는 각 펌프(충압펌프를 포함한다)마다 수조로부터 별도로 설치할 것

㉤ 배관의 구경: 펌프의 토출 측 주배관의 구경은 유속이 4m/s 이하가 될 수 있는 크기 이상으로 해야 하고, 옥내소화전방수구와 연결되는 가지배관의 구경은 40mm(호스릴옥내소화전설비의 경우에는 25mm) 이상으로 해야 하며, 주배관 중 수직배관의 구경은 50mm(호스릴옥내소화전설비의 경우에는 32mm) 이상으로 해야 한다.

> **옥내소화전설비의 화재안전성능기준(NFPC 102)**
> 펌프의 토출 측 주배관 및 가지배관의 구경은 소화수의 송수에 지장이 없는 크기 이상으로 해야 한다.

㉥ 연결송수관설비와의 겸용 시 배관의 구경: 연결송수관설비의 배관과 겸용할 경우의 주배관은 구경 100mm 이상, 방수구로 연결되는 배관의 구경은 65mm 이상의 것으로 해야 한다. 기출

㉦ 펌프의 성능시험배관은 다음의 기준에 적합하도록 설치해야 한다.
  ⓐ 성능시험배관은 펌프의 토출 측에 설치된 개폐밸브 이전에서 분기하여 직선으로 설치하고, 유량측정장치를 기준으로 전단 직관부에는 개폐밸브를 후단 직관부에는 유량조절밸브를 설치할 것. 이 경우 개폐밸브와 유량측정장치 사이의 직관부 거리 및 유량측

정장치와 유량조절밸브 사이의 직관부 거리는 해당 유량측정장치 제조사의 설치사양에 따르고, 성능시험배관의 호칭지름은 유량측정장치의 호칭지름에 따른다.
  ⓑ 유량측정장치는 펌프의 정격토출량의 175% 이상 측정할 수 있는 성능이 있을 것
ⓞ 가압송수장치의 체절운전 시 수온의 상승을 방지하기 위하여 체크밸브와 펌프 사이에서 분기한 구경 20mm 이상의 배관에 체절압력 미만에서 개방되는 릴리프밸브를 설치할 것
ⓧ 배관은 동결방지조치를 하거나 동결의 우려가 없는 장소에 설치해야 한다. 다만, 보온재를 사용할 경우에는 난연재료 성능 이상의 것으로 해야 한다.
ⓧ 급수배관에 설치되어 급수를 차단할 수 있는 개폐밸브(옥내소화전방수구를 제외한다)는 개폐표시형으로 해야 한다. 이 경우 펌프의 흡입 측 배관에는 버터플라이밸브 외의 개폐표시형 밸브를 설치해야 한다.
ⓚ 배관은 다른 설비의 배관과 쉽게 구분이 될 수 있는 위치에 설치하거나, 그 배관의 표면 또는 배관 보온재 표면의 색상은 「한국산업표준(배관계의 식별 표시, KS A 0503)」 또는 적색으로 식별이 가능하도록 소방용설비의 배관임을 표시하여야 한다.
ⓔ **송수구**: 옥내소화전설비에는 소방차로부터 그 설비에 송수할 수 있는 송수구를 다음의 기준에 따라 설치해야 한다.
  ⓐ 소방차가 쉽게 접근할 수 있고 잘 보이는 장소에 설치하고, 화재층으로부터 지면으로 떨어지는 유리창 등이 송수 및 그 밖의 소화작업에 지장을 주지 않는 장소에 설치할 것 기출
  ⓑ 송수구로부터 옥내소화전설비의 주배관에 이르는 연결배관에는 개폐밸브를 설치하지 않을 것. 다만, 스프링클러설비·물분무소화설비·포소화설비 또는 연결송수관설비의 배관과 겸용하는 경우에는 그렇지 않다.
  OX ⓒ 지면으로부터 높이가 0.5m 이상 1m 이하의 위치에 설치할 것 기출
  ⓓ 구경 65mm의 쌍구형 또는 단구형으로 할 것 기출
  ⓔ 송수구의 부근에는 자동배수밸브(또는 직경 5mm의 배수공) 및 체크밸브를 설치할 것. 이 경우 자동배수밸브는 배관 안의 물이 잘 빠질 수 있는 위치에 설치하되, 배수로 인하여 다른 물건 또는 장소에 피해를 주지 않아야 한다. 기출
  ⓕ 송수구에는 이물질을 막기 위한 마개를 씌울 것 기출

OX문제

송수구는 지면으로부터 높이가 0.8m 이상 1.5m 이하의 위치에 설치할 것 (   )

정답 ×

⑤ **함 및 방수구**
  ㉠ 옥내소화전설비의 함은 다음의 기준에 따라 설치해야 한다.
    ⓐ 함은 소방청장이 정하여 고시한 「소화전함의 성능인증 및 제품검사의 기술기준」에 적합한 것으로 설치하되 밸브의 조작, 호스의 수납 및 문의 개방 등 옥내소화전 사용에 장애가 없도록 설치할 것. 연결송수관의 방수구를 같이 설치하는 경우에도 같다.
    ⓑ 위 ⓐ에도 불구하고 아래 ㉡의 ⓐ의 기준을 초과하는 경우로서 기둥 또는 벽이 설치되지 아니한 대형공간의 경우는 다음의 기준에 따라 설치할 수 있다.
      ⅰ) 호스 및 관창은 방수구의 가장 가까운 장소의 벽 또는 기둥 등에 함을 설치하여 비치할 것
      ⅱ) 방수구의 위치표지는 표시등 또는 축광도료 등으로 상시 확인이 가능하도록 할 것
  ㉡ 옥내소화전방수구는 다음의 기준에 따라 설치해야 한다.
    ⓐ 특정소방대상물의 층마다 설치하되, 해당 특정소방대상물의 각 부분으로부터 하나의 옥내소화전방수구까지의 수평거리가 25m(호스릴옥내소화전설비를 포함한다) 이하가 되도록 할 것. 다만, 복층형 구조의 공동주택의 경우에는 세대의 출입구가 설치된 층에만 설치할 수 있다.
    ⓑ 바닥으로부터의 높이가 1.5m 이하가 되도록 할 것 기출
    ⓒ 호스는 구경 40mm(호스릴옥내소화전설비의 경우에는 25mm) 이상의 것으로서 특정소방대상물의 각 부분에 물이 유효하게 뿌려질 수 있는 길이로 설치할 것
    ⓓ 호스릴옥내소화전설비의 경우 그 노즐에는 노즐을 쉽게 개폐할 수 있는 장치를 부착할 것
  ㉢ 표시등은 다음의 기준에 따라 설치해야 한다.
    ⓐ 옥내소화전설비의 위치를 표시하는 표시등은 함의 상부에 설치하되, 소방청장이 고시하는 「표시등의 성능인증 및 제품검사의 기술기준」에 적합한 것으로 할 것
    OX ⓑ 가압송수장치의 기동을 표시하는 표시등은 옥내소화전함의 상부 또는 그 직근에 설치하되 적색등으로 할 것. 다만, 자체소방대를 구성하여 운영하는 경우(위험물 안전관리법 시행령 별표 8에서 정한 소방자동차와 자체소방대원의 규모를 말한다) 가압송수장치의 기동 표시등을 설치하지 않을 수 있다.

OX문제

옥내소화전함의 상부 또는 그 직근에 설치하는 가압송수장치의 기동을 표시하는 표시등은 적색등으로 한다.
( )

정답 O

㉣ 옥내소화전설비의 함에는 그 표면에 '소화전'이라는 표시를 해야 한다.

㉤ 옥내소화전설비의 함 가까이 보기 쉬운 곳에 그 사용요령을 기재한 표지판을 붙여야 하며, 표지판을 함의 문에 붙이는 경우에는 문의 내부 및 외부 모두에 붙여야 한다. 이 경우, 사용요령은 외국어와 시각적인 그림을 포함하여 작성해야 한다.

⑥ **비상전원**

㉠ 비상전원 설치: 다음의 어느 하나에 해당하는 특정소방대상물의 옥내소화전설비에는 비상전원을 설치해야 한다. 다만, 2 이상의 변전소(전기사업법 제67조에 따른 변전소를 말한다. 이하 같다)에서 전력을 동시에 공급받을 수 있거나 하나의 변전소로부터 전력의 공급이 중단되는 때에는 자동으로 다른 변전소로부터 전원을 공급받을 수 있도록 상용전원을 설치한 경우와 가압수조방식에는 비상전원을 설치하지 않을 수 있다.

    ⓐ 층수가 7층 이상으로서 연면적이 2,000㎡ 이상인 것

    ⓑ 위 ⓐ에 해당하지 아니하는 특정소방대상물로서 지하층의 바닥면적의 합계가 3,000㎡ 이상인 것

㉡ 비상전원의 기준: 위 ㉠에 따른 비상전원은 자가발전설비 또는 축전지설비(내연기관에 따른 펌프를 사용하는 경우에는 내연기관의 기동 및 제어용 축전지를 말한다) 또는 전기저장장치(외부 전기에너지를 저장해 두었다가 필요한 때 전기를 공급하는 장치)로서 다음의 기준에 따라 설치해야 한다.

    ⓐ 점검에 편리하고 화재 또는 침수 등의 재해로 인한 피해를 받을 우려가 없는 곳에 설치할 것

    ⓑ 옥내소화전설비를 유효하게 **20분 이상** 작동할 수 있어야 할 것

    ⓒ 상용전원으로부터 전력의 공급이 중단된 때에는 자동으로 비상전원으로부터 전력을 공급받을 수 있도록 할 것

    ⓓ 비상전원(내연기관의 기동 및 제어용 축전기를 제외한다)의 설치장소는 다른 장소와 방화구획할 것. 이 경우 그 장소에는 비상전원의 공급에 필요한 기구나 설비가 아닌 것(열병합발전설비에 필요한 기구나 설비는 제외한다)을 두어서는 안 된다.

    ⓔ 비상전원을 실내에 설치하는 때에는 그 실내에 비상조명등을 설치할 것

(3) 옥외소화전설비

① **정의**: 「옥외소화전설비의 화재안전기술기준(NFTC 109)」에서 사용하는 용어의 정의는 다음과 같다.

㉠ **고가수조**: 구조물 또는 지형지물 등에 설치하여 자연낙차 압력으로 급수하는 수조를 말한다.

㉡ **압력수조**: 소화용수와 공기를 채우고 일정압력 이상으로 가압하여 그 압력으로 급수하는 수조를 말한다.

㉢ **충압펌프**: 배관 내 압력손실에 따른 주펌프의 빈번한 기동을 방지하기 위하여 충압역할을 하는 펌프를 말한다.

㉣ **연성계**: 대기압 이상의 압력과 대기압 이하의 압력을 측정할 수 있는 계측기를 말한다.

㉤ **진공계**: 대기압 이하의 압력을 측정하는 계측기를 말한다.

㉥ **정격토출량**: 펌프의 정격부하운전 시 토출량으로서 정격토출압력에서의 토출량을 말한다.

㉦ **정격토출압력**: 펌프의 정격부하운전 시 토출압력으로서 정격토출량에서의 토출 측 압력을 말한다.

㉧ **개폐표시형 밸브**: 밸브의 개폐 여부를 외부에서 식별이 가능한 밸브를 말한다.

㉨ **기동용 수압개폐장치**: 소화설비의 배관 내 압력변동을 검지하여 자동적으로 펌프를 기동 및 정지시키는 것으로서 압력챔버 또는 기동용 압력스위치 등을 말한다.

㉪ **급수배관**: 수원 또는 송수구 등으로부터 소화설비에 급수하는 배관을 말한다.

㉫ **분기배관**: 배관 측면에 구멍을 뚫어 둘 이상의 관로가 생기도록 가공한 배관으로서 다음의 분기배관을 말한다.

　ⓐ **확관형 분기배관**: 배관의 측면에 조그만 구멍을 뚫고 소성가공으로 확관시켜 배관 용접이음자리를 만들거나 배관 용접이음자리에 배관이음쇠를 용접 이음한 배관을 말한다.

　ⓑ **비확관형 분기배관**: 배관의 측면에 분기호칭내경 이상의 구멍을 뚫고 배관이음쇠를 용접 이음한 배관을 말한다.

㉬ **가압수조**: 가압원인 압축공기 또는 불연성 기체의 압력으로 소화용수를 가압하여 그 압력으로 급수하는 수조를 말한다.

② **수원의 확보**: 옥외소화전설비의 수원은 그 저수량이 옥외소화전의 설치개수(옥외소화전이 2개 이상 설치된 경우에는 2개)에 7m³를 곱한 양 이상이 되도록 해야 한다.

$$Q = 350(\text{L/min}) \times 20(\text{min}) \times N(\text{개})$$
$$= 7(\text{m}^3) \times N(\text{개})$$
N: 소화전의 수(최대 2개)

③ **전용수조의 설치**: 옥외소화전설비의 수원을 수조로 설치하는 경우에는 소방설비의 전용수조로 해야 한다. 다만, 다음의 어느 하나에 해당하는 경우에는 그렇지 않다.
   ㉠ 옥외소화전설비용 펌프의 풋밸브 또는 흡수배관의 흡수구(수직회전축펌프의 흡수구를 포함한다. 이하 같다)를 다른 설비(소방용 설비 외의 것을 말한다. 이하 같다)의 풋밸브 또는 흡수구보다 낮은 위치에 설치한 때
   ㉡ 고가수조로부터 옥외소화전설비의 수직배관에 물을 공급하는 급수구를 다른 설비의 급수구보다 낮은 위치에 설치한 때

④ **수조의 설치기준**: 옥외소화전설비용 수조는 다음의 기준에 따라 설치해야 한다.
   ㉠ 점검에 편리한 곳에 설치할 것
   ㉡ 동결방지조치를 하거나 동결의 우려가 없는 장소에 설치할 것
   ㉢ 수조의 외측에 수위계를 설치할 것. 다만, 구조상 불가피한 경우에는 수조의 맨홀 등을 통하여 수조 안의 물의 양을 쉽게 확인할 수 있도록 해야 한다.
   ㉣ 수조의 상단이 바닥보다 높은 때에는 수조의 외측에 고정식 사다리를 설치할 것
   ㉤ 수조가 실내에 설치된 때에는 그 실내에 조명설비를 설치할 것
   ㉥ 수조의 밑부분에는 청소용 배수밸브 또는 배수관을 설치할 것
   ㉦ 수조의 외측의 보기 쉬운 곳에 '옥외소화전설비용 수조'라고 표시한 표지를 설치할 것. 이 경우 그 수조를 다른 설비와 겸용하는 때에는 그 겸용되는 설비의 이름을 표시한 표지를 함께 해야 한다.
   ㉧ 소화설비용 흡수배관 또는 소화설비의 수직배관과 수조의 접속부분에는 '옥외소화전설비용 배관'이라고 표시한 표지를 할 것. 다만, 수조와 가까운 장소에 옥외소화전펌프가 설치되고 해당 펌프에 아래 ⑤의 ㉤의 규정에 따른 표지를 설치한 때에는 그렇지 않다.

⑤ **가압송수장치**: 전동기 또는 내연기관에 따른 펌프를 이용하는 가압송수장치는 다음의 기준에 따라 설치해야 한다.
　㉠ 쉽게 접근할 수 있고 점검하기에 충분한 공간이 있는 장소로서 화재 및 침수 등의 재해로 인한 피해를 받을 우려가 없는 곳에 설치할 것
　㉡ 동결방지조치를 하거나 동결의 우려가 없는 장소에 설치할 것
　㉢ **방수압력 및 방수량**: 특정소방대상물에 설치된 옥외소화전(2개 이상 설치된 경우에는 2개의 옥외소화전)을 동시에 사용할 경우 각 옥외소화전의 노즐선단에서의 방수압력이 0.25MPa 이상이고, 방수량이 350L/min 이상이 되는 성능의 것으로 할 것. 다만, 하나의 옥외소화전을 사용하는 노즐선단에서의 방수압력이 0.7MPa을 초과할 경우에는 호스접결구의 인입 측에 감압장치를 설치해야 한다. 기출
　㉣ 펌프는 전용으로 할 것. 다만, 다른 소화설비와 겸용하는 경우 각각의 소화설비의 성능에 지장이 없을 때에는 그렇지 않다.
　㉤ 펌프의 토출 측에는 압력계를 체크밸브 이전에 펌프토출 측 플랜지에서 가까운 곳에 설치하고, 흡입 측에는 연성계 또는 진공계를 설치할 것. 다만, 수원의 수위가 펌프의 위치보다 높거나 수직회전축 펌프의 경우에는 연성계 또는 진공계를 설치하지 않을 수 있다.
　㉥ 펌프의 성능은 체절운전 시 정격토출압력의 140%를 초과하지 않고, 정격토출량의 150%로 운전 시 정격토출압력의 65% 이상이 되어야 하며, 펌프의 성능을 시험할 수 있는 성능시험배관을 설치할 것. 다만, 충압펌프의 경우에는 그렇지 않다.
　㉦ 가압송수장치에는 체절운전 시 수온의 상승을 방지하기 위한 순환배관을 설치할 것. 다만, 충압펌프의 경우에는 그렇지 않다.
　㉧ 기동장치로는 기동용 수압개폐장치 또는 이와 동등 이상의 성능이 있는 것을 설치할 것. 다만, 아파트·업무시설·학교·전시시설·공장·창고시설 또는 종교시설 등으로서 동결의 우려가 있는 장소에 있어서는 기동스위치에 보호판을 부착하여 옥외소화전함 내에 설치할 수 있다.
　㉨ 기동용 수압개폐장치 중 압력챔버를 사용할 경우 그 용적은 100L 이상의 것으로 할 것
　㉩ 수원의 수위가 펌프보다 낮은 위치에 있는 가압송수장치에는 다음의 기준에 따른 물올림장치를 설치할 것
　　ⓐ 물올림장치에는 전용의 수조를 설치할 것

> **OX문제**
> 옥외소화전설비의 각 노즐선단에서의 방수량은 130L/min 이상으로 한다. (　　)
>
> 정답 ✕

ⓑ 수조의 유효수량은 100L 이상으로 하되, 구경 15mm 이상의 급수배관에 따라 해당 수조에 물이 계속 보급되도록 할 것
ⓒ 기동용 수압개폐장치를 기동장치로 사용할 경우에는 다음의 기준에 따른 충압펌프를 설치할 것. 다만, 옥외소화전이 1개 설치된 경우로서 소화용 급수펌프로도 상시 충압이 가능하고 다음 ⓐ의 성능을 갖춘 경우에는 충압펌프를 별도로 설치하지 않을 수 있다.
　ⓐ 펌프의 토출압력은 그 설비의 최고위 호스접결구의 자연압보다 적어도 0.2MPa 이상 더 크도록 하거나 가압송수장치의 정격토출압력과 같게 할 것
　ⓑ 펌프의 정격토출량은 정상적인 누설량보다 적어서는 안 되며, 옥외소화전설비가 자동적으로 작동할 수 있도록 충분한 토출량을 유지하여야 한다.
ⓔ 내연기관을 사용하는 경우에는 다음의 기준에 적합한 것으로 할 것
　ⓐ 내연기관의 기동은 기동장치를 설치하거나 또는 소화전함의 위치에서 원격조작이 가능하고 기동을 명시하는 적색등을 설치할 것
　ⓑ 제어반에 따라 내연기관의 자동기동 및 수동기동이 가능하고, 상시 충전되어 있는 축전지설비를 갖출 것
ⓟ 가압송수장치에는 '옥외소화전펌프'라고 표시한 표지를 할 것. 이 경우 그 가압송수장치를 다른 설비와 겸용하는 때에는 그 겸용되는 설비의 이름을 표시한 표지를 함께 해야 한다.
ⓗ 가압송수장치가 기동이 된 경우에는 자동으로 정지되지 않도록 할 것. 다만, 충압펌프인 경우에는 그렇지 않다.
㉮ 가압송수장치는 부식 등으로 인한 펌프의 고착을 방지할 수 있도록 다음의 기준에 적합한 것으로 할 것. 다만, 충압펌프는 제외한다.
　ⓐ 임펠러는 청동 또는 스테인리스 등 부식에 강한 재질을 사용할 것
　ⓑ 펌프축은 스테인리스 등 부식에 강한 재질을 사용할 것

⑥ **배관 등**
㉠ **설치거리**: 호스접결구는 지면으로부터 높이가 0.5m 이상 1m 이하의 위치에 설치하고, 특정소방대상물의 각 부분으로부터 하나의 호스접결구까지의 수평거리가 40m 이하가 되도록 설치해야 한다. 기출
㉡ **호스의 구경**: 호스는 구경 65mm의 것으로 해야 한다. 기출

⑦ **소화전함 등**: 옥외소화전설비에는 옥외소화전마다 그로부터 5m 이내의 장소에 소화전함을 다음의 기준에 따라 설치해야 한다. 기출

⑦ 옥외소화전이 10개 이하 설치된 때에는 옥외소화전마다 5m 이내의 장소에 1개 이상의 소화전함을 설치해야 한다. 기출

ⓒ 옥외소화전이 11개 이상 30개 이하 설치된 때에는 11개 이상의 소화전함을 각각 분산하여 설치해야 한다.

ⓒ 옥외소화전이 31개 이상 설치된 때에는 옥외소화전 3개마다 1개 이상의 소화전함을 설치해야 한다.

⑧ **표시등**: 표시등은 다음의 기준에 따라 설치해야 한다.

㉠ 옥외소화전설비의 위치를 표시하는 표시등은 함의 상부에 설치하되, 소방청장이 정하여 고시한 「표시등의 성능인증 및 제품검사의 기술기준」에 적합한 것으로 할 것

ⓒ 가압송수장치의 기동을 표시하는 표시등은 옥외소화전함의 상부 또는 그 직근에 설치하되, 적색등으로 할 것. 다만, 자체소방대를 구성하여 운영하는 경우(위험물안전관리법 시행령 별표 8에서 정한 소방자동차와 자체소방대원의 규모를 말한다) 가압송수장치의 기동표시등을 설치하지 않을 수 있다.

(4) 스프링클러설비

① **정의**: 「스프링클러설비의 화재안전기술기준(NFTC 103)」에서 사용되는 용어의 정의는 다음과 같다.

㉠ **고가수조**: 구조물 또는 지형지물 등에 설치하여 자연낙차 압력으로 급수하는 수조를 말한다.

ⓒ **압력수조**: 소화용수와 공기를 채우고 일정압력 이상으로 가압하여 그 압력으로 급수하는 수조를 말한다. 기출

ⓒ **충압펌프**: 배관 내 압력손실에 따른 주펌프의 빈번한 기동을 방지하기 위하여 충압역할을 하는 펌프를 말한다. 기출

㉣ **정격토출량**: 펌프의 정격부하운전 시 토출량으로서 정격토출압력에서의 토출량을 말한다.

ⓛ **정격토출압력**: 펌프의 정격부하운전 시 토출압력으로서 정격토출량에서의 토출 측 압력을 말한다.

ⓗ **진공계**: 대기압 이하의 압력을 측정하는 계측기를 말한다. 기출

ⓢ **연성계**: 대기압 이상의 압력과 대기압 이하의 압력을 측정할 수 있는 계측기를 말한다.

ⓞ **체절운전**: 펌프의 성능시험을 목적으로 펌프토출 측의 개폐밸브를 닫은 상태에서 펌프를 운전하는 것을 말한다. 기출

OX문제

옥외소화전이 10개 이하 설치된 때에는 옥외소화전마다 5m 이내의 장소에 1개 이상의 소화전함을 설치하여야 한다. ( )

OX문제

압력수조란 구조물 또는 지형지물 등에 설치하여 자연낙차 압력으로 급수하는 수조를 말한다. ( )

OX문제

진공계란 대기압 이상의 압력과 대기압 이하의 압력을 측정할 수 있는 계측기를 말한다. ( )

OX문제

체절운전이란 펌프의 성능시험을 목적으로 펌프토출 측의 개폐밸브를 개방한 상태에서 펌프를 운전하는 것을 말한다. ( )

정답 O, X, X, X

OX문제

폐쇄형 스프링클러설비의 헤드는 개별적으로 화재를 감지하여 개방하는 구조로 되어 있다. (   )

OX문제

일제개방밸브란 폐쇄형 스프링클러헤드를 사용하는 건식 스프링클러설비에 설치하는 밸브로서 화재 발생 시 자동 또는 수동식 기동장치에 따라 밸브가 열리는 것을 말한다. (   )

OX문제

교차배관은 스프링클러헤드가 설치되어 있는 배관이며, 가지배관은 주배관으로부터 교차배관에 급수하는 배관이다. (   )

정답 ○, ×, ×

ⓩ **기동용 수압개폐장치**: 소화설비의 배관 내 압력변동을 검지하여 자동적으로 펌프를 기동 및 정지시키는 것으로서 압력챔버 또는 기동용 압력스위치 등을 말한다.

ⓒ **개방형 스프링클러헤드**: 감열체 없이 방수구가 항상 열려져 있는 헤드를 말한다.

OX ⓚ **폐쇄형 스프링클러헤드**: 정상상태에서 방수구를 막고 있는 감열체가 일정온도에서 자동적으로 파괴·용융 또는 이탈됨으로써 방수구가 개방되는 헤드를 말한다.

ⓔ **조기반응형 스프링클러헤드**: 표준형 스프링클러헤드보다 기류온도 및 기류속도에 빠르게 반응하는 헤드를 말한다.

ⓟ **측벽형 스프링클러헤드**: 가압된 물이 분사될 때 헤드의 축심을 중심으로 한 반원상에 균일하게 분산시키는 헤드를 말한다.

ⓗ **건식 스프링클러헤드**: 물과 오리피스가 분리되어 동파를 방지할 수 있는 스프링클러헤드를 말한다.

㉮ **유수검지장치**: 유수현상을 자동적으로 검지하여 신호 또는 경보를 발하는 장치를 말한다.

OX ㉯ **일제개방밸브**: 일제살수식 스프링클러설비에 설치되는 유수검지장치를 말한다. 기출

㉰ **가지배관**: 스프링클러헤드가 설치되어 있는 배관을 말한다.

OX ㉱ **교차배관**: 가지배관에 급수하는 배관을 말한다.

㉲ **주배관**: 가압송수장치 또는 송수구 등과 직접 연결되어 소화수를 이송하는 주된 배관을 말한다.

㉳ **신축배관**: 가지배관과 스프링클러헤드를 연결하는 구부림이 용이하고 유연성을 가진 배관을 말한다.

㉴ **급수배관**: 수원 또는 송수구 등으로부터 소화설비에 급수하는 배관을 말한다.

㉵ **분기배관**: 배관 측면에 구멍을 뚫어 둘 이상의 관로가 생기도록 가공한 배관으로서 다음 각 분기배관을 말한다.

ⓐ **확관형 분기배관**: 배관의 측면에 조그만 구멍을 뚫고 소성가공으로 확관시켜 배관 용접이음자리를 만들거나 배관 용접이음자리에 배관이음쇠를 용접 이음한 배관을 말한다.

ⓑ **비확관형 분기배관**: 배관의 측면에 분기호칭내경 이상의 구멍을 뚫고 배관이음쇠를 용접 이음한 배관을 말한다.

㉧ **습식 스프링클러설비**: 가압송수장치에서 폐쇄형 스프링클러헤드까지 배관 내에 항상 물이 가압되어 있다가 화재로 인한 열로 폐쇄형 스프링클러헤드가 개방되면 배관 내에 유수가 발생하여 습식 유수검지장치가 작동하게 되는 스프링클러설비를 말한다.

㉨ **부압식 스프링클러설비**: 가압송수장치에서 준비작동식 유수검지장치의 1차 측까지는 항상 정압의 물이 가압되고, 2차 측 폐쇄형 스프링클러헤드까지는 소화수가 부압으로 되어 있다가 화재 시 감지기의 작동에 의해 정압으로 변하여 유수가 발생하면 작동하는 스프링클러설비를 말한다.

㉩ **준비작동식 스프링클러설비**: 가압송수장치에서 준비작동식 유수검지장치 1차 측까지 배관 내에 항상 물이 가압되어 있고, 2차 측에서 폐쇄형 스프링클러헤드까지 대기압 또는 저압으로 있다가 화재발생 시 감지기의 작동으로 준비작동식 밸브가 개방되면 폐쇄형 스프링클러헤드까지 소화수가 송수되고, 폐쇄형 스프링클러헤드가 열에 의해 개방되면 방수가 되는 방식의 스프링클러설비를 말한다.

㉪ **건식 스프링클러설비**: 건식 유수검지장치 2차 측에 압축공기 또는 질소 등의 기체로 충전된 배관에 폐쇄형 스프링클러헤드가 부착된 스프링클러설비로서, 폐쇄형 스프링클러헤드가 개방되어 배관 내의 압축공기 등이 방출되면 건식 유수검지장치 1차 측의 수압에 의하여 건식 유수검지장치가 작동하게 되는 스프링클러설비를 말한다.

㉫ **일제살수식 스프링클러설비**: 가압송수장치에서 일제개방밸브 1차 측까지 배관 내에 항상 물이 가압되어 있고 2차 측에서 개방형 스프링클러헤드까지 대기압으로 있다가 화재 발생 시 자동감지장치 또는 수동식 기동장치의 작동으로 일제개방밸브가 개방되면 스프링클러헤드까지 소화수가 송수되는 방식의 스프링클러설비를 말한다.

㉬ **반사판(디플렉터)**: 스프링클러헤드의 방수구에서 유출되는 물을 세분시키는 작용을 하는 것을 말한다.

㉭ **개폐표시형 밸브**: 밸브의 개폐 여부를 외부에서 식별이 가능한 밸브를 말한다.

㉮ **연소할 우려가 있는 개구부**: 각 방화구획을 관통하는 컨베이어·에스컬레이터 또는 이와 유사한 시설의 주위로서 방화구획을 할 수 없는 부분을 말한다.

㉯ **가압수조**: 가압원인 압축공기 또는 불연성 기체의 압력으로 소화용수를 가압하여 그 압력으로 급수하는 수조를 말한다.

OX문제

폐쇄형 습식 스프링클러설비는 별도로 설치되어 있는 화재감지기에 의해 유수검지장치가 작동되어 물이 송수되는 구조로 되어 있다. (   )

정답 ×

㉣ **소방부하**: 소방시설 및 방화·피난·소화활동을 위한 시설의 전력부하를 말한다.

㉤ **소방전원 보존형 발전기**: 소방부하 및 소방부하 이외의 부하(이하 '비상부하'라 한다) 겸용의 비상발전기로서, 상용전원 중단 시에는 소방부하 및 비상부하에 비상전원이 동시에 공급되고, 화재 시 과부하에 접근될 경우 비상부하의 일부 또는 전부를 자동적으로 차단하는 제어장치를 구비하여, 소방부하에 비상전원을 연속 공급하는 자가발전설비를 말한다.

㉥ **건식 유수검지장치**: 건식 스프링클러설비에 설치되는 유수검지장치를 말한다.

㉦ **습식 유수검지장치**: 습식 스프링클러설비 또는 부압식 스프링클러설비에 설치되는 유수검지장치를 말한다.

㉧ **준비작동식 유수검지장치**: 준비작동식 스프링클러설비에 설치되는 유수검지장치를 말한다.

㉨ **패들형 유수검지장치**: 소화수의 흐름에 의하여 패들이 움직이고 접점이 형성되면 신호를 발하는 유수검지장치를 말한다.

㉩ **주펌프**: 구동장치의 회전 또는 왕복운동으로 소화수를 가압하여 그 압력으로 급수하는 주된 펌프를 말한다.

㉪ **예비펌프**: 주펌프와 동등 이상의 성능이 있는 별도의 펌프를 말한다.

② **스프링클러의 장단점**

장점	단점
• 초기화재의 진압에 절대적이다. • 소화약제가 물이므로 경제적이고 소화 후 복구가 용이하다. • 감지부의 구조가 기계적이므로 오보 및 오동작이 적다. • 시설이 반영구적이다. • 완전자동으로 사람이 없는 야간에도 자동으로 화재를 방어한다. • 주로 고층 건축물, 지하층, 무창층 등 소방차의 진입이 곤란한 곳에 설치된다.	• 초기에 시설비용이 많이 든다. • 타 설비보다 시공이 많이 든다. • 물로 인한 피해가 크다. • 유지관리에 유의해야 한다.

③ **스프링클러설비의 종류**: 폐쇄형과 개방형으로 나뉘어 있으며, 폐쇄형은 다시 습식·건식·준비작동식으로 구분한다.

㉠ **폐쇄형**: 화재의 열에 의해 헤드가 자동적으로 개구되어 살수, 소화를 함과 동시에 경보를 울린다.

ⓐ **습식**: 소화용 수조에서 헤드까지 배관에 물이 항상 채워져 있으며, 헤드가 화재의 열을 감지하면 가용편이 녹으면서 자동적으로 물이 뿌려지는 구조로 되어 있고, 가장 일반적으로 사용되고 있다.

ⓑ **건식**: 소화용 수조에서 헤드까지의 배관 도중에 밸브가 설치되어 있고, 수조로부터 이 밸브까지 물이 채워져 있으며, 밸브로부터 헤드까지는 물이 아닌 압축공기 등이 차 있는 구조로 되어 있다. 가용편이 녹으면 압축공기가 빠져 나가게 되고 그로 인해 발생되는 압력저하를 감지하면서 배관 도중에 있는 밸브가 개방되면서 물이 분출된다. 이 방식은 한랭지의 주차장 공간과 같이 배관 내의 소화용수가 동결될 염려가 있는 곳에서 채용된다.

ⓒ **준비작동식**: 위의 두 방식은 만일 어떤 사고에 의해 헤드가 깨지면서 물이 뿌려질 수가 있고 물에 의한 피해를 볼 수 있는데, 이러한 경우에 소화용 수조로부터 헤드까지의 배관 도중에 있는 준비작동밸브까지는 물이 차 있으나, 준비작동밸브로부터 헤드까지는 저압 또는 무압상태로, 실제 화재가 발생되었을 때에는 별도로 설치되어 있는 화재감지기에 의해 준비작동밸브가 개방되어 물이 각 헤드부분까지 송수되어 있다가 화재온도의 상승으로 폐쇄형 헤드가 개방되면 살수가 이루어져 2단계로 소화가 이루어지는 시스템이다.

ⓓ **부압식**: 가압송수장치에서 준비작동식 유수검지장치의 1차 측까지는 항상 정압의 물이 가압되고, 2차 측 폐쇄형 스프링클러헤드까지는 소화수가 부압으로 되어 있다가 화재 시 감지기의 작동에 의해 정압으로 변하여 유수가 발생하면 작동하는 스프링클러설비를 말한다.

㉡ **개방형**: 무대부와 같이 천장이 높고 화재가 급속도로 번질 가능성이 있는 곳에 설치한다. 별도의 화재감지기에서 화재를 감지하면 자동적으로 배관계통 도중에 설치되어 있는 일제개방밸브가 열리면서 모든 헤드에서 동시에 물이 방출되는 구조로 되어 있다.

> **○×문제**
> 폐쇄형 건식 스프링클러설비는 헤드가 화재의 열을 감지하면 헤드를 막고 있던 감열체가 녹으면서 헤드까지 차 있던 물이 곧바로 뿌려지는 구조로 되어 있다. ( )

> **○×문제**
> 폐쇄형 준비작동식 스프링클러설비는 헤드가 화재의 열을 감지하여 헤드를 막고 있던 감열체가 녹으면 압축공기 등이 빠져나가면서 배관계 도중에 있는 유수검지장치가 개방되어 물이 분출되는 구조로 되어 있다. ( )

정답 ×, ×

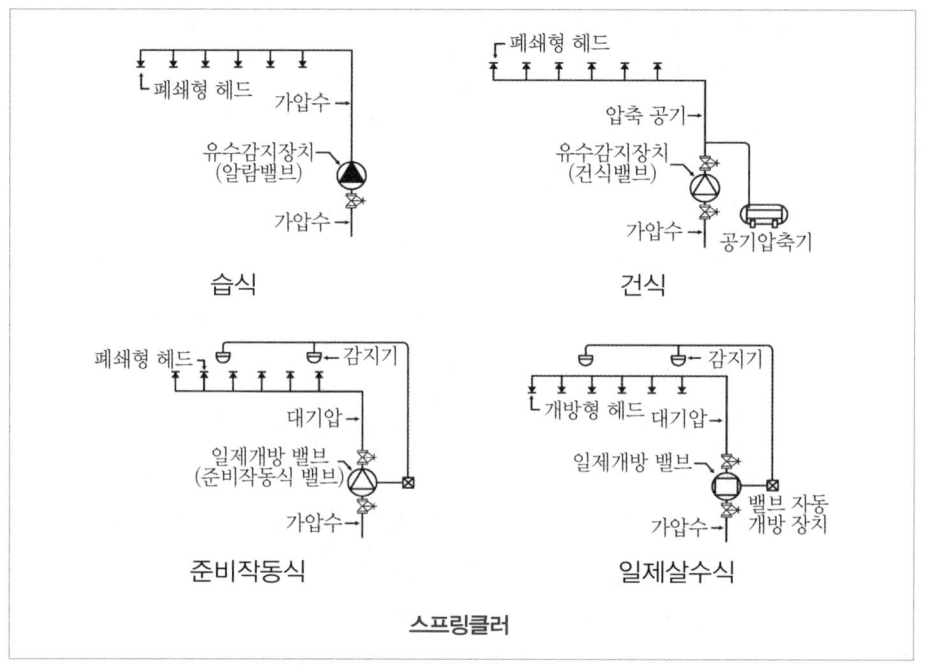

스프링클러

④ **수원의 확보**: 스프링클러설비의 수원은 그 저수량이 다음의 기준에 적합하도록 하여야 한다. 다만, 수리계산에 의하는 경우에는 아래 ⑦의 ㉖ 및 ㉠에 따라 산출된 가압송수장치의 1분당 송수량에 20을 곱한 양 이상이 되도록 해야 한다.

㉠ **폐쇄형 스프링클러**: 폐쇄형 스프링클러헤드를 사용하는 경우에는 스프링클러설비 설치장소별 스프링클러헤드의 **기준개수**[스프링클러헤드의 설치개수가 가장 많은 층(아파트의 경우에는 설치개수가 가장 많은 세대)에 설치된 스프링클러헤드의 개수가 기준개수보다 작은 경우에는 그 설치개수를 말한다. 이하 같다]에 1.6m³를 곱한 양 이상이 되도록 할 것

$$Q = 80(\text{L/min}) \times 20(\text{min}) \times N(\text{개})$$
$$= 1.6(\text{m}^3) \times N$$

N: 헤드 개수

㉡ **개방형 스프링클러**: 개방형 스프링클러헤드를 사용하는 스프링클러설비의 수원은 최대 방수구역에 설치된 스프링클러헤드의 개수가 30개 이하일 경우에는 설치헤드 수에 1.6m³를 곱한 양 이상으로 하고, 30개를 초과하는 경우에는 수리계산에 따를 것

⑤ **전용수조의 설치**: 스프링클러설비의 수원을 수조로 설치하는 경우에는 소방설비의 전용수조로 하여야 한다. 다만, 다음에 해당하는 경우에는 그렇지 않다.

㉠ 스프링클러설비용 펌프의 풋밸브 또는 흡수배관의 흡수구(수직회전축 펌프의 흡수구를 포함한다. 이하 같다)를 다른 설비(소화용 설비 외의 것을 말한다. 이하 같다)의 풋밸브 또는 흡수구보다 낮은 위치에 설치한 때

㉡ 고가수조로부터 스프링클러설비의 수직배관에 물을 공급하는 급수구를 다른 설비의 급수구보다 낮은 위치에 설치한 때

⑥ **수조의 설치기준**: 스프링클러설비용 수조는 다음의 기준에 따라 설치해야 한다.

㉠ 점검에 편리한 곳에 설치할 것

㉡ 동결방지조치를 하거나 동결의 우려가 없는 장소에 설치할 것

㉢ 수조의 **외측**에 수위계를 설치할 것. 다만, 구조상 불가피한 경우에는 수조의 맨홀 등을 통하여 수조 안의 물의 양을 쉽게 확인할 수 있도록 해야 한다.

㉣ 수조의 상단이 바닥보다 높은 때에는 수조의 외측에 고정식 사다리를 설치할 것

㉤ 수조가 실내에 설치된 때에는 그 실내에 조명설비를 설치할 것

㉥ 수조의 **밑부분**에는 청소용 배수밸브 또는 배수관을 설치할 것

㉦ 수조의 외측의 보기 쉬운 곳에 '스프링클러소화설비용 수조'라고 표시한 표지를 할 것. 이 경우 그 수조를 다른 설비와 겸용하는 때에는 그 겸용되는 설비의 이름을 표시한 표지를 함께 해야 한다.

㉧ 스프링클러펌프의 흡수배관 또는 스프링클러설비의 수직배관과 수조의 접속부분에는 '스프링클러소화설비용 배관'이라고 표시한 표지를 할 것. 다만, 수조와 가까운 장소에 소화설비용 펌프가 설치되고 스프링클러소화펌프에 표지를 설치한 때에는 그렇지 않다.

⑦ **가압송수장치**: 전동기 또는 내연기관에 따른 펌프를 이용하는 가압송수장치는 다음의 기준에 따라 설치해야 한다.

㉠ 쉽게 접근할 수 있고 점검하기에 충분한 공간이 있는 장소로서 화재 및 침수 등의 재해로 인한 피해를 받을 우려가 없는 곳에 설치할 것

㉡ 동결방지조치를 하거나 동결의 우려가 없는 장소에 설치할 것

㉢ **전용펌프**: 펌프는 전용으로 할 것. 다만, 다른 소화설비와 겸용하는 경우 각각의 소화설비의 성능에 지장이 없을 때에는 그렇지 않다.

㉣ 펌프의 토출 측에는 압력계를 체크밸브 이전에 펌프토출 측 플랜지에서 가까운 곳에 설치하고, 흡입 측에는 연성계 또는 진공계를 설치할 것. 다만, 수원의 수위가 펌프의 위치보다 높거나 수직회전축 펌프의 경우에는 연성계 또는 진공계를 설치하지 않을 수 있다.

ⓜ 펌프의 성능은 체절운전 시 정격토출압력의 140%를 초과하지 않고, 정격토출량의 150%로 운전 시 정격토출압력의 65% 이상이 되어야 하며, 펌프의 성능을 시험할 수 있는 성능시험배관을 설치할 것. 다만, 충압펌프의 경우에는 그렇지 않다.
ⓑ 가압송수장치에는 체절운전 시 수온의 상승을 방지하기 위한 순환배관을 설치할 것. 다만, 충압펌프의 경우에는 그렇지 않다.
ⓢ 기동장치로는 기동용수압개폐장치 또는 이와 동등 이상의 성능이 있는 것을 설치할 것
ⓞ 기동용수압개폐장치 중 압력챔버를 사용할 경우 그 용적은 100L 이상의 것으로 할 것
ⓩ 수원의 수위가 펌프보다 낮은 위치에 있는 가압송수장치에는 다음의 기준에 따른 물올림장치를 설치할 것
  ⓐ 물올림장치에는 전용의 수조를 설치할 것
  ⓑ 수조의 유효수량은 100L 이상으로 하되, 구경 15mm 이상의 급수배관에 따라 해당 수조에 물이 계속 보급되도록 할 것

OX ⓩ **정격토출압력**: 가압송수장치의 정격토출압력은 하나의 헤드선단에 **0.1MPa 이상 1.2MPa 이하**의 방수압력이 될 수 있게 하는 크기일 것
ⓚ **송수량**: 가압송수장치의 송수량은 0.1MPa의 방수압력 기준으로 80L/min 이상의 방수성능을 가진 기준개수의 모든 헤드로부터의 방수량을 충족시킬 수 있는 양 이상의 것으로 할 것. 이 경우 속도수두는 계산에 포함하지 않을 수 있다. 기출

⑧ **폐쇄형 스프링클러설비의 방호구역·유수검지장치**: 폐쇄형 스프링클러헤드를 사용하는 설비의 방호구역(스프링클러설비의 소화범위에 포함된 영역을 말한다. 이하 같다)·유수검지장치는 다음의 기준에 적합해야 한다.
  ㉠ 하나의 방호구역의 바닥면적은 3,000m²를 초과하지 않을 것. 다만, 폐쇄형 스프링클러설비에 격자형 배관방식(2 이상의 수평주행배관 사이를 가지배관으로 연결하는 방식을 말한다)을 채택하는 때에는 3,700m²의 범위 내에서 펌프용량, 배관의 구경 등을 수리학적으로 계산한 결과 헤드의 방수압 및 방수량이 방호구역 범위 내에서 소화목적을 달성하는 데 충분하도록 해야 한다.
  ㉡ 하나의 방호구역에는 1개 이상의 유수검지장치를 설치하되, 화재발생 시 접근이 쉽고 점검하기 편리한 장소에 설치할 것

OX문제

스프링클러헤드의 방수압력은 0.1~1.2MPa이고, 방수량은 80L/min 이상이어야 한다.
( )

정답 O

ⓒ 하나의 방호구역은 2개 층에 미치지 않도록 할 것. 다만, 1개 층에 설치되는 스프링클러헤드의 수가 10개 이하인 경우와 복층형 구조의 공동주택에는 3개 층 이내로 할 수 있다.

ⓔ 유수검지장치를 실내에 설치하거나 보호용 철망 등으로 구획하여 바닥으로부터 0.8m 이상 1.5m 이하의 위치에 설치하되, 그 실 등에는 가로 0.5m 이상 세로 1m 이상의 개구부로서 그 개구부에는 출입문을 설치하고 그 출입문 상단에 '유수검지장치실'이라고 표시한 표지를 설치할 것. 다만, 유수검지장치를 기계실(공조용 기계실을 포함한다) 안에 설치하는 경우에는 별도의 실 또는 보호용 철망을 설치하지 아니하고 기계실 출입문 상단에 '유수검지장치실'이라고 표시한 표지를 설치할 수 있다.

ⓜ 스프링클러헤드에 공급되는 물은 유수검지장치를 지나도록 할 것. 다만, 송수구를 통하여 공급되는 물은 그렇지 않다.

ⓗ 자연낙차에 따른 압력수가 흐르는 배관상에 설치된 유수검지장치는 화재 시 물의 흐름을 검지할 수 있는 최소한의 압력이 얻어질 수 있도록 수조의 하단으로부터 낙차를 두어 설치할 것

ⓢ 조기반응형 스프링클러헤드를 설치하는 경우에는 습식 유수검지장치 또는 부압식 스프링클러설비를 설치할 것

⑨ **개방형 스프링클러설비의 방수구역 및 일제개방밸브**: 개방형 스프링클러설비의 방수구역 및 일제개방밸브는 다음의 기준에 적합해야 한다.

㉠ 하나의 방수구역은 2개 층에 미치지 않아야 한다.

㉡ 방수구역마다 일제개방밸브를 설치해야 한다.

㉢ 하나의 방수구역을 담당하는 헤드의 개수는 50개 이하로 할 것. 다만, 2개 이상의 방수구역으로 나눌 경우에는 하나의 방수구역을 담당하는 헤드의 개수는 25개 이상으로 해야 한다.

㉣ 일제개방밸브의 설치위치는 위 ⑧의 ㉣에 따르고, 표지는 '일제개방밸브실'이라고 표시해야 한다.

⑩ **급수배관의 설치**: 전용으로 할 것. 다만, 스프링클러설비의 기동장치의 조작과 동시에 다른 설비의 용도에 사용하는 배관의 송수를 차단할 수 있거나, 스프링클러설비의 성능에 지장이 없는 경우에는 다른 설비와 겸용할 수 있다.

⑪ **릴리프밸브의 설치**: 가압송수장치의 체절운전 시 수온의 상승을 방지하기 위하여 체크밸브와 펌프 사이에서 분기한 구경 20mm 이상의 배관에 체절압력 미만에서 개방되는 릴리프밸브를 설치해야 한다.

⑫ **배관의 기울기**: 스프링클러설비 배관의 배수를 위한 기울기는 다음의 기준에 따른다.
  ㉠ 습식 스프링클러설비 또는 부압식 스프링클러설비의 배관을 수평으로 할 것. 다만, 배관의 구조상 소화수가 남아 있는 곳에는 배수밸브를 설치해야 한다.
  ㉡ 습식 스프링클러설비 또는 부압식 스프링클러설비 외의 설비에는 헤드를 향하여 상향으로 수평주행배관의 기울기를 500분의 1 이상, 가지배관의 기울기를 250분의 1 이상으로 할 것. 다만, 배관의 구조상 기울기를 줄 수 없는 경우에는 배수를 원활하게 할 수 있도록 배수밸브를 설치해야 한다.

⑬ **헤드**
  ㉠ 헤드의 설치: 스프링클러헤드는 특정소방대상물의 천장·반자·천장과 반자 사이·덕트·선반 기타 이와 유사한 부분(폭이 1.2m를 초과하는 것에 한한다)에 설치해야 한다. 다만, 폭이 9m 이하인 실내에 있어서는 측벽에 설치할 수 있다.
  ㉡ 스프링클러헤드의 수평거리: 스프링클러헤드를 설치하는 천장·반자·천장과 반자 사이·덕트·선반 등의 각 부분으로부터 하나의 스프링클러헤드까지의 수평거리는 다음과 같이 해야 한다. 다만, 성능이 별도로 인정된 스프링클러헤드를 수리계산에 따라 설치하는 경우에는 그렇지 않다.
    ⓐ 무대부·「화재의 예방 및 안전관리에 관한 법률 시행령」[별표 2]의 특수가연물을 저장 또는 취급하는 장소에 있어서는 1.7m 이하
    ⓑ 위 ⓐ 외의 특정소방대상물에 있어서는 2.1m 이하(내화구조로 된 경우에는 2.3m 이하)

⑭ **헤드의 설치방법**: 스프링클러헤드는 다음의 방법에 따라 설치해야 한다.
  ㉠ 살수가 방해되지 않도록 스프링클러헤드로부터 반경 60cm 이상의 공간을 보유할 것. 다만, 벽과 스프링클러헤드 간의 공간은 10cm 이상으로 한다.
  ㉡ 스프링클러헤드와 그 부착면(상향식 헤드의 경우에는 그 헤드의 직상부의 천장·반자 또는 이와 비슷한 것을 말한다. 이하 같다)과의 거리는 30cm 이하로 할 것

ⓒ 배관·행거 및 조명기구 등 살수를 방해하는 것이 있는 경우에는 위 ㉠ 및 ㉡에도 불구하고 그로부터 아래에 설치하여 살수에 장애가 없도록 할 것. 다만, 스프링클러헤드와 장애물과의 이격거리를 장애물 폭의 3배 이상 확보한 경우에는 그렇지 않다.

⑮ **송수구의 설치기준**: 스프링클러설비에는 소방차로부터 그 설비에 송수할 수 있는 송수구를 다음의 기준에 따라 설치해야 한다.

㉠ 소방차가 쉽게 접근할 수 있고 잘 보이는 장소에 설치하고, 화재층으로부터 지면으로 떨어지는 유리창 등이 송수 및 그 밖의 소화작업에 지장을 주지 않는 장소에 설치할 것

㉡ 송수구로부터 스프링클러설비의 주배관에 이르는 연결배관에 개폐밸브를 설치한 때에는 그 개폐상태를 쉽게 확인 및 조작할 수 있는 옥외 또는 기계실 등의 장소에 설치할 것

ⓒ 송수구는 구경 65mm의 **쌍구형**으로 할 것

㉣ 송수구에는 그 가까운 곳의 보기 쉬운 곳에 송수압력범위를 표시한 표지를 할 것

㉤ 폐쇄형 스프링클러헤드를 사용하는 스프링클러설비의 송수구는 하나의 층의 바닥면적이 3,000m²를 넘을 때마다 1개 이상(5개를 넘을 경우에는 5개로 한다)을 설치할 것

㉥ 지면으로부터 높이가 0.5m 이상 1m 이하의 위치에 설치할 것

㉦ 송수구의 부근에는 자동배수밸브(또는 직경 5mm의 배수공) 및 체크밸브를 설치할 것. 이 경우 자동배수밸브는 배관 안의 물이 잘 빠질 수 있는 위치에 설치하되, 배수로 인하여 다른 물건 또는 장소에 피해를 주지 않아야 한다.

㉧ 송수구에는 이물질을 막기 위한 마개를 씌울 것

⑯ **헤드의 설치 제외**: 스프링클러설비를 설치해야 할 특정소방대상물에 있어서 다음의 하나에 해당하는 장소에는 스프링클러헤드를 설치하지 않을 수 있다. 기출

㉠ 계단실(특별피난계단의 부속실을 포함한다)·경사로·승강기의 승강로·비상용 승강기의 승강장·파이프덕트 및 덕트피트(파이프·덕트를 통과시키기 위한 구획된 구멍에 한한다)·목욕실·수영장(관람석부분을 제외한다)·화장실·직접 외기에 개방되어 있는 복도·기타 이와 유사한 장소

㉡ 통신기기실·전자기기실 그 밖에 이와 유사한 장소

ⓒ 발전실·변전실·변압기 그 밖에 이와 유사한 전기설비가 설치되어 있는 장소

ⓔ 병원의 수술실·응급처치실 그 밖에 이와 유사한 장소

ⓜ 천장과 반자 양쪽이 불연재료로 되어 있는 경우로서 그 사이의 거리 및 구조가 다음의 어느 하나에 해당하는 부분

ⓐ 천장과 반자 사이의 거리가 2m 미만인 부분

ⓑ 천장과 반자 사이의 벽이 불연재료이고, 천장과 반자 사이의 거리가 2m 이상으로서 그 사이에 가연물이 존재하지 않는 부분

ⓗ 천장·반자 중 한쪽이 불연재료로 되어 있고, 천장과 반자 사이의 거리가 1m 미만인 부분

ⓢ 천장 및 반자가 불연재료 외의 것으로 되어 있고, 천장과 반자 사이의 거리가 0.5m 미만인 부분

ⓞ 펌프실·물탱크실·엘리베이터 권상기실 그 밖의 이와 비슷한 장소

ⓩ 현관 또는 로비 등으로서 바닥으로부터 높이가 20m 이상인 장소

ⓧ 영하의 냉장창고의 냉장실 또는 냉동창고의 냉동실

ⓚ 고온의 노가 설치된 장소 또는 물과 격렬하게 반응하는 물품의 저장 또는 취급장소

ⓔ 불연재료로 된 특정소방대상물 또는 그 부분으로서 다음의 어느 하나에 해당하는 장소

ⓐ 정수장·오물처리장 그 밖의 이와 비슷한 장소

ⓑ 펄프공장의 작업장·음료수공장의 세정 또는 충전하는 작업장 그 밖의 이와 비슷한 장소

ⓒ 불연성의 금속·석재 등의 가공공장으로서 가연성 물질을 저장 또는 취급하지 아니하는 장소

ⓓ 가연성 물질이 존재하지 않는 「건축물의 에너지절약설계기준」에 따른 방풍실

(5) 자동화재탐지설비 및 시각경보장치

자동화재탐지설비는 건물 내에 화재가 발생하였을 때 자동으로 감지하여 내부 관계인에게 알리는 장치로 감지기, 중계기, 발신기, 수신기 등으로 구성되어 있다.

① **정의**: 「자동화재탐지설비 및 시각경보장치의 화재안전기술기준(NFTC 203)」에서 사용하는 용어의 정의는 다음과 같다.

OX문제

현관 또는 로비 등으로서 바닥으로부터 높이가 10m인 장소에는 스프링클러헤드를 설치하지 아니할 수 있다.
( )

정답 ✕

㉠ **경계구역**: 특정소방대상물 중 화재신호를 발신하고 그 신호를 수신 및 유효하게 제어할 수 있는 구역을 말한다.

㉡ **수신기**: 감지기나 발신기에서 발하는 화재신호를 직접 수신하거나 중계기를 통하여 수신하여 화재의 발생을 표시 및 경보하여 주는 장치를 말한다. 기출

㉢ **중계기**: 감지기·발신기 또는 전기적인 접점 등의 작동에 따른 신호를 받아 이를 수신기에 전송하는 장치를 말한다.

㉣ **감지기**: 화재 시 발생하는 열, 연기, 불꽃 또는 연소생성물을 자동적으로 감지하여 수신기에 화재신호 등을 발신하는 장치를 말한다. 기출

㉤ **발신기**: 수동누름버튼 등의 작동으로 화재 신호를 수신기에 발신하는 장치를 말한다.

㉥ **시각경보장치**: 자동화재탐지설비에서 발하는 화재신호를 시각경보기에 전달하여 청각장애인에게 점멸형태의 시각경보를 하는 것을 말한다.

㉦ **거실**: 거주·집무·작업·집회·오락 그 밖에 이와 유사한 목적을 위하여 사용하는 실을 말한다.

② **신호처리방식**: 화재신호 및 상태신호 등(이하 '화재신호 등'이라 한다)을 송수신하는 방식으로서 다음의 방식을 말한다.

㉠ **유선식**: 화재신호 등을 배선으로 송·수신하는 방식
㉡ **무선식**: 화재신호 등을 전파에 의해 송·수신하는 방식
㉢ **유·무선식**: 유선식과 무선식을 겸용으로 사용하는 방식

③ **경계구역**: 자동화재탐지설비의 경계구역은 다음의 기준에 따라 설정해야 한다. 다만, 감지기의 형식승인 시 감지거리, 감지면적 등에 대한 성능을 별도로 인정받은 경우에는 그 성능인정범위를 경계구역으로 할 수 있다.

㉠ 하나의 경계구역이 2 이상의 건축물에 미치지 않도록 할 것
㉡ 하나의 경계구역이 2 이상의 층에 미치지 않도록 할 것. 다만, 500m² 이하의 범위 안에서는 2개의 층을 하나의 경계구역으로 할 수 있다.
㉢ 하나의 경계구역의 면적은 600m² 이하로 하고 한 변의 길이는 50m 이하로 할 것. 다만, 해당 특정소방대상물의 주된 출입구에서 그 내부 전체가 보이는 것에 있어서는 한 변의 길이가 50m의 범위 내에서 1,000m² 이하로 할 수 있다. 기출

OX문제

수신기란 화재 시 발생하는 열, 연기, 불꽃 또는 연소생성물을 자동적으로 감지하여 중계기에 발신하는 장치를 말한다.
( )

OX문제

하나의 경계구역의 면적은 600m² 이하로 하고 한 변의 길이는 60m 이하로 할 것. 다만, 해당 특정소방대상물의 주된 출입구에서 그 내부 전체가 보이는 것에 있어서는 한 변의 길이가 60m의 범위 내에서 1,200m² 이하로 할 수 있다.
( )

정답 ×, ×

> **자동화재탐지설비 및 시각경보장치의 화재안전성능기준(NFPC 203)**
> 자동화재탐지설비의 경계구역은 다음의 기준에 따라 설정하여야 한다. 다만, 감지기의 형식승인 시 감지거리, 감지면적 등에 대한 성능을 별도로 인정받은 경우에는 그 성능인정범위를 경계구역으로 할 수 있다.
> 1. 하나의 경계구역이 둘 이상의 건축물에 미치지 아니하도록 할 것
> 2. 하나의 경계구역이 둘 이상의 층에 미치지 아니하도록 할 것
> 3. 하나의 경계구역의 면적은 600제곱미터 이하로 하고 한 변의 길이는 50미터 이하로 할 것

④ **수신기**

㉠ 자동화재탐지설비의 수신기는 다음의 기준에 적합한 것으로 설치해야 한다.

ⓐ 해당 특정소방대상물의 경계구역을 각각 표시할 수 있는 회선수 이상의 수신기를 설치할 것

ⓑ 해당 특정소방대상물에 가스누설탐지설비가 설치된 경우에는 가스누설탐지설비로부터 가스누설신호를 수신하여 가스누설경보를 할 수 있는 수신기를 설치할 것(가스누설탐지설비의 수신부를 별도로 설치한 경우에는 제외한다)

㉡ 수신기는 다음의 기준에 따라 설치해야 한다.

ⓐ 수위실 등 상시 사람이 근무하는 장소에 설치할 것. 다만, 사람이 상시 근무하는 장소가 없는 경우에는 관계인이 쉽게 접근할 수 있고 관리가 용이한 장소에 설치할 수 있다.

ⓑ 수신기가 설치된 장소에는 경계구역 일람도를 비치할 것. 다만, 모든 수신기와 연결되어 각 수신기의 상황을 감시하고 제어할 수 있는 수신기(이하 '주수신기'라 한다)를 설치하는 경우에는 주수신기를 제외한 그 밖의 수신기는 그렇지 않다.

ⓒ 수신기의 음향기구는 그 음량 및 음색이 다른 기기의 소음 등과 명확히 구별될 수 있는 것으로 할 것

ⓓ 수신기는 감지기·중계기 또는 발신기가 작동하는 경계구역을 표시할 수 있는 것으로 할 것

ⓔ 화재·가스 전기등에 대한 종합방재반을 설치한 경우에는 해당 조작반에 수신기의 작동과 연동하여 감지기·중계기 또는 발신기가 작동하는 경계구역을 표시할 수 있는 것으로 할 것

ⓕ 하나의 경계구역은 하나의 표시등 또는 하나의 문자로 표시되도록 할 것

ⓖ 수신기의 조작스위치는 바닥으로부터의 높이가 0.8m 이상 1.5m 이하인 장소에 설치할 것 기출

ⓗ 하나의 특정소방대상물에 2 이상의 수신기를 설치하는 경우에는 수신기를 상호간 연동하여 화재발생 상황을 각 수신기마다 확인할 수 있도록 할 것

ⓘ 화재로 인하여 하나의 층의 지구음향장치 배선이 단락되어도 다른 층의 화재통보에 지장이 없도록 각 층 배선상에 유효한 조치를 할 것

⑤ **중계기**: 자동화재탐지설비의 중계기는 다음의 기준에 따라 설치해야 한다.

㉠ 수신기에서 직접 감지기회로의 도통시험을 행하지 않는 것에 있어서는 수신기와 감지기 사이에 설치할 것

㉡ 조작 및 점검에 편리하고 화재 및 침수 등의 재해로 인한 피해를 받을 우려가 없는 장소에 설치할 것

㉢ 수신기에 따라 감시되지 않는 배선을 통하여 전력을 공급받는 것에 있어서는 전원입력 측의 배선에 과전류 차단기를 설치하고 해당 전원의 정전이 즉시 수신기에 표시되는 것으로 하며, 상용전원 및 예비전원의 시험을 할 수 있도록 할 것

⑥ **감지기** 기출

㉠ 정온식 감지기

ⓐ 실온이 **일정온도 이상**으로 상승하였을 때 작동하는 것으로 실온이 높을 때에는 화재가 발생하면 비교적 조기에 발견될 수 있으나 실온이 낮은 경우에는 감지되기까지 시간이 걸린다.

ⓑ **보일러실, 주방** 등의 열원기를 사용하는 곳에 적합하다.

㉡ 차동식 감지기: 차동식 감지기는 **실내온도의 상승률**, 즉 상승속도가 일정한 값을 넘었을 때 동작한다. 난방, 기상의 변화와 같이 보통의 온도변화, 즉 정상적으로 상승하는 온도변화 이상으로 변화할 때 동작한다.

ⓐ **차동식 스폿형 감지기**

ⅰ) 공기팽창식의 경우 감지기 내에 공기실이 설치되어 화재 시 온도상승으로 팽창하여 접점에 닿아 화재신호를 발신한다.

ⅱ) 주차장, 사무실, 응접실 등 비교적 온도변화가 적은 장소에 적합하다.

OX문제

수신기의 조작스위치는 바닥으로부터의 높이가 1.6m 이상인 장소에 설치해야 한다. ( )

OX문제

정온식 감지기는 주위 온도가 일정한 온도 이상이 되었을 때 동작하는 것으로 보일러실 등에 설치한다. ( )

OX문제

차동식 감지기는 주위 온도가 일정한 온도 상승률 이상이 되었을 때 작동하는 감지기이다. ( )

정답 ×, ○, ○

ⓑ **차동식 분포형 감지기**
  ⅰ) 공기관식은 천장에 돌아가면서 가느다란 동파이프를 배관하여 화재 시 동파이프 내의 공기가 팽창하여 감압식의 접점에 닿아 화재신호를 발신한다.
  ⅱ) 공장, 창고, 강당, 체육관 등의 넓은 실에 적합하다.

ⓒ **보상식 감지기**
  ⓐ **정온식**(바이메탈)과 **차동식**(공기관식) 감지기를 결합한 형태로서 **한쪽 기능만 충족**을 해도 화재를 감지한다.
  ⓑ 공기의 팽창 및 금속의 용융을 이용한다.

ⓓ **연기감지기**
  ⓐ 화재발생 시에 생기는 연기발생 감지에 의한 화재감지기로 이온화식과 광전식의 2종류로 구분되고 있다.
    ⅰ) **이온화식**: 검지부에 연기가 들어가는 데 따라 이온전류가 변화하는 것
    ⅱ) **광전식**: 검지부에 연기가 들어가는 데 따라 광전소자의 입사광량이 변화하는 것을 이용하여 화재를 감지하는 것
  ⓑ 계단실·무대 등 천장고가 높은 곳에 이용한다.
  ⓒ 연기감지기 설치장소
    ⅰ) 계단·경사로 및 에스컬레이터 경사로
    ⅱ) 복도(30m 미만의 것은 제외한다)
    ⅲ) 엘리베이터 승강로(권상기실이 있는 경우에는 권상기실)·린넨슈트·파이프 피트 및 덕트 그 밖의 이와 유사한 장소
    ⅳ) 천장 또는 반자의 높이가 15m 이상 20m 미만의 장소
    ⅴ) **다음의 어느 하나에 해당하는 특정소방대상물의 취침·숙박·입원 등 이와 유사한 용도로 사용되는 거실**
      • 공동주택·오피스텔·숙박시설·노유자시설·수련시설
      • 교육연구시설 중 합숙소
      • 의료시설, 근린생활시설 중 입원실이 있는 의원·조산원
      • 교정 및 군사시설
      • 근린생활시설 중 고시원

⑦ **감지기의 설치기준**: 감지기는 다음의 기준에 따라 설치해야 한다. 다만, 교차회로방식에 사용되는 감지기, 급속한 연소 확대가 우려되는 장소에 사용되는 감지기 및 축적기능이 있는 수신기에 연결하여 사용하는 감지기는 축적기능이 없는 것으로 설치해야 한다.

OX문제

광전식 감지기는 차동식 감지기와 정온식 감지기의 기능을 합친 것이다. ( )

보상식 감지기는 광전식과 이온화식의 겸용 감지기이다. ( )

정답 ×, ×

㉠ 감지기(차동식 분포형의 것을 제외한다)는 실내로의 공기유입구로부터 1.5m 이상 떨어진 위치에 설치할 것
㉡ 감지기는 천장 또는 반자의 옥내에 면하는 부분에 설치할 것
㉢ 보상식 스폿형 감지기는 정온점이 감지기 주위의 평상시 최고온도보다 20℃ 이상 높은 것으로 설치할 것
㉣ 정온식 감지기는 주방·보일러실 등으로서 다량의 화기를 취급하는 장소에 설치하되, 공칭작동온도가 최고주위온도보다 20℃ 이상 높은 것으로 설치할 것

> **자동화재탐지설비 및 시각경보장치의 화재안전성능기준(NFPC 203)**
> 1. 보상식 스폿형 감지기는 정온점이 감지기 주위의 평상시 최고온도보다 일정 온도 이상 높은 것으로 설치할 것
> 2. 정온식 감지기는 주방·보일러실 등으로서 다량의 화기를 취급하는 장소에 설치하되, 공칭작동온도가 최고 주위온도보다 일정 온도 이상 높은 것으로 설치할 것

㉤ 스폿형 감지기는 45° 이상 경사되지 않도록 부착할 것
㉥ 공기관식 차동식 분포형 감지기는 다음의 기준에 따를 것
  ⓐ 공기관의 노출부분은 감지구역마다 20m 이상이 되도록 할 것
  ⓑ 공기관과 감지구역의 각 변과의 수평거리는 1.5m 이하가 되도록 하고, 공기관 상호간의 거리는 6m(주요구조부를 내화구조로 된 특정소방대상물 또는 그 부분에 있어서는 9m) 이하가 되도록 할 것
  ⓒ 공기관은 도중에서 분기하지 않도록 할 것
  ⓓ 하나의 검출부분에 접속하는 공기관의 길이는 100m 이하로 할 것
  ⓔ 검출부는 5° 이상 경사되지 않도록 부착할 것
  ⓕ 검출부는 바닥으로부터 0.8m 이상 1.5m 이하의 위치에 설치할 것

⑧ 연기감지기는 다음의 기준에 따라 설치할 것
  ㉠ 연기감지기의 부착높이에 따라 다음 표에 따른 바닥면적마다 1개 이상으로 할 것

(단위: m²)

부착 높이	감지기의 종류	
	1종 및 2종	3종
4m 미만	150	50
4m 이상 20m 미만	75	—

ⓒ 감지기는 복도 및 통로에 있어서는 보행거리 30m(3종에 있어서는 20m)마다, 계단 및 경사로에 있어서는 수직거리 15m(3종에 있어서는 10m)마다 1개 이상으로 할 것
ⓒ 천장 또는 반자가 낮은 실내 또는 좁은 실내에 있어서는 출입구의 가까운 부분에 설치할 것
ⓔ 천장 또는 반자부근에 배기구가 있는 경우에는 그 부근에 설치할 것
ⓜ 감지기는 벽 또는 보로부터 0.6m 이상 떨어진 곳에 설치할 것

⑨ **음향장치**: 자동화재탐지설비의 음향장치는 다음의 기준에 따라 설치해야 한다.
  ㉠ 주음향장치는 수신기의 내부 또는 그 직근에 설치할 것
  ㉡ 층수가 11층(공동주택의 경우에는 16층) 이상의 특정소방대상물은 다음의 기준에 따라 경보를 발할 수 있도록 할 것
    ⓐ 2층 이상의 층에서 발화한 때에는 발화층 및 그 직상 4개 층에 경보를 발할 것
    ⓑ 1층에서 발화한 때에는 발화층·그 직상 4개 층 및 지하층에 경보를 발할 것
    ⓒ 지하층에서 발화한 때에는 발화층·그 직상층 및 그 밖의 지하층에 경보를 발할 것
  ㉢ 지구음향장치는 특정소방대상물의 층마다 설치하되, 해당 층의 각 부분으로부터 하나의 음향장치까지의 수평거리가 25m 이하가 되도록 하고, 해당 층의 각 부분에 유효하게 경보를 발할 수 있도록 설치할 것. 다만, 「비상방송설비의 화재안전기술기준(NFTC 202)」에 적합한 방송설비를 자동화재탐지설비의 감지기와 연동하여 작동하도록 설치한 경우에는 지구음향장치를 설치하지 않을 수 있다.
  ㉣ 음향장치는 다음 기준에 따른 구조 및 성능의 것으로 할 것
    ⓐ 정격전압의 80% 전압에서 음향을 발할 수 있는 것으로 할 것. 다만, 건전지를 주전원으로 사용하는 음향장치는 그렇지 않다. 기출
    ⓑ 음향의 크기는 부착된 음향장치의 중심으로부터 1m 떨어진 위치에서 90dB 이상이 되는 것으로 할 것 기출
    ⓒ 감지기 및 발신기의 작동과 연동하여 작동할 수 있는 것으로 할 것

⑩ **시각경보장치**: 청각장애인용 시각경보장치는 소방청장이 정하여 고시한 「시각경보장치의 성능인증 및 제품검사의 기술기준」에 적합한 것으로서 다음의 기준에 따라 설치해야 한다.

OX문제

음향장치는 정격전압의 90% 전압에서 음향을 발할 수 있는 것으로 해야 하며 음량은 부착된 음향장치의 중심으로부터 1m 떨어진 위치에서 80dB 이상이 되는 것으로 해야 한다.
( )

정답 ×

㉠ 복도·통로·청각장애인용 객실 및 공용으로 사용하는 거실(로비, 회의실, 강의실, 식당, 휴게실, 오락실, 대기실, 체력단련실, 접객실, 안내실, 전시실, 기타 이와 유사한 장소를 말한다)에 설치하며, 각 부분으로부터 유효하게 경보를 발할 수 있는 위치에 설치할 것

㉡ 공연장·집회장·관람장 또는 이와 유사한 장소에 설치하는 경우에는 시선이 집중되는 무대부 부분 등에 설치할 것

㉢ 설치 높이는 바닥으로부터 2m 이상 2.5m 이하의 장소에 설치할 것. 다만, 천장의 높이가 2m 이하인 경우에는 천장으로부터 0.15m 이내의 장소에 설치해야 한다.

㉣ 시각경보장치의 광원은 전용의 축전지설비 또는 전기저장장치(외부 전기에너지를 저장해 두었다가 필요한 때 전기를 공급하는 장치)에 의하여 점등되도록 할 것. 다만, 시각경보기에 작동전원을 공급할 수 있도록 형식승인을 얻은 수신기를 설치한 경우에는 그렇지 않다.

⑪ **발신기**

㉠ 자동화재탐지설비의 발신기는 다음의 기준에 따라 설치해야 한다.

ⓐ 조작이 쉬운 장소에 설치하고, 스위치는 바닥으로부터 0.8m 이상 1.5m 이하의 높이에 설치할 것

ⓑ 특정소방대상물의 층마다 설치하되, 해당 층의 각 부분으로부터 하나의 발신기까지의 수평거리가 25m 이하가 되도록 할 것. 다만, 복도 또는 별도로 구획된 실로서 보행거리가 40m 이상일 경우에는 추가로 설치해야 한다.

ⓒ 위 ⓑ에도 불구하고 ⓑ의 기준을 초과하는 경우로서 기둥 또는 벽이 설치되지 아니한 대형공간의 경우 발신기는 설치 대상 장소의 가장 가까운 장소의 벽 또는 기둥 등에 설치할 것

㉡ 발신기의 위치를 표시하는 표시등은 함의 상부에 설치하되, 그 불빛은 부착면으로부터 15° 이상의 범위에서 부착지점으로부터 10m 이내의 어느 곳에서도 쉽게 식별할 수 있는 **적색등**으로 해야 한다.

⑫ **축전지설비의 설치**: 자동화재탐지설비에는 그 설비에 대한 감시상태를 60분간 지속한 후 유효하게 10분 이상 경보할 수 있는 비상전원으로서 축전지설비(수신기에 내장하는 경우를 포함한다) 또는 전기저장장치(외부 전기에너지를 저장해 두었다가 필요한 때 전기를 공급하는 장치)를 설치해야 한다. 다만, 상용전원이 축전지설비인 경우 또는 건전지를 주전원으로 사용하는 무선식 설비인 경우에는 그렇지 않다. 기출

(6) 비상방송설비의 음향장치

① **정의**: 「비상방송설비의 화재안전기술기준(NFTC 202)」에서 사용되는 용어의 정의는 다음과 같다.

   ㉠ **확성기**: 소리를 크게 하여 멀리까지 전달될 수 있도록 하는 장치로서 일명 스피커를 말한다.

   ㉡ **음량조절기**: 가변저항을 이용하여 전류를 변화시켜 음량을 크게 하거나 작게 조절할 수 있는 장치를 말한다.

   ㉢ **증폭기**: 전압전류의 진폭을 늘려 감도를 좋게 하고 미약한 음성전류를 커다란 음성전류로 변화시켜 소리를 크게 하는 장치를 말한다.

   ㉣ **기동장치**: 화재감지기, 발신기 등의 상태변화를 전송하는 장치를 말한다.

   ㉤ **몰드**: 전선을 물리적으로 보호하기 위해 사용되는 통형 구조물을 말한다.

   ㉥ **약전류회로**: 전신선, 전화선 등에 사용하는 전선이나 케이블, 인터폰, 확성기의 음성 회로, 라디오·텔레비전의 시청회로 등을 포함하는 약전류가 통전되는 회로를 말한다.

   ㉦ **전원회로**: 전기·통신, 기타 전기를 이용하는 장치 등에 전력을 공급하기 위하여 필요한 기기로 이루어지는 전기회로를 말한다.

   ㉧ **절연저항**: 전류가 도체에서 절연물을 통하여 다른 충전부나 기기로 누설되는 경우 그 누설 경로의 저항을 말한다.

   ㉨ **절연효력**: 전기가 불필요한 부분으로 흐르지 않도록 절연하는 성능을 나타내는 것을 말한다.

   ㉩ **정격전압**: 전기기계기구, 선로 등의 정상적인 동작을 유지시키기 위해 공급해 주어야 하는 기준 전압을 말한다.

   ㉪ **조작부**: 기기를 제어할 수 있도록 조작스위치, 지시계, 표시등 등을 집결시킨 부분을 말한다.

   ㉫ **풀박스**: 장거리 케이블 포설을 용이하게 하기 위해 전선관 중간에 설치하는 상자형 구조물 등을 말한다.

② **음향장치**: 비상방송설비는 다음의 기준에 따라 설치해야 한다. 이 경우 엘리베이터 내부에는 별도의 음향장치를 설치할 수 있다. ^{기출}

   ㉠ 확성기의 음성입력은 3W(실내에 설치하는 것에 있어서는 1W) 이상일 것

   ㉡ 확성기는 각 층마다 설치하되, 그 층의 각 부분으로부터 하나의 확성기까지의 수평거리가 25m 이하가 되도록 하고, 해당 층의 각 부분에 유효하게 경보를 발할 수 있도록 설치할 것

비상방송설비의 화재안전성능기준(NFPC 202)
확성기는 각 층마다 설치하되, 해당 층의 각 부분으로부터 하나의 확성기까지의 수평거리는 해당 층의 각 부분에 유효하게 경보를 발할 수 있는 거리 이하가 되도록 설치할 것

ⓒ 음량조정기를 설치하는 경우 음량조정기의 배선은 3선식으로 할 것
ⓔ 조작부의 조작스위치는 바닥으로부터 0.8m 이상 1.5m 이하의 높이에 설치할 것
ⓜ 조작부는 기동장치의 작동과 연동하여 해당 기동장치가 작동한 층 또는 구역을 표시할 수 있는 것으로 할 것
ⓗ 증폭기 및 조작부는 수위실 등 상시 사람이 근무하는 장소로서 점검이 편리하고 방화상 유효한 곳에 설치할 것
ⓢ 층수가 11층(공동주택의 경우에는 16층) 이상의 특정소방대상물은 다음에 따라 경보를 발할 수 있도록 해야 한다.
  ⓐ 2층 이상의 층에서 발화한 때에는 발화층 및 그 직상 4개 층에 경보를 발할 것
  ⓑ 1층에서 발화한 때에는 발화층·그 직상 4개 층 및 지하층에 경보를 발할 것
  ⓒ 지하층에서 발화한 때에는 발화층·그 직상층 및 기타의 지하층에 경보를 발할 것
ⓞ 다른 방송설비와 공용하는 것에 있어서는 화재 시 비상경보 외의 방송을 차단할 수 있는 구조로 할 것
ⓩ 다른 전기회로에 따라 유도장애가 생기지 않도록 할 것
ⓒ 하나의 특정소방대상물에 2 이상의 조작부가 설치되어 있는 때에는 각각의 조작부가 있는 장소 상호간에 동시통화가 가능한 설비를 설치하고, 어느 조작부에서도 해당 특정소방대상물의 전 구역에 방송을 할 수 있도록 할 것
ⓚ 기동장치에 따른 화재신고를 수신한 후 필요한 음량으로 화재발생 상황 및 피난에 유효한 방송이 자동으로 개시될 때까지의 소요시간은 10초 이내로 할 것
ⓔ 음향장치는 다음의 기준에 따른 구조 및 성능의 것으로 해야 한다.
  ⓐ 정격전압의 80% 전압에서 음향을 발할 수 있는 것으로 할 것
  ⓑ 자동화재탐지설비의 작동과 연동하여 작동할 수 있는 것으로 할 것

OX문제
음량조정기를 설치하는 경우 음량조정기의 배선은 4선식으로 하여야 한다. ( )

정답 ×

(7) 피난기구

① **정의**: 「피난기구의 화재안전기술기준(NFTC 301)」에서 사용하는 용어의 정의는 다음과 같다.

㉠ **피난사다리**: 화재 시 긴급대피를 위해 사용하는 사다리를 말한다.

㉡ **완강기**: 사용자의 몸무게에 따라 자동적으로 내려올 수 있는 기구 중 사용자가 교대하여 **연속적으로 사용할 수 있는 것**을 말한다.

㉢ **간이완강기**: 사용자의 몸무게에 따라 자동적으로 내려올 수 있는 기구 중 사용자가 **연속적으로 사용할 수 없는 것**을 말한다.

㉣ **구조대**: 포지 등을 사용하여 자루형태로 만든 것으로서 화재 시 사용자가 그 내부에 들어가서 내려옴으로써 대피할 수 있는 것을 말한다.

㉤ **공기안전매트**: 화재 발생 시 사람이 건축물 내에서 외부로 긴급히 뛰어 내릴 때 충격을 흡수하여 안전하게 지상에 도달할 수 있도록 포지에 공기 등을 주입하는 구조로 되어 있는 것을 말한다.

㉥ **다수인피난장비**: 화재 시 2인 이상의 피난자가 동시에 해당 층에서 지상 또는 피난층으로 하강하는 피난기구를 말한다.

㉦ **승강식 피난기**: 사용자의 몸무게에 의하여 자동으로 하강하고 내려서면 스스로 상승하여 **연속적으로 사용할 수 있는** 무동력 승강식 기기를 말한다.

㉧ **하향식 피난구용 내림식 사다리**: 하향식 피난구 해치에 격납하여 보관하고 사용 시에는 사다리 등이 소방대상물과 접촉되지 않는 내림식 사다리를 말한다.

② **소방대상물의 설치장소별 피난기구의 적응성**: 피난기구는 다음 표에 따라 소방대상물의 설치장소별로 그에 적응하는 종류의 것으로 설치해야 한다.

OX문제

간이완강기란 사용자의 몸무게에 따라 자동적으로 내려올 수 있는 기구 중 사용자가 교대하여 연속적으로 사용할 수 있는 것을 말한다. (   )

정답 ✕

▶ 특정소방대상물의 설치장소별 피난기구의 적응성

설치 장소별 \ 층별	1층	2층	3층	4층 이상 10층 이하
1. 노유자시설	• 미끄럼대 • 구조대 • 피난교 • 다수인피난장비 • 승강식 피난기	• 미끄럼대 • 구조대 • 피난교 • 다수인피난장비 • 승강식 피난기	• 미끄럼대 • 구조대 • 피난교 • 다수인피난장비 • 승강식 피난기	• 구조대[1] • 피난교 • 다수인피난장비 • 승강식 피난기
2. 의료시설·근린생활시설 중 입원실이 있는 의원·접골원·조산원			• 미끄럼대 • 구조대 • 피난교 • 피난용 트랩 • 다수인피난장비 • 승강식 피난기	• 구조대 • 피난교 • 피난용 트랩 • 다수인피난장비 • 승강식 피난기
3. 「다중이용업소의 안전관리에 관한 특별법 시행령」제2조에 따른 다중이용업소로서 영업장의 위치가 4층 이하인 다중이용업소		• 미끄럼대 • 피난사다리 • 구조대 • 완강기 • 다수인피난장비 • 승강식 피난기	• 미끄럼대 • 피난사다리 • 구조대 • 완강기 • 다수인피난장비 • 승강식 피난기	• 미끄럼대 • 피난사다리 • 구조대 • 완강기 • 다수인피난장비 • 승강식 피난기
4. 그 밖의 것			• 미끄럼대 • 피난사다리 • 구조대 • 완강기 • 피난교 • 피난용 트랩 • 간이완강기[2] • 공기안전매트 • 다수인피난장비 • 승강식 피난기	• 피난사다리 • 구조대 • 완강기 • 피난교 • 간이완강기[2] • 공기안전매트 • 다수인피난장비 • 승강식 피난기

[비고]
1) 구조대의 적응성은 장애인 관련 시설로서 주된 사용자 중 스스로 피난이 불가한 자가 있는 경우 「피난기구의 화재안전기술기준」 2.1.2.4에 따라 추가로 설치하는 경우에 한한다.
2) 간이완강기의 적응성은 「피난기구의 화재안전기술기준」 2.1.2.2.에 따라 숙박시설의 3층 이상에 있는 객실에 추가로 설치하는 경우에 한한다.

③ **설치개수**: 피난기구는 다음 기준에 따른 개수 이상을 설치해야 한다.
  ㉠ 층마다 설치하되, 숙박시설·노유자시설 및 의료시설로 사용되는 층에 있어서는 그 층의 바닥면적 500m²마다, 위락시설·문화집회 및 운동시설·판매시설로 사용되는 층 또는 복합용도의 층(하나의 층이 소방시설 설치 및 관리에 관한 법률 시행령 별표 2 제1호 나목 내지 라목 또는 제4호 또는 제8호 내지 제18호 중 2 이상의 용도로 사용되는 층을 말한다)에 있어서는 그 층의 바닥면적 800m²마다, 계단실형 아파트에 있어서는 각 세대마다, 그 밖의 용도의 층에 있어서는 그 층의 바닥면적 1,000m²마다 1개 이상 설치할 것
  ㉡ 위 ㉠에 따라 설치한 피난기구 외에 4층 이상의 층에 설치된 노유자시설 중 장애인 관련 시설로서 주된 사용자 중 스스로 피난이 불가한 자가 있는 경우에는 층마다 구조대를 1개 이상 추가로 설치할 것
④ **설치기준**: 피난기구는 다음의 기준에 따라 설치해야 한다.
  ㉠ 피난기구는 계단·피난구 기타 피난시설로부터 적당한 거리에 있는 안전한 구조로 된 피난 또는 소화활동상 유효한 개구부(가로 0.5m 이상 세로 1m 이상인 것을 말한다. 이 경우 개구부 하단이 바닥에서 1.2m 이상이면 발판 등을 설치하여야 하고, 밀폐된 창문은 쉽게 파괴할 수 있는 파괴장치를 비치해야 한다)에 고정하여 설치하거나 필요한 때에 신속하고 유효하게 설치할 수 있는 상태에 둘 것
  ㉡ 피난기구를 설치하는 개구부는 서로 동일직선상이 아닌 위치에 있을 것. 다만, 피난교·피난용트랩·간이완강기·아파트에 설치되는 피난기구(다수인 피난장비는 제외한다) 기타 피난상 지장이 없는 것에 있어서는 그렇지 않다.
  ㉢ 피난기구는 특정소방대상물의 기둥·바닥·보 기타 구조상 견고한 부분에 볼트조임·매입·용접 기타의 방법으로 견고하게 부착할 것
  ㉣ 4층 이상의 층에 피난사다리(하향식 피난구용 내림식사다리는 제외한다)를 설치하는 경우에는 금속성 고정사다리를 설치하고, 당해 고정사다리에는 쉽게 피난할 수 있는 구조의 노대를 설치할 것
  ㉤ 완강기는 강하 시 로프가 건축물 또는 구조물 등과 접촉하여 손상되지 않도록 하고, 로프의 길이는 부착위치에서 지면 또는 기타 피난상 유효한 착지 면까지의 길이로 할 것
  ㉥ 미끄럼대는 안전한 강하속도를 유지하도록 하고, 전락방지를 위한 안전조치를 할 것

ⓢ 구조대의 길이는 피난상 지장이 없고 안정한 강하속도를 유지할 수 있는 길이로 할 것
　ⓞ 다수인 피난장비는 다음의 기준에 적합하게 설치할 것
　　ⓐ 피난에 용이하고 안전하게 하강할 수 있는 장소에 적재 하중을 충분히 견딜 수 있도록 「건축물의 구조기준 등에 관한 규칙」 제3조에서 정하는 구조안전의 확인을 받아 견고하게 설치할 것
　　ⓑ 다수인피난장비 보관실은 건물 외측보다 돌출되지 아니하고, 빗물·먼지 등으로부터 장비를 보호할 수 있는 구조일 것
　　ⓒ 사용 시에 보관실 외측 문이 먼저 열리고 탑승기가 외측으로 자동으로 전개될 것
　　ⓓ 하강 시에 탑승기가 건물 외벽이나 돌출물에 충돌하지 않도록 설치할 것
　　ⓔ 상·하층에 설치할 경우에는 탑승기의 하강경로가 중첩되지 않도록 할 것
　　ⓕ 하강 시에는 안전하고 일정한 속도를 유지하도록 하고 전복, 흔들림, 경로이탈 방지를 위한 안전조치를 할 것
　　ⓖ 보관실의 문에는 오작동 방지조치를 하고, 문 개방 시에는 해당 특정소방대상물에 설치된 경보설비와 연동하여 유효한 경보음을 발하도록 할 것
　　ⓗ 피난층에는 해당 층에 설치된 피난기구가 착지에 지장이 없도록 충분한 공간을 확보할 것
　　ⓘ 한국소방산업기술원 또는 「소방시설 설치 및 관리에 관한 법률」 제46조 제1항에 따라 성능시험기관으로 지정받은 기관에서 그 성능을 검증받은 것으로 설치할 것
　ⓩ 승강식 피난기 및 하향식 피난구용 내림식 사다리는 다음에 적합하게 설치할 것
　　ⓐ 승강식 피난기 및 하향식 피난구용 내림식 사다리는 설치경로가 설치 층에서 피난층까지 연계될 수 있는 구조로 설치할 것. 다만, 건축물의 구조 및 설치 여건상 불가피한 경우에는 그렇지 않다.
　　ⓑ 대피실의 면적은 $2m^2$(2세대 이상일 경우에는 $3m^2$) 이상으로 하고, 「건축법 시행령」 제46조 제4항의 규정에 적합하여야 하며 하강구(개구부) 규격은 직경 60cm 이상일 것. 단, 외기와 개방된 장소에는 그렇지 않다. 기출

　　　　ⓒ 하강구 내측에는 기구의 연결 금속구 등이 없어야 하며 전개된 피난기구는 하강구 수평투영면적 공간 내의 범위를 침범하지 않는 구조이어야 할 것. 단, 직경 60cm 크기의 범위를 벗어난 경우이거나, 직하층의 바닥 면으로부터 높이 50cm 이하의 범위는 제외한다.

　　　　ⓓ 대피실의 출입문은 60분+ 방화문 또는 60분 방화문으로 설치하고, 피난방향에서 식별할 수 있는 위치에 '대피실' 표지판을 부착할 것. 다만, 외기와 개방된 장소에는 그렇지 않다.

　　　　ⓔ 착지점과 하강구는 상호 수평거리 15cm 이상의 간격을 둘 것

　　　　ⓕ 대피실 내에는 비상조명등을 설치할 것

　　　　ⓖ 대피실에는 층의 위치표시와 피난기구 사용설명서 및 주의사항 표지판을 부착할 것

　　　　ⓗ 대피실 출입문이 개방되거나, 피난기구 작동 시 해당 층 및 직하층 거실에 설치된 표시등 및 경보장치가 작동되고, 감시제어반에서는 피난기구의 작동을 확인할 수 있어야 할 것

　　　　ⓘ 사용 시 기울거나 흔들리지 않도록 설치할 것

　　　　ⓙ 승강식 피난기는 한국소방산업기술원 또는 「소방시설 설치 및 관리에 관한 법률」 제46조 제1항에 따라 성능시험기관으로 지정받은 기관에서 그 성능을 검증받은 것으로 설치할 것

　　⑤ **피난기구의 위치 표지**: 피난기구를 설치한 장소에는 가까운 곳의 보기 쉬운 곳에 피난기구의 위치를 표시하는 발광식 또는 축광식표지와 그 사용방법을 표시한 표지(외국어 및 그림 병기)를 부착하되, 축광식표지는 소방청장이 정하여 고시한 「축광표지의 성능인증 및 제품검사의 기술기준」에 적합하여야 한다. 다만, 방사성물질을 사용하는 위치표지는 쉽게 파괴되지 아니하는 재질로 처리할 것

(8) 비상조명등

① **정의**: 「비상조명등의 화재안전기술기준(NFTC 304)」에서 사용하는 용어의 정의는 다음과 같다.

　　㉠ **비상조명등**: 화재발생 등에 따른 정전 시 안전하고 원활한 피난활동을 할 수 있도록 거실 및 피난통로 등에 설치되어 자동 점등되는 조명등을 말한다.

　　㉡ **휴대용 비상조명등**: 화재발생 등으로 정전 시 안전하고 원활한 피난을 위하여 피난자가 휴대할 수 있는 조명등을 말한다.

② **설치기준**: 비상조명등은 다음의 기준에 따라 설치해야 한다.
  ㉠ 특정소방대상물의 각 거실과 그로부터 지상에 이르는 복도·계단 및 그 밖의 통로에 설치할 것
  ㉡ 조도는 비상조명등이 설치된 장소의 각 부분의 바닥에서 1lx 이상이 되도록 할 것
  ㉢ 예비전원을 내장하는 비상조명등에는 평상시 점등 여부를 확인할 수 있는 점검스위치를 설치하고, 해당 조명등을 유효하게 작동시킬 수 있는 용량의 축전지와 예비전원 충전장치를 내장할 것
  ㉣ 예비전원을 내장하지 않은 비상조명등의 비상전원은 자가발전설비, 축전지설비 또는 전기저장장치(외부 전기에너지를 저장해 두었다가 필요한 때 전기를 공급하는 장치)를 다음 기준에 따라 설치해야 한다.
    ⓐ 점검에 편리하고 화재 및 침수 등의 재해로 인한 피해를 받을 우려가 없는 곳에 설치할 것
    ⓑ 상용전원으로부터 전력의 공급이 중단된 때에는 자동으로 비상전원으로부터 전력을 공급받을 수 있도록 할 것
    ⓒ 비상전원의 설치장소는 다른 장소와 방화구획할 것. 이 경우 그 장소에는 비상전원의 공급에 필요한 기구나 설비 외의 것(열병합발전설비에 필요한 기구나 설비는 제외한다)을 두어서는 아니 된다.
    ⓓ 비상전원을 실내에 설치하는 때에는 그 실내에 비상조명등을 설치할 것
  ㉤ 위 ㉢과 ㉣에 따른 예비전원과 비상전원은 비상조명등을 20분 이상 유효하게 작동시킬 수 있는 용량으로 할 것. 다만, 다음의 특정소방대상물의 경우에는 그 부분에서 피난층에 이르는 부분의 비상조명등을 60분 이상 유효하게 작동시킬 수 있는 용량으로 해야 한다.
    ⓐ 지하층을 제외한 층수가 11층 이상의 층
    ⓑ 지하층 또는 무창층으로서 용도가 도매시장·소매시장·여객자동차터미널·지하역사 또는 지하상가

③ **비상조명등의 제외**: 다음의 어느 하나에 해당하는 경우에는 비상조명등을 설치하지 않을 수 있다.
  ㉠ 거실의 각 부분으로부터 하나의 출입구에 이르는 보행거리가 15미터 이내인 부분
  ㉡ 의원·경기장·공동주택·의료시설·학교의 거실

(9) 유도등 및 유도표지의 화재안전기준

① **정의**: 「유도등 및 유도표지의 화재안전기술기준(NFTC 303)」에서 사용하는 용어의 정의는 다음과 같다.

㉠ **유도등**: 화재 시에 피난을 유도하기 위한 등으로서 정상상태에서는 상용전원에 따라 켜지고, 상용전원이 정전되는 경우에는 비상전원으로 자동전환되어 켜지는 등을 말한다.

㉡ **피난구유도등**: 피난구 또는 피난경로로 사용되는 출입구를 표시하여 피난을 유도하는 등을 말한다. 기출

㉢ **통로유도등**: 피난통로를 안내하기 위한 유도등으로 복도통로유도등, 거실통로유도등, 계단통로유도등을 말한다. 기출

㉣ **복도통로유도등**: 피난통로가 되는 복도에 설치하는 통로유도등으로서 피난구의 방향을 명시하는 것을 말한다. 기출

㉤ **거실통로유도등**: 거주, 집무, 작업, 집회, 오락 그 밖에 이와 유사한 목적을 위하여 계속적으로 사용하는 거실, 주차장 등 개방된 통로에 설치하는 유도등으로 피난의 방향을 명시하는 것을 말한다.

㉥ **계단통로유도등**: 피난통로가 되는 계단이나 경사로에 설치하는 통로유도등으로 바닥면 및 디딤 바닥면을 비추는 것을 말한다. 기출

㉦ **객석유도등**: 객석의 통로, 바닥 또는 벽에 설치하는 유도등을 말한다.

㉧ **피난구유도표지**: 피난구 또는 피난경로로 사용되는 출입구를 표시하여 피난을 유도하는 표지를 말한다. 기출

㉨ **통로유도표지**: 피난통로가 되는 복도, 계단 등에 설치하는 것으로서 피난구의 방향을 표시하는 유도표지를 말한다. 기출

㉩ **피난유도선**: 햇빛이나 전등불에 따라 축광(이하 '축광방식'이라 한다)하거나 전류에 따라 빛을 발하는(이하 '광원점등방식'이라 한다) 유도체로서 어두운 상태에서 피난을 유도할 수 있도록 띠 형태로 설치되는 피난유도시설을 말한다.

㉪ **입체형**: 유도등 표시면을 2면 이상으로 하고 각 면마다 피난유도표시가 있는 것을 말한다.

㉫ **3선식 배선**: 평상시에는 유도등을 소등 상태로 유도등의 비상전원을 충전하고, 화재 등 비상시 점등 신호를 받아 유도등을 자동으로 점등되도록 하는 방식의 배선을 말한다.

○×문제

피난구유도등은 피난통로를 안내하기 위한 유도등으로 복도통로유도등, 거실통로유도등, 계단통로유도등을 말한다. ( )

○×문제

'복도통로유도등'이란 거주, 집무, 작업, 집회, 오락 그 밖에 이와 유사한 목적을 위하여 계속적으로 사용하는 거실, 주차장 등 개방된 통로에 설치하는 유도등으로 피난의 방향을 명시하는 것을 말한다. ( )

정답 ×, ×

② **피난구유도등**
- ㉠ 피난구유도등은 다음의 장소에 설치해야 한다.
    - ⓐ 옥내로부터 직접 지상으로 통하는 출입구 및 그 부속실의 출입구
    - ⓑ 직통계단·직통계단의 계단실 및 그 부속실의 출입구
    - ⓒ 위 ⓐ와 ⓑ에 따른 출입구에 이르는 복도 또는 통로로 통하는 출입구
    - ⓓ 안전구획된 거실로 통하는 출입구
- ㉡ 피난구유도등은 피난구의 바닥으로부터 높이 1.5m 이상으로서 출입구에 인접하도록 설치해야 한다.
- ㉢ 피난층으로 향하는 피난구의 위치를 안내할 수 있도록 위 ㉠의 ⓐ 또는 ⓑ의 출입구 인근 천장에 위 ㉠의 ⓐ 또는 ⓑ에 따라 설치된 피난구유도등의 면과 수직이 되도록 피난구유도등을 추가로 설치해야 한다. 다만, 위 ㉠의 ⓐ 또는 ⓑ에 따라 설치된 피난구유도등이 입체형인 경우에는 그렇지 않다.
- ㉣ 위 ㉢에 따라 추가로 설치하는 피난구유도등은 피난구의 식별이 용이하도록 피난구 방향의 화살표가 함께 표시된 것으로 설치해야 한다.

③ **통로유도등 설치기준**: 통로유도등은 특정소방대상물의 각 거실과 그로부터 지상에 이르는 복도 또는 계단의 통로에 다음의 기준에 따라 설치해야 한다.
- ㉠ 복도통로유도등은 다음의 기준에 따라 설치할 것
    - ⓐ 복도에 설치하되 위 ②의 ㉠의 ⓐ 또는 ⓑ에 따라 피난구유도등이 설치된 출입구의 맞은편 복도에는 입체형으로 설치하거나, 바닥에 설치할 것
    - ⓑ 구부러진 모퉁이 및 위 ⓐ에 따라 설치된 통로유도등을 기점으로 보행거리 20m마다 설치할 것 기출
    - ⓒ 바닥으로부터 높이 1m 이하의 위치에 설치할 것. 다만, 지하층 또는 무창층의 용도가 도매시장·소매시장·여객자동차터미널·지하역사 또는 지하상가인 경우에는 복도·통로 중앙부분의 바닥에 설치해야 한다.
    - ⓓ 바닥에 설치하는 통로유도등은 하중에 따라 파괴되지 아니하는 강도의 것으로 할 것

OX문제
복도통로유도등은 복도에 설치하며, 구부러진 모퉁이 및 「유도등 및 유도표지의 화재안전기술기준」(NFTC 303)의 일정한 기준에 따라 설치된 통로유도등을 기점으로 보행거리 20m마다 설치하여야 한다. ( )

OX문제
복도통로유도등은 바닥으로부터 높이 1.2m의 위치에 설치해야 한다. ( )

정답 O, ×

⓵ 거실통로유도등은 다음의 기준에 따라 설치할 것
　　ⓐ 거실의 통로에 설치할 것. 다만, 거실의 통로가 벽체 등으로 구획된 경우에는 복도통로유도등을 설치할 것
　　ⓑ 구부러진 모퉁이 및 보행거리 20m마다 설치할 것
　　ⓒ 바닥으로부터 높이 1.5m 이상의 위치에 설치할 것. 다만, 거실통로에 기둥이 설치된 경우에는 기둥부분의 바닥으로부터 높이 1.5m 이하의 위치에 설치할 수 있다.

OX ⓒ 계단통로유도등은 다음의 기준에 따라 설치할 것
　　ⓐ 각 층의 경사로 참 또는 계단참마다(1개 층에 경사로 참 또는 계단참이 2 이상 있는 경우에는 2개의 계단참마다) 설치할 것
　　ⓑ 바닥으로부터 높이 1m 이하의 위치에 설치할 것 기출

④ **유도표지 설치기준**: 유도표지는 다음의 기준에 따라 설치해야 한다.
　㉠ 계단에 설치하는 것을 제외하고는 각 층마다 복도 및 통로의 각 부분으로부터 하나의 유도표지까지의 보행거리가 15m 이하가 되는 곳과 구부러진 모퉁이의 벽에 설치할 것

OX ㉡ 피난구유도표지는 출입구 상단에 설치하고, 통로유도표지는 바닥으로부터 높이 1m 이하의 위치에 설치할 것 기출
　㉢ 주위에는 이와 유사한 등화·광고물·게시물 등을 설치하지 아니할 것
　㉣ 유도표지는 부착판 등을 사용하여 쉽게 떨어지지 않도록 설치할 것
　㉤ 축광방식의 유도표지는 외광 또는 조명장치에 의하여 상시 조명이 제공되거나 비상조명등에 의한 조명이 제공되도록 설치할 것

⑤ **유도등의 전원**
　㉠ 유도등의 상용전원은 전기가 정상적으로 공급되는 축전지설비, 전기저장장치(외부 전기에너지를 저장해 두었다가 필요한 때 전기를 공급하는 장치) 또는 교류전압의 옥내 간선으로 하고, 전원까지의 배선은 전용으로 해야 한다. 기출

OX ㉡ 비상전원은 다음의 기준에 적합하게 설치해야 한다.
　　ⓐ 축전지로 할 것 기출
　　ⓑ 유도등을 20분 이상 유효하게 작동시킬 수 있는 용량으로 할 것. 다만, 다음의 특정소방대상물의 경우에는 그 부분에서 피난층에 이르는 부분의 유도등을 60분 이상 유효하게 작동시킬 수 있는 용량으로 해야 한다. 기출
　　　ⅰ) 지하층을 제외한 층수가 11층 이상의 층

OX문제

계단통로유도등은 각 층의 경사로 참 또는 계단참마다(1개 층에 경사로 참 또는 계단참이 2 이상 있는 경우에는 2개의 계단참마다) 설치하며, 바닥으로부터 높이 1.5m 이하의 위치에 설치하여야 한다.
(　　)

OX문제

피난구유도표지는 출입구 상단에 설치하고, 통로유도표지는 바닥으로부터 높이 1.5m 이하의 위치에 설치하여야 한다. (　　)

OX문제

유도등의 비상전원은 비상발전기로 하여야 한다.
(　　)

정답 ×, ×, ×

ii) 지하층 또는 무창층으로서 용도가 도매시장·소매시장·여객자동차터미널·지하역사 또는 지하상가

ⓒ 유도등의 인입선과 옥내배선은 직접 연결할 것 기출

⑥ **유도등 및 유도표지의 제외**

㉠ 피난구유도등의 설치 제외: 다음의 어느 하나에 해당하는 경우에는 피난구유도등을 설치하지 않을 수 있다.

ⓐ 바닥면적이 1,000㎡ 미만인 층으로서 옥내로부터 직접 지상으로 통하는 출입구(외부의 식별이 용이한 경우에 한한다) 기출

ⓑ 대각선 길이가 15m 이내인 구획된 실의 출입구

ⓒ 거실 각 부분으로부터 하나의 출입구에 이르는 보행거리가 20m 이하이고 비상조명등과 유도표지가 설치된 거실의 출입구

ⓓ 출입구가 3개소 이상 있는 거실로서 그 거실 각 부분으로부터 하나의 출입구에 이르는 보행거리가 30m 이하인 경우에는 주된 출입구 2개소 외의 출입구(유도표지가 부착된 출입구를 말한다). 다만, 공연장·집회장·관람장·전시장·판매시설·운수시설·숙박시설·노유자시설·의료시설·장례식장의 경우에는 그렇지 않다.

㉡ 통로유도등의 설치 제외: 다음의 어느 하나에 해당하는 경우에는 통로유도등을 설치하지 않을 수 있다.

ⓐ 구부러지지 아니한 복도 또는 통로로서 길이가 30m 미만인 복도 또는 통로

ⓑ 위 ⓐ에 해당하지 않는 복도 또는 통로로서 보행거리가 20m 미만이고 그 복도 또는 통로와 연결된 출입구 또는 그 부속실의 출입구에 피난구유도등이 설치된 복도 또는 통로

㉢ 객석유도등의 설치 제외: 다음의 어느 하나에 해당하는 경우에는 객석유도등을 설치하지 않을 수 있다.

ⓐ 주간에만 사용하는 장소로서 채광이 충분한 객석

ⓑ 거실 등의 각 부분으로부터 하나의 거실출입구에 이르는 보행거리가 20m 이하인 객석의 통로로서 그 통로에 통로유도등이 설치된 객석

㉣ 유도표지의 설치 제외: 다음의 어느 하나에 해당하는 경우에는 유도표지를 설치하지 설치하지 않을 수 있다.

ⓐ 유도등이 위 ②와 ③에 적합하게 설치된 출입구·복도·계단 및 통로

OX문제

피난구유도등은 바닥면적이 1,000㎡ 미만인 층으로서 옥내로부터 직접 지상으로 통하는 출입구(외부의 식별이 용이한 경우에 한한다)에 설치하여야 한다. ( )

정답 ×

ⓑ 위 ㉠의 ⓐ·ⓑ와 ㉡에 해당하는 출입구·복도·계단 및 통로

(10) 연결송수관설비

① **정의**: 「연결송수관설비의 화재안전기술기준(NFTC 502)」에서 사용하는 용어의 정의는 다음과 같다.

㉠ 연결송수관설비: 건축물의 옥외에 설치된 송수구에 소방차로부터 가압수를 송수하고 소방관이 건축물 내에 설치된 방수기구함에 비치된 호스를 방수구에 연결하여 화재를 진압하는 소화활동설비를 말한다.

㉡ 주배관: 각 층을 수직으로 관통하는 수직배관을 말한다.

㉢ 분기배관: 배관 측면에 구멍을 뚫어 둘 이상의 관로가 생기도록 가공한 배관으로서 다음의 분기배관을 말한다.

　ⓐ 확관형 분기배관: 배관의 측면에 조그만 구멍을 뚫고 소성가공으로 확관시켜 배관 용접이음자리를 만들거나 배관 용접이음자리에 배관이음쇠를 용접 이음한 배관을 말한다.

　ⓑ 비확관형 분기배관: 배관의 측면에 분기호칭내경 이상의 구멍을 뚫고 배관이음쇠를 용접 이음한 배관을 말한다.

㉣ 송수구: 소화설비에 소화용수를 보급하기 위하여 건물 외벽 또는 구조물의 외벽에 설치하는 관을 말한다.

㉤ 방수구: 소화설비로부터 소화용수를 방수하기 위하여 건물 내벽 또는 구조물의 외벽에 설치하는 관을 말한다.

㉥ 충압펌프: 배관 내 압력손실에 따라 **주펌프**의 빈번한 기동을 방지하기 위하여 충압역할을 하는 펌프를 말한다.

㉦ 정격토출량: 펌프의 정격부하운전 시 토출량으로서 정격토출압력에서의 토출량을 말한다.

㉧ 정격토출압력: 펌프의 정격부하운전 시 토출압력으로서 정격토출량에서의 토출 측 압력을 말한다.

㉨ 진공계: 대기압 이하의 압력을 측정하는 계측기를 말한다.

㉩ 연성계: 대기압 이상의 압력과 대기압 이하의 압력을 측정할 수 있는 계측기를 말한다.

㉪ 체절운전: 펌프의 성능시험을 목적으로 펌프토출 측의 개폐밸브를 닫은 상태에서 펌프를 운전하는 것을 말한다.

㉫ 기동용 수압개폐장치: 소화설비의 배관 내 압력변동을 검지하여 자동적으로 펌프를 기동 및 정지시키는 것으로서 압력챔버 또는 기동용 압력스위치 등을 말한다.

OX문제

체절운전은 펌프의 성능시험을 목적으로 펌프 토출 측의 개폐밸브를 닫은 상태에서 펌프를 운전하는 것을 말한다. ( )

정답 ○

OX ② **송수구**: 연결송수관설비의 송수구는 다음 기준에 따라 설치해야 한다.
  ㉠ 소방차가 쉽게 접근할 수 있고 잘보이는 장소에 설치할 것
  ㉡ 지면으로부터 높이가 0.5m 이상 1m 이하의 위치에 설치할 것
  ㉢ 송수구는 화재 층으로부터 지면으로 떨어지는 유리창 등이 송수 및 그 밖의 소화작업에 지장을 주지 아니하는 장소에 설치할 것
  ㉣ 송수구로부터 연결송수관설비의 주배관에 이르는 연결배관에 개폐밸브를 설치한 때에는 그 개폐상태를 쉽게 확인 및 조작할 수 있는 옥외 또는 기계실 등의 장소에 설치할 것. 이 경우 개폐밸브에는 그 밸브의 개폐상태를 감시제어반에서 확인할 수 있도록 급수개폐밸브 작동표시 스위치(이하 '탬퍼스위치'라 한다)를 다음의 기준에 따라 설치해야 한다.
    ⓐ 급수개폐밸브가 잠길 경우 탬퍼스위치의 동작으로 인하여 감시제어반 또는 수신기에 표시되어야 하며 경보음을 발할 것
    ⓑ 탬퍼스위치는 감시제어반 또는 수신기에서 동작의 유무확인과 동작시험, 도통시험을 할 수 있을 것
    ⓒ 탬퍼스위치에 사용되는 전기배선은 내화전선 또는 내열전선으로 설치할 것
  ㉤ 구경 65mm의 쌍구형으로 할 것 기출
  ㉥ 송수구에는 그 가까운 곳의 보기 쉬운 곳에 송수압력범위를 표시한 표지를 할 것
  ㉦ 송수구는 연결송수관의 **수직배관마다** 1개 이상을 설치할 것. 다만, 하나의 건축물에 설치된 각 수직배관이 중간에 개폐밸브가 설치되지 아니한 배관으로 상호 연결되어 있는 경우에는 건축물마다 1개씩 설치할 수 있다.
  ㉧ 송수구의 부근에는 자동배수밸브 및 체크밸브를 다음의 기준에 따라 설치할 것. 이 경우 자동배수밸브는 배관 안의 물이 잘 빠질 수 있는 위치에 설치하되, 배수로 인하여 다른 물건이나 장소에 피해를 주지 않아야 한다.
    ⓐ 습식의 경우에는 송수구·자동배수밸브·체크밸브 순으로 설치할 것
    ⓑ 건식의 경우에는 송수구·자동배수밸브·체크밸브·자동배수밸브의 순으로 설치할 것

OX문제
연결송수관설비의 송수구는 지면으로부터 높이가 0.5미터 이상 1미터 이하의 위치에 설치하며, 구경 65밀리미터의 쌍구형으로 설치해야 한다.
( )

정답 O

ⓩ 송수구에는 가까운 곳의 보기 쉬운 곳에 '연결송수관설비송수구'라고 표시한 표지를 설치할 것

ⓧ 송수구에는 이물질을 막기 위한 마개를 씌울 것

③ **배관 등**

㉠ 배관의 설치: 연결송수관설비의 배관은 다음의 기준에 따라 설치해야 한다.

ⓐ 주배관의 구경: 100mm 이상의 것으로 할 것 기출

ⓑ 습식설비: 지면으로부터의 높이가 31m 이상인 특정소방대상물 또는 지상 11층 이상인 특정소방대상물에 있어서는 습식 설비로 할 것 기출

㉡ **연결송수관설비의 배관과 겸용**: 연결송수관설비의 배관은 주배관의 구경이 100mm 이상인 옥내소화전설비의 배관과 겸용할 수 있다.

㉢ 연결송수관설비의 수직배관은 **내화구조로 구획된 계단실**(부속실을 포함한다) 또는 파이프덕트 등 화재의 우려가 없는 장소에 설치해야 한다. 다만, 학교 또는 공장이거나 배관주위를 1시간 이상의 내화성능이 있는 재료로 보호하는 경우에는 그렇지 않다.

④ **방수구**: 연결송수관설비의 방수구는 다음의 기준에 따라 설치해야 한다.

㉠ 설치장소: 연결송수관설비의 방수구는 그 특정소방대상물의 층마다 설치할 것. 다만, 다음의 어느 하나에 해당하는 층에는 설치하지 않을 수 있다.

ⓐ 아파트의 1층 및 2층

ⓑ 소방차의 접근이 가능하고 소방대원이 소방차로부터 각 부분에 쉽게 도달할 수 있는 피난층

ⓒ 송수구가 부설된 옥내소화전을 설치한 특정소방대상물(집회장·관람장·백화점·도매시장·소매시장·판매시설·공장·창고시설 또는 지하가를 제외한다)로서 다음의 어느 하나에 해당하는 층

ⅰ) 지하층을 제외한 층수가 4층 이하이고 연면적이 6,000m² 미만인 특정소방대상물의 지상층

ⅱ) 지하층의 층수가 2 이하인 특정소방대상물의 지하층

㉡ 특정소방대상물의 층마다 설치하는 방수구는 다음의 기준에 따를 것

ⓐ 아파트 또는 바닥면적이 1,000m² 미만인 층에 있어서는 계단(계단이 둘 이상 있는 경우에는 그중 1개의 계단을 말한다)으로부터 5m 이내에 설치할 것. 이 경우 부속실이 있는 계단은 부속실의 옥내 출입구로부터 5m 이내에 설치할 수 있다.

OX문제

지상 11층 이상인 특정소방대상물의 연결송수관설비의 배관은 건식설비로 설치해야 한다.
( )

정답 ×

ⓑ 바닥면적 1,000m² 이상인 층(아파트를 제외한다)에 있어서는 각 계단(계단의 부속실을 포함하며 계단이 셋 이상 있는 층의 경우에는 그 중 두 개의 계단을 말한다)으로부터 5m 이내에 설치할 것. 이 경우 부속실이 있는 계단은 부속실의 옥내 출입구로부터 5m 이내에 설치할 수 있다.

ⓒ 위 ⓐ 또는 ⓑ에 따라 설치하는 방수구로부터 그 층의 각 부분까지의 거리가 다음의 기준을 초과하는 경우에는 그 기준 이하가 되도록 방수구를 추가하여 설치할 것

　ⅰ) 지하가(터널은 제외한다) 또는 지하층의 바닥면적의 합계가 3,000m² 이상인 것은 수평거리 25m

　ⅱ) 위 ⅰ)에 해당하지 않는 것은 수평거리 50m

ⓒ 설치위치: 방수구의 호스접결구는 바닥으로부터 높이 0.5m 이상 1m 이하의 위치에 설치할 것

ⓔ 11층 이상의 부분에 설치하는 방수구는 쌍구형으로 할 것. 다만, 다음에 해당하는 층에는 단구형으로 설치할 수 있다.

　ⓐ 아파트의 용도로 사용되는 층

　ⓑ 스프링클러설비가 유효하게 설치되어 있고, 방수구가 2개소 이상 설치된 층

ⓜ 방수구의 구경: 방수구는 연결송수관설비의 전용방수구 또는 옥내소화전방수구로서 구경 65mm의 것으로 설치할 것

ⓗ 방수구는 개폐기능을 가진 것으로 설치해야 하며, 평상시 닫힌 상태를 유지할 것

⑤ **방수기구함**: 연결송수관설비의 방수기구함은 다음의 기준에 따라 설치해야 한다.

㉠ 방수기구함은 피난층과 가장 가까운 층을 기준으로 3개 층마다 설치하되, 그 층의 방수구마다 보행거리 5m 이내에 설치할 것

㉡ 방수기구함에는 길이 15m의 호스와 방사형 관창을 다음의 기준에 따라 비치할 것

　ⓐ 호스는 방수구에 연결하였을 때 그 방수구가 담당하는 구역의 각 부분에 유효하게 물이 뿌려질 수 있는 개수 이상을 비치할 것. 이 경우 쌍구형 방수구는 단구형 방수구의 2배 이상의 개수를 설치해야 한다.

OX문제

방수구는 연결송수관설비의 전용방수구 또는 옥내소화전방수구로서 구경 65밀리미터의 것으로 설치해야 한다.
( )

정답 O

ⓑ 방사형 관창은 단구형 방수구의 경우에는 1개, 쌍구형 방수구의 경우에는 2개 이상 비치할 것
ⓒ 방수기구함에는 '방수기구함'이라고 표시한 축광식 표지를 할 것. 이 경우 축광식 표지는 소방청장이 고시한 「축광표지의 성능인증 및 제품검사의 기술기준」에 적합한 것으로 설치해야 한다.

⑥ **가압송수장치**: 지표면에서 최상층 방수구의 높이가 70m 이상의 특정소방대상물에는 다음의 기준에 따라 연결송수관설비의 가압송수장치를 설치해야 한다. 기출

㉠ 쉽게 접근할 수 있고 점검하기에 충분한 공간이 있는 장소로서 화재 및 침수 등의 재해로 인한 피해를 받을 우려가 없는 곳에 설치할 것

㉡ 동결방지조치를 하거나 동결의 우려가 없는 장소에 설치할 것

㉢ 펌프는 전용으로 할 것. 다만, 각각의 소화설비의 성능에 지장이 없을 때에는 다른 소화설비와 겸용할 수 있다.

㉣ 펌프의 토출 측에는 압력계를 체크밸브 이전에 펌프토출 측 플랜지에서 가까운 곳에 설치하고, 흡입 측에는 연성계 또는 진공계를 설치할 것. 다만, 수원의 수위가 펌프의 위치보다 높거나 수직회전축 펌프의 경우에는 연성계 또는 진공계를 설치하지 않을 수 있다.

㉤ 가압송수장치에는 정격부하운전 시 펌프의 성능을 시험하기 위한 배관을 설치할 것. 다만, 충압펌프의 경우에는 그렇지 않다.

㉥ 펌프의 성능시험을 위한 전용의 수조를 설치할 것. 다만, 성능시험에 지장을 주지 않는 경우 다른 설비의 수조와 겸용할 수 있다.

㉦ 수조의 유효수량은 펌프 정격토출량의 150%로 5분 이상 방수할 수 있는 양 이상이 되도록 해야 한다.

㉧ 펌프의 성능시험 시 방수되는 물로 침수피해가 발생하지 않도록 배수설비가 되어 있을 것

㉨ 가압송수장치에는 체절운전 시 수온의 상승을 방지하기 위한 순환배관을 설치할 것. 다만, 충압펌프의 경우에는 그렇지 않다.

㉩ 펌프의 토출량은 2,400L/min(계단식 아파트의 경우에는 1,200L/min) 이상이 되는 것으로 할 것. 다만, 해당 층에 설치된 방수구가 3개를 초과(방수구가 5개 이상인 경우에는 5개)하는 것에 있어서는 1개마다 800L/min(계단식 아파트의 경우에는 400L/min)를 가산한 양이 되는 것으로 할 것

㉪ 펌프의 양정은 최상층에 설치된 노즐선단의 압력이 0.35MPa 이상의 압력이 되도록 할 것

OX문제

지표면에서 최상층 방수구의 높이가 70미터 이상의 특정소방대상물에는 연결송수관설비의 가압송수장치을 설치해야 한다. ( )

정답 ○

ⓔ 가압송수장치는 방수구가 개방될 때 자동으로 기동되거나 또는 수동스위치의 조작에 따라 기동되도록 할 것. 이 경우 수동스위치는 2개 이상을 설치하되, 그중 1개는 다음의 기준에 따라 송수구의 부근에 설치해야 한다.
  ⓐ 송수구로부터 5m 이내의 보기 쉬운 장소에 바닥으로부터 높이 0.8m 이상 1.5m 이하로 설치할 것
  ⓑ 1.5mm 이상의 강판함에 수납하여 설치하고 '연결송수관설비 수동스위치'라고 표시한 표지를 부착할 것. 이 경우 문짝은 불연재료로 설치할 수 있다.
  ⓒ 「전기사업법」제67조에 따른 「전기설비기술기준」에 따라 접지하고 빗물 등이 들어가지 않는 구조로 할 것
ⓟ 기동장치로는 기동용 수압개폐장치 또는 이와 동등 이상의 성능이 있는 것으로 설치할 것. 다만, 기동용 수압개폐장치 중 압력챔버를 사용할 경우 그 내용적은 100L 이상의 것으로 할 것
ⓗ 수원의 수위가 펌프보다 낮은 위치에 있는 가압송수장치에는 다음의 기준에 따른 물올림장치를 설치할 것
  ⓐ 물올림장치에는 전용의 수조를 설치할 것
  ⓑ 수조의 유효수량은 100L 이상으로 하되, 구경 15mm 이상의 급수배관에 따라 해당 수조에 물이 계속 보급되도록 할 것
㉮ 기동용 수압개폐장치를 기동장치로 사용할 경우에는 다음의 기준에 따른 충압펌프를 설치할 것. 다만, 소화용 급수펌프로도 상시 충압이 가능하고 다음 ⓐ의 성능을 갖춘 경우에는 충압펌프를 별도로 설치하지 않을 수 있다.
  ⓐ 펌프의 토출압력은 그 설비의 최고위 호스접결구의 자연압보다 적어도 0.2MPa이 더 크도록 하거나 가압송수장치의 정격토출압력과 같게 할 것
  ⓑ 펌프의 정격토출량은 정상적인 누설량보다 적어서는 안 되며, 연결송수관설비가 자동적으로 작동할 수 있도록 충분한 토출량을 유지할 것
㉯ 내연기관을 사용하는 경우에는 다음의 기준에 적합한 것으로 할 것
  ⓐ 내연기관의 기동은 위 ⓔ의 기동장치의 기동을 명시하는 적색등을 설치할 것
  ⓑ 제어반에 따라 내연기관의 자동기동 및 수동기동이 가능하고, 상시 충전되어 있는 축전지설비를 갖출 것

ⓒ 내연기관의 연료량은 펌프를 20분 이상 운전할 수 있는 용량일 것
㉢ 가압송수장치에는 '연결송수관펌프'라고 표시한 표지를 할 것. 이 경우 그 가압송수장치를 다른 설비와 겸용하는 때에는 그 겸용되는 설비의 이름을 표시한 표지를 함께 해야 한다.
㉣ 가압송수장치가 기동이 된 경우에는 자동으로 정지되지 않도록 하여야 한다. 다만, 충압펌프의 경우에는 그렇지 않다.
㉤ 가압송수장치는 부식 등으로 인한 펌프의 고착을 방지할 수 있도록 다음의 기준에 적합한 것으로 할 것. 다만, 충압펌프는 제외한다.
　ⓐ 임펠러는 청동 또는 스테인리스 등 부식에 강한 재질을 사용할 것
　ⓑ 펌프축은 스테인리스 등 부식에 강한 재질을 사용할 것

(11) 연결살수설비

① **정의**: 「연결살수설비의 화재안전기술기준(NFTC 503)」에서 사용하는 용어의 정의는 다음과 같다.
㉠ **호스접결구**: 호스를 연결하는 데 사용되는 장비 일체를 말한다.
㉡ **체크밸브**: 흐름이 한 방향으로만 흐르도록 되어 있는 밸브를 말한다.
㉢ **주배관**: 수직배관을 통해 교차배관에 급수하는 배관을 말한다.
㉣ **교차배관**: 주배관을 통해 가지배관에 급수하는 배관을 말한다.
㉤ **가지배관**: 헤드가 설치되어 있는 배관을 말한다.
㉥ **분기배관**: 배관 측면에 구멍을 뚫어 둘 이상의 관로가 생기도록 가공한 배관으로서 다음의 분기배관을 말한다.
　ⓐ **확관형 분기배관**: 배관의 측면에 조그만 구멍을 뚫고 소성가공으로 확관시켜 배관 용접이음자리를 만들거나 배관 용접이음자리에 배관이음쇠를 용접 이음한 배관을 말한다.
　ⓑ **비확관형 분기배관**: 배관의 측면에 분기호칭내경 이상의 구멍을 뚫고 배관이음쇠를 용접 이음한 배관을 말한다.
㉦ **송수구**: 소화설비에 소화용수를 보급하기 위하여 건물 외벽 또는 구조물에 설치하는 관을 말한다.
㉧ **연소할 우려가 있는 개구부**: 각 방화구획을 관통하는 컨베이어·에스컬레이터 또는 이와 유사한 시설의 주위로서 방화구획을 할 수 없는 부분을 말한다.
㉨ **선택밸브**: 둘 이상의 방호구역 또는 방호대상물이 있어, 소화수 또는 소화약제를 해당하는 방호구역 또는 방호대상물에 선택적으로 방출되도록 제어하는 밸브를 말한다.

ㅊ **자동개방밸브**: 전기적 또는 기계적 신호에 의해 자동으로 개방되는 밸브를 말한다.
ㅋ **자동배수밸브**: 배관의 도중에 설치되어 배관 내 잔류수를 자동으로 배수시켜 주는 밸브를 말한다.

② **송수구 등**
  ㉠ 연결살수설비의 송수구는 다음의 기준에 따라 설치해야 한다.
    ⓐ 소방차가 쉽게 접근할 수 있고 노출된 장소에 설치할 것
    ⓑ 가연성가스의 저장·취급시설에 설치하는 연결살수설비의 송수구는 그 방호대상물로부터 20m 이상의 거리를 두거나 방호대상물에 면하는 부분이 높이 1.5m 이상 폭 2.5m 이상의 철근콘크리트 벽으로 가려진 장소에 설치해야 한다.
    ⓒ 송수구는 구경 65mm의 **쌍구형**으로 설치할 것. 다만, 하나의 송수구역에 부착하는 살수헤드의 수가 10개 이하인 것은 단구형인 것으로 할 수 있다.
    ⓓ 개방형 헤드를 사용하는 송수구의 호스접결구는 각 송수구역마다 설치할 것. 다만, 송수구역을 선택할 수 있는 선택밸브가 설치되어 있고 각 송수구역의 주요구조부가 내화구조로 되어 있는 경우에는 그렇지 않다.
    ⓔ 소방관의 호스연결 등 소화작업에 용이하도록 지면으로부터 높이가 0.5m 이상 1m 이하의 위치에 설치할 것
    ⓕ 송수구로부터 주배관에 이르는 연결배관에는 개폐밸브를 설치하지 않을 것. 다만, 스프링클러설비·물분무소화설비·포소화설비 또는 연결송수관설비의 배관과 겸용하는 경우에는 그렇지 않다.
    ⓖ 송수구의 부근에는 '연결살수설비 송수구'라고 표시한 표지와 송수구역 일람표를 설치할 것. 다만, 선택밸브를 설치한 경우에는 그렇지 않다.
    ⓗ 송수구에는 이물질을 막기 위한 마개를 씌울 것
  ㉡ 연결살수설비에는 송수구의 가까운 부분에 자동배수밸브와 체크밸브를 다음의 기준에 따라 설치해야 한다.
    ⓐ 폐쇄형 헤드를 사용하는 설비의 경우에는 송수구·자동배수밸브·체크밸브의 순서로 설치할 것
    ⓑ 개방형 헤드를 사용하는 설비의 경우에는 송수구·자동배수밸브의 순서로 설치할 것

ⓒ 자동배수밸브는 배관 안의 물이 잘 빠질 수 있는 위치에 설치하되, 배수로 인하여 다른 물건 또는 장소에 피해를 주지 않을 것

ⓒ 개방형 헤드를 사용하는 연결살수설비에 있어서 하나의 송수구역에 설치하는 살수헤드의 수는 10개 이하가 되도록 해야 한다.

③ **배관 등**

㉠ 연결살수설비의 배관의 구경은 다음의 기준에 따라 설치해야 한다.

ⓐ 연결살수설비 전용헤드를 사용하는 경우에는 다음 표에 따른 구경 이상으로 할 것

하나의 배관에 부착하는 연결살수설비 전용헤드의 개수	1개	2개	3개	4개 또는 5개	6개 이상 10개 이하
배관의 구경(mm)	32	40	50	65	80

ⓑ 스프링클러헤드를 사용하는 경우에는 「스프링클러설비의 화재안전기술기준(NFTC 103)」 2.5.3.3의 표 2.5.3.3에 따를 것

㉡ 가지배관 또는 교차배관을 설치하는 경우에는 가지배관의 배열은 토너먼트방식이 아니어야 하며, 가지배관은 교차배관 또는 주배관에서 분기되는 지점을 기점으로 한쪽 가지배관에 설치되는 헤드의 개수는 8개 이하로 해야 한다.

㉢ 습식 연결살수설비의 배관은 동결방지조치를 하거나 동결의 우려가 없는 장소에 설치해야 한다. 다만, 보온재를 사용할 경우에는 난연재료 성능 이상인 것으로 해야 한다.

㉣ 연결살수설비 교차배관의 위치·청소구 및 가지배관의 헤드설치는 다음의 기준에 따른다.

ⓐ 교차배관은 가지배관과 수평으로 설치하거나 또는 가지배관 밑에 설치하고, 그 구경은 위 ㉠에 따르되, 최소구경이 40mm 이상이 되도록 할 것

ⓑ 폐쇄형 헤드를 사용하는 연결살수설비의 청소구는 주배관 또는 교차배관(교차배관을 설치하는 경우에 한정한다) 끝에 40mm 이상 크기의 개폐밸브를 설치하고, 호스접결이 가능한 나사식 또는 고정배수 배관식으로 할 것. 이 경우 나사식의 개폐밸브는 옥내소화전 호스접결용의 것으로 하고, 나사보호용의 캡으로 마감해야 한다.

ⓒ 폐쇄형 헤드를 사용하는 연결살수설비에 하향식 헤드를 설치하는 경우에는 가지배관으로부터 헤드에 이르는 헤드접속배관은 가지배관 상부에서 분기할 것. 다만, 소화설비용 수원의 수질이 「먹는물관리법」에 따라 먹는물의 수질기준에 적합하고 덮개가 있는 저수조로부터 물을 공급받는 경우에는 가지배관의 측면 또는 하부에서 분기할 수 있다.

㉮ 배관에 설치되는 행거는 다음의 기준에 따라 설치해야 한다.

ⓐ 가지배관에는 헤드의 설치지점 사이마다 1개 이상의 행거를 설치하되, 헤드 간의 거리가 3.5m를 초과하는 경우에는 3.5m 이내마다 1개 이상 설치할 것. 이 경우 상향식 헤드와 행거 사이에는 8cm 이상의 간격을 두어야 한다.

ⓑ 교차배관에는 가지배관과 가지배관 사이마다 1개 이상의 행거를 설치하되, 가지배관 사이의 거리가 4.5m를 초과하는 경우에는 4.5m 이내마다 1개 이상 설치할 것

ⓒ 위 ⓐ와 ⓑ의 수평주행배관에는 4.5m 이내마다 1개 이상 설치할 것

④ **연결살수설비의 헤드**

㉠ 연결살수설비의 헤드는 연결살수설비 전용헤드 또는 스프링클러헤드로 설치해야 한다.

㉡ 건축물에 설치하는 연결살수설비의 헤드는 다음의 기준에 따라 설치해야 한다.

ⓐ 천장 또는 반자의 실내에 면하는 부분에 설치할 것

ⓑ 천장 또는 반자의 각 부분으로부터 하나의 살수헤드까지의 수평거리가 연결살수설비 전용헤드의 경우는 3.7m 이하, 스프링클러헤드의 경우는 2.3m 이하로 할 것. 다만, 살수헤드의 부착면과 바닥과의 높이가 2.1m 이하인 부분은 살수헤드의 살수분포에 따른 거리로 할 수 있다.

㉢ 폐쇄형 스프링클러헤드를 설치하는 경우에는 위 ㉡ 외에 다음의 기준에 따라 설치해야 한다.

ⓐ 그 설치장소의 평상시 최고주위온도에 따라 다음 표에 따른 표시온도인 것으로 설치할 것. 다만, 높이가 4m 이상인 공장 및 창고(랙크식 창고를 포함한다)에 설치하는 스프링클러헤드는 그 설치장소의 평상시 최고주위온도에 관계없이 표시온도 121℃ 이상의 것으로 할 수 있다.

설치장소의 최고주위온도	표시온도
39℃ 미만	79℃ 미만
39℃ 이상 64℃ 미만	79℃ 이상 121℃ 미만
64℃ 이상 106℃ 미만	121℃ 이상 162℃ 미만
106℃ 이상	162℃ 이상

ⓑ 살수가 방해되지 않도록 스프링클러헤드로부터 반경 60cm 이상의 공간을 보유할 것. 다만, 벽과 스프링클러헤드 간의 공간은 10cm 이상으로 한다.

ⓒ 스프링클러헤드와 그 부착면(상향식 헤드의 경우에는 그 헤드의 직상부의 천장·반자 또는 이와 비슷한 것을 말한다. 이하 같다)과의 거리는 30cm 이하로 할 것

ⓓ 배관·행거 및 조명기구 등 살수를 방해하는 것이 있는 경우에는 위 ⓑ·ⓒ에도 불구하고 그로부터 아래에 설치하여 살수에 장애가 없도록 할 것. 다만, 연결살수헤드와 장애물과의 이격거리를 장애물 폭의 3배 이상 확보한 경우에는 그렇지 않다.

ⓔ 스프링클러헤드의 반사판은 그 부착면과 평행하게 설치할 것. 다만, 측벽형 헤드 또는 아래 ⓕ에 따라 연소할 우려가 있는 개구부에 설치하는 스프링클러헤드의 경우에는 그렇지 않다.

ⓕ 연소할 우려가 있는 개구부에는 그 상하좌우에 2.5m 간격으로(개구부의 폭이 2.5m 이하인 경우에는 그 중앙에) 스프링클러헤드를 설치하되, 스프링클러헤드와 개구부의 내측면으로부터의 직선거리는 15cm 이하가 되도록 할 것. 이 경우 사람이 상시 출입하는 개구부로서 통행에 지장이 있는 때에는 개구부의 상부 또는 측면(개구부의 폭이 9m 이하인 경우에 한한다)에 설치하되, 헤드 상호간의 간격은 1.2m 이하로 설치해야 한다.

ⓖ 습식 연결살수설비 외의 설비에는 상향식 스프링클러헤드를 설치할 것. 다만, 다음의 어느 하나에 해당하는 경우에는 그렇지 않다.

 i) 드라이펜던트 스프링클러헤드를 사용하는 경우

 ii) 스프링클러헤드의 설치장소가 동파의 우려가 없는 곳인 경우

 iii) 개방형 스프링클러헤드를 사용하는 경우

ⓗ 측벽형 스프링클러헤드를 설치하는 경우 긴 변의 한쪽 벽에 일렬로 설치(폭이 4.5m 이상 9m 이하인 실은 긴 변의 양쪽에 각각 일렬로 설치하되, 마주보는 스프링클러헤드가 나란히꼴이 되도록 설치)하고 3.6m 이내마다 설치할 것

(12) 비상콘센트설비

① **정의**: 「비상콘센트설비의 화재안전기술기준(NFTC 504)」에서 사용하는 용어의 정의는 다음과 같다.
  ㉠ 비상전원: 상용전원으로부터 전력의 공급이 중단된 때에는 자동으로 공급되는 전원을 말한다.
  ㉡ 비상콘센트설비: 화재 시 소화활동 등에 필요한 전원을 전용회선으로 공급하는 설비를 말한다.
  ㉢ 인입개폐기: 「전기설비기술기준의 판단기준」 제169조에 따른 것을 말한다.
  ㉣ 저압: 직류는 1.5kV 이하, 교류는 1kV 이하인 것을 말한다.
  ㉤ 고압: 직류는 1.5kV를, 교류는 1kV를 초과하고, 7kV 이하인 것을 말한다.
  ㉥ 특고압: 7kV를 초과하는 것을 말한다.
  ㉦ 변전소: 「전기설비기술기준」 제3조 제1항 제2호에 따른 것을 말한다.

② **전원**: 비상콘센트설비에는 다음의 기준에 따른 전원을 설치해야 한다.
  ㉠ 상용전원회로의 배선은 저압수전인 경우에는 인입개폐기의 직후에서, 고압수전 또는 특고압수전인 경우에는 전력용 변압기 2차 측의 주차단기 1차 측 또는 2차 측에서 분기하여 전용배선으로 할 것
  ㉡ 지하층을 제외한 층수가 7층 이상으로서 연면적이 2,000m² 이상이거나 지하층의 바닥면적의 합계가 3,000m² 이상인 특정소방대상물의 비상콘센트설비에는 자가발전설비, 비상전원수전설비, 축전지설비 또는 전기저장장치(외부 전기에너지를 저장해 두었다가 필요한 때 전기를 공급하는 장치)를 비상전원으로 설치할 것. 다만, 2 이상의 변전소에서 전력을 동시에 공급받을 수 있거나 하나의 변전소로부터 전력의 공급이 중단되는 때에는 자동으로 다른 변전소로부터 전력을 공급받을 수 있도록 상용전원을 설치한 경우에는 비상전원을 설치하지 않을 수 있다.

ⓒ 위 ⓛ에 따른 비상전원 중 자가발전설비, 축전지설비 또는 전기저장장치는 다음의 기준에 따라 설치하고, 비상전원수전설비는「소방시설용 비상전원수전설비의 화재안전기술기준(NFTC 602)」에 따라 설치할 것
  ⓐ 점검에 편리하고 화재 및 침수 등의 재해로 인한 피해를 받을 우려가 없는 곳에 설치할 것
  ⓑ 비상콘센트설비를 유효하게 20분 이상 작동시킬 수 있는 용량으로 할 것
  ⓒ 상용전원으로부터 전력의 공급이 중단된 때에는 자동으로 비상전원으로부터 전력을 공급받을 수 있도록 할 것
  ⓓ 비상전원의 설치장소는 다른 장소와 방화구획할 것. 이 경우 그 장소에는 비상전원의 공급에 필요한 기구나 설비 외의 것(열병합발전설비에 필요한 기구나 설비는 제외한다)을 두어서는 안 된다.
  ⓔ 비상전원을 실내에 설치하는 때에는 그 실내에 비상조명등을 설치할 것

③ **전원회로**: 비상콘센트설비의 전원회로(비상콘센트에 전력을 공급하는 회로를 말한다)는 다음의 기준에 따라 설치해야 한다.
  ㉠ 비상콘센트설비의 전원회로는 단상교류 220V인 것으로서, 그 공급용량은 1.5kVA 이상인 것으로 할 것
  ㉡ 전원회로는 각 층에 2 이상이 되도록 설치할 것. 다만, 설치해야 할 층의 비상콘센트가 1개인 때에는 하나의 회로로 할 수 있다.
  ㉢ 전원회로는 주배전반에서 전용회로로 할 것. 다만, 다른 설비의 회로의 사고에 따른 영향을 받지 않도록 되어 있는 것은 그렇지 않다.
  ㉣ 전원으로부터 각 층의 비상콘센트에 분기되는 경우에는 분기배선용 차단기를 보호함 안에 설치할 것
  ㉤ 콘센트마다 배선용 차단기(KS C 8321)를 설치해야 하며, 충전부가 노출되지 않도록 할 것
  ㉥ 개폐기에는 '비상콘센트'라고 표시한 표지를 할 것
  ㉦ 비상콘센트용의 풀박스 등은 방청도장을 한 것으로서, 두께 1.6mm 이상의 철판으로 할 것
  ㉧ 하나의 전용회로에 설치하는 비상콘센트는 10개 이하로 할 것. 이 경우 전선의 용량은 각 비상콘센트(비상콘센트가 3개 이상인 경우에는 3개)의 공급용량을 합한 용량 이상의 것으로 해야 한다.

④ **플러그접속기**: 비상콘센트의 플러그접속기는 접지형2극 플러그접속기(KS C 8305)를 사용해야 한다.
⑤ **접지공사**: 비상콘센트의 플러그접속기의 칼받이의 접지극에는 접지공사를 해야 한다.
⑥ **설치기준**: 비상콘센트는 다음의 기준에 따라 설치해야 한다.
  ㉠ 바닥으로부터 높이 0.8m 이상 1.5m 이하의 위치에 설치할 것
  ㉡ 비상콘센트의 배치는 바닥면적이 1,000m² 미만인 층은 계단의 출입구(계단의 부속실을 포함하며, 계단이 2 이상 있는 경우에는 그중 1개의 계단을 말한다)로부터 5m 이내에, 바닥면적 1,000m² 이상인 층은 각 계단의 출입구(계단의 부속실을 포함하며, 계단이 3 이상 있는 층의 경우에는 그중 2개의 계단을 말한다)로부터 5m 이내에 설치하되, 그 비상콘센트로부터 그 층의 각 부분까지의 거리가 다음의 기준을 초과하는 경우에는 그 기준 이하가 되도록 비상콘센트를 추가하여 설치할 것
    ⓐ 지하상가 또는 지하층의 바닥면적의 합계가 3,000m² 이상인 것은 수평거리 25m
    ⓑ 위 ⓐ에 해당하지 아니하는 것은 수평거리 50m
⑦ **보호함**: 비상콘센트를 보호하기 위하여 비상콘센트보호함은 다음의 기준에 따라 설치해야 한다.
  ㉠ 보호함에는 쉽게 개폐할 수 있는 문을 설치할 것
  ㉡ 보호함 표면에 '비상콘센트'라고 표시한 표지를 할 것
  ㉢ 보호함 상부에 적색의 표시등을 설치할 것. 다만, 비상콘센트의 보호함을 옥내소화전함 등과 접속하여 설치하는 경우에는 옥내소화전함 등의 표시등과 겸용할 수 있다.

(13) 무선통신보조설비

① **정의**: 「무선통신보조설비의 화재안전기술기준(NFTC 505)」에서 사용하는 용어의 정의는 다음과 같다.
  ㉠ **누설동축케이블**: 동축케이블의 외부도체에 가느다란 홈을 만들어서 전파가 외부로 새어나갈 수 있도록 한 케이블을 말한다.
  ㉡ **분배기**: 신호의 전송로가 분기되는 장소에 설치하는 것으로 임피던스 매칭(Matching)과 신호 균등분배를 위해 사용하는 장치를 말한다.
  ㉢ **분파기**: 서로 다른 주파수의 합성된 신호를 분리하기 위해서 사용하는 장치를 말한다.

② 혼합기: 2 이상의 입력신호를 원하는 비율로 조합한 출력이 발생하도록 하는 장치를 말한다.
⑥ 증폭기: 전압·전류의 진폭을 늘려 감도 등을 개선하는 장치를 말한다.
⑪ 무선중계기: 안테나를 통하여 수신된 무전기 신호를 증폭한 후 음영지역에 재방사하여 무전기 상호간 송수신이 가능하도록 하는 장치를 말한다.
⊙ 옥외안테나: 감시제어반 등에 설치된 무선중계기의 입력과 출력포트에 연결되어 송수신 신호를 원활하게 방사·수신하기 위해 옥외에 설치하는 장치를 말한다.
⊚ 임피던스: 교류 회로에 전압이 가해졌을 때 전류의 흐름을 방해하는 값으로서 교류 회로에서의 전류에 대한 전압의 비를 말한다.

② **설치 제외**: 지하층으로서 특정소방대상물의 바닥부분 2면 이상이 지표면과 동일하거나 지표면으로부터의 깊이가 1m 이하인 경우에는 해당 층에 한하여 무선통신보조설비를 설치하지 아니할 수 있다.

③ **옥외안테나**: 옥외안테나는 다음의 기준에 따라 설치해야 한다.
  ㉠ 건축물, 지하가, 터널 또는 공동구의 출입구(건축법 시행령 제39조에 따른 출구 또는 이와 유사한 출입구를 말한다) 및 출입구 인근에서 통신이 가능한 장소에 설치할 것
  ㉡ 다른 용도로 사용되는 안테나로 인한 통신장애가 발생하지 않도록 설치할 것
  ㉢ 옥외안테나는 견고하게 설치하며 파손의 우려가 없는 곳에 설치하고 그 가까운 곳의 보기 쉬운 곳에 '무선통신보조설비 안테나'라는 표시와 함께 통신 가능거리를 표시한 표지를 설치할 것
  ㉣ 수신기가 설치된 장소 등 사람이 상시 근무하는 장소에는 옥외 안테나의 위치가 모두 표시된 옥외안테나 위치표시도를 비치할 것

④ **분배기 등**: 분배기·분파기 및 혼합기 등은 다음의 기준에 따라 설치해야 한다.
  ㉠ 먼지·습기 및 부식 등에 따라 기능에 이상을 가져오지 아니하도록 할 것
  ㉡ 임피던스는 50Ω의 것으로 할 것
  ㉢ 점검에 편리하고 화재 등의 재해로 인한 피해의 우려가 없는 장소에 설치할 것

⑤ **증폭기 등**: 증폭기 및 무선중계기를 설치하는 경우에는 다음의 기준에 따라 설치해야 한다.

㉠ 상용전원은 전기가 정상적으로 공급되는 축전지설비, 전기저장장치(외부 전기에너지를 저장해 두었다가 필요한 때 전기를 공급하는 장치) 또는 교류전압의 옥내간선으로 하고, 전원까지의 배선은 전용으로 할 것

㉡ 증폭기의 전면에는 주회로의 전원이 정상인지의 여부를 표시할 수 있는 표시등 및 전압계를 설치할 것

㉢ 증폭기에는 비상전원이 부착된 것으로 하고, 해당 비상전원 용량은 무선통신보조설비를 유효하게 30분 이상 작동시킬 수 있는 것으로 할 것기출

㉣ 증폭기 및 무선중계기를 설치하는 경우에는 「전파법」 제58조의2에 따른 적합성평가를 받은 제품으로 설치하고 임의로 변경하지 않도록 할 것

㉤ 디지털 방식의 무전기를 사용하는 데 지장이 없도록 설치할 것

(14) 고층건축물의 화재안전기술기준

① **적용범위**: 「고층건축물의 화재안전기술기준(NFTC 604)」은 「소방시설 설치 및 관리에 관한 법률 시행령」 제11조 제1항에 따라 「건축법」 제2조 제1항 제19호에 따른 고층건축물과 「초고층 및 지하연계 복합건축물 재난관리에 관한 특별법 시행령」 제14조 제2항에 따른 피난안전구역에 설치해야 하는 소방시설 등의 설치 및 관리에 대해 적용한다.

② **정의**: 「고층건축물의 화재안전기술기준(NFTC 604)」에서 사용하는 용어의 정의는 다음과 같다.

㉠ **고층건축물**: 「건축법」 제2조 제1항 제19호 규정에 따른 건축물(층수가 30층 이상이거나 높이가 120m 이상인 건축물)을 말한다.

㉡ **급수배관**: 수원 및 옥외송수구로부터 소화설비에 급수하는 배관을 말한다.

③ **옥내소화전설비**

㉠ 수원의 저수량: 수원은 그 저수량이 옥내소화전의 설치개수가 가장 많은 층의 설치개수(5개 이상 설치된 경우에는 5개)에 $5.2m^3$(호스릴옥내소화전설비를 포함한다)를 곱한 양 이상이 되도록 해야 한다. 다만, 층수가 50층 이상인 건축물의 경우에는 $7.8m^3$를 곱한 양 이상이 되도록 해야 한다.

ⓒ 수원은 위 ㉠에 따라 산출된 유효수량 외에 유효수량의 3분의 1 이상을 옥상(옥내소화전설비가 설치된 건축물의 주된 옥상을 말한다. 이하 같다)에 설치해야 한다. 다만, 「옥내소화전설비의 화재안전기술기준(NFTC 102)」 2.1.2(2) 또는 2.1.2(3)에 해당하는 경우에는 그렇지 않다.

ⓒ 전동기 또는 내연기관에 의한 펌프를 이용하는 가압송수장치는 옥내소화전설비 전용으로 설치해야 하며, 주펌프와 동등 이상의 성능이 있는 별도의 펌프로서 내연기관의 기동과 연동하여 작동되거나 비상전원을 연결한 예비펌프를 추가로 설치해야 한다.

ⓔ 내연기관의 연료량은 펌프를 40분(50층 이상인 건축물의 경우에는 60분) 이상 운전할 수 있는 용량일 것

ⓜ 급수배관은 전용으로 해야 한다. 다만, 옥내소화전설비의 성능에 지장이 없는 경우에는 연결송수관설비의 배관과 겸용할 수 있다.

ⓗ 50층 이상인 건축물의 옥내소화전 주배관 중 수직배관은 2개 이상(주배관 성능을 갖는 동일호칭배관)으로 설치해야 하며, 하나의 수직배관의 파손 등 작동 불능 시에도 다른 수직배관으로부터 소화용수가 공급되도록 구성해야 한다.

ⓢ 비상전원은 자가발전설비, 축전지설비(내연기관에 따른 펌프를 사용하는 경우에는 내연기관의 기동 및 제어용 축전지를 말한다) 또는 전기저장장치(외부 전기에너지를 저장해 두었다가 필요한 때 전기를 공급하는 장치)로서 옥내소화전설비를 40분(50층 이상인 건축물의 경우에는 60분) 이상 작동할 수 있어야 한다.

④ **스프링클러설비**: 스프링클러설비는 다음의 기준에 따라 설치해야 한다.

㉠ 수원은 스프링클러설비 설치장소별 스프링클러헤드의 기준개수에 $3.2m^3$를 곱한 양 이상이 되도록 해야 한다. 다만, 50층 이상인 건축물의 경우에는 $4.8m^3$를 곱한 양 이상이 되도록 해야 한다.

ⓒ 스프링클러설비의 수원은 위 ㉠에 따라 산출된 유효수량 외에 유효수량의 3분의 1 이상을 옥상(스프링클러설비가 설치된 건축물의 주된 옥상을 말한다. 이하 같다)에 설치해야 한다. 다만, 「스프링클러설비의 화재안전기술기준(NFTC 103)」 2.1.2(2) 또는 2.1.2(3)에 해당하는 경우에는 그렇지 않다.

ⓒ 전동기 또는 내연기관에 의한 펌프를 이용하는 가압송수장치는 스프링클러설비 전용으로 설치해야 하며, 주펌프와 동등 이상의 성능이

있는 별도의 펌프로서 내연기관의 기동과 연동하여 작동되거나 비상전원을 연결한 예비펌프를 추가로 설치해야 한다.

ⓔ 급수배관은 전용으로 설치해야 한다.

ⓜ 50층 이상인 건축물의 스프링클러설비 주배관 중 수직배관은 2개 이상(주배관 성능을 갖는 동일호칭배관)으로 설치하고, 하나의 수직배관이 파손 등 작동 불능 시에도 다른 수직배관으로부터 소화용수가 공급되도록 구성해야 하며, 각각의 수직배관에 유수검지장치를 설치해야 한다.

ⓗ 50층 이상인 건축물의 스프링클러헤드에는 2개 이상의 가지배관으로부터 양방향에서 소화용수가 공급되도록 하고, 수리계산에 의한 설계를 해야 한다.

ⓢ 스프링클러설비의 음향장치는 「스프링클러설비의 화재안전기술기준(NFTC 103)」 2.6(음향장치 및 기동장치)에 따라 설치하되, 다음의 기준에 따라 경보를 발할 수 있도록 해야 한다.

  ⓐ 2층 이상의 층에서 발화한 때에는 발화층 및 그 직상 4개 층에 경보를 발할 것

  ⓑ 1층에서 발화한 때에는 발화층·그 직상 4개 층 및 지하층에 경보를 발할 것

  ⓒ 지하층에서 발화한 때에는 발화층·그 직상층 및 기타의 지하층에 경보를 발할 것

ⓞ 비상전원은 자가발전설비, 축전지설비(내연기관에 따른 펌프를 사용하는 경우에는 내연기관의 기동 및 제어용 축전지를 말한다) 또는 전기저장장치로서 스프링클러설비를 유효하게 40분 이상 작동할 수 있을 것. 다만, 50층 이상인 건축물의 경우에는 60분 이상 작동할 수 있어야 한다.

⑤ **비상방송설비**

㉠ 비상방송설비의 음향장치는 다음의 기준에 따라 경보를 발할 수 있도록 해야 한다.

  ⓐ 2층 이상의 층에서 발화한 때에는 발화층 및 그 직상 4개 층에 경보를 발할 것

  ⓑ 1층에서 발화한 때에는 발화층·그 직상 4개 층 및 지하층에 경보를 발할 것

  ⓒ 지하층에서 발화한 때에는 발화층·그 직상층 및 기타의 지하층에 경보를 발할 것

ⓒ 비상방송설비에는 그 설비에 대한 감시상태를 60분간 지속한 후 유효하게 30분 이상 경보할 수 있는 비상전원으로서 축전지설비(수신기에 내장하는 경우를 포함한다) 또는 전기저장장치를 설치해야 한다.

⑥ **자동화재탐지설비**
　㉠ 감지기는 아날로그방식의 감지기로서 감지기의 작동 및 설치지점을 수신기에서 확인할 수 있는 것으로 설치해야 한다. 다만, 공동주택의 경우에는 감지기별로 작동 및 설치지점을 수신기에서 확인할 수 있는 아날로그방식 외의 감지기로 설치할 수 있다.
　㉡ 자동화재탐지설비의 음향장치는 다음의 기준에 따라 경보를 발할 수 있도록 해야 한다.
　　ⓐ 2층 이상의 층에서 발화한 때에는 발화층 및 그 직상 4개 층에 경보를 발할 것
　　ⓑ 1층에서 발화한 때에는 발화층·그 직상 4개 층 및 지하층에 경보를 발할 것
　　ⓒ 지하층에서 발화한 때에는 발화층·그 직상층 및 기타의 지하층에 경보를 발할 것
　㉢ 50층 이상인 건축물에 설치하는 다음의 통신·신호배선은 이중배선을 설치하도록 하고, 단선 시에도 고장표시가 되며 정상작동할 수 있는 성능을 갖도록 설비를 해야 한다.
　　ⓐ 수신기와 수신기 사이의 통신배선
　　ⓑ 수신기와 중계기 사이의 신호배선
　　ⓒ 수신기와 감지기 사이의 신호배선
　㉣ 자동화재탐지설비에는 그 설비에 대한 감시상태를 60분간 지속한 후 유효하게 30분 이상 경보할 수 있는 비상전원으로서 축전지설비(수신기에 내장하는 경우를 포함한다) 또는 전기저장장치(외부 전기에너지를 저장해 두었다가 필요한 때 전기를 공급하는 장치)를 설치해야 한다. 다만, 상용전원이 축전지설비인 경우에는 그렇지 않다.

⑦ **특별피난계단의 계단실 및 부속실 제연설비**: 「특별피난계단의 계단실 및 그 부속실 제연설비의 화재안전기술기준(NFTC 501A)」에 따라 설치하되, 비상전원은 자가발전설비, 축전지설비, 전기저장장치로 하고 제연설비를 유효하게 40분 이상 작동할 수 있도록 해야 한다. 다만, 50층 이상인 건축물의 경우에는 60분 이상 작동할 수 있어야 한다.

⑧ **피난안전구역의 소방시설**: 「초고층 및 지하연계 복합건축물 재난관리에 관한 특별법 시행령」 제14조 제2항에 따라 피난안전구역에 설치하는 소방시설은 표 2.6.1과 같이 설치해야 하며, 이 기준에서 정하지 아니한 것은 개별 기술기준에 따라 설치해야 한다.

⑨ **연결송수관설비**
  ㉠ 연결송수관설비의 배관은 전용으로 한다. 다만, 주배관의 구경이 100mm 이상인 옥내소화전설비와 겸용할 수 있다.
  ㉡ 연결송수관설비의 비상전원은 자가발전설비, 축전지설비(내연기관에 따른 펌프를 사용하는 경우에는 내연기관의 기동 및 제어용 축전지를 말한다), 전기저장장치로서 연결송수관설비를 유효하게 40분 이상 작동할 수 있어야 할 것. 다만, 50층 이상인 건축물의 경우에는 60분 이상 작동할 수 있어야 한다.

(15) 공동주택의 화재안전기술기준

① **적용범위**: 「공동주택의 화재안전기술기준(NFTC 608)」은 「소방시설 설치 및 관리에 관한 법률 시행령」 제11조에 의한 소방시설을 설치해야 할 공동주택 중 아파트등 및 기숙사에 설치해야 하는 소방시설 등의 설치 및 관리에 대해 적용한다.

② **다른 법령과의 관계**: 공동주택에 설치하는 소방시설 등의 설치기준 중 「공동주택의 화재안전기술기준(NFTC 608)」에서 규정하지 않은 것은 개별 화재안전기준에 따라야 한다.

③ **소화기구 및 자동소화장치**
  ㉠ 소화기는 다음의 기준에 따라 설치해야 한다.
    ⓐ 바닥면적 100m²마다 1단위 이상의 능력단위를 기준으로 설치할 것
    ⓑ 아파트등의 경우 각 세대 및 공용부(승강장, 복도 등)마다 설치할 것
  ㉡ 주거용 주방자동소화장치는 아파트등의 주방에 열원(가스 또는 전기)의 종류에 적합한 것으로 설치하고, 열원을 차단할 수 있는 차단장치를 설치해야 한다.

④ **옥내소화전설비**: 옥내소화전설비는 다음의 기준에 따라 설치해야 한다.
  ㉠ 호스릴(hose reel) 방식으로 설치할 것
  ㉡ 복층형 구조인 경우에는 출입구가 없는 층에 방수구를 설치하지 아니할 수 있다.

OX문제

소화기는 바닥면적 100제곱미터마다 1단위 이상의 능력단위를 기준으로 설치해야 한다. ( )

주거용 주방자동소화장치는 아파트등의 주방에 열원(가스 또는 전기)의 종류에 적합한 것으로 설치하고, 열원을 차단할 수 있는 차단장치를 설치해야 한다. ( )

정답 ○, ○

ⓒ 감시제어반 전용실은 피난층 또는 지하 1층에 설치할 것. 다만, 상시 사람이 근무하는 장소 또는 관계인이 쉽게 접근할 수 있고 관리가 용이한 장소에 감시제어반 전용실을 설치할 경우에는 지상 2층 또는 지하 2층에 설치할 수 있다.

⑤ **스프링클러설비**: 스프링클러설비는 다음의 기준에 따라 설치해야 한다.
  ㉠ 폐쇄형 스프링클러헤드를 사용하는 아파트등은 기준개수 10개(스프링클러헤드의 설치개수가 가장 많은 세대에 설치된 스프링클러헤드의 개수가 기준개수보다 작은 경우에는 그 설치개수)에 1.6㎥를 곱한 양 이상의 수원이 확보되도록 할 것. 다만, 아파트등의 각 동이 주차장으로 서로 연결된 구조인 경우 해당 주차장 부분의 기준개수는 30개로 할 것
  ㉡ 아파트등의 경우 화장실 반자 내부에는 「소방용 합성수지배관의 성능인증 및 제품검사의 기술기준」에 적합한 소방용 합성수지배관으로 배관을 설치할 수 있다. 다만, 소방용 합성수지배관 내부에 항상 소화수가 채워진 상태를 유지할 것
  ㉢ 하나의 방호구역은 2개 층에 미치지 아니하도록 할 것. 다만, 복층형 구조의 공동주택에는 3개 층 이내로 할 수 있다.
  OX ㉣ 아파트등의 세대 내 스프링클러헤드를 설치하는 천장·반자·천장과 반자 사이·덕트·선반 등의 각 부분으로부터 하나의 스프링클러헤드까지의 수평거리는 2.6m 이하로 할 것 기출
  ㉤ 외벽에 설치된 창문에서 0.6m 이내에 스프링클러헤드를 배치하고, 배치된 헤드의 수평거리 이내에 창문이 모두 포함되도록 할 것. 다만, 다음의 기준에 어느 하나에 해당하는 경우에는 그렇지 않다. 기출
    ⓐ 창문에 드렌처설비가 설치된 경우
    ⓑ 창문과 창문 사이의 수직부분이 내화구조로 90cm 이상 이격되어 있거나, 「발코니 등의 구조변경절차 및 설치기준」 제4조 제1항부터 제5항까지에서 정하는 구조와 성능의 방화판 또는 방화유리창을 설치한 경우
    ⓒ 발코니가 설치된 부분
  ㉥ 거실에는 **조기반응형** 스프링클러헤드를 설치할 것
  ㉦ 감시제어반 전용실은 피난층 또는 지하 1층에 설치할 것. 다만, 상시 사람이 근무하는 장소 또는 관계인이 쉽게 접근할 수 있고 관리가 용이한 장소에 감시제어반 전용실을 설치할 경우에는 지상 2층 또는 지하 2층에 설치할 수 있다.

OX문제

아파트등의 세대 내 스프링클러헤드를 설치하는 경우 천장·반자·천장과 반자 사이·덕트·선반 등의 각 부분으로부터 하나의 스프링클러헤드까지의 수평거리는 3.2미터 이하로 해야 한다.
( )

정답 ×

ⓞ 「건축법 시행령」 제46조 제4항에 따라 설치된 대피공간에는 헤드를 설치하지 않을 수 있다.
ⓩ 「스프링클러설비의 화재안전기술기준(NFTC 103)」의 기준에도 불구하고 세대 내 실외기실 등 소규모 공간에서 해당 공간 여건상 헤드와 장애물 사이에 60cm 반경을 확보하지 못하거나 장애물 폭의 3배를 확보하지 못하는 경우에는 살수방해가 최소화되는 위치에 설치할 수 있다.

⑥ **물분무소화설비**: 물분무소화설비의 감시제어반 전용실은 피난층 또는 지하 1층에 설치해야 한다. 다만, 상시 사람이 근무하는 장소 또는 관계인이 쉽게 접근할 수 있고 관리가 용이한 장소에 감시제어반 전용실을 설치할 경우에는 지상 2층 또는 지하 2층에 설치할 수 있다.

⑦ **포소화설비**: 포소화설비의 감시제어반 전용실은 피난층 또는 지하 1층에 설치해야 한다. 다만, 상시 사람이 근무하는 장소 또는 관계인이 쉽게 접근할 수 있고 관리가 용이한 장소에 감시제어반 전용실을 설치할 경우에는 지상 2층 또는 지하 2층에 설치할 수 있다.

⑧ **옥외소화전설비**: 옥외소화전설비는 다음의 기준에 따라 설치해야 한다.
  ㉠ 기동장치는 기동용 수압개폐장치 또는 이와 동등 이상의 성능이 있는 것을 설치할 것
  ㉡ 감시제어반 전용실은 피난층 또는 지하 1층에 설치할 것. 다만, 상시 사람이 근무하는 장소 또는 관계인이 쉽게 접근할 수 있고 관리가 용이한 장소에 감시제어반 전용실을 설치할 경우에는 지상 2층 또는 지하 2층에 설치할 수 있다.

⑨ **자동화재탐지설비**
  ㉠ **설치기준**: 감지기는 다음 기준에 따라 설치해야 한다.
    ⓐ 아날로그방식의 감지기, 광전식 공기흡입형 감지기 또는 이와 동등 이상의 기능·성능이 인정되는 것으로 설치할 것
    ⓑ 감지기의 신호처리방식은 「자동화재탐지설비 및 시각경보장치의 화재안전기술기준(NFTC 203)」 1.7.2에 따른다.
    ⓒ 세대 내 거실(취침용도로 사용될 수 있는 통상적인 방 및 거실을 말한다)에는 **연기감지기**를 설치할 것
    ⓓ 감지기 회로 단선 시 고장표시가 되며, 해당 회로에 설치된 감지기가 정상 작동될 수 있는 성능을 갖도록 할 것
  ㉡ 복층형 구조인 경우에는 출입구가 없는 층에 발신기를 설치하지 아니할 수 있다.

OX문제

세대 내 거실(취침용도로 사용될 수 있는 통상적인 방 및 거실을 말한다)에는 연기감지기를 설치해야 한다. (   )

정답 ○

⑩ **비상방송설비**: 비상방송설비는 다음의 기준에 따라 설치해야 한다.
  ㉠ 확성기는 각 세대마다 설치할 것
  ㉡ 아파트등의 경우 실내에 설치하는 확성기 음성입력은 2W 이상일 것

⑪ **피난기구**
  ㉠ 설치기준: 피난기구는 다음의 기준에 따라 설치해야 한다.
    ⓐ 아파트등의 경우 각 세대마다 설치할 것
    ⓑ 피난장애가 발생하지 않도록 하기 위하여 피난기구를 설치하는 개구부는 동일 직선상이 아닌 위치에 있을 것. 다만, 수직 피난방향으로 동일 직선상인 세대별 개구부에 피난기구를 엇갈리게 설치하여 피난장애가 발생하지 않는 경우에는 그렇지 않다.
    ⓒ 「공동주택관리법」 제2조 제1항 제2호(마목은 제외함)에 따른 '의무관리대상 공동주택'의 경우에는 하나의 관리주체가 관리하는 공동주택 구역마다 **공기안전매트** 1개 이상을 추가로 설치할 것. 다만, 옥상으로 피난이 가능하거나 수평 또는 수직 방향의 인접 세대로 피난할 수 있는 구조인 경우에는 추가로 설치하지 않을 수 있다.
  ㉡ 갓복도식 공동주택 또는 「건축법 시행령」 제46조 제5항에 해당하는 구조 또는 시설을 설치하여 수평 또는 수직 방향의 인접세대로 피난할 수 있는 아파트는 피난기구를 설치하지 않을 수 있다.
  ㉢ 승강식 피난기 및 하향식 피난구용 내림식 사다리가 「건축물의 피난·방화구조 등의 기준에 관한 규칙」 제14조에 따라 방화구획된 장소(세대 내부)에 설치될 경우에는 해당 방화구획된 장소를 대피실로 간주하고, 대피실의 면적규정과 외기에 접하는 구조로 대피실을 설치하는 규정을 적용하지 않을 수 있다.

⑫ **유도등**: 유도등은 다음의 기준에 따라 설치해야 한다.
  ㉠ 소형 피난구 유도등을 설치할 것. 다만, 세대 내에는 유도등을 설치하지 않을 수 있다.
  ㉡ 주차장으로 사용되는 부분은 중형 피난구유도등을 설치할 것
  ㉢ 「건축법 시행령」 제40조 제3항 제2호 나목 및 「주택건설기준 등에 관한 규정」 제16조의2 제3항에 따라 비상문자동개폐장치가 설치된 옥상 출입문에는 대형 피난구유도등을 설치할 것

⑬ **비상조명등**: 비상조명등은 각 거실로부터 지상에 이르는 복도·계단 및 그 밖의 통로에 설치해야 한다. 다만, 공동주택의 세대 내에는 출입구 인근 통로에 1개 이상 설치한다.

OX문제

아파트등의 경우 실내에 설치하는 비상방송설비의 확성기 음성입력은 2와트 이상이어야 한다. ( )

정답 O

⑭ **특별피난계단의 계단실 및 부속실 제연설비**: 특별피난계단의 계단실 및 부속실 제연설비는 「특별피난계단의 계단실 및 부속실 제연설비의 화재안전기술기준(NFTC 501A)」의 기준에 따라 성능확인을 해야 한다. 다만, 부속실을 단독으로 제연하는 경우에는 부속실과 면하는 옥내 출입문만 개방한 상태로 방연풍속을 측정할 수 있다.

⑮ **연결송수관설비**

ⓐ 방수구는 다음의 기준에 따라 설치해야 한다.
  ⓐ 층마다 설치할 것. 다만, 아파트등의 1층과 2층(또는 피난층과 그 직상층)에는 설치하지 않을 수 있다.
  ⓑ 아파트등의 경우 계단의 출입구(계단의 부속실을 포함하며 계단이 2 이상 있는 경우에는 그중 1개의 계단을 말한다)로부터 5m 이내에 방수구를 설치하되, 그 방수구로부터 해당 층의 각 부분까지의 수평거리가 50m를 초과하는 경우에는 방수구를 추가로 설치할 것
  ⓒ 쌍구형으로 할 것. 다만, 아파트등의 용도로 사용되는 층에는 단구형으로 설치할 수 있다.

ⓒ 송수구는 동별로 설치하되, 소방차량의 접근 및 통행이 용이하고 잘 보이는 장소에 설치할 것

ⓒ 펌프의 토출량은 2,400L/min 이상(계단식 아파트의 경우에는 1,200L/min 이상)으로 하고, 방수구 개수가 3개를 초과(방수구가 5개 이상인 경우에는 5개)하는 경우에는 1개마다 800L/min(계단식 아파트의 경우에는 400L/min 이상)를 가산해야 한다.

⑯ **비상콘센트**: 아파트등의 경우에는 계단의 출입구(계단의 부속실을 포함하며 계단이 2개 이상 있는 경우에는 그중 1개의 계단을 말한다)로부터 5m 이내에 비상콘센트를 설치하되, 그 비상콘센트로부터 해당 층의 각 부분까지의 수평거리가 50m를 초과하는 경우에는 비상콘센트를 추가로 설치해야 한다.

8. 「화재의 예방 및 안전관리에 관한 법률」상 화재안전관리

(1) 정의

「화재의 예방 및 안전관리에 관한 법률」에서 사용하는 용어의 뜻은 다음과 같다(화재의 예방 및 안전관리에 관한 법률 제2조 제1항).

① **예방**: 화재의 위험으로부터 사람의 생명·신체 및 재산을 보호하기 위하여 화재발생을 사전에 제거하거나 방지하기 위한 모든 활동을 말한다.

② **안전관리**: 화재로 인한 피해를 최소화하기 위한 예방, 대비, 대응 등의 활동을 말한다.

③ **화재안전조사**: 소방청장, 소방본부장 또는 소방서장(이하 '소방관서장'이라 한다)이 소방대상물, 관계지역 또는 관계인에 대하여 소방시설등(소방시설 설치 및 관리에 관한 법률 제2조 제1항 제2호에 따른 소방시설등을 말한다. 이하 같다)이 소방 관계 법령에 적합하게 설치·관리되고 있는지, 소방대상물에 화재의 발생 위험이 있는지 등을 확인하기 위하여 실시하는 현장조사·문서열람·보고요구 등을 하는 활동을 말한다.

④ **화재예방강화지구**: 특별시장·광역시장·특별자치시장·도지사 또는 특별자치도지사(이하 '시·도지사'라 한다)가 화재발생 우려가 크거나 화재가 발생할 경우 피해가 클 것으로 예상되는 지역에 대하여 화재의 예방 및 안전관리를 강화하기 위해 지정·관리하는 지역을 말한다.

⑤ **화재예방안전진단**: 화재가 발생할 경우 사회·경제적으로 피해 규모가 클 것으로 예상되는 소방대상물에 대하여 화재위험요인을 조사하고 그 위험성을 평가하여 개선대책을 수립하는 것을 말한다.

(2) 특정소방대상물의 소방안전관리

① **소방안전관리자 선임**: 특정소방대상물 중 전문적인 안전관리가 요구되는 대통령령(아래 ②)으로 정하는 특정소방대상물(이하 '소방안전관리대상물'이라 한다)의 관계인은 소방안전관리업무를 수행하기 위하여 소방안전관리자 자격증을 발급받은 사람을 소방안전관리자로 선임하여야 한다. 이 경우 소방안전관리자의 업무에 대하여 보조가 필요한 대통령령(아래 ③)으로 정하는 소방안전관리대상물의 경우에는 소방안전관리자 외에 소방안전관리보조자를 추가로 선임하여야 한다(화재의 예방 및 안전관리에 관한 법률 제24조 제1항).

② **소방안전관리자를 두어야 하는 특정소방대상물**: 위 ①의 전단에 따라 특정소방대상물 중 전문적인 안전관리가 요구되는 특정소방대상물(이하 '소방안전관리대상물'이라 한다)의 범위와 아래 ⑥에 따른 소방안전관리자의 선임 대상별 자격 및 인원기준은 다음 표와 같다(화재의 예방 및 안전관리에 관한 법률 시행령 제25조 제1항).

| 별표 4 | 소방안전관리자를 선임해야 하는 소방안전관리대상물의 범위와 소방안전관리자의 선임 대상별 자격 및 인원기준 기출 |

1. 특급 소방안전관리대상물 OX
   ① 특급 소방안전관리대상물의 범위: 「소방시설 설치 및 관리에 관한 법률 시행령」[별표 2]의 특정소방대상물 중 다음의 어느 하나에 해당하는 것
      ㉠ 50층 이상(지하층은 제외한다)이거나 지상으로부터 높이가 200미터 이상인 아파트
      ㉡ 30층 이상(지하층을 포함한다)이거나 지상으로부터 높이가 120미터 이상인 특정소방대상물(아파트는 제외한다)
      ㉢ 위 ㉡에 해당하지 않는 특정소방대상물로서 연면적이 10만 제곱미터 이상인 특정소방대상물(아파트는 제외한다)
   ② 특급 소방안전관리대상물에 선임해야 하는 소방안전관리자의 자격: 다음의 어느 하나에 해당하는 사람으로서 특급 소방안전관리자 자격증을 발급받은 사람
      ㉠ 소방기술사 또는 소방시설관리사의 자격이 있는 사람
      ㉡ 소방설비기사의 자격을 취득한 후 **5년 이상** 1급 소방안전관리대상물의 소방안전관리자로 근무한 실무경력(법 제24조 제3항에 따라 소방안전관리자로 선임되어 근무한 경력은 제외한다. 이하 이 표에서 같다)이 있는 사람
      ㉢ 소방설비산업기사의 자격을 취득한 후 7년 이상 1급 소방안전관리대상물의 소방안전관리자로 근무한 실무경력이 있는 사람
      ㉣ 소방공무원으로 20년 이상 근무한 경력이 있는 사람
      ㉤ 소방청장이 실시하는 특급 소방안전관리대상물의 소방안전관리에 관한 시험에 합격한 사람
   ③ 선임인원: 1명 이상

2. 1급 소방안전관리대상물
   ① 1급 소방안전관리대상물의 범위: 「소방시설 설치 및 관리에 관한 법률 시행령」[별표 2]의 특정소방대상물 중 다음의 어느 하나에 해당하는 것(위 1.에 따른 특급 소방안전관리대상물은 제외한다)
      ㉠ 30층 이상(지하층은 제외한다)이거나 지상으로부터 높이가 120미터 이상인 아파트
      ㉡ 연면적 1만 5천 제곱미터 이상인 특정소방대상물(아파트 및 연립주택은 제외한다)
      ㉢ 위 ㉡에 해당하지 않는 특정소방대상물로서 지상층의 층수가 11층 이상인 특정소방대상물(아파트는 제외한다)
      ㉣ 가연성 가스를 1천 톤 이상 저장·취급하는 시설
   ② 1급 소방안전관리대상물에 선임해야 하는 소방안전관리자의 자격: 다음의 어느 하나에 해당하는 사람으로서 1급 소방안전관리자 자격증을 발급받은 사람 또는 위 1.에 따른 특급 소방안전관리대상물의 소방안전관리자 자격증을 발급받은 사람
      ㉠ 소방설비기사 또는 소방설비산업기사의 자격이 있는 사람
      ㉡ 소방공무원으로 7년 이상 근무한 경력이 있는 사람
      ㉢ 소방청장이 실시하는 1급 소방안전관리대상물의 소방안전관리에 관한 시험에 합격한 사람
   ③ 선임인원: 1명 이상

3. 2급 소방안전관리대상물
   ① 2급 소방안전관리대상물의 범위: 「소방시설 설치 및 관리에 관한 법률 시행령」[별표 2]의 특정소방대상물 중 다음의 어느 하나에 해당하는 것(위 1.에 따른 특급 소방안전관리대상물 및 2.에 따른 1급 소방안전관리대상물은 제외한다)

OX문제

지하층을 포함해서 30층 이상인 아파트는 특급 소방안전관리대상물에 해당한다.
( )

특급 소방안전관리대상물의 경우에는 소방안전관리자를 2명 이상 선임하여야 한다.
( )

정답 ×, ×

㉠ 「소방시설 설치 및 관리에 관한 법률 시행령」 [별표 4] 제1호 다목에 따라 옥내소화전설비를 설치해야 하는 특정소방대상물, 같은 호 라목에 따라 **스프링클러설비**를 설치해야 하는 특정소방대상물 또는 같은 호 바목에 따라 **물분무등소화설비**[화재안전기준에 따라 호스릴(hose reel) 방식의 물분무등소화설비만을 설치할 수 있는 특정소방대상물은 제외한다]를 설치해야 하는 특정소방대상물
㉡ 가스 제조설비를 갖추고 도시가스사업의 허가를 받아야 하는 시설 또는 가연성 가스를 100톤 이상 1천톤 미만 저장·취급하는 시설
㉢ 지하구
㉣ 「공동주택관리법」 제2조 제1항 제2호의 어느 하나에 해당하는 공동주택(소방시설 설치 및 관리에 관한 법률 시행령 별표 4 제1호 다목 또는 라목에 따른 옥내소화전설비 또는 스프링클러설비가 설치된 공동주택으로 한정한다)
㉤ 「문화유산의 보존 및 활용에 관한 법률」 제23조에 따라 보물 또는 국보로 지정된 목조건축물

② 2급 소방안전관리대상물에 선임해야 하는 소방안전관리자의 자격: 다음의 어느 하나에 해당하는 사람으로서 2급 소방안전관리자 자격증을 발급받은 사람, 위 1.에 따른 특급 소방안전관리대상물 또는 2.에 따른 1급 소방안전관리대상물의 소방안전관리자 자격증을 발급받은 사람
㉠ 위험물기능장·위험물산업기사 또는 위험물기능사 자격이 있는 사람
㉡ 소방공무원으로 3년 이상 근무한 경력이 있는 사람
㉢ 소방청장이 실시하는 2급 소방안전관리대상물의 소방안전관리에 관한 시험에 합격한 사람
㉣ 「기업활동 규제완화에 관한 특별조치법」 제29조, 제30조 및 제32조에 따라 소방안전관리자로 선임된 사람(소방안전관리자로 선임된 기간으로 한정한다)
③ 선임인원: 1명 이상

4. 3급 소방안전관리대상물

① 3급 소방안전관리대상물의 범위: 「소방시설 설치 및 관리에 관한 법률 시행령」 [별표 2]의 특정소방대상물 중 다음의 어느 하나에 해당하는 것(위 1.에 따른 특급 소방안전관리대상물, 2.에 따른 1급 소방안전관리대상물 및 3.에 따른 2급 소방안전관리대상물은 제외한다)
㉠ 「소방시설 설치 및 관리에 관한 법률 시행령」 [별표 4] 제1호 마목에 따라 간이스프링클러설비(주택전용 간이스프링클러설비는 제외한다)를 설치해야 하는 특정소방대상물
㉡ 「소방시설 설치 및 관리에 관한 법률 시행령」 [별표 4] 제2호 다목에 따른 **자동화재탐지설비**를 설치해야 하는 특정소방대상물

② 3급 소방안전관리대상물에 선임해야 하는 소방안전관리자의 자격: 다음의 어느 하나에 해당하는 사람으로서 3급 소방안전관리자 자격증을 발급받은 사람 또는 위 1.부터 3.까지의 규정에 따라 특급 소방안전관리대상물, 1급 소방안전관리대상물 또는 2급 소방안전관리대상물의 소방안전관리자 자격증을 발급받은 사람
㉠ 소방공무원으로 1년 이상 근무한 경력이 있는 사람
㉡ 소방청장이 실시하는 3급 소방안전관리대상물의 소방안전관리에 관한 시험에 합격한 사람
㉢ 「기업활동 규제완화에 관한 특별조치법」 제29조, 제30조 및 제32조에 따라 소방안전관리자로 선임된 사람(소방안전관리자로 선임된 기간으로 한정한다)
③ 선임인원: 1명 이상

[비고]
① 동·식물원, 철강 등 불연성 물품을 저장·취급하는 창고, 위험물 저장 및 처리 시설 중 제조소등과 지하구는 특급 소방안전관리대상물 및 1급 소방안전관리대상물에서 제외한다.
② 이 표 위 1.에 따른 특급 소방안전관리대상물에 선임해야 하는 소방안전관리자의 자격을 산정할 때에는 동일한 기간에 수행한 경력이 두 가지 이상의 자격기준에 해당하는 경우 하나의 자격기준에 대해서만 그 기간을 인정하고 기간이 중복되지 않는 소방안전관리자 실무경력의 경우에는 각각의 기간을 실무경력으로 인정한다. 이 경우 자격기준별 실무경력 기간을 해당 실무경력 기준기간으로 나누어 합한 값이 1 이상이면 선임자격을 갖춘 것으로 본다.

③ **소방안전관리보조자를 두어야 하는 특정소방대상물**: 위 ①의 후단에 따라 소방안전관리보조자를 추가로 선임해야 하는 소방안전관리대상물의 범위와 아래 ⑥에 따른 소방안전관리보조자의 선임 대상별 자격 및 인원기준은 다음 표와 같다(화재의 예방 및 안전관리에 관한 법률 시행령 제25조 제2항).

별표 5	소방안전관리보조자를 선임해야 하는 소방안전관리대상물의 범위와 선임 대상별 자격 및 인원기준

1. 소방안전관리보조자를 선임해야 하는 소방안전관리대상물의 범위 OX
  소방안전관리자를 선임해야 하는 소방안전관리대상물 중 다음의 어느 하나에 해당하는 소방안전관리대상물
  ① 「건축법 시행령」 [별표 1] 제2호 가목에 따른 아파트 중 300세대 이상인 아파트
  ② 연면적이 1만 5천 제곱미터 이상인 특정소방대상물(아파트 및 연립주택은 제외한다)
  ③ 위 ① 및 ②에 따른 특정소방대상물을 제외한 특정소방대상물 중 다음의 어느 하나에 해당하는 특정소방대상물
   ㉠ 공동주택 중 기숙사
   ㉡ 의료시설
   ㉢ 노유자시설
   ㉣ 수련시설
   ㉤ 숙박시설(숙박시설로 사용되는 바닥면적의 합계가 1천500제곱미터 미만이고 관계인이 24시간 상시 근무하고 있는 숙박시설은 제외한다)
2. 소방안전관리보조자의 자격
  ① 특급 소방안전관리대상물, 1급 소방안전관리대상물, 2급 소방안전관리대상물 또는 3급 소방안전관리대상물의 소방안전관리자 자격이 있는 사람
  ② 「국가기술자격법」 제2조 제3호에 따른 국가기술자격의 직무분야 중 건축, 기계제작, 기계장비설비·설치, 화공, 위험물, 전기, 전자 및 안전관리에 해당하는 국가기술자격이 있는 사람
  ③ 「공공기관의 소방안전관리에 관한 규정」 제5조 제1항 제2호 나목에 따른 강습교육을 수료한 사람
  ④ 법 제34조 제1항 제1호에 따른 강습교육 중 이 영 제33조 제1호부터 제4호까지에 해당하는 사람을 대상으로 하는 강습교육을 수료한 사람
  ⑤ 소방안전관리대상물에서 소방안전 관련 업무에 2년 이상 근무한 경력이 있는 사람

OX문제

「건축법 시행령」상 건축물의 용도가 아파트인 경우에는 세대수와 무관하게 소방안전관리보조자를 추가로 선임하여야 한다. (   )

정답 ×

> 3. 선임인원
> ① 위 1.의 ①에 따른 소방안전관리대상물의 경우에는 1명. 다만, 초과되는 300세대마다 1명 이상을 추가로 선임해야 한다.
> ② 위 1.의 ②에 따른 소방안전관리대상물의 경우에는 1명. 다만, 초과되는 연면적 1만 5천 제곱미터(특정소방대상물의 방재실에 자위소방대가 24시간 상시 근무하고 소방장비관리법 시행령 별표 1 제1호 가목에 따른 소방자동차 중 소방펌프차, 소방물탱크차, 소방화학차 또는 무인방수차를 운용하는 경우에는 3만 제곱미터로 한다)마다 1명 이상을 추가로 선임해야 한다.
> ③ 위 1.의 ③에 따른 소방안전관리대상물의 경우에는 1명. 다만, 해당 특정소방대상물이 소재하는 지역을 관할하는 소방서장이 야간이나 휴일에 해당 특정소방대상물이 이용되지 않는다는 것을 확인한 경우에는 소방안전관리보조자를 선임하지 않을 수 있다.

④ **겸임금지 등**
　㉠ **겸임금지**: 다른 안전관리자(다른 법령에 따라 전기·가스·위험물 등의 안전관리 업무에 종사하는 자를 말한다. 이하 같다)는 소방안전관리대상물 중 소방안전관리업무의 전담이 필요한 대통령령(아래 ㉡)으로 정하는 소방안전관리대상물의 소방안전관리자를 겸할 수 없다. 다만, 다른 법령에 특별한 규정이 있는 경우에는 그러하지 아니하다(화재의 예방 및 안전관리에 관한 법률 제24조 제2항).
　㉡ **겸임금지대상 소방안전관리대상물**: 위 ㉠에서 '대통령령으로 정하는 소방안전관리대상물'이란 다음의 소방안전관리대상물을 말한다(화재의 예방 및 안전관리에 관한 법률 시행령 제26조).
　　ⓐ 특급 소방안전관리대상물
　　ⓑ 1급 소방안전관리대상물

⑤ **소방안전관리업무의 대행감독**: 위 ①에도 불구하고 아래 **(3)**에 따른 소방안전관리대상물의 관계인은 소방안전관리업무를 대행하는 관리업자(소방시설 설치 및 관리에 관한 법률에 따른 소방시설관리업의 등록을 한 자를 말한다. 이하 '관리업자'라 한다)를 감독할 수 있는 사람을 지정하여 소방안전관리자로 선임할 수 있다. 이 경우 소방안전관리자로 선임된 자는 선임된 날부터 3개월 이내에 「화재의 예방 및 안전관리에 관한 법률」 제34조(소방안전관리자 등에 대한 교육)에 따른 교육을 받아야 한다(화재의 예방 및 안전관리에 관한 법률 제24조 제3항).

⑥ **위임규정**: 소방안전관리자 및 소방안전관리보조자의 선임 대상별 자격 및 인원기준은 대통령령(위 ②와 ③)으로 정하고, 선임 절차 등 그 밖에 필요한 사항은 행정안전부령(아래 ⑦)으로 정한다(화재의 예방 및 안전관리에 관한 법률 제24조 제4항).

⑦ **소방안전관리자의 선임기한 등**
  ㉠ 선임기한: 소방안전관리대상물의 관계인은 소방안전관리자를 다음의 구분에 따라 다음에서 정하는 날부터 30일 이내에 선임해야 한다(화재의 예방 및 안전관리에 관한 법률 시행규칙 제14조 제1항).
    ⓐ 신축·증축·개축·재축·대수선 또는 용도변경으로 해당 특정소방대상물의 소방안전관리자를 신규로 선임해야 하는 경우: 해당 특정소방대상물의 사용승인일(건축물의 경우에는 건축법 제22조에 따라 건축물을 사용할 수 있게 된 날을 말한다. 이하 이 조 및 제16조에서 같다)
    ⓑ 증축 또는 용도변경으로 인하여 특정소방대상물이 위 ②에 따른 소방안전관리대상물로 된 경우 또는 특정소방대상물의 소방안전관리 등급이 변경된 경우: 증축공사의 사용승인일 또는 용도변경 사실을 건축물관리대장에 기재한 날
    ⓒ 특정소방대상물을 양수하거나 「민사집행법」에 따른 경매, 「채무자 회생 및 파산에 관한 법률」에 따른 환가(換價), 「국세징수법」·「관세법」 또는 「지방세기본법」에 따른 압류재산의 매각이나 그 밖에 이에 준하는 절차에 따라 관계인의 권리를 취득한 경우: 해당 권리를 취득한 날 또는 관할 소방서장으로부터 소방안전관리자 선임 안내를 받은 날. 다만, 새로 권리를 취득한 관계인이 종전의 특정소방대상물의 관계인이 선임신고한 소방안전관리자를 해임하지 않는 경우는 제외한다.
    ⓓ 관리의 권원이 분리된 특정소방대상물의 경우: 관리의 권원이 분리되거나 소방본부장 또는 소방서장이 관리의 권원을 조정한 날
    ⓔ 소방안전관리자의 해임, 퇴직 등으로 해당 소방안전관리자의 업무가 종료된 경우: 소방안전관리자가 해임된 날, 퇴직한 날 등 근무를 종료한 날
    ⓕ 소방안전관리업무를 대행하는 자를 감독할 수 있는 사람을 소방안전관리자로 선임한 경우로서 그 업무대행 계약이 해지 또는 종료된 경우: 소방안전관리업무 대행이 끝난 날
    ⓖ 소방안전관리자 자격이 정지 또는 취소된 경우: 소방안전관리자 자격이 정지 또는 취소된 날

ⓛ **선임 연기 신청**: 2급 또는 3급 소방안전관리대상물의 관계인은 소방안전관리자 자격시험이나 소방안전관리자에 대한 강습교육이 위 ㉠에 따른 소방안전관리자 선임기간 내에 있지 않아 소방안전관리자를 선임할 수 없는 경우에는 소방안전관리자 선임의 연기를 신청할 수 있다(화재의 예방 및 안전관리에 관한 법률 시행규칙 제14조 제2항).

ⓒ **연기신청서의 제출 및 확인**: 위 ⓛ에 따라 소방안전관리자 선임의 연기를 신청하려는 2급 또는 3급 소방안전관리대상물의 관계인은 '소방안전관리자·소방안전관리보조자 선임연기신청서'를 작성하여 소방본부장 또는 소방서장에게 제출해야 한다. 이 경우 소방본부장 또는 소방서장은 종합정보망에서 강습교육의 접수 또는 시험응시 여부를 확인해야 하며, 2급 또는 3급 소방안전관리대상물의 관계인은 소방안전관리자가 선임될 때까지 아래 ⑧의 소방안전관리업무를 수행해야 한다(화재의 예방 및 안전관리에 관한 법률 시행규칙 제14조 제3항).

ⓔ **선임기간의 통보**: 소방본부장 또는 소방서장은 위 ⓒ에 따라 선임연기신청서를 제출받은 경우에는 3일 이내에 소방안전관리자 선임기간을 정하여 2급 또는 3급 소방안전관리대상물의 관계인에게 통보해야 한다(화재의 예방 및 안전관리에 관한 법률 시행규칙 제14조 제4항).

OX ⑧ **수행업무**: 특정소방대상물(소방안전관리대상물은 제외한다)의 관계인과 소방안전관리대상물의 소방안전관리자는 다음의 업무를 수행한다. 다만, ㉠·ⓛ·ⓜ 및 ㉂의 업무는 소방안전관리대상물의 경우에만 해당한다(화재의 예방 및 안전관리에 관한 법률 제24조 제5항).

㉠ 피난계획에 관한 사항과 대통령령으로 정하는 사항이 포함된 소방계획서의 작성 및 시행

ⓛ 자위소방대(自衛消防隊) 및 초기대응체계의 구성, 운영 및 교육

ⓒ 「소방시설 설치 및 관리에 관한 법률」 제16조에 따른 피난시설, 방화구획 및 방화시설의 관리

ⓔ 소방시설이나 그 밖의 소방 관련 시설의 관리

ⓜ 법 제37조에 따른 소방훈련 및 교육

ⓑ 화기(火氣) 취급의 감독

㉂ 행정안전부령으로 정하는 바에 따른 소방안전관리에 관한 업무수행에 관한 기록·유지(위 ⓒ·ⓔ 및 ⓑ의 업무를 말한다)

ⓞ 화재발생 시 초기대응

ⓟ 그 밖에 소방안전관리에 필요한 업무

OX문제

소방안전관리대상물의 관계인은 화기(火氣) 취급의 감독업무를 수행한다. (   )

정답 ×

(3) 소방안전관리업무의 대행

① 소방안전관리대상물 중 연면적 등이 일정규모 미만인 대통령령(아래 ②)으로 정하는 소방안전관리대상물의 관계인은 위 **(2)**의 ①에도 불구하고 관리업자로 하여금 같은 위 **(2)**의 ⑧에 따른 소방안전관리업무 중 대통령령(아래 ③)으로 정하는 업무를 대행하게 할 수 있다. 이 경우 위 **(2)**의 ⑤에 따라 선임된 소방안전관리자는 관리업자의 대행업무 수행을 감독하고 대행업무 외의 소방안전관리업무는 직접 수행하여야 한다(화재의 예방 및 안전관리에 관한 법률 제25조 제1항).

② **소방안전관리업무의 대행대상**: 위 ①에서 '대통령령으로 정하는 소방안전관리대상물'이란 다음의 소방안전관리대상물을 말한다(화재의 예방 및 안전관리에 관한 법률 시행령 제28조 제1항).

  ㉠ 위 [별표 4] 2.에 따른 1급 소방안전관리대상물 중 지상층의 층수가 11층 이상인 1급 소방안전관리대상물(연면적 1만 5천 제곱미터 이상인 특정소방대상물과 아파트는 제외한다)

  ㉡ 위 [별표 4] 3.에 따른 2급 소방안전관리대상물

  ㉢ 위 [별표 4] 4.에 따른 3급 소방안전관리대상물

③ **소방안전관리업무의 대행업무**: 위 ①의 전단에서 '대통령령으로 정하는 업무'란 다음의 업무를 말한다(화재의 예방 및 안전관리에 관한 법률 시행령 제28조 제2항).

  ㉠ 피난시설, 방화구획 및 방화시설의 관리

  ㉡ 소방시설이나 그 밖의 소방 관련 시설의 관리

(4) 소방안전관리자 선임신고 등

① **선임신고**: 소방안전관리대상물의 관계인이 위 **(2)**에 따라 소방안전관리자 또는 소방안전관리보조자를 선임한 경우에는 행정안전부령(아래 ②)으로 정하는 바에 따라 선임한 날부터 14일 이내에 소방본부장 또는 소방서장에게 신고하고, 소방안전관리대상물의 출입자가 쉽게 알 수 있도록 소방안전관리자의 성명과 그 밖에 행정안전부령(아래 ⑦)으로 정하는 사항을 게시하여야 한다(화재의 예방 및 안전관리에 관한 법률 제26조 제1항).

② **선임신고서 제출**: 소방안전관리대상물의 관계인은 소방안전관리자 또는 총괄소방안전관리자(기업활동 규제완화에 관한 특별조치법에 따라 소방안전관리자를 겸임하거나 공동으로 선임되는 사람을 포함한다)를 선임한 경우에는 소방안전관리자 선임신고서(전자문서를 포함한다)에 다음의 어느 하나에 해당하는 서류(전자문서를 포함한다)를 첨부하여 소방본부장 또는

소방서장에게 제출해야 한다. 이 경우 소방안전관리대상물의 관계인은 종합정보망을 이용하여 선임신고를 할 수 있다(화재의 예방 및 안전관리에 관한 법률 시행규칙 제14조 제5항).

㉠ 소방안전관리자 자격증

㉡ 소방안전관리대상물의 소방안전관리에 관한 업무를 감독할 수 있는 직위에 있는 사람임을 증명하는 서류 및 소방안전관리업무의 대행계약서 사본(소방안전관리대상물의 관계인이 소방안전관리업무를 대행하게 하는 경우만 해당한다)

㉢ 「기업활동 규제완화에 관한 특별조치법」 제29조 제2항·제3항, 제30조 제2항 또는 제32조 제2항에 따라 해당 소방안전관리대상물의 소방안전관리자를 겸임할 수 있는 안전관리자로 선임된 사실을 증명할 수 있는 서류 또는 선임사항이 기록된 자격증(자격수첩을 포함한다)

㉣ 계약서 또는 권원이 분리됨을 증명하는 관련 서류(권원별 소방안전관리자를 선임한 경우만 해당한다)

③ **선임증 및 선임 이력 확인서의 발급**: 소방본부장 또는 소방서장은 소방안전관리대상물의 관계인이 위 ②에 따라 소방안전관리자 등을 선임하여 신고하는 경우에는 신고인에게 선임증을 발급해야 한다. 이 경우 소방본부장 또는 소방서장은 신고인이 종전의 선임이력에 관한 확인을 신청하는 경우에는 소방안전관리자 선임이력확인서를 발급해야 한다(화재의 예방 및 안전관리에 관한 법률 시행규칙 제14조 제6항).

④ **해임사실 확인**: 소방안전관리대상물의 관계인이 소방안전관리자 또는 소방안전관리보조자를 해임한 경우에는 그 관계인 또는 해임된 소방안전관리자 또는 소방안전관리보조자는 소방본부장이나 소방서장에게 그 사실을 알려 해임한 사실의 확인을 받을 수 있다(화재의 예방 및 안전관리에 관한 법률 제26조 제2항).

⑤ **선임신고 등의 입력**: 소방본부장 또는 소방서장은 소방안전관리자의 선임신고를 접수하거나 해임사실을 확인한 경우에는 지체 없이 관련 사실을 종합정보망에 입력해야 한다(화재의 예방 및 안전관리에 관한 법률 시행규칙 제14조 제7항).

⑥ 소방본부장 또는 소방서장은 선임신고의 효율적 처리를 위하여 소방안전관리대상물이 완공된 경우에는 지체 없이 해당 소방안전관리대상물의 위치, 연면적 등의 정보를 종합정보망에 입력해야 한다(화재의 예방 및 안전관리에 관한 법률 시행규칙 제14조 제8항).

⑦ 소방안전관리자 정보의 게시
  ㉠ 위 ①에서 '행정안전부령으로 정하는 사항'이란 다음의 사항을 말한다(화재의 예방 및 안전관리에 관한 법률 시행규칙 제15조 제1항).
    ⓐ 소방안전관리대상물의 명칭 및 등급
    ⓑ 소방안전관리자의 성명 및 선임일자
    ⓒ 소방안전관리자의 연락처
    ⓓ 소방안전관리자의 근무 위치(화재 수신기 또는 종합방재실을 말한다)
  ㉡ 위 ㉠에 따른 소방안전관리자 성명 등의 게시는 소방안전관리자 현황표에 따른다. 이 경우 「소방시설 설치 및 관리에 관한 법률 시행규칙」에 따른 소방시설등 자체점검기록표를 함께 게시할 수 있다(화재의 예방 및 안전관리에 관한 법률 시행규칙 제15조 제2항).

(5) 소방안전관리보조자의 선임신고 등

① **선임기한**: 소방안전관리대상물의 관계인은 위 **(2)**의 ① 후단에 따라 소방안전관리보조자를 다음의 구분에 따라 다음에서 정하는 날부터 30일 이내에 선임해야 한다(화재의 예방 및 안전관리에 관한 법률 시행규칙 제16조 제1항).

  ㉠ 신축·증축·개축·재축·대수선 또는 용도변경으로 해당 소방안전관리대상물의 소방안전관리보조자를 신규로 선임해야 하는 경우: 해당 소방안전관리대상물의 사용승인일

  ㉡ 소방안전관리대상물을 양수하거나 「민사집행법」에 따른 경매, 「채무자 회생 및 파산에 관한 법률」에 따른 환가, 「국세징수법」·「관세법」 또는 「지방세기본법」에 따른 압류재산의 매각이나 그 밖에 이에 준하는 절차에 따라 관계인의 권리를 취득한 경우: 해당 권리를 취득한 날 또는 관할 소방서장으로부터 소방안전관리보조자 선임 안내를 받은 날. 다만, 새로 권리를 취득한 관계인이 종전의 소방안전관리대상물의 관계인이 선임신고한 소방안전관리보조자를 해임하지 않는 경우는 제외한다.

  ㉢ 소방안전관리보조자의 해임, 퇴직 등으로 해당 소방안전관리보조자의 업무가 종료된 경우: 소방안전관리보조자가 해임된 날, 퇴직한 날 등 근무를 종료한 날

② **선임 연기 신청**: 위 **(2)**의 ① 후단에 따라 소방안전관리보조자를 선임해야 하는 소방안전관리대상물(이하 '보조자선임대상 소방안전관리대상물'이라 한다)의 관계인은 강습교육이 위 ①에 따른 소방안전관리보조자 선임기간 내에 있지 않아 소방안전관리보조자를 선임할 수 없는 경우에는 소방안전관리보조자 선임의 연기를 신청할 수 있다(화재의 예방 및 안전관리에 관한 법률 시행규칙 제16조 제2항).

③ **선임연기신청서 제출**: 위 ②에 따라 소방안전관리보조자 선임의 연기를 신청하려는 보조자선임대상 소방안전관리대상물의 관계인은 선임연기신청서를 작성하여 소방본부장 또는 소방서장에게 제출해야 한다. 이 경우 소방본부장 또는 소방서장은 종합정보망에서 강습교육의 접수 여부를 확인해야 한다(화재의 예방 및 안전관리에 관한 법률 시행규칙 제16조 제3항).

④ **선임기간의 통보**: 소방본부장 또는 소방서장은 위 ③에 따라 선임연기신청서를 제출받은 경우에는 3일 이내에 소방안전관리보조자 선임기간을 정하여 보조자선임대상 소방안전관리대상물의 관계인에게 통보해야 한다(화재의 예방 및 안전관리에 관한 법률 시행규칙 제16조 제4항).

⑤ **첨부서류**: 보조자선임대상 소방안전관리대상물의 관계인은 소방안전관리보조자를 선임한 경우에는 소방안전관리보조자 선임신고서(전자문서를 포함한다)에 다음의 어느 하나에 해당하는 서류([별표 5] 2.의 자격요건 중 해당 자격을 증명할 수 있는 서류를 말하며, 전자문서를 포함한다)를 첨부하여 소방본부장 또는 소방서장에게 제출해야 한다. 이 경우 보조자선임대상 소방안전관리대상물의 관계인은 종합정보망을 이용하여 선임신고를 할 수 있다(화재의 예방 및 안전관리에 관한 법률 시행규칙 제16조 제5항).

　㉠ 소방안전관리자 자격증

　㉡ 특급, 1급, 2급 또는 3급 소방안전관리대상물의 소방안전관리자가 되려는 사람에 대한 강습교육 수료증

　㉢ 소방안전관리대상물의 소방안전 관련 업무에 2년 이상 근무한 경력이 있는 사람임을 증명할 수 있는 서류

⑥ **확인**: 소방본부장 또는 소방서장은 위 ⑤에 따라 보조자선임대상 소방안전관리대상물의 관계인이 선임신고를 하는 경우 「전자정부법」에 따른 행정정보의 공동이용을 통하여 선임된 소방안전관리보조자의 국가기술자격증([별표 5] 2.의 ②에 해당하는 사람만 해당한다)을 확인해야 한

다. 이 경우 선임된 소방안전관리보조자가 확인에 동의하지 않으면 국가기술자격증의 사본을 제출하도록 해야 한다(화재의 예방 및 안전관리에 관한 법률 시행규칙 제16조 제6항).

⑦ **선임증 발급**: 소방본부장 또는 소방서장은 보조자선임대상 소방안전관리대상물의 관계인이 소방안전관리보조자를 선임하고 위 ⑤에 따라 신고하는 경우에는 신고인에게 소방안전관리보조자 선임증을 발급해야 한다. 이 경우 소방본부장 또는 소방서장은 신고인이 종전의 선임이력에 관한 확인을 신청하는 경우에는 소방안전관리보조자 선임이력확인서를 발급해야 한다(화재의 예방 및 안전관리에 관한 법률 시행규칙 제16조 제7항).

⑧ **종합정보망 입력**: 소방본부장 또는 소방서장은 소방안전관리보조자의 선임신고를 접수하거나 해임사실을 확인한 경우에는 지체 없이 관련 사실을 종합정보망에 입력해야 한다(화재의 예방 및 안전관리에 관한 법률 시행규칙 제16조 제8항).

(6) 관계인 등의 의무

① **업무의 수행**: 특정소방대상물의 관계인은 그 특정소방대상물에 대하여 위 **(2)**의 ⑧에 따른 소방안전관리업무를 수행하여야 한다(화재의 예방 및 안전관리에 관한 법률 제27조 제1항).

② **지도·감독**: 소방안전관리대상물의 관계인은 소방안전관리자가 소방안전관리업무를 성실하게 수행할 수 있도록 지도·감독하여야 한다(화재의 예방 및 안전관리에 관한 법률 제27조 제2항).

③ **조치의 요구**: 소방안전관리자는 인명과 재산을 보호하기 위하여 소방시설·피난시설·방화시설 및 방화구획 등이 법령에 위반된 것을 발견한 때에는 지체 없이 소방안전관리대상물의 관계인에게 소방대상물의 개수·이전·제거·수리 등 필요한 조치를 할 것을 요구하여야 하며, 관계인이 시정하지 아니하는 경우 소방본부장 또는 소방서장에게 그 사실을 알려야 한다. 이 경우 소방안전관리자는 공정하고 객관적으로 그 업무를 수행하여야 한다(화재의 예방 및 안전관리에 관한 법률 제27조 제3항).

④ **불이익한 처우의 금지 등**: 소방안전관리자로부터 위 ③에 따른 조치요구 등을 받은 소방안전관리대상물의 관계인은 지체 없이 이에 따라야 하며, 이를 이유로 소방안전관리자를 해임하거나 보수(報酬)의 지급을 거부하는 등 불이익한 처우를 하여서는 아니 된다(화재의 예방 및 안전관리에 관한 법률 제27조 제4항).

(7) 관계인 등의 의무

① **선임명령**: 소방본부장 또는 소방서장은 위 **(2)**의 ①에 따른 소방안전관리자 또는 소방안전관리보조자를 선임하지 아니한 소방안전관리대상물의 관계인에게 소방안전관리자 또는 소방안전관리보조자를 선임하도록 명할 수 있다(화재의 예방 및 안전관리에 관한 법률 제28조 제1항).

② **이행명령**: 소방본부장 또는 소방서장은 위 **(2)**의 ⑧에 따른 업무를 다하지 아니하는 특정소방대상물의 관계인 또는 소방안전관리자에게 그 업무의 이행을 명할 수 있다(화재의 예방 및 안전관리에 관한 법률 제28조 제2항).

(8) 소방안전관리자 등에 대한 교육

① **교육대상자**: 소방안전관리자가 되려고 하는 사람 또는 소방안전관리자(소방안전관리보조자를 포함한다)로 선임된 사람은 소방안전관리업무에 관한 능력의 습득 또는 향상을 위하여 행정안전부령(아래 ③)으로 정하는 바에 따라 소방청장이 실시하는 다음의 강습교육 또는 실무교육을 받아야 한다(화재의 예방 및 안전관리에 관한 법률 제34조 제1항, 동법 시행령 제33조).

㉠ 강습교육

ⓐ 소방안전관리자의 자격을 인정받으려는 사람으로서 다음의 사람

　ⅰ) 특급 소방안전관리대상물의 소방안전관리자가 되려는 사람
　ⅱ) 1급 소방안전관리대상물의 소방안전관리자가 되려는 사람
　ⅲ) 2급 소방안전관리대상물의 소방안전관리자가 되려는 사람
　ⅳ) 3급 소방안전관리대상물의 소방안전관리자가 되려는 사람
　ⅴ) 「공공기관의 소방안전관리에 관한 규정」 제2조에 따른 공공기관의 소방안전관리자가 되려는 사람

ⓑ 위 **(2)**의 ⑤에 따른 소방안전관리자로 선임되고자 하는 사람

ⓒ 건설현장의 소방안전관리자로 선임되고자 하는 사람

㉡ 실무교육

ⓐ 위 **(2)**의 ①에 따라 선임된 소방안전관리자 및 소방안전관리보조자

ⓑ 위 **(2)**의 ⑤에 따라 선임된 소방안전관리자

② **교육실시방법**: 위 ①에 따른 교육실시방법은 다음과 같다. 다만, 「감염병의 예방 및 관리에 관한 법률」 제2조에 따른 감염병 등 불가피한 사유가 있는 경우에는 행정안전부령으로 정하는 바에 따라 ㉠ 또는 ㉢의 교육을 ㉡의 교육으로 실시할 수 있다(화재의 예방 및 안전관리에 관한 법률 제34조 제2항).

㉠ 집합교육

㉡ 정보통신매체를 이용한 원격교육

㉢ 위 ㉠ 및 ㉡을 혼용한 교육

③ **실무교육의 실시**

㉠ 실무교육 실시계획: 소방청장은 위 ①의 ㉡에 따른 실무교육의 대상·일정·횟수 등을 포함한 실무교육의 실시 계획을 매년 수립·시행해야 한다(화재의 예방 및 안전관리에 관한 법률 시행규칙 제29조 제1항).

㉡ 공고 및 통보: 소방청장은 실무교육을 실시하려는 경우에는 실무교육 실시 30일 전까지 일시·장소, 그 밖에 실무교육 실시에 필요한 사항을 인터넷 홈페이지에 공고하고 교육대상자에게 통보해야 한다(화재의 예방 및 안전관리에 관한 법률 시행규칙 제29조 제2항).

㉢ 소방안전관리자 실무교육: 소방안전관리자는 소방안전관리자로 선임된 날부터 6개월 이내에 실무교육을 받아야 하며, 그 이후에는 2년마다(최초 실무교육을 받은 날을 기준일로 하여 매 2년이 되는 해의 기준일과 같은 날 전까지를 말한다) 1회 이상 실무교육을 받아야 한다. 다만, 소방안전관리 강습교육 또는 실무교육을 받은 후 1년 이내에 소방안전관리자로 선임된 사람은 해당 강습교육 또는 실무교육을 수료한 날을 실무교육을 받은 날로 본다(화재의 예방 및 안전관리에 관한 법률 시행규칙 제29조 제3항).

㉣ 소방안전관리보조자 실무교육: 소방안전관리보조자는 그 선임된 날부터 6개월([별표 5] 2.의 ⑤에 따라 소방안전관리보조자로 지정된 사람의 경우 3개월을 말한다) 이내에 실무교육을 받아야 하며, 그 이후에는 2년마다(최초 실무교육을 받은 날을 기준일로 하여 매 2년이 되는 해의 기준일과 같은 날 전까지를 말한다) 1회 이상 실무교육을 받아야 한다. 다만, 소방안전관리자 강습교육 또는 실무교육이나 소방안전관리보조자 실무교육을 받은 후 1년 이내에 소방안전관리보조자로 선임된 사람은 해당 강습교육 또는 실무교육을 수료한 날을 실무교육을 받은 날로 본다(화재의 예방 및 안전관리에 관한 법률 시행규칙 제29조 제4항).

(9) 피난계획의 수립 및 시행

① **수립·시행**: 소방안전관리대상물의 관계인은 그 장소에 근무하거나 거주 또는 출입하는 사람들이 화재가 발생한 경우에 안전하게 피난할 수 있도록 피난계획을 수립·시행하여야 한다(화재의 예방 및 안전관리에 관한 법률 제36조 제1항).

② **피난경로**: 위 ①의 피난계획에는 그 소방안전관리대상물의 구조, 피난시설 등을 고려하여 설정한 피난경로가 포함되어야 한다(화재의 예방 및 안전관리에 관한 법률 제36조 제2항).

③ **피난유도 안내정보의 제공**: 소방안전관리대상물의 관계인은 피난시설의 위치, 피난경로 또는 대피요령이 포함된 피난유도 안내정보를 근무자 또는 거주자에게 정기적으로 제공하여야 한다(화재의 예방 및 안전관리에 관한 법률 제36조 제3항).

④ **위임규정**: 위 ①에 따른 피난계획의 수립·시행, ③에 따른 피난유도 안내정보 제공에 필요한 사항은 행정안전부령(아래 ⑤와 ⑥)으로 정한다(화재의 예방 및 안전관리에 관한 법률 제36조 제4항).

⑤ **피난계획서**

    ㉠ **포함사항**: 위 ①에 따른 피난계획에는 다음의 사항이 포함되어야 한다(화재의 예방 및 안전관리에 관한 법률 시행규칙 제34조 제1항).

        ⓐ 화재경보의 수단 및 방식

        ⓑ 층별, 구역별 피난대상 인원의 연령별·성별 현황

        ⓒ 피난약자의 현황

        ⓓ 각 거실에서 옥외(옥상 또는 피난안전구역을 포함한다)로 이르는 피난경로

        ⓔ 피난약자 및 피난약자를 동반한 사람의 피난동선과 피난방법

        ⓕ 피난시설, 방화구획, 그 밖에 피난에 영향을 줄 수 있는 제반 사항

    ㉡ **고려사항**: 소방안전관리대상물의 관계인은 해당 소방안전관리대상물의 구조·위치, 소방시설 등을 고려하여 피난계획을 수립해야 한다(화재의 예방 및 안전관리에 관한 법률 시행규칙 제34조 제2항).

    ㉢ **변경**: 소방안전관리대상물의 관계인은 해당 소방안전관리대상물의 피난시설이 변경된 경우에는 그 변경사항을 반영하여 피난계획을 정비해야 한다(화재의 예방 및 안전관리에 관한 법률 시행규칙 제34조 제3항).

    ㉣ **세부사항의 고시**: 위 ㉠부터 ㉢까지에서 규정한 사항 외에 피난계획의 수립·시행에 필요한 세부 사항은 소방청장이 정하여 고시한다(화재의 예방 및 안전관리에 관한 법률 시행규칙 제34조 제4항).

⑥ 피난유도 안내정보의 제공
  ㉠ 위 ③에 따른 피난유도 안내정보는 다음의 어느 하나의 방법으로 제공한다(화재의 예방 및 안전관리에 관한 법률 시행규칙 제35조 제1항).
    ⓐ 연 2회 피난안내 교육을 실시하는 방법
    ⓑ 분기별 1회 이상 피난안내방송을 실시하는 방법
    ⓒ 피난안내도를 층마다 보기 쉬운 위치에 게시하는 방법
    ⓓ 엘리베이터, 출입구 등 시청이 용이한 장소에 **피난안내영상을** 제공하는 방법
  ㉡ 세부사항의 고시: 위 ㉠에서 규정한 사항 외에 피난유도 안내정보의 제공에 필요한 세부 사항은 소방청장이 정하여 고시한다(화재의 예방 및 안전관리에 관한 법률 시행규칙 제35조 제2항).

(10) 소방안전관리대상물 근무자 및 거주자 등에 대한 소방훈련 등

① **소방훈련 등의 실시**: 소방안전관리대상물의 관계인은 그 장소에 근무하거나 거주하는 사람 등(이하 '근무자등'이라 한다)에게 **소화·통보·피난** 등의 훈련(이하 '소방훈련'이라 한다)과 소방안전관리에 필요한 교육을 하여야 하고, 피난훈련은 그 소방대상물에 출입하는 사람을 안전한 장소로 대피시키고 유도하는 훈련을 포함하여야 한다. 이 경우 소방훈련과 교육의 횟수 및 방법 등에 관하여 필요한 사항은 행정안전부령(아래 ②)으로 정한다(화재의 예방 및 안전관리에 관한 법률 제37조 제1항).

② **근무자 및 거주자에 대한 소방훈련과 교육**
  ㉠ 훈련과 교육 횟수: 소방안전관리대상물의 관계인은 위 ①에 따른 소방훈련과 교육을 연 1회 이상 실시해야 한다. 다만, 소방본부장 또는 소방서장이 화재예방을 위하여 필요하다고 인정하여 2회의 범위에서 추가로 실시할 것을 요청하는 경우에는 소방훈련과 교육을 추가로 실시해야 한다(화재의 예방 및 안전관리에 관한 법률 시행규칙 제36조 제1항).
  ㉡ 합동실시: 소방본부장 또는 소방서장은 특급 및 1급 소방안전관리대상물의 관계인으로 하여금 위 ㉠에 따른 소방훈련과 교육을 소방기관과 합동으로 실시하게 할 수 있다(화재의 예방 및 안전관리에 관한 법률 시행규칙 제36조 제2항).
  ㉢ 장비 및 교재: 소방안전관리대상물의 관계인은 소방훈련과 교육을 실시하는 경우 소방훈련 및 교육에 필요한 장비 및 교재 등을 갖추어야 한다(화재의 예방 및 안전관리에 관한 법률 시행규칙 제36조 제3항).

ⓔ **기록 및 보관**: 소방안전관리대상물의 관계인은 위 ㉠에 따라 소방훈련과 교육을 실시했을 때에는 그 실시 결과를 소방훈련·교육 실시 결과 기록부에 기록하고, 이를 소방훈련 및 교육을 실시한 날부터 2년간 보관해야 한다(화재의 예방 및 안전관리에 관한 법률 시행규칙 제36조 제4항).

③ **결과의 제출**

㉠ **제출기한**: 소방안전관리대상물 중 소방안전관리업무의 전담이 필요한 대통령령(아래 ㉡)으로 정하는 소방안전관리대상물의 관계인은 위 ①에 따른 소방훈련 및 교육을 한 날부터 30일 이내에 소방훈련 및 교육 결과를 행정안전부령(아래 ㉢)으로 정하는 바에 따라 소방본부장 또는 소방서장에게 제출하여야 한다(화재의 예방 및 안전관리에 관한 법률 제37조 제2항).

㉡ **소방훈련·교육 결과 제출의 대상**: 위 ㉠에서 '대통령령으로 정하는 소방안전관리대상물'이란 다음의 소방안전관리대상물을 말한다(화재의 예방 및 안전관리에 관한 법률 시행령 제38조).

ⓐ 특급 소방안전관리대상물
ⓑ 1급 소방안전관리대상물

㉢ **제출방법**: 위 ㉡에 따른 소방안전관리대상물의 관계인은 위 ②의 ㉠에 따라 소방훈련 및 교육을 실시한 날부터 30일 이내에 소방훈련·교육 실시 결과서를 작성하여 소방본부장 또는 소방서장에게 제출해야 한다(화재의 예방 및 안전관리에 관한 법률 시행규칙 제37조).

④ **지도·감독**: 소방본부장 또는 소방서장은 위 ①에 따라 소방안전관리대상물의 관계인이 실시하는 소방훈련과 교육을 지도·감독할 수 있다(화재의 예방 및 안전관리에 관한 법률 제37조 제3항).

(11) 특정소방대상물의 관계인에 대한 소방안전교육

① **교육의 실시**: 소방본부장이나 소방서장은 위 (10)을 적용받지 아니하는 특정소방대상물의 관계인에 대하여 특정소방대상물의 화재예방과 소방안전을 위하여 행정안전부령으로 정하는 바에 따라 소방안전교육을 할 수 있다(화재의 예방 및 안전관리에 관한 법률 제38조 제1항).

② **위임규정**: 위 ①에 따른 교육대상자 및 특정소방대상물의 범위 등에 필요한 사항은 행정안전부령으로 정한다(화재의 예방 및 안전관리에 관한 법률 제38조 제2항).

12 가스설비

1. 도시가스의 원료와 특성

도시가스는 일반의 수요에 응하여 사업자에 의하여 도관에 따라 공급되는 가스의 총칭으로, 석탄, 코크스, 나프타, 원유, 중유, 천연가스, 액화천연가스를 원료로 한 제조가스를 정제 혼합하여 소정의 발열량으로 조정한 것이다. 도시가스는 석탄가스, 기름가스, 액화석유가스(LPG), 액화천연가스(LNG) 등으로 분류된다.

(1) 액화석유가스(LPG) 기출 OX

석유 중에 비교적 액화하기 쉬운 **프로판·부탄**이 주성분으로, 액화하면 체적이 약 1/250로 된다.

① 공기보다 무거워서(비중이 1.5~2) 가스경보기는 바닥 위 30cm에 설치한다.
② 생성가스에 의한 중독위험이 있으므로 완전히 연소시켜 사용해야 한다(연소 시 환기 필요).
③ 정상 압력 밑에서는 기체지만, 액화하면 용적이 1/250로 줄어든다(상온·상압하에서는 기체상태로 저장·운반·취급이 용이하다).
④ 가스가 샐 때 무색, 무취이므로 벤젠 등의 부취제를 봄베 내에 봉입한다.
⑤ 액화 및 기화가 용이하다.
⑥ 비점(沸點), 즉 액체에서 가스로 바뀌는 온도가 −42℃이다.
⑦ LNG보다 발열량이 높다.

(2) 액화천연가스(LNG) 기출 OX

메탄을 주성분으로 하는 가연성 천연가스의 액화물로서, 지하에서 산출된 천연가스를 −162℃까지 냉각하여 액화한 것이다. 공급방식은 주로 배관에 의한다.

① 공기보다 가벼워서 창으로 배기되므로 LPG보다 안전성이 높다.
② 무독성·무공해로 발열량이 높다.
③ 메탄을 주성분으로 한다.
④ 배관을 통하여 공급하여야 하기 때문에 대규모 저장시설이 필요하다.
⑤ 가스경보기는 천장에서 30cm 아래에 설치한다.
⑥ 비점(沸點)이 −162℃이다.

OX문제

LPG의 주성분은 메탄이다.
( )

기화된 LPG는 대기압 상태에서 공기보다 비중이 낮다.
( )

OX문제

LNG의 주성분은 탄소수 3~4의 탄화수소이다.
( )

액체 상태의 LNG 비점은 액체 상태의 LPG보다 낮다.
( )

일반적으로 LNG의 발열량은 LPG의 발열량보다 크다.
( )

기화된 LNG의 표준상태 용적당 발열량은 기화된 LPG보다 높다. ( )

LNG는 천연가스를 −162℃까지 냉각하여 액화시킨 것이다.
( )

LNG는 냉난방, 급탕, 취사 등 가정용으로도 사용된다.
( )

정답 ×, ×, ×, ○, ×, ×, ○, ○

(3) 나프타(Naphtha)

원유를 150~220℃ 정도에서 증류시킨 조제(粗製) 석유를 말하는 것으로, 비등점 200℃ 이하의 유분 속에 경질의 것이 도시가스의 원료로 쓰인다.

2. 가스공급설비의 설치

① 도시가스의 공급이 가능한 지역에 주택을 건설하거나 액화석유가스를 배관에 의하여 공급하는 주택을 건설하는 경우에는 각 세대까지 가스공급설비를 하여야 하며, 그 밖의 지역에서는 안전이 확보될 수 있도록 외기에 면한 곳에 액화석유가스용기를 보관할 수 있는 시설을 하여야 한다(주택건설기준 등에 관한 규정 제34조 제1항).

② 위 ①에도 불구하고 다음의 요건을 모두 갖춘 경우에는 각 세대까지 가스공급설비를 설치하지 않을 수 있다(주택건설기준 등에 관한 규정 제34조 제2항).
  ㉠ 장기공공임대주택일 것
  ㉡ 세대별 전용면적이 50제곱미터 이하일 것
  ㉢ 세대 내 가스사용시설이 설치되어 있지 않고 전기를 사용하는 취사시설이 설치되어 있을 것
  ㉣ 「건축법 시행령」 제87조 제2항에 따른 난방을 위한 건축설비를 개별난방방식으로 설치하지 않을 것

③ 특별시장·광역시장·특별자치시장·특별자치도지사 또는 도지사(이하 '시·도지사'라 한다)는 500세대 이상의 주택을 건설하는 주택단지에 대하여는 당해 지역의 가스공급계획에 따라 가스저장시설을 설치하게 할 수 있다(주택건설기준 등에 관한 규정 제34조 제3항).

3. 「도시가스사업법」에 의한 도시가스의 관리

(1) 용어의 정의

① **도시가스**: 천연가스(액화한 것을 포함한다. 이하 같다), 배관(配管)을 통하여 공급되는 석유가스·나프타부생(副生)가스·바이오가스 또는 합성천연가스로서 대통령령으로 정하는 것을 말한다(도시가스사업법 제2조 제1호).

② **고압**: 1메가파스칼 이상의 압력(게이지압력)을 말한다. 다만, 액체상태의 액화가스는 고압으로 본다(도시가스사업법 시행규칙 제2조 제1항 제6호).

③ **중압**: 0.1메가파스칼 이상 1메가파스칼 미만의 압력을 말한다. 다만, 액화가스가 기화되고 다른 물질과 혼합되지 아니한 경우에는 0.01메가파스칼 이상 0.2메가파스칼 미만의 압력을 말한다(도시가스사업법 시행규칙 제2조 제1항 제7호).

④ **저압**: 0.1메가파스칼 미만의 압력을 말한다. 다만, 액화가스가 기화(氣化)되고 다른 물질과 혼합되지 아니한 경우에는 0.01메가파스칼 미만의 압력을 말한다(도시가스사업법 시행규칙 제2조 제1항 제8호).
⑤ **액화가스**: 상용의 온도 또는 섭씨 35°의 온도에서 압력이 0.2메가파스칼 이상이 되는 것을 말한다(도시가스사업법 시행규칙 제2조 제1항 제9호).
⑥ **보호시설**: 제1종 보호시설 및 제2종 보호시설로서 [별표 1]에서 정하는 것을 말한다(도시가스사업법 시행규칙 제2조 제1항 제10호).

별표 1	보호시설

1. 제1종 보호시설
   ① 다음 중 어느 하나에 해당하는 건축물(㉣의 경우에는 공작물을 포함한다)
      ㉠ 「초·중등교육법」 제2조에 따른 학교 및 「고등교육법」 제2조에 따른 학교
      ㉡ 「유아교육법」 제2조 제2호에 따른 유치원
      ㉢ 「영유아보육법」 제2조 제3호에 따른 어린이집
      ㉣ 「어린이놀이시설 안전관리법」 제2조 제2호에 따른 어린이놀이시설
      ㉤ 「노인복지법」 제36조 제1항 제2호에 따른 경로당
      ㉥ 「청소년활동진흥법」 제10조 제1호에 따른 청소년수련시설
      ㉦ 「학원의 설립·운영 및 과외교습에 관한 법률」 제2조 제1호에 따른 학원
      ㉧ 「의료법」 제3조 제2항 제1호 및 제3호에 따른 의원급 의료기관 및 병원급 의료기관
      ㉨ 「도서관법」 제2조 제1호에 따른 도서관
      ㉩ 「전통시장 및 상점가 육성을 위한 특별법」 제2조 제1호에 따른 전통시장
      ㉪ 「공중위생관리법」 제2조 제1항 제2호 및 제3호에 따른 숙박업 및 목욕장업의 시설
      ㉫ 「영화 및 비디오물의 진흥에 관한 법률」 제2조 제10호에 따른 영화상영관
      ㉬ 「건축법 시행령」 [별표 1] 제6호에 따른 종교시설
      ㉭ 「장사 등에 관한 법률」 제29조 제1항에 따른 장례식장
   ② 사람을 수용하는 건축물(건축법 제2조 제1항 제2호에 따른 건축물을 말하며, 가설건축물과 건축법 시행령 [별표 1] 제18호 가목에 따른 창고는 제외한다)로서 사실상 독립된 부분의 연면적이 1천m² 이상인 것
   ③ 「건축법 시행령」 [별표 1] 제5호 가목·나목 및 라목에 따른 공연장·예식장 및 전시장에 해당하는 건축물, 그 밖에 이와 유사한 시설로서 「소방시설 설치 및 관리에 관한 법률 시행령」 [별표 4]에 따라 산정된 수용인원이 300명 이상인 건축물
   ④ 「사회복지사업법」 제2조 제4호에 따른 사회복지시설로서 사회복지시설 신고증에 따른 수용 정원이 20명 이상인 건축물
   ⑤ 「문화유산의 보존 및 활용에 관한 법률」 제2조 제3항에 따른 지정문화유산으로 지정된 건축물 및 「자연유산의 보존 및 활용에 관한 법률」 제2조 제5호에 따른 천연기념물 등으로 지정된 건축물

2. 제2종 보호시설
   ① 「건축법 시행령」 [별표 1] 제1호 및 제2호에 따른 단독주택 및 공동주택
   ② 사람을 수용하는 건축물(건축법 제2조 제1항 제2호에 따른 건축물을 말하며, 가설건축물과 「건축법 시행령」 [별표 1] 제18호 가목에 따른 창고는 제외한다)로서 사실상 독립된 부분의 연면적이 100m² 이상 1천m² 미만인 것

⑦ **저장설비**: 도시가스를 저장하기 위한 설비로서 저장탱크 및 충전용기 보관실을 말한다(도시가스사업법 시행규칙 제2조 제1항 제11호).

(2) 특정가스사용시설

'특정가스사용시설'이란 다음의 어느 하나에 해당하는 가스사용시설을 말한다(도시가스사업법 시행규칙 제20조의2 제1항).

① 월 사용예정량이 2천 세제곱미터(제1종 보호시설 안에 있는 경우에는 1천 세제곱미터) 이상인 가스사용시설. 다만, 「전기사업법」에 따른 전기설비 중 도시가스를 사용하여 전기를 발생시키는 발전설비(가스터빈, 가스엔진, 가스보일러 또는 연료전지의 앞부분에 설치된 가스차단밸브 이후의 설비만 해당한다) 안의 가스사용시설과 「에너지이용 합리화법」에 따른 검사대상기기에 해당하는 가스사용시설은 제외한다.

② **월 사용예정량이 2천 세제곱미터**(제1종 보호시설 안에 있는 경우에는 1천 세제곱미터) **미만인 가스사용시설로서 다음의 어느 하나에 해당하는 시설**

  ㉠ 내관 및 그 부속시설이 바닥·벽 등에 매립 또는 매몰 설치되는 가스사용시설(가정용 가스사용시설은 제외한다)

  ㉡ 많은 사람이 이용하는 시설로서 시·도지사가 안전관리를 위하여 필요하다고 인정하여 지정하는 가스사용시설

③ 도시가스를 연료로 사용하는 자동차(야드 트랙터를 포함한다)의 가스사용시설

④ 자동차용 압축 천연가스 완속충전설비를 갖추고 도시가스를 자동차에 충전하는 가스사용시설

⑤ 액화천연가스 저장탱크를 설치하고 천연가스를 사용하는 가스사용시설(고압의 가스가 흐르는 부분은 제외한다)

(3) 가스사용시설의 시설·기술·검사기준

[도시가스사업법 시행규칙 제17조 제7호(가스사용시설의 시설기준과 기술기준), 제20조의2 제2항(특정가스사용시설 월 사용예정량의 산정기준), 제23조 제2항 제7호(가스사용시설의 완성검사 기준), 제25조 제2항 제7호(가스사용시설의 정기검사 기준) 및 제26조 제3항 제7호(가스사용시설의 수시검사기준)]

| 별표 7 | 가스사용시설의 시설·기술·검사기준 기출 |

1. 배관 및 배관설비
   가. 시설기준
      1) 배치기준
         가) 가스계량기는 다음 기준에 적합하게 설치할 것
            OX ① 가스계량기와 화기(그 시설 안에서 사용하는 자체화기는 제외한다) 사이에 유지하여야 하는 거리: 2m 이상
            ② 설치장소: 다음의 요건을 모두 충족하는 곳. 다만, ㉔의 요건은 주택의 경우에만 적용한다.
               ㉠ 가스계량기의 교체 및 유지 관리가 용이할 것
               ㉡ 환기가 양호할 것
               ㉢ 직사광선이나 빗물을 받을 우려가 없을 것. 다만, 보호상자 안에 설치하는 경우에는 그러하지 아니하다.
               ㉣ 가스사용자가 구분하여 소유하거나 점유하는 건축물의 외벽. 다만, 실외에서 가스사용량을 검침을 할 수 있는 경우에는 그러하지 아니하다.
            OX ③ 설치금지 장소: 「건축법 시행령」 제46조 제4항에 따른 공동주택의 대피공간, 방·거실 및 주방 등으로서 사람이 거처하는 곳 및 가스계량기에 나쁜 영향을 미칠 우려가 있는 장소
         OX 나) 가스계량기($30m^3$/hr 미만인 경우만을 말한다)의 설치높이는 바닥으로부터 1.6m 이상 2m 이내에 수직·수평으로 설치하고 밴드·보호가대 등 고정 장치로 고정시킬 것. 다만, 격납상자에 설치하는 경우, 기계실 및 보일러실(가정에 설치된 보일러실은 제외한다)에 설치하는 경우와 문이 달린 파이프 덕트 안에 설치하는 경우에는 설치 높이의 제한을 하지 아니한다.
         OX 다) 가스계량기와 전기계량기 및 전기개폐기와의 거리는 60cm 이상, 굴뚝(단열조치를 하지 아니한 경우만을 말한다)·전기점멸기 및 전기접속기와의 거리는 30cm 이상, 절연조치를 하지 아니한 전선과의 거리는 15cm 이상의 거리를 유지할 것
         OX 라) 입상관과 화기(그 시설 안에서 사용하는 자체화기는 제외한다) 사이에 유지해야 하는 거리는 우회거리 2m 이상으로 하고, 환기가 양호한 장소에 설치해야 하며 입상관의 밸브는 바닥으로부터 1.6m 이상 2m 이내에 설치할 것. 다만, **보호상자에 설치하는 경우에는 그러하지 아니하다.**
      2) 가스설비기준
         가) 가스사용시설에는 그 가스사용시설의 안전 확보와 정상작동을 위하여 지하공급차단밸브, 압력조정기, 가스계량기, 중간밸브, 호스 등 필요한 설비와 장치를 적절하게 설치할 것
         나) 가스사용시설은 안전을 확보하기 위하여 기밀성능을 가지도록 할 것
      3) 배관설비기준
         가) 배관 등(배관, 관이음매 및 밸브를 말한다)의 재료와 두께는 그 배관 등의 안전성을 확보하기 위하여 사용하는 도시가스의 종류 및 압력, 사용하는 온도 및 환경에 적절한 것일 것
         나) 배관은 그 배관의 강도 유지와 수송하는 도시가스의 누출방지를 위하여 적절한 방법으로 접합하여야 하고, 이를 확인하기 위하여 용접부(가스용 폴리에틸렌관, 호칭지름 80mm 미만인 저압배관 및 노출된 저압배관은 제외한다)에 대하여 비파괴시험을 하여야 하며, 접합부의 안전을 유지하기 위하여 필요한 경우에는 응력 제거를 할 것

OX문제

가스계량기는 화기(자체화기는 제외)와 1.5m 이상의 우회거리를 유지한다. ( )

OX문제

가스계량기는 공동주택의 대피공간, 방·거실 및 주방 등으로서 사람이 거처하는 곳 및 가스계량기에 나쁜 영향을 미칠 우려가 있는 장소에 설치를 금한다. ( )

OX문제

가스계량기의 설치 높이는 바닥으로부터 1m 이상 2m 이내에 수직·수평으로 설치하여야 한다. ( )

OX문제

가스계량기와 전기계량기 및 전기개폐기와의 거리는 30cm 이상을 유지하여야 한다. ( )

가스계량기는 절연조치를 하지 않은 전선과는 10cm 이상 거리를 유지한다. ( )

OX문제

입상관의 밸브를 보호상자에 설치하는 경우에는 바닥으로부터 1.6m 이상 2m 이내에 설치하여야 한다. ( )

입상관의 밸브는 바닥으로부터 1m 이상 2m 이내에 설치하여야 한다. ( )

정답 ×, ○, ×, ×, ×, ×, ×

OX문제

배관은 지하에 매설하는 경우에는 지면으로부터 0.3m 이상의 거리를 유지하여야 한다. ( )

OX문제

가스배관은 움직이지 않도록 고정 부착하는 조치를 하되 그 호칭지름이 13mm 미만의 것에는 2m마다 고정장치를 설치한다. ( )

OX문제

지상배관은 부식방지도장 후 표면 색상을 황색으로 도색하고, 최고사용압력이 저압인 지하매설배관은 황색으로 하여야 한다. ( )

정답 ×, ×, ○

다) 배관은 그 배관의 유지관리에 지장이 없고, 그 배관에 대한 위해의 우려가 없도록 설치하며, 배관의 말단에는 막음조치를 하는 등 설치환경에 따라 적절한 안전조치를 마련할 것

OX 라) 배관을 지하에 매설하는 경우에는 지면으로부터 0.6m 이상의 거리를 유지할 것. 다만, 하천부지에 배관을 매설하는 경우에는 [별표 6] 제3호 가목 2) 사) ① ㉮를 준용할 것

마) 배관을 실내에 노출하여 설치하는 경우에는 다음 기준에 적합하게 할 것
  ① 배관은 누출된 도시가스가 체류(滯留)되지 않고 부식의 우려가 없도록 안전하게 설치할 것
  ② 배관의 이음부(용접이음매는 제외한다)와 전기계량기 및 전기개폐기, 전기점멸기 및 전기접속기, 절연전선(가스누출자동차단장치를 작동시키기 위한 전선은 제외한다), 절연조치를 하지 않은 전선 및 단열조치를 하지 않은 굴뚝(배기통을 포함한다) 등과는 적절한 거리를 유지할 것

바) 배관을 실내의 벽·바닥·천장 등에 매립 또는 은폐 설치하는 경우에는 다음 기준에 적합하게 할 것
  ① 배관은 못 박음 등 외부 충격 등에 의한 위해의 우려가 없는 안전한 장소에 설치할 것
  ② 배관 및 배관이음매의 재료는 그 배관의 안전성을 확보하기 위하여 도시가스의 압력, 사용하는 온도 및 환경에 적절한 기계적 성질과 화학적 성분을 갖는 것일 것
  ③ 배관은 수송하는 도시가스의 특성 및 설치 환경조건을 고려하여 위해의 우려가 없도록 설치하고, 배관의 안전한 유지·관리를 위하여 필요한 조치를 할 것
  ④ 매립 설치된 배관에서 가스가 누출될 경우 매립배관 내부의 가스 누출을 감지하여 자동으로 가스공급을 차단하는 안전장치나 다기능가스안전계량기(액화석유가스의 안전관리 및 사업법 시행규칙 [별표 4] 제11호에 따른 것을 말한다)를 설치할 것

OX 사) 배관은 움직이지 않도록 고정 부착하는 조치를 하되, 그 호칭지름이 13mm 미만의 것에는 1m마다, 13mm 이상 33mm 미만의 것에는 2m마다, 33mm 이상의 것에는 3m마다 고정장치를 설치할 것(배관과 고정장치 사이에는 절연조치를 할 것). 다만, 호칭지름 100mm 이상의 것에는 적절한 방법에 따라 3m를 초과하여 설치할 수 있다.

아) 배관은 도시가스를 안전하게 사용할 수 있도록 하기 위하여 내압성능과 기밀성능을 가지도록 할 것

자) 배관은 안전을 확보하기 위하여 배관임을 명확하게 알아볼 수 있도록 다음 기준에 따라 도색 및 표시를 할 것
  ① 배관은 그 외부에 사용가스명, 최고사용압력 및 도시가스 흐름방향을 표시할 것. 다만, 지하에 매설하는 배관의 경우에는 **흐름방향을 표시하지 아니할 수 있다.**
  OX ② 지상배관은 부식방지도장 후 표면색상을 **황색**으로 도색하고, 지하매설배관은 최고사용압력이 저압인 배관은 황색으로, 중압 이상인 배관은 **붉은색**으로 할 것. 다만, 지상배관의 경우 건축물의 내·외벽에 노출된 것으로서 바닥(2층 이상의 건물의 경우에는 각 층의 바닥을 말한다)에서 1m의 높이에 폭 3cm의 황색 띠를 2중으로 표시한 경우에는 표면색상을 **황색**으로 하지 아니할 수 있다.

차) 가스용 폴리에틸렌관은 그 배관의 유지관리에 지장이 없고 그 배관에 대한 위해의 우려가 없도록 설치하되, 폴리에틸렌관을 **노출배관용으로 사용하지 아니할 것**. 다만, 지상배관과 연결을 위하여 금속관을 사용하여 보호조치를 한 경우로서 지면에서 30cm 이하로 노출하여 시공하는 경우에는 노출배관용으로 사용할 수 있다.

카) 고압배관은 [별표 5] 제3호 가목 1) 나)·라)·마)·사) ① ㉑ 및 5) 가)를 준용하여 설치하며, 매설배관은 보호판으로 안전조치를 할 것

타) 배관은 건축물의 기초 밑에 설치하지 않을 것

나. 기술기준

1) 가스사용자는 가스사용시설의 안전을 확보하기 위하여 그 설비의 작동상황을 주기적으로 점검하고, 이상이 있을 때에는 지체 없이 보수 등 필요한 조치를 할 것

OX 2) 가스사용시설에 설치된 압력조정기는 **매 1년에 1회 이상**(필터나 스트레이너의 청소는 설치 후 3년까지는 1회 이상, 그 이후에는 4년에 1회 이상) 압력조정기의 유지·관리에 적합한 방법으로 안전점검을 실시할 것

3) 폴리에틸렌관은 「도시가스사업법 시행규칙」 제50조 제1항 [별표 14] 제4호 다목 8)에 따른 폴리에틸렌융착원 양성교육을 이수한 사람이 시공할 것

4) 「도시가스사업법」 제29조 제2항 및 동법 시행규칙 제49조에 따라 안전관리자의 선임·해임·퇴직 신고를 하여야 하는 자는 동법 시행령 제15조 제1항에 따른 안전관리 책임자로 한다.

2. 정압기

가. 시설기준

1) 배치기준

정압기는 그 정압기의 유지관리에 지장이 없고, 그 정압기 및 배관에 대한 위해의 우려가 없도록 설치하되, 원칙적으로 건축물(건축물 외부에 설치된 정압기실은 제외한다)의 내부나 기초 밑에 설치하지 아니할 것. 다만, 부득이하게 건축물 외부에 설치할 수 없는 경우로서 외부와 환기가 잘 되는 지상층에 설치하거나 외부와 환기가 잘 되고 기계환기설비를 갖춘 지하층에 설치하는 경우에는 건축물 내부에 설치할 수 있다.

2) 가스설비기준

가) 정압기실은 그 정압기의 보호, 정압기실 안에서의 작업성 확보와 위해발생 방지를 위하여 적절한 구조를 가지도록 하고, 안전 확보에 필요한 조치를 마련할 것

나) 정압기는 도시가스를 안전하고 원활하게 수송할 수 있도록 하기 위하여 적절한 기밀성능을 가지도록 할 것

3) 사고예방설비기준

가) 정압기에는 안전밸브와 가스방출관을 설치하고 가스방출관의 방출구는 주위에 불 등이 없는 안전한 위치로서 지면으로부터 5미터 이상의 높이에 설치할 것. 다만, 전기시설물과의 접촉 등으로 사고의 우려가 있는 장소에서는 3m 이상으로 할 수 있다.

나) 정압기실에는 누출된 도시가스를 검지하여 이를 안전관리자가 상주하는 곳에 통보할 수 있는 설비를 갖출 것

다) 정압기 출구의 배관에는 도시가스 압력이 비정상적으로 상승한 경우 안전관리자가 상주하는 곳에 이를 통보할 수 있는 경보장치를 설치할 것

라) 정압기의 입구에는 수분 및 불순물 제거장치를 설치할 것. 다만, 다른 정압기로 수분 및 불순물이 충분히 제거되는 경우에는 생략할 수 있다.

○X문제

가스사용시설에 설치된 압력조정기는 매 2년에 1회 이상 압력조정기의 유지·관리에 적합한 방법으로 안전점검을 실시한다. ( )

정답 ×

마) 도시가스 중 수분의 동결로 정압기능을 저해할 우려가 있는 정압기에는 동결방지조치를 할 것
바) 전기설비에는 방폭조치를 할 것
4) 피해저감설비기준
　OX　가) 정압기의 입구와 출구에는 가스차단장치를 설치할 것
　　나) 지하에 설치되는 정압기의 경우에는 가)의 가스차단장치 외에 정압기실 외부의 가까운 곳에 가스차단장치를 설치할 것. 다만, 정압기실의 외벽으로부터 50m 이내에 그 정압기실로 가스공급을 지상에서 쉽게 차단할 수 있는 장치가 있는 경우는 제외한다.
5) 부대설비기준
　　가) 정압기에 바이패스관을 설치하는 경우에는 밸브를 설치하고 그 밸브에 잠금 조치를 할 것
　　나) 도시가스의 안정공급을 위하여 정압기의 출구에는 도시가스의 압력을 측정·기록할 수 있는 장치를 설치할 것
6) 그 밖의 기준
　　도시가스 사용을 위한 가스용품이 「액화석유가스의 안전관리 및 사업법」에 따른 검사대상에 해당할 경우에는 검사에 합격한 것일 것
나. 기술기준
1) 가스사용자는 가스사용시설의 안전을 확보하기 위하여 그 설비의 작동상황을 주기적으로 점검하고, 이상이 있을 때에는 지체 없이 보수 등 필요한 조치를 할 것
2) 정압기와 필터의 경우에는 설치 후 3년까지는 1회 이상, 그 이후에는 4년에 1회 이상 분해점검을 실시하고, 사고예방설비 중 도시가스의 안전을 확보하기 위하여 필요한 시설이나 설비에 대하여는 분해 및 작동상황을 주기적으로 점검하고, 이상이 있을 경우에는 그 시설이나 설비가 정상적으로 작동될 수 있도록 필요한 조치를 할 것

3. 연소기

가. 시설기준
1) 연소기는 화재, 폭발 및 중독 등의 사고를 방지하기 위하여 사용시설의 안전 확보와 정상 작동이 가능하도록 설치할 것
2) 가스보일러 또는 가스온수기는 다음 기준에 따라 설치할 것. 다만, 개방식 가스온수기(실내에서 연소용 공기를 흡입하고 폐가스를 실내로 방출하는 가스온수기를 말한다)는 설치할 수 없다.
　　가) 가스보일러 또는 가스온수기는 목욕탕이나 환기가 잘되지 않는 곳에 설치하지 아니할 것. 다만, 밀폐식 가스보일러 또는 가스온수기로서 중독사고가 일어나지 않도록 적절한 조치를 한 경우에는 그러하지 아니하다.
　　나) 가스보일러 또는 가스온수기는 전용보일러실(보일러실 안의 가스가 거실로 들어가지 아니하는 구조로서 보일러실과 거실 사이의 경계벽이 출입구를 제외하고는 내화구조의 벽으로 한 것을 말한다. 이하 같다)에 설치할 것. 다만, 중독사고가 일어나지 않도록 적절한 조치를 한 경우에는 그러하지 아니하다.
　　다) 배기통의 재료는 스테인리스강판이나 배기가스 및 응축수에 내열·내식성이 있는 것일 것
　　라) 일산화탄소 경보기(화재예방, 소방시설 설치·유지 및 안전관리에 관한 법률 제36조 제3항에 따른 제품검사를 받은 일산화탄소 가스누설경보기를 말한다. 이하 같다)는 가스보일러의 배기가스에 의한 중독사고를 예방하기 위해 그 배기가스가 누출될 경우 이를 신속히 검지하여 알려줄 수 있도록 가스보일러 주변 또

OX문제

정압기의 입구와 출구에는 가스차단장치를 설치해야 한다. (　　)

정답 O

는 적절한 장소에 설치할 것. 다만, 다음 ① 또는 ②에 해당하는 경우에는 설치하지 않을 수 있다.
① 가스보일러를 옥외에 설치한 경우
② 가스보일러가 「액화석유가스의 안전관리 및 사업법 시행규칙」 제71조의2 제2항 제1호에 따른 가스용품에 해당하지 않는 경우
마) 가)부터 라)까지의 기준 이외에도 가스보일러 또는 가스온수기는 화재, 폭발 및 중독 등의 사고를 방지하기 위하여 사용시설의 안전 확보와 정상 작동이 가능하도록 적절하게 설치하고 필요한 조치를 할 것
바) 가스보일러 또는 가스온수기를 설치·시공한 자는 그가 설치·시공한 시설이 가)부터 마)까지에 적합한 때에는 사용자·시공자·보일러가 설치된 건축물·보일러 시공내역·시공 확인사항 등과 관련된 정보가 기록된 가스보일러 또는 가스온수기 설치 시공확인서를 작성하여 5년간 보존하여야 하며 그 사본을 가스보일러 또는 가스온수기 사용자에게 교부하고 작동요령에 대한 교육을 실시할 것
3) 도시가스 사용을 위한 가스용품이 「액화석유가스의 안전관리 및 사업법」에 따른 검사대상에 해당할 경우에는 검사에 합격한 것일 것
4) 도시가스 소비량이 232.6kW(20만kcal/h)를 초과하는 가스보일러 또는 가스온수기 또는 다음 각 호의 조건을 모두 만족하는 가스보일러 또는 가스온수기는 2)의 기준을 따르지 아니할 수 있다.
가) 「도시가스사업법 시행령」 [별표 1]에 따른 안전관리 책임자 또는 「에너지이용합리화법」 제40조 제1항에 따른 검사대상기기 조종자가 관리하는 가스보일러
나) 사용연료가 다른 연소기 또는 도시가스 소비량이 232.6kW(20만kcal/h)를 초과하는 연소기와 함께 같은 실에 설치한 가스보일러
다) 가동 및 정지 중에 배기가스가 역류하지 아니하도록 역류방지장치를 설치한 가스보일러
5) 가스사용시설에 설치하는 연료전지는 2)의 기준에 따라 설치할 것. 다만, 도시가스 소비량이 232.6kW(20만kcal/h)를 초과하는 경우에는 2)의 기준을 따르지 아니할 수 있다.
나. 기술기준
가스사용자는 가스사용시설의 안전을 확보하기 위하여 그 설비의 작동상황을 주기적으로 점검하고, 이상이 있을 때에는 지체 없이 보수 등 필요한 조치를 할 것

13 전기설비

1. 전기설비의 분류

전기설비는 일반적으로 강전설비와 약전설비로 구분되며, 건축물에서의 전기설비를 용도에 따라 분류하면 다음과 같다.

(1) 전원설비(강전설비)

수·변전설비, 자가발전설비, 축전지설비 등이 이에 해당한다.

(2) 동력설비(강전설비)

공기조화기, 급·배수설비에 사용되는 송풍기, 펌프 등의 동력, 엘리베이터, 에스컬레이터 등과 같은 것들이 이에 해당한다.

(3) 조명설비(강전설비)

전기에너지를 빛에너지로 전환하여 이용하는 설비로 건축조명이 이에 해당한다.

(4) 소방방재설비(약전 및 강전설비)

피뢰침(강전), 소방전기설비(강전, 약전), 항공 장애(강전) 등이 이에 해당한다.

(5) 정보·통신설비(약전설비)

전화설비, 인터폰, 전기시계, 안테나설비, 방송설비 등이 이에 해당한다.

2. 전기시설의 설치

(1) 전기설비의 설치공간

① 연면적이 500제곱미터 이상인 건축물의 대지에는 국토교통부령(아래 ②)으로 정하는 바에 따라 「전기사업법」에 따른 전기사업자가 전기를 배전(配電)하는 데 필요한 전기설비를 설치할 수 있는 공간을 확보하여야 한다(건축법 시행령 제87조 제6항).

② 위 ①에 따른 건축물에 전기를 배전(配電)하려는 경우에는 [별표 3의3]에 따른 공간을 확보하여야 한다(건축물의 설비기준 등에 관한 규칙 제20조의2).

별표 3의3 전기설비 설치공간 확보기준

수전전압	전력수전 용량	확보면적
특고압 또는 고압	100킬로와트 이상	가로 2.8m, 세로 2.8m
저압	75킬로와트 이상 150킬로와트 미만	가로 2.5m, 세로 2.8m
	150킬로와트 이상 200킬로와트 미만	가로 2.8m, 세로 2.8m
	200킬로와트 이상 300킬로와트 미만	가로 2.8m, 세로 4.6m
	300킬로와트 이상	가로 2.8m 이상, 세로 4.6m 이상

OX문제

대지면적이 500제곱미터 이상인 건축물에는 「전기사업법」에 따른 전기사업자가 전기를 배전하는 데 필요한 전기설비를 설치할 수 있는 공간을 확보하여야 한다. (   )

연면적이 400제곱미터 이상인 건축물의 대지에도 전기를 배전(配電)하는 데 필요한 전기설비를 설치할 수 있는 공간을 확보하여야 한다. (   )

정답 ×, ×

[비고]
1. '저압', '고압' 및 '특고압'의 정의는 각각 「전기사업법 시행규칙」 제2조 제8호, 제9호 및 제10호에 따른다.
2. 전기설비 설치공간은 배관, 맨홀 등을 땅속에 설치하는 데 지장이 없고 전기사업자의 전기설비 설치, 보수, 점검 및 조작 등 유지관리가 용이한 장소이어야 한다.
3. 전기설비 설치공간은 해당 건축물 외부의 대지상에 확보하여야 한다. 다만, 외부 지상공간이 좁아서 그 공간확보가 불가능한 경우에는 침수우려가 없고 습기가 차지 아니하는 건축물의 내부에 공간을 확보할 수 있다.
4. 수전전압이 저압이고 전력수전 용량이 300킬로와트 이상인 경우 등 건축물의 전력수전 여건상 필요하다고 인정되는 경우에는 상기 표를 기준으로 건축주와 전기사업자가 협의하여 확보면적을 따로 정할 수 있다.
5. 수전전압이 저압이고 전력수전 용량이 150킬로와트 미만인 경우로서 공중으로 전력을 공급받는 경우에는 전기설비 설치공간을 확보하지 않을 수 있다.

(2) 주택에 설치하는 전기시설의 용량 OX

주택에 설치하는 전기시설의 용량은 각 세대별로 3킬로와트(세대당 전용면적이 60제곱미터 이상인 경우에는 3킬로와트에 60제곱미터를 초과하는 10제곱미터마다 0.5킬로와트를 더한 값) 이상이어야 한다(주택건설기준 등에 관한 규정 제40조 제1항). 기출

(3) 전력량계의 설치 OX

주택에는 세대별 전기사용량을 측정하는 전력량계를 각 세대 전용부분 밖의 검침이 용이한 곳에 설치하여야 한다. 다만, 전기사용량을 자동으로 검침하는 원격검침방식을 적용하는 경우에는 전력량계를 각 세대 전용부분 안에 설치할 수 있다(주택건설기준 등에 관한 규정 제40조 제2항). 기출

(4) 옥외 전선의 설치 OX

주택단지 안의 옥외에 설치하는 전선은 지하에 매설하여야 한다. 다만, 세대당 전용면적이 60제곱미터 이하인 주택을 전체 세대수의 2분의 1 이상 건설하는 단지에서 폭 8미터 이상의 도로에 가설하는 전선은 가공선으로 할 수 있다(주택건설기준 등에 관한 규정 제40조 제3항). 기출

3. 「전기안전관리법」상 안전관리

> **관련법령** 전기사업법령상 용어의 정의
>
> 1. 전기설비: 발전·송전·변전·배전·전기공급 또는 전기사용을 위하여 설치하는 기계·기구·댐·수로·저수지·전선로·보안통신선로 및 그 밖의 설비(댐건설 및 주변지역지원 등에 관한 법률에 따라 건설되는 댐·저수지와 선박·차량 또는 항공기에 설치되는 것과 그 밖에 대통령령으로 정하는 것은 제외한다)로서 다음의 것을 말한다(전기사업법 제2조 제16호).
>   ① 전기사업용 전기설비: 전기설비 중 전기사업자가 전기사업에 사용하는 전기설비를 말한다(전기사업법 제2조 제17호).
>   ② 일반용 전기설비: 다음의 소규모의 전기설비로서 한정된 구역에서 전기를 사용하기 위하여 설치하는 전기설비를 말한다(전기사업법 제2조 제18호, 동법 시행규칙 제3조 제1항).
>   ㉠ 저압에 해당하는 용량 75킬로와트(제조업 또는 심야전력을 이용하는 전기설비는 용량 100킬로와트) 미만의 전력을 타인으로부터 수전하여 그 수전장소(담·울타리 또는 그 밖의 시설물로 타인의 출입을 제한하는 구역을 포함한다)에서 그 전기를 사용하기 위한 전기설비
>   ㉡ 저압에 해당하는 용량 10킬로와트 이하인 발전설비
>   ③ 자가용 전기설비: 전기사업용 전기설비 및 일반용 전기설비 외의 전기설비를 말한다(전기사업법 제2조 제19호).
> 2. 전선로: 발전소·변전소·개폐소 및 이에 준하는 장소와 전기를 사용하는 장소 상호간의 전선 및 이를 지지하거나 수용하는 시설물을 말한다(전기사업법 제2조 제16호의2).
> 3. 안전관리: 국민의 생명과 재산을 보호하기 위하여 「전기사업법」 및 「전기안전관리법」에서 정하는 바에 따라 전기설비의 공사·유지 및 운용에 필요한 조치를 하는 것을 말한다(전기사업법 제2조 제20호).
> 4. 배전선로: 다음의 곳을 연결하는 전선로와 이에 속하는 전기설비를 말한다(전기사업법 시행규칙 제2조 제4호).
>   ① 발전소와 전기수용설비
>   ② 변전소와 전기수용설비
>   ③ 송전선로와 전기수용설비
>   ④ 전기수용설비 상호간
> 5. 저압: 직류에서는 1,500볼트 이하의 전압을 말하고, 교류에서는 1,000볼트 이하의 전압을 말한다(전기사업법 시행규칙 제2조 제8호). 기출
> 6. 고압: 직류에서는 1,500볼트를 초과하고 7천볼트 이하인 전압을 말하고, 교류에서는 1,000볼트를 초과하고 7천볼트 이하인 전압을 말한다(전기사업법 시행규칙 제2조 제9호). 기출
> 7. 특고압: 7천볼트를 초과하는 전압을 말한다(전기사업법 시행규칙 제2조 제10호). 기출

(1) 용어의 정의

「전기안전관리법」에서 사용하는 용어의 뜻은 다음과 같다(전기안전관리법 제2조, 동법 시행규칙 제2조).

① **전기안전관리**: 국민의 생명과 재산을 보호하기 위하여 전기설비의 공사·유지·관리 및 운용에 필요한 조치를 하는 것을 말한다.
② **전기재해**: 전기화재, 감전사고 등으로 인하여 사람의 생명과 재산의 피해가 발생하는 경우를 말한다.
③ **전기사업자**: 「전기사업법」 제2조 제2호에 따른 전기사업자를 말한다.
④ **전기판매사업자**: 「전기사업법」 제2조 제10호에 따른 전기판매사업자를 말한다.
⑤ **구역전기사업자**: 「전기사업법」 제2조 제12호에 따른 구역전기사업자를 말한다.
⑥ **전기설비**: 「전기사업법」 제2조 제16호에 따른 전기설비를 말한다.
⑦ **전기사업용 전기설비**: 「전기사업법」 제2조 제17호에 따른 전기사업용 전기설비를 말한다.
⑧ **일반용 전기설비**: 「전기사업법」 제2조 제18호에 따른 일반용 전기설비를 말한다.
⑨ **자가용 전기설비**: 「전기사업법」 제2조 제19호에 따른 자가용 전기설비를 말한다.
⑩ **원격점검**: 전기설비의 과전압·과전류 및 누설 전류 등을 검출하여 이를 데이터로 수집, 분석 및 전송함으로써 전기설비의 안전 상태 등을 점검하는 것을 말한다.
⑪ **전기수용설비**: 수전설비와 구내배전설비를 말한다.
⑫ **수전설비**: 타인의 전기설비 또는 구내발전설비로부터 전기를 공급받아 구내배전설비로 전기를 공급하기 위한 전기설비로서 수전지점으로부터 배전반(구내배전설비로 전기를 배전하는 전기설비를 말한다)까지의 설비를 말한다.
⑬ **구내배전설비**: 수전설비의 배전반에서부터 전기사용기기에 이르는 전선로·개폐기·차단기·분전함·콘센트·제어반·스위치 및 그 밖의 부속설비를 말한다.
⑭ **저압**: 「전기사업법 시행규칙」 제2조 제8호에 따른 저압을 말한다.
⑮ **고압**: 「전기사업법 시행규칙」 제2조 제9호에 따른 고압을 말한다.
⑯ **특고압**: 「전기사업법 시행규칙」 제2조 제10호에 따른 특고압을 말한다.
⑰ **피뢰설비**: 벼락의 영향으로부터 특정 공간·시설 또는 전기설비를 보호하기 위한 설비를 말한다.

(2) 전기설비의 안전관리

① **자가용 전기설비의 공사계획의 인가 또는 신고**

㉠ 인가: 자가용 전기설비의 설치공사 또는 변경공사로서 산업통상자원부령으로 정하는 공사를 하려는 자는 그 공사계획에 대하여 산업통상자원부장관의 인가를 받아야 한다. 인가받은 사항을 변경하려는 경우에도 또한 같다(전기안전관리법 제8조 제1항).

㉡ 신고: 위 ㉠에 따라 인가를 받아야 하는 공사 외의 자가용 전기설비의 설치 또는 변경공사로서 산업통상자원부령으로 정하는 공사를 하려는 자는 공사를 시작하기 전에 시·도지사에게 신고하여야 한다. 신고한 사항을 변경하려는 경우에도 또한 같다(전기안전관리법 제8조 제2항).

㉢ 공사계획신고의 대체: 위 ㉡의 전단에도 불구하고 산업통상자원부령으로 정하는 저압(低壓)에 해당하는 자가용 전기설비의 설치 또는 변경공사의 경우에는 아래 ②에 따른 사용전검사(使用前檢査) 신청으로 공사계획신고를 갈음할 수 있다(전기안전관리법 제8조 제3항).

㉣ 공사 시작 후 신고: 자가용 전기설비의 소유자 또는 점유자는 전기설비가 사고·재해 또는 그 밖의 사유로 멸실·파손되거나 전시·사변 등 비상사태가 발생하여 부득이하게 공사를 하여야 하는 경우에는 위 ㉠ 및 ㉡에도 불구하고 산업통상자원부령으로 정하는 바에 따라 공사를 시작한 후 지체 없이 그 사실을 산업통상자원부장관 또는 시·도지사에게 신고하여야 한다(전기안전관리법 제8조 제4항).

㉤ 위임규정: 위 ㉠에 따른 인가 및 ㉡·㉣에 따른 신고에 필요한 사항은 산업통상자원부령으로 정한다(전기안전관리법 제8조 제5항).

② **사용전검사**

㉠ 사용전검사: 위 ①에 따라 자가용 전기설비의 설치공사 또는 변경공사를 한 자는 산업통상자원부령으로 정하는 바에 따라 산업통상자원부장관 또는 시·도지사가 실시하는 검사에 합격한 후에 이를 사용하여야 한다(전기안전관리법 제9조).

㉡ 사용전검사 대상: 위 ㉠에 따른 사용전검사(이하 '사용전검사'라 한다)를 받아야 하는 전기설비는 위 ①에 따라 공사계획의 인가를 받거나 신고를 하고 설치 또는 변경공사를 하는 전기설비로 한다. 다만, 다음의 어느 하나에 해당하는 경우에는 사용전검사를 받지 않을 수 있다(전기안전관리법 시행규칙 제6조 제1항).

ⓐ 전기설비를 시험하기 위하여 일시 사용하는 경우
ⓑ 전기설비의 일부가 완성된 경우에 다른 전기설비를 시험하기 위하여 그 완성된 부분을 일시 사용할 필요가 있는 경우
ⓒ 전기설비의 공사내용과 설치장소의 상황을 고려할 때 산업통상자원부장관이 안전상 지장이 없다고 인정하여 고시하는 경우

ⓒ **전기수용설비에 관한 공사의 사용전검사의 시기**(전기안전관리법 시행규칙 제6조 제4항 별표 3 제8호)
ⓐ 전압 5만 볼트 이상의 지중전선로 중 토목공사가 완성된 때
ⓑ 전기수용설비 중 공사계획에 따른 설비의 일부가 완성되어 그 완성된 설비만을 사용하려고 할 때
ⓒ 전체 공사가 완료된 때

ⓔ **사용전검사의 절차**: 사용전검사를 받으려는 자는 사용전검사 신청서에 다음의 서류를 첨부하여 검사를 받으려는 날의 7일 전까지 안전공사에 제출해야 한다. 다만, ⓔ의 서류는 사용전검사를 받는 날까지 제출할 수 있다(전기안전관리법 시행규칙 제6조 제5항).
ⓐ 공사계획인가서 또는 신고수리서 사본(저압 자가용 전기설비의 경우는 제외한다)
ⓑ 「전력기술관리법」 제2조 제3호에 따른 설계도서 및 같은 법 제12조의2 제4항에 따른 감리배치확인서(저압 자가용 전기설비의 설치공사인 경우만을 말하며, 저압 자가용 전기설비의 증설공사 및 변경공사의 경우는 제외한다)
ⓒ 자체감리를 확인할 수 있는 서류(전기안전관리자가 자체감리를 하는 경우만 해당한다)
ⓓ 전기안전관리자 선임신고증명서 사본
ⓔ 그 밖에 사용전검사를 실시하는 데 필요한 서류로서 산업통상자원부장관이 정하여 고시하는 서류

③ **자가용 전기설비의 임시사용**
㉠ **임시사용**: 산업통상자원부장관 또는 시·도지사는 위 ②에 따른 검사에 불합격한 경우에도 안전상 지장이 없고 자가용 전기설비의 임시사용이 필요하다고 인정되는 경우에는 1년의 범위에서 사용 기간 및 방법을 정하여 그 설비를 임시로 사용하게 할 수 있다. 이 경우 산업통상자원부장관 또는 시·도지사는 그 사용 기간 및 방법을 정하여 통지를 하여야 한다(전기안전관리법 제10조 제1항).

ⓛ **위임규정**: 비상용 예비발전기가 완공되지 아니할 경우 등 위 ㉠에 따른 전기설비 임시사용의 허용기준, 1년의 범위에서의 사용기간, 전기설비의 임시사용방법, 그 밖에 필요한 사항은 산업통상자원부령(아래 ㉢)으로 정한다(전기안전관리법 제10조 제2항).

㉢ **임시사용 허용기준 등**

ⓐ **임시사용 허용기준**: 위 ㉡에 따라 자가용 전기설비의 임시사용을 허용할 수 있는 경우는 다음과 같다(전기안전관리법 시행규칙 제7조 제1항).

　ⅰ) 발전기의 출력이 인가를 받거나 신고한 출력보다 낮으나 사용상 안전에 지장이 없다고 인정되는 경우

　ⅱ) 송전·수전과 직접적인 관련이 없는 보호울타리 등이 시공되지 않은 상태나 사람이 접근할 수 없도록 안전조치를 한 경우

　ⅲ) 공사계획을 인가받거나 신고한 전기설비 중 교대성·예비성 설비 또는 비상용 예비발전기가 완공되지 않은 상태나 주된 설비가 전기의 사용 또는 안전에 지장이 없다고 인정되는 경우

　ⅳ) 일시적으로 전기설비를 사용해도 안전상 지장이 없다고 인정되는 경우로서 긴급한 사용이 불가피한 경우

ⓑ **임시사용기간**: 위 ㉡에 따른 자가용 전기설비의 임시사용기간은 3개월 이내로 한다. 다만, 임시사용기간에 임시사용의 사유를 해소할 수 없는 특별한 사유가 있다고 인정되는 경우에는 전체 임시사용기간이 1년을 초과하지 않는 범위에서 임시사용기간을 연장할 수 있다(전기안전관리법 시행규칙 제7조 제2항).

ⓒ **통지**: 안전공사는 위 ㉠의 전단에 따라 전기설비의 임시사용을 허용했을 때에는 그 허용 사유, 사용기간, 사용 범위 및 방법 등을 검사확인증에 적어 사용전검사 신청인에게 통지해야 한다(전기안전관리법 시행규칙 제7조 제3항).

④ **정기검사**

㉠ **정기검사**: 전기사업자 및 자가용 전기설비의 소유자 또는 점유자는 산업통상자원부령으로 정하는 전기설비에 대하여 산업통상자원부령으로 정하는 바에 따라 산업통상자원부장관 또는 시·도지사로부터 정기적으로 검사를 받아야 한다(전기안전관리법 제11조 제1항).

ⓒ **정기검사의 의제**: 「전기사업법」 제2조 제6호 및 제8호에 따른 송전사업자 및 배전사업자가 같은 법 제65조의2에 따라 자체 검사를 실시한 경우에는 위 ㉠에 따른 검사를 받은 것으로 본다(전기안전관리법 제11조 제2항).

ⓒ **정기검사의 대상**: 위 ㉠에 따른 정기검사의 대상이 되는 전기설비와 그 검사의 시기는 아래 [별표 4]와 같다. 다만, 다음의 어느 하나에 해당하는 경우에는 산업통상자원부장관 또는 시·도지사가 정기검사의 시기를 따로 정할 수 있다(전기안전관리법 시행규칙 제8조 제1항).

　　ⓐ 상용 전기설비로서 전력공급의 부족, 재해 또는 긴급사태로 정기검사를 실시하기 곤란하다고 인정하는 경우

　　ⓑ 그 밖의 전기재해 예방을 위하여 전기재해가 발생하거나 발생할 우려가 현저하여 긴급히 정기검사가 필요하다고 인정하는 경우

별표 4 정기검사 대상 전기설비 및 시기

구분	대상	시기	비고
1. 전기사업용 전기설비: 기력, 내연력, 가스터빈, 복합화력 및 수력(양수), 풍력, 태양광, 연료전지, 전기저장장치 및 무정전전원장치 발전소(구역전기사업자의 송전·변전 및 배전설비를 포함)	① 증기터빈 및 내연기관 계통	4년 이내	①부터 ④까지의 설비에 부속되는 전기설비로서 사용압력이 제곱센티미터당 0킬로그램 이상의 내압부분이 있는 것을 포함한다.
	② 가스터빈, 보일러, 열교환기(집단에너지사업법을 적용받는 보일러 및 압력용기는 제외) 및 발전기 계통	2년 이내	
	③ 수차·발전기 계통	4년 이내	
	④ 풍차·발전기 계통(토목 기초를 포함)	3년 이내	
	⑤ 태양광설비 ㉠ 태양광·전기설비 계통 ㉡ 전, 답, 과수원, 임야, 염전 지역 또는 공유수면에 설치된 태양광발전소의 부지 및 구조물	4년 이내 2년 이내	
	⑥ 연료전지·전기설비 계통	4년 이내	
	⑦ 전기저장장치·전기설비 계통 ㉠ 여러 사람이 이용할 수 있는 건물 안에 설치된 설비 또는 이차전지 용량 1,000킬로와트시 이상인 설비 ㉡ 위 ㉠ 외의 설비	 1년 이내 2년 이내	
	⑧ 구역전기사업자의 송전·변전 및 배전설비	2년 이내	
	⑨ 신재생에너지 발전사업용인 송전선로·변전소	4년 이내	

	⑩ 무정전전원장치·전기설비 계통		1년 이내
	㉠ 여러 사람이 이용할 수 있는 건물 안에 설치된 설비 또는 이차전지 용량 1,000킬로와트시 이상인 설비		
	㉡ 위 ㉠ 외의 설비. 다만, 20킬로와트시 이하의 리튬·나트륨계 배터리 및 70킬로와트시 이하의 납계 배터리를 사용하는 무정전전원장치는 제외		2년 이내
2. 전기수용 설비, 비상용 예비발전 설비 및 전기자동차 충전설비	① 의료기관, 공연장, 호텔, 대규모 점포, 전통시장, 예식장, 지정 문화재, 단란주점, 유흥주점, 목욕장, 노래연습장에 설치한 고압 이상의 전기수용설비, 비상용 예비발전설비 및 전기자동차 충전설비		2년마다 2개월 전후
	② 「전기안전관리법 시행규칙」 제25조 제1항에 따라 전기안전관리자의 선임이 면제된 제조업자 또는 제조업 관련 서비스업자의 전기수용설비, 비상용 예비발전설비 및 전기자동차 충전설비		2년마다 2개월 전후
	③ 위 ① 및 ②의 설비 외의 **수용가에 설치한 고압 이상의 전기수용설비, 비상용 예비발전설비 및 전기자동차 충전설비(단독으로 설치된 경우를 포함)**		3년마다 2개월 전후
	④ 위 ③의 규정에도 불구하고 「산업안전보건법」 제44조에 따른 공정안전보고서 또는 「고압가스 안전관리법」 제13조의2에 따른 안전성향상계획서를 제출하거나 갖춰 둔 자의 고압 이상의 전기수용설비, 비상용 예비발전설비 및 전기자동차 충전설비		4년 이내

- ㉣ **검사시기 전 정기검사**: 전기사업자 또는 자가용 전기설비의 소유자 또는 점유자는 필요하다고 인정하는 경우에는 위 ㉢에 따른 검사시기 전에 정기검사를 받을 수 있다. 이 경우 검사를 받은 전기설비의 다음 검사시기는 해당 검사일을 기준으로 위 ㉢의 표에 따른다(전기안전관리법 시행규칙 제8조 제2항).
- ㉤ **재검사**: 전기사업자 또는 자가용 전기설비의 소유자 또는 점유자는 정기검사에 불합격한 경우 적합하지 않은 부분에 대해 검사완료일부터 3개월 이내에 재검사를 받아야 한다(전기안전관리법 시행규칙 제8조 제4항 본문).

ⓑ 정기검사를 받으려는 자는 정기검사 신청서에 다음의 서류를 첨부하여 검사를 받으려는 날의 7일 전까지 안전공사에 제출해야 한다. 다만, ⓑ의 서류는 정기검사를 받는 날까지 제출할 수 있다(전기안전관리법 시행규칙 제8조 제5항).
  ⓐ 전기안전관리자 선임신고증명서 사본
  ⓑ 그 밖에 정기검사를 실시하는 데 필요한 서류로서 산업통상자원부장관이 정하여 고시하는 서류

⑤ **검사결과의 통지**: 안전공사는 사용전검사 또는 정기검사를 한 경우 검사완료일부터 5일 이내에 검사확인증을 검사신청인에게 내주어야 한다. 다만, 검사 결과 불합격인 경우에는 그 내용·사유 및 재검사 기한을 통지해야 한다(전기안전관리법 시행규칙 제9조 제1항).

⑥ **전기설비 검사자의 자격**: 사용전검사 및 정기검사는 「국가기술자격법」에 따른 전기·안전관리(전기안전)·토목·기계 분야의 기술자격을 가진 사람 중 다음의 어느 하나에 해당하는 사람이 수행해야 한다. 다만, 기능장, 기사 또는 산업기사 자격을 취득하였으나 아래 ⓒ 및 ⓒ에 따른 실무경력기간에 미달한 사람은 아래 ㉠부터 ㉢까지의 전기설비 검사자가 수행하는 검사의 보조업무만을 수행해야 한다(전기안전관리법 시행규칙 제10조).
  ㉠ 해당 분야의 기술사 자격을 취득한 사람
  ㉡ 해당 분야의 기능장 또는 기사 자격을 취득한 사람으로서 그 자격을 취득한 후 해당 분야에서 4년 이상 실무경력이 있는 사람
  ㉢ 해당 분야의 산업기사 자격을 취득한 사람으로서 그 자격을 취득한 후 해당 분야에서 6년 이상 실무경력이 있는 사람

⑦ **일반용 전기설비의 점검**
  ㉠ **사용전점검 및 정기점검**: 산업통상자원부장관은 일반용 전기설비가 「전기사업법」 제67조에 따른 기술기준에 적합한지 여부에 대하여 산업통상자원부령(아래 ㉡ 및 ㉢)으로 정하는 바에 따라 그 전기설비의 사용 전과 사용 중에 정기적으로 안전공사로 하여금 점검하도록 하여야 한다. 다만, 주거용 시설물에 설치된 일반용 전기설비를 정기적으로 점검(이하 '정기점검'이라 한다)하는 경우 그 소유자 또는 점유자로부터 점검의 승낙을 받을 수 없는 경우에는 그러하지 아니하다(전기안전관리법 제12조 제1항).

ⓒ 일반용 전기설비의 사용전점검 시기 및 절차 등
ⓐ **사용전점검 시기**: 위 ㉠에 따른 일반용 전기설비의 사용전점검(이하 '사용전점검'이라 한다)은 전기설비의 설치공사 또는 변경공사가 완료된 후 전기를 공급받기 전에 받아야 한다(전기안전관리법 시행규칙 제11조 제1항).
ⓑ **신청서의 제출**: 사용전점검을 받으려는 자는 전기사용계약별로 사용전점검 신청서에 다음의 서류를 첨부하여 점검을 받으려는 날의 3일 전까지 안전공사에 제출해야 한다(전기안전관리법 시행규칙 제11조 제2항).
　ⅰ) 전기설비 단선결선도[전기적 연결을 간략하게 한 줄의 선으로 나타낸 그림을 말하며, 신에너지 및 재생에너지 개발·이용·보급 촉진법 제2조 제2호 가목에 따른 태양에너지를 이용하는 발전설비의 경우 전력기술관리법 제2조 제3호에 따른 설계도서를 포함한다]
　ⅱ) 전기사용신청서 사본 또는 전기사용계약을 증명할 수 있는 서류
ⓒ **사용전점검 확인증**: 안전공사는 사용전점검 결과가 적합한 경우에는 지체 없이 사용전점검 확인증을 점검신청인에게 내주어야 한다(전기안전관리법 시행규칙 제11조 제3항).

ⓓ 일반용 전기설비의 정기점검 시기 및 절차 등
ⓐ 안전공사는 위 ㉠에 따라 실시하는 일반용 전기설비의 정기점검(이하 '정기점검'이라 한다)을 사용전점검 또는 정기점검을 한 후 공동주택에 설치된 전기설비는 **3년이 되는 날이 속하는 달의 전후 2개월 이내**에 실시해야 한다. 다만, 사용전점검 후 최초의 정기점검은 해당 전기설비가 설치된 장소와 읍·면·동에 설치된 다른 일반용 전기설비의 정기점검과 같은 시기에 실시할 수 있다(전기안전관리법 시행규칙 제12조 제1항).
ⓑ **재점검**: 안전공사는 정기점검 결과 부적합한 시설에 대해서는 그 사실을 통지한 날부터 **2개월 이내**에 재점검을 실시해야 한다(전기안전관리법 시행규칙 제12조 제2항).

⑧ **공동주택 등의 안전점검**
㉠ 정기적 점검: 산업통상자원부장관은 다음의 시설에 설치된 자가용 전기설비에 대하여 산업통상자원부령(아래 ㉡)으로 정하는 바에 따라 안전공사로 하여금 정기적으로 점검을 하도록 하여야 한다(전기안전관리법 제14조 제1항).

ⓐ 「주택법」 제2조 제3호에 따른 공동주택의 세대
ⓑ 「전통시장 및 상점가 육성을 위한 특별법」 제2조 제1호에 따른 전통시장 점포

ⓛ **공동주택 등의 안전점검에 대한 시기**: 안전공사는 위 ㉠의 시설에 설치된 자가용 전기설비에 대한 안전점검을 다음의 구분에 따른 날이 속하는 달의 전후 2개월 이내에 실시해야 한다(전기안전관리법 시행규칙 제20조 제1항).

ⓐ **위 ㉠의 ⓐ에 따른 공동주택**(용량 1천 킬로와트 미만의 전기수용설비가 설치된 공동주택으로 한정)**의 세대**: 사용전검사를 한 후 25년이 되는 날부터 3년 이내에 안전점검을 실시한 후, 그 안전점검을 한 날부터 매 3년이 되는 날

ⓑ **위 ㉠의 ⓑ에 따른 전통시장 점포**: 「전통시장 및 상점가 육성을 위한 특별법 시행령」 제2조 제4항에 따라 인정서가 발급된 날부터 1년 이내에 안전점검을 실시한 후, 그 안전점검을 한 날부터 매 1년이 되는 날

(3) 전기안전관리자의 선임 등

① 전기안전관리자의 선임 등

㉠ **선임**: 전기사업자나 자가용 전기설비의 소유자 또는 점유자는 전기설비(휴지 중인 전기설비는 제외한다)의 공사·유지 및 운용에 관한 전기안전관리업무를 수행하게 하기 위하여 산업통상자원부령으로 정하는 바에 따라 「국가기술자격법」에 따른 전기·기계·토목 분야의 기술자격을 취득한 사람 중에서 각 분야별로 전기안전관리자를 선임하여야 한다(전기안전관리법 제22조 제1항).

㉡ **선임대상 전기설비**: 위 ㉠에 따라 전기안전관리자를 선임해야 하는 전기설비는 다음의 전기설비 외의 전기설비를 말한다(전기안전관리법 시행규칙 제25조 제1항).

ⓐ 저압에 해당하는 전기수용설비(전기사업법 시행규칙 제3조 제2항에 따른 전기설비는 제외한다)로서 제조업 및 「기업활동 규제완화에 관한 특별조치법 시행령」 제2조에 따른 제조업 관련 서비스업에 설치하는 전기수용설비

ⓑ 심야전력을 이용하는 전기설비로서 저압에 해당하는 전기수용설비

ⓒ 휴지(休止) 중인 다음의 전기설비
  ⅰ) 전기설비의 소유자 또는 점유자가 전기사업자에게 전기설비의 휴지를 통지한 전기설비
  ⅱ) 심야전력 전기설비(전기공급계약에 따라 사용을 중지한 경우만 해당한다)
  ⅲ) 농사용 전기설비(전기를 공급받는 지점에서부터 사용설비까지의 모든 전기설비를 사용하지 않는 경우만 해당한다)
ⓓ 설비용량 20킬로와트 이하의 발전설비

ⓒ **전기안전관리자의 선임기준**: 전기안전관리자를 선임해야 하는 자는 전기설비의 사용전검사 신청 전 또는 사업개시 전에 아래 [별표 8]에 따라 전기설비 또는 사업장마다 전기안전관리자와 안전관리보조원으로 구분하여 전기안전관리자를 선임해야 한다(전기안전관리법 시행규칙 제25조 제2항).

별표 8 전기안전관리자의 선임기준 및 세부기술자격

구분	안전관리대상	안전관리자 자격기준	안전관리보조원 인원
전기 수용 설비 및 비상용 예비 발전 설비	모든 전기수용설비의 공사·유지 및 운용	전기·안전관리(전기안전) 분야 기술사 자격소지자, 전기기사 또는 전기기능장 자격 취득 이후 실무경력 **2년 이상**인 사람	1. 용량 1만 킬로와트 이상은 전기분야 2명 2. 용량 5천 킬로와트 이상 1만 킬로와트 미만은 전기분야 1명
	전압 10만 볼트 미만 전기설비의 공사·유지 및 운용	전기산업기사 자격 취득 이후 실무경력 **4년 이상**인 사람	
	전압 10만 볼트 미만으로서 전기설비용량 2천 킬로와트 미만 전기설비의 공사·유지 및 운용	전기기사 또는 전기기능장 자격 취득 이후 실무경력 **1년 이상**인 사람 또는 전기산업기사 자격취득 이후 실무경력 **2년 이상**인 사람	
	전압 10만 볼트 미만으로서 전기설비용량 1,500킬로와트 미만 전기설비의 공사·유지 및 운용	전기산업기사 이상 자격 소지자	

[비고]
안전관리보조원의 자격은 해당 분야 기능사 이상의 자격소지자이거나 같은 분야 5년 이상 실무경력자를 말한다.

ⓔ **업무의 위탁**: 위 ⓐ에도 불구하고 자가용 전기설비의 소유자 또는 점유자는 전기안전관리에 관한 업무를 다음의 자에게 위탁할 수 있다. 이 경우 안전관리업무를 위탁받은 자는 위 ⓐ에 따른 분야별 전기안전관리자를 선임하여야 한다(전기안전관리법 제22조 제2항).

ⓐ 전기안전관리업무를 전문으로 하는 자로서 자본금, 기술인력, 장비 등 대통령령으로 정하는 요건을 갖춘 자
ⓑ 시설물관리를 전문으로 하는 자로서 자본금, 기술인력, 장비 등 대통령령으로 정하는 요건을 갖춘 자

ⓜ **업무의 대행**: 위 ㉠에도 불구하고 산업통상자원부령으로 정하는 규모 이하의 전기설비(자가용 전기설비와 신에너지 및 재생에너지 개발·이용·보급 촉진법 제2조 제1호 및 제2호에 따른 신에너지와 재생에너지를 이용하여 전기를 생산하는 발전설비만 해당한다)의 소유자 또는 점유자는 다음의 어느 하나에 해당하는 자에게 산업통상자원부령(아래 ㉫)으로 정하는 바에 따라 전기안전관리업무를 대행하게 할 수 있고, 전기안전관리업무를 대행하는 자는 전기안전관리자로 선임된 것으로 본다(전기안전관리법 제22조 제3항 본문).
  ⓐ 안전공사
  ⓑ 자본금, 기술인력 등 대통령령으로 정하는 요건을 갖춘 전기안전관리대행사업자
  ⓒ 전기 분야의 기술자격을 취득한 사람으로서 대통령령으로 정하는 장비를 보유하고 있는 자

⓫ **전기안전관리업무의 대행규모**: 위 ㉫에 따라 안전공사, ㉫의 ⓑ에 따른 전기안전관리대행사업자(이하 '대행사업자'라 한다) 및 ㉫의 ⓒ에 따른 자(이하 '개인대행자'라 한다)가 전기안전관리업무를 대행할 수 있는 전기설비의 규모는 다음의 구분에 따른다(전기안전관리법 시행규칙 제26조).
  ⓐ **안전공사 및 대행사업자**: 다음의 어느 하나에 해당하는 전기설비(둘 이상의 전기설비 용량의 합계가 4천500킬로와트 미만인 경우로 한정한다)
    ⅰ) 전기수용설비: 용량 1천 킬로와트 미만인 것
    ⅱ) 「신에너지 및 재생에너지 개발·이용·보급 촉진법」 제2조 제1호 및 제2호에 따른 신에너지와 재생에너지를 이용하여 전기를 생산하는 발전설비(이하 이 조에서 '신재생에너지 발전설비'라 한다) 중 태양광발전설비: 용량 1천 킬로와트(원격감시·제어기능을 갖춘 경우 용량 3천 킬로와트) 미만인 것
    ⅲ) 전기사업용 신재생에너지 발전설비 중 연료전지발전설비(원격감시·제어기능을 갖춘 것으로 한정한다): 용량 500킬로와트 미만인 것

ⅳ) 그 밖의 발전설비(전기사업용 신재생에너지 발전설비의 경우 원격감시·제어기능을 갖춘 것으로 한정한다): 용량 300킬로와트(비상용 예비발전설비의 경우에는 용량 500킬로와트) 미만인 것

ⓑ 개인대행자: 다음의 어느 하나에 해당하는 전기설비(둘 이상의 용량의 합계가 1천550킬로와트 미만인 전기설비로 한정한다)

ⅰ) 전기수용설비: 용량 500킬로와트 미만인 것

ⅱ) 신재생에너지 발전설비 중 태양광발전설비: 용량 250킬로와트(원격감시·제어기능을 갖춘 경우 용량 750킬로와트) 미만인 것

ⅲ) 전기사업용 신재생에너지 발전설비 중 연료전지발전설비(원격감시·제어기능을 갖춘 것으로 한정한다): 용량 250킬로와트 미만인 것

ⅳ) 그 밖의 발전설비(전기사업용 신재생에너지 발전설비의 경우 원격감시·제어기능을 갖춘 것으로 한정한다): 용량 150킬로와트(비상용 예비발전설비의 경우에는 용량 300킬로와트) 미만인 것

ⓢ 대행자 지정: 전기안전관리자를 선임한 자는 전기안전관리자가 여행·질병이나 그 밖의 사유로 일시적으로 그 직무를 수행할 수 없는 경우에는 그 기간 동안, 전기안전관리자를 해임한 경우에는 다른 전기안전관리자를 선임하기 전까지 산업통상자원부령으로 정하는 바에 따라 대행자를 각각 지정하여야 한다(전기안전관리법 제22조 제5항).

② **전기안전관리자의 직무**: 선임된 전기안전관리자의 직무 범위는 다음과 같다(전기안전관리법 시행규칙 제30조 제2항).

㉠ 전기설비의 공사·유지 및 운용에 관한 업무 및 이에 종사하는 사람에 대한 안전교육

㉡ 전기설비의 안전관리를 위한 확인·점검 및 이에 대한 업무의 감독

㉢ 전기설비의 운전·조작 또는 이에 대한 업무의 감독

㉣ 전기안전관리에 관한 기록의 작성·보존

㉤ 공사계획의 인가신청 또는 신고에 필요한 서류의 검토

㉥ 다음의 어느 하나에 해당하는 공사의 감리 업무

ⓐ 비상용 예비발전설비의 설치·변경공사로서 총공사비가 1억원 미만인 공사

ⓑ 전기수용설비의 증설 또는 변경공사로서 총공사비가 5천만원 미만인 공사

ⓒ 「신에너지 및 재생에너지 개발·이용·보급 촉진법」에 따른 신에

너지 및 재생에너지 설비의 증설 또는 변경 공사로서 총공사비가 5천만원 미만인 공사
- ⓐ 전기설비의 일상점검·정기점검·정밀점검의 절차, 방법 및 기준에 관한 안전관리규정의 작성
- ⓞ 전기재해의 발생을 예방하거나 그 피해를 줄이기 위하여 필요한 응급조치

③ **전기안전관리자의 선임 및 해임신고 등**
- ㉠ 신고: 전기안전관리자를 선임 또는 해임한 자는 산업통상자원부령(아래 ㉡)으로 정하는 바에 따라 지체 없이 그 사실을 전력기술인단체에 신고하여야 한다. 신고한 사항 중 산업통상자원부령으로 정하는 사항이 변경된 경우에도 또한 같다(전기안전관리법 제23조 제1항).
- ㉡ 신고서 제출: 위 ㉠에 따라 전기안전관리자의 선임 또는 해임 신고를 하려는 자는 전기안전관리자 선임(해임) 신고서에 다음의 구분에 따른 서류를 첨부하여 선임 또는 해임한 날부터 30일 이내에 전력기술인단체에 제출해야 한다(전기안전관리법 시행규칙 제34조 제1항).
    - ⓐ 선임하는 경우에는 다음의 서류
        - ⅰ) 선임되는 전기안전관리자의 국가기술자격증 사본
        - ⅱ) 선임되는 전기안전관리자의 재직증명서와 실무경력증명서(해당자만 제출한다) 또는 그 증명서류
        - ⅲ) 선임되는 전기안전관리자의 졸업증명서 또는 교육이수증[전기안전관리법 시행규칙 제28조(전기안전관리자 자격의 완화)에 해당하는 사람만 제출한다]
        - ⅳ) 전기안전관리위탁계약서 사본(전기안전관리업무를 위탁받은 자만 제출한다)
    - ⓑ 해임하는 경우에는 전기안전관리자의 직무대행자 지정서 사본(후임자의 선임 없이 해임하는 경우만 제출한다)
- ㉢ 신고증명서의 발급
    - ⓐ 위 ㉠에 따라 전기안전관리자의 선임신고를 한 자가 선임신고증명서의 발급을 요구한 경우에는 전력기술인단체는 산업통상자원부령(아래 ⓑ)으로 정하는 바에 따라 선임신고증명서를 발급하여야 한다(전기안전관리법 제23조 제2항).

ⓑ 전력기술인단체는 위 ㉡에 따라 신고를 한 자가 전기안전관리자 선임(해임)신고증명서의 발급을 요구하면 **지체 없이** 전기안전관리자 선임(해임)신고증명서를 발급해야 한다(전기안전관리법 시행규칙 제34조 제4항).

㉣ **재선임 기한**: 위 ㉠에 따라 전기안전관리자의 해임신고를 한 자는 해임한 날부터 30일 이내에 다른 전기안전관리자를 선임하여야 한다(전기안전관리법 제23조 제3항).

④ **전기안전관리자의 성실의무 등**

㉠ **성실의무**: 전기안전관리자는「전기안전관리법」제22조 제6항에 따른 직무를 성실히 수행하여야 한다(전기안전관리법 제24조 제1항).

㉡ 전기사업자 및 자가용 전기설비의 소유자 또는 점유자(위 ①의 ㉣에 따라 전기안전관리업무를 위탁받은 자를 포함한다)와 그 종업원은 전기안전관리자의 전기안전관리에 관한 의견에 따라야 한다(전기안전관리법 제24조 제2항).

㉢ **기록의 작성 등**

ⓐ 전기안전관리자는 산업통상자원부령(아래 ⓑ)으로 정하는 바에 따라 전기안전관리에 관한 기록을 작성·보존 및 제출하여야 한다(전기안전관리법 제24조 제3항).

ⓑ **전기설비 안전관리에 관한 기록의 작성 및 보존**: 위 ⓐ에 따라 전기안전관리자는 전기설비의 안전관리에 관한 다음에 해당하는 사항의 기록을 작성하여 4년간 보존해야 한다(전기안전관리법 시행규칙 제36조 제1항).

ⅰ) 안전교육의 실시에 관한 사항

ⅱ) 전기설비의 안전관리를 위한 확인·점검의 내용 및 결과에 관한 사항

ⅲ) 전기설비의 일상점검·정기점검·정밀점검의 절차, 방법 및 기준에 관한 안전관리규정에 관한 사항

ⅳ) 전기재해의 예방 및 피해방지를 위한 응급조치로서 전기설비에 대한 수리·개조·보수 등 안전조치에 관한 사항

ⓒ **기록의 제출**: 전기안전관리자는 정기검사를 받는 때에 위 ⓑ에 따른 전기설비의 안전관리에 관한 기록을 안전공사에 제출해야 한다. 다만, 전기안전종합정보시스템에 매월 1회 이상 안전관리를 위한 확인·점검 결과 등을 입력한 경우에는 제출하지 않을 수 있다(전기안전관리법 시행규칙 제36조 제2항).

② 조치의 요구: 전기안전관리자는 전기설비가 기술기준에 적합하지 아니하다고 인정되는 경우에는 지체 없이 해당 전기사업자 및 자가용 전기설비의 소유자 또는 점유자에게 그 전기설비의 수리·개조·이전 등 필요한 조치를 요구하여야 한다(전기안전관리법 제24조 제4항).

⑩ 불이익한 처우의 금지 등: 전기안전관리자로부터 위 ②에 따른 조치요구를 받은 해당 전기사업자 및 자가용 전기설비의 소유자 또는 점유자는 지체 없이 이에 따라야 한다. 이 경우 이에 따른 조치요구를 이유로 전기안전관리자를 해임하거나 보수의 지급을 거부하는 등 불이익한 처우를 하여서는 아니 된다(전기안전관리법 제24조 제5항).

⑤ **전기안전관리자의 교육 등**

㉠ 교육이수 의무: 전기안전관리자 및 「전기공사업법」 제17조에 따른 시공관리책임자(이하 '시공관리책임자'라 한다)는 산업통상자원부장관이 실시하는 다음에 따라 교육(이하 '전기안전교육'이라 한다)을 받아야 한다(전기안전관리법 제25조 제1항).

ⓐ 전기안전관리자: 전기설비의 유지 및 운용에 관한 안전관리교육
ⓑ 시공관리책임자: 전기설비의 공사, 시공관리에 관한 안전시공교육

㉡ 교육의 병행: 산업통상자원부장관은 필요한 경우 이론교육과 실습교육을 병행하여 전기안전교육을 실시할 수 있다(전기안전관리법 제25조 제2항).

㉢ 수료증 발급: 위 ㉠에 따라 전기안전교육을 수료한 전기안전관리자 또는 시공관리책임자에 대하여 교육수료증을 발급할 수 있다(전기안전관리법 제25조 제3항).

㉣ 해임: 전기안전관리자를 선임한 자는 정당한 사유 없이 전기안전교육을 받지 아니한 전기안전관리자를 해임하여야 한다(전기안전관리법 제25조 제4항).

㉤ 지정취소: 「전기공사업법」 제2조 제3호에 따른 공사업자는 정당한 사유 없이 안전시공교육을 받지 아니한 시공관리책임자의 지정을 취소하여야 한다(전기안전관리법 제25조 제5항).

㉥ 전기안전교육: 전기안전관리자(안전공사 및 대행사업자는 그 소속 기술인력을 말한다)는 다음 [별표 11]에 따른 전기안전교육을 받아야 한다(전기안전관리법 시행규칙 제37조 제1항 제1호).

별표 11   전기안전관리자의 전기안전교육

1. 교육의 과정·대상 및 기간

교육과정	교육대상자	교육기간
① 전기안전관리 기술교육(Ⅰ)	선임기간이 5년 미만인 안전관리자 또는 안전 관리보조원	3년마다 1회 이상
② 전기안전관리 기술교육(Ⅱ)	선임기간이 5년 이상인 안전관리자 또는 안전 관리보조원	
③ 전기안전관리 특별교육	처음 선임된 안전관리자 또는 안전관리보조원	선임된 날부터 6개월 이내

2. 교육내용
   ① 전기안전 관련 소양교육
   ② 전기 관계 법령 및 기술규정
   ③ 전기안전관리 현장 실무·실습
   ④ 전기안전관리 운영 관련 규정
   ⑤ 전력계통 특성 및 사고 예방
   ⑥ 전기재해 예방 및 위기 대응 실무 사례
   ⑦ 신기술 및 에너지 관리기술
   ⑧ 「신에너지 및 재생에너지 개발·이용·보급 촉진법」에 따른 신재생에너지별 안전관리 요령
   ⑨ 토목 및 기계분야 등에 대한 안전관리 요령
   ⑩ 전기자동차 충전설비 안전관리 요령
   ⑪ 그 밖에 전기안전관리에 필요한 사항

3. 행정사항
   ① 교육기관은 매년 12월 31일까지 교육의 종류별·대상자별 및 지역별로 다음 해의 교육 실시계획을 수립하여 산업통상자원부장관에게 보고해야 한다.
   ② 교육기관은 교육신청이 있을 때에는 교육 실시 10일 전까지 교육대상자에게 교육장소와 교육날짜를 통보해야 한다.

4. 그 밖의 사항
   ① 교육과목별 교육시간 및 교육내용의 수준은 교육기관이 정한다.
   ② 교육과정별 1회 교육은 각각 21시간 이상이어야 한다. 이 경우 교육과목 중 일부 과목은 온라인교육을 병행할 수 있으나, 이론교육은 온라인교육으로 실시해야 한다.
   ③ 1. ③의 특별교육 대상자는 2. ③의 과목을 4시간 이상 이수해야 한다.
   ④ 전기안전관리 실무경력이 5년 이상인 경우 1. ③의 특별교육을 ②의 전기안전관리기술교육(Ⅱ)으로 갈음할 수 있다.

(4) 보칙

① **전기안전종합정보시스템의 구축·운영 등**
  ⊙ 구축·운영: 산업통상자원부장관은 전기안전관리에 관한 정보를 체계적으로 관리하기 위하여 전기안전종합정보시스템을 구축·운영할 수 있다(전기안전관리법 제38조 제1항).
  ⓒ 자료제공 요청: 산업통상자원부장관은 전기안전종합정보시스템을 구축·운영하기 위하여 필요한 경우에는 관계 중앙행정기관의 장, 시·도지사, 시장·군수·구청장, 「공공기관의 운영에 관한 법률」 제4조에 따른 공공기관의 장 및 전기 관련 협회의 장 등에게 필요한 자료의 제공을 요청할 수 있다. 이 경우 요청을 받은 자는 특별한 사유가 없으면 이에 따라야 한다(전기안전관리법 제38조 제2항).
  ⓒ 위임규정: 위 ⊙에 따른 전기안전종합정보시스템의 구축·운영에 필요한 사항은 대통령령으로 정한다(전기안전관리법 제38조 제3항).

② **중대한 사고의 통보·조사**
  ⊙ 전기사업자 등의 통보: 전기사업자 및 자가용 전기설비의 소유자 또는 점유자는 그가 운용하는 전기설비로 인하여 산업통상자원부령으로 정하는 중대한 사고가 발생한 경우에는 산업통상자원부령으로 정하는 바에 따라 산업통상자원부장관에게 통보하여야 한다(전기안전관리법 제40조 제1항).
  ⓒ 중대한 사고의 종류 및 통보방법 등: 위 ⊙에서 '산업통상자원부령으로 정하는 중대한 사고'란 [별표 16]에 따른 사고를 말한다(전기안전관리법 시행규칙 제43조 제1항 별표 16).
    ⓐ 위 ⊙에 따른 중대한 사고의 종류
      ⅰ) 전기화재사고
        • 사망자가 1명 이상 발생하거나 부상자가 2명 이상 발생한 사고
        • 「소방기본법」에 따른 화재의 원인 및 피해 등의 추정가액이 1억원 이상인 사고
        • 「보안업무규정」에 따라 지정된 국가보안시설과 「건축법 시행령」에 따른 다중이용 건축물에 그 원인이 전기로 추정되는 화재가 발생한 경우
      ⅱ) 감전사고(사망자가 1명 이상 발생하거나 부상자가 1명 이상 발생한 경우)

ⅲ) 전기설비사고: 1,000세대 이상 아파트 단지의 수전설비·배전설비에서 사고가 발생하여 1시간 이상 정전을 초래한 경우
ⓑ 통보의 방법
ⅰ) 사고 발생 후 24시간 이내: 다음의 사항을 「전기안전관리법」 제38조에 따른 전기안전종합정보시스템으로 통보할 것
- 통보자의 소속, 직위, 성명 및 연락처
- 사고 발생 일시
- 사고 발생 장소
- 사고 내용
- 전기설비 현황(사용 전압 및 용량)
- 피해 현황(인명 및 재산)

ⅱ) 사고 발생 후 15일 이내: 별지 제31호 서식에 따라 통보(전기안전종합정보시스템을 통해서도 통보할 수 있고, 필요한 경우 전자우편 및 팩스를 통해 추가적으로 보고할 수 있다)

ⓒ **전력거래소의 통보**: 「전기사업법」 제35조에 따른 한국전력거래소는 전력계통의 운영과 관련하여 산업통상자원부령(위 ⓛ)으로 정하는 중대한 사고가 발생한 경우에는 산업통상자원부령으로 정하는 바에 따라 산업통상자원부장관에게 통보하여야 한다(전기안전관리법 제40조 제2항).

ⓓ **원인·경위 등에 관한 조사**: 산업통상자원부장관은 전기사고의 재발방지를 위하여 필요하다고 인정하는 경우에는 다음의 자로 하여금 대통령령(아래 ⓜ)으로 정하는 전기사고의 원인·경위 등에 관한 조사를 하게 할 수 있다(전기안전관리법 제40조 제3항).
ⓐ 안전공사
ⓑ 산업통상자원부령으로 정하는 기술인력 및 장비 등을 갖춘 자 중 산업통상자원부장관이 지정한 자

ⓔ **전기사고의 조사대상**: 위 ⓓ에서 '대통령령으로 정하는 전기사고'란 다음의 어느 하나에 해당하는 사고를 말한다(전기안전관리법 시행령 제15조).
ⓐ 위 ㉠에 따른 중대한 사고
ⓑ 전기로 인하여 발생한 것으로 추정되는 다음의 사고
ⅰ) 사망자가 2명 이상이거나 부상자가 3명 이상인 화재사고
ⅱ) 재산피해[해당 화재사고에 대하여 경찰관서나 소방관서에서 추정한 가액(價額)에 따른다]가 3억원 이상인 화재사고

ⓒ 그 밖에 ⓐ 또는 ⓑ와 유사한 규모의 사고로서 해당 사고의 재발방지를 위해 사고의 원인·경위 등에 관한 조사가 필요하다고 인정하여 산업통상자원부장관이 지정하는 화재사고

4. 수·변전설비

(1) 개요

건물에서 사용되는 조명, 동력, 전열 등의 부하설비에 전력을 공급하기 위해서는 각 설비에 적합한 전압으로 공급하여야 한다. 그러나 통상 이들의 설비를 합계하면 소요 전력은 수백~수천kW가 되므로 이것을 직접 사용전압으로 공급받으면 전선이 매우 커지게 되고, 경제적이나 배선기술상으로도 바람직하지 않으므로 특별고압 또는 고압으로 수전하고, 이것을 변압기에서 고압 또는 저압으로 변압하는 설비가 수·변전설비이고 전원설비가 된다. 일반적으로 계약전력이 50kW를 넘으면 변전설비를 필요로 한다.

(2) 수·변전설비의 계획

① **설비계획의 순서**
  ㉠ 설비용량을 각 부하별(전등, 일반동력, 냉방동력)로 산출한다.
  ㉡ 최대수용전력에 따라 수·변전설비용량(변압기 용량)을 산출한다.
  ㉢ 계약전력과 수전전압을 결정한다.
  ㉣ 인입방식과 배선방식을 작성한다.
  ㉤ 주회로의 결선도를 작성한다.
  ㉥ 변전설비의 형식을 선정한다.
  ㉦ 제어방식을 결정한다.
  ㉧ 변전실의 위치와 면적을 결정한다.
  ㉨ 기기의 배치를 결정한다.

② **부하설비용량의 추정**
  ㉠ 설계 초기에는 불분명하므로 건물의 용도, 규모에 따라 과거의 실적을 토대로 하여 각 부하마다 소요전력을 추정해야 한다.
  ㉡ 일반적으로 단위면적의 소요전력, 즉 부하밀도(VA/m^2)에 의한 산출방법이 채용되고 있다.

부하설비용량(VA) = 부하밀도(VA/m^2) × 연면적(m^2)

③ **수전용량 추정**: 부하설비용량이 추정되면 그 값을 그대로 수전설비용량으로 할 경우 너무 과다한 설비가 되기 때문에 수용률(수요율), 부등률, 부하율을 고려해서 최대수용전력을 구한다.

㉠ **최대사용전력 계산**: 전등부하 및 동력부하 설비용량에 수용률을 곱하여 개개의 최대사용전력을 구한다. 기출

> 최대수용전력(VA) = 부하설비용량(VA) × 수용률

㉡ **수용률, 부하율, 부등률**

ⓐ **수용률**(수요율): 수용장소에 설치된 총설비용량에 대하여 실제 사용하고 있는 부하의 최대수용전력과의 비율을 백분율로 표시한 것이다. 기출

$$수용률 = \frac{최대수용전력(kW)}{부하설비용량(kW)} \times 100(\%)$$

▶ 대도시 일반건물의 수용률은 60~70%이다.

ⓑ **부하율**: 부하율은 전기설비가 어느 정도 유효하게 사용하고 있는가를 나타내는 척도이고, 어떤 기간 중의 최대수용전력과 그 기간 중의 평균전력과의 비율을 백분율로 표시한 것이며, 부하율이 클수록 전기설비가 효율적으로 사용되고 있음을 나타낸다. 기출

$$부하율 = \frac{평균수용전력(kW)}{최대수용전력(kW)} \times 100(\%)$$

ⓒ **부등률**: 수용가의 설비부하는 각 부하의 부하특성에 따라 최대수용전력 발생시각이 다르게 나타나므로, 부등률을 고려하면 변압기용량을 적정용량으로 낮추는 효과를 갖게 된다. 부등률은 합성 최대수요전력을 구하는 계수로서 **부하 종별 최대수요전력이 생기는 시간차에 의한 값**이므로 최대수용전력의 합계는 항상 합계 부하의 최대수용전력 값보다 크다. 즉, 부등률은 항상 1보다 크며, 이 값이 클수록 일정한 공급설비로 큰 부하설비에 전력을 공급할 수 있다는 것이며, 부등률이 크다는 것은 공급설비의 이용률이 높다는 것을 뜻한다. 기출

OX문제

수용률이라 함은 부하설비용량 합계에 대한 최대수용전력의 백분율을 말한다. ( )

OX문제

부하율이 작을수록 전기설비가 효율적으로 사용되고 있음을 나타낸다. ( )

OX문제

부등률이 높을수록 설비이용률이 낮다. ( )

부등률은 부하 종별 최대수요전력이 생기는 시간차에 의한 값이다. ( )

부등률은 합성 최대수요전력을 구하는 계수로서 부하종별 최대수요전력이 생기는 시간차에 의한 값이다. ( )

정답 O, X, X, O, O

$$부등률 = \frac{각\ 부하의\ 최대수용전력의\ 합계(kW)}{합계부하의\ 최대수용전력(kW)}$$

▶ 항상 1보다 크다.

개념적용 문제

전기설비용량이 각각 80kW, 100kW, 120kW의 부하설비가 있다. 이때 수용률(수요율)을 80%로 가정할 경우 최대수요전력(kW)을 구하시오.

제17회 기출

해설 0.8 × (80kW + 100kW + 120kW) = 240kW

정답 240

ⓒ 역률

ⓐ 역률이란 피상전력에 대한 유효전력의 비율을 말한다. 이는 전기기기에 실제로 걸리는 전압과 전류가 얼마나 유효하게 일을 하는가 하는 비율을 의미한다.

ⓑ 역률의 크기와 의미

ⅰ) **역률이 큰 경우**: 역률이 크다는 것은 유효전력이 피상전력에 근접하는 것으로서 부하 측(수용가 측)에서 보면 같은 용량의 전기기기를 최대한 유효하게 이용하는 것을 의미하며, 전원 측(공급자 측)에서 보면 같은 부하에 대하여 적은 전류를 흘려 보내도 되므로 전압강하가 적어지고 전원설비의 이용 효과가 커지는 이점이 있다.

ⅱ) **역률이 작은 경우**: 위 ⅰ)과 반대되는 불이익이 있다.

ⓒ 역률 저하의 원인

ⅰ) 유도전동기의 부하의 영향

ⅱ) 가정용 전기기기(단상유도전동기)와 방전등의 보급에 의한 역률 저하

ⅲ) 주상 변압기의 여자전류의 영향

ⓓ 보통 모터, 형광등, 용접기 등 코일성분이 많은 기기일수록 역률은 낮고, 백열등, 전열기 등 열을 발생하여 이용하는 저항성의 전기기기는 역률이 높다. 즉, 백열등, 전열기의 역률은 100%에 가깝다.

OX문제

역률이란 무효전력에 대한 유효전력의 비를 말한다.
( )

➕ 고득점 심화학습

교류회로의 전력

1. 유효전력(소비전력): 전원에서 공급되어 부하에서 유효하게 이용되는 전력
2. 무효전력: 실제로는 아무런 일을 하지 않아 부하에서는 전력으로 이용될 수 없는 전력
3. 피상전력: 교류의 부하 또는 전원의 용량을 표시하는 전력
   피상전력 = $\sqrt{유효전력^2 + 무효전력^2}$

OX문제

역률은 부하의 종류와 관계가 없다. ( )

백열전등이나 전기히터(Electric Heater)의 역률은 100%에 가깝다. ( )

정답 ×, ×, ○

ⓔ **역률개선**: 부하의 역률을 1에 가깝게 높이는 것을 역률개선이라 한다. 역률개선의 방법은 소자에 흐르는 전류의 위상이 소자에 걸리는 전압보다 앞서는 용량성 부하인 콘덴서를 부하에 첨가하여 역률을 개선한다(진상콘덴서를 병렬로 접속).

ⓕ **역률개선 효과** 기출

i) **역률개선에 의한 설비용량의 여유 증가**: 역률이 개선됨으로써 부하전류가 감소하게 되어 같은 설비로도 설비용량에 여유가 생기게 된다. 즉, 설비용량을 더 늘리지 않고도 부하의 증설이 가능해진다.

ii) **역률개선에 의한 전압강하 경감**: 역률를 개선하면 선로전류가 줄어들게 되므로 선로에서의 전압강하는 경감된다.

iii) 역률개선에 의한 변압기 및 배전선의 전력손실 경감

iv) 역률개선에 의한 전기요금 경감

ⓡ **변압기용량의 산정식**

$$변압기용량 = \frac{부하설비용량 \times 수용률}{부등률 \times 역률}$$

▶ 부등률이나 역률이 제시되지 않은 경우에는 1로 간주한다.

④ **수·변전실**

㉠ **수전실 등의 시설기준**

ⓐ **수전실 또는 큐비클 시설장소의 선정**

i) 물이 침입하거나 침투할 우려가 없도록 조치를 강구한 장소일 것

ii) 고온, 다습한 장소에 시설하는 경우에는 적당한 방호조치를 강구한 장소일 것

iii) 특수장소에서 명시하는 장소에 시설하는 경우에는 격벽을 설치하는 등의 조치를 강구한 장소일 것

ⓑ **수전실 또는 큐비클의 구조**

i) 기초는 기기의 설치에 충분한 강도를 가질 것

ii) 수전실은 불연재료로 만들어진 벽, 기둥, 바닥 및 천장으로 구획되고, 창 및 출입구는 방화문을 설치할 것

iii) 조수류 등이 침입할 우려가 없도록 조치를 강구할 것

iv) 환기가 가능한 구조일 것

OX문제

역률을 개선하면 설비용량의 여유도가 감소한다.
( )

OX문제

역률을 개선하면 선로에 흐르는 전류가 증가한다.
( )

정답 ×, ×

ⓥ) 눈, 비의 침입을 방지하는 구조일 것
ⓥⅰ) 넓이는 기기 등의 보수, 점검 및 교체에 지장이 없는 구조로 된 것
ⅶ) 수전실 또는 큐비클의 조명은 감시 및 조작을 안전하고 확실하게 하기 위하여 필요한 조명설비를 시설하여야 하며, 정전 시의 안전조작을 위한 비상조명설비(또는 장치)를 설치하는 것이 바람직하다.
ⅷ) 수전실 또는 큐비클은 자물쇠로 잠글 수 있는 구조일 것

ⓛ 위치
OX ⓐ 건물 전체의 부하의 중심 부근 기출
ⓑ 발전기실, 축전지실과 가급적 인접한 장소
ⓒ 통풍·채광이 양호하고, 습기·먼지가 적은 곳
ⓓ 기기의 반출입이 용이할 것
ⓔ 전원 인입 및 접지선의 접속이 편리할 것
ⓕ 물이 침입할 우려가 없는 곳

ⓒ 구조
ⓐ 격벽은 내화구조로 할 것
ⓑ 바닥의 하중을 고려할 것
ⓒ 기기 출입이 용이할 것
ⓓ 천장 높이
ⅰ) 고압: 보 아래 3m 이상
ⅱ) 특고압: 보 아래 4.5m 이상
ⓔ 출입문: 갑종 또는 을종방화문

5. 예비전원설비

(1) 개요

전력은 일반적으로 전력회사로부터 배전받지만 송배전이 정지되었을 때에도 중요한 부하설비만큼은 송전을 계속해야 할 필요가 있으므로 전기를 스스로 만들지 않으면 안 된다. 자가발전설비는 이를 위해 필요한 설비이고, 예비전원설비이다. 자가발전은 축전지에 비하여 큰 전력을 일으킬 수 있으나 소요전압을 얻기까지 다소의 시간이 걸린다. 따라서 소규모의 건물이라면 축전지설비에 의하여 어느 정도는 조달할 수 있으나 장시간 또는 용량이 큰 건물에는 발전설비를 설치하는 것이 바람직하다.

OX문제
수변전실은 부하의 가장자리에 배치하여 전원의 인입이 편리해야 한다. ( )

정답 ✕

(2) 예비전원이 갖추어야 할 조건

① **축전지**: 정전 후 충전하지 않고 30분 이상 방전할 수 있을 것
② **자가발전설비**: 비상사태 발생 후 10초 이내에 가동하여 규정전압을 유지하여 30분 이상 전력공급이 가능할 것
③ **충전기를 갖춘 축전지와 자가발전설비와의 병용**: 자가발전설비는 사태발생 후 45초 이내에 시동해서 30분 이상 안정된 전력공급을 할 수 있어야 하며, 축전지설비는 충전함이 없이 20분 이상 방전할 수 있을 것

(3) 자가용 발전설비

예비전원설비로서 자가발전설비는 전력회사로부터 공급받는 사용전원의 정전 등 돌발사고를 미연에 방지하기 위하여 자위상 최소한의 보안 전력을 확보하기 위한 설비를 말한다. 규모가 작은 경우에는 축전지의 설치로도 어느 정도의 시간을 지탱할 수 있으나, 오랜 시간 또는 용량이 큰 건물의 경우에는 비상용 자가발전설비가 요망된다.

① **발전기실의 위치**
　㉠ 기기의 반출입 및 운전, 보수가 편리한 곳
　㉡ 배기 배출구와 급배수가 용이한 곳
　㉢ 연료보급이 손쉬운 곳
　㉣ 변전실에 가까운 곳

② **구조**
　㉠ 내화구조 또는 준내화구조
　㉡ 방음, 방진 구조
　㉢ 바닥은 충분히 하중에 견디도록 한다.
　㉣ 발전기의 기초와 건물의 기초는 독립시킨다.

③ **발전기**
　㉠ **발전기의 종류**: 디젤기관에 의하여 구동되는 3상 교류 발전기
　㉡ **발전기의 용량 결정**: 발전기 용량은 건물의 종류와 규모에 따라 결정하며, 특히 정전 시에 송전을 필요로 하는 부하를 그 용량으로 한다.
　㉢ **발전기의 용량**: 보통 수전설비 용량의 10~20% 정도로 한다.

(4) 축전지설비

축전지설비는 축전지, 충전장치, 보안장치, 제어장치 등으로 구성된다. 축전지는 순수한 직류전원이며 경제적이고 보수가 용이한 특성을 가지고 있다. 축전지설비는 예비전원으로서 상용 전원이 불시에 정전되었을 때 자가발전설비를 가동시켜 정격전압으로 확보될 때까지의 예비전원으로 사용되는 경우가 많이 있다.

① **용도**: 주로 직류전원의 공급에 이용되며, 유도등, 전기시계, 화재경보장치, 비상용 전원, 비상방송, 방재용 설비 등에 이용된다.

② **종류**
  ㉠ 연(납)축전지: 수명은 10~20년 정도이고, 충전시간은 길다.
  ㉡ 알칼리 축전지: 수명은 30년 이상이고, 충전시간은 짧다(성능이 우수하다).

③ **수명**: 정격용량의 80% 이하로 감소했을 때 전지의 수명으로 본다.

④ **충전**: 교류전류를 정류기에 의하여 직류로 고쳐서 사용한다.

⑤ **위치**
  ㉠ 기기의 반출입이 쉽고 운전 및 보수가 용이한 곳
  ㉡ 변전실에 가까운 곳
  ㉢ 배기 배출구에 가까운 곳
  ㉣ 급배수가 손쉬운 곳

⑥ **구조 및 배치**
  ㉠ 축전지와 벽면과의 간격은 1m 이상
  ㉡ 천장 높이는 2.6m 이상
  ㉢ 축전지와 부속기기와의 간격은 1m 이상
  ㉣ 축전지와 입구 사이의 간격은 2.6m 이상

⑦ **축전지실의 시공 시 주의사항**
  ㉠ 내진성을 고려할 것
  ㉡ 충전 중 수소가스의 발생이 있으므로 배기설비를 할 것
  ㉢ 축전지 실내의 배선은 비닐전선을 사용할 것
  ㉣ 개방형 축전지를 사용할 경우 조명기구는 내산성으로 할 것
  ㉤ 충전기 및 부하에 가까울 것
  ㉥ 실내에 급·배수시설을 할 것

(5) 비상전원 공급기준

구분	비상전원 구분			공급시간	비고
	2계통 수전방식	발전설비	축전지		
옥내소화전설비 스프링클러설비 포소화설비	○	○	○	20분 이상	
물분무소화설비 이산화탄소소화설비 할로겐화합물소화설비 분말소화설비	○	○	○	20분 이상	
유도등			○	20분 이상	
비상조명등	○	○	○	20분 이상	
제연설비(배연설비)	○	○	○	20분 이상	
비상콘센트설비	○	○		20분 이상	
무선통신보조설비			○	30분 이상	
자동화재탐지설비 비상경보설비			○	감시 60분 후 경보 10분 이상	
비상용 승강기	○	○		120분 이상	승강기 검사기준
전기통신설비	○	○	○	180분 이상	전기통신설비 기술기준

6. 감시제어반

설비의 작동상태를 확인하는 것은 운전조작뿐만 아니라 보수관리의 면에서도 대단히 중요하다. 감시방법으로는 전원표시, 운전표시, 고장표시, 램프표시, 집중제어를 들 수 있다. 현재는 중앙집중감시방식이 많이 채택되고 있다.

▶ 제어의 종류와 목적

제어의 종류	사용용도	작동 및 표시법
전원표시	전원이 살아 있는지 여부를 확인	백색 램프
운전표시	작동상태를 표시	적색 램프
정지표시	정지상태를 표시	녹색 램프
고장표시	고장 유무를 표시	오렌지색 램프(부저 및 벨이 울린다)
경보표시	경보신호 목적	백색 램프(부저 및 벨이 울린다)

7. 배전설비

송전되어 온 전력을 각 수용가에 분배하는 것을 배전이라 하며, 고압 또는 특고압으로 전력을 인입하여 건물 내에서 간선, 분전반, 분기회로를 거쳐 배전한다.

▶ **용어의 정의**

1. 발전: 전기를 생산하는 것
2. 송전: 생산된 전기의 수송
3. 배전: 수용가에게 분배하는 것
4. 배선: 전기 사용장소에 고정 시설된 전선
5. 옥내배선
   ① 간선: 전등분전반, 배전반에서 동력제어반까지의 옥내배전선
   ② 분기회로: 전등분전반에서 전등이나 콘센트까지의 배선, 동력제어반에서 전동기까지의 배선

(1) 배전

① **소규모 건물**(주택)

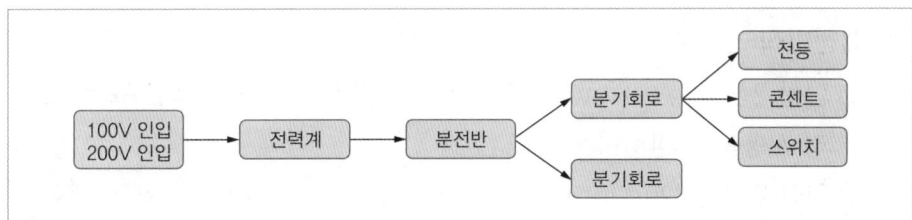

② **대규모 건물**

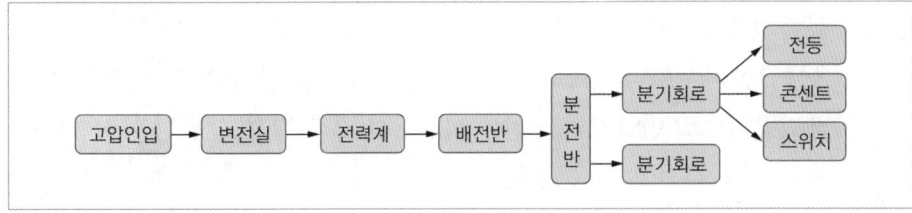

(2) 간선의 배선방식

건물의 인입개폐기(배선용 차단기)로부터 각 층마다 설치된 분전반의 분기개폐기까지의 배선을 말한다.

① **나뭇가지식**(수지상식): 한 개의 간선이 각각의 분전반을 거쳐가며, 부하가 감소함에 따라 전선의 굵기도 감소하지만, 굵기가 변하는 접속점에는 보안장치가 요구된다. 전동기가 넓은 곳에 분산되어 있을 때, 소규모 건물에 적당하다.

② **평행식**: 큰 용량의 부하, 분산되어 있는 부하에 대하여 단독 회선으로 배선하는 방식으로서, 전압강하가 평균화되고 사고의 경우 파급 범위가 좁으며, 배선의 혼잡과 설비비가 많아질 우려는 있으나 대규모 건물에 적당하다.

③ **병용식**: 집중된 부하의 중심 부근에 분전반을 설치하고, 분전반에서 각 부하에 배선하는 방식으로 가장 많이 쓰인다.

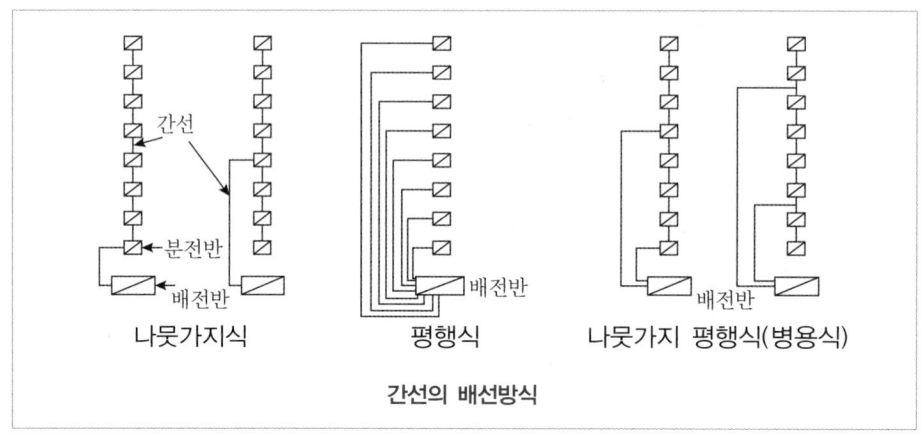

간선의 배선방식

(3) 배전방식(전기방식)

① **단상 2선식**(220/110V): 보통 주택, 사무실 등의 소부하의 배전으로 널리 사용되는 방법이다.

② **단상 3선식**(220/110V): 일반 주택보다 큰 부하를 필요로 하는 백화점, 학교, 빌딩, 공장 등에 사용되는 방식이다. 이 방법은 단상 2선식에 비하여 전력손실이 적고 경제적인 동시에 전압도 100V 및 220V의 두 종류를 얻을 수 있으므로 220V의 조명 및 전열회로 등에 사용할 수 있다.

③ **3상 3선식**(220V): 주로 동력용 부하, 즉 3상 부하(220V)에 사용되는 배전방식으로 변압기의 결선은 성형결선, 3각 결선, V결선 등이 있는데 보통 3각 결선이 사용된다.

④ **3상 4선식**(220/380V): 대규모 건물에서 여러 종류의 전압이 필요할 때 선택되며, 우리나라에서는 주로 220/380V를 사용한다. 최근에 400V 배전방식이 권장되고 있는데, 이 방식에 의하면 배전설비비의 대폭적인 절감과 효율성이 뛰어난 전력이 이용되는 유리한 점이 있다.

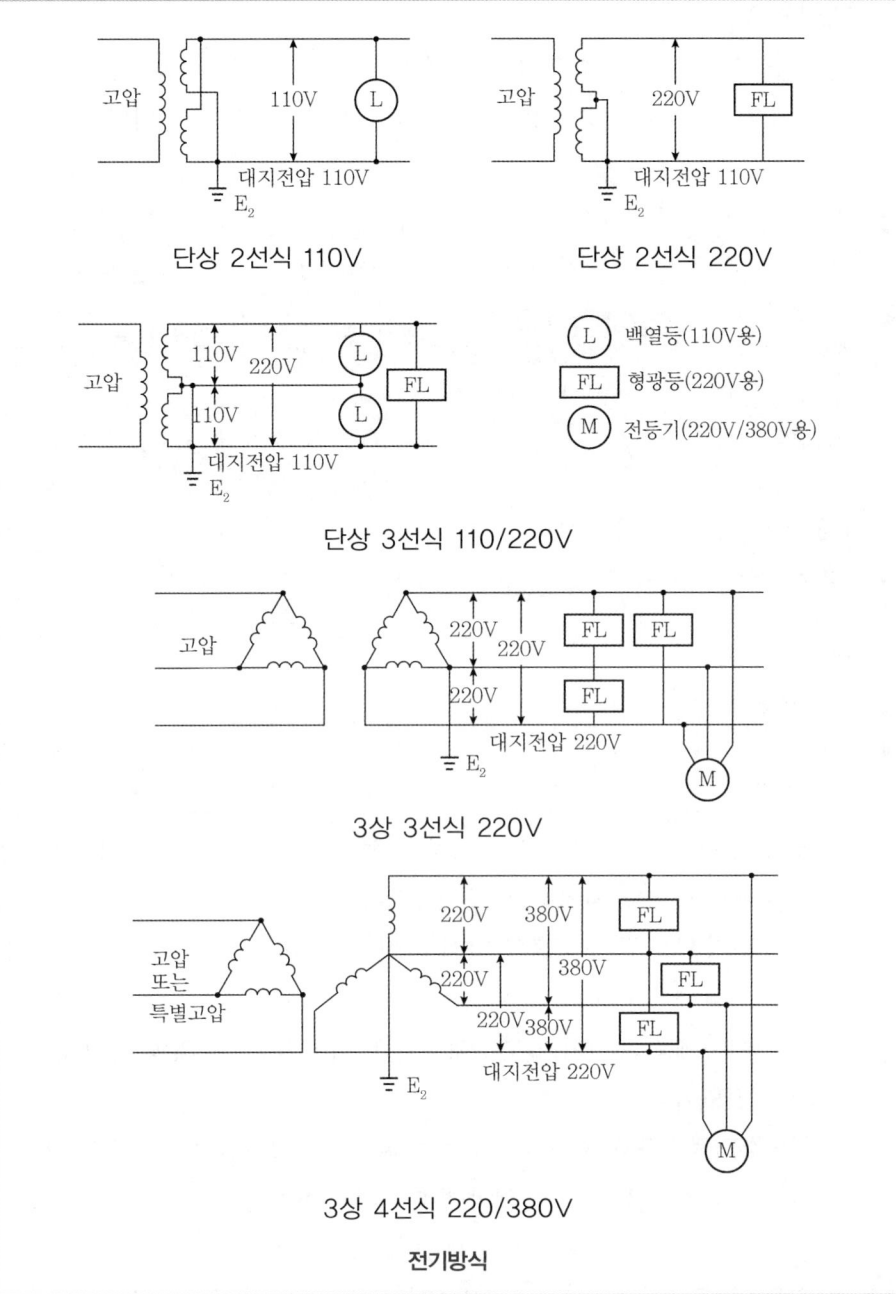

전기방식

전선배선 시 전선을 보호하고 교체를 용이하게 할 수 있도록 각종 전선관을 사용한다.

➕ 고득점 심화학습

1. 전개 및 은폐, 습기 등에 관계없이 모든 곳에 가능한 전기공사에는 금속관공사, 케이블공사 등이 있다.
2. ~몰드공사는 전선을 넣고 뚜껑을 덮는 형태의 공사이므로 습기 있는 곳이나 점검할 수 없는 은폐장소에는 사용할 수 없다.
3. ~덕트공사는 점검할 수 없는 은폐장소에는 사용할 수 없다.

➕ 고득점 심화학습

경질비닐관공사는 PVC관을 이용한 배선공사로 내식성이 강하여 화학실험실 등에도 쓸 수 있다.

⭕❌ 문제

합성수지관공사는 열적 영향을 받기 쉬운 곳에 사용된다.
( )

정답 ×

(4) 배선공사

전기설비의 기술기준에 의하면 옥내배선공사의 종류는 12가지로 규정하고 있으며, 시설장소 및 사용전압에 따라 채용될 수 있는 방법이 제한되어 있다.

공사종류 \ 시설장소	전개된 장소		점검할 수 있는 은폐장소		점검할 수 없는 은폐장소	
	건조한 곳	습기·물기 있는 곳	건조한 곳	습기·물기 있는 곳	건조한 곳	습기·물기 있는 곳
애자사용공사	○	○	○	○	○	×
목재몰드공사	○	×	○	×	×	×
합성수지몰드공사	○	×	○	×	×	×
경질비닐관공사	○	○	○	○	○	○
금속관공사	○	○	○	○	○	○
금속몰드공사	○	×	○	×	×	×
가요전선관공사	○	×	○	×	×	×
금속덕트공사	○	×	×	×	×	×
캡타이어 케이블공사	○	○	○	○	×	×
케이블공사	○	○	○	○	○	○

① **애자사용공사**: 건물의 천장, 벽 등에 놉애자, 핀애자, 애관, 클라이트를 사용하여 전선을 지지하는 공사방법이다.

② **목재몰드공사**: 목재에 홈을 파서 홈에 절연전선을 넣고 뚜껑을 덮어 실시하는 공사이다. 이 공사는 옥내배선의 모든 부분에 이용되는 경우는 없고 애자사용 배선의 일부로서 콘센트, 스위치류 등의 인하선에 이용되는 정도이다.

③ **합성수지몰드공사**: 이 공사는 접속점이 없는 절연전선을 사용하여 전선이 노출되지 않도록 설치해야 한다. 내식성이 좋아 부식성 가스 또는 용액을 발산하는 화학공장의 배선에 적합하다.

④ **경질비닐관공사**(합성수지관공사): 관 자체가 우수한 절연성을 가지고 있으며, 중량이 가볍고 시공이 용이하며 내식성이 뛰어나 화학공장 등에 사용 가능하지만, **열에 약하고 기계적 강도가 낮은 것이 결점이다.** 기출

⑤ **금속관공사**: 이 공사는 건물의 종류와 장소에 구애됨이 없이 시공이 가능한 공사방법이다. 금속관공사에는 접속점이 없는 연선이나 절연전선을 사용한다. 주로 **철근콘크리트 건물의 매입 배선 등에 사용**되며, 화재에 대한 위험성이 적고, 전선에 이상이 생겼을 때 교체가 용이하며 전선

의 기계적 손상에 대해 안전하다. 습기, 먼지 있는 장소에도 시공이 가능하나 증설은 곤란하다. 금속관에는 제3종 접지공사를 한다. 기출

⑥ **금속몰드공사**: 이 공사는 폭 5cm 이하, 두께 0.5mm 이상의 철재 홈통의 바닥에 전선을 넣고 뚜껑을 덮는 것이다. 금속몰드공사에는 접속점이 없는 절연전선을 사용하고 접속은 기계적, 전기적으로 완전히 접속되어야 한다.

⑦ **가요전선관공사**: 이 공사는 굴곡 장소가 많아서 금속관공사로 하기 어려운 경우에 적합하며 옥내배선과 전동기를 연결하는 경우, 또는 엘리베이터의 배선, 증설공사, 기차나 전차 내의 배선 등에 적합하다. 가요전선관공사에는 접속점이 없는 절연전선을 사용하며 특히 습기, 물기, 먼지가 많은 장소나 기름을 취급하는 장소에는 방수용 가요전선관을 사용해야 한다.

⑧ **금속덕트공사**: 전선을 철재덕트 속에 넣고 시설하는 것으로 큰 공장이나 빌딩 등에서 증설공사를 할 경우 전기배선 변경이 용이하므로 많이 이용된다. 금속덕트 내의 전선은 분기점 이외에서는 접속점이 없어야 하고, 전선을 외부로 인출하는 부분은 금속관공사, 합성수지관공사, 가요전선관공사 또는 케이블공사를 해야 한다.

⑨ **버스덕트공사**: 이 공사는 공장, 빌딩 등에 있어서 비교적 큰 전류를 통하는 저압 배전반 부근 및 간선에 많이 채용된다.

⑩ **라이팅덕트공사**: 전선관과 전선이 일체로 되어 있는 형으로서 덕트 본체에 실링이나 콘센트를 구성하여 사용한다. 점포의 액센트조명, 화랑의 벽면조명이나 스폿 조명, 광원을 이동시킬 필요가 있는 경우 사용한다.

⑪ **플로어덕트공사**: 이 공사는 은행, 회사, 백화점 등과 같이 바닥면적이 넓은 실에서 전기스탠드, 선풍기, 컴퓨터 등의 강전류 전선과 신호선 등의 약전류 전선을 콘크리트 바닥에 매입하고 여기에 바닥면과 일치한 플로어 콘센트를 설치하여 이용하도록 한 것이다.

⑫ **케이블공사**: 이 공사는 옥내배선에서 금속관공사와 동일하게 모든 장소에 시설할 수 있는 공사방법이다. 전선으로 케이블을 사용하는 경우와 캡타이어케이블을 사용하는 경우가 있다.

고득점 심화학습

1. 금속관공사는 콘크리트 매입공사에 적합하고, 전선의 교체가 용이하며, 전선의 기계적 손상에 대해 안전하다.
2. 금속관공사에서 전선은 배선공사가 끝난 후 제일 나중에 인입한다.
3. 금속관공사를 하면 전선을 외력으로부터 보호할 수 있고, 필요에 따라 전선인입을 쉽게 할 수 있다. 그러나 누전을 방지할 수는 없다.

O X 문제

금속몰드공사는 매립공사용으로 적합하고, 기계실 등에서 전동기로 배선하는 경우에 사용된다. ( )

고득점 심화학습

금속덕트공사 시 전선의 단면적이 덕트 단면적의 20% 이하가 되도록 해야 한다.

고득점 심화학습

버스덕트공사는 대형빌딩, 공장 등의 동력배선용으로 많이 사용된다.

정답 ×

(5) 분전반

옥내배선에 있어서 간선으로부터 각 분기회로로 갈라지는 곳에 각 분기회로마다 스위치를 설치해 놓은 것을 말한다.

① **설치장소**
  ㉠ 가능한 한 부하의 중심에 가까울 것
  ㉡ 고층 건물은 파이프 샤프트 부근에 설치할 것
  ㉢ 가능한 한 매 층에 설치하고, 그 분기회로 수는 20회선 정도까지를 한도로 할 것
  ㉣ 전화용 단자함이나 소화전 박스와의 조화를 고려하여 배치할 것

② **설치간격**: 분기회로의 길이가 30m 이하가 되도록 설치한다.

③ **공급면적**
  ㉠ 분전반 1개의 공급면적은 1,000m² 이하로 한다.
  ㉡ 1개 층 1개소 이상 설치(분전반의 접지는 제3종 접지)한다.

(6) 분기회로

분전반에서 각 사용기기(전등, 콘센트 등)까지의 배선을 말하며, 분기회로 설치 시 고려사항은 다음과 같다.

① 습기가 있는 곳의 아웃렛은 단독회로로 별도로 설치한다.
② 같은 실이나 같은 방향의 아웃렛은 가능하면 동일회로로 만들어 교차하지 않도록 한다.
③ 복도, 계단 등은 될 수 있는 대로 동일회로로 한다.
④ 같은 스위치로 점멸되는 전등은 같은 회로로 한다.
⑤ 전등 및 콘센트 회로는 15A(전선굵기 1.6mm) 분기회로로 한다.

(7) 전선의 굵기 결정

분기회로의 굵기는 전선의 허용전류, 기계적 강도, 전압강하 등을 고려하여 결정된다.

8. 피뢰설비

(1) 목적

보호하고자 하는 대상물에 접근하는 낙뢰를 확실하게 피뢰도선을 통해 대지에 흐르게 함으로써 건축물의 파괴 또는 화재발생을 사전에 방지하기 위하여 설치하는 설비를 피뢰설비라고 한다.

(2) 피뢰설비의 설치기준 기출

낙뢰의 우려가 있는 건축물, 높이 20미터 이상의 건축물 또는 「건축법 시행령」 제118조 제1항에 따른 공작물로서 높이 20미터 이상의 공작물(건축물에 건축법 시행령 제118조 제1항에 따른 공작물을 설치하여 그 전체 높이가 20미터 이상인 것을 포함한다)에는 다음의 기준에 적합하게 피뢰설비를 설치해야 한다(건축물의 설비기준 등에 관한 규칙 제20조).

① 피뢰설비는 한국산업표준이 정하는 피뢰레벨 등급에 적합한 피뢰설비일 것. 다만, 위험물저장 및 처리시설에 설치하는 피뢰설비는 한국산업표준이 정하는 피뢰시스템레벨 Ⅱ 이상이어야 한다.

② 돌침은 건축물의 맨 윗부분으로부터 25센티미터 이상 돌출시켜 설치하되, 「건축물의 구조기준 등에 관한 규칙」 제9조에 따른 설계하중에 견딜 수 있는 구조일 것

③ 피뢰설비의 재료는 최소 단면적이 피복이 없는 동선(銅線)을 기준으로 수뢰부, 인하도선, 접지극은 50제곱밀리미터 이상이거나 이와 동등 이상의 성능을 갖출 것

④ 피뢰설비의 인하도선을 대신하여 철골조의 철골구조물과 철근콘크리트조의 철근구조체 등을 사용하는 경우에는 전기적 연속성이 보장될 것. 이 경우 전기적 연속성이 있다고 판단되기 위하여는 건축물 금속 구조체의 최상단부와 지표레벨 사이의 전기저항이 0.2옴 이하이어야 한다.

⑤ 측면 낙뢰를 방지하기 위하여 높이가 60미터를 초과하는 건축물 등에는 지면에서 건축물 높이의 5분의 4가 되는 지점부터 최상단부분까지의 측면에 수뢰부를 설치하여야 하며, 지표레벨에서 최상단부의 높이가 150미터를 초과하는 건축물은 120미터 지점부터 최상단부분까지의 측면에 수뢰부를 설치할 것. 다만, 건축물의 외벽이 금속부재로 마감되고 금속부재 상호간에 위 ④의 후단에 적합한 전기적 연속성이 보장되며 피뢰시스템레벨 등급에 적합하게 설치하여 인하도선에 연결한 경우에는 측면 수뢰부가 설치된 것으로 본다.

⑥ 접지는 환경오염을 일으킬 수 있는 시공방법이나 화학첨가물 등을 사용하지 아니할 것

⑦ 급수·급탕·난방·가스 등을 공급하기 위하여 건축물에 설치하는 금속배관 및 금속재 설비는 전위가 균등하게 이루어지도록 전기적으로 접속할 것

○X문제

피뢰설비의 인하도선을 대신하여 철골조의 철골구조물과 철근콘크리트조의 철근구조체를 사용할 수 없다. ( )

○X문제

측면 낙뢰를 방지하기 위하여 높이가 60m를 초과하는 건축물 등에는 지면까지 건축물 높이의 5분의 3이 되는 지점부터 상단부분까지의 측면에 수뢰부를 설치할 것 ( )

정답 ×, ×

OX문제

전기설비의 접지계통과 건축물의 피뢰설비 및 통신설비 등의 접지극을 공용하는 통합접지공사를 하는 경우에는 낙뢰 등으로 인한 과전압으로부터 전기설비 등을 보호하기 위하여 한국산업표준에 적합한 배선용 차단기를 설치할 것
( )

OX ⑧ 전기설비의 접지계통과 건축물의 피뢰설비 및 통신설비 등의 접지극을 공용하는 통합접지공사를 하는 경우에는 낙뢰 등으로 인한 과전압으로부터 전기설비 등을 보호하기 위하여 한국산업표준에 적합한 **서지보호장치**[서지(surge: 전류·전압 등의 과도 파형을 말한다)로부터 각종 설비를 보호하기 위한 장치를 말한다]를 설치할 것

⑨ 그 밖에 피뢰설비와 관련된 사항은 한국산업표준에 적합하게 설치할 것

9. 조명설비

(1) 조명에 관한 용어와 단위 기출

광속(光速, 기호 F)	1초 동안에 어떤 면을 통과하는 빛의 양[단위: lm(lumen, 루멘)]
광도(光度, 기호 I)	광원에서 나오는 빛의 세기[단위: cd(candela, 칸델라)]
휘도(輝度, 기호 B)	빛을 발산하는 면의 단위면적당 광도, 물체 표면의 밝기[단위: nit $(cd/m^2,\ sb(cd/cm^2)]$
조도(照度, 기호 E)	단위면적당 입사 광속[단위: lx(lux, 룩스) ⇨ 조명설계에서 가장 기본이 되는 단위(어느 장소에 대한 밝기)]
광속발산도(기호 m)	광원의 단위면적당 발산 광속으로 물체의 밝기를 말함[단위: rlx $(lm/m^2,\ radlux)$, 보조단위: apostilb(asb)]
연색성	광원이 색을 어느 정도 충실하게 나타내고 있는지에 대한 척도
균제도	조명의 균일한 정도를 나타내기 위하여 조명이 닿은 면 위의 최소조도와 평균조도와의 비, 또는 최소조도와 최대조도와의 비

(2) 광원의 종류 및 특성

빛을 발하는 물체인 광원에는 온도의 방사를 통해서 빛을 발하게 하는 열방사전구류와 기체 내의 방전으로 빛을 발하게 하는 방전전구류가 있다.

① **백열등**
  ㉠ 연색성이 가장 좋다.
  ㉡ 점등이 빠르다.
  ㉢ 휘도가 높아 눈부심이 강하다.
  ㉣ 발광 효율이 낮고 열을 많이 발산한다.
  ㉤ 백열등의 광색은 온도가 높을수록 주광색(晝光色)에 가깝다.
  ㉥ 수명은 1,000시간 정도로 짧다.
  ㉦ 용도: 일반 조명용

② **형광등**: 방전관 내에 수은 및 아르곤 가스를 봉입하고 관의 내면에 형광물질을 균일하게 도포하여 전극을 방전시킬 때 형광빛을 발한다.

정답 ×

㉠ 발광 효율이 높다.
㉡ 연색성이 좋다.
㉢ 휘도가 낮아 눈부심이 없다.
㉣ 수명이 길다(약 7,500~10,000시간).
㉤ 임의의 광색을 얻을 수 있다.
㉥ 주위 온도의 영향을 많이 받는다(0℃ 이하에서는 점등이 곤란, 25℃ 정도에서 효율이 우수).
㉦ 점등이 늦다.
㉧ 용도: 옥내외 전반, 국부조명, 간접조명의 용도로 사무실 및 공장 등에 가장 널리 사용된다.

③ **수은등**
㉠ 용도
ⓐ **저압 수은등**: 살균용
ⓑ **고압 수은등**: 도로, 공원, 광장, 큰 공장의 조명
ⓒ **초고압 수은등**: 영화촬영, 영사 등
㉡ 특징
ⓐ 수명이 길다(약 6,000~12,000시간).
ⓑ 수은등은 기압이 높을수록 발광 효율이 좋다.
ⓒ 점등이 가장 늦다.
ⓓ 연색성이 나쁘다.
ⓔ 휘도가 높다.

④ **메탈할라이드등**
㉠ 수은등과 비슷한 원리로 조명 효율이 수은등에 비해 좋다.
㉡ 색상은 자연색과 유사하며 연색성이 수은등에 비해 좋다.
㉢ 용도: 경기장, 은행, 백화점 등 수은등의 용도와 같다.

⑤ **나트륨등**
㉠ 발광효율성이 가장 좋다(나트륨 증기를 통해 방전시키면 황색등이 방산하는 단일광으로 명시 효과가 좋다).
㉡ 연색성이 나쁘다.
㉢ 수명은 9,000~12,000시간 정도이다.
㉣ 용도: 가로등, 터널조명, 정원 및 주의표시등에 사용된다.

⑥ **할로겐 전구**
㉠ 초소형, 경량의 전구(백열전구의 1/10 이상 소형화 가능)

ⓛ 단위광속이 크다.
　　　ⓒ 수명 및 광속의 변화가 거의 없다.
　　　ⓔ 수명이 백열전구에 비하여 2배 길다.
　　　ⓜ 별도의 점등장치가 필요하지 않다.
　　　ⓗ 연색성이 좋다.
　　　ⓢ 온도가 높다.
　　　ⓞ 휘도가 높다.

▶ **전등의 특성 비교**

> 1. 발광 효율이 좋은 순서
>   나트륨등 > 메탈할라이드 > 형광등 > 수은등 > 할로겐 > 백열등
> 2. 연색성이 좋은 순서
>   백열등 > 주광색 형광등 > 메탈할라이드 > 백색 형광등 > 수은등 > 나트륨등
>   (주광색 형광등은 형광등 중에서 연색성이 특히 좋다)
> 3. 조명 수명 순서
>   나트륨등 > 수은등 > 형광등 > 메탈할라이드 > 할로겐 > 백열등

(3) 조명방식

① 조명기구의 배치에 의한 분류

㉠ 전반조명
　ⓐ 작업면 전반에 실내의 조도가 균일하게 되도록 조명기구를 일정하게 분산·배치하는 방식이다.
　ⓑ 광원이 일정한 높이와 간격으로 배치된다.
　ⓒ 명시조명을 요하는 사무실, 학교, 공장 등에 사용된다.

㉡ 국부조명
　ⓐ 작업면의 필요한 국부적인 장소에만 높은 조도가 필요할 때 쓰이는 방식이다.
　ⓑ 특정한 장소에 조명기구를 밀집해서 설치하거나 또는 스탠드 등을 사용한다.
　ⓒ 밝고 어두움의 차이가 크기 때문에 눈이 피로하기 쉬운 결점이 있다.

㉢ 전반·국부 병용 조명
　ⓐ 전반조명하에 특정한 장소에 국부조명을 하는 방식이다.
　ⓑ 조도의 변화를 적게 하여 명시효과를 높이기 위한 것이다.
　ⓒ 정밀한 작업을 요하는 곳에 이용된다.
　ⓓ 전반조명과 국부조명의 비율은 1 : 10 이하가 좋다.

② **조명기구의 배광에 의한 분류**
　㉠ **직접조명**: 하향광속이 90% 이상으로 조명효율은 높으나, 조도분포가 불균일하고 그림자가 강하다.
　㉡ **간접조명**: 하향광속이 10% 이하로 조명효율은 낮고 입체감은 약하나, 조도분포가 균일하고 차분한 분위기를 얻을 수 있다.
　㉢ **전반확산조명**: 상하향 광속이 각각 40~60%로 균등하게 확산되는 방식이다.

(4) 조명의 설계 및 설치순서

① 소요조도의 결정
② **광원**(전등의 종류)**의 결정**: 실의 용도와 전등의 수명, 특성, 연색성, 가격 등을 고려하여 전등의 종류를 결정한다.
③ 조명방식 및 조명기구의 선정
④ **광속의 계산** 기출

$$F = \frac{E \cdot A \cdot D}{N \cdot U} = \frac{E \cdot A}{N \cdot U \cdot M} \text{에서 } E = \frac{F \cdot N \cdot U}{A \cdot D}$$

F: 사용 광원 1개의 광속(lm)
E: 작업면의 평균 조도(lx)
A: 방의 면적(m^2)
D: 감광보상률(직접조명: 1.3~2.0, 간접조명: 1.5~2.0)
N: 광원의 개수
U: 조명률
M: 유지율(보수율: 감광보상률의 역수)

　㉠ **감광보상률**(D): 광원을 갈아 끼우거나 기구를 청소할 때까지 필요한 조도를 유지할 수 있도록 여유를 두는 비율
　㉡ **조명률**(U): 램프에서 발하여진 빛 가운데 작업면에 도달하는 빛이 몇 %인가를 나타내는 비율
　㉢ **실지수**(K): 실지수는 방의 크기, 모양, 광원의 위치에 의해 결정되는 계수이다.
　㉣ **보수율**(M): 램프의 사용시간 경과에 따라 감광되거나 먼지부착 등에 의한 조명기구 효율저하를 보완하기 위한 보정계수 기출

개념적용 문제

01 실의 면적이 100m², 천장고가 2.8m인 관리사무소의 평균조도를 400lx로 유지하기 위해 LED램프로 조명을 교체하고자 할 때, 필요한 최소 개수는? (단, LED램프의 광속 4,000lm/개, 감광보상률 1.3, 조명률은 0.5로 함) 제23회 기출

① 20개 ② 22개 ③ 26개
④ 28개 ⑤ 30개

해설 $N = \dfrac{E \times A \times D}{F \times U} = \dfrac{400 \times 100 \times 1.3}{4,000 \times 0.5} = 26$개

여기서, N: 등의 개수
E: 평균조도
A: 실의 면적
D: 감광보상률
F: 광속
U: 조명률

정답 ③

02 실의 크기가 가로 10m, 세로 12m, 천장고 2.7m인 공동주택 관리사무소에 설치된 30개의 형광등을 동일한 개수의 LED램프로 교체했을 때, 예상되는 평균조도(lx)는? (단, LED램프의 광속은 4,000lm/개, 보수율은 0.8, 조명률은 0.5로 함) 제25회 기출

① 400 ② 480 ③ 520
④ 585 ⑤ 625

해설 $E = \dfrac{F \times N \times U \times M}{A} = \dfrac{4,000 \times 30 \times 0.5 \times 0.8}{10 \times 12} = 400(\text{lx})$

여기서, E: 평균조도
F: 광속
N: 등의 개수
U: 조명률
M: 보수율
A: 실의 면적

정답 ①

⑤ **조명기구의 배치**: 조도 분포, 휘도 등의 재검토

10. 통신정보설비

(1) 통신설비

① **통신시설 설치기준**

㉠ **구내통신선로설비의 설치**: 주택에는 세대마다 전화설치장소(거실 또는 침실을 말한다)까지 구내통신선로설비를 설치하여야 하되, 구내통신선로설비의 설치에 필요한 사항은 따로 대통령령으로 정한다(주택건설기준 등에 관한 규정 제32조 제1항).

㉡ **구내전화의 설치**: 경비실을 설치하는 공동주택의 각 세대에는 경비실과 통화가 가능한 구내전화를 설치하여야 한다(주택건설기준 등에 관한 규정 제32조 제2항).

㉢ **초고속 정보통신설비**: 주택에는 세대마다 초고속 정보통신을 할 수 있는 구내통신선로설비를 설치하여야 한다(주택건설기준 등에 관한 규정 제32조 제3항).

② **인터폰설비**: 구내 상호간 통화하는 구내전용전화로 전화기형과 확성형(마이크로폰+스피커)이 있다.

㉠ 통화방식에 의한 분류

ⓐ 상호식: 상호간에 상대를 호출·통화할 수 있는 방식(10회선 이내가 적당)

ⓑ 모자식(친자식): 한 대의 모기(母機)에 여러 대의 자기(子機)를 접속한 방식

ⓒ 복합식: 상호식과 모자식을 복합한 방식

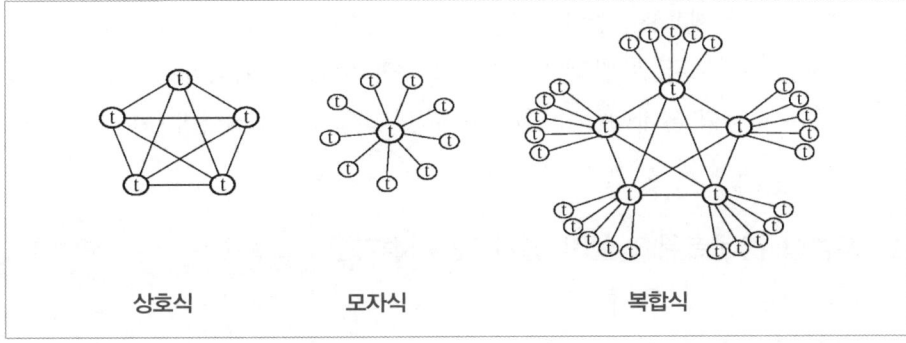

상호식 　　 모자식 　　 복합식

㉡ 작동원리에 의한 분류

ⓐ 프레스토크방식: 말할 때 통화버튼을 누르고, 들을 때는 버튼을 놓는 방식

ⓑ 도어폰: 전화기와 같은 방식으로 통화하는 방식

ⓒ 시공
  ⓐ 설치높이는 바닥에서부터 1.5m 정도로 한다.
  ⓑ 전원장치는 보수가 용이하도록 안전한 장소에 시설한다.
  ⓒ 전화배선과는 별도 계통으로 한다.

(2) 방송수신을 위한 공동수신설비의 설치 등

① **공동수신설비 등의 설치**: 건축물에는 방송수신에 지장이 없도록 공동시청 안테나, 유선방송수신시설, 위성방송수신설비, 에프엠(FM)라디오방송수신설비 또는 **방송공동수신설비**를 설치할 수 있다. 다만, 공동주택에는 **방송공동수신설비**를 설치하여야 하며, 방송수신설비의 설치기준은 과학기술정보통신부장관이 정하여 고시하는 바에 따른다(건축법 시행령 제87조 제4항·제5항).

② **단자의 설치**: 공동주택의 각 세대에는 위 ①의 단서에 따라 설치하는 방송공동수신설비 중 지상파텔레비전방송, 에프엠(FM)라디오방송 및 위성방송의 수신안테나와 연결된 단자를 2개소 이상 설치하여야 한다. 다만, 세대당 전용면적이 60제곱미터 이하인 주택의 경우에는 1개소로 할 수 있다(주택건설기준 등에 관한 규정 제42조 제2항). 기출

11. 지능형 홈네트워크 설비

(1) 지능형 홈네트워크 설비의 설치기준

주택에 지능형 홈네트워크 설비(주택의 성능과 주거의 질 향상을 위하여 세대 또는 주택단지 내 지능형 정보통신 및 가전기기 등의 상호 연계를 통하여 통합된 주거서비스를 제공하는 설비를 말한다)를 설치하는 경우에는 국토교통부장관, 산업통상자원부장관 및 과학기술정보통신부장관이 협의하여 공동으로 고시하는 지능형 홈네트워크 설비 설치 및 기술기준에 적합하여야 한다(주택건설기준 등에 관한 규정 제32조의2).

(2) 지능형 홈네트워크 설비 설치 및 기술기준(국토교통부 고시 제2021-1533호)

① **용어의 정의**: 이 기준에서 사용하는 용어의 뜻은 다음과 같다.
  ㉠ **홈네트워크 설비**: 주택의 성능과 주거의 질 향상을 위하여 세대 또는 주택단지 내 지능형 정보통신 및 가전기기 등의 상호 연계를 통하여 통합된 주거서비스를 제공하는 설비로 **홈네트워크망, 홈네트워크장비, 홈네트워크사용기기**로 구분한다.

OX문제
공동주택에는 방송수신에 지장이 없도록 방송공동수신설비를 설치하여야 한다.
( )

OX문제
세대당 전용면적이 85제곱미터 이하인 공동주택의 각 세대는 텔레비전방송 및 에프엠(FM)라디오방송 공동수신안테나와 연결된 단자를 1개소로 할 수 있다. ( )

정답 ○, ×

ⓛ **홈네트워크망**: 홈네트워크장비 및 홈네트워크사용기기를 연결하는 것을 말하며, 다음으로 구분한다.
  ⓐ **단지망**: 집중구내통신실에서 세대까지를 연결하는 망
  ⓑ **세대망**: 전유부분(각 세대 내)을 연결하는 망
ⓒ **홈네트워크장비**: 홈네트워크망을 통해 접속하는 장치를 말하며 다음으로 구분한다.
  ⓐ **홈게이트웨이**: 전유부분에 설치되어 세대 내에서 사용되는 홈네트워크사용기기들을 유무선 네트워크로 연결하고 세대망과 단지망 혹은 통신사의 기간망을 상호 접속하는 장치
  ⓑ **세대단말기**: 세대 및 공용부의 다양한 설비의 기능 및 성능을 제어하고 확인할 수 있는 기기로 사용자 인터페이스를 제공하는 장치
  ⓒ **단지네트워크장비**: 세대 내 홈게이트웨이와 단지서버 간의 통신 및 보안을 수행하는 장비로서, 백본(Back-bone), 방화벽(Fire Wall), 워크그룹스위치 등 단지망을 구성하는 장비
  ⓓ **단지서버**: 홈네트워크 설비를 총괄적으로 관리하며, 이로부터 발생하는 각종 데이터의 저장·관리·서비스를 제공하는 장비
ⓔ **홈네트워크사용기기**: 홈네트워크망에 접속하여 사용하는 다음과 같은 장비를 말한다.
  ⓐ **원격제어기기**: 주택 내부 및 외부에서 가스, 조명, 전기 및 난방, 출입 등을 원격으로 제어할 수 있는 기기
  ⓑ **원격검침시스템**: 주택 내부 및 외부에서 전력, 가스, 난방, 온수, 수도 등의 사용량 정보를 원격으로 검침하는 시스템
  ⓒ **감지기**: 화재, 가스누설, 주거침입 등 세대 내의 상황을 감지하는데 필요한 기기
  ⓓ **전자출입시스템**: 비밀번호나 출입카드 등 전자매체를 활용하여 주동출입 및 지하주차장 출입을 관리하는 시스템
  ⓔ **차량출입시스템**: 단지에 출입하는 차량의 등록 여부를 확인하고 출입을 관리하는 시스템
  ⓕ **무인택배시스템**: 물품배송자와 입주자 간 직접대면 없이 택배화물, 등기우편물 등 배달물품을 주고받을 수 있는 시스템
  ⓖ 그 밖에 영상정보처리기기, 전자경비시스템 등 홈네트워크망에 접속하여 설치되는 시스템 또는 장비

OX문제
홈게이트웨이는 세대 내 홈네트워크기기와 단지서버 간의 통신 및 보안을 수행하는 기본적인 네트워크를 구성하는 기기로, 백본, 방화벽, 워크그룹 스위치 등을 말한다.
( )

정답 ×

ⓜ **홈네트워크 설비 설치공간**: 홈네트워크 설비가 위치하는 곳을 말하며, 다음으로 구분한다.
  ⓐ **세대단자함**: 세대 내에 인입되는 통신선로, 방송공동수신설비 또는 홈네트워크 설비 등의 배선을 효율적으로 분배·접속하기 위하여 이용자의 전유부분에 포함되어 실내공간에 설치되는 분배함
  ⓑ **통신배관실(TPS실)**: 통신용 파이프 샤프트 및 통신단자함을 설치하기 위한 공간
  ⓒ **집중구내통신실(MDF실)**: 국선·국선단자함 또는 국선배선반과 초고속통신망장비, 이동통신망장비 등 각종 구내통신선로설비 및 구내용 이동통신설비를 설치하기 위한 공간
  ⓓ 그 밖에 방재실, 단지서버실, 단지네트워크센터 등 단지 내 홈네트워크 설비를 설치하기 위한 공간

② **홈네트워크 필수설비**
  ㉠ 공동주택이 다음의 설비를 모두 갖추는 경우에는 홈네트워크 설비를 갖춘 것으로 본다.
    ⓐ **홈네트워크망**
      ⅰ) 단지망
      ⅱ) 세대망
    ⓑ **홈네트워크장비** 기출
      ⅰ) 홈게이트웨이(단, 세대단말기가 홈게이트웨이 기능을 포함하는 경우는 세대단말기로 대체 가능)
      ⅱ) 세대단말기
      ⅲ) 단지네트워크장비
      ⅳ) 단지서버(클라우드컴퓨팅 서비스로 대체 가능)
  ㉡ 홈네트워크 필수설비는 상시전원에 의한 동작이 가능하고, 정전 시 예비전원이 공급될 수 있도록 하여야 한다. 단, 세대단말기 중 이동형 기기(무선망을 이용할 수 있는 휴대용 기기)는 제외한다.

③ **홈네트워크 설비의 설치기준**
  ㉠ **홈네트워크망**: 홈네트워크망의 배관·배선 등은 「방송통신설비의 기술기준에 관한 규정」 및 「접지설비·구내통신설비·선로설비 및 통신공동구 등에 대한 기술기준」에 따라 설치하여야 한다.

OX문제

단지서버실이란 TPS실이라고도 하며, 통신용 파이프 샤프트 및 통신단자함을 설치하기 위한 공간을 말한다. ( )

OX문제

집중구내통신실은 TPS실이라고 하며, 통신용 파이프 샤프트 및 통신단자함을 설치하기 위한 공간을 말한다. ( )

'집중구내통신실'이란 통신용 파이프 샤프트 및 통신단자함을 설치하기 위한 공간을 말한다. ( )

정답 ×, ×, ×

ⓛ 홈게이트웨이
  ⓐ 홈게이트웨이는 세대단자함에 설치하거나 세대단말기에 포함하여 설치할 수 있다.
  ⓑ 홈게이트웨이는 이상전원 발생 시 제품을 보호할 수 있는 기능을 내장하여야 하며, 동작 상태와 케이블의 연결 상태를 쉽게 확인할 수 있는 구조로 설치하여야 한다.
ⓒ 세대단말기: 세대 내의 홈네트워크사용기기들과 단지서버 간의 상호 연동이 가능한 기능을 갖추어 세대 및 공용부의 다양한 기기를 제어하고 확인할 수 있어야 한다.

OX ⓔ 단지네트워크장비
  ⓐ 단지네트워크장비는 집중구내통신실 또는 통신배관실에 설치하여야 한다.
  ⓑ 단지네트워크장비는 홈게이트웨이와 단지서버 간 통신 및 보안을 수행할 수 있도록 설치하여야 한다.
  ⓒ 단지네트워크장비는 외부인으로부터 직접적인 접촉이 되지 않도록 별도의 함체나 랙(Rack)으로 설치하며, 함체나 랙에는 외부인의 조작을 막기 위한 잠금장치를 하여야 한다.

ⓜ 단지서버
  ⓐ 단지서버는 **집중구내통신실 또는 방재실에 설치할 수 있다.** 다만, 단지서버가 설치되는 공간에는 보안을 고려하여 영상정보처리기기 등을 설치하되 관리자가 확인할 수 있도록 하여야 한다.
  ⓑ 단지서버는 외부인의 조작을 막기 위한 잠금장치를 하여야 한다.
  ⓒ 단지서버는 상온·상습인 곳에 설치하여야 한다.
  ⓓ 위 ⓐ부터 ⓒ까지의 규정에도 불구하고 국토교통부장관과 사전에 협의하고, 「국가균형발전 특별법」 제22조에 따른 지역발전위원회에서 선정한 단지서버 설치 규제특례 지역의 경우에는 「클라우드컴퓨팅 발전 및 이용자 보호에 관한 법률」 제2조 제3호에 따른 클라우드컴퓨팅서비스를 이용하는 것으로 할 수 있으며, 다음의 사항이 발생하지 않도록 하여야 한다.
    ⅰ) 정보통신 보안 문제
    ⅱ) 통신망 이상 발생에 따른 홈네트워크사용기기 운영 불안정 문제

OX문제

단지네트워크장비는 집중구내통신실 또는 통신배관실에 설치하여야 한다. (   )

고득점 심화학습

「클라우드컴퓨팅 발전 및 이용자 보호에 관한 법률」에서 사용하는 용어의 뜻(클라우드컴퓨팅 발전 및 이용자 보호에 관한 법률 제2조)

1. 클라우드컴퓨팅(Cloud Computing): 집적·공유된 정보통신기기, 정보통신설비, 소프트웨어 등 정보통신자원을 이용자의 요구나 수요 변화에 따라 정보통신망을 통하여 신축적으로 이용할 수 있도록 하는 정보처리체계를 말한다.
2. 클라우드컴퓨팅기술: 클라우드컴퓨팅의 구축 및 이용에 관한 정보통신기술로서 가상화 기술, 분산처리 기술 등 대통령령으로 정하는 것을 말한다.
3. 클라우드컴퓨팅서비스: 클라우드컴퓨팅을 활용하여 상용(商用)으로 타인에게 정보통신자원을 제공하는 서비스로서 대통령령으로 정하는 것을 말한다.
4. 이용자 정보: 클라우드컴퓨팅서비스 이용자가 클라우드컴퓨팅서비스를 이용하여 클라우드컴퓨팅서비스를 제공하는 자의 정보통신자원에 저장하는 정보(지능정보화 기본법 제2조 제1호에 따른 정보를 말한다)로서 이용자가 소유 또는 관리하는 정보를 말한다.

정답 ◯

ⓑ **홈네트워크사용기기**: 홈네트워크사용기기를 설치할 경우, 다음의 기준에 따라 설치하여야 한다.
  ⓐ 원격제어기기는 전원공급, 통신 등 이상상황에 대비하여 수동으로 조작할 수 있어야 한다.
  ⓑ 원격검침시스템은 각 세대별 원격검침장치가 정전 등 운용시스템의 동작 불능 시에도 계량이 가능해야 하며 데이터 값을 보존할 수 있도록 구성하여야 한다.
  ⓒ 감지기
   ⅰ) 가스감지기는 LNG인 경우에는 천장 쪽에, LPG인 경우에는 바닥 쪽에 설치하여야 한다.
   ⅱ) 동체감지기는 유효감지반경을 고려하여 설치하여야 한다.
   ⅲ) 감지기에서 수집된 상황정보는 단지서버에 전송하여야 한다.
  ⓓ 전자출입시스템
   ⅰ) 지상의 주동 현관 및 지하주차장과 주동을 연결하는 출입구에 설치하여야 한다.
   ⅱ) 화재발생 등 비상시, 소방시스템과 연동되어 주동현관과 지하주차장의 출입문을 수동으로 여닫을 수 있게 하여야 한다.
   ⅲ) 강우를 고려하여 설계하거나 강우에 대비한 차단설비(날개벽, 차양 등)를 설치하여야 한다.
   ⅳ) 접지단자는 프레임 내부에 설치하여야 한다.
  ⓔ 차량출입시스템
   ⅰ) 차량출입시스템은 단지 주출입구에 설치하되 차량의 진·출입에 지장이 없도록 하여야 한다.
   ⅱ) 관리자와 통화할 수 있도록 영상정보처리기기와 인터폰 등을 설치하여야 한다.
  ⓕ 무인택배시스템
   ⅰ) 무인택배시스템은 휴대폰·이메일을 통한 문자서비스(SMS) 또는 세대단말기를 통한 알림서비스를 제공하는 제어부와 무인택배함으로 구성하여야 한다.
   ⅱ) 무인택배함의 설치수량은 소형주택의 경우 세대수의 약 10~15%, 중형주택 이상은 세대수의 15~20% 정도로 설치할 것을 권장한다.

ⓖ 영상정보처리기기
  ⅰ) 영상정보처리기기의 영상은 필요시 거주자에게 제공될 수 있도록 관련 설비를 설치하여야 한다.
  ⅱ) 렌즈를 포함한 영상정보처리기기장비는 결로되거나 빗물이 스며들지 않도록 설치하여야 한다.
Ⓢ 홈네트워크 설비 설치공간: 홈네트워크 설비가 다음 공간에 설치될 경우, 다음의 기준에 따라 설치하여야 한다.
  ⓐ 세대단자함
    ⅰ) 「접지설비·구내통신설비·선로설비 및 통신공동구등에 대한 기술기준」 제30조에 따라 설치하여야 한다.

> **관련법령** 중간단자함 및 세대단자함 등
>
> 1. 주거용 건축물 중 공동주택 및 준주택오피스텔의 경우에는 세대별로 배선의 인입 및 분기가 용이하도록 세대단자함을 설치하여야 한다. 단, 세대 내에서 분기가 없는 기숙사 및 「주택법 시행령」 제10조 제1항 제1호에서 규정하는 원룸형 주택의 모든 요건을 갖춘 주택, 준주택오피스텔은 제외한다(접지설비·구내통신설비·선로설비 및 통신공동구등에 대한 기술기준 제30조 제2항).
> 2. 중간단자함 또는 세대단자함 등의 요건(접지설비·구내통신설비·선로설비 및 통신공동구등에 대한 기술기준 제30조 제3항 별표 5)
>
> | 구분 | | 중간단자함 또는 세대단자함 | |
> |---|---|---|---|
> | | | 꼬임케이블 | 광섬유케이블 |
> | 케이블의 전기적 특성 | 절연저항 | 50MΩ 이상 | - |
> | | 접속저항 | 0.01Ω 이하 | - |
> | 단자함의 구성 요건 | 보호 및 지지물 | 함체 또는 지지대 | |
> | | 단자 또는 접속어댑터 | 배선 케이블 등급과 동등 이상의 성능 | 삽입손실 0.5dB 이하 [5] |
> | | 회선표시물 | 각인 또는 표시판 | |
> | | 개폐장치 | 문 [6] | |
> | | 보호장치 | 접지기능 [7] | 접지 기능 |
> | | 전원시설 | AC전원 단자 [8] | AC 전원단자 |
>
> 주 1) 절연저항 측정조건: 상온 및 상습상태에서 보호·지지물과 접속자 간 및 접속자 상호간
> 2) 접속저항 측정조건: 정상배선 연결 시 접속자와 배선 간
> 3) 함체의 크기는 필요한 용량을 충분히 수용할 수 있고 작업에 지장이 없을 것
> 4) 보호장치의 접지기능은 함체가 금속으로 된 경우에 한한다.
> 5) 삽입손실은 단자함 내의 광섬유케이블 접속에 대한 손실임
> 6) 중간단자함은 잠금장치를 구비할 것

> 7) 세대단자함의 보호장치는 홈네트워크 설비를 설치하는 경우에 한한다.
> 8) 중간단자함과 세대단자함의 전원시설은 홈네트워크 설비를 설치하는 경우에 한한다.

   ii) 세대단자함은 별도의 구획된 장소나 노출된 장소로서 침수 및 결로 발생의 우려가 없는 장소에 설치하여야 한다.
   iii) 세대단자함은 500mm×400mm×80mm(깊이) 크기로 설치할 것을 권장한다.
  ⓑ 통신배관실
   i) 통신배관실은 유지관리를 용이하게 할 수 있도록 하여야 하며 통신배관을 위한 공간을 확보하여야 한다.
   ii) 통신배관실 내의 트레이(Tray) 또는 배관, 덕트 등의 설치용 개구부는 화재 시 층간 확대를 방지하도록 방화처리제를 사용하여야 한다.
   iii) 통신배관실의 출입문은 폭 0.7미터, 높이 1.8미터 이상(문틀의 내측치수)이어야 하며, 잠금장치를 설치하고, 관계자 외 출입통제 표시를 부착하여야 한다.
   iv) 통신배관실은 외부의 청소 등에 의한 먼지, 물 등이 들어오지 않도록 50밀리미터 이상의 문턱을 설치하여야 한다. 다만 차수판 또는 차수막을 설치하는 때에는 그러하지 아니하다.
  ⓒ 집중구내통신실
   i) 집중구내통신실은 「방송통신설비의 기술기준에 관한 규정」 제19조에 따라 설치하되, 단지네트워크장비 또는 단지서버를 집중구내통신실에 수용하는 경우에는 설치 면적을 추가로 확보하여야 한다.

관련법령 공동주택 및 준주택오피스텔의 구내통신실 면적확보 기준

주거용 건축물 중 공동주택 및 준주택오피스텔에는 다음에 따른 면적확보 기준을 충족하는 집중구내통신실을 확보하여야 한다(방송통신설비의 기술기준에 관한 규정 제19조 제2호 별표 3).

구분	확보면적
50세대 이상 500세대 이하 단지	10제곱미터 이상으로 1개소
500세대 초과 1,000세대 이하 단지	15제곱미터 이상으로 1개소
1,000세대 초과 1,500세대 이하 단지	20제곱미터 이상으로 1개소
1,500세대 초과 단지	25제곱미터 이상으로 1개소

OX문제

통신배관실 내의 트레이(Tray) 또는 배관, 덕트 등의 설치용 개구부는 화재 시 층간 확대를 방지하도록 방화처리제를 사용하여야 한다. (　　)

OX문제

통신배관실의 출입문은 폭 0.6미터, 높이 1.8미터 이상이어야 한다. (　　)

OX문제

차수판 또는 차수막을 설치하지 않은 통신배관실에는 최소 40mm 이상의 문턱을 설치하여야 한다. (　　)

정답　O, X, X

[비고]
1. 집중구내통신실은 외부 환경에 영향이 적은 지상에 확보되어야 한다. 다만, 부득이한 사유로 지상 확보가 곤란한 경우에는 침수우려가 없고 습기가 차지 아니하는 지하층에 설치할 수 있다.
2. 집중구내통신실에는 조명시설과 통신장비 전용의 전원설비를 구비하여야 한다.
3. 각 통신실의 면적은 벽이나 기둥 등을 제외한 면적으로 한다.
4. 집중구내통신실의 출입구에는 잠금장치를 설치하여야 한다.

  ii) 집중구내통신실은 독립적인 출입구와 보안을 위한 잠금장치를 설치하여야 한다.
  iii) 집중구내통신실은 적정온도의 유지를 위한 냉방시설 또는 흡배기용 환풍기를 설치하여야 한다.

④ **홈네트워크 설비의 기술기준 및 홈네트워크 보안**
  ㉠ 연동 및 호환성 등
    ⓐ 홈게이트웨이는 단지서버와 상호 연동할 수 있어야 한다.
    ⓑ 홈네트워크사용기기는 홈게이트웨이와 상호 연동할 수 있어야 하며, 각 기기 간 호환성을 고려하여 설치하여야 한다.
    ⓒ 홈네트워크 설비는 타 설비와 간섭이 없도록 설치하여야 하며, 유지보수가 용이하도록 설치하여야 한다.
  ㉡ 기기인증 등
    ⓐ 홈네트워크사용기기는 산업통상자원부와 과학기술정보통신부의 인증규정에 따른 기기인증을 받은 제품이거나 이와 동등한 성능의 적합성 평가 또는 시험성적서를 받은 제품을 설치하여야 한다.
    ⓑ 기기인증 관련 기술기준이 없는 기기의 경우 인증 및 시험을 위한 규격은 「산업표준화법」에 따른 한국산업표준(KS)을 우선 적용하며, 필요에 따라 정보통신단체표준 등과 같은 관련 단체 표준을 따른다.
  ㉢ 유지·관리 등
    ⓐ 홈네트워크 설비를 설치한 자는 홈네트워크 설비의 유지·관리 매뉴얼을 관리주체 및 입주자대표회의에 제공하여야 한다.
    ⓑ 홈네트워크사용기기는 하자담보기간과 내구연한을 표기할 수 있다.
    ⓒ 홈네트워크사용기기의 예비부품은 5% 이상 5년간 확보할 것을 권장하며, 이 경우 위 ⓑ의 규정에 따른 내구연한을 고려하여야 한다.

> **OX문제**
> 홈네트워크 사용기기의 예비부품은 내구연한을 고려하고, 3% 이상 5년간 확보할 것을 권장한다. (   )
>
> 정답 ×

ⓔ 홈네트워크 보안
　　ⓐ 단지서버와 세대별 홈게이트웨이 사이의 망은 전송되는 데이터의 노출, 탈취 등을 방지하기 위하여 물리적 방법으로 분리하거나, 소프트웨어를 이용한 **가상사설통신망, 가상근거리통신망, 암호화기술** 등을 활용하여 논리적 방법으로 분리하여 구성하여야 한다.
　　ⓑ 홈네트워크장비는 보안성 확보를 위하여 [별표 1]에 따른 보안요구사항을 충족하여야 한다. 다만, 「정보통신망 이용촉진 및 정보보호 등에 관한 법률」 제48조의6에 따라 정보보호인증을 받은 세대단말기는 [별표 1] 보안요구사항을 충족한 것으로 인정한다.

별표 1   홈네트워크장비에 대한 보안요구사항

구분	보안요구사항
1. 데이터 기밀성	이용자 식별정보, 인증정보, 개인정보 등에 대해 암호 알고리즘, 암호키 생성·관리 등 암호화 기술과 민감한 데이터의 접근제어 관리기술 적용으로 기밀성을 구현 ※ 데이터의 처리(생성, 읽기, 쓰기, 변경, 삭제, 저장 등)가 아닌 단순 전송 등을 담당하는 워크그룹 스위치 등은 적용 제외
2. 데이터 무결성	이용자 식별정보, 인증정보, 개인정보 등에 대해 해쉬함수, 전자서명 등 기술 적용으로 위·변조 여부 확인 및 방지 조치 ※ 데이터의 처리(생성, 읽기, 쓰기, 변경, 삭제, 저장 등)가 아닌 단순 전송 등을 담당하는 워크그룹 스위치 등은 적용 제외
3. 인증	사용자 확인을 위하여 전자서명, 아이디/비밀번호, 일회용 비밀번호(OTP) 등을 통해 신원확인 및 인증 기능을 구현
4. 접근통제	자산·사용자 식별, IP관리, 단말인증 등 기술을 적용하여 사용자 유형 분류, 접근권한 부여·제한 기능 구현을 통해 인가된 사용자 이외에 비인가된 접근을 통제
5. 전송데이터 보안	승인된 홈네트워크장비 간에 전송되는 데이터가 유출 또는 탈취되거나 흐름의 전환 등이 발생하지 않도록 전송데이터 보안 기능을 구현

　　ⓒ 홈네트워크사용기기 및 세대단말기는 「정보통신망 이용촉진 및 정보보호 등에 관한 법률」 제48조의6에 따라 정보보호 인증을 받은 기기로 설치할 수 있다.

12. 지능형 건축물의 인증

(1) 인증제도의 실시 OX

국토교통부장관은 지능형 건축물(Intelligent Building)의 건축을 활성화하기 위하여 지능형 건축물 인증제도를 실시한다(건축법 제65조의2 제1항).

(2) 인증기관의 지정

국토교통부장관은 위 **(1)**에 따른 지능형 건축물의 인증을 위하여 인증기관을 지정할 수 있다(건축법 제65조의2 제2항).

(3) 인증의 신청 OX

지능형 건축물의 인증을 받으려는 자는 위 **(2)**에 따른 인증기관에 인증을 신청하여야 한다(건축법 제65조의2 제3항).

(4) 인증기준의 고시 OX

국토교통부장관은 건축물을 구성하는 설비 및 각종 기술을 최적으로 통합하여 건축물의 생산성과 설비 운영의 효율성을 극대화할 수 있도록 다음의 사항을 포함하여 지능형 건축물 인증기준을 고시한다(건축법 제65조의2 제4항).

① 인증기준 및 절차
② 인증표시 홍보기준
③ 유효기간
④ 수수료
⑤ 인증등급 및 심사기준 등

(5) 인증절차

위 **(2)**와 **(3)**에 따른 인증기관의 지정기준, 지정절차 및 인증신청절차 등에 필요한 사항은 국토교통부령으로 정한다(건축법 제65조의2 제5항).

(6) 건축기준의 완화 OX

허가권자는 지능형 건축물로 인증을 받은 건축물에 대하여 「건축법」 제42조에 따른 조경설치면적을 100분의 85까지 완화하여 적용할 수 있으며, 용적률 및 건축물의 높이 제한을 100분의 115의 범위에서 완화하여 적용할 수 있다(건축법 제65조의2 제6항).

OX문제
시·도지사는 지능형 건축물의 건축을 활성화하기 위하여 지능형 건축물 인증제도를 실시하여야 한다. ( )

OX문제
지능형 건축물의 인증을 받으려는 자는 시·도지사에게 인증을 신청하여야 한다. ( )

OX문제
지능형 건축물 인증기준에는 인증기준 및 절차, 인증표시 홍보기준, 유효기간, 수수료, 인증등급 및 심사기준 등이 포함된다. ( )

OX문제
지능형 건축물로 인증을 받은 건축물에 대해서는 조경설치면적을 100분의 50까지 완화하여 적용할 수 있다. ( )

지능형 건축물로 인증을 받은 건축물에 대해서는 용적률 및 건축물의 높이를 100분의 115를 초과하는 범위로 완화하여 적용할 수 있다. ( )

정답 ×, ×, ○, ×, ×

14 운송설비

1. 승강기의 설치기준

(1) 「건축법」에 의한 승강기의 설치·구조기준

① 승용승강기의 설치

㉠ 설치대상 건축물: 건축주는 **6층 이상**으로서 연면적이 **2천 제곱미터 이상**인 건축물(층수가 6층인 건축물로서 각 층 거실의 바닥면적 **300제곱미터 이내**마다 1개소 이상의 직통계단을 설치한 건축물은 제외한다)을 건축하려면 승강기를 설치하여야 한다(건축법 제64조 제1항, 동법 시행령 제89조).

㉡ 공동주택 승용승강기의 설치기준: 건축물에 설치하는 승용승강기의 설치기준은 다음 표와 같다. 다만, 승용승강기가 설치되어 있는 건축물에 1개 층을 증축하는 경우에는 승용승강기의 승강로를 연장하여 설치하지 아니할 수 있다(건축물의 설비기준 등에 관한 규칙 제5조 별표 1의2). 기출

건축물의 용도	6층 이상의 거실 면적의 합계 3천 제곱미터 이하	3천 제곱미터 초과
1. • 문화 및 집회시설(공연장·집회장 및 관람장만 해당한다) • 판매시설 • 의료시설	2대	2대에 3천 제곱미터를 초과하는 2천 제곱미터 이내마다 1대를 더한 대수
2. • 문화 및 집회시설(전시장 및 동·식물원만 해당한다) • 업무시설 • 숙박시설 • 위락시설	1대	1대에 3천 제곱미터를 초과하는 2천 제곱미터 이내마다 1대를 더한 대수
3. • **공동주택** • 교육연구시설 • 노유자시설 • 그 밖의 시설	1대	1대에 **3천 제곱미터**를 초과하는 **3천 제곱미터** 이내마다 1대를 더한 대수

[비고]
1. 위 표에 따라 승강기의 대수를 계산할 때 8인승 이상 15인승 이하의 승강기는 1대의 승강기로 보고, 16인승 이상의 승강기는 2대의 승강기로 본다.
2. 건축물의 용도가 복합된 경우 승용승강기의 설치기준은 다음의 구분에 따른다.
   ① 둘 이상의 건축물의 용도가 위 표에 따른 같은 호에 해당하는 경우: 하나의 용도에 해당하는 건축물로 보아 6층 이상의 거실면적의 총합계를 기준으로 설치하여야 하는 승용승강기 대수를 산정한다.

OX문제

건축주는 연면적 1천8백 제곱미터인 7층의 건축물을 건축하려면 승강기를 설치하여야 한다. ( )

정답 ×

② 둘 이상의 건축물의 용도가 위 표에 따른 둘 이상의 호에 해당하는 경우: 다음의 기준에 따라 산정한 승용승강기 대수 중 적은 대수
　㉠ 각각의 건축물 용도에 따라 산정한 승용승강기 대수를 합산한 대수. 이 경우 둘 이상의 건축물의 용도가 같은 호에 해당하는 경우에는 위 ①에 따라 승용승강기 대수를 산정한다.
　㉡ 각각의 건축물 용도별 6층 이상의 거실면적을 모두 합산한 면적을 기준으로 각각의 건축물 용도별 승용승강기 설치기준 중 가장 강한 기준을 적용하여 산정한 대수

② **비상용 승강기의 설치**

OX ㉠ 비상용 승강기의 설치대상: 높이 31미터를 초과하는 건축물에는 대통령령(아래 ㉡)으로 정하는 바에 따라 위 ①의 ㉠에 따른 승강기뿐만 아니라 비상용 승강기를 추가로 설치하여야 한다. 다만, 국토교통부령(아래 ㉣)으로 정하는 건축물의 경우에는 그러하지 아니하다(건축법 제64조 제2항).

㉡ 비상용 승강기의 설치기준: 위 ㉠에 따라 높이 31미터를 넘는 건축물에는 다음의 기준에 따른 대수 이상의 비상용 승강기(비상용 승강기의 승강장 및 승강로를 포함한다)를 설치하여야 한다. 다만, 승용승강기를 비상용 승강기의 구조로 하는 경우에는 그러하지 아니하다(건축법 시행령 제90조 제1항).
　ⓐ 높이 31미터를 넘는 각 층의 바닥면적 중 최대바닥면적이 1천500제곱미터 이하인 건축물: 1대 이상
　ⓑ 높이 31미터를 넘는 각 층의 바닥면적 중 최대바닥면적이 1천500제곱미터를 넘는 건축물: 1대에 1천500제곱미터를 넘는 3천 제곱미터 이내마다 1대씩 더한 대수 이상

㉢ 위 ㉡에 따라 2대 이상의 비상용 승강기를 설치하는 경우에는 화재가 났을 때 소화에 지장이 없도록 일정한 간격을 두고 설치하여야 한다(건축법 시행령 제90조 제2항).

㉣ 비상용 승강기를 설치하지 아니할 수 있는 건축물: 위 ㉠의 단서에서 '국토교통부령으로 정하는 건축물'이라 함은 다음의 건축물을 말한다(건축물의 설비기준 등에 관한 규칙 제9조).
　ⓐ 높이 31미터를 넘는 각 층을 거실 외의 용도로 쓰는 건축물
　ⓑ 높이 31미터를 넘는 각 층의 바닥면적의 합계가 500제곱미터 이하인 건축물
　ⓒ 높이 31미터를 넘는 층수가 4개 층 이하로서 당해 각 층의 바닥면적의 합계 200제곱미터(벽 및 반자가 실내에 접하는 부분의 마감을 불연재료로 한 경우에는 500제곱미터) 이내마다 방화구획으로 구획된 건축물

> **OX문제**
> 높이 31미터인 8층의 건축물에는 비상용 승강기를 1대 이상 설치하여야 한다.
> (　　)
>
> 정답 ×

③ **비상용 승강기의 승강장 및 승강로의 구조**: 비상용 승강기의 승강장 및 승강로의 구조는 다음의 기준에 적합하여야 한다(건축물의 설비기준 등에 관한 규칙 제10조).

㉠ 비상용 승강기 승강장의 구조

ⓐ 승강장의 창문·출입구 기타 개구부를 제외한 부분은 당해 건축물의 다른 부분과 내화구조의 바닥 및 벽으로 구획할 것. 다만, 공동주택의 경우에는 승강장과 특별피난계단(건축물의 피난·방화구조 등의 기준에 관한 규칙 제9조의 규정에 의한 특별피난계단을 말한다. 이하 같다)의 부속실과의 겸용부분을 특별피난계단의 계단실과 별도로 구획하는 때에는 승강장을 특별피난계단의 부속실과 겸용할 수 있다.

ⓑ 승강장은 각 층의 내부와 연결될 수 있도록 하되, 그 출입구(승강로의 출입구를 제외한다)에는 60분+ 방화문 또는 60분 방화문을 설치할 것. 다만, 피난층에는 60분+ 방화문 또는 60분 방화문을 설치하지 않을 수 있다. 기출

ⓒ 노대 또는 외부를 향하여 열 수 있는 창문이나 배연설비를 설치할 것

ⓓ 벽 및 반자가 실내에 접하는 부분의 마감재료(마감을 위한 바탕을 포함한다)는 **불연재료**로 할 것

ⓔ 채광이 되는 창문이 있거나 예비전원에 의한 조명설비를 할 것

ⓕ 승강장의 바닥면적은 비상용 승강기 1대에 대하여 6제곱미터 이상으로 할 것. 다만, 옥외에 승강장을 설치하는 경우에는 그러하지 아니하다.

ⓖ 피난층이 있는 승강장의 출입구(승강장이 없는 경우에는 승강로의 출입구)로부터 도로 또는 공지(공원·광장 기타 이와 유사한 것으로서 피난 및 소화를 위한 당해 대지에의 출입에 지장이 없는 것을 말한다)에 이르는 거리가 30미터 이하일 것

ⓗ 승강장 출입구 부근의 잘 보이는 곳에 당해 승강기가 비상용 승강기임을 알 수 있는 표지를 할 것

㉡ 비상용 승강기 승강로의 구조

ⓐ 승강로는 당해 건축물의 다른 부분과 내화구조로 구획할 것

ⓑ 각 층으로부터 피난층까지 이르는 승강로를 단일구조로 연결하여 설치할 것

OX문제

승강장은 각 층의 내부와 연결될 수 있도록 하되, 그 출입구(승강로의 출입구를 제외한다)에는 30분 방화문을 설치한다. 다만, 피난층에는 60분+ 방화문 또는 60분 방화문을 설치하여야 한다. ( )

OX문제

벽 및 반자가 실내에 접하는 부분의 마감재료(마감을 위한 바탕을 포함한다)는 난연재료로 할 것 ( )

OX문제

옥외에 승강장을 설치하는 경우 승강장의 바닥면적은 비상용 승강기 1대에 대하여 6제곱미터 이상으로 한다. ( )

OX문제

승강로는 당해 건축물의 다른 부분과 방화구조로 구획하여야 한다. ( )

각 층으로부터 피난층까지 이르는 승강로는 화재대피의 효율성을 위해 단일구조로 연결하지 않는다. ( )

정답 ×, ×, ×, ×, ×

④ **피난용 승강기**
  OX ㉠ 피난용 승강기의 설치: 고층건축물*에는 위 ①에 따라 건축물에 설치하는 승용승강기 중 1대 이상을 대통령령(아래 ㉡)으로 정하는 바에 따라 피난용 승강기로 설치하여야 한다(건축법 제64조 제3항).
  ㉡ 설치기준: 위 ㉠에 따른 피난용 승강기(피난용 승강기의 승강장 및 승강로를 포함한다)는 다음의 기준에 맞게 설치하여야 한다(건축법 시행령 제91조).
   OX ⓐ 승강장의 바닥면적은 승강기 1대당 6제곱미터 이상으로 할 것
   OX ⓑ 각 층으로부터 피난층까지 이르는 승강로를 단일구조로 연결하여 설치할 것
    ⓒ 예비전원으로 작동하는 조명설비를 설치할 것
    ⓓ 승강장의 출입구 부근의 잘 보이는 곳에 해당 승강기가 피난용 승강기임을 알리는 표지를 설치할 것
    ⓔ 그 밖에 화재예방 및 피해경감을 위하여 국토교통부령(아래 ⑤)으로 정하는 구조 및 설비 등의 기준에 맞을 것
⑤ **피난용 승강기의 설치기준**: 위 ④의 ㉡의 ⓔ에서 '국토교통부령으로 정하는 구조 및 설비 등의 기준'이란 다음을 말한다(건축물의 피난·방화구조 등의 기준에 관한 규칙 제30조).
  ㉠ 피난용 승강기 승강장의 구조
   ⓐ 승강장의 출입구를 제외한 부분은 해당 건축물의 다른 부분과 **내화구조**의 바닥 및 벽으로 구획할 것
   ⓑ 승강장은 각 층의 내부와 연결될 수 있도록 하되, 그 출입구에는 **60분+ 방화문 또는 60분 방화문**을 설치할 것. 이 경우 방화문은 언제나 닫힌 상태를 유지할 수 있는 구조이어야 한다.
   ⓒ 실내에 접하는 부분(바닥 및 반자 등 실내에 면한 모든 부분을 말한다)의 마감(마감을 위한 바탕을 포함한다)은 **불연재료**로 할 것
   ⓓ 다음의 어느 하나에 해당하는 설비를 설치할 것
    ⅰ) 배연설비
    ⅱ) 「소방시설 설치 및 관리에 관한 법률 시행령」 [별표 4] 제5호 가목에 따른 제연설비
  ㉡ 피난용 승강기 승강로의 구조
   ⓐ 승강로는 해당 건축물의 다른 부분과 내화구조로 구획할 것
   ⓑ 승강로 상부에 배연설비 또는 제연설비를 설치할 것

• **고층건축물**
'고층건축물'이란 층수가 30층 이상이거나 높이가 120미터 이상인 건축물을 말한다(건축법 제2조 제1항 제19호).

OX문제
층수가 30층 이상인 건축물에는 건축물에 설치하는 승용승강기 중 1대 이상을 피난용 승강기로 설치하여야 한다.
( )

고층건축물에는 승용승강기 외에 2대 이상의 피난용 승강기를 추가로 설치하여야 한다.
( )

OX문제
옥내에 설치하는 피난용 승강기의 승강장 바닥면적은 승강기 1대당 5m² 이상으로 해야 한다.
( )

OX문제
고층건축물의 피난용 승강기는 각 층으로부터 피난층까지 이르는 승강로를 단일구조로 연결하여 설치할 수 없다.
( )

정답 O, ×, ×, ×

ⓒ 피난용 승강기 기계실의 구조
  ⓐ 출입구를 제외한 부분은 해당 건축물의 다른 부분과 내화구조의 바닥 및 벽으로 구획할 것
  ⓑ 출입구에는 60분+ 방화문 또는 60분 방화문을 설치할 것
ⓓ 피난용 승강기 전용 예비전원
  ⓐ 정전 시 피난용 승강기, 기계실, 승강장 및 폐쇄회로 텔레비전 등의 설비를 작동할 수 있는 별도의 예비전원 설비를 설치할 것
  ⓑ 위 ⓐ에 따른 예비전원은 초고층 건축물의 경우에는 2시간 이상, 준초고층 건축물의 경우에는 1시간 이상 작동이 가능한 용량일 것
  ⓒ 상용전원과 예비전원의 공급을 자동 또는 수동으로 전환이 가능한 설비를 갖출 것
  ⓓ 전선관 및 배선은 고온에 견딜 수 있는 내열성 자재를 사용하고, 방수조치를 할 것

(2) 「주택건설기준 등에 관한 규정」에 의한 승강기 설치기준

① 승용승강기
  ㉠ **승용승강기의 설치대상**: 6층 이상인 공동주택에는 국토교통부령(아래 ㉡)이 정하는 기준에 따라 대당 6인승 이상인 승용승강기를 설치하여야 한다. 다만, 「건축법 시행령」 제89조의 규정에 해당하는 공동주택(층수가 6층인 건축물로서 각 층 거실의 바닥면적 300제곱미터 이내마다 1개소 이상의 직통계단을 설치한 건축물)의 경우에는 그러하지 아니하다(주택건설기준 등에 관한 규정 제15조 제1항). 기출
  ㉡ **승용승강기의 설치기준**: 위 ㉠에 따라 6층 이상인 공동주택에 설치하는 승용승강기의 설치기준은 다음과 같다(주택건설기준 등에 관한 규칙 제4조).
    ⓐ 계단실형인 공동주택에는 계단실마다 1대(한 층에 3세대 이상이 조합된 계단실형 공동주택이 22층 이상인 경우에는 2대) 이상을 설치하되, 그 탑승인원수는 동일한 계단실을 사용하는 4층 이상인 층의 세대당 0.3명(독신자용 주택의 경우에는 0.15명)의 비율로 산정한 인원수(1명 이하의 단수는 1명으로 본다. 이하 같다) 이상일 것
    ⓑ 복도형인 공동주택에는 1대에 100세대를 넘는 80세대마다 1대를 더한 대수 이상을 설치하되, 그 탑승인원수는 4층 이상인 층의 세대당 0.2명(독신자용 주택의 경우에는 0.1명)의 비율로 산정한 인원수 이상일 것

OX문제

계단실형 공동주택의 승용승강기의 탑승인원수는 동일한 계단실을 사용하는 4층 이상인 층의 매 세대당 0.2명의 비율로 산정한 인원수 이상이어야 한다. ( )

정답 ×

OX ② **비상용 승강기**: 10층 이상인 공동주택의 경우에는 위 ①의 승용승강기를 비상용 승강기의 구조로 하여야 한다(주택건설기준 등에 관한 규정 제15조 제2항). 기출

OX ③ **화물용 승강기의 설치기준**: 10층 이상인 공동주택에는 이삿짐 등을 운반할 수 있는 다음의 기준에 적합한 화물용 승강기를 설치하여야 한다(주택건설기준 등에 관한 규정 제15조 제3항). 기출
  ㉠ 적재하중이 0.9톤 이상일 것 기출
  ㉡ 승강기의 폭 또는 너비 중 한 변은 1.35미터 이상, 다른 한 변은 1.6미터 이상일 것 기출
  ㉢ 계단실형인 공동주택의 경우에는 계단실마다 설치할 것 기출
  ㉣ 복도형인 공동주택의 경우에는 100세대까지 1대를 설치하되, 100세대를 넘는 경우에는 100세대마다 1대를 추가로 설치할 것 기출

④ **화물용 승강기의 겸용**: 승용승강기 또는 비상용 승강기로서 화물용 승강기의 기준에 적합한 것은 화물용 승강기로 겸용할 수 있다(주택건설기준 등에 관한 규정 제15조 제4항). 기출

⑤ **「건축법」의 준용**: 「건축법」 제64조[위 (1)]의 규정은 위 ① 내지 ③에 의한 승용승강기·비상용 승강기 및 화물용 승강기의 구조 및 그 승강장의 구조에 관하여 이를 준용한다(주택건설기준 등에 관한 규정 제15조 제5항).

2. 승강기 안전관리법령에 의한 승강기의 유지 및 운용관리

(1) 용어의 정의

① **승강기**: 건축물이나 고정된 시설물에 설치되어 일정한 경로에 따라 사람이나 화물을 승강장으로 옮기는 데에 사용되는 설비(주차장법에 따른 기계식 주차장치 등 대통령령으로 정하는 것은 제외한다)로서 구조나 용도 등의 구분에 따라 다음에 따른 설비를 말한다(승강기 안전관리법 제2조 제1호, 동법 시행령 제3조 제1항).
  ㉠ 엘리베이터: 일정한 수직로 또는 경사로를 따라 위·아래로 움직이는 운반구를 통해 사람이나 화물을 승강장으로 운송시키는 설비
  ㉡ 에스컬레이터: 일정한 경사로 또는 수평로를 따라 위·아래 또는 옆으로 움직이는 디딤판을 통해 사람이나 화물을 승강장으로 운송시키는 설비

OX문제
7층 이상인 공동주택의 경우에는 승용승강기를 비상용 승강기의 구조로 하여야 한다. ( )

OX문제
7층 이상인 계단실형 공동주택에는 100세대까지 1대를 설치하되, 100세대를 넘는 경우에는 100세대마다 1대를 추가로 화물용 승강기를 설치하여야 한다. ( )

화물용 승강기는 복도형인 공동주택의 경우에는 200세대까지 1대를 설치하되, 200세대를 넘는 경우 100세대마다 1대를 추가로 설치하여야 한다. ( )

정답 ×, ×, ×

ⓒ **휠체어리프트**: 일정한 수직로 또는 경사로를 따라 위·아래로 움직이는 운반구를 통해 휠체어에 탑승한 장애인 또는 그 밖의 장애인·노인·임산부 등 거동이 불편한 사람을 승강장으로 운송시키는 설비

[별표 1] 승강기의 구조별 또는 용도별 세부종류(승강기 안전관리법 시행규칙 제2조 관련)

1. 구조별 승강기의 세부종류

구분	승강기의 세부종류	분류기준
엘리베이터	전기식 엘리베이터	로프나 체인 등에 매달린 운반구(運搬具)가 구동기에 의해 수직로 또는 경사로를 따라 운행되는 구조의 엘리베이터
엘리베이터	유압식 엘리베이터	운반구 또는 로프나 체인 등에 매달린 운반구가 유압잭에 의해 수직로 또는 경사로를 따라 운행되는 구조의 엘리베이터
에스컬레이터	에스컬레이터	계단형의 발판이 구동기에 의해 경사로를 따라 운행되는 구조의 에스컬레이터
에스컬레이터	무빙워크	평면형의 발판이 구동기에 의해 경사로 또는 수평로를 따라 운행되는 구조의 에스컬레이터
휠체어리프트	수직형 휠체어리프트	휠체어의 운반에 적합하게 제작된 운반구(이하 '휠체어운반구'라 한다) 또는 로프나 체인 등에 매달린 휠체어운반구가 구동기나 유압잭에 의해 수직로를 따라 운행되는 구조의 휠체어리프트
휠체어리프트	경사형 휠체어리프트	휠체어운반구 또는 로프나 체인 등에 매달린 휠체어운반구가 구동기나 유압잭에 의해 경사로를 따라 운행되는 구조의 휠체어리프트

2. 용도별 승강기의 세부종류

구분	승강기의 세부종류	분류기준
엘리베이터	승객용 엘리베이터	사람의 운송에 적합하게 제조·설치된 엘리베이터
엘리베이터	전망용 엘리베이터	승객용 엘리베이터 중 엘리베이터 내부에서 외부를 전망하기에 적합하게 제조·설치된 엘리베이터
엘리베이터	병원용 엘리베이터	병원의 병상 운반에 적합하게 제조·설치된 엘리베이터로서 평상시에는 승객용 엘리베이터로 사용하는 엘리베이터
엘리베이터	장애인용 엘리베이터	「장애인·노인·임산부 등의 편의증진 보장에 관한 법률」 제2조 제1호에 따른 장애인등(이하 '장애인등'이라 한다)의 운송에 적합하게 제조·설치된 엘리베이터로서 평상시에는 승객용 엘리베이터로 사용하는 엘리베이터
엘리베이터	소방구조용 엘리베이터	화재 등 비상시 소방관의 소화활동이나 구조활동에 적합하게 제조·설치된 엘리베이터(건축법 제64조 제2항 본문 및 주택건설기준 등에 관한 규정 제15조 제2항에 따른 비상용 승강기를 말한다)로서 평상시에는 승객용 엘리베이터로 사용하는 엘리베이터

	피난용 엘리베이터	화재 등 재난 발생 시 거주자의 피난활동에 적합하게 제조·설치된 엘리베이터로서 평상시에는 승객용으로 사용하는 엘리베이터
	주택용 엘리베이터	「건축법 시행령」 [별표 1] 제1호 가목에 따른 단독주택 거주자의 운송에 적합하게 제조·설치된 엘리베이터로서 편도 운행거리가 12미터 이하인 엘리베이터
	승객화물용 엘리베이터	사람의 운송과 화물 운반을 겸용하기에 적합하게 제조·설치된 엘리베이터
	화물용 엘리베이터	화물의 운반에 적합하게 제조·설치된 엘리베이터로서 조작자 또는 화물취급자가 탑승할 수 있는 엘리베이터(적재용량이 300킬로그램 미만인 것은 제외한다)
	자동차용 엘리베이터	운전자가 탑승한 자동차의 운반에 적합하게 제조·설치된 엘리베이터
	소형화물용 엘리베이터 (Dumbwaiter)	음식물이나 서적 등 소형 화물의 운반에 적합하게 제조·설치된 엘리베이터로서 사람의 탑승을 금지하는 엘리베이터(바닥면적이 0.5제곱미터 이하이고, 높이가 0.6미터 이하인 것은 제외한다)
에스컬레이터	승객용 에스컬레이터	사람의 운송에 적합하게 제조·설치된 에스컬레이터
	장애인용 에스컬레이터	장애인등의 운송에 적합하게 제조·설치된 에스컬레이터로서 평상시에는 승객용 에스컬레이터로 사용하는 에스컬레이터
	승객화물용 에스컬레이터	사람의 운송과 화물 운반을 겸용하기에 적합하게 제조·설치된 에스컬레이터
	승객용 무빙워크	사람의 운송에 적합하게 제조·설치된 에스컬레이터
	승객화물용 무빙워크	사람의 운송과 화물의 운반을 겸용하기에 적합하게 제조·설치된 에스컬레이터
휠체어 리프트	장애인용 수직형 휠체어리프트	운반구가 수직로를 따라 운행되는 것으로서 장애인 등의 운송에 적합하게 제조·설치된 수직형 휠체어리프트
	장애인용 경사형 휠체어리프트	운반구가 경사로를 따라 운행되는 것으로서 장애인 등의 운송에 적합하게 제조·설치된 경사형 휠체어리프트

② **승강기부품**: 승강기를 구성하는 제품이나 그 부분품 또는 부속품을 말한다(승강기 안전관리법 제2조 제2호).

③ **제조**: 승강기나 승강기부품을 판매·대여하거나 설치할 목적으로 생산·조립하거나 가공하는 것을 말한다(승강기 안전관리법 제2조 제3호).

④ **설치**: 승강기의 설계도면 등 기술도서(技術圖書)에 따라 승강기를 건축물이나 고정된 시설물에 장착(행정안전부령으로 정하는 범위에서의 승강기 교체를 포함한다)하는 것을 말한다(승강기 안전관리법 제2조 제4호).

⑤ **유지관리**: 설치검사를 받은 승강기가 그 설계에 따른 기능 및 안전성을 유지할 수 있도록 하는 다음의 안전관리 활동을 말한다(승강기 안전관리법 제2조 제5호).
  ㉠ 주기적인 점검
  ㉡ 승강기 또는 승강기부품의 수리
  ㉢ 승강기부품의 교체
  ㉣ 그 밖에 행정안전부장관이 승강기의 기능 및 안전성의 유지를 위하여 필요하다고 인정하여 고시하는 안전관리 활동

⑥ **승강기사업자**: 다음의 어느 하나에 해당하는 자를 말한다(승강기 안전관리법 제2조 제6호).
  ㉠ 승강기나 승강기부품의 제조업 또는 수입업을 하기 위하여 등록을 한 자
  ㉡ 승강기의 유지관리를 업(業)으로 하기 위하여 등록을 한 자
  ㉢ 「건설산업기본법」에 따라 건설업의 등록을 한 자로서 대통령령으로 정하는 승강기설치공사업에 종사하는 자(이하 '설치공사업자'라 한다)

OX ⑦ **관리주체**: 다음의 어느 하나에 해당하는 자를 말한다(승강기 안전관리법 제2조 제7호).
  ㉠ 승강기 소유자
  ㉡ 다른 법령에 따라 승강기 관리자로 규정된 자
  ㉢ 위 ㉠ 또는 ㉡에 해당하는 자와의 계약에 따라 승강기를 안전하게 관리할 책임과 권한을 부여받은 자

(2) 관리주체의 의무

관리주체는 승강기의 기능 및 안전성이 지속적으로 유지되도록 「승강기 안전관리법」에서 정하는 바에 따라 승강기를 안전하게 관리하여야 한다(승강기 안전관리법 제4조 제2항).

(3) 제조·수입업자의 사후관리

① **제조·수입업자의 조치사항**: 제조·수입업자는 승강기 또는 승강기부품을 판매하거나 양도하였을 때에는 대통령령으로 정하는 바에 따라 다음(㉢의 경우에는 승강기의 유지관리를 업으로 하기 위하여 등록을 한 자가 요청하는 경우로 한정한다)의 조치를 하여야 한다(승강기 안전관리법 제8조 제1항).
  ㉠ 행정안전부령으로 정하는 승강기 유지관리용 부품의 유상 또는 무상 제공

OX문제

승강기 소유자와의 계약에 따라 승강기를 안전하게 관리할 책임과 권한을 부여받은 자는 승강기의 관리주체에 해당한다.
( )

정답 O

ⓛ 승강기의 결함 여부, 결함 부위 및 내용 등에 대한 점검·정비 및 검사에 필요한 장비 또는 소프트웨어(비밀번호 등 정보에 접근할 수 있는 권한을 포함한다)의 유상 또는 무상 제공

　　ⓒ 승강기의 유지관리를 업으로 하기 위하여 등록을 한 자에 대한 다음의 조치

　　　ⓐ 기술지도 및 교육의 유상 또는 무상 실시

　　　ⓑ 유지관리 매뉴얼 등 행정안전부령으로 정하는 유지관리 관련 자료의 제공

　　ⓔ 승강기부품의 권장 교체주기 및 가격 자료의 공개

② **승강기 유지관리용 부품 등의 제공기간**: 제조업 또는 수입업을 하기 위해 등록을 한 자(이하 '제조·수입업자'라 한다)는 위 ①의 ㉠에 따른 승강기 유지관리용 부품 및 위 ①의 ㉡에 따른 장비 또는 소프트웨어(이하 '장비등'이라 한다)의 원활한 제공을 위해 동일한 형식의 유지관리용 부품 및 장비등을 최종 판매하거나 양도한 날부터 10년 이상 제공할 수 있도록 해야 한다. 다만, 비슷한 다른 유지관리용 부품 또는 장비등의 사용이 가능한 경우로서 그 부품 또는 장비등을 제공할 수 있는 경우에는 그렇지 않다(승강기 안전관리법 시행령 제11조 제1항). 기출

③ **자료의 제공**: 제조·수입업자는 승강기 또는 승강기부품을 판매하거나 양도했을 때에는 그 구매인 또는 양수인(관리주체를 포함한다)에게 다음의 자료를 제공해야 한다(승강기 안전관리법 시행령 제11조 제2항).

　　㉠ 사용설명서

　　㉡ 다음의 사항이 적힌 품질보증서

　　　ⓐ 판매일 또는 양도일

　　　ⓑ 품질보증기간

　　　ⓒ 품질보증내용

　　　ⓓ 제조·수입업자의 성명(법인인 경우에는 법인의 명칭과 대표자의 성명을 말한다), 주소 및 전화번호

　　　ⓔ 유지관리용 부품 및 장비등의 제조국가, 제조사 및 보유기간

　　　ⓕ 사후수리 및 지원체계의 안내문

④ **품질보증기간 및 무상제공**: 위 ③의 ㉡의 ⓑ에 따른 품질보증기간은 3년 이상으로 하며, 그 기간에 구매인 또는 양수인이 사용설명서에 따라 정상적으로 사용·관리했음에도 불구하고 고장이나 결함이 발생한 경우에는 제조·수입업자가 무상으로 유지관리용 부품 및 장비등을 제공(정비를 포함한다)해야 한다(승강기 안전관리법 시행령 제11조 제3항).

⑤ **승강기부품의 권장 교체주기 및 가격 자료의 공개**
  ㉠ **자료의 공개방법**: 제조·수입업자는 위 ①의 ㉣에 따른 승강기부품(유지관리용 부품으로 한정한다)의 권장 교체주기 및 가격 자료를 위 ②의 본문에 따른 기간 이상 해당 제조·수입업자의 인터넷 홈페이지에 공개해야 한다. 다만, 인터넷 홈페이지를 갖추고 있지 않은 제조·수입업자는 그가 가입한 협회나 단체의 인터넷 홈페이지 등에 공개할 수 있다(승강기 안전관리법 시행령 제13조 제1항).
  ㉡ **갱신**: 제조·수입업자는 위 ㉠에 따른 승강기부품의 권장 교체주기 및 가격 자료를 매년 갱신해야 한다(승강기 안전관리법 시행령 제13조 제2항).

⑥ **승강기 유지관리용 부품 등의 제공**: 제조·수입업자는 다음의 어느 하나에 해당하는 자로부터 위 ①의 ㉠ 또는 ㉡에 해당하는 부품 등의 제공을 요청받은 경우에는 특별한 이유가 없으면 2일 이내에 그 요청에 따라야 한다(승강기 안전관리법 제8조 제2항).
  ㉠ 관리주체
  ㉡ 승강기의 유지관리를 업으로 하기 위하여 등록을 한 자
  ㉢ 승강기의 유지관리를 업으로 하기 위하여 등록을 한 자를 조합원으로 하여 「중소기업협동조합법」에 따라 설립된 법인

(4) 승강기의 설치 등

① **설치신고**: 설치공사업자는 승강기의 설치를 끝냈을 때에는 행정안전부령(아래 ②)으로 정하는 바에 따라 관할 시·도지사에게 그 사실을 신고하여야 한다(승강기 안전관리법 제27조).

② **설치신고 기한**: 설치공사업자는 위 ①에 따라 승강기의 설치를 끝낸 날부터 10일 이내에 공단(한국승강기안전공단)에 승강기의 설치신고를 해야 한다(승강기 안전관리법 시행규칙 제46조 제1항).

③ **설치검사**
  ㉠ **설치검사**: 승강기의 제조·수입업자는 설치를 끝낸 승강기(승강기안전인증을 면제받은 승강기는 제외한다)에 대하여 행정안전부령으로 정하는 바에 따라 **행정안전부장관이 실시하는 설치검사**(이하 '설치검사'라 한다)를 받아야 한다(승강기 안전관리법 제28조 제1항).
  ㉡ **운행중지**: 승강기의 제조·수입업자 또는 관리주체는 설치검사를 받지 아니하거나 설치검사에 불합격한 승강기를 운행하게 하거나 운행하여서는 아니 된다(승강기 안전관리법 제28조 제2항). 기출

OX문제
승강기 설치공사업자는 승강기의 설치를 끝낸 날부터 7일 이내에 한국승강기안전공단의 승강기 설치인가를 받아야 한다. ( )

OX문제
승강기 제조·수입업자는 설치를 끝낸 승강기에 대하여 설치검사를 받아야 한다. ( )

승강기의 제조·수입업자 또는 관리주체는 설치검사를 받지 아니하거나 설치검사에 불합격한 승강기를 운행하게 하거나 운행하여서는 아니 된다. ( )

정답 ×, ○, ○

ⓒ **검사기준 등**: 위 ㉠과 ㉡에서 규정한 사항 외에 설치검사의 기준·항목 및 방법 등에 필요한 사항은 행정안전부장관이 정하여 고시한다(승강기 안전관리법 제28조 제3항).

(5) 승강기 안전관리자

① **승강기 안전관리자의 선임**: 관리주체는 승강기 운행에 대한 지식이 풍부한 사람을 승강기 안전관리자로 선임하여 승강기를 관리하게 하여야 한다. 다만, 관리주체가 직접 승강기를 관리하는 경우에는 그러하지 아니하다(승강기 안전관리법 제29조 제1항).

② **승강기 안전관리자의 고려사항**: 위 ①의 본문에 따른 승강기 안전관리자는 다음의 사항을 고려하여 행정안전부령(아래 ③)으로 정하는 일정한 자격요건을 갖추어야 한다(승강기 안전관리법 제29조 제2항).
㉠ 「건축법」에 따른 건축물의 용도
㉡ 승강기의 종류
㉢ 그 밖에 행정안전부장관이 승강기 관리에 필요하다고 인정하는 사항

③ **승강기 안전관리자의 자격요건**: 위 ②에서 '행정안전부령으로 정하는 일정한 자격요건'이란 다음에 따른 승강기 안전관리자의 자격요건을 말한다(승강기 안전관리법 시행규칙 제49조 제1항 별표 9).
㉠ 「건축법 시행령」 제2조 제17호에 따른 다중이용 건축물의 승강기를 관리하는 승강기 안전관리자는 다음의 어느 하나에 해당하는 자격요건을 갖춰야 한다.
ⓐ 「국가기술자격법」에 따른 승강기 기능사 이상의 자격
ⓑ 「국가기술자격법」에 따른 기계·전기 또는 전자 분야 기능사 이상의 자격
ⓒ 「고등교육법」 제2조에 따른 학교의 승강기·기계·전기 또는 전자 학과나 그 밖에 이와 유사한 학과의 전문학사학위 이상의 학위(법령에 따라 이와 같은 수준 이상이라고 인정되는 학위를 포함한다)
ⓓ 6개월 이상의 승강기 설계·제조·설치·인증·검사 또는 유지관리에 관한 실무경력
ⓔ 행정안전부장관이 정하여 고시하는 승강기 기술에 관한 기본교육의 이수
㉡ 피난용 엘리베이터를 관리하는 승강기 안전관리자는 위 ㉠의 ⓐ부터 ⓓ까지의 자격요건 중 어느 하나에 해당하는 자격요건을 갖춰야 한다.

> **OX문제**
> 관리주체가 직접 승강기를 관리하는 경우에는 승강기 안전관리자를 따로 선임할 필요가 없다. ( )
>
> 정답 ○

ⓒ 위 ㉠ 및 ㉡에 따른 승강기 안전관리자를 제외한 그 밖의 승강기 안전관리자는 다음의 어느 하나에 해당하는 자격요건을 갖춰야 한다.
 ⓐ 위 ㉠의 어느 하나에 해당하는 자격
 ⓑ 「승강기 안전관리법」 제29조 제5항에 따른 승강기관리교육의 이수
 ⓒ 「승강기 안전관리법」 제52조 제1항에 따른 기술교육의 이수
 ⓓ 「승강기 안전관리법」 제52조 제2항에 따른 직무교육의 이수
 ⓔ 행정안전부장관이 정하여 고시하는 승강기 운행에 관한 기본교육의 이수

④ **승강기 안전관리자의 선임 등에 대한 통보**: 관리주체는 위 ①에 따라 승강기 안전관리자(관리주체가 직접 승강기를 관리하는 경우에는 그 관리주체를 말한다)를 선임하였을 때에는 행정안전부령으로 정하는 바에 따라 **30일 이내에 행정안전부장관에게 그 사실을 통보하여야 한다.** 승강기 안전관리자나 관리주체가 **변경되었을 때에도 또한 같다**(승강기 안전관리법 제29조 제3항).

⑤ **승강기 안전관리자의 직무범위**: 위 ①에 따른 승강기 안전관리자의 직무범위는 다음과 같다(승강기 안전관리법 시행규칙 제48조).
 ㉠ 승강기 운행 및 관리에 관한 규정 작성
 ㉡ 승강기 사고 또는 고장 발생에 대비한 비상연락망의 작성 및 관리
 ㉢ 유지관리업자로 하여금 자체점검을 대행하게 한 경우 유지관리업자에 대한 관리·감독
 ㉣ 중대한 사고 또는 중대한 고장의 통보
 ㉤ 승강기 내에 갇힌 이용자의 신속한 구출을 위한 승강기 조작(승강기 안전관리자가 해당 승강기관리교육을 받은 경우만 해당한다)
 ㉥ 피난용 엘리베이터의 운행(승강기 안전관리자가 해당 승강기관리교육을 받은 경우만 해당한다)
 ㉦ 그 밖에 승강기 관리에 필요한 사항으로서 행정안전부장관이 정하여 고시하는 업무

⑥ **관리주체의 지도·감독**: 관리주체(위 ①의 본문에 따라 관리주체가 승강기 안전관리자를 선임하는 경우에만 해당한다)는 승강기 안전관리자가 안전하게 승강기를 관리하도록 지도·감독하여야 한다(승강기 안전관리법 제29조 제4항).

OX문제

관리주체는 승강기 안전관리자가 변경되었을 때에는 15일 이내에 시장·군수·구청장에게 그 사실을 통보하여야 한다. ( )

정답 ×

⑦ **승강기관리교육**
- ㉠ **교육의 의무**: 관리주체는 승강기 안전관리자로 하여금 행정안전부령(아래 ㉡)으로 정하는 기관이 실시하는 승강기 관리에 관한 교육(이하 '승강기관리교육'이라 한다)을 받게 하여야 한다. 다만, 관리주체가 직접 승강기를 관리하는 경우에는 그 관리주체(법인인 경우에는 그 대표자를 말한다)가 승강기관리교육을 받아야 한다(승강기 안전관리법 제29조 제5항).
- ㉡ **교육기관**: 위 ㉠에서 '행정안전부령으로 정하는 기관'이란 공단을 말한다(승강기 안전관리법 시행규칙 제51조).
- ㉢ **승강기관리교육의 내용 등**
  - ⓐ **교육의 구분 및 교육 시기**: 승강기 관리에 관한 교육은 다음의 구분에 따른다(승강기 안전관리법 시행규칙 제52조 제1항·제2항).
    - ⅰ) **신규교육**: 승강기관리교육을 받지 않은 승강기 안전관리자 또는 관리주체(법인인 경우에는 그 대표자를 말한다)가 받아야 하는 다음의 교육
      - **승강기를 신규로 설치**(승강기 교체는 제외한다)**하여 해당 승강기에 대한 관리를 시작하는 경우의 교육**: 승강기 안전관리자를 새롭게 선임한 날(관리주체가 직접 승강기를 관리하는 경우에는 설치검사를 합격한 날)부터 **3개월 이내**
      - **승강기를 관리하던 승강기 안전관리자 또는 관리주체가 변경된 경우**(관리주체가 법인인 경우에는 그 대표자가 변경된 경우를 포함한다)**의 교육**: 승강기 안전관리자 또는 관리주체가 변경된 날(관리주체가 법인인 경우로서 그 대표자가 변경된 경우에는 대표자가 변경된 날을 말한다)부터 **3개월 이내**
    - ⅱ) **정기교육**: 승강기 안전관리자 또는 관리주체(법인인 경우에는 그 대표자를 말한다)가 직전 승강기관리교육을 수료한 날부터 3년마다 받아야 하는 교육
  - ⓑ **기간 경과에 따른 교육**: 직전 승강기관리교육을 수료한 날부터 3년이 경과한 경우에는 위 ⓐ의 ⅱ)에도 불구하고 ⅰ)에 따른 신규교육을 받아야 한다(승강기 안전관리법 시행규칙 제52조 제3항).
  - ⓒ **세부내용 및 기간**: 위 ㉠에 따른 승강기관리교육의 세부내용 및 기간은 다음 표와 같다(승강기 안전관리법 시행규칙 제52조 제4항 별표 10).

i) 신규교육

교육 대상자	교육내용	교육 기간
위 ③의 ㉠에 따른 승강기 안전관리자	1. 승강기에 관한 일반지식 및 법령 등의 규정 2. 승강기의 운행 및 관리 3. 승강기 사고 또는 고장 발생 시 조치 4. 승강기에 갇힌 이용자의 신속한 구출을 위한 승강기 조작(이하 '비상구출운전'이라 한다) 5. 그 밖에 승강기 안전관리에 필요한 사항	2일
위 ③의 ㉡에 따른 승강기 안전관리자	1. 승강기에 관한 일반지식 및 법령 등의 규정 2. 승강기의 운행 및 관리 3. 승강기 사고 또는 고장 발생 시 조치 4. 피난용 엘리베이터의 운행 등 5. 비상구출운전(해당 교육을 신청하는 경우에만 해당한다) 6. 그 밖에 승강기 안전관리에 필요한 사항	2일
위 ③의 ㉢에 따른 승강기 안전관리자	1. 승강기에 관한 일반지식 및 법령 등의 규정 2. 승강기의 운행 및 관리 3. 승강기 사고 또는 고장 발생 시 조치 4. 비상구출운전(위 ③의 ㉢의 ⓐ, ⓒ 및 ⓓ에 따른 승강기 안전관리자가 해당 교육을 신청하는 경우에만 해당한다) 5. 그 밖에 승강기 안전관리에 필요한 사항	1일

ii) **정기교육**: 정기교육의 교육 대상자, 교육내용 및 교육기간은 위 i)의 신규교육을 참조하여 정하되, 교육내용에는 승강기에 관한 법령 등의 규정 변경 및 중요 기준 변경 등의 사항이 반드시 포함되어야 한다.

ⓓ **교육의 연기**: 위 ⓐ 및 ⓑ에도 불구하고 공단은 안전검사가 연기된 승강기를 관리하는 승강기 안전관리자에 대해서는 그 연기 사유가 없어진 날까지 승강기관리교육을 연기할 수 있다(승강기 안전관리법 시행규칙 제52조 제5항).

ⓔ **교육 방법**: 승강기관리교육은 **집합교육, 현장교육** 또는 **인터넷 원격교육** 등의 방법으로 할 수 있다(승강기 안전관리법 시행규칙 제52조 제6항).

ⓕ 위 ⓐ부터 ⓔ까지에서 규정한 사항 외에 교육과목 및 교육과목별 교육시간 등 승강기관리교육에 필요한 사항은 행정안전부장관이 정하여 고시한다(승강기 안전관리법 시행규칙 제52조 제7항).

(6) 보험가입

① **보험가입 의무**: 관리주체는 승강기의 사고로 승강기 이용자 등 다른 사람의 생명·신체 또는 재산상의 손해를 발생하게 하는 경우 그 손해에 대한 배상을 보장하기 위한 보험(이하 '책임보험'이라 한다)에 가입하여야 한다(승강기 안전관리법 제30조 제1항).

② **책임보험의 종류**: 위 ①에 따른 보험의 종류는 승강기 사고배상책임보험 또는 승강기 사고배상책임보험과 같은 내용이 포함된 보험으로 한다(승강기 안전관리법 시행령 제27조 제1항).

③ **가입시기**: 책임보험은 다음의 어느 하나에 해당하는 시기에 가입하거나 재가입해야 한다(승강기 안전관리법 시행령 제27조 제2항).
  ㉠ 설치검사를 받은 날
  ㉡ 관리주체가 변경된 경우 그 변경된 날
  ㉢ 책임보험의 만료일 이내

④ **보상한도액**: 책임보험의 보상한도액은 다음의 기준에 해당하는 금액 이상으로 한다. 다만, 지급보험금액은 ㉠의 단서의 경우를 제외하고는 실손해액을 초과할 수 없다(승강기 안전관리법 시행령 제27조 제3항).
  ㉠ 사망의 경우에는 1인당 8천만원. 다만, 사망에 따른 실손해액이 2천만원 미만인 경우에는 2천만원으로 한다.
  ㉡ 부상의 경우에는 1인당 [별표 6] 제1호에 따른 상해 등급별 보험금액에서 정하는 금액
  ㉢ 부상의 경우 그 치료가 완료된 후 그 부상이 원인이 되어 신체장애(이하 '후유장애'라 한다)가 생긴 경우에는 1인당 [별표 6] 제2호에 따른 후유장애 등급별 보험금액에서 정하는 금액
  ㉣ 재산피해의 경우에는 사고당 1천만원
  ㉤ 부상자가 치료 중에 그 부상이 원인이 되어 사망한 경우에는 위 ㉠ 및 ㉡의 금액을 더한 금액
  ㉥ 부상한 사람에게 그 부상이 원인이 되어 후유장애가 생긴 경우에는 위 ㉡ 및 ㉢의 금액을 더한 금액
  ㉦ 위 ㉢의 금액을 지급한 후 그 부상이 원인이 되어 사망한 경우에는 ㉠의 금액에서 ㉢에 따라 지급한 금액을 뺀 금액

OX문제

관리주체는 승강기의 사고로 승강기 이용자 등 다른 사람의 생명·신체 또는 재산상의 손해를 발생하게 하는 경우 그 손해에 대한 배상을 보장하기 위한 책임보험에 가입하여야 한다. ( )

OX문제

책임보험의 종류는 승강기 사고보상책임보험 또는 승강기 사고배상책임보험과 같은 내용이 포함된 보험으로 한다. ( )

OX문제

책임보험의 보상한도액은 사망의 경우에는 1인당 8천만원 이상이나, 사망에 따른 실손액이 2천만원 미만인 경우에는 2천만원으로 한다. ( )

승강기 책임보험의 보상한도액은 재산피해의 경우 사고당 2천만원 이상으로 하되, 지급보험금액은 실손액을 초과할 수 없다. ( )

정답 ○, ○, ○, ×

OX문제

책임보험에 가입한 관리주체는 책임보험 판매자로 하여금 책임보험의 가입 사실을 가입한 날부터 30일 이내에 승강기안전종합정보망에 입력하게 해야 한다. ( )

OX ⑤ **가입절차**: 책임보험에 가입(재가입을 포함한다)한 관리주체는 책임보험 판매자로 하여금 위 ③에 따른 책임보험의 가입 사실을 가입한 날부터 **14일 이내**에 **승강기안전종합정보망**에 입력하게 해야 한다(승강기 안전관리법 시행령 제27조 제4항).

(7) 승강기의 자체점검

OX ① **자체점검의 주기 및 결과입력**: 관리주체는 승강기의 안전에 관한 자체점검(이하 '자체점검'이라 한다)을 **월 1회 이상** 하고, 그 결과를 대통령령(아래 ②)으로 정하는 기간 이내에 **승강기안전종합정보망**에 입력하여야 한다(승강기 안전관리법 제31조 제1항). 기출

OX문제

관리주체는 승강기의 안전에 관한 자체점검을 월 2회 이상 하여야 한다. ( )

OX ② **입력기간**: 위 ①에서 '대통령령으로 정하는 기간'이란 자체점검 실시일부터 **10일**을 말한다(승강기 안전관리법 시행령 제29조 제2항). 기출

③ **자체점검을 담당할 수 있는 사람의 자격**

OX문제

관리주체는 승강기의 안전점검을 월 1회 이상 하고, 자체점검 결과를 자체점검 후 7일 이내에 승강기안전종합정보망에 입력하여야 한다. ( )

㉠ 관리주체는 위 ①에 따른 승강기의 안전에 관한 자체점검을 다음의 어느 하나에 해당하는 사람으로서 직무교육을 이수한 사람으로 하여금 담당하게 해야 한다(승강기 안전관리법 시행령 제28조 제1항).

ⓐ 「국가기술자격법」에 따른 승강기 기사 자격을 취득한 사람

ⓑ 「국가기술자격법」에 따른 승강기 산업기사 자격을 취득한 후 승강기의 설계·제조·설치·인증·검사 또는 유지관리에 관한 실무경력(이하 '승강기 실무경력'이라 한다)이 2개월 이상인 사람

ⓒ 「국가기술자격법」에 따른 승강기 기능사 자격을 취득한 후 승강기 실무경력이 4개월 이상인 사람

ⓓ 「국가기술자격법」에 따른 기계·전기 또는 전자 분야 산업기사 이상의 자격을 취득한 후 승강기 실무경력이 4개월 이상인 사람

ⓔ 「국가기술자격법」에 따른 기계·전기 또는 전자 분야 기능사 자격을 취득한 후 승강기 실무경력이 6개월 이상인 사람

ⓕ 「고등교육법」에 따른 학교의 승강기·기계·전기 또는 전자 학과나 그 밖에 이와 유사한 학과의 학사학위(법령에 따라 이와 같은 수준 이상이라고 인정되는 학위를 포함한다)를 취득한 후 승강기 실무경력이 6개월 이상인 사람

ⓖ 「고등교육법」에 따른 학교의 승강기·기계·전기 또는 전자 학과나 그 밖에 이와 유사한 학과의 전문학사학위(법령에 따라 이와 같은 수준 이상이라고 인정되는 학위를 포함한다)를 취득한 후 승강기 실무경력이 1년 이상인 사람

정답 ×, ×, ×

ⓗ 「초·중등교육법」에 따른 고등학교·고등기술학교의 승강기·기계·전기 또는 전자 학과나 그 밖에 이와 유사한 학과를 졸업한 후 승강기 실무경력이 1년 6개월 이상인 사람

　ⓘ 승강기 실무경력이 3년 이상인 사람 기출

ⓒ 위 ㉠에도 불구하고 정격속도가 초당 4미터를 초과하는 고속 승강기의 경우에는 다음의 어느 하나에 해당하는 사람으로서 직무교육을 이수한 사람으로 하여금 자체점검을 담당하게 해야 한다(승강기 안전관리법 시행령 제28조 제2항).

　　ⓐ 승강기 기사 자격을 취득한 후 승강기 실무경력이 3년 이상인 사람
　　ⓑ 승강기 산업기사 자격을 취득한 후 승강기 실무경력이 5년 이상인 사람
　　ⓒ 승강기 기능사 자격을 취득한 후 승강기 실무경력이 7년 이상인 사람
　　ⓓ 승강기·기계·전기·전자 관련 학과의 학사학위를 취득한 후 승강기 실무경력이 5년 이상인 사람
　　ⓔ 승강기·기계·전기·전자 관련 학과의 전문학사학위를 취득한 후 승강기 실무경력이 7년 이상인 사람
　　ⓕ 고등학교·고등기술학교의 승강기·기계·전기·전자 관련 학과를 졸업한 후 승강기 실무경력이 9년 이상인 사람
　　ⓖ 승강기 실무경력이 12년 이상인 사람

④ **자체점검 시 고려사항**: 자체점검을 담당하는 사람은 다음의 사항을 고려하여 행정안전부장관이 정하여 고시하는 자체점검의 기준·항목 및 방법 등에 따라 자체점검을 해야 한다(승강기 안전관리법 시행령 제29조 제1항).
　㉠ 승강기 안전기준
　㉡ 유지관리 관련 자료에서 정하는 기준
　㉢ 「산업안전보건법」에 따른 승강기 관련 사업주의 안전·보건 관련 의무 및 근로자의 준수사항

⑤ **결과의 구분 및 입력기간**: 자체점검을 담당하는 사람은 자체점검을 마치면 지체 없이 자체점검 결과를 양호, 주의관찰 또는 긴급수리로 구분하여 관리주체에 통보해야 한다(승강기 안전관리법 시행령 제29조 제2항).

OX문제

승강기 실무경력이 2년 이상이고 법규에 따른 직무교육을 이수한 사람이 자체점검을 담당할 수 있다. (　　)

OX문제

자체점검을 담당하는 사람은 자체점검을 마치면 지체 없이 자체점검 결과를 양호, 주의관찰 또는 긴급수리로 구분하여 관리주체에 통보해야 한다. (　　)

정답 ×, ○

⑥ **보수 및 운행정지**: 관리주체는 자체점검 결과 승강기에 결함이 있다는 사실을 알았을 경우에는 즉시 보수하여야 하며, 보수가 끝날 때까지 해당 승강기의 운행을 중지하여야 한다(승강기 안전관리법 제31조 제2항).

⑦ **자체점검의 면제**: 위 ①에도 불구하고 다음의 어느 하나에 해당하는 승강기에 대해서는 자체점검의 전부 또는 일부를 면제할 수 있다(승강기 안전관리법 제31조 제3항).

　㉠ 다음의 어느 하나에 해당하여 승강기안전인증을 면제받은 승강기

　　ⓐ 연구·개발, 전시 또는 승강기안전인증을 위한 시험을 목적으로 제조하거나 수입하는 승강기로서 대통령령으로 정하는 승강기에 대하여 행정안전부령으로 정하는 바에 따라 행정안전부장관의 확인을 받은 경우

　　ⓑ 수출을 목적으로 수입하는 승강기로서 대통령령으로 정하는 승강기에 대하여 시·도의 조례로 정하는 바에 따라 해당 시·도지사의 확인을 받은 경우

　　ⓒ 수출을 목적으로 승강기를 제조하는 경우

　㉡ 안전검사에 불합격한 승강기

　㉢ 안전검사가 연기된 승강기

　㉣ 그 밖에 새로운 유지관리기법의 도입 등 대통령령(아래 ⑦의 ㉠)으로 정하는 사유에 해당하여 자체점검의 주기 조정이 필요한 승강기 기출

⑧ **자체점검의 주기 조정**

　㉠ 위 ⑦의 ㉣에서 '새로운 유지관리기법의 도입 등 대통령령으로 정하는 사유'란 다음의 어느 하나에 해당하는 경우를 말한다(승강기 안전관리법 시행령 제30조 제1항).

　　ⓐ 원격점검 및 실시간 고장 감시 등 행정안전부장관이 정하여 고시하는 원격관리기능이 있는 승강기를 관리하는 경우 기출

　　ⓑ 승강기의 유지관리를 업으로 하기 위해 등록을 한 자(이하 '유지관리업자'라 한다)가 「승강기 안전관리법」 제2조 제5호 각 목의 안전관리 활동을 모두 포함하는 포괄적인 유지관리 도급계약을 체결하여 승강기를 관리하는 경우

　　ⓒ 유지관리업자가 관리주체가 되는 계약을 체결하여 승강기를 관리하는 경우

　　ⓓ 안전관리우수기업으로 선정된 유지관리업자가 최근 2년 동안 안전검사에 합격한 승강기를 관리하는 경우

OX문제
관리주체는 행정안전부장관이 실시하는 안전검사에 불합격한 승강기에 대해서는 자체점검의 전부 또는 일부를 면제할 수 있다. ( )

OX문제
새로운 유지관리기법의 도입 등 대통령령으로 정하는 사유에 해당하여 자체점검의 주기 조정이 필요한 승강기에 대해서는 자체점검의 전부 또는 일부를 면제할 수 있다. ( )

OX문제
원격점검 및 실시간 고장 감시 등 행정안전부장관이 정하여 고시하는 원격관리기능이 있는 승강기를 관리하는 경우는 유지관리기법의 도입 등 대통령령으로 정하는 사유에 해당한다. ( )

정답 O, O, O

ⓔ 다른 법령에서 정하는 바에 따라 건축물이나 고정된 시설물에 설치하도록 의무화되지 않은 승강기(다음의 어느 하나에 해당하는 승강기는 제외한다)를 관리하는 경우
  ⅰ) 「건축법 시행령」에 따른 다중이용 건축물 및 준다중이용 건축물에 설치된 엘리베이터 중 사람이 탑승하는 용도의 엘리베이터
  ⅱ) 에스컬레이터
  ⅲ) 휠체어리프트
ⓒ 위 ㉠에 해당하는 경우의 관리주체는 관리하는 승강기에 대해 **3개월의 범위에서 자체점검의 주기를 조정할 수 있다**. 다만, 다음의 어느 하나에 해당하는 승강기의 경우에는 그렇지 않다(승강기 안전관리법 시행령 제30조 제2항).
  ⓐ 설치검사를 받은 날부터 15년이 지난 승강기
  ⓑ 최근 3년 이내에 중대한 사고가 발생한 승강기
  ⓒ 최근 1년 이내에 중대한 고장이 3회 이상 발생한 승강기
ⓒ 자체점검을 대행하는 유지관리업자는 위 ㉡의 본문에 따라 자체점검의 주기를 조정하려는 경우에는 미리 해당 관리주체의 서면 동의를 받아야 한다(승강기 안전관리법 시행령 제30조 제3항).
⑨ **자체점검의 대행**: 관리주체는 자체점검을 스스로 할 수 없다고 판단하는 경우에는 승강기의 유지관리를 업으로 하기 위하여 등록을 한 자로 하여금 이를 **대행하게 할 수 있다**(승강기 안전관리법 제31조 제4항).

(8) 승강기의 안전검사

① **승강기의 안전검사 종류**: 관리주체는 승강기에 대하여 **행정안전부장관**이 실시하는 다음의 안전검사(이하 '안전검사'라 한다)를 받아야 한다(승강기 안전관리법 제32조 제1항, 동법 시행규칙 제54조 제3항). 기출
  ㉠ **정기검사**: 설치검사 후 정기적으로 하는 검사. 이 경우 검사주기는 **2년 이하**로 하되, 다음의 사항을 고려하여 행정안전부령(아래 ②)으로 정하는 바에 따라 승강기별로 검사주기를 다르게 할 수 있다. 기출
    ⓐ 승강기의 종류 및 사용 연수
    ⓑ 중대한 사고 또는 중대한 고장의 발생 여부
    ⓒ 승강기가 설치되는 건축물 또는 고정된 시설물의 용도

OX문제
관리주체는 승강기에 대하여 국토교통부장관이 실시하는 안전검사를 받아야 한다.
( )

OX문제
정기검사의 검사주기는 3년 이하로 하되, 행정안전부령으로 정하는 바에 따라 승강기별로 검사주기를 다르게 할 수 있다. ( )

승강기 정기검사의 검사주기는 2년 이하로 하되, 승강기의 종류 및 사용 연수에 따라 승강기별로 검사주기를 다르게 하여서는 아니 된다.
( )

정답 ×, ×, ×

OX문제

승강기의 종류, 제어방식, 정격속도, 정격용량 또는 왕복운행거리를 변경한 경우 정밀안전검사를 받아야 한다.
( )

관리주체는 승강기의 제어반 또는 구동기를 교체한 경우에 행정안전부장관이 실시하는 수시검사를 받아야 한다.
( )

OX문제

관리주체는 설치검사를 받은 날부터 15년이 지난 경우에 해당할 때에는 행정안전부장관이 실시하는 정밀안전검사를 받고, 그 후 3년마다 정기적으로 정밀안전검사를 받아야 한다.
( )

승강기의 결함으로 중대한 사고 또는 중대한 고장이 발생한 경우 수시검사를 받아야 한다.
( )

승강기 설치검사를 받은 날부터 5년이 지난 경우 정밀안전검사를 받아야 한다.
( )

OX ⓛ **수시검사**: 다음의 어느 하나에 해당하는 경우에 하는 검사 기출
  ⓐ 승강기의 종류, 제어방식, 정격(기기의 사용조건 및 성능의 범위를 말한다)속도, 정격용량 또는 왕복운행거리를 변경한 경우[변경된 승강기에 대한 검사의 기준이 완화되는 경우 등 행정안전부령(아래 ③)으로 정하는 경우는 제외한다]
  ⓑ 승강기의 제어반(制御盤) 또는 구동기(驅動機)를 교체한 경우
  ⓒ 승강기에 사고가 발생하여 수리한 경우(아래 ⓒ의 ⓑ의 경우는 제외한다)
  ⓓ 관리주체가 요청하는 경우

OX ⓒ **정밀안전검사**: 다음의 어느 하나에 해당하는 경우에 하는 검사. 이 경우 ⓒ에 해당할 때에는 정밀안전검사를 받고, 그 후 3년마다 정기적으로 정밀안전검사를 받아야 한다. 기출
  ⓐ 정기검사 또는 수시검사 결과 결함의 원인이 불명확하여 사고 예방과 안전성 확보를 위하여 행정안전부장관이 정밀안전검사가 필요하다고 인정하는 경우
  ⓑ 승강기의 결함으로 중대한 사고 또는 중대한 고장이 발생한 경우
  ⓒ 설치검사를 받은 날부터 15년이 지난 경우
  ⓓ 그 밖에 승강기 성능의 저하로 승강기 이용자의 안전을 위협할 우려가 있어 행정안전부장관이 정밀안전검사가 필요하다고 인정한 경우

② **정기검사의 검사주기 등**
  ㉠ 위 ①의 ㉠의 ⓐ~ⓒ 외의 부분에 따른 정기검사의 검사주기는 1년(설치검사 또는 직전 정기검사를 받은 날부터 매 1년을 말한다)으로 한다(승강기 안전관리법 시행규칙 제54조 제1항).
  ㉡ 위 ㉠에도 불구하고 다음의 어느 하나에 해당하는 승강기의 경우에는 정기검사의 검사주기를 직전 정기검사를 받은 날부터 다음의 구분에 따른 기간으로 한다(승강기 안전관리법 시행규칙 제54조 제2항).
    ⓐ 설치검사를 받은 날부터 25년이 지난 승강기: 6개월. 다만 정기검사의 검사주기 도래일 전에 수시검사 또는 위 ①의 ⓒ의 ⓐ·ⓒ·ⓓ의 정밀안전검사를 받은 경우에는 해당 검사 직후의 정기검사에 한정하여 1년으로 한다.
    ⓑ 승강기의 결함으로 중대한 사고 또는 중대한 고장이 발생한 후 2년이 지나지 않은 승강기: 6개월

정답 ×, ○, ○, ×, ×

ⓒ 다음의 엘리베이터: 2년
　ⅰ) 화물용 엘리베이터
　ⅱ) 자동차용 엘리베이터
　ⅲ) 소형화물용 엘리베이터(Dumbwaiter)
ⓓ 「건축법 시행령」 [별표 1]에 따른 단독주택에 설치된 승강기: 2년

© 정기검사의 검사기간은 정기검사의 검사주기 도래일 전후 각각 30일 이내로 한다(승강기 안전관리법 시행규칙 제54조 제4항).

② 위 ©에 따른 정기검사의 검사기간 이내에 검사에 합격한 경우에는 정기검사의 검사주기 도래일에 정기검사를 받은 것으로 본다. 다만, 관리주체가 정기검사의 검사주기 도래일 전에 정기검사의 신청을 하였으나 관리주체의 귀책이 아닌 사유로 위 ©에 따른 정기검사의 검사기간을 초과하여 검사에 합격한 경우에는 정기검사의 검사주기 도래일에 정기검사를 받은 것으로 본다(승강기 안전관리법 시행규칙 제54조 제5항).

⑩ 위 ⊙ 및 ©의 규정에 따른 정기검사의 검사주기 도래일 전에 수시검사 또는 위 ①의 ©의 ⓐ, ⓑ, ⓓ에 따른 정밀안전검사를 받은 경우 해당 정기검사의 검사주기는 수시검사 또는 정밀안전검사를 받은 날부터 계산한다(승강기 안전관리법 시행규칙 제54조 제6항).

⑭ 안전검사가 연기된 경우 해당 정기검사의 검사주기는 연기된 안전검사를 받은 날부터 계산한다(승강기 안전관리법 시행규칙 제54조 제6항).

③ **수시검사의 제외 대상**: 위 ①의 ©의 ⓐ에서 '변경된 승강기에 대한 검사의 기준이 완화되는 경우 등 행정안전부령으로 정하는 경우'란 다음의 어느 하나에 해당하는 경우를 말한다(승강기 안전관리법 시행규칙 제55조).

⊙ 다음의 어느 하나에 해당하는 엘리베이터를 **승객용 엘리베이터로 변경한 경우**
　ⓐ 장애인용 엘리베이터
　ⓑ 소방구조용 엘리베이터
　ⓒ 피난용 엘리베이터

© 그 밖에 검사의 기준이 같은 수준으로 승강기의 종류가 변경된 경우로서 수시검사를 받지 않아도 되는 경우로 행정안전부장관이 인정하는 경우

④ **불합격 승강기의 운행금지 등**

⊙ 운행금지: 관리주체는 안전검사를 받지 아니하거나 안전검사에 불합격한 승강기를 운행할 수 없으며, 운행을 하려면 안전검사에 합격하여야 한다. 이 경우 관리주체는 안전검사에 불합격한 승강기에 대하여 행정안전부령(아래 ©)으로 정하는 기간에 안전검사를 다시 받아야 한다(승강기 안전관리법 제32조 제2항).

OX문제

승강기 정기검사의 검사기간은 정기검사의 검사주기 도래일 전후 30일 이내로 한다. (　　)

정답 ○

OX ⓛ **불합격 승강기에 대한 안전검사의 기한**: 위 ㉠에서 '행정안전부령으로 정하는 기간'이란 안전검사에 불합격한 날부터 4개월 이내를 말한다(승강기 안전관리법 시행규칙 제56조).

⑤ **검사의 연기**

OX ㉠ **검사의 연기**: 행정안전부장관은 행정안전부령(아래 ㉡)으로 정하는 바에 따라 위 ① 또는 ④에 따른 안전검사를 받을 수 없다고 인정하면 그 사유가 없어질 때까지 안전검사를 연기할 수 있다(승강기 안전관리법 제32조 제3항).

㉡ **승강기 안전검사의 연기 사유**: 위 ㉠에 따라 안전검사를 연기할 수 있는 사유는 다음과 같다(승강기 안전관리법 시행규칙 제57조 제1항). 기출
  ⓐ 승강기가 설치된 건축물이나 고정된 시설물에 중대한 결함이 있어 승강기를 정상적으로 운행하는 것이 불가능한 경우
  ⓑ 관리주체가 승강기의 운행을 중단한 경우(다른 법령에서 정하는 바에 따라 설치가 의무화된 승강기는 제외한다)
  ⓒ 그 밖에 천재지변 등 부득이한 사유가 발생한 경우

⑥ **안전검사의 기준 등**: 위 ①·④·⑤에서 규정한 사항 외에 안전검사의 기준·항목 및 방법 등에 필요한 사항은 행정안전부장관이 정하여 고시한다(승강기 안전관리법 제32조 제4항).

⑦ **안전검사의 면제**: 행정안전부장관은 다음의 구분에 따른 승강기에 대해서는 해당 안전검사를 면제할 수 있다(승강기 안전관리법 제33조).

㉠ 다음의 어느 하나에 해당하여 승강기안전인증을 면제받은 승강기: 안전검사
  ⓐ 연구·개발, 전시 또는 승강기안전인증을 위한 시험을 목적으로 제조하거나 수입하는 승강기로서 대통령령으로 정하는 승강기에 대하여 행정안전부령으로 정하는 바에 따라 행정안전부장관의 확인을 받은 경우
  ⓑ 수출을 목적으로 수입하는 승강기로서 대통령령으로 정하는 승강기에 대하여 시·도의 조례로 정하는 바에 따라 해당 시·도지사의 확인을 받은 경우
  ⓒ 수출을 목적으로 승강기를 제조하는 경우

OX ㉡ **정밀안전검사를 받았거나 정밀안전검사를 받아야 하는 승강기**: 해당 연도의 정기검사 기출

OX문제

승강기 관리주체는 안전검사에 불합격한 승강기에 대하여 안전검사에 불합격한 날부터 2개월 이내에 안전검사를 다시 받아야 한다. ( )

관리주체는 안전검사에 불합격한 승강기에 대하여 안전검사에 불합격한 날부터 3개월 이내에 안전검사를 다시 받아야 한다. ( )

OX문제

승강기의 안전검사는 정기검사, 임시검사, 정밀안전검사로 구분되며, 국토교통부장관은 안전검사를 받을 수 없다고 인정하면 그 사유가 없어질 때까지 안전검사를 연기할 수 있다. ( )

OX문제

정밀안전검사를 받아야 하는 승강기에 대해서는 해당 연도의 정기검사를 면제할 수 있다. ( )

정답 ×, ×, ×, ○

⑧ **검사합격증명서 등의 발급 및 관리**
  ⊙ 검사합격증명서의 발급: 행정안전부장관은 설치검사에 합격한 승강기의 제조·수입업자와 안전검사에 합격한 승강기의 관리주체에 대하여 행정안전부령으로 정하는 바에 따라 각각 검사합격증명서를 발급하여야 한다(승강기 안전관리법 제34조 제1항).
  ⓒ 운행금지 표지의 발급: 행정안전부장관은 설치검사에 불합격한 승강기의 제조·수입업자와 안전검사에 불합격한 승강기의 관리주체에 대하여 행정안전부령으로 정하는 바에 따라 각각 운행금지 표지를 발급하여야 한다(승강기 안전관리법 제34조 제2항).
  ⓒ 증명서 및 표지의 관리: 위 ⊙에 따른 검사합격증명서 또는 ⓒ에 따른 운행금지 표지를 발급받은 자는 그 증명서 또는 표지를 승강기 이용자가 잘 볼 수 있는 곳에 즉시 붙이고 훼손되지 아니하게 관리하여야 한다(승강기 안전관리법 제34조 제3항).
⑨ **「건축물관리법」에 따른 유지·관리에 관한 특례**: 관리주체가 안전검사를 받고 자체점검을 한 경우에는 「건축물관리법」 제12조에 따른 건축설비(승강기에 한정한다)의 유지·관리를 한 것으로 본다(승강기 안전관리법 제35조).

(9) 승강기 이용자의 의무

승강기 이용자는 승강기를 이용할 때 다음의 안전수칙을 준수하여야 한다(승강기 안전관리법 제46조, 동법 시행령 제36조).
① 승강기 출입문에 충격을 가하지 아니할 것
② 운행 중인 승강기에서 뛰거나 걷지 아니할 것
③ 정원을 초과하는 탑승 금지
④ 정격하중을 초과하는 화물의 적재 금지
⑤ 그 밖에 승강기의 종류별로 행정안전부장관이 정하여 고시하는 사항

(10) 사고 보고 및 사고 조사

① **사고 및 고장의 통보**: 관리주체(자체점검을 대행하는 유지관리업자를 포함한다)는 그가 관리하는 승강기로 인하여 다음의 어느 하나에 해당하는 사고 또는 고장이 발생한 경우에는 행정안전부령(아래 ④)으로 정하는 바에 따라 한국승강기안전공단에 통보하여야 한다(승강기 안전관리법 제48조 제1항).
  ⊙ 사람이 죽거나 다치는 등 대통령령(아래 ②)으로 정하는 중대한 사고(이하 '중대한 사고'라 한다)

OX문제
관리주체가 안전검사를 받고 자체점검을 한 경우에는 「건축물관리법」 제12조에 따른 승강기의 유지·관리를 한 것으로 본다. ( )

정답 ○

ⓒ 출입문이 열린 상태에서 승강기가 운행되는 경우 등 대통령령(아래 ③)으로 정하는 중대한 고장

② **중대한 사고의 종류**: 위 ①의 ㉠에서 '사람이 죽거나 다치는 등 대통령령으로 정하는 중대한 사고'란 다음의 어느 하나에 해당하는 사고를 말한다(승강기 안전관리법 시행령 제37조 제1항).

  ㉠ 사망자가 발생한 사고

  ㉡ 사고 발생일부터 7일 이내에 실시된 의사의 최초 진단 결과 1주 이상의 입원 치료가 필요한 부상자가 발생한 사고

  ㉢ 사고 발생일부터 7일 이내에 실시된 의사의 최초 진단 결과 3주 이상의 치료가 필요한 부상자가 발생한 사고

③ **중대한 고장의 종류**: 위 ①의 ㉡에서 '출입문이 열린 상태에서 승강기가 운행되는 경우 등 대통령령으로 정하는 중대한 고장'이란 다음의 구분에 따른 고장을 말한다(승강기 안전관리법 시행령 제37조 제2항).

  ㉠ 엘리베이터 및 휠체어리프트: 다음의 경우에 해당하는 고장

    ⓐ 출입문이 열린 상태로 움직인 경우

    ⓑ 출입문이 이탈되거나 파손되어 운행되지 않는 경우

    ⓒ 최상층 또는 최하층을 지나 계속 움직인 경우

    ⓓ 운행하려는 층으로 운행되지 않은 고장으로서 이용자가 운반구에 갇히게 된 경우(정전 또는 천재지변으로 인해 발생한 경우는 제외한다)

    ⓔ 운행 중 정지된 고장으로서 이용자가 운반구에 갇히게 된 경우(정전 또는 천재지변으로 인해 발생한 경우는 제외한다)

    ⓕ 운반구 또는 균형추(均衡鎚)에 부착된 매다는 장치 또는 보상수단(각각 그 부속품을 포함한다) 등이 이탈되거나 추락된 경우

  ㉡ 에스컬레이터: 다음의 경우에 해당하는 고장

    ⓐ 손잡이 속도와 디딤판 속도의 차이가 행정안전부장관이 고시하는 기준을 초과하는 경우

    ⓑ 하강 운행 과정에서 행정안전부장관이 고시하는 기준을 초과하는 과속이 발생한 경우

    ⓒ 상승 운행 과정에서 디딤판이 하강 방향으로 역행하는 경우

    ⓓ 과속 또는 역행을 방지하는 장치가 정상적으로 작동하지 않은 경우

    ⓔ 디딤판이 이탈되거나 파손되어 운행되지 않은 경우

OX문제

운행 중 정전으로 인하여 정지된 엘리베이터에 이용자가 갇히게 된 경우는 중대한 고장에 해당한다.　　(　　)

정답 ×

④ **사고 보고**: 관리주체(자체점검을 대행하는 유지관리업자를 포함한다)는 위 ①에 따라 중대한 사고 또는 중대한 고장이 발생한 경우에는 결함확인장치 등에 기록된 해당 사고 또는 고장에 관한 자료를 보존하고 **지체 없이** 다음의 사항을 공단에 알려야 한다(승강기 안전관리법 시행규칙 제69조 제1항).
  ㉠ 승강기가 설치된 건축물이나 고정된 시설물의 명칭 및 주소
  ㉡ 승강기 고유 번호
  ㉢ 사고 또는 고장 발생 일시
  ㉣ 사고 또는 고장 내용
  ㉤ 피해 정도(사람이 엘리베이터 또는 휠체어리프트 내에 갇힌 경우에는 갇힌 사람의 수와 구출한 자를 포함한다) 및 응급조치 내용

⑤ **사고현장의 보존**: 누구든지 중대한 사고가 발생한 경우에는 사고현장 또는 중대한 사고와 관련되는 물건을 이동시키거나 변경 또는 훼손하여서는 아니 된다. 다만, 인명구조 등 긴급한 사유가 있는 경우에는 그러하지 아니하다(승강기 안전관리법 제48조 제2항).

⑥ **사고조사**
  ㉠ 한국승강기안전공단은 위 ①에 따라 통보받은 내용을 행정안전부장관, 시·도지사 및 승강기사고조사위원회에 보고하여야 한다(승강기 안전관리법 제48조 제3항).
  ㉡ 행정안전부장관은 위 ㉠에 따라 보고받은 승강기 사고의 재발 방지 및 예방을 위하여 필요하다고 인정할 경우에는 승강기 사고의 원인 및 경위 등에 관한 조사를 할 수 있으며, 관리주체 등에게 행정안전부령으로 정하는 바에 따라 폐쇄회로 텔레비전(CCTV) 영상정보와 피해 사실을 알 수 있는 자료 등을 요청할 수 있다(승강기 안전관리법 제48조 제4항).

⑦ **추가조사**
  ㉠ 행정안전부장관은 위 ⑥의 ㉡에 따른 승강기 사고 조사의 결과 중대한 사고 등 대통령령(아래 ㉡)으로 정하는 사고의 원인 및 경위에 대한 추가적인 조사가 필요하다고 인정하는 경우에는 승강기사고조사위원회를 구성하여 그 승강기사고조사위원회로 하여금 사고 조사를 하게 할 수 있다(승강기 안전관리법 제49조 제1항).
  ㉡ 위 ㉠에서 '중대한 사고 등 대통령령으로 정하는 사고'란 다음의 어느 하나에 해당하는 사고를 말한다(승강기 안전관리법 시행령 제38조).

ⓐ 위 ①의 ㉠에 따른 중대한 사고(위 ⑥의 ㉡에 따른 승강기 사고 조사의 결과 이용자의 고의 또는 과실로 인한 사고는 제외한다)

ⓑ 위 ①의 ㉡에 따른 중대한 고장으로 인해 이용자가 다친 사고로서 고장 발생일부터 7일 이내에 실시된 의사의 최초 진단 결과 그 이용자에게 1주 이상의 치료가 필요한 피해가 발생한 사고(위 ⑥의 ㉡에 따른 승강기 사고 조사의 결과 이용자의 고의 또는 과실로 인한 사고는 제외한다)

㉢ 행정안전부장관은 위 ㉠에 따른 승강기사고조사위원회의 사고 조사 결과 등을 토대로 승강기 사고의 재발 방지를 위한 대책을 마련하여 시·도지사, 한국승강기안전공단, 지정인증기관 또는 지정검사기관에 권고할 수 있다(승강기 안전관리법 제49조 제2항).

(11) 승강기 운행정지명령 등

① **통보**: 행정안전부장관은 승강기가 다음의 어느 하나에 해당하는 경우에는 그 사실을 특별자치시장·특별자치도지사 또는 시장·군수·구청장(구청장은 자치구의 구청장을 말한다. 이와 같다)에게 통보하여야 한다(승강기 안전관리법 제50조 제1항).

㉠ 설치검사를 받지 아니하거나 설치검사에 불합격한 경우

㉡ 안전검사를 받지 아니하거나 안전검사에 불합격한 경우

② **운행정지 명령**: 특별자치시장·특별자치도지사 또는 시장·군수·구청장은 승강기가 다음의 어느 하나에 해당하는 경우에는 그 사유가 없어질 때까지 해당 승강기의 운행정지를 명할 수 있다(승강기 안전관리법 제50조 제2항).

㉠ 설치검사를 받지 아니한 경우

㉡ 자체점검을 하지 아니한 경우

㉢ 자체점검의 결과 승강기에 결함이 있다는 사실을 알았을 경우로서 보수가 끝날 때까지 해당 승강기의 운행을 중지하지 아니하는 경우

㉣ 안전검사를 받지 아니한 경우

㉤ 안전검사가 연기된 경우

㉥ 그 밖에 승강기로 인하여 중대한 위해가 발생하거나 발생할 우려가 있다고 인정하는 경우

③ **운행정지 표지의 발급**: 특별자치시장·특별자치도지사 또는 시장·군수·구청장은 위 ②에 따라 승강기의 운행정지를 명할 때에는 관리주체

에게 행정안전부령으로 정하는 운행정지 표지를 발급하여야 한다(승강기 안전관리법 제50조 제3항).

④ **표지의 관리**: 관리주체는 위 ③에 따라 발급받은 표지를 행정안전부령(아래 ⑤)으로 정하는 바에 따라 이용자가 잘 볼 수 있는 곳에 즉시 붙이고 훼손되지 아니하게 관리하여야 한다(승강기 안전관리법 제50조 제4항).

⑤ **표지의 부착**: 관리주체는 위 ③에 따라 발급받은 승강기의 운행정지 표지를 위 ④에 따라 이용자가 잘 볼 수 있도록 다음의 구분에 따른 장소에 붙여야 한다(승강기 안전관리법 시행규칙 제71조 제2항).
  ㉠ 엘리베이터: 엘리베이터 출입문의 중앙
  ㉡ 에스컬레이터: 탑승하는 승강장 입구 바닥의 중앙
  ㉢ 휠체어리프트: 다음의 구분에 따른 장소
    ⓐ 수직형 휠체어리프트: 수직형 휠체어리프트 출입문의 중앙
    ⓑ 경사형 휠체어리프트: 제어반 개폐문의 중앙 및 운반구 바닥의 중앙

(12) 벌칙

① **3년 이하의 징역 또는 3천만원 이하의 벌금**: 다음의 어느 하나에 해당하는 자는 3년 이하의 징역 또는 3천만원 이하의 벌금에 처한다(승강기 안전관리법 제80조 제1항).
  ㉠ 설치검사에 불합격한 승강기를 운행하게 하거나 운행한 자
  ㉡ 안전검사에 불합격한 승강기를 운행한 자
  ㉢ 운행정지 명령을 위반한 자

② **1년 이하의 징역 또는 1천만원 이하의 벌금**: 다음의 어느 하나에 해당하는 자는 1년 이하의 징역 또는 1천만원 이하의 벌금에 처한다(승강기 안전관리법 제80조 제2항).
  ㉠ 설치검사를 받지 아니하고 승강기를 운행하게 하거나 운행한 자
  ㉡ 자체점검의 결과 승강기에 결함이 있다는 사실을 알고도 보수를 하지 아니하고 승강기를 운행하여 중대한 사고를 발생하게 한 자
  ㉢ 안전검사를 받지 아니하고 승강기를 운행한 자

③ **1천만원 이하의 과태료**: 자체점검을 담당할 자격을 갖추지 아니한 사람으로 하여금 자체점검 업무를 수행하게 한 자에게는 1천만원 이하의 과태료를 부과한다(승강기 안전관리법 제82조 제1항).

④ **500만원 이하의 과태료**: 다음의 어느 하나에 해당하는 자에게는 500만원 이하의 과태료를 부과한다(승강기 안전관리법 제82조 제2항).
  ㉠ 승강기의 설치 사실을 신고하지 아니한 자
  ㉡ 책임보험에 가입하지 아니한 자
  ㉢ 자체점검을 하지 아니한 자 기출
  ㉣ 자체점검 결과를 승강기안전종합정보망에 입력하지 아니하거나 거짓으로 입력한 자 기출
  ㉤ 자체점검의 결과 승강기에 결함이 있다는 사실을 알았을 경우로서 보수가 끝날 때까지 승강기 운행을 중지하지 아니한 자 또는 운행의 중지를 방해한 자

⑤ **300만원 이하의 과태료**: 다음의 어느 하나에 해당하는 자에게는 300만원 이하의 과태료를 부과한다(승강기 안전관리법 제82조 제3항).
  ㉠ 승강기관리교육을 받지 아니하거나 받게 하지 아니한 자
  ㉡ 안전검사에 불합격한 승강기에 대하여 안전검사를 다시 받지 아니한 자
  ㉢ 설치검사 및 안전검사에 불합격한 경우 운행금지 표지를 붙이지 아니하거나 잘 볼 수 없는 곳에 붙이거나 훼손되게 관리한 자
  ㉣ 특별자치시장·특별자치도지사 또는 시장·군수·구청장이 운행정지명령을 위해 발급한 운행정지 표지를 붙이지 아니하거나 잘 볼 수 없는 곳에 붙이거나 훼손되게 관리한 자

⑥ **100만원 이하의 과태료**: 다음의 어느 하나에 해당하는 자에게는 100만원 이하의 과태료를 부과한다(승강기 안전관리법 제82조 제4항).
  ㉠ 승강기 안전관리자의 선임 또는 변경 통보를 하지 아니한 자
  ㉡ 안전검사합격증명서를 붙이지 아니하거나 잘 볼 수 없는 곳에 붙이거나 훼손되게 관리한 자

3. 승강기의 구성장치

(1) 권상기

권상기는 전동기, 제동기, 감속기, 견인구차, 로프, 균형추 등으로 이루어진다.
① **전동기**(Motor): 교류전동기, 직류전동기의 2종이 있다.
② **제동기**(Brake)
  ㉠ 전기식 제동기: 역회전력을 이용하여 감속시킨다.

ⓒ **기계식 제동기**: 전동기의 제동 바퀴를 브레이크로 줄인다.
　③ **감속기**: 무음, 무충격을 요한다.
　　㉠ **기어식**: 웜기어로 전동기를 회전하여 감속한다.
　　ⓒ **기어리스식**: 전동기의 제동 바퀴를 브레이크로 줄인다.
　④ **견인구차**(Sheave, 도르래)
　　㉠ 로프에 무리를 주지 않기 위해 로프 지름의 40~48배의 직경을 사용한다.
　　ⓒ 미끄럼 방지를 위해 마찰력을 크게 한다.
　⑤ **로프**(Rope)
　　㉠ 내구성면에서 안전율 20 이상
　　ⓒ 승용엘리베이터의 카나 균형추를 매단 로프는 각각 3본 이상, 12mm 이상
　⑥ **균형추**(Counter Weight): 권상기의 부하를 가볍게 하고자 카의 반대측 로프에 장치한다.

(2) 승강 카(Car Cage)

승강 카는 승객 또는 화물을 운반하는 용기로 그 목적에 따라 구조도 다르며, 1인당 하중 75kg을 최대 정원으로 한다.

(3) 가이드 레일(Guide Rail)

승강로 내의 양 측면에 케이지용, 균형추용 각 1개씩의 레일이 설치되어 있다. 이는 승강 카 및 균형추에 상하 이동 시 승강로 벽에 부딪침 없이 운동하기 위해 흔들림을 잡아준다.

(4) 안전장치

　① **전자 브레이크**: 전동기의 토크 손실이 생겼을 때 엘리베이터를 정지시킨다.
　② **조속기**: 승강 카가 과속했을 때 작동한다. 카의 속도가 정격속도의 120%가 되면 정지시키는 장치이다.
　③ **비상정지버튼**: 케이지 안에 있는 것으로 비상시엔 급정지시킨다.
　④ **종점스위치**(스토핑스위치): 최상층이나 최하층에서 케이지를 자동적으로 정지시킨다.

⑤ **리미트스위치**(제한스위치): 종점스위치가 고장났을 때 작동, 주회로를 차단하여 전동기를 정지시킴과 동시에 전자브레이크를 작동시켜 케이지를 급정지시킨다. 즉, 카가 최상층이나 최하층에서 정상 운행 위치를 벗어나 그 이상으로 운행하는 것을 방지한다. 기출

⑥ **도어스위치**: 문이 완전히 닫히지 않았을 때 운전되지 않도록 하는 장치이다.

⑦ **안전스위치**: 케이지 위에 있는 것으로 보수 점검 시 사용하는 장치이다.

⑧ **완충기**: 비상정지장치가 작동하지 않아 케이지가 미끄러져 떨어지거나 초과부하로 브레이크가 듣지 않아 케이지가 미끄러져 떨어질 때 승강로 밑바닥에 격돌하는 것을 방지한다.

⑨ **리타이어링 캠**: 카의 문과 승차장의 문을 동시에 개폐한다.

CHAPTER 02 환경관리

회독체크 1 2 3

CHAPTER 미리보기

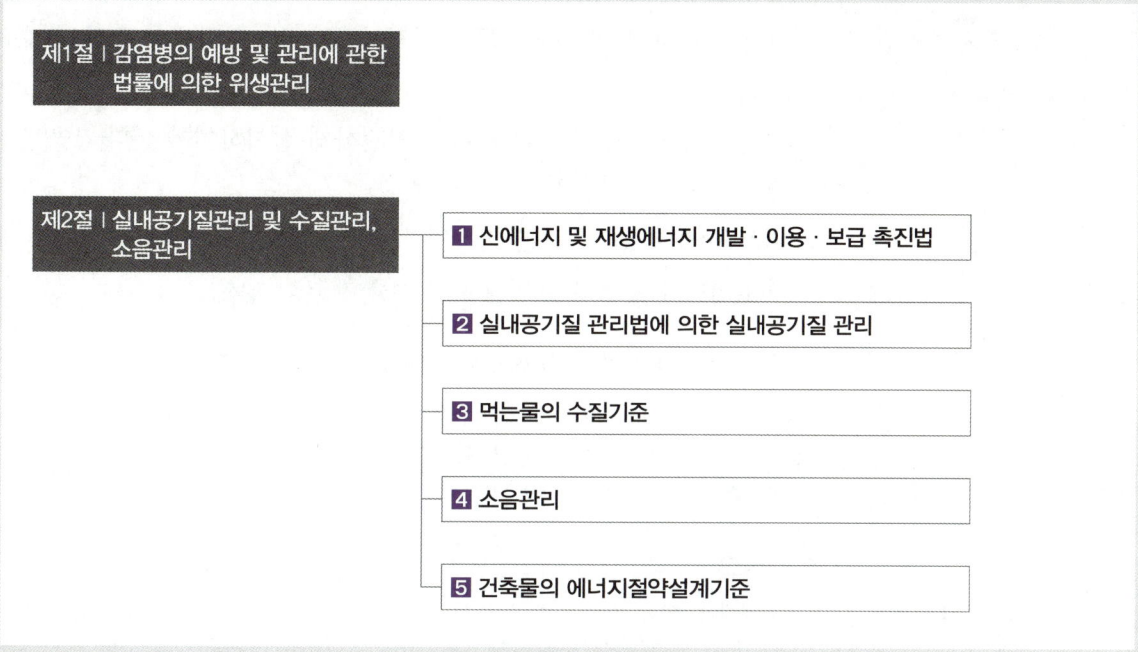

학습키워드

- 신축 공동주택의 실내공기질 관리
- 먹는물의 수질기준
- 공동주택 층간소음의 방지
- 건축물의 에너지절약설계기준

제1절 감염병의 예방 및 관리에 관한 법률에 의한 위생관리

1. 소독의무

(1) 행정관청의 소독의무

① 특별자치시장·특별자치도지사 또는 시장·군수·구청장은 감염병을 예방하기 위하여 청소나 소독을 실시하거나 쥐, 위생해충 등의 구제조치(이하 '소독'이라 한다)를 하여야 한다. 이 경우 소독은 사람의 건강과 자연에 유해한 영향을 최소화하여 안전하게 실시하여야 한다(감염병의 예방 및 관리에 관한 법률 제51조 제1항).

② **위임규정**: 위 ①에 따른 소독의 기준과 방법은 보건복지부령으로 정한다(감염병의 예방 및 관리에 관한 법률 제51조 제2항).

별표 6 소독의 방법(감염병의 예방 및 관리에 관한 법률 시행규칙) 기출

1. 청소
 오물 또는 오염되었거나 오염이 의심되는 물건을 수집하여 「폐기물관리법」에 따라 위생적인 방법으로 안전하게 처리해야 한다.

2. 소독
 ① 소각: 오염되었거나 오염이 의심되는 소독대상 물건 중 소각해야 할 물건을 불에 완전히 태워야 한다.
 ② 증기소독: 유통증기(流通蒸氣)를 사용하여 소독기 안의 공기를 빼고 1시간 이상 섭씨 100도 이상의 증기소독을 해야 한다. 다만, 증기소독을 할 경우 더럽혀지고 손상될 우려가 있는 물건은 다른 방법으로 소독을 해야 한다.
 ③ 끓는 물 소독: 소독할 물건을 30분 이상 섭씨 100도 이상의 물속에 넣어 살균해야 한다.
 ④ 약물소독: 다음의 약품을 소독대상 물건에 뿌려야 한다.
  ㉠ 석탄산수(석탄산 3% 수용액)
  ㉡ 크레졸수(크레졸액 3% 수용액)
  ㉢ 승홍수(승홍 0.1%, 식염수 0.1%, 물 99.8% 혼합액)
  ㉣ 생석회(대한약전 규격품)
  ㉤ 크롤칼키수(크롤칼키 5% 수용액)
  ㉥ 포르말린(대한약전 규격품)
  ㉦ 그 밖의 소독약을 사용하려는 경우에는 석탄산 3% 수용액에 해당하는 소독력이 있는 약제를 사용해야 한다.
 ⑤ 일광소독: 의류·침구·용구·도서·서류나 그 밖의 물건으로서 위 ①부터 ④까지의 규정에 따른 소독방법을 따를 수 없는 경우에는 일광소독을 하여야 한다.

3. 질병매개곤충 방제
    ① 물리적·환경적 방법
        ㉠ 서식 장소를 완전히 제거하여 질병매개곤충이 서식하지 못하게 한다.
        ㉡ 질병매개곤충의 발생이나 유입을 막기 위한 시설을 설치해야 한다.
        ㉢ 질병매개곤충의 종류에 따른 적절한 덫을 사용하여 밀도를 낮추어야 한다.
    ② 화학적 방법
        ㉠ 질병매개곤충에 맞는 곤충 성장 억제제 또는 살충제를 사용하여 유충과 성충을 제거해야 한다.
        ㉡ 잔류성 살충제를 사용하여 추가적인 유입을 막아야 한다.
        ㉢ 살충제 처리가 된 창문스크린이나 모기장을 사용해야 한다.
    ③ 생물학적 방법
        ㉠ 모기 방제를 위하여 유충을 잡아먹는 천적(미꾸라지, 송사리, 잠자리 유충 등)을 이용한다.
        ㉡ 모기유충 서식처에 미생물 살충제를 사용한다.
4. 쥐의 방제
    ① 위생적 처리
        ㉠ 음식 찌꺼기통이나 쓰레기통의 용기는 밀폐하거나 뚜껑을 덮어 먹이 제공을 방지해야 한다.
        ㉡ 쓰레기 더미, 퇴비장, 풀이 우거진 담장 등의 쥐가 숨어있는 곳을 사전에 제거함으로써 서식처를 제거한다.
    ② 건물의 출입문, 환기통, 배관, 외벽, 외벽과 창문 및 전선 등을 통하여 쥐가 침입하지 못하도록 방서처리를 하여야 한다.
    ③ 쥐약을 적당량 사용하여 쥐를 방제한다.
5. 소독약품의 사용
    살균·살충·쥐잡기 등의 소독에 사용하는 상품화된 약품은 「생활화학제품 및 살생물제의 안전관리에 관한 법률」 제3조 제4호에 따른 안전확인대상 생활화학제품(살균제품 및 구제제품으로 한정한다) 또는 같은 조 제8호에 따른 살생물제품(살균제류 및 구제제류로 한정한다)으로서 환경부장관의 승인을 받은 제품을 용법·용량에 따라 안전하게 사용해야 한다.

(2) 관리·운영하는 자의 소독의무

공동주택, 숙박업소 등 여러 사람이 거주하거나 이용하는 시설 중 대통령령으로 정하는 시설을 관리·운영하는 자는 보건복지부령으로 정하는 바에 따라 감염병 예방에 필요한 소독을 하여야 한다(감염병의 예방 및 관리에 관한 법률 제51조 제3항).

① **소독을 하여야 하는 공동주택**: 「공동주택관리법」에 따른 공동주택(300세대 이상인 경우만 해당한다)(감염병의 예방 및 관리에 관한 법률 시행령 제24조 제13호)

② **소독의 횟수 등**: 소독을 하여야 하는 시설을 관리·운영하는 자는 다음의 소독횟수 기준에 의한 소독을 하여야 한다(감염병의 예방 및 관리에 관한 법률 시행규칙 제36조 제4항 별표 7). 기출

소독을 해야 하는 시설의 종류	소독 횟수	
	4월부터 9월까지	10월부터 3월까지
「주택법」에 따른 공동주택 (300세대 이상인 경우만 해당한다)	1회 이상/3개월	1회 이상/6개월

2. 공동주택의 소독실시

위 1. (2)에 따라 소독을 하여야 하는 시설의 관리·운영자는 아래 3.에 따라 소독업의 신고를 한 자에게 소독하게 하여야 한다. 다만, 「공동주택관리법」에 따른 주택관리업자가 아래 3.에 따른 소독장비를 갖추었을 때에는 그가 관리하는 공동주택은 직접 소독할 수 있다(감염병의 예방 및 관리에 관한 법률 제51조 제4항).

3. 소독업의 신고

소독을 업으로 하려는 자(위 2.의 단서에 따른 주택관리업자는 제외한다)는 보건복지부령으로 정하는 시설·장비 및 인력을 갖추어 특별자치시장·특별자치도지사 또는 시장·군수·구청장에게 신고하여야 한다. 신고한 사항을 변경하려는 경우에도 또한 같다(감염병의 예방 및 관리에 관한 법률 제52조 제1항).

4. 소독의 실시 등

(1) 소독업자의 소독기준

소독업자는 위 1. (1) [별표 6]에서 정하는 기준과 방법에 따라 소독하여야 한다(감염병의 예방 및 관리에 관한 법률 제54조 제1항, 동법 시행규칙 제40조 제1항).

(2) 소독증명서의 발급

소독을 실시한 소독업자는 소독증명서를 소독을 실시한 시설의 관리·운영자에게 발급하여야 한다(감염병의 예방 및 관리에 관한 법률 시행규칙 제40조 제2항).

(3) 소독실시대장

소독업자가 소독하였을 때에는 소독실시대장에 소독에 관한 사항을 기록하고, 이를 2년간 보존하여야 한다(감염병의 예방 및 관리에 관한 법률 제54조 제2항, 동법 시행규칙 제40조 제3항).

5. 과태료

공동주택을 관리·운영하는 자로서 소독을 실시하지 아니한 자는 100만원 이하의 과태료에 처한다(감염병의 예방 및 관리에 관한 법률 제83조 제3항 제3호).

제2절 실내공기질관리 및 수질관리, 소음관리

1 신에너지 및 재생에너지 개발·이용·보급 촉진법

1. 목적

신에너지 및 재생에너지의 기술개발 및 이용·보급 촉진과 신에너지 및 재생에너지 산업의 활성화를 통하여 에너지원을 다양화하고, 에너지의 안정적인 공급, 에너지 구조의 환경친화적 전환 및 온실가스 배출의 감소를 추진함으로써 환경의 보전, 국가경제의 건전하고 지속적인 발전 및 국민복지의 증진에 이바지함을 목적으로 한다(신에너지 및 재생에너지 개발·이용·보급 촉진법 제1조).

2. 용어의 정의

「신에너지 및 재생에너지 개발·이용·보급·촉진법」에서 사용하는 용어의 뜻은 다음과 같다(신에너지 및 재생에너지 개발·이용·보급 촉진법 제2조).

① **신에너지**: 기존의 **화석연료**를 변환시켜 이용하거나 수소·산소 등의 화학 반응을 통하여 전기 또는 열을 이용하는 에너지로서 다음의 어느 하나에 해당하는 것을 말한다. 기출
  ㉠ **수소에너지**
  ㉡ **연료전지**
  ㉢ 석탄을 액화·가스화한 에너지 및 중질잔사유(重質殘渣油)를 가스화한 에너지로서 대통령령으로 정하는 기준 및 범위에 해당하는 에너지
  ㉣ 그 밖에 석유·석탄·원자력 또는 천연가스가 아닌 에너지로서 대통령령으로 정하는 에너지

② **재생에너지**: 햇빛·물·지열(地熱)·강수(降水)·생물유기체 등을 포함하는 재생 가능한 에너지를 변환시켜 이용하는 에너지로서 다음의 어느 하나에 해당하는 것을 말한다. 기출

- ㉠ 태양에너지
- ㉡ 풍력
- ㉢ 수력
- ㉣ 해양에너지
- ㉤ 지열에너지
- ㉥ 생물자원을 변환시켜 이용하는 **바이오에너지**로서 대통령령으로 정하는 기준 및 범위에 해당하는 에너지
- ㉦ **폐기물에너지**(비재생폐기물로부터 생산된 것은 제외한다)로서 대통령령으로 정하는 기준 및 범위에 해당하는 에너지
- ㉧ 그 밖에 석유·석탄·원자력 또는 천연가스가 아닌 에너지로서 대통령령으로 정하는 에너지

③ **신에너지 및 재생에너지 설비**(이하 '신·재생에너지 설비'라 한다): 신에너지 및 재생에너지(이하 '신·재생에너지'라 한다)를 생산 또는 이용하거나 신·재생에너지의 전력계통 연계조건을 개선하기 위한 설비로서 산업통상자원부령으로 정하는 것을 말한다.

④ **신·재생에너지 발전**: 신·재생에너지를 이용하여 전기를 생산하는 것을 말한다.

⑤ **신·재생에너지 발전사업자**: 「전기사업법」 제2조 제4호에 따른 발전사업자 또는 같은 조 제19호에 따른 자가용 전기설비를 설치한 자로서 신·재생에너지 발전을 하는 사업자를 말한다.

2 실내공기질 관리법에 의한 실내공기질 관리

1. 「실내공기질 관리법」의 목적

「실내공기질 관리법」은 다중이용시설, 신축되는 공동주택 및 대중교통차량의 실내공기질을 알맞게 유지하고 관리함으로써 그 시설을 이용하는 국민의 건강을 보호하고 환경상의 위해를 예방함을 목적으로 한다(실내공기질 관리법 제1조).

2. 용어의 정의

「실내공기질 관리법」에서 사용하는 용어의 정의는 다음과 같다(실내공기질 관리법 제2조).

① **다중이용시설**: 불특정 다수인이 이용하는 시설을 말한다.
② **공동주택**: 「건축법」에 따른 공동주택을 말한다.
③ **대중교통차량**: 불특정인을 운송하는 데 이용되는 차량을 말한다.
④ **오염물질**: 실내공간의 공기오염의 원인이 되는 가스와 떠다니는 입자상 물질 등으로서 다음의 것을 말한다(실내공기질 관리법 시행규칙 제2조 별표 1).
  ㉠ 미세먼지(PM-10)
  ㉡ 이산화탄소(CO_2; Carbon Dioxide)
  ㉢ 폼알데하이드(Formaldehyde)
  ㉣ 총부유세균(TAB; Total Airborne Bacteria)
  ㉤ 일산화탄소(CO; Carbon Monoxide)
  ㉥ 이산화질소(NO_2; Nitrogen Dioxide)
  ㉦ 라돈(Rn; Radon)
  ㉧ 휘발성유기화합물(VOCs; Volatile Organic Compounds)
  ㉨ 석면(Asbestos)
  ㉩ 오존(O_3; Ozone)
  ㉪ 초미세먼지(PM-2.5)
  ㉫ 곰팡이(Mold)
  ㉬ 벤젠(Benzene)
  ㉭ 톨루엔(Toluene)
  ㉮ 에틸벤젠(Ethylbenzene)
  ㉯ 자일렌(Xylene)
  ㉰ 스티렌(Styrene)
⑤ **환기설비**: 오염된 실내공기를 밖으로 내보내고 신선한 바깥공기를 실내로 끌어들여 실내공간의 공기를 쾌적한 상태로 유지시키는 설비를 말한다.
⑥ **공기정화설비**: 실내공간의 오염물질을 없애거나 줄이는 설비로서 환기설비의 안에 설치되거나, 환기설비와는 따로 설치된 것을 말한다.

3. 적용대상 공동주택

「실내공기질 관리법」의 적용대상이 되는 공동주택은 다음의 공동주택으로서 100세대 이상으로 신축되는 것으로 한다(실내공기질 관리법 제3조 제2항, 동법 시행령 제2조 제3항).

① 아파트
② 연립주택
③ 기숙사

4. 신축 공동주택의 실내공기질 관리

(1) 실내공기질 측정 및 공고 OX

① **측정 및 공고**: 신축되는 공동주택의 시공자는 환경부령으로 정하는 바에 따라 선정된 입주예정자의 입회하에 시공이 완료된 공동주택의 실내공기질을 스스로 측정하거나 환경부령으로 정하는 자(아래 ②)로 하여금 측정하도록 하여 그 측정결과를 특별자치시장·특별자치도지사·시장·군수·구청장에게 제출하고, 입주 개시 전에 입주민들이 잘 볼 수 있는 장소에 공고하여야 한다(실내공기질 관리법 제9조 제1항). 기출

② 위 ①에서 '환경부령으로 정하는 자'란 「환경분야 시험·검사 등에 관한 법률」에 따른 측정대행업자(이하 '측정대행업자'라 한다)를 말한다(실내공기질 관리법 시행규칙 제7조 제1항).

(2) 측정결과의 보고 및 공개

특별자치시장·특별자치도지사·시장·군수·구청장은 위 (1)에 따라 제출된 측정결과를 환경부장관에게 보고하여야 하며 공보 또는 인터넷 홈페이지 등을 통하여 공개할 수 있다(실내공기질 관리법 제9조 제2항).

(3) 신축 공동주택의 실내공기질 측정항목 등

① **위임규정**: 위 (1)에 따른 실내공기질의 측정항목·방법, 측정결과의 제출·공고시기·장소 등에 관하여 필요한 사항은 환경부령으로 정한다(실내공기질 관리법 제9조 제3항).

OX ② **측정기준**: 신축 공동주택의 시공자가 위 (1)에 따라 실내공기질을 스스로 측정하거나 측정대행업자로 하여금 측정하도록 하는 경우에는 「환경분야 시험·검사 등에 관한 법률」에 따른 환경오염공정시험기준에 따른다(실내공기질 관리법 시행규칙 제7조 제2항).

OX ③ **측정항목**: 신축 공동주택의 실내공기질 측정항목은 다음과 같다(실내공기질 관리법 시행규칙 제7조 제3항). 기출

㉠ 폼알데하이드
㉡ 벤젠

OX문제

신축되는 공동주택의 시공자는 시공이 완료된 공동주택의 실내공기질을 측정하여 그 측정결과를 입주 개시 후에 입주민이 잘 볼 수 있는 장소에 공고하여야 한다. (　)

OX문제

신축 공동주택의 시공자는 실내공기질을 측정하는 경우에는 「환경분야 시험·검사 등에 관한 법률」에 따른 환경오염공정시험기준에 따라 하여야 한다. (　)

OX문제

신축 공동주택의 시공자가 실내공기질을 측정하는 항목에는 폼알데하이드와 휘발성유기화합물이 포함된다. (　)

신축 공동주택의 실내공기질 측정항목에는 폼알데하이드, 벤젠, 톨루엔, 에틸벤젠, 자일렌, 스티렌, 라돈이 있다. (　)

정답 ×, ○, ×, ○

ⓒ 톨루엔

ⓔ 에틸벤젠

ⓜ 자일렌

ⓗ 스티렌

ⓢ 라돈

④ **측정결과 제출기간**: 신축 공동주택의 시공자는 위 **(1)**에 따라 실내공기질을 측정한 경우 주택 실내공기질 측정결과 보고(공고)에 신축 공동주택의 실내공기질 측정결과서 원본을 첨부하여 주민 입주 7일 전까지 특별자치시장·특별자치도지사·시장·군수·구청장(자치구의 구청장을 말한다. 이하 같다)에게 제출해야 한다(실내공기질 관리법 시행규칙 제7조 제4항).

⑤ **측정결과 공고기간**: 위 **(1)**에 따라 신축 공동주택의 시공자는 위 ④에 따라 작성한 주택 실내공기질 측정결과 보고(공고)를 주민 **입주 7일 전부터 60일간** 다음의 장소 등에 주민들이 잘 볼 수 있도록 공고해야 한다(실내공기질 관리법 시행규칙 제7조 제5항).

㉠ 공동주택 관리사무소 입구 게시판

㉡ 각 공동주택 출입문 게시판

㉢ 시공자의 인터넷 홈페이지

⑥ **측정결과의 공개**: 특별시장·광역시장·특별자치시장·도지사 또는 특별자치도지사(이하 '시·도지사'라 한다) 또는 시장·군수·구청장은 위 ④에 따른 실내공기질 측정결과를 공보 또는 인터넷 홈페이지 등에 공개할 수 있다(실내공기질 관리법 시행규칙 제7조 제6항).

(4) 신축 공동주택의 실내공기질 권고기준 기출 OX

신축 공동주택의 쾌적한 공기질 유지를 위한 실내공기질 권고기준은 다음과 같다(실내공기질 관리법 제9조 제4항, 동법 시행규칙 제7조의2 별표 4의2).

① 폼알데하이드 210μg/m³ 이하

② 벤젠 30μg/m³ 이하

③ 톨루엔 1,000μg/m³ 이하

④ 에틸벤젠 360μg/m³ 이하

⑤ 자일렌 700μg/m³ 이하

⑥ 스티렌 300μg/m³ 이하

⑦ 라돈 148Bq/m³ 이하

OX문제

주택 실내공기질 측정결과 보고(공고)는 주민입주 7일 전부터 30일간 주민들에게 공고하여야 한다. ( )

OX문제

신축 공동주택의 실내공기질 유지기준은 규정되어 있지 않다. ( )

신축 공동주택의 실내공기질 권고기준은 폼알데하이드 120μg/m³ 이하, VOCs(총휘발성유기화합물) 500μg/m³ 이하이다. ( )

신축 공동주택의 실내공기질 권고기준으로 벤젠은 300μg/m³ 이하이다. ( )

신축 공동주택의 실내공기질 권고기준으로 톨루엔은 1,200μg/m³ 이하이다. ( )

신축 공동주택의 실내공기질 권고기준으로 에틸벤젠은 400μg/m³ 이하이다. ( )

신축 공동주택의 실내공기질 권고기준으로 자일렌은 900μg/m³ 이하이다. ( )

신축 공동주택의 실내공기질 권고기준으로 스티렌은 500μg/m³ 이하이다. ( )

신축 공동주택의 실내공기질 권고기준에서 라돈은 148Bq/m³ 이하이다. ( )

정답 ×, ○, ×, ×, ×, ×, ×, ×, ○

(5) 실내공기질 관리지침

환경부장관은 신축 공동주택의 소유자 등이 실내공기질을 알맞게 유지·관리함으로써 쾌적한 실내환경에서 생활할 수 있도록 하기 위하여 공동주택의 실내공기질 관리지침을 개발하여 보급할 수 있다(실내공기질 관리법 제9조 제5항).

5. 오염물질 방출 건축자재의 사용제한

(1) 건축자재의 사용제한

① 다중이용시설 또는 공동주택(주택법에 따른 건강친화형 주택은 제외한다)을 설치(기존 시설 또는 주택의 개수 및 보수를 포함한다)하는 자는 다음의 어느 하나에 해당하는 건축자재를 사용하려는 경우 환경부장관이 관계 중앙행정기관의 장과 협의하여 환경부령[아래 (2)]으로 정하는 기준을 초과하지 아니하는 것으로 아래 ②에 따른 확인을 받고 표지를 붙인 건축자재만을 사용하여야 한다(실내공기질 관리법 제11조 제1항).

㉠ 접착제
㉡ 페인트
㉢ 실란트(Sealant)
㉣ 퍼티(Putty)
㉤ 벽지
㉥ 바닥재
㉦ 그 밖에 건축물 내부에 사용되는 건축자재로서 표면가공 목질판상(木質板狀) 제품 등 환경부령으로 정하는 것

② 위 ①의 건축자재를 제조하거나 수입하는 자는 그 건축자재가 ①에 따른 기준을 초과하여 오염물질을 방출하는지 여부를 「실내공기질 관리법」 제11조의2에 따른 시험기관에서 확인받은 후 다중이용시설 또는 공동주택을 설치하는 자에게 공급하여야 한다. 다만, 다른 법령에 따라 「실내공기질 관리법」에 준하는 확인을 받은 경우 등 대통령령으로 정하는 경우에는 본문에 따른 확인을 받지 아니하고 건축자재를 공급할 수 있다(실내공기질 관리법 제11조 제2항).

(2) 오염물질 방출 건축자재 OX

위 (1)의 규정에 의한 환경부령이 정하는 오염물질 방출기준은 다음과 같다(실내공기질 관리법 시행규칙 제10조 제1항 별표 5). 기출

OX문제

벽지와 바닥재의 폼알데하이드 방출기준은 0.02mg/m²·h 이하이다. ( )

정답 O

구분 \ 오염물질 종류	폼알데하이드	톨루엔	총휘발성유기화합물
접착제	0.02 이하	0.08 이하	2.0 이하
페인트			2.5 이하
실란트			1.5 이하
퍼티			20.0 이하
벽지			4.0 이하
바닥재			4.0 이하
표면가공 목질판상 제품	0.05 이하		0.4 이하

[비고]
위 표에서 오염물질의 종류별 측정단위는 mg/m²·h로 한다. 다만, 실란트의 측정단위는 mg/m·h로 한다.

6. 실내라돈조사의 실시

(1) 실내라돈조사
환경부장관은 라돈(Radon)의 실내 유입으로 인한 건강피해를 줄이기 위하여 실내공기 중 라돈의 농도 등에 관한 조사(이하 '실내라돈조사'라 한다)를 실시할 수 있다(실내공기질 관리법 제11조의7 제1항).

(2) 공고
환경부장관은 실내라돈조사를 실시하려는 경우에는 그 조사의 목적·대상·방법 및 기간 등 조사에 필요한 사항을 환경부령으로 정하는 바에 따라 공고하여야 한다(실내공기질 관리법 제11조의7 제2항).

(3) 조사의 위임
환경부장관은 특정 지역에 대하여 실내라돈조사가 필요한 경우에는 해당 지역을 관할하는 시·도지사에게 그 조사를 실시하게 할 수 있다(실내공기질 관리법 제11조의7 제3항).

(4) 보고
시·도지사는 위 **(3)**에 따라 실내라돈조사를 실시한 경우에는 그 결과를 환경부장관에게 보고하여야 한다(실내공기질 관리법 제11조의7 제4항).

(5) 지원
환경부장관은 시·도지사에게 위 **(3)**에 따른 실내라돈조사에 필요한 기술적·행정적·재정적 지원을 할 수 있다(실내공기질 관리법 제11조의7 제5항).

7. 라돈저감공법의 사용 등 권고

(1) 라돈저감공법의 사용 등 권고

시·도지사는 해당 시·도 내에서 라돈으로 인하여 건강상 위해가 우려되는 지역이 있는 경우에는 그 지역에서 다중이용시설 또는 공동주택 등을 설치(기존 시설 또는 주택 등의 개수 및 보수를 포함한다)하는 자에게 라돈의 실내 유입을 줄이기 위한 공법을 사용하는 등의 필요한 조치를 하도록 권고할 수 있다(실내공기질 관리법 제11조의10 제1항).

(2) 라돈 농도가 높은 경우의 관리 권고

시·도지사는 해당 시·도 내 라돈 농도가 높은 다중이용시설 또는 공동주택 등의 소유자등에게 실내 라돈 농도를 환경부령[아래 **(3)**]으로 정하는 기준에 맞게 관리하도록 권고할 수 있다(실내공기질 관리법 제11조의10 제2항).

(3) 실내 라돈 농도의 권고기준

위 **(2)**에 따라 다중이용시설 또는 공동주택의 소유자등에게 권고하는 실내 라돈 농도의 기준은 다음 구분에 따른다(실내공기질 관리법 시행규칙 제10조의12).
① **다중이용시설의 소유자등**: [별표 3]에 따른 라돈의 권고기준
② **공동주택의 소유자등**: 1세제곱미터당 148베크렐 이하

8. 보고 및 검사 등

① 시·도지사 또는 특별자치시장·특별자치도지사·시장·군수·구청장은 실내공기질 관리를 위하여 필요하다고 인정하는 때에는 다중이용시설의 소유자 등 또는 신축되는 공동주택의 시공자에게 필요한 보고를 하도록 하거나 자료를 제출하게 할 수 있으며, 관계공무원으로 하여금 해당 다중이용시설 또는 신축되는 공동주택에 출입하여 오염물질을 채취하거나 관계서류 및 시설·장비 등을 검사하게 할 수 있다(실내공기질 관리법 제13조 제1항).

② 시·도지사 또는 특별자치시장·특별자치도지사·시장·군수·구청장은 실내공기질 관리를 위하여 필요하다고 인정하는 때에는 건축자재를 사용하여 다중이용시설 또는 공동주택을 설치(기존 시설 또는 주택의 개수 및 보수를 포함한다)하는 자에게 필요한 보고를 하도록 하거나 자료를 제출하게 할 수 있으며, 관계공무원으로 하여금 해당 시설에 출입하여 오염물질을 채취하거나 관계 서류 및 시설·장비 등을 검사하게 할 수 있다(실내공기질 관리법 제13조 제5항).

③ 시장·군수·구청장은 위 ① 또는 ②에 따른 다중이용시설 및 신축 공동주택 오염도검사 결과를 환경부령으로 정하는 바에 따라 시·도지사에게 보고하여야 하며, 시·도지사는 「실내공기질 관리법」 제13조 제3항에 따른 대중교통차량 오염도검사 결과 및 시장·군수·구청장이 보고한 다중이용시설 및 공동주택 오염도검사 결과를 환경부령으로 정하는 바에 따라 환경부장관에게 보고하여야 한다(실내공기질 관리법 제13조 제6항).

④ 환경부장관, 시·도지사 또는 시장·군수·구청장은 위 ① 및 ②에 의하여 오염물질을 채취한 때에는 환경부령으로 정하는 검사기관에 오염도검사를 의뢰하여야 한다. 다만, 현장에서 검사결과를 판정할 수 있는 경우에는 그러하지 아니하다(실내공기질 관리법 제13조 제7항).

⑤ 환경부장관, 시·도지사 또는 시장·군수·구청장은 위 ④에 따른 오염도검사를 한 경우 환경부령으로 정하는 바에 따라 오염물질을 채취한 시설, 오염물질의 명칭, 오염도검사 결과를 공개할 수 있다. 다만, 오염도검사 결과가 공기질 유지기준을 초과한 경우 시·도지사는 이를 공개하여야 한다(실내공기질 관리법 제13조 제8항).

⑥ 위 ① 및 ②의 규정에 따라 출입·검사를 하는 공무원은 그 권한을 표시하는 증표를 지니고 이를 관계인에게 내보여야 한다(실내공기질 관리법 제13조 제9항).

9. 벌칙 규정

① 「실내공기질 관리법」 제11조 제1항을 위반하여 표지를 붙이지 아니한 자재를 사용한 자는 1년 이하의 징역 또는 1천만원 이하의 벌금에 처한다(실내공기질 관리법 제14조 제1항 제2호).

② 신축되는 공동주택의 실내공기질 측정결과를 제출·공고하지 아니하거나 거짓으로 제출·공고한 자에게는 500만원 이하의 과태료를 부과한다(실내공기질 관리법 제16조 제3항 제5호).

3 먹는물의 수질기준

별표 1 　먹는물의 수질기준(먹는물 수질기준 및 검사 등에 관한 규칙 제2조 관련)

1. 미생물에 관한 기준
    ① 일반세균은 1mL 중 100CFU(Colony Forming Unit)를 넘지 아니할 것. 다만, 샘물 및 염지하수의 경우 저온일반세균은 20CFU/mL, 중온일반세균은 5CFU/mL를 넘지 아니하여야 하며, 먹는샘물, 먹는염지하수 및 먹는해양심층수의 경우 병에 넣은 후 4℃를 유지한 상태에서 12시간 이내에 검사하여 저온일반세균은 100CFU/mL, 중온일반세균은 20CFU/mL를 넘지 아니할 것
    ② 총대장균군은 100mL(샘물·먹는샘물, 염지하수·먹는염지하수 및 먹는해양심층수의 경우 250mL)에서 검출되지 아니할 것. 다만, 「먹는물 수질기준 및 검사 등에 관한 규칙」 제4조 제1항 제1호 나목 및 다목에 따라 매월 또는 매 분기 실시하는 총대장균군의 수질검사 시료(試料) 수가 20개 이상인 정수시설의 경우에는 검출된 시료 수가 5퍼센트를 초과하지 아니하여야 한다.
    ③ 대장균·분원성 대장균군은 100mL에서 검출되지 아니할 것. 다만, 샘물·먹는샘물, 염지하수·먹는염지하수 및 먹는해양심층수의 경우에는 적용하지 아니한다.
    ④ 분원성 연쇄상구균·녹농균·살모넬라 및 쉬겔라는 250mL에서 검출되지 아니할 것(샘물·먹는샘물, 염지하수·먹는염지하수 및 먹는해양심층수의 경우에만 적용한다)
    ⑤ 아황산환원혐기성포자형성균은 50mL에서 검출되지 아니할 것(샘물·먹는샘물, 염지하수·먹는염지하수 및 먹는해양심층수의 경우에만 적용한다)
    ⑥ 여시니아균은 2L에서 검출되지 아니할 것(먹는물공동시설의 물의 경우에만 적용한다)

2. 건강상 유해영향 무기물질에 관한 기준
    ① 납은 0.01mg/L를 넘지 아니할 것
    ② 불소는 1.5mg/L(샘물·먹는샘물 및 염지하수·먹는염지하수의 경우 2.0mg/L)를 넘지 아니할 것
    ③ 비소는 0.01mg/L(샘물·염지하수의 경우에는 0.05mg/L)를 넘지 아니할 것
    ④ 셀레늄은 0.01mg/L(염지하수의 경우에는 0.05mg/L)를 넘지 아니할 것
    ⑤ 수은은 0.001mg/L를 넘지 아니할 것
    ⑥ 시안은 0.01mg/L를 넘지 아니할 것
    ⑦ 크롬은 0.05mg/L를 넘지 아니할 것
    ⑧ 암모니아성 질소는 0.5mg/L를 넘지 아니할 것
    ⑨ 질산성 질소는 10mg/L를 넘지 아니할 것
    ⑩ 카드뮴은 0.005mg/L를 넘지 아니할 것
    ⑪ 붕소는 1.0mg/L를 넘지 아니할 것(염지하수의 경우에는 적용하지 아니한다)
    ⑫ 브롬산염은 0.01mg/L를 넘지 아니할 것(수돗물, 먹는샘물, 염지하수·먹는염지하수, 먹는해양심층수 및 오존으로 살균·소독 또는 세척 등을 하여 먹는물로 이용하는 지하수만 적용한다)
    ⑬ 스트론튬은 4mg/L를 넘지 아니할 것(먹는염지하수 및 먹는해양심층수의 경우에만 적용한다)
    ⑭ 우라늄은 30㎍/L를 넘지 않을 것[수돗물(지하수를 원수로 사용하는 수돗물을 말한다), 샘물, 먹는샘물, 먹는염지하수 및 먹는물공동시설의 물의 경우에만 적용한다]

3. 건강상 유해영향 유기물질에 관한 기준

① 페놀은 0.005mg/L를 넘지 아니할 것 기출
② 다이아지논은 0.02mg/L를 넘지 아니할 것
③ 파라티온은 0.06mg/L를 넘지 아니할 것
④ 페니트로티온은 0.04mg/L를 넘지 아니할 것
⑤ 카바릴은 0.07mg/L를 넘지 아니할 것
⑥ 1,1,1-트리클로로에탄은 0.1mg/L를 넘지 아니할 것
⑦ 테트라클로로에틸렌은 0.01mg/L를 넘지 아니할 것
⑧ 트리클로로에틸렌은 0.03mg/L를 넘지 아니할 것
⑨ 디클로로메탄은 0.02mg/L를 넘지 아니할 것
⑩ 벤젠은 0.01mg/L를 넘지 아니할 것
⑪ 톨루엔은 0.7mg/L를 넘지 아니할 것
⑫ 에틸벤젠은 0.3mg/L를 넘지 아니할 것
⑬ 크실렌은 0.5mg/L를 넘지 아니할 것
⑭ 1,1-디클로로에틸렌은 0.03mg/L를 넘지 아니할 것
⑮ 사염화탄소는 0.002mg/L를 넘지 아니할 것
⑯ 1,2-디브로모-3-클로로프로판은 0.003mg/L를 넘지 아니할 것
⑰ 1,4-다이옥산은 0.05mg/L를 넘지 아니할 것

4. 소독제 및 소독부산물질에 관한 기준(샘물, 먹는샘물, 염지하수, 먹는염지하수, 먹는해양심층수 및 먹는물공동시설의 물의 경우에는 적용하지 아니한다)

① 잔류염소(유리잔류염소를 말한다)는 4.0mg/L를 넘지 아니할 것
② 총트리할로메탄은 0.1mg/L를 넘지 아니할 것
③ 클로로포름은 0.08mg/L를 넘지 아니할 것
④ 브로모디클로로메탄은 0.03mg/L를 넘지 아니할 것
⑤ 디브로모클로로메탄은 0.1mg/L를 넘지 아니할 것
⑥ 클로랄하이드레이트는 0.03mg/L를 넘지 아니할 것
⑦ 디브로모아세토니트릴은 0.1mg/L를 넘지 아니할 것
⑧ 디클로로아세토니트릴은 0.09mg/L를 넘지 아니할 것
⑨ 트리클로로아세토니트릴은 0.004mg/L를 넘지 아니할 것
⑩ 할로아세틱에시드(디클로로아세틱에시드, 트리클로로아세틱에시드 및 디브로모아세틱에시드의 합으로 한다)는 0.1mg/L를 넘지 아니할 것
⑪ 포름알데히드는 0.5mg/L를 넘지 아니할 것

5. 심미적(審美的) 영향물질에 관한 기준 기출

① 경도(硬度)는 1,000mg/L(수돗물의 경우 300mg/L, 먹는염지하수 및 먹는해양심층수의 경우 1,200mg/L)를 넘지 아니할 것. 다만, 샘물 및 염지하수의 경우에는 적용하지 아니한다.
② 과망간산칼륨 소비량은 10mg/L를 넘지 아니할 것
③ 냄새와 맛은 소독으로 인한 냄새와 맛 이외의 냄새와 맛이 있어서는 아니 될 것. 다만, 맛의 경우는 샘물, 염지하수, 먹는샘물 및 먹는물공동시설의 물에는 적용하지 아니한다.
④ 동은 1mg/L를 넘지 아니할 것
⑤ 색도는 5도를 넘지 아니할 것
⑥ 세제(음이온 계면활성제)는 0.5mg/L를 넘지 아니할 것. 다만, 샘물, 먹는샘물, 염지하수, 먹는염지하수 및 먹는해양심층수의 경우에는 검출되지 아니하여야 한다.

OX문제

페놀은 심미적 영향물질에 관한 기준 항목에 해당한다.
( )

정답 X

⑦ 수소이온 농도는 pH 5.8 이상 pH 8.5 이하이어야 할 것. 다만, 샘물, 먹는샘물 및 먹는물공동시설의 물의 경우에는 pH 4.5 이상 pH 9.5 이하이어야 한다.
⑧ 아연은 3mg/L를 넘지 아니할 것
⑨ 염소이온은 250mg/L를 넘지 아니할 것(염지하수의 경우에는 적용하지 아니한다)
⑩ 증발잔류물은 수돗물의 경우에는 500mg/L, 먹는염지하수 및 먹는해양심층수의 경우에는 미네랄 등 무해성분을 제외한 증발잔류물이 500mg/L를 넘지 아니할 것 ^{기출}
⑪ 철은 0.3mg/L를 넘지 아니할 것. 다만, 샘물 및 염지하수의 경우에는 적용하지 아니한다.
⑫ 망간은 0.3mg/L(수돗물의 경우 0.05mg/L)를 넘지 아니할 것. 다만, 샘물 및 염지하수의 경우에는 적용하지 아니한다.
⑬ 탁도는 1NTU(Nephelometric Turbidity Unit)를 넘지 아니할 것. 다만, 지하수를 원수로 사용하는 마을상수도, 소규모급수시설 및 전용상수도를 제외한 수돗물의 경우에는 0.5NTU를 넘지 아니하여야 한다.
⑭ 황산이온은 200mg/L를 넘지 아니할 것. 다만, 샘물, 먹는샘물 및 먹는물공동시설의 물은 250mg/L를 넘지 아니하여야 하며, 염지하수의 경우에는 적용하지 아니한다.
⑮ 알루미늄은 0.2mg/L를 넘지 아니할 것

6. **방사능에 관한 기준**(염지하수의 경우에만 적용한다)
① 세슘(Cs-137)은 4.0mBq/L를 넘지 아니할 것
② 스트론튬(Sr-90)은 3.0mBq/L를 넘지 아니할 것
③ 삼중수소는 6.0Bq/L를 넘지 아니할 것

OX문제
염소이온은 350mg/L를 넘지 아니할 것 (　　)

OX문제
증발잔류물은 800mg/L를 넘기지 아니할 것 (　　)

정답 ×, ×

4 소음관리

1. 소음의 정의

'소음(騷音)'이란 기계·기구·시설, 그 밖의 물체의 사용 또는 공동주택(주택법에 따른 공동주택을 말한다) 등 다음의 장소에서 사람의 활동으로 인하여 발생하는 강한 소리를 말한다(소음·진동관리법 제2조 제1호, 동법 시행규칙 제2조).

① 「주택법」에 따른 공동주택
② **다음의 사업장**
　㉠ 「음악산업진흥에 관한 법률」에 따른 노래연습장업
　㉡ 「체육시설의 설치·이용에 관한 법률」에 따른 신고 체육시설업 중 체육도장업, 체력단련장업, 무도학원업 및 무도장업
　㉢ 「학원의 설립·운영 및 과외교습에 관한 법률」에 따른 학원 및 교습소 중 음악교습을 위한 학원 및 교습소
　㉣ 「식품위생법 시행령」에 따른 단란주점영업 및 유흥주점영업
　㉤ 「다중이용업소 안전관리에 관한 특별법 시행규칙」에 따른 콜라텍업

2. 소음방지대책

(1) 소음방지대책의 수립

사업계획승인권자는 주택의 건설에 따른 소음의 피해를 방지하고 주택건설 지역 주민의 평온한 생활을 유지하기 위하여 주택건설사업을 시행하려는 사업주체에게 대통령령[아래 3. (1)의 ①]으로 정하는 바에 따라 소음방지대책을 수립하도록 하여야 한다(주택법 제42조 제1항).

(2) 협의 및 의견제시

사업계획승인권자는 대통령령[아래 3. (1)의 ③]으로 정하는 주택건설지역이 도로와 인접한 경우에는 해당 도로의 관리청과 소음방지대책을 미리 협의하여야 한다. 이 경우 해당 도로의 관리청은 소음 관계 법률에서 정하는 소음기준 범위 내에서 필요한 의견을 제시할 수 있다(주택법 제42조 제2항).

3. 「주택건설기준 등에 관한 규정」에 의한 소음 등으로부터의 보호

(1) 소음방지대책

① **소음방지대책의 수립대상**: 사업주체는 공동주택을 건설하는 지점의 소음도(이하 '실외소음도'라 한다)가 65데시벨 미만이 되도록 하되, 65데시벨 이상인 경우에는 방음벽·방음림(소음막이숲) 등의 방음시설을 설치하여 해당 공동주택의 건설지점의 소음도가 65데시벨 미만이 되도록 위 2. (1)에 따른 소음방지대책을 수립해야 한다. 다만, 공동주택이 「국토의 계획 및 이용에 관한 법률」에 따른 도시지역(주택단지 면적이 30만 제곱미터 미만인 경우로 한정한다) 또는 「소음·진동관리법」에 따라 지정된 지역에 건축되는 경우로서 다음의 기준을 모두 충족하는 경우에는 그 공동주택의 6층 이상인 부분에 대하여 본문을 적용하지 않는다(주택건설기준 등에 관한 규정 제9조 제1항).

  ㉠ 세대 안에 설치된 모든 창호를 닫은 상태에서 거실에서 측정한 소음도(이하 '실내소음도'라 한다)가 45데시벨 이하일 것

  ㉡ 공동주택의 세대 안에 「건축법 시행령」에 따라 정하는 기준에 적합한 환기설비를 갖출 것

② **소음의 측정기준**: 위 ①에 따른 실외소음도와 실내소음도의 소음측정기준은 국토교통부장관이 환경부장관과 협의하여 고시한다(주택건설기준 등에 관한 규정 제9조 제2항).

③ **도로의 소음방지대책**: 위 2. (2) 전단에서 '대통령령으로 정하는 주택건설지역이 도로와 인접한 경우'란 다음의 어느 하나에 해당하는 경우를 말한다. 다만, 주택건설지역이 「환경영향평가법 시행령」 [별표 3] 제1호의 사업구역에 포함된 경우로서 환경영향평가를 통하여 소음저감대책을 수립한 후 해당 도로의 관리청과 협의를 완료하고 개발사업의 실시계획을 수립한 경우는 제외한다(주택건설기준 등에 관한 규정 제9조 제5항).

　㉠ 「도로법」에 따른 고속국도로부터 300미터 이내에 주택건설지역이 있는 경우

　㉡ 「도로법」에 따른 일반국도(자동차 전용도로 또는 왕복 6차로 이상인 도로만 해당한다)와 같은 법에 따른 특별시도·광역시도(자동차 전용도로만 해당한다)로부터 150미터 이내에 주택건설지역이 있는 경우

④ **도로의 거리계산 방법**: 위 ③의 거리를 계산할 때에는 도로의 경계선(보도가 설치된 경우에는 도로와 보도와의 경계선을 말한다)부터 가장 가까운 공동주택의 외벽면까지의 거리를 기준으로 한다(주택건설기준 등에 관한 규정 제9조 제6항).

(2) 세대 간의 경계벽

① **경계벽의 구조**: 공동주택 각 세대 간의 경계벽 및 공동주택과 주택 외의 시설 간의 경계벽은 내화구조로서 다음의 어느 하나에 해당하는 구조로 해야 한다(주택건설기준 등에 관한 규정 제14조 제1항). 기출

　㉠ 철근콘크리트조 또는 철골·철근콘크리트조로서 그 두께(시멘트모르타르·회반죽·석고플라스터, 그 밖에 이와 유사한 재료를 바른 후의 두께를 포함한다)가 15센티미터 이상인 것

　㉡ 무근콘크리트조·콘크리트블록조·벽돌조 또는 석조로서 그 두께(시멘트모르타르·회반죽·석고플라스터, 그 밖에 이와 유사한 재료를 바른 후의 두께를 포함한다)가 20센티미터 이상인 것

　㉢ 조립식 주택부재인 콘크리트판으로서 그 두께가 12센티미터 이상인 것

　㉣ 위 ㉠ 내지 ㉢의 것 외에 국토교통부장관이 정하여 고시하는 기준에 따라 한국건설기술연구원장이 차음성능을 인정하여 지정하는 구조인 것

② **경계벽의 설치**: 경계벽은 이를 지붕밑 또는 바로 윗층바닥판까지 닿게 하여야 하며, 소리를 차단하는 데 장애가 되는 부분이 없도록 설치하여야 한다. 이 경우 경계벽의 구조가 벽돌조인 경우에는 줄눈 부위에 빈틈이 생기지 않도록 시공해야 한다(주택건설기준 등에 관한 규정 제14조 제2항).

③ **피난구 등의 설치**: 공동주택의 3층 이상인 층의 발코니에 세대 간 경계벽을 설치하는 경우에는 위 ① 및 ②의 규정에도 불구하고 화재 등의 경우에 피난용도로 사용할 수 있는 피난구를 경계벽에 설치하거나 경계벽의 구조를 파괴하기 쉬운 경량구조 등으로 할 수 있다. 다만, 경계벽에 창고 기타 이와 유사한 시설을 설치하는 경우에는 그러하지 아니하다(주택건설기준 등에 관한 규정 제14조 제5항).

④ **표지 등의 부착**: 위 ③에 따라 피난구를 설치하거나 경계벽의 구조를 경량구조 등으로 하는 경우에는 그에 대한 정보를 포함한 표지 등을 식별하기 쉬운 위치에 부착 또는 설치하여야 한다(주택건설기준 등에 관한 규정 제14조 제6항).

(3) 바닥의 구조

① **바닥의 구조**: 공동주택의 세대 내의 층간바닥(화장실의 바닥은 제외한다)은 다음의 기준을 모두 충족해야 한다(주택건설기준 등에 관한 규정 제14조의2).

㉠ 콘크리트 슬래브 두께는 210밀리미터[라멘구조(보와 기둥을 통해서 내력이 전달되는 구조를 말한다. 이하 같다)의 공동주택은 150밀리미터] 이상으로 할 것. 다만, 다음의 어느 하나에 해당하는 주택의 층간바닥은 예외로 한다.

ⓐ 「주택법」 제51조 제1항에 따라 인정받은 공업화주택

ⓑ 목구조(주요구조부를 목재의 지속가능한 이용에 관한 법률에 따른 목재 또는 목재제품으로 구성하는 구조를 말한다) 공동주택

㉡ 각 층간 바닥은 바닥충격음 차단성능[바닥의 경량충격음(비교적 가볍고 딱딱한 충격에 의한 바닥충격음을 말한다) 및 중량충격음(무겁고 부드러운 충격에 의한 바닥충격음을 말한다)이 각각 49데시벨 이하인 성능을 말한다]을 갖춘 구조일 것. 다만, 다음의 층간바닥은 그렇지 않다. 기출

ⓐ 라멘구조의 공동주택(주택법 제51조 제1항에 따라 인정받은 공업화주택은 제외한다)의 층간바닥

ⓑ 위 ⓐ의 공동주택 외의 공동주택 중 발코니, 현관 등 국토교통부령(아래 ②)으로 정하는 부분의 층간바닥

② **바닥충격음 성능기준 적용 제외**: 위 ①의 ⓒ의 ⓑ에서 '발코니, 현관 등 국토교통부령으로 정하는 부분'이란 다음의 어느 하나에 해당하는 부분을 말한다(주택건설기준 등에 관한 규칙 제3조의2).
  ㉠ 발코니
  ㉡ 현관
  ㉢ 세탁실
  ㉣ 대피공간
  ㉤ 벽으로 구획된 창고
  ㉥ 위 ㉠부터 ㉤까지에서 규정한 사항 외에「주택법」에 따른 사업계획의 승인권자가 층간소음으로 인한 피해가능성이 적어 바닥충격음 성능기준 적용이 불필요하다고 인정하는 공간

4. 공동주택 층간소음의 방지

(1) 층간소음의 방지 OX

공동주택의 입주자등(임대주택의 임차인을 포함한다)은 공동주택에서 뛰거나 걷는 동작에서 발생하는 소음이나 음향기기를 사용하는 등의 활동에서 발생하는 소음 등 층간소음[벽간소음 등 인접한 세대 간의 소음(대각선에 위치한 세대 간의 소음을 포함한다)을 포함하며, 이하 '층간소음'이라 한다]으로 인하여 다른 입주자등에게 피해를 주지 아니하도록 노력하여야 한다(공동주택관리법 제20조 제1항). 기출

(2) 층간소음 발생의 중단이나 차음조치 권고 및 조사

위 (1)에 따른 층간소음으로 피해를 입은 입주자등은 **관리주체**에게 층간소음 발생 사실을 알리고, **관리주체**가 층간소음 피해를 끼친 해당 입주자등에게 층간소음 발생을 중단하거나 소음차단 조치를 권고하도록 요청할 수 있다. 이 경우 관리주체는 사실관계 확인을 위하여 세대 내 확인 등 필요한 조사를 할 수 있다(공동주택관리법 제20조 제2항). 기출

(3) 협조

층간소음 피해를 끼친 입주자등은 위 (2)에 따른 관리주체의 조치 및 권고에 협조하여야 한다(공동주택관리법 제20조 제3항).

○×문제

대각선에 위치한 인접한 세대 간의 소음은 층간소음에 포함되지 않는다. ( )

정답 ×

(4) 조정의 신청

위 (2)에 따른 관리주체의 조치에도 불구하고 층간소음 발생이 계속될 경우에는 층간소음 피해를 입은 입주자등은 아래 (9)에 따른 공동주택 층간소음관리위원회에 조정을 신청할 수 있다(공동주택관리법 제20조 제4항).

(5) 층간소음의 범위와 기준에 관한 사항의 위임규정 OX

공동주택 층간소음의 범위와 기준은 **국토교통부와 환경부의 공동부령**[아래 (6) 및 (7)]으로 정한다(공동주택관리법 제20조 제5항). 기출

(6) 층간소음의 범위 OX

공동주택 층간소음의 범위는 입주자 또는 사용자의 활동으로 인하여 발생하는 소음으로서 다른 입주자 또는 사용자에게 피해를 주는 다음의 소음으로 한다. 다만, **욕실, 화장실 및 다용도실 등에서 급수·배수로 인하여 발생하는 소음은 제외한다**(공동주택 층간소음의 범위와 기준에 관한 규칙 제2조). 기출
① **직접충격 소음**: 뛰거나 걷는 동작 등으로 인하여 발생하는 소음
② **공기전달 소음**: 텔레비전, 음향기기 등의 사용으로 인하여 발생하는 소음

(7) 층간소음의 기준 OX

공동주택의 입주자 및 사용자는 공동주택에서 발생하는 층간소음을 다음 표에 따른 기준 이하가 되도록 노력하여야 한다(공동주택 층간소음의 범위와 기준에 관한 규칙 제3조 별표). 기출

층간소음의 구분		층간소음의 기준[단위: dB(A)]	
		주간 (06:00~22:00)	야간 (22:00~06:00)
1. 직접충격 소음	1분간 등가소음도(Leq)	39	34
	최고소음도(Lmax)	57	52
2. 공기전달 소음	5분간 등가소음도(Leq)	45	40

[비고]
1. 직접충격 소음은 1분간 등가소음도(Leq) 및 최고소음도(Lmax)로 평가하고, 공기전달 소음은 5분간 등가소음도(Leq)로 평가한다.
2. 위 표의 기준에도 불구하고 「공동주택관리법」 제2조 제1항 제1호 가목에 따른 공동주택으로서 「건축법」 제11조에 따라 건축허가를 받은 공동주택과 2005년 6월 30일 이전에 「주택법」 제15조에 따라 사업승인을 받은 공동주택의 직접충격 소음기준에 대해서는 2024년 12월 31일까지는 위 표 1.의 기준에 5dB(A)을 더한 값을 적용하고, 2025년 1월 1일부터는 2dB(A)을 더한 값을 적용한다.
3. 층간소음의 측정방법은 「환경분야 시험·검사 등에 관한 법률」 제6조 제1항 제2호에 따른 소음·진동 분야의 공정시험기준에 따른다.
4. 1분간 등가소음도(Leq) 및 5분간 등가소음도(Leq)는 [비고] 3.에 따라 측정한 값 중 **가장 높은 값**으로 한다.
5. 최고소음도(Lmax)는 1시간에 **3회 이상 초과**할 경우 그 기준을 초과한 것으로 본다.

OX문제

공동주택 층간소음의 범위와 기준은 국토교통부와 행정안전부의 공동부령으로 정한다. ( )

OX문제

욕실에서 급수·배수로 인하여 발생하는 소음의 경우 공동주택 층간소음의 범위에 포함된다. ( )

직접충격 소음은 뛰거나 걷는 동작 등으로 인하여 발생하는 층간소음이다. ( )

공기전달 소음은 텔레비전, 음향기기 등의 사용으로 인하여 발생하는 층간소음이다. ( )

OX문제

층간소음의 기준 시간대는 주간은 06시부터 22시까지, 야간은 22시부터 06시까지로 구분한다. ( )

직접충격 소음은 1분간 등가소음도(Leq) 및 최고소음도(Lmax)로 평가한다. ( )

직접충격 소음의 1분간 등가소음도는 주간 47dB(A), 야간 43dB(A)이다. ( )

직접충격 소음의 최고소음도는 주간 59dB(A), 야간 54dB(A)이다. ( )

공기전달 소음의 5분간 등가소음도는 주간 45dB(A), 야간 40dB(A)이다. ( )

1분간 등가소음도 및 5분간 등가소음도는 측정한 값 중 가장 낮은 값으로 한다. ( )

최고소음도는 1시간에 5회 이상 초과할 경우 그 기준을 초과한 것으로 본다. ( )

정답 ×, ×, ○, ○, ○, ○, ×, ×, ○, ×, ×

(8) 입주자등의 교육

관리주체는 필요한 경우 입주자등을 대상으로 층간소음의 예방, 분쟁의 조정 등을 위한 교육을 실시할 수 있다(공동주택관리법 제20조 제6항).기출

(9) 층간소음관리위원회

① **구성·운영**: 입주자등은 층간소음에 따른 분쟁을 예방하고 조정하기 위하여 관리규약으로 정하는 바에 따라 다음의 업무를 수행하는 공동주택 층간소음관리위원회(이하 '층간소음관리위원회'라 한다)를 구성·운영할 수 있다. 다만, 의무관리대상 공동주택 중 대통령령(아래 ②)으로 정하는 규모 이상인 경우에는 층간소음관리위원회를 구성하여야 한다(공동주택관리법 제20조 제7항).
   - ㉠ 층간소음 민원의 청취 및 사실관계 확인
   - ㉡ 분쟁의 자율적인 중재 및 조정
   - ㉢ 층간소음 예방을 위한 홍보 및 교육
   - ㉣ 그 밖에 층간소음 분쟁 방지 및 예방을 위하여 관리규약으로 정하는 업무

② 층간소음관리위원회 구성 의무 대상 공동주택: 위 ①의 단서에서 '대통령령으로 정하는 규모'란 500세대를 말한다(공동주택관리법 시행령 제21조의2).

③ **구성원**: 층간소음관리위원회는 다음의 사람으로 구성한다(공동주택관리법 제20조 제8항).
   - ㉠ 입주자대표회의 또는 임차인대표회의의 구성원
   - ㉡ 선거관리위원회 위원
   - ㉢ 공동체 생활의 활성화를 위한 단체에서 추천하는 사람
   - ㉣ 관리사무소장
   - ㉤ 그 밖에 공동주택관리 분야에 관한 전문지식과 경험을 갖춘 사람으로서 관리규약으로 정하거나 지방자치단체의 장이 추천하는 사람

④ **지원 기관 등의 지정**: 국토교통부장관은 층간소음의 피해 예방 및 분쟁 해결을 지원하기 위하여 다음의 업무를 수행하는 기관 또는 단체를 지정하여 고시할 수 있다(공동주택관리법 제20조 제9항).
   - ㉠ 층간소음의 측정 지원
   - ㉡ 피해사례의 조사·상담
   - ㉢ 층간소음관리위원회의 구성원에 대한 층간소음 예방 및 분쟁 조정 교육

ⓔ 그 밖에 국토교통부장관 또는 지방자치단체의 장이 층간소음과 관련하여 의뢰하거나 위탁하는 업무

(10) 교육

① **교육이수**: 층간소음관리위원회의 구성원은 위 **(9)**의 ④에 따라 고시하는 기관 또는 단체에서 실시하는 교육을 성실히 이수하여야 한다. 이 경우 교육의 시기·방법 및 비용 부담 등에 필요한 사항은 대통령령(아래 ②)으로 정한다(공동주택관리법 제20조 제10항).

② **층간소음관리위원회 구성원의 교육**

ⓐ 공고: 위 **(9)**의 ④에 따라 국토교통부장관이 정하여 고시하는 기관 또는 단체(이하 이 조에서 '층간소음분쟁해결지원기관'이라 한다)는 공동주택 층간소음관리위원회의 구성원에 대해 위 ①에 따라 층간소음 예방 및 분쟁 조정 교육(이하 '층간소음예방등교육'이라 한다)을 하려면 다음의 사항을 교육 10일 전까지 공고하거나 교육대상자에게 알려야 한다(공동주택관리법 시행령 제21조의3 제1항).

ⓐ 교육일시, 교육기간 및 교육장소
ⓑ 교육내용
ⓒ 교육대상자
ⓓ 그 밖에 교육에 관하여 필요한 사항

ⓛ 교육시간: 층간소음관리위원회의 구성원은 매년 4시간의 층간소음예방등교육을 이수해야 한다(공동주택관리법 시행령 제21조의3 제2항). 기출

ⓒ 교육방법: 층간소음예방등교육은 집합교육의 방법으로 한다. 다만, 교육 참여현황의 관리가 가능한 경우에는 그 전부 또는 일부를 온라인교육으로 할 수 있다(공동주택관리법 시행령 제21조의3 제3항).

ⓔ 수료증 발급: 층간소음분쟁해결지원기관은 층간소음예방등교육을 이수한 사람에게 수료증을 내주어야 한다. 다만, 교육수료사실을 층간소음관리위원회의 구성원이 소속된 층간소음관리위원회에 문서로 통보함으로써 수료증의 수여를 갈음할 수 있다(공동주택관리법 시행령 제21조의3 제4항).

ⓜ 수강비용: 층간소음관리위원회의 구성원에 대한 층간소음예방등교육의 수강비용은 잡수입에서 부담한다(공동주택관리법 시행령 제21조의3 제5항).

ⓑ **참여현황 관리**: 층간소음분쟁해결지원기관은 층간소음관리위원회 구성원의 층간소음예방등교육 참여현황을 엄격히 관리해야 한다(공동주택관리법 시행령 제21조의3 제6항).

(11) 공동주택관리분쟁조정위원회 등에 조정신청

층간소음 피해를 입은 입주자등은 관리주체 또는 층간소음관리위원회의 조치에도 불구하고 층간소음 발생이 계속될 경우 **공동주택관리 분쟁조정위원회**나 「환경분쟁 조정 및 환경피해 구제 등에 관한 법률」에 따른 환경분쟁조정피해구제위원회에 조정을 신청할 수 있다(공동주택관리법 제20조 제11항).

(12) 공동주택의 층간소음 상담 등

① **지원**: 지방자치단체의 장은 소규모 공동주택에서 발생하는 층간소음 분쟁의 예방 및 자율적인 조정을 위하여 조례로 정하는 바에 따라 소규모 공동주택 입주자등을 대상으로 층간소음 상담·진단 및 교육 등의 지원을 할 수 있다(공동주택관리법 제34조의2 제1항).

② **협조요청**: 지방자치단체의 장은 위 ①에 따른 층간소음 상담·진단 및 교육 등의 지원을 위하여 필요한 경우 관계 중앙행정기관의 장 또는 지방자치단체의 장이 인정하는 기관 또는 단체에 협조를 요청할 수 있다(공동주택관리법 제34조의2 제2항).

(13) 층간소음의 실태 조사

① **실태조사**: 국토교통부장관 또는 지방자치단체의 장은 공동주택의 층간소음 예방을 위한 정책의 수립과 시행에 필요한 기초자료를 확보하기 위하여 대통령령(아래 ②)으로 정하는 바에 따라 층간소음에 관한 실태조사를 단독 또는 합동으로 실시할 수 있다(공동주택관리법 제85조의2 제1항).

② **조사사항**: 국토교통부장관 또는 지방자치단체의 장은 위 ①에 따라 층간소음에 관한 실태조사를 하는 경우에는 국토교통부장관 또는 지방자치단체의 장이 환경부장관과 협의하여 정하는 방법에 따라 다음의 사항을 조사한다(공동주택관리법 시행령 제91조의2 제1항).

  ㉠ 공동주택의 주거환경
  ㉡ 층간소음 피해 및 분쟁조정 현황
  ㉢ 그 밖에 층간소음 예방을 위한 정책의 수립과 시행에 필요한 사항

③ **자료의 제출**: 국토교통부장관 또는 지방자치단체의 장은 위 ①에 따른 실태조사와 관련하여 관계 기관의 장 또는 관련 단체의 장에게 필요한 자료의 제출을 요청할 수 있다. 이 경우 자료제출을 요청받은 자는 정당한 사유가 없으면 이에 따라야 한다(공동주택관리법 제85조의2 제2항).

④ **업무의 위탁**: 국토교통부장관 또는 지방자치단체의 장은 위 ①에 따른 층간소음에 관한 실태조사 업무를 대통령령(아래 ⑤)으로 정하는 기관 또는 단체에 위탁하여 실시할 수 있다(공동주택관리법 제85조의2 제3항). 기출

⑤ **실태조사 기관 등**: 위 ④에서 '대통령령으로 정하는 기관 또는 단체'란 다음의 기관 또는 단체를 말한다(공동주택관리법 시행령 제91조의2 제2항). 기출
  ㉠ 「공동주택관리법」 제86조에 따른 공동주택관리 지원기구
  ㉡ 「정부출연연구기관 등의 설립·운영 및 육성에 관한 법률」에 따라 설립된 정부출연연구기관
  ㉢ 「지방자치단체출연 연구원의 설립 및 운영에 관한 법률」에 따라 설립된 지방자치단체출연 연구원

⑥ **고시**: 국토교통부장관 또는 지방자치단체의 장은 위 ④에 따라 업무를 위탁하는 경우에는 위탁받는 기관 또는 단체 및 위탁업무의 내용을 관보 또는 공보에 고시해야 한다(공동주택관리법 시행령 제91조의2 제3항).

5. 「소음·진동관리법」에 의한 소음과 진동의 규제

(1) 용어의 정의(소음·진동관리법 제2조)

① **소음**: 기계·기구·시설, 그 밖의 물체의 사용 또는 공동주택(주택법 제2조 제3호에 따른 공동주택을 말한다. 이하 같다) 등 환경부령으로 정하는 장소에서 사람의 활동으로 인하여 발생하는 강한 소리를 말한다.

② **진동**: 기계·기구·시설, 그 밖의 물체의 사용으로 인하여 발생하는 강한 흔들림을 말한다.

③ **소음·진동배출시설**: 소음·진동을 발생시키는 공장의 기계·기구·시설, 그 밖의 물체로서 환경부령으로 정하는 것을 말한다.

④ **소음·진동방지시설**: 소음·진동배출시설로부터 배출되는 소음·진동을 없애거나 줄이는 시설로서 환경부령으로 정하는 것을 말한다.

⑤ **방음시설**: 소음·진동배출시설이 아닌 물체로부터 발생하는 소음을 없애거나 줄이는 시설로서 환경부령으로 정하는 것을 말한다.

⑥ **방진시설**: 소음·진동배출시설이 아닌 물체로부터 발생하는 진동을 없애거나 줄이는 시설로서 환경부령으로 정하는 것을 말한다.

(2) 생활소음과 진동의 규제

① **생활소음과 진동의 규제**: 특별자치시장·특별자치도지사 또는 시장·군수·구청장은 주민의 조용하고 평온한 생활환경을 유지하기 위하여 사업장 및 공사장 등에서 발생하는 소음·진동(산업단지나 다음의 지역에서 발생하는 소음과 진동은 제외하며, 이하 '생활소음·진동'이라 한다)을 규제하여야 한다(소음·진동관리법 제21조 제1항, 동법 시행규칙 제20조 제1항).

　㉠ 「산업입지 및 개발에 관한 법률」에 따른 산업단지. 다만, 산업단지 중 「국토의 계획 및 이용에 관한 법률」에 따른 주거지역과 상업지역은 제외한다.
　㉡ 「국토의 계획 및 이용에 관한 법률 시행령」에 따른 전용공업지역
　㉢ 「자유무역지역의 지정 및 운영에 관한 법률」에 따라 지정된 자유무역지역
　㉣ 생활소음·진동이 발생하는 공장·사업장 또는 공사장의 부지 경계선으로부터 직선거리 300미터 이내에 주택(사람이 살지 아니하는 폐가는 제외한다), 운동·휴양시설 등이 없는 지역

② **생활소음·진동의 규제대상**(소음·진동관리법 제21조 제2항, 동법 시행규칙 제20조 제2항)

　㉠ 확성기에 의한 소음(집회 및 시위에 관한 법률에 따른 소음과 국가비상훈련 및 공공기관의 대국민 홍보를 목적으로 하는 확성기 사용에 따른 소음의 경우는 제외한다)
　㉡ 배출시설이 설치되지 아니한 공장에서 발생하는 소음·진동
　㉢ 위 ①의 ㉠ 내지 ㉣ 지역 외의 공사장에서 발생하는 소음·진동
　㉣ 공장·공사장을 제외한 사업장에서 발생하는 소음·진동

③ **생활소음·진동의 규제기준**(소음·진동관리법 시행규칙 제20조 제3항 별표 8)
  ㉠ 생활소음 규제기준 기출

[단위: dB(A)]

대상 지역	소음원		시간대별 아침, 저녁 (05:00~07:00, 18:00~22:00)	주간 (07:00~18:00)	야간 (22:00~05:00)
주거지역, 녹지지역, 관리지역 중 취락지구·주거개발진흥지구 및 관광·휴양개발진흥지구, 자연환경보전지역, 그 밖의 지역에 있는 학교·종합병원·공공도서관	확성기	옥외설치	60 이하	65 이하	60 이하
		옥내에서 옥외로 소음이 나오는 경우	50 이하	55 이하	45 이하
	공장		50 이하	55 이하	45 이하
	사업장	동일 건물	45 이하	50 이하	40 이하
		기타	50 이하	55 이하	45 이하
	공사장		60 이하	65 이하	50 이하
그 밖의 지역	확성기	옥외설치	65 이하	70 이하	60 이하
		옥내에서 옥외로 소음이 나오는 경우	60 이하	65 이하	55 이하
	공장		60 이하	65 이하	55 이하
	사업장	동일 건물	50 이하	55 이하	45 이하
		기타	60 이하	65 이하	55 이하
	공사장		65 이하	70 이하	50 이하

[비고]
1. 소음의 측정 및 평가기준은 「환경분야 시험·검사 등에 관한 법률」 제6조 제1항 제2호에 따른 환경오염공정시험기준에서 정하는 바에 따른다.
2. 대상 지역의 구분은 「국토의 계획 및 이용에 관한 법률」에 따른다.
3. 규제기준치는 생활소음의 영향이 미치는 대상 지역을 기준으로 하여 적용한다.
4. 공사장 소음규제기준은 주간의 경우 특정공사 사전신고 대상 기계·장비를 사용하는 작업시간이 1일 3시간 이하일 때는 +10dB을, 3시간 초과 6시간 이하일 때는 +5dB를 규제기준치에 보정한다.
5. 발파소음의 경우 주간에만 규제기준치(광산의 경우 사업장 규제기준)에 +10dB을 보정한다.
6. 공사장의 규제기준 등 다음 지역은 공휴일에만 -5dB를 규제기준치에 보정한다.
   ① 주거지역
   ② 「의료법」에 따른 종합병원, 「초·중등교육법」 및 「고등교육법」에 따른 학교, 「도서관법」에 따른 공공도서관의 부지경계로부터 직선거리 50m 이내의 지역
7. '동일 건물'이란 「건축법」 제2조에 따른 건축물로서 지붕과 기둥 또는 벽이 일체로 되어 있는 건물을 말하며, 동일 건물에 대한 생활소음 규제기준은 다음에 해당하는 영업을 행하는 사업장에만 적용한다.
   ① 「체육시설의 설치·이용에 관한 법률」 제10조 제1항 제2호에 따른 체력단련장업·체육도장업·무도학원업·무도장업, 골프연습장업 및 야구장업
   ② 「학원의 설립·운영 및 과외교습에 관한 법률」 제2조에 따른 학원 및 교습소 중 음악교습을 위한 학원 및 교습소
   ③ 「식품위생법 시행령」 제21조 제8호 다목 및 라목에 따른 단란주점영업·유흥주점영업
   ④ 「음악산업진흥에 관한 법률」 제2조 제13호에 따른 노래연습장업
   ⑤ 「다중이용업소 안전관리에 관한 특별법 시행규칙」 제2조 제4호에 따른 콜라텍업

ⓒ 생활진동 규제기준

[단위: dB(V)]

대상 지역 \ 시간대별	주간 (06:00~22:00)	심야 (22:00~06:00)
주거지역, 녹지지역, 관리지역 중 취락지구·주거개발진흥지구 및 관광·휴양개발진흥지구, 자연환경보전지역, 그 밖의 지역에 소재한 학교·종합병원·공공도서관	65 이하	60 이하
그 밖의 지역	70 이하	65 이하

[비고]
1. 진동의 측정 및 평가기준은 「환경분야 시험·검사 등에 관한 법률」 제6조 제1항 제2호에 해당하는 분야에 대한 환경오염공정시험기준에서 정하는 바에 따른다.
2. 대상 지역의 구분은 「국토의 계획 및 이용에 관한 법률」에 따른다.
3. 규제기준치는 생활진동의 영향이 미치는 대상 지역을 기준으로 하여 적용한다.
4. 공사장의 진동 규제기준은 주간의 경우 특정공사 사전신고 대상 기계·장비를 사용하는 작업시간이 1일 2시간 이하일 때는 +10dB을, 2시간 초과 4시간 이하일 때는 +5dB을 규제기준치에 보정한다.
5. 발파진동의 경우 주간에만 규제기준치에 +10dB을 보정한다.

5 건축물의 에너지절약설계기준(국토교통부 고시 제2024-1026호)

1. 총칙

(1) 건축물의 열손실방지 등

① 건축물을 건축하거나 대수선, 용도변경 및 건축물대장의 기재내용을 변경하는 경우에는 다음의 기준에 의한 열손실방지 등의 에너지이용합리화를 위한 조치를 하여야 한다.

㉠ 거실의 외벽, 최상층에 있는 거실의 반자 또는 지붕, 최하층에 있는 거실의 바닥, 바닥난방을 하는 층간 바닥, 거실의 창 및 문 등은 [별표 1]의 열관류율 기준 또는 [별표 3]의 단열재 두께 기준을 준수하여야 하고, 단열조치 일반사항 등은 아래 **2. (1)**의 건축부문 의무사항을 따른다.

ⓒ 건축물의 배치·구조 및 설비 등의 설계를 하는 경우에는 에너지가 합리적으로 이용될 수 있도록 한다.

② 위 ①에도 불구하고 열손실의 변동이 없는 증축, 대수선, 용도변경, 건축물대장의 기재내용 변경의 경우에는 관련 조치를 하지 아니할 수 있다. 다만, 종전에 아래 ③에 따른 열손실방지 등의 조치 예외대상이었으나 조치대상으로 용도변경 또는 건축물대장의 기재내용 변경의 경우에는 관련 조치를 하여야 한다.

③ 다음의 어느 하나에 해당하는 건축물 또는 공간에 대해서는 위 ①의 ㉠을 적용하지 아니할 수 있다. 다만, ㉠ 및 ㉡의 경우 냉방 또는 난방설비를 설치할 계획이 있는 건축물 또는 공간은 위 ①의 ㉠을 적용하여야 한다.

㉠ 창고·차고·기계실 등으로서 거실의 용도로 사용하지 아니하고, 냉방 또는 난방설비를 설치하지 아니하는 건축물 또는 공간

㉡ 냉방 또는 난방설비를 설치하지 아니하고 용도 특성상 건축물 내부를 외기에 개방시켜 사용하는 등 열손실 방지조치를 하여도 에너지 절약의 효과가 없는 건축물 또는 공간

㉢ 「건축법 시행령」 [별표 1] 제25호에 해당하는 건축물 중 「원자력 안전법」 제10조 및 제20조에 따라 허가를 받는 건축물

(2) 용어의 정의

이 기준에서 사용하는 용어의 뜻은 다음과 같다.

① **의무사항**: 건축물을 건축하는 건축주와 설계자 등이 건축물의 설계 시 필수적으로 적용해야 하는 사항을 말한다.

② **권장사항**: 건축물을 건축하는 건축주와 설계자 등이 건축물의 설계 시 선택적으로 적용이 가능한 사항을 말한다.

③ **제로에너지건축물 인증**: 국토교통부와 산업통상자원부의 공동부령인 「제로에너지건축물 인증에 관한 규칙」에 따라 제로에너지건축물 인증을 받는 것을 말한다.

④ **녹색건축인증**: 국토교통부와 환경부의 공동부령인 「녹색건축의 인증에 관한 규칙」에 따라 인증을 받는 것을 말한다.

⑤ **고효율제품**: 산업통상자원부 고시 「고효율에너지기자재 보급촉진에 관한 규정」에 따라 인증서를 교부받은 제품과 산업통상자원부 고시 「효율관리기자재 운용규정」에 따른 에너지 소비효율 1등급 제품 또는 동 고시에서 고효율로 정한 제품을 말한다.

⑥ **완화기준**: 「건축법」, 「국토의 계획 및 이용에 관한 법률」 및 「지방자치단체 조례」 등에서 정하는 건축물의 용적률 및 높이제한 기준을 적용함에 있어 완화 적용할 수 있는 비율을 정한 기준을 말한다.

⑦ **예비인증**: 건축물의 완공 전에 설계도서 등으로 인증기관에서 제로에너지건축물 인증, 녹색건축인증을 받는 것을 말한다.

⑧ **본인증**: 신청건물의 완공 후에 최종설계도서 및 현장 확인을 거쳐 최종적으로 인증기관에서 제로에너지건축물 인증, 녹색건축인증을 받는 것을 말한다.

⑨ **건축부문**

　㉠ 거실: 건축물 안에서 거주(단위 세대 내 욕실·화장실·현관을 포함한다)·집무·작업·집회·오락 기타 이와 유사한 목적을 위하여 사용되는 방을 말하나, 특별히 이 기준에서는 거실이 아닌 냉·난방공간 또한 거실에 포함한다.

　㉡ 외피: 거실 또는 거실 외 공간을 둘러싸고 있는 벽·지붕·바닥·창 및 문 등으로서 외기에 직접 면하는 부위를 말한다.

　㉢ 거실의 외벽: 거실의 벽 중 외기에 직접 또는 간접 면하는 부위를 말한다. 다만, 복합용도의 건축물인 경우에는 해당 용도로 사용하는 공간이 다른 용도로 사용하는 공간과 접하는 부위를 외벽으로 볼 수 있다.

　㉣ 최하층에 있는 거실의 바닥: 최하층(지하층을 포함한다)으로서 거실인 경우의 바닥과 기타 층으로서 거실의 바닥 부위가 외기에 직접 또는 간접적으로 면한 부위를 말한다. 다만, 복합용도의 건축물인 경우에는 다른 용도로 사용하는 공간과 접하는 부위를 최하층에 있는 거실의 바닥으로 볼 수 있다.

　㉤ 최상층에 있는 거실의 반자 또는 지붕: 최상층으로서 거실인 경우의 반자 또는 지붕을 말하며, 기타 층으로서 거실의 반자 또는 지붕 부위가 외기에 직접 또는 간접적으로 면한 부위를 포함한다. 다만, 복합용도의 건축물인 경우에는 다른 용도로 사용하는 공간과 접하는 부위를 최상층에 있는 거실의 반자 또는 지붕으로 볼 수 있다.

　㉥ 외기에 직접 면하는 부위: 바깥쪽이 외기이거나 외기가 직접 통하는 공간에 면한 부위를 말한다.

ⓢ **외기에 간접 면하는 부위**: 외기가 직접 통하지 아니하는 비난방 공간(지붕 또는 반자, 벽체, 바닥 구조의 일부로 구성되는 내부 공기층은 제외한다)에 접한 부위, 외기가 직접 통하는 구조나 실내공기의 배기를 목적으로 설치하는 샤프트 등에 면한 부위, 지면 또는 토양에 면한 부위를 말한다.

ⓞ **방풍구조**: 출입구에서 실내외 공기 교환에 의한 열출입을 방지할 목적으로 설치하는 방풍실 또는 회전문 등을 설치한 방식을 말한다.

ⓩ **기밀성 창, 기밀성 문**: 창 및 문으로서 한국산업규격(KS) F 2292 규정에 의하여 기밀성 등급에 따른 기밀성이 1~5등급(통기량 $5m^3/h \cdot m^2$ 미만)인 것을 말한다.

ⓒ **외단열**: 건축물 각 부위의 단열에서 단열재를 구조체의 외기 측에 설치하는 단열방법으로서 모서리 부위를 포함하여 시공하는 등 열교를 차단한 경우를 말한다.

ⓚ **방습층**: 습한 공기가 구조체에 침투하여 결로발생의 위험이 높아지는 것을 방지하기 위해 설치하는 투습도가 24시간당 $30g/m^2$ 이하 또는 투습계수 $0.28g/m^2 \cdot h \cdot mmHg$ 이하의 투습저항을 가진 층을 말한다(시험방법은 한국산업규격 KS T 1305 방습포장재료의 투습도 시험방법 또는 KS F 2607 건축 재료의 투습성 측정 방법에서 정하는 바에 따른다). 다만, 단열재 또는 단열재의 내측에 사용되는 마감재가 방습층으로서 요구되는 성능을 가지는 경우에는 그 재료를 방습층으로 볼 수 있다.

ⓔ **평균 열관류율**: 지붕(천창 등 투명 외피부위를 포함하지 않는다), 바닥, 외벽(창 및 문을 포함한다) 등의 열관류율 계산에 있어 세부 부위별로 열관류율 값이 다를 경우 이를 면적으로 가중평균하여 나타낸 것을 말한다. 단, 평균열관류율은 중심선 치수를 기준으로 계산한다.

ⓟ **투광부**: 창, 문면적의 50% 이상이 투과체로 구성된 문, 유리블록, 플라스틱패널 등과 같이 투과재료로 구성되며, 외기에 접하여 채광이 가능한 부위를 말한다.

ⓗ **태양열취득률(SHGC)**: 입사된 태양열에 대하여 실내로 유입된 태양열취득의 비율을 말한다.

㉮ **일사조절장치**: 태양열의 실내 유입을 조절하기 위한 차양, 구조체 또는 태양열취득률이 낮은 유리를 말한다. 이 경우 차양은 설치위치에 따라 외부 차양과 내부 차양 그리고 유리 간 차양으로 구분하며, 가동 여부에 따라 고정형과 가동형으로 나눌 수 있다.

⑩ **기계설비부문**

㉠ **위험률**: 냉(난)방기간 동안 또는 연간 총시간에 대한 온도출현분포 중에서 가장 높은(낮은) 온도쪽으로부터 총시간의 일정 비율에 해당하는 온도를 제외시키는 비율을 말한다.

㉡ **효율**: 설비기기에 공급된 에너지에 대하여 출력된 유효에너지의 비를 말한다.

㉢ **열원설비**: 에너지를 이용하여 열을 발생시키는 설비를 말한다.

㉣ **대수분할운전**: 기기를 여러 대 설치하여 부하상태에 따라 최적 운전상태를 유지할 수 있도록 기기를 조합하여 운전하는 방식을 말한다.

㉤ **비례제어운전**: 기기의 출력값과 목표값의 편차에 비례하여 입력량을 조절하여 최적운전상태를 유지할 수 있도록 운전하는 방식을 말한다. 기출

㉥ **심야전기를 이용한 축열·축냉시스템**: 심야시간에 전기를 이용하여 열을 저장하였다가 이를 난방, 온수, 냉방 등의 용도로 이용하는 설비로서 한국전력공사에서 심야전력기기로 인정한 것을 말한다.

㉦ **열회수형 환기장치**: 난방 또는 냉방을 하는 장소의 환기장치로 실내의 공기를 배출할 때 급기되는 공기와 열교환하는 구조를 가진 것으로서 KS B 6879(열회수형 환기 장치) 부속서 B에서 정하는 시험방법에 따른 열교환효율과 에너지계수의 최소 기준 이상의 성능을 가진 것을 말한다. 기출

㉧ **이코노마이저시스템**: 중간기 또는 동계에 발생하는 냉방부하를 실내 엔탈피보다 낮은 도입 외기에 의하여 제거 또는 감소시키는 시스템을 말한다.

㉨ **중앙집중식 냉·난방설비**: 건축물의 전부 또는 냉난방 면적의 60% 이상을 냉방 또는 난방함에 있어 해당 공간에 순환펌프, 증기난방설비 등을 이용하여 열원 등을 공급하는 설비를 말한다. 단, 산업통상자원부 고시 「효율관리기자재 운용규정」에서 정한 가정용 가스보일러는 개별 난방설비로 간주한다.

㉩ **TAB**: Testing(시험), Adjusting(조정), Balancing(평가)의 약어로 건물 내의 모든 설비시스템이 설계에서 의도한 기능을 발휘하도록 점검 및 조정하는 것을 말한다.

㉠ **커미셔닝**: 효율적인 건축 기계설비 시스템의 성능 확보를 위해 설계단계부터 공사완료에 이르기까지 전 과정에 걸쳐 건축주의 요구에 부합되도록 모든 시스템의 계획, 설계, 시공, 성능시험 등을 확인하고 최종 유지 관리자에게 제공하여 입주 후 건축주의 요구를 충족할 수 있도록 운전성능 유지 여부를 검증하고 문서화하는 과정을 말한다.

⑪ **전기설비부문**

㉠ **역률개선용커패시터(콘덴서)**: 역률을 개선하기 위하여 변압기 또는 전동기 등에 **병렬**로 설치하는 커패시터를 말한다. 기출

㉡ **전압강하**: 인입전압(또는 변압기 2차전압)과 부하측전압과의 차를 말하며 저항이나 인덕턴스에 흐르는 전류에 의하여 강하하는 전압을 말한다.

㉢ **조도자동조절조명기구**: 인체 또는 주위 밝기를 감지하여 자동으로 조명등을 점멸하거나 조도를 자동 조절할 수 있는 센서장치 또는 그 센서를 부착한 등기구를 말한다.

㉣ **수용률**: 부하설비 용량 합계에 대한 최대수용전력의 백분율을 말한다. 기출

㉤ **최대수요전력**: 수용가에서 일정 기간 중 사용한 전력의 최대치를 말한다. 기출

㉥ **최대수요전력제어설비**: 수용가에서 피크전력의 억제, 전력 부하의 평준화 등을 위하여 최대수요전력을 자동제어할 수 있는 설비를 말한다.

㉦ **가변속제어기(인버터)**: 정지형 전력변환기로서 전동기의 가변속운전을 위하여 설치하는 설비를 말한다.

㉧ **변압기 대수제어**: 변압기를 여러 대 설치하여 부하상태에 따라 필요한 운전대수를 자동 또는 수동으로 제어하는 방식을 말한다.

㉨ **대기전력자동차단장치**: 산업통상자원부 고시「대기전력저감프로그램운용규정」에 의하여 대기전력저감우수제품으로 등록된 대기전력자동차단콘센트, 대기전력자동차단스위치를 말한다.

㉩ **자동절전멀티탭**: 산업통상자원부 고시「대기전력저감프로그램운용규정」에 의하여 대기전력저감우수제품으로 등록된 자동절전멀티탭을 말한다.

OX문제

역률개선용커패시터(콘덴서)라 함은 역률을 개선하기 위하여 변압기 또는 전동기 등에 직렬로 설치하는 커패시터를 말한다. ( )

역률개선용콘덴서라 함은 역률을 개선하기 위하여 변압기 또는 전동기 등에 병렬로 설치하는 커패시터를 말한다. ( )

OX문제

수용률이라 함은 부하설비 용량 합계에 대한 최대수용전력의 백분율을 말한다. ( )

'부하율'이라 함은 부하설비 용량 합계에 대한 최대 수용전력의 백분율을 말한다. ( )

정답 ×, ○, ○, ×

ⓚ **일괄소등스위치**: 층 및 구역 단위(세대 단위)로 설치되어 층별 또는 세대 내의 조명등(센서등 및 비상등 제외 가능)을 일괄적으로 켜고 끌 수 있는 스위치를 말한다.

ⓣ **회생제동장치**: 승강기가 균형추보다 무거운 상태로 하강(또는 반대의 경우)할 때 모터는 순간적으로 발전기로 동작하게 되며, 이때 생산되는 전력을 다른 회로에서 전원으로 활용하는 방식으로 전력소비를 절감하는 장치를 말한다. 기출

⑫ **신·재생에너지**: 「신에너지 및 재생에너지 개발·이용·보급 촉진법」에서 규정하는 것을 말한다.

⑬ **전자식 원격검침계량기**: 에너지사용량을 전자식으로 계측하여 에너지 관리자가 실시간으로 모니터링하고 기록할 수 있도록 하는 장치이다.

⑭ **건축물에너지관리시스템**(BEMS): 「녹색건축물 조성 지원법」 제6조의2 제2항에서 규정하는 것을 말한다.

> **관련법령** 건축물에너지관리시스템(녹색건축물 조성 지원법 제6조의2 제2항)
>
> '건축물에너지관리시스템'이란 건축물의 쾌적한 실내환경 유지와 효율적인 에너지 관리를 위하여 에너지 사용내역을 모니터링하여 최적화된 건축물에너지 관리방안을 제공하는 계측·제어·관리·운영 등이 통합된 시스템을 말한다.

⑮ **에너지요구량**: 건축물의 냉방, 난방, 급탕, 조명부문에서 표준 설정 조건을 유지하기 위하여 해당 건축물에서 필요로 하는 에너지량을 말한다.

⑯ **에너지소요량**: 에너지요구량을 만족시키기 위하여 건축물의 냉방, 난방, 급탕, 조명, 환기 부문의 설비기기에 사용되는 에너지량을 말한다.

⑰ **1차에너지**: 연료의 채취, 가공, 운송, 변환, 공급 등의 과정에서의 손실분을 포함한 에너지를 말하며, 에너지원별 1차에너지 환산계수는 '제로에너지건축물 인증 제도 운영규정'에 따른다.

⑱ **시험성적서**: 「적합성평가 관리 등에 관한 법률」 제2조 제10호 다목에 해당하는 성적서로 동법에 따라 발급·관리되는 것을 말한다.

• 「녹색건축물 조성 지원법」상 용어의 정의(제2조)
1. '녹색건축물'이란 「기후위기 대응을 위한 탄소중립·녹색성장 기본법」 제31조에 따른 건축물과 환경에 미치는 영향을 최소화하고 동시에 쾌적하고 건강한 거주환경을 제공하는 건축물을 말한다.
2. '녹색건축물 조성'이란 녹색건축물을 건축하거나 녹색건축물의 성능을 유지하기 위한 건축활동 또는 기존 건축물을 녹색건축물로 전환하기 위한 활동을 말한다.
3. '건축물에너지평가사'란 제로에너지건축물 인증평가 등 건축물의 건축·기계·전기·신재생 분야의 효율적인 에너지 관리를 위한 업무를 하는 사람으로서 제31조에 따라 자격을 취득한 사람을 말한다.
4. '제로에너지건축물'이란 건축물에 필요한 에너지 부하를 최소화하고 신에너지 및 재생에너지를 활용하여 에너지 소요량을 최소화하는 녹색건축물을 말한다.

2. 건축부문 설계기준

(1) 건축부문의 의무사항

위 1. (1)에 따른 열손실방지 조치 대상 건축물의 건축주와 설계자 등은 다음에서 정하는 건축부문의 설계기준을 따라야 한다.

① **단열조치 일반사항**

㉠ 외기에 직접 또는 간접 면하는 거실의 각 부위에는 위 1. (1)에 따라 건축물의 열손실방지 조치를 하여야 한다. 다만, 다음 부위에 대해서는 그러하지 아니할 수 있다.

ⓐ 지표면 아래 2미터를 초과하여 위치한 지하 부위(공동주택의 거실 부위는 제외)로서 이중벽의 설치 등 하계 표면결로 방지 조치를 한 경우

ⓑ 지면 및 토양에 접한 바닥 부위로서 난방공간의 외벽 내표면까지의 모든 수평거리가 10미터를 초과하는 바닥부위

ⓒ 외기에 간접 면하는 부위로서 당해 부위가 면한 비난방공간의 외기에 직접 또는 간접 면하는 부위를 [별표 1]에 준하여 단열조치 하는 경우

ⓓ 공동주택의 층간바닥(최하층 제외) 중 바닥난방을 하지 않는 현관 및 욕실의 바닥부위

ⓔ 방풍구조(외벽 제외) 또는 바닥면적 150제곱미터 이하의 개별 점포의 출입문

ⓕ 「건축법 시행령」 [별표 1] 제21호에 따른 동물 및 식물 관련 시설 중 작물재배사 또는 온실 등 지표면을 바닥으로 사용하는 공간의 바닥부위

ⓖ 「건축법」 제49조 제3항에 따른 소방관진입창(단, 건축물의 피난·방화구조 등의 기준에 관한 규칙 제18조의2 제1호를 만족하는 최소 설치 개소로 한정한다)

㉡ 단열조치를 하여야 하는 부위의 열관류율이 위치 또는 구조상의 특성에 의하여 일정하지 않은 경우에는 해당 부위의 평균 열관류율 값을 면적가중 계산에 의하여 구한다.

② **바닥난방에서 단열재의 설치**: 바닥난방 부위에 설치되는 단열재는 바닥난방의 열이 슬래브 하부로 손실되는 것을 막을 수 있도록 온수배관(전기난방인 경우는 발열선) 하부와 슬래브 사이에 설치하고, 온수배관(전기난방인 경우는 발열선) 하부와 슬래브 사이에 설치되는 구성 재료의 열저

항의 합계는 해당 바닥에 요구되는 총열관류저항(별표 1에서 제시되는 열관류율의 역수)의 60% 이상이 되어야 한다. 다만, 바닥난방을 하는 욕실 및 현관부위와 슬래브의 축열을 직접 이용하는 심야전기이용 온돌 등(한국전력의 심야전력이용기기 승인을 받은 것에 한한다)의 경우에는 단열재의 위치가 그러하지 않을 수 있다.

③ **기밀 및 결로방지 등을 위한 조치**

㉠ 벽체 내표면 및 내부에서의 결로를 방지하고 단열재의 성능 저하를 방지하기 위하여 위 1. (1)에 의하여 단열조치를 하여야 하는 부위(창 및 문과 난방공간 사이의 층간 바닥 제외)에는 **방습층**을 단열재의 **실내 측**에 설치하여야 한다. 기출

㉡ 방습층 및 단열재가 이어지는 부위 및 단부는 이음 및 단부를 통한 투습을 방지할 수 있도록 다음과 같이 조치하여야 한다.

ⓐ 단열재의 이음부는 최대한 밀착하여 시공하거나, 2장을 엇갈리게 시공하여 이음부를 통한 단열성능 저하가 최소화될 수 있도록 조치할 것

ⓑ 방습층으로 알루미늄박 또는 플라스틱계 필름 등을 사용할 경우의 이음부는 100mm 이상 중첩하고 내습성 테이프, 접착제 등으로 기밀하게 마감할 것

ⓒ 단열부위가 만나는 모서리 부위는 방습층 및 단열재가 이어짐이 없이 시공하거나 이어질 경우 이음부를 통한 단열성능 저하가 최소화되도록 하며, 알루미늄박 또는 플라스틱계 필름 등을 사용할 경우의 모서리 이음부는 **150mm 이상** 중첩되게 시공하고 내습성 테이프, 접착제 등으로 기밀하게 마감할 것

ⓓ 방습층의 단부는 단부를 통한 투습이 발생하지 않도록 내습성 테이프, 접착제 등으로 기밀하게 마감할 것 기출

㉢ 건축물 외피 단열부위의 접합부, 틈 등은 밀폐될 수 있도록 코킹과 가스켓 등을 사용하여 기밀하게 처리하여야 한다. 기출

㉣ 외기에 직접 면하고 1층 또는 지상으로 연결된 출입문은 방풍구조로 하여야 한다. 다만, 다음의 경우에는 그러하지 않을 수 있다.

ⓐ 바닥면적 3백 제곱미터 이하의 개별 점포의 출입문

ⓑ 주택의 출입문(단, 기숙사는 제외)

ⓒ 사람의 통행을 주목적으로 하지 않는 출입문

ⓓ 너비 1.2미터 이하의 출입문 기출

ⓜ 방풍구조를 설치하여야 하는 출입문에서 회전문과 일반문이 같이 설치되어진 경우, 일반문 부위는 방풍실 구조의 **이중문**을 설치하여야 한다. 기출

ⓗ 건축물의 거실의 창이 외기에 직접 면하는 부위인 경우에는 기밀성 창을 설치하여야 한다. 기출

(2) 건축부문의 권장사항

에너지절약계획서 제출대상 건축물의 건축주와 설계자 등은 다음에서 정하는 사항을 아래 5. **(3)**의 규정에 적합하도록 선택적으로 채택할 수 있다.

① **배치계획**
  ㉠ 건축물은 대지의 향, 일조 및 주풍향 등을 고려하여 배치하며, 남향 또는 남동향 배치를 한다.
  ㉡ 공동주택은 인동간격을 **넓게** 하여 저층부의 태양열 취득을 최대한 증대시킨다.

② **평면계획**
  ㉠ 거실의 층고 및 반자 높이는 실의 용도와 기능에 지장을 주지 않는 범위 내에서 가능한 한 **낮게** 한다.
  ㉡ 건축물의 체적에 대한 외피면적의 비 또는 연면적에 대한 외피면적의 비는 가능한 한 작게 한다.
  ㉢ 실의 냉난방 설정온도, 사용스케줄 등을 고려하여 에너지절약적 조닝계획을 한다.

③ **단열계획**
  ㉠ 건축물 용도 및 규모를 고려하여 건축물 외벽, 천장 및 바닥으로의 열손실이 **최소화**되도록 설계한다.
  ㉡ 외벽 부위는 **외단열**로 시공한다.
  ㉢ 외피의 모서리 부분은 열교가 발생하지 않도록 단열재를 연속적으로 설치하고, 기타 열교부위는 외피 열교부위별 선형 열관류율 기준에 따라 충분히 단열되도록 한다.
  ㉣ 건물의 창 및 문은 가능한 한 작게 설계하고, 특히 열손실이 많은 북측 거실의 창 및 문의 면적은 **최소화**한다.
  ㉤ 발코니 확장을 하는 공동주택이나 창 및 문의 면적이 큰 건물에는 단열성이 우수한 로이(Low-E) 복층창이나 삼중창 이상의 단열성능을 갖는 창을 설치한다.

ⓑ 태양열 유입에 의한 냉·난방부하를 저감할 수 있도록 일사조절장치, 태양열취득률(SHGC), 창 및 문의 면적비 등을 고려한 설계를 한다. 건축물 외부에 일사조절장치를 설치하는 경우에는 비, 바람, 눈, 고드름 등의 낙하 및 화재 등의 사고에 대비하여 안전성을 검토하고 주변 건축물에 빛반사에 의한 피해 영향을 고려하여야 한다.

ⓢ 건물 옥상에는 조경을 하여 최상층 지붕의 열저항을 높이고, 옥상면에 직접 도달하는 일사를 차단하여 냉방부하를 감소시킨다.

④ **기밀계획**

㉠ 틈새바람에 의한 열손실을 방지하기 위하여 외기에 직접 또는 간접으로 면하는 거실 부위에는 기밀성 창 및 문을 사용한다.

㉡ 공동주택의 외기에 접하는 주동의 출입구와 각 세대의 현관은 방풍구조로 한다.

㉢ 기밀성을 높이기 위하여 외기에 직접 면한 거실의 창 및 문 등 개구부 둘레를 기밀테이프 등을 활용하여 외기가 침입하지 못하도록 기밀하게 처리한다.

⑤ **자연채광계획**: 자연채광을 적극적으로 이용할 수 있도록 계획한다. 특히 학교의 교실, 문화 및 집회시설의 공용부분(복도, 화장실, 휴게실, 로비 등)은 1면 이상 자연채광이 가능하도록 한다.

3. 기계설비부분 설계기준

(1) 기계부문의 의무사항

에너지절약계획서 제출대상 건축물의 건축주와 설계자 등은 다음에서 정하는 기계부문의 설계기준을 따라야 한다.

① **설계용 외기조건**: 난방 및 냉방설비의 용량계산을 위한 외기조건은 각 지역별로 위험률 2.5%(냉방기 및 난방기를 분리한 온도출현분포를 사용할 경우) 또는 1%(연간 총시간에 대한 온도출현분포를 사용할 경우)로 하거나 [별표 7]에서 정한 외기 온·습도를 사용한다. [별표 7] 이외의 지역인 경우에는 상기 위험률을 기준으로 하여 가장 유사한 기후조건을 갖는 지역의 값을 사용한다. 다만, 지역난방공급방식을 채택할 경우에는 산업통상자원부 고시 「집단에너지시설의 기술기준」에 의하여 용량계산을 할 수 있다.

② **열원 및 반송설비**
　㉠ 공동주택에 중앙집중식 난방설비(집단에너지사업법에 의한 지역난방공급방식을 포함한다)를 설치하는 경우에는 「주택건설기준 등에 관한 규정」 제37조의 규정에 적합한 조치를 하여야 한다.
　㉡ 펌프는 한국산업규격(KS B 6318, 7501, 7505 등) 표시인증제품 또는 KS규격에서 정해진 효율 이상의 제품을 설치하여야 한다.
　㉢ 기기배관 및 덕트는 국토교통부에서 정하는 「국가건설기준 기계설비공사 표준시방서」의 보온두께 이상 또는 그 이상의 열저항을 갖도록 단열조치를 하여야 한다. 다만, 건축물 내의 벽체 또는 바닥에 매립되는 배관 등은 그러하지 아니할 수 있다.

(2) 기계부문의 권장사항

에너지절약계획서 제출대상 건축물의 건축주와 설계자 등은 다음에서 정하는 사항을 아래 5. (3)의 규정에 적합하도록 선택적으로 채택할 수 있다.

① **설계용 실내온도 조건**: 난방 및 냉방설비의 용량계산을 위한 설계기준 실내온도는 난방의 경우 20℃, 냉방의 경우 28℃를 기준으로 하되(목욕장 및 수영장은 제외) 각 건축물 용도 및 개별 실의 특성에 따라 [별표 8]에서 제시된 범위를 참고하여 설비의 용량이 과다해지지 않도록 한다.

② **열원설비**
　㉠ 열원설비는 부분부하 및 전부하 운전효율이 좋은 것을 선정한다.
　㉡ 난방기기, 냉방기기, 냉동기, 송풍기, 펌프 등은 부하조건에 따라 최고의 성능을 유지할 수 있도록 대수분할 또는 비례제어운전이 되도록 한다.
　㉢ 난방기기, 냉방기기, 급탕기기는 고효율제품 또는 이와 동등 이상의 효율을 가진 제품을 설치한다.
　㉣ 보일러의 배출수·폐열·응축수 및 공조기의 폐열, 생활배수 등의 폐열을 회수하기 위한 열회수설비를 설치한다. 폐열회수를 위한 열회수설비를 설치할 때에는 중간기에 대비한 바이패스(by-pass)설비를 설치한다.
　㉤ 냉방기기는 전력피크 부하를 줄일 수 있도록 하여야 하며, 상황에 따라 심야전기를 이용한 축열·축냉시스템, 가스 및 유류를 이용한 냉방설비, 집단에너지를 이용한 지역냉방방식, 소형열병합발전을 이용한 냉방방식, 신·재생에너지를 이용한 냉방방식을 채택한다.

③ 공조설비
　㉠ 중간기 등에 외기도입에 의하여 냉방부하를 감소시키는 경우에는 실내 공기질을 저하시키지 않는 범위 내에서 이코노마이저시스템 등 외기냉방시스템을 적용한다. 다만, **외기냉방시스템의 적용이 건축물의 총에너지비용을 감소시킬 수 없는 경우에는 그러하지 아니한다.**
　㉡ 공기조화기 팬은 부하변동에 따른 풍량제어가 가능하도록 가변익축류방식, 흡입베인제어방식, 가변속제어방식 등 에너지절약적 제어방식을 채택한다.

④ 반송설비
　㉠ 냉방 또는 난방 순환수 펌프, 냉각수 순환 펌프는 운전효율을 증대시키기 위해 가능한 한 대수제어 또는 가변속제어방식을 채택하여 부하상태에 따라 최적 운전상태가 유지될 수 있도록 한다.
　㉡ 급수용 펌프 또는 급수가압펌프의 전동기에는 가변속제어방식 등 에너지절약적 제어방식을 채택한다.
　㉢ 공조용 송풍기, 펌프는 효율이 높은 것을 채택한다.

⑤ 환기 및 제어설비
　㉠ 환기를 통한 에너지손실 저감을 위해 성능이 우수한 열회수형환기장치를 설치한다. 기출
　㉡ 기계환기설비를 사용하여야 하는 지하주차장의 환기용 팬은 **대수제어 또는 풍량조절(가변익, 가변속도), 일산화탄소(CO)의 농도에 의한 자동(on-off) 제어** 등의 에너지절약적 제어방식을 도입한다. 기출
　㉢ 건축물의 효율적인 기계설비 운영을 위해 TAB 또는 커미셔닝을 실시한다.
　㉣ 에너지 사용설비는 에너지절약 및 에너지이용 효율의 향상을 위하여 컴퓨터에 의한 자동제어시스템 또는 네트워킹이 가능한 현장제어장치 등을 사용한 에너지제어시스템을 채택하거나, 분산제어 시스템으로서 각 설비별 에너지제어 시스템에 개방형 통신기술을 채택하여 설비별 제어 시스템 간 에너지관리 데이터의 호환과 집중제어가 가능하도록 한다.

OX문제

지하주차장의 환기용 팬은 이산화탄소(CO_2) 농도에 의한 자동(on-off) 제어방식을 도입한다. (　　)

정답 ×

4. 전기설비부문 설계기준

(1) 전기부문의 의무사항

에너지절약계획서 제출대상 건축물의 건축주와 설계자 등은 다음에서 정하는 전기부문의 설계기준을 따라야 한다.

① **수변전설비**: 변압기를 신설 또는 교체하는 경우에는 고효율제품으로 설치하여야 한다.

② **간선 및 동력설비**

  ㉠ 전동기에는 「기본공급약관 시행세칙」 [별표 6]에 따른 역률개선용커패시터(콘덴서)를 전동기별로 설치하여야 한다. 다만, 소방설비용 전동기 및 인버터 설치 전동기에는 그러하지 아니할 수 있다.

  ㉡ 간선의 전압강하는 한국전기설비규정을 따라야 한다.

③ **조명설비**

  ㉠ 조명기기 중 안정기내장형램프, 형광램프를 채택할 때에는 산업통상자원부 고시 「효율관리기자재 운용규정」에 따른 최저소비효율기준을 만족하는 제품을 사용하고, 유도등 및 주차장 조명기기는 고효율제품에 해당하는 LED 조명을 설치하여야 한다.

  ㉡ 공동주택 각 세대 내의 현관 및 숙박시설의 객실 내부입구, 계단실의 조명기구는 **인체감지점멸형** 또는 일정시간 후에 자동 소등되는 **조도자동조절조명기구**를 채택하여야 한다. 기출

  ㉢ 조명기구는 필요에 따라 부분조명이 가능하도록 점멸회로를 구분하여 설치하여야 하며, 일사광이 들어오는 창 측의 전등군은 부분점멸이 가능하도록 설치한다. 다만, 공동주택은 그러하지 않을 수 있다.

  ㉣ 공동주택의 효율적인 조명에너지 관리를 위하여 세대별로 일괄적 소등이 가능한 일괄소등스위치를 설치하여야 한다. 다만, 전용면적 60제곱미터 이하인 주택의 경우에는 그러하지 않을 수 있다.

(2) 전기부문의 권장사항

에너지절약계획서 제출대상 건축물의 건축주와 설계자 등은 다음에서 정하는 사항을 아래 5. **(3)**의 규정에 적합하도록 선택적으로 채택할 수 있다.

① **수변전설비**

  ㉠ 변전설비는 부하의 특성, 수용률, 장래의 부하증가에 따른 여유율, 운전조건, 배전방식을 고려하여 용량을 산정한다.

ⓛ 부하특성, 부하종류, 계절부하 등을 고려하여 변압기의 운전대수제어가 가능하도록 뱅크를 구성한다.

OX ⓒ 수전전압 25kV 이하의 수전설비에서는 변압기의 무부하손실을 줄이기 위하여 충분한 안전성이 확보된다면 **직접강압방식을 채택**하며 건축물의 규모, 부하특성, 부하용량, 간선손실, 전압강하 등을 고려하여 손실을 최소화할 수 있는 **변압방식**을 채택한다. 기출

ⓔ 전력을 효율적으로 이용하고 최대수용전력을 합리적으로 관리하기 위하여 최대수요전력 제어설비를 채택한다.

ⓜ 역률개선용커패시터(콘덴서)를 집합 설치하는 경우에는 역률자동조절장치를 설치한다.

ⓗ 건축물의 사용자가 합리적으로 전력을 절감할 수 있도록 층별 및 임대 구획별로 전력량계를 설치한다.

② 조명설비

ⓘ 옥외등은 고효율제품인 LED조명을 사용하고, 옥외등의 조명회로는 격등 점등(또는 조도조절 기능) 및 자동점멸기에 의한 점멸이 가능하도록 한다.

ⓛ 공동주택의 지하주차장에 자연채광용 개구부가 설치되는 경우에는 주위 밝기를 감지하여 **전등군별로 자동 점멸**되거나 **스케줄제어**가 가능하도록 하여 조명전력이 효과적으로 절감될 수 있도록 한다. 기출

ⓒ LED조명기구는 고효율제품을 설치한다.

ⓔ KS A 3011에 의한 작업면 표준조도를 확보하고 효율적인 조명설계에 의한 전력에너지를 절약한다.

ⓜ 효율적인 조명에너지 관리를 위하여 층별 또는 구역별로 일괄 소등이 가능한 일괄소등스위치를 설치한다.

③ 제어설비

ⓘ 여러 대의 승강기가 설치되는 경우에는 **군관리 운행방식**을 채택한다. 기출

ⓛ **팬코일유닛**이 설치되는 경우에는 전원의 **방위별**, 실의 **용도별** 통합제어가 가능하도록 한다.

ⓒ 수변전설비는 종합감시제어 및 기록이 가능한 자동제어설비를 채택한다.

ⓔ 실내 조명설비는 군별 또는 회로별로 자동제어가 가능하도록 한다.

ⓜ 승강기에 회생제동장치를 설치한다.

OX문제

수전전압 25kV 이하의 수전설비에서는 변압기의 무부하손실을 줄이기 위하여 충분한 안전성이 확보된다면 직접강압방식을 채택한다. (   )

정답 O

ⓑ 사용하지 않는 기기에서 소비하는 대기전력을 저감하기 위해 대기전력자동차단장치를 설치한다.
④ 건물에너지관리시스템(BEMS)이 설치되는 경우에는 [별표 12]의 설치기준에 따라 센서·계측장비, 분석 소프트웨어 등이 포함되도록 한다.

5. 에너지절약계획서 및 설계 검토서 작성기준

(1) 에너지절약계획서 및 설계 검토서 작성

에너지절약 설계 검토서는 「건축물의 에너지절약설계기준」의 [별지 제1호 서식]에 따라 에너지절약설계기준 의무사항 및 에너지성능지표, 에너지소요량 평가서로 구분된다. 에너지절약계획서를 제출하는 자는 에너지절약계획서 및 설계 검토서(에너지절약설계기준 의무사항 및 에너지성능지표, 에너지소요량 평가서)의 판정자료를 제시(전자문서로 제출하는 경우를 포함한다)하여야 한다. 다만, 자료를 제시할 수 없는 경우에는 부득이 당해 건축사 및 설계에 협력하는 해당분야 기술사(기계 및 전기)가 서명·날인한 설치예정확인서로 대체할 수 있다.

(2) 에너지절약설계기준 의무사항의 판정

에너지절약설계기준 의무사항은 전 항목 채택 시 적합한 것으로 본다.

(3) 에너지성능지표의 판정

① 에너지성능지표는 평점합계가 65점 이상일 경우 적합한 것으로 본다. 다만, 공공기관이 신축하는 건축물(별동으로 증축하는 건축물을 포함한다)은 74점 이상일 경우 적합한 것으로 본다.
② 에너지성능지표의 각 항목에 대한 배점의 판단은 에너지절약계획서 제출자가 제시한 설계도면 및 자료에 의하여 판정하며, 판정 자료가 제시되지 않을 경우에는 적용되지 않은 것으로 간주한다.

CHAPTER 03 안전관리

회독체크 1 2 3

CHAPTER 미리보기

1 공동주택관리법에 의한 안전관리

2 시설물의 안전 및 유지관리에 관한 특별법에 의한 안전관리

3 어린이놀이시설 안전관리법에 의한 어린이놀이터시설의 안전관리

학습키워드

- 안전관리계획
- 공동주택의 안전점검
- 「시설물의 안전 및 유지관리에 관한 특별법」에 의한 안전관리
- 「어린이놀이시설 안전관리법」에 의한 어린이놀이터시설의 안전관리

1 공동주택관리법에 의한 안전관리

1. 안전관리계획

(1) 안전관리계획의 수립 OX

의무관리대상 공동주택의 관리주체는 해당 공동주택의 시설물로 인한 안전사고를 예방하기 위하여 대통령령[아래 (2)]으로 정하는 바에 따라 안전관리계획을 수립하고, 이에 따라 시설물별로 안전관리자 및 안전관리책임자를 지정하여 이를 시행하여야 한다(공동주택관리법 제32조 제1항). 기출

(2) 안전관리계획의 수립기준

OX ① **수립대상 시설물**: 위 (1)에 따라 의무관리대상 공동주택의 관리주체는 다음의 시설에 관한 안전관리계획을 수립하여야 한다(공동주택관리법 시행령 제33조 제1항, 동법 시행규칙 제11조 제1항). 기출

　㉠ 고압가스·액화석유가스 및 도시가스시설
　㉡ 중앙집중식 난방시설
　㉢ 발전 및 변전시설
　㉣ 위험물 저장시설
　㉤ 소방시설
　㉥ 승강기 및 인양기
　㉦ 연탄가스배출기(세대별로 설치된 것은 제외한다)
　㉧ 주차장
　㉨ 석축, 옹벽, 담장, 맨홀, 정화조 및 하수도
　㉩ 옥상 및 계단 등의 난간
　㉪ 우물 및 비상저수시설
　㉫ 펌프실, 전기실 및 기계실
　㉬ 경로당 또는 어린이놀이터에 설치된 시설
　㉭ 「주택건설기준 등에 관한 규정」에 따른 지능형 홈네트워크 설비
　㉮ 주민운동시설
　㉯ 주민휴게시설

② **포함사항**: 위 ①에 따른 안전관리계획에는 다음의 사항이 포함되어야 한다(공동주택관리법 시행령 제33조 제2항).

　㉠ 시설별 안전관리자 및 안전관리책임자에 의한 책임점검사항
　㉡ 국토교통부령[아래 (3)]으로 정하는 시설의 안전관리에 관한 기준 및 진단사항

OX문제

관리주체는 해당 공동주택의 시설물로 인한 안전사고를 예방하기 위하여 대통령령으로 정하는 바에 따라 안전관리계획을 수립하고 시설물별로 안전관리자 및 안전관리책임자를 지정하여 이를 시행하여야 한다. (　)

관리주체는 안전관리계획에 따라 시설물별로 안전관리자 및 안전관리책임자를 지정하여 이를 시행하여야 한다. (　)

OX문제

안전관리계획 수립대상 시설은 도시가스시설, 중앙집중식 난방시설, 발전 및 변전시설 등이 포함된다. (　)

관리주체는 소방시설에 관한 안전관리계획을 수립하여야 한다. (　)

주차장 및 입주자집회소는 안전관리계획 수립대상 시설물이다. (　)

세대별로 설치된 연탄가스배출기는 의무관리대상 공동주택의 관리주체가 수립하여야 하는 안전관리계획 대상시설에 해당한다. (　)

정답 O, O, O, O, X, X

ⓒ 위 ㉠ 및 ㉡의 점검 및 진단 결과 위해의 우려가 있는 시설에 대한 이용제한 또는 보수 등 필요한 조치사항
㉣ 지하주차장의 침수 예방 및 대응에 관한 사항
㉤ 수립된 안전관리계획의 조정에 관한 사항
㉥ 그 밖에 시설안전관리에 관하여 필요한 사항

(3) 안전관리에 관한 기준 및 진단사항 OX

위 (2)의 ②의 ㉡에 따라 안전관리계획에 포함되어야 하는 시설의 안전관리에 관한 기준 및 진단사항은 다음 표와 같다(공동주택관리법 시행규칙 제11조 제2항 별표 2). 기출

구분	대상시설	점검횟수
해빙기진단	석축, 옹벽, 법면, 교량, 우물 및 비상저수시설	연 1회(2월 또는 3월)
우기진단	석축, 옹벽, 법면, 담장, 하수도 및 주차장	연 1회(6월)
월동기진단	연탄가스배출기, 중앙집중식 난방시설, 노출배관의 동파방지 및 수목보온	연 1회(9월 또는 10월)
안전진단	변전실, 고압가스시설, 도시가스시설, 액화석유가스시설, 소방시설, 맨홀(정화조의 뚜껑을 포함한다), 유류저장시설, 펌프실, 인양기, 전기실, 기계실, 어린이놀이터, 주민운동시설 및 주민휴게시설	매분기 1회 이상
안전진단	승강기	「승강기제조 및 관리에 관한 법률」에서 정하는 바에 따른다.
안전진단	지능형 홈네트워크 설비	매월 1회 이상
위생진단	저수시설, 우물 및 어린이놀이터	연 2회 이상

[비고]
안전관리진단사항의 세부내용은 시·도지사가 정하여 고시한다.

2. 방범 및 안전교육

(1) 교육의 실시

다음의 사람은 국토교통부령[아래 (2)]으로 정하는 바에 따라 공동주택단지의 각종 안전사고의 예방과 방범을 위하여 시장·군수·구청장이 실시하는 방범교육 및 안전교육을 받아야 한다(공동주택관리법 제32조 제2항).
① 경비업무에 종사하는 사람
② 안전관리계획에 따라 시설물 안전관리자 및 안전관리책임자로 선정된 사람

OX문제

석축과 옹벽, 법면은 해빙기진단 연 1회(2월 또는 3월)와 우기진단 연 1회(6월)가 이루어지도록 안전관리계획을 수립하여야 한다. (   )

연탄가스배출기·중앙집중식 난방시설·노출배관의 동파방지, 수목보온은 해빙기진단 대상시설이다. (   )

변전실, 맨홀(정화조 뚜껑 포함), 펌프실, 전기실, 기계실 및 어린이놀이터의 안전진단에 대하여 연 3회 이상 실시하도록 안전관리계획을 수립하여야 한다. (   )

어린이놀이터의 안전진단은 연 2회 실시한다. (   )

저수시설, 우물 및 어린이놀이터의 위생진단은 연 1회 이상 실시한다. (   )

정답 O, X, X, X, X

(2) 교육기준

위 **(1)**에 따른 방범교육 및 안전교육은 다음의 기준에 따른다(공동주택관리법 시행규칙 제12조 제1항).

① **이수의무 교육시간**: 연 2회 이내에서 시장·군수·구청장이 실시하는 횟수, 매회별 4시간 기출

② **대상자**
  ㉠ 방범교육: 경비책임자 기출
  ㉡ 소방에 관한 안전교육: 시설물 안전관리책임자 및 경비책임자
  ㉢ 시설물에 관한 안전교육: 시설물 안전관리책임자

③ **교육내용**
  ㉠ 방범교육: 강도, 절도 등의 예방 및 대응
  ㉡ 소방에 관한 안전교육: 소화, 연소 및 화재예방
  ㉢ 시설물에 관한 안전교육: 시설물 안전사고의 예방 및 대응

(3) 교육의 위임 등

① **교육의 위임 또는 위탁**: 시장·군수·구청장은 위 **(1)**에 따른 방범교육 및 안전교육을 국토교통부령으로 정하는 바에 따라 다음의 구분에 따른 기관 또는 법인에 위임하거나 위탁하여 실시할 수 있다(공동주택관리법 제32조 제3항).
  ㉠ 방범교육: 관할 경찰서장 또는 「공동주택관리법」 제89조 제2항에 따라 인정받은 법인
  ㉡ 소방에 관한 안전교육: 관할 소방서장 또는 「공동주택관리법」 제89조 제2항에 따라 인정받은 법인
  ㉢ 시설물에 관한 안전교육: 「공동주택관리법」 제89조 제2항에 따라 인정받은 법인

② **업무의 위탁**
  ㉠ 시장·군수·구청장은 방범교육을 관할 경찰서장 또는 공동주택관리 지원기구를 지정하여 위탁한다(공동주택관리법 제89조 제2항 제3호, 동법 시행령 제95조 제5항).
  ㉡ 시장·군수·구청장은 소방에 관한 안전교육을 관할 소방서장 또는 공동주택관리 지원기구를 지정하여 위탁한다(공동주택관리법 제89조 제2항 제3호, 동법 시행령 제95조 제6항). 기출

ⓒ 시장·군수·구청장은 시설물 안전교육을 공동주택관리 지원기구 또는 주택관리사단체를 지정하여 위탁한다(공동주택관리법 제89조 제2항 제3호, 동법 시행령 제95조 제7항).

(4) 소방에 관한 안전교육의 인정

「화재의 예방 및 안전관리에 관한 법률」에 따른 소방안전관리자 실무교육 또는 소방안전교육을 이수한 사람은 소방에 관한 안전교육을 이수한 것으로 본다(공동주택관리법 시행규칙 제12조 제2항). 기출

(5) 교육실시의 통보 또는 공고

시설물에 관한 안전교육 업무를 위탁받은 기관은 교육실시 10일 전에 교육의 일시·장소·기간·내용·대상자 및 그 밖에 교육에 필요한 사항을 공고하거나 관리주체에게 통보해야 한다(공동주택관리법 시행규칙 제12조 제3항, 제7조 제4항).

3. 공동주택의 안전점검

(1) 안전점검의 실시

① **안전점검의 실시**: 의무관리대상 공동주택의 관리주체는 그 공동주택의 기능유지와 안전성 확보로 입주자등을 재해 및 재난 등으로부터 보호하기 위하여 「시설물의 안전 및 유지관리에 관한 특별법」 제21조에 따른 지침에서 정하는 안전점검의 실시방법 및 절차 등에 따라 공동주택의 안전점검을 실시하여야 한다. 다만, **16층 이상의 공동주택** 및 사용연수, 세대수, 안전등급, 층수 등을 고려하여 대통령령[아래 **(2)**의 ②]으로 정하는 **15층 이하의 공동주택**에 대하여는 대통령령[아래 **(2)**의 ③]으로 정하는 자로 하여금 안전점검을 실시하도록 하여야 한다(공동주택관리법 제33조 제1항). 기출

② **위임규정**: 공동주택의 안전점검 방법, 안전점검의 실시 시기, 안전점검을 위한 보유 장비, 그 밖에 안전점검에 필요한 사항은 대통령령[아래 **(2)**]으로 정한다(공동주택관리법 제33조 제4항). 기출

○X문제
공동주택의 안전점검 방법, 안전점검의 실시 시기, 안전점검을 위한 보유 장비, 그 밖에 안전점검에 필요한 사항은 대통령령으로 정한다. (   )

정답 ○

(2) 안전점검의 실시시기 및 방법

① **안전점검의 실시시기**: 위 **(1)**에 따른 안전점검은 반기마다 하여야 한다 (공동주택관리법 시행령 제34조 제1항). 기출

② **15층 이하의 공동주택의 안전점검**: 위 **(1)**의 단서에서 '대통령령으로 정하는 15층 이하의 공동주택'이란 15층 이하의 공동주택으로서 다음의 어느 하나에 해당하는 것을 말한다(공동주택관리법 시행령 제34조 제2항). 기출
  ㉠ 사용검사일부터 30년이 경과한 공동주택
  ㉡ 「재난 및 안전관리 기본법 시행령」에 따른 안전등급이 C등급, D등급 또는 E등급에 해당하는 공동주택

③ **안전점검을 실시할 수 있는 자**: 위 **(1)**의 단서에서 '대통령령으로 정하는 자'란 다음의 어느 하나에 해당하는 자를 말한다(공동주택관리법 시행령 제34조 제3항).
  ㉠ 「시설물의 안전 및 유지관리에 관한 특별법 시행령」에 따른 **책임기술자**로서 해당 공동주택단지의 관리직원인 자
  ㉡ 주택관리사등이 된 후 국토교통부령[아래 **(3)**의 ①]으로 정하는 교육기관에서 「시설물의 안전 및 유지관리에 관한 특별법 시행령」 [별표 5]에 따른 정기안전점검교육을 이수한 자 중 관리사무소장으로 배치된 자 또는 해당 공동주택단지의 관리직원인 자 기출
  ㉢ 「시설물의 안전 및 유지관리에 관한 특별법」에 따라 등록한 안전진단전문기관
  ㉣ 「건설산업기본법」에 따라 국토교통부장관에게 등록한 유지관리업자

(3) 주택관리사 및 주택관리사보에 대한 안전점검교육

① **교육기관**: 위 **(2)**의 ③의 ㉡에서 '국토교통부령으로 정하는 교육기관'이란 다음의 교육기관을 말한다(공동주택관리법 시행규칙 제13조).
  ㉠ 「시설물의 안전 및 유지관리에 관한 특별법 시행규칙」 제10조 제1항에 따른 교육기관
  ㉡ 주택관리사단체

② **교육이수자 명단의 통보**: 위 **(2)**의 ③의 ㉡의 안전점검교육을 실시한 기관은 지체 없이 그 교육이수자 명단을 주택관리사단체에 통보하여야 한다(공동주택관리법 시행령 제34조 제4항).

OX문제

관리주체는 연 1회 안전점검을 실시하여야 한다.
( )

사용검사일부터 30년이 경과한 15층 이하의 공동주택에 대하여 반기마다 대통령령으로 정하는 자로 하여금 안전점검을 실시하도록 하여야 한다.
( )

정답 X, O

(4) 안전점검 결과의 보고 및 조치

① **보고 및 조치**: 위 **(1)**에 따른 관리주체는 안전점검의 결과 건축물의 구조·설비의 안전도가 매우 낮아 재해 및 재난 등이 발생할 우려가 있는 경우에는 지체 없이 입주자대표회의(임대주택은 임대사업자를 말한다)에 그 사실을 통보한 후 대통령령(아래 ②)으로 정하는 바에 따라 시장·군수·구청장에게 그 사실을 보고하고, 해당 건축물의 이용 제한 또는 보수 등 필요한 조치를 하여야 한다(공동주택관리법 제33조 제2항).

② **보고내용 및 조치**: 위 ①에 따라 관리주체는 안전점검의 결과 건축물의 구조·설비의 안전도가 매우 낮아 위해 발생의 우려가 있는 경우에는 다음의 사항을 시장·군수·구청장에게 보고하고, 그 보고내용에 따른 조치를 취하여야 한다(공동주택관리법 시행령 제34조 제5항). 기출
  ㉠ 점검대상 구조·설비
  ㉡ 취약의 정도
  ㉢ 발생 가능한 위해의 내용
  ㉣ 조치할 사항

(5) 행정관청의 관리

① **위임규정**: 시장·군수·구청장은 위 **(4)**의 ②에 따른 보고를 받은 공동주택에 대해서는 국토교통부령(아래 ②)으로 정하는 바에 따라 관리하여야 한다(공동주택관리법 시행령 제34조 제6항).

② **조치사항**: 위 ①에 따라 시장·군수·구청장은 위 **(4)**의 ②에 따라 보고받은 공동주택에 대하여 다음의 조치를 하고, 매월 1회 이상 점검을 실시하여야 한다(공동주택관리법 시행규칙 제14조).
  ㉠ 공동주택 단지별 **점검책임자의 지정**
  ㉡ 공동주택 단지별 **관리카드의 비치**
  ㉢ 공동주택 단지별 **점검일지의 작성**
  ㉣ 공동주택 단지의 관리기구와 관계 행정기관 간의 **비상연락체계 구성**

(6) 예산의 확보

의무관리대상 공동주택의 입주자대표회의 및 관리주체는 건축물과 공중의 안전 확보를 위하여 건축물의 안전점검과 재난예방에 필요한 예산을 매년 확보하여야 한다(공동주택관리법 제33조 제3항). 기출

4. 소규모 공동주택의 안전관리

(1) 수행업무

지방자치단체의 장은 의무관리대상에 해당하지 아니하는 공동주택(이하 '소규모 공동주택'이라 한다)의 관리와 안전사고의 예방 등을 위하여 다음의 업무를 할 수 있다(공동주택관리법 제34조).
① 시설물에 대한 안전관리계획의 수립 및 시행
② 공동주택에 대한 안전점검
③ 그 밖에 지방자치단체의 조례로 정하는 사항

(2) 업무의 위탁

시장·군수·구청장은 소규모 공동주택의 안전관리 업무를 다음의 어느 하나에 해당하는 법인을 지정하여 위탁한다(공동주택관리법 시행령 제95조 제8항). 기출
① 국토안전관리원
② 주택관리사단체
③ 그 밖에 **국토교통부장관**이 소규모 공동주택의 안전관리 업무를 수행할 수 있다고 인정하여 고시하는 법인

2 시설물의 안전 및 유지관리에 관한 특별법에 의한 안전관리

1. 목적

「시설물의 안전 및 유지관리에 관한 특별법」은 시설물의 안전점검과 적정한 유지관리를 통하여 재해와 재난을 예방하고 시설물의 효용을 증진시킴으로써 공중의 안전을 확보하고 나아가 국민의 복리증진에 기여함을 목적으로 한다(시설물의 안전 및 유지관리에 관한 특별법 제1조).

2. 용어의 정의

「시설물의 안전 및 유지관리에 관한 특별법」에서 사용하는 용어의 뜻은 다음과 같다(시설물의 안전 및 유지관리에 관한 특별법 제2조).
① **시설물**: 건설공사를 통하여 만들어진 교량·터널·항만·댐·건축물 등 구조물과 그 부대시설로서 아래 3. **(3)**에 따른 제1종 시설물, 제2종 시설물 및 제3종 시설물을 말한다.

② **관리주체**: 관계 법령에 따라 해당 시설물의 관리자로 규정된 자나 해당 시설물의 소유자를 말한다. 이 경우 해당 시설물의 소유자와의 관리계약 등에 따라 시설물의 관리책임을 진 자는 관리주체로 보며, 관리주체는 공공관리주체와 민간관리주체로 구분한다.

③ **공공관리주체**: 다음의 어느 하나에 해당하는 관리주체를 말한다.
  ㉠ 국가·지방자치단체
  ㉡ 「공공기관의 운영에 관한 법률」 제4조에 따른 공공기관
  ㉢ 「지방공기업법」에 따른 지방공기업

④ **민간관리주체**: 공공관리주체 외의 관리주체를 말한다.

⑤ **안전점검**
  ㉠ 정의: '안전점검'이란 경험과 기술을 갖춘 자가 육안이나 점검기구 등으로 검사하여 시설물에 내재(內在)되어 있는 위험요인을 조사하는 행위를 말하며, 점검목적 및 점검수준을 고려하여 국토교통부령(아래 ㉡)으로 정하는 바에 따라 정기안전점검 및 정밀안전점검으로 구분한다.
  ㉡ 안전점검의 종류: 위 ㉠에 따른 안전점검은 다음과 같이 구분한다(시설물의 안전 및 유지관리에 관한 특별법 시행규칙 제2조).
    ⓐ **정기안전점검**: 시설물의 상태를 판단하고 시설물이 점검 당시의 사용요건을 만족시키고 있는지 확인할 수 있는 수준의 외관조사를 실시하는 안전점검
    ⓑ **정밀안전점검**: 시설물의 상태를 판단하고 시설물이 점검 당시의 사용요건을 만족시키고 있는지 확인하며 시설물 주요 부재의 상태를 확인할 수 있는 수준의 외관조사 및 측정·시험장비를 이용한 조사를 실시하는 안전점검

⑥ **정밀안전진단**: 시설물의 물리적·기능적 결함을 발견하고 그에 대한 신속하고 적절한 조치를 하기 위하여 구조적 안전성과 결함의 원인 등을 조사·측정·평가하여 보수·보강 등의 방법을 제시하는 행위를 말한다. 기출

⑦ **긴급안전점검**: 시설물의 붕괴·전도 등으로 인한 재난 또는 재해가 발생할 우려가 있는 경우에 시설물의 물리적·기능적 결함을 신속하게 발견하기 위하여 실시하는 점검을 말한다.

⑧ **내진성능평가**: 지진으로부터 시설물의 안전성을 확보하고 기능을 유지하기 위하여 「지진·화산재해대책법」에 따라 시설물별로 정하는 내진설

계기준에 따라 시설물이 지진에 견딜 수 있는 능력을 평가하는 것을 말한다.

⑨ **도급**(都給): 원도급·하도급·위탁, 그 밖에 명칭 여하에도 불구하고 안전점검·정밀안전진단이나 긴급안전점검, 유지관리 또는 성능평가를 완료하기로 약정하고, 상대방이 그 일의 결과에 대하여 대가를 지급하기로 한 계약을 말한다.

⑩ **하도급**: 도급받은 안전점검·정밀안전진단이나 긴급안전점검, 유지관리 또는 성능평가 용역의 전부 또는 일부를 도급하기 위하여 수급인(受給人)이 제3자와 체결하는 계약을 말한다.

⑪ **유지관리**: 완공된 시설물의 기능을 보전하고 시설물이용자의 편의와 안전을 높이기 위하여 시설물을 일상적으로 점검·정비하고 손상된 부분을 원상복구하며 경과시간에 따라 요구되는 시설물의 개량·보수·보강에 필요한 활동을 하는 것을 말한다.

⑫ **성능평가**: 시설물의 기능을 유지하기 위하여 요구되는 시설물의 구조적 안전성, 내구성, 사용성 등의 성능을 종합적으로 평가하는 것을 말한다.

⑬ **하자담보책임기간**: 「건설산업기본법」과 「공동주택관리법」 등 관계 법령에 따른 하자담보책임기간 또는 하자보수기간 등을 말한다.

3. 기본계획 등

(1) 시설물의 안전 및 유지관리 기본계획의 수립·시행

① **기본계획의 수립·시행**: 국토교통부장관은 시설물이 안전하게 유지관리될 수 있도록 하기 위하여 5년마다 시설물의 안전 및 유지관리에 관한 기본계획(이하 '기본계획'이라 한다)을 수립·시행하여야 한다(시설물의 안전 및 유지관리에 관한 특별법 제5조 제1항).

② **기본계획에 포함되는 사항**: 기본계획에는 다음의 사항이 포함되어야 한다(시설물의 안전 및 유지관리에 관한 특별법 제5조 제2항, 동법 시행령 제2조).

㉠ 시설물의 안전 및 유지관리에 관한 기본목표 및 추진방향에 관한 사항

㉡ 시설물의 안전 및 유지관리체계의 개발, 구축 및 운영에 관한 사항

㉢ 시설물의 안전 및 유지관리에 관한 정보체계의 구축·운영에 관한 사항

㉣ 시설물의 안전 및 유지관리에 필요한 기술의 연구·개발에 관한 사항

㉤ 시설물의 안전 및 유지관리에 필요한 인력의 양성에 관한 사항

ⓗ 안전진단전문기관의 육성·지원에 관한 사항
ⓘ 시설물의 안전 및 유지관리에 관한 기준의 작성·변경과 그 운영에 관한 사항

(2) 시설물의 안전 및 유지관리계획의 수립·시행

① **시설물관리계획의 수립·시행**: 관리주체는 기본계획에 따라 소관 시설물에 대한 안전 및 유지관리계획(이하 '시설물관리계획'이라 한다)을 수립·시행하여야 한다. 다만, 아래 **(3)**의 ③에 따른 제3종 시설물 중 「공동주택관리법」에 따른 의무관리대상 공동주택이 아닌 공동주택 등 민간관리주체 소관 시설물 중 대통령령으로 정하는 시설물의 경우에는 특별자치시장·특별자치도지사·시장·군수 또는 구청장(구청장은 자치구의 구청장을 말하며, 이하 '시장·군수·구청장'이라 한다)이 수립하여야 한다(시설물의 안전 및 유지관리에 관한 특별법 제6조 제1항).

② **시설물관리계획의 수립**: 관리주체는 위 ①의 본문에 따라 시설물의 안전 및 유지관리계획(이하 '시설물관리계획'이라 한다)을 소관 시설물별로 매년 수립·시행하여야 한다. 다만, 「공동주택관리법」에 따른 공동주택의 경우에는 아래 ④의 ㉠ 및 ㉡의 사항에 대해서는 「공동주택관리법」에 따른 공동주택단지에 소재하는 공동주택 전체를 대상으로 수립할 수 있다(시설물의 안전 및 유지관리에 관한 특별법 시행령 제3조 제1항).

③ **시장·군수·구청장의 통보**
㉠ 위 ①의 단서에 따라 시장·군수·구청장이 시설물관리계획을 수립하는 경우에는 이를 해당 관리주체에게 통보하여야 한다(시설물의 안전 및 유지관리에 관한 특별법 제6조 제3항).
㉡ 위 ㉠에 따른 시설물관리계획의 통보는 그 수립일부터 15일 이내에 서면 또는 전자문서로 해야 한다(시설물의 안전 및 유지관리에 관한 특별법 시행령 제3조 제3항).

④ **시설물관리계획에 포함사항**: 시설물관리계획에는 다음의 사항이 포함되어야 한다. 다만, 위 ①의 단서에 해당하여 시장·군수·구청장이 시설물관리계획을 수립하는 경우에는 ㉢·㉣의 사항을 생략할 수 있다(시설물의 안전 및 유지관리에 관한 특별법 제6조 제2항).
㉠ 시설물의 적정한 안전과 유지관리를 위한 조직·인원 및 장비의 확보에 관한 사항
㉡ 긴급상황 발생 시 조치체계에 관한 사항

ⓒ 시설물의 설계·시공·감리 및 유지관리 등에 관련된 설계도서의 수집 및 보존에 관한 사항

　　ⓔ 안전점검 또는 정밀안전진단의 실시에 관한 사항

　　ⓜ 보수·보강 등 유지관리 및 그에 필요한 비용에 관한 사항

　　ⓗ 시설물의 상시관리를 위한 수시점검에 관한 사항

⑤ **중기관리계획의 수립**: 위 ②에도 불구하고 성능평가대상시설물의 관리주체는 위 ①의 본문에 따라 해당 시설물의 생애주기를 고려하여 소관 시설물별로 5년마다 중기 시설물관리계획(이하 '중기관리계획'이라 한다)을 수립·시행하고, 중기관리계획에 따라 매년 시설물관리계획을 수립·시행하여야 한다(시설물의 안전 및 유지관리에 관한 특별법 시행령 제3조 제4항).

⑥ **중기관리계획에 포함사항**: 중기관리계획에는 위 ④의 사항 외에 다음의 사항이 포함되어야 한다(시설물의 안전 및 유지관리에 관한 특별법 시행령 제3조 제5항).

　　ⓐ 성능평가대상시설물에 대한 성능목표 및 관리기준 설정에 관한 사항

　　ⓑ 성능평가대상시설물의 성능목표 달성 방법에 관한 사항

　　ⓒ 성능평가대상시설물의 안전점검·정밀안전진단 또는 긴급안전점검(이하 '안전점검등'이라 한다), 성능평가 및 유지관리 이행에 관한 사항

　　ⓔ 성능평가대상시설물의 성능평가 결과에 관한 사항

　　ⓜ 그 밖에 성능평가대상시설물의 안전점검등, 성능평가 및 유지관리를 위하여 국토교통부장관이 정하여 고시하는 사항

⑦ **공공관리주체의 보고**: 공공관리주체는 시설물관리계획을 수립한 경우 다음에 해당하는 관계 행정기관의 장에게 보고하여야 한다(시설물의 안전 및 유지관리에 관한 특별법 제6조 제4항).

　　ⓐ 공공관리주체가 중앙행정기관의 소속 기관이거나 감독을 받는 기관인 경우에는 소속 중앙행정기관의 장

　　ⓑ 위 ⓐ 외의 공공관리주체는 특별시장·광역시장·도지사·특별자치시장 또는 특별자치도지사(이하 '시·도지사'라 한다)

⑧ **민간관리주체의 제출**: 민간관리주체는 시설물관리계획을 수립한 경우 관할 시장·군수·구청장에게 제출하여야 한다(시설물의 안전 및 유지관리에 관한 특별법 제6조 제5항).

⑨ **보고 및 제출 기한**: 공공관리주체는 위 ⑦에 따라 소속 중앙행정기관의 장, 특별시장·광역시장·도지사·특별자치시장 또는 특별자치도지사(이하 '시·도지사')에게, 민간관리주체는 위 ⑧에 따라 특별자치시장·특별자

치도지사·시장·군수 또는 구청장(구청장은 자치구의 구청장을 말하며, 이하 '시장·군수·구청장'이라 한다)에게 위 ②에 따른 시설물관리계획을 매년 2월 15일까지 각각 제출(전자문서에 따른 제출을 포함한다. 이하 같다)하여야 한다(시설물의 안전 및 유지관리에 관한 특별법 시행규칙 제3조 제1항).

⑩ **중기관리계획의 제출기한**: 성능평가대상시설물의 관리주체 중 공공관리주체는 위 ⑦에 따라 소속 중앙행정기관의 장 또는 시·도지사에게, 민간관리주체는 위 ⑧에 따라 시장·군수·구청장에게 위 ⑤의 중기관리계획을 해당 시설물의 성능평가가 완료된 해의 다음 해부터 5년마다 2월 15일까지 각각 제출하여야 한다(시설물의 안전 및 유지관리에 관한 특별법 시행규칙 제3조 제2항).

⑪ **변경된 계획의 제출기한**: 관리주체가 시설물관리계획 또는 중기관리계획을 변경한 경우에는 변경한 날부터 15일 이내에 변경된 계획을 제출하여야 한다(시설물의 안전 및 유지관리에 관한 특별법 시행규칙 제3조 제3항).

⑫ **시장·군수·구청장의 보고**
  ㉠ 보고: 위 ⑧에 따라 시설물관리계획을 제출받은 시장·군수·구청장은 국토교통부령(아래 ㉡)으로 정하는 바에 따라 그 제출 자료를 관할 시·도지사(특별자치시장·특별자치도지사는 제외한다)에게 보고하여야 한다(시설물의 안전 및 유지관리에 관한 특별법 제6조 제6항).
  ㉡ 보고기한: 위 ㉠에 따른 제출자료의 보고는 민간관리주체가 시설물관리계획 또는 중기관리계획을 제출한 날부터 15일 이내에 하여야 한다(시설물의 안전 및 유지관리에 관한 특별법 시행규칙 제3조 제4항).

⑬ **시·도지사의 제출**
  ㉠ 제출: 위 ⑦, ⑧, ⑫의 ㉠까지에 따라 시설물관리계획을 보고받거나 제출받은 중앙행정기관의 장과 시·도지사는 그 현황을 확인한 후 시설물관리계획에 관한 자료를 국토교통부장관에게 제출하여야 한다(시설물의 안전 및 유지관리에 관한 특별법 제6조 제7항).
  ㉡ 제출기한: 위 ㉠에 따른 자료의 제출은 공공관리주체 또는 시장·군수·구청장으로부터 보고받거나 제출받은 날부터 15일 이내에 하여야 한다(시설물의 안전 및 유지관리에 관한 특별법 시행규칙 제3조 제5항).

⑭ **시설물통합정보관리체계를 이용한 제출**: 관리주체가 시설물관리계획 또는 중기관리계획을 시설물통합정보관리체계를 이용하여 제출한 경우에는 위 ⑫의 ㉠에 따른 시장·군수·구청장의 시·도지사(특별자치시장·특별자치도지사를 제외)에 대한 제출자료의 보고와 ⑬의 ㉠에 따른 중앙행정

기관의 장 또는 시·도지사의 국토교통부장관에 대한 자료의 제출을 한 것으로 본다(시설물의 안전 및 유지관리에 관한 특별법 시행규칙 제3조 제6항).

⑮ **수정 또는 보완요구**: 국토교통부장관 또는 관계 행정기관의 장은 위 ⑦, ⑧, ⑫의 ㉠, ⑬의 ㉠에 따라 보고받거나 제출받은 시설물관리계획의 타당성을 검토하여 필요한 경우 관리주체 또는 시장·군수·구청장(위 ①의 단서의 경우에 한정한다)에게 수정 또는 보완을 요구할 수 있다. 이 경우 수정 또는 보완을 요구받은 자는 특별한 사유가 없으면 이에 따라야 한다(시설물의 안전 및 유지관리에 관한 특별법 제6조 제8항).

⑯ **위임규정**: 그 밖에 시설물관리계획의 관리주체별 수립시기·내용 등 시설물관리계획의 수립·시행에 필요한 사항은 대통령령으로 정한다(시설물의 안전 및 유지관리에 관한 특별법 제6조 제9항).

(3) 시설물의 종류(시설물의 안전 및 유지관리에 관한 특별법 제7조)

① **제1종 시설물**: 공중의 이용편의와 안전을 도모하기 위하여 특별히 관리할 필요가 있거나 구조상 안전 및 유지관리에 고도의 기술이 필요한 대규모 시설물로서 다음의 어느 하나에 해당하는 시설물 등 대통령령(아래 ④)으로 정하는 시설물

  ㉠ 고속철도 교량, 연장 500미터 이상의 도로 및 철도 교량
  ㉡ 고속철도 및 도시철도 터널, 연장 1,000미터 이상의 도로 및 철도 터널
  ㉢ 갑문시설 및 연장 1,000미터 이상의 방파제
  ㉣ 다목적댐, 발전용댐, 홍수전용댐 및 총저수용량 1천만 톤 이상의 용수전용댐
  ㉤ 21층 이상 또는 연면적 5만 제곱미터 이상의 건축물
  ㉥ 하구둑, 포용저수량 8천만 톤 이상의 방조제
  ㉦ 광역상수도, 공업용수도, 1일 공급능력 3만 톤 이상의 지방상수도

② **제2종 시설물**: 제1종 시설물 외에 사회기반시설 등 재난이 발생할 위험이 높거나 재난을 예방하기 위하여 계속적으로 관리할 필요가 있는 시설물로서 다음의 어느 하나에 해당하는 시설물 등 대통령령(아래 ④)으로 정하는 시설물

  ㉠ 연장 100미터 이상의 도로 및 철도 교량
  ㉡ 고속국도, 일반국도, 특별시도 및 광역시도 도로 터널 및 특별시 또는 광역시에 있는 철도 터널
  ㉢ 연장 500미터 이상의 방파제

ⓔ 지방상수도 전용댐 및 총저수용량 1백만 톤 이상의 용수전용댐
ⓜ 16층 이상 또는 연면적 3만 제곱미터 이상의 건축물
ⓑ 포용저수량 1천만 톤 이상의 방조제
ⓢ 1일 공급능력 3만 톤 미만의 지방상수도

③ **제3종 시설물**: 제1종 시설물 및 제2종 시설물 외에 안전관리가 필요한 소규모 시설물로서「시설물의 안전 및 유지관리에 관한 특별법」제8조에 따라 지정·고시된 시설물

④ **제1종 시설물 및 제2종 시설물의 종류**: 위 ①에 따른 제1종 시설물 및 ②에 따른 제2종 시설물의 종류는 [별표 1]과 같다(시설물의 안전 및 유지관리에 관한 특별법 시행령 제4조).

별표 1 제1종 시설물 및 제2종 시설물의 종류 기출

구분		제1종 시설물	제2종 시설물
건축물	공동주택		16층 이상의 공동주택
	공동주택 외의 건축물	1. 21층 이상 또는 연면적 5만 제곱미터 이상의 건축물 2. 연면적 3만 제곱미터 이상의 철도역시설 및 관람장 3. 연면적 1만 제곱미터 이상의 지하도상가(지하보도면적을 포함한다)	1. 제1종 시설물에 해당하지 않는 건축물로서 16층 이상 또는 연면적 3만 제곱미터 이상의 건축물 2. 제1종 시설물에 해당하지 않는 건축물로서 연면적 5천 제곱미터 이상(각 용도별 시설의 합계를 말한다)의 문화 및 집회시설, 종교시설, 판매시설, 운수시설 중 여객용 시설, 의료시설, 노유자시설, 수련시설, 운동시설, 숙박시설 중 관광숙박시설 및 관광 휴게시설 3. 제1종 시설물에 해당하지 않는 철도역시설로서 고속철도, 도시철도 및 광역철도 역시설 4. 제1종 시설물에 해당하지 않는 지하도상가로서 연면적 5천 제곱미터 이상의 지하도상가(지하보도면적을 포함한다)
옹벽 및 절토사면			1. 지면으로부터 노출된 높이가 5미터 이상인 부분의 합이 100미터 이상인 옹벽 2. 지면으로부터 연직(鉛直)높이(옹벽이 있는 경우 옹벽 상단으로부터의 높이) 30미터 이상을 포함한 절토부(땅깎기를 한 부분을 말한다)로서 단일 수평연장 100미터 이상인 절토사면

[비고]
1. 위 표의 건축물에는 그 부대시설인 옹벽과 절토사면을 포함하며, 건축설비, 소방설비, 승강기설비 및 전기설비는 포함하지 아니한다.
2. 건축물의 연면적은 지하층을 포함한 동별로 계산한다. 다만, 2동 이상의 건축물이 하나의 구조로 연결된 경우와 둘 이상의 지하도상가가 연속되어 있는 경우에는 연면적의 합계를 말한다.
3. 건축물의 층수에는 필로티나 그 밖에 이와 비슷한 구조로 된 층을 포함한다.
4. '공동주택 외의 건축물'은 「건축법 시행령」 [별표 1]에서 정한 용도별 분류를 따른다.
5. 건축물 중 주상복합건축물은 '공동주택 외의 건축물'로 본다.

(4) 설계도서 등의 제출 등

① **제1종 시설물 및 제2종 시설물의 제출**: 제1종 시설물 및 제2종 시설물을 건설·공급하는 사업주체는 설계도서, 시설물관리대장 등 대통령령(아래 ②)으로 정하는 서류를 관리주체와 국토교통부장관에게 제출하여야 한다(시설물의 안전 및 유지관리에 관한 특별법 제9조 제1항).

② **설계도서 등**: 위 ①에서 '설계도서, 시설물관리대장 등 대통령령으로 정하는 서류'란 [별표 2]의 서류를 말한다(시설물의 안전 및 유지관리에 관한 특별법 시행령 제6조).

▶ **설계도서·시설물관리대장 등 관련 서류의 종류**(시설물의 안전 및 유지관리에 관한 특별법 시행령 제6조 관련 별표 2)

구분	제1종 시설물·제2종 시설물	제3종 시설물
설계도서 등	1. 준공 도면 2. 준공 내역서 및 시방서 3. 구조계산서 4. 그 밖에 시공상 특기한 사항에 관한 보고서 등	준공 도면(준공 도면이 없는 경우 실측 도면)
시설물관리대장	「시설물의 안전 및 유지관리에 관한 특별법」 제21조 제1항에 따른 안전점검등에 관한 지침에서 정한 시설물 관리대장	「시설물의 안전 및 유지관리에 관한 특별법」 제21조 제1항에 따른 안전점검등에 관한 지침에서 정한 시설물 관리대장
감리보고서	최종감리보고서	

③ **제3종 시설물의 서류 제출**: 제3종 시설물의 관리주체는 제3종 시설물로 지정·고시된 경우에는 위 ①에 따른 서류를 1개월 이내에 국토교통부장관에게 제출하여야 한다(시설물의 안전 및 유지관리에 관한 특별법 제9조 제2항).

④ **설계도서 등을 제출하여야 하는 보수·보강**

㉠ 제출: 관리주체는 대통령령(아래 ㉡)으로 정하는 중요한 보수·보강을 실시한 경우 위 ①에 따른 서류를 국토교통부장관에게 제출하여야 한다(시설물의 안전 및 유지관리에 관한 특별법 제9조 제4항).

ⓛ **보수·보강의 범위**: 위 ㉠에서 '대통령령으로 정하는 중요한 보수·보강'이란 다음의 부분에 대한 보수·보강을 말한다(시설물의 안전 및 유지관리에 관한 특별법 시행령 제7조).
  ⓐ 철근콘크리트구조부 또는 철골구조부
  ⓑ 「건축법」에 따른 주요구조부
  ⓒ 그 밖에 국토교통부령으로 정하는 주요 부분

⑤ **서류 제출의 명령**: 국토교통부장관은 사업주체 또는 관리주체가 위 ①·③ 및 ④의 ㉠에 따른 서류를 제출하지 아니하는 경우에는 10일 이상 60일 이내의 범위에서 기간을 정하여 그 제출을 명할 수 있다(시설물의 안전 및 유지관리에 관한 특별법 제9조 제5항).

⑥ **서류의 보존**: 관리주체는 위 ①·③ 및 ④의 ㉠에 따른 서류를 해당 시설물의 존속시기까지 보존하여야 한다(시설물의 안전 및 유지관리에 관한 특별법 제9조 제6항).

⑦ **준공 또는 사용승인**: 제1종 시설물 및 제2종 시설물에 대한 준공 또는 사용승인을 하는 관계 행정기관의 장(공공기관의 운영에 관한 법률에 따른 공공기관이 관계법령에 따라 준공인가 또는 사용승인에 관한 권한을 위탁받은 경우에는 해당 공공기관의 장을 말한다)은 제1종 시설물 및 제2종 시설물을 건설·공급하는 사업주체가 위 ①에 따른 서류를 제출한 것을 확인한 후 준공 또는 사용승인을 하여야 한다(시설물의 안전 및 유지관리에 관한 특별법 제9조 제7항).

⑧ **준공 또는 사용승인 사실의 통보**: 위 ⑦에 따라 시설물의 준공 또는 사용승인을 한 관계 행정기관의 장은 준공 또는 사용승인을 한 날부터 1개월 이내에 국토교통부령으로 정하는 바에 따라 준공 또는 사용승인 사실을 국토교통부장관에게 통보하여야 한다(시설물의 안전 및 유지관리에 관한 특별법 제9조 제8항).

⑨ **위임규정**: 위 ①부터 ④까지에 따른 서류의 제출방법 등에 필요한 사항은 국토교통부령(아래 ⑩)으로 정한다(시설물의 안전 및 유지관리에 관한 특별법 제9조 제9항).

⑩ **설계도서 등의 제출기한**
  ㉠ 제출기한: 제1종 시설물 및 제2종 시설물을 건설·공급하는 사업주체, 제3종 시설물의 관리주체 및 보수·보강을 실시한 시설물의 관리주체(이하 '서류제출의무자'라 한다)가 설계도서 등 서류를 제출하여야 하는 시기는 [별표 1]과 같다(시설물의 안전 및 유지관리에 관한 특별법 시행규칙 제6조 제1항).

▶ **설계도서 등 서류를 제출하여야 하는 시기**(시설물의 안전 및 유지관리에 관한 특별법 시행규칙 제6조 제1항 관련 별표 1)

서류의 종류	제1종 시설물·제2종 시설물	제3종 시설물
1. 설계도서 등	준공 또는 사용승인 신청 시. 다만, 「시설물의 안전 및 유지관리에 관한 특별법」 제9조 제4항에 해당하는 경우에는 해당 보수·보강을 완료한 날부터 30일 이내	지정 통보 후 30일 이내(실측도면을 제출하는 경우에는 실측도면 작성에 소요되는 기간은 산입하지 않는다). 다만, 「시설물의 안전 및 유지관리에 관한 특별법」 제9조 제4항에 해당하는 경우에는 해당 보수·보강을 완료한 날부터 30일 이내
2. 시설물관리대장		
3. 감리보고서	준공 또는 사용승인일 후 3개월 이내	

ⓒ 서류제출의무자가 위 ㉠에 따른 서류의 내용을 시설물통합정보관리체계에 입력한 경우에는 위 ①·③ 및 ④의 ㉠에 따라 서류를 제출한 것으로 본다(시설물의 안전 및 유지관리에 관한 특별법 시행규칙 제6조 제2항).

4. 시설물의 안전점검 등

(1) 안전점검의 실시

① **정기적 실시**: 관리주체는 소관 시설물의 안전과 기능을 유지하기 위하여 정기적으로 안전점검을 실시하여야 한다. 다만, 위 3. (2)의 ①의 단서에 해당하는 시설물의 경우에는 시장·군수·구청장이 안전점검을 실시하여야 한다(시설물의 안전 및 유지관리에 관한 특별법 제11조 제1항).

② **정밀안전점검의 실시**: 관리주체는 시설물의 하자담보책임기간(동일한 시설물의 각 부분별 하자담보책임기간이 다른 경우에는 시설물의 부분 중 대통령령으로 정하는 주요 부분의 하자담보책임기간을 말한다)이 끝나기 전에 마지막으로 실시하는 정밀안전점검의 경우에는 안전진단전문기관이나 국토안전관리원에 의뢰하여 실시하여야 한다(시설물의 안전 및 유지관리에 관한 특별법 제11조 제2항).

③ **부도 등에 따른 안전점검의 대행**: 민간관리주체가 어음·수표의 지급불능으로 인한 부도(不渡) 등 부득이한 사유로 인하여 안전점검을 실시하지 못하게 될 때에는 관할 시장·군수·구청장이 민간관리주체를 대신하여 안전점검을 실시할 수 있다. 이 경우 안전점검에 드는 비용은 그 민간관리주체에게 부담하게 할 수 있다(시설물의 안전 및 유지관리에 관한 특별법 제11조 제3항).

④ **비용청구**: 위 ③에 따라 시장·군수·구청장이 안전점검을 대신 실시한 후 민간관리주체에게 비용을 청구하는 경우에 해당 민간관리주체가 그에 따르지 아니하면 시장·군수·구청장은 지방세 체납처분의 예에 따라 징수할 수 있다(시설물의 안전 및 유지관리에 관한 특별법 제11조 제4항).

⑤ **위임규정**: 시설물의 종류에 따른 안전점검의 수준, 안전점검의 실시시기, 안전점검의 실시 절차 및 방법, 안전점검을 실시할 수 있는 자의 자격 등 안전점검 실시에 필요한 사항은 대통령령으로 정한다(시설물의 안전 및 유지관리에 관한 특별법 제11조 제5항).

⑥ **안전점검의 실시**: 위 ①에 따라 관리주체 또는 시장·군수·구청장은 소관 시설물의 안전과 기능을 유지하기 위하여 정기안전점검 및 정밀안전점검을 실시해야 한다. 다만, 제3종 시설물에 대한 정밀안전점검은 정기안전점검 결과 해당 시설물의 안전등급이 D등급(미흡) 또는 E등급(불량)인 경우에 한정하여 실시한다(시설물의 안전 및 유지관리에 관한 특별법 시행령 제8조 제1항).

⑦ **안전점검의 실시시기**: 위 ①에 따른 안전점검의 실시시기는 [별표 3]과 같다(시설물의 안전 및 유지관리에 관한 특별법 시행령 제8조 제2항).

별표 3 안전점검, 정밀안전진단 및 성능평가의 실시시기

안전등급	정기안전점검	정밀안전점검		정밀안전진단	성능평가
		건축물	건축물 외 시설물		
A등급	반기에 1회 이상	4년에 1회 이상	3년에 1회 이상	6년에 1회 이상	5년에 1회 이상
B·C등급		3년에 1회 이상	2년에 1회 이상	5년에 1회 이상	
D·E등급	1년에 3회 이상	2년에 1회 이상	1년에 1회 이상	4년에 1회 이상	

[비고]
1. '안전등급'이란 「시설물의 안전 및 유지관리에 관한 특별법 시행령」 제12조 및 [별표 8]에 따른 시설물의 안전등급을 말한다.
2. 준공 또는 사용승인 후부터 최초 안전등급이 지정되기 전까지의 기간에 실시하는 정기안전점검은 반기에 1회 이상 실시한다.
3. 제1종 및 제2종 시설물 중 D·E등급 시설물의 정기안전점검은 해빙기·우기·동절기 전 각각 1회 이상 실시한다. 이 경우 해빙기 전 점검시기는 2월·3월로, 우기 전 점검시기는 5월·6월로, 동절기 전 점검시기는 11월·12월로 한다.
4. 공동주택의 정기안전점검은 「공동주택관리법」 제33조에 따른 안전점검(지방자치단체의 장이 의무관리대상이 아닌 공동주택에 대하여 같은 법 제34조에 따라 안전점검을 실시한 경우에는 이를 포함한다)으로 갈음한다.
5. 최초로 실시하는 정밀안전점검은 시설물의 준공일 또는 사용승인일(구조형태의 변경으로 시설물로 된 경우에는 구조형태의 변경에 따른 준공일 또는 사용승인일을 말한다)을 기준으로 3년 이내(건축물은 4년 이내)에 실시한다. 다만, 임시사용승인을 받은 경우에는 임시사용승인일을 기준으로 한다.

6. 위 5.에도 불구하고 정기안전점검결과 안전등급이 D등급(미흡) 또는 E등급(불량)으로 지정된 제3종 시설물의 최초 정밀안전점검은 해당 정기안전점검을 완료한 날부터 1년 이내에 실시한다. 다만, 이 기간 내 정밀안전진단을 실시한 경우에는 해당 정밀안전점검을 생략할 수 있다.
7. 최초로 실시하는 정밀안전진단은 준공일 또는 사용승인일(준공 또는 사용승인 후에 구조형태의 변경으로 제1종 시설물로 된 경우에는 최초 준공일 또는 사용승인일을 말한다) 후 10년이 지난 때부터 1년 이내에 실시한다. 다만, 준공 및 사용승인 후 10년이 지난 후에 구조형태의 변경으로 인하여 제1종 시설물로 된 경우에는 구조형태의 변경에 따른 준공일 또는 사용승인일부터 1년 이내에 실시한다.
8. 최초로 실시하는 성능평가는 성능평가대상시설물 중 제1종 시설물의 경우에는 최초로 정밀안전진단을 실시하는 때, 제2종 시설물의 경우에는 「시설물의 안전 및 유지관리에 관한 특별법」 제11조 제2항에 따른 하자담보책임기간이 끝나기 전에 마지막으로 실시하는 정밀안전점검을 실시하는 때에 실시한다. 다만, 준공 및 사용승인 후 구조형태의 변경으로 인하여 성능평가대상시설물로 된 경우에는 위 5. 및 7.에 따라 정밀안전점검 또는 정밀안전진단을 실시하는 때에 실시한다.
9. 정밀안전점검 및 정밀안전진단의 실시 주기는 이전 정밀안전점검 및 정밀안전진단을 완료한 날을 기준으로 한다. 다만, 정밀안전점검 실시 주기에 따라 정밀안전점검을 실시한 경우에도 「시설물의 안전 및 유지관리에 관한 특별법」 제12조에 따라 정밀안전진단을 실시한 경우에는 그 정밀안전진단을 완료한 날을 기준으로 정밀안전점검의 실시 주기를 정한다.
10. 정밀안전점검, 긴급안전점검 및 정밀안전진단의 실시 완료일이 속한 반기에 실시하여야 하는 정기안전점검은 생략할 수 있다.
11. 정밀안전진단의 실시 완료일부터 6개월 전 이내에 그 실시 주기의 마지막 날이 속하는 정밀안전점검은 생략할 수 있다.
12. 성능평가 실시 주기는 이전 성능평가를 완료한 날을 기준으로 한다.
13. 증축, 개축 및 리모델링 등을 위하여 공사 중이거나 철거예정인 시설물로서, 사용되지 않는 시설물에 대해서는 국토교통부장관과 협의하여 안전점검, 정밀안전진단 및 성능평가의 실시를 생략하거나 그 시기를 조정할 수 있다.

(2) 정밀안전진단의 실시

① **정기적 실시**: 관리주체는 제1종 시설물과 대통령령으로 정하는 제2종 시설물에 대하여 정기적으로 정밀안전진단을 실시하여야 한다(시설물의 안전 및 유지관리에 관한 특별법 제12조 제1항).

② **재해 및 재난 예방을 위한 실시**: 관리주체는 위 (1)에 따른 안전점검 또는 아래 (3)에 따른 긴급안전점검을 실시한 결과 재해 및 재난을 예방하기 위하여 필요하다고 인정되는 경우에는 정밀안전진단을 실시하여야 한다. 이 경우 긴급안전점검, 안전점검 및 정밀안전진단 결과보고서 제출일부터 1년 이내에 정밀안전진단을 착수하여야 한다(시설물의 안전 및 유지관리에 관한 특별법 제12조 제2항).

③ **노후 시설물에 대한 정밀안전진단**: 관리주체는 준공 후 30년이 경과된 시설물 중 다음의 요건에 모두 해당하는 시설물에 대하여 정밀안전진단을 실시하여야 한다(시설물의 안전 및 유지에 관한 특별법 제12조 제3항).

㉠ 준공 후 30년이 경과한 이후 정밀안전진단을 받지 아니한 제2종 시설물이나 제3종 시설물

㉡ 안전점검을 실시한 결과 아래 (4)에 따라 지정된 안전등급 중 대통령령으로 정하는 안전등급으로 지정된 경우

④ **내진성능평가를 포함한 정밀안전진단**: 관리주체는 「지진·화산재해대책법」에 따른 내진설계 대상 시설물 중 내진성능평가를 받지 않은 시설물에 대하여 정밀안전진단을 실시하는 경우에는 해당 시설물에 대한 내진성능평가를 포함하여 실시하여야 한다(시설물의 안전 및 유지관리에 관한 특별법 제12조 제4항).

⑤ **보강의 권고**: 국토교통부장관은 내진성능평가가 포함된 정밀안전진단의 실시결과를 아래 (6)에 따라 평가한 결과 내진성능의 보강이 필요하다고 인정되면 내진성능을 보강하도록 권고할 수 있다(시설물의 안전 및 유지관리에 관한 특별법 제12조 제5항).

⑥ **위임규정**: 정밀안전진단의 실시시기, 정밀안전진단의 실시 절차 및 방법, 정밀안전진단을 실시할 수 있는 자의 자격 등 정밀안전진단 실시에 필요한 사항은 대통령령으로 정한다(시설물의 안전 및 유지관리에 관한 특별법 제12조 제6항).

(3) 긴급안전점검의 실시

① **관리주체의 긴급안전점검의 실시**: 관리주체는 시설물의 붕괴·전도 등이 발생할 위험이 있다고 판단하는 경우 긴급안전점검을 실시하여야 한다(시설물의 안전 및 유지관리에 관한 특별법 제13조 제1항).

② **행정기관의 긴급안전점검의 실시**: 국토교통부장관 및 관계 행정기관의 장은 시설물의 구조상 공중의 안전한 이용에 중대한 영향을 미칠 우려가 있다고 판단되는 경우에는 소속 공무원으로 하여금 긴급안전점검을 하게 하거나 해당 관리주체 또는 시장·군수·구청장[위 3. (2)의 ①의 단서에 해당하는 시설물의 경우에 한정한다]에게 긴급안전점검을 실시할 것을 요구할 수 있다. 이 경우 요구를 받은 자는 특별한 사유가 없으면 그 요구를 따라야 한다(시설물의 안전 및 유지관리에 관한 특별법 제13조 제2항).

③ **합동으로 실시**: 국토교통부장관 또는 관계 행정기관의 장이 위 ②에 따른 긴급안전점검을 실시하는 경우 점검의 효율성을 높이기 위하여 관계 기관 또는 전문가와 합동으로 긴급안전점검을 실시할 수 있다(시설물의 안전 및 유지관리에 관한 특별법 제13조 제3항).

④ **질문 및 열람**: 위 ②에 따라 긴급안전점검을 실시하는 공무원은 관계인에게 필요한 질문을 하거나 관계 서류 등을 열람할 수 있다(시설물의 안전 및 유지관리에 관한 특별법 제13조 제4항).

⑤ **증표의 제시**: 위 ②에 따라 긴급안전점검을 실시하는 공무원은 그 권한을 나타내는 증표를 지니고 이를 관계인에게 보여주어야 한다(시설물의 안전 및 유지관리에 관한 특별법 제13조 제5항).

⑥ **보수·보강 명령**: 국토교통부장관 또는 관계 행정기관의 장은 위 ②에 따라 긴급안전점검을 실시한 경우 그 결과를 해당 관리주체에게 통보하여야 하며, 시설물의 안전 확보를 위하여 필요하다고 인정하는 경우에는 정밀안전진단의 실시, 보수·보강 등 필요한 조치를 취할 것을 명할 수 있다(시설물의 안전 및 유지관리에 관한 특별법 제13조 제6항).

⑦ **결과보고서의 제출**: 위 ① 및 ②에 따라 관리주체 또는 관계 행정기관의 장이 긴급안전점검을 실시한 경우 그 결과보고서를 국토교통부장관에게 제출하여야 한다. 관리주체가 제출하는 경우에는 위 3. **(2)**의 ⑦부터 ⑬까지를 준용한다(시설물의 안전 및 유지관리에 관한 특별법 제13조 제7항).

⑧ **위임규정**: 긴급안전점검의 절차 및 방법, 긴급안전점검을 실시할 수 있는 자의 자격 등 긴급안전점검 실시에 필요한 사항은 대통령령으로 정한다(시설물의 안전 및 유지관리에 관한 특별법 제13조 제8항).

(4) 시설물의 안전등급의 지정 등

① **안전등급의 지정**: 안전점검등을 실시하는 자는 안전점검등의 실시결과에 따라 대통령령(아래 ②)으로 정하는 기준에 적합하게 해당 시설물의 안전등급을 지정하여야 한다(시설물의 안전 및 유지관리에 관한 특별법 제16조 제1항).

② **시설물의 안전등급 기준**: 위 ①에서 '대통령령으로 정하는 기준'이란 [별표 8]의 기준을 말한다(시설물의 안전 및 유지관리에 관한 특별법 시행령 제12조).

▶ **시설물의 안전등급 기준**(시설물의 안전 및 유지관리에 관한 특별법 시행령 제12조 관련 별표 8)

안전등급	시설물의 상태
A(우수)	문제점이 없는 최상의 상태
B(양호)	보조부재에 경미한 결함이 발생하였으나 기능 발휘에는 지장이 없으며, 내구성 증진을 위하여 일부의 보수가 필요한 상태
C(보통)	주요부재에 경미한 결함 또는 보조부재에 광범위한 결함이 발생하였으나 전체적인 시설물의 안전에는 지장이 없으며, 주요부재에 내구성, 기능성 저하 방지를 위한 보수가 필요하거나 보조부재에 간단한 보강이 필요한 상태
D(미흡)	주요부재에 결함이 발생하여 긴급한 보수·보강이 필요하며 사용제한 여부를 결정하여야 하는 상태
E(불량)	주요부재에 발생한 심각한 결함으로 인하여 시설물의 안전에 위험이 있어 즉각 사용을 금지하고 보강 또는 개축을 하여야 하는 상태

③ **안전등급의 변경**: 위 ①에도 불구하고 국토교통부장관은 다음에 해당하는 경우에는 해당 시설물의 안전등급을 변경할 수 있다. 이 경우 해당 시설물의 관리주체에게 그 변경 사실을 통보하여야 한다(시설물의 안전 및 유지관리에 관한 특별법 제16조 제2항).

㉠ 아래 **(6)**에 따라 정밀안전점검 또는 정밀안전진단 실시결과를 평가한 결과 안전등급의 변경이 필요하다고 인정되는 경우

㉡ 유지관리 결과보고서의 확인 등 시설물의 보수·보강이 완료되어 등급조정이 필요하다고 인정되는 경우

㉢ 그 밖에 사고나 재해 등으로 인한 시설물의 상태변화 등 안전등급 조정이 필요한 것으로 국토교통부장관이 인정하는 경우

④ **위임규정**: 위 ① 및 ③에 따른 안전등급의 지정 및 변경 방법·절차 등에 필요한 사항은 국토교통부령(아래 ⑤)으로 정한다(시설물의 안전 및 유지관리에 관한 특별법 제16조 제3항).

⑤ **안전등급의 지정 및 변경**

㉠ **지정시기**: 안전점검등을 실시하는 자는 위 ①에 따라 제1종 시설물 및 제2종 시설물의 경우에는 정밀안전점검 및 정밀안전진단을 완료한 때, 제3종 시설물의 경우에는 정기안전점검을 완료한 때에 안전등급을 지정한다(시설물의 안전 및 유지관리에 관한 특별법 시행규칙 제12조 제1항).

㉡ **변경통보**: 국토교통부장관은 위 ③에 따라 안전등급을 변경한 경우에는 안전등급을 변경한 날부터 15일 이내에 해당 시설물의 관리주체에게 변경된 등급을 서면으로 통보하여야 한다(시설물의 안전 및 유지관리에 관한 특별법 시행규칙 제12조 제2항).

(5) 안전점검 및 정밀안전진단 결과보고 등

① **결과보고서의 작성 및 통보**: 안전점검 및 정밀안전진단을 실시한 자는 대통령령(아래 ②)으로 정하는 바에 따라 그 결과보고서를 작성하고, 이를 관리주체 및 시장·군수·구청장[위 **(1)**의 ①의 단서 및 **(1)**의 ③의 경우에 한정한다. 이하 같다]에게 통보하여야 한다(시설물의 안전 및 유지관리에 관한 특별법 제17조 제1항).

② **보고서에 포함되어야 할 사항**: 위 ①에 따른 안전점검 및 정밀안전진단 결과보고서에 포함되어야 할 사항은 [별표 7]과 같다(시설물의 안전 및 유지관리에 관한 특별법 시행령 제13조 제1항).

| 별표 7 | 안전점검등 결과보고서에 포함되어야 할 사항 기출 OX |

정기안전점검	정밀안전점검 및 긴급안전점검	정밀안전진단
1. 시설물의 개요 및 이력사항, 점검의 범위 및 과업내용 등 정기안전점검의 개요 2. 설계도면 및 보수·보강 이력 등 자료 수집 및 분석 3. 외관조사 결과분석 등 현장조사 4. 종합결론 5. 그 밖에 정기안전점검에 관한 것으로서 국토교통부장관이 정하는 사항	1. 시설물의 개요 및 이력사항, 점검의 범위 및 과업내용 등 정밀안전점검 및 긴급안전점검의 개요 2. 설계도면, 구조계산서 및 보수·보강 이력 등 자료 수집 및 분석 3. 외관조사 결과분석, 재료시험 및 측정 결과분석 등 현장조사 및 시험 4. 콘크리트 또는 강재 등 시설물의 상태평가 5. 종합결론 및 건의사항 6. 그 밖에 정밀안전점검 및 긴급안전점검에 관한 것으로서 국토교통부장관이 정하는 사항	1. 시설물의 개요 및 이력사항, 진단의 범위 및 과업내용 등 정밀안전진단의 개요 2. 설계도면, 구조계산서 및 보수·보강 이력 등 자료 수립 및 분석 3. 외관조사 결과분석, 재료시험 및 측정 결과분석 등 현장조사 및 시험 4. 콘크리트 또는 강재 등 시설물의 상태평가 5. 시설물의 구조해석 등 안전성 평가 6. 시설물의 종합평가 7. 보수·보강 방법 8. 종합결론 및 건의사항 9. 그 밖에 정밀안전진단에 관한 것으로서 국토교통부장관이 정하는 사항

> OX문제
>
> 시설물의 구조해석 등 안전성 평가는 정밀안전점검 및 긴급안전점검의 결과보고서에 포함되어야 할 사항에 해당한다.
> ( )
>
> 정답 ×

③ **안전점검 및 정밀안전진단 결과보고 등**

㉠ 안전점검 및 정밀안전진단을 실시한 자는 해당 안전점검 및 정밀안전진단을 완료한 경우에는 관리주체 및 시장·군수·구청장[위 (1)의 ①의 단서 및 (1)의 ③의 경우로 한정한다]에게 서면 또는 전자문서로 안전점검 및 정밀안전진단 결과보고서를 작성하여 제출해야 한다(시설물의 안전 및 유지관리에 관한 특별법 시행령 제13조 제2항).

㉡ 관리주체는 위 ㉠에 따른 결과보고서를 안전점검 및 정밀안전진단을 완료한 날부터 30일 이내에 공공관리주체의 경우에는 소속 중앙행정기관 또는 시·도지사에게, 민간관리주체의 경우에는 관할 시장·군수·구청장에게 각각 제출하여야 한다(시설물의 안전 및 유지관리에 관한 특별법 시행령 제13조 제3항).

④ **결과보고서 작성 시 준수사항**: 안전점검 및 정밀안전진단을 실시한 자가 위 ①에 따른 결과보고서를 작성할 때에는 다음의 사항을 지켜야 한다(시설물의 안전 및 유지관리에 관한 특별법 제17조 제2항).

㉠ 다른 안전점검 및 정밀안전진단 결과보고서의 내용을 복제하여 안전점검 및 정밀안전진단 결과보고서를 작성하지 아니할 것

ⓒ 안전점검 및 정밀안전진단 결과보고서와 그 작성의 기초가 되는 자료를 거짓으로 또는 부실하게 작성하지 아니할 것

　　ⓔ 안전점검 및 정밀안전진단 결과보고서와 그 작성의 기초가 되는 자료를 국토교통부령(아래 ⑤)으로 정하는 기간 동안 보존할 것

⑤ **안전점검 및 정밀안전진단 결과보고서 등의 보존기간**: 위 ④의 ⓔ에서 '국토교통부령으로 정하는 기간'이란 다음의 기간을 말한다(시설물의 안전 및 유지관리에 관한 특별법 시행규칙 제13조).

　　㉠ 안전점검 및 정밀안전진단 결과보고서: 결과보고서를 제출한 날부터 10년

　　㉡ 안전점검 및 정밀안전진단 결과보고서 작성의 기초가 되는 자료: 결과보고서를 제출한 날부터 5년

(6) 정밀안전점검 또는 정밀안전진단 실시결과에 대한 평가

① **실시결과에 대한 평가**: 국토교통부장관은 정밀안전점검이나 정밀안전진단의 결과보고서를 받은 때에는 정밀안전점검 또는 정밀안전진단의 기술수준을 향상시키고 부실 점검 및 진단을 방지하기 위하여 정밀안전점검이나 정밀안전진단의 실시결과를 평가할 수 있다(시설물의 안전 및 유지관리에 관한 특별법 제18조 제1항).

② **자료제출 요구**: 국토교통부장관은 관리주체, 시장·군수·구청장, 국토안전관리원, 안전진단전문기관 또는 안전점검전문기관에 위 ①에 따른 평가에 필요한 자료를 제출하도록 요구할 수 있다. 이 경우 자료의 제출을 요구받은 자는 특별한 사유가 없으면 이에 따라야 한다(시설물의 안전 및 유지관리에 관한 특별법 제18조 제2항).

③ **제출**: 국토교통부장관은 위 ①에 따라 정밀안전점검이나 정밀안전진단의 실시결과를 평가한 결과 부실 등 부적정한 것으로 밝혀진 경우 관리주체 또는 시장·군수·구청장에게 이를 통보하고, 관리주체 또는 시장·군수·구청장은 대통령령으로 정하는 바에 따라 해당 결과보고서를 수정 또는 보완하여 국토교통부장관에게 제출하여야 한다. 다만, 정밀안전점검이나 정밀안전진단을 대행한 경우에는 대행한 자가 수정 또는 보완하여 국토교통부장관에게 제출하여야 한다(시설물의 안전 및 유지관리에 관한 특별법 제18조 제3항).

④ **제출명령**: 국토교통부장관은 관리주체, 시장·군수·구청장 또는 정밀안전점검이나 정밀안전진단을 대행한 자가 위 ③에 따라 결과보고서를 수정 또는 보완하여 제출하지 아니하는 경우에는 기한을 정하여 제출을 명할 수 있다(시설물의 안전 및 유지관리에 관한 특별법 제18조 제4항).

⑤ **수정·보완요구**: 국토교통부장관은 위 ①에 따라 정밀안전점검이나 정밀안전진단의 실시결과를 평가한 결과 필요하다고 인정(위 ③에 따라 부실 등 부적정한 것으로 밝혀진 경우는 제외한다)하면 관리주체 또는 시장·군수·구청장에게 해당 결과보고서의 수정이나 보완을 요구할 수 있다(시설물의 안전 및 유지관리에 관한 특별법 제18조 제5항).

⑥ **위임규정**: 위 ①에 따른 평가의 대상·방법·절차 등에 필요한 사항은 대통령령으로 정한다(시설물의 안전 및 유지관리에 관한 특별법 제18조 제6항).

(7) 안전점검등을 하는 자의 의무 등

① 안전점검등을 하는 자는 아래 **(8)**에 따른 안전점검등에 관한 지침에서 정하는 안전점검등의 실시 방법 및 절차 등에 따라 성실하게 업무를 수행하여야 한다(시설물의 안전 및 유지관리에 관한 특별법 제20조 제1항).

② 안전점검등을 하는 자는 보유 기술인력 또는 등록분야에 따라 대통령령으로 정하는 실시범위에서 안전점검등을 실시하여야 한다(시설물의 안전 및 유지관리에 관한 특별법 제20조 제2항).

(8) 안전점검등에 관한 지침

① **고시**: 국토교통부장관은 대통령령으로 정하는 바에 따라 안전점검·정밀안전진단 및 긴급안전점검의 실시 시기·방법·절차 등의 안전점검등에 관한 지침을 작성하여 관보에 고시하여야 한다(시설물의 안전 및 유지관리에 관한 특별법 제21조 제1항).

② **협의 등**: 국토교통부장관은 위 ①에 따른 지침을 작성할 때에는 미리 관계 행정기관의 장과 협의하여야 하며, 필요한 경우 관계 행정기관의 장에게 관련 자료의 제출을 요구할 수 있다(시설물의 안전 및 유지관리에 관한 특별법 제21조 제2항).

5. 재난예방을 위한 안전조치 등

(1) 시설물의 중대한 결함 통보

① **중대한 결함의 통보**: 안전점검등을 실시하는 자는 해당 시설물에서 시설물기초의 세굴(洗掘), 부등침하(不等沈下) 등 대통령령으로 정하는 중대한 결함을 발견하는 경우에는 지체 없이 대통령령으로 정하는 바에 따라 그 사실을 관리주체 및 관할 시장·군수·구청장에게 통보하여야 한다(시설물의 안전 및 유지관리에 관한 특별법 제22조 제1항).

② **공중이 이용하는 부위의 결함 통보**: 안전점검등을 실시하는 자는 위 ①에 따른 중대한 결함 외에 해당 시설물에서 교량 난간의 파손 등 대통령령으로 정하는 공중이 이용하는 부위의 결함을 발견한 경우에는 지체 없이 대통령령으로 정하는 바에 따라 그 사실을 관리주체 및 관할 시장·군수·구청장에게 통보하여야 한다(시설물의 안전 및 유지관리에 관한 특별법 제22조 제2항).

③ **관리주체의 통보**: 관리주체는 위 ①에 따른 중대한 결함 또는 ②에 따른 공중이 이용하는 부위의 결함(이하 '중대한 결함등'이라 한다)에 대하여 통보받은 내용을 해당 시설물을 관리하거나 감독하는 관계 행정기관의 장 및 국토교통부장관에게 즉시 통보하여야 한다(시설물의 안전 및 유지관리에 관한 특별법 제22조 제3항).

(2) 긴급안전조치

① **관리주체의 안전조치**: 관리주체는 시설물의 중대한 결함등을 통보받거나 시설물이 위 4. **(4)**에 따라 지정된 안전등급 중 대통령령으로 정하는 안전등급으로 지정되는 등 시설물의 구조상 공중의 안전한 이용에 미치는 영향이 중대하여 긴급한 조치가 필요하다고 인정되는 경우에는 시설물의 사용제한·사용금지·철거, 주민대피 등의 안전조치를 하여야 한다(시설물의 안전 및 유지관리에 관한 특별법 제23조 제1항).

② **안전조치명령**: 시장·군수·구청장은 시설물의 중대한 결함등을 통보받는 등 시설물의 구조상 공중의 안전한 이용에 미치는 영향이 중대하여 긴급한 조치가 필요하다고 인정되는 경우에는 관리주체에게 시설물의 사용제한·사용금지·철거, 주민대피 등의 안전조치를 명할 수 있다. 이 경우 관리주체는 신속하게 안전조치명령을 이행하여야 한다(시설물의 안전 및 유지관리에 관한 특별법 제23조 제2항).

③ **통보 및 공고**: 관리주체는 위 ① 또는 ②에 따른 사용제한 등을 하는 경우에는 즉시 그 사실을 관계 행정기관의 장 및 국토교통부장관에게 통보하여야 하며, 통보를 받은 관계 행정기관의 장은 이를 공고하여야 한다(시설물의 안전 및 유지관리에 관한 특별법 제23조 제3항).

④ **안전조치 대집행**: 시장·군수·구청장은 위 ②에 따른 안전조치명령을 받은 자가 그 명령을 이행하지 아니하는 경우에는 그에 대신하여 필요한 안전조치를 할 수 있다. 이 경우 「행정대집행법」을 준용한다(시설물의 안전 및 유지관리에 관한 특별법 제23조 제4항).

⑤ **사전고지**: 시장·군수·구청장은 위 ④에 따른 안전조치를 할 때에는 미리 해당 관리주체에게 서면으로 그 사실을 알려주어야 한다. 다만, 긴급한 경우이거나 알리는 것이 불가능한 경우에는 안전조치를 한 후 그 사실을 통보할 수 있다(시설물의 안전 및 유지관리에 관한 특별법 제23조 제5항).

(3) 시설물의 보수·보강 등

① **보수·보강 등**: 관리주체는 다음의 어느 하나에 해당하는 경우 대통령령(아래 ②)으로 정하는 바에 따라 시설물의 보수·보강 등 필요한 조치를 하여야 한다(시설물의 안전 및 유지관리에 관한 특별법 제24조 제1항).
  ㉠ 위 4. (3)의 ⑥에 따른 조치명령을 받은 경우
  ㉡ 정밀안전점검 또는 정밀안전진단 결과 시설물이 위 4. (4)에 따라 지정된 안전등급 중 대통령령으로 정하는 안전등급으로 지정된 경우
  ㉢ 위 (1)에 따라 시설물의 중대한 결함등에 대한 통보를 받은 경우

② **중대한 결함에 대한 보수·보강조치의 이행**: 관리주체는 위 ①에 따라 위 4. (3)의 ⑥에 따른 조치명령 또는 위 (1)의 ①·②에 따른 통보를 받은 날부터 2년 이내에 시설물의 보수·보강 등 필요한 조치에 착수해야 하며, 특별한 사유가 없으면 착수한 날부터 3년 이내에 이를 완료해야 한다(시설물의 안전 및 유지관리에 관한 특별법 시행령 제19조). 기출

③ **조치결과의 통보**: 위 ①에 따라 시설물의 보수·보강 등 필요한 조치를 끝낸 관리주체는 그 결과를 국토교통부장관 및 관계 행정기관의 장에게 통보하여야 한다(시설물의 안전 및 유지관리에 관한 특별법 제24조 제3항).

6. 안전점검등의 대행

(1) 안전점검 및 긴급안전점검의 대행
관리주체는 안전점검 및 긴급안전점검을 국토안전관리원, 안전진단전문기관 또는 안전점검전문기관에 대행하게 할 수 있다(시설물의 안전 및 유지관리에 관한 특별법 제26조 제1항).

(2) 정밀안전진단의 대행
관리주체는 정밀안전진단을 실시하려는 경우 이를 직접 수행할 수 없고 국토안전관리원 또는 안전진단전문기관에 대행하게 하여야 한다. 다만, 대통령령으로 정하는 시설물의 경우에는 국토안전관리원에만 대행하게 하여야 한다(시설물의 안전 및 유지관리에 관한 특별법 제26조 제2항).

(3) 정밀안전진단의 공동실시
위 (2)에 따라 국토안전관리원이나 안전진단전문기관이 정밀안전진단을 실시할 때에는 관리주체의 승인을 받아 다른 안전진단전문기관과 공동으로 정밀안전진단을 실시할 수 있다(시설물의 안전 및 유지관리에 관한 특별법 제26조 제4항).

3 어린이놀이시설 안전관리법에 의한 어린이놀이터시설의 안전관리

1. 용어의 정의

「어린이놀이시설 안전관리법」에서 사용하는 용어의 정의는 다음과 같다(어린이놀이시설 안전관리법 제2조).

① **어린이놀이기구**: 어린이가 놀이를 위하여 사용할 수 있도록 제조된 그네, 미끄럼틀, 공중놀이기구, 회전놀이기구 등으로서 「어린이제품 안전특별법」 제2조 제9호에 따른 안전인증대상 어린이제품을 말한다.
② **어린이놀이시설**: 어린이놀이기구가 설치된 실내 또는 실외의 놀이터로서 대통령령으로 정하는 것을 말한다.
③ **관리감독기관의 장**: 어린이놀이시설의 안전한 유지관리를 위하여 다음의 구분에 따라 어린이놀이시설을 관리·감독하는 행정기관의 장을 말한다.

㉠ **교육장**: 어린이놀이시설이 「초·중등교육법」에 따른 학교와 「유아교육법」에 따른 유치원 및 「학원의 설립·운영 및 과외교습에 관한 법률」에 따른 학원에 소재하는 경우

㉡ **특별자치시장·특별자치도지사·시장·군수·구청장**(자치구의 구청장을 말한다): 위 ㉠ 외의 어린이놀이시설의 경우

④ **관리주체**: 어린이놀이시설의 소유자로서 관리책임이 있는 자, 다른 법령에 의하여 어린이놀이시설의 관리자로 규정된 자 또는 그 밖에 계약에 의하여 어린이놀이시설의 관리책임을 진 자를 말한다.

⑤ **설치검사**: 어린이놀이시설의 안전성 유지를 위하여 행정안전부장관이 정하여 고시하는 어린이놀이시설의 시설기준 및 기술기준에 따라 설치한 후에 안전검사기관으로부터 받아야 하는 검사를 말한다.

⑥ **정기시설검사**: 설치검사를 받은 어린이놀이시설이 행정안전부장관이 정하여 고시하는 시설기준 및 기술기준에 따른 적합성을 유지하고 있는지를 확인하기 위하여 안전검사기관으로부터 받아야 하는 검사를 말한다.

⑦ **안전점검**: 어린이놀이시설의 관리주체 또는 관리주체로부터 어린이놀이시설의 안전관리를 위임받은 자가 육안 또는 점검기구 등에 의하여 검사를 하여 어린이놀이시설의 위험요인을 조사하는 행위를 말한다. 기출

⑧ **안전진단**: 안전검사기관이 어린이놀이시설에 대하여 조사·측정·안전성 평가 등을 하여 해당 어린이놀이시설의 물리적·기능적 결함을 발견하고 그에 대한 신속하고 적절한 조치를 하기 위하여 수리·개선 등의 방법을 제시하는 행위를 말한다. 기출

⑨ **유지관리**: 설치된 어린이놀이시설이 기능 및 안전성을 유지할 수 있도록 정비·보수 및 개량 등을 행하는 것을 말한다.

2. 안전검사기관의 지정 등

행정안전부장관은 어린이놀이시설의 안전성을 확보하기 위하여 설치검사·정기시설검사 또는 안전진단을 행하는 기관(이하 '안전검사기관'이라 한다)을 지정할 수 있다(어린이놀이시설 안전관리법 제4조 제1항).

3. 어린이놀이시설의 설치 등

(1) 어린이놀이시설의 설치

어린이놀이시설을 설치하는 자(이하 '설치자'라 한다)는 「어린이제품 안전 특별법」 제17조에 따라 안전인증을 받은 어린이놀이기구를 행정안전부장관이 고시하는 시설기준 및 기술기준에 적합하게 설치하여야 한다(어린이놀이시설 안전관리법 제11조).

(2) 어린이놀이시설의 신고

① **신고**: 설치자는 위 (1)에 따라 어린이놀이시설을 설치한 경우 아래 4.의 (1)에 따라 설치검사를 받기 전에 행정안전부령으로 정하는 바에 따라 관리감독기관의 장에게 어린이놀이시설의 명칭 및 설치 장소 등 행정안전부령으로 정하는 사항을 신고하여야 한다(어린이놀이시설 안전관리법 제11조의2 제1항).

② **시설번호의 부여**: 관리감독기관의 장은 위 ①에 따라 신고를 받은 경우에는 어린이놀이시설 안전관리시스템에 위 ①에 따른 신고사항을 입력하고 어린이놀이시설에 어린이놀이시설번호(이하 '시설번호'라 한다)를 부여하여야 한다(어린이놀이시설 안전관리법 제11조의2 제2항).

③ 관리감독기관의 장은 위 ②에 따라 시설번호를 부여한 경우에는 지체 없이 시설번호를 신고인에게 알려주어야 한다(어린이놀이시설 안전관리법 제11조의2 제3항).

4. 어린이놀이시설의 설치검사 등

(1) 설치검사

설치자는 설치한 어린이놀이시설을 관리주체에게 인도하기 전에 다음의 방법 및 절차에 따라 안전검사기관으로부터 설치검사를 받아야 한다(어린이놀이시설 안전관리법 제12조 제1항).

① **신청서류의 제출**: 설치검사를 받으려는 자는 행정안전부령(아래 ②)으로 정하는 신청서류를 갖추어 안전검사기관에 제출해야 한다(어린이놀이시설 안전관리법 시행령 제7조 제1항).

② **첨부서류**: 설치검사를 받으려는 자는 설치검사신청서에 어린이놀이시설에 설치된 어린이놀이기구의 목록(안전검사번호나 안전인증번호를 포함한다)을 첨부하여 안전검사기관에 제출해야 한다(어린이놀이시설 안전관리법 시행규칙 제14조의2 제1항).

③ **안전검사기관의 확인**: 설치검사의 신청을 받은 안전검사기관은 다음의 사항을 확인하여야 한다(어린이놀이시설 안전관리법 시행령 제7조 제2항).
  ⊙ 해당 어린이놀이시설에 설치된 어린이놀이기구가 「어린이제품 안전 특별법」 제17조에 따른 안전인증을 받았는지 여부
  ⓒ 해당 어린이놀이시설이 기술기준 및 시설기준에 적합하게 설치되었는지 여부
④ **현장 참석**: 안전검사기관은 설치검사를 할 때에 신청인 또는 그 대리인을 현장에 참석하게 하여야 한다(어린이놀이시설 안전관리법 시행령 제7조 제3항).
⑤ **설치검사의 조건부 합격 판정**: 안전검사기관은 혹한, 폭설 등으로 물놀이형 어린이놀이시설의 물순환시설(어린이놀이기구의 활동공간에 물을 공급하거나 순환시켜 주는 장치를 말한다)에 대한 설치검사를 할 수 없는 경우에는 3개월 이내에 해당 물순환시설에 대한 설치검사에 합격할 것을 조건으로 해당 어린이놀이시설에 대하여 설치검사의 합격 판정을 할 수 있다(어린이놀이시설 안전관리법 시행령 제7조 제4항).
⑥ **설치검사의 합격 판정 취소**: 안전검사기관은 위 ⑤에 따라 합격 판정을 받은 어린이놀이시설이 위 ⑤에 따른 기간 내에 물순환시설에 대한 설치검사에 합격하지 못한 경우에는 해당 어린이놀이시설에 대한 합격 판정을 취소해야 한다(어린이놀이시설 안전관리법 시행령 제7조 제5항).
⑦ **설치검사 결과의 고지 및 합격증의 교부**: 안전검사기관은 설치검사의 결과를 소관 관리감독기관의 장과 신청인에게 알려야 하며, 설치검사에 합격한 어린이놀이시설에 대해서는 설치검사합격증을 신청인에게 내주어야 한다(어린이놀이시설 안전관리법 시행령 제7조 제6항).

(2) 정기시설검사

① **정기시설검사의 주기**: 관리주체는 설치검사를 받은 어린이놀이시설에 대하여 대통령령(아래 ②)으로 정하는 방법 및 절차에 따라 안전검사기관으로부터 2년에 1회 이상 정기시설검사를 받아야 한다(어린이놀이시설 안전관리법 제12조 제2항). 기출
② **정기시설검사 등**
  ⊙ 정기시설검사 유효기간의 기산일: 위 ①에 따라 받아야 하는 정기시설검사 유효기간의 기산일은 다음의 구분에 따른다(어린이놀이시설 안전관리법 시행령 제8조 제1항).

OX문제

관리주체는 설치검사를 받은 어린이놀이시설에 대하여 안전검사기관으로부터 2년에 1회 이상 정기시설검사를 받아야 한다. ( )

정기시설검사는 안전검사기관으로부터 3년에 1회 이상 받아야 한다. ( )

정답 O, ×

ⓐ 설치검사 또는 직전 정기시설검사의 유효기간이 1개월을 초과하여 남았거나 유효기간이 경과한 후에 정기시설검사에 합격한 경우: 해당 정기시설검사의 합격 판정일

ⓑ 설치검사 또는 직전 정기시설검사의 유효기간이 1개월 이하로 남았을 때 정기시설검사에 합격한 경우: 설치검사 또는 직전 정기시설검사의 유효기간 만료일의 다음 날

ⓛ **신청서류의 제출**: 정기시설검사를 받으려는 자는 정기시설검사의 유효기간이 끝나기 1개월 전(최초로 정기시설검사를 받으려는 경우 해당 어린이놀이시설에 대한 설치검사의 유효기간이 끝나기 1개월 전을 말한다)까지 행정안전부령으로 정하는 신청서류를 갖추어 안전검사기관에 제출하여야 한다(어린이놀이시설 안전관리법 시행령 제8조 제2항).

ⓒ **정기시설검사의 확인**: 정기시설검사의 신청을 받은 안전검사기관은 신청을 받은 날부터 1개월 이내에 해당 어린이놀이시설이 시설기준 등에 적합한지 여부를 확인하여야 한다(어린이놀이시설 안전관리법 시행령 제8조 제3항).

ⓔ **현장 참석**: 안전검사기관은 정기시설검사를 할 때에 신청인 또는 그 대리인을 현장에 참석하게 하여야 한다(어린이놀이시설 안전관리법 시행령 제8조 제4항).

ⓜ **정기시설검사의 조건부 합격 판정**: 안전검사기관은 혹한, 폭설 등으로 「어린이놀이시설 안전관리법」 제15조의2에 따른 물놀이형 어린이놀이시설의 물순환시설에 대한 정기시설검사를 할 수 없는 경우에는 3개월 이내에 해당 물순환시설에 대한 정기시설검사에 합격할 것을 조건으로 해당 어린이놀이시설에 대하여 정기시설검사의 합격 판정을 할 수 있다(어린이놀이시설 안전관리법 시행령 제8조 제5항).

ⓗ **정기시설검사의 합격 판정 취소**: 안전검사기관은 위 ⓜ에 따라 합격 판정을 받은 어린이놀이시설이 위 ⓜ에 따른 기간 내에 물순환시설에 대한 정기시설검사에 합격하지 못한 경우에는 해당 어린이놀이시설에 대한 정기시설검사의 합격 판정을 취소해야 한다(어린이놀이시설 안전관리법 시행령 제8조 제6항).

ⓢ **정기시설검사결과의 고지 및 합격증 교부**: 안전검사기관은 정기시설검사의 결과를 소관 관리감독기관의 장과 신청인에게 알려야 하며, 정기시설검사에 합격한 어린이놀이시설에 대해서는 정기시설검사합격증을 신청인에게 내주어야 한다(어린이놀이시설 안전관리법 시행령 제8조 제7항).

(3) 설치검사 등에 대한 재검사

① **재검사 신청**: 설치검사의 결과 또는 정기시설검사의 결과에 이의가 있는 자는 해당 검사 결과를 통보받은 날부터 15일 이내에 행정안전부령으로 정하는 서류를 갖추어 해당 안전검사기관에 재검사를 신청할 수 있다(어린이놀이시설 안전관리법 시행령 제8조의2 제1항).

② **재검사신청서의 제출**: 재검사를 신청하려는 자는 재검사신청서에 설치검사결과통지서 또는 정기시설검사결과통지서를 첨부하여 안전검사기관에 제출하여야 한다(어린이놀이시설 안전관리법 시행규칙 제15조의2 제1항).

③ **재검사의 실시 및 통보**: 재검사의 신청을 받은 안전검사기관은 신청을 받은 날부터 1개월 이내에 재검사를 실시하고, 그 결과를 신청인에게 알려야 한다(어린이놀이시설 안전관리법 시행령 제8조의2 제2항).

④ **변경사항의 고지**: 안전검사기관은 재검사의 결과에 따라 설치검사 또는 정기시설검사의 결과가 변경된 어린이놀이시설에 대해서는 소관 관리감독기관의 장에게 그 결과를 알려야 한다(어린이놀이시설 안전관리법 시행령 제8조의2 제3항).

⑤ **설치검사합격증 또는 정기시설검사합격증의 교부**: 안전검사기관은 재검사의 결과에 따라 설치검사 또는 정기시설검사에 합격한 어린이놀이시설에 대해서는 설치검사합격증 또는 정기시설검사합격증을 내주어야 한다(어린이놀이시설 안전관리법 시행령 제8조의2 제4항).

(4) 합격의 표시

관리주체는 설치검사 및 정기시설검사에 합격된 어린이놀이시설에 대해서는 이용자가 알 수 있도록 대통령령[아래 (5)]이 정하는 바에 따라 설치검사 및 정기시설검사에 합격되었음을 나타내는 표시를 하여야 한다(어린이놀이시설 안전관리법 제12조 제4항).

(5) 설치검사의 표시 등

위 (4)에 따른 설치검사 및 정기시설검사에 합격되었음을 나타내는 표시의 기준과 방법은 [별표 5]와 같다(어린이놀이시설 안전관리법 시행령 제10조).

| 별표 5 | 설치검사 및 정기시설검사 합격 표시의 기준과 방법 |

1. 표시의 기준
① 표시의 도안

설치검사 및 정기시설검사 결과에 대한 표시			
검사번호			
(시설번호) 시설명			
시설 소재지			
어린이놀이기구 설치현황			
관리주체		연락처	
검사자			
검사내역	설치검사합격일 / 검사기관명	년 월 일 /	
	정기시설검사합격일 / 검사기관명	년 월 일 /	
유효기간 만료일	년 월 일		
년 월 일 안전검사기관장 [인]			

② 도안 작성 요령
  ㉠ 표시의 도안 크기는 어린이놀이시설의 크기에 따라 조정할 수 있다.
  ㉡ 표시의 글자색은 검정색을 원칙으로 한다.
  ㉢ 각 항목별로 적어야 할 내용은 다음과 같다.
    ⓐ 검사번호: 안전검사기관별로 부여하는 설치검사 또는 정기시설검사 번호
    ⓑ 시설번호: 「어린이놀이시설 안전관리법」 제19조의2에 따른 어린이놀이시설 안전관리시스템에서 부여된 번호
    ⓒ 시설명: 어린이놀이시설의 명칭
    ⓓ 시설 소재지: 어린이놀이시설이 위치한 곳의 주소
    ⓔ 어린이놀이기구 설치현황: 설치된 어린이놀이기구의 종류 및 수량
    ⓕ 관리주체: 「어린이놀이시설 안전관리법」 제2조 제5호에 따른 관리주체
    ⓖ 연락처: 관리주체의 전화번호
    ⓗ 검사자: 설치검사 또는 정기시설검사를 실시한 최종 검사자의 성명
    ⓘ 설치검사합격일/검사기관명: 설치검사에 합격한 날짜 및 검사기관의 명칭(어린이놀이기구가 추가되어 설치검사를 2회 이상 실시한 경우에는 누적하여 모두 기록한다)
    ⓙ 정기시설검사합격일/검사기관명: 가장 최근에 정기시설검사에 합격한 날짜 및 검사기관의 명칭
    ⓚ 유효기간 만료일: 다음의 구분에 따른다.
      ⅰ) 설치검사 또는 직전 정기시설검사의 유효기간이 1개월을 초과하여 남았거나 유효기간이 경과한 후에 정기시설검사에 합격한 경우: 해당 정기시설검사의 합격 판정일부터 2년이 되는 날
      ⅱ) 설치검사 또는 직전 정기시설검사의 유효기간이 1개월 이하로 남았을 때 정기시설검사에 합격한 경우: 설치검사 또는 직전 정기시설검사의 유효기간 만료일의 다음 날부터 2년이 되는 날

2. 표시의 방법
표시는 어린이놀이시설 이용자가 잘 볼 수 있도록 어린이놀이시설 내의 적절한 장소에 설치, 부착, 인쇄 또는 새기는 등의 방법으로 표시하여야 한다.

5. 검사 불합격 시설의 이용금지 및 개선

(1) 이용금지

설치자 또는 관리주체는 다음에 해당하는 경우 지체 없이 대통령령[아래 **(2)**]으로 정하는 방법에 따라 어린이 등이 해당 어린이놀이시설에 출입하지 못하도록 이용금지 조치를 하고 해당 관리감독기관의 장에게 그 사실을 통보하여야 한다(어린이놀이시설 안전관리법 제13조 제1항).
① 설치검사를 받지 아니하였거나 설치검사에 불합격된 경우
② 정기시설검사를 받지 아니하였거나 정기시설검사에 불합격된 경우
③ 안전진단에서 위험하거나 보수가 필요하다는 판정을 받은 경우

(2) 이용금지 조치

어린이놀이시설을 설치하는 자(이하 '설치자'라 한다) 또는 관리주체는 위 **(1)**에 해당하는 어린이놀이시설에 대하여 다음의 조치(이하 '이용금지 조치'라 한다)를 하고, 그 사실을 해당 관리감독기관의 장에게 지체 없이 통보해야 한다(어린이놀이시설 안전관리법 시행령 제10조의2 제1항).
① 어린이놀이시설에 대한 출입차단
② 어린이놀이시설 내 개별 어린이놀이기구에 대한 진입 및 작동 금지

(3) 개선

설치자 또는 관리주체는 설치검사나 정기시설검사에서 불합격 통보를 받았거나 안전진단에서 위험하거나 보수가 필요하다는 판정 통보를 받은 경우에는 그 통보를 받은 날부터 2개월 이내에 시설개선계획서를 관리감독기관의 장에게 제출하고 수리·보수 등 필요한 조치를 하여야 한다. 다만, 2개월 이내에 시설개선 등을 완료한 경우에는 시설개선계획서를 제출하지 아니할 수 있다(어린이놀이시설 안전관리법 제13조 제2항).

6. 어린이놀이시설의 유지관리

(1) 관리주체의 유지관리의무

관리주체는 어린이놀이시설의 기능 및 안전성이 지속적으로 유지되도록 「어린이놀이시설 안전관리법」에서 정하는 바에 따라 당해 어린이놀이시설에 대한 유지관리를 실시하여야 한다. 다만, 「어린이놀이시설 안전관리법」에 규정이 없는 경우에는 해당 어린이놀이시설이 설치된 장소별 소관 중앙행정기관의 장이 정하는 바에 따라 유지관리를 실시하여야 한다(어린이놀이시설 안전관리법 제14조).

(2) 안전점검 실시

① **안전점검의 실시**: 관리주체는 설치된 어린이놀이시설의 기능 및 안전성 유지를 위하여 대통령령(아래 ②)이 정하는 주기·방법 및 절차 등에 따라 당해 어린이놀이시설에 대한 안전점검을 실시하여야 한다(어린이놀이시설 안전관리법 제15조 제1항).

② **안전점검의 주기·방법 및 절차 등**

  ㉠ 안전점검의 주기: 관리주체는 안전점검을 월 1회 이상 실시하여야 한다(어린이놀이시설 안전관리법 시행령 제11조 제1항). 기출

  ㉡ 안전점검의 항목 및 방법(어린이놀이시설 안전관리법 시행령 제11조 제2항 별표 6)

   ⓐ 안전점검의 항목
    ⅰ) 어린이놀이시설의 연결 상태
    ⅱ) 어린이놀이시설의 노후(老朽) 정도
    ⅲ) 어린이놀이시설의 변형 상태
    ⅳ) 어린이놀이시설의 청결 상태
    ⅴ) 어린이놀이시설의 안전수칙 등의 표시 상태
    ⅵ) 부대시설의 파손 상태 및 위험물질의 존재 여부

   ⓑ 안전점검의 방법: 어린이놀이시설의 관리주체는 위 ⓐ의 점검항목에 대하여 다음의 기준에 따라 구분하여 안전점검을 한 후, 그 결과를 안전점검 실시대장에 기록하여야 한다.
    ⅰ) **양호**: 어린이놀이시설의 이용자에게 위해(危害)·위험을 발생시킬 요소가 없는 경우
    ⅱ) **요주의**: 어린이놀이시설의 이용자에게 위해·위험을 발생시킬 요소는 발견할 수 없으나, 어린이놀이기구와 그 부분품의 제조업체가 정한 사용연한이 지난 경우
    ⅲ) **요수리**: 어린이놀이시설의 이용자에게 위해·위험을 발생시킬 요소가 되는 틈, 헐거움, 날카로움 등이 생길 가능성이 있거나, 어린이놀이시설이 더럽거나 안전 관련 표시가 훼손된 경우
    ⅳ) **이용금지**: 어린이놀이시설의 이용자에게 위해·위험을 발생시킬 수 있는 틈, 헐거움, 날카로움 등이 있거나 위해가 발생한 경우

   ⓒ 행정안전부장관은 위 ⓐ와 ⓑ에 따른 안전점검의 항목 및 방법에 관하여 필요한 세부적인 사항을 정하여 고시할 수 있다.

OX문제

관리주체는 설치된 어린이놀이시설의 기능 및 안전성 유지를 위하여 시설의 노후 정도, 변형 상태 등의 항목에 대해 안전점검을 월 1회 이상 실시하여야 한다. ( )

관리주체는 안전점검을 월 1회 이상 실시하여야 한다. ( )

정답 O, O

③ **대리인 지정**: 관리주체가 해당 어린이놀이시설에 대하여 안전점검을 실시할 수 없는 경우에는 서면계약에 의한 대리인을 지정하여 안전점검을 하게 할 수 있다(어린이놀이시설 안전관리법 제15조 제2항).

④ **안전진단의 신청**: 관리주체는 안전점검 결과 해당 어린이놀이시설이 어린이에게 위해를 가할 우려가 있다고 판단되는 경우에는 그 이용을 금지하고 1개월 이내에 안전검사기관에 안전진단을 신청하여야 한다. 다만, 해당 어린이놀이시설을 철거하는 경우에는 안전진단 신청을 생략할 수 있다(어린이놀이시설 안전관리법 제15조 제3항).

(3) 안전진단의 실시

① **안전진단의 실시**: 위 **(2)**의 ④의 규정에 따라 안전진단 신청을 받은 안전검사기관은 행정안전부령으로 정하는 절차 및 방법에 따라 안전진단을 실시하고 그 결과를 신청인 및 해당 관리감독기관의 장에게 통보하여야 한다(어린이놀이시설 안전관리법 제16조 제1항).

② **재사용 여부의 확인**: 안전진단 결과를 통보받은 관리주체는 해당 어린이놀이시설이 시설기준 및 기술기준에 적합하지 아니한 경우에는 수리·보수 등 필요한 조치를 실시하고 안전검사기관으로부터 해당 어린이놀이시설의 재사용 여부를 확인받아야 한다(어린이놀이시설 안전관리법 제16조 제2항).

③ **어린이놀이시설의 철거명령**: 안전진단 결과를 통보받은 관리감독기관의 장은 재사용 불가 판정을 받은 어린이놀이시설이 안전을 침해할 것으로 판단되는 경우에는 그 철거를 명할 수 있다(어린이놀이시설 안전관리법 제16조 제3항).

④ 관리주체는 어린이놀이시설을 이용금지·폐쇄·철거하는 경우에는 어린이 등이 출입하지 못하도록 조치를 하고 해당 어린이놀이시설의 해당 관리감독기관의 장에게 그 사실을 통보하여야 한다(어린이놀이시설 안전관리법 제16조 제5항).

(4) 어린이놀이시설에 대한 지원

특별자치시장·특별자치도지사·시장·군수·구청장은 어린이놀이시설의 안전성을 확보하기 위하여 필요하다고 인정하는 경우에는 어린이놀이시설의 개선에 필요한 비용의 일부를 조례로 정하는 바에 따라 지원할 수 있다(어린이놀이시설 안전관리법 제16조의2).

(5) 점검결과 등의 기록·보관 OX

관리주체는 안전점검 또는 안전진단을 한 결과에 대하여 안전점검실시대장 또는 안전진단실시대장을 작성하여 최종 기재일부터 3년간 보관하여야 한다(어린이놀이시설 안전관리법 제17조, 동법 시행규칙 제17조).

7. 안전교육

(1) 안전교육

관리주체는 어린이놀이시설의 안전관리에 관련된 업무를 담당하는 사람(이하 '안전관리자'라 한다)으로 하여금 어린이놀이시설 안전관리지원기관에서 실시하는 어린이놀이시설의 안전관리에 관한 교육(이하 '안전교육'이라 한다)을 받도록 하여야 한다(어린이놀이시설 안전관리법 제20조 제1항).

(2) 안전관리자 배치통보 및 교육이수의무의 고지

관리주체는 안전관리자를 신규 또는 변경 배치한 경우 안전관리자의 인적사항을 포함한 자료를 배치한 날부터 15일 이내에 어린이놀이시설 안전관리시스템 등을 통해 관리감독기관의 장에게 통보해야 하며, 관리감독기관의 장은 통보받은 즉시 해당 안전관리자에게 안전교육 이수의무에 대해 고지해야 한다. 이 경우 관리주체가 안전관리자로서 역할을 병행하는 경우에는 관리주체를 안전관리자로 본다(어린이놀이시설 안전관리법 제20조 제2항).

(3) 안전교육의 내용·기간 및 주기 등

OX ① **교육기간**: 관리주체는 다음의 구분에 따른 기간 이내에 어린이놀이시설의 안전관리에 관련된 업무를 담당하는 자(이하 '안전관리자'라 한다)로 하여금 안전교육을 받도록 하여야 한다(어린이놀이시설 안전관리법 시행규칙 제20조 제1항).
  ㉠ 어린이놀이시설을 인도받은 경우: 인도받은 날부터 3개월 기출
  ㉡ 안전관리자가 변경된 경우: 변경된 날부터 3개월
  ㉢ 안전관리자의 안전교육 유효기간이 만료되는 경우: 유효기간 만료일 전 3개월

② **예외**: 어린이놀이시설을 인도받은 관리주체가 해당 어린이놀이시설의 사용을 개시하지 않은 경우로서 다음의 요건을 모두 갖춘 경우에는 위 ①의 ㉠에도 불구하고 해당 어린이놀이시설의 사용을 개시하는 날의 전날까지 안전관리자로 하여금 안전교육을 받도록 할 수 있다(어린이놀이시설 안전관리법 시행규칙 제20조 제2항).

㉠ 「어린이놀이시설 안전관리법 시행령」 제10조의2 제1항에 따른 이용금지 조치를 하고, 그 사실을 해당 관리감독기관의 장에게 통보했을 것

㉡ 「어린이놀이시설 안전관리법 시행령」 제10조의2 제2항에 따라 이용금지 조치의 사유 등을 적은 안내표지판을 설치했을 것

③ **안전교육의 내용**: 안전교육의 내용은 다음과 같다(어린이놀이시설 안전관리법 시행규칙 제20조 제3항).

㉠ 어린이놀이시설 안전관리에 관한 지식 및 법령

㉡ 어린이놀이시설 안전관리 실무

㉢ 그 밖에 어린이놀이시설의 안전관리를 위하여 필요한 사항

④ **안전교육의 주기**: 안전교육의 주기는 2년에 1회 이상으로 하고, 1회 안전교육 시간은 4시간 이상으로 한다(어린이놀이시설 안전관리법 시행규칙 제20조 제4항). 기출

⑤ **안전교육의 의무 면제**: 어린이놀이시설의 기능 및 안전성 유지 상태, 위생 관리 현황 등을 고려하여 행정안전부장관이 정하여 고시하는 요건에 해당하는 어린이놀이시설의 관리주체(어린이놀이시설을 인도받은 날부터 6개월이 지나지 아니한 관리주체는 제외한다)에 대하여는 위 ③ 및 ④에도 불구하고 그 요건에 해당하는 날 이후 최초로 실시되는 안전교육에 한하여 그 의무를 면제한다(어린이놀이시설 안전관리법 시행규칙 제20조 제5항).

⑥ 안전교육을 실시하는 어린이놀이시설 안전관리지원기관은 위 ③에 따른 안전교육을 인터넷 홈페이지를 활용한 사이버교육방식으로 제공할 수 있다(어린이놀이시설 안전관리법 시행규칙 제20조 제6항).

⑦ **안전교육 유효기간의 기산일**: 위 ①에 따른 안전교육 유효기간의 기산일은 다음의 구분에 따른다(어린이놀이시설 안전관리법 시행규칙 제20조 제7항).

㉠ 위 ①의 ㉠, ㉡ 및 ②에 따라 안전교육을 받은 경우: 안전교육을 받은 날

㉡ 위 ①의 ㉢에 따라 안전교육을 받은 경우: 직전 안전교육 유효기간 만료일의 다음 날

OX문제

안전교육의 주기는 2년에 1회 이상으로 하고, 1회 안전교육 시간은 4시간 이상으로 한다. ( )

정답 O

8. 보험가입

(1) 보험가입

관리주체 및 안전검사기관은 어린이놀이시설의 사고로 인하여 어린이의 생명·신체 또는 재산상의 손해를 발생하게 하는 경우 그 손해에 대한 배상을 보장하기 위하여 보험에 가입하여야 한다(어린이놀이시설 안전관리법 제21조 제1항).

(2) 보험의 종류

보험의 종류는 어린이놀이시설 사고배상책임보험이나 사고배상책임보험과 같은 내용이 포함된 보험으로 한다(어린이놀이시설 안전관리법 시행령 제13조 제1항).

(3) 보험가입 시기

① **가입 시기**: 보험은 다음의 구분에 따른 시기에 가입하여야 한다(어린이놀이시설 안전관리법 시행령 제13조 제2항).
  ㉠ 관리주체인 경우: 어린이놀이시설을 인도받은 날부터 30일 이내 기출
  ㉡ 안전검사기관인 경우: 안전검사기관으로 지정받은 후 설치검사·정기시설검사·안전진단 중 어느 하나의 업무를 최초로 시작한 날부터 30일 이내

② **예외**: 어린이놀이시설을 인도받은 관리주체가 해당 어린이놀이시설의 사용을 개시하지 않은 경우로서 다음의 요건을 모두 갖춘 경우에는 위 ①의 ㉠에도 불구하고 해당 어린이놀이시설의 사용을 개시하는 날의 전날까지 위 (2)에 따른 보험에 가입할 수 있다(어린이놀이시설 안전관리법 시행령 제13조 제3항).
  ㉠ 「어린이놀이시설 안전관리법 시행령」 제10조의2 제1항에 따른 이용금지 조치를 하고, 그 사실을 해당 관리감독기관의 장에게 통보했을 것
  ㉡ 「어린이놀이시설 안전관리법 시행령」 제10조의2 제2항에 따라 이용금지 조치의 사유 등을 적은 안내표지판을 설치했을 것

9. 사고보고의무 및 사고조사

(1) 사고의 보고

관리주체는 그가 관리하는 어린이놀이시설로 인하여 어린이놀이시설 이용자에게 다음과 같은 중대한 사고가 발생한 때에는 즉시 사용중지 등 필요한

조치를 취하고 해당 관리감독기관의 장에게 통보하여야 한다(어린이놀이시설 안전관리법 제22조 제1항, 동법 시행령 제14조 제1항).^{기출}

① 사망
② 하나의 사고로 인한 3명 이상의 부상
③ 사고 발생일부터 7일 이내에 48시간 이상의 입원 치료가 필요한 부상
④ 골절상
⑤ 수혈 또는 입원이 필요한 정도의 심한 출혈
⑥ 신경, 근육 또는 힘줄의 손상
⑦ 2도 이상의 화상
⑧ 부상 면적이 신체 표면의 5퍼센트 이상인 부상
⑨ 내장(內臟)의 손상

(2) 자료제출 명령 및 현장조사

중대한 사고의 통보를 받은 관리감독기관의 장은 필요하다고 판단되는 경우에는 다음과 같이 관리주체에게 자료의 제출을 명하거나 현장조사를 실시할 수 있다(어린이놀이시설 안전관리법 제22조 제2항, 동법 시행령 제14조 제2항·제3항).

① 관리주체는 자료의 제출 명령을 받은 날부터 10일 이내에 해당 자료를 제출하여야 한다. 다만, 관리주체가 정하여진 기간에 자료를 제출하는 것이 어렵다고 사유를 소명하는 경우 관리감독기관의 장은 20일의 범위에서 그 제출기한을 연장할 수 있다.
② 관리감독기관의 장은 현장조사를 실시하려면 미리 현장조사의 일시·장소 및 내용 등을 포함한 조사계획을 관리주체에게 문서로 알려야 한다. 다만, 긴급히 조사를 실시하여야 하거나 부득이한 사유가 있는 경우에는 그러하지 아니하다.

(3) 사용중지 등

관리감독기관의 장은 위 (2)에 따른 자료 및 현장조사 결과에 따라 해당 어린이놀이시설이 안전에 중대한 침해를 줄 수 있다고 판단되는 경우에는 그 관리주체에게 사용중지·개선 또는 철거를 명할 수 있다(어린이놀이시설 안전관리법 제22조 제3항).

10. 보고·검사 등

(1) 보고사항 및 보고시기

관리감독기관의 장은 소관 어린이놀이시설의 안전관리를 위하여 필요하다고 인정하는 때에는 대통령령(아래 별표 8)이 정하는 바에 따라 설치자 또는 관리주체에게 해당 어린이놀이시설의 설치·관리 등에 관한 자료의 제출을 명하거나 보고를 하게 할 수 있다(어린이놀이시설 안전관리법 제23조 제1항, 동법 시행령 제15조 제1항).

별표 8 자료제출 또는 보고사항

제출 또는 보고자	제출 또는 보고사항
설치자	어린이놀이시설의 설치 및 설치검사 현황
관리주체	• 어린이놀이시설의 정기시설검사 현황 • 어린이놀이시설의 안전점검 및 안전진단 현황 • 안전교육 및 보험가입 현황 • 어린이놀이시설 관련 사고 발생 현황 • 어린이놀이시설의 유지관리 실태

(2) 자료제출기간

설치자 또는 관리주체는 자료제출 명령을 받거나 보고를 요구받은 날부터 20일 이내에 해당 자료를 제출하거나 해당 사항에 대하여 보고하여야 한다. 다만, 설치자 또는 관리주체가 정하여진 기간에 자료제출 또는 보고를 하는 것이 어렵다고 사유를 소명하는 경우 관리감독기관의 장은 30일의 범위에서 그 제출 또는 보고의 기한을 연장할 수 있다(어린이놀이시설 안전관리법 시행령 제15조 제2항).

(3) 현장조사

관리감독기관의 장은 제출자료 또는 보고내용을 검토한 결과 현장조사의 필요성이 있다고 인정되는 경우에는 관계 공무원으로 하여금 해당 놀이시설 설치장소 그 밖에 필요한 장소에 출입하여 어린이놀이시설·서류·장부, 그 밖의 물건을 검사하게 하거나 관계인에게 질문을 하게 할 수 있다(어린이놀이시설 안전관리법 제23조 제2항).

(4) 검사계획의 통지

관리감독기관의 장은 위 (3)의 규정에 따른 검사 또는 질문을 하고자 하는 경우에는 검사 또는 질문을 행하기 7일 전까지 검사 또는 질문의 일시·이유 및 내용 등을 포함한 계획을 해당 어린이놀이시설의 설치자 또는 관리주체에게 통지하여야 한다. 다만, 긴급을 요하거나 사전에 통지를 하는 경우 증거인멸 등으로 검사 또는 질문의 목적을 달성할 수 없다고 인정되는 경우에는 그러하지 아니하다(어린이놀이시설 안전관리법 제23조 제3항).

(5) 증표 등의 제시

위 **(3)**의 규정에 따라 출입·검사 또는 질문을 하는 공무원은 그 권한을 표시하는 증표 등을 지니고 이를 관계인에게 내보여야 하며, 출입 시 당해 공무원의 성명, 출입시간 및 출입목적 등이 기재된 문서를 관계인에게 교부하여야 한다(어린이놀이시설 안전관리법 제23조 제4항).

11. 벌칙

(1) 3년 이하의 징역 또는 3천만원 이하의 벌금

다음의 어느 하나에 해당하는 자는 3년 이하의 징역 또는 3천만원 이하의 벌금에 처한다(어린이놀이시설 안전관리법 제28조).

① 「어린이놀이시설 안전관리법」 제16조 제3항의 규정에 따른 철거명령, 동법 제22조 제3항의 규정에 따른 사용중지 등의 명령을 위반한 자
② 거짓 그 밖의 부정한 방법으로 안전검사기관으로 지정받은 자
③ 안전검사기관으로 지정을 받지 아니하고 설치검사·정기시설검사 또는 안전진단을 행한 자
④ 거짓 그 밖의 부정한 방법으로 설치검사·정기시설검사 또는 안전진단을 받은 자
⑤ 안전검사기관의 지정이 취소되거나 또는 업무정지기간 중에 설치검사·정기시설검사 또는 안전진단을 행한 자

(2) 1년 이하의 징역 또는 1천만원 이하의 벌금

「어린이놀이시설 안전관리법」 제13조를 위반하여 설치검사 또는 정기시설검사를 받지 아니하였거나 설치검사 또는 정기시설검사에 불합격하거나, 안전진단에서 위험하거나 보수가 필요하다는 판정을 받은 어린이놀이시설을 이용하도록 한 자는 1년 이하의 징역 또는 1천만원 이하의 벌금에 처한다(어린이놀이시설 안전관리법 제29조).

(3) 과태료

① 다음의 어느 하나에 해당하는 자에게는 500만원 이하의 과태료를 부과한다(어린이놀이시설 안전관리법 제31조 제1항).
　㉠ 「어린이놀이시설 안전관리법」 제13조 제4항에 따른 관리감독기관의 장의 보완명령을 따르지 아니한 자
　㉡ 「어린이놀이시설 안전관리법」 제15조 제3항을 위반하여 어린이놀이시설의 이용을 금지하지 아니하거나 안전진단을 신청하지 아니한 자
　㉢ 「어린이놀이시설 안전관리법」 제15조의2를 위반하여 안전요원을 배치하지 아니한 자
　㉣ 「어린이놀이시설 안전관리법」 제17조의2 제3항에 따른 필요한 조치를 하지 아니하거나 같은 조 제5항에 따른 관리감독기관의 장의 명령을 따르지 아니한 자
　㉤ 「어린이놀이시설 안전관리법」 제21조 제1항을 위반하여 보험에 가입하지 아니한 자
　㉥ 「어린이놀이시설 안전관리법」 제22조 제1항을 위반하여 통보를 하지 아니한 자

② 다음의 어느 하나에 해당하는 자에게는 300만원 이하의 과태료를 부과한다(어린이놀이시설 안전관리법 제31조 제2항).
　㉠ 「어린이놀이시설 안전관리법」 제15조 제1항을 위반하여 안전점검을 실시하지 아니한 자
　㉡ 「어린이놀이시설 안전관리법」 제17조 제1항을 위반하여 안전점검 및 안전진단을 실시한 결과를 기록·보관하지 아니한 자
　㉢ 「어린이놀이시설 안전관리법」 제17조의3 제2항에 따른 관리감독기관의 장의 조치명령을 따르지 아니한 자
　㉣ 「어린이놀이시설 안전관리법」 제20조 제1항을 위반하여 안전교육을 받도록 하지 아니한 자

③ 「어린이놀이시설 안전관리법」 제23조에 따른 보고·검사 또는 질문에 대한 답변을 거부·방해하거나 기피한 자에게는 200만원 이하의 과태료를 부과한다(어린이놀이시설 안전관리법 제31조 제3항).

④ 위 ①부터 ③까지의 규정에 따른 과태료는 대통령령으로 정하는 바에 따라 관리감독기관의 장이 부과·징수한다(어린이놀이시설 안전관리법 제31조 제4항).

에듀윌이 너를 지지할게

ENERGY

끝이 좋아야 시작이 빛난다.

– 마리아노 리베라(Mariano Rivera)

여러분의 작은 소리
에듀윌은 크게 듣겠습니다.

본 교재에 대한 여러분의 목소리를 들려주세요.
공부하시면서 어려웠던 점, 궁금한 점,
칭찬하고 싶은 점, 개선할 점, 어떤 것이라도 좋습니다.

에듀윌은 여러분께서 나누어 주신 의견을
통해 끊임없이 발전하고 있습니다.

에듀윌 도서몰 book.eduwill.net
- 부가학습자료 및 정오표: 에듀윌 도서몰 → 도서자료실
- 교재 문의: 에듀윌 도서몰 → 문의하기 → 교재(내용, 출간) / 주문 및 배송

2026 에듀윌 주택관리사 2차 기본서 공동주택관리실무

발 행 일	2025년 10월 29일 초판
편 저 자	김영곤
펴 낸 이	양형남
펴 낸 곳	(주)에듀윌
I S B N	979-11-360-3961-3
등록번호	제25100-2002-000052호
주 소	08378 서울특별시 구로구 디지털로34길 55 코오롱싸이언스밸리 2차 3층

* 이 책의 무단 인용 · 전재 · 복제를 금합니다.

www.eduwill.net
대표전화 1600-6700

✚ 합격할 때까지 책임지는 개정법령 원스톱 서비스!

기준 및 법령 개정이 잦은 주택관리사 시험,
개정사항을 어떻게 확인해야 할지 막막하고 걱정스러우신가요?
에듀윌에서는 필요한 개정법령만을 빠르게! 한번에! 제공해 드립니다.

| 에듀윌 도서몰 접속
(book.eduwill.net) | ▶ | 도서자료실
클릭 |

개정법령
확인하기

에듀윌이
너를
지지할게
ENERGY

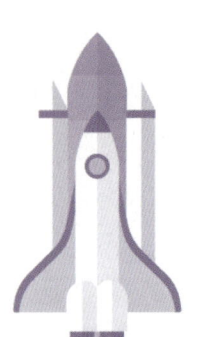

시작하라. 그 자체가 천재성이고,
힘이며, 마력이다.

− 요한 볼프강 폰 괴테(Johann Wolfgang von Goethe)